윤진수교수정년기념

민법논고

이론과 실무

윤진수교수정년기념논문집 간행위원회

박영사

윤진수 교수 근영

발 간 사

윤진수 교수님께서 2020년 2월에 서울대학교에서 정년퇴임을 하셨습니다. 우리나라 최고의 민법학자 중 한 분이신 교수님께서 그동안 발표하신 수많은 논문은 관련 재판을 하는 판사에게 중요한 준거로 작용하고 있습니다. 하지만, 앞으로는 누구도 교수님을 지도교수로 하는 문하에 새로이 들어가지 못합니다. 그 이전에 천운으로 들어간 제자들은 교수님을 오래 잊지 않고 마음에 간직하고자 이 논문집을 발간합니다.

논문집 발간은 제자들이 스스로 자신이 교수님의 제자임을 세상에 알려 대못을 박는 의례라고 봅니다. 저마다 대학원에 들어오기는 했지만, 법학의 높은 벽에 위축되어 연구나 공부의 길에 선뜻 들어서지 못하며, 무엇을 어떻게 해야 할지를 모른 채 배회하고 있을 때, 교수님은 때로는 법학의 대가의 모습으로, 때로는 지극히 자애로운 모습으로 제자들에게 거대한 법의 정신과 세부적인 법이론을 동시에 가르치셨고, 이에 제자들은 정당한 민법 이론과 개념으로 자신을 형성할 수 있었습니다.

교수님은 법학을 공부하려는 사람이 가장 기본적으로 익혀야 하는 사항부터 지도하셨습니다. 참고문헌은 가장 최근 것까지 빠뜨림 없이 철저히 조사해야 하고, 그 문헌을 인용할 때에는 형식을 제대로 갖추어야 한다는 것이 그것입니다. 이를 가르치는 말씀은 매우 엄하고 맵기도 했습니다. 이를 통해서, 민법학 공부가 재미나 오락거리가 될 수 없다는 것을, 철저하지 못한 채 현실에 적당히 안주하거나 어설프게 공부했을 때 그 결과가 법률수요자에게 얼마나 치명적인가를 깨닫고 각성하게 하는 가르침의 시작이었음을 그때부터 이미 인식할 수밖에 없었고, 그러한 인식은 이후 내내 마음에서 견고하게 자리 잡고 있습니다.

이렇게 기초를 튼튼하게 다져놓고 그 위에서 교수님은 민법 이론과 재판 실무 사이의 긴밀한 연결과 그 둘의 균형이나 병행발전을 가르치셨습니다. 문제해결 능력은 없이 그냥 순수하기만 한 법적 이론을 지양하시면서도, 한 건 한 건에 매몰되어 전체적인 체계를 그르치는 일이 없도록 항상 주의할 것을 지도하셨습니다. 삼청교육대 사건에 관하여 피해자들이 제5공화국 정권의 폭력적 특성을 두려워하여 그 시대에는 국가배상 청구를 하는 데에 객관적 장애 사유가 있었으므로 제5공화국에서 제6공화국으로 정권이 교체될 때를 단기소멸시효의 기산점으로 삼아야 한다는 주장이나, 긴급조치 피해자 측에 각박하게 대하는 것이 혹시 국가의 재정부담을 고려한 것이라면 매우 실망스럽다는 일갈로써 큰 울림을 주셨습니다. 사태의 구체적인 배경을 좀 더 넓게 봄으로써 사태 핵심이나 본질을 더 정확히 인식하고 법 제도의 본질에 대한 더 깊은 이해에 터 잡아 문제해결을 위한 법적 이론을 세워야 한다는 큰 가르침은 그대로 법률가로서 삶의 지침이 되었습니다.

이와 같은 가르침을 받은 제자들은 교수님의 정년퇴임을 맞아 논문 한 편이라도 작성함으로써 자신의 공부가 어느 정도에까지 왔는지를 보여드림과 아울러 앞으로도 계속 정진하겠다고 무언으로 약속하고 있습니다. 제자 중에는 학문 연구와 논문 작성을 본업의 하나로 삼는 교수들도 있지만, 주된 업무가 이와 다른 실무가도 많습니다. 실무가들도 마음속으로는 논문을 써야 한다고 계속 생각만 하다가 교수님의 퇴임을 계기로 그 생각을 실행에 옮김으로써 교수님에 대한 존경과 사랑에서 오는 죄송함을 다소나마 누그러뜨려 보고 있을 것입니다. 이 논문집은 훗날 무언의 약속대로 공부에서 정진했는지를 재는 척도가 되리라 봅니다.

제자들은 교수님 회갑 무렵에도 논문집 발간 문제를 잠깐 검토하다가 결국 학계 관행의 흐름과 제자들의 성장 정도 등에 비추어 그 발간을 정년퇴임 시기로 미루었습니다. 지난해 5월 무렵 교수님을 찾아뵙는 자리에서, 퇴임기념논문집을 발간했으면 한다는 제자들 의향을 넌지시 말씀드렸을 때 교수님께서는 그것이 제자들에게 부담스러울 수 있으니 당신을 위해서라면 굳이 할 필요가 없다고 만류하시며 허락의 말씀을 주시지 않으셨습니다. 그러한 교수님과 연구실 앞에서 헤어지는 순간에 저는 제자들이 자발적으로 하고 싶어 하는데 굳이 말리실 것까지 있겠습니까 라고 의지를 좀 더 적극적으로 보여드렸고, 교수님께서는 미소만 지으실 뿐 더는 말씀이 없었습니다. 이를 저는 제자들에 대한 전적인 신뢰의 표시로 생각했고, 기념논문집 발간 준비모임에서는 교수님의 미소를 사실상의 허락으로 여기고 준비작업에 착수했습니다.

준비모임 회의에서 논문집의 기본 논제로 '시간'을 선정하기도 했습니다. '시간'은 철학이나 자연과학에서와 마찬가지로 법학에서도 많은 이들이 관심 있지만, 제대로 다루기가 아주 까다로운 주제입니다. 아마도, 특정한 상태로 일정한 시간이 흘렀다는 단순한 사실 자체가 개인의 의사와 무관하게, 심지어는 개인의 의사에 반하여서 기존의 법률관계를 변경시킨다는 것의 법적 정당성을 이론적으로 뒷받침하기가 쉽지 않고, 자칫 시간의 어둡고 깊은 심연에 빠졌다가는 거기에서 영영 헤어 나오지 못하는 수가 있기 때문이라고 짐작해 봅니다. 그런데도 교수님께서는 논문에서 굉장히 다양한 분야를 다루시면서도, 석사학위 논문에서 소멸시효 남용 법리를 주제로 다룬 이래로 소멸시효 등 시간과 관련 있는 법 영역에서 계속하여 많은 논문을 쓰셨습니다. 제자들이 이를 이어서 시간에 도전해 보는 것도 의미가 있겠다는 쪽으로 의견이 모였습니다. 그러면서도, 논문집 발간 과정에서 혹시나 불미스러운 잡음이 튀어나와 교수님의 참뜻에 어긋나는 일이 발생하지 않도록 특별히 주의를 기울이고자 했습니다. 이런 기조에서 논문 제출자를 찾는 것부터 조심했습니다. 그러다 보니 혹시라도 논문 편수가 너무 적으면 어떻게 하나라는 걱정이 들기도 했습니다. 기우였습니다. 소식을 들은 제자 중에서 스스로 먼저 자신도 논문을 제출하고 싶다는 의사를 밝히는 분이 많았습니다. 그런 연유로 적지 않은 수의 논문들이, 그 중 상당수는 아직 다른 곳에 아직 발표된 적이 없는 신규 논문들로 채워졌고, 논문집은 제법 두툼해졌습니다. 이러한 발간 의도에 따라 시간과 관련 있는 주제를 다루는 논문이 다른 영역의 논문보다 더 많습니다. 수집한 논문들은 먼저 민법 편제에 따라 배치하고 이어서 특별법 분야를 배치했습니다.

이번 논문집 발간은 특히 이동진 교수님, 현소혜 교수님 그리고 옥도진 해군 군사법원장님이 크게 수고하여 성공적으로 진행될 수 있었습니다. 이분들을 포함하여, 바쁘신 중에도 스스로 자신의 귀중한 시간을 할애하여 정성스러운 논문을 마련하여 주신 집필자 여러분과 논문집 발간의 기획·발간을 도와주신 모든 분께 깊은 감사의 인사를 드립니다.

마지막으로, 윤진수 교수님은 저희에게 스승이십니다. 정년퇴임을 하셨지만, 스승님의 가르침은 늘 마음속에서 살아 숨 쉬면서 저희를 바른 방향으로 안내할 것입니다. 스승님과 사모님 두 분 모두 오래오래 항상 건강하시며 제자들과 계속 함께하실 수 있기를 간절히 기원합니다. 감사합니다.

간행위원회를 대표하여

정 재 오

賀 詞

윤진수 교수님의 정년퇴임을 진심으로 축하드립니다. 윤 교수님께서 정년을 맞을 때까지 후학 지도와 우리 법학계, 법실무계의 발전을 위해 쌓으신 공훈과 학덕을 기리기 위하여 제자들이 정성을 모아 마련한 정년기념논문집을 윤 교수님께 헌정하는 자리에서 賀詞를 드리게 된 것을 저로서는 무한히 영광스럽게 생각합니다.

저는 윤 교수님의 고등학교, 대학 선배가 되지만, 윤 교수님과는 여러 가지 연분으로 40년 이상 교우하면서 제가 많은 것을 배우기도 하고, 서로 진실되고 따뜻한 우정을 쌓아올 수 있었던 것은 저에게는 큰 행운이었습니다. 제가 윤 교수님과 처음 가까이 지내게 된 때는 1976년 윤 교수님께서는 이미 서울대학교 법과대학 3학년 때 제18회 사법시험에 합격하였음에도 사법연수원 입원을 미루고 4학년에 재학 중이었고, 저는 법과대학 재학 중에 군복무를 마치고 복학하여 3학년에 재학 중이었는데 같이 관악캠퍼스 중앙도서관에서 공부하면서였습니다. 윤 교수님께서는 그때 이미 사법시험에 합격하였음에도 조금도 자만하지 않고 도서관에서 법학의 진수를 공부하기에 열중하였고 독일어 원서를 공부하기도 하여 주위의 존경을 받고 부러움을 사기도 하였습니다.

그 후 윤 교수님과 저는 판사로 임관하여 서울민사지방법원과 서울형사지방법원에서 순차로 근무하면서 더욱 친한 사이가 되었습니다. 특히 윤 교수님과 저는 1993년 9월부터 1995년 2월까지 약 1년 6개월 동안 대법원 재판연구관으로서 같은 일반조(현재의 '민상사조'에 해당)에서 당시 전주지방법원 부장판사를 겸직하셨던 윤 부장판사님께서는 조장 연구관으로, 저는 조원 연구관으로 일하면서 그야말로 동고동락하였습니다. 당시 우리 연구조에서 어려운 여러 사건들에 관한 연구검토를 많이 하였는데 조장인 윤 부장판사님께서 늘 치밀한 논증을 거친 명쾌한 법리뿐만 아니라 그에 관한 참고문헌까지 제시하여 연구보고를 알차게 할 수 있었던 기억이 지금도 생생합니다. 당시 대법원이 서소문동에 있을 때여서 연구관들이 가끔 오찬 후 덕수궁 안을 산책하며 어려운 사건을 검토하다가 해결하지 못한 난제에 관하여 논의를 시작하면 언제나 윤 부장판사님께서 적확한 해법을 제시하여 문제를 해결한 적이 여러 번 있었고, 우리는 스스로를 소요학파로 자처하기도 하였습니다. 1995년에 대법원 파기환송판결의 기속력에 관한 전원합의체 판결(대법원 1995. 2. 14. 선고 93재다27, 34 전원합의체 판결)이 선고되었는데 윤 부장판사님과 저는 이 판결을 해설하는 글을 '인권과 정의'에 공동으로 발표하기도 하였습니다.

윤 부장판사님께서 수원지방법원에 근무하시던 1995년에는 당시 재판연구관이던 저, 박해성 부장판사(현재 법무법인 율촌 변호사)가 같이 북경에서 개최된 아시아·태평양지역 법률가대회 참석 겸 제도시찰로 짧은 여행을 하기도 하였습니다. 윤 부장판사님께서는 수원지방법원 민사6부 부장판사로 근무하시다가 1997년 2월에 법원을 떠나 서울대학교 법과대학 교수가 되셨습니다. 저는 1997년 2월에 윤 부장판사님의 후임으로 수원지방법원 민사6부 부장판사로 부임하여 계속 중인 사건을 넘겨받기도 하였습니다.

윤 교수님께서 대학으로 가신 후 저는 지금까지 법관과 변호사로서 실무에 종사하고 있지만 윤 교수님과 저는 대법원 민사실무연구회 등 여러 학회에서 같이 활동하고 2008년에는 윤 교수님께서 맡고 계셨던 대법원 민사실무연구회 부회장직을 제가 이어 받기도 하였습니다. 그 외에도 윤 교수님과 저는 클래식 음악 감상이라는 공통의 취미가 있어 공연회에 부부동반으로 같이 가기도 하고 윤 교수님 댁에서 몇 분이 모여 만찬과 함께 클래식 음악을 감상하는 자리에 부부동반으로 초대를 받아간 적도 몇 번 있습니다.

이와 같이 윤 교수님과 저는 여러 인연으로 가까이 지내면서 동시대를 살아가는 동료 법조인이자 인생의 벗으로 살아왔는데 아직 연부역강하신 윤 교수님께서 정년을 맞으셨다는 것이 실감이 나지 않습니다.

윤 교수님께서는 육군법무관을 거쳐 1982년 서울민사지방법원 판사로 임관하신 후 14년 동안 서울형사지방법원, 서울가정법원, 전주지방법원 정주지원, 광주고등법원, 서울고등법원의 판사, 전주지방법원, 수원지방법원의 부장판사를 역임하셨습니다. 윤 교수님께서는 판사로 일하시는 동안 항상 사안을 깊이 성찰하시고 법리를 폭넓게 다면적으로 연구하셔서 해박한 법리와 합리적 사고를 가지고 재판업무를 처리하심으로써 사법정의 실현에 심혈을 기울이셨고, 이 기간 중 일부 겸직기간에는 헌법재판소와 대법원의 재판연구관으로서 깊이 있는 사안 연구를 통하여 헌법재판소와 대법원의 판례 발전을 뒷받침하기도 하셨습니다. 한 예를 들면 윤 부장판사님께서는 두고두고 명판결로 회자되는 소위 '생수사건 판결'(대법원 1994. 3. 8. 선고 92누1728 판결)의 보고연구관으로서 생수의 국내 판매를 전면금지한 행정고시가 제조업자의 직업선택의 자유와 국민의 행복추구권에 대한 과도한 제한으로 위헌이라는 참신한 법리를 담은 연구보고를 하고 이에 기초하여 판결이 선고되었던 것이 기억에 남기도 합니다.

윤 부장판사님께서는 바쁜 재판업무 속에서도 한편으로는 학문적 연구도 계속하셔서 주옥같은 논문들을 발표하시고 민법주해의 소멸시효 부분 등 여러 주석서의 집필에도 참여하셨습니다.

또한 윤 부장판사님께서는 1987년 법관연수과정을 통하여 독일 함부르크 대학교, 막스 플랑크 외국사법 및 비교사법 연구소에서 연구하셨고, 판사의 격무 속에서도 주경야독으로 학문적 연구도 계속하셔서 1984년에 서울대학교에서 "소멸시효의 남용에 관한 고찰"이라는 주제로 법학석사 학위를 받으셨는데 그 당시까지는 우리 법학계에서는 다소 생소한 주제였지만 수준 높은 내용이어서 저도 재판연구관 근무 중에 여러 차례 연구보고에 인용하기도 하였습니다. 윤 부장판사님께서는 연구를 계속하셔서 1993년 같은 대학에서 "부동산의 이중양도에 관한 연구 — 제일양수인의 원상회복청구를 중심으로 —"라는 주제로 법학박사 학위를 취득하셨습니다. 이 학위논문은 부동산 물권변동 법리와 채무불이행 법리가 중첩되는 분야로 우리 대법원 판례상으로는 아직 실질적 타당성 있는 해결이 이루지지 않고 있는 난제인 부분인데 제일양수인의 원상회복청구를 중심으로 이 문제의 해결책을 제시함으로써 획기적인 학문적 성과라는 평가를 받았습니다. 윤 부장판사님께서는 이와 같이 실무가로서는 보기 드물게 실무와 학문연구를 병행하는 모범을 보이셨습니다. 뿐만 아니라 윤 부장판사님께서는 친절하고 온화한 성품으로 늘 주위를 보살피고 베푸셔서 동료와 후배들 사이에서 신망과 존경의 대상이 되어 왔습니다.

1997년에 윤 부장판사님께서 서울대학교 법과대학 교수로 가신다는 소식을 들었을 때 윤 부장판사님을 알고 있던 저나 동료 판사들은 누구나 윤 부장판사님께서 법관으로서도 큰 업적을 남기셨고 법원으로서는 앞으로 더 크게 기여할 인재를 잃는 것이지만 국가 전체적으로는 더 적재적소를 찾아가는 것이고 학자로서 더 큰 학문적 업적을 이룰 것이라고 생각하였습니다. 윤 교수님께서는 서울대학교 법과대학과 법학전문대학원에서 가족법과 여러 민사법 과목을 23년간 열정적으로 강의하시면서 한편으로는 우리들의 기대대로 수많은 연구업적들을 발표하셨습니다. 강의를 담당하신 가족법과 민법 분야뿐만 아니라, 헌법과 법경제학 등 광범위한 분야에 관하여 논문과 저서를 내셨습니다. 윤 교수님께서 이렇게 방대한 학문세계를 구축할 수 있었던 것은 오랜 실무에서 축적된 법적 경륜, 특히 헌법재판소의 연구관 경험이 밑받침이 된 상태에서 학자로서 오로지 깊은 연구에 몰입하신 결과라고 생각합니다.

윤 교수님께서는 2007년에 민법논고 제1권의 출간을 시작으로 지금까지 7권의 민법논고를 출간하셨는데 이는 법학 연구자뿐만 아니라 실무가들에게도 아주 중요한 참고자료가 되고 있습니다. 2016년에는 친족상속법강의를 출간하셨는데 이 분야에 관한 가장 모범적인 교과서로 평가 받고 있습니다. 그리고 무엇보다도 학계에 대한 큰 기여로는 주해친족법과 주해상속법을 편집대표 겸 공저자로서 출간하신 것입니다. 이 주석서는 이 분야에 관한 한 종전의 주석서 수준과는 차원을 달리하는 획기적이고 총합적인 주석서라고 평가 받고 있으며 실무가들에게는 이 분야에 관한 한 필수 참고자료입니다. 윤 교수님께서는 이러한 수준 높고 방대한 학술활동을 인정받아 2001년에 한국법학원 법학논문상을 수상하셨고, 2009년에 서울대학교 법과대학 우수연구상을, 2017년에는 서울대학교 학술연구상을 수상하셨습니다.

윤 교수님께서는 후학들에게 학문적으로는 엄격하시고 치밀하고 올곧은 연구자세를 요구하시지만, 한편으로는 연구방향에 관하여 자상하게 지도하여 주실 뿐만 아니라 늘 따뜻이 보살펴주시고 베풀어주셔서 윤 교수님을 큰 스승이자 큰 형님 같은 분으로 느낀다는 제자들이 많다고 저는 알고 있습니다. 윤 교수님으로부터 이런 가르침을 받은 많은 제자들이 지금은 학계와 실무계에서 활발히 활동하는 중견 학자와 실무가들이 되었습니다. 이제 윤 교수님의 학은을 입은 훌륭한 제자들이 정성을 다하여 쓴 글을 모아 윤 교수님의 정년을 기념하는 논문집으로 헌정하는 것은 돈독한 사제 간의 정을 느낄 수 있을 뿐만 아니라 연구의 튼실한 학맥이 이어져 내려감을 상징하는 것이기도 하여 매우 뜻 깊은 일이라고 생각합니다.

윤 교수님께서는 법관 재직 시에도 학자와 실무가의 공동연구에 관심이 많으셨습니다. 대법원 재판연구관으로 근무하던 1995년 형사실무연구회의 창립을 제안하셔서 신성택 대법관님을 회장으로 모시고 연구회 창립을 주도하시고 제1회 연구회 주제 발표까지 맡으시기도 하셨습니다. 학교로 가신 후에는 한국법경제학회, 한국비교사법학회, 한국가족법학회, 민사판례연구회, 한국민사법학회의 회장을 두루 역임하셨습니다. 윤 교수님께서는 위의 여러 학회의 활동을 통하여 후학들은 물론 실무가들의 참여를 독려하시고 법학자들과 실무가들이 진지하게 토론하는 분위기를 활성화함으로써 학회가 법학계와 실무계의 공동연구를 통하여 우리나라 법학발전과 사법실무 개선에 큰 기여를 하는 모범적인 학술단체로 발전하는 데 주도적 역할을 하셨습니다. 윤 교수님께서는 법학의 국제적 학술교류와 비교법적 연구에도 누구보다 관심이 많으셨습니다. 많은 비교법적 연구에 바탕을 둔 수준 높은 논문들을 발표하셨을 뿐 아니라 동아시아 국가 간의 민사법연구에 관한 학술교류와 비교법적 연구를 위한 동아시아민사법학회 창립을 위하여 주도적으로 활동하셨고, 현재는 국제적 학술단체인 국제가족법학회 부회장을 맡고 계십니다.

윤 교수님께서는 학회활동 외에도 서울대학교의 도서관 법학분관장, 법학연구소장, 인사위원 및 대학교원임용양성평등추진위원으로 활동하시는 등 여러 가지 학내 활동을 하셨습니다.

윤 교수님께서 법학자로서 또 큰 역할을 하신 분야는 법개정 활동이십니다. 법무부의 민법개정자문위원회 위원, 분과위원장, 실무위원장, 부위원장을 맡으셔서 민법개정안을 마련하는 데 중요한 역할을 하셨을 뿐만 아니라, 법무부 가족법개정 특별위원회 위원과 위원장을 맡으셔서 가족법개정안을 만드는 데 주도적으로 활동하셨고 실제 친권과 후견 등에 관하여는 2013년에 개정입법이 이루어졌으며 "2013년 개정 민법 해설"을 공동집필하시기까지 하셨고, 이러한 공로를 인정받아 황조근정훈장을 받으셨습니다. 그 외에도 윤 교수님께서는 대법원 가사소송법 개정위원회 위원장, 법무부의 친권제한·정지 도입 개정위원회와 친생추정 규정 개정위원회의 각 위원장으로도 역동적으로 활동하셨습니다.

제가 아는 윤 교수님의 취미는 독서와 클래식 음악 감상입니다. 윤 교수님은 법과대학 재학 시부터 현재까지도 철학, 문학에서부터 사회학, 행동경제학, 진화심리학 등에 이르기까지 아주 폭넓은 분야의 독서를 하시는 애독가이십니다. 윤 교수님의 다양한 분야에 대한 독서에 기초하여 형성된 인간과 사회에 대한 성찰적 시각은 윤 교수님의 학문세계를 더욱 심오하고 방대하게 만드는 데 영향을 주었을 것으로 생각됩니다. 예컨대, 아직 우리나라에서는 학문적 축적이 성숙되지 아니한 법경제학 분야에 있어서 윤 교수님께서 발표하신 탁월한 논문들은 이러한 배경 하에서 나왔을 것으로 추측하여 봅니다.

윤 교수님의 또 다른 취미인 클래식 음악감상도 상당히 수준 높은 경지에 있고 그 연장선상에서 사회봉사활동으로 사단법인 서울스프링페스티발집행위원회의 이사를 맡아 현재도 열심히 활동하고 계십니다. 윤 교수님께서는 2019년에 변호사법상 법정기구인 법조윤리협의회 위원장에 취임하셔서 법조윤리의 확립을 위한 법제협의, 실태분석, 위반행위에 대한 대책수립 등을 위하여 헌신적으로 활동하고 계십니다.

윤 교수님께서 법제도상 어쩔 수 없이 올해 정년을 하셨다고 하나 아직 젊은이 못지않은 건강과 연구의욕을 갖고 계시고 폭넓고 깊은 장기간의 연구의 결과 켜켜

이 쌓인 학문적 영감들을 후학들을 위하여 하나씩 차례차례 우리 학계에 펼쳐주셔서 우리 법학계와 법실무계를 한 단계 더 높은 단계로 끌어 올려 주시기를 바랍니다. 끝으로 내외분께서 부디 천수를 누리시면서 가정에 내내 행복이 충만하기를 기원합니다.

2020년 5월

변호사 **강 용 현**

윤진수(尹眞秀)교수연보

Ⅰ. 인적 사항

○ 1955. 2. 27. 광주광역시 출생

○ 부: 윤호영(尹昊永) 모: 송금자(宋金子)

○ 1980. 6. 결혼

○ 처: 박유희(朴兪姬)

○ 딸: 윤지효(尹智孝, 1981년생), 윤세효(尹世孝, 1984년생)

Ⅱ. 학 력

○ 1967. 2.	전주교대부속국민학교 졸업
○ 1970. 2.	전주북중학교 졸업
○ 1973. 2.	경기고등학교 졸업
○ 1977. 2.	서울대학교 법과대학 졸업
○ 1984. 8.	서울대학교 대학원 법학석사
○ 1993. 8.	서울대학교 대학원 법학박사

Ⅲ. 경 력

○ 1976. 4.	제18회 사법시험 합격
○ 1979. 8.	사법연수원 제9기 수료
○ 1979. 9. ~ 1982. 8.	육군 법무관
○ 1982. 9. ~ 1983. 8.	서울민사지방법원 판사
○ 1983. 9. ~ 1985. 8.	서울형사지방법원 판사
○ 1985. 9. ~ 1986. 8.	서울가정법원 판사
○ 1986. 9. ~ 1989. 2.	전주지방법원 정주지원 판사

○ 1987. 3. ~ 1988. 3. 독일 함부르크 대학교, 막스 플랑크 외국사법 및 비교사법 연구소 연수
○ 1989. 3. ~ 1990. 8. 광주고등법원 판사(일부 기간 헌법재판소 헌법연구관과 겸직)
○ 1990. 3. ~ 1992. 2. 헌법재판소 헌법연구관
○ 1990. 9. ~ 1993. 2. 서울고등법원 판사(헌법연구관 및 재판연구관과 겸직)
○ 1992. 2. ~ 1995. 6. 대법원 재판연구관
○ 1993. 3. ~ 1995. 2. 전주지방법원 부장판사(재판연구관과 겸직)
○ 1995. 6. ~ 1997. 2. 수원지방법원 부장판사
○ 1997. 3. ~ 2001. 3. 서울대학교 법과대학 조교수
○ 1999. 2. ~ 2004. 6. 법무부 민법개정자문위원회 위원
○ 2001. 4. ~ 2006. 3. 서울대학교 법과대학 부교수
○ 2003. 3. ~ 2004. 2. 미국 버지니아주립대학교 방문연구원
○ 2004. 6. ~ 2006. 7. 법무부 가족법개정 특별위원회 위원
○ 2006. 4. ~ 2018. 2. 서울대학교 법과대학 교수
○ 2009. 2. ~ 2014. 2. 법무부 민법개정위원회 분과위원장, 실무위원장, 부위원장
○ 2009. 3. ~ 2020. 2. 서울대학교 법학전문대학원 교수
○ 2010. 11. ~ 2011. 7. 법무부 가족법개정특별위원회 위원장
○ 2013. 2. ~ 2015. 2. 대법원 가사소송법 개정위원회 위원장
○ 2013. 법무부 친권제한·정지 도입 개정위원회 위원장
○ 2016. 법무부 친생자추정 규정 개정위원회 위원장
○ 2019. 7. ~ 현재 법조윤리협의회 위원장
○ 2020. 3. ~ 현재 서울대학교 명예교수

〈보직사항〉

○ 2000. 6. ~ 2002. 6. 서울대학교 도서관 법학분관장
○ 2004. 6. ~ 2008. 6. 서울대학교 인사위원 및 대학교원임용양성평등추진위원
○ 2009. 9. ~ 2010. 12. 서울대학교 법학연구소장

〈학회 관련〉

○ 2005. 7. ~ 2007. 5. 한국법경제학회 회장
○ 2006. 2. ~ 2008. 2. 한국비교사법학회 회장
○ 2008. 1. ~ 2009. 12. 한국가족법학회 회장
○ 2008. 10. ~ 현재 민사판례연구회 회장
○ 2011. 1. ~ 2011. 12. 한국민사법학회 회장
○ 2011. 7. ~ 2014. 8. 국제가족법학회 이사
○ 2014. 8. ~ 현재 국제가족법학회 부회장

Ⅳ. 상 훈

○ 2001. 한국법학원 제5회 법학논문상
○ 2009. 서울대학교 법과대학 2008년 우수연구상
○ 2013. 황조근정훈장
○ 2017. 서울대학교 학술연구상

Ⅴ. 저술 목록

1. 논 문

가. 법 일반

(1) "미국법상 판례의 소급효 : 우리법상 위헌결정의 소급효와 관련하여", 저스티스 제28권 제1호(1995. 7).
(2) "독일법상 「판례」의 의미", 법조 통권 544호(2002. 1) = 『판례실무연구』 Ⅵ, 박영사(2003).
(3) "판례의 무게", 법철학연구 제21권 3호(2018. 12).

나. 민사법

(1) "사실상 혼인관계 존부확인의 청구", 서울대학교 Fides 제21권 제1호(1977. 2).
(2) "소멸시효의 남용에 관한 고찰", 서울대학교 석사학위논문(1984. 8).
(3) "제삼자의 채권침해와 부동산의 이중양도", 사법논집 제16집, 법원행정처(1985).
(4) "검사를 상대로 하는 사실상혼인관계존부확인청구", 대한변호사협회지

제116호(1986. 4).

(5) “법정지상권 성립 후 건물을 취득한 자의 지위”(상)(중)(하), 사법행정 제27권 제5호(1986. 5), 제6호(1986. 6), 제7호(1986. 7) = 민사재판의 제문제 제5권(1989).

(6) “부동산의 이중양도와 원상회복”, 민사법학 제6호(1986).

(7) “호의동승의 경제적 분석”, 무등춘추 제2호(1989) = 『손해배상법의 제문제(성헌황적인박사교수화갑기념)』, 박영사(1990).

(8) “법률행위의 보충적 해석에 관한 독일의 학설과 판례”, 판례월보 제238호(1990. 7) = 재판자료 제59집, 법원행정처(1992).

(9) “가집행선고의 실효와 경락인인 가집행채권자의 부당이득반환의무”, 사법행정 제32권 제7호(1991. 7) = 민사재판의 제문제 제6권(1991).

(10) “허위의 친생자 출생신고에 의한 입양에 관한 몇 가지 문제”, 판례월보 제251호(1991. 8) = 『가족법학논총(박병호교수환갑기념)』, 박영사(1991).

(11) “채무불이행으로 인한 특별손해, 동시이행의 항변권과 권리남용”, 사법행정 통권 제379호(1992. 7) = 대법원판례해설 제17호(1992년 상반기)(1992).

(12) “실종자를 피고로 하는 판결확정 후 실종선고가 확정된 경우 판결의 효력”, 대법원판례해설 제18호(1992년 하반기)(1993) = 법조 통권 437호(1993. 2).

(13) “전부명령의 요건과 효력”, 『부동산법학의 제문제(석하김기수교수화갑기념)』, 박영사(1992).

(14) “주류제조면허양도계약의 이행청구와 소의 이익”, 민사재판의 제문제 제7권(1993).

(15) “항소심의 변경판결과 제1심판결에 대한 청구이의소송의 적법 여부”, 사법행정 통권 제392호(1993. 8).

(16) “채권자가 채무자에 대하여 받은 패소판결이 채권자대위소송에 미치는 법률요건적 효력”, 판례월보 제274호(1993. 7) = 대법원판례해설 제19-1호(93년 상반기)(1993).

(17) “1. 제1심 패소부분에 불복하지 않았던 당사자의 상고와 상고범위 2. 계속적 공급계약에 있어서 기본계약의 성립과 개별계약의 성립 3. 기본계약 불이행으로 인한 손해배상의 범위”, 사법행정 통권 제392호(1993. 8).

(18) “부동산의 이중양도에 관한 연구 — 제일양수인의 원상회복청구를 중심

으로 —", 서울대학교 법학박사학위논문(1993. 8).

(19) "소멸시효", 『민법학의 회고와 전망(민법전시행삼십주년기념논문집)』, 한국사법행정학회(1993).

(20) "프랑스에서의 부동산 이중양도에 관한 법적 규율", 사법연구 제2집(1994).

(21) "소유권을 상실한 저당권설정자의 저당권설정등기 말소청구의 가부", 대법원판례해설 제12호(94년 상반기)(1994) = 법조 통권 461호(1995. 2).

(22) "건물의 합동과 저당권의 운명"(상), (하), 사법행정 통권 제403호(1994. 7), 제404호(1994. 8).

(23) "회사정리법상의 보전처분과 상계 및 부인권", 민사재판의 제문제 제8권(1994).

(24) "대법원의 파기환송판결이 재심대상이 되는지 여부", 인권과 정의 제226호(1995. 6)(강용현과 공동집필).

(25) "환경권 침해를 이유로 하는 유지청구의 허용 여부", 대법원판례해설 제23호(95년 상반기)(1995) = 판례월보 제315호(1996. 12).

(26) "독립적 은행보증과 지급금지가처분 신청금지 약관의 효력", 『민사재판의 제문제(송천이시윤박사화갑기념)』(상), 박영사(1995).

(27) "자동차손해배상보장법 제3조의 손해배상채권과 채무가 동일인에게 귀속되는 경우 혼동에 의한 직접청구권의 소멸 여부", 판례월보 제302호(1995. 11).

(28) "압류의 경합", 재판자료 제71집, 법원도서관(1996).

(29) "토지임차인의 매수청구권 행사와 법원의 석명의무", 인권과 정의 제236호(1996. 4) = 민사소송 Ⅱ Vol. 2(1999).

(30) "부동산 이중양도의 경제적 분석", 저스티스 제29권 제1호(1996. 6).

(31) "민법시행 전에 이성양자가 허용되었는지 여부 및 민법 시행 전 입양의 요건에 대한 민법의 소급적용", 판례월보 제314호(1996. 11).

(32) "C. I. F. 매매와 확정기매매", 『상사판례연구』 [Ⅰ], 박영사(1996).

(33) "어음 배서의 위조로 인한 불법행위책임과 소구권보전절차의 관계", 법조 통권 485호(1997. 2).

(34) "위헌인 법률에 근거한 공무원 면직처분이 불법행위로 되는 경우 그로 인한 손해배상청구권 소멸시효의 기산점", 서울대학교 법학 제38권 제1

호(1997. 5).

(35) “초과특별수익이 있는 경우 구체적 상속분의 산정방법”, 서울대학교 법학 제38권 제2호(1997. 9).

(36) “악의의 무단점유와 자주점유에 대한 소견”, 『판례실무연구』 Ⅰ, 박영사(1997).

(37) “계약 당사자의 확정에 관한 고찰 : 특히 예금계약을 중심으로”(상), (하), 법조 통권 494호(1997. 11), 통권 495호(1997. 12) = 『판례실무연구』 Ⅱ, 박영사(1998).

(38) “상속채무를 뒤늦게 발견한 상속인의 보호”, 서울대학교 법학 제38권 제3·4호(1997. 12).

(39) “법률행위의 무효 — Pawlowski의 무효개념을 중심으로”, 『법률행위론의 사적전개와 과제(이호정교수화갑기념논문집)』, 박영사(1998).

(40) “점유를 상실한 부동산매수인의 등기청구권의 소멸시효”, 인권과 정의 제261호(1998. 5).

(41) “상속재산 분할에 있어서 초과특별수익의 취급”, 판례월보 제333호(1998. 6) = 가족법연구 제12호(1998).

(42) “계약상대방의 피용자의 사기로 인한 의사표시의 취소”, 서울대학교 법학 제39권 제2호(1998. 8) = 민사판례연구[XXI](1999).

(43) “반사회적 이중양도에 있어서 전득자의 지위”, 법조 통권 504호(1998. 9).

(44) “상속법 개정안의 과제와 문제점”, 인권과 정의 제265호(1998. 9).

(45) “상속회복청구권의 성질과 그 제척기간의 기산점”, 『재판의 한길(김용준헌법재판소장화갑기념)』, 박영사(1998).

(46) “혼인의 자유”, 한국 법학 50년 — 과거·현재·미래(대한민국 건국 50주년 기념 제1회 한국법학자대회 논문집)』(Ⅱ), 한국법학교수회(1998).

(47) “특별한정승인제도의 소급적용에 관한 소고”, 법률신문 제2766호(1999. 2).

(48) “예금계약”, 『금융거래법강의』, 법문사(1999).

(49) “삼청교육 피해자에 대한 대통령의 담화발표가 손해배상청구권의 소멸시효에 미치는 영향”, 『국민과 사법(윤관대법원장퇴임기념)』, 박영사(1999).

(50) “확정판결의 부정이용에 대한 구제의 요건과 방법”, 『이십일세기 민사소송법의 전망(하촌정동윤선생화갑기념)』, 박영사(1999).

(51) “의사의 과실에 의한 자녀의 출생으로 인한 손해배상책임”(상), (하), 법조 통권 514호(1999. 7), 통권 515호(1999. 8) = 『판례실무연구』 Ⅳ, 박영사(2000).

(52) “자기 소유의 물건을 취득하기로 하는 계약의 효력”, 고시계 통권 제511호(1999. 9.)

(53) “혼인 성립에 관한 독일 민법의 개정에 관한 고찰”, 서울대학교 법학 제40권 제2호(1999. 8) = 가족법연구 제13호(1999. 12).

(54) “소멸시효 완성의 효과”, 『한국민법이론의 발전(무암이영준박사화갑기념논문집)』, 박영사(1999).

(55) “1990년대 친족상속법 판례의 동향”, 서울대학교 법학 제40권 제3호(1999. 12).

(56) “무효인 제2양수인 명의의 소유권이전등기가 확정판결에 의하여 이루어진 경우 제1양수인 내지 그 승계인의 구제방법”, 민사판례연구[XXII](2000).

(57) “90년대 친족상속법 판례 회고”, 민사판례연구[XXII](2000).

(58) “점유를 상실한 부동산 매수인의 등기청구권의 소멸시효·부동산의 이중양도와 불법원인급여”, 민사재판의 제문제 제10권(2000).

(59) “금융실명제 실시 후에 예금의 출연자를 예금주로 본 사례”, 『상사판례연구』[Ⅳ], 박영사(2000).

(60) “친족회의 동의를 얻지 않은 후견인의 법률행위에 대한 표현대리의 성립 여부”, 아세아여성법학 제3호(2000).

(61) “상속회복청구권의 연구 : 역사적 및 비교법적 고찰”, 서울대학교 법학 제41권 제1호(2000. 6).

(62) “상속의 단순승인 의제규정에 대한 헌법불합치 결정의 문제점—특히 헌법불합치 결정의 주문과 관련하여—”, 헌법논총 제11집(2000).

(63) “Recent Decisions of the Korean Constitutional Court on Family Law”, Journal of Korean Law, Vol. 1, No. 1 (2001. 12).

(64) “민법 중 법인, 물건 및 소멸시효, 취득시효에 관한 개정예비안”, 민사법학 제19호(2001. 3).

(65) “친족회의 동의를 얻지 않은 후견인의 법률행위에 대한 표현대리의 성립 여부”, 민사법학 제19호(2001. 3).

(66) “혼인 성립에 관한 민법의 개정방향”, 가족법연구 제15권 제1호(2001. 6).
(67) “상속법상의 법률행위와 채권자취소권 : 상속 포기 및 상속재산 협의분할을 중심으로”, 사법연구 제6집(2001).
(68) “친권자와 자녀 사이의 이해상반행위 및 친권자의 대리권 남용”, 『현대민사법연구(일헌최병욱교수정년기념)』, 법문사(2002) = 민사재판의 제문제 제11권(2002).
(69) “민법상 착오규정의 입법론적 고찰 : 민법개정위원회에서의 소수의견”, 『이십일세기 한국민사법학의 과제와 전망(심당송상현선생화갑기념논문집)』, 박영사(2002).
(70) “영국의 1998년 인권법(Human Rights Act 1998)이 사법관계에 미치는 영향”, 서울대학교 법학 제43권 제1호(2002. 3).
(71) “영국 항소법원의 샴 쌍둥이 분리수술 사건 판결”, 아세아여성법학 제5호(2002. 6).
(72) “한국의 제조물책임 : 판례와 입법”, 법조 통권 550호(2002. 7).
(73) “Wrongful Life에 관한 프랑스의 최근 판례와 입법”, 한국의료법학회지 제10호 제1호(2002. 8)(정태윤과 공동집필).
(74) “약관의 내용통제”, 『자유경쟁과 공정거래』, 법문사(2002).
(75) “상속의 단순승인 의제규정에 대한 헌법불합치결정의 소급효가 미치는 범위”, 가족법연구 제16권 제2호(2002. 12).
(76) “손해배상의 방법으로서의 원상회복 ― 민법개정안을 계기로 하여 ―”, 비교사법 제10권 제1호(2003. 3).
(77) “미국 계약법상 Good Faith 원칙”, 서울대학교 법학 제44권 제4호(2003. 12).
(78) “미국법상 부모의 자녀에 대한 치료 거부에 따르는 법적 문제”, 가족법연구 제18권 제1호(2004. 4).
(79) “憲法が家族法の變化に及ぼした影響”, 『現代の韓國法:その理論と動態』, 有信堂(2004).
(80) “헌법이 가족법의 변화에 미친 영향”, 서울대학교 법학 제45권 제1호(2004. 3).
(81) “상속회복청구권의 소멸시효에 관한 구관습의 위헌 여부 및 판례의 소급효”, 비교사법 제11권 제2호(2004. 6) = 민사재판의 제문제 제13권

(2004).

(82) “특별한정승인의 규정이 소급적용되어야 하는 범위”, 서울대학교 법학 제45권 제3호(2004. 9) = 민사판례연구[XXVII](2005).

(83) “헌법·가족법·전통”, 헌법논총 제15집(2004).

(84) “금융기관의 수신거래와 여신거래” Ⅰ, Ⅱ, BFL 제10호(2005. 3), 제11호(2005. 5).

(85) “변화에 직면한 가족법”, 『계약법의 과제와 전망(모원김욱곤교수정년퇴임기념논문집)』, 삼지원(2005).

(86) “법인에 관한 민법개정안의 고찰”, 서울대학교 법학 제46권 제1호(2005. 3).

(87) “물권행위 개념에 대한 새로운 접근”, 민사법학 제28호(2005. 6).

(88) “여성차별철폐협약과 한국가족법”, 서울대학교 법학 제46권 제3호(2005. 9).

(89) “고씨 문중의 송사를 통해 본 전통 상속법의 변천”, 가족법연구 제19권 제2호(2005. 9).

(90) “계약 해석의 방법에 관한 국제적 동향과 한국법”, 비교사법 제12권 제4호(2005. 12).

(91) “아동권리협약과 한국가족법”, 국제인권법 제8호(2005. 12).

(92) “Economic Analysis of the Abuse of Right Doctrine”, 법경제학연구 제2권(2005. 12).

(93) “Tradition and the Constitution in the Context of the Korean Family Law”, Journal of Korean Law, Vol. 5, Nr. 1 (2005. 12).

(94) “공동명의의 예금채권자 중 1인의 예금채권이 압류 및 가압류된 경우의 법률관계”, BFL 제15호(2006. 1).

(95) “임신중절이 허용되지 않는 태아의 장애를 발견하지 못한 의사의 손해배상책임 : 대법원 2002.6.25 선고 2001다66321 판결을 중심으로”, 『민법학의 현대적양상(나암서민교수정년기념논문집)』, 법문사(2006).

(96) “전통적 가족제도와 헌법 : 최근 헌법재판소 판례를 중심으로”, 서울대학교 법학 제47권 제2호(2006. 6).

(97) “허위표시와 제3자”, 저스티스 통권 제94호(2006. 10).

(98) “차명대출을 둘러싼 법률문제”(상), (하), 법조 통권 603호(2006. 12), 통권 604호(2007. 1) = 민사재판의 제문제 제15권(2006).

(99) “국가 공권력의 위법행위에 대한 민사적 구제와 소멸시효·제척기간의

문제", 『재심 · 시효 · 인권』(공익과 인권 12), 서울대학교 공익인권법센터(2007).

(100) "2006년도 주요 민법 관련 판례 회고", 서울대학교 법학 제48권 제1호(2007. 3) = 민사재판의 제문제 제16권(2007).

(101) "민법개정안 중 부부재산제에 관한 연구", 가족법연구 제21권 제1호(2007. 3).

(102) "민법 제496조는 사용자책임에도 적용되는가?", 법률신문 제3544호(2007. 4).

(103) "재산법과 비교한 가족법의 특성 : 가족법의 이타성과 합리성", 민사법학 제36호(2007. 5).

(104) "개명허가의 요건", 가족법연구 제21권 제2호(2007. 7).

(105) "변화하는 사회와 종중에 대한 관습", 사법 창간호(2007. 9).

(106) "사실혼배우자 일방이 사망한 경우의 재산문제 : 해석론 및 입법론", 저스티스 통권 제100호(2007. 10).

(107) "유류분 침해액의 산정방법" 서울대학교 법학 제48권 제3호(2007. 6).

(108) "진화심리학과 가족법", 『과학기술과 법』, 박영사(2007).

(109) "2007년도 주요 민법판례 회고", 서울대학교 법학 제49권 제1호(2008. 3) = 민사재판의 제문제 제17권(2018).

(110) "보조생식기술의 가족법적 쟁점에 대한 근래의 동향", 서울대학교 법학 제49권 제2호(2008. 6).

(111) "韓國法上の消費者の撤回權", ジュリスト, No. 1360 (2008. 7).

(112) "韓國の民法改正", ジュリスト, No. 1360 (2008. 7).

(113) "The Role of the Courts in the Protection of Transsexuals' Human Rights", LEBENDIGES FAMILIENRECHT (Festschrift für Rainer Frank), VERLAG für STANDESWESEN (2008).

(114) "미국 가정법원의 현황과 개선논의", 가족법연구 제22권 제3호(2008. 12).

(115) "사법상의 단체와 헌법", 비교사법 제15권 제4호(2008. 12).

(116) "법의 해석과 적용에서 경제적 효율의 고려는 가능한가?" 서울대학교 법학 제50권 제1호(2009. 3).

(117) "CEDAW, CRC and the Korean Family Law", UT Soft Law Review,

No. 1 (2009).

(118) "점유취득시효 완성 후 재진행의 요건", 법률신문 제3767호(2009. 8).

(119) "성별정정 허가가 있기 전의 성전환자의 법적 지위", 가족법연구 제23권 제3호(2009. 12).

(120) "저당목적물의 담보가치를 확보하기 위한 지상권의 효력", 법률신문 제3841호(2010. 5).

(121) "유류분의 반환방법", 법률신문 제3847호(2010. 6).

(122) "韓國における最近の重要な民法判例", ジュリスト, No. 1406 (2010. 9).

(123) "계약상 공통의 착오에 관한 연구", 민사법학 제51호(2010. 12).

(124) "법률해석의 한계와 위헌법률심사", 『법철학의 모색과 탐구(심헌섭 박사 75세 기념논문집)』, 법문사(2011).

(125) "계약법의 경제학", 『법경제학 이론과 응용』, 해남(2011)(이동진과 공저).

(126) "제조물책임의 주요 쟁점", 연세대학교 법학연구 제21권 제3호(2011. 9).

(127) "이용훈 대법원의 민법 판례", 『정의로운 사법(이용훈 대법원장 재직기념)』, 사법발전재단(2011).

(128) "토지 및 임야 사정의 법적 성격", 서울대학교 법학 제53권 제1호(2012. 3).

(129) "혼인과 이혼의 법경제학", 법경제학연구 제9권 제1호(2012. 6).

(130) "The Reform of the Consensual Divorce Process and the Child Support Enforcement System in Korea", Journal of Korean Law Vol. 11 No. 2 (2012. 6).

(131) "소유물반환의무 위반 인한 손해배상책임의 법적 성질", 법률신문 제4055호(2012. 8).

(132) "저당권에 대한 침해를 방지하기 위한 담보지상권의 효력", 『한국민법의 새로운 전개(고상룡교수고희기념논문집)』, 법문사(2012).

(133) "증여계약의 해제에 관한 민법개정안", 민사재판의 제문제 제21권(2012).

(134) "한국법상 약관규제법에 의한 소비자보호", 민사법학 제62호(2013. 3).

(135) "부모의 자녀 치료거부문제 해결을 위한 입법론", 법조 통권 680호(2013. 5)(현소혜와 공저).

(136) “유치권 및 저당권설정청구권에 관한 민법개정안”, 민사법학 제63－1호(2013. 6).

(137) “관습상 분재청구권에 대한 역사적, 민법적 및 헌법적 고찰”, 민사재판의 제문제 제22권(2013).

(138) “The Reform of Adoption Law in Korea”, THE INTERNATIONAL SURVEY OF FAMILY LAW, 2013 Edition, Family Law (2013).

(139) “채권자취소권에 관한 민법 개정안 연구”, 민사법학 제66호(2014. 4)(권영준과 공저).

(140) “공동소유에 관한 민법 개정안”, 민사법학 제68호(2014. 10).

(141) “독립적 은행보증의 경제적 합리성과 권리남용의 법리”, 법조 통권 692호(2014. 5).

(142) “부당이득법의 경제적 분석”, 서울대학교 법학 제55권 제3호(2014. 9).

(143) “김증한 교수의 소멸시효론”, 민사법학 제69호(2014. 12).

(144) “Die Zivilrechtliche Haftung des Portalanbieters für die Ehrverletzung in Korea”, Medien und Recht, Carl Heymans Verlag (2014).

(145) “개정민법상 전자 보증 불허의 문제점”, 법률신문 제4304호(2015. 3).

(146) “형사사건 성공보수 약정 무효 판결의 장래효에 대한 의문”, 법률신문 제4340호(2015. 8).

(147) “황적인 교수의 물권행위론”, 『성헌 황적인선생님의 학문과 삶의 세계』, 화산미디어(2015).

(148) “Judicial Activism and the constitutional Reasoning of the Korean Supreme Court in the Field of Civil Law”, The Functional Transformation of Courts, National Taiwan University Press (2015).

(149) “과거사 정리와 소멸시효”, 민사재판의 제문제 제23권(2015).

(150) “유류분반환청구권의 성질과 양수인에 대한 유류분반환청구”, 전남대학교 법학논총 제36권 제2호(2016. 6).

(151) “상속포기의 사해행위 취소와 부인”, 가족법연구 제30권 제3호(2016. 11).

(152) “The Decline of Familism in the Transformation of Korean Family Law”, 『21世纪家庭法与家事司法：实践与变革』, 群众出版社(2016).

(153) “The Decision of the Korean Supreme Court on the Contingent Fee

Agreement in Criminal Cases", Journal of Korean Law Vol. 16, No. 1 (2016. 6).

(154) "친생추정에 관한 민법개정안", 가족법연구 제31권 제1호(2017. 3).

(155) "한국민법학에 대한 서울대학교의 기여", 서울대학교 법학 제58권 제1호(2017. 3).

(156) "상속관습법의 헌법적 통제", 헌법학연구 제23권 제2호(2017. 6).

(157) "보통법 국가에서의 기본권의 수평효", 연세대학교 법학연구 제27권 제3호(2017. 9).

(158) "위헌인 대통령의 긴급조치 발령이 불법행위를 구성하는지 여부", 민사법학 제81호(2017. 12).

(159) "담보신탁의 도산절연론 비판", 비교사법 제25권 제2호(2018. 5).

(160) "한국민법상의 공서양속", 민사법학 제85호(2018. 12).

(161) "공서양속에 대한 총괄보고", 민사법학 제85호(2018. 12).

(162) "상속법의 변화와 앞으로의 과제", 『우리 법 70년 변화와 전망 : 사법을 중심으로』, 법문사(2018).

(163) "민법상 금혼규정의 헌법적 고찰", 저스티스 통권 제170호(2019. 2).

(164) "배우자의 상속법상 지위 개선 방안에 관한 연구", 가족법연구 제33권 제1호(2019. 3).

(165) "채권자의 채무자에 대한 승소확정판결이 채권자대위소송에 미치는 영향", 법률신문 제4765호(2020. 1).

(166) "공작물책임의 경제적 분석", 법경제학연구 제17권 제1호(2020. 4).

다. 공 법

(1) "위헌법률의 효력 : 헌법재판소법 제47조제2항의 헌법적 검토", 헌법논총 제1집(1990) = 『헌법재판연구(Ⅰ)』, 한국사법행정학회(1993).

(2) "변호사법 제15조의 위헌성", 인권과 정의 제179호(1991. 7).

(3) "동서독 통일조약에 관한 독일연방헌법재판소 1991.4.23. 판결", 판례월보 제253호(1991. 10).

(4) "사죄광고제도와 민법 제764조의 위헌 여부", 사법행정 제32권 제11호(1991. 11).

(5) "접견불허처분에 대한 헌법소원심판청구 후 접견이 이루어진 경우 심판

청구의 적법여부", 판례월보 제256호(1992. 1).

(6) "미결수용자의 접견권의 성질과 그 제한", 판례월보 제262호(1992. 7) = 대법원판례해설 제17호(92년 상반기)(1992).

(7) "명의신탁에 대한 증여세의 부과와 평등원칙", 『조세법의 논점(행솔이태로교수화갑기념)』, 조세통람사(1992).

(8) "행정처분 무효확인청구가 기판력에 저촉되는 경우 근거법률의 위헌결정이 무효확인청구에 미치는 영향", 대법원판례해설 제19-2호(93년 상반기)(1993) = 법조 통권 450호(1994. 3).

(9) "공무원에 의한 강제증여와 수용유사적 침해이론의 적용 여부", 대법원판례해설 제20호(93년 하반기)(1994) = 법조 통권 457호(1994. 10).

(10) "위헌인 법률에 근거한 행정처분의 당연무효 여부", 대법원판례해설 제22호(1994년 하반기)(1995) = 법조 통권 469호(1995. 10).

(11) "보존음료수의 판매제한조치의 위헌 여부", 인권과 정의 제226호(1995. 1) = "보존음료수의 판매제한과 헌법", 특별법연구 제5권(1997).

(12) "학문의 자유와 반공법", 『법과 정의(경사이회창선생화갑기념)』, 박영사(1995).

(13) "헌법재판소 위헌결정의 소급효", 재판자료 제75집, 법원도서관(1997).

(14) "상속제도의 헌법적 근거", 헌법논총 제10집(1999).

(15) "구 사립학교교원연금법시행령 제66조 제2항의 무효 여부", 『국민과 사법(윤관대법원장퇴임기념)』, 박영사(1999).

(16) "직할하천에 대한 하천법중개정법률 부칙 제2조에 의한 손실보상의무자", 『국민과 사법(윤관대법원장퇴임기념)』, 박영사(1999).

(17) "교통사고처리특례법 제4조 제1항 및 그에 근거한 불기소처분에 대한 헌법소원의 적법성", 판례월보 제352호(2000. 1) = 헌법실무연구 제1권(2000).

라. 형사법

(1) "1.범죄의 증명이 없거나 공소시효가 완성된 경우에 추징을 할 수 있는지 여부 2. 원심판결 중 추징부분만을 파기자판할 수 있는지 여부", 대법원판례해설 제18호(92년 하반기)(1993) = 사법행정 통권 제385호(1993. 1).

(2) "장물취득죄의 기판력이 강도상해죄에 미치는지 여부", 법조 통권 464호

(1995. 5) = 형사재판의 제문제 제1권(1997).

2. 단행본

(1) 금융거래법강의, 박영사(1999)(공저).

(2) 감사인의 손해배상책임, 한국공인회계사회(1998. 5)(김건식과 공동연구).

(3) 90년대 주요민사판례평석, 박영사(2001)(공저).

(4) 호주제 개선방안에 관한 조사연구(여성부 정책자료 2001－21)(2001)(공저).

(5) 법률가의 윤리와 책임, 박영사(2003).

(6) 민법논고 Ⅰ, 박영사(2007).

(7) 민법논고 Ⅱ, 박영사(2008).

(8) 민법논고 Ⅲ, 박영사(2008).

(9) 민법논고 Ⅳ, 박영사(2009).

(10) 민법논고 Ⅴ, 박영사(2011).

(11) 2013년 개정민법 해설, 법무부(2013)(현소혜와 공저).

(12) 민법논고 Ⅵ, 박영사(2015)

(13) 민법논고 Ⅶ, 박영사(2015)

(14) 친족상속법강의, 박영사(2016)

(15) 민법기본판례, 홍문사(2016)

(16) 법과 진화론, 법문사(2016)(공저)

(17) Relationship between the Legislature and the Judiciary, Nomos (2017) (공저).

(18) 법학에서 위험한 생각들, 법문사(2018)(공저).

(19) 친족상속법강의 제2판, 박영사(2018).

(20) 헌법과 사법, 박영사(2018)(공저).

(21) 민법과 도산법, 박영사(2019)(공저).

(22) 친족상속법강의 제3판, 박영사(2020).

(23) 상속법 개정론, 박영사(2020)(공저).

3. 주석서(공저)

(1) 주석 채권각칙 Ⅱ(현상광고), 한국사법행정학회(1987).

(2) 민법주해[Ⅲ](소멸시효), 박영사(1992).

(3) 민법주해[Ⅴ](취득시효), 박영사(1992).
(4) 주석강제집행법 Ⅱ(채권에 대한 강제집행), 한국사법행정학회(1993).
(5) 주석강제집행법 Ⅳ(금전채권이외의 채권에 관한 강제집행), 한국사법행정학회(1993).
(6) 주석 채권각칙 Ⅳ, 제3판(현상광고), 한국사법행정학회(1999).
(7) 주석민법 총칙 Ⅱ, 제3판(제103, 104조), 한국사법행정학회(2001).
(8) 민법주해[ⅩⅨ](제766조), 박영사(2005).
(9) 주석민법 총칙 Ⅰ, 제4판(제1조), 한국사법행정학회(2010).
(10) 주석민법총칙 Ⅱ, 제4판(제103, 104조), 한국사법행정학회(2010)(이동진과 공저).
(11) 주해친족법 Ⅰ, Ⅱ, 박영사(2015)(편집대표 및 공저).
(12) 주석민법 채권각칙 Ⅳ, 제4판(현상광고), 한국사법행정학회(2016).
(13) 주해상속법 Ⅰ, Ⅱ, 박영사(2019)(편집대표 및 공저).

4. 번 역

(1) Dagmar Coester－Waltjen, 윤진수 역, "독일 친족법의 최근의 발전", 가족법연구 제15권 1호(2001. 4).
(2) Rainer Frank, 윤진수 역, "독일친족법에 미친 헌법의 영향", 서울대학교 법학 제45권 제1호(2004. 3).
(3) Rainer Frank, 윤진수 역, "자녀의 생부에 의한 친생부인에 관한 비교법적 고찰", 가족법연구 제20권 1호(2006. 4).

5. 국제학술대회 발표

(1) "Economic Analysis of Abuse of Right Doctrine", The Ist Annual Conference of the Asian Law and Economics Association. 2005. 6, 서울.
(2) "Tradition and the Constitution in the Context of the Korean Family Law", The 12th World Conference of the International Society of Family Law, 2005. 7, 미국 솔트레이크 시티.
(3) "韓國法上の消費者の撤回權", "韓國の民法改正", 일본 민법개정연구회, 民法改正 國際シンポジウム, 2008. 3, 일본 도쿄.
(4) "Die zivilrechtliche Haftung des Portalanvieters für die Ehrverletzung in

Korea", Fritz Thyssen Symposium, Medien und Recht (Das zweite in-ternationale Thyssen-Symposium), 2009. 9, 일본 도쿄.

(5) "The Reform of the Consensual Divorce Process and the Child Support Enforcement System in Korea", The 14th Conference of International Society of Family Law, 2011. 7, 프랑스 리옹.

(6) "한국법상 약관규제법에 의한 소비자보호", 제2회 동아시아민법학술대회, 2012. 8, 중국 길림성 연길시.

(7) "The Reform of Adoption Law in Korea", 2012 Hong Kong International Family Justice Judicial Conference, 2012. 8, 홍콩.

(8) "The New Korean Adult Guardianship Law", Fostering Family Harmony: Principles & Harmony, Brooklyn Law School, 2013. 6.

(9) "The Decline of Familism in the Transformation of Korean Family Law", International Symposium on Family Law and Family Justice in the 21st Century, 2015. 10, 중국 충칭 서남정법대학.

(10) "한국민법상의 공서양속", "총괄보고", 제8회 동아시아 민사법 국제학술대회, 대만 嘉義縣 民雄鄉 中正大學.

목　차

[논문의 출전]

"이 논문집에 실린 글 중
노재호의 글은 사법발전재단의 2020년도 법률조사연구 사업의 지원을 받았고,
신지혜의 글은 법조 통권 740호(2020)에,
최준규의 글은 민사법학 제90호(2020)에,
장보은의 글은 법조 통권 735호(2019)와 민사판례연구[XLII](2020)에,
김수정의 글은 서울대학교 법학 제60권 제4호(2019)에,
신동현의 글은 아주법학 제13권 제4호(2020)에 각 게재된 논문에 기초하였으며,
박기주의 글은 2019년 사회적가치연구원 주최 사회적가치 연구공모전 최우수작으로 선정되었다."

민사집행절차와 소멸시효중단

― 현행 민법의 해석론을 중심으로 ―

노 재 호*

Ⅰ. 서 론

1. 시간과 법: 소멸시효제도

시간은 법률관계를 불분명하게 만드는 힘이 있어서[1] 긴 시간이 경과한 뒤에 실제의 법률관계를 정확하게 인식하는 것은 매우 힘들고, 이러한 어려움은 시간이 흐를수록 점점 증대된다. 다른 한편 권리가 계속 존재하였더라면 권리자가 장기간 권리를 불행사하지는 않았을 것이 보통이므로 권리의 불행사라는 사실상태가 계속된 경우에는 그 권리가 소멸하였을 개연성이 높다. 다시 말하면, 시간이 흐름에 따라 법률관계는 점점 더 불분명하게 되고, 이에 비례하여 의무는 이행되어야 한다는 정의의 요청도 점점 더 약해지게 된다.[2] 뿐만 아니라 일반적으로 권리자가 장기간 권리를 행사하지 않는 것은 그의 권리에 대한 무관심을 추측하게 하는 단서가 되어 의무자로서는 권리자로부터 더 이상 청구를 받지 않으리라는 신뢰를 가지게 되고, 그 기간이 길면 길수록 이러한 신뢰가 커지게 된다.[3] 따라서 일정한 기간이 경과하면, 필연적으로 불분명한 부분이 내포되어 있는 오래 전의 법률관계를 규명하기 위하여 많은 시간과 노력을 투입하는 것보다는 그 법률관계에 기하여 더는 권리를 행사할 수 없도록 분쟁을 종식시키는 것이 더 효율적이고, 의무자의 신뢰 보호나 사회 일반의 법적 안정에 기여한다.[4]

오늘날 대부분의 법제는 소멸시효제도를 두고 있고, 최근에는 권리자에게 그 권

---

* 광주지방법원 부장판사.

1) 양창수, "유럽계약법원칙의 소멸시효규정 ― 우리 민법에의 시사를 덧붙여", 민법연구 제8권, 박영사(2005), 136쪽 각주 12) 참조.
2) 권영준, "소멸시효와 신의칙", 재산법연구 제26권 제1호(2009. 6.), 12쪽.
3) 윤진수, "소멸시효", 민법학의 회고와 전망(민법전 시행 30주년 기념 논문집), 한국민사법학회(1993), 98쪽.
4) 노재호, "소멸시효의 원용", 사법논집 제52집, 법원도서관(2011), 242쪽.

리를 행사할 정당한 기회가 보장되는 것을 전제로 소멸시효의 기간을 단축하고 중단(=갱신, 재개시) 사유를 축소하는 등 소멸시효를 강화하는 것이 국제적인 흐름이다.[5] 소멸시효제도가 과연 정당한 것인지, 그 이론적 근거는 무엇인지 종래 많은 논의가 있었지만, 소멸시효제도는 위와 같이 필연적으로 불분명한 부분이 있을 수밖에 없는 오래 전의 법률관계에 관한 당사자 사이의 다툼을 종식시킴으로써 법적 평화와 안정성을 확보하는 기능을 하기 때문에 그 정당성과 필요성을 더욱 인정받고 있다.[6] 판례도 "소멸시효는 시간의 흐름에 좇아 성질상 당연히 더욱 커져가는 법률관계의 불명확성에 대처하려는 목적으로 역사적 경험에 의하여 갈고 닦여져서 신중하게 마련된 제도로서 법적 안정성이 무겁게 고려되어야 하는 영역이다."라거나,[7] "법률관계에는 불명확한 부분이 필연적으로 내재하는바 그 법률관계의 주장에 일정한 시간적 한계를 설정함으로써 그에 관한 당사자 사이의 다툼을 종식시키려는 것을 취지로 하는 소멸시효제도에 있어서는 … 법적 안정성의 요구는 더욱 선명하게 제기된다."라고[8] 설시하여 위와 같은 이해를 보여주고 있다.

이제 우리 민법으로 돌아와 보면, 소멸시효는, 권리자가 권리를 행사할 수 있는데도 일정한 기간 동안 권리를 행사하지 않은 경우(=소멸시효의 완성)에 권리의 소멸이라는 법률효과가 발생하는 제도이다.[9] 다만 소멸시효가 완성되면 곧바로 권리가 절대적으로 소멸하는지(이른바 절대적 소멸설) 아니면 권리의 시효소멸로 인하여 정당한 이익을 얻을 자가 소멸시효의 완성을 원용하면 권리가 상대적으로 소멸하는지(이른바 상대적 소멸설) 다툼이 있는데, 판례는 절대적 소멸설을 기본으로 하면서도 권리의 시효소멸로 인하여 직접 이익을 얻을 자가 소송에서 소멸시효의 완성을 원용하여야만 그 효과를 인정할 수 있다는 태도를 취하고 있다.[10]

---

5) 소멸시효 및 그 중단에 관한 입법례의 개관으로는 편집대표 김용덕, 제5판 주석 민법(총칙 3), 한국사법행정학회(2019), 762~774쪽(이연갑 집필), 889~892쪽(전원열 집필) 참조.

6) 권영준, "소멸시효와 신의칙", 재산법연구 제26권 제1호(2009. 6.), 10~12쪽; 노재호, "소멸시효의 원용", 사법논집 제52집, 법원도서관(2011), 239~242쪽; 곽윤직·김재형, 제9판 민법총칙, 박영사(2013), 418쪽; 양창수·김형석, 제3판 민법 Ⅲ 권리의 보전과 담보, 박영사(2018), 69쪽; 편집대표 김용덕, 제5판 주석 민법(총칙 3), 한국사법행정학회(2019), 759~762쪽(이연갑 집필). 일찍이 사비니는 소멸시효를 "가장 중요하고 유익한 법제도의 하나"라고 한 바 있다고 한다[양창수, "사비니의 소멸시효론", 민법산책, 박영사(2006), 60쪽].

7) 대법원 2010. 5. 27. 선고 2009다44327 판결.

8) 대법원 2010. 9. 9. 선고 2008다15865 판결, 대법원 2016. 9. 30. 선고 2016다218713, 218720 판결.

9) 입법례에 따라서는 소멸시효가 완성하더라도 권리가 소멸하는 것이 아니라 의무자가 단지 이행을 거부할 수 있는 항변권을 갖는 것으로 규정하는 경우도 있으나, 우리 민법의 해석으로는 권리가 소멸된다고 보는 것이 일반적인 견해이다. 편집대표 김용덕, 제5판 주석 민법(총칙 3), 한국사법행정학회(2019), 828쪽(이연갑 집필).

10) 학설과 판례의 상세는 노재호, "소멸시효의 원용", 사법논집 제52집, 법원도서관(2011), 244~

2. 소멸시효제도 내의 이익균형장치: 소멸시효의 중단

소멸시효는 위와 같이 정당하고 유익한 제도이지만, 다른 한편 그 목적을 달성하기 위하여 많은 경우 진정한 권리를 대가 없이 소멸시키는 결과를 가져오기도 하므로 권리자에게는 상당히 가혹한 제도이다. 그러므로 소멸시효제도를 운용하는 과정에서는 소멸시효제도가 추구하는 목적, 특히 법적 안정성과 권리자의 합리적인 이익이 균형을 이루도록 하는 것이 중요하다.[11] 소멸시효의 기산점이나 시효의 완성을 저지하는 각종 장애사유(시효의 진행정지, 완성유예, 재개시 등)에 관한 제도들은 모두 이와 관련된 것들이라 할 수 있다.

우리 민법은 일정한 경우에 소멸시효의 완성을 저지하는 제도로 시효의 '중단'과 '정지'를 규정하고 있다. 우리 민법상 '소멸시효의 중단'이란 중단사유가 발생한 경우에 그때까지 경과한 시효기간은 이를 산입하지 아니하고 그 사유가 종료한 때부터 새로이 시효가 진행하는 것을 의미하고(민법 제178조 제1항),[12] '소멸시효의 정지'란 정지사유가 있는 경우에 시효의 완성을 그 사유가 종료한 때부터 일정한 기간 정지(유예)하는 것을 말한다(민법 제179조 내지 제182조).[13] 그리고 시효의 중단과 정지를 통틀어 시효의 장애라고 부르기도 한다.[14]

민법 제168조는 소멸시효의 중단사유로 청구(제1호), 압류, 가압류 · 가처분(제2호), 승인(제3호)을 열거하고, 민법 제170조부터 제177조까지는 이를 기초로 시효중단의 개별적 사유들에 대하여 규정하고 있다. 민법이 소멸시효제도를 두면서 한편으로 시효중단도 함께 정하고 있는 것은, 법률관계의 조기 안정화를 추구하면서도 권리자의 권리 보호를 위한 장치를 마련함으로써 권리자와 의무자, 사회 간의 이익 균형을 맞추고자 하는 것이다.[15] 시효중단제도의 이론적 근거에 관하여는 종래 (i) 권리가 공적으로 확인되었다는 점을 강조하는 견해(권리확정설)와 (ii) 권리자가 권리를 행사하였다는 점을 강조하는 견해(권리행사설)가 대립하였으나,[16] 어느 하나의

254쪽 참조.

11) 권영준, "소멸시효와 신의칙", 재산법연구 제26권 제1호(2009. 6.), 12~20쪽; 노재호, "소멸시효의 원용", 사법논집 제52집, 법원도서관(2011), 243쪽.

12) 이를 일본의 개정민법(2020. 4. 1. 시행)은 '소멸시효의 갱신(更新)'이라 하고, 2002년 개정된 독일 민법은 '소멸시효의 재개시(Neubeginn)'라 한다.

13) 이를 일본의 개정민법(2020. 4. 1. 시행)은 '소멸시효의 완성유예(完成猶予)'라 하고, 2002년 개정된 독일 민법은 '소멸시효의 완성정지(Ablaufhemmung)'라 한다.

14) 편집대표 곽윤직, 민법주해 총칙(3), 박영사(1992), 485쪽(윤진수 집필).

15) 권영준, "소멸시효와 신의칙", 재산법연구 제26권 제1호(2009. 6.), 19~20쪽.

16) 편집대표 김용덕, 제5판 주석 민법(총칙 3), 한국사법행정학회(2019), 892~893쪽(전원열 집

관점만으로 시효중단제도를 완전하게 설명할 수는 없다. 중요한 것은, 소멸시효는 권리자가 권리를 행사하지 않는 사실상태가 일정한 기간 계속되었을 때 그 사실상태를 존중하여 법적 안정을 도모하기 위한 제도이고, 민법 제168조가 들고 있는 위와 같은 시효중단 사유들은 모두 소멸시효의 기초가 되는 권리불행사의 사실상태를 뒤집는 것이기 때문에 중단사유로 정하여진 것이라는 점이다.[17] 그리고 위 각 시효중단 사유는 시효중단의 이론적 근거인 권리의 확정이나 행사의 측면에서 똑같지 않으므로 시효중단의 효력도 개별 중단사유의 특성을 고려하여 개별적으로 고찰할 필요가 있다.[18]

시효중단제도는 그 제도의 취지에 비추어 볼 때 이에 관한 기산점이나 만료점은 권리자를 위하여 너그럽게 해석하는 것이 타당하다는 것이 확립된 판례의 태도이다.[19] 한편, 채권은 소멸을 전제로 하는 한시성을 기본적 성질로 하고 있고, 민법

필) 참조.

17) 곽윤직·김재형, 제9판 민법총칙, 박영사(2013), 436~437쪽 및 대법원 2018. 7. 19. 선고 2018다22008 전원합의체 판결 중 다수의견에 대한 대법관 김재형, 조재연의 보충의견 참조. 다만 의무자 측의 승인으로 인한 경우에는 그러한 의무자까지 시효에 의하여 보호할 필요가 없다는 점도 중요하게 고려되었다고 볼 수 있다. 편집대표 곽윤직, 민법주해 총칙(3), 박영사(1992), 486쪽(윤진수 집필); 양창수·김형석, 제3판 민법 Ⅲ 권리의 보전과 담보, 박영사(2018), 99쪽.

18) 예컨대 제1호 '청구'의 일종인 '재판상 청구'를 하여 이를 인용하는 재판이 확정됨으로써 권리가 공권적으로 확정되면 재판상 청구를 한 때부터 그 재판이 확정된 때까지 시효가 중단되고(민법 제178조 제2항 참조), 제2호 '압류'는 집행권원이나 담보권을 기초로 가장 강력한 권리행사 방식인 집행을 개시한 것이므로 압류를 신청한 때부터 집행절차가 종료할 때까지 시효가 중단된다. 이에 비하여 제1호 청구의 일종인 '최고'는 단순한 이행청구의 의사통지에 불과하므로 잠정적인 시효중단 효력(6개월 내에 재판상의 청구, 압류 또는 가압류 등을 하지 아니하면 시효중단의 효력이 없다)만 인정된다(민법 제174조). 또한 재판상 청구를 하였으나 소의 취하, 각하 등으로 인하여 권리의 확정에 이르지 못한 경우에는 재판상 청구로 인한 확정적인 시효중단의 효력은 인정되지 않고 재판상 청구를 한 때부터 위 사유가 있은 때까지 재판절차를 통해 계속적으로 최고를 한 것과 같은 효력만 인정된다(민법 제170조 참조).

19) 대법원 1975. 7. 8. 선고 74다178 판결, 대법원 1995. 5. 12. 선고 94다24336 판결, 대법원 2006. 6. 16. 선고 2005다25632 판결, 대법원 2010. 5. 27. 선고 2010다9467 판결(이상은, "민법 제174조 소정의 시효중단사유로서의 최고에 있어서 채무이행을 최고받은 채무자가 그 이행의무의 존부 등에 대하여 조사를 해 볼 필요가 있다는 이유로 채권자에 대하여 그 이행의 유예를 구한 경우에는 채권자가 그 회답을 받을 때까지는 최고의 효력이 계속된다고 보아야 하고, 따라서 같은 조에 규정된 6개월의 기간은 채권자가 채무자로부터 회답을 받은 때로부터 기산되는 것이라고 해석하여야 할 것"이라고 판시); 대법원 2009. 7. 9. 선고 2009다14340 판결(소송고지로 인한 최고에 관하여 "고지자로서는 소송고지를 통하여 당해 소송의 결과에 따라 피고지자에게 권리를 행사하겠다는 취지의 의사를 표명한 것으로 볼 것이므로, 당해 소송이 계속중인 동안은 최고에 의하여 권리를 행사하고 있는 상태가 지속되는 것으로 보아 민법 제174조에 규정된 6월의 기간은 당해 소송이 종료된 때로부터 기산되는 것으로 해석하여야 할 것이다."라고 판시); 대법원 2015. 5. 14. 선고 2014다16494 판결("소송고지에 의한 최고의 경우에는 민사소송법 제265조를 유추 적용하여 당사자가 소송고지서를 법원에 제출한 때에 시효중단의 효력이 발생한다고 봄이 상당하다"라고 판시).

은 만족되지 않은 채권의 소멸도 인정하고 있으므로, 소멸시효제도를 해석하고 적용함에 있어 만족되지 않은 채권이 소멸되는 것은 막아야 하고 이를 위해 채권이 만족될 때까지 존속기간을 연장해야 한다는 당위성이 인정되는 것은 아니라는 지적도 있지만,[20] "기본적인 사법질서에서 '권리를 행사하고자 하는 채권자'는 '의무를 이행하지 않는 채무자'보다 당연히 더 보호받아야 한다."[21]라는 것이 판례의 기본적인 시각으로 이해된다.

3. 연구의 범위: 민법 제168조 제2호의 소멸시효 중단사유

이 글에서는 민법 제168조가 소멸시효의 중단사유로 정한 것 중 제2호의 '압류 또는 가압류, 가처분'에 관하여 살펴보고자 한다. 민사집행법은 (i) 강제집행, (ii) 담보권 실행을 위한 집행, (iii) 민법 · 상법, 그 밖의 법률이 규정하는 바에 따른 경매[22] 및 (iv) 보전처분[23]을 규율하고 있는데, 이를 광의의 민사집행이라 한다.[24] 그리고 민사집행법 제1조는 이중 보전처분을 제외한 나머지 절차를 '민사집행'이라 한다고 정하고 있는데 이를 협의의 민사집행이라 할 수 있다. 강제집행 중 대부분을 차지하는 금전채권에 기초한 강제집행과 담보권 실행을 위한 집행, 법률이 규정하는 바에 따른 경매는 압류에 의하여 집행절차가 개시되고, 보전처분은 가압류 · 가처분을 가리키므로, 민법 제168조 제2호의 시효중단 사유는 바꾸어 말하면 '광의의 민사집행절차와 소멸시효중단'에 관한 문제라 할 수 있다.

그런데 민법은 제168조 제2호에서 압류와 가압류 · 가처분을 시효중단 사유로 규정하면서 그 고유한 효과에 관하여는 단지 2개의 조문(제175조, 제176조)을 두고 있다. 더군다나 본격적인 집행절차의 개시사유인 '압류'와 장래의 집행보전을 목적으로 하는 보전처분인 '가압류 · 가처분'은 그 성질이 다름에도 불구하고 양자가 병렬적으로 규정되어 있음에 따라 여러 가지 해석상 문제가 제기되고 있다. 그럼에도 불

---

20) 확정판결에 의한 채권의 소멸시효기간인 10년의 경과가 임박한 경우, 시효중단을 위한 재소에 소의 이익이 있는지 여부에 관한 대법원 2018. 7. 19. 선고 2018다22008 전원합의체 판결에서 대법관 김창석, 김신, 권순일, 박상옥의 반대의견 참조.

21) 위 대법원 2018. 7. 19. 선고 2018다22008 전원합의체 판결에서 대법관 김재형, 조재연의 다수의견 보충의견 참조.

22) 유치권에 의한 경매, 공유물분할을 위한 경매 등이 대표적인 예이다.

23) 보전처분절차는 보전처분결정을 얻기 위한 보전소송절차와 이를 집행하기 위한 보전집행절차의 두 가지로 구성되어 있어서 협의의 민사집행절차와 구분되지만, 그중 보전집행절차에는 강제집행절차를 준용하기 때문에 민사집행법에서 함께 규정하고 있다. 법원실무제요 민사집행(Ⅰ), 법원행정처(2014), 8쪽.

24) 또한, 금전채권에 기초한 강제집행의 전 단계인 재산명시절차, 채무불이행자명부 등재절차, 재산조회절차를 광의의 민사집행에 포함하기도 한다.

구하고 이 문제는 민법과 민사집행법이 교차하는 영역이다 보니 우리나라에서는 아직까지 개별적인 논점에 관한 산발적인 연구가 있을 뿐 이를 전체적으로 조망하는 체계적인 연구는 잘 보이지 않는다.

그러므로 이 글에서는 민사집행절차를 보전처분절차(아래 Ⅱ.)와 협의의 민사집행절차(아래 Ⅲ.)로 나누어 각 절차에서 채권자가 한 권리행사가 소멸시효 중단과 어떠한 관계에 있는지에 관하여 우리나라의 학설과 판례를 중심으로 하여 전반적으로 고찰함으로써 민법 제168조 제2호가 정한 압류, 가압류·가처분으로 인한 시효중단에 관하여 구체적인 해석론을 제시해 보려고 한다.

Ⅱ. 보전처분절차와 소멸시효중단

1. 보전처분절차의 개관

보전처분은 크게 '가압류'와 '가처분'으로 나누어지고, 가처분은 다시 '다툼의 대상에 관한 가처분'과 '임시의 지위를 정하기 위한 가처분'으로 나누어진다.

본안소송절차가 판결절차와 강제집행절차로 구분되는 것처럼 보전처분절차도 보전처분결정을 얻기 위한 '보전소송절차'와 보전처분결정을 집행하기 위한 '보전집행절차'로 구분된다. 다만 뒤에서 보듯이 보전소송절차와 보전집행절차는 밀접하게 연관되어 기능적으로 일체를 이룬다는 점을 유념하여야 한다.

먼저 가압류는 금전채권이나 금전으로 환산할 수 있는 채권에 대하여 강제집행을 보전하기 위하여 채무자 소유의 재산에 대하여 하는 것으로서(민사집행법 제276조 제1항 참조), 이를 하지 아니하면 판결을 집행할 수 없거나 판결을 집행하는 것이 매우 곤란할 염려가 있을 경우에 할 수 있다(민사집행법 제277조). 다음으로 다툼의 대상에 관한 가처분은 현상이 바뀌면 당사자가 권리를 실행하지 못하거나 이를 실행하는 것이 매우 곤란할 염려가 있을 경우에 한다(민사집행법 제300조 제1항). 끝으로 임시의 지위를 정하기 위한 가처분은 계속하는 권리관계에 끼칠 현저한 손해를 피하거나 급박한 위험을 막기 위하여, 또는 그 밖의 필요한 이유가 있을 경우에 다툼이 있는 권리관계에 대하여 임시의 지위를 정하기 위하여 한다(민사집행법 제300조 제2항). 가압류·가처분에 의하여 보전하려고 하는 권리를 청구채권 또는 피보전권리라 하고, 가압류·가처분이 필요한 사유를 보전의 필요성이라 한다. 법원은 위 두 가지 요건이 모두 소명되어야 가압류·가처분 결정을 할 수 있음이 원칙이다. 소멸시효의 중단과 관련해서는 주로 가압류가 많이 문제가 되므로, 이를 중심으로 보전처분절차를 개관하여 본다.

가압류는 대체로 ① 채권자의 가압류신청(민사집행법 제279조) → ② 법원의 담보제공명령(민사집행법 제280조 제2항 내지 제4항) → ③ 법원의 가압류결정(민사집행법 제281조 제1항) → ④ 채권자의 가압류 집행신청(유체동산 가압류에 한함) → ⑤ 집행기관(법원 또는 집행관)의 가압류집행 → ⑥ 채무자에 대한 가압류결정 송달(민사집행법 제292조 제3항) 순서로 진행된다.

가압류신청에 대한 재판은 신속성과 밀행성을 위하여 변론은 물론(민사집행법 제280조 제1항) 채무자에 대한 심문도 사전에 하지 않고 채권자가 제출한 서면만으로 심리하여 결정하는 것이 일반적이다. 가압류의 요건인 피보전권리와 보전의 필요성은 증명이 아닌 '소명'으로 충분하다(민사집행법 제279조 제2항).

가압류결정은 그 결정 성립과 동시에 집행력이 발생하고, 그 집행을 위해 원칙적으로 집행문이 필요 없다(민사집행법 제292조 제1항 반대해석). 가압류결정절차와 가압류집행절차는 관념상 구별되지만 가압류결정을 한 법원이 집행기관이 되는 경우(=부동산, 채권 가압류)에는 가압류결정 신청에 가압류집행 신청까지 포함된 것으로 보아 가압류결정이 있으면 발령법원이 집행법원이 되어 곧바로 집행에 착수한다. 반면 집행관이 집행기관이 되는 경우(=유체동산 가압류)에는 가압류결정이 있은 후에 채권자가 별도로 집행관에게 가압류집행을 신청하여야 하는데, 그 집행은 채권자에게 재판을 고지한 날부터 2주 이내에 하여야 한다(같은 조 제2항). 가압류 집행은 채무자에게 재판을 송달하기 전에도 할 수 있고(같은 조 제3항), 실무에서는 채무자가 가압류를 면탈하는 행위를 하지 못하도록 가압류집행이 된 후에 채무자에게 가압류결정을 송달하는 것이 일반적이다.[25] 이와 같이 보전처분절차에서는 보전소송절차와 보전집행절차가 밀접하게 연관되어 기능적으로 일체를 이룬다.[26]

이상의 절차는 다툼의 대상에 관한 가처분의 경우에도 마찬가지이다(민사집행법 제301조). 반면 임시의 지위를 정하기 위한 가처분은 그 결정을 위해 변론기일 또는 채무자가 참석할 수 있는 심문기일을 열어야 함이 원칙이고(민사집행법 제304조), 가

---

25) 유체동산 가압류의 경우에는 채권자가 집행관에게 집행을 위임하면 집행관은 가압류법원의 법원사무관등에게 자기가 위임받았음을 통지하고 위 법원사무관등은 그 집행관으로 하여금 채무자에게 가압류결정 정본을 송달하도록 한다. 이에 따라 집행관은 가압류의 집행착수와 동시에 채무자에게 가압류결정 정본을 송달하게 된다. 법원실무제요 민사집행(Ⅳ), 법원행정처(2014), 218쪽.

26) 이시윤, 제6보정판 신민사집행법, 박영사(2014), 541쪽 참조.

처분의 내용이 채무자에게 일정한 작위 또는 부작위 의무를 명하거나 일정한 법률관계를 형성하는 것인 경우에는 가처분결정을 채무자에게 송달하는 것 외에 별도로 집행이 필요하지 않는 경우가 많다는 등의 차이점이 있다.

2. 가압류 · 가처분으로 인한 소멸시효 중단

가. 의의와 취지

민법 제168조 제2호는 소멸시효의 중단사유로 압류와 함께 '가압류, 가처분'을 규정하고 있다. 원래 가처분에는 '다툼의 대상에 관한 가처분'과 '임시의 지위를 정하기 위한 가처분'이 있으므로, 여기서 말하는 가처분도 양자를 모두 포함한다고 볼 수 있다. 다만, 임시의 지위를 정하기 위한 가처분은 가압류나 다툼의 대상에 관한 가처분과는 목적이 다르고,[27] 이에 따라 앞서 보았듯이 그 결정절차나 집행절차에도 차이가 있으며, 현실적으로도 분쟁의 성격이 본안소송과 유사한 측면이 강하므로 이를 가압류나 다툼의 대상에 관한 가처분과 같은 성격의 시효중단 사유로 볼 수 있는지는 심도 있는 연구가 필요할 것으로 생각된다.[28] 그러므로 이 글에서는 일단 가압류와 다툼의 대상에 관한 가처분을 중심으로 살펴본다.

우리 민법 제168조 제2호는 일본의 민법[29] 제147조 제2호와 같은 내용이다. 그런데 일본 민법 초안은 원래 가압류를 압류와 구별하여 가압류는 일정 기간 내 압류나 재판상 청구를 필요로 하는 잠정적인 시효중단의 효과만 갖는 것으로 구상되었으나, 민법 제정 과정에서 규정체제의 단순함을 도모하기 위하여 압류와 가압류를 병렬적으로 규정하게 되었다고 한다.[30] 하지만 일본은 결국 원래의 구상으로 돌아가 가압류 · 가처분을 압류와 구별하게 되었다.[31] 즉 일본의 개정민법(2020. 4. 1. 시

---

27) 가압류와 다툼의 대상에 관한 가처분이 청구채권의 집행 보전을 목적으로 하는 것과 달리, 임시의 지위를 정하기 위한 가처분은 다툼이 있는 권리관계에 대하여 임시의 지위를 정하는 것을 목적으로 한다.

28) 대법원 1978. 4. 11. 선고 77다2509 판결은 임시의 지위를 정하기 위한 가처분인 근로자의 파면처분효력정지가처분 신청은 보수금채권을 실현하는 수단이라는 성질을 가지고 있으므로 보수금채권 자체에 관한 이행의 소를 제기하지 않았다 하더라도 위 신청에 의하여 보수금채권의 소멸시효는 중단된다는 취지로 판시하였다. 다만 이 판결은 가처분에 이어 파면처분무효확인의 소를 제기한 사안에 대한 것인데, 가처분에 대하여 민법 제168조 제2호의 확정적인 시효중단을 인정한 것인지 아니면 이를 민법 제174조의 최고에 해당한 것으로 보아 소제기 전에 잠정적인 시효중단을 인정한 것인지 분명하지 않다.

29) 일본 민법은 2017년에 대폭 개정되어 2020. 4. 1.부터 시행되는데, 다음부터 이 글에서 일본 민법을 인용할 때에는 특별한 언급이 없는 한 위 개정 전의 것을 말한다.

30) 양창수, "부동산가압류의 시효중단효의 종료시기", 민사판례연구 제24권, 민사판례연구회(2002), 6~7쪽.

31) 그 이유는, 가압류 · 가처분 절차의 개시에 채무명의(집행권원)가 필요하지 않고 그 후에 본안

행)은 소멸시효제도를 대폭 개정하였는데, 여기서는 종전에 '압류'라고 규정되어 있던 것을 '강제집행, 담보권의 실행, 담보권 실행의 예에 따르는 경매, 재산명시절차'라고 개정하여 그 범위를 협의의 민사집행절차 전반과 재산명시절차로 확대하면서 이에 대하여 종전의 '시효중단'과 같은 내용인 '시효의 완성유예[32] 및 갱신[33]'의 효력을 부여한(일본 개정민법 제148조) 반면, '가압류 · 가처분'은 이와 구별하여 '시효의 완성유예'의 효력만 인정하여 '그 사유가 종료한 때부터 6개월을 경과할 때까지 시효가 완성하지 않는다'고 규정하였다(일본 개정민법 제149조).[34] 또한 2002년 개정된 독일 민법도 압류에 관하여는 제212조 제1항 제2호에서 집행행위의 개시나 신청을 '시효의 재개시' 사유의 하나로 정하고 있는 반면에, 가압류 · 가처분에 대해서는 제204조 제1항 제9호에서 그 신청서의 송달이나 신청의 제기를 '시효의 진행정지' 사유의 하나로 정하고 있다.

어떻든 간에 우리 민법은 보전처분에 불과한 가압류 · 가처분을 본격적인 집행행위인 압류와 동등하게 확정적인 시효중단의 사유로 인정하고 있는바,[35] 그 이유는 어디에서 찾아야 할까? 통설과 판례는 그 이유를 '가압류 · 가처분에 의하여 채권자가 권리를 행사하였다고 할 수 있기 때문'이라고 설명한다.[36] 그런데 이러한 설명만으로는 가압류 · 가처분에 대하여 민법 제174조의 최고와 같은 잠정적인 시효중단의 효력을 넘어 압류와 동등한 확정적인 시효중단의 효력을 인정한 이유를 설명하기에는 충분하지 않고, 가압류 · 가처분의 다음과 같은 특성이 아울러 고려되었다고 보아야 할 것이다. 첫째, 가압류 · 가처분은 청구채권의 집행을 보전하기 위한 것이므로 채권자가 담보를 제공하고 법원의 결정을 받아 그것을 집행함으로써 집행보전의 효력이 발생하면 채권자의 권리행사 의사가 민사집행법이 정한 절차를 통해 단

의 소의 제기나 속행이 예정되어 있으므로 가압류 · 가처분은 본안의 소가 제기될 때까지 시효완성을 저지하는 효력을 부여하면 충분하다고 생각하였기 때문이라고 한다. 김성수, "개정 일본민법(2017년)의 소멸시효", 아주법학 제12권 제1호, 아주대학교 법학연구소(2018), 55쪽.

32) 그 사유가 종료할 때까지는 시효가 완성하지 않는 효과를 갖는다.

33) 그 사유가 종료한 때부터 새로이 시효가 진행하는 효과를 갖는다.

34) 다만, 가압류 · 가처분의 경우 그 사유가 종료한 때를 종전의 일본 최고재판소 판례(日最判 1998. 11. 24.)와 같이 집행보전의 효력이 소멸한 때, 예컨대 가압류 · 가처분 등기가 말소된 때로 보게 되면 이러한 개정의 의미가 상당히 퇴색할 수 있다.

35) 편집대표 김용덕, 제5판 주석 민법(총칙 3), 한국사법행정학회(2019), 982쪽(전원열 집필)은, 이미 집행권원을 획득한 채권자가 행하는 강제집행의 첫 단계로서의 압류와, 보전처분에 불과한 가압류 · 가처분을 같은 법조에 규정하면서 동일한 효력을 부여하는 것에는 입법론상 의문이 있다고 한다.

36) 편집대표 김용덕, 제5판 주석 민법(총칙 3), 한국사법행정학회(2019), 990쪽(전원열 집필) 및 대법원 2000. 4. 25. 선고 2000다11102 판결, 대법원 2017. 4. 7. 선고 2016다35451 판결.

호하게 표명되었다고 할 수 있다.[37] 둘째, 가압류·가처분은 보전소송절차에서 이를 인용한 법원의 결정이 있어야 할 수 있는데 이를 위해 채권자는 피보전권리와 보전의 필요성을 소명하여야 한다(민사집행법 제279조 제2항, 제301조). 그러므로 법원의 가압류·가처분 결정이 있는 경우에는 청구채권의 존재가 공권적으로 일응 확인되었다고 평가할 수 있다. 다만, 이는 어디까지나 증명이 아닌 '소명'[38]에 기초한 것이고, 그 소명이 없는 때에도 가압류·가처분으로 생길 수 있는 채무자의 손해에 대하여 법원이 정한 담보를 채권자가 제공한 때에는 법원은 가압류·가처분을 명할 수 있으므로(민사집행법 제280조 제2항, 제301조), 집행권원이나 담보권에 기초한 압류와 비교하면 '권리의 확정'이라는 측면에서는 상당히 부족하다고 평가할 수 있다. 그러므로 가압류·가처분에 의한 시효중단의 효력 범위를 정할 때에는 이러한 특성을 충분히 고려할 필요가 있다.

나. 민법 제168조 제2호의 '가압류 · 가처분'의 구체적인 의미

보전처분절차는 보전처분결정을 얻기 위한 '보전소송절차'와 보전처분결정을 집행하기 위한 '보전집행절차'로 구분된다. 그런데 민법 제168조 제2호는 시효중단 사유로서 '가압류·가처분'을 제1호의 '청구'와 구별하여 '압류'와 함께 규정하고 있고, 여기서 압류는 압류가 집행되어 그 효력이 발생한 상태를 전제로 하는 개념이다. 그러므로 '가압류·가처분' 역시 단지 가압류·가처분 결정의 신청이나 가압류·가처분 결정이 있는 것만으로는 부족하고 그 결정이 집행되어 가압류·가처분의 집행보전 효력이 발생한 상태를 전제로 하는 개념으로 이해하여야 한다. 그리고 앞서 보았듯이 보전소송절차와 보전집행절차는 서로 밀접하게 연관되면서 기능적으로 일체를 이룬다. 이상과 같은 민법 제168조의 문언과 체계, 보전처분절차의 특성 등을 종합해 보면, 여기서 말하는 가압류·가처분은 '그 신청부터 결정, 집행에 이르기까지 전체로서의 가압류·가처분'을 뜻한다고 봄이 타당하다. 이와 같이 이해하면 뒤에서 보는 것과 같이 가압류·가처분 결정이 집행되면 그 신청시점에 소급하여 시효중단의 효력이 발생한다는 것을 논리 일관되게 설명할 수 있다.

한편, 민법 제168조 제2호에서 말하는 가압류·가처분은 민사집행법 제4편의 보

---

37) 김광년, "가압류와 시효중단의 효력발생시기", 변호사 제45집, 서울지방변호사회(2014), 66쪽. 양창수·김형석, 제3판 민법 Ⅲ 권리의 보전과 담보, 박영사(2018), 116쪽도 압류와 가압류·가처분은 '권리자의 강한 권리실행의사를 외부적으로 표출하는 전형적인 행위'로서 시효중단 사유가 된다고 한다.

38) 소명은 증명보다는 낮은 정도의 개연성으로 법관으로 하여금 일응 확실할 것이라는 추측을 얻게 한 상태 또는 그와 같은 상태에 이르도록 증거를 제출하는 당사자의 노력을 말한다.

전처분을 가리키는 것이므로, 주택임대차보호법 제3조의3에서 정한 '임차권등기명령에 따른 임차권등기',[39] 부동산등기법 제89조, 제90조에서 정한 '가등기를 명하는 가처분',[40] 가등기담보 등에 관한 법률 제2조 제3호에서 정한 '담보가등기'[41] 등은 이에 해당하지 않는다.

다. 시효중단의 요건

1) 유효한 가압류 · 가처분 결정

가) 의 의

가압류 · 가처분으로 인하여 시효중단의 효과가 발생하려면 우선 가압류 · 가처분 결정이 재판으로서 유효하여야 한다. 그 결정에 절차상, 실체상 흠이 있더라도 이의절차나 취소절차에서 의하여 취소되지 않는 한 재판으로서 유효하므로 집행력이 인정된다.

나) 당연무효인 경우(=부정)

(1) 가압류 · 가처분 결정이 재판으로서 당연무효인 경우, 즉 그 결정의 흠이 절차법상 도저히 용납될 수 없을 만큼 중대하여 그 결정에 따른 본래의 효력이 생기지 않는 경우에는, 그것이 외형상 집행되더라도 법적 효력을 인정할 수 없으므로 시효중단의 효력을 인정할 수 없다.

(2) 예를 들어 이미 사망한 자를 채무자로 한 가압류신청은 부적법하고 그 신청

39) 대법원 2019. 5. 16. 선고 2017다226629 판결은 다음과 같은 이유로 임차권등기명령에 따른 임차권등기에는 민법 제168조 제2호에서 정하는 소멸시효 중단사유인 압류 또는 가압류 · 가처분에 준하는 효력이 있다고 볼 수 없다고 판시하였다. ① 위 임차권등기는 특정 목적물에 대한 구체적 집행행위나 보전처분의 실행을 내용으로 하는 압류 또는 가압류 · 가처분과 달리 어디까지나 주택임차인이 주택임대차보호법에 따른 대항력이나 우선변제권을 취득하거나 이미 취득한 대항력이나 우선변제권을 유지하도록 해 주는 담보적 기능을 주목적으로 한다. ② 비록 주택임대차보호법이 임차권등기명령의 신청에 대한 재판절차와 임차권등기명령의 집행 등에 관하여 민사집행법상 가압류에 관한 절차규정을 일부 준용하고 있지만 이는 일방 당사자의 신청에 따라 법원이 심리 · 결정한 다음 그 등기를 촉탁하는 일련의 절차가 서로 비슷한 데서 비롯된 것일 뿐 이를 이유로 임차권등기명령에 따른 임차권등기가 본래의 담보적 기능을 넘어서 채무자의 일반 재산에 대한 강제집행을 보전하기 위한 처분의 성질을 가진다고 볼 수는 없다.

40) 대법원 1993. 9. 14. 선고 93다16758 판결은, 가등기가처분은 통상의 가처분과는 그 성질을 달리하는 것이므로, 이러한 가등기가처분은 민법 제168조 제2호에서 말하는 소멸시효의 중단사유의 하나인 가처분에 해당한다고 할 수 없다고 판시하였다.

41) 대법원 1997. 12. 26. 선고 97다22676 판결 참조. 이 사건에서 상고인은 '가등기의 설정은 가압류 · 가처분보다 훨씬 강력한 채권 보호 장치인데 소멸시효 중단사유에 가압류 · 가처분을 포함시키면서 가등기의 설정을 제외한 민법 제168조는 헌법상의 평등권 내지 재산권 보장 조항에 위반된다'고 주장하였으나, 대법원은 "채무자가 채권자에 대하여 자기 소유의 부동산에 담보 목적의 가등기를 설정하여 주는 것은 민법 제168조 소정의 채무의 승인에 해당한다고 볼 수 있으므로 위 조항이 헌법상의 평등권이나 재산권 보장 조항에 위반된다고 볼 수 없다."라고 판단하였다.

에 따른 가압류결정이 있었다고 하여도 그 결정은 당사자대립주의를 위반하여 당연무효이므로 그 효력이 상속인에게 미치지 않는데,[42] 판례는 이러한 당연무효의 가압류는 민법 제168조 제2호의 가압류에 해당하지 않는다고 하면서 "이는 민법 제175조가 법률의 규정에 따르지 아니함으로 인하여 취소된 가압류에 대하여는 시효중단의 효력을 인정하지 않고 있는 점에 비추어 보아도 분명하고, 또 가압류에 의한 소멸시효 중단의 효력이 그 집행보전의 효력이 존속하는 동안 지속된다는 점에서 판결의 확정으로 중단되었던 소멸시효가 다시 진행하는 재판상 청구보다도 훨씬 강력하다는 사정을 고려하면 당연무효인 가압류를 소멸시효 중단사유로 취급하는 것은 적절하다고 볼 수도 없다."라고 근거를 제시하였다.[43] 이에 대하여 가압류채권자의 의사를 존중하여 국세징수법 제37조 제2항[44]을 유추 적용함으로써 채무자의 상속인에 대하여 가압류를 한 것으로 보아 가압류결정을 유효하다고 보아야 한다는 견해[45]도 있으나, 가압류신청 당시부터 당사자대립주의를 위반한 중대한 흠이 있고, 채무자 본인과 상속인 중 누구를 상대로 가압류신청을 하는지에 따라 보전의 필요성에 대한 판단도 달라질 수 있는데 채무자 본인이 아닌 상속인에 대하여는 보전의 필요성에 대한 심리가 전혀 이루어지지 아니한 채 가압류결정이 내려졌으므로,[46] 가압류신청 당시 이미 채무자가 사망한 경우 그를 가압류채무자로 한 가압류결정은 채권자가 그러한 사정을 알았는지 몰랐는지 상관없이 재판으로서 무효이고, 그것이 외형상 집행되더라도 시효중단의 효력은 생길 수 없다고 보아야 한다.

(3) 가압류·가처분 신청 당시에는 채무자가 살아 있었는데 결정 전에 채무자가 사망하고 그 사정을 법원이 알지 못해 가압류·가처분 결정이 사망한 사람을 상대로 내려진 경우에는 어떠한가? 판례는 신청 당시 채무자가 생존하고 있었던 이상 가압류·가처분 결정이 당연무효라고 할 수 없다고 하므로,[47] 이에 따르면 시효중단의

---

42) 대법원 1991. 3. 29.자 89그9 결정(미간행), 대법원 2002. 4. 26. 선고 2000다30578 판결, 대법원 2004. 12. 10. 선고 2004다38921, 38938 판결 참조.

43) 대법원 2006. 8. 24. 선고 2004다26287, 26294 판결(원심은 당연무효의 가압류라 하더라도 이를 통하여 채권자의 권리행사 의사가 확인된 이상 적법한 가압류와 같은 소멸시효 중단사유에 해당한다고 보았었다).

44) "체납자가 사망한 후 체납자 명의의 재산에 대하여 한 압류는 그 재산을 상속한 상속인에 대하여 한 것으로 본다."라고 규정하고 있다.

45) 이천교, "사망한 채무자의 부동산에 대한 부동산경매와 가압류의 방법과 효력", 민사집행법연구 제15권, 한국사법행정학회(2019), 309~311쪽.

46) 송진현, "사망자를 채무자로 한 가압류결정의 효력과 이를 상속인으로 경정함의 가부", 대법원판례해설 제15호, 법원도서관(1992), 95쪽; 윤경, "무효인 보전처분결정에 대한 불복방법", 저스티스 제69호, 한국법학원(2002), 239쪽.

47) 대법원 1976. 2. 24. 선고 75다1240 판결(가압류 사안), 대법원 1993. 7. 27. 선고 92다48017

효력이 인정된다.[48] 이에 대하여 위와 같은 가압류·가처분 결정도 사망한 사람을 채무자로 하여 내려진 이상 결정에 따른 집행력 등이 발생하지 않는다는 의미에서 무효라고 보아야 하나, 다른 한편 가압류·가처분으로 인한 시효중단의 효과는 그 결정 신청시에 발생하므로 가압류·가처분 결정이 무효라고 하더라도 시효중단의 효력에는 영향이 없다고 주장하는 견해가 있다.[49] 그러나 뒤에서 보듯이 가압류·가처분으로 인한 시효중단은 그 집행에 착수하여야 최초 신청시에 소급하여 효력이 생기는 것이고, 그 결정이 무효이거나 집행에 착수조차 하지 않은 경우에는 시효중단의 효력을 인정할 수 없으므로 위와 같은 반대견해는 타당하지 않다.[50]

다) 그 밖에 흠이 있는 경우

(1) 예를 들어 채권가압류에서 피압류채권이 특정되지 않았거나 압류금지채권에 해당하여 가압류결정에 따른 실체법적 효력(채무자에 대한 처분금지, 제3채무자에 대한 지급금지 등)이 발생하지 않는 경우에는, 가압류결정이 절차법적으로 당연무효는 아니므로 제3채무자에게 송달되면 일단 시효중단의 효력이 생긴다고 볼 수 있을 것이다. 다만 가압류가 법률의 규정에 따르지 않은 경우에 해당하므로 이의절차 등에 의하여 가압류결정이 취소되면 민법 제175조에 따라 시효중단의 효력이 소급적으로 소멸될 수 있다.

(2) 가압류·가처분의 피보전권리가 사실은 존재하지 않더라도 이의절차나 취소절차를 통해 가압류·가처분 결정이 취소되기 전에는 절차법적으로 유효하다. 그런데 존재하지 않는 채권에 대하여 시효중단을 인정할 여지는 없으므로 위와 같은 가압류·가처분이 시효중단의 효과를 갖는가 하는 문제는 채권자가 피보전권리로 주장한 채권과 청구의 기초가 동일한 다른 실재하는 채권을 행사하는 경우에 제기될 것이다. 이 쟁점은 뒤에서 시효중단의 물적 효력 범위와 관련하여 자세히 살펴볼 텐데(Ⅱ－2－라－5)－라) 참조), 존재하지 않는 채권을 피보전권리로 하여 가압류·가처분을 하더라도 이는 채권을 실현하기 위한 적법한 권리행사로 볼 수 없으므로,[51]

판결(가처분 사안).

48) 대법원 1976. 2. 24. 선고 75다1240 판결.

49) 박영식, "사망한 채무자 명의의 가압류결정과 시효중단", 민사판례연구 제1권, 민사판례연구회(1979), 292~301쪽.

50) 편집대표 곽윤직, 민법주해 총칙(3), 박영사(1992), 528쪽(윤진수 집필)은 가압류결정이 당연무효라면 가압류신청시에 발생한 시효중단의 효력이 소급하여 상실되는 것으로 보아야 한다는 이유로 위와 같은 견해에 반대한다.

51) 대법원 2010. 5. 13. 선고 2010다6345 판결은 "이미 어음채권의 소멸시효가 완성된 후에는 그 채권이 소멸되고 시효중단을 인정할 여지가 없으므로, 시효로 소멸된 어음채권을 청구채권으로 하여 채무자의 재산을 압류한다 하더라도 이를 어음채권 내지는 원인채권을 실현하기

시효중단의 효과를 부정하는 것이 타당하다.

2) 가압류 · 가처분의 집행

가) 의 의

앞서 보았듯이 민법 제168조 제2호의 가압류·가처분은 압류와 마찬가지로 그것이 집행되어 집행보전의 효력을 갖는 상태를 전제로 하는 개념이다. 또한, 시효가 중단되면 중단사유가 종료한 때부터 새로이 시효가 진행하는 강력한 효과가 발생하므로, 가압류·가처분이 시효중단의 효력을 갖기 위해서는 위와 같은 시효의 갱신(재개시)을 정당화할 수 있을 정도의 확실한 권리행사가 필요하다. 그러므로 가압류·가처분으로 인하여 시효가 중단되려면 그 신청이나 결정이 있는 것만으로는 부족하고, 원칙적으로 그 집행이 되어야 한다고 해석함이 타당하다.[52] 뒤에서 보듯이 가압류·가처분으로 인한 시효중단의 효과는 그 결정을 신청한 때에 소급하여 발생하지만, 이는 법원이나 집행기관의 절차 지연으로 인해 시효가 완성되는 부당한 결과를 방지하기 위한 것일 뿐 시효중단의 요건으로는 가압류·가처분의 집행이 요구된다.

나) 집행의 구체적 의미

(1) 집행의 착수

여기서 '집행'이란 정확히 말하면 '집행의 착수'를 의미하므로 반드시 집행에 성공하여야 하는 것은 아니다. 집행에 착수한 이상, 집행의 목적물이 없어 집행이 불능으로 되었다 하더라도 보전처분절차를 통한 채권자의 권리행사 의사가 객관적으로 분명하게 표명된 것으로 볼 수 있으므로 시효중단의 효력을 부여하기에 부족함이 없기 때문이다.

가압류·가처분에 대한 재판의 집행은 채권자에게 재판을 고지한 날부터 2주를 넘긴 때에는 하지 못한다(민사집행법 제292조 제2항, 제301조). 집행기간이 지나면 그 가압류·가처분 결정은 집행력을 잃는다. 그러나 집행기간이 경과하였다 하여 가압류·가처분 결정 자체의 효력이 상실되는 것은 아니므로 채무자가 가압류·가처분 결정 자체의 효력을 없애려면 사정변경에 의한 취소신청(민사집행법 제288조, 제301조)을 하여야 한다.[53]

위한 적법한 권리행사로 볼 수 없어, 그 압류에 의하여 그 원인채권의 소멸시효가 중단된다고 볼 수 없다."라고 판시하였다.

52) 다만 임시의 지위를 정하기 위한 가처분 중에는 가처분결정을 채무자에게 송달함으로써 가처분의 효력이 발생하고 별도의 집행행위가 필요하지 않은 경우가 많은데(예를 들어 사용자의 근로자에 대한 해고의 효력을 정지하는 가처분은 그 결정이 사용자에게 송달되면 바로 효력이 생긴다), 이러한 경우에는 가처분결정이 채무자에게 송달된 것만으로 충분하다.

53) 법원실무제요 민사집행(Ⅳ), 법원행정처(2014), 224쪽.

가압류·가처분의 집행 방법은 목적물에 따라 다른데, 가압류를 중심으로 살펴보면 다음과 같다.

⑵ 부동산

부동산에 대한 가압류의 집행은 가압류재판에 관한 사항을 등기부에 기입하는 방법으로 한다(민사집행법 제293조 제1항). 집행법원은 가압류결정을 한 법원이 되고(같은 조 제2항), 그 법원사무관등이 가압류등기를 촉탁한다(같은 조 제3항).

⑶ 유체동산

유체동산에 대한 가압류의 집행은 압류와 같은 원칙에 따라야 하므로(민사집행법 제296조 제1항), 유체동산을 집행관이 점유하는 방법으로 한다(민사집행법 제189조 제1항). 집행관이 가압류할 재산을 찾기 위하여 채무자의 가옥, 사무실, 창고 그 밖의 장소에 대한 수색에 나아가면 집행의 착수로 볼 수 있다.[54] 채무자의 주소불명 등으로 집행에 착수조차 하지 못하면 시효중단의 효과는 발생하지 않으나,[55] 집행관이 집행장소에 임하여 일단 집행에 착수한 이상 가압류할 물건이 없어서 집행불능이 되어도 시효중단의 효력은 발생한다. 다만, 이 경우에는 가압류의 집행보전의 효력이 실제 발생하지 않으므로 집행이 불능된 때부터 시효가 새로이 진행된다.[56]

⑷ 채 권

채권에 대한 가압류의 집행도 압류와 같은 원칙에 따라야 하는데(민사집행법 제296조 제1항), 집행법원은 가압류결정을 한 법원이 되고(같은 조 제2항), 제3채무자에 대하여 채무자에게 지급하여서는 아니 된다는 명령이 담긴 가압류결정(같은 조 제3항)을 제3채무자에게 송달하는 방법으로 집행한다(민사집행법 제227조 제2, 3항, 제291조).[57] 저당권이 붙은 채권에 대한 가압류도 가압류결정이 제3채무자에게 송달됨으로써 집행이 완료되고, 부동산소유자에 대한 송달이나 저당권에 대한 가압류등기는 가압류의 효력발생요건이 아니다.[58] 채권자가 채무자의 제3채무자에 대한 채권을 가압류할 당시 그 피압류채권이 이미 소멸하였다는 등으로 부존재하는 경우에도

54) 법원실무제요 민사집행(Ⅳ), 법원행정처(2014), 223쪽.

55) 대법원 2011. 5. 13. 선고 2011다10044 판결.

56) 대법원 2011. 5. 13. 선고 2011다10044 판결, 윤혜원, “가압류 이후 장기간 본압류가 이루어지지 아니한 구상금 채권 처리방안 검토”, 보험법연구 제12권 제1호, 한국보험법학회(2018), 305쪽.

57) 가압류결정이 제3채무자에게 송달되지 않으면 가압류의 효력이 발생하지 않으므로 채무자에게 송달되었더라도 시효중단의 효력은 인정될 수 없다. 편집대표 곽윤직, 민법주해 총칙(3), 박영사(1992), 527쪽(윤진수 집필).

58) 법원실무제요 민사집행(Ⅳ), 법원행정처(2014), 223쪽.

특별한 사정이 없는 한 가압류집행을 함으로써 그 청구채권의 소멸시효는 중단된다.[59] 다만 집행불능의 경우와 마찬가지로 가압류의 집행보전의 효력이 실제 발생하지 않으므로 곧바로 소멸시효가 새롭게 진행한다.[60]

한편, 어음·수표 그 밖에 배서로 이전할 수 있는 증권으로서 배서가 금지된 증권채권의 압류는 법원의 압류명령으로 집행관이 그 증권을 점유하여 하므로(민사집행법 제233조), 이에 대한 가압류의 집행도 집행관이 그 증권을 점유하는 방법으로 한다(민사집행법 제291조). 가압류결정이 제3채무자에게 송달되더라도 집행관이 그 증권을 빼앗아 점유하지 않으면 가압류집행이 된 것이 아니므로 가압류의 효력이 생기지 않음을 유의하여야 한다. 건설공제조합의 조합원에게 발행된 출자증권은 위 조합에 대한 출자지분을 표창하는 유가증권으로서,[61] 그 출자지분의 가압류는 민사집행법 제233조에 따른 지시채권의 가압류의 방법으로 하므로(건설산업기본법 제59조 제4항) 법원의 가압류결정으로 집행관이 출자증권을 점유하는 방법으로 집행한다. 한편 위 출자증권을 채무자가 아닌 제3자가 점유하고 있는 경우에는, 집행관이 그 제3자의 승낙을 얻어 그로부터 출자증권을 제출받아 이를 점유함으로써 가압류하는 방법(민사집행법 제191조) 외에 채권자는 채무자가 제3자에 대하여 가지는 유체동산인 출자증권의 인도청구권을 가압류하는 방법으로도 가압류집행을 할 수 있다(민사집행법 제242조, 제243조). 후자의 경우 유체동산에 관한 인도청구권의 가압류는 원칙적으로 금전채권의 가압류에 준해서 집행법원의 가압류결정과 그 송달로써 하는 것이므로(민사집행법 제223조, 제227조, 제242조, 제243조, 제291조), 가압류결정이 제3채무자에게 송달됨으로써 출자증권 인도청구권 자체에 대한 가압류 집행은 끝나고 그 효력이 생긴다.[62]

다) 채무자에 대한 가압류 · 가처분 결정 송달은 요건이 아님

가압류·가처분 결정은 채무자에게 송달하여야 하지만(민사집행규칙 제203조의4, 제203조 제1항 제1호),[63] 이는 시효중단의 요건이 아니고 가압류·가처분의 집행이

59) 편집대표 곽윤직, 민법주해 총칙(3), 박영사(1992), 527쪽(윤진수 집필), 대법원 2014. 1. 29. 선고 2013다47330 판결(미간행: 압류 사안) 참조.

60) 대법원 2017. 4. 28. 선고 2016다239840 판결(압류 사안) 참조. 윤혜원, "가압류 이후 장기간 본압류가 이루어지지 아니한 구상금 채권 처리방안 검토", 보험법연구 제12권 제1호, 한국보험법학회(2018), 306~307쪽.

61) 대법원 1987. 1. 20. 선고 86다카1456 판결.

62) 대법원 2017. 4. 7. 선고 2016다35451 판결.

63) 보전처분의 집행은 그 재판을 채무자에게 송달하기 전에도 할 수 있으므로(민사집행법 제292조 제3항, 제301조) 집행이 된 후에 채무자에게 송달하는 것이 실무이다.

착수되면 시효중단의 요건은 충족된다. 설령 공시송달 등으로 인하여 채무자가 현실적으로 가압류·가처분의 사실을 인식하지 못하더라도 채권자가 가압류·가처분의 집행에 착수하여 보전처분절차를 통한 권리행사의 의사를 분명히 한 이상 시효중단을 인정하는 것이 제도의 취지에 부합하기 때문이다.

3) 가압류·가처분의 당사자가 채무자가 아닌 경우의 통지

민법 제176조는 "압류, 가압류 및 가처분은 시효의 이익을 받은 자에 대하여 하지 아니한 때에는 이를 그에게 통지한 후가 아니면 시효중단의 효력이 없다."라고 규정하고 있다.

그런데 위 규정은 가압류·가처분의 경우에는 적용될 여지가 별로 없다. 위 규정은 채무자 아닌 제3자를 상대방 당사자로 하여 가압류·가처분을 한 때에 적용되는데 채무자에 대한 청구채권의 집행을 보전하기 위하여 제3자를 상대로 하여 가압류·가처분을 하는 경우는 쉽게 상정하기 어렵기 때문이다. 예컨대 채권 가압류는 가압류결정을 제3채무자에게 송달하는 방법으로 집행하지만 가압류의 목적물은 '채무자가 가진' 제3채무자에 대한 채권이므로 이는 엄연히 채무자를 상대로 한 가압류에 해당한다.[64] 또한 유체동산 가압류에서 채무자 아닌 제3자가 이를 점유하고 있는 경우 집행관이 그의 승낙을 얻어 그로부터 유체동산을 제출받아 가압류 집행을 할 수 있는데 이 경우에도 가압류의 목적물은 '채무자 소유의' 유체동산이므로 이 역시 채무자를 상대로 한 가압류에 해당한다. 이상과 같은 경우에는 가압류 신청사건의 당사자인 채무자에게 가압류결정이 고지될 것이 당연히 예정되어 있다(민사집행법 제281조 제3항의 반대해석). 따라서 통상의 부동산 가압류의 경우와 마찬가지로 가압류가 집행됨으로써 청구채권의 시효중단 요건이 충족되고, 이를 채무자에게 통지하여야 시효중단의 효력이 발생할 수 있는 것이 아니다. 판례도 "채권자가 채권보전을 위하여 채무자의 제3채무자에 대한 채권을 가압류한 경우 채무자에게 그 가압류 사실이 통지되지 않더라도 채권자의 채권에 대하여 소멸시효 중단의 효력이 발생한다고 봄이 상당하다."라고 판시하여 이러한 태도를 분명히 하고 있다.[65] 이와 달리 채권 가압류에서 가압류결정이 제3채무자에게 송달이 되었더라도 채무자에게 공시송달의 방법으로 송달된 경우에는 채무자가 그 사실을 실제로 알 수 있었던 것이 아니므로 채무자에 대한 시효중단의 효력이 없다는 견해도 있으나,[66] 채권 가압류의 당

64) 대법원 2012. 4. 26. 선고 2011다108231 판결(미간행).

65) 대법원 2019. 5. 16. 선고 2016다8589 판결(미간행).

66) 편집대표 김용덕, 제5판 주석 민법(총칙 3), 한국사법행정학회(2019), 991쪽(전원열 집필).

사자는 채무자이지 제3채무자가 아니므로 이 경우에는 민법 제176조가 적용되지 않고 민법 제169조의 원칙에 따라 가압류의 집행이라는 시효중단의 요건이 충족되면 곧바로 그 당사자인 채무자에 대하여 시효중단의 효력이 발생한다고 보아야 한다.

한편 보증채무에 관하여 민법 제440조는 "주채무자에 대한 시효의 중단은 보증인에 대하여 그 효력이 있다."라고 규정하고 있는데, 이는 민법 제169조의 예외 규정으로서 채권자 보호 내지 채권담보의 확보를 위하여 주채무자에 대한 시효중단의 사유가 발생하였을 때는 그 보증인에 대한 별도의 중단조치가 이루어지지 아니하여도 동시에 시효중단의 효력이 생기도록 한 것이고, 민법 제176조와는 무관하다. 따라서 그 시효중단 사유가 압류, 가압류라고 하더라도 이를 보증인에게 통지하여야 비로소 보증채권에 대한 시효중단의 효력이 발생하는 것은 아니다.[67]

이와 반대로 채권자가 보증인 소유의 부동산에 대하여 가압류를 한 경우, 그 사실을 주채무자에게 통지하면 민법 제176조가 적용되어 채권자의 주채무자에 대한 채권의 소멸시효가 중단되는지 문제 된다. 판례의 태도는 불분명한데,[68] 이는 다음과 같은 이유로 부정하는 것이 타당하다.[69] 민법 제176조는 채권자가 채무자에 대한 채권을 청구채권이나 집행채권으로 하여 제3자를 상대로 압류, 가압류 · 가처분을 하는 경우를 예정한 규정인데, 보증채무는 비록 주채무에 부종하는 것이기는 하나 주채무와 별개의 채무이고, 채권자가 보증인 소유의 부동산에 대하여 가압류를 한 것은 주채무자에 대한 채권이 아닌 '보증인에 대한 보증채권'을 피보전권리로 한 것이므로, 채권자가 보증인 소유의 부동산에 대하여 가압류를 하였다고 하여 주채무자에 대한 채권을 가압류절차에서 행사하였다고 할 수 없다.

라. 효 과

1) 소멸시효의 중단

가압류 · 가처분이 이상의 요건을 충족하면 청구채권의 소멸시효가 중단된다(민법 제168조 제2호). 민법 제178조 제1항은 "시효가 중단된 때에는 중단까지에 경과한

---

67) 대법원 2005. 10. 27. 선고 2005다35554, 35561 판결.

68) 대법원 1977. 9. 13. 선고 77다418 판결은 "보증인의 재산에 대한 가압류로써는 주채무에 대한 소멸시효를 중단시킬 수 없다."라고 판시하였는데, 가압류 사실이 주채무자에게 통지된 경우에도 그렇다는 것인지는 불분명하다. 편집대표 곽윤직, 민법주해 총칙(3), 박영사(1992), 531쪽(윤진수 집필)은 판례의 태도를 부정설에 가까운 것으로 평가하고 있다.

69) 양창수, "민법 제176조에 의한 시효중단", 민법연구 제1권, 박영사(1991), 177~178쪽도 분명하지는 않지만 같은 태도인 것으로 이해된다. 또한 편집대표 김용덕, 제5판 주석 민법(총칙 3), 한국사법행정학회(2019), 997쪽(전원열 집필)은, 주채무자에게 통지하더라도 주채무자에 대하여 시효중단효는 발생하지 않는다고 한다.

시효기간은 이를 산입하지 아니하고 중단사유가 종료한 때로부터 새로이 진행한다." 라고 규정하고 있으므로, (i) 가압류·가처분 결정의 신청이 있은 때까지 경과한 시효기간은 없었던 것으로 되고 (ii) 가압류·가처분이 종료한 때부터 새로이 시효가 진행한다. 적용되는 소멸시효 기간은 종전과 같다.

2) 시효중단의 효력발생시기

가) 문제의 소재

가압류·가처분은 '채권자의 보전처분신청 → 법원의 보전처분결정 → 채권자의 집행신청(유체동산 가압류에서와 같이 보전처분 발령법원이 아닌 집행관이 집행기관인 경우에 한함) → 보전처분집행'의 순서로 진행된다. 그런데 만법은 제168조 제2호에서 가압류·가처분을 시효중단 사유의 하나로 규정하고 있을 뿐 구체적으로 위 일련의 단계 중 어느 시점에 시효중단의 효력이 발생하는지에 관하여 민법이나 민사집행법에는 아무런 규정이 없다. 논리적으로 생각하면 시효중단의 요건이 충족된 때인 가압류·가처분 집행시점에 시효중단의 효력이 발생한다고 해석하면 될 것이나, 가압류·가처분을 통한 채권자의 권리행사는 그 결정을 신청한 때 시작하고, 법원이나 집행기관의 절차 지연에 따라 그 사이 시효가 완성되어 버리는 것은 채권자에게 가혹하므로, 시효완성을 저지하는 관점에서의 시효중단의 효력발생시기는 별도로 논의할 필요가 있다.

나) 학 설

이론적으로는 보전처분절차의 단계에 따라 ① 채권자가 '보전처분결정을 신청한 때'라고 하는 견해, ② 법원이 '보전처분결정을 한 때'라고 하는 견해, ③ 채권자가 '보전처분집행을 신청한 때'라고 하는 견해, ④ 보전처분결정이 집행된 때, 정확하게는 그 '집행에 착수한 때'라고 하는 견해 등을 상정해 볼 수 있다.

그런데 ②설을 취하는 견해는 실제로 찾아보기 어렵고, ④설을 취하는 견해도 일부 있으나,[70] 대부분의 학설은 채권자의 권리행사는 보전처분을 신청한 때에 시작된다는 점, 발령법원이나 집행기관의 절차 지연에 따라 시효중단의 효력발생시기가 달라지는 것은 부당하다는 점 등을 근거로 ①설[71]이나 ③설[72]을 취하고 있다(둘

70) 박재혁, "가압류에 의한 시효중단과 그 소멸시효기간", 법률신문(2011. 10. 27.).

71) 박영식, "사망한 채무자 명의의 가압류결정과 시효중단", 민사판례연구 제1권, 민사판례연구회(1979), 296~299쪽; 권창영, 민사보전법, 유로(2010), 293쪽; 이영창, 보전소송, 진원사(2011), 81쪽; 곽윤직·김재형, 제9판 민법총칙, 박영사(2013), 442쪽; 김광년, "가압류와 시효중단의 효력발생시기", 변호사 제45집, 서울지방변호사회(2014), 69쪽; 민선찬, "가압류와 소멸시효의 중단시기", 부동산법학 제57집, 한국부동산학회(2014), 15~16쪽; 전병서, 민사집행법, 박영사(2019), 532쪽.

중 어느 견해인지 분명하지 않은 경우도 많다). 보전처분 발령법원이 동시에 그 집행기관이 되는 경우(예컨대 부동산, 채권 가압류)에는 처음에 보전처분을 신청할 때 보전처분결정의 신청과 보전처분집행의 신청이 함께 있는 것으로 보고 있으므로(민사집행규칙 제203조 제1항 제6호 단서 참조)[73] ①설과 ③설에 실제 차이가 없으나, 집행관이 집행기관이 되는 경우(예컨대 유체동산 가압류)에는 보전처분결정 후에 채권자가 별도로 집행관에게 보전처분집행을 신청하여야 하므로 ①설과 ③설에 현실적인 차이가 생기게 된다.[74]

한편 ①설, 즉 '보전처분결정을 신청한 때'라고 하는 견해 안에서도 ㉠ 보전처분결정을 적법하게 신청하면 곧바로 시효중단의 효력이 발생하고 이후 보전처분결정이 무효이거나 그 집행에 착수하지 않더라도 시효중단의 효력이 유지된다고 하는 견해,[75] ㉡ 보전처분결정을 신청하면 일단 시효중단의 효력이 발생하나 이후 신청이 취하, 각하 또는 기각되거나 보전처분결정 후에 보전처분집행에 착수하지 않으면 소급하여 시효중단의 효력이 소멸한다는 견해, ㉢ 보전처분의 집행에 착수하면 보전처분결정을 신청한 때에 소급하여 시효중단의 효력이 생긴다고 하는 견해[76] 등으로 나뉠 수 있다.

다) 판 례

판례는 채권 가압류로 인한 시효중단의 효력발생시기가 문제된 사안에서 가압류가 집행되어 효력이 생기면 '채권자가 가압류신청을 한 때에 소급'하여 시효중단의 효과가 발생한다고 판시하면서 그 이유를 다음과 같이 설명하고 있다.[77]

"민사소송법 제265조에 의하면, 시효중단사유 중 하나인 '재판상의 청구'(민법 제168조 제1호, 제170조)는 소를 제기한 때 시효중단의 효력이 발생한다. 이는 소장 송달 등으로 채무자가 소제기 사실을 알기 전에 시효중단의 효력을 인정한 것이다. 가압류에 관해서도 위 민사소송법 규정을 유추적용하여 '재판상의 청구'와 유사하게 가압류를 신청한 때 시효중단의 효력이 생긴다고 보아야 한다. '가압류'는 법원의 가

72) 한충수, "(가)압류에 따른 시효중단 효력 발생 시기", 법조 제67권 제6호(2018), 796~797쪽; 김홍엽, 제5판 민사집행법, 박영사(2019), 423쪽. 이 글들은 유체동산 가압류의 경우에는 '집행관에게 집행위임을 신청한 때'가 시효중단시기가 된다고 분명하게 밝히고 있다.

73) 법원실무제요 민사집행(Ⅳ), 법원행정처(2014), 217~218쪽.

74) 다만 보전처분결정의 집행은 채권자에게 결정을 고지한 날부터 2주를 넘긴 때에는 하지 못하므로(민사집행법 제292조 제2항, 제301조) 그 차이가 크지는 않다.

75) 박영식, "사망한 채무자 명의의 가압류결정과 시효중단", 민사판례연구 제1권, 민사판례연구회(1979), 292~301쪽.

76) 곽윤직 · 김재형, 제9판 민법총칙, 박영사(2013), 442쪽.

77) 대법원 2017. 4. 7. 선고 2016다35451 판결.

압류명령을 얻기 위한 재판절차와 가압류명령의 집행절차를 포함하는데, 가압류도 재판상의 청구와 마찬가지로 법원에 신청을 함으로써 이루어지고(민사집행법 제279조), 가압류명령에 따른 집행이나 가압류명령의 송달을 통해서 채무자에게 고지가 이루어지기 때문이다. 가압류를 시효중단사유로 규정한 이유는 가압류에 의하여 채권자가 권리를 행사하였다고 할 수 있기 때문이다. 가압류채권자의 권리행사는 가압류를 신청한 때에 시작되므로, 이 점에서도 가압류에 의한 시효중단의 효력은 가압류신청을 한 때에 소급한다고 볼 수 있다."

위 판례는 채권 가압류 사안에 관한 것으로 여기서 말하는 '가압류신청'이 실질적으로 가압류결정의 신청을 의미하는지 가압류집행의 신청을 의미하는지 분명하지 않으나, 위 판례가 제시한 이유(특히 '가압류'는 가압류결정을 얻기 위한 재판절차를 포함한다고 한 점, 가압류채권자의 권리행사는 가압류를 신청한 때 시작된다고 한 점 등)를 보면 '가압류결정의 신청'을 의미하는 것으로 이해된다. 그리고 위 판례의 판시는 부동산이나 유체동산 가압류를 포함하여 가압류로 인한 시효중단 전반에 적용되는 것을 염두에 둔 것으로 보인다.[78)]

한편 판례는 유체동산 가압류 사안에서 "유체동산에 대한 가압류결정을 집행한 경우 가압류에 의한 시효중단의 효력은 가압류의 집행보전의 효력이 존속하는 동안 계속된다. 그러나 유체동산에 대한 가압류의 집행절차에 착수하지 않은 경우에는 시효중단의 효력이 없고, 그 집행절차를 개시하였으나 가압류할 동산이 없기 때문에 집행불능이 된 경우에는 집행절차가 종료된 때로부터 시효가 새로이 진행된다."라고 판시하였는데,[79)] 이를 두고 유체동산 가압류에서는 판례가 '보전처분의 집행에 착수한 때' 시효중단의 효과가 발생한다는 태도를 취하고 있다고 평가하는 견해가 있다.[80)] 그러나 위 판례는 채권자가 채무자의 유체동산에 대한 가압류결정을 받은 사실만으로는 청구채권의 시효가 중단된다고 할 수 없다고 판단한 것으로서, 가압류

---

78) 그 전에 대법원 2013. 10. 11. 선고 2013다44256 판결(미간행)은, 부동산 가압류의 신청시점과 등기시점 사이에 시효기간이 만료하는 사안에서, 가압류에 의한 시효중단의 효력은 그 결정을 신청한 때 발생한다고 판단한 원심을 심리불속행기각으로 확정시킨 바 있다. 이 사건에서 상고인은 가압류가 집행되어야 발생하는 시효중단의 효과가 그 결정을 신청한 때로 소급한다고 할 법적 근거가 없다고 주장하였으나[자세한 상고이유는 김광년, "가압류와 시효중단의 효력발생시기", 변호사 제45집, 서울지방변호사회(2014), 77~79쪽 참조], 대법원은 이를 받아들이지 않은 것이다.

79) 대법원 2011. 5. 13. 선고 2011다10044 판결.

80) 김광년, "가압류와 시효중단의 효력발생시기", 변호사 제45집, 서울지방변호사회(2014), 72쪽; 민선찬, "가압류와 소멸시효의 중단시기", 부동산법학 제57집, 한국부동산학회(2014), 16쪽; 한충수, "(가)압류에 따른 시효중단 효력 발생 시기", 법조 제67권 제6호(2018), 793~794쪽. 다만 이 글들은 그러한 판례의 태도가 옳지 않다고 주장한다.

로 인한 시효중단의 효과가 발생하기 위한 '요건'으로 가압류결정의 집행 착수가 필요하다는 법리를 밝힌 것일 뿐, 그 효과로서 시효중단의 효력발생시기에 관하여 판시한 것이 아니다. 따라서 위 판례가 앞서 본 판례와 배치된다고 할 수 없다. 다만 유체동산 가압류의 경우에는 법원의 가압류결정 이후에 채권자가 집행관에게 별도로 가압류집행을 신청하여야 하는바, 집행관이 유체동산 가압류의 집행에 착수하여 시효중단의 요건이 충족된 경우 가압류결정 신청시점과 가압류집행 신청시점 중 어느 때로 소급하여 시효중단의 효력이 발생하는지에 관하여는 아직 이를 분명하게 판시한 판례가 없다.

라) 검토(=보전처분결정 신청시에 소급)

가압류·가처분에 의한 시효중단의 요건으로 그 집행이 필요함은 앞에서 보았다. 그런데 시효중단의 요건과 시효중단의 효력발생시기는 반드시 일치시켜 고찰하여야 하는 것은 아니다.[81] 시효가 중단되면 시효기간이 새로이 진행하므로 시효중단의 요건을 정할 때에는 시효기간이 새롭게 진행하는 것을 정당화할 수 있을 정도의 확실한 권리행사가 있는지가 중요하지만, 시효완성을 저지하는 관점에서의 시효중단의 기산점은 채권자를 위하여 너그럽게 해석하는 것이 타당하므로[82] 시효중단의 효력발생시기를 정할 때 중요한 것은 당해 시효중단 사유와 관련한 권리행사가 언제부터 있었느냐 하는 점이다.

이러한 관점에서 보면, 가압류·가처분으로 인한 시효중단은 그 결정이 집행되면 '채권자가 가압류·가처분 결정을 신청한 때'에 소급하여 효력이 발생한다고 해석함이 타당하다. 구체적인 이유는 다음과 같다. ① 앞서 보았듯이 보전처분절차는 그 결정을 얻기 위한 보전소송절차와 그 집행절차가 밀접하게 연관되어 기능적으로 일체를 이루므로, 민법 제168조 제2호의 가압류·가처분은 그 '신청부터 결정, 집행에 이르기까지 전체로서의 가압류·가처분'을 뜻하는 것으로 보아야 한다. 그렇다면 가압류·가처분의 경우에는 그 결정이 신청된 때부터 중단사유가 발생한 것으로 볼 수 있다. ② 채권자가 가압류·가처분 결정을 신청한 때 가압류·가처분 절차에서 청구

81) 예를 들어 재판상 청구로 인한 시효중단을 보면, 소가 제기된 때에 일단 시효중단의 효력이 발생하였다가(민사소송법 제265조) 이후 청구를 인용하는 재판이 확정되면 시효중단의 효력이 확정적으로 유지되고(민법 제178조 제2항) 반대로 소가 각하, 취하되거나 청구가 기각되면 시효중단의 효력이 소급적으로 소멸되는데(민법 제170조 제1항), 여기에서도 시효중단의 효력이 확정적으로 유지되기 위한 요건(=청구인용 재판의 확정)과 시효중단의 효력발생시기(=소제기 시점)는 분리가 된다.

82) 대법원 1975. 7. 8. 선고 74다178 판결, 대법원 1995. 5. 12. 선고 94다24336 판결, 대법원 2006. 6. 16. 선고 2005다25632 판결, 대법원 2010. 5. 27. 선고 2010다9467 판결.

채권을 행사하기 시작한 것으로 볼 수 있다. ③ 법원의 가압류·가처분 결정절차나 집행기관의 집행절차가 지연되어 그 사이 소멸시효가 완성하게 된다면 채권자가 그의 귀책사유 없이 불이익을 받게 되어 불합리하고 채권자에게 가혹한 결과가 된다.

한편, 가압류·가처분 결정을 신청한 때 일단 시효중단의 효력이 발생하고 이후 그 신청이 취하, 각하 또는 기각되거나 그 결정이 집행되지 않으면 소급하여 시효중단의 효력이 소멸한다고 이론구성을 하는 방법도 생각해 볼 수 있다. 그러나 민법 제168조가 시효중단사유로서 제1호의 '청구'와 구별하여 제2호의 '압류, 가압류·가처분'을 규정하고 있는 점을 고려하면, 가압류·가처분이 집행되지도 않았는데 그 결정의 신청만으로 일단 시효중단의 효력이 생긴다고 해석하는 것은 우리 민법의 해석으로는 무리가 있다. 그 밖에도 예컨대 유체동산 가압류에서 채권자가 가압류결정을 받고 집행관에게 가압류집행을 신청하지 않는 경우, 채무자가 집행기간 도과를 이유로 가압류취소신청(민사집행법 제288조 제1항 제1호)을 하지 않는 이상 계속하여 시효중단의 효과가 유지되는 불합리한 결과가 발생하는 문제도 있다.

이제 가압류를 중심으로 시효중단의 효력발생시기를 구체적으로 보면, (i) 부동산이나 채권에 대한 가압류의 경우에는 처음에 가압류를 신청한 때가 이에 해당하고, (ii) 유체동산 가압류의 경우에도 가압류집행을 신청한 때가 아니라 가압류결정을 신청한 때가 이에 해당한다고 보아야 한다. 유체동산 가압류에서는 법원의 가압류결정 후에 채권자가 집행관에 대하여 별도로 가압류집행을 신청하여야 하나, 이는 집행기관이 가압류결정을 한 법원이 아니라 집행관이어서 부득이하게 필요한 절차일 뿐이고, 이 경우에도 가압류결정과 가압류집행은 시간적, 기능적으로 서로 밀접하게 연관되어 있어 일체를 이루므로, 가압류절차에서 채권자의 권리행사가 시작된 시점인 최초에 가압류결정을 신청한 때 시효중단의 효력이 발생한다고 해석함이 타당하다.[83]

---

83) 가압류의 목적물이 유체동산인 경우에도 시효중단의 효력발생시기는 '가압류결정을 신청한 때'로 통일되게 보아야 한다는 점을 강조하는 견해로서 김광년, "가압류와 시효중단의 효력 발생시기", 변호사 제45집, 서울지방변호사회(2014), 80~82쪽; 민선찬. "가압류와 소멸시효의 중단시기", 부동산법학 제57집, 한국부동산학회(2014), 16쪽 참조. 반면 한충수, "(가)압류에 따른 시효중단 효력 발생 시기", 법조 제67권 제6호(2018), 803~804쪽은 시효중단의 효력발생시기를 가압류의 목적물에 상관없이 통일적으로 규율하여야 한다고 하면서도 그 시점은 '가압류집행을 신청한 때'라고 보아야 한다고 주장한다.

3) 시효중단의 효력이 지속되는 기간

가) 문제의 소재

민법 제178조 제1항은 “시효가 중단된 때에는 중단까지에 경과한 시효기간은 이를 산입하지 아니하고 중단사유가 종료한 때로부터 새로이 진행한다.”라고 규정하고 있다. 그러므로 가압류·가처분으로 인한 시효중단의 경우에도 ‘중단사유가 종료한 때’까지 중단의 효력이 지속된다고 할 수 있다. 그런데 예를 들어 부동산 가압류를 보면 가압류결정의 집행방법인 가압류등기가 마쳐져 가압류의 효력이 발생한 후에도 가압류등기가 남아 있는 한 계속해서 가압류의 효력이 유지되는바, 구체적으로 어느 시점에 중단사유인 가압류가 종료한 것으로 볼 것인지 의문이 제기될 수 있다. 이는 주로 ① 채권자가 가압류·가처분 집행만 해 놓고 이후에 장기간 본안소송 등 아무런 조치를 하지 않고 있는 경우, ② 채권자가 가압류·가처분 집행을 한 후 본안소송 등을 통해 집행권원을 얻었으나 이후에 장기간 본집행을 하지 않고 있는 경우 등에 문제가 된다.

나) 가압류·가처분이 집행됨으로써 시효중단 효력이 종료하는지 여부

(1) 판 례

㈎ 이 쟁점에 관한 최초의 선례라 할 수 있는 대법원 2000. 4. 25. 선고 2000다11102 판결은 다음과 같이 판시하여 가압류가 집행된 뒤에도 그 효력이 존속하는 동안은 시효중단의 효력이 계속된다는 태도를 취하였다.

“민법 제168조에서 가압류를 시효중단사유로 정하고 있는 것은 가압류에 의하여 채권자가 권리를 행사하였다고 할 수 있기 때문인데 가압류에 의한 집행보전의 효력이 존속하는 동안은 가압류채권자에 의한 권리행사가 계속되고 있다고 보아야 할 것이므로 가압류에 의한 시효중단의 효력은 가압류의 집행보전의 효력이 존속하는 동안은 계속된다고 하여야 할 것이다. 또한 민법 제168조에서 가압류와 재판상의 청구를 별도의 시효중단사유로 규정하고 있는 데 비추어 보면, 가압류의 피보전채권에 관하여 본안의 승소판결이 확정되었다고 하더라도 가압류에 의한 시효중단의 효력이 이에 흡수되어 소멸된다고 할 수도 없다.”

이에 따르면, 부동산 가압류의 경우 가압류등기가 남아 있는 한 시효중단의 효력이 계속되고, 심지어 본안소송을 제기하여 승소확정판결을 받은 때부터 10년이 지난 뒤에도 가압류등기가 남아 있는 한 소멸시효는 여전히 중단된 상태로 있게 된다.

㈏ 그 후 뒤에서 보듯이 판례를 비판하는 학설이 유력하게 주장되자 하급심에서도 판례 변경을 시도하며 가압류결정이 집행되면 시효중단의 효력이 종료된다는

취지로 판시한 재판례가 나타났으나, 대법원 2006. 7. 4. 선고 2006다32781 판결은 자동차 가압류에서 가압류등록이 되어 있는 동안 계속해서 청구채권의 소멸시효가 중단되는지 문제된 사안에서, 종전의 판례를 변경할 필요가 없다고 하면서 자동차에 대한 가압류에 의한 시효중단은 가압류등록이 마쳐진 때에 시효중단의 효력이 종료된다고 본 원심판결을 파기하였다.

㈐ 그리고 위와 같은 판례의 태도는 '가처분'의 경우에도 그대로 유지되고 있다. 예컨대 대법원 2011. 5. 26. 선고 2011다15193 판결(미간행)은 부동산에 관한 유류분반환청구권의 소멸시효가 이를 피보전권리로 한 처분금지가처분등기가 마쳐져 있는 동안 계속해서 중단되는지 문제된 사안에서, 가압류로 인한 시효중단에 관한 앞서 본 법리를 밝힌 후 "이러한 법리는 민법 제168조에서 가압류와 함께 시효중단사유로 정한 가처분의 경우에도 마찬가지로 적용된다고 할 것이므로, 가처분에 의한 시효중단의 효력은 가처분의 집행보전의 효력이 존속하는 동안은 계속된다."라고 판시하였다.[84)]

㈑ 참고로 일본 민법은 우리 민법과 같이 가압류·가처분을 압류와 병렬적으로 시효중단 사유로 정하면서(제147조 제2호), 그 효과에 관하여 '중단된 시효는 그 중단의 사유가 종료한 때로부터 새로이 그 진행을 개시한다'고 규정하고 있어(제157조 제1항) 우리와 문제 상황이 동일한데,[85)] 일본의 판례[86)]는 학설의 강력한 반대와 하급심의 반복되는 반기[87)]에도 불구하고 계속설의 태도를 확고하게 유지하고 있다. 특히 계속설의 태도에 쐐기를 박은 것으로 평가할 수 있는 최고재판소 1998. 11. 24. 선고 판결은 앞서 본 우리 대법원 2000. 4. 25. 선고 2000다11102 판결에 직접적인 영향을 준 것으로 보인다.

(2) 학 설

위 대법원 2000다11102 판결이 선고되기 전에는 국내에서 이에 관한 별다른 논의가 없었으나,[88)] 위 판결을 계기로 이를 지지하는 견해와 반대하는 견해가 주장되

84) 그리하여 "원심이 같은 취지에서 이 사건 소멸시효의 이익을 받을 피고들 명의로 소유권이전등기가 마쳐진 이 사건 부동산에 관하여 원고의 피고들에 대한 유류분반환청구권을 피보전권리로 한 처분금지가처분기입등기가 경료됨으로써 위 유류분반환청구권의 소멸시효가 중단되었고, 그 가처분에 의한 시효중단의 효력은 가처분의 집행보전의 효력이 존속하는 동안은 계속된다고 판단한 것은 정당하[다.]"라고 판단하였다.

85) 하지만 앞서 보았듯이 일본의 개정 민법(2020. 4. 1. 시행)은 그렇지 않다.

86) 日最判 1994. 6. 21.(民集 48－4, 110), 日最判 1998. 11. 24.(民集 52－8, 1737).

87) 일본의 학설과 재판례의 전개에 관한 상세한 소개는 양창수, "부동산가압류의 시효중단효의 종료시기", 민사판례연구 제24권, 민사판례연구회(2002), 8~10쪽 참조.

88) 하급심에서는 서로 상반되는 재판례가 양립하고 있었다. 이균용, "가압류와 시효중단효력의

고 있다.

㈎ 계속설[89)]

판례의 태도와 같이, 가압류·가처분으로 인한 시효중단의 효력은 그 결정이 집행된 뒤에도 그 집행보전의 효력이 존속하는 동안은 특별한 사정이 없는 한 계속된다는 견해이다. 예컨대 부동산 가압류의 경우 가압류등기가 남아 있는 한 시효는 계속 중단된다고 한다. 주요 논거는 다음과 같다.

① 가압류·가처분에 의한 집행보전의 효력이 존속하는 동안은 채권자에 의한 권리행사가 계속되고 있다고 볼 수 있다. ② 민법 제168조 제2호는 가압류·가처분을 압류와 동등한 시효중단의 사유로 규정하고 있는바, 압류의 경우에 압류가 집행된 후에도 압류의 효력이 실질적으로 존속하는 동안(예컨대 배당표가 확정될 때까지) 시효중단의 효력이 계속된다는 데 이견이 없으므로 가압류·가처분의 경우에도 동일하게 해석함이 타당하다. ③ 특히 가압류의 경우에는 채권자가 즉시 집행을 하기 곤란한 사정(예컨대 선순위 저당권으로 인해 가압류채권자에게 남을 가망이 없는 경우, 최선순위의 처분금지가처분등기나 청구권 보전의 가등기가 되어 있는 경우)이 있어 가압류 이후에 재판상 청구나 압류 등 본격적인 조치에 나아가지 않은 경우가 많은데, 이러한 경우까지 재차의 시효중단을 위하여 채권자로 하여금 다른 시효중단조치를 취하도록 하는 것은 채권자에게 가혹하다. ④ 시효중단의 효력이 계속된다고 하여도, 채권자가 본안의 소를 제기하지 않고 가압류·가처분을 방치하고 있는 경우에는 채무자는 본안의 제소명령(민사집행법 제287조, 제301조)이나 본안의 제소기간 도과를 이유로 한 취소신청(민사집행법 제288조 제1항 제3호, 제301조)을 할 수 있고, 또 채권자가 본안의 집행권원을 얻은 후 장기간 본집행을 하지 않고 있는 경우에는 채무자가 보전의 필요성 소멸을 이유로 한 취소신청(민사집행법 제288조 제1항 제1호, 제301조)을 할 수 있으며, 이로써 가압류·가처분이 취소되면 시효중단의 효력이 종료되므로 채무자에게 가혹하지 않다. ⑤ 비계속설을 취하면 특히 단기소멸시효(1년, 3년 등)에 걸리는 채권의 경우 채권자에 비해 채무자를 과도하게 보호하는 결과를 야기할 수 있다.

계속여부", 대법원판례해설 제34호, 법원도서관(2000), 46~47쪽; 양창수, "부동산가압류의 시효중단효의 종료시기", 민사판례연구 제24권, 민사판례연구회(2002), 12~26쪽 참조.

89) 이균용, "가압류와 시효중단효력의 계속여부", 대법원판례해설 제34호, 법원도서관(2000), 43쪽 이하; 김진수, "가압류와 시효중단의 계속", 판례연구 제12집, 부산판례연구회(2001), 581~583쪽; 윤혜원, "가압류 이후 장기간 본압류가 이루어지지 아니한 구상금 채권 처리방안 검토", 보험법연구 제12권 제1호, 한국보험법학회(2018), 310~312쪽.

(나) 비계속설[90]

가압류·가처분으로 인한 시효중단의 효력은 그 결정이 집행되면 종료하고 그 때부터 새롭게 시효가 진행한다는 견해이다. 주요 논거는 다음과 같다.

① 가압류·가처분 집행이 일단 종료한 후에도 여전히 채권자가 권리행사를 계속한다고 보는 것은 하나의 의제에 불과하다. 가압류등기가 있으면 시효중단의 효력이 계속된다고 한다면, 예를 들어 저당권등기가 마쳐졌다고 해도 그것만으로 그 피담보채권에 관하여 채권자의 권리행사가 있다고 해석하지 않는 것과 조화적으로 설명되기 어렵다. ② 비록 민법이 가압류·가처분을 압류와 같이 시효중단사유로 정하고 있다고 하여도, 그 효력은 당해 사유의 성질에 좇아 정하여져야 한다. 그런데 가압류·가처분은 임시의 보전조치이고 피보전권리에 기판력이 생기지도 않는다. 이러한 집행준비행위에는 그에 상응하는 효력을 주어야 하며, 일단 가압류·가처분 집행을 하면 다른 본격적 조치 없이도 시효중단의 효력이 계속한다는 해석은 다른 중단사유와 균형이 맞지 않는다. ③ 가압류·가처분 그 자체에 의하여 일단 시효중단의 효력이 주어진 이상 채권자를 재차의 시효기간이 진행하는 것에 대해서까지 보호할 이유는 없다. 채권자는 적당한 시기에 재판상 청구를 하면 족하다. ④ 채무자로 하여금 자신을 상대로 재판상 청구 등 본격적 조치를 하지 않는 채권자에 대하여 본안의 제소명령이나 가압류취소 등을 신청하도록 요구하는 것은 채무자에게 '스스로의 목을 조를 것'을 강요하는 것이다.

(3) 검토(=비계속설)

민법 제168조 제2호가 가압류·가처분을 시효중단의 사유로 규정한 주된 취지는 채권자가 '가압류·가처분 절차에서' 권리를 행사하였다고 볼 수 있기 때문이다. 그런데 가압류·가처분 절차는 그 결정을 얻기 위한 보전소송절차와 그 결정을 집행하는 보전집행절차로 구성되므로, 이는 채권자가 가압류·가처분 결정을 신청한 때 시작하여 그 결정이 집행된 때 종료한다. 그러므로 가압류·가처분 절차를 통한 채권자의 권리행사도 채권자가 가압류·가처분 결정을 신청한 때 시작하여 그 결정이 집행된 때 종료한다고 하여야 하고, 바로 그 기간만큼 가압류·가처분으로 인한 시효중단의 효력이 계속된다고 해석함이 타당하다. 가압류·가처분 결정이 집행된 후에는 민사집행법상 어떠한 절차도 남아 있지 않으므로 더 이상 가압류·가처분 절차

---

90) 양창수, "부동산가압류의 시효중단효의 종료시기", 민사판례연구 제24권, 민사판례연구회(2002), 21~28쪽; 편집대표 김용덕, 제5판 주석 민법(총칙 3), 한국사법행정학회(2019), 993쪽(전원열 집필).

를 통한 채권자의 권리행사가 있다고 할 수 없다. 이를 긍정한다면 그야말로 의제에 불과하다.

이에 대하여 계속설에서는 민법 제168조 제2호가 가압류·가처분을 압류와 병렬적으로 시효중단 사유로 규정하고 있는 이상, 압류의 경우에 압류의 효력이 실질적으로 존속하는 동안 시효중단의 효력이 계속되는 것과 균형을 맞추어야 한다고 주장하나, 이는 가압류·가처분과 압류의 집행절차상 위치의 차이를 간과한 것으로 옳지 않다. 즉 가압류·가처분은 그 결정이 집행됨으로써 보전처분절차가 종료하는 반면, 압류는 '압류 → 현금화 → 배당'의 순서로 진행되는 금전채권에 기초한 강제집행이나 담보권 실행을 위한 집행의 첫 단계일 뿐이다. 따라서 가압류·가처분의 경우와 달리 압류의 경우에는 압류에 기초한 집행절차가 종료할 때까지(예컨대 배당표가 확정될 때까지) 집행절차를 통한 채권자의 권리행사가 계속되고 있다고 할 수 있고, 바로 그러한 점 때문에 압류의 효력이 실질적으로 존속하는 동안, 즉 집행절차가 종료할 때까지 시효중단의 효력이 계속된다고 하는 것이다. 반면 가압류·가처분은 그 결정이 집행됨으로써 보전처분절차가 완전히 종료하므로 그 이후에는 보전처분절차를 통한 채권자의 권리행사가 계속되고 있다고 볼 아무런 근거가 없다.

무엇보다도 계속설에 의하면 채권자가 가압류·가처분의 집행 이후에 아무런 조치를 하지 않고 가압류등기 등을 방치하더라도 가압류·가처분의 집행보전의 효력이 존속하는 한 영구히 시효중단의 효력이 계속되는바, 장래의 집행보전을 목적으로 단지 소명만으로 발령되는 가압류·가처분에 대하여 지나치게 강력한 시효중단의 효력이 인정되어 그 자체로 정당성이 떨어질 뿐 아니라 기판력이 발생하여 채권의 존재가 공적으로 확정되는 소제기 등 다른 시효중단 사유와 균형이 맞지 않아 타당성이 없다.

따라서 이론적으로는 비계속설의 태도, 즉 가압류·가처분으로 인한 시효중단의 효력은 그 결정이 집행되면 종료하고 그때부터 새롭게 시효가 진행한다고 해석함이 타당하다고 생각한다. 다만 계속설의 태도를 분명히 한 대법원 판례가 나온 지 약 20년이 지난 현재에는 이미 그에 따라 금융기관 등의 채권관리 실무가 확립되어 있는 것으로 보이므로 이제 와서 비계속설의 태도로 판례를 변경하게 되면 거래계에 미치는 영향이 매우 클 것임이 분명하다.[91] 그러므로 비계속설의 태도로 판례를 변

---

91) 일본에서 日最判 1998. 11. 24.(民集 52-8, 1737)이 학설의 강력한 반대와 하급심의 반복되는 반기에도 불구하고 종전의 계속설의 태도를 유지한 배경에도 비계속설로 판례를 변경할 경우 금융기관의 채권관리 실무에 현저한 혼란을 초래할 우려가 있다는 고려가 있었던 것으로 보인다. 양창수, "부동산가압류의 시효중단효의 종료시기", 민사판례연구 제24권, 민사판례

경할 경우에는 판례 변경 이전에 집행된 가압류·가처분에 대하여는 장래를 향하여 시효중단의 효력이 종료한다고 하는 등 판례 변경의 소급효를 제한[92]하는 방안을 마련할 필요가 있을 것이다.

다) 만약 계속설에 의할 경우 시효중단 효력은 언제까지 계속되는가?

(1) 본안의 승소판결이 확정된 경우(=비흡수)

가압류채권자가 본안의 소를 제기하여 승소판결을 받아 확정되면 가압류로 인한 시효중단의 효력은 재판상 청구로 인한 시효중단에 흡수되어 그 후에는 재판상 청구로 인한 시효중단의 효력만 남게 되고, 재판상 청구로 인하여 중단한 시효는 재판이 확정된 때부터 새로이 진행하므로(민법 제178조 제2항) 판결확정 후에 가압류등기가 남아 있더라도 시효가 계속 중단되는 것은 아니라고 하는 견해(이른바 흡수설)가 있다.[93]

그러나 판례는 "민법 제168조에서 가압류와 재판상의 청구를 별도의 시효중단사유로 규정하고 있는데 비추어 보면, 가압류의 피보전채권에 관하여 본안의 승소판결이 확정되었다고 하더라도 가압류에 의한 시효중단의 효력이 이에 흡수되어 소멸된다고 할 수도 없다."라고 판시하여 이러한 견해를 명시적으로 배척하였다.[94] 이에 따르면 본안판결이 확정된 후에도 가압류등기가 남아 있는 한 시효는 계속 중단된다.

생각건대 이른바 흡수설은, 채권자가 가압류 외에 나아가 재판상 청구를 한 경우에는 그 시효중단 효력에 제한이 가하여지는데, 재판상 청구를 하지 않으면 오히려 시효중단 효력에 제한이 없어 균형이 맞지 않는다는 결정적인 결점이 있으므로 타당하지 않다.[95]

연구회(2002), 11쪽 참조. 또한, 대법원 2000. 4. 25. 선고 2000다11102 판결에 대한 재판연구관의 해설인 이균용, "가압류와 시효중단효력의 계속여부", 대법원판례해설 제34호, 법원도서관(2000), 55~56쪽도 비계속설을 취할 경우 채권관리의 실무에 혼란을 초래할 가능성을 비중 있게 언급하고 있다.

92) 대법원 2015. 7. 23. 선고 2015다200111 전원합의체 판결은, 형사사건에 관한 성공보수약정이 선량한 풍속 기타 사회질서에 위배되어 무효라고 판시하여 종전 판례를 변경하면서, 다만 위 판결 선고 이전에 이루어진 보수약정의 경우에는 보수약정이 성공보수라는 명목으로 되어 있다는 이유만으로 민법 제103조에 의하여 무효라고 단정하기는 어렵다고 하여 판례 변경의 소급효를 제한한 바 있다.

93) 주로 일본에서 주장되고 있는 학설인데, 국내에서는 박재혁, "가압류에 의한 시효중단과 그 소멸시효기간", 법률신문(2011. 10. 27.)이 이 견해를 지지하는 것으로 보인다.

94) 대법원 2000. 4. 25. 선고 2000다11102 판결.

95) 이균용, "가압류와 시효중단효력의 계속여부", 대법원판례해설 제34호, 법원도서관(2000), 57쪽; 양창수, "부동산가압류의 시효중단효의 종료시기", 민사판례연구 제24권, 민사판례연구회(2002), 26쪽.

⑵ **스스로 본집행에 나아간 경우(=원칙적으로 집행절차 종료시)**

㈎ 가압류채권자가 본안의 승소확정판결 등 집행권원을 얻어 이에 기초해 강제집행을 신청하여 본압류를 하게 되면 가압류집행은 본집행에 포섭됨으로써 처음부터 본집행이 행하여진 것과 같은 효력이 있다.[96] 그러므로 본압류를 한 이후에는 원칙적으로 압류로 인한 시효중단의 효력만 유지되고 가압류에 의한 시효중단의 효력은 이에 흡수된다고 보아도 충분하다. 이 경우 시효중단의 효력은 집행절차가 종료할 때까지 계속된다. 그리고 가압류가 본압류로 이전된 경우뿐만 아니라 가압류의 청구채권과 동일한 집행채권으로 별도로 압류를 한 경우에도 마찬가지로 봄이 타당할 것이다.

㈏ 그러나 본집행이 그 목적을 달성하여 종료한 것이 아니라, 본압류가 취하되거나[97] 남을 가망이 없다는 등의 이유로 취소된 경우[98] 혹은 선행 경매절차의 배당요구의 종기 후에 이루어진 이중압류여서 그 압류에 기초하여 배당을 받을 수 없는 경우[99]에는, 가압류집행의 효력이 부활하거나 유지된다고 보아야 하므로 계속설을 취하는 한 가압류로 인한 시효중단의 효력도 마찬가지로 봄이 타당하다.

⑶ **다른 채권자가 신청한 집행절차에 참가한 경우(=원칙적으로 배당표 확정시)**

가압류채권자는 집행권원을 얻어 스스로 본집행을 하는 대신 다른 채권자가 신청한 집행절차에 참가하여 배당을 받을 수 있다. 부동산 경매를 예로 들면, 첫 경매개시결정등기 전에 등기된 가압류채권자는 당연히 배당을 받을 채권자에 해당하고(민사집행법 제148조 제3호),[100] 경매개시결정이 등기된 뒤에 가압류를 한 채권자는

---

96) 대법원 2002. 3. 15.자 2001마6620 결정 등.

97) 대법원 2000. 6. 9. 선고 97다34594 판결은 "채권자가 금전채권의 가압류를 본압류로 전이하는 압류 및 추심명령을 받아 본집행절차로 이행한 후 본압류의 신청만을 취하함으로써 본집행절차가 종료한 경우, 특단의 사정이 없는 한 그 가압류집행에 의한 보전 목적이 달성된 것이라거나 그 목적 달성이 불가능하게 된 것이라고는 볼 수 없으므로 그 가압류집행의 효력이 본집행과 함께 당연히 소멸되는 것은 아니라고 할 것이니, 채권자는 제3채무자에 대하여 그 가압류집행의 효력을 주장할 수 있다."고 한다.

98) 이 경우 가압류에 의한 시효중단의 계속 여부에 관한 일본에서의 논의는 酒井廣幸, 時効の管理, 新日本法規(2007), 169~170쪽 참조.

99) 대법원 2016. 3. 24.자 2013마1412 결정은 "부동산에 대한 가압류가 집행된 후 그 가압류가 강제경매개시결정으로 인하여 본압류로 이행되었으나, 그 강제경매개시결정이 이미 경매절차를 개시하는 결정을 한 부동산에 대한 것이고 배당요구의 종기 이후의 경매신청에 의한 것인 때에는, 먼저 경매개시결정을 한 경매신청이 취하되거나 그 절차가 취소되었다는 등의 특별한 사정이 없는 한 가압류집행이 본집행에 포섭된다고 볼 수 없다."고 한다.

100) 이 경우 가압류채권자가 법원사무관등의 최고에 따라 채권의 원인 및 액수를 배당요구의 종기까지 법원에 신고하는 것(민사집행법 제84조 제4항)을 '채권신고'라 한다. 하지만 채권신고를 하지 않는다고 하여 배당에서 제외되는 것은 아니고, 그러한 때에는 그 채권자의 채권액은 등기사항증명서 등 집행기록에 있는 서류와 증빙(證憑)에 따라 계산한다(같은 조 제5항).

배당요구의 종기까지 배당요구를 하면 배당을 받을 수 있다(민사집행법 제88조 제1항). 경매의 목적인 부동산이 매각되어 매수인이 대금을 납부하면 집행법원 법원사무관등의 말소촉탁에 의해 가압류등기가 말소된다(민사집행법 제144조 제1항 제2호). 그 후 배당절차에서 배당표가 확정되면 가압류채권자의 채권에 대한 배당액은 일단 공탁이 되고(민사집행법 제160조 제1항 제2호), 채권자는 집행권원을 얻은 후 집행법원의 지급위탁절차에 의해 공탁금을 출급할 수 있다(민사집행법 제161조 제1항).

위의 경우 가압류에 의한 시효중단의 효력이 언제까지 계속되는지에 관하여 판례는 "가압류는 강제집행을 보전하기 위한 것으로서 경매절차에서 부동산이 매각되면 그 부동산에 대한 집행보전의 목적을 다하여 효력을 잃고 말소되며, 가압류채권자에게는 집행법원이 그 지위에 상응하는 배당을 하고 배당액을 공탁함으로써 가압류채권자가 장차 채무자에 대하여 권리행사를 하여 집행권원을 얻었을 때 배당액을 지급받을 수 있도록 하면 족한 것이다. 따라서 이러한 경우 가압류에 의한 시효중단은 경매절차에서 부동산이 매각되어 가압류등기가 말소되기 전에 배당절차가 진행되어 가압류채권자에 대한 배당표가 확정되는 등의 특별한 사정이 없는 한, 채권자가 가압류집행에 의하여 권리행사를 계속하고 있다고 볼 수 있는 가압류등기가 말소된 때 그 중단사유가 종료되어, 그때부터 새로 소멸시효가 진행한다고 봄이 상당하다."라고 판시하였다.[101] 이 판결의 핵심은, 매각대금 납부 후의 배당절차에서 가압류채권자의 채권에 대하여 배당이 이루어지고 배당액이 공탁되었다고 하여 가압류채권자가 그 공탁금에 대하여 채권자로서 권리행사를 계속하고 있다고 볼 수는 없으므로 그로 인하여 가압류에 의한 시효중단의 효력이 계속된다고 할 수 없다는 데 있고, 이는 지극히 타당하다. 하지만 법률론으로서 시효중단의 종기를 집행절차가 종료하는 배당표 확정시가 아니라 그보다 앞선 가압류등기 말소시라고 판시한 것은, 가압류채권자가 배당요구나 채권신고를 하지 않은 경우에 한하여 타당한 해석이라 생각된다.[102] 가압류채권자가 배당요구나 채권신고를 한 경우에는 매각에 따

101) 대법원 2013. 11. 14. 선고 2013다18622, 18639 판결.

102) 이 판결은 일본의 판례(日最判 1984. 3. 9.)를 참고한 것으로 보이는데, 위 일본 판례는 가압류 후에 목적부동산의 소유권이 제3자에게 이전되고 새로운 소유자의 채권자가 강제경매를 신청하여 소멸주의로 목적부동산이 매각된 결과 가압류등기가 말소된 사안에서, 위와 같은 경위로 가압류등기가 말소되었다고 하여 가압류에 의한 시효중단의 효력이 소급적으로 소멸되는 것은 아니고 가압류등기가 말소된 때까지는 시효중단의 효력이 계속된다고 판시한 것이다. 이 경우 가압류채권자는 가압류의 처분금지효에 따라 가압류의 청구금액 범위 내에서 매각대금에 대하여 새로운 소유자의 채권자들보다 우선권을 갖게 된다(대법원 2006. 7. 28. 선고 2006다19986 판결 참조). 그런데 위 일본 판례의 사안에서는 경위는 분명하지 않지만 가압류채권자는 배당에 참가하지 못한 것으로 보이므로, 가압류에 의한 시효중단의 종

라 가압류등기가 말소된 뒤에도 배당표가 확정될 때까지는 집행절차를 통한 권리행사가 계속된다고 볼 수 있기 때문이다. 판례는 경매개시결정등기 전의 저당권자가 채권신고를 하여 피담보채권의 소멸시효가 중단된 사안에서, 일반론으로 채권자가 배당요구 또는 채권신고 등의 방법으로 권리를 행사하여 경매절차에 참가한 경우 소멸시효가 다시 진행하는 시기는 '배당표가 확정된 때'라고 판시한 바 있는데,[103)]이는 가압류채권자가 배당요구 또는 채권신고의 방법으로 권리를 행사한 경우에도 마찬가지로 보아야 한다.

⑷ 가압류의 목적물이 소멸한 경우(=시효중단 효력 종료)

계속설에 의하면 가압류로 인한 시효중단의 효력은 가압류의 집행보전의 효력이 존속하는 동안 계속되는 것이므로, 부동산이나 유체동산 가압류에서 목적물이 멸실되거나 채권 가압류에서 가압류한 채권이 소멸한 경우에는 더는 집행보전의 효력이 없게 되어 가압류로 인한 시효중단의 효력도 종료한다고 보아야 한다.

4) 시효중단의 인적 효력 범위

시효의 중단은 중단사유인 가압류·가처분의 당사자 및 그 승계인 간에만 효력이 있음이 원칙이다(민법 제169조). 여기서 '가압류·가처분의 당사자'라 함은 가압류·가처분 신청사건에서 채무자, 즉 상대방 당사자로 표시된 자를 의미한다. 채권가압류에서 제3채무자는 당사자가 아니다.

다만, 주채무자에 대한 시효의 중단은 보증인에 대하여 그 효력이 있고(민법 제440조), 여기에는 가압류·가처분으로 인한 시효중단도 포함되므로, 예컨대 주채무자에 대하여 가압류를 한 경우에는 보증인에 대하여도 통지와 상관없이 곧바로 보증채권의 시효가 중단된다. 또한, 채무자에 대하여 시효가 중단되면 물상보증인 등 다른 시효원용권자에 대하여도 그 효력이 미친다고 해석하여야 한다.[104)]

한편, 어느 연대채무자에 대한 이행청구는 다른 연대채무자에게도 효력이 있으나(민법 제416조), (i) 가압류·가처분 자체는 이에 해당하지 않으므로, 예컨대 어느 연대채무자에 대하여 가압류를 하였다고 하여 다른 연대채무자에게도 그와 같은 시효중단의 효과가 미치는 것은 아니다. 채권자가 가압류 사실을 다른 연대채무자에게

기가 가압류등기 말소시인지 배당표 확정시인지는 문제가 되지 않았다. 그러므로 가압류채권자가 배당요구나 채권신고를 하여 배당에 참가한 경우에는 위 일본 판례의 법리를 원용하는 것은 적절하지 않다고 생각된다.

103) 대법원 2009. 3. 26. 선고 2008다89880 판결.

104) 이에 대한 상세한 논의는 노재호, "소멸시효의 원용", 사법논집 제52집, 법원도서관(2011), 313~318쪽.

통지하더라도 마찬가지이다. 채권자가 연대채무자들에게 가진 채권은 서로 별개의 권리이므로 어느 연대채무자에 대한 가압류를 가지고 다른 연대채무자에 대한 권리를 행사한 것으로 볼 수는 없어서 민법 제176조가 적용되지 않기 때문이다. (ii) 다만, 가압류·가처분 결정이 채무자에게 송달된 경우에는 이행청구, 즉 민법 제174조의 최고가 있는 것으로 볼 수 있으므로, 이로 인한 잠정적인 시효중단의 효과는 다른 연대채무자에게도 효력이 미친다고 할 수 있다.[105]

5) 시효중단의 물적 효력 범위

가) 청구채권

가압류·가처분은 청구채권의 집행을 보전하기 위한 것이므로 이로 인한 시효중단의 효력은 청구채권, 즉 피보전권리에 관하여 발생한다.

나) 채권 가압류에서 가압류된 채권(=부정)

채권 가압류의 경우 그 절차에서 행사되는 권리는 채권자의 채무자에 대한 청구채권이고 '채무자의 제3채무자에 대한 채권'은 가압류의 목적물에 불과하므로 위 채권에 대하여 민법 제168조 제2호의 가압류에 준하는 시효중단의 효과가 발생하는 것은 아니다.[106] 또한 가압류결정이 제3채무자에게 송달되더라도 여기에 가압류의 대상인 위 채권에 대한 이행청구 의사가 담긴 것으로 볼 수 없으므로 민법 제174조의 최고로서의 잠정적인 시효중단 효과가 발생한다고 할 수도 없다. 이와 같이 해석하면 가압류된 채권이 특히 단기소멸시효에 걸리는 경우 채권자가 집행권원을 얻어 본집행을 하기 전에 가압류된 채권의 시효가 완성하는 문제가 생길 수 있으나,[107] 채권에 대한 가압류가 있더라도 이는 채무자가 제3채무자로부터 현실로 급부를 추심하는 것만을 금지하는 것일 뿐 채무자는 제3채무자를 상대로 그 이행을 구하는 소를 제기할 수 있으므로,[108] 채무자가 직접 혹은 채권자가 채무자를 대위하여[109] 가압류된 채권에 관하여 시효중단 조치를 할 수 있어 특별히 부당한 결과가 된다고 할 수는 없다.

---

105) 부동산 경매 사안에 관한 대법원 2001. 8. 21. 선고 2001다22840 판결(채권자가 연대채무자 1인의 소유 부동산에 대하여 경매신청을 한 경우, 이는 최고로서의 효력을 가지고 있고, 연대채무자에 대한 이행청구는 다른 연대채무자에게도 효력이 있으므로, 채권자가 6개월 내에 다른 연대채무자를 상대로 재판상 청구를 하였다면 그 다른 연대채무자에 대한 채권의 소멸시효가 중단된다) 취지 참조.

106) 대법원 2003. 5. 13. 선고 2003다16238 판결.

107) 이 점을 강조하는 일본 문헌으로 酒井廣幸, 時効の管理, 新日本法規(2007), 154~158쪽.

108) 대법원 1992. 11. 10. 선고 92다4680 전원합의체 판결 등.

109) 다만 이는 원칙적으로 채무자가 무자력일 때에만 가능하다는 한계가 있다.

다) 일부청구의 경우(=청구금액 한도)

채권자가 명시적으로 가분채권의 일부분만 청구금액으로 하여 가압류를 한 경우[110]에 나머지 부분에 대하여도 가압류에 의한 시효중단의 효과가 발생하는지 살펴본다.

판례는 "채권자가 가분채권의 일부분을 피보전채권으로 주장하여 채무자 소유의 재산에 대하여 가압류를 한 경우에 있어서는 피보전채권의 일부만에 시효중단의 효력이 있다 할 것이고 가압류에 의한 보전채권에 포함되지 아니한 나머지 채권에 대하여도 시효중단의 효력이 발생할 수 없다."라고 한다.[111] 이는 채권자가 가압류를 신청하면서 장차 본안소송에서 채권 전부를 행사하겠다는 의사를 밝힌 경우에도 가압류에 의한 시효중단의 효력은 청구금액에 관하여만 발생한다는 취지로 이해된다.[112]

생각건대, 다음과 같은 이유로 명시적 일부청구에서 나머지 채권에 대하여는 가압류에 의한 시효중단의 효력이 생기지 않는다고 해석함이 타당하다. ① 가압류의 처분금지의 효력이 미치는 객관적 범위는 가압류결정에 표시된 청구금액에 한정되므로,[113] 가압류에서 집행보전의 효력은 청구금액 범위에서만 발생한다. ② 채권자는 가압류를 신청할 때 반드시 청구금액을 적어야 하는데(민사집행법 제279조 제1항 제1호), 청구금액은 실무상 채권자가 제공할 담보액 산정의 기초가 되고,[114] 채무자가 가압류집행을 취소시킬 수 있는 해방금액을 정하는 기준이 되며,[115] 부동산 가압

---

110) 실무상 청구금액에 일정한 비율을 적용하여 담보액을 정하고 있기 때문에 특히 현금담보가 예상되는 사건에서는 담보를 제공할 여력을 고려하여 청구채권의 일부분만 청구금액으로 하여 가압류를 신청하는 사례가 많다.

111) 대법원 1969. 3. 4. 선고 69다3 판결, 대법원 1976. 2. 24. 선고 75다1240 판결.

112) 판례는 재판상 청구로 인한 시효중단에 관하여는, 하나의 채권 중 일부에 관하여만 판결을 구한다는 취지를 명백히 하여 소송을 제기한 경우에는 소제기에 의한 소멸시효중단의 효력이 그 일부에 관하여만 발생하고, 나머지 부분에는 발생하지 아니하나(대법원 1975. 2. 25. 선고 74다1557 판결 등 참조), 소장에서 청구의 대상으로 삼은 채권 중 일부만을 청구하면서 소송의 진행경과에 따라 장차 청구금액을 확장할 뜻을 표시하고 당해 소송이 종료될 때까지 실제로 청구금액을 확장한 경우에는 소제기 당시부터 채권 전부에 관하여 판결을 구한 것으로 해석되므로, 이러한 경우에는 소제기 당시부터 채권 전부에 관하여 재판상 청구로 인한 시효중단의 효력이 발생한다(대법원 1992. 4. 10. 선고 91다43695 판결 등 참조)는 태도를 취하고 있다.

113) 대법원 2006. 11. 24. 선고 2006다35223 판결(가압류의 청구금액으로 채권의 원금만이 기재되어 있다면 가압류채권자가 가압류채무자에 대하여 원금채권 외에 그에 부대하는 이자 또는 지연손해금 채권을 가지고 있다고 하더라도 가압류의 청구금액을 넘어서는 부분에 대하여는 가압류채권자가 처분금지의 효력을 주장할 수 없다) 등.

114) 법원실무제요 민사집행(Ⅳ), 법원행정처(2014), 109쪽.

115) 법원실무제요 민사집행(Ⅳ), 법원행정처(2014), 123쪽.

류에서 가압류등기에 필요한 등록면허세의 과세표준이 된다(지방세법 제28조 제1항 제1호 라목). 그래서 가압류에 대한 이의절차에서도 채권자가 청구금액을 확장하는 것은 원칙적으로 허용되지 않는다.[116] 그러므로 가압류절차에서 채권자의 권리행사는 청구금액 범위에서만 있다고 보아야 한다.

다만, 채권자가 가압류를 신청하면서 장차 본안소송에서 채권 전부를 행사하겠다는 뜻을 표시하였고 가압류결정에 그러한 취지가 나타나 있는 경우[117]에는 가압류결정이 채무자에게 송달됨으로써 나머지 채권에 관하여 민법 제174조의 최고를 한 것으로 볼 수는 있을 것이다.[118]

라) 청구의 기초가 동일한 다른 권리

(1) 문제의 소재

가압류·가처분의 경우, 보전처분의 피보전권리와 본안의 소송물인 권리는 엄격히 일치함을 요하지 않으며 청구의 기초의 동일성이 인정되는 한 그 보전처분에 의한 보전의 효력은 본안소송의 권리에 미친다.[119] 또한 채권자가 권리 없음이 명백한 피보전권리를 내세워 보전처분을 신청한 것이라는 등의 특별한 사정이 없는 한 청구의 기초에 변경이 없는 범위 내에서는 보전처분의 이의절차에서 신청이유의 피보전권리를 변경할 수 있다.[120] 여기서 청구의 기초가 같다는 것은 동일한 생활 사실

116) 대법원 2010. 5. 27.자 2010마279 결정(가처분 사안) 참조.

117) 예컨대 가압류결정에 청구채권의 내용으로 '대여금 1,000만 원 중 일부인 500만 원'이라고 기재된 경우.

118) 재판상 청구에 관한 대법원 2020. 2. 6. 선고 2019다223723 판결은, 소장에서 청구의 대상으로 삼은 채권 중 일부만을 청구하면서 소송의 진행경과에 따라 장차 청구금액을 확장할 뜻을 표시하였으나 당해 소송이 종료될 때까지 실제로 청구금액을 확장하지 않은 경우에는 소송의 경과에 비추어 볼 때 채권 전부에 관하여 판결을 구한 것으로 볼 수 없으므로, 나머지 부분에 대하여는 재판상 청구로 인한 시효중단의 효력이 발생하지 아니한다고 하면서도, "그러나 이와 같은 경우에도 소를 제기하면서 장차 청구금액을 확장할 뜻을 표시한 채권자로서는 장래에 나머지 부분을 청구할 의사를 가지고 있는 것이 일반적이라고 할 것이므로, 다른 특별한 사정이 없는 한 당해 소송이 계속 중인 동안에는 나머지 부분에 대하여 권리를 행사하겠다는 의사가 표명되어 최고에 의해 권리를 행사하고 있는 상태가 지속되고 있는 것으로 보아야 하고, 채권자는 당해 소송이 종료된 때부터 6월내에 민법 제174조에서 정한 조치를 취함으로써 나머지 부분에 대한 소멸시효를 중단시킬 수 있다."라고 판시하였다.

119) 대법원 1982. 3. 9. 선고 81다1223, 81다카991 판결(원인무효를 이유로 한 소유권이전등기말소청구권을 피보전권리로 한 가처분→시효취득을 원인으로 한 소유권이전등기청구 소제기), 대법원 2006. 11. 24. 선고 2006다35223 판결(매매를 원인으로 한 직접 소유권이전등기청구권을 피보전권리로 한 가처분→채권자대위권에 의한 제3자 앞으로의 소유권이전등기청구 소제기) 등 참조.

120) 대법원 1996. 2. 27. 선고 95다45224 판결(양수금채권→전부금채권), 대법원 2009. 3. 13.자 2008마1984 결정(미간행: 지불확약서상 A항목에 관한 연대보증금채권→지불확약서상 B항목에 관한 연대보증금채권.

또는 동일한 경제적 이익에 관한 분쟁에 있어서 그 해결 방법에 차이가 있음에 불과한 경우를 말한다.[121] 이는 보전처분의 신청은 긴급한 필요에 따른 것으로서 피보전권리의 법률적 구성과 증거관계를 충분하게 검토·확정할 만한 시간적 여유가 없이 이루어지는 사정을 감안한 것이다. 그렇다면, 가압류·가처분의 경우 피보전권리와 청구의 기초가 동일한 다른 권리에 대하여도 시효중단의 효과가 미친다고 할 수 있는지 문제 된다.[122]

(2) 판 례

아래에서 보듯이 이 쟁점에 관한 판례의 태도는 아직 분명하지 않다.

(개) 대법원 2012. 1. 12. 선고 2011다70930 판결(미간행)은, 부동산 실권리자명의 등기에 관한 법률(이하 '부동산실명법'이라 한다) 시행 전에 부동산 계약명의신탁(매도인 선의)이 이루어졌다가 위 법률 시행 이후 유예기간이 경과하자 명의신탁자가 명의수탁자를 상대로 부당이득 반환을 원인으로 한 소유권이전등기를 청구[123]한 사안에서, '명의신탁 해지를 원인으로 한 소유권이전등기청구권'을 피보전권리로 한 처분금지가처분으로 인하여 '부당이득 반환을 원인으로 한 소유권이전등기청구권'의 소멸시효가 중단되었다고 판단하면서, "위 가처분의 피보전권리와 이 사건 소송의 소송물은 청구의 기초가 동일하여 위 가처분의 보전의 효력이 이 사건 소송에 미친다"라는 점을 근거를 들었다. 이 판결은 일견 가처분의 피보전권리와 청구의 기초가 동일한 다른 권리에 대하여도 가처분으로 인한 시효중단의 효과가 미친다고 판단한 것으로 보인다. 그런데 위 판결의 사안은, 가처분이 부동산실명법 시행 전에 이루어

121) 대법원 1982. 3. 9. 선고 81다1223, 81다카991 판결, 대법원 2006. 11. 24. 선고 2006다35223 판결 등.

122) 참고로, 2002년 개정된 독일 민법 제213조는 "소멸시효의 정지, 완성정지 및 재개시는 그 청구권과 같은 이유에서 교환적 또는 추가적으로 성립할 수 있는 다른 청구권에도 적용된다."라고 규정하고 있다.

123) 부동산실명법 시행 전에 위와 같은 명의신탁약정과 그에 기한 물권변동이 이루어진 다음 부동산실명법 제11조에서 정한 유예기간 내에 실명등기 등을 하지 않고 그 기간을 경과한 경우, 명의수탁자는 명의신탁약정에 따라 명의신탁자가 제공한 비용을 매매대금으로 지급하고 당해 부동산에 관한 소유명의를 취득한 것이고, 위 유예기간이 경과하기 전까지는 명의신탁자는 언제라도 명의신탁약정을 해지하고 당해 부동산에 관한 소유권을 취득할 수 있었던 것이므로, 명의수탁자는 부동산실명법 시행에 따라 당해 부동산에 관한 완전한 소유권을 취득함으로써 당해 부동산 자체를 부당이득하였다고 보아야 할 것이고, 부동산실명법 제3조 및 제4조가 명의신탁자에게 소유권이 귀속되는 것을 막는 취지의 규정은 아니므로 명의수탁자는 명의신탁자에게 자신이 취득한 당해 부동산을 부당이득으로 반환할 의무가 있다(대법원 2002. 12. 26. 선고 2000다21123 판결). 이와 같은 경위로 명의신탁자가 당해 부동산의 회복을 위해 명의수탁자에 대해 가지는 소유권이전등기청구권은 그 성질상 법률의 규정에 의한 부당이득반환청구권으로서 민법 제162조 제1항에 따라 10년의 기간이 경과함으로써 시효로 소멸한다(대법원 2009. 7. 9. 선고 2009다23313 판결).

진 것이었고, 당시에는 명의신탁약정이 유효하여 명의신탁자가 명의수탁자를 상대로 명의신탁 해지를 원인으로 한 소유권이전등기를 청구할 수 있었기 때문에 위 가처분에는 아무런 흠이 없었다. 다시 말하면 위 사안은 명의신탁자의 명의수탁자에 대한 하나의 권리가 부동산실명법 시행 후 유예기간의 경과에 따라 명의신탁 해지를 원인으로 한 소유권이전등기청구권에서 부당이득 반환을 원인으로 한 소유권이전등기청구권으로 전환된 것으로 볼 수 있는 특수성이 있다. 그러므로 위 판결을 근거로 가처분의 피보전권리와 청구의 기초가 동일한 다른 권리에 대하여도 가처분으로 인한 시효중단의 효과가 미친다는 것이 판례의 태도라고 단정하기는 어렵다.

(나) 확립된 판례는, 원인채권의 지급을 확보하기 위한 방법으로 어음이 수수된 경우에 원인채권을 청구채권으로 한 가압류에 의한 시효중단의 효력은 어음채권에 미치지 않지만,[124] 반대로 '어음채권'을 청구채권으로 한 가압류에 의한 시효중단의 효력은 '원인채권'에 대하여도 미친다고 한다.[125] 원래 위 두 채권이 독립된 것임에도 불구하고 이와 같은 효력을 인정하는 이유는, 이러한 어음은 경제적으로 동일한 급부를 위하여 원인채권의 지급수단으로 수수된 것으로서 그 어음채권의 행사는 원인채권을 실현하기 위한 것일 뿐만 아니라 어음수수 당사자 사이에서 원인채권의 시효소멸은 어음금 청구에 대하여 어음채무자가 대항할 수 있는 인적항변 사유에 해당하므로 채권자가 어음채권의 소멸시효를 중단하여 두어도 원인채권의 시효소멸로 인한 인적항변에 따라 그 권리를 실현할 수 없게 되는 불합리한 결과가 발생하게 되기 때문이다.[126] 그러므로 위와 같은 법리를 가압류의 피보전권리와 청구의 기초가 동일한 다른 권리에 대하여도 곧바로 적용하기는 어렵다.

---

124) 원인채권과 어음채권은 별개로서 채권자는 그 선택에 따라 권리를 행사할 수 있고, 원인채권에 기하여 청구를 한 것만으로는 어음채권 그 자체를 행사한 것으로 볼 수 없다는 점을 근거로 한다.

125) 대법원 1999. 6. 11. 선고 99다16378 판결 등.

126) 대법원 1999. 6. 11. 선고 99다16378 판결. 한편 대법원 2007. 9. 20. 선고 2006다68902 판결은 "이미 소멸시효가 완성된 후에는 그 채권이 소멸되고 시효 중단을 인정할 여지가 없으므로, 이미 시효로 소멸된 어음채권을 피보전권리로 하여 가압류결정을 받는다고 하더라도 이를 어음채권 내지는 원인채권을 실현하기 위한 적법한 권리행사로 볼 수 없을 뿐 아니라, 더 이상 원인채권에 관한 시효 중단 여부가 어음채권의 권리 실현에 영향을 주지 못하여 어떠한 불합리한 결과가 발생하지 아니한다는 점을 함께 참작하여 보면, 가압류결정 이전에 이미 피보전권리인 어음채권의 시효가 완성되어 소멸된 경우에는 그 가압류결정에 의하여 그 원인채권의 소멸시효를 중단시키는 효력을 인정할 수 없다."라고 한다. 이에 대하여 반대하는 평석으로는 정진세, "시효소멸한 어음채권을 피보전권리로 한 가압류의 원인채권 시효중단", 인권과 정의(2008. 7.), 163쪽 이하(시효소멸한 어음채권을 피보전권리로 한 가압류에 의하여 아직 시효가 완성되지 아니한 원인채권의 행사의지를 명백히 표시하였으므로 원인채권 시효중단의 효력은 인정하여야 한다).

(다) 참고로, 일본의 판례는 수탁보증인의 '사전구상권'을 피보전권리로 한 가압류는 '사후구상권'의 소멸시효도 중단하는 효력이 있다고 판시하면서, 사전구상권은 사후구상권과 별개의 권리이기는 하나 사후구상권을 확보하기 위해 인정된 권리이기 때문에 사전구상권을 피보전권리로 한 가압류는 사후구상권에 관하여도 권리를 행사하고 있는 것과 동등한 것으로 평가할 수 있다는 점, 수탁보증인이 사전구상권을 피보전권리로 한 가압류를 한 경우에도 대위변제 후에 사후구상권에 관하여 다시 시효중단 조치를 하여야 한다는 것은 당사자의 합리적인 의사 내지 기대에 반하여 타당하지 않다는 점을 근거로 들었다.[127] 이 역시 사전구상권과 사후구상권의 특별한 관계를 고려한 것이므로 이를 일반화하여 적용하기는 어렵다고 생각한다.

(3) 검토(=원칙적 부정)

가압류·가처분으로 인한 시효중단의 효과는 당해 보전소송절차에서 피보전권리로 주장한 권리에 한하여 생기는 것이 원칙이고, 그 밖의 다른 권리에 대하여는 당해 가압류·가처분으로 그 다른 권리까지 행사한 것으로 평가할 수 있는 특별한 사정이 없는 한 청구의 기초가 동일하더라도 시효중단의 효력이 미치지 않는다고 해석함이 타당하다. 그 이유는 다음과 같다. ① 가압류·가처분을 시효중단 사유로 인정한 주된 이유는 채권자가 보전처분절차를 통해 확실하게 권리를 행사하였다고 볼 수 있기 때문인데, 청구의 기초가 동일하더라도 A권리와 B권리가 실체법상 서로 다른 별개의 권리인 이상 A권리를 피보전권리로 한 가압류·가처분을 가지고 B권리까지 행사한 것으로 볼 수는 없는 것이 원칙이다. ② 재판상 청구의 경우 판례는 일관하여 "채권자가 동일한 목적을 달성하기 위하여 복수의 채권을 갖고 있는 경우, 채권자로서는 그 선택에 따라 권리를 행사할 수 있되, 그 중 어느 하나의 청구를 한 것만으로는 다른 채권 그 자체를 행사한 것으로 볼 수는 없으므로, 특별한 사정이 없는 한 그 다른 채권에 대한 소멸시효 중단의 효력은 없다."라고 판시하고 있다.[128] 이러한 법리는 가압류·가처분의 경우에도 마찬가지로 적용된다고 보아야 한다. ③ '보전처분의 특수성을 감안하여 청구의 기초가 동일한 범위에서 보전이의절차에서 피보전권리의 변경을 허용하거나 본안소송에서 청구원인을 변경하더라도 보전처분

---

127) 日最判 2015. 2. 17.

128) 대법원 2001. 3. 23. 선고 2001다6145 판결(공동불법행위자에 대한 구상금청구의 소를 제기하였다고 하여 이로써 사무관리로 인한 비용상환청구권의 소멸시효가 중단될 수는 없다), 대법원 2002. 6. 14. 선고 2002다11441 판결(상법 제399조에 기한 손해배상청구의 소를 제기하였다고 하여 이로써 일반불법행위로 인한 손해배상청구권의 소멸시효가 중단될 수는 없다), 대법원 2011. 2. 10. 선고 2010다81285 판결(부당이득반환청구의 소를 제기하였다고 하여 이로써 채무불이행으로 인한 손해배상청구권의 소멸시효가 중단될 수는 없다).

의 효력이 미칠 수 있도록 한 것'과 '피보전권리나 청구원인을 실제 변경하기도 전에 장차 변경할 권리의 시효중단을 위한 권리행사가 있었다고 할 수 있는지'는 논의의 평면을 달리한다. ④ 만약 피보전권리와 청구의 기초가 동일한 다른 권리에 대하여도 가압류·가처분으로 인한 시효중단의 효력이 미친다면, 시효중단의 종기에 관한 계속설과 결합할 경우, 장래의 집행보전을 위하여 단지 소명만으로 결정되는 가압류·가처분에 대하여 지나치게 넓은 시효중단의 효력이 인정되는 결과가 된다.

그리고 설령 긍정설을 취하더라도, 적어도 채권자가 권리 없음이 명백한 피보전권리를 내세워 가압류·가처분을 받은 경우에는 그것과 청구의 기초가 동일한 권리가 있다 하더라도 시효중단의 효과를 부정하는 것이 타당하다. 이러한 경우에는 보전이의절차에서 피보전권리를 변경하는 것도 허용되지 않으므로[129] 위와 같은 가압류·가처분은 취소될 운명의 것이기 때문이다.

3. 가압류 · 가처분 결정이나 집행이 취하 또는 취소된 경우

가. 원칙: 시효중단 효력이 소급적으로 소멸

1) 민법 제175조의 의의

민법 제175조는 "압류, 가압류 및 가처분은 권리자의 청구에 의하여 또는 법률의 규정에 따르지 아니함으로 인하여 취소된 때에는 시효중단의 효력이 없다."라고 규정하고 있다. 여기서 '시효중단의 효력이 없다'라고 함은 이미 발생한 시효중단의 효력이 소급적으로 상실된다는 것을 의미한다.[130]

2) 가압류 · 가처분의 취하

먼저 '가압류·가처분이 권리자의 청구에 의하여 취소된 때'라고 함은 채권자가[131] 가압류·가처분 결정의 신청을 취하하거나[132] 집행신청을 취하한[133] 경우를 말한다. 위와 같은 사유가 있으면 시효중단의 효력이 소급적으로 소멸되도록 한 이

---

129) 대법원 1994. 4. 29. 선고 93다60434 판결, 대법원 1996. 2. 27. 선고 95다45224 판결.

130) 대법원 2014. 11. 13. 선고 2010다63591 판결(미간행).

131) 여기서 '권리자'라 함은 가압류·가처분을 행한 채권자를 말하는 것이므로 소멸시효 완성을 주장하여 이익을 얻을 수 있는 채무자나 이해관계인이 가압류·가처분의 취소(민사집행법 제288조, 제301조)를 신청하여 그 결정이 취소된 경우는 이에 해당하지 않는다[대법원 2008. 11. 27. 선고 2007다54566 판결(미간행)].

132) 대법원 2014. 11. 13. 선고 2010다63591 판결(미간행).

133) 대법원 2010. 10. 14. 선고 2010다53273 판결. 이 판결은 채권자의 집행취소 또는 집행해제의 신청은 실질적으로 집행신청의 취하에 해당한다고 판시하였다. 또한, 가압류·가처분 결정의 발령법원이 집행기관인 경우에는 실무에서는 가압류·가처분 신청의 취하에는 집행신청 취하도 포함된 것으로 해석한다[법원실무제요 민사집행(Ⅳ), 법원행정처(2014), 88쪽].

유는 채권자가 보전처분절차를 통한 권리행사의 의사가 없음을 객관적으로 표명한 것으로 볼 수 있기 때문이다. 가압류·가처분의 집행신청만 취하한 경우 가압류·가처분 결정의 효력에는 영향이 없고 집행의 효력만 장래를 향하여 소멸하지만, 2주의 집행기간(민사집행법 제292조 제2항, 제301조)이 지난 후에는 재집행을 할 수 없기 때문에 특별한 사정이 없는 한 이러한 행위도 채권자가 권리행사의 의사가 없음을 객관적으로 표명한 것으로 볼 수 있다.[134)]

한편, 법문에는 '취소된 때'라고 규정되어 있으나, 채권자가 위와 같이 취하를 한 경우 발령법원이나 집행기관이 별도로 그 결정이나 집행을 취소하는 결정을 하지는 않는다.[135)] 또한 가압류·가처분 집행의 취소(예컨대 가압류등기의 말소)를 의미하는 것으로 볼 여지가 없는 것은 아니지만,[136)] 취하를 한 것만으로도 보전처분절차를 통한 권리행사의 의사가 없음을 객관적이고 확정적으로 표명한 것으로 볼 수 있기 때문에 시효중단의 효력이 소멸되기 위한 요건으로 가압류·가처분의 집행까지 취소될 것을 요구할 필요는 없다.[137)] 그러므로 '취소된 때'라는 법문은 취하의 경우에는 별다른 법적 의미가 있는 것은 아니다.

3) 가압류 · 가처분 결정의 취소

다음으로, '가압류·가처분이 법률의 규정에 따르지 아니함으로 인하여 취소된 때'라고 함은 가압류·가처분 결정이 처음부터 위법하여 이의절차나 취소절차를 통해 취소된 경우를 말한다. 예를 들어 가압류이의절차에서 피보전권리가 처음부터 존재하지 않는 것으로 판단되거나 가압류목적물이 압류금지물건에 해당한 것으로 드러나[138)]

---

134) 대법원 2010. 10. 14. 선고 2010다53273 판결 참조.

135) 집행취소의 신청이 있으면 집행기관은 별도의 집행취소결정 없이 집행을 취소한다(예컨대 부동산 가압류의 경우 가압류등기의 말소 촉탁, 채권 가압류의 경우 집행취소통지서의 제3채무자에 대한 송달 등). 법원실무제요 민사집행(Ⅳ), 법원행정처(2014), 88쪽, 231~233쪽.

136) 가압류·가처분 결정이 이미 집행된 경우에는 집행까지 취소되어야 비로소 가압류·가처분 집행의 효력이 장래를 향하여 소멸한다. 예를 들어 채권가압류에 있어서 채권자가 채권가압류신청을 취하하면 채권가압류결정은 그로써 효력이 소멸되지만, 채권가압류결정정본이 제3채무자에게 이미 송달되어 채권가압류결정이 집행되었다면 그 취하통지서가 제3채무자에게 송달되었을 때에 비로소 그 가압류집행의 효력이 장래를 향하여 소멸된다(대법원 2001. 10. 12. 선고 2000다19373 판결).

137) 대법원 2014. 11. 13. 선고 2010다63591 판결(미간행)은 채권압류 사안에서 "압류명령의 신청을 취하하면 소멸시효 중단의 효력이 소급하여 상실된다."라고 판시하였다. 다만, 대법원 2010. 10. 14. 선고 2010다53273 판결의 원심은 가압류집행의 취소까지 시효중단 효력 상실의 요건으로 파악한 것으로 보인다.

138) 대법원 2009. 9. 24. 선고 2009다43058 판결(미간행: 가압류의 목적인 부동산이 사립학교법상 처분금지재산으로 가압류의 대상이 되지 않는다는 이유로 그 가압류신청을 부적법 각하하고 가압류결정을 취소한 사안).

가압류결정이 취소된 경우가 이에 해당한다. 위와 같은 사유가 있으면 처음부터 보전처분절차를 통한 적법한 권리행사가 있었다고 볼 수 없기 때문에 시효중단의 효력이 소급적으로 소멸되도록 한 것이다. 하지만 채무자가 가압류 해방금액(민사집행법 제282조)을 공탁하여 가압류집행이 취소된 경우(민사집행법 제299조 제1항)에는 가압류결정은 유효하고 가압류의 효력은 공탁자인 가압류채무자의 공탁금회수청구권에 대하여 미치게 되므로[139] 시효중단의 효력이 유지된다는 점을 주의하여야 한다.[140]

나. 예외: 시효중단 효력이 장래를 향하여 종료

민법 제175조의 입법취지는 그러한 사유가 권리자에게 권리행사의 의사가 없음을 객관적으로 표명하는 행위이거나 또는 처음부터 적법한 권리행사가 있었다고 볼 수 없는 사유에 해당한다고 보기 때문이다.[141] 그러므로 법률의 규정에 따른 적법한 가압류·가처분이 있었으나 이후 다른 사유로 가압류·가처분이 취소된 경우는 민법 제175조가 정한 시효중단의 효력이 없는 경우에 해당한다고 볼 수 없다. 이때에는 시효중단의 효력이 장래를 향하여만 종료한다고 보아야 한다.

예를 들어 (i) 적법한 가압류가 있었으나 가압류가 집행된 뒤에 3년간 본안의 소를 제기하지 않거나(민사집행법 제288조 제1항 제3호)[142] 본안의 제소명령을 이행하지 않아(민사집행법 제287조)[143] 가압류결정이 취소된 경우는 민법 제175조가 적용되지 않으므로 시효중단의 효력이 소급적으로 소멸하지 않고 장래를 향하여 종료할 뿐이다. (ii) 가압류결정 당시에는 보전의 필요성이 존재하였으나 이후 채무자의 재산증가나 담보제공 등으로 인하여 보전의 필요성이 소멸하여 이의절차나 취소절차에서 가압류결정이 취소된 경우, (iii) 가압류이의절차에서 채무자에게 담보를 제공하게 하고 가압류결정을 취소한 경우(민사집행법 제286조 제5항 단서),[144] (ⅳ) 가압류등기가 선행하는 가등기에 기초한 본등기에 따라 직권으로 말소된 경우,[145] (ⅴ) 가압류등기가 경매절차에서 부동산이 매각되어 말소된 경우[146]에도 마찬가지이다.

---

139) 대법원 2012. 5. 24. 선고 2009다88112 판결.

140) 日最判 1994. 6. 21.(民集 48－4, 1101), 편집대표 김용덕, 제5판 주석 민법(총칙 3), 한국사법행정학회(2019), 993쪽(전원열 집필).

141) 대법원 2011. 1. 13. 선고 2010다88019 판결(미간행), 대법원 2015. 2. 26. 선고 2014다228778 판결.

142) 대법원 2008. 10. 23. 선고 2007다83410 판결(미간행), 대법원 2009. 5. 28. 선고 2009다20 판결(미간행), 대법원 2012. 1. 12. 선고 2011다70930 판결(미간행) 등 참조.

143) 대법원 2011. 1. 13. 선고 2010다88019 판결(미간행).

144) 서울고등법원 2019. 10. 8. 선고 2018나2030090 판결(미간행) 참조.

145) 부산고등법원 2007. 1. 31. 선고 2007나10382 판결(미간행) 참조.

146) 대법원 2013. 11. 14. 선고 2013다18622, 18639 판결은 "채권자가 가압류집행에 의하여 권

Ⅲ. 협의의 민사집행절차와 소멸시효중단

1. 민사집행절차의 개관

민사집행법은 크게 ① 강제집행(제2편), ② 담보권 실행을 위한 집행(제3편), ③ 민법·상법, 그 밖의 법률이 규정하는 바에 따른 경매(제3편), ④ 보전처분(제4편)을 규율하고 있는데, 이중 보전처분을 제외한 ①~③의 집행절차를 협의의 민사집행절차라 할 수 있다(민사집행법 제1조 참조).

강제집행(①)은 다시 ㉠ 금전채권에 기초한 강제집행(제2편 제2장), ㉡ 금전채권 외의 채권에 기초한 강제집행(제2편 제3장)으로 나누어지고, 이중 금전채권에 기초한 강제집행은 집행목적물에 따라 ⓐ 부동산에 대한 강제집행(제2편 제2장 제2절), ⓑ 선박 등에 대한 강제집행(제2편 제2장 제3절), ⓒ 유체동산에 대한 강제집행(제2편 제2장 제4절 제2관), ⓓ 채권과 그 밖의 재산권에 대한 강제집행(제2편 제2장 제4절 제3관)으로 나뉜다. 담보권 실행을 위한 집행(②)에는 금전채권에 기초한 강제집행 절차에 관한 규정들이 대부분 준용되고(민사집행법 제268조, 제269조, 제272조, 제273조 제3항), 민법·상법, 그 밖의 법률이 규정하는 바에 따른 경매(③)는 담보권 실행을 위한 경매의 예에 따라 실시한다(민사집행법 제274조 제1항).

금전채권에 기초한 강제집행과 담보권 실행을 위한 집행의 절차는 '압류→현금화→배당'의 순서로 진행된다.

2. 금전채권에 기초한 강제집행의 전 단계

민사집행법은 금전채권에 기초한 강제집행의 전 단계로서 (i) 재산명시절차, (ii) 채무불이행자명부 등재절차, (iii) 재산조회절차를 규정하고 있다(제2편 제2장 제1절). 이들은 협의의 민사집행절차에 속하지는 않지만, 금전채권에 관한 집행권원이 있을 것을 전제로 하는 점에서는 광의의 민사집행절차에 해당한다고 할 수 있고 채무 이행의 간접강제 기능을 하는 경우도 있어서 민법 제168조 제2호의 압류에 준하는 시효중단 효력을 인정할 수 있는지 등을 살펴볼 필요가 있다.

리행사를 계속하고 있다고 볼 수 있는 가압류등기가 말소된 때 그 중단사유가 종료되어, 그 때부터 새로 소멸시효가 진행한다."라고 판시하였다. 다만, 가압류채권자가 배당요구나 채권신고를 한 경우에는 집행절차가 종료하는 배당표 확정시까지 시효중단의 효력이 계속된다고 해석하는 것이 타당하다고 생각된다.

가. 재산명시절차

1) 의의 및 절차의 개관

재산명시절차는 일정한 집행권원에 기초한 금전채무를 이행하지 않는 경우에 법원이 그 채무자로 하여금 강제집행의 대상이 되는 재산상태를 명시한 재산목록을 제출하게 하여 재산관계를 공개하고 그 재산목록의 진실함을 선서하게 하는 법적 절차를 말한다.

재산명시절차는 다른 강제집행절차에 부수적인 절차가 아니라 그 자체가 독립적인 절차이고,[147] 그 절차를 개시하려면 다른 강제집행의 경우와 마찬가지로 집행력 있는 정본[148]과 집행개시요건의 구비를 필요로 한다(민사집행법 제61조 제2항).

재산명시절차는 '채권자의 재산명시 신청(민사집행법 제61조) → 집행법원의 재산명시명령(민사집행법 제62조 제1항)[149] → [채무자의 이의신청절차(민사집행법 제63조)] → 집행법원의 재산명시기일 지정 및 출석요구(민사집행법 제64조 제1항)[150] → 재산명시기일에 채무자가 출석하여 재산목록 제출(같은 조 제2항) 및 선서(민사집행법 제65조)'의 순서로 진행된다. 채무자가 정당한 사유 없이 재산명시기일에 불출석하거나 재산목록 제출을 거부하거나 선서를 거부하면 법원은 결정으로 20일 이내의 감치에 처하고(민사집행법 제68조 제1항), 채무자가 거짓의 재산목록을 낸 때에는 3년 이하의 징역 또는 500만 원 이하의 벌금에 처한다(같은 조 제9항).

2) 재산명시명령으로 인한 소멸시효 중단 여부

가) 문제의 소재

재산명시명령은 금전의 지급을 목적으로 하는 집행권원에 기초하여 강제집행을 개시할 수 있는 채권자가 신청할 수 있는바, 재산명시명령이 채무자에게 송달되면 민법 제168조 제2호의 압류에 준하는 시효중단의 효력을 인정할 수 있는지 문제가

147) 법원실무제요 민사집행(Ⅰ), 법원행정처(2014), 324쪽. 반면 대법원 2001. 5. 29. 선고 2000다32161 판결은 재산명시절차의 성격에 관하여 "집행 목적물을 탐지하여 강제집행을 용이하게 하기 위한 강제집행의 보조절차 내지 부수절차 또는 강제집행의 준비행위와 강제집행 사이의 중간적 단계의 절차에 불과하다."라고 한다.

148) 다만, 민사소송법 제213조에 따른 가집행의 선고가 붙은 판결 또는 같은 조의 준용에 따른 가집행의 선고가 붙어 집행력을 가지는 집행권원에 기초해서는 재산명시를 신청할 수 없다(민사집행법 제61조 제1항 단서).

149) 재산명시명령은 채무자를 심문하지 아니하고 하나(제62조 제3항), 발송송달 및 공시송달의 방법으로는 채무자에게 송달할 수 없다(제62조 제5항).

150) 재산명시명령에 대하여 채무자의 이의신청이 없거나 이를 기각한 때에 비로소 법원은 재산명시를 위한 기일을 정하여 채무자에게 출석하도록 요구하여야 한다. 이 기일은 채권자에게도 통지하여야 한다.

된다(뒤에서 보듯이 민법 제174조의 최고로서의 효력을 인정할 수 있다는 데에는 별 의문이 없다). 판결에 의하여 확정된 채권도 판결이 확정된 때부터 새로이 10년의 소멸시효가 진행하기(민법 제178조 제2항, 제165조 제1항) 때문에 이를 긍정하면 강제집행을 할 재산을 찾을 수 없어 압류에 의한 시효중단을 할 수 없는 경우에 시효중단을 위한 재소(再訴)[151]를 제기하지 않더라도 시효를 중단시킬 수 있는 실익이 있다.[152]

나) 판례의 태도

확립된 판례는, 채권자가 확정판결에 기초한 채권의 실현을 위하여 채무자에 대하여 민사집행법이 정한 재산명시신청을 하고 그 결정이 채무자에게 송달되었다면 거기에 소멸시효의 중단사유인 최고로서의 효력이 인정되나,[153] 나아가 압류 또는 가압류·가처분에 준하는 시효중단의 효력이 있다고 볼 수는 없다는 태도를 취하고 있다.[154] 그 근거로는 "재산명시절차는 … 특정 목적물에 대한 구체적 집행행위 또는 보전처분의 실행을 내용으로 하는 압류 또는 가압류·가처분과 달리 어디까지나 집행 목적물을 탐지하여 강제집행을 용이하게 하기 위한 강제집행의 보조절차 내지 부수절차 또는 강제집행의 준비행위와 강제집행 사이의 중간적 단계의 절차에 불과하다고 볼 수밖에 없기 때문이다."라는 점을 들고 있다.

한편, 뒤에서 보듯이 이러한 판례의 태도에 반대하는 하급심 재판례가 등장하였으나, 대법원 2018. 12. 13. 선고 2018다266198 판결(미간행)은 "채권자가 확정판결에 기한 채권의 실현을 위하여 채무자에 대하여 민사집행법이 정한 재산명시신청을 하고 그 결정이 채무자에게 송달되었다면 거기에 소멸시효의 중단사유인 '최고'로서의 효력만이 인정되므로, 재산명시결정에 의한 소멸시효 중단의 효력은 그로부터 6

151) 확정된 승소판결에는 기판력이 있으므로, 승소 확정판결을 받은 당사자가 그 상대방을 상대로 다시 승소 확정판결의 전소(前訴)와 동일한 청구의 소를 제기하는 경우 그 후소(後訴)는 권리보호의 이익이 없어 부적법하다. 하지만 예외적으로 확정판결에 의한 채권의 소멸시효기간인 10년의 경과가 임박한 경우에는 그 시효중단을 위한 소는 소의 이익이 있다(대법원 1987. 11. 10. 선고 87다카1761 판결, 대법원 2006. 4. 14. 선고 2005다74764 판결 등 참조). 대법원 2018. 7. 19. 선고 2018다22008 전원합의체 판결은 이러한 법리는 현재에도 여전히 타당하다고 하였다.

152) 대법원 2018. 10. 18. 선고 2015다232316 전원합의체 판결은, 시효중단을 위한 후소로서 이행소송 외에 전소 판결로 확정된 채권의 시효를 중단시키기 위한 조치, 즉 '재판상의 청구'가 있다는 점에 대하여만 확인을 구하는 형태의 '새로운 방식의 확인소송'이 허용되고, 채권자는 두 가지 형태의 소송 중 자신의 상황과 필요에 보다 적합한 것을 선택하여 제기할 수 있다고 하였으나, 이 판결은 이론상 많은 난점을 가지고 있다. 구체적인 실익은 박준모, "소멸시효 중단사유로서의 재산명시신청의 의미와 입법과제", 현안분석 vol 67, 국회입법조사처(2019. 8.), 5~6쪽 참조.

153) 대법원 1992. 2. 11. 선고 91다41118 판결.

154) 대법원 2001. 5. 29. 선고 2000다32161 판결.

개월 내에 다시 소를 제기하거나 압류 또는 가압류·가처분을 하는 등 민법 제174조에 규정된 절차를 속행하지 아니하는 한 상실된다."라고 판시하여 종전의 판례를 확인하였다.

다) 판례의 태도에 비판적인 견해

이 쟁점에 관한 학설의 논의는 별로 보이지 않으나, 위 2018다266198 판결의 원심인 부산지방법원 2018. 8. 22. 선고 2018나40461 판결은 다음과 같은 이유를 들어 "재산명시신청은 민법이 시효중단사유로서 규정한 압류에 준하는 것으로 보되, 다만 재산명시신청을 통하여 법원의 재산명시결정이 내려지고 그 결정등본이 채무자에게 송달되면 채권자의 재산명시신청 시에 소급하여 채권의 소멸시효가 중단된다고 봄이 상당하다."라고 판시하였다.

① 민법 제168조 제2호가 소멸시효 중단사유를 '압류 또는 가압류, 가처분'이라고 열거하고 있으나, 판례는 채권자의 배당요구나 채권신고 등을 압류에 준하는 독자적인 소멸시효 중단사유로 해석하고 있으므로, 결국 재산명시신청을 압류에 준하는 소멸시효 중단사유로 볼 것인지는 해석의 문제이지 입법론의 문제는 아니다. ② 채권자의 재산명시신청에 대하여 법원이 이를 인용하는 결정인 재산명시명령을 통하여 채권자는 채무자의 책임재산을 탐지할 수 있어 강제집행을 용이하게 하고, 자기재산이 공개되는 것을 꺼리는 채무자에게 심리적 압박을 가하여 그로 하여금 채무를 자진 이행하도록 유도하여 채무의 간접강제를 그 주된 목적으로 두고 있다. ③ 재산명시신청을 하기 위하여는 집행력 있는 정본과 집행개시에 필요한 문서가 요구되고 법원은 채무자를 심문할 수 있으며, 재산명시명령을 송달받은 채무자는 1주 내에 이의신청을 할 수 있다. 채무자의 이의신청이 없거나 기각된 경우 법원은 재산명시기일을 정하여 출석할 것을 요구하여야 한다. 채무자가 정당한 사유 없이 기일에 불출석하거나 재산목록의 제출이나 선서를 거부하는 경우 20일 이내의 감치에 처하며, 거짓의 재산목록을 낸 경우에는 3년 이하의 징역 또는 500만 원 이하의 벌금에 처한다. 이러한 점에서 재산명시절차는 다른 강제집행절차에 선행하거나 부수적인 절차가 아니라 그 자체가 독립적인 절차이고, 엄연히 법원의 재판절차이다. ④ 압류는 확정판결 기타의 집행권원에 기하여 행하는 강제집행으로서 특정 목적물에 대한 구체적 집행행위이고 가압류·가처분은 보전처분의 실행을 내용으로 하는 권리의 실행행위로서, 이들은 권리자의 강한 권리실행의사를 외부적으로 표출하는 전형적인 행위이기 때문에 소멸시효 중단사유가 된다. 그러나 채무자가 자진하여 채무를 이행하지 않고 자신의 재산내역과 소재를 채권자에게 알려주지 않거나 집행을 면탈

하기 위하여 재산을 은닉한 경우, 채권자는 위와 같은 보전절차에 착수할 수 없게 되거나 소를 제기하여 승소판결을 받아 집행권원을 확보한다 하더라도 이는 무용지물이 된다. 이러한 경우 시효중단을 위해서 채권자는 소를 제기하여야 하지만 채무자의 재산이 있는지조차 확실하지 않은 상황에서 단지 시효중단을 위한 소를 제기하라고 요구하는 것은 채권자에게는 무의미한 절차를 되풀이 하게 할 뿐이어서, 이는 매우 불합리하다. 이와 같이 채권의 만족을 위한 보전절차나 강제집행절차와 같은 권리실행행위를 할 수 없거나 그 행위를 하는 것이 대단히 곤란한 상황인 경우에는 앞서 본 바와 같이 그 요건과 절차에 있어서 압류 등 강제집행과 대등할 정도로 엄격성을 가진 재산명시신청을 압류에 준하여 보아야 할 사정이 존재한다.

라) 입법 동향

(1) 우리의 민법 개정 논의

(가) 1999년 2월 법무부 산하 민법개정특별분과위원회가 출범하여 2004년 민법개정안을 마련하였다. 이 개정안에서는 '재산명시신청'을 압류와 동등한 시효중단사유로 추가하고, "민사집행법 제62조 제7항의 규정에 의하여 재산명시결정이 취소되고 재산명시신청이 각하된 경우에 6월내에 재판상의 청구, 파산절차참가, 지급명령의 신청 또는 압류를 한 때에는 시효는 최초의 재산명시신청으로 인하여 중단된 것으로 본다."라는 규정을 신설하였다. 정부는 2004. 10. 21. 제17대 국회에 이러한 내용이 포함된 민법중개정법률안을 제출하였으나, 결국 국회의 회기만료로 폐기되고 말았다.

(나) 그 후 2009년 2월 법무부 산하 민법개정위원회가 다시 출범하여 2014년 2월까지 5년 동안 새로운 민법개정시안을 마련하였다. 이 개정시안은 시효장애의 체계를 현행 정지/중단에서 진행정지/완성유예/재개시로 개편하면서 재산명시와 채무불이행자명부 등재를 포함한 '민사집행의 신청'을 시효의 진행정지 사유로, '집행의 완료'를 시효의 재개시(=중단) 사유로 각 규정하였다. 여기서 재산명시와 채무불이행자명부 등재를 포함한 이유는, 이러한 절차는 강제집행과 같이 채권의 직접적인 만족을 목적으로 하는 제도는 아니지만 간접적으로 이에 기여하므로 이러한 절차의 신청도 재개시사유로 인정할 필요가 있다고 보았기 때문으로 보인다.[155] 이에 따르면 재산명시를 신청한 때부터 시효의 진행이 정지되다가 재산명시절차가 완료되면 시효가 새로이 진행된다. 그러나 이 부분 개정시안은 아직까지 국회에 제출되지 못하였다.

155) 안경희, "시효(소멸시효, 취득시효)의 중단·정지", 민사법학 제50호, 한국사법행정학회(2010), 153~155쪽 참조.

(2) 일본의 민법 개정

일본의 민법은 원래 우리 민법 제168조 제2호와 같은 내용이었으나, 개정민법(2020. 4. 1. 시행)은 시효장애의 체계를 현행 정지/중단에서 완성유예/갱신(=중단)으로 개편하면서 '재산명시절차'를 시효의 완성유예 및 갱신의 사유로 규정하였다.[156] 즉 적법한 재산명시신청이 있으면 재산명시절차가 종료할 때까지 시효가 완성되지 않고(일본 개정민법 제148조 제1항 제4호: 시효의 완성유예), 그 사유가 종료한 때[157]부터 새로이 시효가 진행한다(같은 조 제2항: 시효의 갱신). 다만 신청의 취하나 법률의 규정에 따르지 않아 재산명시절차가 취소됨으로써 그 사유가 종료한 경우에는 그 종료한 때부터 6개월을 경과할 때까지 시효가 완성되지 않는 효과만 인정된다(같은 조 제1항 괄호 및 같은 조 제2항 단서: 시효의 완성유예). 이와 같이 개정한 이유는, 재산명시절차는 집행명의에 기초한 민사집행절차에 해당하고 집행채권 또는 일반선취특권의 피담보채권의 만족을 위한 준비절차로서 채권의 강제적 회수의 일환을 이루는 절차이기 때문이며, 특히 채무자에게 집행할 재산이 없을 때 시효완성을 저지하는 수단으로 유용할 것이라고 한다.[158]

마) 검토(=해석론으로는 부정)

재산명시명령은 그 신청에 있어서 집행력 있는 집행권원 정본과 강제집행의 개시에 필요한 문서를 첨부하여야 하고, 재산명시기일에 채무자의 출석의무가 부과되는 등 엄격한 절차가 요구되며, 그 내용에 있어서도 채무자의 책임재산을 탐지하여 강제집행을 용이하게 하고 재산 상태의 공개를 꺼리는 채무자에 대하여는 채무의 자진이행을 하도록 하는 간접강제적 효과가 있으므로, 입법론으로는 재산명시명령에 대하여 압류에 준하는 시효중단의 효력을 부여하는 방안을 적극 고려할 필요가 있다.[159] 이렇게 할 경우 확정판결을 받은 채권자가 단순히 10년의 소멸시효기간을 연장하기 위하여 다시 소를 제기해야 함으로써 생기는 실무상 여러 문제[160]도 방지

156) 김성수, "개정 일본민법(2017년)의 소멸시효", 아주법학 제12권 제1호, 아주대학교 법학연구소(2018), 53~54쪽.

157) 예를 들면 집행법원이 재산명시기일을 종결한 날. 石井教文, "債権法改正法案における時効障害としての民事執行", 産大法学 50巻 3·4号(2017. 1), 92쪽.

158) 石井教文, "債権法改正法案における時効障害としての民事執行", 産大法学 50巻 3·4号(2017. 1), 92쪽.

159) 입법론에 대한 상세한 검토는 박준모, "소멸시효 중단사유로서의 재산명시신청의 의미와 입법과제", 현안분석 vol. 67, 국회입법조사처(2019. 8.), 6쪽 이하 참조. 만약 재산명시명령을 시효중단사유로 인정한다면 이를 1회에 그치지 않고 수회 주장할 수 있는지도 문제될 수 있다. 하지만 현재 법원의 실무는 재산명시명령의 재신청 자체를 불허하고 있다. 법원실무제요 민사집행(Ⅰ), 법원행정처(2014), 371쪽.

160) 자세한 것은 임기환, "시효중단을 위한 재소(再訴)의 허용 여부 및 재소 허용 시 이행소송 외

할 수 있을 것이다.[161]

하지만 민법 제168조 제2호의 '압류'는 금전채권에 기초한 강제집행이나 담보권 실행을 위한 집행의 첫 단계로서 채무자의 재산이나 담보권의 목적물의 처분을 금지하는 행위를 말하므로 '협의의 민사집행절차의 개시'를 전제로 한 개념이다. 그런데 재산명시명령은 비록 강제집행을 개시할 수 있는 채권자가 신청할 수 있는 것이라 하더라도 강제집행을 할 재산을 찾는 것을 주된 목적으로 하므로 어디까지나 강제집행 전 단계의 절차에 불과하다. 이 점에서 채권자가 채권의 변제를 받기 위하여 이미 개시된 집행절차에 참가하는 행위인 배당요구나 채권신고와는 구별된다(뒤에서 자세히 살펴보겠지만, 이러한 행위는 엄밀한 의미에서 압류와 다르더라도 집행절차를 통한 권리행사인 이상 압류에 준하여 시효중단의 효력을 인정할 여지가 있다). 그러므로 재산명시명령에 대하여 압류에 준하는 시효중단의 효력을 인정하는 것은 해석의 한계를 넘는 것이다. 따라서 현행법의 해석으로는 이를 부정하는 판례의 태도가 타당하다.

3) 재산명시명령 이행으로 인한 소멸시효 중단 여부

재산명시명령 자체에 대하여는 민법 제168조 제2호의 압류에 준하는 시효중단의 효력을 인정하기 어렵다고 하더라도, 재산명시명령을 받은 채무자가 재산명시기일에 출석하여 재산목록을 제출하고 선서를 하면 민법 제168조 제3호의 '승인'이 있는 것으로 보아 시효중단의 효력을 인정할 수 있는지 문제가 된다.

그러나 이는 다음과 같은 이유로 원칙적으로 부정함이 타당하다.[162] ① 소멸시효 중단사유인 승인은 시효이익을 받을 당사자인 채무자가 소멸시효의 완성으로 권리를 상실하게 될 자 또는 그 대리인에게 권리가 존재함을 인식하고 있다는 뜻을 표시함으로써 성립한다.[163] 그런데 법원의 재산명시명령에 따라 채무자가 재산명시기일에 출석하여 재산목록을 제출하고 이에 허위가 없음을 선서하는 것은 채무자가 법원에 대하여 절차법적 요구에 따른 의무를 이행한 것일 뿐이다. 재산명시기일에 채권자의 출석은 반드시 필요한 것은 아니라는 점(민사집행규칙 제27조 제3항)에 비추어 보더라도 채무자의 재산목록 제출 및 선서는 기본적으로 채권자가 아니라 법

에 이른바 '새로운 방식의 확인소송'의 인정 여부", 사법 제48호, 사법발전재단(2019), 595~600쪽 참조.

161) 이재목, "재산명시신청과 소멸시효 중단효", Jurist 제409호, 청람인터렉티브(2006), 537쪽.

162) 대법원 판례는 아직 없으나, 하급심 재판례의 태도도 같다. 서울중앙지방법원 2018. 10. 18. 선고 2018가단43188 판결(미간행) 등.

163) 대법원 1992. 4. 14. 선고 92다947 판결 등.

원을 향한 행위임을 알 수 있다.[164] 그러므로 이를 가지고 채무가 존재함을 인식하고 있다는 뜻을 묵시적으로라도 채권자에게 표시하였다고 보기는 어렵다. ② 설령 재산명시명령에 대하여 채무자가 이의신청을 하지 않았다고 하더라도 변제증서의 제출 이외의 청구이의의 소의 원인이 되는 사유는 이의사유가 되지 못하여 채무자는 이의절차에서 집행채권의 존부를 다툴 수는 없으므로,[165] 이의신청을 하지 않은 것을 근거로 삼아 채무자가 집행권원에 표시된 채무를 승인한 것으로 보기는 어렵다.

다만, 재산명시기일에 채권자나 그 대리인이 출석하여 채무자가 채권자나 그 대리인에게 채무가 존재함을 인식하고 있다는 뜻을 표시한 경우에는 민법 제168조 제3호의 승인이 있는 것으로 볼 수 있을 것이다. 예컨대 재산명시기일에 출석한 채무자가 3개월 이내에 변제할 수 있음을 소명한 때에는 법원은 그 기일을 3개월의 범위 내에서 연기할 수 있는데(민사집행법 제64조 제4항), 이러한 행위가 채권자나 그 대리인이 출석한 상태에서 이루어진 경우에는 채무의 승인이 있는 것으로 볼 수 있다.

나. 채무불이행자명부 등재절차

1) 의의 및 절차의 개관

채무불이행자명부는 일정한 집행권원에 기초한 금전채무를 일정 기간 내에 이행하지 않거나 재산명시절차에서 감치나 벌칙 대상이 되는 행위를 한 채무자에 관한 일정 사항을 법원의 재판에 따라 등재한 후 일반인의 열람·복사에 제공하는 명부를 말한다.[166] 채무자가 (i) 금전의 지급을 명한 집행권원(다만, 가집행의 선고가 붙은 것을 제외)이 확정·작성된 후 6개월 이내에 채무를 이행하지 아니하는 때 또는 (ii) 재산명시절차에서 감치나 벌칙의 사유에 해당하게 된 때에는, 채권자는 그 채무자를 채무불이행자명부에 올리도록 신청할 수 있고(민사집행법 제70조 제1항), 법원은 위 신청에 정당한 이유가 있는 때에는 채무자를 채부불이행자명부에 올리는 결정을 하여야 한다(제71조 제1항). 위 등재사유에서 알 수 있듯이 우리의 채무불이행자명부 등재제도는 재산명시절차의 일부를 이루는 것이 아니라 재산명시절차와는 별개의 독립된 절차이고, 실무상으로도 채무자가 '재산명시절차에서 감치나 벌칙 대

164) 대법원 1999. 3. 12. 선고 98다18124 판결은, 검사 작성의 피의자신문조서는 검사가 피의자를 신문하여 그 진술을 기재한 조서로서 그 작성형식은 원칙적으로 검사의 신문에 대하여 피의자가 응답하는 형태를 취하여 피의자의 진술은 어디까지나 검사를 상대로 이루어지는 것이어서 그 진술기재 가운데 채무의 일부를 승인하는 의사가 표시되어 있다고 하더라도, 그 기재 부분만으로 곧바로 소멸시효 중단사유로서 승인의 의사표시가 있은 것으로는 볼 수 없다고 판시하였다.

165) 법원실무제요 민사집행(Ⅰ), 법원행정처(2014), 333쪽.

166) 헌법재판소 2010. 5. 27. 선고 2008헌마663 전원재판부 결정.

상이 되는 행위를 하였다'는 사유보다는 '집행권원 확정 후 6개월 이내 채무를 이행하지 않았다'는 사유로 등재신청을 하는 경우가 대부분을 차지하고 있다.[167)]

이러한 채무불이행자명부 등재제도는 채무를 이행하지 아니하는 불성실한 채무자의 인적 사항을 공개함으로써 명예와 신용의 훼손과 같은 불이익을 가하고 이를 통하여 채무의 이행에 노력하게 하는 간접강제의 효과를 거둠과 아울러 일반인으로 하여금 거래상대방에 대한 신용조사를 용이하게 하여 거래의 안전을 도모하게 함을 목적으로 한다.[168)]

채무불이행자명부 등재절차는, '채권자의 신청(민사집행법 제70조) → 채무자 심문[169)] → 집행법원[170)]의 등재결정(민사집행법 제71조 제1항) → 채무불이행자명부의 작성 및 비치(민사집행법 제72조)'의 순서로 진행된다. 채무자는 등재결정에 대하여 즉시항고를 할 수 있으나 여기에 집행정지의 효력은 없다(민사집행법 제71조 제3항). 법원은 채무불이행자명부의 부본을 채무자의 주소지의 장에게 보내야 하고(민사집행법 제72조 제2항), 그 밖에 일정한 금융기관의 장이나 금융기관 관련단체의 장에게 그 부본을 보내어 채무자에 대한 신용정보로 활용하게 할 수 있으므로(같은 조 제3항), 채무자에게 심리적으로 채무이행을 강제하는 효과가 매우 크다.

이 제도는 전 세계에서 독일과 우리나라만 운용을 하고 있는데, 우리는 독일의 제도에서 한 발 더 나아가 채무자가 '집행권원이 확정·작성된 후 6개월 이내에 채무를 이행하지 아니하는 때'에도 명부에 등재할 수 있게 되어 있어 채무불이행자명부에 등재될 수 있는 대상이 상당히 넓다. 뿐만 아니라 금융권에 연체사실이 없는 사인 간 채권·채무관계에서의 채무자라 할지라도 법원의 채무불이행자명부 등재결정이 있으면 사실상 신용불량자가 되어 금융거래에 큰 제한을 받을 수 있으므로, 최근에는 채권자들이 간접강제의 일환으로 채무불이행자명부 등재제도를 적극적으로 이용하는 추세에 있다.[171)]

---

167) 이진서, "채무불이행자명부제도에 관한 연구", 법조 제68권 제5호(2019. 10.), 388, 398쪽.

168) 헌법재판소 2010. 5. 27. 선고 2008헌마663 전원재판부 결정, 대법원 2010. 9. 9.자 2010마779 결정.

169) 명문의 규정은 없으나, 채무자가 '쉽게 강제집행을 할 수 있다고 인정할 만한 명백한 사유' 또는 '변제, 그 밖의 사유로 채무가 소멸되었다는 것'을 증명한 때에는 법원은 채권자의 등재신청을 기각하여야 하므로(제71조 제2항, 제73조 제1항 참조), 특별한 사정이 없는 한 등재결정 전에 채무자심문을 통하여 이러한 사정을 조사하는 것이 실무이다. 법원실무제요 민사집행(Ⅰ), 법원행정처(2014), 374, 376쪽.

170) 이는 사법보좌관이 행할 수 있는 업무에 속하고(사법보좌관규칙 제2조 제1항 제5호), 법원의 일반적 사무분담 실무는 등재신청에 대한 재판을 사법보좌관의 업무로 정해놓고 있다.

171) 이진서, "채무불이행자명부제도에 관한 연구", 법조 제68권 제5호(2019. 10.), 388, 390쪽. 다만 이 논문은, 현재의 법령에는 법원이 채무자의 구체적인 상황을 고려하여 등재 여부를 결

2) 채무불이행자명부 등재로 인한 소멸시효 중단 여부

가) 문제의 소재

채무불이행자명부 등재는 금전의 지급을 목적으로 하는 집행권원을 가진 채권자가 신청할 수 있고, 제도의 취지나 현실적으로나 채무 이행을 간접적으로 강제하기 위한 수단으로 활용되고 있는바, 채무불이행자명부 등재가 있으면 민법 제168조 제2호의 압류에 준하는 시효중단의 효력을 인정할 수 있는지 문제가 된다.

나) 하급심 재판례

이 쟁점에 관한 학설상 논의는 별로 보이지 않는데, 하급심의 재판례들은 다음과 같은 이유로 이를 부정하고, 다만 등재결정이 채무자에게 송달되었을 때 민법 제174조의 최고로서의 효력만 인정할 수 있다는 태도를 취하고 있다.[172] ① 채무불이행자명부 등재제도는 채권자의 채권회수뿐만 아니라 일반인으로 하여금 거래상대방에 대한 신용조사를 용이하게 하여 거래의 안전을 도모하게 함을 목적으로 한다. ② 채무불이행자명부 등재신청의 경우 재산명시신청과 달리 집행력 있는 정본과 강제집행을 개시하는데 필요한 문서를 붙일 필요가 없다. 그러므로 그 등재절차는 강제집행절차의 일종이 아니다. ③ 채무불이행자명부 등재결정이 채무자에게 고지되더라도 채무자는 채권자가 어떤 내용으로 구체적으로 채권을 행사하고 있다는 사실을 알기 어려우므로, 이는 채권자가 채무자에게 이행을 독려하는 '최고' 이상의 효과가 있다고 보기 어렵다.

다) 검토(=해석론으로는 부정)

채무불이행자명부 등재를 신청하려면 금전의 지급을 명한 집행권원이 있어야 하므로 채무불이행자명부 등재절차는 광의의 민사집행절차에 속한다고 할 수 있다.[173] 또한 위 제도는 채무 이행의 간접강제 및 거래의 안전 도모라는 두 가지 목적을 가지고 있지만, 실제 채권자가 위 등재신청을 하는 주된 목적은 채무를 이행하지 아니하는 불성실한 채무자의 인적 사항을 공개함으로써 명예와 신용의 훼손과 같은 불이익을 가하고 이를 통하여 채무의 이행에 노력하게 하는 간접강제의 효과를 거두기 위한 것이다. 그러므로 입법론으로는 채무불이행자명부 등재에 대하여 압류에

정할 수 있는 근거가 없어 구체적 타당성을 추구하기 어렵게 되어 있고, 채무금액 등을 따지지 않고 일률적으로 등재 및 관계기관에 통보하게 하여 헌법상 과잉금지의 원칙에도 반하는 측면이 있으므로, 헌법정신에 부합하는 보다 정교한 규정 및 운영이 요구된다고 주장한다.

172) 서울중앙지방법원 2015. 7. 6. 선고 2015가단5025382 판결(미간행) 등.

173) 법원실무제요 민사집행(Ⅰ), 법원행정처(2014), 374, 373쪽.

준하는 시효중단의 효력을 부여하는 방안을 고려할 필요가 있다.[174)]

하지만 민법 제168조 제2호의 '압류'는 금전채권에 기초한 강제집행이나 담보권 실행을 위한 집행의 첫 단계로서 채무자의 재산이나 담보권의 목적물의 처분을 금지하는 행위를 말하므로 '협의의 민사집행절차의 개시'를 전제로 한 개념이다. 그런데 채무불이행자명부 등재는 강제집행개시 요건의 구비를 필요로 하지 않을 뿐 아니라 민사집행법이 정한 금전채권에 기초한 강제집행절차, 즉 채무자의 재산을 압류하여 현금화하고 배당을 받는 절차를 예정하고 있지 않다. 그러므로 채무불이행자명부 등재에 대하여 압류에 준하는 시효중단의 효력을 인정하는 것은 해석의 한계를 넘는 것이다. 따라서 현행법의 해석으로는 이를 부정함이 타당하다.

다만, 채무불이행자명부 등재가 위와 같이 채무 이행을 간접적으로 강제하는 기능을 갖고 있는 이상 그 등재결정이 채무자에게 고지되면 민법 제174조의 최고로서의 효력은 인정할 수 있을 것이다.

다. 재산조회절차

1) 의의 및 절차의 개관

재산조회절차는 재산명시를 신청한 채권자가 재산명시절차를 통해서는 소기의 목적을 달성할 수 없는 경우[175)]에 그 채권자의 신청에 따라 재산명시절차를 실시한 법원이 개인의 재산 및 신용에 관한 전산망을 관리하는 공공기관·금융기관·단체 등에 채무자 명의의 재산에 관하여 조회할 수 있도록 한 제도이다(민사집행법 제74조 제1항). 재산명시절차가 채무자의 협조를 얻어 강제집행 할 재산을 찾는 절차인 반면, 재산조회제도는 채무자의 협조 없이 공공기관 등의 전산망 자료를 이용하여 채무자의 재산을 적극적으로 찾는 절차라고 할 수 있다.

재산조회제도는 집행권원상 청구권을 강제적으로 실현하는 절차인 협의의 강제집행절차는 아니지만, 강제집행을 실시할 단계에서 강제집행의 실효성을 확보하기 위하여 민사집행법이 규정한 절차로서 광의의 민사집행절차의 하나라고 할 수 있다.[176)]

---

174) 2009년 2월 출범한 법무부 산하 민법개정위원회가 2014년 2월 마련한 민법개정시안은, 채무불이행자명부 등재신청이 있으면 소멸시효의 진행이 정지되고 이후 그 절차가 완료되면 소멸시효가 다시 개시한다는 취지로 규정하였다.

175) 민사집행법 제74조 제1항은 그 사유를 다음 중 어느 하나로 정하고 있다. ① 재산명시절차에서 채권자가 주소보정명령을 받고도 공시송달의 요건에 해당하는 사유로 인하여 채권자가 이를 이행할 수 없었던 것으로 인정되는 경우, ② 재산명시절차에서 채무자가 제출한 재산목록의 재산만으로는 집행채권의 만족을 얻기에 부족한 경우, ③ 재산명시절차에서 채무자가 감치나 벌칙 대상에 해당하는 행위를 한 경우.

176) 법원실무제요 민사집행(Ⅰ), 법원행정처(2014), 387쪽.

재산조회절차는 '채권자의 신청(민사집행법 제74조 제1항) → 집행법원[177]의 재산조회 실시(민사집행법 제74조 제1, 3항) → 조회대상기관의 회보(민사집행법 제74조 제4항) → 집행법원의 조회결과 관리(민사집행법 제75조 제1항)'의 순서로 진행된다. 법원은 심리한 결과 재산조회 신청이 정당하다고 인정하는 때에는 신청을 인용하는 별도의 결정서를 작성하지 않고 결정내역 용지에 날인한 후 재산조회를 실시하면 되고, 재산조회를 인용한 사실을 채무자에게 통지할 필요도 없다.[178] 채무불이행자명부 등재와 달리 재산조회에 대하여 채무자가 즉시항고를 할 수 있는 근거규정이 없으나, 재산조회 사실을 알게 된 채무자가 불복이 있으면 집행에 관한 이의신청(민사집행법 제16조)을 할 수 있다는 견해가 있다.[179]

2) 재산조회로 인한 소멸시효 중단 여부

가) 문제의 소재

재산조회를 신청하려면 재산명시절차가 선행되어야 하므로 재산조회 역시 금전의 지급을 목적으로 하는 집행권원에 기초하여 강제집행을 개시할 수 있는 채권자가 신청할 수 있는바, 재산조회가 실시되면 시효중단의 효력을 인정할 수 있는지 문제가 된다.

나) 하급심 재판례

이 쟁점에 관한 학설상 논의는 별로 보이지 않는데, 하급심의 재판례들은 다음과 같은 이유로 재산조회에 대하여는 어떠한 시효중단의 효력도 인정하기 어렵다는 태도를 취하고 있다.[180] ① 재산명시절차가 채무자의 협조를 얻어 강제집행할 재산을 찾는 절차로서 채무자에 대하여 그 채무의 이행을 간접적으로라도 강제하는 제도인 반면, 재산조회제도는 채무자의 협조 없이 공공기관 등의 전산망 자료를 이용하여 채무자의 재산을 적극적으로 찾는 절차일 뿐 채무자에 대하여 간접적으로라도 그 채무의 이행을 촉구하는 제도가 아니다. ② 재산조회결정은 채무자에게 고지되지도 않는다.

다) 검토(=부정)

앞서 보았듯이 민법 제168조 제2호의 '압류'는 '협의의 민사집행절차의 개시'를

177) 재산명시절차와 달리 재산조회 그 자체 및 조회결과의 관리에 관한 사항은 사법보좌관이 행할 수 있는 업무에 속하고(사법보좌관규칙 제2조 제1항 제6호), 법원의 일반적 사무분담 실무는 이를 사법보좌관의 업무로 정해놓고 있다.

178) 법원실무제요 민사집행(Ⅰ), 법원행정처(2014), 402쪽.

179) 법원실무제요 민사집행(Ⅰ), 법원행정처(2014), 402쪽.

180) 대구지방법원 2009. 8. 14. 선고 2009가단24481 판결(미간행) 등.

전제로 한 개념이다. 그런데 재산조회는 비록 강제집행을 개시할 수 있는 채권자가 신청할 수 있는 것이라 하더라도 강제집행을 할 재산을 찾는 것을 주된 목적으로 하므로 어디까지나 강제집행 전단계의 절차에 불과하다. 그러므로 재산조회에 대하여 압류에 준하는 시효중단의 효력을 인정하는 것은 해석의 한계를 넘는 것이다. 또한 재산조회는 채무자의 협조 없이 공공기관 등의 전산망 자료를 이용하여 채무자의 재산을 적극적으로 찾는 절차로서 재산명시절차나 채무불이행자명부 등재절차와 달리 그 인용결정이 채무자에게 고지되지도 않는다. 따라서 재산조회에는 채무 이행의 간접강제의 기능이 있다고 할 수도 없으므로 여기에 민법 제174조의 최고로서의 효력도 인정하기는 어렵다.

그리고 재산조회를 신청하려면 재산명시절차를 선행하여야 하므로 입법론으로도 재산명시절차를 압류에 준하는 시효중단 사유로 인정하는 것으로 충분하고 재산조회절차까지 시효중단 사유로 삼을 필요는 없다.

3. 집행절차의 개시로 인한 소멸시효중단

가. 의 의

민법 제168조 제2호는 소멸시효의 중단사유로 '압류'를 규정하고 있다. '압류'란 금전채권에 기초한 강제집행이나 담보권 실행을 위한 집행의 첫 단계로서 채무자의 재산이나 담보권의 목적물의 처분을 금지하는 행위를 말한다. 그 후 현금화, 배당의 순서로 집행절차가 진행된다.

'압류'를 시효중단의 사유로 인정한 이유는 집행권원이나 담보권에 의하여 채권의 존재가 이미 공적으로 확인된 상태에서 그 채권을 직접 실현하기 위하여 민사집행법에 따라 집행에 나아감으로써 채권자의 권리행사 의사가 강력하게 표명되었기 때문이다.[181] 또한 재판이 확정되더라도 그 후 새로 진행하는 시효(민법 제178조 제2항 참조)를 저지할 현실적인 필요가 있다는 점도 고려가 되었다고 할 수 있다.[182]

민법 제168조 제2호는 비록 '압류'라는 표현을 사용하고 있지만, 이는 압류 그

181) 압류 외에도 민사집행 일반을 시효장애사유로 규정한 일본 개정민법(2020. 4. 1. 시행) 제148조의 근거에 관하여 石井教文, "債権法改正法案における時効障害としての民事執行", 産大法学 50巻 3·4号(2017. 1), 80쪽은 "집행명의를 가진 채권자가 민사집행이라는 법적절차에 의거하여 권리를 행사하는 것 자체에서 유래하는 것이다."라고 설명한다.

182) 편집대표 곽윤직, 민법주해 총칙(3), 박영사(1992), 524쪽(윤진수 집필); 곽윤직·김재형, 제9판 민법총칙, 박영사(2013), 442쪽; 양창수·김형석, 제3판 민법 Ⅲ 권리의 보전과 담보, 박영사(2018), 115쪽; 편집대표 김용덕, 제5판 주석 민법(총칙 3), 한국사법행정학회(2019), 981쪽(전원열 집필).

자체가 의미가 있어서가 아니라 압류에 의하여 금전채권에 기초한 강제집행이나 담보권 실행을 위한 집행이 개시되기 때문에 그와 같이 규정을 한 것이다. 그러므로 여기서 압류는 실질적으로 '집행절차의 개시'를 의미한다고 보아야 한다. 그리고 이와 같이 이해하는 이상, 압류 이외의 방법으로 집행절차가 개시되는 경우[183]에도 민법 제168조 제2호에 따른 시효중단 사유로 인정할 필요가 있다.[184] 하지만 집행절차의 개시에 이르지 않는 경우, 예컨대 채권자가 집행을 위하여 집행문을 부여받은 것만으로는 시효중단의 효력이 생긴다고 할 수 없다.[185]

나. 민법 제168조 제2호의 '압류'의 범위

1) 금전채권에 기초한 강제집행

금전채권에 기초한 강제집행은 압류에 의하여 개시한다. 이러한 압류가 민법 제168조 제2호가 적용되는 가장 전형적인 예이다. 이는 집행력 있는 집행권원 정본이 있어야 할 수 있는데(민사집행법 제28조 제1항, 제57조), 지급명령이나 공정증서 등과 같이 기판력이 인정되지 않는 집행권원에 기초한 압류도 민법 제168조 제2호의 압류에 해당한다.[186]

2) 담보권 실행을 위한 집행

담보권 실행을 위한 집행에는 강제집행에 관한 규정들이 준용되므로(민사집행법 제268조, 제269조, 제272조, 제273조 제3항), 담보권 실행을 위한 집행도 압류에 의하여 개시한다. 이 역시 민법 제168조 제2호가 적용되는 대표적인 예이다.[187]

하지만 질권의 목적이 채권인 경우에 질권자가 민사집행법에 정한 집행방법[188]에 의하여 질권을 실행하지 않고 민법 제353조에 따라 제3채무자에게 직접 질권의 목적이 된 채권을 청구하는 때에는, 이를 집행절차라고 할 수는 없으므로 이로써 피담보채권에 대하여 민법 제168조 제2호의 압류에 준하는 시효중단의 효력이 생긴다

---

183) 금전채권 외의 채권에 기초한 강제집행은, 인도할 물건을 제3자가 점유하고 있는 때(민사집행법 제259조) 외에는 압류 없이 집행절차가 개시한다.

184) 편집대표 곽윤직, 민법주해 총칙(3), 박영사(1992), 525쪽(윤진수 집필).

185) 편집대표 곽윤직, 민법주해 총칙(3), 박영사(1992), 526쪽(윤진수 집필). 일본 문헌으로는 川島武宜, 注釈民法 總則(5), 有斐閣(1967), 113쪽.

186) 대법원 2007. 4. 12. 선고 2006다14691 판결(미간행)은, "민법 제168조 제2호는 시효중단사유로 '압류'를 들고 있고, 그 압류의 권원을 제한하고 있지 아니하므로, 공정증서에 기한 압류에 의한 소멸시효 중단의 효력은 확정판결에 기한 압류와는 달리 민법 제174조 소정의 '최고'로서의 효력밖에 없다는 취지의 상고이유의 주장은 독자적인 주장에 불과하다."라고 판단하였다.

187) 대법원 1980. 2. 12. 선고 79다2169 판결, 대법원 1991. 12. 10. 선고 91다17092 판결 참조.

188) 채권에 대한 강제집행의 방법과 같다(민사집행법 제273조 참조).

고 하기 어렵다.[189)]

3) 이중압류

이미 강제집행이나 담보권 실행을 위한 집행이 개시된 목적물에 대하여 이중으로 강제집행이나 담보권 실행을 하여 압류하는 것(민사집행법 제87조, 제215조, 제235조)을 '이중압류'라 하는데, 이 역시 민법 제168조 제2호의 압류에 해당한다. 부동산 경매에서 이중으로 경매개시결정을 하여 압류가 된 때에 매각과 배당 절차는 선행사건의 집행절차에 따라 진행하는 것이 원칙이고(민사집행법 제87조 제1항), 그 경우 후행압류는 선행사건에서 배당요구와 같은 효력을 갖는다(민사집행법 제148조 제1호).[190)] 다만, 선행사건의 경매신청이 취하되거나 그 절차가 취소되더라도 후행압류를 기준으로 남을 가망이 있는 한 법원은 뒤의 경매개시결정에 따라 절차를 계속 진행하여야 한다(민사집행법 제87조 제2항). 이와 같이 이중압류는 배당요구와 달리 독립성이 인정됨을 유의하여야 한다.

4) 유치권에 의한 경매

유치권자는 경매청구권이 있을 뿐(민법 제322조 제1항) 우선변제권이 없지만, 유치권에 의한 경매는 담보권 실행을 위한 경매의 예에 따라 실시하므로(민사집행법 제274조 제1항), 유치권 실행으로서 하는 압류도 민법 제168조 제2호의 압류에 해당한다고 할 수 있다.

5) 집행절차의 참가

'배당요구'나 당연히 배당받을 채권자의 '채권신고'는 압류에 해당하지 않지만, 집행절차를 통해 채권의 변제를 받기 위한 행위이므로 뒤에서 보듯이 민법 제168조 제2호를 유추 적용할 수 있는지 논의가 있다.

6) 간접강제

간접강제란 채무자에게 채무불이행에 대한 제재를 고지함으로써 그 제재를 면하기 위하여 채무를 이행하도록 동기를 부여하는 것을 목적으로 하는 강제집행의 방법을 말한다(민사집행법 제261조).[191)] 이와 같이 강제집행을 개시하는 데 압류가 수반되지 않는 경우에도 민법 제168조 제2호가 유추 적용될 수 있는지 문제가 될 수 있다.

우리 민법과 민사집행법의 해석으로는 금전채권에 기초한 강제집행은 직접강제

---

189) 이 쟁점에 관한 일본에서의 논의는 酒井廣幸, 時効の管理, 新日本法規(2007), 159~160쪽.
190) 자세한 설명은 법원실무제요 민사집행(Ⅱ), 법원행정처(2014), 76~83쪽 참조.
191) 법원실무제요 민사집행(Ⅲ), 법원행정처(2014), 595쪽.

만 가능하고 간접강제는 허용되지 않는다는 것이 일반적 견해이지만,[192] 가사소송법 제64조가 정한 이행명령은 판결, 심판, 조정조서, 조정을 갈음하는 결정 또는 양육비부담조서에 의하여 확정되어 있는 금전지급의무를 비롯한 일정한 가사채무를 과태료·감치를 통한 간접강제의 수단을 통하여 실현하는 것을 목적으로 하고 있는 이행확보제도이므로,[193] 간접강제의 성격을 가지고 있다.

생각건대, 민법 제168조 제2호가 '압류'라고 규정한 취지는 금전채권에 기초한 강제집행이 통상적으로 압류에 의하여 개시되기 때문이므로 만약 금전채권에 기초한 강제집행의 방법으로 간접강제가 예외적으로 허용되는 경우라면 간접강제결정이 채무자에게 송달되어 간접강제의 효력이 발생한 때에도 압류에 준하여 시효중단의 효력을 인정함이 타당하다. 일본의 개정민법(2020. 4. 1. 시행) 제148조 제1호는 시효의 갱신사유와 관련하여 종전에 '압류'라고 규정되어 있던 것을 '강제집행'이라고 개정하여 이 점을 분명히 하였다.[194]

다. 시효중단의 요건

1) 유효한 압류명령

압류로 인하여 시효중단의 효과가 발생하려면 우선 압류명령이 재판으로서 유효하여야 한다.

예를 들어 이미 사망한 자를 상대로 한 강제집행 신청은 부적법하고 그 신청에 따른 압류명령이 있었다고 하여도 이는 당연무효로서 그 효력이 상속인에게 미치지 않으며, 이러한 당연무효의 압류는 민법 제168조 제2호가 정한 소멸시효의 중단사유인 압류에 해당하지 않는다.[195] 부동산 강제경매에서 이미 소유자(=채무자)가 사망하였음에도 이를 간과하고 강제경매신청을 하여 개시결정이 난 경우 이는 당연무효이고 경매개시결정이 등기되거나 그 상속인에게 송달되더라도 압류의 효력이 발

---

192) 김형석, "강제이행—특히 간접강제의 보충성을 중심으로—", 법학 제46권 제4호, 서울대학교 법학연구소(2005), 275쪽; 조병구, "간접강제 배상금의 법적 성질과 실무상 제 문제", 재판자료 제131집, 법원도서관(2016), 333쪽. 일본에서는 2004년에 민사집행법이 개정되어 부부 사이의 부양료나 양육비 채권 등과 같은 일정한 금전채권에 관하여는, 채무자가 지불능력이 없어 금전채권에 기한 채무를 변제하는 것이 불가능한 때 또는 그 채무를 변제함에 의해 그 생활이 현저히 궁박해지는 때가 아닌 한, 강제집행의 방법으로 간접강제를 허용하였다(일본 민사집행법 제167조의 15 신설). 개정의 상세한 경과와 배경은 이재민, "간접강제 적용 확대에 관한 연구", 경북대학교 법학전문대학원 박사학위논문(2018), 38~52쪽 참조.

193) 대법원 2017. 11. 20.자 2017으519 결정.

194) 김성수, "개정 일본민법(2017년)의 소멸시효", 아주법학 제12권 제1호, 아주대학교 법학연구소(2018), 54쪽. 일본 문헌으로는 石井教文, "債権法改正法案における時効障害としての民事執行", 産大法学 50巻 3·4号(2017. 1), 90~91쪽.

195) 대법원 2006. 8. 24. 선고 2004다26287, 26294 판결(가압류에 관한 사안) 참조.

생하지 않는다.[196] 반면 저당권의 실행을 위한 경매는 저당부동산의 소유자와의 관계에서 그 절차가 진행되는 것이므로, 그 절차의 개시 전에 소유자가 사망한 사실을 간과하고 경매신청을 하여 개시결정이 나더라도 이는 상속인에 대한 것으로서 유효하고 경정결정에 의하여 소유자의 표시를 고치면 충분하다.[197] 따라서 이 경우에는 경매개시결정이 등기되면 압류의 효력이 발생한다.

채권에 대한 집행에서 피압류채권이 특정되지 않았거나 압류금지채권에 해당하여 압류명령에 따른 실체법적 효력이 발생하지 않는 경우에는, 비록 압류명령에 흠이 있어도 재판으로서 당연무효는 아니므로 제3채무자에게 송달되면 일단 시효중단의 효력이 생긴다고 볼 수 있을 것이다. 다만 압류가 법률의 규정에 따르지 않은 경우에 해당하므로 즉시항고에 의하여 압류명령이 취소되면 민법 제175조에 따라 시효중단의 효력이 소급적으로 소멸될 것이다.

2) 압류의 집행

가) 의 의

민법 제168조 제2호에서 말하는 '압류'는 원칙적으로 압류가 집행되어 그 효력이 발생한 상태를 의미하므로, 압류로 인한 시효중단의 효과가 발생하려면 압류명령이 발령된 것만으로는 부족하고 그 집행이 되어야 한다. 뒤에서 보듯이 압류로 인한 시효중단의 효과는 집행을 신청한 때에 소급하여 발생하지만, 이는 집행기관의 절차지연으로 인해 시효가 완성되는 부당한 결과를 방지하기 위한 것일 뿐 시효중단의 요건으로는 압류의 집행이 필요하다.[198]

나) 압류집행의 구체적 의미

(1) 집행의 착수

여기서 '집행'이란 정확히 말하면 '집행의 착수'를 의미하므로 반드시 집행에 성공하여야 하는 것은 아니다. 압류의 집행에 착수한 이상, 집행의 목적물이 없어 집행이 불능으로 되었다 하더라도 집행절차를 통한 채권자의 권리행사 의사가 객관적으로 분명하게 표명된 것으로 볼 수 있기 때문에 시효중단의 효력을 부여하기에 부족함이 없다.

(2) 부동산에 대한 집행

부동산 강제경매의 경우 집행법원은 경매절차를 개시하는 결정을 할 때 동시에

196) 법원실무제요 민사집행(Ⅱ), 법원행정처(2014), 91쪽 참조.
197) 대법원 1966. 9. 7.자 66마676 결정, 대법원 1998. 12. 23.자 98마2509, 2510 결정.
198) 김성균·강병훈, "채권집행에 있어서 소멸시효중단사유에 관한 소고", 이화여자대학교 법학논집 제21권 제3호(2017. 3.), 7쪽.

그 부동산의 압류를 명하여야 하고(민사집행법 제83조 제1항), 압류는 채무자에게 그 결정이 송달된 때 또는 경매개시결정의 등기가 된 때에 효력이 생긴다(같은 조 제4항). 이는 담보권 실행을 위한 경매절차에도 준용된다(민사집행법 제268조).

(3) 유체동산에 대한 집행

유체동산에 대한 강제집행은 압류에 의하여 개시하는데(민사집행법 제188조 제1항), 유체동산은 집행관이 그 물건을 점유함으로써 압류를 한다(민사집행법 제189조 제1항). 이는 담보권 실행을 위한 집행절차에도 준용된다(민사집행법 제272조).

(i) 유체동산 압류에서 집행관이 채무자의 주소불명 등으로 인하여 집행에 착수조차 하지 못하면 시효중단의 효과는 발생하지 않는다.[199] 이 경우에는 집행절차를 통한 채권자의 권리행사가 외부에서 볼 때 객관적으로 확실하게 있다고 하기 어렵고, 채무자가 집행신청 사실을 인식할 수 있는 기회 자체가 존재하지 않기 때문이다.[200] (ii) 반면 집행관이 일단 집행현장에 임하여 집행에 착수한 이상 압류할 물건이 없어서 집행불능이 되어도 시효중단의 효력은 발생한다.[201] 채권자가 집행절차에 착수하게 되면 이제 채무자의 입장에서도 권리불행사의 사실상태가 확실하게 깨어져 더 이상 그 사실상태를 존중할 이유가 없게 되었다고 할 수 있고, 집행절차에 착수한 후 압류할 재산의 존부라는 우연한 사정에 의하여 시효중단의 효력이 좌우되는 것은 타당하지 않기 때문이다.[202] 다만, 이 경우에는 압류할 물건이 없어서 집행절차가 바로 종료하기 때문에 그때부터 시효가 새로이 진행된다.[203]

---

199) 대법원 2011. 5. 13. 선고 2011다10044 판결(가압류 사안) 참조. 일본의 판례도 같다. 日最判 1968. 3. 29.(民集 22-3, 725). 그리하여 김성균·강병훈, "채권집행에 있어서 소멸시효 중단사유에 관한 소고", 이화여자대학교 법학논집 제21권 제3호(2017. 3.), 7쪽은 동산집행의 경우에는 채무자의 소재불명 등으로 집행이 불능(착수 실패)으로 되지 않게끔 채무자의 소재 등에 대한 추적조사가 필요할 것이라고 한다.

200) 일본 문헌으로 酒井廣幸, 時効の管理, 新日本法規(2007), 144~145쪽.

201) 일본의 판례도 같다. 日大判 1926. 3. 25.(民集 5-4, 214). 한편 조세채권의 시효중단에 관하여 대법원 2001. 8. 21. 선고 2000다12419 판결은 "국세기본법 제28조 제1항은 국세징수권의 소멸시효의 중단사유로서 납세고지, 독촉 또는 납부최고, 교부청구 외에 '압류'를 규정하고 있는바, 여기서의 '압류'란 세무공무원이 국세징수법 제24조 이하의 규정에 따라 납세자의 재산에 대한 압류 절차에 착수하는 것을 가리키는 것이므로, 세무공무원이 국세징수법 제26조에 의하여 체납자의 가옥·선박·창고 기타의 장소를 수색하였으나 압류할 목적물을 찾아내지 못하여 압류를 실행하지 못하고 수색조서를 작성하는 데 그친 경우에도 소멸시효 중단의 효력이 있다."라고 판시하였다.

202) 최진수, "체납자의 재산을 압류하기 위해 수색을 하였으나 압류할 목적물이 없어 압류를 실행하지 못한 경우에도 시효중단의 효력이 발생하는지 여부", 대법원판례해설 제39호, 법원도서관(2002), 20쪽.

203) 대법원 2011. 5. 13. 선고 2011다10044 판결(가압류 사안) 참조.

⑷ **채권에 대한 집행**

채권에 대한 강제집행은 압류에 의하여 개시하는데(민사집행법 제188조 제1항), 채권은 집행법원의 압류명령이 제3채무자에게 송달되면 압류의 효력이 생긴다(민사집행법 제227조 제3항, 제242조). 다만 어음·수표 그 밖에 배서로 이전할 수 있는 증권으로서 배서가 금지된 증권채권의 압류는 집행법원의 압류명령으로 집행관이 그 증권을 점유하여 한다(민사집행법 제233조). 이는 담보권 실행을 위한 집행절차에도 준용된다(민사집행법 제273조 제3항).

채권자가 채무자의 제3채무자에 대한 채권을 압류할 당시 그 피압류채권이 이미 소멸하였다는 등으로 부존재하는 경우에도 특별한 사정이 없는 한 압류집행을 함으로써 그 집행채권의 소멸시효는 중단된다.[204] 유체동산 집행에서 집행에 착수하였으나 압류할 물건이 없어서 집행불능된 경우와 같은 이유이다. 이 경우에도 압류할 채권이 없어서 집행절차가 바로 종료하기 때문에 그때부터 시효가 새롭게 진행한다고 보아야 한다.[205]

다) 채무자가 집행의 당사자인 경우 그에 대한 고지는 요건이 아님

집행법원의 경매개시결정(부동산)이나 압류명령(채권), 집행관의 압류처분(유체동산)은 집행의 당사자인 채무자에게 송달 또는 통지되어야 하지만(민사집행법 제83조 제4항, 제189조 제3항, 제227조 제2항), 이는 시효중단의 요건이 아니고 압류의 집행이 착수되면 시효중단의 요건은 충족된다. 설령 공시송달 등으로 인하여 채무자가 현실적으로 압류의 사실을 인식하지 못하더라도 채권자가 압류의 집행에 착수하여 집행절차를 통한 권리행사의 의사를 분명히 한 이상 시효중단을 인정하는 것이 제도의 취지에 부합하기 때문이다.

3) 채무자가 집행의 당사자가 아닌 경우의 통지

가) 민법 제176조의 의의

민법 제176조는 "압류, 가압류 및 가처분은 시효의 이익을 받은[206] 자에 대하여

---

204) 대법원 2014. 1. 29. 선고 2013다47330 판결(미간행). 그 전에 대법원 2009. 6. 25.자 2008모1396 결정은 벌금의 시효가 문제된 사안에서 "일응 수형자의 재산이라고 추정되는 채권에 대하여 압류신청을 한 이상 피압류채권이 존재하지 아니하거나 압류채권을 환가하여도 집행비용 외에 잉여가 없다는 이유로 집행불능이 되었다고 하더라도 이미 발생한 시효중단의 효력이 소멸하지는 않는다."라고 판시한 바 있다. 김성균·강병훈, "채권집행에 있어서 소멸시효중단사유에 관한 소고", 이화여자대학교 법학논집 21권 3호(2017. 3.), 8쪽도 같은 견해이다.

205) 대법원 2017. 4. 28. 선고 2016다239840 판결 참조.

206) 이는 '받을'의 입법과정상 오기라고 보인다. 양창수, "민법 제176조에 의한 시효중단", 민법연구 제1권, 박영사(1991), 173~175쪽.

하지 아니한 때에는 이를 그에게 통지한 후가 아니면 시효중단의 효력이 없다."라고 규정하고 있다. 원래 시효의 중단은 당사자 및 그 승계인 간에만 효력이 있으나(민법 제169조), 이에 대한 예외를 인정하여 시효중단 사유인 압류의 당사자나 그 승계인이 아닌 시효의 이익을 받을 자(예컨대 채무자)에게도 그에 대한 통지를 요건으로 하여 시효중단의 효력이 생기도록 함으로써 채권자와 채무자의 이익을 조화시키려는 것이다. 판례도 위 규정의 취지를 "다른 사람의 채무를 담보하기 위하여 자기 소유의 부동산에 저당권을 설정한 물상보증인에 대한 임의경매의 신청은 피담보채권의 만족을 위한 강력한 권리실행 수단으로서, 채무자 본인에 대한 압류와 대비하여 소멸시효의 중단사유로서 차이를 인정할 만한 실질적인 이유가 없기 때문에, 경매개시결정에 따라 압류의 효력이 생긴 경우에는, 중단행위의 당사자나 그 승계인 이외의 시효의 이익을 받는 채무자에게도 시효중단의 효력이 미치도록 하되, 다만 채무자가 시효의 중단으로 인하여 예측하지 못한 불이익을 입게 되는 것을 막아주기 위하여 채무자에게 압류사실이 통지되어야지 시효중단의 효력이 미치게 함으로써, 채권자와 채무자간의 이익을 조화시키려는 것이, 민법 제169조에 규정된 시효중단의 상대적 효력에 대한 예외를 인정한 민법 제176조의 취지라고 해석[된다.]"라고 설명하고 있다.[207]

나) 적용 범위

(1) 민법 제176조가 적용되는 대표적인 예는 '물상보증인이나 제3취득자 소유의 부동산에 대하여 저당권을 실행하는 경우'이다. 판례상 위 규정이 적용된 사례도 전부 그러한 경우로 보인다. 이러한 경우에는 저당권 실행에 의한 압류 사실을 채무자에게 통지하면 압류의 당사자가 아닌 채무자에 대하여도 시효중단의 효력이 발생하여 피담보채권의 시효가 중단된다. 이 경우 시효중단의 효력이 발생하는 시기는, 채권자가 압류를 신청한 때에 소급하는 것이 아니라 압류 사실이 채무자에게 통지된 때 비로소 장래를 향하여 시효중단 효력이 생긴다고 해석하여야 한다.[208] 민법 제176조는 채무자에 대한 통지를 요건으로 하여 시효중단의 상대적 효력에 대한 예외를 인정한 것이기 때문이다.

(2) 한편, '제3자가 점유하는 채무자 소유의 유체동산을 압류하는 경우' 또는 '채무자의 제3채무자에 대한 채권을 압류하는 경우'에도 위 규정이 적용된다고 하는 설

207) 대법원 1990. 1. 12. 선고 89다카4946 판결.

208) 양창수, "민법 제176조에 의한 시효중단", 민법연구 제1권, 박영사(1991), 191쪽; 편집대표 곽윤직, 민법주해 총칙(3), 박영사(1992), 531쪽(윤진수 집필).

명이 있으나,[209] 위와 같은 경우는 모두 채무자를 상대로 채무자 소유의 재산에 대하여 집행을 한 때에 해당하여 집행절차상 압류의 사유나 압류명령을 채무자에게 통지, 송달하는 것이 당연히 예정되어 있고(민사집행법 제189조 제3항, 제227조 제2항),[210] 집행관이 점유자인 제3자에게서 유체동산을 제출받거나 집행법원이 제3채무자에게 압류명령을 송달하는 것은 압류집행의 방법에 불과하므로, 위와 같은 설명에는 의문이 있다. 그러므로 위와 같은 경우에는 일반 원칙에 따라 압류가 집행되면 채무자에게 압류 사실이 통지되지 않더라도 곧바로 시효중단의 효력이 발생한다고 보아야 한다.[211] 이는 채무자 소유의 부동산에 대한 강제경매에서 경매개시결정이 등기되어 압류의 효력이 발생하면 그것이 채무자에게 송달되기 전이나 공시송달의 방법으로 송달되더라도 시효중단의 효력이 발생하는 것과 같은 이치이다.

다) 통지의 방법

(1) 통지는 반드시 채권자가 직접 하여야 하는 것은 아니기 때문에, 채권자가 물상보증인이나 제3취득자 소유의 부동산에 대하여 저당권 실행을 위한 경매를 신청한 경우 경매개시결정이나 경매기일통지서가 경매절차의 이해관계인에 해당하는 채무자에게 고지[212]되면 시효중단의 효과가 발생한다.[213] 다만, 채무자에 대한 통지는 채무자가 이를 알 수 있는 방법으로 행하여져야 한다. 따라서 집행법원이 경매개시결정 등을 채무자에게 송달의 방법으로 고지하는 경우 민법 제176조의 통지가 있다고 하려면 발송송달, 공시송달이 아닌 교부송달의 방법으로 고지되어야 한다.[214]

(2) 이와 관련하여 채무자에 대한 고지가 발송송달이나 공시송달로 된 경우에도 금융기관인 채권자와 채무자 사이의 여신거래약관에 도달간주조항[215]이 있으면 그

209) 편집대표 곽윤직, 민법주해 총칙(3), 박영사(1992), 529쪽(윤진수 집필); 양창수·김형석, 제3판 민법 Ⅲ 권리의 보전과 담보, 박영사(2018), 117쪽. 우리 민법 제176조와 같은 내용인 일본 민법 제155조에 관한 일본 주석서의 설명도 같다. 川島武宜, 注釈民法 總則(5), 有斐閣(1967), 118쪽.

210) 이 점을 지적하는 것으로는 양창수, "민법 제176조에 의한 시효중단", 민법연구 제1권, 박영사(1991), 180쪽 각주 23.

211) 채권 가압류에 관한 대법원 2012. 4. 26. 선고 2011다108231 판결(미간행), 대법원 2019. 5. 16. 선고 2016다8589 판결(미간행) 참조.

212) 담보권 실행을 위한 부동산 경매절차에서 개시결정은 소유자에게만 송달하고 채무자와 채권자에게는 상당하다고 인정하는 방법으로 고지하면 족하다(대법원 1967. 5. 16.자 67마116 결정 참조). 그러나 실무에서는 채무자, 채권자 등에게도 이를 송달하고 있다[법원실무제요 민사집행(Ⅱ), 법원행정처(2014), 752쪽].

213) 대법원 1997. 8. 29. 선고 97다12990 판결 등.

214) 대법원 1994. 11. 25. 선고 94다26097 판결 등.

215) 예컨대 '채무자의 주소가 변경된 때에는 바로 서면으로 채권자에게 신고하여야 하고, 만일 그 신고를 하지 아니함으로 말미암아 채권자가 채무자가 신고한 최종 주소로 발송한 서면

조항에 따라 민법 제176조가 정한 통지가 된 것으로 볼 수 있는지 문제 된다. 이를 긍정한 판례[216]도 있으나, 이에 대하여는 당사자 사이의 그와 같은 약정의 효력범위가 민법 제176조의 통지까지 포함한다고 보기 어렵고, 시효중단사유를 쉽게 인정할 수 있는 약정은 민법 제184조 제2항에 반하여 무효이며, 민법 제176조의 취지에 비추어 보더라도 채무자가 현실적으로 시효중단사유의 발생을 알 수 있는 가능성이 부여되어야 한다는 이유로 반대하는 견해가 유력하다.[217] 최근의 판례는 위 약관은 채권자와 채무자 사이의 여신거래에 적용되는 것으로서, 위의 도달간주조항이 그와 무관한 경매절차 또는 보다 구체적으로 경매법원이 행하는 경매개시결정상의 압류사실에 관한 통지에 적용된다고 할 수 없다고 판시하여[218] 사실상 판례를 변경한 것으로 볼 여지가 있다고 생각된다.[219]

(3) 한편, 대표이사가 회사의 채무를 담보하기 위하여 채권자에게 자기 개인 소유의 부동산에 관하여 저당권을 설정해 주었는데 채권자가 그 저당부동산에 대하여 저당권실행경매를 신청한 경우, 물상보증인으로서 소유자인 대표이사 개인에게 교부송달의 방법으로 경매개시결정이 송달되었다면 채무자인 회사에 대하여 별도의 통지가 없다고 하더라도 민법 제176조의 통지가 이루어진 것으로 볼 수 있을 것이다.[220]

통지 또는 기타 서류가 채무자에게 연착하거나 도달하지 아니한 때에는 보통의 우송기간이 경과한 때에 도달한 것으로 본다'는 취지의 조항.

216) 대법원 1987. 12. 8. 선고 87다카1605 판결(미간행). 이 판결은 또한 민법 제176조의 통지의 방법에 관한 특약이 소멸시효를 배제, 연장 또는 가중할 수 없도록 한 민법 제184조 제2항에 위배되지 않는다고 판단하였다.

217) 양창수, "민법 제176조에 의한 시효중단", 민법연구 제1권, 박영사(1991), 187~188쪽.

218) 대법원 2010. 2. 25. 선고 2009다69456 판결. 이 판결의 사안에서는 약관에 "다만 상계통지나 기한 전의 채무변제 청구 등 중요한 의사표시인 경우에는 배달증명부 내용증명에 의한 경우에 한하여 도달한 것으로 본다"고 규정되어 있었는데, 대법원은 방론으로 "소멸시효의 중단이라는 당사자 사이의 법률관계에 중대한 영향을 미치는 효력을 가지는 압류사실의 통지는 위 단서조항에서 정하는 '중요한 의사표시'에 해당한다고 봄이 상당하다. 따라서 설사 위의 도달간주조항이 경매절차에도 적용된다고 하더라도, 단순한 발송송달의 방법으로 송달된 경매개시결정 등 서면에 관하여 위의 도달간주조항에 의하여 압류사실의 통지가 있다고 보아야 한다는 원고의 주장은 받아들일 수 없다."라고 판단하였다. 이 판결은 나아가 87다카1605 판결에서 다루어진 도달간주조항은 이 사건 약관조항과 그 내용을 달리한다고 하면서 두 판결이 저촉되는 것은 아니라고 하였다.

219) 편집대표 김용덕, 제5판 주석 민법(총칙 3), 한국사법행정학회(2019), 986~987쪽(전원열 집필).

220) 대법원 2010. 2. 25. 선고 2009다69456 판결에서 이 점이 문제되었는데, 물상보증인인 대표이사가 소멸시효의 완성 전에 그 경매절차에 관하여 알고 있었다는 사실이 인정되지 않아 위 쟁점에 관하여 직접적인 판단이 내려지지는 않았다.

라. 효 과

1) 소멸시효의 중단

압류가 이상의 요건을 충족하면 집행채권의 소멸시효가 중단된다(민법 제168조 제2호). 민법 제178조 제1항은 "시효가 중단된 때에는 중단까지에 경과한 시효기간은 이를 산입하지 아니하고 중단사유가 종료한 때로부터 새로이 진행한다."라고 규정하고 있으므로, (i) 압류의 신청이 있은 때까지 경과한 시효기간은 없었던 것으로 되고 (ii) 압류에 의하여 개시한 집행절차가 종료한 때부터 새로이 시효가 진행한다. 적용되는 소멸시효 기간은 종전과 같다.

2) 시효중단의 효력발생시기

가) 문제의 소재

민법은 제168조 제2호에서 시효중단사유의 하나로 '압류'라고 정하고 있을 뿐 압류로 인한 시효중단의 효력이 언제 발생하는지에 관해서는 민법이나 민사집행법에 명시적인 규정이 없다.

나) 학 설

통설은, 압류로 인한 시효중단의 효력은 '압류를 신청한 때'에 생긴다고 한다.[221] 집행기관의 절차 지연으로 말미암아 소멸시효 완성 여부가 좌우되는 것은 부당하고, 위와 같이 해석하는 것이 재판상 청구의 경우 소제기시에 시효가 중단된다고 하는 민사소송법 제265조와도 균형이 맞는다는 점을 근거로 한다.[222]

다만, 앞서 보았듯이 압류로 인한 시효중단의 효력이 발생하려면 압류의 집행에 착수할 것이 요구되는바, 이와 관련하여 (i) '압류의 집행에 착수하면 압류를 신청한 때 소급하여 시효중단의 효력이 생긴다'고 설명하는 견해[223]와 (ii) '압류를 신청하면 일단 시효중단의 효력이 발생하고 이후 압류의 집행에 착수하지 않으면 소급하여 시효중단의 효력이 소멸한다'고 설명하는 견해[224]로 나뉜다.

---

221) 편집대표 곽윤직, 민법주해 총칙(3), 박영사(1992), 525쪽(윤진수 집필).

222) 김성균·강병훈, "채권집행에 있어서 소멸시효중단사유에 관한 소고", 이화여자대학교 법학논집 제21권 제3호(2017. 3.), 4~6쪽 참조.

223) 곽윤직·김재형, 제9판 민법총칙, 박영사(2013), 442쪽; 김홍엽, 제5판 민사집행법, 박영사(2019), 169쪽; 전병서, 민사집행법, 박영사(2019), 221쪽.

224) 편집대표 곽윤직, 민법주해 총칙(3), 박영사(1992), 526쪽(윤진수 집필); 김성균·강병훈, "채권집행에 있어서 소멸시효중단사유에 관한 소고", 이화여자대학교 법학논집 21권 3호(2017. 3.), 7쪽; 한충수, "(가)압류에 따른 시효중단 효력 발생 시기", 법조 제67권 제6호(2018), 802~803쪽.

다) 판 례

(1) 앞서 보았듯이 판례는 가압류로 인한 시효중단의 효력발생시기에 관하여, 가압류채권자의 권리행사는 가압류를 신청한 때에 시작된다는 등의 이유로 민사소송법 제265조를 유추 적용하여 가압류의 효력이 발생하면 '가압류를 신청한 때 소급하여' 시효중단의 효력이 생긴다고 판시하였는데,[225] 이러한 논리는 압류로 인한 시효중단의 경우에도 그대로 적용될 수 있을 것이다. 한편 판례는 추징의 시효가 문제된 사안에서 집행관에게 유체동산의 경매를 신청한 때 일단 시효중단의 효력이 발생하고 이후 집행에 착수하지 않으면 시효중단의 효력이 소급적으로 소멸한다고 판시하였는데,[226] 이는 형법 제80조가 "시효는 … 벌금, 과료, 몰수와 추징에 있어서는 강제처분을 개시함으로 인하여 중단된다."라고 규정하고 있는 데 따른 것이므로 이를 민법 제168조 제2호의 압류에 관한 선례로 삼기는 어렵다.

(2) 참고로, 일본의 판례는 '집행을 신청한 때 일단 시효중단의 효력이 발생하되 이후 신청이 취하, 각하되거나 집행에 착수하지 못하면 소급하여 시효중단의 효력이 소멸한다'는 태도를 취하고 있다. 일본의 판례는 한때 집행기관이 법원인 부동산의 압류와 집행기관이 집행관인 유체동산의 압류를 구별하여 전자의 경우에는 집행신청시, 후자의 경우에는 집행착수시에 시효중단의 효력이 발생한다고 하였으나,[227] 이후 판례를 변경하여 다음과 같은 이유로 유체동산의 경우에도 집행신청시에 시효가 중단된다고 하였다.[228] ① 일본 민법 제147조 제1, 2호가 청구, 압류 등을 시효중단 사유로 인정한 이유는 그것에 의해 권리자가 권리를 행사하였다고 말할 수 있기 때문이므로 시효중단의 효력이 생기는 시기는 권리자가 법이 정한 절차에 기초하여 권리의 행사에 해당하는 행위에 나선 것으로 인정되는 시기라고 보아야 하고, 압류의 경우에는 채권자가 집행기관인 법원이나 집행관에 대하여 금전채권에 기초한 집행을 신청한 때가 이에 해당한다. ② 부동산 집행과 유체동산 집행은 절차를 주재하는 집행기관이 다르지만 집행절차로서의 기본적인 목적, 성격, 절차상의 원리 등은 동일하고, 신청이 있으면 그 후속절차는 양자 모두 집행기관이 직권으로 진행하기 때문에 시효중단의 효력발생시기에 관하여 양자를 다르게 해석할 이유가 없다. ③

225) 대법원 2017. 4. 7. 선고 2016다35451 판결.

226) 대법원 2006. 1. 17.자 2004모524 결정(검사의 징수명령서를 집행관이 수령하는 때에 강제처분의 개시가 있는 것으로 판단).

227) 전자에 관하여 日大決 1938. 6. 27.(民集 17－14, 1324), 후자에 관하여 日大判 1924. 5. 2.(民集 3－5, 203).

228) 日最判 1984. 4. 24.(民集 38－6, 687). 유체동산 집행에 의한 시효중단의 효력발생시기에 관한 일본에서의 논의는 酒井廣幸, 時効の管理, 新日本法規(2007), 141~142쪽 참조.

집행을 신청한 때 일단 시효중단의 효력이 생긴다고 해석하더라도, 압류에 의한 시효중단의 경우에 현실의 압류가 필요하다는 것은 당연한 것이므로, 신청이 취하, 각하되거나 유체동산 집행에서 채무자의 소재불명으로 집행에 착수하지 못하면 소급하여 시효중단의 효력이 소멸한다고 해석하면 된다.

라) 검토(=압류신청시에 소급)

압류로 인한 시효중단은, 압류가 집행되면(보다 정확히 말하면 압류의 집행이 착수되면) '채권자가 압류를 신청한 때'에 소급하여 효력이 발생한다고 해석함이 타당하다. 그 이유는 다음과 같다. ① 비록 민법 제168조 제2호가 '압류'라고 규정하고 있고 이는 압류의 집행을 의미하는 것으로 해석되지만, 이러한 해석은 시효중단의 요건으로서 압류의 집행이 필요하다는 것일 뿐 그 효과로서 시효중단의 시기는 채권자를 위하여 너그럽게 해석할 수 있다. ② 시효중단제도의 취지에 비추어 볼 때 시효중단의 시기는 '당해 중단사유와 관련하여 채권자가 권리를 행사하기 시작한 때'라고 보아야 하는데, 압류의 경우에는 채권자가 압류를 신청한 때 집행절차에서 채권을 행사하기 시작한 것으로 볼 수 있다. ③ 만약 집행기관의 집행절차가 지연되어 그 사이 소멸시효가 완성하게 된다면 채권자가 그의 귀책사유 없이 불이익을 받게 되어 합리성이 없고 채권자에게 가혹한 결과가 된다. ④ 그렇게 해석하는 것이 재판상 청구의 경우 소제기시에 시효가 중단된다고 하는 민사소송법의 태도(같은 법 제265조)와도 균형이 맞다.

한편, 압류를 신청하면 일단 시효중단의 효과가 발생하고 나중에 집행에 착수조차 하지 않으면 그 효력이 소급적으로 소멸된다고 설명하는 견해도 있으나, 민법 제168조가 시효중단사유로서 제1호의 '청구'와 구별하여 제2호의 '압류, 가압류·가처분'을 규정하고 있는 점을 고려하면, 압류가 집행되지도 않았는데 압류의 신청만으로 일단 시효중단의 효력이 생긴다고 해석하는 것은 우리 민법의 해석으로는 무리가 있다.[229] 또한 위와 같은 견해에 따르면 유체동산 집행에서 채권자가 압류를 신청하였으나 집행관이 채무자의 소재불명을 이유로 집행에 착수하지 않을 경우 언제 시효중단의 효력이 소급적으로 소멸하는지, 바꾸어 말하면 언제까지 집행에 착수하여야 시효중단의 효력이 확정적으로 유지되는지 불분명한 문제가 있다. 이에 대하여 '상당한 기간 내'에 집행에 착수하지 않으면 시효중단의 효력이 소급적으로 소멸한다는 견해도 상정해 볼 수 있으나,[230] 그 상당한 기간을 어떻게 판단할 것인지 분명

229) 독일 민법 제212조 제1항 제2호가 집행행위의 개시나 '신청'을 시효의 재개시 사유의 하나로 정하고 있는 것과 상황이 다르다.

230) 대법원 2006. 1. 17.자 2004모524 결정은, 형법 제80조에 따라 강제처분을 개시한 때 시효가 중단되는 추징에 관한 사안에서, 집행관이 추징의 시효 만료(2002. 12. 17.) 전에 검사의

하지 않아 법적 안정성이 무엇보다 요구되는 시효제도의 취지에 반하므로 받아들이기 어렵다.

3) 시효중단의 효력이 지속되는 기간

가) 일반론: 집행절차가 종료할 때까지

민법 제178조 제1항은 "시효가 중단된 때에는 중단까지에 경과한 시효기간은 이를 산입하지 아니하고 중단사유가 종료한 때로부터 새로이 진행한다."라고 규정하고 있으므로, 압류로 인한 시효중단의 효력은 '압류가 종료한 때'까지 계속된다고 할 수 있다. 그런데 여기서 압류는 압류 그 자체가 아니라 집행절차의 개시를 의미하므로, '압류가 종료한 때'란 압류에 의해 개시된 '전체로서의 집행절차가 종료한 때'를 의미한다고 보아야 한다.[231] 시효중단의 종기는 언제까지 그 중단사유와 관련한 권리행사가 있다고 볼 수 있는가의 관점에서 접근해야 하는데, 압류에 의해 개시된 집행절차가 종료할 때까지는 압류채권자가 계속해서 집행절차를 통해 권리행사를 한 것으로 볼 수 있기 때문이다.

나) 구체적 검토

(1) 집행절차가 목적 달성으로 종료한 경우

부동산 강제경매에서 목적부동산이 매각되어 매수인이 매각대금을 납부하면(=현금화절차 종료) 압류는 그 목적을 달성하여 효력을 상실하지만, 그 후 압류채권자의 지위는 배당절차에서 배당을 받을 채권자의 지위로 전환되기 때문에 '배당표가 확정될 때'까지는 집행절차가 종료하였다고 할 수 없다.[232] 배당이의가 있어 배당표가 확정되지 않은 부분은 배당이의의 소에서 이의된 채권에 관한 전부 또는 일부 승소의 판결이 확정되면 배당표가 확정된다.[233] 금전채권에 대한 집행에서 추심채권자가 제3채무자로부터 추심을 마치거나 제3채무자가 집행공탁을 한 경우(=현금화절차 종료)에도 마찬가지이다.[234]

징수명령서를 수령함으로써(2002. 12. 10.) 시효가 중단되었고, 그 후 '상당한 기간'이 경과되기 전에 징수명령이 집행되었으므로(2003. 2. 10.) 추징의 시효가 완성된 후의 집행이 아니라고 판단하였다.

231) 대법원 2015. 11. 26. 선고 2014다45317 판결(미간행)은 부동산 경매 사안에서 "압류에 의한 시효중단의 효력은 강제집행 절차가 종료될 때까지 계속[된다.]"라고 판시하였다.

232) 대법원 2009. 3. 26. 선고 2008다89880 판결은, 해석상 압류에 준하는 것으로 인정되는 배당요구로 인한 시효중단의 종기에 관하여 "배당표가 확정된 부분에 관한 권리행사는 종료되고 그 부분에 대하여 중단된 소멸시효는 위 종료 시점부터 다시 진행된다."라고 판시하였다.

233) 대법원 2018. 3. 27. 선고 2015다70822 판결 등.

234) 대법원 2015. 4. 23. 선고 2013다207774 판결, 대법원 2019. 1. 31. 선고 2015다26009 판결 참조.

그런데 위와 같이 해석하면 채권에 대한 집행에서 채권자가 압류명령을 얻은 뒤 추심명령, 전부명령 등 현금화명령을 신청하지 않거나 압류 및 추심명령을 얻고 실제 추심을 하지 않아도 계속해서 시효가 중단된다는 일견 불합리한 결과가 된다. 부동산이나 유체동산에 대한 집행은 압류 후에 집행기관이 직권으로 현금화와 배당절차를 진행하기 때문에 그러한 문제가 없지만, 채권에 대한 집행에서는 압류와 별도로 채권자가 추심명령 등 현금화명령을 신청하여야 현금화 이후의 절차가 진행되기 때문에 문제가 생기는 것이다. 생각건대 압류의 효력이 존속하는 한 집행절차가 종료하지 않았으므로 시효중단의 효력이 계속된다고 하는 것은 부득이하다고 본다.[235] 더욱이 앞서 보았듯이 가압류로 인한 시효중단의 경우에 가압류의 집행보전의 효력이 존속하는 동안 계속해서 청구채권의 시효가 중단된다는 판례에 따른다면, 압류의 경우에도 위와 같이 해석하는 것이 균형이 맞을 것이다.[236]

⑵ 집행의 목적물이 처음부터 부존재하거나 사후적으로 소멸한 경우

㈎ 압류의 집행에 착수하였으나 유체동산 집행에서 압류할 물건이 없거나[237] 채권 집행에서 압류할 채권이 부존재하여 더 이상 집행에 나아갈 수 없는 경우에는 곧바로 집행절차가 종료한다고 보아야 한다. 즉 이러한 경우에는 일단 집행에 착수한 이상 시효중단의 효력은 발생하나, 곧바로 집행절차가 종료하기 때문에 그때부터 시효가 새로이 진행된다. 다만 피압류채권이 소액이어서 현금화의 실익이 없다든지 제3채무자의 무자력처럼 피압류채권의 집행이 사실상 곤란한 경우까지 집행절차가 종료한 것으로 보기는 어렵다고 생각한다.[238]

㈏ 또한, 압류집행 당시에는 목적물이 존재하였으나 현금화 단계에 이르기 전에 목적물이 소멸한 경우에는 이로써 압류의 효력이 당연히 상실되고 집행절차도 종료한다. 예를 들어 금전채권에 대한 집행에서 피압류채권이 시효로 소멸하면 집행절차가 종료하게 된다.[239] 비록 소멸시효는 그 기산일에 소급하여 효력이 생기지만(민법

---

235) 일본에서도 그렇게 해석하는 것으로 보인다. 石井教文, “債権法改正法案における時効障害としての民事執行”, 産大法学 50巻 3·4号(2017. 1), 89쪽.

236) 김성균·강병훈, “채권집행에 있어서 소멸시효중단사유에 관한 소고”, 이화여자대학교 법학논집 제21권 제3호(2017. 3.), 9쪽.

237) 대법원 2011. 5. 13. 선고 2011다10044 판결(가압류 사안) 참조.

238) 남관모, “채권압류 후 피압류채권의 소멸시효가 완성된 경우 시효중단사유의 종료 여부”, 법조 제68권 제5호(2019. 10.), 601쪽.

239) 대법원 2017. 4. 28. 선고 2016다239840 판결은 “체납처분에 의한 채권압류로 인하여 채권자의 채무자에 대한 채권의 시효가 중단된 경우에 그 압류에 의한 체납처분 절차가 채권추심 등으로 종료된 때뿐만 아니라, 피압류채권이 그 기본계약관계의 해지·실효 또는 소멸시효 완성 등으로 인하여 소멸함으로써 압류의 대상이 존재하지 않게 되어 압류 자체가 실효된 경우에도 체납처분 절차는 더 이상 진행될 수 없으므로 시효중단사유가 종료한 것으로

제167조), 이로써 기왕의 채권집행절차까지 마치 처음부터 없었던 것처럼 되는 것은 아니다.[240] 따라서 위의 예에서는 피압류채권이 시효로 소멸한 때부터 새로이 집행채권의 시효가 진행하게 된다고 보아야 한다.[241] 이 경우 소멸시효 완성의 효과에 관하여 절대적 소멸설을 취하면 피압류채권의 소멸시효가 완성한 때부터 새로이 시효가 진행하고,[242] 상대적 소멸설을 취하면 피압류채권의 시효원용권자인 제3채무자가 시효완성을 원용한 때부터 새로이 시효가 진행한다고 보게 될 것이다.[243]

⑶ 집행절차가 취하 또는 취소된 경우

집행절차가 신청채권자의 취하로 종료하면 취하의 주관적 동기와 관계없이 소급하여 시효중단의 효력이 소멸한다(민법 제175조). 반면 집행절차가 취소된 경우에는 취소의 객관적 이유에 따라 시효중단의 효력이 소급하여 소멸하기도 하고(민법 제175조) 장래를 향하여 종료하기도 한다. 이에 관하여는 뒤에서 자세히 살펴본다(Ⅲ-3-라-5) 참조).

4) 시효중단의 효력 범위

가) 인적 범위

⑴ 시효의 중단은 중단사유인 압류의 당사자 및 그 승계인 간에만 효력이 있음이 원칙이다(민법 제169조).

⑵ 하지만 다음과 같은 예외가 있다. ① 압류를 시효의 이익을 받을 자에 대하여 하지 않은 경우에 이를 그에게 통지하면 시효중단의 효력이 인정된다(민법 제176조). 예를 들어 물상보증인이나 저당부동산의 제3취득자 소유의 부동산에 대하여 저당권 실행을 위한 경매를 신청하여 압류의 효력이 생긴 경우 압류 사실을 채무자에게 통지하면 그때부터 피담보채권의 시효가 중단된다. ② 주채무자에 대한 시효의 중단은 보증인에 대하여 그 효력이 있고(민법 제440조), 여기에는 압류로 인한 시효중단도 포함되므로, 주채무자에 대하여 압류를 한 경우에는 보증인에 대하여도 통지와 상관없이 곧바로 보증채권의 시효가 중단된다. ③ 또한, 채무자에 대하여 시효가 중단되면 물상보증인 등 다른 시효원용권자에 대하여도 그 효력이 미친다고 해석하

보아야 하고, 그때부터 시효가 새로이 진행한다고 할 것이다."라고 판시하였다.

240) 남관모, "채권압류 후 피압류채권의 소멸시효가 완성된 경우 시효중단사유의 종료 여부", 법조 제68권 제5호(2019. 10.), 611쪽.

241) 대법원 2017. 4. 28. 선고 2016다239840 판결.

242) 대법원 2017. 4. 28. 선고 2016다239840 판결은 피압류채권의 '소멸시효가 완성한 때' 압류가 실효되었다고 판단하였는데, 이는 절대적 소멸설을 따른 것이라고 평가할 수 있다.

243) 이 점에 관한 상세한 분석은 남관모, "채권압류 후 피압류채권의 소멸시효가 완성된 경우 시효중단사유의 종료 여부", 법조 제68권 제5호(2019. 10.), 612~618쪽 참조.

여야 한다.[244]

⑶ 한편, 어느 연대채무자에 대한 이행청구는 다른 연대채무자에게도 효력이 있으나(민법 제416조), 압류는 이에 해당하지 않으므로, 어느 연대채무자에 대하여 압류를 하였다고 하여 다른 연대채무자에게도 그와 같은 시효중단의 효과가 미치는 것은 아니다. 채권자가 압류사실을 다른 연대채무자에게 통지하더라도 그때부터 시효중단의 효과가 생긴다고 할 수는 없다. 채권자가 연대채무자들에게 가진 채권은 서로 별개의 권리이므로 어느 연대채무자에 대한 압류를 가지고 다른 연대채무자에 대한 권리를 행사한 것으로 볼 수는 없어서 민법 제176조가 적용되지 않기 때문이다. 다만 압류의 신청은 채권을 실현하기 위한 행위이므로 여기에는 이행청구의 의사가 포함된 것으로 볼 수 있다. 그러므로 경매개시결정이나 압류명령이 채무자에게 송달되는 등으로 압류신청 사실이 채무자에게 통지된 경우에는 민법 제174조의 최고를 한 것으로 볼 수 있고, 이로 인한 잠정적인 시효중단의 효력은 다른 연대채무자에게도 미친다.[245]

나) 물적 범위

⑴ 집행채권

압류는 집행절차를 통해 채권의 만족을 얻기 위하여 하는 것이므로 이로 인한 시효중단의 효력은 '집행채권'에 관하여 발생한다. 채권에 대한 집행에서 채무자가 가진 제3채무자에 대한 채권은 집행의 목적물에 불과하므로 위 채권에 대하여 민법 제168조 제2호의 압류에 준하는 시효중단의 효과가 발생하는 것은 아니다. 이 경우 민법 제174조의 최고로서의 효력을 인정할 수 있는지는 뒤에서 살펴본다(Ⅲ-3-마 참조).

⑵ 일부청구의 경우(=청구금액 한도)

집행권원에 표시된 채권 중 일부에 관하여 압류를 하면 그 일부에 한하여 시효가 중단된다. 담보권 실행을 위한 집행절차에서 피담보채권 중 일부만 청구금액으로 적은 경우에도 마찬가지이다.[246] 왜냐하면 민사집행절차에서는 민사소송절차와 달리 청구금액의 확장이 허용되지 않아 일부청구가 전부청구로 해석될 여지가 없기

244) 이에 대한 상세한 논의는 노재호, "소멸시효의 원용", 사법논집 제52집, 법원도서관(2011), 313~318쪽.

245) 대법원 2001. 8. 21. 선고 2001다22840 판결.

246) 대법원 1991. 12. 10. 선고 91다17092 판결(임의경매신청서의 청구금액에 기재되지 아니한 채권은 경매신청에 의하여 시효가 중단되지 아니하고, 가분채권의 경우 일부가 청구금액에 포함되지 아니하였다면 그 부분도 시효가 중단되지 아니한다).

때문이다.[247] 근저당권을 실행하여 경매를 신청할 때 청구채권의 금액이 채권최고액을 초과한 경우 피담보채권의 시효중단 효력은 채권최고액의 범위에 한정되지 않고 청구채권으로 표시된 해당 피담보채권의 전부에 대하여 생긴다고 보아야 한다.[248] 근저당권의 채권최고액은 다른 배당받을 채권자나 물상보증인, 저당부동산의 제3취득자에 대한 우선변제권의 한도로서의 의미를 갖는 것에 불과할 뿐 채무자의 책임의 한도를 뜻하는 것은 아니기 때문이다.[249]

(3) 특수한 경우

원인채권의 지급을 확보하기 위하여 어음이 수수된 당사자 사이에서 채권자가 '어음채권'을 집행채권으로 하여 채무자의 재산을 압류함으로써 그 권리를 행사한 경우에는 그 '원인채권'의 소멸시효를 중단시키는 효력이 있다.[250] 그러나 어음채권의 소멸시효가 이미 완성된 경우, 그와 같이 시효로 소멸된 어음채권을 집행채권으로 하여 채무자의 재산을 압류한다고 하더라도 이는 어음채권이나 원인채권을 실현하기 위한 적법한 권리행사로 볼 수 없어, 그 압류에 의하여 원인채권의 소멸시효가 중단된다고 볼 수 없다.[251]

5) 압류가 취하 또는 취소된 경우

가) 원칙: 시효중단 효력이 소급적으로 소멸

(1) 민법 제175조의 의의

민법 제175조는 "압류, 가압류 및 가처분은 권리자의 청구에 의하여 또는 법률의 규정에 따르지 아니함으로 인하여 취소된 때에는 시효중단의 효력이 없다."라고 규정하고 있다. 여기서 '시효중단의 효력이 없다'라고 함은 시효중단의 효력이 소급적으로 상실된다는 것을 의미한다.[252]

(2) 압류신청을 취하한 경우

먼저, '압류가 권리자의 청구에 의하여 취소된 때'라고 함은 채권자가 압류신청을 취하한 경우를 말한다.[253] 실무에서는 '압류신청 취하' 외에 '압류해제 신청'이라

---

247) 이석, "채권집행에서의 청구금액과 압류범위의 의미", 저스티스(2019. 6.), 88~89쪽.

248) 日最判 1999. 9. 9. 및 편집대표 김용덕, 제5판 주석 민법(총칙 3), 한국사법행정학회(2019), 1000쪽(전원열 집필).

249) 대법원 2009. 2. 26. 선고 2008다4001 판결 참조.

250) 대법원 2002. 2. 26. 선고 2000다25484 판결.

251) 대법원 2010. 5. 13. 선고 2010다6345 판결, 대법원 2016. 3. 24. 선고 2015다70372 판결(미간행).

252) 대법원 2014. 11. 13. 선고 2010다63591 판결(미간행).

253) 대법원 2014. 11. 13. 선고 2010다63591 판결(미간행).

는 표현을 사용하기도 한다.[254] 채권자가 압류신청을 취하한 경우에 시효중단의 효력이 소급적으로 상실되도록 한 이유는 채권자가 집행절차를 통한 권리행사 의사가 없음을 객관적으로 표명한 것으로 볼 수 있기 때문이다.

채권자가 압류신청을 취하하면 집행절차는 당연히 종료하므로 별도로 집행기관의 집행취소결정이 필요하지 않다.[255] 법문에 '취소된 때'라는 표현을 사용하고 있는 것은 일본 민법 제154조를 계수한 것인데, 일본의 민법 제정 당시에는 집행채권자에 의한 압류의 포기가 있는 경우에는 법원에 의해 강제집행이 취소되어 절차가 종료된다고 이해되고 있었기 때문에 그와 같이 규정된 것이라고 한다.[256] 하지만 현재의 민사집행절차에서는 압류가 취하되면 집행절차가 당연히 종료하고 그 후에는 그 외관을 제거하는 조치만 뒤따른다고 이해되고 있다. 한편 압류 집행의 취소(예컨대 압류등기의 말소)를 의미하는 것으로 볼 여지가 없는 것은 아니지만, 채권자가 압류신청을 취하한 것만으로도 집행절차를 통한 권리행사의 의사가 없음을 객관적이고 확정적으로 표명한 것으로 볼 수 있기 때문에 시효중단의 효력이 소멸되기 위한 요건으로 압류의 집행까지 취소될 것을 요구할 필요는 없다. 그러므로 '취소된 때'라는 법문은 취하의 경우에는 법적 의미가 없다고 보아야 한다. 판례도 부동산 경매신청이 취하된 사안에서 민사집행법 제93조 제1항[257]을 근거로 "경매신청이 취하되면 특별한 사정이 없는 한 압류로 인한 시효중단의 효력이 소멸한다."라고 판시하고,[258] 채권 압류명령 신청이 취하된 사안에서 "압류명령의 신청을 취하하면 소멸시효 중단의 효력이 소급하여 상실된다."라고 판시하였다.[259] 참고로 일본의 개정민법(2020. 4. 1. 시행) 제148조는 '신청의 취하로 인해 … 그 사유가 종료한 경우'라고 개정하여 이를 분명히 하였다.[260]

한편, (i) 채권집행에서 피압류채권이 부존재하는 등 집행의 실익이 없어서 집

254) 대법원 2017. 7. 18. 선고 2017다9671 판결(미간행: '압류해제 신청'을 한 것은 압류명령 신청을 취하한 경우에 해당한다고 판시).

255) 법원실무제요 민사집행(Ⅱ), 법원행정처(2014), 705쪽; 법원실무제요 민사집행(Ⅲ), 법원행정처(2014), 349~350쪽.

256) 김성수, "개정 일본민법(2017년)의 소멸시효", 아주법학 제12권 제1호, 아주대학교 법학연구소(2018), 54쪽 각주 44) 참조. 일본 민법 제154조는 연혁적으로 민사집행법 제정 전의 민사소송법 제650조 제3항, 제550조, 제531조에 의한 것을 말한다고 한다. 石井教文, "債権法改正法案における時効障害としての民事執行", 産大法学 50巻 3·4号(2017. 1), 77쪽 각주 17).

257) "경매신청이 취하되면 압류의 효력은 소멸된다."라고 규정하고 있다.

258) 대법원 2010. 9. 9. 선고 2010다28031 판결.

259) 대법원 2014. 11. 13. 선고 2010다63591 판결(미간행).

260) 김성수, "개정 일본민법(2017년)의 소멸시효", 아주법학 제12권 제1호, 아주대학교 법학연구소(2018), 54쪽.

행권원을 환부받아 다른 집행을 하기 위하여 압류신청을 취하한 경우에도 민법 제175조가 적용되어 시효중단의 효력이 소급적으로 상실된다고 할 것인지 문제가 된다.[261] 위 규정의 취지만 생각하면 채권자가 다른 집행절차를 통한 권리행사 의사가 있는 이상 시효중단의 효력이 장래를 향하여만 종료한다고 해석할 여지도 있지만, 채권자가 어떠한 의도로 압류신청을 취하하였는지는 채권자의 내심의 사정이고 그 사유가 집행절차에서 공식적으로 기록으로 남는 것도 아니므로 이를 이유로 시효중단의 효력이 좌우되는 것은 법적 안정성을 목적으로 하는 소멸시효제도의 취지에 어긋난다. 따라서 위의 경우에도 시효중단의 효력은 소급적으로 소멸된다고 보아야 한다. (ii) 금전채권에 대한 압류명령과 그 현금화방법인 추심명령을 동시에 신청하더라도 압류명령과 추심명령은 별개로서 그 적부는 각각 판단하여야 하고, 그 신청의 취하 역시 별도로 판단하여야 한다. 채권자는 추심명령에 따라 얻은 권리를 포기할 수 있지만(민사집행법 제240조 제1항) 추심권의 포기는 압류의 효력에는 영향을 미치지 아니하므로, 추심권의 포기만으로는 압류로 인한 소멸시효 중단의 효력은 상실되지 아니하고 압류명령의 신청을 취하하면 비로소 소멸시효 중단의 효력이 소급하여 상실된다.[262]

⑶ 압류가 법률의 규정에 따르지 않아 취소된 경우

다음으로, '압류가 법률의 규정에 따르지 아니함으로 인하여 취소된 때'라고 함은 집행법원의 경매개시결정, 압류명령이나 집행관의 압류처분이 처음부터 위법하여 이의신청이나 즉시항고 등을 통해 취소된 경우 등을 말한다. 예를 들어 (i) 집행력 있는 정본의 유무와 그 송달 여부, 집행개시요건의 존부, 집행장애사유의 존부 등과 같이 압류를 할 때 집행기관이 조사하여 준수할 사항에 관하여 흠이 있는 경우, (ii) 부동산 경매에서 목적부동산이 독립성을 갖추지 못하여 구분소유권의 대상이 될 수 없는 경우,[263] (iii) 경매개시결정이 소유자에게 송달되지 않고 채권자가 주소보정명령을 이행하지도 않아 취소된 경우,[264] (ⅳ) 채권 집행에서 초과압류금지원칙(민사집행법 제188조 제2항)을 위반한 경우 등이 이에 해당한다. 위와 같은 사유가 있으면 처음부터 집행절차를 통한 적법한 권리행사가 있었다고 볼 수 없기 때문에 시효중단의 효력이 소급적으로 소멸되도록 한 것이다.

---

261) 이에 관한 일본에서의 논의는 酒井廣幸, 時効の管理, 新日本法規(2007), 146~149쪽 참조.
262) 대법원 2014. 11. 13. 선고 2010다63591 판결(미간행).
263) 부산고등법원 2016. 4. 28. 선고 2015나2188 판결(미간행).
264) 편집대표 김용덕, 제5판 주석 민법(총칙 3), 한국사법행정학회(2019), 986쪽(전원열 집필).

참고로 일본에서는 이에 관한 일반적, 추상적 적용 기준을 제시하려는 논의가 있으나, 시효중단의 근거가 되는 권리행사와 권리확정의 관점을 기초로 하되 채무자의 당해 행위에 대한 중단사유로서의 인식가능성까지 종합적으로 고려하여 '압류가 취소된 핵심적인 이유가 압류의 기초가 된 권리의 존부나 권리행사의 영역에 있는지'에 따라 개별적, 구체적으로 판단하여야 한다는 견해가 유력하다.[265)]

나) 예외: 시효중단 효력이 장래를 향하여 종료

⑴ 민법 제175조의 입법취지는 그러한 사유가 권리자에게 권리행사의 의사가 없음을 객관적으로 표명하는 행위이거나 또는 처음부터 적법한 권리행사가 있었다고 볼 수 없는 사유에 해당한다고 보기 때문이다.[266)] 그러므로 법률의 규정에 따른 적법한 압류가 있었으나 이후 다른 사유로 압류가 취소된 경우는 민법 제175조가 정한 시효중단의 효력이 없는 경우에 해당한다고 볼 수 없다. 이때에는 시효중단의 효력이 장래를 향하여만 종료한다고 보아야 한다.

⑵ 예를 들어 (i) 부동산 경매에서 적법한 경매개시결정이 있었으나, 부동산이 없어지거나 매각 등으로 말미암아 권리를 이전할 수 없는 사정이 명백하게 되어 집행법원이 경매절차를 취소한 경우(민사집행법 제96조), (ii) 최저매각가격으로 압류채권자의 채권에 우선하는 부동산의 모든 부담과 절차비용을 변제하면 남을 것이 없어서 집행법원이 경매절차를 취소한 경우(민사집행법 제102조)[267)]는 민법 제175조가 정한 시효중단의 효력이 없는 경우에 해당한다고 볼 수 없다. (iii) 채권에 대한 압류에서 압류금지채권의 목적인 금원이 금융기관에 개설된 채무자의 계좌에 이체되어 집행법원이 그에 해당하는 부분의 압류명령을 취소하는 경우(민사집행법 제246조 제2항), 채무자의 생활형편을 고려하여 집행법원이 압류명령의 전부 또는 일부를 취소하는 경우(같은 조 제3항)도 마찬가지이다. 특히 압류명령의 일부만 취소하는 경우에는 여전히 압류의 효력이 유지되고 있으므로 장래를 향하여도 시효중단의 효력이 소멸되지 않는다.

⑶ 제3자이의의 소에서 진정한 권리자가 승소하여 집행이 취소된 경우는, 논의의 여지는 있으나 민법 제175조가 정한 시효중단의 효력이 없는 경우에 해당한다고

---

265) 酒井廣幸, 時効の管理, 新日本法規(2007), 171~173쪽 참조.

266) 대법원 2011. 1. 13. 선고 2010다88019 판결(미간행), 대법원 2015. 2. 26. 선고 2014다228778 판결.

267) 대법원 2015. 2. 26. 선고 2014다228778 판결. 일본에서도 이 경우에는 취소결정 다음날부터 새로이 시효가 진행한다고 해석되고 있다. 酒井廣幸, 時効の管理, 新日本法規(2007), 174~175쪽 참조.

볼 수는 없다고 생각한다.[268] 집행목적물의 실체적 소유관계는 특별한 사정이 없는 한 집행기관이 조사하여 준수할 사항이 아니므로 집행이 처음부터 객관적으로 위법하였다고 할 수 없고, 집행목적물이 제3자의 소유라는 사정은 압류의 집행에 착수하였으나 압류할 물건이 없어서 집행불능이 된 경우와 본질적으로 다르지 않기 때문이다. 그러므로 이 경우에는 일단 집행에 착수한 이상 시효중단의 효력은 발생하나, 처음부터 압류의 실체적 효력이 발생하지 않았으므로 곧바로 시효가 새로이 진행된다고 해석하는 것이 타당할 것이다.

다) 시효중단 효력이 소급적으로 소멸한 경우 효력의 부활 문제

(1) 문제의 소재

민법 제170조는 제1항에서 재판상 청구에 의한 시효중단의 효력은 소의 각하, 취하 등의 경우에는 소급적으로 소멸한다고 하면서도 제2항에서 그때부터 6개월 이내에 다시 재판상 청구를 하거나 압류, 가압류·가처분 등을 한 경우에는 최초의 재판상 청구로 인하여 시효가 중단된다고 규정하고 있다. 반면 민법 제175조는 압류가 채권자의 취하나 법률의 규정에 따르지 않아 취소된 경우에 소급적으로 소멸한 시효중단의 효력이 부활할 수 있는 규정을 두고 있지 않다. 그런데 민법 제170조 제2항은 채권자가 소의 각하, 취하 등의 시점까지 재판절차를 통해 계속적으로 민법 제174조의 최고를 한 것으로 간주하여 규정된 것으로 볼 수 있으므로,[269] 압류로 인한 시효중단의 경우에도 압류가 취하 또는 취소될 때까지 채권자가 집행절차를 통해 계속적으로 민법 제174조의 최고를 한 것으로 볼 수 있다면 민법 제170조 제2항을 유추 적용할 여지가 있다.

(2) 판 례

㈎ 판례는 '채권신고'로 인한 시효중단이 문제된 사안에서, 경매신청이 취하되면 첫 경매개시결정등기 전에 등기되었고 매각으로 소멸하는 저당권을 가진 채권자의 채권신고로 인한 소멸시효 중단의 효력도 소멸한다고 하면서 "이러한 채권신고에 채무자에 대하여 채무의 이행을 청구하는 의사가 직접적으로 표명되어 있다고 보기 어렵고 채무자에 대한 통지 절차도 구비되어 있지 않으므로 별도의 소멸시효 중단 사유인 최고의 효력은 인정되지 않는다고 할 것이므로, 경매신청이 취하된 후

---

268) 편집대표 곽윤직, 민법주해 총칙(3), 박영사(1992), 526쪽(윤진수 집필); 편집대표 김용덕, 제5판 주석 민법(총칙 3), 한국사법행정학회(2019), 989쪽(전원열 집필)도 같은 결론이다.

269) 우리 민법 제170조 제2항과 같은 규정이 없는 일본에서는 학설과 판례가 본문과 같은 이른바 '재판상 최고'라는 도구개념을 만들어 같은 결론을 도출하고 있다. 편집대표 김용덕, 제5판 주석 민법(총칙 3), 한국사법행정학회(2019), 970~971쪽(전원열 집필).

6월 내에 위와 같은 채권신고를 한 채권자가 소제기 등의 재판상의 청구를 하였다고 하더라도 민법 제170조 제2항에 의하여 소멸시효 중단의 효력이 유지된다고 할 수 없다."라고 판시하였다.

(나) 참고로 일본의 판례는 이른바 재판상 최고의 개념을 인정하면서도 이를 집행절차에까지 확대 적용하는 것은 부정하고 있다. 즉, 압류가 취하나 취소된 사안은 아니지만, 물상보증인 소유의 부동산에 대한 경매개시결정이 채무자에게 송달된 경우에 여기에 압류에 의한 시효중단 외에 최고에 의한 시효중단의 효력까지 인정할 수 있는지 쟁점[270]이 된 사안에서, "집행법원이 채무자에게 경매개시결정을 송달하는 것은 본래 채권자의 채무자에 대한 의사표시의 방법이 아니라 경매신청의 대상이 된 재산을 압류하였다는 취지의 재판을 경매절차에 이해관계가 있는 채무자에게 고지하고 집행절차에서 불복을 할 기회를 주기 위한 것이므로, 위 송달이 되었다고 하여 바로 저당권의 피담보채권에 대한 최고로서의 시효중단의 효력을 인정할 수는 없다."라는 취지로 판시하였다.[271] 이는 일본 민법 제147조가 '청구'(제1호)와 '압류'(제2호)를 구별하여 시효중단 사유로 규정하고 있는 점을 고려한 해석이라고 한다.[272] 일본의 개정 민법(2020. 4. 1. 시행) 제148조는 강제집행 등이 신청의 취하 또는 법률의 규정에 따르지 않은 취소로 인해 그 사유가 종료한 경우에는 '그 종료한 때로부터 6개월을 경과할 때까지 시효가 완성하지 않는다'라고 규정을 하여 이 문제를 입법적으로 해결하였다.[273]

(3) 검토(=집행절차상 계속적 최고 긍정)

하지만 채권신고와 달리 압류의 경우에는 다음과 같은 이유로 이를 긍정함이 타당하다고 생각한다.[274] ① 민법 제168조가 '청구'(제1호)와 '압류'(제2호)를 구별하여 시효중단 사유로 정하고 있지만, 어떠한 권리행사 행위가 두 가지 모두에 해당한다면 이를 중첩적으로 적용하는 것을 부정할 이유가 없다. 민법 제174조의 '최고'는 채무자에 대하여 채무이행을 구한다는 채권자의 의사통지로서 특별한 형식이 요구

---

270) 저당권의 피담보채무가 연대보증채무였는데, 일본 민법의 경우 연대보증인에게 생긴 사유 중 압류에 의한 시효중단은 상대적 효력만 있지만 최고에 의한 시효중단은 절대적 효력이 있기 때문에(일본 민법 제458조, 제434조) 최고에 의한 시효중단 여부가 쟁점이 된 것이다.

271) 日最判 1996. 9. 27.

272) 이에 관한 일본에서의 논의는 酒井廣幸, 時効の管理, 新日本法規(2007), 166~168쪽 참조.

273) 石井教文, "債権法改正法案における時効障害としての民事執行", 産大法学 50巻 3·4 号(2017. 1), 78쪽.

274) 이에 관한 상세한 검토는 김성균·강병훈, "채권집행에 있어서 소멸시효중단사유에 관한 소고", 이화여자대학교 법학논집 21권 3호(2017. 3.), 12~18쪽 참조.

되지 않으므로 집행절차에서 한 행위라도 이로써 권리행사의 주장을 하는 취지임이 명백하다면 '최고'에 해당하는 것으로 볼 수 있다.[275] ② 채권자의 압류신청은 집행채권의 변제를 받기 위한 집행행위이므로 여기에는 채무자에 대하여 채무의 이행을 청구하는 의사가 표명되어 있다고 볼 수 있다. 채권신고와 달리 압류는 강제집행의 당사자인 채무자에게 고지(송달)하거나 통지하도록 집행절차가 마련되어 있으므로, 집행법원의 경매개시결정, 압류명령이 채무자에게 송달되거나 집행관의 집행처분이 채무자에게 통지되면 민법 제174조의 최고가 있는 것으로 볼 수 있다. 판례도, 채권자가 채무자 소유 부동산에 대하여 경매신청을 한 경우, 이는 최고로서의 효력을 가지고 있다고 판시한 바 있다.[276] ③ 시효중단제도는 그 제도의 취지에 비추어 볼 때 이에 관한 기산점이나 만료점은 권리자를 위하여 너그럽게 해석하는 것이 타당하다.[277] 압류는 집행절차를 통해 채권의 변제를 받겠다는 뜻의 가장 강력한 권리행사에 해당하므로 집행절차가 계속되는 동안은 최고에 의하여 권리를 행사하고 있는 상태가 지속되는 것으로 볼 수 있다.[278] 이는 집행절차가 현금화를 거쳐 배당으로 정상적으로 종료되지 않고 채권자의 취하나 집행기관의 취소에 의하여 종료되었다고 하여 달리 평가할 수 없다.

마. 금전채권에 기초한 채권집행에서 '피압류채권'의 소멸시효 중단 여부

1) 문제의 소재

압류에 의한 시효중단은 집행채권, 즉 채권자가 가지는 채무자에 대한 채권을 위하여 생기는 것이 원칙이다. 그런데 채권에 대한 집행에서 압류명령과 현금화방법인 추심명령·전부명령은 제3채무자에게 송달하여야 하고(민사집행법 제227조 제2항, 제229조 제4항), 압류명령, 추심명령은 제3채무자에게 송달되면 바로 효력이 발생하며(민사집행법 제227조 제3항, 제229조 제4항), 전부명령은 확정되면 제3채무자에게

---

275) 대법원 1992. 2. 11. 선고 91다41118 판결 등.

276) 대법원 2001. 8. 21. 선고 2001다22840 판결.

277) 대법원 2006. 6. 16. 선고 2005다25632 판결 등.

278) 판례는 소송절차를 통한 계속적 최고의 개념을 인정하고 있다. 즉 대법원 2009. 7. 9. 선고 2009다14340 판결은 소송고지가 민법 제174조의 '최고'에 해당하는 경우에 관하여 "당해 소송이 계속 중인 동안은 최고에 의하여 권리를 행사하고 있는 상태가 지속되는 것으로 보아 민법 제174조에 규정된 6월의 기간은 당해 소송이 종료된 때로부터 기산되는 것으로 해석하여야 할 것이다."라고 판시하였고, 대법원 2020. 2. 6. 선고 2019다223723 판결도 명시적 일부청구를 한 원고가 당해 소송이 종료될 때까지 실제로 청구금액을 확장하지 않은 경우에 관하여 "당해 소송이 계속 중인 동안에는 나머지 부분에 대하여 권리를 행사하겠다는 의사가 표명되어 최고에 의해 권리를 행사하고 있는 상태가 지속되고 있는 것으로 보아야 [한다.]"라고 판시하였다.

송달된 때에 소급하여 효력이 생긴다(민사집행법 제231조). 그러므로 채권에 대한 집행에서는 집행채권 외에 피압류채권, 즉 채무자가 가지는 제3채무자에 대한 채권도 시효가 중단되는지 살펴볼 필요가 있다.

2) 민법 제168조 제2호에 준하는 확정적 시효중단 여부(=부정)

채권집행에서 채무자가 가지는 제3채무자에 대한 채권은 집행의 목적물일 뿐이고 그 집행절차에서 행사되는 권리는 어디까지나 채권자의 채무자에 대한 채권이므로, 피압류채권에 관하여 민법 제168조 제2호의 압류에 준하는 확정적 시효중단 효과가 생긴다고 할 수 없다는 것이 통설의 태도이다.[279)]

판례도 "채권자가 채무자의 제3채무자에 대한 채권을 압류 또는 가압류한 경우에 채무자에 대한 채권자의 채권에 관하여 시효중단의 효력이 생긴다고 할 것이나, 압류 또는 가압류된 채무자의 제3채무자에 대한 채권에 대하여는 민법 제168조 제2호 소정의 소멸시효 중단사유에 준하는 확정적인 시효중단의 효력이 생긴다고 할 수 없다."라고 판시하여 같은 태도이다.[280)] 일본의 판례도 같다.[281)]

생각건대, 압류명령이든지 추심·전부명령이든지 집행의 대상인 채무자의 제3채무자에 대한 채권에 관하여 압류에 준하는 확정적 시효중단의 효과를 인정하기는 어렵다. 그 이유는 다음과 같다. ① 민법 제168조 제2호가 압류를 시효중단의 사유로 인정한 주된 취지는 채권자가 집행절차에서 권리를 행사함으로써 강력하게 권리실행의사를 표명하였다는 데 있다. 그런데 채권집행절차에서 행사되는 권리는 채권자의 채무자에 대한 집행채권이지 채무자의 제3채무자에 대한 채권이 아니다. ② 시효의 중단은 당사자 및 그 승계인간에만 효력이 있는데(민법 제169조), 채권집행절차에서 당사자는 집행채권자와 집행채무자이고 제3채무자는 이해관계자에 불과하다.[282)] ③ 채권에 대한 압류가 있더라도 이는 채무자가 제3채무자로부터 현실로 급부를 추심하는 것만을 금지하는 것일 뿐 채무자는 제3채무자를 상대로 그 이행을 청구할 수 있고(채권자가 이를 대위하여 행사하는 것도 가능하다),[283)] 추심·전부명령까지 있

279) 편집대표 곽윤직, 민법주해 총칙(3), 박영사(1992), 525쪽(윤진수 집필).

280) 대법원 2003. 5. 13. 선고 2003다16238 판결.

281) 日最判 1988. 7. 15.(저당권자가 물상대위에 의하여 화재보험금청구권에 대하여 압류를 한 사안에서 위 보험금청구권의 소멸시효는 압류에 의하여 중단되지 않는다고 판단).

282) 박순성, "채권의 압류 및 추심명령과 시효중단", 대법원판례해설 제44호, 법원도서관(2004), 667쪽; 김성균·강병훈, "채권집행에 있어서 소멸시효중단사유에 관한 소고", 이화여자대학교 법학논집 제21권 제3호(2017. 3.), 24쪽.

283) 가압류에 관한 대법원 1989. 11. 24. 선고 88다카25038 판결, 대법원 2002. 4. 26. 선고 2001다59033 판결 참조.

는 경우에는 그 채권자가 직접 제3채무자를 상대로 이행을 청구할 수 있으므로, 집행의 대상인 채권에 대하여 압류에 의한 시효중단 효력을 인정하지 않더라도 채권자는 다른 방법으로 충분히 시효를 중단시킬 수 있다.[284]

3) 민법 제174조의 '최고'로서 잠정적 시효중단 여부

민법 제174조는 '최고'가 소멸시효 중단사유인 '청구'(민법 제168조 제1호)의 하나임을 전제로 그 효과에 관하여 "최고는 6월 내에 재판상의 청구, 파산절차참가, 화해를 위한 소환, 임의출석, 압류 또는 가압류·가처분을 하지 아니하면 시효중단의 효력이 없다."라고 규정하고 있다. 여기서 말하는 '최고'는 채무자에 대하여 채무이행을 구한다는 채권자의 의사통지로서, 특별한 형식이 요구되지 아니할 뿐 아니라 행위 당시 당사자가 시효중단의 효과를 발생시킨다는 점을 알거나 추구하지 않았다 하더라도 이로써 권리행사의 주장을 하는 취지임이 명백하다면 '최고'에 해당하는 것으로 볼 수 있다.[285]

가) 추심명령이 있는 경우(=긍정)

추심명령이란, 채권[286]에 대한 집행절차에서 압류한 채권을 현금화하는 방법의 하나로서(민사집행법 제229조 제1항) 압류한 채권에 관한 추심권능을 집행법원의 재판으로 압류채권자에게 부여하여 그로 하여금 일종의 추심기관으로서 대위절차 없이 채무자를 대신하여 경합하는 모든 채권자를 위하여 제3채무자로부터 압류한 채권을 추심하게 하는 제도이다(같은 조 제2항). 추심명령은 제3채무자에게 송달되면 곧바로 효력이 생긴다(같은 조 제4항, 제227조 제3항). 추심명령의 주문은 "채권자는 채무자의 제3채무자에 대한 별지 기재의 압류된 채권을 추심할 수 있다."라고 적는 것이 실무이다.[287]

추심명령은 제3채무자와 채무자에게 송달하여야 하는데(민사집행법 제229조 제4항, 제227조 제2항), 판례는 "채권자가 확정판결에 기한 채권의 실현을 위하여 채무자의 제3채무자에 대한 채권에 관하여 압류 및 추심명령을 받아 그 결정이 제3채무자에게 송달이 되었다면 거기에 소멸시효 중단사유인 최고로서의 효력을 인정하여야 한다."라고 판시하여[288] 추심명령의 제3채무자에 대한 송달에 대하여 민법 제174

284) 박순성, "채권의 압류 및 추심명령과 시효중단", 대법원판례해설 제44호, 법원도서관(2004), 667쪽도 같은 취지이다.

285) 대법원 1992. 2. 11. 선고 91다41118 판결 등.

286) 전부명령과 달리 금전채권 외에 유체물의 인도나 권리이전의 청구권에 대하여도 추심명령을 할 수 있으나(민사집행법 제242조 참조 및 제245조 반대해석), 이하에서는 주로 금전채권에 대한 추심명령을 중심으로 서술한다.

287) 법원실무제요 민사집행(Ⅲ), 법원행정처(2014), 364쪽.

조에서 정한 '최고'로서의 효력을 인정하고 있다.

생각건대, 시효의 중단은 권리자를 위하여 너그럽게 해석하는 것이 제도의 취지에 부합하는바, 추심명령이 있는 때에는 압류채권자는 대위절차 없이 압류된 채권을 추심할 수 있고(민사집행법 제229조 제2항), 추심명령의 주문에는 그러한 취지가 적혀 있으므로, 추심명령이 제3채무자에게 송달되면 추심채권자가 집행법원의 수권에 따라 일종의 추심기관으로서 제3채무자에게 압류채권의 이행을 구하는 의사를 통지한 것으로 볼 수 있을 것이다.[289] 따라서 판례의 태도가 타당하다. 다만 최고로 인한 시효중단의 효력은 잠정적이므로, 이 경우에는 6개월 내에 재판상 청구, 압류·가압류 등을 하지 않으면 시효중단의 효력이 없음을 유의하여야 한다(민법 제174조).

나) 전부명령이 있는 경우(=긍정)

전부명령이란, 금전채권[290]에 대한 집행절차에서 그 현금화방법의 하나로서(민사집행법 제229조 제1항) 집행법원의 재판에 의해 압류된 채권을 집행채권의 변제를 갈음하여 압류채권자에게 이전함으로써 집행채권의 만족을 얻도록 하는 제도를 말한다(같은 조 제3항). 전부명령은 추심명령과 달리 확정되어야 효력이 생기는데(같은 조 제7항), 전부명령이 확정된 경우에는 전부명령이 제3채무자에게 송달된 때에 소급하여 채무자가 채무를 변제한 것으로 본다(민사집행법 제231조 본문).[291] 전부명령의 주문은 "채무자의 제3채무자에 대한 별지 기재의 압류된 채권을 지급에 갈음하여 채권자에게 전부한다."라고 적는 것이 실무이다.[292]

전부명령은 제3채무자와 채무자에게 송달하여야 하는데(민사집행법 제229조 제4항, 제227조 제2항), 전부명령이 제3채무자에게 송달되면 압류된 채권에 대하여 민법 제174조에서 정한 '최고'로서의 효력을 인정할 수 있는가?

이에 관한 학설상의 논의는 많지 않은데, 추심명령의 경우와 마찬가지로 이를

288) 대법원 2003. 5. 13. 선고 2003다16238 판결.

289) 이는 어디까지나 시효중단의 관점에서 채권자를 위하여 너그럽게 해석한 결과일 뿐이고, 이로써 제3채무자가 곧바로 이행지체에 빠지는 것은 아니다. 대법원 2012. 10. 25. 선고 2010다47117 판결도 "추심명령은 압류채권자에게 채무자의 제3채무자에 대한 채권을 추심할 권능을 수여함에 그치고, 제3채무자로 하여금 압류채권자에게 압류된 채권액 상당을 지급할 것을 명하거나 그 지급 기한을 정하는 것이 아니므로, 제3채무자가 압류채권자에게 압류된 채권액 상당에 관하여 지체책임을 지는 것은 집행법원으로부터 추심명령을 송달받은 때부터가 아니라, 추심명령이 발령된 후 압류채권자로부터 추심금 청구를 받은 다음날부터라고 할 것이다."라고 판시하였다.

290) 유체물의 인도나 권리이전의 청구권에 대하여는 전부명령을 하지 못한다(민사집행법 제245조).

291) 다만, 이전된 채권이 존재하지 아니한 때에는 그러하지 아니하다(민사집행법 제231조 단서).

292) 법원실무제요 민사집행(Ⅲ), 법원행정처(2014), 392쪽.

인정하는 견해가 있다.[293] 그리고 이 점을 명시적으로 판단한 대법원 판례는 없지만, 추심명령의 경우와 마찬가지로 보아야 한다고 판단한 하급심 재판례가 있다.[294] 특히 서울고등법원 2016나2080275 사건에서는 제3채무자인 피고가 '전부명령은 추심명령과는 달리 제3채무자에 대한 송달이 채권양도통지와 유사하여 소멸시효 중단사유인 최고로서의 효력이 발생하지 않는다'고 다투었지만, 법원은 이러한 주장을 배척하였다.

앞서 보았듯이 전부명령의 주문에는 '압류된 채권을 집행채권의 변제를 갈음하여 압류채권자에게 이전한다'는 취지만 기재되고, 제3채무자로 하여금 압류된 채권을 압류채권자에게 지급하도록 명하는 내용은 기재되지 않으므로, 전부명령의 제3채무자에 대한 송달은 채권양도의 통지와 유사한 측면이 있다. 그리고 채권양도의 통지가 재판 외의 권리행사에 해당하는지에 관하여 대법원 전원합의체판결은 "채권양도의 통지는 그 양도인이 채권이 양도되었다는 사실을 채무자에게 알리는 것에 그치는 행위이므로, 그것만으로 제척기간의 준수에 필요한 권리의 재판 외 행사에 해당한다고 할 수 없다."라고 판시하면서, 채권양도통지에 채권양도의 사실을 알리는 것 외에 그 이행을 청구하는 뜻이 별도로 덧붙여져 있는 등 특별한 사정이 있는 경우에만 권리의 재판 외 행사로 볼 수 있다는 취지로 판단한 바 있다.[295] 비록 위 전원합의체 판결은 채권양도통지가 제척기간의 준수에 필요한 권리행사에 해당하는지 여부를 판단한 것이지만, 반대의견이 "그것이 이행청구나 최고와 같이 시효중단의 효력이 인정될 정도의 사유는 아니라고 하더라도 제척기간 준수의 효과가 부여될 수 있는 권리행사의 객관적 행위 태양이라고 인정하는 데에는 부족함이 없다."라고 설시한 것에 미루어 보면,[296] 이행청구의 뜻이 덧붙여져 있지 않은 단순한 채권양도통지는 민법 제174조에서 정한 '최고'에 해당하지 않는다는 데 대법관들의 의견이 일치한 것으로 보인다.[297][298]

293) 편집대표 민일영, 제4판 주석 민사집행법(Ⅴ), 한국사법행정학회(2018), 616쪽(노재호 집필).

294) 서울고등법원 2017. 5. 26. 선고 2016나2080275 판결(미상고 확정), 서울고등법원 2019. 6. 12. 선고 (춘천)2018나1792 판결(심리불속행기각 확정).

295) 대법원 2012. 3. 22. 선고 2010다28840 전원합의체 판결.

296) 반대의견은 "제척기간의 준수사유가 되는 행위의 태양은 그 성질상 소멸시효의 중단사유보다는 넓게 새겨야 [한다.]"라고 하였다.

297) 하지만 학설은 단순한 채권양도통지도 민법 제174조의 '최고'에 해당한다고 보는 견해가 많다. 김대석, "지명채권양도의 대항요건에 관한 연구", 성균관대학교 박사학위논문(2009), 77~82쪽; 한경근, "채권양도의 대항요건인 채권양도통지를 제척기간 준수요건인 '재판 외의 권리행사'로 볼 수 있는지 여부", 판례연구 제25집, 부산판례연구회(2014), 600~603쪽 등.

298) 그 전에 대법원 2009. 2. 26. 선고 2007다83908 판결은 "소송 계속 중 입주자대표회의가 구분소유자들로부터 손해배상청구권을 양수하고 채권양도통지를 함으로써 최고의 효력이 생기

하지만 그럼에도 불구하고 전부명령의 제3채무자에 대한 송달은 민법 제174조에서 정한 '최고'에 해당한다고 봄이 타당하다. 그 이유는 다음과 같다. ① 본래 의미의 최고는 권리행사의 상대방에 대한 의사의 통지로써 하는 것인 반면 형사고소나 재산명시신청, 경매신청 등은 수사기관이나 집행법원에 대한 신청행위일 뿐 채무자에 대한 의무이행의 요구는 아니다. 그럼에도 판례는 그에 대해 모두 '최고'로서의 효력을 인정하고 있고,[299] 나아가 시효중단 제도는 그 제도의 취지에 비추어 볼 때 권리자를 위하여 너그럽게 해석하는 것이 상당하다는 것을 명시적으로 밝히고 있다.[300] 이처럼 대법원 판례에서 시효중단 사유로서의 '최고'에 관하여 이론적 개념의 틀을 완화하여 해석함으로써 권리자와 의무자 사이의 이익균형 등 구체적 타당성을 도모한 것은 타당하고 합리적인 해석이다. ② 채권자는 채무자로부터 압류된 금전채권을 이전받아 제3채무자에게 이를 행사하여 금원을 지급받는 방법으로 원래의 집행채권의 만족을 얻을 목적으로 전부명령을 받은 것이다. 그러므로 단순히 양수인으로 하여금 채권양도의 대항력을 취득할 수 있도록 양도인이 하는 채권양도통지와 달리, 집행채권뿐만 아니라 전부명령의 목적인 채무자가 가진 제3채무자에 대한 금전채권에 관하여도 채권자의 적극적인 권리행사 의사가 담겨 있다고 볼 수 있다. ③ 전부명령이나 추심명령 모두 집행의 목적인 금전채권의 현금화방법의 일종이므로, 추심명령의 경우에 피압류채권에 관한 최고의 효력을 인정한다면 전부명령의 경우에도 같은 효과를 인정하는 것이 균형이 맞는다. ④ 한편, 전부명령은 확정되어야 효력이 발생하는데, 제3채무자가 전부명령의 채무자에 대한 송달 시기, 채무자의 즉시항고 여부나 그 결과 등을 쉽게 알 수 있는 것은 아니기 때문에 전부명령이 확정된 후 채권자가 정식으로 전부금의 지급을 청구할 때까지는 제3채무자가 채권자에 대한 전부금 지급의무를 현실적으로 인식하지 못할 수 있다.[301] 하지만 전부명령이

고 그 통지시점으로부터 6월 이내에 청구취지 및 원인 변경신청서가 법원에 제출된 경우라면 위 채권양도통지 시점에 시효중단의 효력이 생겼다고 볼 수 있을 것이다."라고 판시한 적이 있으나, 이는 예컨대 '채권양도통지서에 채권을 A에게 양도하였으니 양수인 A에게 채권금액을 지급하시기 바랍니다'라고 기재되어 있는 경우나, 이미 채권양수인과 채무자 사이에 소송이 계속되어 있었던 경우에는 채권양도통지에 최고의 효력을 인정할 여지가 있다는 정도의 의미로 이해할 수 있다.

299) 형사고소(대법원 1989. 11. 28. 선고 87다273, 274, 87다카1772, 1773 판결), 재산명시명령의 송달(대법원 1992. 2. 11. 선고 91다41118 판결), 부동산 경매신청(대법원 2001. 8. 21. 선고 2001다22840 판결) 등.

300) 대법원 2006. 6. 16. 선고 2005다25632 판결 등.

301) 전부명령이 제3채무자에게 송달되었으나 채무자의 즉시항고로 아직 확정되기 전에 압류채권자가 전부금 지급청구를 하고 이후 전부명령이 확정된 경우, 제3채무자는 전부명령 확정 전의 전부금 지급청구로 인하여 전부금 지급에 대한 이행지체에 빠지는지 문제된 사안에서,

확정되면 압류된 채권은 전부명령이 제3채무자에게 송달된 때에 소급하여 압류채권자에게 이전하고, 시효중단 사유로서의 '최고'는 제3채무자에게 이행지체책임을 발생시키는 '이행청구'보다 넓게 해석할 수 있으므로, 전부명령이 확정된 경우에는 전부명령이 제3채무자에게 송달된 때에 민법 제174조의 '최고'가 있는 것으로 보면 될 것이다.

다) 압류명령만 있는 경우(=부정)

앞서 추심명령과 전부명령에서 본 법리가 압류명령만 있는 경우[302]에도 적용되는지 문제 된다.

이를 긍정하는 것으로 보이는 견해[303]도 있지만, 부정하는 것이 타당하다고 생각한다. 압류명령만을 얻은 채권자는 추심명령이나 전부명령을 얻은 채권자와 달리 제3채무자에게 피압류채권의 이행을 청구하는 등 피압류채권에 관한 권리를 적극적으로 행사할 수 있는 지위에 있지 않고, 압류명령의 효력은 소극적으로 압류된 채권의 처분행위 및 변제를 금지하는 데 그치므로(민사집행법 제227조 제1항), 압류명령의 제3채무자에 대한 송달을 피압류채권에 관한 이행의 청구, 즉 최고로 보기는 어렵기 때문이다.[304]

4. 집행절차의 참가로 인한 소멸시효 중단

가. 집행절차의 참가

집행력 있는 집행권원 정본을 가진 채권자나 담보권을 가진 채권자[305]는 직접

대법원 2014. 10. 30. 선고 2014다213646 판결(미간행)은 "집행채권자가 전부명령이 확정되기 전에 제3채무자에게 전부금의 지급을 청구하였다고 하더라도 이를 적법한 이행청구로 볼 수 없고, 제3채무자는 전부명령이 확정되지 않았다는 것을 이유로 전부금의 지급을 거절할 수 있다."라고 판시한 원심을 수긍한 바 있다.

302) 채권집행의 경우 실무상 압류명령과 함께 추심명령이나 전부명령을 신청하는 것이 일반적이나, 압류 및 전부명령이 내려졌다가 전부명령 부분이 압류의 경합으로 무효인 경우(민사집행법 제229조 제5항)에는 압류명령만 유효한 경우가 발생하게 된다. 또한 추심명령이나 전부명령과 달리 특별현금화명령은 채무자에 대한 사전 심문절차가 필요하므로(민사집행법 제241조 제2항), 먼저 심문 없이 압류명령을 한 후에 압류의 효력이 발생하면 별도로 특별현금화절차를 진행하는 것이 일반적이다. 그래서 이 경우에도 압류명령만 있는 경우가 생길 수 있다.

303) 편집대표 곽윤직, 민법주해 총칙(3), 박영사(1992), 525쪽(윤진수 집필); 김상수, 민사집행법, 법우사(2015), 322쪽; 김홍엽, 민사집행법, 박영사(2017), 324쪽.

304) 김성균·강병훈, "채권집행에 있어서 소멸시효중단사유에 관한 소고", 이화여자대학교 법학논집 21권 3호(2017. 3.), 26쪽도 "압류에 의해서는 제3채무자에게 지급금지효만 발생시킬 뿐이고, 압류채권자가 압류채무자를 대신하여 추심한다는 의사까지 표현된 것은 아니기 때문에 판례가 소극적으로 볼 가능성도 있다."라고 한다.

305) 가압류채권자도 집행절차에 참가하여 배당을 받을 수 있으나(민사집행법 제88조 제1항, 제

강제집행이나 담보권의 실행을 하는 방법 외에 다른 채권자의 신청에 따라 개시된 강제집행절차나 담보권 실행을 위한 집행절차에 참가하여 채권을 행사할 수도 있다.

구체적으로 보면, (i) 부동산에 대한 경매절차에서, '집행력 있는 정본을 가진 채권자', 민법·상법, 그 밖의 법률에 의하여 '우선변제청구권이 있는 채권자'는 '배당요구'를 할 수 있고(민사집행법 제88조 제1항), 저당권·전세권, 그 밖의 '우선변제청구권으로서 첫 경매개시결정등기 전에 등기되었고 매각으로 소멸하는 것을 가진 채권자'는 배당요구를 하지 않더라도 배당받을 자격이 있다(민사집행법 제148조 제4호). 위와 같이 배당요구가 필요하지 않은 채권자는 법원사무관등의 최고에 따라 채권의 유무, 그 원인 및 액수(원금·이자·비용, 그 밖의 부대채권을 포함한다)를 배당요구의 종기까지 법원에 신고하여야 하는데(민사집행법 제84조 제4항 참조),[306] 이를 '채권신고'라 한다.[307] (ii) 유체동산에 대한 집행절차에서, 민법·상법, 그 밖의 법률에 따라 '우선변제청구권이 있는 채권자'는 집행관에게 매각대금에 대한 '배당요구'를 할 수 있다(민사집행법 제217조, 제218조).[308] (iii) 채권에 대한 집행절차에서, 민법·상법, 그 밖의 법률에 의하여 '우선변제청구권이 있는 채권자'와 '집행력 있는 정본을 가진 채권자'는 법원에 '배당요구'를 할 수 있다(민사집행법 제247조 제1항).

나. 배당요구나 채권신고로 인한 소멸시효 중단 여부

1) 배당요구의 경우

가) 의의와 내용

배당요구란 다른 채권자에 의하여 개시된 집행절차에 참가하여 동일한 재산의 현금화대금에서 변제를 받으려는 집행법상의 행위를 말한다.[309] 다른 채권자의 집행절차에 편승한다는 점에서 부종성, 종속성을 가진다.

배당요구는 언제까지나 마음대로 할 수 있는 것은 아니고 배당요구의 종기[310]

148조 제3호 등), 여기에서는 논외로 한다.

306) 만약 그 채권자가 집행법원 법원사무관등의 최고를 받고도 채권신고를 하지 아니한 때에는 그 채권자의 채권액은 등기사항증명서 등 집행기록에 있는 서류와 증빙에 따라 계산한다. 이 경우 다시 채권액을 추가하지 못한다(민사집행법 제84조 제5항).

307) 한편, 배당기일이 정하여진 때에는 법원사무관등은 각 채권자에 대하여 채권의 원금, 배당기일까지의 이자, 그 밖의 부대채권 및 집행비용을 적은 계산서를 1주 안에 법원에 제출할 것을 최고하여야 하는데(민사집행규칙 제81조), 이에 따른 '채권계산서의 제출'은 민사집행법 제84조 제4항에 따른 채권신고와는 구별된다.

308) 유체동산 집행에서는 집행력 있는 정본을 가진 채권자라도 민사집행법 제215조에 따라 이중압류하지 않는 이상 배당절차에 참가할 수 없다.

309) 법원실무제요 민사집행(Ⅱ), 법원행정처(2014), 447쪽.

310) 부동산 경매의 경우에는 첫 매각기일 이전으로서 집행법원이 정하는 때(민사집행법 제84조), 유체동산 집행의 경우에는 민사집행법 제220조에 정해진 때, 채권 집행의 경우에는 민사집

까지만 할 수 있다. 배당요구의 방법은 채권(이자, 비용, 그 밖의 부대채권을 포함한다)의 원인과 액수를 적은 서면으로 하여야 하고, 배당요구서에는 집행력 있는 정본 또는 그 사본, 그 밖에 배당요구의 자격을 소명하는 서면을 붙여야 한다(민사집행규칙 제48조, 제158조, 제173조). 집행법원은 배당요구가 있으면 신청서에 적힌 내용과 첨부서류에 의하여 배당요구가 적법한지 심사를 하며, 흠이 있어 부적법한 경우에는 보정을 명하고 보정을 하지 않거나 보정이 불가능하면 배당요구를 각하한다.[311] 적법한 배당요구가 있으면 집행기관은 그 사유를 부동산 경매에서는 채무자를 포함한 이해관계인에게, 유체동산과 채권 집행에서는 채권자와 채무자에게 각 통지하여야 한다(민사집행법 제89조, 제219조, 제247조 제3항).[312] 배당요구가 필요한 채권자가 적법한 배당요구를 하지 않으면 실체법상 우선변제청구권이 있는 채권자라 하더라도 그 현금화대금으로부터 배당을 받을 수 없고(민사집행법 제148조 제2호), 배당요구의 종기까지 배당요구한 채권자라 할지라도 채권의 일부 금액만을 배당요구한 경우 배당요구의 종기 이후에는 배당요구하지 아니한 채권을 추가하거나 확장할 수 없다.[313] 적법하게 배당요구를 한 채권자는 배당기일통지를 받을 권리(민사집행법 제146조), 배당기일에 출석하여 배당표에 대하여 의견을 진술할 수 있는 권리(민사집행법 제151조 제3항) 등 배당절차에 관한 민사집행법상 권리를 취득하게 된다.

나) 시효중단 여부

(1) 판례와 학설

이러한 배당요구로 인하여 배당요구의 원인이 된 채권의 소멸시효가 중단되는지에 관하여, 판례는 "집행력 있는 집행권원 정본을 가진 채권자는 이에 기초하여 강제경매를 신청할 수 있으며, 다른 채권자의 신청에 의하여 개시된 경매절차를 이용하여 배당요구를 신청하는 행위도 집행권원에 기초하여 능동적으로 그 권리를 실현하려고 하는 점에서는 강제경매의 신청과 동일하다고 할 수 있으므로, 부동산경매절차에서 집행력 있는 집행권원 정본을 가진 채권자가 하는 배당요구는 민법 제168조 제2호의 압류에 준하는 것으로서 배당요구에 관련된 채권에 관하여 소멸시효를 중단하는 효력이 생긴다."라는 취지로 판시하였다.[314] 일본의 판례도 같다.[315]

행법 제247조 제1항에 정해진 때이다.

311) 다만, 실무에서는 부적법한 배당요구가 있더라도 별도로 각하결정을 하는 것이 아니라 관계된 채권자를 배당표에서 제외하고 배당을 실시하는 처리방식을 취하고 있는 예가 많다.

312) 하지만 이러한 통지가 결여된다고 하여도 배당요구의 효력에는 아무런 영향이 없다(대법원 2001. 9. 25. 선고 2001다1942 판결).

313) 대법원 2015. 6. 11. 선고 2015다203660 판결 등.

314) 대법원 2002. 2. 26. 선고 2000다25484 판결.

학설을 보면, 구 민사소송법(2002. 1. 26. 법률 제6626호로 전부개정되기 전의 것) 아래에서는 배당요구를 민법 제168조 제1호의 '청구'의 일종인 민법 제171조의 파산절차참가에 준하는 것으로 보아 시효중단의 효력을 인정하는 견해가 일반적이었으나,[316] 현재의 학설은 판례와 같이 배당요구에 대하여 민법 제168조 제2호의 '압류'에 준하여 시효중단의 효력을 인정하고 있다.[317] 참고로 연대채무의 경우에는 청구로 인한 시효중단의 효력만 절대적 효력이 인정되기(민법 제416조 참조) 때문에 어느 쪽으로 보는지에 따라 연대채무자 중 1인에 대한 배당요구에 의하여 다른 연대채무자에 대하여 시효중단의 효력이 생기는지 결론이 달라진다.

(2) 검토(=긍정)

민사집행법상 배당요구는 압류와는 구별되는 별개의 집행행위이지만, 다음과 같은 이유로 민법 제168조 제2호를 유추 적용하여 압류에 준하는 확정적인 시효중단의 효력을 인정함이 타당하다. ① 배당요구를 하려면 압류와 마찬가지로 집행력 있는 집행권원 또는 우선변제청구권이 있어야 한다. ② 배당요구가 있으면 집행기관은 그 사유를 채무자에게 통지하도록 규정되어 있으므로 이를 압류에 준하는 시효중단 사유로 보더라도 채무자에게 예측하지 못한 손해를 줄 가능성은 적다. ③ 집행절차에서 채권의 만족을 위하여 적극적으로 권리를 행사하는 행위라는 점에서 배당요구는 압류와 다를 바 없다(압류채권자도 목적물이 현금화된 이후에는 배당받을 채권자의 지위를 가질 뿐이다). ④ 배당요구는 민사집행절차상 행위이기 때문에 파산절차참가에 준하는 것이라고 하기 보다는 압류에 준하는 것으로 보는 것이 적절하다.

다) 시효중단의 요건

(1) 위와 같은 시효중단의 효과는 '적법한 배당요구'에 대하여 인정되는 것이므로 배당요구가 법률의 규정에 따르지 않아 부적법한 때(예를 들어 배당요구의 종기가 지난 뒤에 배당요구를 한 경우)에는 민법 제175조를 유추 적용하여 시효중단의 효력이 없다고 보아야 한다.

---

315) 日最判 1999. 4. 27.(民集 53-4, 840).

316) 편집대표 곽윤직, 민법주해 총칙(3), 박영사(1992), 514쪽(윤진수 집필). 구 민사소송법에서는 채무명의를 가지지 않은 채권자로부터 배당요구가 있는 경우를 예정하고 있었고, 배당요구의 통지를 받은 채무자는 인부를 하고, 그 절차에서 배당요구에 관한 채권의 존재를 다툰다면 배당요구채권자는 '채권확정의 소'를 제기하는 것이 예정되어 있어, 그 판결에 기하여 배당금을 수령하여야 하는 것으로 되어 있었기 때문에 당시에는 채무명의가 없는 채권자에 의한 배당요구는 파산절차에서 채권의 신고에 유사하였고, 이에 따라 파산절차참가를 유추하여 시효중단의 효력을 인정하고 있었던 것이다.

317) 편집대표 민일영, 제4판 주석 민사집행법(Ⅴ), 한국사법행정학회(2018), 873쪽(양진수 집필).

(2) 그리고 집행기관이 배당요구를 적법하게 수리한 것으로 충분하고, 설령 배당요구가 그 뒤 채무자에게 통지되지 않았다고 하더라도 시효중단의 효력이 생기지 않는다고 할 것은 아니다. 압류로 인한 시효중단에서 압류가 집행되는 것으로 충분하고 채무자에게 압류가 고지될 것을 요건으로 하지 않는 것과 마찬가지이다. 민법 제176조는 "압류, 가압류 및 가처분은 시효의 이익을 받은 자에 대하여 하지 아니한 때에는 이를 그에게 통지한 후가 아니면 시효중단의 효력이 없다."라고 규정하고 있으나, 채무자 소유의 재산을 현금화한 대금에 대하여 배당요구를 하는 것은 시효의 이익을 받을 자인 '채무자에 대하여' 한 것에 해당하므로 위 규정은 적용되지 않는다.

2) 채권신고의 경우

가) 의의와 내용

부동산 경매에서 경매개시결정에 따른 압류의 효력이 생기면 집행법원의 법원사무관등은 '저당권·전세권, 그 밖의 우선변제청구권으로서 첫 경매개시결정등기 전에 등기되었고 매각으로 소멸하는 것을 가진 채권자'에 대하여 채권의 유무, 그 원인 및 액수를 배당요구의 종기까지 법원에 신고하도록 최고하여야 한다(민사집행법 제84조 제4항). 이에 따라 채권자가 집행법원에 대하여 하는 신고를 채권신고라 한다. 위와 같은 채권자는 배당요구를 하지 않아도 당연히 배당받을 채권자에 해당하므로(민사집행법 제148조 제4호), 그에 대한 채권신고의 최고는 훈시규정에 불과하지만,[318] 채권신고를 하도록 함으로써 집행법원은 우선변제청구권 있는 채권의 유무와 그 금액을 확인하여 남을 가망(민사집행법 제102조 참조)이 있는지 여부를 확인함과 동시에 매각조건을 결정하고,[319] 배당표를 작성할 때 채권액 인정의 자료로 삼을 수도 있다. 다만 배당요구와 달리 채권신고는 채무자에게 이를 통지하는 절차가 마련되어 있지 않고, 배당요구의 종기까지 채권신고를 하지 않더라도 배당에서 제외되는 것은 아니다. 그러한 때에는 그 채권자의 채권액은 등기사항증명서 등 집행기록에 있는 서류와 증빙에 따라 계산한다(민사집행법 제84조 제5항). 또한 배당요구의 종기까지 채권신고를 한 경우에도 그 후 배당표가 작성될 때까지는 채권액을 보정하는 채권계산서를 다시 제출할 수 있으며, 채권액을 확장하는 것도 가능하다.[320] 이러한 점에서 채권신고에 대하여는 집행법상 독자적인 법률효과가 부여되는 것은 아니라고 할 수도 있다.

---

318) 법원실무제요 민사집행(Ⅱ), 법원행정처(2014), 114쪽, 대법원 1979. 10. 30.자 79마299 결정.

319) 법원실무제요 민사집행(Ⅱ), 법원행정처(2014), 114쪽.

320) 법원실무제요 민사집행(Ⅱ), 법원행정처(2014), 118~119쪽, 대법원 2000. 9. 8. 선고 99다24911 판결.

나) 시효중단 여부

⑴ 판 례

㈎ 이러한 채권신고로 인하여 신고한 채권의 소멸시효가 중단되는지에 관하여, 판례는 "저당권으로서 첫 경매개시결정등기 전에 등기되었고 매각으로 소멸하는 것을 가진 채권자는 담보권을 실행하기 위한 경매신청을 할 수 있을뿐더러 다른 채권자의 신청에 의하여 개시된 경매절차에서 배당요구를 하지 않아도 당연히 배당에 참가할 수 있는바, 이러한 채권자가 채권의 유무, 그 원인 및 액수를 법원에 신고하여 권리를 행사하였다면 그 채권신고는 민법 제168조 제2호의 압류에 준하는 것으로서 신고된 채권에 관하여 소멸시효를 중단하는 효력이 생긴다고 할 것이다."라고 판시하여[321] 긍정하는 태도를 취하고 있다.

㈏ 반면 일본의 판례는 배당요구와 달리 채권신고에 대하여는 압류에 준하는 시효중단의 효력을 인정하지 않고 있고,[322] 우리나라에서도 다음과 같은 이유를 들어 이를 부정한 하급심 재판례가 있다.[323] ① 첫 경매개시결정 등기 전에 등기된 근저당권자가 집행법원에 채권계산서를 제출하는 것은 집행법원에 채권의 내역을 신고함으로써 매각의 가부 및 배당표 작성 등에 관한 자료를 제공하는 목적일 뿐 이로 인하여 채권계산서에 관계되는 채권이 확정된다거나 이를 제출하지 않았다고 하여 배당절차에서 배제되는 것도 아니다. ② 첫 경매개시결정등기 전 근저당권자의 채권계산서 제출의 경우 그 내역을 채무자에게 통지하도록 되어 있지 않다. 채무자가 채권자의 권리행사를 알 수 있는 것이 예정되어 있지 않은 채권계산서 제출을 채무자에 대한 시효중단의 효력이 인정되는 청구 또는 압류에 준하는 권리행사라고 하기 어렵다. ③ 채권계산서 제출은 집행법원에 대한 자료 제공 이상의 의미가 있지 않고, 채권계산서의 제출은 기본적으로 법원의 최고에 의하여 이루어지는 것이므로 임의경매의 신청과 동일시할 수 있는 능동적, 적극적인 권리 실현행위로 평가하기는 어렵다.

⑵ 검토(=긍정)

채권신고는 배당요구와 비교하여 제도의 취지, 절차, 법률효과 등의 측면에서

---

321) 대법원 2010. 9. 9. 선고 2010다28031 판결. 그 전에 대법원 2009. 3. 26. 선고 2008다89880 판결은 채권신고로 인하여 소멸시효가 중단됨을 전제로 그 소멸시효가 다시 진행하는 시기(=배당표가 확정된 때)에 관하여 판시한 바 있다.

322) 日最判 1989. 10. 13.(民集 43-9, 985). 그 논거는 본문의 뒤에서 볼 우리 하급심 판결이 들고 있는 것과 같다.

323) 서울중앙지방법원 2008. 1. 8. 선고 2007가합14655 판결.

차이가 있기는 하지만, 다음과 같은 이유로 배당요구와 마찬가지로 민법 제168조 제2호를 유추 적용하여 압류에 준하는 확정적인 시효중단의 효력을 인정함이 타당하다. ① 채권신고는 첫 경매개시결정등기 전에 등기된 저당권자와 같이 당연히 배당받을 자격이 있는 채권자가 하는 것으로, 설령 집행법원의 필요에 의한 최고에 따른 것이라 하더라도 채권신고를 하는 채권자의 주된 의사는 경매절차에 참가하여 배당을 받으려는 것이다. ② 만약 채권신고에 대하여 시효중단의 효력을 인정하지 않는다면 위와 같은 저당권자는 '배당요구'를 하거나 '이중경매신청'을 하여야 하는데, 당연히 배당받을 자격을 가진 채권자가 배당요구를 할 수 있는지 해석상 의문이 제기될 수 있고, 오직 시효중단을 위해 이중경매신청을 하도록 하는 것도 불필요한 일을 강요하는 것일 뿐이다(배당요구가 필요한 채권자의 경우 이중경매신청 없이 배당요구만으로 시효중단의 효력이 발생한다). ③ 집행절차에서 채권의 만족을 위하여 적극적으로 권리를 행사하는 행위라는 점에서 채권신고는 압류나 배당요구와 다를 바 없다. ④ 비록 채권신고는 압류나 배당요구와 달리 채무자에 대한 통지 절차가 마련되어 있지 않지만, 앞서 보았듯이 압류나 배당요구의 경우에도 채무자에 대한 통지가 시효중단의 요건은 아니고, 채무자는 경매절차의 이해관계인으로서(민사집행법 제90조 제2호) 경매사건기록에 대한 열람권한이 있기 때문에 채권자의 채권신고 내용을 확인할 수 있는 기회가 집행절차상 보장되어 있으므로, 통지 절차의 결여를 이유로 채권신고에 대하여 압류나 배당요구에 준하는 확정적 시효중단 효과를 부정할 것은 아니다.

다) 시효중단의 요건

(1) 위와 같이 채권신고에 대하여 압류에 준하는 확정적인 시효중단의 효력을 인정할 경우, 배당요구의 종기 이후에 이루어진 채권신고[예를 들어, 배당기일이 정하여진 때에는 법원사무관등은 각 채권자에 대하여 채권의 원금, 배당기일까지의 이자, 그 밖의 부대채권 및 집행비용을 적은 계산서를 1주 안에 법원에 제출할 것을 최고하여야 하는데(민사집행규칙 제81조), 이에 따른 '채권계산서의 제출']에 대하여도 이를 인정할 것인지 문제 된다. 판례의 태도는 분명하지 않으나, 배당요구의 종기 이후에 하는 채권신고는 민사집행법 제84조 제4항에 따른 집행법상 행위가 아니라 오로지 집행법원에 배당표 작성에 관한 자료를 제공하는 정도의 의미를 가질 뿐이고, 채권신고에 대하여 배당요구보다 넓은 시효중단의 효력을 인정하는 것은 균형이 맞지 않으므로, 압류나 배당요구에 준하는 확정적 시효중단 효력을 인정하기는 어렵다고 생각된다. 그러므로 배당요구의 종기 전에 채권신고를 하였다가 배당요구

의 종기 후에 추가하거나 확장한 채권은 시효중단의 효력이 없다고 보아야 한다.

(2) 한편, 채무자 소유의 부동산이 아니라 물상보증인이나 제3취득자 소유의 부동산에 대한 경매절차에서 선행 저당권자가 채권신고를 한 경우에는 시효의 이익을 받을 자(=채무자)가 아닌 물상보증인이나 제3취득자 소유 부동산의 매각대금에 대하여 권리를 행사한 것이므로, 민법 제176조를 유추 적용하여 채권신고를 채무자에게 통지한 후가 아니면 시효중단의 효력이 없다고 보아야 한다.

다. 배당요구나 채권신고로 인한 소멸시효 중단의 시기와 종기

1) 시효중단의 시기

배당요구나 채권신고로 인한 시효중단의 효과는 '배당요구서나 채권신고서를 집행기관에 제출한 때' 발생한다고 보아야 한다. 압류로 인한 시효중단의 효과가 집행기관에 압류를 신청한 때 생긴다고 하는 것과 같은 이유이다. 이에 대하여 배당요구는 압류에 편승하는 것이라는 점을 고려하여 그 집행절차가 처음에 신청된 때라고 하는 견해도 있을 수 있으나,[324] 배당요구나 채권신고를 한 채권자가 그 집행절차에서 권리를 행사하기 시작한 때는 신청채권자가 집행을 신청한 때가 아니라 자신이 배당요구나 채권신고를 한 때이므로 위와 같은 견해는 따르기 어렵다.

2) 시효중단의 종기

압류로 인한 시효중단의 경우와 마찬가지로 배당요구나 채권신고로 인한 시효중단의 효과도 '집행절차가 종료할 때'까지 계속된다고 보아야 한다. 그때까지는 집행절차에서 권리를 계속 행사한 것으로 볼 수 있기 때문이다. 예를 들어 배당절차가 진행되어 배당표가 확정되면 이제 배당금의 지급을 신청할 수 있게 되므로 그 때 집행절차가 종료한 것으로 볼 수 있다. 배당표 중 배당이의가 없는 부분은 배당기일에 확정되고, 배당이의가 있는 부분은 배당이의소송의 판결확정 등에 따라 이의가 완결된 때에 확정된다.

판례는 "채권자가 배당요구 또는 채권신고 등의 방법으로 권리를 행사하여 강제경매절차에 참가하고, 그 권리행사로 인하여 소멸시효가 중단된 채권에 대하여 일부만 배당하는 것으로 배당표가 작성되고 다시 그 배당액 중 일부에 대하여만 배당이의가 있어 그 이의의 대상이 된 부분을 제외한 나머지 부분, 즉 배당액 중 이의가 없는 부분과 배당받지 못한 부분의 배당표가 확정이 되었다면, 이로써 그와 같이 배당표가 확정된 부분에 관한 권리행사는 종료되고 그 부분에 대하여 중단된 소멸시

---

324) 酒井廣幸, 時効の管理, 新日本法規(2007), 178쪽에 소개된 일본의 학설 참조.

효는 위 종료 시점부터 다시 진행된다. 그리고 위 채권 중 배당이의의 대상이 된 부분은 그에 관하여 적법하게 배당이의의 소가 제기되고 그 소송이 완결된 후 그 결과에 따라 종전의 배당표가 그대로 확정 또는 경정되거나 새로 작성된 배당표가 확정되면 그 시점에서 권리행사가 종료되고 그때부터 다시 소멸시효가 진행한다."라고 판시하였는데,[325] 이 역시 같은 태도라고 할 수 있다.

라. 배당요구나 채권신고를 철회한 경우

압류로 인한 시효중단에서 압류를 취하하면 시효중단의 효력이 소급적으로 소멸하는 것(민법 제175조)과 마찬가지로, 배당요구나 채권신고를 철회하면 시효중단의 효력이 소급적으로 소멸한다고 보아야 한다. 채권자가 집행절차를 통한 권리행사 의사가 없음을 객관적으로 표명한 것으로 볼 수 있기 때문이다.

마. 집행절차가 취하 또는 취소된 경우

1) 시효중단 효력이 소급적으로 소멸하는지 여부

가) 문제의 소재

채권자가 스스로 배당요구나 채권신고를 철회한 것이 아니라 압류채권자가 집행신청을 취하하거나 집행절차가 법률의 규정에 따르지 않아 취소됨으로 말미암아 배당요구나 채권신고가 효력을 상실한 경우, 배당요구나 채권신고로 인한 시효중단의 효력이 소급적으로 소멸하는지 아니면 장래를 향하여 종료하는지 문제가 된다.

나) 판 례

(1) 우리 판례는 앞서 본 민법 제175조의 해석론과 같이 압류에 의한 시효중단의 효력이 소급적으로 소멸하는 경우에는 배당요구나 채권신고로 인한 시효중단의 효력도 소급적으로 소멸하고, 반대로 압류에 의한 시효중단의 효력이 장래를 향하여 종료하는 경우에는 배당요구나 채권신고로 인한 시효중단의 효력도 장래를 향하여 종료한다는 태도를 취하고 있다. 즉 판례는 (i) 담보권실행을 위한 부동산 경매절차에서 선행 근저당권자가 채권신고를 하였는데 그 후 경매신청채권자가 경매신청을 취하한 사안에서, "경매신청이 취하되면 특별한 사정이 없는 한 압류로 인한 소멸시효 중단의 효력이 소멸하는 것과 마찬가지로 첫 경매개시결정등기 전에 등기되었고 매각으로 소멸하는 저당권을 가진 채권자의 채권신고로 인한 소멸시효 중단의 효력도 소멸한다."라는 취지로 판시하여[326] 시효중단의 효력이 소급적으로 소멸한다는

325) 대법원 2009. 3. 26. 선고 2008다89880 판결.
326) 대법원 2010. 9. 9. 선고 2010다28031 판결.

태도를 취한 반면, (ii) 부동산 강제경매절차에서 선행 근저당권자가 채권신고를 하였는데 그 후 집행법원이 남을 가망이 없다는 이유로 경매절차를 취소한 사안에서는, "민사집행법 제102조 제2항에 따라 경매절차가 취소된 경우[327]에는 압류로 인한 소멸시효 중단의 효력이 소멸하지 않고, 마찬가지로 첫 경매개시결정등기 전에 등기되었고 매각으로 소멸하는 저당권을 가진 채권자의 채권신고로 인한 소멸시효 중단의 효력도 소멸하지 않는다."라고 판시하여[328] 시효중단의 효력이 장래를 향하여 종료한다는 태도를 취하고 있다.

⑵ 참고로, 일본의 판례는 부동산 경매절차에서 배당요구가 있었는데 그 후 경매신청채권자가 추가절차비용을 예납하지 않아 집행법원이 경매절차를 취소[329]한 사안에서, 위와 같은 이유로 경매절차가 취소되었다고 하여 배당요구가 부적법하게 되는 것은 아니고 배당요구를 한 채권자가 권리행사의 의사를 포기한 것도 아니므로, 배당요구에 의한 시효중단의 효력은 경매절차 취소결정의 효력이 생긴 때부터 장래를 향하여 종료한다고 판시하였다.[330] 일본의 학설을 보면, 민사집행법상으로는 배당요구가 압류에 편승하는 것이지만 시효중단이라는 실체법의 관점에서는 압류와는 별개의 독립된 중단사유에 해당하므로, 압류가 취하 또는 취소되더라도 배당요구에 의한 시효중단의 효력이 소급적으로 소멸하는 것은 아니라는 견해가 유력하다.[331]

다) 검토(=압류에 의한 시효중단에 연동)

배당요구나 채권신고는 압류채권자의 신청에 의한 집행절차에 편승하여 권리를 행사하는 것이므로 종속성을 가진다. 또한 배당요구나 채권신고는 권리 행사의 성격을 가질 뿐 집행절차 내에서 권리의 확정이 예정되어 있지도 않다. 민법은 배당요구나 채권신고를 독립된 시효중단 사유로 규정하고 있지 않고 다만 해석상 압류에 준하여 시효중단 사유로 인정하는 것이므로, 시효중단이라는 실체법의 관점에서도 배당요구나 채권신고의 위와 같은 종속성을 고려하지 않을 수 없다. 따라서 앞서 민법

327) 최저매각가격으로 압류채권자의 채권에 우선하는 부동산의 모든 부담과 절차비용을 변제하면 남을 것이 없겠다고 인정된 경우의 경매취소를 말한다.

328) 대법원 2015. 2. 26. 선고 2014다228778 판결.

329) 우리 민사집행법 제18조 제2항과 같은 상황이다.

330) 日最判 1999. 4. 27.(民集 53-4, 840). 일본에서는 경매신청채권자가 비용예납명령을 이행하지 않아 경매절차가 취소된 경우에 압류에 의한 시효중단의 효력이 소급적으로 소멸하는지 장래를 향하여 종료하는지에 관하여 학설상 다툼이 있는데[酒井廣幸, 時効の管理, 新日本法規(2007), 171~173쪽 참조], 이 판결은 이 점에 관하여는 판단하고 있지 않다.

331) 일본에서의 논의는 酒井廣幸, 時効の管理, 新日本法規(2007), 179~181쪽 참조.

제175조의 해석론에서 본 것과 같이 압류에 의한 시효중단의 효력이 소급적으로 소멸하는지 장래를 향하여 종료하는지에 따라 배당요구나 채권신고에 의한 시효중단의 효력을 파악하는 우리 판례의 태도가 타당하다고 생각한다. 이와 같이 해석할 경우 배당요구나 채권신고를 한 채권자의 입장에서는 본인의 의사에 반하여 시효중단의 효력이 소급적으로 소멸하게 되어 부당하다고 여겨질 수 있지만, 스스로 집행을 신청하지 않고 다른 사람이 신청한 집행절차에 편승하여 권리를 행사한 데 따른 불가피한 결과라고 보아야 할 것이다. 이러한 결과를 피하려면 배당요구나 채권신고 대신에 이중압류를 하면 된다.

2) 시효중단 효력이 소급적으로 소멸하는 경우 '최고'로서의 효력 인정 여부

가) 문제의 소재

압류채권자가 집행신청을 취하하거나 집행절차가 법률의 규정에 따르지 않아 취소됨으로 말미암아 배당요구나 채권신고에 의한 시효중단의 효력이 소급적으로 소멸된 경우, 배당요구나 채권신고를 통해 시효가 중단되었다고 생각해 왔던 채권자에게는 예측하지 못한 손해가 생길 수 있다. 그러므로 집행절차를 통해 그때까지 민법 제174조의 최고가 계속된 것으로 볼 수는 없는지 살펴볼 필요가 있다.

나) 판 례

판례는 저당권으로서 첫 경매개시결정등기 전에 등기되었고 매각으로 소멸하는 것을 가진 채권자가 다른 채권자의 신청에 의하여 개시된 경매절차에서 '채권신고'를 하였는데 그 뒤 그 경매신청이 취하되어 채권신고에 의한 시효중단의 효력이 소급적으로 소멸한 사안에서, "이러한 채권신고에 채무자에 대하여 채무의 이행을 청구하는 의사가 직접적으로 표명되어 있다고 보기 어렵고 채무자에 대한 통지 절차도 구비되어 있지 않으므로 별도의 소멸시효 중단 사유인 최고의 효력은 인정되지 않는다고 할 것이므로, 경매신청이 취하된 후 6월 내에 위와 같은 채권신고를 한 채권자가 소제기 등의 재판상의 청구를 하였다고 하더라도 민법 제170조 제2항에 의하여 소멸시효 중단의 효력이 유지된다고 할 수 없다."라고 판시하여[332] 부정적인 태도를 취하였다.

다) 검 토

(1) 채권신고(=부정)

'최고'는 채무자에 대하여 채무이행을 구한다는 채권자의 의사통지로서[333] 채무

332) 대법원 2010. 9. 9. 선고 2010다28031 판결.
333) 대법원 1992. 2. 11. 선고 91다41118 판결 등.

자에게 도달하여야 효력이 있다. 그런데 채권신고는 기본적으로 집행법원에 대한 행위이고 채무자에 대한 통지 절차도 마련되어 있지 않으므로 채권신고를 하였다고 해서 채무자에게 민법 제174조의 최고를 한 것으로 보기는 어렵다. 따라서 채권신고에 관한 판례의 태도는 타당하다고 생각한다. 이러한 해석에 따르면 압류채권자가 집행신청을 취하하거나 집행절차가 법률의 규정에 따르지 않아 취소될 경우 그 사이 채권신고를 한 채권의 시효가 완성되어 선행 저당권자에게 예측하지 못한 손해를 입게 될 수 있으므로, 시효관리 측면에서는 선행 저당권자는 채권신고를 하는 것보다 이중경매를 신청하는 것이 효과적이다.

(2) 배당요구(=긍정)

반면에, 배당요구는 역시 집행법원에 대한 행위이기는 하나 채무자 소유 재산의 현금화대금으로부터 변제를 받겠다는 의사가 강하게 담긴 집행법상의 행위이고, 채무자에 대한 통지 절차도 마련되어 있으므로, 배당요구서가 실제로 채무자에게 통지된 때에는 민법 제174조의 최고를 한 것으로 볼 수 있다. 그리고 이러한 최고는 집행절차가 취하 또는 취소로 인하여 종료한 때까지 계속된다고 볼 수 있다.[334] 따라서 집행절차가 취하 또는 취소된 때부터 6개월 내에 채권자가 재판상의 청구나 압류, 가압류 등을 다시 하면 최초 배당요구를 한 때부터 계속 시효가 중단된다고 해석함이 타당하다.

바. 배당의 실시와 소멸시효 중단의 관계

1) 배당절차의 개관

부동산 경매절차에서 채무자는 배당기일이 끝날 때까지 채권자의 채권의 존부, 범위 등에 대하여 이의할 수 있다(민사집행법 제151조 제1, 2항). 배당기일에 이의가 완결되지 않으면 그 부분에 대하여는 배당이 보류되고(민사집행법 제152조 제3항), 이의의 완결을 위하여 집행력 있는 집행권원의 정본을 가지지 아니한 채권자(가압류채권자를 제외한다)에 대하여 이의한 채무자는 배당이의의 소를, 집행력 있는 집행권원의 정본을 가진 채권자에 대하여 이의한 채무자는 청구이의의 소를 각각 제기하여야 한다(민사집행법 제154조 제1, 2항). 이의한 채무자가 배당기일부터 1주 이내에 집행법원에 대하여 배당이의의 소를 제기한 사실을 증명하는 서류를 제출하지 아니

334) 대법원 2009. 7. 9. 선고 2009다14340 판결(소송고지자는 소송고지를 통하여 당해 소송의 결과에 따라 피고지자에게 권리를 행사하겠다는 취지의 의사를 표명한 것으로 볼 것이므로, 당해 소송이 계속중인 동안은 최고에 의하여 권리를 행사하고 있는 상태가 지속되는 것으로 보아 민법 제174조에 규정된 6월의 기간은 당해 소송이 종료된 때로부터 기산되는 것으로 해석하여야 한다고 판시) 참조.

한 때 또는 청구이의의 소를 제기한 사실을 증명하는 서류와 그 소에 관한 집행정지 재판의 정본을 제출하지 아니한 때에는 이의가 취하된 것으로 본다(같은 조 제3항). 이상은 유체동산, 채권 그 밖의 재산권에 대한 집행절차에서 집행법원이 배당을 하는 경우에도 준용된다(민사집행법 제256조).

2) 판례의 태도

가) 판례는 "다른 채권자가 신청한 부동산경매절차에서 채무자 소유의 부동산이 경락되고 그 대금이 이미 소멸시효가 완성된 채무를 피담보채무로 하는 근저당권을 가진 채권자에게 배당되어 채무의 변제에 충당될 때까지 채무자가 아무런 이의를 제기하지 아니하였다면, 경매절차의 진행을 채무자가 알지 못하였다는 등 다른 특별한 사정이 없는 한 채무자는 채권에 대한 소멸시효 이익을 포기한 것으로 볼 수 있다."라는 취지로 판시하고 있다.[335] 이는 배당절차에서 채무자가 채권자에 대하여 이의를 하지 않은 행위를 그 채권에 대한 민법 제168조 제3호의 '승인'으로 본 것으로 이해된다.

나) 반면 일본의 판례는, 다른 채권자가 신청한 부동산경매절차에서 저당권자가 채권신고를 하여 그 채권의 일부를 배당받았다고 하더라도, 나머지 채권에 관하여는 압류 그 밖의 시효중단 사유가 있다고 할 수 없고, 그에 준하는 시효중단의 효력도 인정할 수 없다고 한다.[336]

3) 검토(=승인에 의한 시효중단)

민법 제168조 제3호는 '승인'을 소멸시효 중단사유로 규정하고 있다. 여기서 승인이란 시효이익을 받을 당사자인 채무자가 소멸시효의 완성으로 권리를 상실하게 될 자 또는 그 대리인에 대하여 그 권리가 존재함을 인식하고 있다는 뜻을 표시함으로써 성립하는 것이다. 그 표시의 방법은 아무런 형식을 요구하지 아니하고, 또한 명시적이건 묵시적이건 불문하며, 묵시적인 승인의 표시는 채무자가 그 채무의 존재 및 액수에 대하여 인식하고 있음을 전제로 하여 그 표시를 대하는 상대방으로 하여금 채무자가 그 채무를 인식하고 있음을 그 표시를 통해 추단하게 할 수 있는 방법으로 행해지면 족하다.[337] 그런데 배당절차에서 채무자는 채권자의 채권의 존부, 범위 등에 대하여 이의할 기회가 보장되어 있다. 그럼에도 불구하고 배당절차에서 채무자가 채권자에 대하여 이의를 하지 않았거나 이의를 취하하여 그 부분 배당표가

335) 대법원 2002. 2. 26. 선고 2000다25484 판결, 대법원 2012. 5. 10. 선고 2011다109500 판결.

336) 日最判 1996. 3. 28.(民集 50-4, 1172). 배당과 시효중단에 관한 일본에서의 논의는 酒井廣幸, 時効の管理, 新日本法規(2007), 183~185쪽 참조.

337) 대법원 2006. 9. 22. 선고 2006다22852, 22869 판결 등.

확정되었다면, 채무자가 채권자에 대하여 그 채무의 존재 및 액수에 대하여 인식하고 있음을 묵시적으로 표시한 것으로 볼 수 있다. 따라서 배당절차의 진행을 채무자가 알지 못하였다는 등 다른 특별한 사정이 없는 한 채무자가 채권자의 그 채권을 승인한 것으로 봄이 타당하다.

Ⅳ. 결 론

지금까지 민사집행절차를 보전처분절차와 협의의 민사집행절차로 나누어 채권자가 각 절차에서 한 행위가 채권의 소멸시효 중단에 어떠한 영향이 있는지 살펴보았다. 그중에서 특히 강조하고 싶은 점은 다음과 같다.

첫째, 민법 제168조 제2호는 압류와 가압류·가처분을 병렬적으로 시효중단 사유로 규정하고 있지만, 압류는 집행채권의 존재가 공적으로 확인된 상태에서 집행절차를 통해 직접 채권의 만족을 얻기 위한 행위인 반면 가압류·가처분은 청구채권의 소명에만 기초하여 장래의 집행보전을 목적으로 하는 것이므로, 시효중단의 구체적인 효력 범위를 판단할 때에는 양자의 이러한 차이를 충분히 고려할 필요가 있다.

둘째, 민법 제168조 제2호는 협의의 민사집행절차와 관련된 시효중단 사유를 '압류'라고만 규정하고 있으나, 이는 압류 그 자체에 중점을 둔 것이 아니라 압류가 집행절차를 통한 권리행사의 전형적인 수단이라는 점에 중점을 둔 표현으로 이해하여야 한다. 따라서 본래 의미의 압류 외에도 집행절차상 그와 동등한 권리행사 방법으로 평가할 수 있는 행위(배당요구, 채권신고 등)에 대하여는 압류에 준하는 시효중단의 효력을 인정할 수 있다. 한편, 재산명시와 채무불이행자명부등재는 강제집행 전 단계이거나 강제집행을 전제로 하지 않으므로 집행절차를 통한 권리행사에 해당하지 않아 현행법의 해석으로는 압류에 준하는 시효중단의 효력을 인정하기 어렵지만, 입법론으로는 긍정적으로 검토할 필요가 있다.

셋째, 가압류·가처분은 보전처분으로서 그 절차는 관념상 보전소송절차와 보전집행절차가 구별되지만, 양자는 밀접하게 연관되어 있어 기능적으로 일체를 이루므로 가압류·가처분에 의한 시효중단을 고찰할 때에는 이러한 특성을 충분히 고려하여야 한다.

넷째, 민법 제168조 제2호가 정한 압류, 가압류·가처분은 그것이 집행된 상태를 가리키는 개념이므로, 시효중단의 요건으로는 압류, 가압류·가처분의 집행에 착수하였을 것을 필요로 하지만, 일단 그 요건이 충족된 이상 시효중단의 효과는 집행절차나 보전처분절차를 통한 권리행사가 시작된 시점, 즉 최초에 이를 신청한 때에 소급하여 발생한다고 보아야 한다. 시효가 중단되면 시효기간이 새로이 진행하므로 시효중단의 요건을 정할 때에는 시효기간이 새롭게 진행하는 것을 정당화할 수 있을 정도의 권리행사나 권리확정이 있는지가 중요하지만, 시효완성을 저지하는 관점에서 시효중단의 효력발생시기를 정할 때 중요한 것은 당해 시효중단 사유와 관련한 권리행사가 언제부터 있었느냐 하는 점이다.

다섯째, 압류, 가압류·가처분이 채무자를 당사자로 한 경우에는 절차상 그 사실을 채무자에게 고지하는 것이 예정되어 있으므로 압류, 가압류·가처분이 집행되면 그것으로써 시효중단의 요건은 충족되고 채무자의 현실적인 요지(了知) 여부는 요건이 아니다. 반면 압류, 가압류·가처분이 채무자가 아닌 제3자를 당사자로 한 경우에는 채무자에 대한 채권의 시효가 중단되지 않는 것이 원칙이나(민법 제169조), 민법 제176조의 특별규정에 따라 채무자에게 통지를 하면 그때부터 시효중단의 효력이 생긴다.

여섯째, 압류는 집행절차의 첫 단계일 뿐이므로 압류에 의한 시효중단은 전체로서의 집행절차가 종료할 때까지 계속된다. 반면 가압류·가처분은 그것이 집행되고 나면 민사집행법상 보전처분절차는 종료하고 단지 집행보전의 효력만 지속되는 것이므로 가압류·가처분이 집행된 후에는 청구채권의 시효가 새로이 진행한다고 보는 것이 타당하다. 집행보전의 효력이 존속하는 동안 시효중단의 효력이 계속된다고 하는 현재의 판례는 변경되어야 한다.

일곱째, 압류, 가압류·가처분에 의한 시효중단은 당해 집행절차나 보전처분절차에서 집행채권이나 청구채권으로 주장한 권리 또는 실질적으로 이와 동일한 것으로 볼 수 있는 권리에 한하여, 그리고 그 청구금액 범위에서 효력이 생긴다고 보아야 한다. 청구의 기초가 동일하다고 하더라도 실질적으로 행사된 것으로 볼 수 없는 다른 권리에 대해서까지 시효중단의 효력이 확장되는 것은 아니다.

여덟째, 압류, 가압류·가처분이 신청의 취하로 종료하면 그 주관적 동기가 무엇이든지 상관없이 시효중단의 효력은 소급적으로 소멸한다. 반면 압류, 가압류·가처분이 취소된 경우에는 그 취소의 객관적 이유에 따라 처음부터 적법한 권리행사가 있었다고 할 수 없는 경우에는 시효중단의 효력이 소급적으로 소멸하고, 그 밖의 경우에는 시효중단의 효력이 장래를 향하여 종료한다.

아홉째, 민법 제174조의 최고의 방법에는 제한이 없으므로 채권자가 집행절차에서 한 행위에 채무자에 대한 이행청구의 의사가 포함되어 있고 그것이 채무자에게 통지된 경우에는 집행절차가 종료할 때까지 최고가 계속된 것으로 볼 수 있다(이른바 집행절차상 최고). 이는 특히 집행절차가 취하나 취소된 경우에 의미가 있다. 민법 제168조가 청구(제1호)와 압류(제2호)를 구별하여 시효중단 사유로 정하고 있다고 하여 채권자의 어떠한 권리행사가 반드시 둘 중 어느 하나에만 해당할 수 있다고 할 것은 아니다.

연구할 시간과 능력의 부족으로 비교법적 검토나 입법론까지 상세히 살펴보지는 못하였지만, 이 글이 민사집행절차와 소멸시효중단에 관한 실무상 여러 문제를 해결하는 데 도움이 되고 향후 다른 연구의 밑바탕이 될 수 있기를 희망하며 글을 마치기로 한다.

소멸시효 중단사유로서의 압류·추심명령 및 추심소송

(대법원 2019. 7. 25. 선고 2019다212945 판결)

신 지 혜*

Ⅰ. 사건의 개요 및 소송경과

1. 사실관계 및 제1심의 판단

소외 회사는 2014. 2. 26. 피고를 상대로 임대료의 지급을 구하는 소(이하 '선행사건')를 제기하여 2016. 1. 14. 일부승소 판결을 선고받았다. 원고는 선행사건 소송계속 중인 2015. 5. 4. 위 임대료 채권에 대하여 소외 회사를 채무자, 피고를 제3채무자로 하는 채권압류 및 추심명령을 받아 2015. 5. 7. 피고에게 송달되었다.

피고는 선행사건 제1심판결에 대해 항소하였는데, 항소심은 소외 회사에게 당사자적격이 없음을 확인하는 취지의 화해권고결정을 하였고, 이는 2017. 5. 16. 확정되었다.

그 후 원고는 위 추심명령을 근거로 2017. 8. 11. 제3채무자인 피고를 상대로 추심의 소를 제기하였다. 그러자 피고는 원고의 추심의 소는 임대료 채권의 변제기인 2014. 1. 31.부터 민법 제163조의 소멸시효 기간인 3년이 지난 후에 제기되었으므로, 임대료 채권은 추심의 소가 제기되기 이전에 시효완성으로 소멸하였다고 항변하였다.

이에 대해 원고는 ① 원고가 이미 추심명령을 받아 소멸시효가 중단되었고, ② 원고가 화해권고결정이 확정된 때로부터 6개월 이내에 소를 제기하여 민법 제170조에 따라 소외 회사가 선행사건의 소를 제기한 2014. 2. 26.경부터 소멸시효가 중단되었으며, ③ 피고가 선행사건에서 임대료 연체사실을 인정하여 임대료채무를 묵시적으로 승인하였거나 시효이익을 포기하여 소멸시효가 중단되었다고 재항변하였다.

---

* 한국외국어대학교 법학전문대학원 조교수, 법학박사, 변호사.

이해의 편의를 위해 사실관계를 정리하면 다음과 같다.

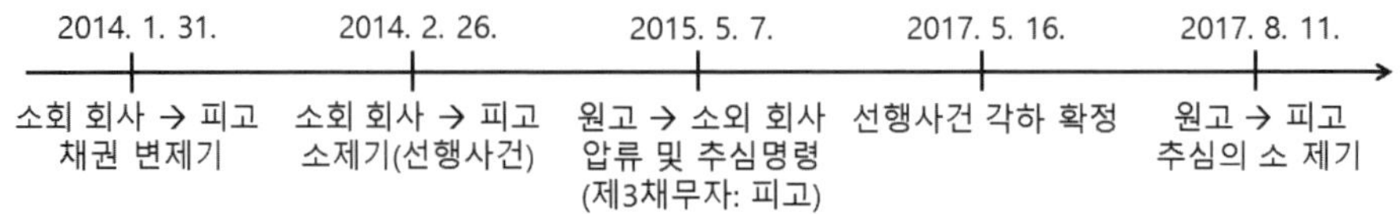

2. 제1심 및 항소심의 판단

⑴ 제1심[1]은 원고의 재항변을 모두 배척하며 원고의 청구를 모두 기각하였다.

⑵ 그러나 항소심[2]은 아래와 같은 이유를 들며 소외 회사의 승계인인 원고가 화해권고결정이 확정된 때로부터 6월내에 추심의 소를 제기한 이상 임대료채권의 시효는 소외 회사가 피고를 상대로 최초의 재판상 청구를 한 2014. 2. 26.경 중단되었다고 볼 것이라고 하여 원고의 재항변 중 ②를 받아들이고 원고의 청구를 인용하였다.

1) 임대료 채권은 소외 회사의 소제기로 시효가 중단되었다가 항소심에서 당사자적격이 없음을 확인한다는 화해권고결정이 확정됨으로써 사실상 소가 각하된 것과 동일한 효력이 발생하였다.

2) 원고는 소외 회사의 소제기로 인하여 시효중단의 효력이 발생한 이후에 임대료 채권에 대하여 추심명령을 받은 추심채권자로서 소외 회사로부터 그 권리를 승계하였다.

3) 소외 회사의 승계인인 원고가 화해권고결정이 확정된 때로부터 6월내에 추심의 소를 제기한 이상 임대료 채권의 소멸시효는 소외 회사가 피고를 상대로 최초의 재판상 청구를 한 2014. 2. 26. 중단되었다.

3. 대법원의 판단

대법원[3]은 "채무자의 제3채무자에 대한 금전채권에 대하여 압류 및 추심명령이 있더라도, 이는 추심채권자에게 피압류채권을 추심할 권능만을 부여하는 것이고, 이로 인하여 채무자가 제3채무자에게 가지는 채권이 추심채권자에게 이전되거나 귀속

---

1) 서울동부지방법원 2018. 5. 2. 선고 2018가단110114 판결.
2) 서울동부지방법원 2019. 1. 30. 선고 2018나24389 판결.
3) 대법원 2019. 7. 25. 선고 2019다212945 판결(이하 '대상판결').

되는 것은 아니다. 따라서 채무자가 제3채무자를 상대로 금전채권의 이행을 구하는 소를 제기한 후 채권자가 위 금전채권에 대하여 압류 및 추심명령을 받아 제3채무자를 상대로 추심의 소를 제기한 경우, 채무자가 권리주체의 지위에서 한 시효중단의 효력은 집행법원의 수권에 따라 피압류채권에 대한 추심권능을 부여받아 일종의 추심기관으로서 그 채권을 추심 하는 추심채권자에게도 미친다"고 하면서, "채무자가 제3채무자를 상대로 제기한 금전채권의 이행소송이 압류 및 추심명령으로 인한 당사자적격의 상실로 각하되더라도, 위 이행소송의 계속 중에 피압류채권에 대하여 채무자에 갈음하여 당사자적격을 취득한 추심채권자가 위 각하 판결이 확정된 날로부터 6개월 내에 제3채무자를 상대로 추심의 소를 제기하였다면, 채무자가 제기한 재판상 청구로 인하여 발생한 시효중단의 효력은 추심채권자의 추심소송에서도 그대로 유지된다"고 하여, 피고의 소멸시효 항변을 배척한 원심의 결론[4]이 타당하다고 판시하였다.

Ⅱ. 문제의 제기

민법은 소멸시효 중단사유로서 청구, 압류 또는 가압류, 가처분 및 승인을 두고 있고(제168조), 제170조부터 제177조까지 재판상 청구를 비롯한 각 중단사유에 대하여 규정한다.[5] 제170조 이하에서는 먼저 청구 중 재판상의 청구 등에 관하여 정하며, 재판상 청구 외에 재판외의 청구, 즉 최고도 시효중단 사유로 인정되는데, 다만 최고는 6월내에 재판상의 청구, 파산절차참가, 화해를 위한 소환, 임의출석, 압류 또는 가압류, 가처분을 하지 아니하면 시효중단의 효력이 없는 잠정적인 시효중단사유

4) 다만 대법원은 원심의 이유설시에 대해서는 "적절하지 않은 부분이 있"다고 하여 의문을 표하였다. 이에 관하여는 아래에서 다시 살펴본다.

5) 이러한 소멸시효 중단사유에 관한 규정은 2002년 개정 전 독일 민법상 소멸시효 중단에 관한 규정으로부터 유래된 것으로 보인다. 개정 전 독일민법상 소멸시효에 관한 내용은, 법무부, 「독일민법(재산법)」, 법무부 법무심의관실(1998), 43면 이하; 송덕수·김성수·김제완·안경희·임건면·채승우, "時效 및 除斥期間 관련 개정논의 예상 主要論點과 立法例", 민사법학 제46호, 한국민사법학회(2009. 9.), 68면 이하; Stefan Osing·Fabian Neumeier, "Limitation Periods in Construction Law: An International Overview and Comparison, Exemplified by Common and the Civil Law Jurisdictions", 7 No. 3 Construction L. Int'l 35(2012. 10.), p.38 등 참조}. 한편, 영미법계에서는 원래 보통법상에서 소멸시효라고 하는 개념은 없고 형평법상의 제소기간(limitation of actions)을 연원으로 하는 절차법의 일부로서 소멸시효법 이론이 전개되었다고 하며, 우리나라의 소멸시효 제도와는 다른 입법례를 취하고 있는 것으로 파악된다{영미법계의 소멸시효 법리에 대한 소개는, 김성수, "소멸시효 완성의 효력", 법무부 연구용역보고서(2009), 164면 이하 참조}.

로 규정되어 있다(제174조). 한편, 이러한 시효중단의 효력은 당사자 및 그 승계인간에만 미친다(제169조).

그런데 대상판결과 같이 추심채권자가 추심채무자의 제3채무자에 대한 채권을 피압류채권으로 하여 압류 및 추심명령을 받고 또 이를 대상으로 추심의 소를 제기한 사안에서, 소멸시효 중단과 관련하여 다음과 같은 점이 문제된다.

우선 (1) 압류 및 추심명령이 있는 경우 압류명령 또는 추심명령으로 피압류채권의 소멸시효가 중단될 수 있는지, 중단된다면 각각 민법 제168조의 중단사유 중 어느 것에 해당하는지 및 그 범위가 문제된다. 다음으로 (2) 추심채무자가 먼저 피압류채권의 이행에 관한 소를 제기하였다가 각하, 기각 또는 취하된 후 다시 추심채권자가 추심의 소를 제기하는 경우, 또는 반대로 추심채권자가 먼저 추심의 소를 제기하였다가 각하, 기각 또는 취하된 후 채무자가 소를 제기하는 경우, 양 소송의 관계에 관한 것이다. 즉 양자가 제170조에 규정된 재판상 청구에 서로 각각 해당할 수 있는지 아니면 추심채권자와 추심채무자가 각각 제169조에 따라 시효중단의 효력을 주장할 수 있는지 문제된다.

위 (1)에 관하여는 이미 대법원 2003. 5. 13. 선고 2003다16238 판결[6]을 통해 정리된 바 있다. 이에 의하면, 채권자가 채무자의 제3채무자에 대한 채권을 압류 또는 가압류한 경우에 채무자에 대한 채권자의 채권(집행채권)에 관하여 시효중단의 효력이 생긴다고 할 것이나, 압류 또는 가압류된 채무자의 제3채무자에 대한 채권(피압류채권)에 대하여는 민법 제168조 제2호에서 정하는 압류 또는 가압류로서 확정적인 시효중단의 효력이 생긴다고 할 수 없고, 다만 채권자가 확정판결에 기한 채권의 실현을 위하여 압류 및 추심명령을 받아 그 결정이 제3채무자에게 송달이 되었다면 거기에 최고로서의 효력은 인정된다고 한다.

대상판결은 위 2003다16238 판결이 설시한 바와 같이 압류 및 추심명령에 피압류채권에 대한 확정적인 시효중단 효력은 없다는 전제에서, 위 (2)에 대하여, 즉 채무자가 먼저 피압류채권의 이행에 관한 소를 제기하였다가 각하된 후 추심채권자가 그로부터 6개월 내에 추심의 소를 제기한 경우에 시효중단의 효력 범위에 대하여 판단한 것이다. 결론적으로 대상판결은 민법 제170조 제2항에 따라 시효중단의 효력이 계속 유지된다고 보고 원고의 청구를 인용한 원심의 판단을 받아들였다.

이처럼 대상판결은 결론적으로 시효중단을 인정하였는데, 그 전제로 압류 및 추

6) 이 판결에 대한 상세한 소개는, 박순성, "채권의 압류 및 추심명령과 시효중단", 대법원판례해설 제44호, 법원도서관(2004) 참조.

심명령이 시효중단사유로서 갖는 의미, 피압류채권 이행청구의 소와 추심의 소의 관계에 대하여 검토할 필요가 있다. 특히 대상판결의 원심은 추심명령을 받은 추심채권자는 채무자의 승계인에 해당한다고 하였고 대상판결은 이러한 이유설시는 적절치 않다고 하였는데, 시효중단의 주관적 효력 범위에 관하여도 검토를 요한다.

본고에서는 대상판결 선고를 계기로, 먼저 압류 및 추심명령이 소멸시효 중단사유로서 갖는 의미에 관한 종래의 논의를 정리하고 평가해 본다. 다음으로 대상판결로 돌아와 추심의 소와 소멸시효 중단의 주관적 범위에 관해 살펴보겠다.

Ⅲ. 소멸시효 중단사유로서 압류 및 추심명령의 효과 범위

1. 압류 및 추심명령의 의미와 효과

압류 및 추심명령은 민사집행법상 정하여진 금전채권에 대한 강제집행 방법이다(제227조 및 제229조). 압류한 금전채권에 대하여 압류채권자는 추심명령을 신청할 수 있고, 추심명령이 있는 때에는 압류채권자는 대위절차 없이 압류채권을 추심할 수 있다. 한편, 압류채권자는 전부명령을 신청할 수도 있으며, 이 때 압류된 채권은 지급에 갈음하여 압류채권자에게 이전된다는 점에서 추심명령의 경우와 다르다. 압류명령은 제3채무자와 채무자에게 송달하여야 하고, 제3채무자에게 송달되어야 그 효력이 생긴다(민사집행법 제227조 제2항, 제3항). 압류채권자는 압류의 효력에 의하여 채무자가 채권을 처분하거나 또는 제3채무자가 변제를 하더라도 이를 무시하고 강제집행을 속행할 수 있으나, 압류명령을 얻은 것만으로는 채권을 추심할 권능을 취득하지는 못한다.[7] 결국 금전채권에 대한 집행도 다른 종류의 재산에 대한 집행과 마찬가지로 압류, 현금화, 변제의 3단계로 실시되고, 추심명령과 전부명령이 현금화 단계에 해당하는 것이다.

추심명령[8]을 받은 채권자는 집행법원의 수권에 기하여 일종의 추심기관으로서 압류된 채권의 추심에 필요한 채무자의 일체의 권리를 채무자를 대리하거나 대위하지 않고 자기의 이름으로 재판상 또는 재판 외에서 행사할 수 있다.[9] 전부명령은 압

7) 법원행정처, 「법원실무제요 민사집행 [III] ― 동산·채권 등 집행 ―」(2014), 325면.

8) 추심명령의 주문은 "압류된 채권은 채권자가 추심할 수 있다"이고, 즉 채권자에게 피압류채권을 추심할 수 있는 권능을 수여하는 것일 뿐 채권의 귀속 자체가 변경되는 것은 아니다. 반면 전부명령의 주문은 "압류된 채권은 지급에 갈음하여 채권자에게 전부한다"라고 하여, 채권의 귀속 자체가 변경된다는 점에서 추심명령과 다르다.

9) 법원행정처, 주 7)의 책, 370면.

류된 채권의 지급에 갈음하여 압류채권자에게 이전하는 것으로, 그에 의하여 채권이 이전되면 그 현실적인 추심 여부와 관계없이 집행채권은 그 권면액만큼 소멸하게 되나, 반면 추심명령은 압류된 채권의 채권자 지위에 변동을 가져오는 것은 아니고 채무자가 여전히 압류된 채권의 채권자로 남아있기는 하지만 압류채권자가 채무자 대신 압류된 채권의 추심권능을 취득하게 된다.[10]

이처럼 압류 및 추심명령은 민사집행법상 강제집행의 한 방법으로, 채권자는 이를 통해 자신의 채권에 대한 만족을 꾀하게 된다. 따라서 이는 일종의 '권리의 행사'에 해당하므로, 이를 통해 소멸시효 중단효가 생긴다는 점에 대하여는 이론의 여지가 없다. 다만 이 때 소멸시효가 중단되는 범위 등에 대해 살펴볼 필요가 있다.

2. 소멸시효 중단사유로서의 압류 및 추심명령

(1) 압류 및 추심명령이 민법 제168조 제2호의 소멸시효 중단사유인 압류에 해당하는지 여부

1) 문제의 제기 및 집행채권의 경우

압류[11] 및 추심명령에는 집행채권과 피압류채권의 두가지 채권이 등장하므로, 양자에 대해 어느 범위에서 압류로서 소멸시효 중단이 일어나는지 문제된다.

우선 집행채권과 관련하여, 압류 및 추심명령은 채권자가 채무자에 대하여 갖는 집행채권의 만족을 얻고자 하는 강제집행 방법이기 때문에, 시효중단 사유에 해당함은 명백하다. 여기에는 문언 그대로, 민법 제168조 제2호의 '압류'로서 확정적인 시효중단의 효력이 발생하게 된다.

한편, 추심명령에 관하여는, 실무상 압류 및 추심명령이 동시에 이루어지는 경우가 대부분이며, 추심명령은 집행절차상 현금화작업 과정에서 압류라는 채권자의 권리행사 의사표현에 뒤따르는 단계일 뿐이므로, 별도의 시효중단사유가 될 수 없다고 볼 여지가 있다. 그러나 '압류명령'과 '추심명령'은 엄연히 별개의 법적 처분이고, 먼저 압류명령이 내려진 후 추후에 추심명령이 다시 내려지는 것도 충분히 가능하

10) 법원행정처, 주 7)의 책, 360면.

11) 우리 민법 제168조 제2호 및 일본 민법 제147조 제2호는 모두 시효중단 사유로서 압류와 가압류를 병렬적으로 열거하고 있고, 우리나라와 일본에서는 양자를 구별하지 않고 논의가 이루어지고 있는 것으로 파악된다. 이하에서의 논의에서도 우리나라와 일본의 일반적인 경향에 따라 특별한 필요가 있는 경우가 아니면 압류와 가압류를 구별하지 않고 검토하였다.
다만, 압류는 본집행 방법인 반면 가압류는 보전처분에 불과하므로 다르게 보아야 한다는 견해가 성립할 수 없는 것은 아니며, 독일에서는 양자가 달리 취급되고 있다고 한다{加藤敬介, "仮差押えと被差押債権の消滅時効中断", 法律時報77巻6号(2005), 125면}.

며, 압류명령과 추심명령의 적부도 각각 판단하여야 하고,[12] 당사자의 입장에서도 압류명령을 받은 후 더 나아가 추심권을 행사하기 위한 추심명령까지 신청하여 추가적인 권리행사를 하였다고 볼 수 있으므로, 추심명령이 이론상 절대로 압류명령과 구별되는 별도의 시효중단사유가 될 수 없는 것은 아니다.[13] 다만, 추심명령은 그 문언상 '압류'에는 해당하지 않음이 명백하고, 추심명령은 압류한 금전채권에 대해서 신청하는 것이므로(민사집행법 제229조 제1항) 추심명령이 압류명령과는 구별되는 시효중단 사유에 해당할 수 있는지 여부 등을 판단할 실익은 거의 없다.[14][15]

2) **피압류채권의 경우**

채무자가 제3채무자에 대하여 갖는 피압류채권에 대하여도 압류 및 추심명령으로 소멸시효 중단효가 발생하는지 여부에 대하여는 논란이 있다.

압류 및 추심명령에서 피압류채권에 대한 '압류'가 이루어지고, 민법 제168조에서도 "소멸시효는 다음 각호의 사유로 인하여 중단된다"고 하면서 제1호 내지 제3호에서 그 중단사유를 규정하고 있을 뿐, 각각의 중단사유에 의한 중단 범위에 관해

---

12) 대법원 2012. 11. 15. 선고 2011다38394 판결 참조.

13) 이시윤, 「신민사집행법」, 박영사(2016), 453면도 "추심명령이 제3채무자에게 송달되었다면 채무자의 제3채무자에 대한 채권에 관하여 시효중단사유인 최고로서의 효력이 생긴다"고 하여, 추심명령 자체도 시효중단사유에 해당한다고 기술하고 있다.

14) 판례는 여러 개의 소멸시효 중단사유가 존재하는 경우 서로 흡수되는 것은 아니고 그대로 유지된다고 보고 있는데, 예를 들어 소멸시효 중단사유 중 가압류(제2호)와 재판상 청구(제1호)가 함께 이루어진 사안에서 대법원은 "민법 제168조에서 가압류와 재판상의 청구를 별도의 시효중단사유로 규정하고 있는데 비추어 보면, 가압류의 피보전채권에 관하여 본안의 승소판결이 확정되었다고 하더라도 가압류에 의한 시효중단의 효력이 이에 흡수되어 소멸된다고 할 수도 없다"고 판시한 바 있다{대법원 2000. 4. 25. 선고 2000다11102 판결; 다만 가압류에 의한 시효중단 종기와 관련하여, 가압류집행절차 종료로 보아야 하고 가압류가 계속되어 있는 한 소멸시효가 진행하지 않는다고 볼 수는 없다는 비판에 관하여는, 양창수, "부동산가압류의 시효중단효의 종료시기", 민사판례연구 제24권, 한국민사판례연구회(2002. 1.) 참조}. 일본에서도 가압류 후 재판상 청구가 이루어진 경우, 가압류로 인한 시효중단의 효력이 재판상 청구에 흡수되어 소멸되는 것은 아니라는 점이 최고재판소 판결(最高裁判所 平成10(1998)年11月24日第三小法廷判決(民集52卷8号1737頁)로 확인된 바 있다{동 판결에 대한 평석은, 松久三四彦, "仮差押えの効力ー時効中断", 民事執行·保全判例百選[第2版], 別冊ジュリスト No. 208(2012), 202, 203면 참조}.
즉, 어느 하나의 소멸시효 중단사유가 있다고 하여 다른 사유는 그에 흡수되어 소멸하거나, 중단사유 중 어느 하나만 주장할 수 있게 되는 것은 아니라고 할 것이므로, 이론상으로는 압류명령과 추심명령을 각각 살펴볼 필요가 있는 것이다. 그러나 압류명령이 있더라도 피압류채권에 관하여 '압류'로서의 소멸시효 중단을 부정하면서 '최고'로서의 효력만을 인정되고 있을 뿐이므로, 압류명령 후 시차를 두고 추심명령을 신청하였고, 시효완성 전 6월 내에 추심명령만이 있었던 경우(예를 들어 2020. 3. 1. 시효완성되는 채권에 대하여, 2019. 9. 1. 이전에 이를 피압류채권으로 하는 압류명령을 신청하고, 2019. 9. 1.~2020. 2. 28. 사이에 추심명령을 신청한 경우)와 같은 특수한 경우를 제외하고는, 양자를 나누어 검토할 실익은 크지 않다.

15) 한편, 전부명령의 경우는 권리의 귀속 자체에 변경을 가져온다는 점에서 추심명령과 다른 측면이 있다고 생각되며, 이에 관하여는 아래에서 다시 살펴본다.

서는 제한하고 있지 않으므로, 집행채권은 물론 피압류채권에 대하여도 당연히 '압류'로서 시효중단이 생긴다고 볼 여지가 전혀 없는 것은 아니다. 국내 견해 중에도 "제3채무자는 추심권을 얻은 채권자의 청구가 있으면 본래의 권리자인 집행채무자로부터 청구가 있었던 경우와 동일하게 채무를 이행해야 할 의무를 부담하나, 그 경우에도 집행채무자에 대하여 부담하는 것과 동일한 채무를 동일한 형태로 부담하는 것에 불과하므로 집행채무자에 대하여 가지고 있었던 일체의 실체법상 주장을 하는 것이 가능하고, 피압류채권에 대하여 소멸시효 기간이 도과한 경우에는 시효이익을 원용하는 것도 가능하다"고 하면서, 압류명령 송달로 피압류채권의 시효도 중단되고 이때에는 민법 제168조 제2호 '압류'의 효력을 갖는다는 전제에서, "다만 압류에 의해 시효가 중단되므로(민법 제168조 제2호, 제175조, 제176조) 압류명령이 송달될 때까지 시효가 완성되어 있어야 한다"고 설명하는 것이 있다.[16)]

그러나 다수설적인 견해는 피압류채권에 대하여는 압류로서의 시효중단 효력이 없다고 보는 것으로 파악된다.[17)] 소멸시효 중단 제도는 채권자 측의 행위로 인한 것(제1호, 제2호)이라면, 권리자의 권리행사로 인하여 권리불행사의 상태가 중단된다는 점, 의무자 측의 행위로 인한 것(제3호)이라면, 의무자 측의 승인으로 그러한 의무자까지 시효에 의하여 보호할 필요가 없다는 점으로 설명되는데,[18)] 채무자의 제3채무자에 대한 채권을 압류한 경우라고 하더라도 제3채무자에 대한 피압류채권은 압류의 대상이 되는 것뿐이고 피압류채권에 대한 권리행사가 있었다고 보기 어렵기 때문이다. 위에서 소개한 대법원 2003다16238 판결 역시 "채권자가 채무자의 제3채무자에 대한 채권을 압류 또는 가압류한 경우에 채무자에 대한 채권자의 채권에 관하여 시효중단의 효력이 생긴다고 할 것이나, 압류 또는 가압류된 채무자의 제3채무자에 대한 채권에 대하여는 민법 제168조 제2호 소정의 소멸시효 중단사유에 준하는 확정적인 시효중단의 효력이 생긴다고 할 수 없다"고 하여 같은 입장을 취하였다.

16) 손진홍, "현행 집행법상 추심소송의 구조", 사법논집 제47집, 법원도서관(2008), 329면.

17) 대표저자 곽윤직, 「민법주해 [III] 총칙 (3)」, 박영사(1992), 525면[윤진수 집필부분]; 이시윤, 주 13)의 책, 435면; 김홍엽, 「민사집행법」, 박영사(2017), 324면; 전병서, 「민사집행법」, 박영사(2019), 370, 371면. 한편 명확히 부정설을 취한다고 밝힌 것은 아니나, 위 2003다16238 판결을 그대로 소개하고 있어 부정설을 취한 것으로 생각되는 견해로는, 지원림, 「민법강의」, 홍문사(2019), 411면; 김형배·김규완·김명숙, 「민법학강의」, 신조사(2017), 386면 등.

18) 대표저자 곽윤직, 주 17)의 책, 486면[윤진수 집필부분].

3) 피압류채권과 관련한 일본에서의 논의[19)]

일본에서도 압류[20)]가 피압류채권에 대하여도 압류로서 시효중단 사유에 해당하는지 여부에 관해 논의된 바 있었다.[21)] 일본의 학설과 판례는 모두 긍정설과 부정설로 나뉘어 있다.

먼저 부정설을 취한 것으로는, 피압류채권에 대한 압류로서의 효력은 없다고 본 대심원 판례[22)]가 있고, 그 외에도 여러 하급심 판례[23)]가 있다. 부정설이 학설상으로는 소수설이라고 한다. 설령 채권자의 집행채권을 위해 채무자의 피압류채권을 압류하였다고 하더라도, 이러한 압류명령이 있다는 사실을 통해 피압류채권의 존재에 관하여 공적으로 확인할 가치가 없다거나, 시효중단사유가 되기 위하여는 시효가 문제되는 당해 권리의 권리자에 의하여 행하여져야 한다는 등의 근거가 제시된다.

한편, 위 대심원 판례[24)]에도 불구하고, 일본의 하급심 판례 중에는 피압류채권에 대하여도 압류로서 시효중단 사유에 해당한다고 본 사례를 다수 찾아볼 수 있고,[25)] 학설상으로는 긍정설이 다수설이라고 한다.[26)] 그 근거로는, 객관적으로 소멸시효 중단은 권리의 불행사라는 사실상태 계속을 깨버렸기 때문에 인정되는 것이며,

---

19) 우리나라에서 압류가 피압류채권에 관하여 시효중단 효력이 있는지 여부에 관하여 일본의 견해를 소개한 것 외에 본격적으로 논의한 문헌을 찾기 어렵다. 이처럼 일본의 논의가 우리나라의 논의에 영향을 미쳤던 것으로 보이므로, 이하에서도 일본에서의 논의를 소개하였다.

20) 한편, 일본에서는 1980년 민사집행법 제정시 추심명령 제도를 폐지하고, 압류명령 송달 후 1주일이 지나면 추심권능이 생기도록 하였다(일본 민사집행법 제155조 제1항).

21) 일본에서의 논의에 대한 상세한 소개는, 野口恵三, “従業員の債権者が仮差押をしても給料債権の消滅時効は中断できるか”, NBL No. 119 (1976), 36~39면; 若林安雄, “仮差押による被差押債権の時効中断”, 判例タイムズ336号(1976), 125~127면; 加藤敬介, 주 11)의 논문, 123, 124면; 上條醇, “債権に対する仮差押は仮差押債務者の第3債務者に対する被差押債権の消滅時効を中断しないとされた事例”, 判例タイムズ1184号(2005), 19면 등 참조. 이하의 설명은 이를 요약·정리한 것으로 각 문헌에 소개된 긍정설·부정설의 출처는 생략하였다.

22) 大審院 大正10(1921)年1月26日判決(大審院民事判決録 27輯108頁).

23) 東京高等裁判所 昭和51(1976)年6月29日判決(判例タイムズ342号158頁); 福岡高等裁判所 昭和62(1987)年12月10日判決(判例時報1278号88頁) 등. 최근 고등재판소 판례 중에는 부정하는 사례가 많이 보인다고 한다.

24) 위 대심원 판례는 국세체납처분으로서 채권압류에 관한 것으로 일반 민사집행상 압류와 반드시 동일하다고 볼 수는 없다는 지적도 있다.

25) 東京高等裁判所 昭和51(1976)年3月13日判決(判例タイムズ333号183頁); 横浜地方裁判所 川崎支部 昭和54(1979)年3月15日判決(判例タイムズ392号120頁) 등.

26) 我妻榮, 「新訂民法講義」 新訂版, 岩波書店(1965), 468면{若林安雄, 주 21)의 논문, 126면에서 재인용}; 柚木馨, 「判例民法総論(下)」, 有斐閣(1952), 399면{上條醇, 주 21)의 논문, 19면에서 재인용}; 今泉孝太郎, 「新民法総則」 改訂版, 泉文堂(1963), 525면{上條醇, 주 21)의 논문, 19면에서 재인용}; 石田穣, 「民法総則」, 悠々社(1992), 579면{加藤敬介, 주 11)의 논문, 124면에서 재인용}; 川井健, “一五四条”, 川島武宜編 「注釈民法(5)」, 有斐閣(1967), 114면{加藤敬介, 주 11)의 논문, 124면에서 재인용} 등. 若林安雄, 주 21)의 논문, 126면에서는 이러한 긍정설을 통설로 소개하고 있기도 하다.

주관적으로도 압류채권자를 권리 위에 잠자는 자로 볼 수 없다는 점, 채권자대위소송에서 피대위채권에 중단의 효력을 인정하는 판례의 취지와 균형을 맞추어야 한다는 점, 채권자대위권에 의하지 않는 경우에도 압류에 의하여 채무자의 제3채무자에 대한 권리행사가 방해되는 상태가 되는 경우에는 시효중단의 효력을 인정해야 한다는 점, 채권자대위권과의 유사성을 고려할 때 제3채무자가 그 후 압류채권자에 의한 추심금이나 전부금 소송에서 소멸시효 완성을 주장할 수 있는 것은 타당하지 않다는 점 등이 주장된다. 또한, 당사자간 대립하는 이익의 균형 관점에서도 살펴보아야 한다면서, 제3채무자의 입장에서는 압류채무자에 의해 권리행사를 당한 경우와, 압류채권자의 압류채무자에 대한 압류를 통해 권리행사를 당한 경우가 크게 다를 바 없고, 압류채무자가 적극적으로 권리를 행사하여 소멸시효를 중단시키거나 제3채무자가 승인을 하여 소멸시효를 중단시킬 가능성은 극히 낮으며, 채권자대위소송은 무자력 요건 등을 요구하므로 채권자로서는 채권자대위권 행사를 통한 시효중단이 항상 가능한 것은 아니라는 점도 지적되고 있다.

4) 검 토

민법 제168조의 문언을 편면적으로 보면, 압류명령이 있는 경우 피압류채권에 대하여도 압류로서 시효중단의 효력이 발생한다고 볼 여지가 전혀 없는 것은 아니다. 또한 채권자가 추심할 채권의 행사를 게을리 한 때에는 이로써 생긴 채무자의 손해를 부담한다(민사집행법 제239조)는 점에서도 압류의 시효중단 효력을 긍정할 여지가 있다. 즉 압류한 채권의 행사를 게을리 함으로써 가령 제3채무자가 무자력이 되거나 채권이 소멸시효에 걸리게 되는 경우 등에는 채무자에게 손해가 발생하게 되고 채권자는 이러한 채무자의 손해를 배상하여야 할 것인데[27] 피압류채권에 대해 시효중단의 효과를 부여함으로써 채권자에게 부과된 이러한 의무 내지 부담과 균형을 이루도록 할 수 있기 때문이다.

그러나 압류명령은 어디까지나 집행채권에 대한 권리행사에 불과한 것이고 피압류채권은 집행채권에 대한 권리행사의 대상에 불과한 것이므로, 위 문언만을 근거로 피압류채권에 대해서까지 압류로서 시효중단 효력을 인정하는 것은 타당하지 않다. 압류 및 추심명령은 집행채권에 대한 강제집행 방법에 불과한 것이고, 피압류채권을 현실화하기 위하여는 다시 추심의 소를 통한 집행권원의 확보 등 추가적인 권리행사가 요구되기 때문이다. 긍정설에서는 추심명령이 채권자대위권의 행사와 유

27) 법원행정처, 주 7)의 책, 374, 375면.

사한 구조를 갖는다는 점을 근거로 내세우나, 추심명령 내지 추심의 소를 통해 실현하려는 것은 채권자가 채무자에 대해서 갖는 집행채권인 반면 채권자대위권의 행사나 채권자대위소송을 통해 실현하려는 것은 채무자가 제3채무자에 대해서 갖는 피대위채권 자체이므로, 양자를 동등하게 취급할 필요는 없다.[28)]

더욱이 압류의 대상인 채무자의 재산이 채권이었다는 우연한 사정으로 중단의 효력이 미치는 범위가 확장될 수는 없다고 보는 것이 타당하다. 취득시효 사안[29)]을 예로 들어 부동산에 대한 압류를 생각해 보면, 점유자가 어느 부동산을 평온·공연하게 점유하고 있는데, 소유자의 채권자가 당해 부동산을 압류한 경우 그 부동산의 취득시효가 중단된다고 볼 수는 없다. 그럼에도 채무자의 재산이 제3채무자에 대한 채권이었다는 이유만으로 중단의 효력을 확장하는 것은 균형이 맞지 않다. 압류명령에 피압류채권에 관한 소멸시효 중단 효과를 인정하는 것보다는, 채권자로 하여금 보다 빠른 시일 내에 피압류채권에 대한 집행에 착수하도록 유도하는 것이 바람직할 것으로 생각된다.

다만 여전히 위에서 언급한 긍정설에서 들고 있는 근거들, 특히 채권자와 채무자, 제3채무자의 이익균형 관점에서의 지적 등은 충분히 의미가 있다.[30)] 압류 추심명령은 제3채무자에 대한 송달을 요구하므로, 제3채무자의 입장에서는 채무자의 권리행사와 실질적으로 다를 것이 없기 때문이다. 또한 소멸시효의 존재 의의에서 볼 때에도 긍정설은 타당한 면이 있다. 소멸시효의 존재 의의에 관하여 종래 통설[31)]은

---

28) 같은 취지로는, 菅野佳夫, "債権の仮差押により差押えられた債権の消滅時効も中断するか否か", 判例タイムズ1232号(2007), 52, 53면.

29) 물론 이는 극단적인 예로, 이러한 결론에 대해서는 논란의 여지가 있을 것이다. 여기서는 긍정설에 대한 반대 논거로 든 예일 뿐, 취득시효에 관해서 면밀한 검토를 거친 것은 아닌 점을 밝혀둔다. 한편, 대법원 2019. 4. 3. 선고 2018다296878 판결은, "민법 제247조 제2항은 '소멸시효의 중단에 관한 규정은 점유로 인한 부동산소유권의 시효취득기간에 준용한다.'고 규정하고, 민법 제168조 제2호는 소멸시효 중단사유로 '압류 또는 가압류, 가처분'을 규정하고 있다. 점유로 인한 부동산소유권의 시효취득에 있어 취득시효의 중단사유는 종래의 점유상태의 계속을 파괴하는 것으로 인정될 수 있는 사유이어야 하는데, 민법 제168조 제2호에서 정하는 '압류 또는 가압류'는 금전채권의 강제집행을 위한 수단이거나 그 보전수단에 불과하여 취득시효기간의 완성 전에 부동산에 압류 또는 가압류 조치가 이루어졌다고 하더라도 이로써 종래의 점유상태의 계속이 파괴되었다고는 할 수 없으므로 이는 취득시효의 중단사유가 될 수 없다"고 판시하였다.

30) 이와 같이 지적하는 견해는, '당사자간 이해상충에 대한 균형적 해결'이 독일에서 소멸시효법제를 재구성함에 있어서도 기본적 시점이 되었다는 점을 강조한다{加藤敬介, 주 11)의 논문, 126면}.

31) 우리나라 통설에 대한 소개는, 대표저자 곽윤직, 주 17)의 책, 387~394면[윤진수 집필부분]. 다만 이러한 통설에 대하여는 유력한 비판적 견해들이 제시되고 있다{비판적 견해에 대한 소개는, 노재호, "소멸시효의 원용 — 원용권자의 범위와 원용권자 상호간의 관계를 중심으로 —", 사법논집 제52집, 법원도서관(2011), 235~237면 참조}.

사회질서의 안정, 입증곤란의 구제 및 권리행사 태만에 대한 제재를 이유로 들고 있는데, 이러한 측면에서 압류명령은 피압류채권과 관련하여서도 소멸시효 중단사유가 될 만한 충분한 근거가 있다고 할 수 있다. 즉, 압류명령이 있는 경우에는 이미 객관적으로 제3채무자에 대한 피압류채권 역시 기존의 사실관계에 제한이 가해지게 되고, 주관적으로도 채권자가 권리행사를 태만히 하였다고 볼 수 없으며, 채권자나 채무자, 제3채무자 모두 압류명령이 내려지는 과정에서 자신의 권리를 충분히 주장하며 증거를 제시할 수 있으므로, 소멸시효 존재 의의에 관한 통설적 견해에서 볼 때 피압류채권에 대한 압류로서의 소멸시효 중단을 인정하는 것이 바람직할 수 있는 것이다.

더 나아가 판례는 소멸시효 중단사유를 보다 넓게 인정하고자 하는 정책적 입장을 취하고 있는데, 이에 의하더라도 압류명령을 통한 중단 범위를 확대할 필요가 인정될 수 있다. 민법이나 특별법상의 중단사유는 제한적으로 열거된 것이 아니고 그와 유사한 성질을 가지는 다른 사유, 예컨대 파산선고의 신청이나 회사정리절차개시의 신청 등에도 소멸시효 중단의 효력을 인정하여야 할 것이며,[32] 판례도 이러한 정책적 고려에 따라 채권계산서 제출에도 압류에 준하는 소멸시효 중단의 효력을 인정하고 있다.[33] 물론 이러한 사유들은 모두 집행채권 자체에 관한 것이어서 추심명령의 경우와 반드시 같다고는 할 수 없으나, 소멸시효 중단사유를 넓히려는 정책적 고려라는 측면에서는 충분히 참고가 될 수 있을 것이다.

특히 채권자가 이미 채무자에 대한 집행권원을 획득하여 곧바로 피압류채권에 대한 집행에 착수할 수 있는 압류명령의 경우와는 달리, 채권자가 아직 집행권원을 획득하지 못한 단계에서 우선 가압류만 신청한 경우라면, 이러한 정책적 고려가 더욱 강하게 반영될 필요가 있다. 즉, 이 단계에서 채권자는 실제로 제3채무자를 상대로 강제집행에 들어가기 위해서는, 채권자대위권 행사가 허용되는 특별한 요건을 갖추지 못한 한, 먼저 채무자를 상대로 한 집행권원을 획득해야 하며, 결국 자신의 권리를 실현하고자 적극적으로 행동에 나아간 채권자임에도 불구하고 집행권원 획득

일본에서도 이러한 견해가 통설{朝見佳男, 「民法(全) 第2版」, 有斐閣(2019), 99면 등}이나, 일본에서도 이러한 통설을 비판하면서 시효제도는 원칙적으로 진정한 권리자의 권리를 보호하고 변제한 자의 이중변제를 막기 위한 제도라고 보는 견해가 유력하게 제시된 바 있다{일본에서의 비판적 견해에 대한 소개는, 平野裕之, 「民法總則」, 日本評論社(2017), 373~376면 참조}.

32) 대표저자 곽윤직, 주 17)의 책, 487, 488면[윤진수 집필부분].

33) 대법원 2010. 9. 9. 선고 2010다28031 판결 등이며, 이 판결에 대한 평석은, 김매경, "소멸시효에 관한 몇 가지 쟁점들", 재판실무연구 4권, 수원지방법원(2011. 12.) 참조. 참고로 이 판결에서 채권계산서 제출에 최고의 효력은 인정될 수 없다고 하였다.

시까지 수년 이상의 소요되어 소멸시효 완성의 불이익을 받을 위험이 있다. 이처럼 압류명령이 있을 때 피압류채권에 대해서까지 시효중단의 효력을 인정할 정책적 필요가 있는 사안에 대하여 충분한 고려가 필요하다.

(2) 압류 및 추심명령이 피압류채권에 대하여 그 외의 소멸시효 중단사유에 해당하는지 여부

1) 최고에 해당하는지 여부

위에서 본 바와 같이 압류 및 추심명령은 집행채권에 대하여는 제168조 2호의 압류로서 확정적인 시효중단 효력을 갖고, 피압류채권에 대하여는 동 조항에 따른 확정적인 시효중단 효력은 인정될 수 없다고 보는 것이 보다 타당하다. 그런데 압류 및 추심명령이 피압류채권에 대하여 '최고'로서의 시효중단 효력은 가질 수 있는지 문제된다.

우리 민법에서는 제168조에서 청구, 압류 등 및 승인을 소멸시효 중단사유를 두고 있으며, 특히 청구와 관련하여 제169조 내지 제174조에서 구체적인 조항을 두었다. 이러한 청구는, 일반적으로 재판상 청구와 지급명령 및 나머지 재판외의 청구로 분류되는데,[34] 그 중 가장 약한 효과를 갖는 잠정적인 소멸시효 중단사유가 바로 최고이다.

소멸시효 중단사유로서 최고는 우리 민법과 일본 민법[35]에만 존재하는 드문 제

---

34) 이러한 방식의 분류방식에 대해 의문을 제기하면서, 최고와 그 외의 사유들 두가지로 분류하는 것이 더 의미가 있다는 견해가 있다{채승우, "소멸시효 중단 사유로서의 청구", 법학논총 제22권 제1호, 국민대학교 법학연구소(2009), 183면}. 즉 이 견해는, 최고는 법원 즉 제3자인 국가기관의 개입 행위 없이 그리고 아무런 형식의 필요 없이 권리자가 의무자에 대하여 이행을 청구하는 관념의 통지임에 반하여, 나머지 중단사유는 법원의 판결 등을 통한 청구권의 확인 내지 행사로, 공통적으로 법원이라는 국가기관의 행위가 개입되는 것이기 때문이라고 한다. 그러면서 이 견해는, 제170조 내지 제173조에 전혀 규정은 없으나 제168조 제1호의 청구에 해당하는 것으로 볼 수 있는 사유가 있는 경우 그 사유에 대하여 최고의 효력은 인정할 수 있을 것이나, 최고와 달리 재판상 청구에 준하는 중단사유로서도 인정할 수 있는 것이 아닌지 문제제기를 하면서, 그 예로서 중재 등을 들고 있다(위 논문, 185면 이하 참조).

35) 개정 전 일본 민법 제153조는 우리 민법 제174조와 마찬가지로 최고에 관하여 정하면서 "최고는 개월 이내에 재판상 청구, 지급독촉 신청, 화해신청, 민사조정법 또는 가사사건절차법에 의한 조정 신청, 파산절차참가, 회생절차참가, 갱생절차참가, 압류, 가압류 또는 가처분을 하지 않으면, 시효중단의 효력이 없다"고 한다. 한편, 2020. 4. 1.부터 시행되는 2017년 개정 일본 민법에서는 시효에 관한 규정이 대폭 변경되었는데, 최고에 관하여도 다소간 변화가 있었다. 먼저 제150조 제1항은 "최고가 있는 때에는 그 때부터 6개월을 경과할 때까지는 시효는 완성하지 않는다"고 하여 완성유예사유로 규정하였다. 다음으로 동조 제2항은 "최고에 의하여 시효완성이 유예된 사이에 이루어진 재도(再度)의 최고는 전항의 규정에 의한 시효의 완성유예 효력이 없다"고 하여, 반복된 최고로 인한 시효완성 연장이 인정되지 않는다는 점을 명확히 하였다.

도이다. 일본 민법에서 최고는 시효를 일정 시간 동안 중단시키는 효과를 인정할 수 있다고 하여 규정되었고, 그 제정 과정에서 최고 절차에서 집행관 등의 관여를 필요로 하지 않는 것으로 완화하는 한편, 반복된 최고로 시효 중단효를 인정할 수는 없다고 강조되었으며, 결과적으로 채권자에 의한 최고는 '최후통첩'으로 받아들여졌다. 따라서 시효기간이 만료되려고 할 때라도 채권자는 먼저 최고를 함으로써 6개월의 유예기간을 얻을 수 있으며, 최고는 이른바 완성정지 유사의 제도가 되는 것이다.[36]

위에서 본 바와 같이 압류명령에 소멸시효 중단사유 중 압류로서의 효력을 갖는지 여부에 관하여는 판결례와 학설이 갈리고 있으나, 압류 및 추심명령에 최고로서의 잠정적인 시효중단 효력이 있다는 점에 대해서는 일본과 우리나라 모두에서 대체로 견해가 일치하고 있다. 예를 들어 압류로서의 효력을 부정한 일본의 1921년 대심원 판례에서도 압류통지에 최고로서의 효력은 인정한 바 있고, 우리나라 2003다16238 판결 역시 채권자가 압류 및 추심명령을 받아 그 결정이 제3채무자에게 송달이 되었다면 최고로서의 효력은 인정된다고 판시하였다.

최고는 가장 약한 효력을 갖는 소멸시효 중단사유에 불과하고, 제3채무자로서도 압류 및 추심명령의 송달로 채권자의 권리행사 사실을 충분히 알 수 있었으므로, 압류 및 추심명령에 최고로서의 소멸시효 중단을 인정하여도 무방할 것이다.

2) 소위 '재판상 최고'에 해당하는지 여부

한편, 일본에서 제창된 소위 '재판상 최고 이론'과 관련하여 생각해볼 문제가 있다. 압류 및 추심명령의 경우에도 일반적인 재판외의 최고가 아니라 '재판상 최고'에 해당한다고 보아야 한다는 견해가 있다.[37]

재판상 최고 이론은 일본에서 제창된 것이다. 일본 민법에서는 아래에서 보는 바와 같이 소제기 후 소각하 내지 소취하된 경우에도, 6개월 내에 다시 소제기함으로써 최초의 소제기시로 소멸시효 중단의 효과를 유지시켜주는 우리 민법 제170조 제2항과 같은 규정이 없었기 때문에,[38] 설령 재판상 청구를 하였다고 하더라도 후에

36) 北居功/정종휴·성승현 역, "履行請求權の機能 : 催告および交渉による時效停止より = 이행청구권의 기능 : 최고 및 교섭에 의한 시효정지로부터", 법학논총 28권 2호, 전남대학교 법학연구소(2008), 416, 417면.

37) 김성균·강병훈, "채권집행에 있어서 소멸시효중단사유에 관한 소고", 법학논집 제21권 3호, 이화여자대학교 법학연구소(2017. 3.), 25면.

38) 다만 일본에서는 재판상 청구 이론을 반영하여, 개정된 현행 민법 제147조에서 재판상 청구가 있는 경우 그 사유가 종료할 때까지 시효가 완성되지 않고, 확정판결이나 확정판결과 동일한 효력을 갖는 것에 의하여 권리가 확정되지 않고 사유가 종료한 때에는, 그 종료시로부터 6개월을 경과할 때까지 시효가 완성되지 않는다고 명시하였다(제147조).

그 청구가 각하되면 당초의 소멸시효 중단의 효과가 소급하여 소멸해 버리는 문제가 있었다. 이에 소송계속이 있는 동안에는 '재판상으로 최고가 계속되고 있다'고 보아 소멸시효 중단의 효력을 유지시켜주고자 하는 이론이 주장되었고, 이것이 바로 '재판상 최고 이론'인 것이다.[39)][40)]

이처럼 일본에서는 권리자 보호를 위하여 당해 사건의 소송계속 중에는 최고가 계속되고 있다고 보아 시효중단의 효력을 유지존속시켜 주고자 하는 재판상 최고 이론이 주장되었으나, 우리 민법에서는 이러한 문제가 이미 제170조 제2항에 의해 해결되어 있고, 최고는 시효 만료가 임박한 시점에서의 최후통첩일 뿐으로 반복된 최고를 인정할 수는 없으므로, 특별한 경우[41)]를 제외하고는 의미가 크지 않다.[42)]

재판상 최고 이론이 일반적으로 받아들여진 일본에서는 압류 및 추심명령이 공적인 절차를 통해 이루어진다는 점 등에서 압류 및 추심명령에도 재판상 최고로서의 효과를 인정해야 한다는 견해도 주장되고 있다.[43)] 그러나 우리 법상으로는 재판상 최고의 개념을 인정하기도 어려울뿐더러, 만약 압류 및 추심명령에 재판외 최고

---

39) 앞서 소개한 바와 같이, 개정된 일본 현행 민법에서 최고는 갱신의 효력이 없는 완성유예 사유인 것으로 정하여져 있고, 최고에 의한 완성유예 기간 동안 다시 최고가 있다고 하더라도, 이러한 재도의 최고에는 완성유예의 효력이 없다고 한다(제150조). 이와 관련하여 일본에서는, 시효기간 만료 전 재판외의 최고를 하고, 시효기간 만료 후, 전의 최고로부터 6개월 이내에, 명시적 일부청구의 소제기를 통해 잔부에 관하여 (소제기가 아닌) 재판상 최고를 하였다고 평가되는 사안에서, 뒤의 재판상 최고에는 시효중단의 효력이 없다고 본 바 있다{最高裁判所 平成25(2013)年6月 6日判決(最高裁判所民事判例集 67巻5号1208頁)}. 이 판결 내용을 소제기 일반에 확장할 수 있는지, 나아가 재판상 최고 일반에 확장할 수 있을지에 대하여는 의견이 나뉜다고 한다{朝見佳男, 주 31)의 책, 103면}.

40) 최고에 관한 개정 전 일본 민법 제150조는 원래 재판 외에서 행해지는 최고만을 예정한 것이나, 일본에서 '재판상 최고 이론이 제창된 이후, 판례상으로 유치권의 주장, 명시적 일부청구, 청구권 경합 등과 같이, 재판상의 청구 자체는 아니지만 재판상에서 주장된 권리를 의미하는 것으로 재판상 최고라는 개념이 사용되어 왔다고 한다. 平野裕之, 주 31)의 책, 408면 참조.

41) 예를 들어 대법원 2009. 7. 9. 선고 2009다14340 판결은 "소송고지의 요건이 갖추어진 경우에 그 소송고지서에 고지자가 피고지자에 대하여 채무의 이행을 청구하는 의사가 표명되어 있으면 민법 제174조에 정한 시효중단사유로서의 최고의 효력이 인정된다"고 한 다음, "소송고지로 인한 최고에서, 제3자를 상대로 소송고지를 한 경우에 … 고지자로서는 소송고지를 통하여 당해 소송의 결과에 따라 피고지자에게 권리를 행사하겠다는 취지의 의사를 표명한 것으로 볼 것이므로, 당해 소송이 계속중인 동안은 최고에 의하여 권리를 행사하고 있는 상태가 지속되는 것으로 보아 민법 제174조에 규정된 6월의 기간은 당해 소송이 종료된 때로부터 기산되는 것으로 해석하여야 한다"라고 하여, 제174조의 6월의 기산점을 (소송고지시가 아니라) 소송종료시로 해석하는데, 이는 재판상 최고 이론을 사실상 도입한 결과라고 볼 수 있다.

42) 재판상 최고 이론에 관한 소개 및 비판은, 대표저자 곽윤직, 주 17)의 책, 488면[윤진수 집필부분]; 노갑영, "최고와 시효중단에 관한 고찰", 민사법연구 제19집, 대한민사법학회(2011. 12.), 206~208면 참조.

43) 이러한 견해에 대한 소개는, 加藤敬介, 주 11)의 논문, 126면.

가 아닌 재판상 최고로서의 효과를 인정한다면 이는 결국 압류 및 추심명령이 유지되는 동안에는 소멸시효 중단의 효력이 유지된다는 것으로, 압류 및 추심명령에 피압류채권에 관한 압류의 효과를 인정하는 것과 다를 바 없는 결과에 이르게 되므로 부당하다고 생각된다.

(3) 유사한 다른 제도와의 관계

1) 압류 및 전부명령의 경우

위에서 살펴본 압류 및 추심명령에 관한 논의는 압류 및 전부명령이 이루어진 경우에도 동일하게 문제될 수 있다. 압류 및 전부명령 중 압류명령에 대하여는 위에서 살펴본 압류 및 추심명령에서의 논의가 그대로 적용될 수 있을 것이나, 전부명령과 관련하여서는 생각해볼 점이 있다. 전부명령에 의하여 피전부채권은 그 동일성을 유지하면서 전부채권자에게 이전되고 지명채권 양도와 같은 효과가 발생하며 전부채권자는 피전부채권의 채권자로서의 지위를 승계하게 된다. 따라서 단지 추심권능만을 부여받는 추심명령의 경우와는 달리 권리의 귀속에 변경을 가져오는 전부명령 및 그 송달이 일종의 채권양도통지[44]로서 소멸시효 중단사유로 인정될 수 있는지

44) 채권양도통지에 관하여 판례는 소멸시효 중단사유로서 '최고'에는 해당한다고 판단해 왔다(대법원 2009. 2. 26. 선고 2007다83908 판결 등). 한편, 대법원 2012. 3. 22. 선고 2010다28840 전원합의체 판결은 "채권양도통지에 채권양도의 사실을 알리는 것 외에 그 이행을 청구하는 뜻이 별도로 덧붙여지거나 그 밖에 구분소유자들이 재판외에서 그 권리를 행사하였다는 등의 특별한 사정이 없는 한, 위 손해배상청구권은 입주자대표회의가 위와 같이 소를 변경한 시점에 비로소 행사된 것으로 보아야 할 것"이라고 하면서, 채권양도통지가 제척기간 준수 여부의 판단기준인 '권리의 행사'에는 해당하지 않는다고 한 바 있다. 그런데 이 판결의 반대의견은 "채권의 양도는 채권자가 가지는 권리를 제3자에게 이전하는 행위로서 그 권리가 가지는 가치나 이익을 실현하는 처분행위이므로, 채권자에게는 채무자에 대한 직접적 이행청구를 통한 권리의 실현에 못지않은 법적·경제적 의미가 있다. 따라서 채권의 양도는 그 자체로 채권자의 권리실행 행위에 준하는 것으로 볼 여지가 있고, 더구나 채권자가 그 양도에 관하여 채무자에게 승낙을 구하거나 양도통지를 하는 경우에는 자신의 처분행위에 대한 대항력의 취득이라는 법적 효과를 획득하기 위하여 채무자를 상대로 채권 자체가 가지는 권능을 행사하는 것에 해당한다고 볼 수 있다. 특히 채권양도의 통지는 양도인이 채무자에 대하여 당해 채권을 양도하였다는 사실을 알리는 것으로서 이론적으로는 이른바 관념의 통지에 불과하지만, 양도인으로서는 이를 통하여 자신이 채무자에 대하여 채권을 보유하고 있었던 사실과 이를 양도하여 그 귀속주체가 변경된 사실, 그리고 그에 따라 채무자는 이제 그 채무를 채권양수인에게 이행해야 할 의무를 부담한다는 사실을 함께 고지하는 것이므로, 이는 채무자에 대하여 권리의 존재와 그 권리를 행사하고자 하는 의사를 분명하게 표명하는 행위를 한 것으로 평가하기에 충분하다"고 하여, 채권양도통지가 소멸시효 중단사유로서 최고에 해당함은 물론 "제척기간 준수의 효과가 부여될 수 있는 권리행사의 객관적 행위 태양"에도 해당한다고 보았다. 위 전원합의체 판결 다수의견에서 여전히 채권양도통지에 최고로서 소멸시효 중단사유를 인정할 수 있는지 여부는 언급하고 있지 않으나, 위 판결 반대의견이 적절히 이유제시 하고 있는 바와 같이, 채권양도통지는 양도인의 적극적 권리행사 방법 중 하나에 해당한다고 볼 수 있으므로 여전히 소멸시효 중단사유에 해당한다고 보는 것이 타당할 것이다.

여부를 생각해 볼 수 있는 것이다.

앞서 추심명령 부분에서 언급한 바와 같이, 전부명령 역시 압류명령을 통해 개시된 채권의 현금화절차 중 한 단계에 불과하므로, 압류명령과는 별도로 소멸시효 중단사유로서 인정될 여지가 없다고 볼 여지도 있다. 또한 국내에서는 전부명령이 발령되었다거나 확정되었다는 것만으로 피전부채권의 소멸시효가 중단되지 않는다고 설명하는 문헌도 있다.[45] 그러나 채권자로서는 단순히 압류명령만을 신청할 수도 있지만, 그 외 추심명령과 전부명령 중 선택해서 실제 현금화 절차에 나아가는 것이므로, 이론적으로 전부명령이 압류명령과 별도의 소멸시효 중단사유에 해당할 수 없는 것은 아니라고 생각된다. 더욱이 채무자에게 제3채무자에 대한 채권을 그대로 귀속시킨 채 채권 추심권능만을 채권자에게 부여하는 추심명령과 달리, 전부명령은 실질적으로 채권양도의 성질을 갖고, 전부명령의 송달로 채권양도통지와 같은 효과가 발생할 수 있으므로, 이론상으로는 채권양도에 준하는 소멸시효 중단효과를 인정할 수 있을 것으로 생각된다. 다만 일반적으로 압류명령과 함께 전부명령이 이루어져 압류명령과 구별하여 전부명령 자체의 소멸시효 중단 효과를 인정해야 할 실익은 크지 않고, 피전부채권이 존재하지 않는 경우 전부명령은 무효가 되며(민사집행법 제231조 단서), 여기서 피전부채권이 존재하지 않는 경우는 처음부터 무효인 채권인 경우 등 뿐 아니라 사후적으로 소멸시효가 완성된 경우도 포함한다고 하므로[46] 설령 전부명령에 추가적인 소멸시효 중단 효과를 인정하지 않더라도 채권자에게 불리하지는 않으므로, 소멸시효 중단사유로 인정할 실익은 크지 않은 것으로 생각된다.

2) 채권자대위소송 및 채권자취소소송

채권자취소권이나 채권자대위권에 관한 소송에서, 채권자가 갖는 피보전채권에 관해 시효가 중단되는지 여부도 문제될 수 있다. 이에 관하여 우리나라에서는 아직 학설이나 판례가 형성되지 않은 것으로 보인다. 일본에서는 채권자취소권과 관련하여 피보전채권의 시효가 중단되지 않는다고 본 판례가 있고, 이에 대하여는 채권자대위권이나 취소권의 요건으로서 피보전채권의 존재가 요구되고, 채권자대위권이나 취소권의 행사를 인정하는 것은 결국 그 피보전채권의 존재를 인정하는 것이 되므로, 판례에 반대하여 시효중단을 긍정해야 한다는 반대 학설이 유력하다고 한다. 일본 개정 민법에서는 피보전채권이 판결에 의하여 '확정'되는 것이 아니므로, 재판상

45) 법원행정처, 주 7)의 책, 400면.
46) 전병서, 주 17)의 책, 406면.

최고[47][48]의 한도에서 완성유예의 효력만이 인정된다고 한다.[49]

Ⅳ. 추심의 소와 소멸시효 중단의 효력 범위

1. 문제의 제기

민법 제170조에 의하면, 재판상의 청구에 관하여, 소송의 각하, 기각 또는 취하의 경우에는 소급하여 시효중단의 효력이 소멸하나(제1항), 이 경우에 6월내에 재판상의 청구, 파산절차참가, 압류 또는 가압류, 가처분을 한 때에는 최초의 재판상 청구로 인한 시효중단 효력이 유지된다(제2항).

제170조 제2항은 개정 전 독일민법 제212조[50]를 본받아 신설된 규정으로 독일민법에서는, 권리자가 소제기에 의하여 권리행사를 위해 상당한 노력을 소비하였는데 그 과정에 있어서 다소 잘못이 있었다 하여도 권리자가 소송비용을 부담하는 의무 외에 권리 그 자체를 잃게 되는 것은 부당하다는 이유에서 이러한 조항을 두었다고 한다.[51] 우리 민법 제정 과정에서는, 화해 기타 방법으로 해결하기 위하여 再提訴하거나 執留하는 경우 등을 고려하였기 때문에 존재하는 조항으로 보고 우리 민법에도 이 조항을 두기로 한 것이다.[52]

한편, 종래 개정 전 일본 민법에는 우리 민법 제170조 제2항과 같은 규정이 없

47) 최고에 관한 일본 민법 제150조는 원래 재판 외에서 행해지는 최고만을 예정한 것이나, 위에서 소개한 바와 같이 일본에서 '재판상 최고 이론이 제창된 이후, 판례상으로 유치권의 주장, 명시적 일부청구, 청구권 경합 등과 같이, 재판상의 청구 자체는 아니지만 재판상에서 주장된 권리를 의미하는 것으로 재판상 최고라는 개념이 사용되어 왔다고 한다. 平野裕之, 주 31)의 책, 408면 참조.

48) 특히 채권자취소소송의 경우, 개정 일본 민법상으로는 반드시 채무자에게 소송고지 하도록 되어 있으므로(제424조의7), 재판상 최고로 해석될 가능성이 보다 높다.

49) 平野裕之, 주 31)의 책, 405면.

50) 2002년 개정 전 독일민법 해당 조항에 대하여는, 법무부, 주 5)의 책, 49면; 柚木馨·高木多喜男, 「獨逸民法[I] 民法總則[復刻版]」, 神戸大学外国法研究会, 有斐閣(1988), 302, 303면 참조. 참고로 독일에서는 2002년 민법 개정을 통해 소멸시효 중단(Unterbrechung)이라는 법개념은 폐지되고, 소멸시효 기간 정지(Hemmung), 즉 소멸시효가 정지되었다가 정지사유 종료 후에는 정지 전 이미 경과한 기간을 합산하여 새롭게 진행되는 제도로 변경되었다. 이와 함께 위 제212조도 삭제된 한편, 제204조 이하에서 권리소구에 의한 소멸시효의 정지 등에 관해 규정한다. 개정 독일 민법에서도 재판상 청구에 의하지 않은 최고는 소멸시효 정지사유로 정하고 있지 않다. 독일 개정 민법상 소멸시효 규정에 관하여는, Dieter Leipold/円谷峻 訳, 「ドイツ民法総論ー説例·設問を通じて学ぶー」, 成文堂(2008), 406~417면; 송덕수·김성수·김제완·안경희·임건면·채승우, 주 5)의 논문, 68면 참조.

51) 대표저자 곽윤직, 주 17)의 책, 510면[윤진수 집필부분].

52) 民法案審議錄(上), 109면.

고 단지 제170조 제1항만 존재하여, 소제기 후 이미 6개월을 경과한 이후에 소취하나 소각하가 이루어질 경우 당초 소제기의 시효중단 효과가 그대로 소급하여 소멸하는 것으로 해석될 여지가 있었다. 다만 앞서 본 바와 같이, 일본 판례[53]는 해석을 통해 이 경우 아무 것도 없었던 것처럼 시효중단 효력을 소급하여 소멸시켜 버리는 것은 타당하지 않다고 하여, 소송이 계속된 동안에 재판상으로 최고가 계속되었던 것으로 보아야 한다면서 사실상 시효중단의 효력을 인정해 왔고, 이에 일본에서는 최근 민법 개정을 통해 이러한 판례 취지에 맞추어 명문화하였다. 즉 일본에서 2017년 민법(채권관계) 개정으로 소멸시효에 관한 규정도 대폭 바뀌었는데, 이에 따라 설령 소취하나 소각하가 이루어진 경우에도 당초 소제기로 인한 시효중단 효과가 소급적으로 소멸하는 것은 아니고, 소송계속이 종료할 때까지는 유지된다는 점이 명시되었다.[54] 결국 2020. 4. 1.부터 시행되고 있는 이러한 개정 규정에 의하면, 소제기 후 소취하 등에 의하여 소송계속이 소멸한 경우라도, 시효기간 갱신까지는 주장하지 못한다고 하더라도 적어도 완성유예의 효과는 주장할 수 있게 되는 것임이 명확히 규정된 것이다.[55]

이처럼 재판상 청구로 인한 소멸시효 중단의 효력은 소취하나 소각하 등으로 소멸하지만, 6개월 이내에 재소 등을 한 경우에는 그 효과가 유지된다. 그런데 압류 및 추심명령이 있는 경우, 채무자가 제3채무자를 상대로 제기한 소와, 추심권자인 채권자가 제3채무자를 상대로 제기한 추심의 소 사이에서도 위와 같은 효과가 인정될 수 있을지 문제된다.

53) 最高裁判所 昭和45(1970)年9月10日判決(最高裁判所民事判例集 24巻10号1389頁).

54) 개정된 일본 현행 민법은 소멸시효 중단이라는 용어를 삭제하고, '완성유예'와 '갱신'이라는 개념을 도입하였는데, 재판상 청구가 있으면 그 사유가 종료할 때까지(확정판결 또는 확정판결과 동일한 효력을 갖는 것에 의하여 권리가 확정됨이 없이 그 사유가 종료한 때라도, 그 종료시로부터 6개월을 경과할 때까지) 시효는 완성이 유예되고, 확정판결 또는 확정판결과 동일한 효력을 갖는 것에 의하여 권리가 확정된 때에는 시효가 갱신되어 처음부터 다시 진행된다고 한다(제147조). 강제집행 등 집행에 착수한 때에도 그 사유가 종료할 때까지(신청 취하 또는 법률 규정에 따르지 않은 것으로 인한 취소에 의하여 그 사유가 종료한 때라도, 그 종료시로부터 6개월을 경과할 때까지) 시효의 완성은 유예되며, 그 사유가 종료한 때, 즉 권리의 만족에 이르지 못한 때로부터 새로운 시효기간으로 갱신된다(제148조). 다만, 가압류나 가처분의 경우에는, 그 절차 개시에 집행권원을 요구하지 않고, 그 후 본안의 소제기가 예정되어 있기 때문에, 시효 완성유예에 그치고 갱신의 효력은 없다(제149조).

55) 같은 취지의 언급으로는, 平野裕之, 주 31)의 책, 401면.

2. 추심소송과의 관계

(1) 추심채권자를 추심채무자의 승계인으로 볼 수 있는지 여부

시효중단은 당사자 및 그 승계인간에만 효력이 있고(민법 제169조), 일본 민법 역시 시효의 완성유예 또는 갱신은, 완성유예 또는 갱신 사유가 발생한 당사자 및 그 승계인 간에만 효력이 있다고 하여(제153조[56]) 우리 민법과 유사한 조항을 두고 있다.[57] 여기서 우선 당사자란 시효중단행위에 관여한 당사자를 의미하고, 시효의 대상인 권리관계의 당사자를 말하는 것은 아니라고 해석된다. 또한 승계인이란 시효중단에 관여한 당사자로부터 중단의 효과를 받는 권리를 그 중단 효과 발생 이후에 승계한 자를 가리킨다(대법원 1998. 6. 12. 선고 96다26961 판결). 즉 승계의 원인은 특정승계나 포괄승계를 가리지 않으나, 중단사유가 발생하기 전의 승계인은 포함되지 않는 것이다.

그런데 대상판결의 원심은, 추심채권자인 원고가 소외 회사의 소제기 이후에 추심명령을 받은 승계인이므로, 소외 회사의 소제기로 인한 소멸시효 중단의 효과가 원고에게도 유지된다고 하였다. 즉 원심은 추심채권자가 추심채무자에 대하여 제169조의 승계인에 해당하여 소멸시효 중단의 효력이 미친다고 본 것이다.

제3채무자가 추심절차에 대하여 의무를 이행하지 아니하는 때에는 압류채권자는 소로써 그 이행을 청구할 수 있다(민사집행법 제249조 제1항). 이처럼 채권자는 추심명령에 의하여 채무자가 제3채무자에 대하여 가지는 채권을 소로써 직접 추심할 권능을 취득하는데, 이러한 추심권은 채권자가 추심명령에 의하여 창설적으로 취득하며 채무자로부터 승계하는 것은 아니라고 해석되고 있다.[58] 즉, 추심채권자는 추심명령을 통해 생긴 자기의 고유한 권한으로 추심의 소를 제기한 것이지, 채무자가 제3채무자에 대하여 제기한 소를 승계한 것이라고도 할 수 없고, 또한 채무자가 제3채무자에 대하여 갖는 권리관계를 이전받거나 승계한 것이라고도 할 수 없다. 채무자가 여전히 제3채무자에 대하여 권리의무를 보유한 상태에서 채권자가 추심명령을 근거로 채무자의 채권추심권한만을 부여받은 것이며, 따라서 추심채권자를 추심의무자의 승계인으로 보기는 무리가 있다.

더욱이 제169조의 승계인은 중단사유가 발생한 후의 승계인만을 의미하는 것으

56) 개정 전 148조로, 개정 후 일본 현행 민법에도 동일한 취지의 조항을 두고 있다.

57) 奥田昌道·安永正昭, 「法学講義民法 総則[第3版]」, 勁草書房(2018), 307, 308면[松久三四彦 집필 부분].

58) 손진홍, 주 16)의 논문, 301면.

로 해석되고 있는 점에서 보더라도, 추심채권자와 추심의무자의 사이를 제169조로 규율하기는 어렵다. 대상판결의 사실관계에서는 채무자가 제3채무자를 상대로 한 선행사건의 소제기 후 채권자가 압류 및 추심명령을 받았다. 그런데 만약 대상판결의 사실관계와는 달리 채무자가 제3채무자에 대하여 소를 제기하기 전 먼저 추심채권자가 압류 및 추심명령을 받았다면, 여기서 추심채권자는 제169조의 승계인에 해당하지 못하게 된다. 그러나 압류 및 추심명령이 언제 내려졌는지에 의하여 중단사유의 효력의 유지 여부가 달라질 이유는 없고, 여전히 추심채권자가 제기한 소와 추심채무자가 제기한 소 사이에서는 중단사유의 효과를 유지시켜줄 필요성이 있다.

따라서 대상판결에서도 지적한 바와 같이, 추심채권자가 추심의무자와의 관계에서 민법 제169조의 승계인에 해당한다고 보는 원심의 이유제시는 적절하지 않다. 채무자가 시효중단 행위를 한 경우 소멸시효는 중단되며, 채권의 성질과 특성, 상태가 모두 유지된 채 추심채권자는 여기에 대해 채무자를 대신하여 추심권능을 갖게 되는 것이다. 추심채권자는 채권의 상태가 유지되기 때문에 소멸시효 중단의 효과도 적용받는다고 보는 것이 타당할 것이다. 이에 대해서는 아래에서 자세히 검토한다.

(2) 제170조 제2항의 적용 여부

위에서 살펴본 바와 같이, 추심채권자를 추심채무자와의 관계에서 제169조의 승계인으로 보는 것은 타당하지 않다. 이에 관하여 대상판결은 "채무자의 제3채무자에 대한 금전채권에 대하여 압류 및 추심명령이 있더라도, (중략) 이로 인하여 채무자가 제3채무자에게 가지는 채권이 추심채권자에게 이전되거나 귀속되는 것은 아니"라고 하여 승계인에 해당한다고 본 원심의 이유제시는 부적절하다고 밝힌다. 대상판결은 "채무자가 권리주체의 지위에서 한 시효중단의 효력은 집행법원의 수권에 따라 피압류채권에 대한 추심권능을 부여받아 일종의 추심기관으로서 그 채권을 추심 하는 추심채권자에게도 미친다"고 할 뿐, 추심채권자에게 시효중단 효력이 유지되는 이유에 관하여 상세한 논거를 제시하고 있지는 않으나, 추심소송의 일반적인 법적 성질, 제170조 제2항의 해석 등에 근거하여 이와 같은 결론을 내린 것으로 생각된다.

우선 추심소송의 성질에 대하여는 법정소송담당설, 고유적격설, 절충설 등의 대립이 있으나 통설과 판례는 법정소송담당설, 즉 추심소송을 채권자대위소송과 마찬가지로 제3자인 추심채권자가 타인인 추심채무자의 권리를 행사하는 것으로 보는 견해를 취하고 있다.[59] 즉, 추심소송의 대상은 추심채무자의 권리 자체로, 실체법상

59) 각 학설의 상세한 내용 및 비판에 관하여는, 손진홍, 주 16)의 논문, 304~301면 참조.

권리의무의 당사자는 추심채무자와 제3채무자로 고정된 채 단지 당사자적격자만이 추심채무자에서 추심채권자로 변경된 것에 불과한 것이다.[60] 따라서 만약 추심채무자의 소제기로 시효중단의 효과가 발생한 바 있다면, 그 후 추심의 소제기는 추심채무자의 권리를 다시 재판상 청구한 것과 다름 없으므로 민법 제170조 제2항의 적용을 긍정하여야 할 것이다.

참고로 추심소송과 구조가 유사한 채권자대위소송의 경우와 비교하더라도 시효중단의 효력이 유지된다고 볼 수 있다. 채권자가 채무자를 대위하여 채무자의 제3채무자에 대한 채권을 행사한 경우, 대위의 객체인 채권의 시효중단 효과는 피대위자인 채무자에게도 미친다(대법원 2011. 10. 13. 선고 2010다80930 판결 등). 채권자대위권 행사의 효과는 채무자 본인에게 귀속되므로 이는 제도의 성질상 당연한 것이다.[61] 추심소송의 경우에도 추심권 행사의 효과는 추심채권자 본인에게 귀속되므로, 채권자대위소송과 마찬가지로 추심채무자를 주체로 하여 시효중단이 이루어진 바가 있다면 그 효과가 추심채권자의 추심소송과의 관계에서도 유지된다고 보는 것이 타당하다.

다른 사안에서도 판례는 권리의무의 변동이 있었던 경우 원래의 소가 애초에 당연무효[62]에 해당하는 것이 아닌 한 제170조 제2항의 적용 범위를 넓게 해석하는 것으로 보인다. 판례는 "채권양도 후 대항요건이 구비되기 전의 양도인은 채무자에 대한 관계에서는 여전히 채권자의 지위에 있으므로 채무자를 상대로 시효중단의 효력이 있는 재판상의 청구를 할 수 있고, 이 경우 양도인이 제기한 소송 중에 채무자가 채권양도의 효력을 인정하는 등의 사정으로 인하여 양도인의 청구가 기각됨으로써 민법 제170조 제1항에 의하여 시효중단의 효과가 소멸된다고 하더라도, 양도인의 청구가 당초부터 무권리자에 의한 청구로 되는 것은 아니므로, 양수인이 그로부터 6월 내에 채무자를 상대로 재판상의 청구 등을 하였다면, 민법 제169조 및 제170

60) 손진홍, 주 16)의 논문, 315, 316면은 "추심소송에 있어서 소송의 대상이 되는 것은 피압류채권에 기초한 청구권(채무자의 제3채무자에 대한 청구권)의 유무 및 그 범위이며, 청구채권에 기초한 청구권(압류채권자의 채무자에 대한 청구권)의 유무에 대한 것이 아니다. 이에 대한 다툼은 청구이의의 소로 해야 한다. 따라서 제3채무자는 추심소송에서 청구채권의 유무를 다툴 수 없다."고도 설명하고 있다.

61) 법원행정처, 주 7)의 책, 490면.

62) 이미 사망한 자를 피고로 하여 제기된 소임에도 이를 간과한 채 본안 판단에 나아간 판결은 당연무효라고 하면서, "채권자의 이러한 제소는 권리자의 의무자에 대한 권리행사에 해당하지 않는다고 할 것이므로, 상속인을 피고로 하는 당사자표시정정이 이루어진 경우와 같은 특별한 사정이 없는 한, 거기에는 애초부터 시효중단 효력이 없어 민법 제170조 제2항이 적용되지 않는다고 봄이 타당하고, 법원이 이를 간과하여 본안에 나아가 판결을 내린 경우에도 마찬가지"라고 하였다(대법원 2014. 2. 27. 선고 2013다94312 판결).

조 제2항에 의하여 양도인의 최초의 재판상의 청구로 인하여 시효가 중단된다"고 하거나(대법원 2009. 2. 12. 선고 2008두20109 판결), "소송목적인 권리를 양도한 원고는 법원이 소송인수 결정을 한 후 피고의 승낙을 받아 소송에서 탈퇴할 수 있는데(민사소송법 제82조 제3항, 제80조), 그 후 법원이 인수참가인의 청구의 당부에 관하여 심리한 결과 인수참가인의 청구를 기각하거나 소를 각하하는 판결을 선고하여 그 판결이 확정된 경우에는 원고가 제기한 최초의 재판상 청구로 인한 시효중단의 효력은 소멸한다. 다만 소송탈퇴는 소취하와는 그 성질이 다르며, 탈퇴 후 잔존하는 소송에서 내린 판결은 탈퇴자에 대하여도 그 효력이 미친다(민사소송법 제82조 제3항, 제80조 단서). 이에 비추어 보면 인수참가인의 소송목적 양수 효력이 부정되어 인수참가인에 대한 청구기각 또는 소각하 판결이 확정된 날부터 6개월 내에 탈퇴한 원고가 다시 탈퇴 전과 같은 재판상의 청구 등을 한 때에는, 탈퇴 전에 원고가 제기한 재판상의 청구로 인하여 발생한 시효중단의 효력은 그대로 유지된다고 봄이 타당하다."고 하여(대법원 2017. 7. 18. 선고 2016다35789 판결), 제170조 제2항이 모두 적용된다고 하였다.

이처럼 추심채무자가 먼저 소제기하였다가 당사자적격 불비 등을 이유로 소각하된 경우, 그로부터 6개월 내에 추심채권자가 소제기 등 재판상 청구를 하였다면 당초 소제기로 인한 소멸시효 중단의 효과가 유지된다. 이 때 추심채권자가 추심채무자의 승계인에 해당하기 때문은 아니며, 채권의 성질과 상태가 그대로 유지된 채 추심권만을 추심채권자에게 부여하는 추심명령의 특성 때문이라고 보는 것이 타당하다.

3. 추심소송과 소멸시효 중단의 확장 가능성

한편 살펴본 추심채무자의 이행청구소송과 추심채권자의 추심소송과의 관계에서 다음과 같은 문제를 상정해 볼 수 있다.

먼저 추심채권자가 먼저 추심의 소제기를 하였다가 추심의 소가 각하되거나 취하된 후 다시 추심채무자가 제3채무자를 상대로 소제기를 한 경우에도 제170조 제2항이 적용될 수 있는지 여부이다. 추심명령이 있다고 하더라도 원래의 권리자인 추심채무자의 권리는 그대로 유지되는 것이므로, 대상판결 사안과 마찬가지로 소멸시효 중단의 효과가 유지된다고 볼 수 있다. 또한 추심의 소가 각하되거나 취하된 경우라고 하더라도, 사망한 자를 상대로 한 소송과 같이 당연무효에 해당하는 것은 아니므로 그 효과를 유지시켜도 무방할 것이다.

한편, 위에서 살펴본 바와 같이, 판례는 압류 및 추심명령에 대하여 최고로서의 시효중단 효과를 인정하고 있으므로, 이와의 관계에서도 문제될 수 있다. 최고는 잠정적 시효중단 사유이므로 그 효과가 유지되기 위하여는 최고로부터 6개월 내에 재판상 청구 등을 해야 하는데, 만약 압류 및 추심명령이 내려진 후 추심채무자가 제3채무자를 상대로 소제기를 하였다면 이는 최고의 효력을 유지시킬 수 있는 재판상 청구에 해당할 수 있는지 여부이다. 위에서 본 바와 같이 추심명령을 받더라도 추심채무자의 권리가 추심채권자에게 이전되는 것은 아니고, 추심채무자는 여전히 권리자에 해당하나 추심채권자는 그 추심권능만을 부여받는 것이므로, 최고의 효력을 유지시키는 재판상 청구 등에 해당한다고 보는 것이 타당할 것이다.

다만 추심채무자에 의한 소는 당사자적격이 없는 자에 의한 것으로 각하사유가 있는데, 만약 압류 및 추심명령을 통한 최고 이후 6개월 내에 추심채무자가 제3채무자를 상대로 소제기를 하였다가 각하당한 뒤 다시 추심채권자가 각하확정일로부터 6개월 내에 추심의 소제기를 하였다면, 당초 압류 및 추심명령을 통한 최고 시점부터의 소멸시효 중단 효과가 유지되는지 문제될 수 있다. 채권자대위소송 관련하여 판례는 여러 명의 채권자가 동일한 채무자를 대위하여 순차적으로 채권자대위소송을 하였다가 각하된 사안[63]에서 최초의 재판상 청구 시점부터 소멸시효가 중단되었다고 판시한 바 있고(대법원 2011. 10. 13. 선고 2010다80930 판결), 시효중단의 근거에 관하여 판례는 권리자가 소송의 형식으로 그 권리를 주장하면 되고 반드시 기판력이 발생할 것을 요하지 않는다는 '권리행사설'을 취하고 있으므로(대법원 2011. 7. 14. 선고 2011다19737 판결), 당초 압류 및 추심명령 시점부터 시효중단 효과가 유지된다고 볼 여지가 없지는 않다. 그러나 제170조 제2항은 당초 각하, 기각 또는 취하된

---

63) "원심이 인정한 사실에 의하면, 망 소외 1은 2005. 2. 25. 소외 2를 대위하여 피고를 상대로 원심판결 별지목록 기재 각 부동산(이하 '이 사건 각 부동산'이라 한다)에 관하여 부당이득반환을 원인으로 한 소유권이전등기절차의 이행을 구하는 소를 제기하였다가 2008. 5. 14. 그 항소심(서울고등법원 2008나20500호)에서 피보전권리가 인정되지 않는다는 이유로 소각하판결을 선고받아 그 판결이 2008. 6. 5. 확정된 사실, 소외 3은 그로부터 3개월 남짓 경과한 2008. 9. 19. 소외 2를 대위하여 피고를 상대로 위 각 부동산에 관하여 같은 내용의 소유권이전등기청구소송을 제기하였으나 2009. 12. 4. 그 항소심(서울고등법원 2009나66268호)에서 피고와 사이에 그 피보전권리가 존재하지 않는다는 취지의 조정(이하 '이 사건 관련 조정'이라 한다)이 성립된 사실, 이에 원고는 2009. 12. 17. 소외 2를 대위하여 피고를 상대로 위 각 부동산에 관하여 같은 내용의 소유권이전등기청구소송을 다시 제기한 사실 등을 알 수 있다. 이를 위 법리에 비추어 살펴보면, 소외 2의 피고에 대한 이 사건 각 부동산에 관한 부당이득반환을 원인으로 한 소유권이전등기청구권의 소멸시효는 망 소외 1, 3과 원고의 순차적인 채권자대위소송에 따라 최초의 재판상 청구인 망 소외 1의 채권자대위소송의 제기로 중단되었다고 보아야 한다."

소제기에 대하여 최고로서의 효력을 인정하고자 한 것에 불과하고,[64] 최고가 거듭되어 계속된 경우에는 최후의 최고만이 효력을 가지므로, 추심채무자가 제3채무자를 상대로 소제기한 시점부터 비로소 시효중단이 발생한다고 보는 것이 보다 타당하다고 생각된다.

V. 결 론

압류 및 추심명령이 내려진 경우 피압류채권에 대하여는 민법상 규정된 소멸시효 중단사유 중 최고에 불과하다고 보아야 할 것이다. 다만 추심채권자가 법원을 통하여 집행행위에 나아갔고 권리 위에 잠자는 자로 보기는 어려우며, 압류 및 추심명령에 잠정적 소멸시효 중단사유인 최고보다는 보다 강력한 효과를 부여해야 한다는 주장도 꾸준히 제기되고 있으며, 타당한 측면이 있다. 다만 우리나라 대법원 판례는 최고에 불과하다는 입장을 취한 바 있고, 대상판결도 이러한 전제에 있다.

한편, 원래 채권의 성질과 상태가 그대로 유지되는 추심명령의 특성상, 추심채무자가 제3채무자를 상대로 제기한 이행청구소송과 추심채권자가 제기한 추심소송 사이에서는 민법 제170조 제2항에 따른 소멸시효 중단 효과를 유지시키는 효력을 인정하여야 한다. 대상판결의 원심에서는 그 근거로 추심채권자가 추심채무자의 승계인에 해당한다는 점을 들었으나, 이는 적절하지 않고 그 근거를 추심명령의 특성에서 찾는 것이 타당하다. 따라서 채무자가 먼저 피압류채권의 이행에 관한 소를 제기하였다가 각하, 기각 또는 취하된 후 다시 채권자가 추심의 소를 제기하는 경우, 또는 반대로 채권자가 먼저 추심의 소를 제기하였다가 각하, 기각 또는 취하된 후 채무자가 소를 제기하는 경우, 양 소송의 관계는 서로 제170조에 규정된 재판상 청구에 해당하게 될 것이다.

대상판결은 이에 관하여 판단한 최초로 사례로, 향후 추심의 소와 소멸시효 중단에 관한 실무지침으로 작용할 수 있을 것이다. 최근 십 수 년간 국내에서는 소멸시효 중단사유를 비롯한 제도 전반에 관한 개정 논의[65]가 계속되고 있고, 독일이나 일본 등 해외 각국에서도 소멸시효 제도에 대한 대대적인 개정이 이루어졌다. 다만

---

64) 곽윤직·김재형, 「민법총칙 : 민법강의 I」, 박영사(2012), 439면; 김형배·김규완·김명숙, 주 17)의 책, 381면; 지원림, 주 17)의 책, 172면.

65) 특히 소멸시효 중단사유에 관한 개정논의 소개는, 안경희, "시효(소멸시효, 취득시효)의 중단·정지－시효법 개정시안과 개정안(2010년)을 중심으로－", 민사법학 제50호, 한국사법행정학회(2010. 9.) 참조.

대상판결에서 문제된 쟁점은 개정 논의에서 다소 비껴나 있는 것이어서, 설령 향후 소멸시효 중단사유 등이 대폭 개정되더라도 여전히 대상판결은 실천적 의미를 가질 수 있을 것으로 생각된다.[66]

66) 예를 들어 일본에서는 2017년 민법 개정으로, 소멸시효 중단사유가 완성유예로 변경되면서, 압류를 포함한 강제집행은 제148조에서, 가압류와 가처분은 제149조에서 규정된다. 제148조는 강제집행이 있는 경우에는 그 사유가 종료하는 때까지 시효가 완성하지 않는다고 정하기는 하나, 이는 어디까지나 집행채권에 관한 시효완성유예의 효과범위이므로, 피압류채권에도 압류 내지 강제집행으로 완성유예의 효과가 지속되는지 등 본고에서 살펴본 논의는 여전히 유효하다.

소멸시효 남용 법리의 전개에 관한 시기적 고찰

정 재 오*

1. 들어가며

시간이 흐르는 동안 일정한 사실이 계속 지속하면, 사실적인 것이 법적인 것으로 인정받으면서 기존의 권리가 소멸하기도 한다(소멸시효 제도). 그 시간의 흐름 도중에 다른 일정한 사건이 일어나면, 시간의 지속성은 중단되어 처음부터 다시 시작하거나(시효의 중단), 일시 멈추었다가 그 사실 소멸 후에 이어서 진행하는 것(시효의 정지)으로 법률에서 규정하고 있다. 이러한 소멸시효 제도에서는 의무를 이행하지 않은 채무자는 보호받고 채권자는 희생된다. 하지만 채무자의 소멸시효 항변은 신의성실의 원칙에 반하여 권리남용에 해당하는 경우에는 민법 제2조에 의하여 허용될 수 없을 것이다. 이러한 법리를 이 글에서는 '소멸시효 남용 법리'라 한다. 이러한 법리는 대법원판례에서도 확고하게 인정하고, 구체적 사안이 이에 해당하는지가 계속 다투어진다.

소멸시효 남용 법리에 따라 국가의 소멸시효 항변을 배척할지 여부는 '과거사' 정리 문제에서 중요한 쟁점이었다. 한국전쟁[1] 전후, 1981년 이전의 권위주의 정부에서 각종 불법행위(이하 '과거사' 또는 '과거사 사건'이라 한다)가 저질러졌다. 이는 공무원이 통상적인 공무수행을 하는 과정에서 개별적으로 저지른 것이 아니라, 국가공무원들이 조직적으로 저지른 것이었다. 이러한 '과거사'는 수십 년의 세월이 흘러가도록 입법적인 해결이 이루어지지 않았다. 결국 그 해결은 손해배상청구소송의 형태로 법원에 맡겨졌다. 그 진상을 규명하고 그에 대한 민사적 책임을 물으려는 시도가 1987년 6월 민주항쟁 이후 민주화의 진척에 따라 늘어났지만, 이미 소멸시효기간이 도과했다는 거대한 법적 장벽이 가로막고 있었다. 이러한 경우에도 국가배상책임을

---

* 대전고등법원 고등법원판사(서울고등법원 부장판사 직무대리), 법학박사.

1) 관점에 따라 한국전쟁, 6·25, 6·25전쟁, 6.25사변 등 다양한 용어가 사용되고 있지만, 이 글에서는 진실·화해를 위한 과거사정리 기본법에 따라 '한국전쟁'이라 표현을 사용한다.

인정하지 않는다는 것은 법감정, 정의감에 비추어 수용하기가 어렵다. 소멸시효 제도를 가능한 범위 내에서 최대한 합리적으로 해석·운용함으로써 구체적인 타당성 있는 해법을 찾아야 한다. 그 해법이 소멸시효 남용 법리다.

하지만 소멸시효 남용 법리가 일제 강점기의 의용민법 시대에나 그 이후 민법 시행 초기부터 인정되었던 것은 아니다. 우리나라에서 그 실질적 시발점은 1984년에 윤진수 교수[2)]가 서울대학교에서 법학석사학위를 받았던 논문 "소멸시효 남용에 관한 연구"[3)]이다. 길지 않은 우리나라 근현대 법학사에서 법학석사논문이 이처럼 한 시대에 풍미한 예를 찾아보기 쉽지 않아 보인다. 더욱이 우리나라의 아픈 '과거사'를 정리하는 데 크게 이바지하리라는 것은 아마 누구도 예상하지 못했을 것이다. 또한, 과거사 사건이 모두 정리된 후에도 소멸시효 남용 법리는 여전히 생명력을 가질 것이다.

이러한 소멸시효 남용 법리가 우리나라에서 전개되는 과정을 시간에 따라 좇아가 살펴보는 것도 소멸시효 남용 법리를 좀 더 깊게 이해하는 데 도움이 될 수 있다고 생각한다. 이하에서는 먼저 윤진수 교수가 1984년에 소멸시효 남용 법리를 우리나라에 소개하기 전에 그 법리가 외국에서 태동하여 발전해 가는 과정을 살펴보고, 다음으로 윤진수 교수가 소개하는 내용을 살펴본 다음, 마지막에는 우리나라에서 대법원 판결 등에서 소멸시효 남용 법리를 수용해 가는 과정을 따라가 보겠다.

2. 소멸시효 남용 법리의 외국에서 태동과 발전

가. 독 일

1) 제국법원 시절 소멸시효 남용 법리의 태동

독일에서 소멸시효 남용 법리는 1926. 12. 17. 판결에서 최초로 등장한 것으로 보인다.[4)] 당시 독일의 최고법원이던 제국법원(Reichsgericht, 이하 'RG'라 한다)이 판

2) 윤진수 교수는 1982년 9월에 서울민사지방법원 판사로 임명되어 1983년 9월부터 1985년 8월까지 서울형사지방법원 판사로 재직하던 중인 1984년 2월에 법학석사학위를 취득했고, 수원지방법원 부장판사로 재직하던 1997년 2월에 서울대학교 법과대학 교수로 전직했으므로, 법학석사학위 논문 제출 당시에는 교수가 아니었지만, 이하에서는 교수로 재직 여부를 불문하고 '윤진수 교수'로 통칭한다.

3) 尹眞秀, "消滅時效의 濫用에 관한 考察", 서울大學校 大學院 法學碩士學位論文(1984).

4) RGZ 115, 135. https://research.wolterskluwer-online.de/Bibliothek 사이트에서 검색창에 RGZ 115, 135 입력하여 판결문을 볼 수 있다. 이 판결에 관한 상세한 설명은 尹眞秀(주 3), 33면 이하.

결에서 "채무자가 자신의 거동을 통하여 채권자가 적시에 소제기를 못 하게 한 경우에 채무자의 소멸시효 항변은 그러한 거동에 모순되기 때문에 악의의 재항변에 의해 배척될 수 있고, 이는 설령 채무자가 의도적으로 그런 것이 아니더라도 마찬가지다"고 했다. 그 논거는 "채무자의 거동(Verhalten) 때문에 채권자가 적시에 소장을 제출하지 못 했고 그 사이에 소멸시효기간이 도과한 경우에 채무자가 소멸시효기간의 도과를 주장하는 것은 신의성실의 원칙 그리고 거래의 관행과 요청에 모순된다"는 것이었다. 이 경우에 "채권자가 소멸시효기간을 준수하지 못 하도록 채무자가 했는지는 문제되지 않고, 채무자의 거동이 채권자에게 합리적으로 판단할 때(nach verständigem Ermessen) 소제기를 늦출 충분한 요인(Anlaß)을 제공한 것으로 충분하다"고 보았다. 그 요인은 "채무자의 거동이 채권자로 하여금 소송 없이도 청구권의 완전한 만족은 아니더라도 수용할 만한 결과의 합의가 이루어질 수 있다고 생각하게 하는 방식 등으로 채권자가 소의 제기를 늦추는 데 영향을 줄 수 있다"는 것이다.

RG은 같은 취지를 1934. 6. 2. 판결[5], 1934. 10. 27. 판결[6]에서 확인함으로써 소멸시효 남용 법리를 판례로 확고하게 굳혔다. 이러한 소멸시효 항변 배척은 영구적이지 않다. RG는 채권자는 "소멸시효 항변에 대한 악의의 재항변을 신의성실의 원칙에 비추어 정당화하는 사정이 사라진 뒤에 일정한 기간 내에 청구권을 소로써 또는 소멸시효를 중단시키는 방법 등으로 주장해야 한다"고 보면서, 그 일정한 기간은 "건전한 거래의 요청과 그 사안의 사정들에 따라(nach den Anforderungen des an-ständigen Geschäftsverkehrs und den Umständen des Falles) 정해진다"고 보았다.

2) 독일 연방대법원의 제국법원 판례 계승

제2차 세계대전 후에 독일 연방대법원(Bundesgerichtshof, 이하 'BGH'라 한다)은 1953. 2. 3. 선고한 판결[7]에서 RG의 소멸시효 남용 법리 판례를 이어받아, "채권자가 소제기를 하는 것을 채무자가 방해한 경우에는, 소멸시효 항변은 배척될 수 있다. 그러한 경우에 소멸시효 항변은 신의성실의 원칙에 비추어 볼 때 그 전의 채무자 거동과 모순된다"고 했다. 그리고 1958. 10. 14. 선고한 판결[8]에서는 이를 재확인했다. 후자의 판결에서는 "피고의 보험회사가 문제의 청구권에 관하여 논의하고, 철저한 조사를 약속하며 원고에게 문제제기를 참아 달라고 요청했다. 이러한 거동이

5) RGZ 142, 280, 284.
6) RGZ 145, 239, 244.
7) BGHZ 9, 1, 8; NJW 1953, 541; MDR 1953, 353; DB 1953, 209.
8) NJW 1959, 96. 이 판결은 https://dejure.org에서 검색할 수 있다.

원고에게는 객관적인 사유로만 다투겠다는 인상을 주어 원고가 적시에 소제기를 하지 않았을 경우"에 원고는 소멸시효 항변에 권리남용 항변(Einwand unzulässiger Rechtsausübung)으로 대항할 수 있다고 했다. 그러면서 "소멸시효 항변에 대하여 권리남용의 재항변은 원고가 청구권을 법원에서 주장하는 것을 그만두게 했던 사정의 소멸 후에, 개별적인 구체적인 사정에 비추어 단기간 내에 제기해야 한다"고 하면서 3개월을 넘어서는 안 된다고 했다. 이후에도 소멸시효 남용 법리를 인정하는 판결들이 이어졌다.[9] BGH는 1960. 7. 12. 판결[10]에서 그 상당한 기간이 "보통 몇 주 이상을 넘어서는 안 된다"고 했으며, 1990. 12. 6. 판결[11]에서는 "다수의 평균적인 사안에서는 1개월이면 충분하다"고 했다. 이러한 판결들에서는 주로 단기소멸시효가 문제되었다.

3) 나치시대 불법행위의 청산에서 한계

하지만 나치시대의 국가적인 조직적 불법행위를 청산하는 데에서는 소멸시효 남용 법리가 영향을 미치지 못했다. 독일 정부는 군정종료 후인 1956. 6. 29. 나치에 의한 형사소추 피해자의 손해전보에 관한 법률[12]을 제정하여 그 희생자들에게 보상금을 연금 형태로 지급했다.[13] 하지만 외국인 강제 노동자를 대상에서 제외했고, 신청기한을 1957. 10. 1.로 촉박하게 정하여, 마침 세계 각지에 흩어져 있던 피해자들이 소정의 서류를 적시에 제출하기에는 신청기한이 충분하지 못했다. 나치수용소 피해자들은 강제노동기업을 상대로 손해배상청구의 소를 제기하고, 피고의 소멸시효 항변이 자연법적 원칙에 의해 허용되지 않고 권리남용에 해당한다는 주장을 했다.

이에 BGH는 1967. 6. 22. 선고한 판결[14]에서 독일 민법상의 통상적인 시효기간 3년을 적용하면서 소멸시효 남용의 재항변을 받아들이지 않고, 원고의 청구를 기각

9) BGH VersR 1960, 949; BGH VersR 1971, 439; BAGE 3, 253; BGH MDR 1973, 562; BAG DB 1975, 1420; BGH NJW 1796, 2344; BGHZ 76, 187; BGH NJW 1988, 1140; NJW－RR 2004, 337 등.

10) BGH VersR 1960, 949.

11) NJW 1991, 974.

12) Bundesgesetz zur Entschädigung für Opfer der nationalsozialistischen Verfolgung, 약칭: Bundesentschädigungsgesetz.

13) 이는 나치 시대에 정치, 인종, 종교 또는 세계관을 이유로 소추를 당했거나 이로 말미암아 생명, 신체, 건강, 자유, 소유권 또는 재산에 대한 손해, 직업적이거나 경제적인 생계에서 손해를 겪은 사람들에게 금전으로 손해를 전보하려는 법률이다. 그런데 그 대상은 불법행위 당시 독일인 또는 그에 준하는 지위를 가진 사람이 입은 일정한 유형의 피해로 한정했다. 또한, 1947. 1. 1.부터 1952. 12. 31.까지 서독지역 또는 서베를린에 주거가 있었거나 피해자의 사망 또는 해외 이주 전에 그 지역에서 살았던 피해자만이 신청권이 있었다.

14) BGHZ 48, 125(원고는 1941년 선동행위처벌법 위반을 이유로 특별법원에서 징역 2년을 선고받아 복역하고, 1943년에 게슈타포에 의해 강제수용소에 수용되었다. 원고는 이때 군수공장에서 강제노동을 했다).

한 원심판결을 지지했다. 그 이유로는, 먼저 "극히 끔찍한 범죄자일지라도 실정법상으로는 피해자에 대하여 3년의 소멸시효 항변을 할 수 있다. 그 실정법이 상위의 법원칙에 모순된다고 인정할 수는 없다. 소멸시효 관련 조항은 법적 안정성을 위한 형식적인 규정(eine formale Regelung)을 담고 있고 모든 문제 되는 사안에 미친다. 이러한 방향을 변경하는 것을 법관은 할 수 없고 입법자만이 할 수 있다. 입법자는 나치에 의한 불법조치와 긴밀한 연관이 있는 영역에서, 비록 형사법적 영역에서이지만, 그것을 떠맡았다(1965. 4. 13. 형사법적 시효기간의 계산에 관한 법률[15])"고 설시했다. 이어서 "피고는 알고서든, 모르고서든, 원고가 적시에 소제기를 하는 것을 그만두게 할 만한 그 어떤 무엇도 하지 않았다. 따라서 피고가 소멸시효 항변을 하는 것을 권리남용의 재항변으로써 배척할 아무런 유인이 없다"고 설시했다.[16] 나치에 의한 반인간적인 불법행위라는 이유만으로 법관이 소멸시효 항변을 배척할 수는 없고, 이는 입법자만이 가능하다고 했다.

이 BGH 판결은 기존의 소멸시효 남용 법리를 확대하지 않고 그대로 유지한 것으로 평가할 수 있다. 이에 대해 그 손해배상청구를 인용할 경우 배상금 지급이 전후 경제성장을 위한 독일 정부에 큰 부담을 줄 것을 염려한 것도 하나의 이유가 된 것으로 보는 견해도 있지만,[17] 그 판결서만으로는 이를 확인할 수 없다.

4) 일반적인 거래 등에서 소멸시효 남용 법리의 지속적인 전개

소멸시효 남용 법리는 비록 위와 같이 나치에 의한 불법행위에 관하여 독일 정부 등에 손해배상책임을 묻는 데에서는 아무런 역할도 하지 못했지만, 그 외의 분야에서는 계속하여 BGH가 적용했다. BGH는 1973년 판결[18]에서 "연방철도(Bundes-bahn)가 이의신청을 받고 추가 증거를 요구하면서 더 조사할 필요가 있다고 답변하고 2개월 후에도 이와 비슷하게 답변한 경우"에는 소멸시효 주장이 허용되지 않는다고 했다. 최고법원[19] 중 하나인 연방노동법원(Bundesarbeitsgericht, BAG)은 1975

15) Gesetz über die Berechnung strafrechtlicher Verjährungsfristen vom 13. April 1965.

16) 이 부분 원문은 다음과 같다. "Die Beklagte hat auch weder bewußt noch unbewußt irgend etwas getan, um den Kläger von der rechtzeitigen Einreichung der Klage abzuhalten. Es fehlt danach an jedem Anlaß, die von ihr erhobene Verjährungseinrede mit dem Gegeneindwand der unzulässigen Rechtsausübung auszuräumen."

17) 이재승, "집단살해에서 소멸시효와 신의칙", 민주법학 제53호, 민주사회를 위한 변호사 모임, 관악사(2013), 189면에서는 당시 독일법원은 강제노동에 대해 배상판결을 할 경우 강제노동 피해자인 외국인들의 줄소송을 우려했다고 한다.

18) BGH MDR 1973, 562.

19) 독일 연방공화국 기본법(Grundgesetz für die Bundesrepublik Deutschland, GG) Art 95에 따르면, 최고법원으로 연방대법원(Bundesgerichtshof), 연방행정법원(Bundesverwaltungsgericht), 연

년 판결에 "(의무자 측과) 쟁점을 본보기 소송(Musterprozeß)에서 해결하기로 합의했지만, 그 소송의 계속수행이 예기치 않은 어려움에 부딪쳐서 완결되지 않은 채 끝나버렸고 그로 인하여 권리자가 새로운 소송을 시효기간 완성 후에 제기할 수밖에 없었던 경우"에는 소멸시효의 주장이 허용되지 않는다고 했다.[20]

1977. 8. 16. 개정된 독일 민법 제852조 제2항에 "불법행위로 인한 손해배상에 관하여 권리자와 의무자 사이에 교섭이 진행되면 당사자의 일방이 그 교섭을 거부할 때까지 소멸시효의 진행이 정지된다"는 규정이 신설되었다. 이 규정은 종래의 소멸시효 남용 법리를 입법화한 것으로 평가받는다.[21]

Larenz는 이미 1979년에 독일 판례는 소멸시효의 남용이 허용되지 않는 근거를 신의성실의 원칙 가운데서도 "선행행위에 모순되는 거동의 금지"(Verbot des venire contra factum proprium)에서 찾는다고 보았다.[22]

독일에서는 소멸시효 남용 법리를 통해 소멸시효 항변을 제한하기도 했지만, 그 적용 범위를 다소 엄격하게 보았고, 소멸시효 남용 법리가 적용되지 않아 그 피해의 전보가 소멸시효 항변 때문에 어려운 경우에는 별도의 입법을 통해 일정 부분의 피해자들을 구제하는 길을 택했다.[23]

나. 미 국

1) 금반언의 법리에 근거하여 제소기간법의 제한

콜롬비아 특별구 항소법원은 1908. 3. 31. 선고한 Hornblower v. George Washington University 판결[24]에서 "원고가 소제기를 뒤늦게 하도록 유인하는 무엇인가를 피고가 했다면, 피고는 제소기간법(statute of limitation)[25]의 적용을 주장할 수 없다"고 설시했다. 미연방 콜롬비아 특별구 순회 항소법원은 1941. 11. 1. 선고한 Howard University v. Cassel 판결[26]에서 "보통법(Common Law)상의 제소기간법 적

방재정법원(Bundesfinanzhof), 연방노동법원(Bundesabreitsgericht), 연방사회법원(Bundessozialgericht)이 있다.

20) BAG DB 1975, 1420.

21) 권혁재, "소멸시효를 원용하는 소송상 항변권의 행사에 있어서 권리남용의 문제", 민사법이론과 실무 6집(2003. 5), 민사법의 이론과 실무 학회, 280면.

22) Larenz, Lehrbuch des Schuldrectss, Bd. I 12. Aufl(1979), S. 111.

23) 최창호 · 유율 · 전성환, "과거사 사건에 있어 법원의 소멸시효 남용론에 대한 비판적 고찰", 법조(통권686호), 법조협회(2013. 11), 65~66면.

24) 31 App. D.C. 64 (1908).

25) 보통법상의 민사소송에서 제소기간을 권리의 내용에 따라 제한하는 것으로서 실체법상의 제도라기보다는 민사소송법상의 제도라고 할 수 있다. 민법주해 Ⅲ, 1992, 398면(尹眞秀 집필) 참조.

26) 126 F.2d 6(D.C Cir. 1941).

용의 주장을 형평법상의 금반언 법리(doctrine of equitable estoppel)로써 봉쇄하기 위해서는 피고가 원고의 소제기를 지연시키는 적극적인 유인(affirmative inducement)에 이르는 정도의 것을 했어야만 한다"고 했다. 미국 연방대법원의 Black 대법관은 1959. 4. 20. 선고한 Glus v. Brooklyn E. Dist. Terminal 판결[27]에서 위와 같은 법리가 "어느 누구도 자신의 잘못에서 이익을 취득해서는 안 된다(no man may take ad-vantage of his own wrong)"는 것에 기초하고 있다고 밝혔다.

2) 입법에 의하여 과거 위법행위의 청산

미합중국 하와이의 진주만을 일본이 1941. 12. 8. 기습공격을 한 후 2개월 지나 루스벨트 대통령은 위험인물의 격리를 이유로 일본계 미국인 12만 명을 수용소에 강제 수용했다. 그 중 생존자들이 1984년에 미합중국을 상대로 제소했다.[28] 레이건 정부는 일본 정부가 재정지원을 조건으로 압박하자 1988년에 '최악의' 실수라고 공식 사과하며 시민자유법(Civil Liberties Act of 1988)을 제정하여 그와 같이 강제로 수용되었던 일본계 미국인 생존자 7만 명에게 1인 당 2만 달러의 보조금을 지급함으로써 소멸시효의 도과 및 남용 문제를 입법적으로 해결했고,[29] 이로써 소송은 종결되었다.

다. 일 본

1) 문헌에서 독일 이론의 소개

일본에서는 판례보다 문헌에서 먼저 소멸시효 남용 법리를 주장했다. 谷口知平은 1962년에 이를 일본에 소개하면서 그 도입을 주장했다.[30] 그는 권리남용 가운데 원용권 남용의 사례로 "시효원용권의 남용"과 "동시이행의 항변권 및 유치권 주장의 남용"의 두 가지를 들면서 "시효원용권의 남용"을 다음과 같이 설명한다.

> "우리(일본을 의미한다, 이하 같다 – 저자 주) 판례 가운데 시효의 원용이 남용으로 된 예는 아직 찾아볼 수 없는 것 같으나, 권리행사는 신의칙에 따라 행하지 않으면 안 되기 때문에, 이론적으로는 충분히 문제가 될 수 있다. … 즉 예컨대 채무자가 지급할 것 같은 태도를 보여 그 때문에 채권자가

27) 359 U.S. 231(1959), 233~234.
28) Korematsu v. United States, 584 F. Supp. 1406 (N.D. Cal. 1984).
29) 이재승(주 17), 9면 이하.
30) 谷口知平, "權利濫用の 効果－財産法を中心とする", 末川博先生古稀記念·權利の濫用(上), 1962(昭和 37), 67면.

> 적시에 소제기를 한다든가 시효를 중단시키는 조치 등을 취하는 것을 게을리 한 경우에 시효기간 경과 후에 돌연히 태도를 바꾸어 시효를 원용한다면, 그것이 신의칙에 반하는 경우에는 그 시효의 원용은 권리남용이 될 수 있다. … 독일 판례(RGZ 115, 139; 153, 112; RG JW 1936, 2533; BGH NJW 1955, 1834)에 의하면, 상대방이 권리남용의 항변을 하여 그것이 인정되는 경우에 영구적으로 시효 항변이 배척되는 것이 아니고, 단지 일시적으로 신의칙에 따라 적당한, 원칙적으로 단기간 시효완성이 연기되는 데 지나지 않는다. 우리 민법상도 독일과 같이 해석할 수 있을 것이다."

이후 植林弘이 1964년 발간된 注釋民法(1), 124면에서 谷口知平의 설명을 인용하고, 岡本坦은 위 注釋民法(5), 272~273면에서 "악의의 반대항변(Replik der Arglist)에 의한 시효항변권의 실효"라는 명칭으로 독일 이론을 소개했다. 하지만 아직 소멸시효의 원용에 관하여 체계적인 이론을 전개하고 있지는 않았다.[31)]

2) 소멸시효완성 후의 채무승인 시에 시효 원용의 제한

谷口知平이 소멸시효 남용 법리의 도입을 주장한 지 4년 정도 지난 1966(昭和 41). 4. 20. 일본 최고재판소 대법정판결[32)]은 소멸시효 영역에 신의칙을 최초로 도입한다. 이에 따르면, "채무자는 소멸시효완성 후의 채무승인을 한 경우에 소멸시효의 원용을 하는 것이 허용되지 않는다." 그 근거는, "대개 시효완성 후의 채무승인을 하는 것은 시효에 의한 채무소멸의 주장과 상용하지 않은 행위로 상대방도 채무자가 시효의 원용을 하지 않는 취지로 생각하므로, 그 이후에는 채무자에게 시효의 원용이 인정되지 않는다고 해석하는 것이 신의칙에 비추어 상당하다"는 것이다.

이 판결의 이해를 위해서는 먼저 일본에서는 '채무자의 시효이익 포기가 유효하기 위해서는 채무자가 시효완성 사실을 알았어야 한다'는 법리를 알아야 한다. 위 판결 전의 판례는 채무자가 시효완성 후의 채무승인을 하는 경우에는 시효완성 사실을 알고서 그 이익을 포기한 것으로 "추정"된다고 했었다.[33)] 이에 따르면, 채무자가 시효완성 사실을 알지 못했다는 반증을 들지 못한 경우에는 시효완성 후의 채무승인은 시효이익의 포기로 인정해야 했다.

---

31) 尹眞秀(주 3), 51면.
32) 最高裁判所判例集 14-8, 1498.
33) 大審院 1938(昭和 13). 11. 10. 判決(大審院民事判例集 17, 2102), 最高裁判所 1960(昭和 35). 6. 23. 判決(最高裁判所判例集 14-8, 1498) 등.

위 대법정판결은 '시효완성 후 채무승인 시에는 채무자가 시효완성 사실을 알고서 그 이익을 포기한 것으로 추정한다'는 종전 판례를 변경했다. 그 이유로, "시효완성 사실을 알면서도 승인한다는 것은 이례적인 것으로 보아야 하고, 시효완성 후 채무승인을 하는 것은 오히려 시효완성 사실을 모르고 한 것으로 보는 것이 경험칙에 맞는다"고 보았다. 이와 같은 판례 변경에도 불구하고 채무자가 시효완성 후의 채무승인을 한 경우에는 소멸시효의 원용이 허용되지 않는다는 종전의 결론은 변하지 않았고, 법리적 구성만 바뀌었다.

이 판결에 관하여 영미법상의 일종의 금반언(estoppel)의 법리를 이용한 것으로 보는 견해가 있다.[34] 윤진수 교수는 위 판결에서 권리남용이라는 표현을 사용하지 않았다는 점 등을 들어 일본에서 위 판례를 스스로 만들어 낸 것으로 평가한다.[35]

3) 소멸시효 남용 법리의 본격적인 전개

일본에서 소멸시효 남용 법리를 본격적으로 도입한 것은 최고재판소가 1976(昭和 51). 5. 25. 선고한 판결[36]이었다. 사안의 개요는 이렇다. 가정재판소 조정 절차에서 장남이 어머니에게 농지를 증여하기로 하여, 어머니가 인도를 받아 20년 이상 점유하던 중에 소유권이전을 위해 장남에게 농지법 소정의 허가신청절차 이행을 청구했다. 이에 장남은 청구권의 소멸시효가 완성되었다고 다투었다. 장남의 이러한 소멸시효 원용이 허용되는지가 핵심 쟁점이었다. 그 소멸시효 원용은 권리남용으로서 허용되지 않는다는 것이 위 판결의 결론이었다.

학설도 대체로 위 판결을 지지했다.[37] 이후 각급 법원에서 소멸시효 원용을 권리남용 또는 신의성실 원칙의 위반으로 판단하는 판결들[38]이 이어졌다. 그 판결들은 일정한 범주 안에 넣어 유형화하기 어려워 보일 정도로 사례가 다양했다.

---

34) 乾昭三, 法律時報 38권 9호, 118면.

35) 尹眞秀(주 3), 55면.

36) 判例時報 819호 41면.

37) 幾代通, "消滅時效の援用が權利濫用にあたるとぎ", 民商77 76－2, 138면 이하.

38) 東京地方裁判所 1976(昭和51). 11. 12. 判決(判例時報 860호, 132면); 札幌地方裁判所 1977(昭和 52). 10. 18. 判決(判例時報 882호 78면); 東京地方裁判所 1979(昭和 54). 2. 16. 判決(判例時報 915호, 23면); 東京地方裁判所 1980(昭和 55). 10. 31. 判決(判例時報 984호, 47면); 東京地方裁判所 1981(昭和 56). 9. 28. 判決(判例時報 1017호, 34면); 前橋地方裁判所 1982(昭和 57). 3. 20. 判決(判例時報 1034호, 3면); 最高裁判所 1982(昭和 57). 7. 15. 判決(判例時報 1052, 137면) 등. 일본 판결을 소개한 문헌으로는 尹眞秀(주 3), 67~79면; 韓杠鉉, "消滅時效의 主張이 權利濫用에 해당하는가", 民事裁判의 諸問題 9권, 한국사법행정학회(1994), 205면 이하; 오세율, "소멸시효의 주장과 신의칙위반", 재판과 판례 8집, 대구판례연구회(1999), 48~51면 참조.

4) 소멸시효 남용 사례의 유형화

그런데도 山崎民彦이 1984년 2월에 그간의 판결 사례들에 토대하여 소멸시효 원용이 허용되지 않는 경우를 세 가지로 유형화했다.[39] 즉 ⓐ 권리자의 권리행사 내지 시효중단을 불가능하게 또는 현저히 곤란하게 하거나 그러한 조치가 불필요하다고 믿게 하는 의무자 측의 시효완성 전의 행동이 있는 경우, ⓑ 의무자 측의 그러한 행동은 없었지만 그에 상당하는 객관적인 사정이 있는 경우, ⓒ 시효가 일단 완성한 후 의무자 측이 시효를 원용하지 않을 것 같은 태도를 보여 권리자로 하여금 그와 같이 신뢰하게 하거나 기타 시효의 원용이 불공정하다고 생각되는 경우로 나누었다.

半田吉信은 1986년에 여러 유형 중의 하나로 "채권자 보호의 필요성이 크고 또한 같은 조건의 다른 채권자가 채무자의 변제를 수령하는 등의 사정이 있어 채무이행의 거절을 인정함이 부당하거나 불공평한 경우"를 들었다.[40] 이는 山崎民彦이 제시한 ⓒ 유형 중 "기타 시효의 원용이 불공정하다고 생각되는 경우"의 구체화로 볼 수 있다.

일본의 판례는 소멸시효 남용의 문제에서는 이를 비교적 넓게 인정하려는 입장을 취하는 것으로 보인다. 이는 독일에서는 중대한 신의성실의 위반에서만 소멸시효 항변을 권리남용으로 인정하여야 한다고 보고 있는 것과 대조적이다.

3. 우리나라에 소멸시효 남용 법리의 소개

가. 윤진수 교수 소개 전의 논의

우리나라에서 소멸시효 영역에서 신의칙, 남용을 최초로 언급한 문헌은 정현식 판사가 1972년에 사법논집 제3권에 게재한 논문[41]으로 보인다. 그 논문에서 "시효원용권의 남용"을 "항변권의 남용" 항목에서 "동시이행 항변권과 유치권 주장의 남용"과 함께 논의한다. 그 원문이 짧으니 그대로 아래에 소개한다.

> "채무자가 변제할 듯한 태도를 보여 그 때문에 채권자가 제소 기타 시효중단의 조치를 게을리 한 사이에 시효기간이 경과하고 그 후에 채무자가 시

39) 山崎民彦, "消滅時效の援用と信義則·權利濫用", 判例タイムズ No. 514(1984. 2. 25), 149~150면.

40) 半田吉信, "消滅時效の援用と信義則", ジュリスト 872號(1986. 11), 有斐閣, 79면. 다만, 半田吉信의 유형화는 그 밖의 점에서는 山崎民彦(주 39)의 유형화와 매우 많이 다르다.

41) 鄭玄湜, "權利濫用의 理論과 判例의 傾向", 司法論集 3輯, 법원도서관(1972), 31면.

효를 원용한 경우, 그 채무자의 태도가 묵시의 채무승인이라고 보이는 경우 도 있겠으나 그렇지 않다 하더라도 시효원용이 남용된다고 할 것이다. 그러나 이 경우에도 시효항변이 영구히 배척된다고는 할 수 없고 신의칙에 따라 공평상 시효의 주장이 부인되는 것에 지나지 않기 때문에 상당한 기간 내에 권리행사를 아니하면 시효에 걸린다고 볼 것이다."

이러한 설명에는 아무런 각주가 없어, 저자 자신의 고유한 주장인지를 비롯하여 논의의 배경이나 논거 등을 알 수 없고, 이에 관한 추가적인 연구의 디딤돌이 되기에는 부족하다. 그 전체적인 내용이나 논리 전개를 살펴보면, 谷口知平(주 30 참조)의 앞서 본 설명과 상당히 비슷하여 그 설명을 간략히 정리한 것이 아닌가 하는 느낌마저 든다.

게다가 이 주장에 대하여 강원대학교 서광민 교수는 1980년에 시효의 원용을 신의칙으로 배척으로 하는 것에 반대했다.[42] 시효완성 후에 채무승인을 한 자가 시효의 원용을 하는 것이 신의칙에 비추어 허용되지 않는다고 한 일본 최고재판소 판례를 일반조항으로 도피[43]로서 부적절하다고 비판한다. 여기서도 소멸시효완성 후의 채무승인은 소멸시효의 이익을 포기한 것으로 봄[44]으로써 승인 후의 시효원용은 부인할 수 있는데도 신의칙에 의존하고 있다는 것이다. 정현식 판사의 주장이 외국에서 있었던 풍부한 사례 등을 들어 그 정당성을 논증하는 과정이 부족한 것은 위와 같은 우려 내지 염려를 불어오기에 충분해 보인다. 더 궁극적으로는 소멸시효 제도를 근본에서 어떻게 바라볼 것인가라는 관점의 차이에서 기인하다고 보인다. 소멸시효제도에서는 진정한 권리자가 희생되는 반면에 자기의 의무를 이행하지 않은 자가

42) 徐光民, "信義誠實의 原則의 適用限界", 논문집 14집, 江原大學校(1980), 356면.

43) 일반조항으로 도피(Flucht in die Generalklauseln)라 함은 법률 등의 적용에 의하여 해결 가능한 사건에 신의칙 등을 적용하여 법률 등에 의한 경우와 동일한 결론을 내리는 것을 말한다.

44) 대법원 1967. 2. 7. 선고 66다2173 판결[대법원판결집 15(1)민, 89]에서 "채권이 법정기간의 경과로 인하여 소멸시효로 소멸된다는 것은 보통 일반적으로 아는 것이라고 인정할 수 있는 것이므로 채무자가 시효완성 후에 채무의 승인을 한때에는 일응 시효완성의 사실을 알고 그 이익을 포기한 것이라고 추정할 수 있다"고 했다. 같은 취지의 판결로는 대법원 1965. 11. 30. 선고 65다1996 판결이 있었다. 대법원 1968. 1. 31. 선고 67다2652 판결(미간행)에서는 "시효소멸기간 후에 피해자인 원고에게 그 근무처인 철도국이 급료를, 총무처가 공무원년금법에 의하여 의료비 및 요양일시금을 각 지급했고 원고의 간호료 지급청구에 대하여 교통부장관이 교통부공제소합에서 특별조치로서 15개월간의 간호료를 지급하기로 했다는 회보를 했다 하더라도 이로써 피고가 원고의 배상청구권이 시효에 의하여 소멸했다는 사실을 알면서 시효의 이익을 암묵 간에 포기한 것이라고는 볼 수 없다"고 했다. 이 판결들에 관한 평석으로는 金世鎭, "時效利益의 抛棄에 관한 判例 分析과 그 理論構成에 관한 試論", 裁判과 判例 5輯, 大邱判例硏究會(1996), 22면 이하.

부당하게 보호를 받게 된다. 이러한 부정적인 측면을 중시하면, 소멸시효의 적용을 될 수 있으면 억제할 것이기 때문이다.

그리고 정현식 판사의 위와 같은 정도의 설명만으로는, 민법에서 명문 규정으로 인정하는 소멸시효의 항변을 배척해야 한다는 주장을 법원이 실제로 받아들이는 것은 쉽지 않았을 것으로 보인다. 실제 재판에서 적용하기 위해서는 소멸시효 남용에 관한 학문적 연구가 더 필요한 상황이었다.

나. 윤진수 교수의 소멸시효 남용 법리의 전개

1) 독일과 일본의 이론의 소개

우리나라에서 소멸시효 남용 법리를 최초로 학문적으로 깊게 연구한 문헌은 윤진수 교수가 1984년에 서울대학교 법과대학원에서 황적인 교수의 지도아래 법학석사학위를 받은 논문 "소멸시효의 남용에 관한 고찰"이다. 이 논문은 먼저 독일, 일본에서 소멸시효 남용 법리가 태동하여 발전하는 과정에서 중요한 역할을 수행한 판결들을 아주 상세히 소개하고, 이어서 두 나라에서 소멸시효 남용의 요건, 적용범위, 효과 등에서 차이 등을 분석했다.

이러한 연구에 토대하여, 소멸시효 남용 법리가 근본적으로 '선행행위에 모순되는 거동의 금지'라는 원칙에 근거한다는 결론을 제시했다. 소멸시효 항변이 남용에 해당하여 허용되지 않기 위해서는 소멸시효 항변과 모순되는 것으로 평가될 수 있는 채무자 측의 행위가 있을 것이 요구된다고 했다.[45] 그러면서 그 당시에 이미 많은 적용 사례를 가지고 있었던 일본의 문헌이나 판례에서 아직 시도하지 않았던 유형화[46]를 먼저 시도했다. 소멸시효 남용에 해당하는 유형으로는 채무자가 채권자로 하여금 소멸시효기간 내에 권리를 행사할 수 없게 한 경우, 채권자가 소멸시효기간을 도과한 데 채무자가 어떤 유인을 제공한 바는 없어도 소멸시효완성 후에 소멸시효의 주장과는 모순되는 행동을 한 경우로 유형화를 했다.[47] 후자의 경우에도 전자의 경우와 마찬가지로 선행행위에 모순되는 거동으로서 허용되지 않는다고 보는 것이다.

---

45) 尹眞秀(주 3), 90면.

46) 일본에서 소멸시효의 원용이 신의칙에 비추어 허용되지 않는 경우를 처음으로 유형화한 문헌으로 보이는 山崎民彦 논문(주 39)이 1984. 2. 25. 발표되었기 때문에, 사실상 1983년 하반기부터 작성, 심사에 들어갔다고 보이는 석사학위논문에서는 山崎民彦 논문(주 39)을 참조했을 가능성은 없었다고 보인다.

47) 尹眞秀(주 3), 87~88면.

2) 소멸시효 남용 법리의 응용

이 논문에서는 독일과 일본의 판례와 학설을 소개하는 데에서 그치지 않고, 소멸시효 남용 법리로써 그 이전의 2건의 대법원 전원합의체 판결에 이론적 근거를 부여하려고 한 점이 돋보인다. 이는 소멸시효 남용 법리가 앞으로 여러 측면에서 응용되어 신의칙의 미세한 조정 기능이 제대로 작동하도록 할 수 있음을 보여주는 대목이라 할 것이다. 아래에서 그 2건의 이론 전개를 살펴보자.

가) 부동산을 인도받은 매수인의 등기청구권이 소멸시효에 걸리는지 여부

먼저 대법원 1976. 11. 26. 선고 76다148 전원합의체 판결이다. 부동산 매수인이 그 목적물을 인도받아 이를 사용·수익하던 중에 매도인을 상대로 소유권이전등기절차이행청구의 소를 제기하자 매도인 측에서 소멸시효 항변을 한 사안이다. 복수의견[48]은 이 경우의 등기이전청구권이 소멸시효 대상이 아니라고 판단하면서, 그 논거로 "그 매수인을 권리 위에 잠자는 것으로 볼 수도 없고 또 매도인 명의로 등기가 남아 있는 상태와 매수인이 인도받아 이를 사용수익하고 있는 상태를 비교하면 매도인 명의로 잔존하고 있는 등기를 보호하기보다는 매수인의 사용·수익 상태를 더욱 보호하여야 할 것"을 들었다.

위 논문에서는 복수의견을 지지하면서도 이론적 근거를 소멸시효 남용에서 찾아야 한다고 주장했다. 그 상세한 논리 전개를 직접 들어보자.

> "매수인이 등기청구권의 행사를 게을리한 것은 소멸시효기간이 경과하더라도 매도인이 소멸시효를 주장하여 등기의무의 이행을 거절하지는 않으리라고 믿은 데 그 원인이 있고, 매수인이 위와 같이 믿게 된 것은 매도인이 목적 부동산을 인도하여 준 데 기인한 것이므로, 뒤에 매도인이 소멸시효를 주장하는 것은 위와 같은 부동산의 인도라는 선행행위와는 모순되어 허용될 수 없을 것이었다."[49]

48) 대법관 15명(당시 재판장은 대법원장이 아니라 대법관 민복기이었다) 중 7인만이 동의하여 과반수가 되지 못한다. 나머지 대법관 8인 중 6인은 "인도로써 그 청구권의 소멸시효는 중단되고 그 상태는 계속되어 있다고 보아야 한다"는 별개의견이었으며, 2인은 "등기청구권이 물권적 합의에 그 발생근거가 있으므로 시효제도에 관한 한 등기청구권은 그 자체가 독립하여 소멸시효의 대상이 될 수 없는 것"이라는 별개의견이었다.

49) 尹眞秀(주 3), 111면. 이에 관하여, 윤진수 교수는 1997년에 서울대 법과대학 교수로 옮긴 다음해인 1998년에 인권과 정의 261호에 "점유를 상실한 부동산매수인의 등기청구권의 소멸시효"라는 논문을 발표했다.

이러한 경우에 매도인이 소멸시효 항변을 하는 것은 소멸시효 남용에 해당하여 허용되지 않는다고 하는 법리적 주장은 이 논문이 최초이다. 이후 서울대학교 양창수 교수도 1990년 6월에 "이러한 경우 매도인이 소멸시효완성을 주장하는 것은 소멸시효 제도를 남용하는 것이어서 허용되지 않는다는 데 있다"고 했다. 다만, 양창수 교수는 신뢰보호가 아니라 객관적인 이익형량 문제라고 보았다.[50] 즉, "그 '신뢰'란 기껏해야 아무리 오랜 기간이 경과하여도 매도인이 매수인의 이전등기청구에 응할 것이라는 매도인의 인품에 대한 일방적인 신뢰일 것이다. 설사 그와 같은 신뢰가 있었다 해도 그것이 부동산 물권변동에 관한 등기주의 아래서 보호받을 가치가 있는 신뢰인가가 의심스럽고, 그와 같은 신뢰가 일반적으로 보호되어야 한다면 가령 소비차주가 그동안 다른 채무를 제대로 이행하여 왔으므로 이번에도 문제없이 이행할 것이라고 신뢰하여 대주가 금전을 대여했는데 이번에는 차주가 그 신뢰에 반하여 소멸시효기간이 도과하도록 장기간에 걸쳐 차금을 반환하지 아니한 경우에도 차주가 소멸시효완성을 주장하는 것이 권리남용에 해당하는지 의문이다"이라고 했다. 이처럼 소멸시효 남용 법리에서 신뢰를 좁게 이해하는 견해는 나중에 양창수 교수가 대법관이 된 이후에 과거사 사건에서 소멸시효 남용 법리의 적용에 다소 소극적인 태도를 취하는 것으로 일관하여 이어졌다고 보인다.

나) 손해가 나중에 현실화된 경우 손해배상청구권 소멸시효의 기산점

다음으로 대법원 1979. 11. 26. 선고 77다1894 전원합의체 판결[51]이다. 사안은 이렇다. 국유지의 처분이 법률상 제한되어 있었음에도 공무원이 과실로 이를 간과하고 국유지를 매도하여 소유권이전등기까지 완료한 후 5년이 지난 다음에 국가가 소유권이전등기가 원인무효임을 이유로 그 말소등기를 청구했다가, 매수인 또는 전득자인 피고들이 반소로 불법행위를 원인으로 한 손해배상청구를 하자, 손해배상청구권의 소멸시효가 완성했다고 주장했다. 이에 대법원은 이러한 경우에 그 소멸시효는 "매수자 명의의 등기가 현실적으로 말소될 것이 확실시 되어, 이제까지는 그의 현실적인 행사를 기대할 수 없어서 단지 관념적이고 부동적인 상태에서 잠재적으로만 존재하고 있었다고 하여야 할 손해가 현실화 되었다고 볼 수 있는 때"부터 기산한다고 보고, 소멸시효의 항변을 배척했다.

위 학위논문에서는 판결의 결론에 찬성하면서도 법리적 근거로 "국가가 자기의

---

50) 梁彰洙, "消滅時效에 걸리는 權利", 考試硏究 17卷 6號(1990. 6), 40~42면.

51) 집24(3)민, 277; 공1976.12.15.(550), 9492. 이에 대한 판례평석으로는 황적인, "국가의 위법한 부동산매각으로 인한 손해배상청구권에 대한 소멸시효의 기산점", 판례회고 8호(1980. 12), 서울대학교, 46면 이하.

등기말소청구권만을 주장하면서 그와 불가분의 관계에 있는 손해배상의무에 대하여는 소멸시효가 완성되었다는 점을 이용하여 이를 면하겠다고 하는 것은 신의칙이나 형평의 원칙에 반하는 것으로서 소멸시효의 남용이라고 판단해야 한다"고 주장했다.[52)]

3) 논문 발표 이후의 학계 동향

이후 윤진수 교수는 1992년 3월에 민법주해[Ⅲ] 중 소멸시효 부분을 집필하여 소멸시효 남용 법리의 핵심을 다시 소개함과 아울러 이를 위와 같은 대법원 전원합의체 판결의 이론적 근거로 제시했다. 그리고 민법주해[Ⅲ], 412면에서는 소멸시효의 항변이 신의칙에 비추어 허용되지 않는 경우를 일본에서 최초로 유형화한 것으로 보이는 山崎民彦 주장을 소개했다.[53)] 그때까지도 소멸시효 남용 이론에 관하여 학계에서는 추가적인 논의가 없었던 것으로 보인다.

4. 소멸시효 남용 법리의 대법원 판결 등에서 전개

가. 대법원 판결에서 소멸시효 남용 법리의 인정

대법원은 1994. 12. 9. 선고한 93다27604 판결[54)]에서 소멸시효 남용 법리를 최초로 인정했다. 소송관계는 다음과 같다. 법인의 탈루소득이 주주 등에게 배당 또는 상여의 형태로 유출되었다고 과세관청은 판단하고 법인에는 법인세를, 주주 등에게는 종합소득세를 부과했다. 이에 법인이 부과처분의 무효를 다투는 소송을 제기함으로써 법인의 국가에 대한 국세환급청구권의 소멸시효가 중단되었다. 주주는 그 시효중단의 효력이 자신의 국세환급청구권에도 미친다고 믿고 별도의 불복 절차를 취하지 않은 채, 법인세부과처분 취소소송의 결과를 기다리다가, 국세환급청구권의 소멸시효기간 5년이 경과한 후 이를 행사하여 소를 제기했다. 이에 국가는 소멸시효 항변을 했다.

이에 원심법원인 서울고등법원(92나154)은 이전의 유사한 소송에서의 결론과 달리[55)] 1993. 5. 7. 아래와 같은 이유로 국가의 소멸시효 항변을 배척하고 원고의 청

52) 尹眞秀(주 3), 131~132면.

53) 民法注解[Ⅲ], 1992, 412면(尹眞秀 집필).

54) 공1995.1.15.(984), 434(과오납 세금 환급청구 판결). 이에 대한 판례평석으로는 韓杠鉉(주 38), 205면 이하; 김백영, "誤納金返還請求에 대한 消滅時效의 抗辯과 權利濫用該當與否", 공법학연구 1권, 영남공법학회(1999), 325면 이하.

55) 그 전에 이미 원고와 비슷한 다른 주주들에 의한 유사한 소송이 있었다. 먼저, 이 사건의 원

구를 인용했다.

> "법인이 제기한 소송의 결과 법인소득의 탈루가 부정되었음에도 국가가 스스로 주주에 대하여 과오납된 종합소득세부과처분을 취소하지 않고 그 환급금청구에 불응하는 것은 조세징수권의 남용이라고 하지 않을 수 없고, 남용된 조세징수권 행사의 결과를 향유하기 위하여 소송에서 소멸시효의 항변을 제출하는 것도 권리남용에 해당하여 허용되지 않는다."

위 고등법원 판결이 결론에서 "소멸시효의 항변을 제출하는 것도 권리남용에 해당하여 허용되지 않는다"고 설시함으로써 소멸시효의 영역에 권리남용을 최초로 도입한 것이라 볼 수는 있다. 이는 이미 1992년에 발간된 민법주해[Ⅲ]에 소개된 소멸시효 남용 이론을 채용했다기보다는 독자적인 법리 전개로 보인다.

위 대법원 판결은 원심판결과 달리 국가의 소멸시효 항변이 신의성실의 원칙에 반하는 권리남용으로 허용될 수 없는 경우에 해당하지 않는다고 판단하면서 원심판결을 파기하고 사건을 환송했다. 그 결론에 이르는 과정에서 소멸시효의 항변이 신의성실의 원칙에 반하는 권리남용으로 허용될 수 없는 특별한 경우의 유형을 상정하고서는 본 사안이 그 어디에도 해당하지 않는다고 판단했다. 그 설시는 아래와 같다.

> "채무자인 국가가 시효완성 전에 채권자인 주주의 권리행사나 시효중단을 불가능 또는 현저히 곤란하게 하거나 그러한 조치가 불필요하다고 믿게 하는 행동을 했거나, 객관적으로 채권자인 원고가 권리를 행사할 수 없는 장애사유가 있었거나, 또는 일단 시효완성 후에 채무자인 국가가 시효를 원용하지 아니할 것 같은 태도를 보여 권리자인 원고로 하여금 그와 같이 신뢰하

고와 마찬가지로 법인의 다른 주주가 국세환급금등 이행청구의 소를 제기했지만, 서울민사지방법원 1991. 3. 27. 선고 90가합81541 판결은 피고의 소멸시효 항변이 신의칙에 반한다는 원고 주장을 배척하면서 원고의 청구를 기각했고, 서울고등법원 1991. 9. 6. 선고 91나17995 판결은 제1심 판결의 이유를 인용하면서 원고의 항소를 기각했으며, 대법원 1992. 3. 10. 선고 91다37096 판결은 원고의 상고를 기각했다. 또 다른 주주가 제기한 국세환급금등이행청구 사건에서는 원고는 '과세관청이 행정소송에서 부과처분이 적법하다고 주장했다가 그 부과처분이 무효라는 판결이 선고되어 확정되자 과세처분이 당연무효임을 전제로 환급금청구권의 소멸시효를 주장하는 것은 신의칙이나 금반언의 원칙에 비추어 허용되지 않는다'고 주장했지만, 서울고등법원 1991. 10. 30. 선고 91다19113 판결(미간행)에서는 피고의 소멸시효 항변을 신의칙에 반한다거나 금반언의 원칙에 반하는 것이라 할 수 없다고 판단하면서 원고의 청구를 기각했고, 대법원 1992. 4. 14. 선고 91다43930 판결에서 별다른 이유의 설시 없이 원고의 상고를 기각했다.

> 게 했거나, 채권자 보호의 필요성이 크고 같은 조건의 다른 채권자가 채무의 변제를 수령하는 등의 사정이 있어 채무이행의 거절을 인정함이 현저히 부당하거나 불공평하게 되는 등의 특별한 사정이 있는 경우에 한하여 채무자인 국가가 소멸시효완성을 주장하는 것이 신의성실의 원칙에 반하여 권리남용으로서 허용될 수 없다."

이 설시에서는 소멸시효 항변이 신의성실의 원칙에 반하여 권리남용으로서 허용되지 않는 4가지의 경우를 직접 판시하지 않고 이를 전제로 판단하고 있다. 이는 1984년의 山崎民彦 유형화와 1986년의 半田吉信 유형화를 참작하여 종합화한 것으로 보인다.[56] 대법원의 위와 같은 설시는, 독일에서 소멸시효완성 전의 채무자 거동 때문에 채권자가 권리행사를 하지 못한 경우에 소멸시효 항변을 배척하는 것과는 확연히 구별된다.[57]

그리고 대법원 판결에서 구체적 사건에서 소멸시효 남용 법리를 적용하여 소멸시효 항변을 배척하자는 의견은 1995. 4. 25. 선고한 94재다260 전원합의체 판결[58]의 별개의견으로 처음으로 등장한다. 그 의견에서는, "당사자가 국가를 상대로 보상금청구소송을 제기한 경우에 잘못된 대통령령을 제정함으로써 당사자로 하여금 원래의 소멸시효기간 내에 제대로 권리를 행사할 수 없게 하는 원인을 제공한 대한민국 자신이 보상청구권의 소멸시효가 완성되었음을 주장하는 것은 특별한 사정이 없

---

56) 韓杠鉉(주 38), 5면에서 일본에서의 유형화를 소개하면서 半田吉信(주 40), 79~81면; 山崎民彦(주 39), 149~150면 등을 근거로 들고 있다. 위 대법원 판결에서는 대법원 판결의 설시 중 "객관적으로 채권자인 원고가 권리를 행사할 수 없는 장애사유가 있었던 경우"는 山崎民彦(주 39)은 "의무자 측의 그러한 행동은 없었지만 그에 상당하는 객관적인 사정이 있는 경우"와 상당히 다르다. 그리고 "채무의 이행거절이 '현저히' 부당하거나 불공평하게 되는 등의 특별한 사정"이란 설시는 半田吉信 논문(주 40)과 달리 "현저히"라는 표현이 들어 있다. 이는 당연한 것을 명시한 것으로 볼 수도 있지만, 소멸시효 남용 이론의 적용범위가 지나치게 확대되는 것을 염려하면서 이를 제한할 장치로 둔 것으로 볼 여지도 있다. 우성엽, "소멸시효완성 후 채무를 승인한 경우 시효이익의 포기 여부", 재판과 판례 제23집, 대구판례연구회(2015), 185면, 주61에서는 "이(소멸시효 남용 법리에 관한 대법원 판시)는 일본에서의 유형별 분류를 그대로 채용한 것"이라고 하지만 꼭 그렇게 단정할 것만은 아니다.

57) 韓杠鉉(주 38), 224면에서는 "피고가 조세부과를 위하여 상태성 없는 자료를 만들도록 함에 있어 원고 등에게 가한 위법행위들이 국가기관이 업무수행 과정에서 통상적으로 저지를 수 있는 정도의 잘못을 넘어선 것으로서 그 위법행위가 지극히 억압적이고 비도덕적이어서 그 불법성이 중대했다는 점에 좀 더 비중을 두었더라면 대상판결의 결론에 이르게 되기까지의 이론적인 과정이 달라질 수도 있지 않았겠는가 하는 아쉬움이 남는다"고 했다. 1997년에 발표된 이러한 견해는 이후에 국가의 조직적인 불법행위 사건에서 소멸시효 남용 법리의 적용 여지가 있음을 암시한다.

58) 공1995, 1699.

는 한 신의칙상 허용되지 아니한다고 보아야 할 것"이라고 했다.

나. 하급심의 삼청교육대 사건에서 소멸시효 항변의 배척

소멸시효 항변이 신의성실의 원칙에 반하여 권리남용으로 허용되지 않는다고 대법원 판례가 제시한 4가지 유형 중 첫 번째의 유형을 제외한 나머지 유형은 그 의미가 반드시 명확하지도 않고 신의성실의 원칙에 반하여 권리남용에 해당하는 근거도 명확하지 않았다. 게다가 윤진수 교수의 학문적 연구와 발표에 불구하고, 학계에서 추가적인 연구와 고찰이 뒤따르지 않아, 그 이론의 의미와 적용범위에 관한 공감대가 충분히 제고되지 못했다고 볼 수 있다. 이런 상황에서는 첫 번째 유형을 제외한 나머지 3가지 유형의 의미나 외연을 제대로 파악하여 구체적인 사건에 적용하는 데에는 어려움이 있었을 것이다. 게다가 국가의 조직적인 불법행위가 문제되는 사건이라면 더욱 그러할 수 있었다고 보인다. 그에 따른 대표적인 사례가 삼청교육대 사건이다. 삼청교육대 관련 첫 번째 대법원 판결에서는 소멸시효 남용 법리가 정면으로 쟁점으로 되지 못하고,[59] 대통령의 담화 발표[60]와 국방부장관의 담화 발표가 국가배상채무의 승인 또는 소멸시효 이익의 포기로 볼 수 있는지가 쟁점이 되어 버렸다. 소멸시효 남용 법리가 채무승인이나 시효이익의 포기를 인정하기 어려운 경우에 적용된다는 점을 고려한다면 삼청교육대 사건의 쟁점이 위와 같이 정리된 것은 무척 아쉽다.

대법원 1996. 12. 19. 선고 94다22927 전원합의체 판결[61]에서 다수의견과 보충의견은 "대통령이 1988. 11. 26. 발표한 담화는 사법상으로 삼청교육 관련 피해자들에 대한 국가배상채무를 승인했다거나 또는 시효이익을 포기한 것으로 볼 수는 없다"고 했다. 그 논거로, 다수의견에서는 대통령의 담화 발표가 "사법상의 법률효과

---

59) 원고는 제1심에서 피고의 소멸시효 항변이 위와 같은 신의성실의 원칙에 위반되어 허용될 수 없다고 주장했지만, 항소심에서 피고가 시효이익을 포기했다고 판단하면서, 소멸시효 항변 남용의 주장을 판단하지 않았다.

60) 대통령이 1988. 11. 26. 소위 삼청교육과 관련한 사상자에 대하여 신고를 받아 피해보상을 하겠다는 의사를 국민에 대한 시국관련특별담화의 형식으로 표시했다. 그 특별담화의 구체화 작업으로 정부 내의 주무부서인 국방부장관이 1988. 12. 3. 담화문 형식으로 정부가 삼청교육 관련 피해자들에게 응분의 보상을 하기로 결정했음과 삼청교육 관련 사망자 및 부상자를 대상으로 신고기간을 1988. 12. 12.부터 1989. 1. 20.까지로 하여 신고할 것을 밝혔다. 원고도 1989. 1. 5. 소정의 서류를 갖추어 행정청에 피해신고를 했다.

61) 공1997.1.1.(25), 75. 이에 대한 판례평석으로는 康東弼, "三淸敎育과 관련한 大統領 談話의 法律的 性格", 法曹 46권 12호(1997. 12), 법조협회, 150면 이하; 윤진수, "국가 공권력의 위법행위에 대한 민사적 구제와 소멸시효·제척기간의 문제", 한인섭 편, 재심·시효·인권, 경인문화사(2007), 197면 이하.

를 염두에 둔 것이 아니라 단순히 정치적으로 대통령으로서의 시정 방침을 밝히면서 일반 국민들의 이해와 협조를 구한 것"임을 이유로 들었다. 보충의견에서는 "손해배상책임의 시효소멸 여부가 문제되는 배상이 아닌 보상 차원에서 새로운 입법조치 추진 의사를 밝힌 정치적 시정 방침"으로 보아야 한다고 했다. 다수의견과 보충의견은 대통령의 담화는 한마디로 정치의 영역일 뿐이고 법의 영역에서는 전혀 의미가 없다는 것이다. 하지만, 삼청교육대 사건에서 피해자들 등은 국가의 불법행위라는 법적인 문제를 법적으로 해결하라는 요구를 정당하게 했던 것이 아니었을까 싶다. 위 대법원 판결의 반대의견만은 "피고 국가의 소멸시효 항변은, 결국 신의성실의 원칙에 어긋난 권리남용에 해당"한다고 보았다. 그 이유로 "국민의 기본적 인권을 보호하여 국민 개개인의 인간으로서의 존엄과 가치를 보장하며 국민으로 하여금 행복을 추구할 권리를 향유하도록 하여야 할 임무가 있는 국가"가 "구차하게 소멸시효가 완성되었다는 주장을 내세워 그 책임을 면하려고 하는 것은 결코 용납할 수 없는 방어방식"이라고 보았다.

삼청교육대 관련 두 번째 대법원 판결에서는 소멸시효 남용 법리가 정면으로 다루어졌다. 하지만 대법원은 1997. 2. 11. 선고한 94다23692 판결[62]에서 위 전원합의체 판결의 다수의견을 논거로 들어 "국가의 소멸시효 주장이 금반언의 원칙에 위배된다거나 신의성실의 원칙에 반하여 권리남용에 해당된다고 할 수는 없다"고 판단했다.

다. 소멸시효 항변을 소멸시효 남용 법리로 배척한 최초의 대법원 판결

소멸시효 주장의 신의칙 위반을 긍정한 최초의 판결은 대법원 1997. 12. 12. 선고 95다29895 판결[63]이다. 사실관계는 다음과 같다. 원고는 주한미군으로부터 주한미군 휴양 시설 점포를 임차하고, 계약담당관 설명, 계약서 기재 내용 등에 근거하여 점포 내의 판매 물품은 면세된다고 믿고 면세가격으로 판매했다. 그런데도 세금이 부과되자 이를 납부한 다음 미합중국을 상대로 분쟁해결약정에 따라 손해배상을 청구했다가, 기각되자 소청심사위원회에 이의를 제기하고 이와 별도로 조정신청을 했다. 주한미군 부사령관 특별법률고문은 원고에게 행정적 구제절차로 분쟁이 해결

62) 공1997상, 720(삼청교육 관련 소멸시효완성 판결). 같은 취지 판결로는 1999. 9. 7. 대법원이 선고한 99다21257 판결(시위진압 도중 시위자 추락사 사건), 대법원 2001. 7. 10. 선고 98다38364 판결(삼청교육 관련 대통령 담화 등의 불법행위 사건), 대법원 2005. 5. 13. 선고 2004다71881 판결(이중 군복무 사건), 대법원 2008. 5. 29. 선고 2004다33469 판결('거창사건') 등.

63) 공1998.1.15.(50), 237.

되지 못한 때에는 소송을 제기할 수 있다고 회신했다. 소청심사위원회는 이미 단기소멸시효가 지난 후에 청문을 개시하여 원고 청구의 일부를 받아들였다가, 피고의 재심청구에 기하여 원고의 청구를 기각했다. 이로써 구제절차는 종료했다. 원고는 구제절차 종료 후의 상당한 기간 내에 소를 제기했다. 피고는 단기소멸시효를 원용했다.

원심판결인 서울고등법원 1995. 5. 19. 선고 94나27450 판결(미간행)에서는 원고의 청구를 인정했지만 피고의 단기소멸시효 항변을 판단하지 않았다. 피고가 이러한 판단 탈루를 상고이유로 삼았고, 대법원이 이를 판단했다.

대법원은 먼저 스스로 원심판결 이유와 기록에 의하여 위와 같은 사실을 추가로 인정한 다음, "피고의 소멸시효 항변은 신의성실의 원칙에 반하는 권리남용으로서 허용되지 않는다"고 판단했다. 그 이유는, 피고가 적극적으로 원고의 소 제기 등을 미루도록 유인하는 행동을 했고 원고가 피고와의 약정에 따라 피고의 구제절차를 밟고 이를 기다린 다음 상당한 기간 내에 소를 제기했으므로, 피고가 단기소멸시효를 원용하여 채무이행을 거절하는 것은 현저히 부당하다고 설시하면서, 소멸시효 남용 법리를 최초로 인정한 대법원 1994. 12. 9. 선고 93다27604 판결을 원용했다. 이는 독일에서 소멸시효 남용 법리가 인정되는 전형적인 사례와 유사하고, 위 대법원 판결에서 제시한 "권리자의 시효중단 조치가 불필요하다고 믿게 하는 의무자 측의 시효완성 전의 행동이 있는 경우"에 전형적으로 해당한다고 볼 수 있다.

나아가 위 대법원 판결은 원심이 피고의 소멸시효 항변을 판단하지 않은 것을 잘못이라고 보면서도, "피고의 소멸시효 항변이 결국 배척될 것임이 명백하여, 원심의 잘못이 판결 결과에 영향이 없어 판결의 파기 이유가 되는 위법이라고 할 수 없다"고 보고, 피고의 상고를 기각했다. 이에 따르면, 법원은 소멸시효 남용의 재항변이 없더라도, 소멸시효 항변에 대하여 신의성실의 원칙에 반하는 권리남용으로서 허용되지 않는지를 직권으로 판단할 수 있다고 보인다.

그리고 대법원은 1998. 5. 2. 선고한 96다24101 판결[64]에서, 비록 취득시효에 관한 판결이지만, "시효완성 후에 그 사실을 모르고 이 사건 토지에 관하여 어떠한 권리도 주장하지 않기로 했다 하더라도 이에 반하여 시효주장을 하는 것은 특별한 사정이 없는 한 신의칙상 허용되지 않는다"고 했다. 이에 따르면 소멸시효 항변에 대하여는 그 항변이 신의성실의 원칙에 반하는 권리남용으로서 허용되지 않는다는

---

64) 공1998.7.1.(61), 1702. 이에 대한 대법원 재판연구관의 판례해설로는 안정호, "국가의 점유취득시효완성 주장의 신의칙 위배 여부", 대법원판례해설 79호(2009 상반기), 9면.

재항변 없이 법원이 직권으로 판단할 수 있다고 보인다.[65)]

라. 소멸시효 남용 법리를 온전히 판시한 최초의 대법원 판결

대법원은 1999. 12. 7. 선고한 98다42929 판결[66)]에서 소멸시효 남용 법리를 최초로 아래와 같이 완전한 형태로 정리하여 판시했다.

> "채무자가 시효완성 전에 채권자의 권리행사나 시효중단을 불가능 또는 현저히 곤란하게 하거나[67)] 그러한 조치가 불필요하다고 믿게 하는 행동을 했거나(제1유형[68)] – 저자 주), 객관적으로 채권자가 권리를 행사할 수 없는 장애사유가 있었거나(제2유형 – 저자 주), 또는 일단 시효완성 후에 채무자가 시효를 원용하지 아니할 것 같은 태도를 보여 권리자로 하여금 그와 같이 신뢰하게 했거나(제3유형 – 저자 주), 채권자 보호의 필요성이 크고 같은 조건의 다른 채권자가 채무의 변제를 수령하는 등의 사정이 있어 채무 이행의 거

65) 이에 관하여 이미 대법원 1989. 9. 29. 선고 88다카17181 판결[공1989.11.15.(860), 1576]에서 "신의성실의 원칙에 반하는 것 또는 권리남용은 강행규정에 위배되는 것이므로 당사자의 주장이 없다 하더라도 법원은 직권으로 판단할 수 있는 것이니, 이에 관하여 판단했다고 해서 변론주의에 위반된다고 할 수 없다"고 판시했다. 이후 같은 취지로는 대법원 1998. 8. 21. 선고 97다37821 판결[공1998.9.15.(66), 2278]; 대법원 2007. 7. 26. 선고 2006다43651 판결(미간행) 등.

66) 공2000.1.15.(98), 140(증권회사 지점장 환매채예수금 횡령 사건). 사안은 다음과 같다. 증권회사 지점장이 1983년 이전에 고객에게서 환매채예수금을 교부받아 보관하던 중 이를 횡령하고서도 고객에게는 수시로 입출금확인서 등을 발행하여 원고를 안심시켰다. 그 횡령행위는 그때부터 10년이 지난 후인 1994년 11월경 발각되었다. 원고는 사용자책임을 물어 손해배상청구를 했고, 피고는 10년의 소멸시효기간이 경과했다고 항변했다. 이에 대법원은 "지점장의 횡령행위가 있은 뒤 그에 이은 지점장의 일련의 행위로 인하여 원고의 권리행사나 시효중단은 불가능하거나 현저하게 곤란했다"는 이유로 "소멸시효의 주장이 신의성실의 원칙에 반하여 권리남용으로서 허용될 수 없다"고 판단했다.

67) 대법원 2003. 7. 25. 선고 2001다60392 판결은 청송보호감호소에서 보호감호를 받던 원고가 자신이 받은 부당한 처우에 대한 각종 소송서류 등을 작성하기 위한 집필허가신청도 불허하고 외부인의 접견조차 일체 중지시킨 사안에서, "채무자가 시효완성 전에 스스로 채권자의 권리행사나 시효중단을 불가능 또는 현저히 곤란하게 한 결과 채권자가 그러한 조치를 할 수 없었던 경우에 채무자가 소멸시효의 완성을 주장하는 것은 신의성실의 원칙에 반하는 권리남용으로 허용될 수 없다"고 했다.

68) 이러한 유형의 표시가 대법원 판결에는 없다. 이러한 '유형' 호칭은 朴贊益, "消滅時效와 信義誠實의 原則", 民事判例硏究會 29권(2007. 3), 298면에서 소멸시효 남용 법리에 관한 대법원 판결 판시를 "시효 원용이 배척되는 '유형'"이라고 지칭하면서 최초로 사용된 것으로 본인다. 박종훈, "소멸시효의 원용과 권리남용(연구대상판결 대법원 2005. 5. 13. 선고 2004다71881판결)", 判例硏究, 부산판례연구회(2007), 81면에서 "소멸시효 남용의 요건" 중 "일반적인 요건"이라는 제목하에 각각 제1유형, 제2유형, 제3유형, 제4유형으로 표현한 이후 제1, 2, 3, 4유형으로 부르는 경우가 많아졌다. 이 글에서도 위 4가지 경우를 통칭할 때에는 "소멸시효 남용 법리의 요건"으로 부르고 개별적으로는 제1, 2, 3, 4유형으로 지칭한다.

절을 인정함이 현저히 부당하거나 불공평하게 되는(제4유형 – 저자 주) 등의 특별한 사정이 있는 경우에 한하여 채무자가 소멸시효의 완성을 주장하는 것이 신의성실의 원칙에 반하여 권리남용으로서 허용될 수 없다."

이상과 같이 1990년대의 대법원은 비록 국가의 조직적인 불법행위 관련 사건에서는 소멸시효 남용 법리의 적용에 소극적이었지만 나머지 영역에서는 이 법리의 적용에 적극적이었다고 평가할 수 있다.

마. 제2유형을 인정한 최초의 대법원 판결

대법원 판결에서 제시한 4가지 중에서 두 번째인 "객관적으로 채권자가 권리를 행사할 수 없는 장애사유가 있는 경우"(제2유형)가 논의의 핵심이었다. 우선 그 의미가 명확하지 않다. 또 이를 권리남용의 사유로 인정한다면 소멸시효 개시의 장애사유로 인정되고 있는 법률상 장애와 그렇지 않은 사실상 장애의 구별을 무의미하게 만들 우려가 없지 않기 때문이다.[69] 그런 만큼 이를 구체화하기는 쉽지 않다.[70]

그런데도 이를 적용하여 소멸시효 항변을 배척하는 첫 번째 대법원 판결은 비교적 일찍 나왔다. 대법원이 2002. 10. 25. 선고한 2002다32332 판결[71]이 그것이다. 이 판결은 임금 청구 사건으로 과거사 관련 사건은 아니다. 사실관계는 다음과 같다. 피고가 기존 근로자들에게 불리하게 퇴직금 규정을 개정하면서 그들의 기득이익을 보호하기 위하여 부칙에 경과규정을 두면서도 그들에게 유리한 경우에만 적용한다는 명시적인 규정을 두지 않았다. 부칙을 적용하면 그 결과가 기존 근로자들에게 불리하게 되는 것은 위 부칙을 규정한 때로부터 13년여의 세월이 흐른 후였고, 피고

---

69) 윤진수, "과거사 정리와 소멸시효－형사판결에 의한 인권침해를 중심으로－", 民事裁判의 諸問題 23권, 한국사법행정학회(2015), 831면. 권영준, "소멸시효와 신의칙", 財産法硏究 26권 1호, 2009, 17~18면은 권리가 발생했지만 객관적으로 그 권리를 행사할 것을 기대할 수 없는 장애사유가 있고 그 장애의 정도가 법률상 장애에 준한다고 평가된다면, 그 장애가 제거될 때까지는 '권리를 행사할 수 있는 때'에 이르지 않았다는 해석도 가능하다고 주장한다.

70) 朴贊益(주 68), 314면. 박종훈(주 68), 82면 이하에서는 각 유형의 구체적 의미를 설명하면서 우리나라와 일본의 판결들을 유형별로 분류하고 있다.

71) 공2002.12.15.(168), 2849(추가 퇴직금 청구 사건). 이에 대한 대법원 재판연구관의 판례해설로는 李桂玄, "채권자의 권리행사가 객관적으로 불가능한 사실상의 장애사유가 있음에 불과한 경우 채무자의 소멸시효 항변이 신의칙에 반한다는 이유로 허용하지 않을 수 있는지 여부", 대법원판례해설 제42호, 2002 하반기, 법원도서관(2003), 546면 이하. 이후 같은 취지 판결로는 대법원 2008. 9. 11. 선고 2006다70189 판결(미간행)(한국전쟁 당시 연대장이 대대장을 즉결처분을 한 후 이를 은폐하기 위해 대대장에 대한 사형선고 판결문과 사형집행서류 등을 위조한 사실이 재심사건에서 밝혀진 사례) 등.

도 부칙을 기존 근로자들에게 유리한 경우에만 제한적으로 적용해야 한다는 사실을 알지 못하고 계속 적용했다. 원고들은 추가 퇴직금지급을 청구했고, 피고는 소멸시효의 항변을 했다.

대법원은 소멸시효 항변을 받아들이는 것이 "원고들에게 너무 가혹한 결과"가 되어, 신의성실의 원칙에 반하여 허용될 수 없다고 판단했다. 원고들에게는 "객관적으로 추가 퇴직금 청구권을 행사할 수 없는 사실상의 장애사유"가 있었다고 본 것이다. 그 논거로, "원고들은 취업규칙의 부칙이 정당하다고 신뢰하여 추가 퇴직금 청구를 하지 아니하였고, 부칙이 제한적으로 적용되어야 한다는 점을 관련 소송의 제1심 법원조차 알지 못했을 정도로 원고들이 그렇게 신뢰한 것에 어떠한 과실이 있다고 보기 어려우므로, 원고들에게 부칙의 적용범위에 관한 의심을 가지고 소송을 제기하여 추가 퇴직금 청구권을 행사할 것을 기대하기는 어렵다"고 설시했다.

이 판결에 대한 대법원 재판연구관의 판례해설에서는 "이러한 장애사유에 해당하려면 일반인의 눈으로 보았을 때 그러한 권리행사를 기대하기 어렵다는 등의 사정이 있어 채권자가 권리를 행사하지 아니한 것이 사회적으로 상당한 것으로 평가될 수 있어야 한다"고 했다.[72] 이로써 소멸시효 남용 이론은 특히 과거사 관련 사건에서도 상당히 넓게 적용될 수 있는 발판이 마련되었다.

이 판결이 나오고 얼마 지나지 않아 소멸시효 남용 이론에 반대하는 견해가 나왔다. 이에 따르면, 시효에까지 신의칙을 개방하는 것은 '일반규정으로의 도피'를 남용하게 될 뿐, 얻는 것이 없다고 한다.[73] 그 논거로는, 시효 제도는 법적 안정성이라고 하는 공익에 그 목적이 있으므로 이로부터 시효 규정 엄격 해석의 원칙 및 착오 주장 배제의 원칙이 나오고, 권리가 있음을 모르고 행사하지 아니하여 소멸시효에 걸린 경우에 사실의 착오 또는 법률의 착오를 이유로 하여 시효 효과의 발생을 저지할 수 없다는 것을 들었다. 하지만 이는 소멸시효 남용 이론의 태동기부터 예상했고 양창수 교수의 견해로 이어지던 견해로 전혀 새로운 것이 아니었지만, 소멸시효 남용 이론의 적용범위를 놓고 앞으로 격하게 벌어질 대립관계의 예고편으로 볼 수 있다.

바. 과거사 사건에서 소멸시효 남용 법리의 요건에 관한 논쟁

1) 수지 킴 사건에서 소멸시효 남용 법리 요건의 추가

이상의 대법원 판결을 살펴보면, 국가의 조직적인 불법행위를 제외한 다른 영역

72) 李柱玄(주 71), 573면 이하.
73) 李英俊, 韓國民法論[總則編], 修正版, 朴英社(2003), 711~712면.

에서는 소멸시효 남용 법리에 따라 소멸시효 항변을 배척하는 데 비교적 관대했지만, 삼청교육대 사건의 경우처럼 국가의 조직적인 불법행위를 원인으로 한 손해배상청구 사건에서는 소멸시효 남용 법리를 적용하는 데 매우 엄격했다.

하지만, 공무원이 통상적인 공무수행을 하는 과정에서 개별적으로 불법행위를 저지른 것이 아니라 조직적으로 불법행위를 저지르고서는 피해자가 손해배상청구를 하자 이제 와서 국가가 소멸시효 항변을 하는 것이 소멸시효 남용 법리의 관점에서 허용될 수 있는지는 여전히 의문이었다. 이미 삼청교육대 사건 전원합의체 판결에서 반대의견은 국가가 "소멸시효가 완성되었다는 주장을 내세워 그 책임을 면하려고 하는 것"은 "국가의 기본적 인권을 보호할 임무"에 비추어 볼 때 "구차하여" 결코 용납할 수 없는 방어방식이라고 역설한 바가 있다. 하지만 2000년대 초반까지는 이러한 반대의견을 지지하는 취지의 법률 문헌은 오세율 판사가 1999년에 대구판례연구회에서 발표한 논문[74] 외에는 찾아보기 어렵다.[75]

이러한 상황 속에서, 국가의 조직적인 위법행위를 원인으로 한 손해배상청구 사건에서 소멸시효 항변이 허용되는지는 수지 킴 사건[76]에서 전면으로 부상했다. 수지 킴의 동생들 등이 대한민국과 수지 킴의 살해자 윤태식을 상대로 손해배상청구의 소를 제기했다. 서울중앙지방법원은 2003. 8. 14. 선고한 2002가합32467 판결[77]에서 국가의 소멸시효 항변을 배척했다. 그 논거를 두 가지 방향으로 들었다. 첫 번째 방향의 논거는 대법원이 이미 판시한 소멸시효 남용 법리의 원용이었다. 그것보

---

74) 오세율(주 38), 40면 이하.

75) 2006년에 송기춘, "국가의 기본권보장의무와 조직간첩 사건 피해구제책임", 국가에 의한 중대한 인권침해와 피해자 권리구제 2차 워크숍 자료집, 한국인권재단(2006), 18면에서는 "국가기관이 조직적으로 저지른 불법행위에서는 국가의 기본권 보호의무 때문에 소멸시효나 제척기간과 같은 제도가 적용될 수 없다"고 주장한다. 최광준, "인권침해에 대한 국가의 책임, 소멸시효완성의 항변과 신의칙 ― 대법원 2013. 5. 16. 선고 2012다202819 전원합의체 판결을 중심으로 ―", 慶熙法學 제51권 제2호(2016), 367~368면에서는 "시효완성을 주장하며 책임을 회피하려 한다는 것은 국가의 도덕성을 심각하게 저해하는 행위"라고 주장한다.

76) 사실관계는 다음과 같다. 피고 윤태식은 1987. 1. 3. 홍콩에서 그 처인 일명 수지 킴을 살해한 후, 1987. 1. 5. 싱가포르 주재 북한대사관에 찾아가 월북하려다가 실패하자, 국가안전기획부에 '북한 공작원인 수지 킴에게 납치될 뻔하다가 탈출했다'고 거짓말하고 이와 같은 허위 내용의 기자회견을 했다. 국가안전기획부는 이러한 사실을 알면서도 언론에는 피고 윤태식이 반공투사이고 북한으로 납치될 뻔한 것으로 설명하고, 홍콩 경찰에는 수지 킴 살인 사건에 협조하지 말도록 하며, 수지 킴의 가족들에는 수지 킴이 간첩인 것처럼 대책을 마련하여 실행했다. 수지 킴의 오빠가 2000. 3. 9. 피고 윤태식을 서울지방검찰청에 고소했고, 피고 윤태식은 2001. 11. 13. 살인죄 등으로 기소되어 2003. 5. 30. 대법원에서 유죄판결이 선고, 확정되었다.

77) 각급법원공보 2003.10.10., 284. 이 판결에 관한 상세한 평석으로는 양현아, "'수지 김' 사건 유족들의 피해 성격과 그 함의", 한인섭 편, 재심 · 시효 · 인권, 경인문화사(2007), 93면 이하.

다 이 판결에서 특히 눈에 띄는 것은 두 번째 논거로 "국가가 국민을 보호할 의무"를 소멸시효 남용 법리의 요건으로 새로이 추가했다는 것이다. 즉 "국가는 국민을 보호할 의무가 있는 까닭에 국민이 자진해서 국가의 행위에 대하여 위법을 문제 삼고 그에 대해서 적절한 대응책을 마련한다는 것은 좀처럼 기대하기 어렵고, 국가도 위법한 조치로 인한 결과에 의하여 이미 형성된 생활관계를 회복시키기 위해 적절한 조치를 취하는 것이 원칙이다.[78] 위법행위를 한 국가가 그 위법에 대해 아무런 조치를 취하지 않고 있다가 이제 와서 그 위법을 몰랐던 원고에 대해 소멸시효완성을 주장한다는 것은 신의칙상 또는 형평의 원칙상 도저히 허용될 수 없다"는 것이다. 이는 삼청교육대 사건 전원합의체 판결의 반대의견과 맥락을 같이한다.

제1심 판결 중 피고 대한민국 부분은 항소가 없어 그대로 확정되어, 두 번째 논거에 관하여는 고등법원, 대법원의 판단이 없다. 두 번째 논거를 제외하더라도, "비밀 업무를 담당하는 국가기관의 위법은 외부에서 거의 알아보기 힘들다"는 점과 "피고 대한민국이 수지 킴 살인 사건의 진실을 은폐, 조작했다"는 점에 비추어 보면, 제1유형인 "채무자가 시효완성 전에 채권자의 권리행사나 시효중단을 불가능 또는 현저히 곤란하게 한 경우"에 해당한다고 볼 수 있다.[79]

2) 소멸시효 남용 법리의 요건 추가에 대한 제동

"객관적으로 채권자가 권리를 행사할 수 없는 장애사유가 있는 경우"(제2유형)와 관련한 대법원 2002. 10. 25. 선고 2002다32332 판결의 논거와 수지 킴 사건의 두 가지 논거는 서울고등법원 2004. 11. 18. 선고 2004나22683 판결(미간행)[80]에서 모두 이어졌다. 사안은 다음과 같다. 원고는 1950년 11월 학도의용군으로 입대하여 1953년 7월 제대했음에도, 1956년 징집영장을 받게 되자 학도의용군 참전 사실을 들어 징집 면제를 요청했지만, 참전 사실을 알 수 없고 학도의용군은 정식 군인이 아니라는 이유 등으로 거절되어 1956. 9. 11. 입대하여 복무하던 중, 구 병역법 부칙조항 신설에 따라 학도의용군은 현역복무한 자로 간주하여 제1예비역으로 편입되었

---

78) 이 판시 중 "국가는 국민을 보호할 의무가 있는 까닭에" 부분을 제외한 나머지와 같은 취지는 대법원 1979. 12. 26. 선고 77다1894 전원합의체 판결(이에 관하여는 주 51 본문 참조) 다수의견 취지와 비슷하다.

79) 윤진수(주 61), 228면.

80) 이에 대한 대법원 재판연구관의 판례해설은 이범균, "국가의 소멸시효완성 주장이 신의칙에 반하여 권리남용에 해당하는지 여부에 관한 판단 기준(2005. 5. 13. 선고 2004다71881 판결, 공 2005상, 950)", 대법원판례해설 제54호, 법원도서관(2006), 9면 이하. 판례평석으로는 姜宇燦, "國家賠償訴訟에서 國家의 消滅時效 完成主張에 대한 起算點 認定 및 信義則 違反與否에 관한 檢討", 法曹, 통권 제593호(2006. 2), 法曹協會, 17면 이하.

음에도, 계속 복무하다가 1959. 8. 1. 만기제대를 했다. 국방부장관은 1999. 3. 11. 비로소 원고의 학도의용군 복무 사실을 공식 확인했다. 원고는 2002. 12. 12. 국가를 상대로 손해배상청구의 소를 제기했다. 서울고등법원에서는 “국가의 소멸시효 항변은 신의칙상 또는 형평의 원칙상 도저히 허용될 수 없다”는 이유로 제1심 판결을 취소하고 원고의 청구를 일부 인용했다.

하지만, 하급심에서 소멸시효 남용 법리의 요건을 위와 같이 확장하는 것에 대하여 대법원 2005. 5. 13. 선고 2004다71881 판결[81]은 이를 명시적으로 부정함으로써 제동을 걸었다. 먼저 “국가에 국민을 보호할 의무가 있다는 사유만으로 국가가 소멸시효완성을 주장하는 것 자체가 신의성실의 원칙에 반하여 권리남용에 해당한다고 할 수는 없다”고 최초로 명시적으로 판시했다.[82] 국가의 소멸시효완성 주장이 신의칙에 반하고 권리남용에 해당한다고 하려면 “일반 채무자의 소멸시효완성 주장에서와 같은 특별한 사정이 인정되어야 할 것”을 요구했다. 게다가 소멸시효 남용 법리의 “적용에는 신중을 기할 것”도 밝혔다. 소멸시효 남용 법리의 적용이 “법해석에 있어 또 하나의 대원칙인 법적 안정성을 해할 위험”이 있음을 이유로 들었다.[83]

현행법상 소멸시효 제도가 엄연히 존재하는 이상, 국가라는 이유만으로 국가의 소멸시효 항변을 모두 신의성실의 원칙에 반하는 권리남용으로서 허용되지 않는다고 할 수는 없을 것이다.[84] 이 사안은 공무원의 과실에 의한 불법행위가 문제되었을 뿐 국가의 조직적 불법행위를 다룬 사안도 아니었다.

이 대법원 판결에 불구하고 국가의 조직적 불법행위에서 소멸시효 항변이 허용되는지는 여전히 해결되지 않았다.

---

81) 공2005.6.15.(228), 950.

82) 다만, 대법원 2011. 6. 30. 선고 2009다72599 판결, 공2011하, 1515에서는 “생사 확인을 구하는 유족들에게 그 처형자 명부 등을 3급 비밀로 지정함으로써 진상을 은폐한 피고가 이제 와서 뒤늦게 원고들이 위 집단 학살의 전모를 어림잡아 미리 소를 제기하지 못한 것을 탓하는 취지로 소멸시효완성을 주장하여 그 채무이행을 거절하는 것은 현저히 부당하여 신의성실의 원칙에 반하는 것으로서 허용될 수 없다”고 판단하면서, 그 이유 중 하나로 “본질적으로 국가는 그 성립 요소인 국민을 보호할 의무를 부담한다고 할 것이고, 어떠한 경우에도 적법한 절차 없이 국민의 생명을 박탈할 수는 없다”는 점을 들었다.

83) 같은 취지의 대법원 판결로 대법원 2008. 5. 29. 선고 2004다33469 판결, 공2008하, 1109(‘거창사건’).

84) 윤진수(주 61), 217면. 김종복, “소멸시효완성 주장이 신의칙에 반하여 권리남용에 해당하는지 여부에 대한 판단기준 — 대상판결: 대법원 2010. 3. 11. 선고 2009다86147 판결”, 재판실무연구, 광주지방법원(2011), 280면에서는 “각 유형에 해당하는 특별한 사정이 있는지 여부를 판단함에 있어서는 국가의 특수한 지위를 고려하여 평가할 여지가 있다”고 주장한다.

3) 진실 · 화해를 위한 과거사정리 기본법의 제정

2005. 5. 31. 진실·화해를 위한 과거사정리 기본법(이하 '과거사정리법'이라 한다)이 제정되어 2005. 12. 1. 시행에 들어갔다.[85] 이는 정치적, 사회적 민주화가 1987년 6월 민주항쟁 이후 점차 진척되면서, 한국전쟁, 반민주적 또는 반인권적 행위에 의한 인권유린과 폭력·학살·의문사 사건 등을 조사하여 왜곡되거나 은폐된 진실을 밝혀내야 한다는 사회적 요구에 힘입은 것이었다. 과거사정리법의 목적은 위와 같이 왜곡되거나 은폐된 진실을 밝혀냄으로써 민족의 정통성을 확립하고 과거와의 화해를 통하여 미래로 나아가기 위한 국민 통합에 기여함이었다(제1조). 이를 위해 국가에 진실규명사건 피해자의 피해·명예회복조치를 할 의무를 부과하고(제34조, 제36조 제1항), 진실·화해를 위한 과거사정리위원회(이하 '과거사정리위원회'라 한다)가 그러한 조치 등에 관하여 권고한 사항을 소관 국가기관이 이행하기 위해 노력하도록 의무를 부과했다(제32조 제2항, 제4항, 제5항).

과거사정리법 시행에서 일차적으로 중요한 것은 과거사정리위원회가 국가 차원에서 수행하는 "조사"이다. 개인이나 민간 차원에서는 국가 보유·관리의 각종 문서자료를 샅샅이 찾아내어 내용을 확인하고, 관련자들의 진술을 체계적으로 받아 진술들을 종합하여 평가한다는 것은 객관적으로 불가능하고 설령 이를 한다고 하더라도 그 결과를 신뢰하기 어렵다. 이러한 철저한 조사를 통해 비로소 드러난 결과와 함께 관련 자료들이 모두 공개된다면, 과거사의 진상은 자연스럽게 드러날 것이다. 그 조사 대상인 인권침해 사건은 공무원의 불법구금과 고문 등에 의한 허위자백에 근거해 유죄판결이 난 유형(유죄판결형)과 재판 없이 불법처형 등의 사실행위로 민간인이 집단으로 학살된 유형(사실행위형)으로 나누어 볼 수 있다.[86]

4) 최종길 교수 사건에서 소멸시효 남용 법리 요건의 추가 시도

서울고등법원은 최종길 교수 사건[87]에서 2006. 2. 14. 선고한 2005나27906 판

85) 이미 1995. 12. 18. 거창사건과 관련하여 국회는 거창사건 등 관련자의 명예회복에 관한 특별조치법(이하 '거창특별법'이라 한다)을 제정했지만, 고건 대통령 권한대행이 2004. 3. 23. 거부권을 행사했다.

86) 윤진수(주 69), 820면. 과거사정리위원회는 진실규명범위를 '항일독립운동', '350해외동포사', '적대세력관련', '민간인집단희생', '인권침해', 기타로 분류했다. 이에 터 잡아 과거사 사건을 '민간인집단희생'으로 분류된 사건, '인권침해'로 분류된 사건으로 부르기도 한다. 박준용, "진실·화해를 위한 과거사정리 기본법에 따른 진실규명결정과 국가배상소송 — 대법원 2013. 5. 16. 선고 2012다202819 전원합의체 판결 —", 판례연구 제25집, 부산판례연구회(2013), 351면 참조.

87) 사실관계는 다음과 같다. 최종길 교수는 1964. 5. 15.경부터 서울대학교 법과대학 민법교수로 재직하던 중 중앙정보부(현 국가정보원)(주무 수사관: 피고 차철권)로부터 소환을 받아 1973.

결[88])로 국가의 소멸시효 주장을 배척하며, 제1심 판결 부분을 취소하고 원고들의 피고 대한민국에 대한 청구를 일부 인용했다. 그 판결이유는 제2유형에 해당 여부와 소멸시효 남용 법리 요건의 새로운 추가로 요약할 수 있다. 먼저, "원고들이 권리를 행사할 수 없는 '객관적 장애'가 있었다고 볼 수 있는 경우에 해당한다"고 했다. 제2유형에 해당한다고 보았다. 다음으로 판결이유에서는 "자신에게 권리가 있는지 여부를 전혀 알 수도 없는 상황에 있었던 원고들에게, '왜 자신들이 이미 보유하고 있는 권리를 행사하지 않고 그 위에서 잠을 자고 있었는가'라고 질타하는 것은 신의칙에 반하다"고 했다. 나아가 "위법행위가 국가기관이 업무수행 과정에서 통상적으로 저지를 수 있는 정도의 잘못을 넘어선 것으로서 그 위법행위가 지극히 조직적이고 억압적이며 비도덕적이어서 그 불법성이 중대한 때에 해당하고,[89]) 국가의 반인권적 범죄에 대한 민사상 소멸시효를 적용할 때에도 반인도적 범죄, 전쟁범죄나 고문과 같은 중대한 인권침해에 관하여는 시효의 적용을 배제하는 것을 동일하게 고려해야 하므로 소멸시효를 인정하는 것이 현저히 부당하거나 불공평하게 되는 등의 특별한 사정이 있었던 경우에 해당한다"고 보았다.

원고들과 피고 대한민국이 상고를 하지 않아 이 부분 판결이 그대로 확정되었다. 제2유형인 "객관적으로 채권자가 권리를 행사할 수 없는 장애사유가 있었던 경우"의 의미와 이에 해당하는지에 관한 대법원 판단은 다시 훗날을 기약해야 했다.

5) 제2유형으로서의 객관적인 장애사유를 둘러싼 논쟁

최종길 교수 사건에서는 피해자가 사망했고 국가의 조직적인 은폐 등 때문에

---

10. 16.경 중앙정보부 남산 분청사에 출석하여 구속영장 없이 불법 구금되어 간첩 혐의로 조사받던 중 1973. 10. 18. 자정 무렵 또는 19. 01:40경 사망했다. 피고 차철권을 비롯한 조사관들이 3일 동안 밤낮을 가리지 않고 최종길에 대하여 강도 높은 조사를 하면서, 잠을 재우지 않고, 몽둥이로 엉덩이를 때리거나 발로 차는 고문을 가했다. 그 사망 당시 최종길이 간첩이었음을 인정할 자료는 없었다. 중앙정보부는 감찰 조사 결과 수사관들이 최종길을 고문했고 최종길이 간첩혐의를 자백한 바 없음이 밝혀졌음에도, 서류 일체를 허위로 작성하여 사건을 서울지방검찰청으로 송치하고, 1973. 10. 25. 기자회견에서 "유럽 거점 대규모 간첩단"을 적발했다고 하면서, "최종길이 간첩임을 자백한 후 여죄를 조사받던 중 조직을 보호하기 위하여 스스로 변소 창문을 통하여 투신자살했다"고 발표했다. 실제로 최종길은 고문 등 가혹행위로 사망했거나, 고문 등 가혹행위를 견디지 못하여 이를 피하려는 과정에서 사망했거나, 고문 등 가혹행위로 의식불명 상태에 이른 최종길이 이미 사망한 것으로 오인한 피고 차철권, 김상원이 건물 밖으로 던졌을 것으로 추정된다. 최종길의 처와 자녀, 형제자매들이 피고 대한민국, 피고 차철권을 상대로 불법행위를 원인으로 한 손해배상청구의 소를 제기했다.

88) 각급법원 공보 2006. 4. 10., 1008. 이에 대한 판례평석으로는 김평우, "소멸시효 항변과 신의칙 ― 고(故) 최종길 교수 사건[서울고등법원 2005나27906호 손해배상(기)] 판결을 중심으로", 서강법학 제8권(2006), 175면 이하.

89) 이 부분 설시는 韓杠鉉(주 38), 224면에서 지적했던 내용(이 글의 주 57 참조)을 떠올린다.

유족이 사건의 진상을 파악할 수 있으리라 기대할 수도 없었으며, 민사소송에서 이를 증명한다는 것은 더더욱 기대할 수 없었다. 이 사안은 "채무자가 시효완성 전에 채권자의 권리행사를 불가능 또는 현저히 곤란하게 했던 경우"에 해당한다고 볼 수도 있다. 이로써 제2유형을 "의무자 측에서 제1유형에 해당하는 행위를 한 바는 없었지만 그에 상당하는 객관적인 사정이 있는 경우"라고 주장하는 견해[90]도 일리가 있어 보인다. 하지만 이는 제2유형에 고유한 의미를 부여하기에 부족하다. 제2유형의 독자적인 의미를 찾는 해석이 필요하다. 그 해석에서는 물론, 권리행사에 대한 사실상의 장애는 소멸시효의 진행에 영향을 주지 못한다는 일반원칙과 조화시켜야 한다.

이에 대한 새로운 해석을 윤진수 교수가 2007년에 삼청교육대 사건에 대한 대법원 판결의 비판에서 제시한다. 삼청교육대 사건에서는 피해자가 살아 있어 자신이 당한 불법행위의 진상을 스스로 알았거나 충분히 알 수 있었다는 점에서 분명히 수지킴 사건이나 최종길 교수 사건과는 차이가 있었다. 즉, 국가가 삼청교육대 피해자들의 소제기나 권리행사를 불가능 또는 현저히 곤란하게 했다고 인정할 만한 구체적인 특정한 행위를 했다고 피해자들이 주장한 것도 아니었다.[91] 그렇다고 이러한 사정만으로 삼청교육대 관련 대법원 판결이 문제가 없다는 결론에 이르지는 못한다.

그런데 삼청교육대 피해자들은 왜 국가를 상대로 손해배상청구의 소를 제기하지 못했는지를 다시 한 번 일반인의 관점에서 살펴볼 필요가 있다. 그 문제에서 윤진수 교수는 "(5공화국 시대에는 삼청교육대 관련) 피해자들이 손해배상청구를 제기하기 못한 것은 그러한 청구를 제기했다가 피고 측으로부터 어떠한 불이익을 입을지도 모르겠다는 두려움 때문이었고, 또 그 두려움에 근거가 없는 것도 아니었다"[92]는 것에서 그 원인을 찾고 있다. 그러면서 그 피해자들이 손해배상청구를 할 수 없었던 장애사유는 "결국 피고 측에 책임이 돌아가는 것"이라고 한다. 이로써 삼청교육대 사건은 대법원 판례가 들고 있는 "객관적으로 권리를 행사할 수 없는 장애사유가 있는 때에 해당한다"고 본다.[93] 그 당시 5공화국 정권의 폭력적 특성을 고려해야만 비로소 삼청교육대 사건의 본질 내지 핵심에 접근할 수 있고, 그러한 정권의 폭력적

90) 李柱玄(주 71), 574면. 이는 山崎民彦(주 39)이 유형화한 ⓑ 유형과 같다.

91) 다만, 임상혁, "삼청교육대의 위법성과 민사상 배상", 법과 사회 22호, 95면에서는 삼청교육대 피해자들은 퇴소한 후에도 "1. 본 수료증은 항상 휴대하여야 한다. … 3. 본 교육 수료자가 재범 시는 엄중 처단한다. … "라는 문구가 적힌 수료증을 항상 휴대하여야 했기 때문에 그들의 삼청교육은 제5공화국 내내 계속되었다고 주장한다.

92) 윤진수(주 61), 225면.

93) 윤진수(주 61), 223면.

특성은 권리행사에 대한 단순한 사실상의 장애를 훨씬 뛰어 넘는 것이라고 이해할 수 있다.

나아가 이러한 경우에 국가의 소멸시효 항변이 배척되기 위해서는 피해자가 언제까지 권리행사를 해야 하는지가 문제이다. 윤진수 교수는 앞의 주장에 이어서 소멸시효 항변이 신의칙에 반하는 사정에 따라 이를 달리 취급할 것을 주장한다.[94] 즉, 일반적으로는 소멸시효의 남용을 이유 있게 하는 사정이 해소된 때에는 채권자는 신의칙상 상당하다고 인정되는 기간 안에 소를 제기하는 방법 등으로 권리를 행사해야 한다. 하지만 채무자가 소멸시효완성 후 그 완성 사실을 모르고 채무를 인정할 때와 같이 실질적으로 민법상의 채무승인과 동일시 할 수 있는 특수한 경우에 한해서 소멸시효 중단과 같은 효력을 인정할 수 있을 것이다. 또한, 채무자가 소멸시효기간 동안 계속하여 채권자로 하여금 권리를 주장할 수 없게 했다면 그러한 사정이 해소된 때부터 비로소 소멸시효가 진행하는 것으로 보아야 할 것이다. 이에 따르면, 삼청교육대 사건 관련하여 5공화국 기간에는 피해자들의 손해배상청구가 사실상 완전히 불가능했으므로, 5공화국이 6공화국으로 바뀐 1988. 2. 2.부터 3년의 소멸시효가 진행한다고 보는 것이 합리적이라고 한다.[95]

이와 같이 학계에서는 제2유형으로서의 객관적 장애사유를 새롭게 해석하고 그 관점에서 국가의 조직적 불법행위를 새롭게 조명하려는 견해가 제시되기도 했지만, 대법원에서는 이와 다른 길을 택한다. 대법원은 이른바 '거창사건'[96]에서 2008. 5. 29. 선고한 2004다33469 판결[97]에서 국가의 소멸시효 항변을 배척하는 데 엄격할 것을 주문했다. 그 논거는 역시나 "국가에게 국민을 보호할 의무가 있다는 사유만으로 국가가 소멸시효의 완성을 주장하는 것 자체가 신의성실의 원칙에 반하여 권리남용에 해당한다고 할 수는 없다"는 것이었다. 그러면서 이미 대법원 2005. 5. 13. 선고 2004다71881 판결에서 판시한 "국가의 소멸시효완성 주장이 신의칙에 반하고

94) 윤진수(주 61), 229면.

95) 윤진수(주 61), 229면.

96) 사안의 개요는 다음과 같다. 국가가 소멸시효완성의 항변을 하는 것이 신의칙에 반하지 않는다고 했다. 거창사건의 경우 진상이 과거사정리위원회의 조사에 의해 비로소 밝혀진 것이 아니라 그 전에 이미 밝혀져 1989. 10. 17. 거창사건 관련자의 명예회복 및 배상에 관한 특별조치법안이 발의되었고, 국회는 1995. 12. 18. 거창사건 등 관련자의 명예회복에 관한 특별조치법을 제정했지만, 고건 대통령 권한대행이 2004. 3. 23. 거부권을 행사했다. 거창사건 자체로 인한 희생자들 및 유족들의 위자료와 거창사건 이후의 상황에 대한 유족들 고유의 위자료를 청구했다. 원심판결은 국가의 소멸시효 항변을 받아들여 원고들의 청구를 모두 기각했다. 원고들이 상고했지만 대법원은 상고를 기각했다.

97) 공2008하, 1109.

권리남용에 해당한다고 하려면" 4가지 유형에 해당하는 "특별한 사정이 인정되어야 한다"는 것을 재확인했다.

곧이어 학계에서도 제2유형을 통한 소멸시효 남용 법리의 적극적인 적용에 반대하는 견해가 발표되었다. 권영준 교수는 2009년에 "시효완성으로 인하여 채무면제라는 이익을 취득한 채무자가 그 이익을 향수하는 것을 금지하려면 채무자에게 그러한 불이익을 귀속시킬 연결점이 필요한데 이를 찾을 수 없다"는 이유로 제2유형을 인정하지 않아야 한다고 주장한다.[98] 윤진수 교수가 삼청교육대 사건과 관련하여 새롭게 제시한 해석에서는 이미 피고 측의 잠재적인 불이익 위협을 그러한 연결점의 일례로 제시했다고 볼 수 있다.

사. 과거사정리법에 따라 조사한 사건에서 소멸시효 남용 법리의 전개

과거사정리위원회는 과거사정리법에 따라 과거사 사건을 조사하여 진실규명결정을 하기도 하고 국가기관에 명예·피해회복조치를 권고하기도 했다. 하지만, 진실규명결정 피해자에 대한 자발적인 금전적인 배·보상 조치는 이루어지지 않았고, 과거사정리위원회의 권고사항도 제대로 이행되지 않았다.[99] 이에 과거사 사건의 피해자들은 국가를 상대로 손해배상청구의 소를 제기했다. 유죄판결형 사건의 대부분에서는 형사 재심을 거쳐 무죄가 확정된 다음에 소를 제기하고, 사실행위형 사건에서는 바로 소를 제기했다.[100]

1) '유죄판결형' 사건에서 국가의 소멸시효 항변의 배척

유죄판결형 사건의 경우 유죄 확정판결을 받았으나 수사기관의 위법한 증거수집이라는 재심사유가 과거사정리위원회의 진상조사 등을 통해 밝혀지면서 재심절차에서 무죄판결이 확정된 경우에 국가의 소멸시효 항변은 신의성실의 원칙에 반하는지가 주요 논점 중 하나이었다.

이에 관하여 처음으로 판단한 판결은 대법원 2011. 1. 13. 선고 2009다103950 판결[101]이었다. 대법원은 원심에서 "피고의 소멸시효완성 항변은 신의성실의 원칙

---

98) 권영준(주 69), 24면 이하. 이 견해에서는 "제2유형에 해당하는 사안 중 기산점의 문제로 포섭할 수 있는 사안은 그 방법으로 해결하거나 제4유형으로 해결하고, 나머지는 신의칙에 위반한다고 보지 않아야 한다. 굳이 이러한 유형을 유지하자면 매우 엄격하게 그 요건을 해석해야 한다"고 주장한다.

99) 과거사정리위원회는 2010. 6. 30. 활동을 종료했다.

100) 박준용(주 86), 351면 참조.

101) 공2011상, 319. 같은 취지의 판결로 대법원 2011. 1. 13. 선고 2010다35572 판결, 대법원 2011. 1. 13. 선고 2010다53419 판결(미간행)도 같은 취지로 선고되었다.

에 반하는 권리남용으로서 허용될 수 없다"고 판단한 것이 정당하다고 했다.[102] 그리고 원심에서 판결의 이유로 든 "재심판결이 확정되기 전까지는 피고에 대하여 손해배상청구권을 행사할 수 없는 객관적인 장애사유가 있었다고 보아야만 할 것이고, 나아가 위와 같은 피해를 당한 피해자를 보호할 필요성은 큰 반면, 국민의 인권을 보호할 의무가 있음에도 오히려 위헌·위법적 불법행위로 국민의 인권을 중대하게 침해한 피고의 손해배상채무 이행거절을 소멸시효 제도를 들어 인정하는 것은 현저히 부당한 결과를 초래하게 되는 것"도 정당하다고 인정했다.

이후 같은 취지로 대법원 2011. 1. 27. 선고 2010다1234 판결(미간행), 대법원 2011. 1. 27. 선고 2010다6680 판결(미간행), 대법원 2013. 3. 28. 선고 2010다108494 판결(미간행)이 이어졌다.

2) '사실행위형' 사건에서 국가의 소멸시효 항변의 배척 여부

재판 없이 민간인을 불법처형 등 학살한 과거사 사건에서 국가의 소멸시효 항변을 배척하는 것이 정당하다고 대법원이 인정한 최초의 판결은 울산 국민보도연맹 사건[103]에서 2011. 1. 13. 선고한 2009다103950 판결[104]로 보인다. 원심[105]의 소멸시효 항변 배척 판단이 정당하다고 판단함으로써 이를 인정했다. 원심판결은 그 이유로 아무리 빨라도 "과거사정리위원회의 진실규명결정이 내려질 때"까지는 원고가 국가를 상대로 손해배상청구를 할 수 없는 "객관적 장애"가 있었다는 것[106]과 피해

102) 다만, 이 대법원 판결은 불법행위 시가 아니라 사실심 변론종결 시를 기준으로 위자료 원금을 다시 산정하도록 원심판결을 파기하고 사건을 서울고등법원으로 환송했다. 즉 "불법행위 시와 변론종결 시 사이에 장기간의 세월이 경과됨으로써 위자료를 산정함에 있어 반드시 참작해야 할 변론종결 시의 통화가치 등에 불법행위 시와 비교하여 상당한 변동이 생긴 때에는, 예외적으로라도 불법행위로 인한 위자료배상채무의 지연손해금은 그 위자료 산정의 기준시인 사실심 변론종결 당일로부터 발생한다고 보아야만 한다"는 것이다. 이에 대하여 윤진수, "위헌인 대통령의 긴급조치 발령이 불법행위를 구성하는 여부 — 대법원 2015. 3. 26. 선고 2012다48824 판결 —", 민사법학 제81호(2017. 12), 145면에서는 대법원이 국가권력에 의한 기본권 침해로 인한 국가배상책임의 범위를 줄이려는 태도를 보이는 판결로 들고 있다.

103) 사안의 개요는 다음과 같다. 국민보도연맹은 대외적으로는 좌익전향자 단체임을 표방했으나 실제로는 국가가 조직·관리하는 관변단체 성격을 띠고 있었다. 그 산하 지방연맹 소속 연맹원들을 한국전쟁 발발 직후 군과 경찰이 상부 지시를 받고 구금했다가 그중 일부를 처형대상자로 분류하여 집단 총살했다. 이후 국가가 처형자 명부 등을 작성하여 3급 비밀로 지정했다. 학살의 구체적 진상을 잘 알지 못했던 유족들이 진실·화해를 위한 과거사정리위원회의 진실규명결정이 있었던 2007. 11. 27. 이후에야 국가를 상대로 손해배상을 청구하자 국가가 소멸시효완성을 주장했다.

104) 공2011상, 319. 이 판결도 주 99 사건에서와 똑같은 이유로 원심판결을 파기하고 사건을 환송했다.

105) 서울고등법원 2009. 11. 13. 선고 2009나50751 판결(미간행).

106) 이와 같은 취지의 판결로는 대법원 2011. 2. 10. 선고 2010다25933 판결, 대법원 2011. 10. 13. 선고 2011다36091 판결, 대법원 2012. 4. 26. 선고 2012다4091 판결 등.

자를 보호할 필요성은 심대한 반면 국가의 이행거절을 인정하는 것은 현저히 부당하고 불공평하다는 것을 들었다. 전자 부분은 소멸시효 남용 법리의 제2유형에, 후자 부분은 제4유형에 해당한다고 보인다.

이러한 경우의 단기소멸시효 기산일에 관하여 대법원은 2012. 4. 26. 선고한 2012다4091 판결(미간행)에서 최초로, 과거사정리위원회의 조사·결정을 통해 비로소 희생자 명단 및 그 희생 경위의 구체적인 진상을 파악할 수 있었으므로 과거사정리위원회의 진실규명결정일에 손해 및 그 가해자를 알게 되었다고 원심에서 판단한 것은 정당하다고 판시했다.

그런데 대법원 2013. 5. 16. 선고 2012다202819 전원합의체 판결[107]에서는 아래와 같은 설시에 근거하여 사안이 제2유형[108]이 아니라 제3유형에 해당한다는 취지로 판단했다. 먼저 그 설시를 직접 살펴보자.

> "국가가 과거사정리법의 제정을 통하여 수십 년 전의 역사적 사실관계를 다시 규명하고 피해자 및 유족에 대한 피해회복을 위한 조치를 취하겠다고 선언하면서도 그 실행방법에 제한을 두지 아니한 이상, 이는 특별한 사정이 없는 한 그 피해자 등이 국가배상청구의 방법으로 손해배상을 구하는 사법적 구제방법을 취하는 것도 궁극적으로는 수용하겠다는 취지를 담아 선언한 것이라고 볼 수밖에 없고, 거기에서 파생된 법적 의미에는 구체적인 소송사건에서 새삼 소멸시효를 주장함으로써 배상을 거부하지는 않겠다는 의사를 표명한 취지가 내포되어 있다."

이러한 설시에 대하여는 과거사정리법의 제정 자체에 위와 같은 취지가 내포되어 있다고 할 수 있는지는 명확하지 않다는 비판이 있다.[109] 그럼, 이 설시의 의미를

---

107) 공2013하, 1077. 이에 대한 대법원 재판연구관의 판례해설로는 이영창, "과거사 사건의 사실확정 및 소멸시효 문제(2013. 5. 16. 선고 2012다202819 전원합의체 판결: 공2013하, 1077)", 대법원판례해설 제95호(2013상), 법원도서관(2013), 386면 이하.

108) 李永昌, "민청학련 사건을 통한 과거사 사건의 쟁점들에 대한 검토(2012. 3. 29. 선고 2011다57852 판결: 미간행)", 대법원판례해설 91號(2012상반기), 법원도서관(2012), 671면 이하에서는 "'객관적인 장애사유'란 '사실상의 장애사유'이기는 하지만 이를 원고의 '주관적인 장애사유'로는 볼 수 없어 시효완성을 인정해서는 안 될 예외적이고 특별한 사정이 있는 경우를 의미하고, 위 ①, ②사유[이 두 사유가 함께 제1유형에 해당한다 — 저자 주], ④의 사유[제3유형을 의미한다 — 저자 주]에 해당하는 피고 국가의 구체적인 행동이나 태도는 없었지만, 피고 국가로 인하여 그에 준하는 상황이 형성된 경우 등이 이에 해당될 수 있을 것이다"고 한다.

109) 윤진수(주 69), 831면에서는 만약 과거사정리법이 그러한 취지를 내포했다면, 그 효과에서는

살펴보자. 먼저, 만약 과거사 사건의 피해자 측에서 어떤 경위로든 공무원의 불법행위뿐 아니라 국가가 그 불법행위를 은폐 또는 왜곡한 행위를 한 사실[110]을 증명한다면, 설령 과거사정리법이 없더라도, 피해자의 손해배상청구에 대하여 국가가 소멸시효 항변을 하는 것은 제2유형 내지 '선행행위에 모순되는 행위'의 금지를 의미한다고 보이는 제1유형에 해당하여 신의성실의 원칙에 위반되는 권리남용으로서 허용될 수 없을 것이다.

따라서 위 설시는 오히려 과거사정리위원회가 역사적 사실관계를 다시 조사한 결과 국가의 위법행위가 드러나고 그에 대한 피해회복조치가 필요한 경우에는 국가가 피해자의 손해배상청구에 대하여 소멸시효 항변으로써 그 배상을 거부하지 않겠다는 의사를 과거사정리법의 제정으로써 표명했다는 것을 의미한다고 보아야 할 것이다. 그동안 과거사 사건의 진실이 — 피해자 측에 의해서든, 그렇지 않든 — 은폐 또는 왜곡되어 있었기 때문에 피해자 측에서 국가를 상대로 손해배상청구를 할 것을 기대할 수 없었던 경우에는 소멸시효 항변을 하지 않겠다는 의사의 표명이라는 의미다. 실제로 과거에는 자신의 친인척이 한국전쟁 무렵에 학살되었다고 주장하는 것 자체가 금기였고, 그러한 주장을 하면 처벌을 받는 등 불이익이 따르기도 했고,[111] 국가가 관련 자료를 비밀 등으로 분류하여 접근을 차단하는 바람에 사건의 진실이 은폐되기도 했다. 이에 따르면 국가의 소멸시효 항변은 소멸시효 남용 제2유형에 해당하게 된다. 제2유형에 해당하면 원칙적으로 과거사정리위원회의 조사결과

시효의 정지를 유추하기보다는 소멸시효 이익의 포기와 같은 효과를 부여해야 할 것이라고 비판한다. 이재승(주 17), 212면 이하에서는 과거사정리법을 배상법으로 의제하여 당장 소멸시효 계산에 활용하는 것은 억지이고, 허약한 가정 위에서 경솔한 시효이론을 구축했다고 비판한다.

110) 이에 대한 대표적인 판결이 대법원 2008. 9. 11. 선고 200670189 판결(미간행)이다. 사안은 이렇다. 피해자는 한국전쟁에 육군 대대장으로 참전했다가 1950년 8월경 정당한 사유 없이 연대장에 의해 즉결처분으로 총살당했다. 연대장은 즉결처분에 대한 비난을 모면하기 위하여 피해자가 전전비행죄로 육군 고등군법회의에서 1950. 8. 17. 사형판결을 선고받은 것처럼 판결서를 위조하고 사형집행 기록 등도 위조했다. 피해자의 처와 자녀인 원고들은 피해자가 전쟁 중에 사망했을 것이라는 정도만 알았다. 피해자의 동생이 1999년에 판결서 등에 의심을 품고 재심을 청구했다. 수원지방법원 성남지원(2003재고합1)은 2003. 12. 3. "고등군법회의 재판은 열리지 않았고, 판결서와 관련 기록 등도 조작되었으며, 공소제기마저 없었다"는 이유로 공소기각판결을 선고했고, 그 판결은 그 무렵 그대로 확정됐다. 이에 반하여 독일 연방대법원 나치수용소 피해자들의 손해배상청구소송(주 16 참조)에서 피고의 소멸시효 항변을 받아들여 피해자들의 청구를 기각하면서 든 이유인 "불법행위를 저지른 후에 원고가 적시에 소를 제기하는 것을 그만두게 할 만한 그 어떤 무엇도 하지 않았다"는 것을 든 점은 여기에서도 고려할 가치가 있다고 본다. 추가로 아무 것도 하지 않았던 것은 아니다.

111) 윤진수(주 69), 831면. 문경사건에 관한 대법원 2011. 9. 8. 선고 2009다66969 판결 등 참조. 상세한 것은 조용환, "역사의 희생자들과 법: 중대한 인권침해에 대한 소멸시효의 적용문제", 법학평론 창간호(2010. 9), 서울대학교출판문화원, 50면 이하 참조.

발표가 나올 때까지는 그 진실을 알 수 없었으므로, 그 결과 발표일부터 불법행위의 단기소멸시효기간인 3년이 진행한다고 볼 것이다.

그런데 위 판결에서 제3유형, 즉 "채무자가 소멸시효완성 후 시효를 원용하지 아니할 것 같은 태도를 보여 권리자로 하여금 이를 신뢰하게 한 경우"에 해당한다고 보고 있다. 그 이유로, 제2유형에 해당한다고 평가하는 것은, "소멸시효의 기산점에 관하여 변함없이 적용되어 왔던 법률상 장애와 사실상 장애의 기초적인 구분 기준을 일반조항인 신의칙을 통하여 아예 무너뜨릴 위험이 있으므로 매우 신중하여야 한다"고 설명하면서, 신의칙의 적용에 신중해야 한다고 강력하게 설시한 대법원 2010. 5. 27. 선고 2009다44327 판결[112]을 인용한다. 제2유형이 아니라 제3유형에 해당한다고 보면, 소멸시효의 정지에 준하게 되어 피해자 측에서 권리행사를 해야 하는 상당한 기간이 제2유형보다 현저히 짧아질 여지가 많다. 위 전원합의체 판결도 대법원이 국가권력에 의한 기본권 침해로 인한 국가배상책임의 범위를 줄이려는 일련의 태도[113] 속에서 나온 것으로 보인다.

3) 과거사 사건에서 "상당한 기간"의 단축

채무자의 소멸시효 항변이 신의성실의 원칙에 반하는 권리남용이라는 이유로 배척되기 위해서는 채권자가 권리행사를 기대할 수 있는 상당한 기간 내에 자신의 권리를 행사했어야 한다. 어느 정도의 기간이 '상당한 기간'으로 적절한지를 정식으로 판단하기 시작한 판결은 대법원 2013. 5. 16. 선고 2012다202819 전원합의체 판결[114]이다. 그 이전에는 이 문제가 대법원에서 쟁점으로 되지 못한 듯하다. 위 판결에서는 "권리행사의 '상당한 기간'은 특별한 사정이 없는 한 민법상 시효정지의 경우

---

112) 이 판결에서는 "소멸시효는 시간의 흐름에 좇아 성질상 당연히 더욱 커져가는 법률관계의 불명확성에 대처하려는 목적으로 역사적 경험에 의하여 갈고 닦여져서 신중하게 마련된 제도로서 법적 안정성이 무겁게 고려되어야 하는 영역이다. 그러한 만큼, 신의칙이 이에 아예 적용되어서는 안 된다고는 말할 수 없다고 하여도(시효소멸의 주장에도 신의칙이 적용될 수 있음은 대법원 1994. 12. 9. 선고 93다27604 판결 등 많은 재판례를 통하여 시인되는 바이다), 소멸시효의 기산점에 관하여 변함없이 적용되어 왔던 법률상 장애/사실상 장애의 기초적인 구분기준을 내용이 본래적으로 불명확하고 개별 사안의 고유한 요소에 열려 있는 것을 특징으로 하는 일반적인 법원칙으로서의 신의칙을 통하여 아예 무너뜨리는 오류를 경계하지 아니하면 안 된다. 이는 신의칙이 그 적용의 실제에 있어서 법의 흠결을 보충하는 국면에서 장래의 법규칙 형성을 선도하여 방향을 제시하는 향도적 역할을 하는 것을 인정하더라도 크게 다를 바 없다."고 설시했다.

113) 윤진수(주 102), 145면은 이러한 태도를 보이는 대표적인 대법원 판례로 대법원 2011. 1. 13. 선고 2009다103950 판결(주 102 참조), 대법원 2013. 12. 12. 선고 2013다201844 판결 등을 들고 있다.

114) 이에 대한 판례평석으로는 이재승, "집단살해에서 소멸시효와 신의칙", 민주법학 제53호(2013. 11), 관악사, 181면 이하, 최광준(주 75), 337면 이하.

에 준하여 단기간으로 제한되어야 한다. 그러므로 개별 사건에서 매우 특수한 사정이 있어 그 기간을 연장하여 인정하는 것이 부득이한 경우에도 불법행위로 인한 손해배상청구의 경우 그 기간은 아무리 길어도 민법 제766조 제1항이 규정한 단기소멸시효기간인 3년을 넘을 수는 없다"고 최초로 판시했다. 이어서 한국전쟁 전후 희생사건에서 과거사정리위원회의 진실규명결정이 있는 경우의 상당한 기간에 관하여 대법원 2013. 7. 25. 선고 2013다203529 판결은 "3년의 기간을 넘어 이루어진 채권자의 권리행사에 대해 채무자가 소멸시효완성 주장을 하는 것은 신의성실 원칙에 반하는 권리남용에 해당되지 않는다고 보아야 한다"고 판시했다.

그런데 이를 줄이려는 태도는 대법원 2013. 12. 12. 선고 2013다201844 판결[115]에서 보인다. 국가기관이 수사과정에서 한 위법행위 등으로 수집한 증거 등에 기초하여 공소가 제기되고 유죄의 확정판결까지 받았으나 재심사유의 존재 사실이 뒤늦게 밝혀짐에 따라 재심절차에서 무죄판결이 확정된 후 국가기관의 위법행위 등을 원인으로 국가를 상대로 손해배상을 청구하는 경우에 "채권자는 특별한 사정이 없는 한 그러한 장애가 해소된 재심무죄판결 확정일부터 민법상 시효정지의 경우에 준하는 6개월의 기간 내에 권리를 행사하여야 한다"고 판시했다. 이처럼 피해자 측에 각박하게 대하는 것이 혹시 국가의 재정부담을 고려한 것이라면 매우 실망스럽다.[116]

4) 소멸시효 남용 법리의 적용에 진실규명결정이 반드시 필요한지

또한, 한국전쟁 당시 포항 미군 함포 사건[117]에서 대법원이 2016. 2. 18. 선고한

---

115) 대법원 2013. 12. 12. 선고 2013다201844 판결, 공2014상, 170. 이에 대한 판례평석으로는 김상훈, "재심을 통해 무죄확정판결을 받은 자의 국가배상청구사건에서 소멸시효 항변의 허용 여부", 법과 정의 그리고 사람: 박병대 대법관 재임기념 문집, 사법발전재단(2017), 387면 이하;

116) 윤진수(주 102), 125면.

117) 사실관계는 이렇다. 한국전쟁 중인 1950. 9. 1. 14:00경 포항 앞바다에서 해안봉쇄 및 지상군의 함포사격지원 작전을 수행하던 미 태평양함대 소속 구축함 헤이븐호(DD 727 DE Haven)가 10여 분 동안 포항시 북구 환여동에 있는 모래사장(송골해변)으로 함포 15발을 포격했다. 이로 인하여 당시 모래사장에 있던 피난민들이 집단으로 희생되었다. 과거사정리위원회는 국가 내지 국가 소속 공무원의 가해행위가 아니라 미군의 가해행위에 의하여 피난민들이 희생되었다는 취지로 진실규명결정을 하고 국가에 대하여 미국이 사과나 피해보상 등 적절한 조치를 취하도록 미국과 협상할 필요가 있다는 사항 등을 권고했다. 그 사망한 피난민 중 1인의 유족들이 그 진실규명결정일부터 3년 내에 국가를 상대로 불법행위를 원인으로 한 손해배상청구의 소를 제기했다. 제1심인 서울중앙지방법원은 2014. 7. 15. 선고한 2013가합527527 판결(미간행)에서 "피고의 불법행위가 성립하지 않는다"는 이유로 원고들의 청구를 모두 기각했다. 항소심에서 서울고등법원은 2015. 5. 1. 선고한 2014나2028266 판결(미간행)에서 "미 해군이 피난민들에게 포격을 개시한 데에는, 국가 소속 군인이 피난민 가운데 북한군이 섞여 있으므로 포격을 해 달라고 요청한 것이 결정적인 계기가 되었고, 피고는 이 포격을 요청함에 있어서의 중대한 과실로 말미암아 미군과 공동으로, 헌법에 보장된

2015다217829 판결(미간행)에서 "과거사정리위원회에서 피해자가 국가 내지 국가 소속 공무원의 가해행위에 의하여 피해를 입었다고 희생자로 확인 또는 추정하는 진실규명결정을 했고 그 결정에 기초하여 피해자 등이 권리를 행사하는 경우이어야 한다"고 판단한 것은 수긍하기 어렵다. 과거사정리위원회가 과거사를 조사한 경우에 국가의 소멸시효 항변이 신의성실의 원칙에 반하는 권리남용에 해당하기 위해서는 과거사정리위원회가 피해자들을 희생자로 확인 또는 추정하는 진실규명결정을 했을 것이 요건으로 필요하다고 보는 것은 부당하기 때문이다. 그 이유는 다음과 같다.

먼저, 과거사정리위원회가 과거사 사건의 사실관계를 조사하고도 그에 관한 평가를 그르쳐 피해자를 희생자로 인정하지 않거나 '진실규명결정'을 하지 않을 개연성이 얼마든지 있다. 이러한 피해자에게도 다른 피해자들의 경우와 마찬가지로 법원에 의한 사법적 구제를 받을 수 있는 길을 열어주는 것이 형평상 당연하다. 그리고 과거사 사건에서 과거사정리위원회가 진실규명결정을 한 경우로 한하여 국가의 소멸시효 항변을 제한할 법적인, 합리적인 근거를 찾아보기 어렵다.

법원이 과거사정리위원회의 조사보고서 등에 대한 증거조사를 거쳐 과거사 사건의 사실관계를 다시 인정할 수 있을 것이다. "과거사정리위원회의 조사보고서나 처분 내용이 법률상 '사실의 추정'과 같은 효력을 가지거나 반증을 허용하지 않는 증명력을 가진다고 할 수는 없다"는 것은 바로 이 전원합의체 판결에서 명시적으로 판시하는 내용이다. 그뿐 아니라 "참고인 등의 진술 내용을 담은 과거사정리위원회의 원시자료 등에 대한 증거조사 등을 통하여 사실의 진실성 여부를 확인하는 것이 필요하고, 이는 사법적 절차에서 지켜야 할 기본적인 사실심리의 자세"임을 함께 판시하고 있다. 따라서 법원은 피해자의 재판청구권, 평등권 등과 과거사정리법의 제정 취지 등에 비추어 당연히 이와 같은 증거조사 등을 통하여 사실의 존부를 판단할 수 있고, 피해자가 당해 사건의 희생자이고 앞서 본 바와 같은 은폐 또는 왜곡이 있었는지를 판단할 수 있다고 보아야 한다.

더욱이 이 경우는 과거사정리위원회조차 사건의 진상을 제대로 파악하기 어려운 상황으로 "객관적으로 채권자가 권리를 행사할 수 없는 장애사유가 있었던 경우"에 해당한다고 인정하는 것이 더 설득력이 있을 것이다.

난민들의 기본권인 신체의 자유, 생명권 등을 침해했다"고 판단하고, 국가의 소멸시효 항변을 신의성실의 원칙에 반하는 권리남용에 해당한다는 이유로 배척하면서 원고의 청구를 일부 인용했다.

아. 여론 — 소멸시효 남용 법리의 적용 이후 외국의 동향

가) 미국 캘리포니아 주의 현황

미국 캘리포니아 주 의회에서 "노쇠해지는 제2차 세계대전 노예노동 피해자 및 제2차 세계대전 강제노동 피해자에게 정당한 배상을 제공하기 위해" 1999. 7. 15. 세칭 '헤이든(Hayden) 법'[118]을 만장일치로 가결했다. 이 법은 캘리포니아 주의 민사소송법(the Code of Civil Procedure)에 제354조 제6항으로 추가되었다. 이 법에 따르면, 제2차 세계대전 노예노동 피해자 또는 그 상속인, 제2차 세계대전 강제노동 피해자 또는 그 상속인은 누구든지, 제2차 세계대전 노예노동 피해자 또는 제2차 세계대전 강제노동 피해자로서 수행한 노동에 대하여, 직접적으로 또는 자회사 혹은 제휴회사를 통해서 그 노동으로부터 이익을 얻은 모든 자 또는 그 이익승계자를 상대로 배상을 구하기 위한 소송을 제기할 수 있다. 이에 따라 제기되는 소송은 2010. 12. 31. 또는 그 이전에 제기되는 경우에 제소기간법(statute of limitation)의 기간 내에 제기되지 않았다는 것을 이유로 기각당하지 않는다. 소멸시효를 "소급적으로" 연장하고 있다.

나) 프랑스의 현황

프랑스 툴루즈 행정법원은 2002. 4. 12. Papon 사건[119]에서 처음으로 비시정부의 책임을 현 정부에게도 물을 수 있다고 판결했다.[120] 그 판결에서는 "원고에게 2002. 4. 12. 이전에는 객관적으로 채권자가 권리를 행사할 수 없는 장애사유가 있었다"는 사유로 국가의 소멸시효 항변을 배척했다. 이 2006. 6. 6. 비시 정권 때 프랑스 내 임시수용소에 수용됐던 유대인의 가족들이 프랑스 정부, 국영철도회사(SNCF)를 상대로 제기한 소송에서 원고의 주장을 받아들여 6만 2,000유로의 배상금을 피해자 유족들에게 지급하라고 판결했다.[121]

---

118) http://info.sen.ca.gov/pub/99-00/bil1/sen/sb_1201-1250/sb_1245_bill_19990728_chaptered.html 참조.

119) 제2차 세계대전 당시 나치가 프랑스를 점령하던 기간의 괴뢰 정부인 비시정부의 보르도 지역 치안 책임자였던 모리스 파퐁(Papon)은 1942년부터 1944년까지 보르도 유대인 1,690명을 유대인 강제수용소로 보낸 것과 관련하여 피해자들이 현 프랑스 정부에 손해배상을 청구한 사건이다. 파퐁은 1998년 인류에 대한 범죄로 유죄판결을 받았으나, 2002년 초에 건강이 좋지 않아 교도소에서 풀려났다.

120) 김상찬, "프랑스의 신시효법에 관한 연구", 법학연구 38집, 한국법학회, 74면.

121) Rouquette, Remi, The French Administrative Court's Rulings on Compensation Claims Brought by Jewish Survivors of World War 2, Maryland Journal of International Law, Vol 25(2010), 304.

5. 맺으며

이상으로 소멸시효 남용 법리나 이와 유사한 법리가 외국에서 태동·발전하고 우리나라에서 소개되어 발전하는 과정을 시간에 따라 살펴보았다. 소멸시효 남용 법리는 구체적인 사안에서 소멸시효 제도에 따라 권리자를 희생하고 의무자를 보호하는 것이 우리 법질서의 지도이념이라 할 수 있는 신의성실의 원칙에 비추어 수긍할 수 없는 경우에 이를 미세하게 바로잡기 위해 예외적으로 등장하는 법리이다. 소멸시효 남용 법리에 따라 소멸시효 항변을 배척한 앞서 살펴본 사안들을 신의성실의 원칙에 입각하여 살펴보면 모두 그 결론에 충분히 수긍이 가고, 거기에서 시효제도의 입법적 결단을 허물어뜨릴 정도로 소멸시효에 신의칙을 끌어들였다고 보이지는 않는다.

오히려 국가공무원이 조직적으로 저지른 위법행위 사건에서 소멸시효 제도의 규정에 포섭되는 측면만을 보고 사안의 본질적인 측면이나 배경이라 할 수 있는 조직적인 폭력성과 이에 대한 저항의 암묵적이고 잠재적인 억압 내지 제압에는 눈을 감아 버림으로써, 소멸시효 남용 법리를 비롯하여 우리 법질서가 추구하는 지도이념인 신의성실의 원칙과 권리남용금지의 원칙을 혹시라도 놓쳐 버린 것은 아닌지를 곰곰 돌아보게 된다. 이는 구체적 사건의 배경을 좀 더 넓게 볼 때만이 사태의 핵심에 도달할 수 있다는 또 다른 교훈에 이른다.

아무튼 소멸시효 남용 법리는 구체적 타당성과 법적 안정성 사이의 끊임 없는 갈등관계 속에 위치한다. 이 두 가지의 가치는 서로 상충되는 측면이 있으면서도 우리의 벌질서를 떠받치는 중요한 기둥이다. 그 속에서 균형을 잡을 수 있도록 끊임없는 사고의 연마가 필요함을 유념하며, 소멸시효 남용 법리를 구체적인 사건에 적용하는 것과 관련한 계속적인 깊은 연구가 뒤따라야 할 것이다.

과거사 사건에 있어 국가배상청구와 소멸시효에 관한 위헌심사 연구

— 헌재 2018. 8. 30. 2014헌바148등 결정을 중심으로 —

승 이 도* **

Ⅰ. 서 설

공권력 행사가 불법행위를 구성하는 경우 가해자인 국가는 피해자인 국민에게 손해배상을 하는 것이 법치국가의 원칙이라 할 것이나, '불법행위를 한 날로부터' 5년이라는 소멸시효의 '객관적 기산점'은 이러한 원칙의 예외로 인정되어 왔다. 이에 학계와 법원은 소멸시효 남용의 법리를 통해 권리행사 지연에 자기책임이 인정되지 않은 피해자를 보호하기 위해 노력하였으나, 2013년 대법원에서 판시된 시효정지기간 6개월 준용 법리에 따라 국가의 손해배상의무는 면책되기 시작하였다.

그런데 국가배상 사건 중 한국전쟁 및 권위주의 시대에 발생하였던 과거사 사건은 국가의 조직적인 은폐·조작으로 그 사건이 발생한 때로부터 수십년이 지난 후에야 진상이 밝혀지게 되었고, 그 결과 불법행위를 한 날로부터 5년이 훨씬 지난 이후에야 비로소 손해배상이 청구될 수 있는 구조이었기에, 이와 관련된 국가배상청구는 일반 소멸시효의 법리로는 공평·타당한 결론에 도달하기 어렵게 되었다.

이러한 상황에서 과거사 사건의 국가배상에 실마리를 제시한 것이 바로 **헌재** 2018. 8. 30. 2014**헌바**148**등 결정**(이하 '대상결정'이라 함)[1]이다. 이 사건에서 헌법재판소는, 민법상 소멸시효의 객관적 기산점 조항[2] 중 '민간인 집단 희생사건과 중대한 인권침해·조작의혹사건'[3]에 적용되는 부분은 헌법에 보장된 피해자들의 국가배

---

* 헌법재판소 헌법연구관, 미국 버클리대학교 방문학자.

** "쓰려면 그 열 배를 읽어야 하고 그것이 글쓰기의 기본 윤리다"라는 이야기를 강조하시던 은사 윤진수 교수님께서 2020년 정년을 맞이하신다. 2000년 Wrongful Birth/Life와 손해배상에 관한 모의재판 이후로 지난 20년간 아낌없는 가르침을 주신 교수님께 지면을 빌려 감사드린다.

1) 2014헌바148, 162, 219, 223, 290, 466, 2015헌바50, 440, 2016헌바419 사건에 대한 병합 결정임.
2) 민법 제166조 제1항, 제766조 제2항.
3) '진실·화해를 위한 과거사정리 기본법' 제2조 제1항 제3호, 제4호에 규정된 사건.

상청구권을 침해하여 위헌이라고 결정하면서, 과거사 사건과 소멸시효에 관련된 다양한 쟁점들에 대한 헌법재판관의 고민과 결론을 결정문 요소요소에 압축적으로 시사하였다.

이하에서는 대상결정의 내용을 바탕으로(Ⅱ) 대상결정에 이르게 된 사건의 경위와(Ⅲ) 대상결정 이전에 있었던 국가배상 소멸시효 관련 헌법재판소 선례를 정리하고(Ⅳ), 과거사 소멸시효와 관련된 대법원 판결과 학계의 논의를 소개하며(Ⅴ), 이를 바탕으로 과거사 사건에 있어 실현가능한 이행기의 정의(Ⅵ), 관련 외국 입법례(Ⅶ), 과거사 소멸시효 사건에 관한 위헌심사에 있어 헌법재판소로서 가능한 접근방식과 그 한계를 구체적으로 검토한 다음(Ⅷ), 대상결정 법정의견의 논리구조를 분석함으로써(Ⅸ) 국가배상청구권의 헌법적 의미를 모색하도록 한다(Ⅹ).

Ⅱ. 대상결정의 내용(헌재 2018. 8. 30. 2014헌바148등 결정)[4)]

1. 사건개요

(1) 일부 청구인들[5)]은 국가보안법위반 등의 범죄사실로 징역형 등을 선고받아 1982년 내지 1986년경 그 판결이 확정된 사람, 그 가족, 상속인이다. 위 청구인들은 2005년 제정된 '진실·화해를 위한 과거사정리 기본법'(이하 '과거사정리법'이라 함)에 의해 설치된 '진실·화해를 위한 과거사정리 위원회'(이하 '과거사위원회'라 함)에서 위 사건들에 관한 진실규명결정을 받고,[6)] 이후 재심절차에서 기존 유죄판결이 취소되어 무죄로 확정되고, 형사보상금을 지급받았다.

(2) 다른 청구인들[7)]은 1950년경 국민보도연맹사건과 관련하여 경찰 등에 연행되어 집단희생되거나 미군함포사건으로 집단희생된 사람의 상속인이다. 위 청구인들은 과거사위원회에서 위 사건들에 관한 진실규명결정을 받았다.

(3) 이후 청구인들은 대한민국을 상대로 손해배상을 청구하는 소를 법원에 제기하였고, 그 소송 계속 중 법원에 소멸시효조항에 대한 위헌법률심판제청을 신청하였으나 기각 또는 각하되자, 헌법재판소에 헌법재판소법 제68조 제2항에 의한 헌법소원심판을 청구하였다.[8)]

4) 헌법재판소판례집, 제30권 2집(헌법재판소, 2018), 237면 이하.
5) 2014헌바148, 162, 219, 466, 2015헌바50, 440 사건의 청구인들.
6) 다만, 2015헌바440 사건의 청구인은 과거사위원회의 진실규명결정을 받지 아니함.
7) 2014헌바223, 290, 2016헌바419 사건의 청구인들.
8) 윤진수 교수는 과거사 인권침해 사건을 두 가지 유형으로 분류하는데, 하나는 한국전쟁 전후

2. 심판대상

대상결정의 심판대상은 민법 제166조 제1항, 제766조, 국가재정법 제96조 제2항, 구 예산회계법 제96조 제2항이 헌법에 위반되는지 여부이고, 심판대상조항 및 관련조항의 내용은 다음과 같다.

[심판대상조항]

■ 민법(1958. 2. 22. 법률 제471호로 제정된 것)

제166조(소멸시효의 기산점) ① 소멸시효는 권리를 행사할 수 있는 때로부터 진행한다.

제766조(손해배상청구권의 소멸시효) ① 불법행위로 인한 손해배상의 청구권은 피해자나 그 법정대리인이 그 손해 및 가해자를 안 날로부터 3년간 이를 행사하지 아니하면 시효로 인하여 소멸한다.

② 불법행위를 한 날로부터 10년을 경과한 때에도 전항과 같다.

■ 국가재정법(2006. 10. 4. 법률 제8050호로 제정된 것)

제96조(금전채권·채무의 소멸시효) ② 국가에 대한 권리로서 금전의 급부를 목적으로 하는 것도 또한 제1항과 같다.

■ 구 예산회계법(1989. 3. 31. 법률 제4102호로 전부개정되어, 2006. 10. 4. 법률 제8050호로 폐지되기 전의 것)

제96조(금전채권과 채무의 소멸시효) ② 국가에 대한 권리로서 금전의 급부를 목적으로 하는 것도 또한 제1항과 같다.

[관련조항]

■ 국가배상법(2008. 3. 14. 법률 제8897호로 개정된 것)

제8조(다른 법률과의 관계) 국가나 지방자치단체의 손해배상 책임에 관하여는 이 법에 규정된 사항 외에는 「민법」에 따른다. 다만, 「민법」 외의 법률에 다른 규정이 있을 때에는 그 규정에 따른다.

로 자행되었던 불법처형을 비롯한 물리적인 '사실행위'에 의한 인권침해이고(이하 '사실행위형'이라 함), 다른 하나는 권위주의 통치시기 장기간의 불법구금·고문으로 허위자백을 받아 이를 바탕으로 '유죄판결'을 받은 인권침해임(이하 '유죄판결형'이라 함)[윤진수, "과거사 정리와 소멸시효(형사판결에 의한 인권침해를 중심으로)", 민사재판의 제문제 23, 사법발전재단, 2015, 820면].

이러한 분류에 따르면 대상결정 중 2014헌바148, 162, 219, 466, 2015헌바50, 440 사건은 유죄판결형 사안으로, 2014헌바223, 290, 2016헌바419 사건은 사실행위형 사안으로 분류할 수 있음.

■ 국가재정법(2006. 10. 4. 법률 제8050호로 제정된 것)

第96조(금전채권·채무의 소멸시효) ① 금전의 급부를 목적으로 하는 국가의 권리로서 시효에 관하여 다른 법률에 규정이 없는 것은 5년 동안 행사하지 아니하면 시효로 인하여 소멸한다.

■ 구 예산회계법(1989. 3. 31. 법률 제4102호로 전부개정되어, 2006. 10. 4. 법률 제8050호로 폐지되기 전의 것)

第96조(금전채권과 채무의 소멸시효) ① 금전의 급부를 목적으로 하는 국가의 권리로서 시효에 관하여 다른 법률에 규정이 없는 것은 5년 동안 행사하지 아니하면 시효로 인하여 소멸한다.

■ 과거사정리법(2005. 5. 31. 법률 제7542호로 제정된 것)

第1조(목적) 이 법은 항일독립운동, 반민주적 또는 반인권적 행위에 의한 인권유린과 폭력·학살·의문사 사건 등을 조사하여 왜곡되거나 은폐된 진실을 밝혀냄으로써 민족의 정통성을 확립하고 과거와의 화해를 통해 미래로 나아가기 위한 국민통합에 기여함을 목적으로 한다.

第2조(진실규명의 범위) ① 제3조의 규정에 의한 진실·화해를 위한 과거사정리위원회는 다음 각 호의 사항에 대한 진실을 규명한다.

3. 1945년 8월 15일부터 한국전쟁 전후의 시기에 불법적으로 이루어진 민간인 집단 희생사건
4. 1945년 8월 15일부터 권위주의 통치시까지 헌정질서 파괴행위 등 위법 또는 현저히 부당한 공권력의 행사로 인하여 발생한 사망·상해·실종사건, 그 밖에 중대한 인권침해사건과 조작의혹사건

3. 결정주문

⑴ 민법 제166조 제1항, 제766조 제2항 중 과거사정리법 제2조 제1항 제3호, 제4호에 규정된 사건에 적용되는 부분은 헌법에 위반된다.

⑵ 민법 제766조 제1항, 국가재정법 제96조 제2항, 구 예산회계법 제96조 제2항은 헌법에 위반되지 아니한다.

4. 법정의견 요지[9)]

국가배상법 제8조에 따라, 심판대상조항은 국가배상청구권의 소멸시효 기산점을 '주관적 기산점'인 피해자나 법정대리인이 그 손해 및 가해자를 안 날(민법 제766조 제1항) 및 '객관적 기산점'인 불법행위를 한 날(민법 제166조 제1항, 제766조 제2항)로 정하되, 그 시효기간을 주관적 기산점에 대한 '단기소멸시효기간' 3년(민법 제766조 제1항) 및 객관적 기산점에 대한 '축소된 장기소멸시효기간' 5년(국가재정법 제96조 제2항, 구 예산회계법 제96조 제2항)으로 정하고 있다.

민법상 소멸시효제도의 일반적인 존재이유는 '법적 안정성, 채무자의 이중변제 방지, 채권자의 권리불행사 제재 및 채무자의 보호가치 있는 신뢰 보호'로서 국가배상청구권의 경우에도 일반적으로 타당하고, 특히 국가의 채무관계를 조기에 확정하여 예산수립의 불안정성을 제거하기 위해서는 국가채무에 대해 비교적 단기의 소멸시효를 정할 필요성이 있음을 고려할 때, 심판대상조항이 '일반적인' 공무원의 직무상 불법행위로 손해를 받은 국민의 국가배상청구권에 관한 소멸시효 기산점과 시효기간을 정하고 있는 것은 합리적 이유가 있다.

그런데 과거사정리법이 2005년 여·야의 합의로 제정된 경위 및 취지에 비추어 볼 때 같은법 제2조 제1항 제3호, 제4호에 규정된 '민간인 집단희생사건', '중대한 인권침해·조작의혹사건'은 '사인간 불법행위' 내지 '일반적인 국가배상' 사건과 근본적 다른 유형에 해당된다. 이와 같은 특성으로 인하여 과거사정리법에 규정된 위 사건 유형에 민법상 소멸시효제도의 일반적 존재이유를 그대로 적용하기는 부적합하다. 구체적으로는, 국가배상청구권에 대한 소멸시효 주관적 기산점은 피해자와 가해자 보호의 균형을 도모하기 위한 것으로서 위 과거사 사건 유형에 적용되도록 하는 것에 합리적 이유가 있다. 그러나 국가가 소속 공무원들의 조직적 관여를 통해 불법적으로 민간인을 집단 희생시키거나 장기간의 불법구금·고문 등에 의한 허위자백으로 유죄판결을 하고 사후에도 조작·은폐를 통해 진상규명을 저해하였음에도 불구하고, 그 불법행위 시점을 소멸시효의 기산점으로 삼는 것은 피해자와 가해자 보호의 균형을 도모하는 것으로 보기 어렵고, 발생한 손해의 공평·타당한 분담이라는 손해배상제도의 지도원리에도 부합하지 않는다. 그러므로 과거사정리법 제2조 제1항 제3호 및 제4호에 규정된 사건에 민법 제166조 제1항, 제766조 제2항의 '객관적

9) 재판관 이진성, 재판관 김이수, 재판관 안창호, 재판관 강일원, 재판관 이선애, 재판관 유남석의 법정의견을 요약한 내용임.

기산점'이 적용되도록 하는 것은 합리적 이유가 인정되지 않는다.

결국, 일반적인 국가배상청구권에 적용되는 소멸시효 기산점과 시효기간에 합리적 이유가 인정된다 하더라도, 과거사정리법 제2조 제1항 제3호에 규정된 '민간인 집단희생사건', 제4호에 규정된 '중대한 인권침해·조작의혹사건'의 특수성을 고려하지 아니한 채 민법 제166조 제1항, 제766조 제2항의 객관적 기산점을 그대로 적용되도록 규정하는 것은 합리적 이유 없이 위 사건 유형에 관한 국가배상청구권 보장 필요성을 외면한 것으로서 입법형성의 한계를 일탈하여 청구인들의 국가배상청구권을 침해하여 헌법에 위반된다.

5. 반대의견 요지[10)]

청구인들의 심판청구는 심판대상조항 자체의 위헌 여부를 다투는 것이 아니라, 당해사건 재판의 기초가 되는 사실관계의 인정이나 평가 또는 개별적·구체적 사건에서의 법률조항의 단순한 포섭·적용에 관한 법원의 해석·적용이나 재판결과를 다투는 것에 불과하므로, 재판소원을 금지하는 헌법재판소법 제68조 제1항의 취지에 비추어 부적법하다.

Ⅲ. 소멸시효 남용의 법리 변경 및 대상결정에 이르게 된 사건의 경위

1. 과거사 사건과 소멸시효의 객관적 기산점 적용으로 인한 문제

20세기 한국 근현대사는 모질고 어려웠던 시련과 그에 대한 도전·극복의 과정으로 기록된다. 일제강점으로 인한 피해와 이를 극복하기 위한 항일독립운동 과정에서의 희생, 한국전쟁 전후의 민족분단과 이념대립 과정에서 발생하였던 광범위한 민간인 집단 희생, 권위주의 통치시기 위헌·위법한 공권력 행사로 인한 인권침해와 민주화운동 과정에서의 희생 등으로 이를 구체화할 수 있는데, 위 사건들 중 상당수는 오랜 기간 그 진실이 은폐됨으로써 피해자들의 명예를 훼손하고 손해배상 받을 기회를 박탈하여 왔다.

이러한 과거사 사건들은 그 특징상 사건이 발생한 때로부터 수십년이 지난 후에야 진상이 밝혀지게 됨으로써, 이론상 소멸시효의 객관적 기산점인 '권리를 행사할 수 있는 때(민법 제166조 제1항)' 및 '불법행위를 한 날(민법 제766조 제2항)'로부터

10) 재판관 김창종, 재판관 서기석, 재판관 조용호의 반대의견을 요약한 내용임.

10년·5년이 훨씬 지난 사건들이었기 때문에, 이와 관련된 국가배상청구는 일반적인 소멸시효의 법리로는 공평·타당한 결론을 도출하기 어려운 문제들을 다수 발생시키게 되었다.

특히, 과거사 사건들의 상당수는 반정부 투쟁 또는 민주화 투쟁을 억압할 목적으로 국가가 국가기관을 동원하여 국민에게 억울한 누명을 씌워 반인권적 불법행위를 자행한 경우가 많았고, 이는 민주헌정국가에서 결코 일어나서는 안 되는 위법행위로서 그 인권침해의 불법성이 중하였으며, 이후에도 국가가 조직적으로 사건을 조작·은폐하고 피해자나 유족의 진실규명활동을 억압함으로써 사건의 진상을 밝히기 어렵게 하였다는 점에서, 그 피해 회복 청구가 단지 10년 내지 5년이 경과한 이후에 이루어졌다는 이유로 피해자 및 유족을 '권리 위에 잠자던 자'로 보아 소멸시효 완성의 불이익을 부담시키는 것이 부당하다는 반성적 고려가 나타나게 되었다.[11]

2. 과거사 국가배상 사건에 적용되는 법률조항 및 단기·장기소멸시효

(1) 과거사 사건 중 '한국전쟁 전후의 위법한 민간인 희생 사건' 및 '권위주의 통치시기의 위법한 인권침해 사건'은 피해자 또는 유족이 국가를 상대로 손해배상을 청구하는 구조이므로, 결국 국가배상의 형태로 소송이 진행되게 된다. 그런데 국가배상법 제8조 본문은 "국가나 지방자치단체의 손해배상책임에 관하여는 이 법에 규정된 사항 외에는 민법에 따른다"라고 규정하므로, 민법상 소멸시효 규정을 살펴볼 필요가 있다.

민법 제166조 제1항은 "소멸시효는 권리를 행사할 수 있는 때로부터 진행한다"라고 하여 소멸시효의 일반적 기산점을 규정하는데, 대법원 판례에 의하면 '권리를 행사할 수 없는 경우'란 그 권리행사에 '법률상 장애사유가 있는 경우'(예컨대 기한미도래 또는 조건불성취가 있는 경우)를 의미하므로, 사실상 권리의 존재나 권리행사 가능성을 알지 못하였고 이를 알지 못함에 과실이 없는 경우라도 이러한 사유는 법률상 장애사유에 해당하지 않게 되어 소멸시효가 그대로 진행하게 된다.[12]

불법행위로 인한 손해배상청구권도 채권의 일종이므로 채권 일반에 관한 소멸시효 규정이 적용되나, 민법 제766조는 불법행위로 인한 손해배상청구권의 소멸시효에 관한 특칙을 규정하고 있다.[13] 우선 제766조 제1항은 "피해자나 법정대리인이

11) 윤진수, 전게서(각주 8), 820~821면.
12) 대법원 2006. 4. 27. 선고 2006다1381 판결 등.
13) 불법행위를 원인으로 하는 손해배상청구권은 민법 제766조 제1항의 단기소멸시효가 적용되나, 여기에도 소멸시효 기산점에 관한 일반규정인 민법 제166조 제1항이 적용됨은 물론임.

그 손해 및 가해자를 안 날로부터 3년"을 불법행위로 인한 손해배상청구권의 단기소멸시효로 규정하고, 같은조 제2항은 "불법행위를 한 날로부터 10년"을 장기소멸시효로 규정한다.

다만 국가재정법(구 예산회계법)은 제96조 제2항, 제1항에서 "국가에 대한 금전채권"은 "5년" 동안 행사하지 않으면 시효로 소멸한다고 규정하므로, 결국 과거사 사건에서 국가배상청구권은 '피해자나 법정대리인이 그 손해 및 가해자를 안 날로부터(단기소멸시효 기산점) 3년(단기소멸시효 기간)' 또는 '불법행위를 한 날로부터(장기소멸시효 기산점) 5년(축소된 장기소멸시효 기간)'이 경과하면 시효로 소멸하게 된다.

(2) 단기소멸시효의 기산점과 관련하여, 대법원은 "민법 제766조 제1항에서 말하는 '손해'란 위법한 행위로 인한 손해발생의 사실을, '가해자'란 손해배상청구의 상대방으로 될 자를 의미하고, '안 날'이란 피해자나 그 법정대리인이 위 손해 및 가해자를 현실적이고도 구체적으로 인식함을 뜻하는 것이므로, 결국 여기서 '손해를 안 날'이란 불법행위의 요건사실에 대한 인식으로서 위법한 가해행위의 존재, 손해의 발생 및 가해행위와 손해와의 인과관계 등이 있다는 사실까지 피해자가 알았을 때를 의미한다"라고 판시하고,[14] "민법 제766조 제1항의 손해를 안다고 하는 것은 단순히 손해발생의 사실만을 안 때라는 뜻이 아니고 가해행위가 불법행위로서 이를 원인으로 하여 손해배상을 소구할 수 있다는 사실을 안 때라는 뜻이다"라고 판시한다.[15]

이러한 법리에 따르면, '한국전쟁 전후의 위법한 민간인 희생' 및 '권위주의 통치시기의 위법한 인권침해'와 같은 과거사 사건은 국가가 조직적으로 사건을 조작·은폐하고 피해자나 유족의 진실규명활동을 억압함으로써 사건의 진상을 밝히기 어렵게 하였고 그 결과 2000년대 과거사위원회 등의 활동에 의하여 사건발생일로부터 수십년이 지난 후에야 사건의 진상이 밝혀지게 된 경우가 상당수이므로, 이러한 경우 피해자 또는 유족이 희생의 경위, 가해행위의 위법성, 가해행위와 손해와의 인과관계 등에 대해 구체적인 진상을 파악한 후 3년 이내에 국가배상을 청구한다면 단기소멸시효를 준수한다는 결론에 도달하게 된다.[16]

그러므로 권리행사에 법률상 장애사유가 없는 경우에만 소멸시효가 진행하게 됨[김용담 대표집필(이원 집필부분), 주석 민법: 채권각칙(8), 한국사법행정학회, 2016, 756면].

14) 대법원 1989. 9. 26. 선고 88다카32371 판결; 대법원 2011. 3. 10. 선고 2010다13282 판결.

15) 대법원 1975. 3. 25. 선고 75다233 판결; 대법원 1990. 1. 12. 선고 88다카25168 판결.

16) "원심판결 이유를 살펴보면, … 원심 판시 청주·청원 국민보도연맹 사건 희생자들의 유족들은 사건 이후 피고로부터 희생자들의 사망 여부 등에 대한 통지를 받지 못해 희생자들에 대한 총살이유, 경위 및 절차에 대하여 전혀 알지 못하였고, 유족들 중 대부분은 희생자들의

그렇다면 피해자 또는 유족은 피해에 관한 구체적 내용을 파악한 날로부터 3년 이내에 국가배상을 청구한다면 단기소멸시효 완성을 저지할 수 있고, 이러한 주관적 인식시점으로부터 3년이란 기간이 피해자 등의 권리행사를 부당하게 박탈하는 것으로 보기 어려우므로, 민법상 단기소멸시효 기산점(안 날) 및 기간(3년)은 피해자들의 국가배상청구권을 실질적으로 보장하고 있다고 볼 수 있다.

(3) 문제는 장기소멸시효의 기산점이다. 민법 제166조 제1항에 따라 대법원은 기한미도래·조건불성취와 같은 법률상 장애사유가 없는 한 소멸시효가 진행한다고 판단하고 있고, 민법 제766조 제2항은 '불법행위를 한 날'을 장기소멸시효의 기산점으로 정하고 있으므로, 이러한 장기소멸시효는 피해자나 법정대리인이 손해와 가해자를 안 여부나 사실상 청구권을 행사할 수 있었는지 여부와 관계없이 불법행위를 한 날이 기산점이 되고,[17)18)] 국가배상법 제96조 제2항 및 제1항에 따라 그로부터 5년이 지나면 축소된 장기소멸시효는 완성하게 된다.

그러므로, 과거사 사건에서 진상이 규명되지 않은 상태가 장기간 지속되어 피해자 또는 유족이 그 진상을 파악한 시점으로부터 3년 이내에 국가배상을 청구하여 단기소멸시효를 준수하였더라도(민법 제766조 제1항), 이를 법률상 장애사유로 보지 않는 판례에 따르면 그 불법행위일로부터 5년이 경과한 시점에서 장기소멸시효의 완성으로 국가배상청구권은 소멸하게 되는 것이다(민법 제166조 제1항, 제766조 제2항).[19)]

사망 여부, 일시 및 장소에 대하여도 구체적으로 알지 못하였으며, 진실·화해를 위한 과거사위원회의 조사·결정을 통해 2009. 11. 26.경 비로소 희생자 명단 및 그 희생 경위에 대하여 구체적 진상을 파악할 수 있었던 것으로 보이므로, 원고들은 2009. 11. 26.경에야 위 사건으로 인한 손해 및 가해자를 알게 되었다고 판단한 것은 정당하고, 거기에 상고이유 주장과 같은 민법상 단기소멸시효의 적용요건에 대한 법리오해의 위법이 없다(대법원 2012. 4. 26. 선고 2012다4091 판결)."

17) 김용담 대표집필(이원 집필부분), 전게서(각주 13), 758~759면.

18) "불법행위에 기한 손해배상채권에 있어서 민법 제766조 제2항에 의한 소멸시효의 기산점이 되는 '불법행위를 한 날'이란 가해행위가 있었던 날이 아니라 현실적으로 손해의 결과가 발생한 날을 의미하지만, 그 손해의 결과발생이 현실적인 것으로 되었다면 그 소멸시효는 피해자가 손해의 결과발생을 알았거나 예상할 수 있는가 여부에 관계없이 가해행위로 인한 손해가 현실적인 것으로 되었다고 볼 수 있는 때로부터 진행한다(대법원 2005. 5. 13. 선고 2004다71881 판결)."

19) "불법행위를 원인으로 한 손해배상청구권은 손해 및 가해자를 안 날로부터 3년간 행사하지 아니하면 시효로 인하여 소멸하지만(민법 제766조 제1항), 정리위원회로부터 진실규명결정을 받은 피해자 등은 특별한 사정이 없는 한 진실규명결정이 있었던 때에 손해 및 가해자를 알았다고 봄이 상당하므로, 그때부터 3년이 경과하여야 위 단기소멸시효가 완성된다 할 것이다. 다른 한편 불법행위를 원인으로 한 국가에 대한 손해배상청구권은 불법행위일로부터 5년 동안 이를 행사하지 아니하면 시효로 소멸하고, 이는 위 3년의 단기소멸시효 기간과 달리 불법행위일로부터 바로 진행이 되므로 과거사정리법에 의하여 한국전쟁 전후 희생사건에 대하

결국 피해자 또는 유족은 불법행위일로부터 5년 이내에 청구해야만 소멸시효 완성의 방해 없이 국가배상을 청구할 수 있다는 의미인데, 과거사 사건의 특성상 피해자와 유족은 그 진상이 규명되기 전까지는 국가배상청구권을 실질적으로 행사할 수 없는 구조이므로, 이러한 장기소멸시효 기산점(불법행위일) 및 기간(5년)이 피해자들의 국가배상청구권을 실질적으로 보장하고 있는 것인지에 대해 의문이 제기되었다.

3. 학계의 소멸시효 항변 남용 논의와 대법원 판례의 수용

(1) 민법상 소멸시효 규정의 기계적 적용은 법적 안정성의 차원에서 타당한 측면도 있지만, 구체적 사안에서 손해의 공평·타당한 분담이란 손해배상제도의 지도원리에 부합하지 않은 측면이 발생할 수 있다. 이에 소멸시효가 완성된 경우라도 채무자의 소멸시효에 기한 항변권의 행사가 민법의 대원칙인 신의성실에 반하는 경우에는 권리남용으로 보아야 한다는 논의가 1984년경부터 국내 학계에 제기되기 시작하였다.[20]

(2) 이에 대법원은 1994년에 이르러, 소멸시효가 완성되었다고 하더라도 '채무자인 국가가 시효완성 전에 채권자인 주주의 권리행사나 시효중단을 불가능 또는 현저히 곤란하게 하거나 그러한 조치가 불필요하다고 믿게 하는 행동을 하였거나(제1유형), 객관적으로 채권자가 권리를 행사할 수 없는 장애사유가 있었거나(제2유형), 또는 일단 시효완성 후에 채무자인 국가가 시효를 원용하지 아니할 것 같은 태도를 보여 채권자로 하여금 그와 같이 신뢰하게 하였거나(제3유형), 채권자보호의 필요성이 크고 같은 조건의 다른 채권자가 채무의 변제를 수령하는 등의 사정이 있어 채무이행의 거절을 인정함이 현저히 부당하거나 불공평하게 되는 등의 특별한 사정이 있는 경우(제4유형)에 한하여 채무자인 국가가 소멸시효의 완성을 주장하는 것이 신의성실의 원칙에 반하여 권리남용으로서 허용될 수 없다고 할 수 있을 것이다'라고 판시함으로써, 학계의 소멸시효 남용 논의를 받아들였다.[21]

이후 대법원은 2011년에 이르러 과거사위원회의 진상규명결정이 있었던 과거사 사건에서 국가의 소멸시효 완성 주장을 신의성실에 반하는 권리남용으로 판단하여

여 희생자임을 확인하는 진실규명결정이 있었던 경우에도 그 손해배상청구권의 소멸시효는 희생자에게 피해가 생긴 날로부터 5년이 경과한 때에 이미 완성되었다고 할 것이다(대법원 2013. 5. 16. 선고 2012다202819 전원합의체 판결)."

20) 윤진수, "소멸시효의 남용에 관한 고찰", 석사학위논문, 서울대학교 대학원, 1984.

21) 대법원 1994. 12. 9. 선고 93다27604 판결.

이를 배척함으로써, 소멸시효 남용이 과거사 사건에 적용될 수 있음을 선언하였다. 이 사건은, 국민보도연맹 산하 지방연맹 소속 연맹원들이 1950. 6. 25. 한국전쟁 발발 직후 상부의 지시를 받은 군과 경찰에 의해 구금되었다가 그들 중 일부가 처형대상자로 분류되어 집단 총살을 당하였고, 이후 정부가 처형자 명부 등을 작성하여 3급 비밀로 지정하였는데, 위 학살의 구체적 진상을 잘 알지 못했던 유족들이 과거사정리법에 따라 설치된 과거사위원회의 진실규명결정이 있었던 2007. 11. 27. 이후에야 국가를 상대로 손해배상을 청구하자 국가가 소멸시효 완성을 주장한 사안이다. 이에 대법원은, "과거사위원회의 진실규명결정이 있었던 2007. 11. 27.까지는 객관적으로 유족들이 권리를 행사할 수 없었다고 보아야 하고, … 여태까지 생사 확인을 구하는 유족들에게 처형자 명부 등을 3급 비밀로 지정함으로써 진상을 은폐한 국가가 이제 와서 뒤늦게 유족들이 위 집단 학살의 전모를 어림잡아 미리 소를 제기하지 못한 것을 탓하는 취지로 소멸시효 완성을 주장하여 채무이행을 거절하는 것은 현저히 부당하여 신의성실 원칙에 반하는 것으로서 허용될 수 없다"라고 판시하였다.[22]

⑶ 이와 같은 학계의 소멸시효 남용 논의와 대법원 판례의 수용에 따라, 민법 제166조 제1항과 제766조 제2항의 기계적 적용으로 인한 소멸시효의 문제점은 상당부분 해소될 수 있게 되었다.

4. 대법원 판례의 변경

⑴ 법원은 위와 같은 대법원 판례에 따라, 채무자의 소멸시효 항변이 권리남용에 해당될 경우 채권자의 손해배상청구권은 구제된다는 법리를 2012년까지 비교적 일관되게 적용함으로써 법적 안정성과 함께 구체적 타당성을 확보하여 왔다. 예컨대 서울고등법원은 2006. 2. 14. 판결, 즉 1973년 중앙정보부 소속 공무원들에 의하여 발생한 최종길 교수 사망사건에 관하여 유족들이 그로부터 28년 7개월이 경과한 2002년 국가 등을 상대로 손해배상을 청구한 사안에서, 유족들에게 그 청구권을 행사할 수 없는 객관적인 사정이 있었거나 소멸시효를 인정하는 것이 현저히 부당하거나 불공평하다는 등의 특별한 사정이 있으므로, 국가가 소멸시효의 완성을 주장하는 것이 신의칙에 반하여 권리남용에 해당한다고 판단하였다.[23][24]

---

22) 대법원 2011. 6. 30. 선고 2009다72599 판결.

23) 서울고등법원 2006. 2. 14. 선고 2005나27906 판결.

24) 위 서울고등법원 2006. 2. 14. 판결(재판장 조용호 판사)의 판결이유를 일부 인용하면 아래와 같음.

⑵ 그런데 소멸시효 남용에 관한 법리에 있어 2013년 중요한 두 개의 판례 변경이 이루어지게 된다. 하나는 대법원 2013. 5. 16. 선고 2012다202819 전원합의체 판결이고(이하 '2013. 5. 16. 판결'이라 함), 다른 하나는 대법원 2013. 12. 12. 선고 2013다201844 판결이다(이하 '2013. 12. 12. 판결'이라 함).

⑶ 2013. 5. 16. 판결[25]은, 한국전쟁 당시인 1950년 10월경 전라남도 진도군에서 적법한 절차 없이 경찰관들에게 사살된 민간인 희생자에 관한 유족들의 손해배상청구 사안이다(사실행위형 사안). 대법원은 이를 제3유형으로 보아 피고 대한민국의 소멸시효 항변이 신의성실에 반하는 권리남용으로 허용될 수 없다고 판단하였다.

다만, 위 판결에서 대법원은, "채무자가 소멸시효의 이익을 원용하지 않을 것 같은 신뢰를 부여한 경우에도 채권자는 그러한 사정이 있은 때로부터 상당한 기간 내에 권리를 행사하여야만 채무자의 소멸시효의 항변을 저지할 수 있는데, 여기에서 '상당한 기간' 내에 권리행사가 있었는지는 채권자와 채무자 사이의 관계, 신뢰를 부여하게 된 채무자의 행위 등의 내용과 동기 및 경위, 채무자가 그 행위 등에 의하여 달성하려고 한 목적과 진정한 의도, 채권자의 권리행사가 지연될 수밖에 없었던 특별한 사정이 있었는지 여부 등을 종합적으로 고려하여 판단할 것이다. 다만 신의성실의 원칙을 들어 시효 완성의 효력을 부정하는 것은 법적 안정성의 달성, 입증곤란의 구제, 권리행사의 태만에 대한 제재를 이념으로 삼고 있는 소멸시효 제도에 대한 대단히 예외적인 제한에 그쳐야 할 것이므로, 위 권리행사의 '상당한 기간'은 특별한 사정이 없는 한 **민법상 시효정지의 경우에 준하여** 단기간으로 제한되어야 한다. 그러므로 개별 사건에서 매우 특수한 사정이 있어 그 기간을 연장하여 인정하는 것이 부득이한 경우에도 불법행위로 인한 손해배상청구의 경우 그 기간은 아무리 길어도 민법 제766조 제1항이 규정한 단기소멸시효기간인 3년을 넘을 수는 없다고 보아야

"… 2001년 위와 같이 의문사위에서 전면적으로 재조사를 하기 전까지는 이 사건은 완전히 가려져 있었고 그 전모가 전혀 밝혀지지 아니하였는데, 이는 모든 정보를 중앙정보부가 독점하고 사건의 해결에 있어서 가장 중요한 실마리를 제공한 중앙정보부 감찰실이 작성한 감찰자료(존안자료)에 전혀 접근할 수 없었던 사정과 관련되어 있다. … 결론적으로, 위와 같은 모든 사정이, 원고들이 권리를 행사할 수 없는 '객관적 장애'가 있었다고 볼 수 있는 경우에 해당한다고 할 수 있다. 즉, 자신에게 권리가 있는지 여부를 전혀 알 수도 없는 상황에 있었던 원고들에게, '왜 자신들이 이미 보유하고 있는 권리를 행사하지 않고 그 위에서 잠을 자고 있었는가' 라고 질타하는 것은 신의칙에 반하는 것이다. 중앙정보부의 발표에 따르면, 최종길은 국가의 안위를 위태롭게 한 가해자이고 국가는 피해자라 할 수 있는데, 그러한 가해자의 가족들이 피해자인 국가를 상대로, 도대체 어떠한 불법이 저질러졌는지도 모르는 행위를 이유로 무작정 손해배상청구를 할 것을 기대하는 것은, 법이 개인에게 불가능한 것을 요구하는 것과 다를 바 없다."

25) 주심 박병대 대법관.

한다."라고 판시하였다. 이로써 대법원은, 채무자의 소멸시효 완성 항변이 권리남용이라 할지라도 채권자는 '상당한 기간' 내에 권리를 행사해야 하며 그것은 '시효정지에 준하는 단기간'으로 제한되어야 한다는 요건을 새로 추가하였다.

(4) 2013. 12. 12. 판결[26]은, 1983년 7월경 보안부대 소속 수사관들에게 연행되어 38일 동안 불법적으로 구금된 상태에서 고문 등의 가혹행위로 피의사실을 자백한 결과 국가보안법 위반죄 등으로 유죄판결이 확정되고, 이후 피해자가 재심을 통해 무죄판결을 받아 국가에 대해 손해배상을 청구한 사안이다(유죄판결형 사안). 대법원은 이를 제2유형으로 보아 피고 대한민국의 소멸시효 항변이 신의성실에 반하는 권리남용으로 허용될 수 없다고 판단하였다.

다만, 위 판결에서 대법원은, 2013. 5. 16. 판결을 언급한 다음, "국가기관이 수사과정에서 한 위법행위 등으로 수집한 증거 등에 기초하여 공소가 제기되고 유죄의 확정판결까지 받았으나 재심사유의 존재 사실이 뒤늦게 밝혀짐에 따라 재심절차에서 무죄판결이 확정된 후 국가기관의 위법행위 등을 원인으로 국가를 상대로 손해배상을 청구하는 경우, 재심절차에서 무죄판결이 확정될 때까지는 채권자가 손해배상청구를 할 것을 기대할 수 없는 사실상의 장애사유가 있었다고 볼 것이다. 따라서 이러한 경우 채무자인 국가의 소멸시효 완성의 항변은 신의성실의 원칙에 반하는 권리남용으로 허용될 수 없다. 다만 채권자는 특별한 사정이 없는 한 그러한 장애가 해소된 재심무죄판결 확정일로부터 **민법상 시효정지의 경우에 준하는 6개월의 기간 내**에 권리를 행사하여야 한다."라고 판시하였다. 이로써 대법원은, 2013. 5. 16. 판결에서 언급된 '권리행사의 상당한 기간'을 재심무죄판결 확정일로부터 민법상 시효정지에 준하는 6개월로 제한하되, 다만 그 6개월 내에 형사보상청구를 한 경우에는 위 상당한 기간을 연장할 특수한 사정이 있다고 보아 형사보상결정 확정일로부터 6개월 내에 손해배상을 청구하면 상당한 기간 내에 권리행사한 것으로 볼 수 있다는 새로운 법리를 설시하였다.

(5) 위 2013. 5. 16. 판결 및 2013. 12. 12. 판결 이후 법원은, 유죄판결형 사안의 경우 피해자가 형사보상을 받은 경우에는 손해배상청구 소송을 제기한 날짜가 형사보상결정 확정일로부터 6개월 이내인가에 따라, 형사보상을 받지 않은 경우에는 재심판결 확정일로부터 6개월 이내인가에 따라 소멸시효 항변 인용 여부를 달리 판단하였으며,[27] 사실행위형 사안의 경우 유족들이 국가의 불법행위를 원인으로 한 손

26) 주심 박병대 대법관.

27) 대법원 2014. 1. 16. 선고 2013다205341 판결; 대법원 2014. 2. 27. 선고 2013다209831 판결;

해배상책임이 인정될 수 있는 피해자의 사망원인을 통보받은 날부터 민법상 시효정지에 준하는 6개월 이내에 손해배상청구 소송을 제기했는지에 따라 소멸시효 항변 인용 여부를 달리 판단하게 되었다.[28)]

5. 대상결정에 이르게 된 사건의 경위

⑴ 대상결정 중 2014헌바148, 162, 219, 466, 2015헌바50, 440 사건은 유죄판결형 사안이고, 2014헌바223, 290, 2016헌바419 사건은 사실행위형 사안이다. 위 사건의 청구인들은 과거사정리법에 따라 설치된 과거사위원회의 진실규명결정을 받고, 유죄판결형 사안의 경우 재심무죄판결 및 형사보상결정 확정일로부터 6개월 이후에 국가를 상대로 손해배상을 청구하였고, 사실행위형 사안의 경우 진실규명결정을 받고 6개월 지난 이후에 국가를 상대로 손해배상을 청구하였다.

⑵ 대상결정의 청구인들이 시효정지기간에 준하는 6개월 이후에 국가를 상대로 손해배상을 청구하였던 이유는, 이들이 법원에 손해배상을 청구하였을 당시는 2013. 5. 16. 판결 및 2013. 12. 12. 판결이 선고되기 이전의 시점이었고, 따라서 시효정지기간 6개월에 준하는 출소기간의 제한은 법률상·판례상 존재하지 아니하였으며 또 이러한 제한이 새로 생길 것으로 예상할 수도 없었기에, 비록 위 청구인들은 변호사인 소송대리인을 통해 손해배상청구 소송을 진행하였음에도 불구하고 6개월 이내에 소송을 제기하지 못했던 것이다.

⑶ 결국 청구인들은 국가를 상대로 손해배상청구의 소를 제기하여 그 소송을 진행하던 중 2013. 5. 16. 판결 및 2013. 12. 12. 판결의 선고와 그에 따르는 후속판결에 따라 '시효정지에 준하는 6개월'로 자신들의 권리행사에 상당한 기간이 소급 제한되게 되었다. 이에 청구인들은 법원에 민법 제166조 제1항, 제766조, 국가재정법 제96조 제2항, 구 예산회계법 제96조 제2항에 대한 위헌법률심판제청신청을 하였으나 각하 또는 기각결정을 받자,[29)] 헌법재판소법 제68조 제2항에 따라 헌법재판소에 위 법률조항들에 대한 위헌소원을 심판청구하게 되었던 것이다.

대법원 2014. 10. 27. 선고 2013다217962 판결 등.

28) 대법원 2015. 12. 23. 선고 2014다14627 판결 등.

29) 당해사건 법원은 청구인들의 위헌법률심판제청신청이 법률조항에 대한 법원의 해석을 다투는 것이어서 부적법하거나(각하결정), 심판대상조항들이 기본권의 본질적 내용을 침해한다고 볼 수 없고 비례원칙에 위반되지 않는다고 판단하였음(기각결정)[박보영, "과거사 사건에서 소멸시효의 적용(헌재 2018. 8. 30. 2014헌바180등(병합)에 대한 평석)", 저스티스 173, 한국법학원, 2019, 462~463면].

Ⅳ. 대상결정 이전까지 국가배상 소멸시효 관련 헌법재판소 선례

헌법재판소 전원재판부가 대상결정 이전에 국가배상 관련하여 소멸시효 조항의 위헌 여부에 대해 본안판단을 하였던 사건은 모두 7건이다. 대상결정에 이르기까지의 위헌심사 맥락을 이해하기 위해서는 그 이전에 있었던 재판소의 선례를 살펴볼 필요가 있다.

1. 국가배상법 제8조 위헌소원 사건

헌재 1997. 2. 20. 96헌바24 결정[30] 및 헌재 2011. 9. 29. 2010헌바116 결정[31]에서는 소멸시효를 배제하는 특별규정을 두지 아니함으로써 국가배상청구권에 대하여 민법상 소멸시효를 적용하도록 한 국가배상법 제8조의 위헌 여부가 문제되었다. 헌법재판소는 위 법률조항을 전원일치 의견으로 합헌 결정하였는데, 그 요지는 다음과 같다.

『민법상 소멸시효제도의 존재이유는 첫째 일정한 사실상태가 오래 계속되면 그 동안에 진정한 권리관계에 대한 증거가 없어지기 쉬우므로 그 계속되어 온 사실상태를 그대로 진정한 권리관계로 인정함으로써 과거사실의 증명의 곤란으로부터 채무자를 구제함으로써 민사분쟁의 적정한 해결을 도모한다는 점, 둘째 오랜 기간 동안 자기의 권리를 주장하지 아니한 자는 이른바 권리 위에 잠자는 자로서 법률의 보호를 받을 만한 가치가 없으며 시효제도로 인한 희생도 감수할 수밖에 없는 것이지만, 반대로 장기간에 걸쳐 권리행사를 받지 아니한 채무자의 신뢰는 보호할 필요가 있으며 특히 불법행위로 인한 손해배상청구에 있어서는 가해자는 극히 불안정한 지위에 놓이게 되는 점 등의 고려에 의하여 민사상의 법률관계의 안정을 도모하고 증거보전의 곤란을 구제함으로써 민사분쟁의 적정한 해결을 위하여 존재하는 제도이다. … 이러한 민법상의 소멸시효제도의 존재이유는 국가배상청구권의 경우에도 적용되는 것이다. 따라서 국가배상법 제8조가 국가배상청구권에도 소멸시효제도를 적용하도록 하여 국가배상청구권의 행사를 일정한 경우에 제한하고 있다 하더라도 이는 위와 같은 불가피한 필요성에 기인하는 것이고, 나아가 그 소멸시효기간을 정함에 있어서 민법상의 규정을 준용하도록 함으로써 결과에 있어서 민법상의 소멸시효기간과 같도록 규정하였다 하더라도 그것이 국가배상청구권의 특성을 전혀 도외시

30) 헌법재판소판례집, 제9권 1집(헌법재판소, 1997), 168면 이하.
31) 헌법재판소판례집, 제23권 2집[상](헌법재판소, 2011), 594면 이하.

한 결과라고 단정할 수는 없다.』

2. 구 예산회계법 제96조 제2항, 국가재정법 제96조 제2항 위헌소원 사건

헌재 2001. 4. 26. 99헌바37 결정[32] 및 헌재 2018. 2. 22. 2016헌바470 결정[33]에서는 국가에 대한 금전채권의 소멸시효기간을 5년으로 정하고 있는 구 예산회계법 제96조 제2항, 국가재정법 제96조 제2항의 위헌 여부가 문제되었다. 헌법재판소는 위 법률조항을 전원일치 의견으로 합헌 결정하였는데, 그 요지는 다음과 같다.

『국가채무에 대하여 단기소멸시효를 두는 것은 국가의 채권, 채무관계를 조기에 확정하고 예산 수립의 불안정성을 제거하여 국가재정을 합리적으로 운용하기 위한 것으로서 그 입법목적은 정당하며, 국가의 채무는 법률에 의하여 엄격하게 관리되므로 채무이행에 대한 신용도가 매우 높아 채무의 상환이 보장되고 채권자는 안정적인 지위에 있는데 반해 채무자인 국가는 기한에 채권자의 청구가 있으리라는 예상을 하여 이를 예산에 반영하여야 하므로 법률상태가 조속히 확정되지 않음으로써 받는 불안정성이 상당하고 특히 불법행위로 인한 손해배상이나 구상금 채권과 같이 우연한 사고로 말미암아 발생하는 채권의 경우 그 발생을 예상하기 어려우므로 불안정성이 매우 크다. 게다가 국가에 대한 채권의 경우 민법상 단기시효기간이 적용되는 채권과 같이 일상적으로 빈번하게 발생하는 것이라 할 수 없고 일반사항에 관한 예산·회계관련 기록물들의 보존기간이 5년으로 되어 있는 점에 비추어 이 사건 법률조항에서 정한 5년의 단기시효기간이 채권자의 재산권을 본질적으로 침해할 정도로 지나치게 짧고 불합리하다고 볼 수 없다.』

3. 민법 제766조 제1항 위헌소원 사건

헌재 2005. 5. 26. 2004헌바90 결정[34] 및 헌재 2012. 4. 24. 2011헌바31 결정[35]에서는 피해자가 피해 및 가해자를 안 때로부터 3년을 손해배상채권의 소멸시효로 정한 민법 제766조 제1항의 위헌 여부가 문제되었다. 헌법재판소는 위 법률조항을 전원일치 의견으로 합헌 결정하였는데, 그 요지는 다음과 같다.

『통상적으로 불법행위가 있었더라도 피해자 쪽에서 손해의 발생이나 가해자를

32) 헌법재판소판례집, 제13권 1집(헌법재판소, 2001), 836면 이하.
33) 헌법재판소공보, 제257호(헌법재판소, 2018), 445면 이하.
34) 헌법재판소판례집, 제17권 1집(헌법재판소, 2005), 660면 이하.
35) 헌법재판소공보, 제187호(헌법재판소, 2012), 814면 이하.

알지 못하는 경우가 있어 손해배상청구권을 사실상 행사하지 못하는 경우가 있으나, 타인의 불법행위로 인하여 손해를 입은 피해자나 그 법정대리인이 손해의 발생사실과 그 가해행위가 불법행위인 사실 뿐만 아니라 가해자가 누구인지까지 알고 있는 경우에는 언제든지 손해배상청구권을 행사할 수 있으므로 3년이라는 단기소멸시효기간을 두어 법률관계를 장기간 불확정하게 두지 않고 조기에 확정해 법적 안정성을 도모할 필요성이 있다. … 불법행위로 인한 손해배상청구권에 대하여 단기소멸시효기간을 정한 민법 제766조 제1항은 피해자나 그 법정대리인이 '피해 및 가해자'를 안 때에는 그 권리행사가 그만큼 용이하여 불법행위로 인한 손해배상청구권과 관련된 민사상의 법률관계를 조속히 확정함으로써 법적 안정성을 도모하기 위한 것으로서 합리적인 이유가 있고, 3년간의 단기시효기간도 입법자가 입법형성권을 현저히 자의적으로 행사하여 지나치게 짧게 정한 것으로 볼 수 없으므로, 위 법률조항이 불법행위로 인한 손해배상청구권이라는 피해자의 재산권을 합리적인 이유 없이 지나치게 제한함으로써 기본권제한에 관한 입법적 한계를 일탈하였다고 볼 수 없다.』

4. 민법 제766조 제2항, 구 예산회계법 제96조 제2항 위헌소원 사건

헌재 2008. 11. 27. 2004헌바54 결정[36]에서는 불법행위 시점으로부터 5년을 손해배상채권의 소멸시효로 정한 민법 제766조 제2항, 구 예산회계법 제96조 제2항의 위헌 여부가 문제되었다. 헌법재판소는 위 법률조항들을 합헌으로 결정하였으나 반대의견으로 2개의 위헌의견과 2개의 각하의견이 있었는데, 그 요지는 다음과 같다.[37]

『[재판관 3인의 합헌의견(법정의견)][38] 소멸시효제도의 일반적인 존재이유와 특히 예산회계법 제96조 제2항의 국가재정을 합리적으로 운용하기 위한 목적 등을 고려하면 이 사건 법률조항들의 입법목적의 정당성과 수단의 적정성은 인정되고, 전시·사변·쿠데타 등 국가비상시기 등에 공무원들이 국가기관의 공권력을 이용하여 조직적으로 저지른 불법행위의 피해자가 국가에 대하여 적시에 배상청구권을 행사하는 것을 기대할 수 없는 경우일지라도 민법 등 관련규정상 시효의 기산점에 대한 해

36) 헌법재판소판례집, 제20권 2집[하](헌법재판소, 2008), 186면 이하.

37) 적법요건 단계에서 재판관 3인은 부적법하다고 판단하였으나 재판관 6인이 적법하다고 판단함으로써 민법 제766조 제2항, 예산회계법 제96조 제2항에 대한 본안판단에 나아가게 되었음. 그러나 본안판단 단계에서 재판관 3인의 합헌의견, 재판관 3인의 위헌의견으로 나뉘게 된 결과 위헌결정 정족수 6인을 충족하지 못하게 됨으로써 재판소의 최종 법정의견은 합헌으로 결정되게 되었음.

38) 재판관 이강국, 재판관 민형기, 재판관 이동흡.

석, 시효의 중단·정지 및 시효이익의 포기 등에 의하여 보완될 수 있고, 실무상으로도 이 사건 법률조항들을 적용하는 과정에서 소멸시효의 기산점을 늦추거나 소멸시효주장에 대해 신의성실의 원칙을 적용하여 배척하는 등으로 소멸시효제도로 인한 불합리한 결과를 최소화하려는 법해석이 가능하며, 법원의 판결을 통하여도 이러한 법해석에 기초하여 구체적 타당성을 보완하려는 시도가 이루어지고 있어 최소침해성에 반하지 않으며, 소멸시효제도에 내재된 여러 공익적인 측면과 시효적용으로 인하여 해당 영역의 권리자들이 입게 되는 불이익의 성격과 내용 등을 비교형량하여 보면 법익의 균형성원칙에 위배된다고 볼 수 없다.

[재판관 2인의 헌법불합치의견][39] 이 사건 법률조항들에 목적의 정당성과 수단의 적정성이 인정되는 점에 관하여는 의문이 없으나, '공무원에 의한 반인권적 범죄'로 인한 손해배상채권의 경우는 미지의 당사자간에 예기하지 못한 우연의 사고로 말미암아 발생한 것으로 보기 어려워 통상의 불법행위와는 확연히 구별되는데다가 심지어 가해자인 공무원에 의한 증거 내지 국가기록의 의도적 은폐, 폐기 등의 가능성도 부정할 수 없고, 이 사건 법률조항들에 따르면 일반적인 국가에 대한 손해배상청구권과 함께 일반법인 민법 제766조 제2항에 의한 10년의 소멸시효기간이 적용되는 것으로 일률적으로 규율하고 있으며 나아가 국가재정의 안정적이고 효율적인 운용이라는 점에 중점을 두어 구 예산회계법 제96조 제2항은 5년의 단기소멸시효기간을 규정하면서 '공무원에 의한 반인권적 범죄'와 같은 특수한 불법행위에 대한 고려를 전혀 하지 않고 있는바 이는 그로 인한 피해자들의 손해배상청구권을 형해화하는 것으로 입법형성권의 범위를 벗어나 침해의 최소성에 위반된다고 볼 것이고, 법익의 균형성 원칙에도 위반된다. 다만 이상과 같은 이유로 이 사건 법률조항들에 대해 단순위헌결정하여 그 효력을 즉시 상실시킬 경우 여러 혼란과 부작용이 발생할 우려가 있으므로, 헌법불합치를 선언함으로써 입법자로 하여금 합헌적인 방향으로 법률을 개선하도록 해야 한다.

[재판관 1인의 한정위헌의견][40] 국가가 공권력을 이용한 범죄행위로 개인이 가지는 불가침의 기본적 인권을 침해하여 인간의 존엄과 가치를 직접적으로 침해하였다면, 국가가 헌법 제10조의 기본권보장의무를 고의적으로 위반하여 인간의 존엄과 가치를 직접 침해한 것이므로 그로 인한 국가의 손해배상책임을 5년 또는 10년의 세월이 지났다고 하여 소멸시키는 것 역시 헌법 제10조에 위반된다. 따라서 구 예산

39) 재판관 김희옥, 재판관 송두환.
40) 재판관 조대현.

회계법 제96조 제2항 또는 민법 제766조 제2항을 국가가 공권력을 이용한 범죄행위로 개인의 불가침의 기본권을 침해하여 인간의 존엄과 가치를 직접 침해한 경우에 생기는 손해배상채무에 대해서도 적용하는 것은 헌법 제10조에 위반된다.

[재판관 1인의 각하의견][41] 이 사건 심판청구는 법률조항 자체를 다투는 것으로 인정하기 어렵고, 법원의 사실관계 인정과 평가 및 법률의 해석·적용에 관한 문제를 다투는 것으로서 부적법하다.

[재판관 2인의 각하의견][42] 한정위헌청구가 적법하기 위해서는 청구된 심판대상이 구체적 사실관계와 관계없이 법률의 의미와 적용범위에 있어서 객관적·개념적·추상적으로 분리될 수 있어야 하는 것인데 이 사건 심판청구 대상인 공무원에 의한 '반인권적 범죄'에 관한 한정위헌청구는 위와 같이 분리될 수 없어 법률 또는 법률조항의 질적 일부가 될 수 없으므로 부적법하다.』

Ⅴ. 과거사 소멸시효와 관련 학계의 논의

1. 대법원 판결과 학계의 논의

대법원 2013. 5. 16. 판결 및 2013. 12. 12. 판결 이후 과거사 사건과 소멸시효 항변권 남용에 있어 '시효정지기간 6개월 준용 법리'에 관한 다양한 논의가 학계에서 제기되었다. 이하에서는 관련 문헌을 정리함으로써 위 법리에 대한 지지 논거와 반대 논거, 그리고 소멸시효 기산점 논의에 대해 살펴보도록 한다.

2. 시효정지기간 6개월 준용 법리의 논리 및 지지 의견

(1) 2013. 5. 16. 판결 및 판례해설

대법원 2013. 5. 16. 판결은, 소멸시효 남용 논의는 법적 안정성의 예외에 해당되기에 이를 제한적으로 인정해야 할 필요가 있고, 따라서 권리행사의 '상당한 기간'은 민법상 시효정지에 준하는 단기간으로 제한되어야 한다는 취지로 아래와 같이 설명한다.

『신의성실의 원칙을 들어 시효 완성의 효력을 부정하는 것은 법적 안정성의 달성, 입증곤란의 구제, 권리행사의 태만에 대한 제재를 그 이념으로 삼고 있는 소멸

41) 재판관 이공현.
42) 재판관 김종대, 재판관 목영준.

시효 제도에 대한 예외적인 제한에 그쳐야 할 것이므로, 위 권리행사의 '상당한 기간'은 특별한 사정이 없는 한 민법상 시효정지의 경우에 준하여 단기간으로 제한되어야 한다. 그러므로 개별 사건에서 매우 특수한 사정이 있어 그 기간을 연장하여 인정하는 것이 부득이한 경우에도 불법행위로 인한 손해배상청구의 경우 그 기간은 아무리 길어도 민법 제766조 제1항이 규정한 단기소멸시효기간인 3년을 넘을 수는 없다고 보아야 한다.』

위 판결문에 추가적인 논의는 없고, 관련 판례해설에서도 '상당한 기간'이 원칙적으로 시효정지에 준하는 단기간으로 정해져야 하는 구체적 이유는 발견되지 아니한다.[43)]

(2) 2013. 12. 12. 판결 및 판례해설

대법원 2013. 12. 12. 판결은, 위 2013. 5. 16. 판결에서의 '시효정지에 준하는 단기간' 판시를 인용하면서, 채권자는 특별한 사정이 없는 한 재심무죄확정일로부터 '민법상 시효정지에 준하는 6개월' 이내에 권리를 행사해야 한다고 판시한다.

『국가기관이 수사과정에서 한 위법행위 등으로 수집한 증거 등에 기초하여 공소가 제기되고 유죄의 확정판결까지 받았으나 재심사유의 존재 사실이 뒤늦게 밝혀짐에 따라 재심절차에서 무죄판결이 확정된 후 국가기관의 위법행위 등을 원인으로 국가를 상대로 손해배상을 청구하는 경우, 재심절차에서 무죄판결이 확정될 때까지는 채권자가 손해배상청구를 할 것을 기대할 수 없는 사실상의 장애사유가 있었다고 볼 것이다. 따라서 이러한 경우 채무자인 국가의 소멸시효 완성의 항변은 신의성실의 원칙에 반하는 권리남용으로 허용될 수 없다. 다만 채권자는 특별한 사정이 없는 한 그러한 장애가 해소된 재심무죄판결 확정일로부터 민법상 시효정지의 경우에 준하는 6개월의 기간 내에 권리를 행사하여야 한다.』

위 판결문에는 '6개월'을 '상당한 기간'으로 정한 이유가 설명되어 있지 않지만, 관련 판례해설에는 그 이유가 설명되어 있다. 즉 민법 제179조~제182조에 시효정지 기간이 규정되어 있는데, 천재 기타 사변으로 인한 시효정지기간만 1개월로 정해져 있을 뿐 나머지 시효정지기간은 모두 6개월로 정해져 있으므로, 결국 위 2013. 5. 16. 판결이 의미하는 '시효정지에 준하는 단기간'은 '6개월'을 의미하는 것으로 볼 수 있다는 것이다.[44)]

---

43) 이영창, "과거사 사건의 사실확정 및 소멸시효 문제", 대법원판례해설 95(2013년 상), 법원도서관, 2013, 470~471면.

44) 김상훈A, "재심절차에서 무죄 확정판결을 받은 자의 손해배상 청구에 대한 소멸시효 항변의

구체적으로는, 이미 권리행사를 할 수 있는 시기로부터 장기간 경과하였고 객관적인 장애사유가 제거되어 채권자가 언제라도 권리행사를 할 수 있게 되었음에도 다시 소멸시효가 시작된다고 보는 것은 채무자에게 지나치게 불이익을 주는 것인 점, 6개월이 짧은 기간일 수는 있으나 현실적으로 소제기가 불가능할 정도로 짧은 기간은 아닌 점, 국가기관의 위법행위에 기초하여 유죄의 확정판결까지 받은 피해자가 과거사위원회의 진실규명결정을 받고 재심을 통해 무죄판결을 받아 손해배상을 청구하는 경우 원고 측이 제출할 수 있는 자료로는 과거사위원회의 결정문과 확정된 재심판결문 정도로서 이미 소송을 제기할 수 있는 자료가 대부분 확보되어 있는 상황인 점을 고려하면, 시효정지에 준하는 단기간은 6개월로 정하는 것이 합리적이라는 설명이다.[45)]

⑶ 시효정지기간 6개월 준용론에 대한 지지 논의

권리행사의 '상당한 기간'을 '시효정지에 준하는 단기간' 내지 '6개월'로 제한하는 것에 대해 긍정적인 논의를 정리하면 아래와 같다.

① 소멸시효항변이 권리남용에 해당하여 신의칙상 허용되지 않는 경우라도, 그 신의칙에 반하는 사정이 종료된 경우라면 채권자는 권리를 행사할 수 있는 상당한 시점으로부터 상당한 기간 내에 권리를 행사해야 하는데, 여기서 모든 사건에 획일적으로 '상당한 기간'을 설정할 수는 없고 개별적인 상황을 참작하여 각 사안별로 그 기간을 설정해야 하겠지만, 독일에서는 통상적으로 1개월 정도로 충분하다.[46)]

② 독일 개정민법, 유럽 계약법 원칙(PECL), 유럽 통일사법을 위한 공통참조기준초안(DCFR) 등은 법적 안정성 제고를 위해 시효기간을 단축하고 단순화하고 있는데, 소멸시효 항변을 권리남용으로 배척하는 것은 이와 같은 입법추세와 방향을 달리한다.[47)]

③ 2013. 5. 16. 판결은 과거의 판례와 달리 시효완성 후에 채무자가 시효를 원용하지 않을 것 같은 태도를 보여 권리자로 하여금 신뢰하게 한 경우에 해당한다는 이유로 국가의 소멸시효 항변을 배척하였는데, 국가가 소멸시효 이익을 원용하지 않을 것 같은 신뢰를 부여한 경우에도 채권자는 그러한 사정이 있은 때로부터 상당한

허용 여부(2013. 12. 12. 선고 2013다201844 판결)", 대법원판례해설 97(2013년 하), 법원도서관, 2014, 30면.

45) 김상훈A, 전게서(각주 44), 29~32면.

46) 권영준, "소멸시효와 신의칙", 재산법연구 26-1, 한국재산법학회, 2009, 32~33면.

47) 최창호·유진·전성환, "과거사 사건에 있어 법원의 소멸시효 남용론에 대한 비판적 고찰", 법조 62-11, 법조협회, 2013, 47면.

기간 내에 권리를 행사해야 한다고 하여 신의성실원칙의 적용기간을 설정한 것에 의의가 있고, 이는 소멸시효 이념을 훼손하지 않는 범위 내에서 신의성실원칙을 실현한 것으로 보인다.[48]

④ 소멸시효남용은 시효중단과 다른 별개의 효과이므로 중단과 같은 효과를 발생시킨다고 볼 필요는 없고, 오히려 상당한 기간의 판단은 사실상의 장애사유가 종료된 경우의 판단 문제라는 점에서 사실상의 장애사유를 규정한 시효정지에 보다 가까우며, 신의성실원칙으로 소멸시효 효력을 부정하는 것은 조심스러워야 하기에 상당한 기간 역시 제한해야 할 필요성이 있으므로, 결국 상당한 기간은 권리행사의 객관적인 사실상 장애사유를 규정하고 있는 시효정지에 준하여 6개월로 제한되어야 한다.[49]

3. 시효정지기간 6개월 준용 법리의 비판 및 소멸시효 기산점 논의

(1) 시효정지기간 6개월 준용론에 대한 비판 논의

위 2013. 5. 16. 판결 및 2013. 12. 12. 판결이 선고된 이후, 위와 같이 시효정지기간 6개월 준용 법리에 긍정적인 견해도 있었지만, 이에 비판적인 견해도 다양하게 제시되었다. 시효정지기간 6개월 준용론에 대해 비판적인 견해는 크게 '권리행사의 상당한 기간을 시효정지에 준하는 기간으로 볼 수 없다는 의견'과, '과거사 사건의 경우 소멸시효 기산점을 달리 정하는 방법으로 해결해야 한다는 의견'으로 나뉜다.

(2) 권리행사의 상당한 기간을 시효정지기간 6개월로 볼 수 없다는 의견

먼저, 권리행사의 '상당한 기간'을 '시효정지에 준하는 단기간' 내지 '6개월'로 볼 수 없다는 의견을 정리하면 아래와 같다.

① 2013. 5. 16. 판결은 '과거사정리법이 제정된 것은 피해자 등이 국가를 상대로 손해배상을 구하는 것도 궁극적으로 수용하겠다는 취지를 담아 선언한 것이라고 볼 수밖에 없고, 구체적 사건에서 소멸시효를 주장함으로써 배상을 거부하지 않겠다는 의사를 표명한 취지가 내포되어 있다'고 판시하였는바, 만일 그렇다면 그 효과에서 시효정지를 유추하기 보다는 소멸시효 이익의 포기와 같은 효과를 부여하였어야 한다. 일반론으로는 2013. 5. 16. 판결이 말하는 것처럼, 채무자가 소멸시효 이익을

48) 한삼인 · 차영민, "국가의 소멸시효항변과 신의성실의 원칙(대법원 2013. 5. 16. 선고 2012다202819 판결을 중심으로)", 법학논고 43, 경북대학교 법학연구원, 2013, 152면.

49) 이소영, "과거사 사건의 소멸시효에 관한 연구", 석사학위논문, 서울대학교 대학원, 2015, 95~96면, 103면.

원용하지 않는 것 같은 신뢰를 부여한 경우에도 채권자는 그러한 사정이 있는 때로부터 상당한 기간 내에 권리를 행사해야 소멸시효 항변을 저지할 수 있고, 여기에 '상당한 기간' 내에 권리행사가 있었는지는 여러 사정을 종합하여 판단할 수밖에 없을 것이나, 이 상당한 기간을 원칙적으로 민법상 시효정지에 준하는 단기간이라 볼 이유는 없다.[50)]

② '형사보상 및 명예회복에 관한 법률' 제8조에 의하면 형사보상청구는 무죄판결이 확정된 사실을 안 날부터 3년, 확정된 때부터 5년 이내에 하여야 한다고 규정하는바, 위 2013. 12. 12. 판결은 사실상 형사보상청구를 재심판결 확정일로부터 6개월 내에 하도록 강제하는 결과를 초래한다. 피해자들을 불법감금하고 가혹행위에 의하여 자백을 강요함으로써 유죄판결을 받게 하는, 절대 있어서는 안 될 국가의 중대한 불법행위로 인하여 피해자들이 입은 손해는 배상되어야 한다는 법적 정의에 비추어 보면, 손해배상청구권을 행사할 수 있는 기간을 재심무죄판결이 확정된 때부터 6개월로 제한함으로써 달성할 수 있는 법적 안정성의 보장이라는 이익은, 위와 같은 너무나 당연한 요청을 희생시킬 정도로 중요한 것이라고 할 수 없다.[51)]

③ 2013. 12. 12. 판결이 제시하고 있는 상당한 기간으로서 '원칙적으로 재심판결 확정일부터 6개월 이내, 예외적으로 형사보상결정 확정일부터 6개월 이내' 기준은 그 이전까지 알지 못한 법리이다. '상당한 기간'의 기준은 2013. 5. 16. 판결에서 제시한 일반론과 그 적용으로써, 진실규명결정일부터 단기소멸시효기간인 3년 범위 내에서 사실심이 구체적 타당성에 맞춰 판결하라는 지침이었다. 그런데 2013. 12. 12. 판결은 위와 같은 구체적 타당성과 사실심 유보영역을 '6개월'이라는 매우 경직되고 확고한 기준으로 정하였다는 그 자체로서 2013. 5. 16. 판결을 변경한 것이다. 민법이 정하는 시효정지 사유는 제한능력자 또는 상속재산에 관한 것으로서 30여년 이상 권리행사가 불가능한 객관적·사실상 장애사유가 있었던 과거사 사건과 공통점을 찾기 어렵고, 성년도래, 법정대리인 취임, 상속인 확정 등을 재심무죄확정·형사보상확정과 질적으로 동일시하기도 어렵다.[52)]

④ 대법원은 2013. 5. 16. 판결 및 2013. 12. 12. 판결 이전까지는 '무죄판결 확정일로부터 3년' 이내에 소송을 제기하면 국가의 손해배상책임을 인정하였었고, 이

50) 윤진수, 전게서(각주 8), 831~832면, 835면.

51) 윤진수, 전게서(각주 8), 856~857면.

52) 김상훈B, "과거사 국가배상사건에서 국가의 소멸시효 항변 제한법리(대법원 2013. 12. 12. 선고 2013다201844 판결 등 타당성 검토)", 민사법연구 22, 대한민사법학회, 2014, 52~53면, 57~58면.

에 피해자들로서는 3년 이내에 소송을 제기하면 권리를 구제받을 것이라는 신뢰가 형성되었는데, 이러한 기존의 판례를 믿고 소송제기한 피해자들이 위 판결 때문에 국가의 법적 책임을 묻지 못하게 되었다. 특히 소송을 같이 시작했는데 하급심 재판부의 진행속도에 따라 2013. 12. 12. 이전에 사건이 종결된 경우에는 종전 판례에 따라 국가의 손해배상책임을 물을 수 있었는데, 그 후에는 손해배상책임을 묻지 못하는 일들이 일어나게 되었다.[53)]

⑤ 대법원 2014. 1. 29. 선고 2013다209916 판결에서는, 재심무죄판결 · 형사보상결정 · 손해배상청구 날짜가 원고들(甲 · 乙 · 丙) 사이에서 동일하였는데, 현실적인 송달일 차이로 인해 형사보상결정의 확정일만 원고들 사이에서 달라지게 되었고,[54)] 이에 대법원은 형사보상결정이 나중에 확정된 원고(송달이 늦었던 丙)에 대해서는 국가의 소멸시효 항변이 신의칙에 반한다고 보았으나, 형사보상결정이 먼저 확정된 원고들(송달이 빨랐던 甲 · 乙)에 대해서는 그 확정일로부터 손해배상청구가 6개월 경과하였다는 이유로 국가의 소멸시효 항변을 인정하였다. 그러나 송달일의 사실상 차이로 인한 형사보상결정 확정일에 차이가 있었다는 이유만으로 국가배상청구의 결과가 달라진다는 것은 일반인들이 상식적으로 이해하기 어렵다.[55)]

⑥ 소멸시효 법리가 주로 작동하는 거래행위, 불법행위, 일반적인 국가배상사건이 아닌, 국가가 고의로 나아가 조직적으로 저지른 위법행위는 그 법률적 성질이 다른 점, 전쟁범죄 · 반인도적 범죄에 대해서는 공소시효와 소멸시효를 적용하지 않아야 한다는 것이 국제법의 원칙인 점, 국민에 대한 인권보장이 제대로 이루어지고 법치주의가 바로 서기 위해서는 위와 같은 위법행위에 대한 진실규명과 함께 국가에 의한 사과와 피해회복이 반드시 필요한 점 등을 고려하면, 국가기관의 중대한 인권

53) 최광준, “인권침해에 대한 국가의 책임, 소멸시효완성의 항변과 신의칙(대법원 2013. 5. 16. 선고 2012다202819 전원합의체 판결을 중심으로)”, 경희법학 51－2, 경희대학교 법학연구소, 2016, 336~337면, 361~363면.

54) 대법원 2014. 1. 29. 선고 2013다209916 판결의 주요 날짜.

원고	甲	乙	丙
재심무죄확정일	2010. 10. 28.		
형사보상결정일	2011. 8. 8.		
형사보상결정 확정일	2011. 8. 18.	2011. 8. 19.	2011. 9. 28.
손해배상청구일	2012. 3. 13.		
손해배상청구 결과	기각	기각	인용

55) 윤진수, 전게서(각주 8), 857면.

침해행위로 인한 손해배상청구권에 대하여는 일반 재산권 보다 소멸시효의 적용을 더 엄격하게 제한해야 한다. 소멸시효 항변이 권리남용이 되는 경우 그 시점으로부터 상당한 기간 내에 권리를 행사해야 하는데, 그 상당한 기간은 시효정지기간 6개월이 아니라, 민법 제766조 제1항의 단기소멸시효기간인 3년으로 보는 것이 타당하다.[56]

⑦ 법 흠결의 보충방법으로서 유추적용을 할 때에는 두 사안이 '같다'고 평가될 수 있을 정도로 본질적인 측면에서 동일해야 한다. 대법원은 형사판결에 반하는 사실인정을 사실상 부정하고 있고, 재심을 통하지 않고 유죄 확정판결의 효력을 부인하는 재판을 하는 것이 절차적으로 '불가능'하다고 판시한다. 이러한 상황에서 유죄판결을 받은 피해자가 재심을 구하기에 앞서, 채권자로서의 권리를 먼저 행사하겠다며 민사상 손해배상 청구를 하리라고 결코 기대할 수 없다. 한편 시효정지에 있어 제한능력자에게 법정대리인이 없거나, 법정대리인이나 혼인관계의 상대방에 대한 권리이기 때문에 그 권리를 행사하기 어려웠다는 등의 사정은 권리자가 권리행사를 하기에 '곤란'한 사정에 불과하다. 그렇다면 법원이 권리행사가 '불가능'하게 된 경우를 단지 '곤란'한 경우와 법적인 관점에서 동일한 것으로 평가할 수 없으므로, 시효정지기간 6개월을 소멸시효 남용에서의 상당한 기간으로 유추할 수 없다.[57]

⑧ 권리행사가 가능한 상당한 기간을 시효정지에 준하는 6개월로 한정한 것은 이해할 수 없다. 과거사위원회의 진실규명결정은 법원의 전심절차가 아니고, 결정 이후 법원에 소송을 제기하도록 규정하지 않았으며, 일정한 기간 안에 소를 제기하지 않으면 권리를 상실한다는 규정도 두지 않았다. 민법상 시효정지 사유들은 법정대리인의 부재, 의무자와의 신분관계, 권리의 특성, 천재 기타 사변으로 채권자의 권리행사가 곤란하거나 불가능한 사정이 야기된 데에 채권자·채무자 양측 모두에게 책임이 있다고 보기 어려운 경우이어서 과거사 사건과 성격이 다르다. 시효정지 규정을 유추할 만한 진정입법흠결이나 유사성의 존재도 인정될 수 없다.[58]

⑨ 채무자의 소멸시효 항변이 신의칙에 반하더라도, 그 신의칙 위반 사정이 소멸한 경우 어떠한 효과를 인정할 것인지 문제된다. 독일 판례와 같이, 소멸시효의

---

56) 김태봉, "국가기관의 인권침해행위에 기한 손해배상청구사례와 소멸시효항변의 제한 법리", 법학논총 35-3, 전남대학교 법학연구소, 2015, 192면, 219~221면.

57) 김희송·차혜민, "소멸시효남용에의 시효정지규정 유추의 타당성과 소멸시효남용의 유형별 고찰(대법원 2014. 1. 29. 선고 2013다209916 판결)", 법학평론 5, 서울대학교 법학평론 편집위원회, 2015, 341~344면, 352~353면.

58) 박보영, 전게서(각주 29), 471~472면.

남용을 이유 있게 하는 사정이 해소된 때에는 채권자는 신의칙상 상당하다고 인정되는 기간 안에 소를 제기하는 등의 방법으로 권리를 행사해야 한다고 보는 것이 타당한데, 신의칙이 구체적·개별적 사정을 고려하여 인정하는 제도라는 점에서, 구체적·개별적 사안에서 신의칙 위반의 사정에 채무자가 기여한 정도, 신의칙 위반의 사정이 소멸됨으로 인하여 권리자의 권리행사가 확실하여진 정도 등을 고려하여 채권자가 권리를 행사할 수 있는 기간을 정하여야 한다.[59)]

⑩ 유죄판결의 존재를 국가의 권리행사 방해상태가 계속된 것으로 보게 되면 굳이 권리행사에 필요한 상당한 기간을 6개월로 제한할 필요는 없다. 신의칙의 적용은 개별사건에서의 구체적 타당성을 추구하기 위한 것인데, 구체적인 사정을 살피지 않고 일괄적으로 '어느 시점으로부터 6개월'과 같은 기준을 설정하는 것은, 사법부의 역할이 입법작용이 아닌 재판작용이라는 점을 간과한 것이라는 비판을 면하기 어렵다. 구체적 소송과정에서 피고인이 재심무죄판결을 받게 된 경위, 원고들의 재산상태, 소제기에 이른 경위 등을 심리하여 원고들로서는 자신들이 처한 상황 속에서 재심무죄판결 확정일로부터 가능한 한 단기간 내에 소를 제기하기 위해 노력했다는 점이 인정될 수 있다면, 재심무죄판결 확정일로부터 6개월이 지났다고 하더라도 신의칙상 권리행사에 필요한 상당한 기간 내에 소를 제기한 것으로 보아야 한다.[60)]

⑪ 인권침해사건에 있어서도 상당한 기간 안에 소의 제기가 있어야 한다는 점에 대해서는 이의가 없으나, 상당한 기간의 기준을 시효정지의 짧은 기간에서 찾고 있는 것은 부당하다. 피고 국가를 일반 개인 채무자의 경우와 동일시하려는 시도는 표면적으로는 법적안정성을 지키기 위한 것으로 보이나, 엄연히 다른 것을 동일하게 취급하려는 시도로써 오히려 법적안정성을 무너뜨리는 결과를 초래할 수 있기 때문이다. 헌법 제10조에 따라 기본권 보호의무를 그 존립가치로 하는 국가가 고의 및 조직적으로 공권력을 남용하여 인권을 침해하고 이러한 불법행위를 조직적으로 은폐·조작한 것을 일반 사인간의 문제와 동일선상에서 보는 것은 어불성설이다.[61)]

⑫ 2013. 5. 16. 판결과 2013. 12. 12. 판결은 계약관계에 있어서의 소멸시효 및 그 남용 법리를 과거사 국가배상청구 사건에 일관되게 관철시키려고 한 나머지, 과거사 사건의 역사적 성격이나 국가배상청구 사건의 특성을 외면하고, 사법기관의 본질적 기능인 정의수호와 인권보장에 소홀히 했다는 비판을 피할 수 없다. 또한 위

59) 박찬익, "소멸시효에 있어서의 신의성실의 원칙", 민사판례연구 29, 박영사, 2007, 302~303면.
60) 박효송, "소멸시효 항변의 신의칙 위반에 관한 연구", 석사학위논문, 서울대학교 대학원, 2015, 70~73면.
61) 최광준, 전게서(각주 53), 336~337면, 359~361면.

판결은 시효정지기간 6개월 준용이란 기준을 제시하였을 뿐 그와 같은 기준을 채택해야 하는 법률적 · 정책적 근거를 판결 이유에서 충분히 설시하지 않았다는 비판도 가능하고, 나아가 민법상 시효정지 사유는 채권자의 권리행사가 곤란하거나 불가능한 사정이 야기된 데에 채무자나 채권자 양측 모두에 책임이 있다고 보기 어려운 경우임에 반하여, 소멸시효 항변의 남용에 속하는 4개 사유는 모두 일정 정도 채무자에게 책임이 있는 경우이므로 그 성격이 달라 시효정지기간을 그대로 채권자 권리행사의 '상당한 기간'에 준용하는 것은 적절하지 않다는 비판도 가능하다.[62] 2013. 5. 16. 판결 이후의 문제점을 해소하고 과거사 사건에 관한 사법정의를 회복하기 위해서는, 위 2013. 5. 16. 판결 이전의 입장을 돌아갈 필요가 있으며, 이렇게 하더라도 피해자나 유족에게 인정되는 권리행사기간은 장기소멸시효기간에 대응하는 5년에 불과하다.[63]

(3) 과거사 사건의 경우 소멸시효 기산점을 달리 정해야 한다는 의견

다음으로 과거사 사건의 경우, 소멸시효 남용 법리와 그에 대한 상당한 기간 내에 권리행사 제한의 방식으로 접근할 것이 아니라, 소멸시효 기산점을 달리 정하는 방식으로 해결해야 한다는 의견을 정리하면 아래와 같다.

① 유죄판결형 사안에서 유죄확정판결의 존재가 사실상의 장애인지 아니면 법률상의 장애인지 문제된다. 대법원 판례는 유죄확정판결의 존재가 국가배상청구의 법률상 장애가 아니라 사실상의 장애에 불과하다는 입장이나, 유죄확정판결이 취소되지 않은 상태에서 그 판결 자체에 위법이 있다고 하여 국가배상책임을 물을 수 있을지는 의문이다. 대법원 2003. 7. 11. 선고 99다24218 판결은, '재판에 대해 따로 불복절차 · 시정절차가 있는 경우에는 그와 같은 시정을 구하지 않은 결과 권리 · 이익을 회복하지 못한 사람은 원칙적으로 국가배상에 의한 권리구제를 받을 수 없다'고 하면서, '재심'도 그러한 시정절차에 해당한다고 보았으므로, 유죄판결이 취소되기 전에는 국가배상청구를 하는데 법률상 장애가 있어 소멸시효가 진행하지 않는다고 보아야 한다.[64]

② 대법원은, '채무자인 대한민국이 1950. 8.경 정당한 사유 없이 즉결처분에 의하여 총살당한 국군장교 유족의 비난을 모면하기 위하여 마치 고등군법회의에서 사

62) 홍관표, "과거사 사건의 소멸시효와 신의성실의 원칙 문제(대법원 판결의 입장 변화를 중심으로)", 법조 65-2, 법조협회, 2016, 148~149면, 154~155면.

63) 홍관표, "국가에 대한 손해배상청구권과 소멸시효(과거사 사건을 중심으로)", 법학논총 39-2, 전남대학교 법학연구소, 2019, 266~267면.

64) 윤진수, 전게서(각주 8), 844~845면.

형판결을 선고받을 것처럼 판결문을 위조하고 이에 관한 사형집행기록도 위조하는 등 다양한 방법으로 사건의 진상을 은폐·조작하였고, 유족들도 대한민국으로부터 사망경위에 대한 아무런 공식 통지도 받지 못하였으나, 위조된 판결문 등의 진위에 의심을 품은 망인의 동생이 재심을 청구하여 2003. 12. 3.에 이르러 법원의 재심판결이 확정됨으로써 비로소 사건의 전모가 드러난 사안'에서, 국가공무원이 국가배상청구권에 관한 시효완성 이전에 판결문을 위조하는 등의 방법으로 피해자의 인격적인 법익 침해에 관한 국가배상청구권 행사를 불가능 또는 현저히 곤란하게 만들었고, 위조된 위 판결문에 관한 시정조치가 이루어지기 전까지는 객관적으로 피해자가 국가배상청구를 하는 것을 기대하기 어려운 장애 상태가 계속되었으므로, 이때 국가가 소멸시효 완성을 주장하는 것은 권리남용에 해당하여 허용될 수 없다고 한 원심판결을 유지하였다(대법원 2008. 9. 11. 선고 2006다70189 판결). 대법원은 '객관적으로 국가배상청구를 하는 것을 기대하기 어려운 장애 상태'가 계속되었다고 판단하였는데, 이는 시효기간의 진행을 방해하지 아니하는 사실상 장애라고 전제한 것으로 보이나, 객관적으로 국가배상청구의 기대가능성이 없었다면 그 권리행사의 기대가능성이 발생할 때까지는 민법 제166조의 '권리를 행사할 수 있는 때'가 도래하지 않았다고 보는 것이 타당하다.[65]

③ 국가기관의 중대한 인권침해행위로 인한 손해배상청구권에 관하여는 국가의 소멸시효항변을 배제하는 것이 최상의 방법이지만, 이것이 소멸시효의 근간을 흩트리는 것으로 당장 채택하기 어렵다면, 예외적으로 소멸시효 기산점을 유연하게 하는 방법을 강구할 수 있다. 민법 제166조 제1항은 소멸시효의 기산점을 '권리를 행사할 수 있는 때'라고 규정하는데, 판례의 주류적 입장은 이를 법률상의 장애사유(기한미도래, 조건불성취)로 제한하고 있지만, 권리자의 인식가능성과 기대가능성까지 고려하여 기산점의 해석을 유연하게 하고 있는 판례들도 상당수 보인다. 따라서 권리가 발생하였지만 객관적으로 그 권리를 행사할 것을 기대할 수 없는 장애사유가 있고 그 정도가 법률상 장애에 준한 것으로 해석할 수 있다면, 그 장애가 제거될 때까지는 '권리를 행사할 수 없는 때'에 해당하여 소멸시효가 진행되지 않는다고 보는 것이 타당하다.[66]

④ 대법원은 일제강점기에 강제노동을 당하였던 한국인 피해자들이 신일본제철을 상대로 손해배상을 청구한 사건에서, 제반사정에 비추어 원고들이 손해배상청구

65) 권영준, 전게서(각주 46), 26~27면.
66) 김태봉, 전게서(각주 56), 226~227면.

를 제기한 시점인 2005. 2. 28.까지는 대한민국에서 '객관적으로 권리를 사실상 행사할 수 없는 장애사유가 있었다고 봄이 상당하다'고 하여, 피고가 소멸시효를 주장하는 것이 신의칙에 반하여 권리남용이 된다고 판시하였다(대법원 2012. 5. 24. 선고 2009다68620 판결). 그런데 대법원은, 이와 유사한 객관적 사실상 장애사유가 존재하였던 다른 사건에서 민법 제166조 제1항의 예외를 인정하여 소멸시효의 진행 자체를 인정하지 않음으로써 사건을 해결한 바 있다.[67] 위 강제노동 사안도 손해배상채권이 반인도적 전쟁범죄에 관련된 것이라는 사정만으로 소멸시효 제도를 적용할 수 없다고 할 수는 없겠지만, 소멸시효의 기산점을 제한할 필요가 있다.[68]

⑤ 소멸시효는 권리를 행사할 수 있는 때부터 기산하는바, 권리가 발생하였지만 객관적으로 그 권리를 행사할 것을 기대할 수 없는 사실상의 장애사유가 있고 그 장애사유가 법률상 장애에 준하는 것으로 평가된다면, 그 장애가 제거될 때까지는 권리를 행사할 수 있는 때가 도래하지 않았다고 보아야 한다. 2013. 5. 16. 판결에서의 유죄판결의 존재는 엄연히 권리를 행사할 수 없는 '법률상' 장애에 해당하므로 재심판결에 의해 유죄판결의 효력이 소멸하여 권리를 행사할 수 있게 된 때부터 비로소 시효가 진행한다고 보아야 한다.[69]

⑥ '권리를 행사할 수 없는 객관적인 사정이 있는 때'에도 소멸시효는 진행하지 않는다고 보는 것이 민법 제166조 제1항의 문언에 맞는 자연스러운 해석이다. 왜냐하면, 객관적으로 존재하는 사실상태를 무시한 채 소멸시효의 기산점을 법률상 장애사유만을 기초로 따지는 것은 일정한 사실상태를 존중하여 규범력을 인정하는 소멸시효제도의 본질에 맞지 않는다. '예외상황'에서 국가권력이 초법적 폭력을 휘두르

67) 甲이 병원재단법인으로부터 병원부지를 인수하면서 병원재단법인에 기부금을 증여하였는데, 후에 병원재단법인이 병원부지를 인도하기로 한 결의가 무효로 확정되어 기부금 역시 부당이득을 반환하게 된 사안에서, 병원재단법인은 부당이득에 기한 기부금반환채무에 대해 소멸시효 항변을 주장함. 이에 대법원은, '법인의 이사회결의가 부존재함에 따라 발생하는 제3자의 부당이득반환청구권처럼 법인이나 회사의 내부적인 법률관계가 개입되어 있어 청구권자가 권리의 발생 여부를 객관적으로 알기 어려운 상황에 있고 청구권자가 과실없이 이를 알지 못한 경우에도 청구권이 성립한 때부터 소멸시효가 진행한다고 보는 것은 정의와 형평에 맞지 않을 뿐만 아니라 소멸시효제도의 존재이유에도 부합한다고 볼 수 없으므로, 이러한 경우에는 이사회결의부존재확인판결의 확정과 같이 객관적으로 청구권의 발생을 알 수 있게 된 때로부터 소멸시효가 진행한다고 보는 것이 타당하다'고 판시함으로써 사건을 해결하였음(대법원 2003. 2. 11. 선고 99다66417·99다73371 판결).

68) 남효순, "일제징용시 일본기업의 불법행위로 인한 손해배상청구권의 소멸시효남용에 관한 연구(대법원 2012. 5. 24. 선고 2009다68620 판결)", 서울대학교 법학 54-3, 서울대학교 법학연구소, 2013, 425~426면.

69) 정구태·김어진, "국가에 의한 과거의 중대한 인권침해 사건에서 소멸시효 항변과 신의칙(대법원 2013. 5. 16. 선고 2012다202819 전원합의체 판결에 대한 비판적 연구)", 인문사회21 7(6), 아시아문화학술원, 2016, 835면.

며 계획적으로 일으킨 중대한 인권침해를 구분하지 아니한 채 똑같은 논리를 적용하는 것은, '같은 것은 같게, 다른 것은 다르게' 취급하라는 정의의 원칙을 부인하는 것이고, 중대한 인권침해 피해자들의 권리구제를 거부하는 부정의한 결과를 야기한다.[70]

Ⅵ. 과거사 사건과 이행기의 정의

1. 이행기의 정의

이 글에서는 대상결정의 청구인들이 포함되어 있는 '한국전쟁 전후의 민간인 집단 희생 사건'과 '권위주의 통치시기의 중대한 인권침해 · 조작의혹사건'을 다루면서 이를 어떻게 해결할 것인가를 고민하고 있지만, 이와 유사한 과거사 사건과 그 해결책에 대한 고민은 비단 우리나라에 국한된 것은 아니다. 지난 20세기에 제2차 세계대전과 냉전이 종식되고 인종차별이 철폐되며 권위주의에서 민주주의로 시대정신이 바뀌어 가면서, 세계적인 역사적 이행기의 과정에서 광범위하게 이루어졌던 인권침해 문제를 어떻게 해결할 것인지에 대한 논의가 자연스럽게 이루어지게 되었고, 그 과정에서 'transitional justice'에 대해 관심이 집중되게 되었다.[71]

'이행기의 정의(transitional justice)'란, 분쟁과 탄압의 시기에 광범위하고 체계적으로 이루어진 과거사 사건들로 인하여 기존의 사법절차와 법제도만으로는 적절한 해답을 제시하기 어려운 상황에 있는 국가들이, 이를 극복하기 위해 새로운 해결방식을 찾아가는 과정을 의미한다. '과거사 사건'은, 국가기관과 공무원이 조직적으로 개입되어 있는 상황에서(국가권력 관련성), 민간인 살해 · 고문 등으로 다수의 인권이 광범위하게 침해되었으나(인권침해 중대성 · 광범위성), 이미 오래 전에 종료된 사안이기에 현실적 한계로 인해 실정법에 따라 적절한 처리가 극히 어려운 사건(실정법상 한계)으로 정의할 수 있기 때문에,[72] 이를 해결하기 위한 적절한 이행기의 정의란

---

70) 조용환, "역사의 희생자들과 법: 중대한 인권침해에 대한 소멸시효의 적용문제", 법학평론 1, 서울대학교 법학평론 편집위원회, 2010, 20~23면, 95면.

71) 'transitional justice'라는 용어는 1995년 출간된 "Transitional Justice: How Emerging Democracies Reckon with Former Regimes"(ed. Neil Kritz)에서 사용되었으며, 이후 루티 타이텔(Ruti G. Teitel)이 1997년 자신의 논문 "Transitional Jurisprudence: the role of law in political transformation"(Yale Law Journal)과 2000년 자신의 저서 "Transitional Justice"(Oxford Univ. Press)에서 이를 사용함으로써 이 분야의 보편적인 용어로 자리잡게 된 것으로 파악됨.

72) 이러한 3가지 요소에서 더 나아가 '상징적 요소'를 과거사 사건의 중요한 개념표지로 추가시켜야 한다는 의견도 있음. 즉, 문제를 제기함으로써 사회통합에 유리하게 작용하거나 현 국가권력의 도덕적 정당성이 강화되거나 또는 국제적인 인식이 개선되는 등의 상징적 효과가 뚜렷한 경우만이 처리해야 할 과거사 사건으로 다루어진다는 입장임[홍영기, "과거사에 대한

무엇인가에 대해 고민하게 되었다.

2. 이행기의 정의의 내용

이행기의 정의에 대한 논의는 광범위한 인권침해가 벌어지던 전쟁의 시대에서 평화의 시대로 변화하거나, 공산주의 국가들이 탈공산화하거나, 권위주의 정부에서 민주주의 정부로 이행한 경우에 종종 제기된다. 과거에 국가권력을 매개로 조직적으로 이루어진 집단살해, 암살, 의문사, 강제수용, 실종, 고문 등 중대한 인권침해를 어떻게 처리하는 것이 정의에 부합할 것인가에 대해서는 다양한 논의가 있을 수 있지만 크게 두 가지 입장으로 구분할 수 있다.

하나는 '응보적 정의(retributive justice)' 또는 '형사적 정의(criminal justice)'를 강조하는 입장이다. 이러한 입장에서는, 역사적 이행기의 과정에서 이루어진 과거의 인권범죄를 조사하여 진실을 밝혀내고 책임자를 사법처리함으로써 궁극적으로는 장래에 발생할 수 있는 인권범죄를 예방하는 것을 이행기의 정의로 본다. 즉 강제수사를 통해 진실을 발견하고(truth-seeking) 책임자를 형사소추하는 것(criminal prosecution)에 중점을 두는 것이다. 응보적 정의의 대표적 사례는, 제2차 세계대전 이후의 뉘른베르크 국제군사재판소(International Military Tribunal at Nuremberg)와 극동국제군사재판소(International Military Tribunal for the Far East)의 활동이다. 제2차 세계대전이 종료되자 연합국은 뉘른베르크와 도쿄에 국제재판소를 만들고 승전국 출신으로 판사와 검사를 구성한 다음,[73] 전쟁 중에 자행되었던 전쟁범죄를 이유로 독일과 일본의 주요 전쟁범죄자들을 처벌하였다. 그로부터 반세기가 지난 이후에 집단학살, 전쟁범죄, 반인도적범죄 등 중대한 국제인도법 위반 범죄를 저지른 개인을 처벌하기 위해 1998년 로마조약에 기초해 2002년 국제형사재판소(International Criminal Court)가 발족되었는데, 이는 세계 최초의 상설 전쟁범죄재판소로서 응보적 정의를 추구하는 대표적인 사례로 볼 수 있다.

다른 하나는 '회복적 정의(restorative justice)' 또는 '민사적 정의(civil justice)'를 강조하는 입장이다. 이러한 입장에서는, 역사적 이행기의 과정에서 이루어진 과거의 인권침해를 조사하여 진실을 밝혀내고 피해자의 명예를 회복하며 국가의 불법행위로 인한 피해를 배·보상함으로써 궁극적으로는 피해자의 상처를 치유하여 화해의

법적 처리의 정당성과 가능한 대안", 법철학연구 10-2, 한국법철학회, 2007, 31~32면].

73) 뉘른베르크 재판(Nuremberg Trials)에서는 미국·영국·프랑스·소련 국적으로 판사와 검사가 구성되었고, 도쿄 재판(Tokyo Trial)에서는 미국·소련·영국·프랑스·소련·중화민국·필리핀·인도·호주·뉴질랜드·캐나다·네덜란드 국적으로 판사와 검사가 구성되었음.

길로 나아가는 것을 이행기의 정의로 본다. 즉 진실위원회(truth commissions)를 통해 사건의 진상을 규명하고(truth－seeking), 이를 추모하고 제도 개선함으로써 인권침해의 반복을 경계하며(memorialization, institutional reform), 피해자의 명예를 회복하고 피해를 배·보상하는 것(reparation)이 핵심이다. 회고적 입장에서 과거의 범죄를 처벌하는 것에 중점을 두는 것이 아니라, 장래적 입장에서 과거의 잘못을 고백하고 피해를 회복하여 새로운 사회적 신뢰를 구축하는 것에 중점을 두는 것이다. 회복적 정의의 대표적인 사례는 1980년대 후반과 1990년대 초반에 전세계적인 민주화 과정에서 아르헨티나, 칠레, 남아프리카공화국 등 다양한 국가에서 도입되었던 진실위원회(Truth Commission)의 활동이다. 이 중 1995년 남아프리카공화국의 진실화해위원회(Truth and Reconciliation Commission)의 사례에 대해서는 항을 나누어 살펴보도록 한다.

3. 남아프리카공화국의 진실화해위원회의 사례

네덜란드 동인도회사는 17세기 인도항로를 개척하는 과정에서 케이프 지역에 상륙하여 스스로를 보어인(Boer, 농민)이라 부르며 현재 남아프리카공화국 백인의 선조가 되었다. 1948년 남아프리카공화국 총선거에서 승리한 국민당은, 분리(segregation)라는 의미에 해당하는 '아파르트헤이트(Apartheit)' 정책을 공식적으로 선언하고, 인종분리에 따른 발전을 추구한다는 통치이념을 추구하였다. 이러한 이념하에 남아프리카공화국은 인종간 결혼을 금지하고, 인종간 거주를 차별하였으며, 인종간 교통시설·공공시설 이용을 분리하고, 유색인종의 투표권도 차별하였다. 영국정부가 이러한 시대착오적 인종정책에 대해 비판하자, 국민당 정부는 국민투표를 통해 영연방에서 탈퇴하였다. 이에 흑인사회는 인종차별에 맞서 아프리카민족회의(African National Congress, ANC)를 조직하고 비폭력적 투쟁을 시작한다. 그러나 공용 네덜란드어(Afrikaans) 강제교육에 대한 흑인 학생들의 거부운동이 경찰의 총격으로 5백여명 사망, 2천여명 부상이라는 대규모 유혈참사로 이어지자 아프리카민족회의의 투쟁은 무장투쟁으로 격화되었고, 백인극우단체와 국민당 강경파의 강력대응으로 사태는 더욱 악화되었다.

1990년대에 들어와 동독이 붕괴되는 등 전세계적인 민주화 요구가 증폭되고, 아파르트헤이트로 인한 사회적 갈등으로 염증을 느낀 다수의 젊은 백인들이 남아프리카공화국을 버리고 해외이민을 선택하였으며, 국제사회의 경제제재로 남아프리카공화국의 경제는 침체되기에 이른다. 이에 온건파인 드 클러크(F. W. de Klerk)는

1989년 대통령에 취임하여 아프리카민족회의를 합법화한 다음, 27년간 구속되어 있던 넬슨 만델라(Nelson R. Mandela)를 석방하며 평화협정을 시작하였다. 이후 남아프리카공화국은 1991년 아파르트헤이트를 철폐시키고, 1993년 흑인에게 투표권을 부여하는 보통선거 법률을 제정하였으며, 1994년 총선에서 아프리카민족회의가 과반을 넘는 의석을 확보하자 넬슨 만델라는 흑인 최초로 대통령에 당선된다.[74]

이처럼 체제이행이 비교적 순조롭게 진행될 수 있었던 것은, 남아프리카공화국에서 인권침해 가해자들을 형사처벌하는 대신 진실화해위원회의 방식으로 사면하는 것에 대해 정치적 합의가 이루어졌기 때문이다. 이 협상에 참여한 정치인과 법률가들은, 인권침해 가해자들에 대한 '뉘른베르크식 형사처벌 방식'과 그와 정반대되는 '일괄사면의 방식'을 모두 거부하였다. 대신, 타협안으로서, 고문·살인 등을 저지른 가해자가 자신의 범죄행위를 고백·입증하며, 그것이 정치적 성격의 것으로서 개인적 악의나 이익추구를 목표로 하지 않은 경우에, 국가가 개별적으로 사면을 결정하는 방식으로 과거사 사건을 처리하기로 결정하였던 것이다.[75]

남아프리카공화국의 백인 변호사로서 아파르트헤이트 정책에 맞서 싸워온 알비 삭스(Albie L. Sachs)는 1988년 모잠비크에서 차량폭발 사건을 경험한다. 그는 아침에 자신의 승용차에 탑승하기 위해 열쇠로 잠긴 문을 열었는데 그 순간 강력한 폭탄이 폭발하여 승용차의 문을 날려버린다. 기적적으로 살아남았으나 그는 사고로 인하여 한쪽 팔과 눈을 상실하게 되었고, 당시 사고의 원인에 대해서는 추측만 가능할 뿐 진상은 결국 밝혀지지 않게 되었다.[76] 1991년 이후 아파르트헤이트 정책이 철폐되자 알비 삭스는 넬슨 만델라 대통령에 의해 1994년 초대 남아공 헌법재판소 재판관으로 임명되었는데, 진실화해위원회의 기록에 자신의 승용차에 폭탄을 설치한 정부요원의 자백이 포함되어 있으며 이를 통해 자신이 정부요원의 테러로 한쪽 팔과 눈을 잃게 되었음을 알게 된다. 이후 그는 헌법재판관으로서, 아파르트헤이트 정책

74) 한편 드 클러크는 1994년부터 1996년까지 넬슨 만델라 정부의 부통령직을 역임하였음. 그는, 아파르트헤이트 당시에 있었던 과거사 사건에 대한 완전한 사면을 원하였고, 가해자의 진실고백 하에 개별적 사면을 추구하는 진실화해위원회 방식에 대해서는 다소 부정적 입장이었음. 그러나 넬슨 만델라와 함께 아파르트헤이트를 철폐시키고 진실화해위원회를 통해 이행기의 정의를 실현하는데 기여하였다는 점에서 그의 업적은 인정할 만하고, 이런 맥락에서 드 클러크는 넬슨 만델라와 함께 1993년 노벨 평화상을 수상 받게 됨.

75) 장원석, "남아프리카공화국 진실화해위원회와 회복적 정의론", 정치와 평론 21, 한국정치평론학회, 2017, 118~122면.

76) 1988. 4. 10.자 The New York Times 31면에는 알비 삭스의 차량폭발 사건과 관련된 Opinion 기사가 실려 있는데, 여기에는 사고 경위에 대한 사실관계와 이를 정부요원의 테러로 추측하는 내용이 담겨있음[Anthony Lewis, "Abroad at home: a Terrorist State", The New York Times(1988. 4. 10.), p.31].

하에 일어났던 잔혹행위의 가해자가 자발적으로 나서 진실을 고백할 경우 그 책임 사면을 허용하는 진실화해위원회에 관한 법률의 위헌 여부에 대해 심리하게 된다. 고민을 거듭하였으나 결국 그는, 그러한 유인 요소가 아니면 모든 피해자들이 필사적으로 알고 싶어 하는 진실을 책임자들의 입을 통해 밝혀낼 수 있는 다른 수단이 없으며, 이를 통해 감추어진 진실을 밝혀내는 것이 새 헌법질서와 그 정신이 추구하는 본질적인 목적임을 인식하고, 위 법률이 헌법에 위반되지 않는다고 판단한다.[77][78]

4. 이행기의 정의의 딜레마

이행기의 정의를 바라보는 위와 같은 두 가지 입장에는 모두 딜레마가 있다.

먼저 '응보적 정의'를 중시하는 입장은, 역사적 이행기에서 과거사 사건을 처리하기 위해 새로운 법률을 제정하는 경우가 많은데 이처럼 사후에 제정된 법률로 과거사 사건을 소급적으로 처벌하는 것은 죄형법정주의 원칙에 부합하지 않는다는 문제점이 있고, 가사 실체법적으로 과거에 존재하던 법률로 처벌 가능한 사안이었다 하더라도 과거사 사건은 이미 오래전에 이루어지고 종료된 사건이기에 절차법적으로 공소시효가 완성된 경우가 많고 증거도 산일되어 형사처벌에 이르기 어렵다는 문제점이 있다.[79][80] 또한 형사처벌은 희생자들에 대한 피해 회복이라는 관점에서

---

77) 알비 삭스(김신 譯), 블루 드레스: 법과 삶의 기묘한 연금술(The Strange Alchemy of Life and Law), 일월서각, 2012, 27~28면, 66면.

78) 알비 삭스의 한국책 제목으로 사용된 '블루 드레스(Blue Dress)'는 예술가인 주디스 메이슨(Judith Mason)의 작품인 'The Man Who Sang and the Woman Who Kept Silent(triptych)'를 칭하는 용어임. 이는 남아프리카공화국에서 흑인해방운동을 하다가 보안경찰에게 체포되어 처형되었고, 이후 진실화해위원회에서 가해자들의 고백을 통해 진실이 밝혀진 두 여성에서 영감을 받아 만들어진 작품임.
그 중 한명인 필라(Phila Ndwandwe)는 보안경찰에 체포되어 여러 주 동안 발가벗겨진 채 아프리카민족회의 동료들에 관한 정보를 자백하도록 종용받았음. 그녀는 자신의 존엄성을 위해 파란색 비닐봉지로 팬티를 만들어 입었고, 보안경찰들도 차마 이를 벗겨내지는 아니함. 그녀는 결국 처형되었고, 진실화해위원회에 의해 그녀의 시신이 발굴되었을 때 파란색 비닐봉지로 만들어진 팬티도 그녀의 골반에 감겨진 채 발견됨. 그녀의 죽음에 관련되었던 사람은 "그녀는 전혀 말을 하지 않았고 정말로 용감했다"라고 증언함.
이후 필라의 이야기를 들은 주디스 메이슨은 버려진 파란색 비닐봉지를 모은 다음 이를 바느질하여 하나의 파란색 드레스로 만들어 작품으로 완성함. 이 작품은 현재 남아프리카공화국의 헌법재판소에 전시되어 있음[Blue Dress 작품 모습과 그 배경에 대해서는 https://ccac.org.za/works/judith-mason-the-man-who-sang-and-the-woman-who-kept-silent-1998 참조(2019. 10. 29. 최종방문)].

79) 이재승, "과거청산과 민사적 문제; 이행기의 정의", 법과 사회, 법과사회이론학회, 2002, 62~67면.

80) 헝가리는 제2차 세계대전 이후 소련에 의해 공산화되었으나, 1953년 스탈린의 사망 이후 공산권의 분위기가 다소 자유롭게 변화하고 동유럽·서유럽의 관계가 개선되기 시작하면서 1956년 전국적인 민주화운동이 일어남. 그러나 이를 진압하기로 결정한 소련은 군대를 투입

도움이 되지 않고, 형사처벌을 두려워 하는 가해자들이 범죄사실을 고백하지 않음으로써 과거사 사건의 진실이 끝까지 밝혀지지 않을 수 있다는 우려도 있다.[81][82] 더 나아가 형사재판의 특성상 문제되는 인권침해행위에 대한 상급자의 관여를 입증하지 못하면 결국 행위자인 하급자만 처벌되는 불공정한 사태가 발생할 수 있고, 이러한 형사처벌 방식은 단지 '승자의 정의(victor's justice)'로서 패배한 상대에 대한 보복·응징으로 받아들여질 수 있다는 점에서 미래를 향한 화해와 통합에 장애를 초래한다는 비판도 가능하다.[83]

한편, '회복적 정의'를 중시하는 입장은, 평균적 일반인의 입장에서 볼 때 형사처벌의 부재는 인권침해 범죄의 유혹에 굴복하게 만들 수 있다는 점에서 면책은 범죄의 재발을 초래할 수 있고, 처벌 없는 화해는 현실성이 없어 회복적 정의는 응보적 정의의 보완에 불과하며, 이러한 처벌 없는 화해의 정치는 민주주의의 공고화 단계에서 과거에 대한 향수가 존재할 때 권력투쟁의 수단이 되어 끊임없이 우리를 괴롭힐 것이라는 우려도 있다.[84] 국가권력에 의해 살해된 희생자의 유족들 다수는 관용보다 응징을 원하고 있고, 진실뿐만 아니라 정의를 원한다는 연구도 있다. 회복적 정의에 따른 남아프리카 공화국의 개별적 사면 사례는 단기적으로는 정권 교체기에 체제의 안정에 기여하였을지 모르나 미래의 시민사회에 대해 불신이라는 문제를 남기게 되었고, 비록 일부는 후회와 용서를 구하기도 하겠지만 대체적으로 가해자의 다수가 양심의 가책을 느끼지 않고 과거의 신념을 고집하는 현실에서 화해와 치유

하였고, 소련군에 의해 헝가리군이 무장해제되고 부다페스트 시민군마저 진압되자 민주화운동은 많은 희생자를 남기고 종료됨. 시간이 흘러 1991년 헝가리가 민주화되자, 헝가리 의회는 1956년 민주화운동 당시에 공산주의 정권이 저질렀던 범죄들에 대한 기소를 허용하는 법률을 새로 제정함. 이미 수십년이 지난 후로서 구법에 의하면 공소시효가 완료되었으나 위 법률은 중요 범죄에 대한 공소시효의 적용을 해제하였기에, 이는 새로운 정권이 지난 정권의 구법에 얼마나 구속되어야 하는가라는 의문을 제기하였음. 헝가리 헌법재판소는 이 문제를 '법의 지배의 이율배반'으로 묘사한 다음('예측가능성으로서의 법의 지배'와 '실질적 정의로서의 법의 지배'의 대립), 법적 안정성을 강조하는 입장에서 위 법률을 위헌으로 결정하였음[Ruti Teitel, "Transitional Jurisprudence: The Role Of Law In Polital Transformation"(106 Yale L.J. 2009), Yale Law Journal, Vol 106, 1997, pp.2022-2023].

81) 장원석, 전게서(각주 75), 133면.

82) 앞서 언급하였던 남아프리카공화국의 알비 삭스에 대한 차량폭탄 테러나, 필라(블루드레스)에 대한 고문·처형 사례도 형사처벌에 대한 사면을 전제로 한 가해자의 고백이 없었다면 그 진실이 밝혀지기 어려웠을 것임.

83) 최철영, "한·일과거사 청산과 이행기 정의 개념의 적용", 성균관법학 23-2, 성균관대학교 법학연구소, 2011, 241면.

84) 회복적 정의는 정치적 이행기에서 구세력과 신세력 사이의 긴장관계를 덜어주고 형사적 정의의 딜레마를 해소하는데 기여할 수 있으나, 이는 매우 불확실하고 모호한 안정감에 불과하며 시간이 흐른 뒤에 잘못된 과거사에 대한 향수를 야기할 수 있다는 문제점을 내포함[Ruti Teitel, 전게서(각주 80), p.2069].

는 빈말에 불과할 수도 있다는 비판도 있다.[85] 회복적 정의는 결국 타협적이고 불완전한 정의이며, 피해자가 가해자를 용서하는 것이 아니라 국가가 용서하는 것은 논리적이지 않다는 비판도 가능하다.

5. 하트와 풀러의 1958년 논쟁

이행기의 정의에 따른 딜레마를 어떻게 처리할 것인가의 문제를 자료를 찾아 거슬러 올라가면, 그 근원에는 제2차 세계대전이 종료된 이후 1950년대에 이루어졌던 논의, 즉 '법의 탈을 쓴 불법'을 어떻게 극복할 것인가에 대한 논의로 이어짐을 알 수 있다. 이와 관련하여 하트와 풀러의 1958년 논쟁은 중요한 의미를 지닌다.

나치(NAZI) 정권의 제3제국이 건재하던 1944년, 한 독일 군인은 잠시 집으로 돌아 와서 사적으로 자신의 부인에게 히틀러와 나치당 간부들에 대한 부정적인 이야기를 들려준다. 그가 군복무를 위해 다시 집을 나서자 이미 다른 남자에게 마음이 기울어 남편을 제거하기로 마음을 정하였던 부인은, 자신에게 남편을 고발할 법적 의무가 없었음에도 불구하고 남편의 언행을 당국에 고발한다. 그 당시의 독일 법은 제3제국 정부에 해로운 언행을 금지하였기에, 군인이었던 남편은 체포되어 군사법원에서 사형을 선고받는다. 그러나 어떤 이유에서 그는 사형 집행되지 아니한 채 잠시 구금된 후 전방으로 보내진다. 이후 제2차 세계대전은 제3제국의 패망으로 종결되었고, 부인은 다른 사람의 자유를 불법적으로 박탈한 죄로 1949년 서독 법원에 기소된다. 형사재판에서 그녀는, 남편의 구금은 1944년 당시의 나치 법률에 따른 것이었고, 자신의 고발은 범죄자를 법정에 세우도록 한 것이었을 뿐이므로, 결국 자신의 행위는 범죄에 해당하지 않는다고 주장하였다. 그러나 서독 법원은, 비록 남편이 나치 정권의 법 위반으로 법원에 의해 유죄판결을 선고받았다고 할지라도 그 법은 '모든 선량한 인간의 건전한 양심과 정의의 정신(the sound conscience and sense of justice of all decent human being)'에 반하여 법에 이르지 못하였기에 그 효력이 없다고 판단하면서, 다른 사람의 자유를 불법적으로 박탈하였다는 이유로 위 여성에 대한 유죄 판결을 선고하였다.[86][87]

---

85) 장원석, 전게서(각주 75), 127~130면; 장원석, "통일 독일 과거사 청산 일고", 정치와 평론 14, 한국정치평론학회, 2014, 115면.

86) H. L. A. Hart, "Positivism and the Separation of Law and Morals"(71 Harv. L. Rev. 593), Harvard Law Review, Vol 71 No 4, 1958, pp.618-619.

87) Lon L. Fuller, "Positivism and Fidelity to Law: A Reply to Professor Hart"(71 Harv. L. Rev. 630), Harvard Law Review, Vol 71 No 4, 1958, pp.652-653.

위 사건은 법과 도덕의 구별, 법실증주의와 자연법론의 논쟁에 불을 붙였다. 독일 법철학자 라드브루흐(Gustav Radbruch)는, 과거에는 법과 도덕을 분리하는 법실증주의자의 입장이었으나, 제2차 세계대전의 경험 이후 견해를 바꾸게 된다. 그는 독일국민이 '존재하는 법(law as it is)'을 '존재해야 할 법(law as it ought to be)'과 분리하여 최소한의 도덕성이 충족되지 않더라도 '법은 법이다(Gesetz als Gesetz)'라고 생각함으로써, 도덕의 요구에 무감각해지고 국가권력에 맹목적으로 따르게 되어 그와 같은 재앙을 초래하였다고 분석했다. 이에 라드브루흐는 법에는 인도주의적인 본질적 도덕 원칙(essential moral principle of humanitarianism)이 내재되어 있다고 보았고, 이러한 맥락에서 위와 같은 1949년 서독 법원의 판결도 나오게 되었다.[88)89)]

영국 옥스퍼드대학 교수이자 법철학자였던 하트(H. L. A. Hart)는 안식년을 얻어 1958년 미국 하버드대학교에 머물면서, 위 서독 법원의 판결이 법실증주의에 대한 자연법주의의 승리로 찬사받기도 하지만 법실증주의(legal positivism)의 시각에서 볼 때 이는 히스테리(hysteria)에 불과하다고 비판하였다. 하트는, 존재의 문제(what is)와 당위의 문제(what ought to be)는 엄격히 구별되어야 한다고 보았기 때문에, 도덕적으로 잘못된 법도 법이며 반대로 도덕적인 당위도 법이 아닐 수 있다고 보았다. 그리고는 문제가 많은 나치의 법도 법임에는 틀림없으므로 악법이라고 그 법의 효력을 부인하는 것은 법적 안정성을 저해하며 많은 법철학적 논쟁을 야기할 것이기 때문에, 과거사 문제를 구법의 효력을 부인하는 방법으로 처리한 서독 법원의 판결을 비판하고, 이를 해결하기 위해 과거의 밀고행위를 처벌하는 새로운 소급입법(retrospective law)을 제정하였어야 한다고 주장하였다.[90)]

한편, 미국 하버드대학교 교수이자 법철학자였던 풀러(Lon L. Fuller)는 이러한 하트의 견해를 비판하였다. 그는, 하트가 법과 도덕의 엄격한 분리를 주장하고 있으나, 나치 독일의 악법을 마주하고 있는 한계 상황에서 그 사건의 합리적인 해결을 고심하는 담당 법관에게 하트의 견해는 도움을 주지 못한다고 평가한다. 풀러는, 법은 단지 법 위에서 만들어질 수 없고 도덕 위에서 만들어져야 하는데, 이러한 도덕에는 외적 도덕성과 내적 도덕성이 있다고 본다. '외적 도덕성(morality external to

---

88) H. L. A. Hart, 전게서(각주 86), pp.616－618.

89) 라드브루흐는 실정법의 한계를 극복하기 위한 자연법 원칙의 원용을 위해 다음과 같은 공식을 제안한 바 있음. 즉, 실정법은 그 내용이 정의롭지 못하고 합목적성이 없는 경우라도 일반적인 우선권을 지닌다고 할 것이나, 만약 실정법과 정의의 모순이 참을 수 없을 정도에 이른 경우라면 그 부정의한 실정법은 정의에 우선권을 양보해야 한다는 것임(라드브루흐의 공식).

90) H. L. A. Hart, 전게서(각주 86), pp.619－621.

law)'이란 그 법을 제정한 당국(authority)이 도덕적 기반 위에 있는가의 문제이고, '내적 도덕성(internal morality of law)'이란 법 자체의 내용이 도덕적 기반 위에 있는가의 문제이다. 이러한 외적 그리고 내적 도덕성이 갖추어져야 비로소 법이라고 할 수 있는데, 하트의 주장은 이 중 내적 도덕성을 간과한 것이라고 비판한다. 이에 하트는, 법관은 있어야 할 법을 만드는 책임까지 포함하는 맥락에서 '법에 대한 충실함(fidelity to law)'을 가져야 한다고 주장한다. 제2차 세계대전 이후에 서독 법원은 나치 정권이 행한 모든 행위를 무효로 돌릴 수도 없었고, 그렇다고 나치 정권이 법의 이름으로 행한 모든 행위를 그대로 안고 갈 수 없다는 딜레마를 안고 있었다. 이를 그대로 안고 간다면 훗날 나치즘과 같은 비극이 재발할 수도 있기 때문이다. 하트는 위 사건은 소급입법을 통해 해결되어야 한다고 주장하였으나, 풀러는 밀고행위를 처벌하는 소급입법(retroactive law)을 제정하는 것 역시 과거의 법이 무효였다는 점을 내포하고 있고, 이러한 소급입법이 빈번해진다면 또 다른 차원에서 법적 안정성이 무너질 수 있다는 점을 지적한다. 딜레마에 직면한 상황에서 전후 독일은 '법에 대한 존중(respect for law)'과 '정의에 대한 존중(respect for justice)'을 함께 회복해야 했었기 때문에, 풀러는 상위법의 호소를 통해 문제를 해결하려 한 라드브루흐를 비교적 긍정적으로 평가하면서도, 독일 법학이 법의 내적 도덕성에 관심을 기울였다면 나치 법률을 무효화시킴에 있어 상위법에 호소하는 것은 불필요하였을 것이라고 지적하였다.[91]

6. 실현 가능한 이행기의 정의 모색 필요성

법실증주의는 해당 법이 특정 국가에서 합법적 절차를 통해 만들어졌는지에 중점을 둔다. 즉 인식 가능한 권위 있는 당국에 의해 법으로 선언되고 강제된 것이 법이며(law is whatever an authority says and enforces),[92] 법의 내용은 그 유효성과 무관하다는 입장이다. 반면 자연법주의는 세상에는 보편적인 도덕 법칙이 있으므로, 국가가 만든 법은 이러한 보편적인 도덕 법칙에 합치되어야 한다(law should conform to the universal moral code)는 입장이다. 법실증주의에는 '일단 합법적인 절차에 따라 법이 만들어 지면 그것이 악법이라도 이를 따라야 한다'라는 딜레마가 있고, 자연법주의에는 '무엇이 보편적인 도덕규범이고[93] 이를 누가 판단해야 하는가'라는

91) Lon L. Fuller, 전게서(각주 87), pp.645–661.

92) 법은 무엇이든 법전에 쓰여져 있는 것(positivist), 또는 무엇이든 법으로 실제 강제된 것(realist)이라는 입장임.

93) 가령 일부 국가에서 낙태는 범죄인데 다른 일부 국가에서는 낙태가 합법화되어 있는 것 처

딜레마가 있다. 다만 오늘날에는, 제2차 세계대전에 대한 반성적 고려를 바탕으로 헌법제정권력인 국민이 합의를 통해 자연법에서 추구하던 많은 가치들을 헌법전에 수용하였고, 이를 바탕으로 제도화된 헌법재판을 통해 소위 '악법'도 헌법 위반을 이유로 무효화시킬 길을 열어두었기에, 극단적인 법실증주의나 자연법주의의 대립으로 인한 딜레마는 헌정주의 안에서 해결될 수 있게 되었다. 그러므로 현실적인 상황에서는, 법실증주의와 자연법주의의 대립이 아니라, 입법 또는 헌법재판으로 실현 가능한 이행기 정의란 무엇인가라는 문제만 남게 되었다.

응보적 정의와 회복적 정의는 모두 나름대로의 대의를 확보하고 있다. 양자는 진실규명을 그 전제로 하면서, 이를 바탕으로 전자는 가해자의 형사처벌을 통한 특별예방과 이를 바탕으로 한 일반예방 효과를 통해 인권침해 범죄의 재발 방지에 중점을 두고 있고, 후자는 가해자의 고백을 통한 명예 회복과 국가의 배·보상을 통해 국가의 책임을 확인하고 피해자의 상처를 치유하여 화해의 길로 나아가는 것에 중점을 두고 있다. 이는 모두 납득 가능한 방법론이기 때문에, 다양한 과거사 사건에서 어떤 방식을 선택할 것인가의 문제에 대해서는 한 가지 정답만 있을 수 없다. 다만, 관련 문헌들의 내용을 종합적으로 살펴보면, 중대한 범죄에 대하여는 응보적 정의를 추구하되 경미한 사안에 대해서는 회복적 정의를 추구함이 상당하며, 현재와 가까울수록 응보적 정의를 추구하되 현재와 멀어질수록 회복적 정의를 추구함이 상당하다는 경향성은 발견된다고 할 것이다.

Ⅶ. 소멸시효 기산점 관련 외국 입법례

1. 회복적 정의와 소멸시효의 문제

이행기의 정의 중 회복적 정의에 국한하여 진실규명을 전제로 피해자·유족에 대한 손해배상을 추구할 경우, 현실적으로 문제되는 것은 바로 소멸시효의 완성 여부이다. Ⅷ.2.에서 후술하는 바와 같이 국가무책임사상을 지양하고 법치주의를 바탕으로 국가배상책임을 인정하는 헌정주의 국가에서는 공무원의 불법행위에 대하여 국가가 피해자·유족의 손해를 배상할 책임을 지게 된다. 그런데 이러한 국가책임사상에 근거한 국가배상청구권도 민사상 손해배상채권에 해당되므로 일반적인 소멸시효의 적용을 받게 되는바, 과거사 사건의 특성상 피해자·유족은 그 불법행위의 시

럼, 보편적인 도덕법칙이 무엇인지는 확실하지 않을 수 있음.

점으로부터 상당한 기간이 지난 후에야 구체적인 불법행위의 발생 원인과 위법성을 인식하고 관련 증거를 바탕으로 손해배상을 청구할 수 있게 된다는 점에서, 불법행위 발생시점을 기준으로 한 소멸시효의 객관적 기산점과 그에 따른 소멸시효 완성 여부는 항상 문제되어 왔다.

2000년대에 들어와 세계 각국은 시효제도의 현대화를 위한 입법활동 과정에서 채권자가 자신의 채권발생을 인식할 수 없었음에도 불구하고 객관적 사정만으로 시효완성을 허용하게 되면 권리해태라는 자기책임 없이 채권자의 권리가 부당하게 박탈된다는 문제점에 주목하게 되었고, 이에 시효의 일반규정을 '불법행위시로부터 시효가 진행되는 객관적 기산점 원칙'에서 '채권자의 인식 또는 인식가능성을 바탕으로 시효가 진행되는 주관적 기산점 원칙'으로 변경하는 노력을 기울이게 되었다.[94]

2. 독일 개정 민법에서의 소멸시효 기산점

2002년 개정된 독일 민법상 새로운 소멸시효제도의 핵심 내용은, 일반 소멸시효에 있어 30년이었던 일반 시효기간을 3년으로 대폭 단축하는 대신, 소멸시효의 기산점에 채권자의 주관적 인식 또는 인식가능성을 추가하였다는 점이다. 즉, 구 민법에서는 '청구권의 성립'이라는 객관적 사정만으로 소멸시효가 진행되었음에 반하여, 개정 민법에서는 '청구권의 성립'뿐만 아니라(객관적 요건, 제199조 제1항 제1호) 청구권의 성립상황 및 채무자의 인적사항에 대한 '채권자의 주관적 인식'이 있거나 '중대한 과실로 인해 이를 인식할 수 없었던 경우'에 비로소 소멸시효가 진행되게 되었다(주관적 요건, 제199조 제1항 제2호). 그리고 이러한 객관적 요건과 주관적 요건이 결합되는 시점에 해당하는 날(日)부터 시효가 진행되는 것이 아니라, 그러한 요건들이 결합되는 시점에 해당하는 연도(年度)가 종료한 때[95]로부터 3년의 시효기간이 진행되도록 하였다. 다만, 일반 소멸시효 기간의 진행은 채권자의 주관적 인식에 기초하기 때문에 채권자가 이를 인식하지 못한 경우에는 시효가 영원히 진행되지 않게 되므로, 이를 보완하기 위해 객관적 요건에 의한 추가적인 장기소멸시효기간을 정하게 되었다(제199조 제2항 내지 제4항). 즉, 기본적인 장기소멸시효기간은 청구권의 발생시점으로부터 10년으로 정하되, 생명 · 신체 · 건강 · 자유와 같은 일신전속적 법익의 침해로 인한 손해배상청구권은 그 발생시점으로부터 30년으로 정하게 되었다.[96]

94) 이은경, "반인권 국가범죄에 주관적 소멸시효 기산점 적용에 대한 이해(헌법재판소 결정 2014헌바148을 바탕으로)", 저스티스 170-1, 한국법학원, 2019, 66면.

95) 그 해의 12월 31일이 종료되는 시점.

96) 이상영, "독일 개정민법상 소멸시효제도", 비교사법 9-3, 한국비교사법학회, 2002, 5~12면.

이와 같은 독일 개정 민법상 소멸시효 제도는, 소멸시효의 원칙적 기산점을 객관적 요건과 주관적 요건이 결합된 시점에 해당하는 연도가 종료된 때로 전환함으로써 '채권자의 인식 또는 인식가능성'과 그에 따르는 '3년간 권리해태의 자기책임'을 바탕으로 소멸시효가 완성될 수 있음을 선언하였다는 점, 그리고 이에 대한 보완책으로 객관적 요건에 의한 장기소멸시효를 추가로 규정하되 '보호법익에 따른 손해의 종류'에 따라 시효기간에 차등을 두었다는 점에 그 특징이 있다고 할 것이다.

3. 프랑스 개정 민법에서의 소멸시효 기산점

2008년 개정된 프랑스 민법상 새로운 소멸시효제도의 핵심 내용은, 일반 소멸시효에 있어 30년이었던 일반 시효기간을 5년으로 단축하는 대신, 소멸시효의 기산점에 채권자의 주관적 인식 또는 인식가능성을 추가하였다는 점이다. 일반 시효기간의 기산점에 관하여 개정 민법은 '권리자가 권리 행사가 가능한 사실을 알았거나 또는 알 수 있었을 때'라고 규정함으로써, 채권자의 주관적 인식 또는 인식가능성에 기초하여야 5년의 소멸시효기간이 진행될 수 있음을 선언하였다(제2224조). 다만, 위와 같은 주관적 기산점에 따른 소멸시효를 보완하기 위해 객관적 요건에 의한 추가적인 특별소멸시효와 시효상한기간을 정하게 되었다. 구체적으로는 신체적 손해의 경우 피해자의 손해가 확정된 때로부터 10년의 소멸시효가 적용되나, 그럼에도 불구하고 고문·야만행위·폭력 등을 원인으로 하는 손해배상의 경우에는 20년의 소멸시효가 적용된다(제2226조). 또한 시효 기산점의 연기·정지·중단은 원칙적으로 권리 발생시로부터 20년을 초과하여 소멸시효기간을 연장하는 것은 불가능하나, 위에 언급된 신체적 손해에 관한 배상의 경우에는 그 20년의 상한이 적용되지 않도록 규정하였다(제2232조).[97]

이와 같은 프랑스 개정 민법상 소멸시효 제도는, 소멸시효의 원칙적 기산점을 객관적 요건에서 주관적 요건으로 전환함으로써 '채권자의 인식 또는 인식가능성'과 그에 따르는 '5년간 권리해태의 자기책임'을 바탕으로 소멸시효가 완성될 수 있음을 선언하였다는 점, 그리고 이에 대한 보완책으로 객관적 요건에 의한 특별소멸시효와 시효상한기간을 추가 규정하되 '보호법익에 따른 손해의 종류'와 '그 구체적 발생원인'에 따라 차등을 두었다는 점에 그 특징이 있다고 할 것이다.

97) 김상찬, "프랑스의 신시효법에 관한 연구", 법학연구 38, 한국법학회, 2010, 25~30면.

4. 일본 개정 민법에서의 소멸시효 기산점

2017년 개정된 일본 민법상 새로운 소멸시효제도의 핵심 내용은, 일반 채권의 소멸시효에 '주관적 기산점으로부터 5년'을 추가함으로써 채권자의 주관적 인식 또는 인식가능성을 강조하였다는 점이다. 일반 시효기간의 기산점에 관하여 개정 민법은 '채권자가 권리를 행사할 수 있는 것을 안 때로부터 5년 동안 행사하지 않은 경우' 그 채권은 시효에 의해 소멸한다고 정하였다(제166조 제1항 제1호). 다만, 이러한 주관적 기산점에 따른 소멸시효를 보완하기 위해 객관적 기산점에 의한 추가적인 장기소멸시효를 정하게 되었다. 즉, '권리를 행사할 수 있는 때로부터 10년 동안 행사하지 않은 경우'를 장기소멸시효로 정한 것이다(제166조 제1항 제2호). 한편, 생명 · 신체의 침해로 인한 손해배상청구권의 경우에는 피해자를 특히 보호할 필요성이 높다는 점에서, '사람의 생명 또는 신체의 침해로 인한 손해배상청구권'의 경우에는 일반 채권의 장기소멸시효기간인 10년이 아닌 '20년'을 적용하도록 하였다(제167조).[98]

이와 같은 일본 개정 민법상 소멸시효 제도는, 소멸시효의 원칙적 기산점을 주관적 요건으로 규정함으로써 '채권자의 인식'과 그에 따르는 '5년간 권리해태의 자기책임'을 바탕으로 소멸시효가 완성될 수 있음을 선언하였다는 점, 그리고 이에 대한 보완책으로 객관적 요건에 의한 장기소멸시효를 규정하되 '보호법익에 따른 손해의 종류'에 따라 차등을 두었다는 점에 그 특징이 있다고 할 것이다.

5. 유럽계약법원칙 및 유럽사법을위한공통참조기준초안에서의 소멸시효 기산점

유럽에서는 계약법을 통일하기 위한 연구가 오랜 기간 진행되어 왔고, 유럽계약법원칙(이하 'PECL'이라 함)[99]과 유럽사법을위한공통참조기준초안(이하 'DCFR'이라 함)[100]이라는 성과에 이르게 되었다.

PECL 및 DCFR은, 일반적인 소멸시효의 기간을 '3년'으로 정한 다음, 그 기산점을 '채무자가 이행을 하여야 하는 때 또는 손해배상 청구권을 발생시킨 행위가 있었던 때'로 정한다(PECL 14:201, 14:203; DCFR Ⅲ 7:201, 7:203). 다만 이러한 객관적 기산점과 단기소멸시효기간으로 인한 불합리한 문제점을 해결하기 위하여, 채권자가 '채무자의 인적사항 또는 채권발생의 기초사실을 알지 못하거나 이를 알았을 것을

98) 김성수, "개정 일본민법(2017년)의 소멸시효(주요개정내용의 소개를 중심으로)", 아주법학 12-1, 아주대학교 법학연구소, 2018, 72~74면.

99) Principles of European Contract Law.

100) Draft Common Frame of Reference.

합리적으로 기대할 수 없는 동안'에는 소멸시효의 진행이 정지되도록 규정하되(PECL 14:301; DCFR Ⅲ 7:301), 그 정지로 인한 시효의 연장은 원칙적으로 10년을 초과할 수 없으나 신체 상해에 대한 손해배상의 경우에는 30년을 초과할 수 없도록 규정한다(PECL 14:307; DCFR Ⅲ 7:307).[101)]

이와 같은 PECL 및 DCFR상 소멸시효 제도는, 소멸시효의 기산점을 객관적 요건으로 정하고 그 기간을 단기 3년으로 정함으로써 법적 안정성에 방점을 두는 방향으로 시효제도의 원칙을 선언하였다는 점, 그리고 이에 대한 보완책으로 채권자의 무지(無知)에 의한 소멸시효 진행의 정지를 추가로 규정하되 '보호법익에 따른 손해의 종류'에 따라 시효연장 최장기간에 차등을 두었다는 점에 그 특징이 있다고 할 것이다.

6. 유엔총회 결의 2005년 기본원칙과 가이드라인

유엔총회는 '국제인권법의 중대한 위반행위와 국제인도법의 심각한 위반행위로 인한 피해자들을 위한 구제와 배상에 관한 기본원칙과 가이드라인'(이하 '2005년 기본원칙과 가이드라인'이라 함)[102)]을 2005년 12월 16일 만장일치로 결의한 바 있다.[103)]

2005년 기본원칙과 가이드라인은 '국제인권법의 중대한 위반 또는 국제인도법의 심각한 위반에 해당하는 작위 또는 부작위로 인하여 신체적 또는 정신적 피해, 감정적 고통, 경제적 손실, 근본적 권리의 실질적인 침해를 포함하여 개인적으로 또는 집단적으로 피해를 당한 사람'을 피해자로 상정한 다음(Ⅴ.8),[104)] 그 피해에 대해서는 '적절하고 실효적이고 신속한 배상'이 요구되며(Ⅸ.15),[105)] '완전하고 효과적인 배상'이 제공되어야 한다고 선언하였다(Ⅸ.18).[106)] 그리고는, 국제법상의 범죄를 구성하는 국제인권법의 중대한 위반과 국제인도법의 심각한 위반에 대해서는 시효규

---

101) 박신욱, "EU계약법에서의 소멸시효규정에 대한 연구", 법학연구 57－2, 부산대학교 법학연구소, 2016, 3~14면.

102) Basic Principles and Guidelines on the Right to a Remedy and Reparation for Victims of Gross Violations of International Human Rights Law and Serious Violations of International Humanitarian Law(resolution adopted by the General Assembly on 16 December 2005).

103) 유엔 인권위원회 https://www.ohchr.org/EN/ProfessionalInterest/Pages/RemedyAndReparation.aspx 참조(2019. 12. 10. 최종방문).

104) victims are persons who individually or collectively suffered harm, including physical or mental injury, emotional suffering, economic loss or substantial impairment of their fundamental rights, through acts or omissions that constitute gross violations of international human rights law, or serious violations of international humanitarian law.

105) adequate, effective and prompt reparation.

106) full and effective reparation.

정은 적용되지 아니하며(Ⅳ.6),[107] 국제법상의 범죄를 구성하지 아니하는 다른 유형의 위반에 대한 국내법상의 시효규정은 민사소송과 여타 절차를 포함하여 부당하게 제한되어서는 아니 된다고 정하였다(Ⅳ.7).[108][109]

7. 소 결

유엔의 '2005년 기본원칙과 가이드라인'은 시효규정의 적용을 금지하거나 제한해야 한다는 취지로 정함으로써 관련된 과거사 사건에 있어 피해자의 배상청구권이 시효제도로 가혹하게 박탈되어서는 안 된다는 점을 선언하였다는 점에서 그 의미가 크다. 다만, 위에서 살펴본 바와 같이 과거사 사건과 소멸시효의 특칙을 직접적으로 다룬 입법례는 많지 않다. 그러나 소멸시효 일반 영역에서도 기존의 객관적 기산점 일원론에서 벗어나 주관적 기산점을 추가하고 보호법익에 따른 손해의 종류와 그 발생원인에 따라 소멸시효를 다르게 적용하도록 하거나(독일·프랑스·일본), 소멸시효의 객관적 기산점을 유지하더라도 주관적 요건의 충족 여부에 따라 그 진행을 정지시키고 시효를 연장함으로써(PECL·DCFR) 기존의 객관적 기산점에 의한 소멸시효 적용의 가혹함을 해소하기 위해 노력하는 광범위한 경향성은 발견된다고 할 것이다.

Ⅷ. 과거사 소멸시효 위헌심사에 있어 헌법재판소의 가능한 접근방식과 그 한계

1. 대상결정의 사안 및 헌법재판소의 선례

대상결정은, 수십년 전에 발생한 과거사 사건 중 공무원의 불법행위를 근거로 피해자·유족이 국가배상을 청구하는 상황에서 소멸시효 조항의 위헌 여부에 관한 것이므로, 이행기의 정의 중 회복적 정의의 한계가 문제된 사안이다.

---

107) statutes of limitations shall not apply to gross violations of international human rights law and serious violations of international humanitarian law which constitute crimes under international law.

108) domestic statutes of limitations for other types of violations that do not constitute crimes under international law, including those time limitations applicable to civil claims and other procedures, should not be unduly restrictive.

109) 유엔총회는 국가에게 인권침해 피해자를 대우하고 손해배상을 책임질 의무가 있으며 이러한 의무에는 소멸시효의 적용이 없다는 취지에서 2005년 기본원칙과 가이드라인을 결의하였고, 우리 정부도 이러한 결의에 찬성하였으며, 일본정부와 기업을 상대로 하는 과거사 문제에서도 위 결의에 기초한 입장을 견지하고 있음[김태봉, 전게서(각주 56), 223면].

앞서 Ⅳ.에서 살펴본 바와 같이, 헌법재판소가 국가배상 관련하여 소멸시효 조항의 위헌 여부에 대해 본안판단한 사례는 7건이고, 이러한 7건 모두 합헌으로 결정되었음을 알 수 있다. 위 사건들의 심판대상조항은 국가배상법 제8조(96헌바24, 2010헌바116), 예산회계법 제96조 제2항(99헌바37, 2004헌바54), 국가재정법 제96조 제2항(2016헌바470), 민법 제766조 제1항(2004헌바90, 2011헌바31), 제766조 제2항(2004헌바54)이었다.

그런데 위 사건들을 살펴보면 다음과 같은 흥미로운 내용이 발견된다. 첫째, 다른 사건들은 모두 전원일치 합헌 결정이었으나, 5년의 소멸시효 기간을 정한 예산회계법 제96조 제2항(민법 제766조 제2항)의 위헌 여부가 문제된 2004헌바54 사건에서만 위헌의견이 일부 존재하였다는 점이다(재판관 2인의 헌법불합치의견, 재판관 1인의 한정위헌의견). 둘째, 위 사건들에서는 국가배상청구권에 소멸시효를 적용하는 것(국가배상법 제8조)과 3년·5년·10년의 소멸시효 기간(예산회계법 제96조 제2항, 국가재정법 제96조 제2항, 민법 제766조 제1항, 제2항)의 위헌 여부가 핵심 쟁점이었고, 소멸시효 기산점 자체는 핵심 쟁점이 아니었다는 점이다. 셋째, 위 사건들 중에서 헌법 제29조 제1항이 규정한 '헌법상 국가배상청구권' 침해 여부가 핵심 쟁점으로 다루어진 것은 국가배상법 제8조 위헌소원 사건뿐이었고(96헌바24, 2010헌바116), 유일한 위헌의견이 있었던 예산회계법 제96조 제2항 등 위헌소원 사건(2004헌바54)에서도 그 핵심 쟁점은 헌법상 재산권 침해 여부였다는 점이다.[110)]

이러한 점을 종합하면, 지난 30년의 헌법재판 역사상, '민법상 소멸시효 기산점'[111)]이 '헌법상 국가배상청구권(헌법 제29조 제1항)'을 침해하여 위헌인지 여부가

110) 헌재 2008. 11. 27. 2004헌바54 결정 중 관련 부분 발췌.
① 법정의견(합헌): "이 사건 쟁점은 이 사건 법률조항들을 공무원에 의한 반인권적 범죄에 의한 국민의 손해배상청구권에도 적용하는 것이 불법행위의 피해자인 청구인들의 재산권을 침해하는지 여부이다"[헌법재판소판례집, 제20권 2집[하](헌법재판소, 2008), 209－210면].
② 반대의견(헌법불합치): "이상과 같은 이유로 이 사건 법률조항들에는 재산권 제한의 한계를 일탈하여 침해의 최소성 및 법익균형성에 어긋나는 부분이 포함되어 있음을 인정할 수 있다. 따라서 이 사건 법률조항들에 대해서는 단순위헌결정을 하여 바로 그 효력을 상실시키는 것이 원칙이라 하겠으나, … 일정 기간 동안은 이 사건 법률조항들을 존속케 하고 또한 잠정적으로 적용하게 할 필요가 있는 것이다"[헌법재판소판례집, 제20권 2집[하](헌법재판소, 2008), 218면].
③ 반대의견(한정위헌): "구 예산회계법 제96조 제2항 또는 민법 제766조 제2항을 국가가 공권력을 이용한 범죄행위로 개인의 불가침의 기본권을 침해하여 인간의 존엄과 가치를 직접 침해한 경우에 생기는 손해배상채무에 대해서도 적용하는 것은 헌법 제10조에 위반된다고 선언하여야 한다"[헌법재판소판례집, 제20권 2집[하](헌법재판소, 2008), 219면].

111) 민법 제166조 제1항 중 "권리를 행사할 수 있는 때로부터" 부분, 제766조 제1항 중 "피해자나 그 법정대리인이 그 손해 및 가해자를 안 날로부터" 부분, 제766조 제2항 중 "불법행위를 한 날로부터" 부분.

핵심 쟁점으로 논의된 바는 없었음을 알 수 있다. 따라서 이 부분 쟁점에 대해서는 헌법재판소의 위헌심사 선례가 존재하지 않으므로, 사건을 심리하게 된 제5기 재판부의 새로운 판단이 필요하게 되었다.

2. '민법상 소멸시효 기산점'의 '헌법상 국가배상청구권' 침해 여부

(1) 헌법 제29조와 국가무책임사상의 지양

헌법 제29조는 제1항에서 "공무원의 직무상 불법행위로 손해를 받은 국민은 법률이 정하는 바에 의하여 국가 또는 공공단체에 정당한 배상을 청구할 수 있다. 이 경우 공무원 자신의 책임은 면제되지 아니한다."라고 규정함으로써 국민이 공무원의 직무상 불법행위로 인하여 손해를 받은 경우 이를 구제해 주기 위한 국가배상청구권을 헌법적으로 보장하되, 제2항에서 "군인, 군무원, 경찰공무원 기타 법률이 정하는 자가 전투·훈련 등 직무집행과 관련하여 받은 손해에 대하여는 법률이 정하는 보상 외에 국가 또는 공공단체에 공무원의 직무상 불법행위로 인한 배상은 청구할 수 없다."라고 규정함으로써 특수한 신분관계에 있는 자에 관한 국가배상청구권의 헌법 내재적 한계를 정하고 있다.

과거 절대군주 체제에서는 국가는 국민에 대한 우월적 지위를 점하고 있었기 때문에 '국가무책임사상'이 지배하고 있었다. "왕은 악을 행할 수 없다."라는 사상이 말해주듯 국가는 불법을 저지를 수 없고 그에 대한 책임도 지지 않았던 것이다. 이후 근대국가로 진입하면서 국민주권사상과 기본권보장 및 법치주의의 이념이 싹트게 되자, 위법한 국가작용으로 인한 손해에 대하여는 국가가 책임을 짐으로써 국민의 권리를 두텁게 보호해야 한다는 '국가책임사상'이 확립되어 갔다. 이에 따라 독일에서는 1919년 바이마르 헌법 제131조에서 국가배상책임을 명문화한 아래 현행 기본법 제34조[112]에 이르고 있다. 이와 같은 국가배상청구권에 관한 헌법규정은 기본권보장의 이념과 법치국가원리의 실현을 국가책임사상의 바탕 위에서 인정한 것으로서, 국가무책임사상의 지양을 그 이념적 기초로 하고 있음을 알 수 있다.[113]

(2) 헌법 제29조 제1항의 제정과 제2항의 도입

우리의 경우에도 1948년 제헌헌법 당시부터 국가배상청구권을 기본권으로 규정

112) 독일기본법 제34조 공무의 수행 중에 있는 자가 제3자에 대한 직무의무를 위반하는 경우, 그 책임은 원칙적으로 국가 또는 그 소속 단체가 진다. 고의 또는 중과실의 경우에는 구상권이 행사될 수 있다. 손해배상청구권과 구상권에 대하여 통상적인 권리구제절차가 배제되어서는 안 된다.

113) 한국헌법학회, 헌법주석서Ⅱ(제2판), 법제처, 2010, 239면.

하였고,[114] 이러한 내용의 규정은 현행헌법 제29조 제1항에 이르고 있다. 다만, 현행헌법 제29조 제2항에는 군인 등의 국가배상청구권을 제한하는 내용이 있는데 이는 제헌헌법부터 제6차 개정헌법까지 존재하지 아니하다가,[115] 제7차 개정헌법에서 처음 도입된 내용이다.[116] 당시는 베트남전쟁 등으로 국가배상소송이 증가하는 상황이었고, 국회는 그로 인한 정부의 재정적 부담을 해소하기 위하여 1967년 군인 등에 대한 '이중배상금지'를 내용으로 하는 국가배상법 제2조 제1항 단서 조항을 신설하였다.[117] 그러나 대법원은 1971년 위 국가배상법 제2조 제1항 단서 조항에 대해 위헌판결을 선고하였고,[118] 이에 정부는 이중배상금지에 관한 위헌논의를 해소하기 위해 1972년 헌법개정 당시 위 국가배상법 제2조 제1항 단서와 같은 취지의 규정을 제7차 개정헌법 제26조 제2항에 도입함으로써 현행헌법(제9차 개정헌법) 제29조 제2항에 이르게 된 것이다.[119]

---

114) 제헌헌법(1948. 7. 17. 헌법 제1호로 제정된 것) 제27조 공무원은 주권을 가진 국민의 수임자이며 언제든지 국민에 대하여 책임을 진다. 국민은 불법행위를 한 공무원의 파면을 청원할 권리가 있다. 공무원의 직무상 불법행위로 인하여 손해를 받은 자는 국가 또는 공공단체에 대하여 배상을 청구할 수 있다. 단, 공무원 자신의 민사상이나 형사상의 책임이 면제되는 것은 아니다.

115) 제6차 개정헌법(1969. 10. 21. 헌법 제7호로 개정된 것) 제26조 공무원의 직무상 불법행위로 손해를 받은 국민은 국가 또는 공공단체에 배상을 청구할 수 있다. 그러나, 공무원 자신의 책임은 면제되지 아니한다.

116) 제7차 개정헌법(1972. 12. 27. 헌법 제8호로 개정된 것) 제26조 ① 공무원의 직무상 불법행위로 손해를 받은 국민은 법률이 정하는 바에 의하여 국가 또는 공공단체에 배상을 청구할 수 있다. 그러나, 공무원 자신의 책임은 면제되지 아니한다.
② 군인·군속·경찰공무원 기타 법률로 정한 자가 전투·훈련 등 직무집행과 관련하여 받은 손해에 대하여는 법률이 정한 보상 이외에 국가나 공공단체에 공무원의 직무상 불법행위로 인한 배상은 청구할 수 없다.

117) 국가배상법(1967. 3. 3. 법률 제1899호로 폐지제정된 것) 제2조(배상책임) ① 공무원이 그 직무를 집행함에 당하여 고의 또는 과실로 법령에 위반하여 타인에게 손해를 가하였을 때에는 국가 또는 지방자치단체는 그 손해를 배상하여야 한다. 다만, 군인 또는 군속이 전투·훈련 기타 직무집행중에서 발생하였거나 국군의 목적상 사용하는 진지·영내·함정·선박·항공기 기타 운반기구안에서 발생한 전사·순직 또는 공상으로 인하여 다른 법령의 규정에 의하여 재해보상금 또는 유족일시금이나 유족연금등을 지급받을 수 있을 때에는 이 법 및 민법의 규정에 의한 손해배상을 청구할 수 없다.

118) 대법원 1971. 6. 22. 선고 70다1010 전원합의체 판결 중 다수의견 : "… 군인 또는 군속이 공무원의 직무상 불법행위의 피해자인 경우에 그 군인 또는 군속에게 이로 인한 손해배상청구권을 제한 또는 부인하는 국가배상법 제2조 제1항 단행은 헌법 제26조에서 보장된 국민의 기본권인 손해배상청구권을 헌법 제32조 제2항의 질서유지 또는 공공복리를 위하여 제한할 필요성이 없이 제한한 것이고 또 헌법 제9조의 평등의 원칙에 반하여 군인 또는 군속인 피해자에 대하여서만 그 권리를 부인함으로써 그 권리자체의 본질적 내용을 침해하였으며 기본권제한의 범주를 넘어 권리 자체를 박탈하는 규정이므로 이는 헌법 제26조, 같은법 제8조, 같은법 제9조 및 같은법 제32조 제2항에 위반한다 할 것이니 …".

119) 제9차 개정헌법(1987. 10. 29. 헌법 제10호) 제29조 ① 공무원의 직무상 불법행위로 손해를 받은 국민은 법률이 정하는 바에 의하여 국가 또는 공공단체에 정당한 배상을 청구할 수

이러한 과정에서 현행헌법 제29조 제2항으로 이어진 이중배상금지 원칙은 많은 비판의 대상이 되어 왔다. 군인·군무원·경찰공무원은 특별히 위험부담이 높은 직역에 해당하는데, 이들이 직무집행과 관련하여 받은 손해에 대해서는 상대적으로 적은 금액의 국가보상만 허용될 뿐 그 손해에 상응하는 국가배상은 허용되지 않는다는 것은 해당 직역 에 대한 합리적 이유 없는 차별이며, 더 나아가 적법행위로 인한 손실에 대한 '보상'과 위법행위로 인한 손해에 대한 '배상'은 법률상 엄격히 구분되므로 보상을 받았음을 이유로 이중배상을 금지해야 한다는 개념은 법리상 성립할 수 없다는 비판이 그것이다.

그럼에도 불구하고 이중배상금지는 헌법의 명시적 규정에 근거하기 때문에 국가배상청구권의 헌법적 한계로 인식되어 왔고, 같은 내용의 국가배상법 제2조 제1항 단서 조항에 대한 위헌소원 등도 헌법 제29조 제2항을 근거로 모두 합헌으로 결정될 수밖에 없게 되었다.[120]

(3) 헌법 제29조 제2항(이중배상금지)으로 인한 부작용

이중배상금지를 규정한 헌법 제29조 제2항의 존재와 그로 인한 암묵적이고 부정적 인식으로 인해 헌법 제29조는 지금까지 국가배상법 제2조 제1항 단서의 위헌 여부를 심사할 때에만 주로 사용되어 왔을 뿐, 국가배상청구권을 제한하는 다른 법률조항에 관한 헌법재판에 있어서도 위헌심사의 근거규범으로 거의 사용되지 않게 되었다. 즉 헌법 제29조는, 사실상, 국민의 기본권인 국가배상청구권의 제한의 근거(제2항)로 사용될 뿐, 국가배상청구권의 보장의 근거(제1항)로 사용되지는 않기에 이른 것이다.

예컨대, 국가배상청구권에 대한 5년의 소멸시효기간을 적용하도록 한 법률조항

있다. 이 경우 공무원 자신의 책임은 면제되지 아니한다.

② 군인·군무원·경찰공무원 기타 법률이 정하는 자가 전투·훈련 등 직무집행과 관련하여 받은 손해에 대하여는 법률이 정하는 보상 외에 국가 또는 공공단체에 공무원의 직무상 불법행위로 인한 배상은 청구할 수 없다.

120) 국가배상법 제2조 제1항 단서 조항에 대해서는 헌법재판소에 수많은 사건이 접수되었으나, 공동불법행위를 저지른 군인들 사이의 관계에서 먼저 피해자에게 손해를 배상한 군인이 다른 군인에 대해 구상권을 행사하는 것을 허용하지 않는 것에 대한 한정위헌 결정이 한번 있었던 것을 제외하고는(헌재 1994. 12. 29. 93헌바21 결정), 이중배상금지원칙에 대해서는 모두 합헌으로 결정되었음(헌재 1995. 12. 28. 95헌바3 결정; 헌재 1996. 6. 13. 94헌마118 등 결정; 헌재 1996. 6. 13. 94헌바20 결정; 헌재 2001. 2. 22. 2000헌바38 결정; 헌재 2005. 5. 26. 2005헌바28 결정; 헌재 2018. 5. 31. 2013헌바22등 결정 등). 이러한 사건에서 청구인들은 국가배상법 제2조 제1항 단서뿐만 아니라 그 근거조항인 헌법 제29조 제2항의 위헌성에 대해서도 함께 주장하였지만, 헌법재판소는 '헌법 및 헌법재판소법의 규정상 위헌심사의 대상이 되는 것은 이른바 형식적 의미의 법률을 의미하는 것으로서 헌법의 개별규정 자체는 위헌심사의 대상이 될 수 없다'고 판단함으로써 해당 부분의 심판청구를 각하하였음.

(구 예산회계법 제96조 제2항)의 위헌 여부가 문제된 사건에서, 헌법재판소는 2001년 이를 헌법상 국가배상청구권 침해 여부(헌법 제29조 제1항 위반 여부)가 아닌 '헌법상 재산권' 침해 여부(헌법 제23조 제1항 위반 여부)로 판단함으로써 합헌으로 결정하였고,[121] 동일한 조항에 대한 2008년 결정에서도 그 법리와 결론을 재확인한 바 있다.[122] 또한, 보상금 등의 지급결정에 동의한 때에는 특수임무수행 등으로 인하여 입은 피해에 대하여 재판상 화해가 성립된 것으로 간주함으로써 국가배상청구권 행사를 금지하도록 한 법률조항(특수임무수행자보상에 관한 법률[123] 제17조의2)의 위헌 여부가 문제된 사건에서, 헌법재판소는 2009년 이를 헌법상 국가배상청구권 침해 여부(헌법 제29조 제1항 위반 여부)가 아닌 '헌법상 재판청구권' 침해 여부(헌법 제27조 제1항 위반 여부)로 판단함으로써 합헌으로 결정하였고,[124] 이후 유사한 재판상 화해 성립 간주를 규정한 법률조항(4·16세월호참사 피해구제 및 지원 등을 위한 특별법[125] 제16조)에 대해서도 그 법리와 결론을 재확인한 바 있다.[126]

⑷ 헌법상 재산권 · 재판청구권과 구분되는 국가배상청구권의 독자성

물론 국가배상청구권은 법정채권발생원인인 불법행위를 이유로 한 손해배상채권의 일종으로 '재산권'의 하나에 포함되고, 국가가 미리 정한 소송절차에 따라야 이를 실현할 수 있다는 점에서 국가배상청구권의 행사는 '재판청구권'의 행사에 해당되므로, 국가배상청구권에 대한 제한의 문제는 재산권·재판청구권 제한의 문제와 중첩적으로 연결되기 쉽다. 그러나 국가배상청구권에 대한 법률상 제한이 헌법상 재산권·재판청구권·국가배상청구권을 모두 제한하는 측면이 있더라도, 그 위헌 여부를 본안판단함에 있어 국가배상청구권(헌법 제29조 제1항) 침해 여부로 판단하는 것과, 이를 배제하고 단지 재산권(헌법 제23조 제1항) · 재판청구권(헌법 제27조 제1항) 침해 여부로만 판단하는 것은 심사 내용에 있어 커다란 차이를 발생시킬 수밖에 없다.

가령, 재판상 화해 성립 간주조항의 위헌 여부는 2017년까지 4번 위헌심사되었는데(㉠㉡㉢㉣),[127] 이에 대한 결정에서 헌법재판소는 모두 헌법상 재판청구권 침해

121) 헌재 2001. 4. 26. 99헌바37 결정.
122) 헌재 2008. 11. 27. 2004헌바54 결정.
123) 이하 '특수임무자보상법'이라 함.
124) 헌재 2009. 4. 30. 2006헌마1322 결정.
125) 이하 '세월호피해자지원법'이라 함.
126) 헌재 2017. 6. 29. 2016헌마654 결정.
127) ㉠ 국가배상법 제16조 위헌제청 사건(헌재 1995. 5. 25. 91헌가7 결정),
㉡ 특수임무자보상법 제17조의2 위헌확인 사건(헌재 2009. 4. 30. 2006헌마1322 결정),
㉢ 특수임무자보상법 제17조의2 위헌소원 사건(헌재 2011. 2. 24. 2010헌바199 결정),

여부만을 본안판단하였다. 이때 헌법재판소가 재판청구권 침해 여부를 판단함에 있어 공통적으로 다루었던 주요 판단기준은, '각 법률상 보상금 등을 심의·결정하는 위원회의 중립성과 독립성이 보장되고 있는지 여부, 보상금 등 심의절차의 전문성과 공정성을 제고하기 위한 장치가 마련되어 있는지 여부, 당사자로 하여금 보상금 등 지급결정에 대한 동의 여부를 자유롭게 선택하도록 정하고 있는지 여부'였다. 이러한 기준에 따라 헌법재판소는, 그 기준을 충족하지 못하였던 구 국가배상법 제16조를 재판청구권 침해로 위헌으로 결정하되(㉠), 그 기준을 충족한 특수임무자보상법 제17조의2, 세월호피해자지원법 제16조에 대해서는 합헌으로 결정하였던 것이다(㉡㉢㉣). 그런데 위원회의 중립성·독립성, 심의절차의 전문성·공정성, 동의 여부에 대한 자유로운 선택 여부는 법관에 의해 재판을 받을 권리의 제한과는 관련이 많겠지만, 국가에 대해 손해배상을 청구하는 권리의 제한과는 상당한 거리가 있다. 헌법 제29조 제1항의 국가배상청구권은, 헌법 제10조 제2문에 따라 국민의 기본권을 보장해야 할 의무를 지는 국가가 오히려 이를 위반하여 위헌·위법하게 국민의 기본권을 침해한 경우, 그로 인한 국민의 피해를 사후적으로 구제하도록 디자인된 특별한 기본권이다. 그러므로 국가배상청구권의 침해 여부는, 국가배상의 원인이 되는 위헌·위법행위의 발생 상황, 국가배상의 내용이 되는 손해의 종류, 이러한 손해에 대한 제한의 필요성과 한계를 검토함으로써 판단하는 것이 합리적이지, 위원회의 중립성·독립성 등의 쟁점과는 무관한 측면이 있는 것이다.[128] 마찬가지로, 국가배상청구권을 제한하는 내용의 법률을 재산권 침해 여부로만 판단한다면, 일반적인 재산권 즉 손해배상채권으로서 그 내용 형성과 한계에 대해 심사에 나아갈 뿐, 헌법상 국가배상청구권의 내용을 이루는 이러한 독자적 요소들에 대한 심사에 나아가기는 어려울 것이다.

헌법 제29조 제2항에 명시된 이중배상금지는 헌법해석으로 초월할 수 없는 문언상 한계에 해당되기 때문에 이것이 국가배상법 제2조 제1항 단서의 존재근거로 작용하는 것은 어찌할 수 없겠지만, 그 외의 부분에 존재하는 국가배상청구권에 대해서는 이를 헌법상 기본권으로 인정하고 최대한 보장해주기 위하여 노력하는 것이 헌법 제29조 제1항의 제정 취지에 부합한다. 국가배상청구권에 대한 법률상 제한의 위헌 여부가 문제된다면, 사안의 성격에 따라 재산권(제23조 제1항) 또는 재판청구권

㉣ 세월호피해자지원법 제16조 위헌확인 사건(헌재 2017. 6. 29. 2015헌마654 결정).

128) 승이도, "헌법실무연구회 제167회 발표회(보상금 지급 동의의 재판상 화해 간주와 재판청구권) 지정토론문", 헌법실무연구 19, 헌법재판소, 2018, 523~526면.

(제27조 제1항) 침해 여부를 쟁점으로 삼을 수 있는 여지가 있더라도, 헌법이 제29조 제1항을 독립적으로 규정한 취지를 고려한다면 헌법상 국가배상청구권의 침해 여부는 반드시 그 쟁점으로 다루는 것이 합리적이다.

헌법재판소는, 대상결정에서 과거사 사건에서 국가배상청구권에 대한 소멸시효 제한의 위헌 여부를 심사함에 있어 Ⅸ.1.에서 후술하는 바와 같이 '헌법상 국가배상청구권 침해 여부'를 핵심쟁점으로 삼았고, 대상결정과 같은 날짜에 선고된 국가배상청구권에 대한 재판상 화해 성립 간주 제한의 위헌 여부가 문제된 사건[129]에서도 아래와 같은 이유에서 '헌법상 국가배상청구권 침해 여부'를 독립 쟁점으로 판단하였다. 합리적인 방향설정이라 생각된다.

「헌법은 제23조 제1항에서 일반적 재산권을 규정하고 있으나, 제29조 제1항에서 국가배상청구권을 별도로 규정함으로써, 공무원의 직무상 불법행위로 손해를 받은 경우 국민이 국가에 대해 재산적·정신적 손해에 대한 정당한 배상을 청구할 수 있는 권리를 특별히 보장하고 있다. 이러한 국가배상청구권은 일반적인 재산권으로서의 보호 필요성뿐만 아니라, 공무원의 직무상 불법행위로 인한 국민의 손해를 사후적으로 구제함으로써 관련 기본권의 보호를 강화하는 데 그 목적이 있다.[130] … 헌법 제10조 제2문은 "국가는 개인이 가지는 불가침의 기본적 인권을 확인하고 이를 보장할 의무를 진다."라고 규정하고 있는바, 이와 같이 헌법상 기본권 보호의무를 지는 국가가 오히려 소속 공무원의 직무상 불법행위로 인하여 유죄판결을 받게 하거나 해직되게 하는 등으로 관련자에게 정신적 고통을 입혔음에도 그로 인한 정신적 손해에 대한 국가배상청구권 행사를 금지하는 것은 헌법 제10조 제2문의 취지에도 반한다.[131]」

⑸ 소멸시효에 관한 법률조항들과 헌법재판소 선례의 공백

소멸시효에 관한 법률조항들로 인한 헌법상 국가배상청구권의 제한은 단계별로 다음과 같이 나눌 수 있다: ① 국가배상청구권에 민법상 소멸시효 조항의 적용(국가배상법 제8조), ② 소멸시효의 주관적 기산점 적용(민법 제766조 제1항), ③ 그에 관한 단기소멸시효기간 적용(민법 제766조 제1항), ④ 소멸시효의 객관적 기산점 적용(민법 제166조 제1항, 제766조 제2항), ⑤ 그에 관한 축소된 장기소멸시효기간 적용(민법 제766조 제2항, 국가재정법 제96조 제2항, 구 예산회계법 제96조 제2항).

---

129) 헌재 2018. 8. 30. 2014헌바180등 결정.

130) 헌법재판소판례집, 제30권 2집(헌법재판소, 2018), 272~273면.

131) 헌법재판소판례집, 제30권 2집(헌법재판소, 2018), 278면.

헌법재판소의 선례는 ①③⑤에 존재한다. 국가배상청구권에도 소멸시효가 적용될 수 있고, 국가배상청구권에 적용되는 단기소멸시효기간(3년)과 축소된 장기소멸시효기간(5년)이 모두 합헌이라는 것이다. 문제는 과거사 사건의 국가배상청구권에도 적용되는 주관적 및 객관적 기산점이 헌법상 국가배상청구권을 침해하는지 여부이고, 이것은 선례에서 다루어지지 않은 영역으로 대상결정의 핵심 쟁점이다.

(6) 소멸시효의 주관적 기산점과 헌법상 국가배상청구권 침해 여부

앞서 살펴본 바와 같이, 청구인들은 과거사정리법 제2조 제1항 제3호, 제4호에 해당하는 과거사 사건의 피해자 본인 또는 그 유족이고, 이러한 과거사 사건은 과거사정리법상의 개념 정의상 '1945. 8. 15.부터 한국전쟁 전후로 이루어진 민간인 집단희생사건' 및 '1945. 8. 15.부터 권위주의 통치시까지 중대한 인권침해·조작의혹사건'으로서 이미 그 불법행위 성립 시점으로부터 수십년이 지난 사건이다. 이러한 유형의 과거사 사건에서도, 심판대상조항로 인해 그 소멸시효의 주관적 기산점(안 날)을 바탕으로 한 단기소멸시효기간(3년)이 적용되고, 나아가 소멸시효의 객관적 기산점(권리를 법률상 행사할 수 있는 때, 불법행위를 한 날)을 바탕으로 한 축소된 장기소멸시효기간(5년)이 적용된다.

그런데 과거사위원회로부터 진실규명결정을 받은 피해자 등은 특별한 사정이 없는 한 그 진실규명결정이 있었던 때에 손해 및 가해자를 알았다고 봄이 상당하므로 그때로부터 3년이 경과하여야 단기소멸시효기간이 완성된다는 것이 대법원 판례인 바,[132] 이를 고려하면 '사실행위형 사안'의 경우에는 피해자 등이 과거사위원회의 진실규명결정을 받았음을 안 날로부터 3년 이내에 국가배상을 청구하면 구제될 수 있다.

다만, '유죄판결형 사안'의 경우에는, 아래와 같은 이유에서, 단기소멸시효의 주관적 기산점을 '진실규명결정이 있었음을 안 날'이 아닌 '재심판결이 확정되었음을 안 날'로 보는 것이 합리적이다. 민법 제766조 제1항은 '손해 및 가해자를 안 날'을 단기소멸시효의 주관적 기산점으로 규정하고 있는데, 이때 '손해를 안 날'이란 불법행위의 요건사실에 대한 인식으로서 위법한 가해행위의 존재, 손해의 발생, 가해행위와 손해발생 사이에 상당인과관계 등이 있다는 사실까지 피해자가 알았을 때로서,[133] 이러한 불법행위의 요건사실에 대하여 현실적이고도 구체적으로 인식하였을

132) 대법원 2012. 4. 26. 선고 2012다4091 판결; 대법원 2013. 5. 16. 선고 2012다202819 전원합의체 판결.

133) 대법원 1997. 12. 26. 선고 97다28780 판결; 대법원 1989. 9. 26. 선고 88다카32371 판결.

때를 의미한다.[134] 과거사정리법에 의한 과거사위원회의 조사보고서에서 대상사건 및 시대상황의 전체적인 흐름과 사건의 개괄적 내용을 정리한 부분은 상당한 신빙성이 있다 할 것이지만, 국가를 상대로 손해배상을 청구하는 사건에서는 그러한 전체 구도 속에서 개별 당사자가 해당사건의 피해자가 맞는지에 대하여 개별적으로 검토하는 등 증거에 의하여 확정하는 절차를 거쳐야 하므로, 그 절차에서까지 과거사위원회의 조사보고서나 처분 내용이 법률상 사실의 추정과 같은 효력을 가지거나 반증을 허용하지 않는 증명력을 가지지는 않고,[135] 따라서 과거사위원회의 진실규명결정만으로는 국가 소속 공무원에 의한 위법한 가해행위의 존재, 손해의 발생, 가해행위와 손해발생 사이의 인과관계가 증명되지 않는다. 특히 유죄판결형 사건의 경우에는 확정된 기존 유죄판결이 재심절차를 통해 취소되기 전까지는 그에 관한 국가배상을 청구하기 어려운 구조이고,[136] 국가의 불법행위로 인한 형의 집행은 재심판결 전에는 종전의 유죄판결이 유효·적법하게 이루어진 것으로 평가되지만, 재심판결 후에는 피해자가 무죄임에도 국가의 불법행위로 인하여 위법하게 이루어진 것으로 평가되어 그에 대한 법률적·객관적 의미가 달라진다. 그러므로 피해자로서는 재심절차에 의해 기존 유죄판결이 취소로 확정되기 전까지는 가해행위의 위법성, 손해발생과의 인과관계 등에 대해 현실적·구체적으로 인식하여 이를 바탕으로 국가배상을 청구할 수 있었다고 보기 어렵다. 이러한 사정을 고려하면, 유죄판결형 사안의 경우에는 재심으로 기존의 유죄판결이 취소·확정된 이후에야 위법한 가해행위의 존재, 손해의 발생, 가해행위와 손해발생 사이의 인과관계를 알았다고 봄이 상당하므로, 민법 제766조 제1항의 단기소멸시효의 주관적 기산점은, 기존 대법원 판례의 취지와 흐름을 고려할 때, '진실규명결정이 있었음을 안 날'이 아닌 '재심판결이 확정되었음을 안 날'[137]로 보는 것이 헌법 제29조 제1항을 고려한 합헌적 법률해석일 것이다.

사정이 이러하다면, 과거사정리법 제2조 제1항 제3호, 제4호에 해당되는 국가배상청구에 적용되는 소멸시효의 주관적 기산점(민법 제766조 제1항)이 지나치게 불합리하여 피해자 등의 국가배상청구를 현저히 곤란하게 만들거나 사실상 불가능하게

134) 대법원 2008. 5. 29. 선고 2004다33469 판결; 대법원 2012. 4. 13. 선고 2009다33754 판결.

135) 대법원 2013. 5. 16. 선고 2012다202819 전합판결 중 다수의견.

136) 대법원 2003. 7. 11. 선고 99다24218 판결.

137) 구체적으로는, 피해자 또는 법정대리인이 이를 오전 0시에 알았던 것이 아닌 한, '재심판결이 확정되었음을 안 날의 다음날부터' 주관적 기산점이 시작된다고 할 것임(민법 제157조, 대법원 1991. 2. 22. 선고 90다16474 판결).

하였다고 보기 어려우므로, 헌법상 국가배상청구권의 침해에 해당된다고 보기는 어려울 것이다.

(7) 소멸시효의 객관적 기산점과 헌법상 국가배상청구권 침해 여부

그러나 과거사 사건에 적용되는 '주관적 기산점'과 그에 따르는 단기소멸시효기간(3년)이 합리적으로 설정되어 있다 할지라도, '객관적 기산점'과 그에 따르는 축소된 장기소멸시효기간(5년)이 합리적으로 설정되어 있지 않다면, 헌법상 국가배상청구권은 형해화될 수밖에 없다.

민법 제766조 제2항의 '불법행위를 한 날'이란 (피해자나 법정대리인이 손해와 가해자를 안 여부와 관계없이) 위법한 가해행위로 인하여 손해가 발생한 날을 의미하고, 이러한 객관적 기산점을 기초로 한 축소된 장기소멸시효기간의 완성만으로도 (주관적 기산점을 기초로 한 단기소멸시효기간의 완성 여부와 상관없이) 국가배상청구권은 시효로 소멸된다. 소멸시효의 일반적 기산점에 관한 민법 제166조 제1항도 불법행위에 적용되므로 '권리를 행사할 수 있는 때'로부터 소멸시효가 진행한다 할 것이나, 대법원 판례에 따르면 이는 '권리행사에 법률상 장애사유(기한미도래 · 조건불성취)가 없는 경우'를 의미하므로,[138] 피해자 등이 실제로 손해배상채권을 행사할 수 있었는지 여부와 관계없이 불법행위가 성립한 시점으로부터 5년이 도과하면 소멸시효가 완성되는 구조이다.[139] 즉, 불법행위로 인한 손해배상채권의 발생사실 조차 알 수 없었었다거나 가해행위의 위법성과 그로 인한 손해배상채무자가 누구인지 알지 못하였다는 등의 피해자 · 법정대리인의 객관적 · 주관적 사유는 소멸시효의 진행을 막지 못하는 것이다.[140]

일반적인 불법행위 사안에서 손해배상채권에 대해 주관적 기산점과 객관적 기산점을 병렬적으로 규정하는 것은 원칙적으로 합리적 이유가 있다. 예컨대 계약상 채권의 소멸시효는 계약행위의 존재로 인하여 채권 · 채무의 존재가 비교적 명확하기 마련이므로, 당사자 사이에 채권관계가 성립하고 기한의 도래 및 조건의 성취 등으로 그 채권을 행사할 수 있는 때로부터 소멸시효가 진행되는 것이 일반적으로 타당할 수 있다. 그러나 불법행위로 인한 손해배상채권의 경우에는, 불법행위라는 사건이 발생하더라도 채권자(피해자)가 즉시 그 손해 및 가해자를 알지 못하여 손해배상채권을 적시에 행사할 수 없는 경우가 발생할 수 있으므로 채권자의 인식을 바탕

138) 대법원 1998. 7. 10. 선고 98다7001 판결.
139) 김용담 대표집필(이원 집필부분), 전게서(각주 13), 758~759면.
140) 김용담 대표집필(이연갑 집필부분), 주석 민법: 민법총칙(3), 한국사법행정학회, 2010, 571면.

으로 주관적 기산점을 규정하되(민법 제766조 제1항), 다만 주관적 기산점만 규정한다면 채권자가 그 사실을 계속적으로 알지 못한 경우 채무자(가해자)로서는 불법행위로 인한 손해배상채무로부터 벗어날 수 없게 되므로 객관적 기산점을 통해 일정한 기간이 도과하면 채무자를 법적 지위의 불안으로부터 해방시킴으로써(민법 제766조 제2항), '채권자 보호와 채무자 보호에 균형'을 맞출 필요가 있었던 것이다.

그런데 과거사 사건으로 인한 국가배상청구권의 경우에는, 객관적 기산점에 기초한 축소된 단기소멸시효가 채권자(피해자·유족) 보호와 채무자(국가) 보호에 균형을 맞추고 있는지 의심스럽다. 당해사건의 중 사실행위형 사안의 경우 '1945. 8. 15.부터 한국전쟁 전후로 이루어진 민간인 집단희생사건'이 문제된 과거사 사건이고(과거사정리법 제2조 제1항 제3호), 또한 유죄판결형 사안의 경우 '1945. 8. 15.부터 권위주의 통치시까지 중대한 인권침해·조작의혹사건'이 문제된 과거사 사건이다(과거사정리법 제2조 제1항 제4호). 이 중 민간인 집단희생사건의 유족들은 국가로부터 희생자들에 관한 적절한 통지를 받지 못함으로써 집단희생의 일시·이유·경위·절차·위법성 등에 대해 구체적으로 알 수 없었기에 국가에 대해 손해배상을 청구할 수 없었고, 중대한 인권침해·조작의혹사건의 피해자들은 수사기관의 가혹행위 등에 의한 허위자백으로 유죄판결이 확정됨으로써 재심으로 기존의 유죄판결이 취소되기 전까지는 국가에 대해 손해배상을 청구할 수 없었던 경우가 대부분이었는데, 그럼에도 불구하고 기한미도래·조건불성취라는 사유가 없었으니 불법행위가 있었던 시점으로부터 축소된 장기소멸시효가 지났음을 이유로 배상청구권을 소멸시키는 것은, 피해자 등의 국가배상청구권 행사를 실질적으로 불가능하게 만드는 것이다. 특히, 한국전쟁 전후라는 사회적 맥락에서 경찰 등에 연행되어 집단희생 되었던 피해자들의 유족들에게 국가에 의해 은폐된 증거를 스스로 수집하여 1955년경까지 국가를 상대로 법원에 손해배상을 청구하지 못하였으니 국가배상청구권은 시효로 소멸되었다고 말하는 것, 권위주의 통치 중이라는 사회적 맥락에서 고문 등 가혹행위로 거짓자백을 하여 유죄 확정판결을 받았던 피해자들에게 그로부터 5년 이내에 자신에 대한 유죄확정판결이 고문 등 가혹행위를 통해 이루어진 것임을 입증하여 재심무죄판결을 받고 이를 바탕으로 국가를 상대로 손해배상을 청구하지 못하였으니 국가배상청구권은 시효로 소멸되었다고 말하는 것은, 가해자인 국가가 자신의 조직적인 진실은폐로 인하여 국가배상청구가 실질적으로 불가능하였던 피해자·유족에게 왜 이제와서 문제를 제기하냐고 힐난하고 그들의 게으름을 탓하는 구조로서, 국가무책임사상을 지양하는 헌법에서 용인되기 어렵다. 나아가 헌법 제10조에 따라 국민의 기본권을 보호할 의무를 지는 국가가, 단지 그 의무를 소극적으로 방치하는 것에 머물지 아니하고 오히려 국민의 생명권과 신체의 자유 등 기본권을 침해함으로써 적극적으로 위헌·위법한 행위를 하였음에도 불구하고, 이에 관한 정보를 공개하지 않고 조직적으로 은폐함으로써 국민의 국가배상청구권 행사를 방해하며, 그 발생시점으로부터 5년의 시간이 지났으니 이제는 객관적 기산점에 의해 소멸시효가 완성되었다고 주장할 수 있도록 규정하는 것은, 채권자 보호와 채무자 보호에 균형을 맞추고 있다고 보기 어렵다. 그 동안 조직적으로 진실을 은폐함으로써 피해자의 권리행사를 방해해 온 채무자(국가)에게 '피해자·유족은 그동안 자발적으로 권리를 행사하지 않았으니 앞으로도 권리를 행사하지 않을 것'이라는 보호가치 있는 정당한 신뢰가 생성되었다고 보기 어렵고, 채권자(피해자·유족)에게 '당신들은 그동안 권리를 행사할 수 있었음에도 불구하고 이를 자유의사에 따라 해태하고 있었으니 그에 대한 자기책임으로 소멸시효 완성을 용인해야 한다'라고 납득시키기도 어렵다. 평온한 상황을 상정하여 마련된 시효제도의 객관적 기산점을 과거사 사건에 그대로 적용하여 국가배상청구권을 그대로 소멸시키는 것은 앞서 살펴본 이행기의 정의 중 '회복적 정의'의 필요성에도 배치되고, 재판절차도 거치지 아니한 채 민간인을 집단적으로 처형하거나 고문 등 가혹행위를 통해 거짓 자백을 받아 유죄판결에 처하는 등의 중대한 인권침해 행위를 저지른 국가를 그로부터 5년의 시간이 지났다는 이유로 면책시킴으로써 피해자 등의 손해를 영구화한다는 점에서 불행한 과거를 치유하고 공동체를 복원함으로써 앞으로 나아가는데 아무런 도움도 되지 아니한다.

이와 같은 사정을 종합적으로 고려한다면, 과거사정리법 제2조 제1항 제3호, 제4호에 해당되는 과거사 사건의 국가배상청구에 적용되는 소멸시효의 객관적 기산점(민법 제166조 제1항, 제766조 제2항)은, 이러한 사건유형에 있어 채권자 보호 필요성과 채무자 보호 필요성 사이에 합리적인 균형을 맞추지 아니한 채 피해자·유족의 국가배상청구를 현저히 곤란하게 만들거나 사실상 불가능한 구조를 만들고 있다 할 것이므로, 헌법상 국가배상청구권의 침해에 해당된다고 볼 수 있다.

3. 객관적 기산점 위헌시 헌법재판소의 가능한 접근방식 및 그 한계

(1) 상정 가능한 위헌주문 방식

지금까지의 논의와 같이 심판대상조항 중 소멸시효의 객관적 기산점을 규정한 민법 제166조 제1항과 제766조 제2항이 헌법상 국가배상청구권(헌법 제29조 제1항)을 침해하여 위헌이라는 결론에 도달한다면, 상정 가능한 헌법재판소의 주문 방식은

3가지이다. 한정위헌 주문, 헌법불합치 주문, 그리고 일부위헌 주문이 바로 그것이다.

(2) 한정위헌 주문 방식과 그 한계

먼저, 상정 가능한 한정위헌 주문은 아래와 같다.

---

① 민법 제166조 제1항 중 '권리를 행사할 수 있는 때' 및 제766조 제2항 중 '불법행위를 한 날'에 과거사정리법 제2조 제1항 제3호, 제4호에 규정된 사건이 포함되는 것**으로 해석하는 한 헌법에 위반된다.**

② 민법 제766조 제1항, 국가재정법 제96조 제2항, 구 예산회계법 제96조 제2항은 헌법에 위반되지 아니한다.

앞서 논의한 바와 같이 민법 제166조 제1항과 제766조 제2항이 규정하는 소멸시효의 객관적 기산점은, '채권 일반' 또는 '불법행위로 인한 손해배상채권 일반'에 적용될 때 위헌인 것이 아니라, 과거사정리법 제2조 제1항 제3호, 제4호에 해당되는 과거사 사건의 국가배상청구에 적용될 때 위헌이라는 것이므로, 위와 같은 한정위헌 주문은 그 내용이 명료하여 구체적인 위헌의 범위를 명확히 표시해 준다는 장점이 있다.

그러나 이러한 주문 방식은, "…으로 해석하는 한 헌법에 위반된다"라고 기재됨으로써 법률해석의 잘못을 지적하는 방식으로 주문이 표현되므로, 그 기속력 인정 여부의 문제로 법원과 갈등을 초래하고 당사자의 권리구제가 지연되는 결과로 이어질 수 있다는 단점이 있다.[141] 특히 대상결정의 당해사건은 이미 대법원 판결의 선

141) 헌법재판소법 제47조는 '법률의 위헌결정은 법원과 그 밖의 국가기관 및 지방자치단체를 기속한다'라고 규정하고 있는바, 한정위헌결정에 헌법재판소법 제47조의 기속력을 인정할 것인지에 관해 헌법재판소와 대법원 사이에 갈등이 있어 왔고, 이는 당사자에 대한 권리구제 지연으로 연결되기도 하였음.
예컨대 헌법재판소는 1995년 구 소득세법 제23조 제4항 단서 등에 대해 "…으로 해석하는 한 헌법에 위반된다"라는 내용의 한정위헌결정을 선고함(헌재 1995. 11. 30. 94헌바40등 결정). 그러나 대법원은 1996년 증여세등부과처분취소 사건에서 "한정위헌결정에 표현되어 있는 헌법재판소의 법률해석에 관한 견해는 법률의 의미·내용과 그 적용범위에 관한 헌법재판소의 견해를 일응 표명한 데 불과하여 법원에 전속되어 있는 법령 해석·적용 권한에 대하여 기속력을 가질 수 없다"라고 판시하여 그 기속력을 부인한 다음 위 구 소득세법 조항들을 그대로 적용하여 판결하였음(대법원 1996. 4. 9. 선고 95누11405 판결). 이에 당사자자 헌법재판소에 헌법소원심판을 청구하자, 재판소는 1997년 "헌법재판소법 제68조 제1항 본문의 '법원의 재판'에 헌법재판소가 위헌으로 결정한 법령을 적용함으로써 국민의 기본권을 침해한 재판도 포함되는 것으로 해석되는 한, 헌법재판소법 제68조 제1항 본문은 헌법에 위반된다"라는 한정위헌결정을 선고한 다음, 구 소득세법에 관한 한정위헌결정의 기속력을 부인한 위 대법원 판결을 취소함(헌재 1997. 12. 24. 96헌마172등 결정). 이후 당사자는 법원에 재심을 청구하였으나, 대법원은 2001년 다시 한정위헌결정의 기속력을 부인하고 당사자의 재심청구를 기각하였음(대법원 2001. 4. 27. 선고 95재다14 판결). 이와 같은 헌법재판소와

고까지 이루어졌는바, 이와 같은 사안에서 한정위헌 주문이 선고된다면 당해사건 판결을 선고한 대법원의 정당성이 손상되고 대법관의 선의에 대한 국민의 신뢰가 훼손될 우려가 있다. 그러므로 다른 주문을 통해 동등한 수준의 권리구제가 가능하다면 대법원의 권위를 존중하여 한정위헌의 주문을 지양하는 것이 공적 기관으로서 헌법재판소의 기능과 역할에 보다 부합할 수 있다.[142)]

헌법은 제111조 제1항 제5호에서 '법률이 정하는 헌법소원에 관한 심판'을 헌법재판소의 관장사항으로 규정하고, 이에 헌법재판소법은 제68조 제1항 본문에서 '법원의 재판을 제외하고는 헌법재판소에 헌법소원심판을 청구할 수 있다'고 규정하고 있다. 이러한 규정을 고려할 때, 헌법재판소가 헌법소원 나아가 위헌소원 사건에서 법원의 재판과 해석 그 자체에 대하여 위헌 주문을 내는 것은 법원의 재판과 해석을 존중하도록 한 현행 헌법 및 법률의 취지에 부합하지 않을 수 있다는 우려도 있다. 법률에 대한 헌법소원 또는 위헌소원의 심판대상은 원칙적으로 법률조항 그 자체인 만큼, 다른 주문 방식이 가능하다면, 법원의 재판과 해석의 위헌성이 아니라, 법률조항 및 그 적용범위의 위헌성만을 주문에서 지적하는 것이 보다 합리적이라 할 것이다.[143)]

대법원의 극단적 갈등으로 사건이 두 최고법원 사이를 오가며 당사자의 권리구제가 지연되고 종국적인 해결책 도출도 어렵게 되자, 결국 과세관청은 기존의 조세부과처분을 (일부) 취소하고 당사자도 소를 취하하는 방향으로 사안이 종료되었음.

142) 윤진수 교수는 최고법원의 판례는 대체로 존중되어야 하는데, 그 이유로 겸양과 최고법원의 신뢰를 들고 있음. 나중에 재판을 하는 법관은 전의 판례가 잘못되었다고 생각할 수 있지만, 자신도 틀릴 수 있고 전의 판례도 나름대로 근거가 있을 수 있으므로 판례 변경에 신중을 기할 필요가 있다는 점에서 겸양(humility)이 필요하다는 것임. 또한 잦은 판례 변경은 법원의 정당성(legitimacy)을 손상시키고 법관의 선의(good faith)에 대한 믿음에 과중한 짐을 지울 수 있다고 지적함[윤진수, "판례의 무게(판례의 변경은 얼마나 어려워야 하는가?)", 법철학연구 21－3, 한국법철학회, 2018, 171~172면].

143) 이승환 헌법연구관은, 헌법재판소가 법률의 적용범위의 위헌성을 지적하는 경우에도, 법원과 헌법재판소에 사법심사의 권한을 배분한 현행 헌법과 법률 아래에서는, 개별 사례의 적용을 배제하는 방식의 위헌 주문보다는, 법률의 전체 적용영역 중 구분할 수 있는 복수의 일정한 하부 유형이 있을 때 그 일부 유형에 대한 위헌 주문을 내는 것이 타당하다는 의견을 제시함[이승환, "헌법실무연구회 제123회 발표회(구 조세감면규제법 부칙 제23조 위헌소원 결정을 둘러싼 헌법소송법적 쟁점에 대한 검토) 지정토론문", 헌법실무연구 13, 헌법재판소, 2012, 626~630면].

(3) 헌법불합치 주문 방식과 그 한계

다음으로, 상정 가능한 헌법불합치 주문은 아래와 같다.

---

① 민법 제166조 제1항 중 '권리를 행사할 수 있는 때' 및 제766조 제2항 중 '불법행위를 한 날'**은 헌법에 합치되지 아니한다.** 위 법률조항은 입법자가 개정할 때까지 **계속 적용한다.**

② 민법 제766조 제1항, 국가재정법 제96조 제2항, 구 예산회계법 제96조 제2항은 헌법에 위반되지 아니한다.

앞서 논의한 바와 같이, 민법 제166조 제1항과 제766조 제2항은 그 모든 적용영역이 위헌인 것이 아니라 합헌인 영역과 위헌인 영역이 함께 공존하고 있으므로, 이를 단순위헌으로 모두 무효화할 수는 없다고 할 것이다. 그러므로 헌법재판소로서는 단순위헌 주문은 선택할 수 없고, 한정위헌 주문을 선택함으로써 기속력 인정 문제로 법원과 갈등을 초래하기 보다는, 위와 같은 헌법불합치 주문을 선택함으로써 일단 민법 제166조 제1항과 제766조 제2항에 위헌성이 있음을 선언한 다음, 국민의 대표인 국회로 하여금 상정 가능한 다양한 해결방안 중 구체적인 개선입법을 마련하도록 함으로써 사건을 해결하는 것이 가능한 대안일 수 있다.

그러나 이러한 주문 방식은, "…은 헌법에 합치되지 아니한다"라고 기재됨으로써 그 내용만으로는 해당 법률조항의 어느 부분이 구체적으로 위헌인지 알 수 없어 주문이 불명확하다는 단점이 있고, 향후 국회의 개선입법이 지체된다면 국민의 권리구제도 함께 지연될 수밖에 없다는 문제점이 있다.

예컨대, 헌법재판소는 혼인 종료 후 300일 이내에 출생한 자녀를 전남편의 친생자로 추정하는 민법 제844조 제2항에 대해 2015. 4. 30. 헌법불합치로 결정하면서 법적공백을 고려하여 입법시한 없는 잠정적용을 선고하였고,[144] 이에 법무부는 2016. 7. 민법개정위원회를 구성하여 헌법재판소의 헌법불합치 결정의 취지를 반영한 개정안을 마련하고,[145] 국회는 2017. 9. 27. 법제사법위원회 회의 및 2017. 9. 28. 본회의 의결을 통해 민법 제844조를 개정하고 민법 제854조의2를 신설함으로써[146] 비교적 신속하게 국민의 권리를 구제한 사례도 있다. 반면, 헌법재판소가 자연인인

---

144) 헌재 2015. 4. 30. 2013헌바623 결정[헌법재판소판례집, 제27권 1집[하](헌법재판소, 2015), 107~119면].

145) 윤진수, "친생추정에 관한 민법개정안", 가족법연구 31-1, 한국가족법학회, 2017, 1~26면.

146) 국회 의안정보시스템 http://likms.assembly.go.kr/bill/billDetail.do?billId=PRC_Q1F7N0N9M2J6D1V3D4O3Z3V4K4Z2Z9 참조(2019. 11. 14. 최종방문).

약사만 약국을 개설할 수 있고 약사들로 구성된 법인은 약국을 설립·운영할 수 없도록 한 약사법 제16조 제1항에 대해 2002. 9. 19. 헌법불합치로 결정하면서 입법시한 없는 잠정적용을 선고하였지만,[147] 그로부터 17년이 지난 2019년까지도 개선입법 없이 동일한 내용의 법률조항이 현행 약사법 제20조 제1항에 그대로 남아있게 됨으로써 당사자들의 권리 구제가 장기간 지연되고 있는 사례도 있다. 또한, 헌법재판소가 '집회 및 시위에 관한 법률'[148] 제10조 본문 중 야간옥외집회를 금지한 부분에 대해 2009. 9. 24. 헌법불합치로 결정하면서 2010. 6. 30.을 시한으로 입법자가 개정할 때까지 잠정적용을 선고하였으나,[149] 국회에서 여·야의 합의가 이루어지지 않은 상태에서 입법시한이 도과함으로써 해당 조항 중 합헌적 부분까지도 그 효력이 완전히 소멸되는 일이 발생한 사례도 있다.[150] 헌법불합치 주문 방식은 국회의 상황에 따라 당사자의 권리구제가 비교적 신속히 이루어지기도 하고 무한정 지연되기도 하며, 경우에 따라서는 합헌적 부분까지 효력상실될 수 있는 것이다.

(4) 일부위헌 주문 방식의 고민 필요성

결국, 과거사정리법 제2조 제1항 제3호, 제4호의 과거사 사건에 적용되는 민법 제166조 제1항, 제766조 제2항의 소멸시효 객관적 기산점이 헌법상 국가배상청구권을 침해하여 위헌이라 하더라도, 이를 한정위헌 주문으로 다루기도 적절하지 않고 (기속력 다툼으로 민사배상 지체 우려) 그렇다고 헌법불합치 주문으로 다루기도 적절하지 않음(개선입법 지연으로 권리구제 지체 우려)을 알 수 있다. 이를 고려한다면 일부위헌 주문 방식에서 적절한 해결책을 찾을 수밖에 없다.

가령, 법원이 헌법으로부터 부여받은 법률해석권한을 바탕으로 심판대상조항의 적용영역이 A·B·C·D 유형이라고 확인한 다음, 구체적 사안인 d가 전체 영역 중 D 유형에 해당하므로 당해사건에서 심판대상조항을 적용할 수밖에 없음을 선언하

---

147) 헌재 2002. 9. 19. 2000헌바84 결정[헌법재판소판례집, 제14권 2집(헌법재판소, 2002), 268~297면].

148) 이하 '집시법'이라 함.

149) 헌재 2009. 9. 24. 2008헌가25 결정[헌법재판소판례집, 제21권 2집[상](헌법재판소, 2009), 427~469면].

150) 집시법 제10조 본문 중 야간옥외집회 금지 부분에 대해 헌법불합치로 결정하였으나(헌재 2009. 9. 24. 2008헌가25 결정) 입법시한이 도과됨으로써 그 위헌적 부분뿐만 아니라 합헌적 부분까지도 모두 효력이 상실되게 되었음. 이에 따라 야간옥외집회는 현재 아무런 시간 제한 없이 허용되고 있는 상황임.
이러한 사태가 반복될 가능성이 있음을 우려한 헌법재판소는, 동일한 구조의 후속사건에서 집시법 제10조 본문 중 야간옥외시위 금지 부분에 대해 헌법불합치가 아닌 한정위헌으로 결정함으로써, '해가 진 후부터 같은 날 24시까지의 야간옥외시위'는 허용하되 '그 이후부터 해가 뜨기 전까지의 야간옥외시위'는 금지하게 되었음(헌재 2014. 3. 27. 2010헌가2등 결정).

게 되었고, 이에 청구인들이 심판대상조항이 위헌이라 주장하며 헌법재판소에 위헌소원을 제기한 경우를 상정해보자. 이러한 상황에서 헌법재판소가 심판대상조항의 적용영역이 A·B·C·D라는 법원의 해석을 위헌으로 선언하거나(한정위헌 주문), 해당 구체적 사안인 d에 심판대상조항을 적용한 법원의 판결을 위헌으로 선언하는 것(재판취소 주문)은, 앞서 살펴본 헌법 제111조 제1항 제5호 및 헌법재판소법 제68조 제1항 본문의 취지를 고려할 때 적절하지 않은 측면이 있다. 그러나 심판대상조항이 예정하고 있는 영역이 A·B·C·D라는 법원의 법률해석을 존중하여, 이를 전제로 심판대상조항 중 D 부분이 위헌이라고 선언하는 것(일부위헌 주문)은, 어디까지나 법률조항의 양적 일부에 대한 위헌심사로서 전형적인 입법에 대한 통제에 해당되므로 입법 통제 필요성에서 발전되기 시작한 전통적 헌법재판제도에도 부합하고, 불필요한 갈등을 피함으로써 향후 법원을 통한 최종적인 당사자의 권리구제에 도움을 줄 수 있다는 장점이 있다. 즉, 법원의 기존 법률해석을 존중하여 이를 전제로 확정된 법률조항이 예정하고 있는 전체 적용영역 중 일정한 부분을 위헌으로 결정하는 방식으로 주문을 재구성할 수 있다면, 재심사유(헌법재판소법 제75조 제7항)를 열어 향후 진행될 법원의 재심재판을 통해 당사자가 최종적으로 국가배상을 받을 수 있는 길을 열어줄 수 있는 것이다.

이러한 문제의식을 바탕으로 대상결정의 사안에 적용될 수 있는 일부위헌 주문을 상정해 보면 아래와 같다.

---

① 민법 제166조 제1항의 '권리를 행사할 수 있는 때' 및 제766조 제2항의 '불법행위를 한 날' 중 과거사정리법 제2조 제1항 제3호, 제4호에 규정된 사건에 적용되는 **부분은 헌법에 위반된다.**

② 민법 제766조 제1항, 국가재정법 제96조 제2항, 구 예산회계법 제96조 제2항은 헌법에 위반되지 아니한다.

민법 제166조 제1항은 소멸시효가 '권리를 행사할 수 있는 때'로부터 진행하며, 제766조 제2항은 '불법행위를 한 날'로부터 진행한다고 규정하는바, 법원은 민법 제166조 제1항의 적용범위에 사인간 일반 채무불이행 유형(A), 사인간 일반 불법행위 유형(B), 일반 국가배상 유형(C), 과거사정리법 국가배상 유형(D) 등이 모두 포함되는 것으로 해석·전제하고, 민법 제766조 제2항의 적용범위에 사인간 일반 불법행위 유형(B), 일반 국가배상 유형(C), 과거사정리법 국가배상 유형(D) 등이 모두 포함되는 것으로 해석·전제하고, 이를 바탕으로 당해사건들(d1, d2)도 과거사정리법 국가

배상 유형(D)에 해당되므로 민법 제166조 제1항, 제766조 제2항이 적용될 수밖에 없어 그 불법행위 시점으로부터 소멸시효가 진행된다고 보아, (소멸시효 남용론 및 시효정지기간 준용론 등의 과정을 통해) 당해사건에서 국가배상청구를 소멸시효 완성 이유로 기각하게 되었을 것이다. 이에 청구인들은 민법 제166조 제1항, 제766조 제2항 등이 위헌이라 주장하며 위헌소원을 제기하였고, 헌법재판소는 위헌소원 사건의 심판대상조항이 민법 제166조 제1항, 제766조 제2항임을 인식하고, 위와 같은 법원의 법률해석을 통해 그 적용영역에 A · B · C · D가 포함되어 있음을 확인 · 존중한 다음, 이를 전제로 민법 제166조 제1항 및 제766조 제2항 중 D부분이 위헌이라는 일부위헌을 선언함으로써, 향후 전개될 민사재심에서 D부분의 위헌성이 제거된 민법 제166조 제1항, 제766조 제2항에 관한 법원의 구체적인 해석 · 적용을 통해 당사자가 법원에서 최종적으로 권리구제 받을 수 있는 기회를 부여하는 것이 위와 같은 일부위헌 주문의 의의라 할 수 있다.

4. 민법 제2조를 통한 접근 가능성 및 그 한계

지금까지 과거사 소멸시효 위헌심사에 있어 소멸시효의 객관적 기산점을 규정한 민법 제166조 제1항, 제766조 제2항에 대한 위헌 주문에 대해 논의하였다. 그러나 과거사 소멸시효 위헌심사에 관하여는 지금까지 다루지 않은 한 가지 접근 방식이 더 있다. 그것은 민법 제2조에 대한 위헌 주문이다.

앞서 Ⅴ.3.에서 정리하였던 과거사 소멸시효에 관한 학계의 논의를 돌아보면, '과거사 사건의 경우 소멸시효 기산점을 달리 정해야 한다는 의견'뿐만 아니라 '권리행사의 상당한 기간을 시효정지기간 6개월로 볼 수 없다는 의견'이 많았음을 알 수 있는바, 후자의 논의를 바탕으로 한 위헌론이 바로 그것이다.

대법원 '2013. 5. 16. 판결' 및 '2013. 12. 12. 판결'의 법리를 바탕으로, 일반적인 국가배상 소송에서 진행되는 원 · 피고 사이의 주장 · 항변의 순서를 정리하면 다음과 같다: ㉠ 원고(피해자 · 유족)의 국가배상청구 → ㉡ 피고(국가)의 소멸시효항변(객관적 기산점인 불법행위시로부터 5년 도과 주장) → ㉢ 원고의 권리남용재항변(피고의 시효항변이 권리남용이라 주장) → ㉣ 피고의 상당한 기간(6개월) 도과 재재항변(원고가 시효정지에 준하는 6개월 이내에 권리를 행사하지 않았음을 주장).

이 중 ㉢㉣ 단계에서 민법 제2조(신의성실원칙 및 권리남용금지)가 적용되고, 그에 따라 국가의 시효항변이 권리남용으로 허용될 수 없더라도 피해자 · 유족은 권리행사가 가능하게 된 시점으로부터 '상당한 기간' 내에 국가를 상대로 국가배상을 청구해야 하는데, 그 상당한 기간을 '시효정지기간에 준하는 6개월'로 보는 것이 헌법상 국가배상청구권을 침해하여 위헌이라는 접근도 이론적으로는 가능하다. 이 부분에 학계의 비판이 집중되어 있어 이를 바탕으로 한 위헌심사도 상정할 수 있다 할 것이나, 이러한 접근방식에는 다음과 같은 3가지 문제점이 있다.

첫째, 심판대상조항의 문제이다. 헌법재판소법 제68조 제2항은 '법률의 위헌 여부 심판의 제청신청이 기각된 때'에 그 신청을 한 당사자가 헌법소원심판을 청구할 수 있다고 규정하고 있으므로, 이러한 위헌소원 사건에서 헌법재판소의 심판대상은 원칙적으로 당사자가 법원에 위헌법률심판제청신청을 하였다가 기각당한 법률조항으로서 재판의 전제성이 있는 것이라 할 것이다. 그런대 대상결정의 사안에서 청구인들은 민법 제166조 제1항, 제766조, 국가재정법 제96조 제2항, 구 예산회계법 제96조 제2항에 대해서만 법원에 위헌제청신청을 하였다가 기각결정을 받아 헌법재판소에 위헌소원심판을 청구하였을 뿐, 민법 제2조에 대해서는 위헌제청기각결정을 받지 않았으며 위헌소원심판청구서에도 이를 심판대상조항으로 기재하지 아니하였다. 물론 민법 제2조는 법원의 당해사건에 적용된 법률조항이므로 재판의 전제성이 인정된다 할 것이고, 헌법재판소로서도 사건심리의 필요성에 따라 민법 제2조를 심판대상조항에 직권으로 추가할 여지도 있겠지만, 이것이 위헌소원심판에서 보편적인 모습은 아닐 것이다.

둘째, 위헌 주문의 문제이다. 과거사 사건 피해자의 국가배상청구에 대해 국가가 소멸시효항변을 하는 것이 권리남용으로 허용될 수 없더라도 피해자는 권리를 행사할 수 있는 때로부터 시효정지기간에 준하는 6개월 이내에 국가배상을 청구해야 한다는 것이 위 판결의 법리이다. 그런데 피해자의 권리행사의 상당한 기간을 '시효정지기간에 준하는 6개월'로 제한한 법리가 위헌이라면, 그 주문은 시효정지기간 준용론의 매개가 된 민법 제2조에 대한 한정위헌 주문으로 표현될 수밖에 없다. 그런데 헌법재판소는 법률의 위헌 여부만을 판단할 수 있을뿐 민사배상은 법원을 통해서 최종적으로 해결될 수밖에 없다는 구조를 고려한다면, 한정위헌 주문의 기속력 인정 여부에 관한 대법원과의 갈등이 초래될 경우 피해자의 권리구제가 지연될 우려가 있다.

셋째, 일반조항에 대한 위헌 부담이다. 민법 제2조는 어떠한 구체적인 권리·의무의 요건과 효과를 규정하는 것이 아니라, 추상적인 권리행사와 의무이행의 한계를 규정함으로써 법관이 개별 사건에 있어 구체적 타당성을 발견하기 위해 개별법의 한계를 보완하는 역할을 수행한다. 즉, 신의성실원칙과 권리남용금지는, 개인의 권리·의무는 상대방의 이익을 배려하여야 하므로 형평에 어긋나거나 신의를 저버리는 방법으로 권리를 행사하거나 의무를 이행하는 것은 허용될 수 없다는 사법관계의 이상을 일반적으로 선언함으로써 법관으로 하여금 구체적 사안에 있어 법적 안정성과 구체적 타당성을 조화시킬 수 있는 여지를 만들어주는 역할을 수행하는 것이다. 이와 같은 민법의 일반규범이자 근본규범이라 할 수 있는 제2조에 대한 위헌결정은 재판소로서도 부담이 클 수밖에 없고, 그 추상성으로 인하여 법률조항 자체의 위헌성에 대한 지적보다는 그 조항을 해석·적용한 구체적인 재판 내용에 대한 위헌성을 지적하는 방향으로 결정이유와 주문이 전개될 수밖에 없다.

결국, 심판대상조항의 직권 추가 필요성과 민법 일반조항에 대한 한정위헌 주문이 초래할 결과 등을 종합적으로 고려할 때, 학계의 비판이 이 부분에 더 많았음에도 불구하고, 재판소로서는 민법 제2조에 대한 위헌 주문을 선택하기 어려웠을 것으로 추측된다.

Ⅸ. 대상결정 법정의견의 논리구조와 국가배상청구권 침해 여부에 대한 판단[151)]

1. 제한되는 기본권 및 심사기준

(1) 청구인들의 주장

청구인들은, 일반적인 소멸시효에 관한 심판대상조항을 청구인들에게도 그대로 적용하도록 규정함으로써 국가배상청구권을 소멸시키는 것은 청구인들의 '헌법상 재산권'을 침해한다는 취지로 주장하였다.

(2) 법정의견의 판단

이에 재판소의 법정의견은, 심판대상조항이 '헌법상 국가배상청구권'을 제한하므로 그로 인한 제한이 입법형성의 한계를 일탈하여 국가배상청구권의 침해에 이르렀는지 여부를 살펴본다고 쟁점을 정리하면서 아래와 같이 판시하였다.

「헌법은 제23조 제1항에서 국민의 재산권을 일반적으로 규정하고 있으나, 제28조와 제29조 제1항에서 그 특칙으로 형사보상청구권 및 국가배상청구권을 규정함으로써, 형사피의자·피고인으로 구금되어있었으나 불기소처분·무죄판결을 받은 경

151) 이 부분 논의에 대한 더 자세한 내용은 승이도, "민법 제166조 제1항 등 위헌소원 등", 헌법재판소결정해설집 2018, 헌법재판소, 2019, 556~572면 참조.

우 및 공무원의 직무상 불법행위로 손해를 받은 경우에 국민이 국가에 대하여 물질적·정신적 피해에 대한 정당한 보상 및 배상을 청구할 수 있는 권리를 보장하고 있다. 이러한 형사보상청구권과 국가배상청구권은 일반적인 재산권으로서의 보호 필요성뿐만 아니라, 국가의 형사사법작용 및 공권력행사로 인하여 신체의 자유 등이 침해된 국민의 구제를 헌법상 권리로 인정함으로써 관련 기본권의 보호를 강화하는 데 그 목적이 있다. … 심판대상조항은 공무원의 직무상 불법행위로 손해를 받은 국민의 손해배상청구권에 적용되는 소멸시효의 기산점과 시효기간을 정하고 있다. 국가배상청구권에 적용되는 소멸시효의 기산점과 시효기간을 어떻게 정할 것인가의 문제는 원칙적으로 입법자의 형성재량에 맡겨져 있는 것이지만, 그것이 지나치게 단기간이거나 불합리하여 국민의 국가배상청구를 현저히 곤란하게 만들거나 사실상 불가능하게 한다면 이는 입법형성의 한계를 넘어선 것으로서 위헌이라 하지 않을 수 없다. 이하에서는 심판대상조항이 입법형성의 한계를 일탈하여 헌법이 보장한 국가배상청구권을 침해함으로써 위헌인지 여부를 살펴본다.」[152]

⑶ 검 토

국가배상청구는 피해자인 국민(채권자)이 불법행위자인 국가(채무자)를 상대로 손해배상을 청구하는 것으로서 민사상 채권의 행사에 해당되므로, 이를 시효제도를 통해 소멸시키는 것은 민사상 채권의 제한, 즉 헌법상 재산권의 제한에 해당된다. 그러나 앞서 Ⅷ.2.에서 살펴본 바와 같이, 국가배상청구권의 시효소멸을 단지 일반적인 재산권 제한의 관점에서 심사한다면 국가배상청구권이라는 특별한 기본권의 존재 이유와 그 기능을 심사요소로 고려하지 않게 되고, 헌법이 일반적 재산권과 달리 국가배상청구권을 별도의 조항에서 명시적으로 보장함으로써 이를 강조한 취지에도 부합하지 않게 될 우려가 있다. 그러므로 이 사건의 쟁점을 일반적인 재산권 침해 여부로 정리하기 보다는, 사안과 가장 밀접하고 제한의 정도가 큰 주된 기본권인 국가배상청구권 침해 여부로 정리하는 것이 더 적절하다.

한편, 헌법 제29조 제1항은 국가배상청구권의 내용을 법률에 의해 구체화하도록 규정하고 있으므로, 그 구체적인 내용 형성은 입법자에게 맡겨져 있음이 원칙이다. 그러나 국가의 공권력행사에 내재하는 불가피한 위험에 의해 중대한 피해가 발생한 경우 국가가 이를 배상할 것을 헌법에서 명문으로 선언하고 있으므로, 국가배상의 구체적 내용 및 절차에 관한 입법은 단지 그 배상을 청구할 수 있는 형식적 권

152) 헌법재판소판례집, 제30권 2집(헌법재판소, 2018), 245~246면.

리나 이론적 가능성만을 허용하는 것이어서는 아니 될 것이다.

대상결정의 법정의견이 이 사건의 핵심쟁점을 헌법상 국가배상청구권(헌법 제29조 제1항)의 침해 여부로 보아 심판대상조항이 입법형성의 한계를 일탈하여 헌법이 보장한 국가배상청구권의 침해에 이르렀는지 살펴본다고 판단한 점은 같은 맥락에서 이해된다.

2. 헌법상 국가배상청구권 침해 여부

(1) 심판대상조항의 원칙적 합헌성

기본권을 제한하는 법률에 대한 위헌심사를 할 때, 그 출발점은 심판대상조항의 입법목적이 무엇인가를 확인하고 그것을 위해 기본권을 제한하는 것이 정당한가를 확인하는 것이다. 이에 재판소의 법정의견은, 본안판단의 첫 단계에서 소멸시효 제도의 일반적 존재 이유를 도출한 다음, 이것이 사인간의 불법행위로 인한 손해배상채권과 국가를 상대로 한 일반적인 국가배상청구권 제한에 있어 정당한 이유이고 합리적인 제한임을 서술하였다.

「민법상 소멸시효제도는 권리자가 자신의 권리를 행사할 수 있음에도 불구하고 일정한 기간 동안 그 권리를 행사하지 않는 상태, 즉 권리불행사의 상태가 계속된 경우에 법적 안정성을 위하여 그 권리를 소멸시키는 제도이다. 이러한 소멸시효제도의 일반적인 존재이유는 다음과 같다.

첫째, 오랜 기간 동안 계속된 사실상태를 그대로 유지하는 것이 그 위에 구축된 사회질서를 보호하기 위해 필요하다는 점이다. … 둘째, 일정한 사실상태가 오래 계속되면 그 동안 진정한 권리관계에 대한 증거가 없어지기 쉬우므로, 계속된 사실상태를 진정한 권리관계로 인정함으로써 과거사실의 증명 곤란으로부터 채무자를 구제하고 분쟁의 적절한 해결을 도모할 필요가 있다는 점이다. … 셋째, 채권자가 장기간 권리를 행사하지 않음으로써 더 이상 권리를 행사하지 않을 것으로 믿은 채무자의 신뢰를 보호할 필요가 있다는 점이다. 채권자에게도 신의칙상 그 권리의 행사가 채무자에게 불의타가 되지 않도록 자신의 권리를 적시에 행사할 의무가 있다고 볼 수 있고, 채권자가 장기간 그 권리를 행사하지 않으면 채무자는 채무의 존재를 잊어버리게 되거나 채권자가 권리를 행사하지 않을 것이라고 신뢰하게 되므로, 채권자의 권리행사 태만을 제재하고 채무자의 정당한 신뢰를 보호할 필요성이 있다.

이와 같은 민법상 소멸시효제도의 존재이유는 국가배상청구권의 경우에도 일반적으로는 타당하다. 국가배상청구에 있어서도 장기간 계속된 사실상태를 바탕으로 형성된 법률관계를 존중함으로써 법적 안정성을 보호하고, 과거사실의 증명 곤란으로 인한 이중변제의 위험으로부터 채무자를 구제하며, 채권자의 장기간 권리 불행사에 대한 채무자의 신뢰를 보호하기 위하여 소멸시효제도의 적용은 필요하기 때문이다. 국가의 재정은 세입·세출계획인 예산을 통하여 이루어지고 예산은 회계연도단위로 편성되어 시행되므로, 국가가 금전채무를 부담하고 상당한 세월이 지난 뒤에도 언제든지 채권자가 채권을 행사할 수 있다면 국가의 채권·채무관계가 상당한 기간 확정되지 못하게 되어 예산수립의 예측가능성이 떨어짐으로써 국가재정의 안정적이고 효율적인 운용이 어려워질 수 있다. 특히 불법행위로 인한 손해배상 채권이나 구상금 채권과 같이 우연한 사고로 말미암아 발생하는 채권의 경우에는 그 발생을 미리 예상하기 어려우므로 불안정성이 크다. 따라서 국가의 채권·채무관계를 조기에 확정하고 예산수립의 불안정성을 제거함으로써 국가재정을 합리적으로 운용하기 위하여 국가채무에 대해 단기의 소멸시효를 정한 것은 그 필요성을 수긍할 수 있다.

이에 헌법재판소는, 국가배상청구권에도 소멸시효에 관한 민법 규정에 따르도록 한 국가배상법 제8조, 국가에 대한 금전채권의 소멸시효기간을 5년으로 정한 구 예산회계법 제96조 제2항, 국가재정법 제96조 제2항, 피해자나 법정대리인이 손해 및 가해자를 안 날부터 3년 및 불법행위를 한 날로부터 10년을 불법행위로 인한 손해배상청구권의 소멸시효로 규정한 민법 제766조 제1항, 제2항에 대해 합헌으로 결정한 바 있다. …

이와 같은 사정을 고려할 때 심판대상조항들이 일반적인 공무원의 직무상 불법행위로 손해를 받은 국민의 국가배상청구권에 관한 소멸시효 기산점과 시효기간을 정하고 있는 것은 합리적 이유가 있다.」[153)]

⑵ 심판대상조항 중 민법 제166조 제1항, 제766조 제2항의 예외적 위헌성

그러나, 사인간의 불법행위 손해배상채권과 일반적인 국가배상청구권을 소멸시효로 제한하는 것의 입법목적이 정당하고 그 제한의 정도가 합리적이라 할지라도, 이것이 과거사 사건에 관한 국가배상청구권에 있어서도 동등하게 정당한 입법목적이고 그 제한의 정도가 합리적이라 단정할 수는 없다. 과거사정리법 제2조 제1항 제3호에 규정된 '민간인 집단 희생사건'과 제4호에 규정된 '중대한 인권침해·조작의혹사건'은 사인간의 손해배상사건 내지 일반적인 국가배상사건과 다른 특징이 있기 때문에 일반적인 소멸시효제도의 입법목적으로 그 국가배상청구권 소멸을 정당화하기

153) 헌법재판소판례집, 제30권 2집(헌법재판소, 2018), 247~249면.

어렵다는 문제점이 있고, 특히 민법 제166조 제1항, 제766조 제2항의 객관적 기산점을 기계적으로 적용할 경우 지나치게 불합리하여 피해자들의 국가배상청구권 행사를 현저히 곤란하게 만들거나 사실상 불가능하게 만들 우려가 있기 때문이다.

이에 재판소의 법정의견은, 아래와 같이, ㉠ 과거사정리법 제2조 제1항 제3호 및 제4호에 규정된 과거사 사건의 특수성을 확인하고, ㉡ 이를 바탕으로 앞서 살펴본 소멸시효의 존재이유 중 둘째와 셋째는 위와 같은 과거사 사건의 국가배상청구권 제한의 근거가 되기 어렵고 이론적으로 첫째만 그 제한의 근거가 될 수 있다 할 것이나, 헌법 제10조, 제11조, 제29조를 고려하면 첫째 존재이유 역시 위 과거사 사건 유형의 피해자의 국가배상청구권 소멸을 정당화하기 어려움을 지적한 다음, ㉢ 심판대상조항 중 객관적 기산점을 규정한 조항들을 위 과거사 사건 유형에 적용하도록 규정하는 것은 피해자·가해자 보호의 균형과 발생한 손해의 공평·타당한 분담에 부합하지 아니한 채 합리적 이유 없이 피해자의 국가배상청구권을 소멸시키는 것으로 입법형성의 한계를 일탈하여 위헌이라 판단하였다.

㉠ 「과거사정리법 제2조 제1항 제3호 및 제4호에 규정된 '민간인 집단 희생사건'과 '중대한 인권침해사건·조작의혹사건'은 사인간 손해배상 내지 일반적인 국가배상 사건과 다른 특성이 있다. 이러한 사건들은 국가기관이 국민에게 억울한 누명을 씌움으로써 불법행위를 자행하고, 소속 공무원들이 불법행위에 조직적으로 관여하였으며, 사후에도 조작·은폐 등으로 진실규명활동을 억압함으로써 오랜 동안 사건의 진상을 밝히는 것이 사실상 불가능한 경우가 많았다. 이후에 과거사정리법이 제정되고 '진실·화해를 위한 과거사정리 위원회'의 활동으로 비로소 사건의 진상이 밝혀지게 되었으나, 이미 불법행위 성립일로부터 장기간 경과한 후에야 진상규명 및 이를 기초로 한 손해배상청구가 이루어짐에 따라 일반 불법행위와 소멸시효의 법리로는 타당한 결론을 도출하기 어려운 문제들이 다수 발생하게 되었다.

이러한 문제의식을 바탕으로 2005. 5. 31. 여·야의 합의로 제정된 과거사정리법은 일제 강점기부터 권위주의 통치시까지의 반민주적 또는 반인권적 행위에 의한 인권유린과 폭력·학살·의문사 사건 등을 진실규명 적용대상에 포함시키면서, 단순히 역사적 진실을 규명하여 피해자의 명예를 회복시킴에 그치는 것이 아니라 개별 피해자를 특정하여 피해 경위 등을 밝히고 그에 대한 피해 회복이 국가 및 정부의 의무임을 명시하고 있다(제34조, 제36조). 이와 관련하여 대법원 2013. 5. 16. 선고 2012다202819 전원합의체 판결에서 "과거사정리법의 제정을 통하여 수십 년 전의 역사적 사실관계를 다시 규명하고 피해자 및 유족에 대한 피해회복을 위한 조치를 취하겠다고 선언하면서도 그 실행방법에 대해서는 아무런 제한을 두지 아니한 이상, 이는 특별한 사정이 없는 한 그 피해자 등이 국가배상청구의 방법으로 손해배상을 구하는 사법적 구제방법을 취하는 것도 궁극적으로는 수용하겠다는 취지를 담아 선언한 것이라고 볼 수밖에 없고, 거기에서 파생된 법적 의미에는 구체적인 소송사건에서 새삼 소멸시효를 주장함으로써 배상을 거부하지는 않겠다는 의사를 표명한 취지가 내포되어 있다."고 판시한 바 있다.

이러한 과거사정리법 제정 경위 및 취지 등에 비추어 볼 때, 국가기관의 조직적 은폐와 조작에 의해 피해자들이 그 가해자나 가해행위, 가해행위와 손해와의 인과관계 등을 정확히 알지 못하는 상태에서 오랜 기간 진실이 감추어져 있었다는 특성이 있는 과거사정리법 제2조 제1항 제3호, 제4호 등에 규정된 사건은 사인간 불법행위 내지 일반적인 국가배상 사건과 근본적으로 다른 사건 유형에 해당된다.」[154]

㉡ 「앞서 살펴본 바와 같이, 일반적인 소멸시효제도의 입법취지는, 오랜 기간 계속된 사실상태를 그대로 유지하는 것이 법적 안정성에 부합한다는 점, 채무자가 채무를 이미 변제하였으나 시간이 지나 그 증명이 어렵게 된 경우 이중변제의 위험을 면하게 함으로써 진정한 권리관계를 보호할 수 있다는 점, 장기간 권리를 행사하지 않은 경우 채권자의 권리행사 태만을 제재하고 그 권리불행사에 대한 채무자의 정당한 신뢰를 보호한다는 점에 있다.

그런데 과거사정리법 제2조 제1항 제3호의 민간인 집단 희생사건과 제4호의 중대한 인권침해사건·조작의혹사건은 국가가 현재까지 피해자들에게 불법행위로 인한 손해배상채무를 변제하지 않은 것이 명백한 사안이라는 점에서 '채무자의 증명곤란으로 인한 이중변제 방지'라는 입법취지는 국가배상청구권 제한의 근거가 되기 어렵다. 또한 이러한 유형의 사건은 국가기관이 소속 공무원을 조직적으로 동원하여 피해자에 대해 불법행위를 저질렀으며 그에 관한 조작·은폐 등을 통해 피해자의 실효성 있는 권리주장을 장기간 저해한 사안이라는 점에서 '권리행사 태만에 대한 채권자의 제재 필요성과 채무자의 보호가치 있는 신뢰'도 그 근거가 되기 어렵다. 따라서 위와 같은 사건 유형에서는 '오랜 기간 계속된 사실상태를 그대로 유지하는 것이 법적 안정성에 부합한다'라는 입법취지만 남게 된다.

그러나 오랜 기간 계속된 사실상태(민간인 집단 희생사건과 중대한 인권침해사건·조작의혹사건이 발생하였으나 국가가 피해자 또는 그 유족에게 이에 관한 손해를 배상하

154) 헌법재판소판례집, 제30권 2집(헌법재판소, 2018), 249~250면.

지 않고 있는 상태)를 그대로 유지하는 것이 법적 안정성에 부합한다는 입법취지가, 과거사정리법이 정한 위와 같은 사건 유형에서 국가배상청구권 제한을 정당화한다고 보기 어렵다. 헌법 제10조 제2문은 "국가는 개인이 가지는 불가침의 기본적 인권을 확인하고 이를 보장할 의무를 진다."라고 규정한다. 이처럼 헌법상 기본권 보호의무를 지는 국가가 소속 공무원들의 조직적 관여를 통해 불법적으로 민간인을 집단 희생시키거나 국민에 대한 장기간의 불법구금 및 고문 등에 의한 허위자백으로 유죄판결 등을 하고 사후에도 조작·은폐 등을 통해 피해자 및 유족의 진상규명을 저해하여 오랫동안 국가배상청구권을 행사하기 어려운 상황이었음에도, 그에 대한 소멸시효를 불법행위시점(민법 제766조 제2항) 내지 객관적으로 권리를 행사할 수 있는 시점(민법 제166조 제1항)으로부터 기산함으로써 국가배상청구권이 이미 시효로 소멸되었다고 선언하는 것은 헌법 제10조에 반하는 것으로 도저히 받아들일 수 없기 때문이다. 국가배상청구권은 단순한 재산권 보장의 의미를 넘어 헌법 제29조 제1항에서 명시적으로 보장되는 기본권으로서, 헌법 제10조에 따라 개인이 가지는 불가침의 기본적 인권을 보장할 의무를 지는 국가가 오히려 국민에 대해 불법행위를 저지른 경우 이를 사후적으로 회복·구제하기 위해 마련된 특별한 기본권인 점을 고려할 때, 국가배상청구권의 시효소멸을 통한 법적 안정성의 요청이 헌법 제10조가 선언한 국가의 기본권 보호의무와 헌법 제29조 제1항이 명시한 국가배상청구권 보장 필요성을 완전히 희생시킬 정도로 중요한 것이라고 보기 어렵다. 나아가 과거사정리법 제2조 제1항 제3호, 제4호의 사건 유형과 같은 예외적인 상황에서 국가가 초헌법적인 공권력을 행사함으로써 조직적으로 일으킨 중대한 기본권침해를 구분하지 아니한 채, 사인간 불법행위 내지 일반적인 국가배상 사건에 대한 소멸시효 정당화 논리를 그대로 적용하는 것은 '같은 것은 같게, 다른 것은 다르게' 취급해야 한다는 헌법 제11조의 평등원칙에도 부합하지 아니한다.」[155)]

ⓒ「심판대상조항들에 대하여 구체적으로 살펴보면, 과거사정리법 제2조 제1항 제3호 및 제4호에 규정된 사건에 민법 제766조 제1항의 주관적 기산점이 적용되도록 하는 것은 합리적 이유가 있으나, 민법 제166조 제1항, 제766조 제2항의 객관적 기산점이 적용되도록 하는 것은 합리적 이유가 인정되지 아니한다.

… 과거사정리법이 적용되는 사건과 관련하여 대법원은, 위원회로부터 진실규명결정을 받은 피해자 등은 특별한 사정이 없는 한 진실규명결정이 있었던 때에 손

155) 헌법재판소판례집, 제30권 2집(헌법재판소, 2018), 250~251면.

해 및 가해자를 알았다고 봄이 상당하므로 그 때로부터 3년이 경과하여야 단기소멸시효가 완성되나, 5년의 장기소멸시효는 불법행위일로부터 바로 진행이 되므로 위원회의 진실규명결정이 있었던 경우에도 그 장기소멸시효는 피해가 생긴 날로부터 5년이 경과하면 완성된다는 취지로 판시한 바 있다. … 일반적으로 불법행위에 기한 법률관계는 미지의 당사자 사이에 예기하지 못한 우연적 사고에 기하여 발생한다. 그러므로 피해자로서는 그 손해와 가해자를 알기 어려운 경우가 많으므로 이를 알게 된 후 일정 기간 이내에 손해배상을 청구할 수 있도록 보장할 필요가 있고, 가해자로서는 피해자의 손해배상 청구 여부나 그로 인한 배상책임 부담 범위가 분명하지 않아 불안정한 입장에 처하게 되므로 피해자가 손해 및 가해자를 알면서도 상당한 기간 이내에 권리를 행사하지 않을 때에는 손해배상청구권을 시효로 소멸시킬 필요가 있다. … 따라서 불법행위의 피해자가 손해 및 가해자를 현실적이고도 구체적으로 인식하게 된 때에 그러한 주관적 기산점으로부터 3년 내에 손해배상을 청구하도록 하는 것은 불법행위로 인한 손해배상청구에 있어 피해자와 가해자 보호의 균형을 도모하기 위한 것으로서 과거사정리법 제2조 제1항 제3호 및 제4호 사건에 있어서도 합리적 이유가 인정된다.

그러나 소속 공무원들의 조직적 관여를 통해 불법적으로 민간인을 집단 희생시키거나 국민에 대한 장기간의 불법구금 및 고문 등에 의한 허위자백으로 유죄판결을 하고 사후에도 조작·은폐 등을 통해 피해자의 진상규명을 저해한 상황이었음에도 불구하고, 그 불법행위 시점을 소멸시효의 객관적 기산점으로 삼는 것(민법 제166조 제1항, 제766조 제2항)은 피해자와 가해자 보호의 균형을 이루고 있는 것으로 보기 어렵다. 과거사정리법 제2조 제1항 제3호의 '민간인 집단 희생사건'은 그 유족들이 사건 이후 국가로부터 희생자들에 관한 적절한 통지를 받지 못함으로써 집단희생의 일시·이유·경위·절차 등에 대해 구체적으로 알지 못했기에 국가에 대해 손해배상을 청구할 수 없었던 경우가 많고, 과거사정리법 제2조 제1항 제4호의 '중대한 인권침해사건과 조작의혹사건'은 수사기관의 가혹행위 등에 의한 유죄판결의 확정으로 형의 집행을 받았기에 피해자로서는 그 유죄판결이 재심으로 취소되기 전까지는 그에 관한 국가배상을 청구할 수 없었던 경우가 많은바, 이러한 사안에 대해 그 불법행위 시점으로부터 소멸시효의 객관적 기산점을 적용하도록 하는 것은 발생한 손해의 공평·타당한 분담이라는 손해배상제도의 지도원리에도 부합하지 않기 때문이다.

사정이 이와 같다면, 민법 제166조 제1항, 제766조 제2항의 객관적 기산점을 과거사정리법 제2조 제1항 제3호 및 제4호에 규정된 민간인 집단 희생사건, 중대한 인권침해사건 · 조작의혹사건에 적용하도록 규정하는 것은, 소멸시효제도를 통한 법적 안정성과 가해자 보호만을 지나치게 중시한 나머지 합리적 이유 없이 위 사건 유형에 관한 국가배상청구권의 보장 필요성을 외면한 것으로서 입법형성의 한계를 일탈하여 청구인들의 국가배상청구권을 침해하므로 헌법에 위반된다.」[156)]

X. 결 어

1. 미국은 수정헌법 제13조를 1865년 가결 · 비준함으로써 노예제도를 폐지하였다.[157)] 그러나 공식적인 노예제도의 폐지와 남북전쟁의 종료 이후에도 흑인들에 대한 법률상 명시적 차별이 만연하게 이루어지자, 미국은 수정헌법 제14조를 1866년 가결하고 1868년 비준하였다. 수정헌법 제14조 제1항은 "… 어떠한 주(State)도 적정한 법의 절차에 의하지 아니하고는 어떠한 사람으로부터 생명 · 자유 · 재산을 박탈할 수 없으며, 그 관할권 내에 있는 어떠한 사람에 대해서도 법률의 평등한 보호를 거부하지 못한다."라고 규정함으로써 이를 시정하려 하였던 것이다.[158)] 그러나 미국 연방대법원은 1950년대까지 주(State)의 행위가 수정헌법 제14조 제1항을 위반하였다고 거의 인정하지 않았기에, 위와 같은 평등보호조항(equal protection clause)이 보장한 약속은 거의 100년 동안 실현되지 못하였다. 실제로 홈즈 대법관(Justice Oliver Wendell Holmes Jr.)조차도 이 조항을 "헌법적 논쟁의 최후수단(the last resort of constitutional argument)"이라고 조롱하듯 언급한 바 있다. 그러나 연방대법원은 1954년 Brown v. Board of Education 판결[159)]을 통해 수정헌법 제14조 제1항을 재조명함으로써 평등보호조항의 현대적 시대가 도래하였음을 선언하였고, 그 결과 흑인 · 소수인종 · 여성 등에 대한 부당한 법적 차별도 점차 철폐될 수 있게 되었다.[160)] 1803년 Marbury v. Madison 판결[161)] 이후 200여년 지속된 미국 사법심사(judicial

156) 헌법재판소판례집, 제30권 2집(헌법재판소, 2018), 251~253면.

157) Amendment XIII Section 1. Neither slavery nor involuntary servitude, except as a punishment for crime whereof the party shall have been duly convicted, shall exist within the United States, or any place subject to their jurisdiction.

158) Amendment XIV Section 1. … nor shall any State deprive any person of life, liberty, or property, without due process of law; nor deny to any person within its jurisdiction the equal protection of the laws.

159) Brown v. Board of Education, 347 U.S. 483 (1954).

160) Erwin Chemerinsky, Constitutional Law: Principles and Policies(sixth edition), Wolter Kluwer, 2019, p.724.

review)의 역사 속에서 가장 중요한 유산(legacy)을 남긴 연방대법원 판결 중 하나로 Brown 판결이 항상 언급되는 이유가 여기에 있다.

대상결정은, 그동안 실질적으로 사문화되었던 헌법 제29조 제1항을 재조명함으로써 이를 위헌심사의 준거규범으로 사용하였다는 점에서 의미가 있다. 국가배상청구권은 헌법 제10조 제2문에 따라 국민의 기본권을 보장해야 할 의무를 지는 국가가 오히려 이를 위반하여 위헌·위법하게 국민의 기본권을 침해한 경우 그로 인한 국민의 피해를 사후적으로 구제하도록 디자인된 특별한 기본권이다. 일반적인 재산권·재판청구권과 구별되는 국가배상청구권의 헌법적 의미를 재발견하고 그 효력을 강조함으로써 과거를 반성하고 미래에 반복될지 모르는 위헌·위법한 공권력 행사에 대해 경고를 하였다는 점이 대상결정의 성과일 것이다.[162)]

2. 민법의 이상과 헌법의 이상은, 일반적으로 같은 경우가 많겠지만, 다른 경우도 있을 수 있다.

민법은 합리적 인간이면 어떻게 행동할 것인가를 고민하고 거래비용(transaction cost)을 최소화함으로써 채권관계에 있어 비효율성을 제거하고 효용을 극대화하기를 희망한다. 국제물품매매계약에관한유엔협약(CISG), 국제상사계약원칙(PICC), 유럽계약법원칙(PECL), 유럽민사법공통참조기준안(DCFR) 등을 통해 세계적인 계약법·채권법 통일화 노력이 시도되는 것도, 이러한 민법의 공통적 이상에 따라 전세계적으로 통일되고 효율적인 거래법 질서를 만들 수 있다는 생각에 기초한다.

그런데 이와 같은 개별법의 이상은 위헌심사에 있어 중요한 고려요소가 될 수 있겠지만, 그 자체가 위헌심사의 준거규범인 헌법의 목적은 아닐 것이다. 국민의 기본권 보장과 국민주권 국가의 유지 및 사회통합을 추구하는 헌법은, 거래비용의 최소화와 이를 통한 효용의 극대화 추구를 헌법의 목적으로 보기 보다는 하나의 수단으로 인식한다. 국민에 대한 국가의 기본권 보호의무를 인식하고 위헌·위법한 공권력 행사로 국민의 손해가 발생한 경우 그에 대한 국가의 책임을 인정하는 것은 우리

---

161) Marbury v. Madison, 5 U.S. 137 (1803).

162) 마틴 루터 킹 주니어(Martin Luther King Jr.)는 흑인의 민권운동(civil rights movement) 과정에서 1963년 'I have a dream speech'를 통해 사문화된 기본권 조항과 사법정의의 실현을 '수표(check)의 현금(cash)화'로 비유한 바 있음. 그는, 미국 헌법과 독립선언문이 시민의 자유와 권리보장을 선언함으로써 수표를 발행하였지만 흑인들에게는 늘 잔고부족(insufficient funds)이란 이유로 이를 이행하지 않았음을 지적한 다음, 자신은 정의의 은행(bank of justice)이 파산(bankrupt)했다고 생각하지 않으며 이제 이 수표를 현금으로 바꾸기 위해 여기에 왔다(we've come to cash this check)라고 연설하였던 것임.

헌법이 정한 법치국가 정체성의 필수적 일부에 해당되므로, 헌법은 그 실현을 위해 대립되는 법익을 조정하고 개별법의 내용을 헌법의 이상에 부합하도록 수정·보완할 것을 요구한다. 이와 같은 맥락에서 개별법을 합헌적으로 해석하고 적용함으로써 개별 사건에서 구체적 타당성에 부합하는 결론을 도출하는 것이 헌법의 수호자인 법원의 역할이라 할 것이나, 개별법의 문언상 한계로 인하여 더 이상 헌법에 부합하도록 해석·적용하기 어려운 경우 이를 위헌심사를 통해 해결하는 것이 최종적인 헌법의 수호자인 헌법재판소의 역할이라 할 것이다.

3. 과거사 사건과 관련된 이행기의 정의를 모색하는 사법심사에 대해서는 아래와 같은 의문이 제기될 수 있다.

(1) 먼저, 전쟁 또는 권위주의 시기에 있었던 불행한 과거사 사건의 경우에는 사법이 국가 공권력 행사에 대해 엄청난 존중(tremendous deference)을 보여줄 필요가 있는 것 아니냐는 의견이다. 전쟁 진행 중의 긴급한 상황 그리고 권위주의 시대의 불가피한 현실을 고려할 때, 이러한 시기에 있어서는 국가의 공권력 행사를 더 존중할 필요가 있다는 의견도 일정 부분 설득력이 있을 수 있다.

그러나 이에 대해서는, 국가의 기본권 보호의무와 국가배상의무에 관한 우리 헌법의 규정은 과거 한국전쟁과 권위주의 시대에도 최고법으로 이미 유효하게 존재하고 있었다는 점, 전쟁과 권위주의 시기와 같이 개인의 기본권을 침해하고 소수자를 차별하려는 압력이 절정에 달하는 그런 시점에 헌법과 사법부의 역할은 더 엄정하고 중요해져야 한다는 점[163)]을 반대의견으로 제시할 수 있을 것이다.

(2) 다음으로, 한국전쟁과 권위주의 통치시기의 결과를 이미 알고 있는 우리로서는 그 당시에 이루어진 과거사 사건들에 대해 쉽게 재단할 수 있지만, 이것은 수십 년 전의 일로서 지금의 관점에서 과거사 사건을 법리적으로 재단하는 것은 무의미하다는 지적이다. 2020년 현재의 관점을 바탕으로 한국전쟁과 권위주의 통치시기에 그러한 불법행위를 조직적으로 행할 수밖에 없던 국가·공무원을 문제삼는 것은 의미가 없다는 의견이 있을 수 있다.

물론 인간은 그가 살아가는 시대와 환경의 영향을 받을 수밖에 없는 존재이므

---

163) 전쟁 시기에 사법부는 행정부의 권위를 보다 존중해야 한다는 주장에 대해 어윈 체머린스키(Erwin Chemerinsky) 교수는 다음과 같이 답변한 바 있음. “Yet it can be argues that the constitution and the court's role are most important precisely in such times when pressure and even hysteria to violate rights and discriminate will be most likely to occur”[Erwin Chemerinsky, 전게서(각주 160), p.756].

로, 개개인의 삶에 빛과 어둠이 공존하듯 공권력의 행사에도 빛과 어둠이 존재할 수 있다. 그런데 영광의 기록만 역사가 아니듯 오욕의 기록도 역사가 될 수 있다. 여기서 중요한 점은, 역사적 명암을 있는 그대로 인식하고 현실을 직시하여야 비로소 제대로 된 해결책이 나올 수 있다는 것이다. 과거사 사건에서 국가배상청구권 보장의 노력은, 해당 공권력을 행사한 공무원 개인을 탓하고 형사처벌하겠다는 것이 아니라, 국가배상소송이라는 공적 절차를 통해 그 당시에 공무원이 불법행위를 저지르게 된 진상을 밝혀내고 희생자·유족의 피해회복에 나아감으로써 국가 스스로 동일한 잘못을 답습하지 않을 계기를 마련한다는 점에서 여전히 의미가 있다고 생각된다. 또한 이러한 국가배상청구권의 보장은, 행정부의 공권력 행사 남용에 대해, 헌법재판소와 법원의 권력분립을 통한 견제와 균형의 사후적 실현이란 의미도 있다.[164)][165)]

(3) 마지막으로, 대상결정과 같은 사법심사는 정치적으로 당사자 일방에 편향된 결정이 아니냐는 비판이다. 대상결정에 의하면 과거사 사건의 경우에는 축소된 장기소멸시효의 객관적 기산점은 적용되지 않게 되고, 그 결과 피해자·유족이 주관적 기산점으로부터 3년의 단기소멸시효기간 내에 국가배상을 청구하여 불법행위를 입증한다면 국가는 그 손해를 배상해야 하므로, 이는 결국 국가에 불리하고 희생자에게만 유리한 결정이라는 문제의식이 있을 수 있다. 그러나 피해자·유족이 유리해지고 국가가 불리해졌다는 결론만으로 정치적으로 편향된 결정이라는 비판에 동의하기 어렵다.

미국은 1930년대 중반을 전·후로 커다란 변화를 경험하였다. 1930년대 중반까지 연방대법원은 계약의 자유(freedom of contract)를 바탕으로 이를 규제하는 다수의 법률에 대해 위헌으로 결정하였다. 대표적인 사례는 1905년 Lochner v. New York 판결[166)]이다. 당시 뉴욕주는 근로자로 하여금 '일주일 60시간, 하루 10시간' 이

164) 제임스 메디슨(James Madison)은, 인간이 천사라면(if men were angels) 권력남용도 없겠지만 그렇지 않은 현실에서 자유(liberty) 보장을 위해 권력분립(separation of powers)과 견제와 균형(checks & balances)을 강조하면서 "ambition must be made to counteract ambition"이라고 언급한 바 있음[Hamilton·Madison·Jay, The Federalist Papers, Signet Classics, 2003, pp.317－319].

165) 알렉산더 해밀턴(Alexander Hamilton)은, 행정부(the executive)는 무력(sword)을 가지고 있고 입법부(the legislature)는 재력(purse)을 가지고 있으나 사법부(the judiciary)는 아무 것도 없이 오직 판단(judgement)만을 가지고 있다는 생각을 바탕으로, 이처럼 상대적으로 미약한 본질(the natural feebleness of judiciary) 때문에 사법부는 홀로 시민의 자유를 침해할 수 없으나 행정부·입법부와의 결합을 통해 자유를 침해할 수 있음을 지적한 다음, 결국 사법은 독립성(complete independence of the courts of justice)이 중요하다는 결론에 도달한 바 있음[Hamilton·Madison·Jay, 전게서(각주 164), pp.463－465].

166) Lochner v. New York, 198 U.S. 45 (1905).

상 제빵점·제과점에서 일을 할 수 없도록 규정하였는데, 연방대법원은 수정헌법 제14조의 적법절차조항(due process clause)에서 계약의 자유를 도출한 다음 이를 바탕으로 위 최장근로시간을 제한하는 주법을 위헌으로 결정하였던 것이다. 이후 30여 년 동안 연방대법원은 Lochner 판결에 따라 최장근로시간법(maximum hours law), 최저임금법(minimum wage law), 소비자보호법(consumer protection law) 등 시장에 대한 정부의 규제를 모두 위헌으로 결정하였다. 그러나 1930년대 중반에 이르러 연방대법원은 그 법리를 수정하기에 이른다. 1929년 시작된 경제 대공황(Great Depression)으로 인하여 수백만명이 실직하게 되고, 그나마 직업을 가진 사람들도 임금이 지나치게 낮아 생계를 유지하기 어렵게 된 상황에서, 더 이상 근로자·소비자는 계약의 자유의 전제가 되는 당사자 사이의 동등한 교섭력을 가질 수 없었기 때문이다. 이에 기존의 자유방임주의(laissez-faire) 경제질서에 대해 일정 수준의 정부개입은 불가피하다는 사회적 공감대가 형성되기 시작하였고, 연방대법원은 결국 1937년 West Coast Hotel Co. v. Parrish 판결[167]을 시작으로 기존의 Lochner 판결의 법리를 포기하고 계약 당사자 사이의 협상력을 동등하게 하기 위한 정부의 경제규제를 존중하는 방향으로 나아가게 된다.[168][169]

결론만 보고 사법심사가 정치적으로 일방에 편향된 선택이었다고 비판한다면, 연방대법원의 Lochner 판결은 사용자·기업에 편향된 결정이라 비판할 수 있고, West Coast Hotel Co. 판결은 근로자·소비자에 편향된 결정이라 비판할 수 있을 것이다. 그러나 이러한 비판은, 1930년대 이전 자유방임주의를 바탕으로 계약의 자유를 중요하게 인식하던 법적·사회적 맥락과, 1930년대 이후 대공황의 경험을 바탕으로 계약의 자유의 전제가 되는 협상력 차이에 대한 인식과 이를 극복하기 위한 정부개입의 필요성이란 법적·사회적 맥락을 간과하게 되는 문제점이 있다.

4. 대상결정으로 인하여 과거사 사건에 관한 국가배상소송의 흐름은 달라지게 되었다.

(1) 대상결정 이전까지 국가배상소송의 핵심 쟁점은 아래 표와 같은 ① 국가배상 청구, ② 객관적 기산점에 근거한 소멸시효 항변, ③ 소멸시효 권리남용 재항변, ④ 권리행사에 상당한 기간 6개월 도과 재재항변의 4단계 구조였다.

167) West Coast Hotel Co. v. Parrish, 300 U.S. 379 (1937).

168) Erwin Chemerinsky, 전게서(각주 160), pp.666-681.

169) Stone·Seidman·Sunstein·Tushnet·Karlan, Constitutional Law(eighth edition), Wolter Kluwer, 2018, pp.746-769.

〈 원고(피해자) 〉		〈 피고(국가) 〉
① **국가배상 청구**	⇨	
	⇦	② **소멸시효 항변** (불법행위시로부터 5년 도과 주장)
③ **권리남용 재항변** (국가의 시효항변이 권리남용이라 주장)	⇨	
	⇦	④ **권리행사에 상당한 기간 도과 재재항변** (시효정지기간 6개월 준용)

(2) 그러나 대상결정 이후 국가배상소송의 핵심 쟁점은, 특별한 사정이 없는 한, 아래 표와 같이 ① 국가배상 청구, ② 주관적 기산점에 근거한 소멸시효 항변의 2단계 구조로 간명해질 것으로 보인다.

〈 원고(피해자) 〉		〈 피고(국가) 〉
① **국가배상 청구**	⇨	
	⇦	② **소멸시효 항변** (진실규명결정 · 재심무죄확정을 안 날로부터 3년 도과 주장)

5. 대상결정의 법정의견과 주문을 읽어보면, 헌법재판소가 법원의 존중을 통해 피해자의 권리를 최종적으로 구제하는데 방점을 두었다는 느낌을 받는다. 헌법이 설계한 권력분립의 구조상, 법원은 민사사건에서 손해배상을 담당하지만 입법부가 만들어 놓은 법률을 초월할 수 없다는 권력분립적 한계가 있고, 헌법재판소는 입법부가 만들어 놓은 법률에 대한 위헌심사를 담당하지만 직접 민사배상을 선언할 수 없다는 권력분립적 한계가 있다. 이에 헌법재판소는 그동안 장식헌법에 불과하였던 헌법 제29조 제1항에 실질적인 규범력을 부여하고 이를 바탕으로 민법 제166조 제1

항, 제766조 제2항에 내재한 위헌성을 제거한 다음 재심사유(헌법재판소법 제75조 제7항)와 함께 그 공을 법원에 넘겨준 것으로, 대상결정의 의의를 평가하고 싶다.[170][171] 앞으로도 헌법재판소와 법원이 상호 존중과 협력을 통해 서로의 한계를 건설적으로 보완함으로써 국민의 기본권 보장이라는 본래의 사명을 다 할 수 있기를 희망하며 글을 마무리한다.[172]

---

170) 승이도, 전게서(각주 128), 526면.

171) 미국 헌법에서 권력분립 케이스를 분석하는 틀로 형식주의(formalism)와 기능주의(functionalism)라는 이분법적 시각이 종종 사용되는데, 양자는 상대적으로 다음과 같은 차이점이 있음. 먼저 형식주의는 공권력 행사의 한계를 밝혀줄 수 있는 명확한 규정(rule)을 중시하고, 헌법 문언·구조·취지를 통해 연역적(deduction)으로 결정이유를 구성함으로써, 법의 투명성(transparency)·예측가능성(predictability)·연속성(continuity)을 추구함. 반면 기능주의는 기준(standard)과 형량심사(balancing test)를 통해 공권력 행사에 유연성을 부여하고, 헌법 정책과 실무의 역사적 흐름을 통해 귀납적(induction)으로 결정이유를 구성함으로써, 법의 적합성(adaptability)·효율성(efficacy)·정의(justice)를 추구함. 대상결정은 헌법 제29조의 문언·구조·취지를 통해 결정이유를 연역적으로 구성함으로써 공권력 행사의 한계와 피해자 구제를 설정하였다는 점에서 위와 같은 이분법적 시각 중 형식주의에 가까운 사례로 분류될 수 있다고 생각됨[Eskridge, William N. Jr., "Relationships between Formalism and Functionalism in Separation of Powers Cases"(22 Harv. J. L. & Pub Pol'y 21), Harvard Journal of Law & Public Policy, Vol 22, 1998, pp.21－22].

172) 2020년 1월 현재, ① 서울중앙지방법원은 대상결정을 바탕으로 과거사 사건에서 객관적 기산점인 불법행위시로부터 5년의 소멸시효가 지났다는 국가의 소멸시효항변을 배척하였고(서울중앙지방법원 2018. 9. 12. 선고 2017가합589141 판결, 재판장 설민수 판사), ② 서울고등법원은 대상결정을 바탕으로 헌법재판소법 제75조 제7항의 재심사유를 인정한 다음 과거사 사건에서 객관적 기산점에 근거한 국가의 소멸시효항변을 배척하였으며(서울고등법원 2019. 2. 25. 선고 2018재나20262 판결, 재판장 심준보 판사; 서울고등법원 2019. 4. 18. 선고 2018재나20200 판결, 재판장 설범식 판사). ③ 대법원도 대상결정의 위헌주문 효력에 따라 객관적 기산점을 기준으로 한 장기소멸시효 5년은 과거사 사건에 적용되지 않는다고 판단함으로써(대법원 2019. 11. 14. 선고 2018다233686 판결, 주심 민유숙 대법관) 헌법 제29조 제1항의 국가배상청구권을 보장하고 이행기의 정의 실현에 기여하고 있음이 확인됨.

부동산 점유취득시효로 인한 공유지분의 취득
—판례 법리를 중심으로

이 봉 민*

Ⅰ. 서

민법[1] 제245조 제1항은 "20년간 소유의 의사로 평온, 공연하게 부동산을 점유하는 자는 등기함으로써 그 소유권을 취득한다."라고 규정하고 있다. 점유취득시효의 대상은 원칙적으로 부동산이다.

그런데 실무에서는 점유취득시효가 문제되는 상황에서 부동산의 공유지분이 문제되는 경우가 흔하다.[2] 그중에서도 특히 토지의 공유지분이 문제되는 경우가 많은데, 이는 우리 거래계에서 토지의 공유지분을 토지의 특정 면적을 표상하는 등기로 취급하면서 거래해 왔던 연혁적인 이유에서 비롯된 것으로 추측된다. 그 원인으로는 일반인의 법의식, 과세부담의 회피, 분필절차의 복잡성, 행정법규상 분할의 제한 등이 제시되기도 한다.[3]

부동산 점유취득시효로 인하여 공유지분 취득이 문제되는 상황이 적지 않음에도, 이에 관하여 논하는 문헌은 많지 않고, 그에 관한 법리도 명확하게 해명되지 않은 부분이 많다.

이 글은 점유취득시효로 인해 공유지분 취득이 문제되는 상황을 판례 법리를 중심으로 살펴보는 것을 목적으로 한다. 구체적으로는 공유지분의 시효취득 대상성(Ⅱ), 공유지분과 점유권원(Ⅲ), 공유지분의 처분이 점유시효취득에 미치는 영향(Ⅳ),

---

* 대법원 재판연구관.

1) 이하 법명에 특별한 지칭이 없으면 '민법'을 의미한다.

2) 다만 우리 점유취득시효 제도는 등기된 부동산에 대해서도 시효취득을 인정하고 있으므로, 우리 법체계에서 정합성을 인정받기 어렵다는 비판이 많다. 윤진수, "점유취득시효 완성 후 재진행의 요건", 法律新聞 3767號, 法律新聞社(2009), 15면; 김형석, "법에서의 사실적 지배 : 우리 점유법의 특성과 문제점", 民事法學 36號, 韓國司法行政學會(2007), 176면 참조.

3) 배병일, "구분소유적 공유의 개념과 법적 성질", 成均館法學 18卷 1號, 成均館大學校 比較法硏究所(2006), 209면 이하.

공동점유에서 점유취득시효(Ⅴ), 구분소유적 공유 관계에서 점유취득시효(Ⅵ), 환지가 점유취득시효에 미치는 영향(Ⅶ)을 검토해보도록 한다.

Ⅱ. 공유지분의 시효취득 대상성

1. 판례와 학설

판례는 오래 전부터 공유지분이 시효취득의 대상이 될 수 있다고 판시해 왔고,[4] 학설도 이에 대해 큰 이론이 없다.[5]

이러한 공유지분에 대한 시효취득은 부동산 중 일부분에 대한 시효취득과는 구분된다. 부동산 중 일부도 점유취득시효의 대상이 된다는 것이 통설,[6] 판례이다.[7] 다만 판례는 부동산 중 일부에 대한 시효취득은 그 일부분이 다른 부분과 구분되어 시효취득자의 점유에 속한다는 것을 인식하기에 족한 객관적인 징표가 계속하여 존재할 것을 요구하고 있다.[8] 이러한 '객관적인 징표의 계속적 존재'를 요구하는 이유는 1필의 토지 위에 서로 저촉될 가능성이 있는 권리 상호간에 경계를 분명히 하여 점유취득시효로 야기할 수 있는 혼란을 줄이고 거래안전을 도모하기 위해서라고 설명된다.[9] 반면 판례는 공유지분에 대한 시효취득을 주장하는 경우에는 그러한 '객관적인 징표'가 요구되지 않는다고 한다.[10]

한편, 판례는 공유토지에 대하여 공유자들을 상대로 취득시효완성을 원인으로 시효취득부분에 대한 소유권이전등기절차의 이행을 청구하는 소송은 필수적 공동소

---

4) 대법원 1975. 6. 24. 선고 74다1877 판결[공1975.9.15.(520), 8581]; 대법원 1979. 6. 26. 선고 79다639 판결[공1979.9.1., 12042].

5) 民法註解[Ⅴ], 物權(2), 編輯代表 郭潤直, 尹眞秀 집필부분, 博英社, 2009, 370면; 註釋民法(第4版), 債權總則(4), 編輯代表 金龍潭, 金鎭雨 집필부분, 韓國司法行政學會, 2011, 728면; 김상용, 물권법(제4판), 화산미디어, 2018, 363면; 송덕수, 물권법(제4판), 박영사, 2019, 315면; 鄭在憲, "不動産所有權 取得時效", 司法硏究資料 8輯, 대법원 법원행정처, 1981, 305면 등.

6) 民法註解(尹眞秀 집필, 註 5), 370면; 註釋民法(金鎭雨 집필, 註 5), 728면; 양창수·권영준, 민법Ⅱ : 권리의 변동과 구제, 박영사, 2011, 226면; 김상용(註 5), 363면, 송덕수(註 5), 315면; 홍봉주, "공유토지 중 일부인 특정부분을 구분소유하게 된다고 믿은 점유에 터잡은 시효취득", 一鑑法學 28호, 건국대학교 법학연구소(2014), 512면; 鄭在憲(註 5), 305, 306면 등.

7) 대법원 1997. 3. 11. 선고 96다37428 판결[공1997.4.15.(32), 1054] 등.

8) 대법원 1997. 3. 11. 선고 96다37428 판결[공1997.4.15.(32), 1054]; 대법원 2009. 6. 25. 선고 2009다10386 판결(미간행); 대법원 2015. 4. 9. 선고 2012다2408 판결(미간행) 등.

9) 李鍾贊, "一筆의 土地의 一部에 대한 取得時效 要件으로서의 占有", 대법원판례해설 11號, 법원도서관(1990), 180면.

10) 대법원 1975. 6. 24. 선고 74다1877 판결[공1975.9.15.(520), 8581]; 대법원 2018. 11. 9. 선고 2018다250773 판결(미간행) 등.

송이 아니라는 이유로, 공유자 중 1인을 상대로 그의 공유지분에 대해서만 취득시효 완성을 원인으로 한 소유권이전등기청구를 하는 것은 적법하다고 하였다.[11]

2. 검 토

그런데 공유지분이 시효취득의 대상이 된다는 것은 구체적으로 어떤 의미인가?

원래 점유는 물건을 사실상 지배하는 것이므로(제192조 제1항), 1개의 부동산 중 특정 부분만 점유할 수는 있으나, 1개의 부동산 중 일부 지분만 점유한다는 것은 상정하기 어렵다.[12] 이러한 의미에서 지분 자체의 점유로 인한 시효취득은 불가능하다고 말할 수도 있다.[13]

그러나 점유취득시효의 완성으로 인해 결과적으로 공유지분을 취득하게 되는 여러 상황이 존재하는데, 이는 근본적으로 공유지분을 다른 공유자의 동의 없이도 독립하여 처분할 수 있기 때문에(제263조) 생긴다고 할 수 있다. 뒤에서 자세히 살펴보겠지만, 예컨대, 시효완성자가 공유 부동산의 일부 지분만 취득한 채 부동산 전체를 점유하고 있거나(Ⅲ. 참조),[14] 시효완성자가 부동산을 점유하고 있는 사이에 일부 공유 지분만 제3취득자에게 처분된 경우(Ⅳ. 2. 다. 참조)에는, 시효완성자가 결과적으로 일부 공유지분만 시효취득할 수 있게 된다.

부동산 중 일부도 시효취득의 대상이 되는지에 관한 문제 역시 부동산 중 일부가 양도되거나 권리 취득의 객체가 될 수 있는지에 관한 문제와 궤를 같이 하여 논의되어 왔다.[15] 판례는 집합건물의 공용부분은 시효취득의 대상이 되지 않는다고 하였는데,[16] 이는 공용부분이 원칙적으로 전유부분과 분리하여 처분할 수 없기 때문이라고 이해할 수 있다(집합건물의 소유 및 관리에 관한 법률 제13조).[17]

시효취득 대상성을 그 목적물의 처분가능성을 기준으로 판단하는 것은 비교법

---

11) 대법원 1994. 12. 27. 선고 93다32880, 93다32897 판결[공1995.2.1.(985), 653].

12) 대법원 2017. 1. 25. 선고 2012다72469 판결[공2017상, 441] 참조.

13) 양창수 · 권영준(註 6), 226면.

14) 대법원 1975. 6. 24. 선고 74다1877 판결[공1975.9.15.(520), 8581]의 사안 참조.

15) 李鍾贊(註 9), 177~178면; 일본의 학설도 부동산 중 일부에 대한 양도나 권리취득이 유효하게 될 수 있다고 해석되는 한, 그 부동산 중 일부에 대한 시효취득도 가능하다고 해석해야 한다고 설명하고 있다. 注釋民法(5), 總則(5), §§138~174の2, 川島武宜 編輯, 安達三季生 執筆部分, 有斐閣(1967), 207면; 다만 우리 법에서는 토지의 일부에 대한 매매계약은 유효하나, 구분소유적 공유관계가 아닌 한, 그 분필등기가 이루어지지 않으면 그 일부분에 대한 유효한 물권변동은 발생할 수 없다.

16) 대법원 2013. 12. 12. 선고 2011다78200, 78217 판결[공2014상, 155].

17) 같은 취지, 김성욱, "취득시효제도와 집합건물의 구분소유", 집합건물법학 제25집, 한국집합건물법학회(2018), 12면.

적으로도 준거가 있다. 프랑스법은 시효취득의 대상이 되기 위해서는 원칙적으로 그 목적물이 양도가 가능해야 한다고 보고 있다. 즉 프랑스민법 제2260조는 "거래의 대상이 되지 않는 재산이나 권리는 시효취득할 수 없다."라고 규정하고 있다.[18] 프랑스 학설은 이를 두고 시효취득이 불가능하다는 것(imprescriptibilité)은 양도가 불가능하다는 것(inaliénabilité)의 필연적인 연장이라고 설명한다.[19]

반면 공유지분과 달리 합유지분은 전원의 동의 없이 처분하지 못하므로(민법 제273조), 개별 부동산 중 일부 합유지분은 원칙적으로 시효취득의 대상이 되지 않는다고 할 것이다. 이는 조합체가 어떠한 재산을 시효로 취득하는 것[20]과는 다른 문제이다.

Ⅲ. 공유지분과 점유권원

점유취득시효 완성으로 인해 공유지분을 취득하게 되는 대표적인 경우는 공유지분에 대한 점유권원의 차이에서 발생한다. 예를 들어 시효완성자가 부동산 중 1/2 지분만 매수한 채 그 전부를 점유해 왔다면 그 시효완성자는 자신이 매수한 1/2 지분에 대해서는 자주점유로, 나머지 1/2 지분에 대해서는 타주점유로 점유한 것이므로, 그 1/2 지분에 대해서만 시효취득할 수 있다는 것이 판례이다.[21]

일부 공유지분만 취득한 자도 공유물 전부를 지분의 비율로 사용, 수익할 수 있으므로(제263조), 부동산 중 일부 지분만 매수한 사람이 부동산 전체를 점유한 것 자체가 위법한 것은 아니다. 그러나 점유자는 자신이 매수한 지분에 대해서만 소유의 의사에 기한 점유, 즉 자주점유로 점유하고, 그 나머지 지분에 대해서는 타주점유로 점유한 것이기 때문에, 시효완성자는 그 자주점유에 해당하는 부분에 대해서만 취득

---

18) On ne peut prescrire les biens ou les droits qui ne sont point dans le commerce.

19) Jean−Louis Bergel/Marc Bruschi/Sylvie Cimamonti, Traité de droit civil : Les biens(2^{e} édition), L.G.D.J, 2010, n° 199, p.241.; François Terré/Philippe Simler, Droit civil, Les biens(9^{e} édition), Dalloz, 2014, n° 459, p.368; 다만 양도불가능 조건(les clauses d'inaliénabilité) 아래 증여 또는 유증된 재산에 대하여 시효취득이 불가능한 것인지에 대해서는 프랑스 학설상 대립이 있다. 시효취득이 불가능하다는 학설로는 위 Jean−Louis Bergel/Marc Bruschi/Sylvie Cimamonti, p.241, n° 199.; 시효취득이 가능할 수 있다는 학설로는 위 François Terré/Philippe Simler, n° 459, p.368.

20) 이러한 설명으로 梁慶承, "합유와 조합 법리의 소송법적 적용", 사법논집 제60집, 법원도서관(2016), 336면 참조.

21) 대법원 1975. 6. 24. 선고 74다1877 판결[공1975.9.15.(520), 8581]; 대법원 1988. 12. 13. 선고 87다카1418, 1419 판결[공1989.1.15.(840), 94]; 대법원 1994. 9. 9. 선고 94다13190 판결[공1994.10.15.(978), 2615]; 대법원 2010. 2. 25. 선고 2009다98386 판결(미간행) 등 참조.

시효완성으로 인한 소유권이전등기청구권을 취득하게 된다.

이러한 결과는 근본적으로 공유지분이 독립하여 처분될 수 있기 때문에 발생한다고 설명할 수 있다.

Ⅳ. 공유지분의 처분이 점유시효취득에 미치는 영향

1. 점유취득시효완성자와 제3취득자 사이의 관계 일반

가. 판 례

점유취득시효 상황에서 시효완성자와 제3취득자 사이의 관계에 관하여 판례는 다음과 같은 5개의 원칙을 정립하고 있다.[22)]

제1원칙 : 부동산에 대한 점유취득시효가 완성된 경우 점유자는 원소유자에 대하여 등기 없이 시효취득을 주장할 수 있다.[23)]

제2원칙 : 점유취득시효 기간 진행 중 등기부상 소유자가 변경되어도 이는 시효중단 사유가 되지 않으므로, 점유자는 취득시효 완성 당시 등기부상의 소유자에 대하여 취득시효 완성의 효과를 주장할 수 있다.[24)]

제3원칙 : 점유취득시효가 완성되었다고 하더라도 그에 따른 등기를 하지 않고 있는 사이에 제3자가 그 부동산에 관하여 소유권이전등기를 마친 경우에는 점유자는 그 제3자에 대하여 취득시효완성의 효과를 주장할 수 없다.[25)]

제4원칙 : 점유자는 실제로 점유를 개시한 때를 점유취득시효의 기산점으로 삼아야 하고 그 기산점을 임의로 선택할 수 없다(이른바 '고정설'). 다만 예외적으로 점유기간 중 등기명의인에 변경이 없는 경우 취득시효완성을 주장할 수 있는 시점에서 보아 취득시효기간이 경과된 사실만 확정되면 충분하므로, 그 기산점을 임의로 선택할 수 있다(이른바 '예외적 역산설').[26)]

---

22) 윤진수(註 2), 15면; 康承埈, "2000년대 民事判例의 傾向과 흐름 : 物權法", 民事判例研究 33-2卷, 博英社(2011), 455면; 최종원, "2차 부동산 점유취득시효완성 후 점유자와 소유명의자 사이의 법률관계", 民事法研究 17輯, 大韓民事法學會(2009), 145~146면 참조; 특히 이에 대한 자세한 설명으로는 金元烈, "不動産의 占有取得時效 完成 後의 法律關係에 관한 考察", 司法研究資料 22輯, 대법원 법원행정처(1995), 263면 이하 참조.

23) 대법원 1993. 5. 25. 선고 92다51280 판결[공1993.8.1.(949), 1849]; 대법원 2018. 6. 28. 선고 2017다255344 판결(미간행) 등.

24) 대법원 1989. 4. 11. 선고 88다카5843, 88다카5850 판결[공1989.6.1.(849), 745] 등.

25) 대법원 1997. 4. 11. 선고 96다45917, 45924 판결[공1997.5.15.(34), 1427] 등.

26) 대법원 1998. 4. 14. 선고 97다44089 판결[공1998.5.15.(58), 1322] 등.

제5원칙 : 점유취득시효 완성 후 소유자의 변동이 있는 경우에도 당초의 점유자가 계속 점유하고 있고 소유자가 변동된 시점을 기산점으로 삼아 다시 취득시효기간이 완성된 경우에는 점유자는 그 소유권변동시를 기산점으로 삼아 소유자에 대하여 2차의 취득시효 완성을 주장할 수 있다. 이와 같이 새로이 2차의 취득시효가 개시되어 그 취득시효기간이 경과하기 전에 등기부상의 소유명의자가 다시 변경된 경우에도 그 시효완성자는 그 소유명의자에게 취득시효완성의 효과를 주장할 수 있다.[27]

나. 판례에 대한 평가

판례의 5개의 원칙은 제1원칙을 제외하면 시효완성자와 제3취득자 사이의 관계에 관한 것이라고 할 수 있다.

그런데 제3원칙에 대해서는 학설상 종래부터 찬반이 나뉘고 있었다. 이는 점유취득시효 완성 전의 제3취득자와 점유취득시효 완성 후의 제3취득자의 지위를 다르게 보아야 할 것인지에 관한 문제라고 할 수 있다. 이에 대해서는 부동산을 더 오래 점유한 자일수록 더 불리하게 취급하여 부당하다는 점, 양자의 지위를 다르게 볼 이유가 없다는 점 등을 근거로 제3원칙에 반대하는 견해도 많다.[28] 또한, 점유취득시효 기간 완성 전에는 물권적 기대권이 인정되지 않지만, 그 완성 후에는 물권적 기대권이 발생한다는 이유로 판례의 제2원칙과 제3원칙을 바꾸어 각각 반대의 결론이 타당하다는 견해도 있다.[29] 그러나 시효기간 중 소유권을 취득한 자는 시효중단 조치를 취할 수 있는 반면, 시효기간 후 소유권을 취득한 자는 시효중단 조치를 취할 수 없으므로, 전자의 제3취득자에 대해서는 취득시효 완성의 효과를 주장할 수 있는 반면, 후자의 제3취득자에 대해서는 취득시효 완성의 효과를 주장할 수 없다고 보는 것이 타당하다는 견해가[30] 설득력이 있다고 생각된다.[31]

---

27) 대법원 2009. 7. 16. 선고 2007다15172, 15189 전원합의체 판결[공2009하, 1298]; 대법원 2009. 9. 10. 선고 2006다609 판결(미간행).

28) 梁彰洙, “1992년 民法 判例 槪觀”, 民法硏究 第3卷, 博英社, 2006, 445~448면.; 全元烈(註 22), 277면 이하; 최근의 견해로 강구욱, “부동산 취득시효 관련 판례 5원칙에 관한 연구”, 民事訴訟 : 韓國民事訴訟法學會誌 제18권 1호, 한국사법행정학회(2015), 449면 이하 등.

29) 김상용(註 5), 373면.

30) 윤진수(註 2), 15면; 이를 지지하는 견해로 註釋民法(金鎭雨 집필, 註 5), 749면.

31) 기타 제3원칙에 찬성하는 근거로는, 시효 완성을 주장하는 당사자가 언제나 등기 없이 제3취득자에 대하여 시효를 주장하게 되면 등기 제도의 기능을 약화시키고 부동산 거래 안전을 해할 우려가 있다는 정책적인 고려가 있다는 점 등이 있다. 金浩潤, “가. 誤想權原의 경우 自主占有를 認定할 수 있는지 여부, 나. 共有인 1필지 土地중 일부에 대한 取得時效完成 후 共有物分割에 의하여 時效取得의 대상이 된 土地部分에 관하여 共有者 중 1인의 單獨所有로 登記된 경우 그 전부에 대하여 時效取得을 주장할 수 있는지 여부”, 대법원판례해설 19-1號, 법

제4원칙은 제3원칙을 고수하기 위해 당연히 적용되어야 할 원칙이다.[32] 만약 제4원칙과 달리 취득시효기간의 기산점을 임의로 선택할 수 있다면, 새로운 소유자가 점유취득시효기간 이후에 등기를 마쳤다고 주장하는 것이 불가능하게 되기 때문이다.[33]

제5원칙 중 새로운 소유자가 소유권을 취득한 때를 새로운 취득시효기간으로 삼아 2차의 점유취득시효기간이 진행될 수 있다는 점도 타당하다. 이를 인정하지 않으면 일단 취득시효기간이 경과한 후 제3자 명의로 이전등기된 부동산은 영구히 취득시효의 대상이 되지 않는다는 불합리한 결과가 생기기 때문이다.[34] 제5원칙 중 2차의 점유취득시효기간 중에 등기부상 소유자의 명의가 다시 변경되어도 시효완성자가 그 소유명의자에게 취득시효완성의 효과를 주장할 수 있다는 부분은 2009년 전원합의체 판결[35]에 의하여 종래의 판례를[36] 변경한 것이다. 이에 대해서는 학설상 찬반이 나뉘지만,[37] 새로운 소유자는 소유권 취득 이후 취득시효를 중단시킬 수 있는 지위에 있기 때문에 판례에 찬성하는 견해가[38] 설득력이 있다. 이는 2차의 점유취득시효기간에도 제2원칙을 그대로 적용한 것이라고 할 수 있다.[39]

2. 점유취득시효기간 완성 전후의 공유지분의 처분

가. 서 설

점유취득시효기간 완성 전후에 그 점유 부동산 중 공유지분 일부만 처분된 경

원도서관(1993), 63면 참조; 이와 달리 논리적인 정합성은 없지만 부득이 제3원칙에 찬성할 수밖에 없다는 견해로 최종원(註 22), 155~159면 참조.

32) 康承埈(註 22), 456면; 같은 취지, 金賢龍, "구분소유적 공유관계에 있는 토지 중 공유자 1인의 특정 구분소유 부분에 관한 점유취득시효가 완성된 후 다른 공유자가 특정 구분소유 부분이 다른 사람에게 양도되고 그에 따라 토지전체의 공유지분에 관한 지분이전등기가 경료된 경우, 점유자가 취득시효의 기산점을 임의로 선택하여 주장할 수 있는지 여부", 대법원판례해설 63號, 법원도서관, 2007, 103~104면.

33) 윤진수(註 2), 15면 등 참조.

34) 윤진수(註 2), 15면.

35) 대법원 2009. 7. 16. 선고 2007다15172, 15189 전원합의체 판결[공2009하, 1298].

36) 대법원 1994. 3. 22. 선고 93다46360 전원합의체 판결[공1994.5.15.(968),1311]; 대법원 1999. 2. 12. 선고 98다40688 판결[공1999.4.1.(79),525] 등. 즉, 종래의 판례는 2차 취득시효기간 중에 등기명의자가 동일하고 소유자의 변동이 없어야 취득시효완성을 주장할 수 있다고 하였다.

37) 판례에 반대하는 견해로는 송오식, "점유취득시효의 완성 후 소유명의가 변동한 경우 취득시효 가능여부", 法學論攷 32輯, 경북대학교 출판부(2010), 470면 이하; 김상용, "2차 점유취득시효 요건의 완화와 그 파급효과", 法律新聞 3766號, 法律新聞社(2009), 15면 등; 판례에 찬성하는 견해로는 최종원(註 22), 160~162면.

38) 윤진수(註 2), 15면.

39) 康承埈(註 22), 459면.

우의 법률관계는 어떠한가? 이 문제에 대해서도 판례의 5원칙을 전제로 하여 검토되어야 할 것이다.

나. 점유취득시효완성 전 공유지분의 처분

우선 점유취득시효완성 전 일부 공유지분만 처분되었다는 사정은 시효완성자가 그 부동산 전체에 대하여 취득시효 완성의 효과를 주장하는 데 특별한 영향을 미치지 않는다. 그 일부 공유지분의 처분은 점유취득시효의 시효중단 사유가 되지 않기 때문이다. 이 경우 시효완성자는 부동산 전체에 대하여 공유자들을 상대로 시효완성을 이유로 소유권이전등기청구권을 행사할 수 있다. 이는 판례의 제2원칙이 적용된 결과이다. 이러한 법률관계에 대해서는 큰 의문이 없다.

다. 점유취득시효완성 후 공유지분의 처분

점유취득시효완성 후 일부 공유지분이 처분된 경우에는 어떠한가? 부동산 중 일부 공유지분이 처분되었으면 이는 부동산 전체가 처분된 것과 동일하게 보아야 하는가?

결론부터 말하면, 이 경우 시효완성자는 취득시효 완성 후에 그 공유지분을 취득한 제3취득자에 대해서는 취득시효 완성의 효과를 주장할 수 없으나(제3원칙), 그 나머지 공유지분권자에 대해서는 취득시효 완성의 효과를 주장할 수 있다(제2원칙)고 보아야 한다. 이에 따라 시효완성자는 점유취득시효 완성에 의해 공유지분만 취득하는 결과가 된다. 다른 말로 하면, 점유취득시효완성 후 부동산 중 일부 공유지분이 처분되었다고 하더라도, 시효완성자가 그 부동산 전체에 대해서 취득시효 완성의 효과를 주장할 수 없는 것은 아니고, 그 나머지 공유지분에 대해서는 여전히 취득시효 완성의 효과를 주장할 수 있는 것이다. 이는 일부 공유지분이 처분된 상황에 대해서도 판례의 제2원칙과 제3원칙을 기계적으로 적용한 결과라고 말할 수 있다.

우선, 이러한 결론은 공유지분이 독립하여 처분할 수 있다는 점에서 공유지분의 성질에 반하지 않는다.

또한 이러한 결론은 당사자들 사이의 이익상황을 고려할 때에도 타당하다. 즉 취득시효 완성 후 공유지분을 취득한 제3자는 점유취득시효 상황에서 일반적인 제3취득자와 다를 바 없으므로, 그 제3자에게 점유취득 시효 완성의 효과를 주장할 수 없다고 보아야 한다. 반면, 점유취득시효 기간 동안 그 지분 등기 명의를 보유하고 있던 사람은 점유취득시효 상황에서 그 시효 완성 전부터 소유명의를 보유하고 있던 자와 다를 바 없다. 만약 그 지분 등기를 계속하여 보유하던 자가 점유취득시효

완성 후 다른 공유지분이 처분되었다는 사정으로 인해 그 제3취득자와 동일한 대우를 받는다면, 이는 그 지분 등기 보유자와 무관한 우연한 사정으로 인해 그 지분 등기 보유자를 우대하는 결론에 이르므로 부당하다.

이러한 결론을 명시적으로 판시한 판례는 찾아보기 어렵지만, 판례 중에는 이를 당연한 전제로 하는 것이 있다. 즉 판례는 공유토지에 관한 점유취득시효 완성 후 소수 지분을 취득한 제3취득자는 다른 과반수 지분에 관하여 취득시효에 의하여 소유권이전등기청구권을 행사할 수 있는 시효취득자에 대하여 지상 건물의 철거와 토지의 인도 등 점유배제를 청구할 수 없다고 하였는데,[40] 이는 위와 같은 결론을 전제로 한 것이다. 즉 이 판결은 그 소수지분의 처분에도 불구하고 시효완성자가 여전히 다수지분에 대해서는 소유권이전등기청구를 할 수 있음을 전제로 하고 있다. 제1원칙에 의하면, 시효완성자는 그 과반수 지분을 보유한 자에 대해서 등기 없이도 점유취득시효 완성을 주장할 수 있는데, 이 판례는 제1원칙에서 더 나아가 다수지분에 대한 시효완성자가 소수지분권자에 대해서도 등기 없이도 점유취득시효 완성을 주장할 수 있다는 의미라고 이해할 수도 있다.

또한, 판례 중에는 공유물분할을 공유자 상호간의 지분의 교환 또는 매매로 보아, 2인 공유인 1필지 토지의 일부에 대한 점유취득시효가 완성된 이후 그 1필지 토지가 공유물분할에 의하여 시효취득의 대상이 된 토지 부분과 나머지 토지로 분할된 경우, 시효취득의 대상이 된 부분에 관한 공유자 1인의 공유지분은 공유물분할에 의하여 다른 공유자 1인에게 이전되었다는 이유로, 점유자는 취득시효가 완성된 부분에 관한 공유자 1인의 공유지분에 대하여는 이를 이전받은 다른 공유자에게 시효완성으로써 대항할 수 없다고 한 것이 있는데,[41] 이 역시 위와 같은 결론을 전제로 한 것이다. 이러한 결과는 공유물분할의 법적 성질과 점유취득시효에 관한 판례 취지에 따라 도출된다는 설명이 있다.[42]

이를 취득시효기간의 기산점의 측면에서 살펴보면 다음과 같다. 즉 취득시효기간 동안 공유지분의 변동이 있는 공유지분권자에 대해서는 점유 기산점을 임의로 선택하여 주장할 수 없다 하더라도, 그 취득시효기간 동안 공유지분 명의에 변동이 없는 공유지분권자에 대해서는 점유 기산점을 임의로 선택하여 주장할 수 있다고

40) 대법원 1995. 9. 5. 선고 95다24586 판결[공1995.10.15.(1002), 3359]; 대법원 2001. 11. 27. 선고 2000다33638, 33645 판결[공2002.1.15.(146), 154].

41) 대법원 2009. 12. 10. 선고 2006다55784, 55791 판결(미간행); 대법원 1993. 2. 9. 선고 92다29351, 29368(반소) 판결(미간행).

42) 金浩潤(註 31), 63~64면.

보아야 한다.[43] 이는 판례의 제4원칙을 기계적으로 적용한 결과라고도 할 수 있다. 물론 점유자의 점유 기산점이나 점유 기간 등은 사실에 관한 문제이므로 공유지분권자별로 그러한 사실 자체가 달라질 수는 없다. 그러나 점유취득시효가 문제되는 상황에서 점유자의 점유 기산점에 관한 증명이 용이한 것은 아니므로, 시효완성자는 점유 기산점을 임의로 선택하고 싶은 유인이 있다. 점유취득시효의 존재이유 중 하나가 진실한 권리자의 증명의 곤란을 구제하는 데에도 있으므로,[44] 시효완성자가 공유지분권자 중 일부에 대해서만 점유 기산점을 임의로 선택하여 주장할 수 있다는 결론이 점유취득시효의 취지에 반한다고 할 수 없다. 오히려 이러한 결론은 공유지분이 독립하여 처분된다는 것과 이에 따라 점유취득시효완성 효과가 공유지분별로 달라질 수 있다는 것에 부합한다.

Ⅴ. 공동점유에서 점유취득시효

1. 공동점유의 의의

공동으로 부동산을 점유한다는 것은 모든 점유자가 해당 부동산을 함께 사실상 지배하고 있다는 것이다. 원래 물권은 독립한 물건 위에만 성립하는 것이지만, 점유권은 그러한 원칙의 예외로서 동일한 물건 위에도 동시에 여러 점유권이 성립할 수 있다.[45] 이러한 공동점유자 상호 간의 관계는 원칙적으로 평등한 관계라고 할 것이다.[46]

따라서 부동산의 소유자가 해당 부동산을 무단으로 공동점유하는 자들을 상대로 그 부동산의 인도를 받으려면, 모든 공동점유자들을 상대로 각각 인도를 명하는 집행권원을 획득하여야 그 인도 집행이 가능하다. 공동점유자의 인도 의무는 개별적으로 각각 부담하는 의무이다.[47] 원칙적으로 공동점유자가 어떠한 지분 비율로 해

43) 이러한 취지의 하급심 판결로 수원고등법원 2019. 11. 28. 선고 2019나11230(본소), 2019나11247(반소) 판결(미공간, 확정).

44) 民法註解(尹眞秀 집필, 註 5), 360면; 註釋民法(金鎭雨 집필, 註 5), 696면 등; 다만 우리 법제에서 점유취득시효 제도가 증명책임의 곤란을 면제해 주는 데에도 그 취지가 있다고 보는 것에 비판적인 견해도 있다. 김형석(註 2), 177면, 註 82면 참조.

45) 我妻榮/有泉亨/清水誠/田山輝明, 我妻·有泉コンメンタール民法－総則·物権·債権 第6版, 日本評論社(2019), 350면.

46) 이재열, "工作物責任의 賠償責任者에 관한 小考", 延世法學硏究 10輯 1卷, 延世大學校 法科大學 法律問題硏究所(2003), 254면.

47) 이러한 점에서 공동점유자의 인도 의무가 마치 불가분채무 관계에 있는 것처럼 "피고들은 공동하여 해당 부동산을 인도하라."는 주문을 내는 일부 하급심 실무례는 부당하다고 생각된다.

당 부동산을 점유한다는 것은 상정하기 어렵다.[48)]

이러한 공동점유 관계는 실무상 흔하다. 판례는 집합건물의 구분소유자들은 해당 점유부분을 구분소유하면서 공용부분은 공유하므로, 원칙적으로 그 집합건물의 대지 전체를 공동으로 점유한다고 한다.[49)] 상속재산도 그 상속재산 분할 전에는 원칙적으로 공동상속인들이 공동으로 점유하는데,[50)] 이러한 공동점유에는 제1009조 이하의 상속분 규정이 적용되지 않고, 상속분이라는 것이 없다는 것이 다수설이자,[51)] 판례이다.[52)]

2. 공동점유에서 점유취득시효완성

공동점유자의 점유취득시효가 완성되는 경우 그 취득시효 완성을 원인으로 하는 소유권이전등기청구권은 특별한 사정이 없는 한, 공동점유자들에게 같은 비율로 각각 귀속된다고 해석함이 타당하다. 왜냐하면 공동점유자 상호 간은 원칙적으로 평등한 관계이기 때문이다.

다만 공동점유하게 된 권원의 내용과 성질에 따라 점유취득시효 완성을 원인으로 한 소유권이전등기청구권은 공동점유자들에게 다른 비율로 귀속될 수도 있다. 이는 공동점유에 원칙적으로 지분비율이 없다는 것과는 다른 문제이다. 가령, 판례는 건물의 공유자들이 해당 부지를 공동점유함으로써 그 건물부지에 대한 소유권을 시효취득하는 경우에는 그 취득시효 완성을 원인으로 하는 소유권이전등기청구권은 당해 건물의 공유지분비율과 같은 비율로 건물 공유자들에게 귀속된다고 한다.[53)] 이는 건물을 소유하는 것이 곧 건물 부지를 점유하는 것이고 건물의 점유 여부와는 원칙적으로 무관하다는 판례 법리를[54)] 전제로 한다.

---

48) 이와 달리 일부 하급심 실무례는 어떠한 부동산을 '지분 비율로 점유한다.'고 판시하는 것도 있는바(서울중앙지방법원 2009. 10. 9. 선고 2008나21913 판결 등), 이는 적절하지 않다.

49) 대법원 2017. 1. 25. 선고 2012다72469 판결[공2017상, 441]; 같은 취지, 대법원 2014. 9. 4. 선고 2012다7670 판결.

50) 주해상속법 제1권, 편집대표 윤진수, 이봉민 집필부분, 박영사, 2019, 134면.

51) 송덕수, 친족상속법(제4판), 박영사, 2018, 310면; 신영호·김상훈, 가족법강의(제3판), 세창출판사, 2018, 340면; 박동섭, 친족상속법(제4판), 博英社, 2013, 541면 등.

52) 대법원 1962. 10. 11. 선고 62다460 판결(미간행).

53) 대법원 2003. 11. 13. 선고 2002다57935 판결[공2003.12.15.(192), 2314].

54) 대법원 1967. 9. 19. 선고 67다1401 판결(미공간); 대법원 1993. 10. 26. 선고 93다2483 판결[공1993.12.15.(958), 3163] 등; 다만 판례는 미등기건물을 양수하여 건물에 관한 사실상의 처분권을 보유하게 되었다면 건물부지를 점유하고 있다고 볼 수 있다. 대법원 2003. 11. 13. 선고 2002다57935 판결[공2003.12.15.(192), 2314]; 대법원 2009. 9. 10. 선고 2009다28462 판결(미간행) 등; 梁彰洙, "建物의 所有와 敷地占有", 民法研究 第5卷, 博英社(2006), 399면은 "건물소유자가 건물을 점유하지 아니하는 경우에도 그 부지를 점유한다고 해석하는 것은, 적어

위 판례의 당부를 논하는 문헌은 찾기 어려우나, 건물부지의 공동점유자인 건물 공유자들 사이의 공평을 고려하면, 판례의 위와 같은 결론은 충분히 타당하다고 생각된다. 판례의 결론과 다르게 본다면, 공동소유의 대상인 건물의 지배 상태와 그 건물 부지의 지배 상태가 점유취득시효 완성 전후로 달라질 수 있어 부당하기 때문이다. 즉 건물의 다수지분권자가 있음에도, 건물 부지에 관한 소유권이전등기청구권이 그 건물의 지분 비율과 다르게 건물공유자들에게 귀속되는 결과가 된다면, 극단적으로는 건물의 소수지분권자들이 건물 부지에 관해서는 다수지분권자가 됨으로써 건물의 다수지분권자를 상대로 건물의 철거를 구할 수도 있게 된다. 이는 장기간 계속되는 사실 상태를 존중하려는 점유취득시효 제도의 취지[55]에 부합하지 않는다. 따라서 건물의 공유자가 건물 부지를 공동으로 시효취득하게 되었다면 그 시효취득 결과를 건물의 공유지분비율대로 배분하는 것이 공평에 부합하고, 이러한 결과가 장기간 계속된 사실 상태를 존중하는 것이다.

한편, 판례는 집합건물의 구분소유자들이 그 건물의 대지 전체를 공동점유하여 그에 대한 점유취득시효가 완성된 경우 구분소유자들은 그 전유부분의 면적 비율에 따른 대지 지분에 관하여 등기청구권을 행사할 수 있는데, 집합건물의 대지 일부에 관한 점유취득시효의 완성 당시 구분소유자들 중 일부만 대지권등기나 지분이전등기를 마치고 다른 일부 구분소유자들은 이러한 등기를 마치지 않았다면, 특별한 사정이 없는 한 구분소유자들은 각 전유부분의 면적 비율에 따라 대지권으로 등기되어야 할 지분에서 부족한 지분에 관하여 등기명의인을 상대로 점유취득시효완성을 원인으로 한 지분이전등기를 청구할 수 있다고 하였다.[56] 이는 집합건물의 대지를 점유하게 된 권원이 집합건물의 구분소유이고, 집합건물의 대지에 관하여 취득시효로 취득할 수 있는 소유권은 결국 대지사용권이며, 대지사용권의 비율은 원칙적으로 전유부분의 면적 비율에 따라야 한다는 '집합건물의 고유 및 관리에 관한 법률'의 취지를 고려한 것이다.[57] 이러한 판례의 태도는 공동점유의 권원을 고려함과 동시에 장기간 계속된 사실 상태를 존중하려고 것이라고 평가할 수 있다.

도 취득시효의 요건으로서의 점유라는 측면에 국한한다면, 거의 필요적으로 요청된다."고 하고 있다.

55) 金元烈(註 22), 259면 참조.

56) 대법원 2017. 1. 25. 선고 2012다72469 판결.

57) 같은 취지에서 판례의 입장에 찬성하는 것으로 김성욱(註 17), 14면.

Ⅵ. 구분소유적 공유 관계에서 점유취득시효

1. 구분소유적 공유의 의의

1개의 부동산 중 위치와 면적을 특정하여 그 특정 부분을 단독으로 소유하기로 하되, 그 등기만은 편의상 전체 면적 중 그 특정 부분의 면적 비율로 공유지분등기를 마친 경우를 이른바 '구분소유적 공유'라 한다.[58] 판례는 종래부터 이러한 구분소유적 공유관계를 구분소유자들 내부에서는 각각 그 특정 부분의 소유권을 취득하고, 각각의 공유지분등기는 각자의 특정 부분에 관하여 상호명의신탁하는 관계로 파악해 왔다.[59] 학설에서는 구분소유적 공유를 우리나라에 특유한 제도로서 판례법 내지 관습법 상 제도라고 평가하는 견해가 많다.[60] 부동산 실권리자명의 등기에 관한 법률은 제2조 제1호 나.목에서 이러한 상호명의신탁, 즉 '부동산의 위치와 면적을 특정하여 2인 이상이 구분소유하기로 하는 약정을 하고 그 구분소유자의 공유로 등기하는 경우'를 일반적인 명의신탁에서 제외함으로서 그 효력을 무효로 하고 있지 않다.

구분소유적 공유관계가 성립하려면, 원칙적으로 구분소유에 관한 약정이 필요하고, 명시적, 묵시적 약정이 모두 가능하다.[61] 판례는, 구분소유적 공유관계는 어떤

58) 양창수 · 권영준(註 6), 349~350면; 홍봉주(註 6), 513면 등; 대법원 1976. 6. 22. 선고 76다953 판결[공1976.9.1.(549), 9294]; 대법원 2001. 6. 15.자 2000마2633 결정[공2001.10.15.(140), 2149] 등 참조; '구분소유적 공유'라는 용어는 학설에서 먼저 명명되어[徐廷友, "土地의 區分所有的 共有 : 一筆의 土地中 特定一部를 買受하고 共有登記를 한 때의 法律關係", 司法論集 4輯, 대법원 법원행정처(1973), 109면은 "설명의 편의를 위하여 일필의 토지 중 위치, 평수가 특정된 일부를 매수하고 공유등기를 경료한 경우를 토지의 구분소유적 공유라고 명명하기로 한다."라고 한다], 이후 판례에서 이를 채용한 것이라고 한다. 이러한 용어례에 대한 설명으로 신국미, "구분소유적 공유관계의 법적 성질 : 판례이론의 비판적 고찰", 法學論集 제31권 제1호, 청주대학교 출판부(2009), 44면, 註 1. 판례에서 사용하는 용어례에 대해서는 배병일(註 3), 215면 참조.

59) 대법원 1962. 2. 22. 선고 4294민상1025 판결(미간행); 대법원 1980. 12. 9. 선고 79다634 전원합의체판결[공1981.12.15.(670), 14480]; 대법원 2010. 5. 27. 선고 2006다84171 판결[공2010하, 1205] 등; 판례의 태도에 관하여 朴聖哲, "土地의 一部를 特定買受하고 편의상 그 土地全體에 대한 共有持分移轉登記를 한 경우와 名義信託關係", 대법원판례해설 11號, 법원도서관, 1990, 295~296면; 金賢龍(註 32), 95~98면 참조.

60) 배병일(註 3), 208면; 신국미(註 58), 44면; 신봉근, "구분소유적 공유에 관한 법률적 재검토", 財産法研究 29卷 3號, 法文社(2012), 253~254면; 김병두, "구분소유적 공유의 성립", 民事法學 61號, 韓國司法行政學會(2012), 262면.

61) 金賢龍(註 32), 98면; 신국미(註 58), 45~46면; 裵成鎬, "區分所有的 共有關係에 있어서 空持分의 理論과 名義信託關係", 比較私法 10卷 2號, 韓國比較私法學會(2003), 135면 등; 다만 朴聖哲(註 59), 296~299면; 손창환, "구분소유적 공유관계의 성립과 관련된 몇가지 문제점", 재판실무연구, 광주지방법원(2000), 141, 143면은 일부 토지에 대해서만 분할하여 이전등기할 것을 토지 전체에 대한 이전등기를 마쳤다는 사정만으로 명의신탁관계의 성립을 의제할 수 있고, 판례도 이와 같은 취지라고 설명하나, 이러한 설명은 구분소유적 공유관계 성립에 관한

토지에 관하여 그 위치와 면적을 특정하여 여러 사람이 구분소유하기로 하는 약정이 있어야만 적법하게 성립할 수 있고, 공유자들 사이에 그 공유물을 분할하기로 약정하고 그 때부터 각자의 소유로 분할된 부분을 특정하여 각자 점유·사용하여 온 경우에도 구분소유적 공유관계가 성립할 수 있지만, 공유자들 사이에서 특정부분을 각각의 공유자들에게 배타적으로 귀속시키려는 의사의 합치가 이루어지지 아니한 경우에는 이러한 관계가 성립할 여지가 없다고 판시하고 있다.[62] 다만 판례는 구분소유적 공유관계에 있는 토지가 환지된 경우에는, 그 공유자들 사이에 환지된 토지 중 일부씩을 각 특정 소유하기로 하여 상호명의신탁관계를 유지하기로 하였다는 특별한 사정이 없는 한, 종전의 상호명의신탁관계는 환지처분에 의하여 종료되고, 종전의 토지에 상응하는 비율로 종전의 소유자들이 환지에 대하여 공유지분을 취득하게 된다고 한다.[63]

판례는 구분소유적 공유관계에 있어서 공유자 각자는 자신의 특정 소유 부분을 단독으로 처분하고, 이에 해당하는 공유지분등기도 자유롭게 이전할 수 있으며, 공유자 상호간에 각자의 특정 구분소유 부분을 자유롭게 처분함에 서로 동의하고 있다고 볼 수 있다고 한다.[64] 학설도 대체로 이와 같이 보고 있다.[65] 판례는 구분적소유적 공유관계를 표상하는 공유지분등기가 처분되는 경우 그 상호명의신탁관계도 지분 취득자에게 이전된 것으로 본다.[66] 그러나 등기부상의 공유지분을 그 특정 부분에 대한 표상으로서 이전하는 경우와 달리, 등기부의 기재대로 1필지 전체에 대한 진정한 공유지분으로서 처분하는 경우에 제3자는 그 부동산 전체에 대한 공유지분을 취득하고 구분소유적 공유관계는 소멸한다는 것이 판례이다.[67] 판례는 구분소유자들 상호간의 지분 이전은 특별한 사정이 없는 한 명의수탁자의 지위를 승계하는

묵시적 약정을 넓게 인정해야 한다는 취지에 불과한 것은 아닌지 의문이다. 같은 취지, 김병두(註 60), 276~277면; 한편, 위와 같은 설명과 달리, 판례는 구분소유적 공유는 당사자 간의 명시적 또는 묵시적 상호명의신탁 합의에 의하여 성립한다는 실질설의 입장에 있다고 보는 것으로 홍봉주(註 6), 516면 참조.

62) 대법원 2005. 4. 29. 선고 2004다71409 판결[공2005.6.1.(227), 824]; 대법원 2009. 3. 26. 선고 2008다44313 판결[공2009상, 560].

63) 대법원 1999. 1. 15. 선고 98다8950 판결[공1999.2.15.(76), 287].

64) 대법원 1968. 4. 16. 선고 67다1847 판결[집16(1)민, 235]; 대법원 2009. 10. 15. 선고 2007다83632 판결[공2009하, 1826]; 대법원 2014. 12. 24. 선고 2011도11084 판결[공2015상, 214] 등.

65) 金賢龍(註 32), 99면; 신국미(註 58), 49, 53면; 배병일(註 3), 217면; 손창환(註 61), 138면; 김병두(註 60), 278면; 裵成鎬(註 61), 140면 등.

66) 대법원 1990. 6. 26. 선고 88다카14366 판결[공1990.8.15.(878), 1551]; 대법원 1996. 10. 25. 선고 95다40939 판결[공1996.12.1.(23), 3404] 등.

67) 대법원 1993. 6. 8. 선고 92다18634 판결[공1993.8.15(950), 1991]; 대법원 2008. 2. 15. 선고 2006다68810, 68827 판결[공2008상, 388].

것이라고 보는 것이 타당하다고 한 반면,[68] 구분소유적 공유관계에 있는 토지지분에 대한 강제경매절차에서 집행법원이 공유지분이 아닌 특정 구분소유 목적물에 대한 평가를 하게 하고 그에 따라 최저경매가격을 정한 후 경매를 실시하였다는 사정이 없으면, 1필지에 관한 공유자의 지분에 대한 경매목적물은 원칙적으로 1필지 전체에 대한 공유지분이라고 보아야 한다고 하였다.[69] 결국 판례에 따르면, 결국 구분소유적 공유관계를 표상하는 공유지분으로서 처분한 것인지, 아니면 일반적인 공유지분을 처분한 것인지 경우를 사안에 따라 달리 판단해야 할 것이다.[70]

2. 구분소유적 공유관계와 점유취득시효

판례는 일반적인 공유관계에서와 달리, 부동산 중 특정 부분을 구분소유하게 된다고 믿고서 공유지분을 취득하여 그 특정 부분을 점유해 왔다면, 그 점유는 권원의 성질상 타주점유라고 할 수 없다는 이유로 이러한 점유에 기하여 점유취득시효가 인정될 수 있다고 본다.[71] 구분소유적 공유관계는 공유자가 내부적으로는 자신이 특정 부분을 단독으로 소유하되, 다만 대외적으로 이에 대항할 수 없을 뿐이므로, 그 점유 권원의 성질상 그 점유는 소유의 의사로 하는 점유, 즉 자주점유라고 봄이 타당하다.[72]

판례는 구분소유적 공유관계에 있는 부동산 중 특정 부분에 관하여 점유취득시효가 완성된 경우, 그 특정 부분을 구분 소유하지 않는 다른 공유자들도 구분소유적 공유관계에 있다는 주장으로 제3자에게 대항할 수 없으므로, 그 해당 특정 부분에 관한 자신의 공유지분에 대하여 취득시효완성을 원인으로 한 소유권이전등기절차를 이행할 의무가 있다고 한다.[73] 이는 공유자들 사이에 구분소유적 공유관계에 있더라도 대외적으로는 일반 공유자의 지위와 마찬가지 지위에 있는 것이므로, 그 구분소유적 공유관계의 성질상 당연한 결론이다.[74]

또한, 판례는 구분소유적 공유관계에 있는 토지 중 특정 구분소유 부분에 관한 점유취득시효가 완성된 이후 다른 공유자의 특정 구분소유 부분도 처분되어 그에

68) 대법원 1992. 5. 26. 선고 91다27952 판결[공1992, 1990].
69) 대법원 2008. 2. 15. 선고 2006다68810, 68827 판결[공2008상, 388].
70) 같은 취지, 신국미(註 58), 53면.
71) 대법원 1996. 3. 22. 선고 95다53768 판결[공1996.5.15.(10), 1349]; 대법원 2002. 1. 11. 선고 2001다50531 판결(미간행); 대법원 2007. 3. 29. 선고 2006다79995 판결(미간행) 등.
72) 홍봉주(註 6), 515면.
73) 대법원 1997. 6. 13. 선고 97다1730 판결[공1997.8.1.(39), 2162].
74) 金賢龍(註 32), 101면 참조.

따라 토지 전체에 대한 공유지분 이전등기가 마쳐졌다면, 대외적인 관계에는 점유취득시효가 완성된 특정 구분소유 부분 중 그 처분된 다른 공유자 명의의 지분에 관해서는 소유 명의자가 변동된 경우에 해당하므로, 점유자는 취득시효의 기산점을 임의로 선택하여 주장할 수 없다고 하였다.[75] 이 판례에 대한 판례해설에 의하면, 이러한 결론은 구분소유적 공유관계의 성질, 판례의 점유취득시효에 관한 제3, 4원칙 및 명의신탁의 법리를 종합하여 나오는 자명한 결과라고 한다.[76] 이러한 결론 역시 공유지분이 독립하여 처분되기 때문에 발생하는 결과라고 할 수 있다. 다만 이 판례는 점유취득시효 완성 후 처분된 공유지분에 대해서만 취득시효의 기산점을 임의로 선택할 수 없다는 취지이지, 점유취득시효 기간 동안 등기명의인의 변화가 없는 나머지 공유지분에 대해서까지 취득시효의 기산점을 임의로 선택할 수 없다는 취지가 아님을 유념해야 할 것이다.

한편, 구분소유적 공유관계를 표상하는 공유지분도 복수의 공유자들에게 처분될 수 있다. 이 경우 그 공유자들이 공유토지 중 특정 부분을 구분소유하게 된다고 믿고서 그 특정 부분을 공동으로 점유해 왔다면 공유자들이 그 특정 부분에 대하여 시효취득할 수 있다. 다만 이 때 취득시효 완성으로 인한 소유이전등기청구권은 그 점유 권원의 성질을 고려할 때 공유자들 각자의 공유지분의 상대적 비율대로 공유자들에게 귀속된다고 보아야 할 것이다.[77] 이러한 결론은 공동점유에서 점유취득시효 완성 법리와 구분소유적 공유관계의 성질을 조합하여 도출되는 결론이라 생각된다.

Ⅶ. 보론 : 환지가 점유취득시효에 미치는 영향

1. 환지의 의의

환지처분은 강학상 공용환지로서 일정 지역의 토지의 소유권 또는 기타 권리를 강제적으로 교환, 변경하는 것을 말한다.[78] 다만 실무례에서 '환지'라는 용어는 1차적으로 관련 법률에 의해 특정 종전토지에 배정되는 개별 토지를 지칭하는 것으로

---

75) 대법원 2006. 10. 12. 선고 2006다44753 판결[공2006.11.15.(262), 1896].

76) 金賢龍(註 32), 105면.

77) 이러한 취지의 하급심 판결로 수원고등법원 2019. 11. 28. 선고 2019나11230(본소), 2019나11247(반소) 판결(미공간, 확정).

78) 金正道, "取得時效에 있어서의 占有와 換地處分의 關係", 裁判과 判例 8輯, 大邱判例硏究會(1999), 192~193면; 이외에 孫秉鋑, "時效取得을 위한 占有 中 換地處分이 이루어진 경우의 몇 가지 問題를 관하여", 裁判實務, 昌原地方法院(1999), 93면 이하도 참조.

사용되지만, 종전자산과 종후자산의 소유권이 1:1로 맞교환되는 법효과를 의미하거나, 환지계획에 따라 이루어지는 전체 집행 행위 또는 전체 구획정리사업을 의미하는 용어로 사용되기도 한다.[79] 도시개발법에 따른 토지구획정리사업의 경우, ① 실시계획 작성 및 인가, ② 환지계획 작성 및 인가, ③ 공사 시행, ④ 환지예정지 지정, ⑤ 준공, ⑥ 환지처분, ⑦ 등기 촉탁, ⑧ 청산금 징수, 지급의 순으로 진행된다.[80] 다만 농어촌정비법 또는 구 농촌근대화촉진법에 의한 경지정리사업(환지사업)의 경우에는 환지계획과 환지처분이 일체화되어 있다.[81] 이러한 환지 관계 법률에 의하면, 환지예정지가 지정되면 원칙적으로 종전 토지는 사용, 수익할 수 없고, 환지예정지나 그 해당 부분에 대하여 종전과 같은 내용의 권리를 행사할 수 있고,[82] 환지계획에서 정해진 환지는 그 환지처분이 공고된 날의 다음 날부터 종전의 토지로 본다.[83]

2. 종전토지에 관하여 취득시효가 완성된 후 환지예정지 지정 등 환지처분이 이루어진 경우

가. 종전토지 전부에 관하여 취득시효가 완성된 경우

종전토지 전부에 관하여 취득시효가 완성된 후 환지처분이 이루어진 경우 환지된 토지 전부에 관하여 취득시효 완성의 효과를 주장할 수 있다는 것이 판례이다.[84] 환지처분에도 불구하고 점유의 상태에는 변동이 없으므로, 그 점유하는 특정 부분에 대하여 여전히 시효취득완성의 효과를 주장할 수 있는 것은 아닌지 의문이 있을 수 있다. 그러나 환지 관련 법률에서 환지계획에서 정해진 환지는 그 환지처분이 공고된 날의 다음 날부터 종전의 토지로 본다고 규정하고 있으므로, 판례의 위와 같은 태도를 이해할 수 있다.[85] 즉 판례는, 점유 상태에는 변동이 없더라도, 환지처분으로써 점유의 대상인 토지의 상태가 변경되었고, 이에 따라 취득시효 완성으로 인한 소

79) 李相悳, "구 농촌근대화촉진법에 따른 환지사업에서 개별적인 환지가 지정되지 않은 토지의 소유권 귀속", 대법원판례해설 제119호, 법원도서관(2019), 198~199면.

80) 李相悳(註 79), 194면.

81) 李相悳(註 79), 195면.

82) 환지 관계법령에는 대체로 이와 같은 규정을 두고 있다. 도시개발법 제36조 제1항, 구 토지구획정리사업법 제57조 제1항 등.

83) 환지 관계법령에는 대체로 이와 같은 규정을 두고 있다. 도시개발법 제42조 제1항, 농어촌정비법 제37조 제1항, 구 토지구획정리사업법 제62조 제1항, 구 농촌근대화촉진법 제129조 제1항 등.

84) 대법원 1979. 4. 10. 선고 79다16, 17 판결[공1979.7.1.(611), 11906]; 대법원 1986. 9. 9. 선고 85다카1442 판결[공1986.11.1.(787), 1374].

85) 高毅永, "占有로 인한 時效取得과 換地豫定地", 民事判例硏究 13卷, 博英社(1991), 26면; 孫秉鋑(註 78), 102면 참조.

유권이전등기청구권의 대상도 변경되었다는 취지라고 생각된다. 다만 이러한 경우 환지예정지 지정 처분만 이루어지고, 환지가 확정되지 않은 경우에는, 종전토지에 대하여 취득시효를 주장할 수밖에 없다는 견해가 있다.[86)]

나. 종전토지 중 일부에 관하여 취득시효가 완성된 경우

그런데 종전토지 중 일부에 관하여 취득시효가 완성된 후 환지처분이 이루어진 경우에는 위의 경우와 다르다. 판례는 이 경우 환지가 제자리환지라 하더라도 종전토지는 환지로 인해 전체 토지의 지적, 모양, 위치에 변동이 생기므로, 시효취득한 특정 부분이 환지 토지 내에 포함되었더라도 특별한 사정이 없는 한, 취득시효가 완성된 특정 부분이 환지된 토지에 그대로 지적, 모양 위치로 특정되었다거나 환지된 토지상의 당해 특정 부분을 시효취득하였다고 할 수는 없고, 환지된 토지에 관하여 종전토지 중 특정 부분의 전체면적에 대한 비율에 상응하는 공유지분을 시효취득한 것이라고 볼 수밖에 없다고 한다.[87)]

학설 중에는 위 판례에 대하여 종전토지 중 특정 부분이 환지된 토지의 어느 부분으로 환지된 것인지 확정할 수 없기 때문에 나오는 부득이한 결과라는 평가가 있다.[88)][89)] 앞서 본 바와 같이, 환지처분으로써 취득시효 완성으로 인한 소유권이전등기청구권의 대상도 변경된 것이나, 그 대상으로서 종전토지 중 특정 부분에 대응하는 환지된 토지 중 일부를 특정할 방법이 없으므로, 그 소유권이전등기청구권의 대상은 환지된 토지 중 공유지분이라고 볼 수밖에 없다. 이러한 법리는 점유자가 종전토지 전체를 점유하였으나, 종전토지를 포함하여 수필의 토지가 1필로 합동환지된 경우에도 마찬가지라는 지적이 있다.[90)]

이로써 시효완성자는 그 취득시효 완성의 효과로서 환지된 토지 중 일부 공유지분에 관한 소유권이전등기청구권을 취득하게 된다. 이러한 결과는 공유지분이 독립하여 처분할 수 있기 때문이라기보다는 환지처분의 효과 때문에 발생한다고 생각된다.

다만 환지처분에 의하여, 종전토지 중 특정 부분이 환지된 토지 중 어느 부분에

86) 孫秉鋑(註 78), 102면.
87) 대법원 1989. 9. 26. 선고 88다카18795 판결[공1989.11.15.(860), 1553].
88) 高毅永(註 85), 27~28면; 같은 취지, 金泰佑, "換地와 取得時效", 判例硏究 1집, 釜山判例硏究會(1991), 134면.
89) 다만 孫秉鋑(註 78), 105~107면은 이러한 판례의 태도에 대하여 실질적 가치가 동일하지 아니한 종전토지에 대응하여 확지확정된 토지에 관하여 시효취득하는 범위를 산정하는 기준으로는 타당하지 않다고 비판하고 있다.
90) 孫秉鋑(註 78), 103면.

해당하는지 특정되는 경우에는 그 환지된 토지 중 특정 부분에 대하여 취득시효 완성의 효과를 주장할 수 있을 것이다.[91]

3. 종전토지에 관하여 취득시효가 완성되기 전에 환지예정지 지정 또는 환지 확정이 이루어진 경우

판례는 종전토지 전체에 대한 점유와 환지예정지 및 환지 확정된 토지 전체에 대한 점유가 계속되었을 경우 점유취득시효기간을 산정함에 있어서는 그 점유기간을 통산할 수 있다고 한다.[92] 환지예정지 지정만으로 당연히 점유권의 변동이 생기는 것은 아니므로, 환지처분만으로 종전토지의 점유자가 바로 환지예정지나 환지를 점유하게 되는 것은 아니다.[93] 따라서 이 경우 점유기간이 통산된다는 것은 종전토지의 점유자가 환지예정지나 환지에 대하여 실제로 점유를 개시한 경우를 의미한다. 이러한 판례의 태도에 대하여, 점유 상태에 변동이 있는 것이기는 하나 환지예정지 또는 환지 확정된 토지를 점유함으로써 종전토지에 관한 소유권자로서의 외관을 갖춘다고 할 수 있다는 점, 취득시효에서 점유는 사용수익권의 외부적 표현으로 평가되므로 점유의 객체로서 종전토지나 환지예정지 또는 환지에 대한 점유는 모두 동일한 토지에 대한 점유로 보아야 한다는 점 등을 근거로 타당하다는 견해가 대체적이다.[94]

반면 판례는 종전토지의 특정 부분의 점유자가 환지예정지 지정 이전에도 환지예정지나 환지된 토지상의 당해 특정 부분을 점유하였다고 할 수는 없으므로, 점유취득시효기간을 산정함에 있어서는 그 점유기간을 통산할 수 없다고 한다.[95] 이는

---

91) 高毅永(註 85), 28면.; 金弘燁, "가. 從前土地의 특정일부의 매수와 換地상 배타적 사용수익여부, 나. 從前土地 및 換地豫定地의 특정 일부의 점유와 시효취득", 대법원판례해설 19-1號, 법원도서관(1993), 307면; 같은 취지, 金起東, "換地와 時效取得 : 換地豫定地 指定日을 새로운 取得時效期間의 起算點으로 할 수 있는지 여부와 換地處分 前後의 占有對象 土地의 同一性 인정 및 占有期間의 通算 가부", 대법원판례해설 27號, 법원도서관(1997), 107면; 孫秉鋑(註 78), 104면; 이러한 취지의 일본 최고재판소 판결로 日最裁, 1970(昭和 45). 12. 18. 判決 民集 24-13, 2118.; 더 나아가 반드시 환지처분이 아니더라도 여러 사정을 종합하여 종전토지 중 특정 부분과 환지된 토지 중 특정 부분이 객관적으로 동일성을 인정할 수 있다면 충분하다는 취지의 견해로는 金泰佑(註 88), 133~134면.

92) 대법원 1982. 11. 23. 선고 80다2825 판결[공1983.2.1.(697), 187]; 대법원 1989. 9. 26. 선고 88다카18795 판결[공1989.11.15.(860), 1553]; 대법원 1995. 5. 23. 선고 94다39987 판결[공1995.7.1.(995), 2228]; 대법원 1998. 5. 15. 선고 97다55515 판결[공1998.6.15.(60), 1624].

93) 대법원 1954. 11. 13. 선고 4287민상57 판결(미간행); 安相敦, "換地豫定地 指定處分과 그 私法上의 效果", 司法論集 3輯, 대법원 법원행정처(1972), 226~227면; 高毅永(註 85), 29면; 金起東(註 91), 100면.

94) 高毅永(註 85), 29~30면; 金泰佑(註 88), 129면; 같은 취지, 金起東(註 91), 101~102면; 孫秉鋑(註 78), 107~109면.

95) 대법원 1989. 9. 26. 선고 88다카18795 판결[공1989.11.15.(860), 1553]; 대법원 1993. 5. 14.

환지처분 전후에 계속하여 종전토지 중 특정 부분을 계속 점유하였다 하더라도, 그 특정 부분이 환지된 토지의 어느 부분으로 환지된 것인지 확정할 수 없으므로, 그 점유로써 환지된 토지의 특정 부분을 계속 점유한 것으로 볼 수 없어 양 점유의 동일성을 인정할 수 없다는 취지이다.[96]

다만 판례는 환지예정지 지정 처분 이후의 환지예정지에 대한 점유는 종전 토지의 점유와 분리된 새로운 점유가 개시된 것으로서 환지예정지 지정처분의 효력발생일을 기산점으로 하여 취득시효기간이 새로이 진행된다고 하며, 특별한 사정이 없는 한 환지예정지의 특정 부분에 대한 점유와 환지 확정된 토지의 특정 부분에 대한 점유는 그 점유기간을 통산할 수 있다고 한다.[97] 학설 중에는 환지처분 확정 전에 환지예정지의 특정 부분에 대한 점유만으로 취득시효가 완성된 경우, 그에 대응하는 종전 토지의 특정 부분을 정할 수 없는 이상, 그 면적 비율에 따라 종전 토지 중 공유지분에 대한 소유권이전등기를 청구할 수 있고, 환지 처분 확정 후에는 그 특정 부분 전체에 대한 소유권이전등기를 청구할 수 있다고 보는 견해가 있다.[98]

Ⅷ. 결 론

1. 이상의 결론을 요약하면 다음과 같다.

가. 부동산의 공유지분도 점유취득시효의 대상이 될 수 있다. 이는 공유지분이 독립하여 처분할 수 있기 때문에 생긴다.

나. 점유취득시효 완성으로 인해 공유지분을 취득하게 되는 대표적인 경우는 공유지분에 대한 점유권원의 차이에서 발생한다.

다. 점유취득시효기간 완성 전후에 그 점유 부동산 중 공유지분 일부만 처분된 경우의 법률관계에 있어서, 우선 점유취득시효완성 전 일부 공유지분만 처분되었다

선고 92다30306 판결[공1993.7.15.(948), 1695]; 대법원 1995. 7. 25. 선고 95다15742, 15759(병합) 판결[공1995.9.1.(999), 2954]; 대법원 2003. 3. 25. 선고 2002다72781 판결[공2003.5.15.(178), 1050] 등.

96) 高毅永(註 85), 31면; 金弘燁(註 91), 306~307면; 金起東(註 91), 108면; 金正道(註 78), 203면; 이러한 판례의 태도에 대하여 비판적인 견해로는 孫秉鋑(註 78), 110~112면.; 다만 이 경우 환지 중 제자리환지의 경우 공유지분의 시효취득이 인정될 수 있다는 취지의 견해로는 高毅永(註 85), 32면; 같은 취지, 孫秉鋑(註 78), 111~112면.

97) 대법원 1996. 11. 29. 선고 94다53785 판결[공1997.1.15.(26), 151]; 이에 대한 판례해설로 金起東(註 91) 참조. 같은 취지, 대법원 2003. 3. 25. 선고 2002다72781 판결[공2003.5.15.(178), 1050].

98) 金正道(註 78), 209~210면; 金起東(註 91), 113면 참조.

는 사정은 시효완성자가 부동산 전체에 대하여 취득시효 완성의 효과를 주장하는 데 특별한 영향을 미치지 않는다. 반면 점유취득시효완성 후 일부 공유지분이 처분된 경우에는 시효완성자는 그 처분된 공유지분을 취득한 사람에게는 시효완성을 주장할 수 없지만, 그 다른 공유지분에 대해서는 시효완성을 주장할 수 있다. 이를 취득시효기간의 기산점의 측면에서 살펴보면, 취득시효기간 동안 공유지분의 변동이 있는 공유지분권자에 대해서는 점유 기산점을 임의로 선택하여 주장할 수 없지만, 그 취득시효기간 동안 공유지분 명의에 변동이 없는 공유지분권자에 대해서는 점유 기산점을 임의로 선택하여 주장할 수 있다.

라. 공동점유자의 점유취득시효가 완성되는 경우 그 취득시효 완성을 원인으로 하는 소유권이전등기청구권은 특별한 사정이 없는 한 공동점유자들에게 같은 비율로 각각 귀속된다고 해석해야 하나, 공동점유하게 된 권원의 내용과 성질에 따라 점유취득시효 완성을 원인으로 한 소유권이전등기청구권은 공동점유자들에게 다른 비율로 귀속될 수도 있다.

마. 부동산 중 특정 부분을 구분소유하게 된다고 믿고서 공유지분을 취득하여 그 특정 부분을 점유해 온 경우 이러한 점유는 자주점유이므로, 그 특정 부분에 대한 점유취득시효가 인정될 수 있다. 이 경우 그 특정 부분을 구분 소유하지 않는 다른 공유자들도 그 해당 특정 부분에 관한 자신의 공유지분에 대하여 취득시효완성을 원인으로 한 소유권이전등기절차를 이행할 의무가 있다. 구분소유적 공유관계에 있는 토지 중 특정 구분소유 부분에 관한 점유취득시효가 완성된 이후 다른 공유자의 특정 구분소유 부분도 처분되어 그에 따라 토지 전체에 대한 공유지분 이전등기가 마쳐졌다면, 점유자는 그 처분된 공유지분에 대하여 취득시효의 기산점을 임의로 선택하여 주장할 수 없다. 공유자들이 공유토지 중 특정 부분을 구분소유하게 된다고 믿고서 그 특정 부분을 공동으로 점유해 왔다면 공유자들이 그 특정 부분에 대하여 시효취득할 수 있는데, 이 때 취득시효 완성으로 인한 소유이전등기청구권은 그 점유 권원의 성질을 고려할 때 공유자들 각자의 공유지분의 상대적 비율대로 공유자들에게 귀속된다고 해석함이 타당하다.

바. 종전토지 중 일부에 관하여 점유취득시효가 완성된 후 환지처분이 이루어진 경우, 시효완성자는 환지된 토지에 관하여 종전토지 중 특정 부분의 전체면적에 대한 비율에 상응하는 공유지분에 대하여 소유권이전등기청구권을 취득하게 된다. 다만 이러한 결과는 앞의 경우와는 달리 공유지분이 독립하여 처분할 수 있기 때문이라기보다는 환지처분의 효과 때문에 발생하는 것이다.

2. 물권법의 영역에서는 그 법률효과에 대세적인 효력이 있으므로, 그에 관한 구체적인 법리는, 점유법의 영역을 제외하면,[99] 원칙적으로 '이익형량 법리(balancing rule)'보다는 '명확한 기준 법리(bright-line rule)'가 더 적절하다고 생각된다. 즉 여러 이익 상황을 비교하고 형량하여 결론을 도출하는 법리보다는 분명하고 명확한 기준을 통해 예측이 비교적 쉬운 결론을 도출하는 법리가 물권법의 영역에서는 원칙적으로 더 적합하다.

부동산 점유취득시효로 인해 공유지분이 취득되는 상황에 관한 위와 같은 여러 결론은 앞에서 살펴본 바와 같이, 이익 상황을 비교하여 형량한 다음 도출된 결론이라기보다는, 점유취득시효에 관한 기존의 물권법 원칙이나 법리를 공유지분에 기계적으로 적용한 것이거나, 점유취득시효나 공유지분에 관한 여러 물권법 원칙이나 법리를 조합하여 도출되는 논리적인 결과였다. 이러한 점은 물권법 영역에서 '명확한 기준 법리(bright-line rule)'가 더 적합하다는 점을 보여주는 일례라고 생각된다.

99) 점유 여부에 대한 판단은 당사들의 이익을 형량하는 평가적 판단이라는 점에서 출발해야 한다는 견해로 김형석(註 2), 164면.

미국 연방도산법상 장래채권 양도담보의 효력

— 미국 연방도산법 제552조 제(b)항의 해석론과 그 시사점 —

최 준 규*

Ⅰ. 들어가며

대법원 2013. 3. 28. 선고 2010다63836 판결(이하 '대상판결')은 "장래 발생하는 채권이 담보목적으로 양도된 후 채권양도인에 대하여 회생절차가 개시되었을 경우, 회생절차개시결정으로 채무자의 업무의 수행과 재산의 관리 및 처분 권한은 모두 관리인에게 전속하게 되는데{채무자 회생 및 파산에 관한 법률(이하 '채무자회생법') 제56조 제1항}, 관리인은 채무자나 그의 기관 또는 대표자가 아니고 채무자와 그 채권자 등으로 구성되는 이른바 이해관계인 단체의 관리자로서 일종의 공적 수탁자에 해당한다 할 것이므로, 회생절차가 개시된 후 발생하는 채권은 채무자가 아닌 관리인의 지위에 기한 행위로 인하여 발생하는 것으로서 채권양도담보의 목적물에 포함되지 아니하고, 이에 따라 그러한 채권에 대해서는 담보권의 효력이 미치지 아니한다."고 판시하였다.

대상판결이 거래계에 미친 영향은 상당하였다. 은행 등 금융기관은 채무자가 장차 취득할 채권에 대하여 담보를 취득하고 대출을 해 주는 것을 꺼리게 되었다. 채무자가 회생절차에 들어간 이후 발생한 채권은 담보권의 목적물에 포함되지 않고, 은행의 독점적 채권만족을 위해 쓰일 수 없기 때문이다. 현재 시점에서 유형(有形)의 책임재산(ex. 부동산이나 동산)을 갖고 있지 않지만 장래성이 있는 사업계획을 갖고 있는 사업자 입장에서, 자신이 장래에 취득할 매출채권을 담보로 금융을 일으켜 사업을 진행하는 것이 어려워졌다.

학계에서는 대상판결에 대하여 찬반양론이 팽팽하다. 찬성하는 견해[1]는 대상판

---

* 서울대학교 법학전문대학원 부교수.

1) 김재형, 민법판례분석, (2015), 159~161; 오영준, "집합채권양도담보와 도산절차의 개시", 사법논집34, (2006), 368 이하; 최준규, "장래채권 양도담보의 도산절차상 효력", 사법32, (2015), 235 이하; 정소민, "도산법상 채권담보권자의 지위에 관한 연구", 법학논총33－1, (2016), 242;

결과 같은 입장을 취해야 채무자의 회생이 원활하게 이루어질 수 있음을 강조한다. 채무자의 장래매출채권 일체가 특정 채권자에게 담보목적으로 양도되는 것을 허용하면 회생절차에 들어간 채무자는 회생에 필요한 자금을 확보하기 어려워진다. 채무자가 정상영업을 통해 얻은 매출금 일체는 ― 마치 블랙홀(black hole)에 빨려 들어가는 것처럼 ― 특정 담보권자의 몫으로 돌아간다. 관리인이 채무자의 종전 영업을 계속함으로써 얻은 수익이 모든 회생채권자의 이익을 위해 공평하게 사용되지 않고 특정 채권자의 이익을 위해서만 쓰인다면, 결과적으로 관리인의 존재의의 또는 임무와 배치되는 것 아닌지 의문이 제기될 수도 있다. 그러나 대상판결에 반대하는 견해[2)]는 대상판결이 담보거래 질서를 교란시킬 수 있다는 점을 지적한다. 담보권 취득의 모든 요건을 갖춘 채권자 입장에서 자신이 취득한 담보물이 채무자에 대한 회생절차 개시라는 우연한 사정으로 인해 갑자기 사라지는 것은 납득하기 어려운 위험일 수 있다. 사업자가 사업을 시작하는 단계에서 사업자의 장래 전망 또는 장래의 현금흐름을 믿고 과감하게 대출을 해준 초기 투자자를 두텁게 보호하는 것이 사회정책적으로 바람직할 수 있다. 그런데 대상판결로 인해 초기 투자자는 적극적 대출을 꺼리게 될 것이다. 초기 투자자의 적극적 자금지원이 없는 상황에서 기업가정신(entrepreneurship)을 고취하여 혁신적 창업을 촉진시키기는 쉽지 않다.

위 쟁점에 관하여 미국 연방도산법 제552조는 입법적 해결책을 꾀하고 있다. 미국 연방도산법 제552조에 관하여 그간 비교법적 검토가 없었던 것은 아니다.[3)] 그런데 선행 연구들이 미국 연방도산법 제552조의 내용을 정확히 묘사하고 있는지에 대해서는 의문이 있다. 바람직한 우리법 해석론 또는 입법론을 모색하는 과정에서 비교법 연구는 도움이 될 수 있다. 그러나 외국제도의 부정확한 소개는 자칫 유해할 수 있다. 이 글은 이러한 문제의식에서 작성되었다.[4)] 글의 순서는 다음과 같다. 우선

김형석, "우리 담보제도 발전의 회고", 우리법 70년 변화와 전망, (2018), 413~416. 다만 판례에 찬성하는 입장이라 하더라도 대상판결의 판시가 미치는 범위가 어디까지인지에 대해서는 견해가 나뉜다. 장래채권 양도담보의 도산절차상 효력이 예외적으로 인정될 수 있는 경우가 언제인지에 대해 견해가 분분한 것이다.

2) 박진수, "회생절차개시결정과 집합채권양도담보의 효력이 미치는 범위", 민사판례연구36, (2015), 595 이하; 이연갑, "장래채권 양도담보와 회생담보권의 효력이 미치는 범위", 법조695, (2014), 178 이하.

3) 가령 최준규(주 1), 250~251; 정소민(주 1), 234~237.

4) 필자와 비슷한 문제의식에서 출발하여 미국 연방도산법 제552조를 분석한 일본학자의 논문으로는 藤澤治奈, "アメリカ担保法と倒産法の交錯ーー将来財産を目的とする担保権の倒産法上の処遇", 民法理論の対話と創造, (2018), 147 이하 참조. 그런데 출발점은 비슷하지만 위 논문의 도달점(비교법적 시사점 도출)은 필자와 많은 차이가 있다. 이 쟁점을 둘러싼 우리나라와 일본의 논의상황이 상당히 다르기 때문이다.

미국 연방도산법 제552조를 소개하는 기존 문헌들이 간과하고 있는 지점이 무엇인지 지적한다(Ⅱ). 이어서 미국 연방도산법 제552조의 해석론을 살펴보고(Ⅲ), 미국의 법상황과 우리의 법상황 사이에 차이가 발생하는 이유는 무엇인지, 미국의 논의로부터 어떠한 비교법적 시사점을 얻을 수 있는지 검토한다(Ⅳ).

Ⅱ. 기존 연구에서 충분히 의식되지 못한 부분

미국 연방도산법 제552조의 내용은 다음과 같다.

제552조(도산신청 후 담보권의 효력)

(a) 아래 (b)항이 적용되는 경우를 제외하고, 도산절차 개시 전의 담보권은 도산절차 개시 후 도산재단이나 채무자가 취득한 재산에 효력을 미치지 않는다.

(b)(1) 363조, 506(c)조, 522조, 544조, 545조, 547조, 548조가 적용되는 경우를 제외하고, 채무자와 담보권자가 도산절차 개시 전에 담보계약을 체결하였고 그 담보권의 효력이 도산절차 개시 전에 채무자가 취득한 재산 및 그 재산으로부터 발생한 수익(proceeds),[5] 산물(products), 과실(offsprings), 사용료(rents), 이윤(profits)에 미친다면, <u>그 담보권은 담보계약 및 적용가능한 비도산법을 근거로 도산절차 개시 후에 도산재단이 취득한 수익, 산물, 과실, 사용료, 이윤에도 효력이 미친다. 그러나 법원은 통지 및 청문절차를 거쳐 사안의 형평을 고려하여 다르게 결정할 수 있다</u>.(강조는 필자, 이하 같음)

(2) 363조, 506조 (c)항, 522조, 544조, 545조, 547조, 548조가 적용되는 경우를 제외하고, 그리고 546조 (b)항에도 불구하고, 채무자와 담보권자가 도산절차 개시 전에 담보계약을 체결하였고 그 담보권의 효력이 도산절차 개시 전에 채무자가 취득한 재산 및 <u>그 재산의 사용료로 지급된 금액, 호텔이나 모텔 또는 다른 숙박시설의 방과 공용시설의 점유·사용에 대한 대가</u>[6]에 미친다면, 그 담보권은 담보계약을 근거로 도산절차 개시 후에 도산재단이 취득한 사용료와 대가 등에도 효력이 미친다. 그러나 법원은 통지 및 청문절차를 거쳐 사안의 형평을 고려하여 다르게 결정할 수 있다.

---

5) 권영준, 담보거래에 관한 UNCITRAL 모델법 연구, (2018), 23은 UNCITRAl 모델법상의 proceeds를 '수익'이라고 번역하는 것이 우리말에 가장 가깝다고 한다.

6) 이 규정은 1994년 도산법 개정으로 추가된 것이다. 제(b)항 제(1)호에서 사용료(rents)에 대하여 담보권의 효력이 미친다고 규정하였음에도 불구하고 굳이 호텔, 숙박시설 등의 사용료에 대하여 별도의 규정을 둔 이유는, 많은 주법원이 호텔에서 발생하는 수익은 주법상 호텔의 사용료(rents)가 아니라고 판시하고 있었기 때문이다. Alan P. Solow/Randall L. Klein, "Section

위 조항은 일견 아래와 같이 읽힌다.[7)]

---

① 미국에서는 제552조 제(a)항에 따라 도산절차개시 후 발생한 장래채권에 대해서는 담보권[8)]의 효력이 미치지 않는다(원칙명제).[9)]

↓

② 다만 제552조 제(b)항 제(1), (2)호에 따라 해당 장래채권이 도산절차 개시 전에 채권자가 취득한 담보목적물의 수익 등에 해당하거나 담보목적물의 사용료 등에 해당하는 경우 담보권의 효력이 미칠 수 있다(예외명제).

↓

③ 이 경우에도 법원은 형평을 고려하여 담보권의 효력이 미치는 범위를 '제한'할 수 있다(예외의 예외명제).

이는 미국 연방도산법 제552조의 문리해석(文理解釋)을 통해 자연스럽게 도출되

---

552 – Post–Petition Liens on Future Income Streams", 1995 Ann. Surv. of Bankr. Law. 49.

7) 최준규(주 1), 250~251; 정소민(주 1), 234~237 참조. 심사위원의 의견 중에는 "미국의 경우 영업재산 일체에 대한 담보제공거래가 가능하고 많이 활용되기 때문에 연방도산법 제552조 제(b)항이 큰 의미를 갖지만, 우리법의 경우 영업재산 일체에 대한 담보제공거래가 행하여지지 않고 있기 때문에, 위 (b)항이 갖는 의미가 퇴색될 수밖에 없다"는 지적이 있었다. 미국의 담보거래 관행과 우리나라의 관행 사이에 위와 같은 차이가 있는 것은 맞다. 그러나 우리법에서 위 (b)항이 갖는 의미가 퇴색되는 주된 이유는 미국법과 달리 우리법의 경우 광범위한 추급(tracing)이 인정되지 않기 때문이다. 이 차이점은 본문 Ⅳ. 1.에서 살펴본다.

8) 법문언상 "담보권"의 효력만을 언급하고 있으므로 장래채권에 대한 "진정양도(true sale)"의 경우 미국연방도산법 제552조가 적용되지 않는다. 따라서 도산절차 개시 후 발생한 장래채권에 대해서는 진정양도의 효력이 미친다고 봄이 타당하다. 同旨 Steven L. Schwarcz/Janet Malloy Link, "Protecting Rights, Preserving Windfalls: A Model for Harmonizing State and Federal Laws on Floating Liens", 75 N.C.L.Rev. 403, 456–458 (1997). 미국연방도산법 제101조 제50항은 담보계약(security agreement)을 "담보권을 발생시키거나 제공하는 계약(agreement that creates or provides for a security interest)"이라고 정의하고 있고, 제101조 제51항은 담보권(security interest)을 "약정에 의해 발생한 물적담보(lien created by an agreement)"라고 정의하고 있다. 또한 제101조 제37항은 물적담보(lien)를 "채무의 변제나 의무의 이행을 담보하기 위한 재산에 대한 부담 또는 이익(charge against or interest in property)"이라고 정의하고 있다. 이는 UCC 제1–201조 제35항이 담보권(security interest)을 정의하면서 계좌(accounts), 지급무형물(payment intangible), 약속어음(promissory note)을 매수한 자의 권리도 담보권에 포함시키고 있는 것과 극명히 대비된다. 채권의 진정양수인은 UCC상 담보권자로 해석될 여지가 있지만 연방도산법상으로는 담보권자로 해석될 여지가 없는 것이다.
그러나 장래채권에 대한 진정양도의 경우에도 제552조가 적용될 수 있고 제549조(도산신청 후 거래에 대한 부인권 규정)도 적용될 수 있다는 견해로는 John F. Hilson/Stephen L. Sepinuck, "A Sale of Future Receivables: Disguising a Secured Loan as a Purchase of Hope", 9 Transactional Law. 14 (2019) n.54 참조.

9) 오영준(주 1), 368; 박진수(주 1), 590~591; 이상주, "집합채권양도담보에서의 담보권실행의 효력과 회생절차가 개시된 후 발생하는 채권에 대해서도 담보권의 효력이 미치는지 여부", 대법원판례해설 95호, (2013), 668; 김재형, "도산절차에서 담보권자의 지위", 민법론Ⅲ, (2007), 211은 원칙명제에만 주목한다. 그러나 예외명제와 예외의 예외명제까지 포괄하여 살펴보지 않으면 미국 연방도산법 제552조의 내용과 실제 기능을 온전히 이해하기 어렵다.

는 결과이다. 위 내용 중 ①명제(원칙명제)는 대상판결의 결론과 유사하다. 그렇다면 미국에서도 유형(有形)의 책임재산을 갖고 있지 않은 사업자가 장래의 매출채권 일체를 담보로 대출을 받은 경우 채권양도담보권자인 금융기관으로서는 — 대상판결이 적용되는 우리법에서 금융기관이 부담하는 위험과 마찬가지로 — 채무자가 회생절차에 들어간 경우 자신의 담보목적물이 사라질 심각한(!) 위험에 직면하는가? 일응 그러한 위험을 부담하는 것처럼 보인다. 왜냐하면 사업개시 단계에서 채무자(사업자)는 장래의 매출채권 이외에 담보로 제공할만한 유형자산이 없고, 장래의 매출채권이 담보목적물의 수익이나 사용료 등에 해당하여 예외명제가 적용되는 상황, 즉 도산절차 개시 후의 매출채권의 경우에도 담보권의 효력이 미치는 상황은 상정하기 어렵기 때문이다. 달리 말하면, 장래의 매출채권이 '무언가(유형자산)의 수익'이 될 수 있고, 그 '무언가'에 대해 도산절차 개시 전에 담보권을 설정할 수 있어야만 예외명제가 적용될 수 있는데, 초기단계의 사업자 입장에서 장래의 매출채권 이외에 다른 '무언가'를 담보로 제공할 수 없다.

그러나 결론부터 말하면 미국법 하에서 은행은 우리법과 달리 그리 큰 위험을 부담하지 않을 수 있다. 그 이유는 미국법상 담보권자는 채무자가 장래 취득할 매출채권과 '별도로' 그러한 매출채권의 발생원인이 되는 계약을 근거로 발생하는 권리 일체를 담보대상으로 삼을 수 있기 때문이다. 즉 담보권자는 계약상 권리(contract rights)에 대한 담보권을 취득할 수 있고(그 계약이 담보설정 당시 존재하지 않더라도 무방하다), 그 계약이 채무자에 대한 도산절차 개시 전에 체결되었다면[10] 도산절차 개시 후 위 계약에 기초하여 채무자가 취득한 매출채권 또는 계약상대방으로부터 지급받은 매출채권 상당액은 계약상 권리의 수익(proceeds of contract rights)에 해당하여 담보권의 효력이 미치게 된다.[11]

가령 담보계약서에 채무자의 현재 또는 장래의 '계약상 채권'이 담보목적물에 포함된 상황을 생각해 보자. 담보계약체결 후 채무자에 대한 도산절차 개시 전에 채무자가 수급으로서 도급계약을 체결하면, 그 시점을 기준으로 도급계약상 채권이라는 현재권리에 대하여 담보권이 존재하는 것이다. 그러나 이 시점에서는 '도급계약상 권리'만 존재할 뿐 도급대금 채권은 아직 존재하지 않는다. 이후 채무자에 대한

10) 도산절차 개시 후 비로소 계약이 체결되었다면 원칙명제가 적용된다. 즉 이 계약(또는 계약상 권리)은 사후취득재산(after-acquired property)에 해당하여 담보목적물에서 제외된다. Schwarcz/Link(주 8), 448-449.

11) 가령 J. Catton Farms, Inc. v. First National Bank of Chicago, 779 F.2d 1242 (1985) 참조. 구체적 내용은 본문 Ⅲ. 1.에서 살펴본다.

도산절차가 개시되고 채무자가 일을 완성하여 도급대금 채권이 비로소 발생하였다면 이 도급대금 채권은 사후취득 재산이므로, 원래 원칙명제가 적용되었어야 한다. 그러나 이 도급대금 채권은 도급계약상 채권의 수익이므로 예외명제가 적용되고 따라서 담보권의 대상(對象)이 된다. 위 사례처럼 계약이 1회적으로 특정채권을 발생시키는 것이 아니라 계속적으로 특정 또는 불특정 채권을 발생시키는 경우, 가령 기한의 정함이 없는 라이선스계약(licensing agreement)에 따라 실시료(royalty) 채권이 지속적으로 발생할 수 있는 경우에도 — 계약기간이 영구무한(永久無限)인 경우가 아니라면 — 위 채권은 라이선스계약의 수익이 된다는 견해가 있다.[12] 채무자와 채권자가 담보설정계약을 체결하면서 담보목적물에 현재 또는 장래의 계약상 권리 일체를 포함시키는 것은 어려운 일이 아니고[13] 채무자 입장에서 굳이 이를 거부할 이유도 없다. 따라서 채권자는 담보목적물인 계약이 채무자에 대한 도산절차 개시 전에 체결되는 한, 원칙명제에서 손쉽게 빠져나올 수 있다.

계약상 채권은 계약의 수익이라는 사고방식은 물권과 채권을 준별하고 물상대위를 제한적으로 인정하는 대륙법적 사고방식에 익숙한 필자에게 낯설게 느껴진다. 우리법상 물상대위는 '배타적으로 소유할 수 있는 유형자산'을 전제로, 유형자산에 대한 물권자는 그 유형자산의 가치변형물에 대해서도 물권을 취득한다는 법리이기 때문이다. "도대체 미국법상 수익(proceeds)이라는 말은 무슨 뜻인가?", "수익의 개념을 이처럼 폭넓게 보면 원칙명제는 손쉽게 무력화될 수 있는 것 아닌가?" "원칙명제의 무력화를 예외의 예외명제를 통해 얼마나 막을 수 있는가? 막는다면 그 구체적 기준은 무엇인가?" 의문이 꼬리에 꼬리를 물고 제기된다. 아래에서는 항을 바꾸어 예외명제 및 예외의 예외명제의 각 적용여부가 문제되었던 미국판례를 살펴보면서 위 질문에 대한 필자 나름의 해답을 모색하고자 한다.

---

12) Schwarcz/Link(주 8), 448－452.

13) 미국 연방도산법 제552조의 적용여부 및 해석이 문제된 미국 판례들의 사실관계를 보면 담보계약서의 목적물에 contract right가 포함된 경우를 쉽게 찾아볼 수 있다. 본문 Ⅲ. 1.에서 소개한 판례들 참조.

Ⅲ. 미국연방도산법 제552(b)조의 해석론

1. 예외명제 적용여부가 문제된 미국판례

가. J. Catton Farms, Inc. v. First Nat. Bank of Chicago, 779 F.2d 1242 (7th Cir. 1985)[14]

농업경영을 하는 채무자(J. Catton Farms, Inc.)가 채권자로부터 돈을 빌리면서 담보계약을 체결하였다. 담보계약서상 담보대상은 채권(receivables), 금전채권(accounts), 재고품(inventory), 설비기구(equipment), 부동산의 정착물(fixtures), 위 대상물(對象物)들의 수익과 산물(the proceeds and products there of)이라고 규정하고 있었다. 또한 담보계약서상 채권(receivables)의 뜻에 대하여 "채무자가 현재 또는 장래에 취득하는 모든 금전채권, 계약상 권리(할부매매계약상 모든 권리, 임차된 토지에 관한 임차권 포함) 유가증권, 권원증권, 동산담보증권, 일반 무형재산(금전채권 포함)"이라고 규정하고 있었다.[15] 이후 채무자는 농업부와 PIK(Payment in Kind)계약[16]을 체결하였고, 그 후 채무자에 대하여 도산절차가 개시되었다. 도산절차 개시 후 채무자는 PIK계약에 따라 특정 작물을 재배하지 않았고 그에 따라 채무자는 농업부에 대한 채권을 취득하였다. 채무자는 이 채권을 제3자에게 대가를 받고 양도하였다.

판례는 이러한 채권은 계약상 권리의 수익[17][18][19]으로서 담보권의 대상(對象)이

---

14) 법경제학자이기도 한 Richard Posner 판사가 판결문을 작성하였다.

15) "all accounts, contracts rights including, without limitation, all rights under installment sales contracts and lease rights with respect to rented lands, instruments, documents, chattel paper and general intangibles(including, without limitation, the accounts) in which the debtor has or hereafter acquires any right."

16) 채무자가 특정 작물을 재배하지 않으면 농업부가 채무자에게 현물(농업부가 재고로 보유하고 있는 농작물)을 지급하는 내용의 계약을 뜻한다. 특정 농산물의 공급을 줄여 그 가격을 유지하기 위해 체결된다.

17) 만약 도산절차 개시 전에 농작물이 현존하고 있었고 그 농작물이 담보대상에 포함되었다면, 채무자가 그 농작물 재배를 포기함으로써 농업부로부터 받는 급부는 '농작물'의 수익으로 볼 수도 있다. In re Barton, 37 BR 545 (BC ED Wash, 1984); In re Lee, 35 BR 663 (BC ND Ohio, 1984); In re Kruse, 35 BR 958 (BC Kan, 1983) 참조.

18) 한편 도산절차 개시 후 발생한 PIK계약상 농업경영자의 채권을 농업경영자가 도산절차 개시 전에 취득한 금전채권(accounts) 또는 일반 무형재산(general intangibles)의 수익이라고 본 판례로는 In re Sunberg, 729 F.2d 561 (8th Cir. 1984) 참조. 채무자가 도산절차 개시 전에 PIK program 참가자로 승인되었고 그에 따라 (채무자가 장차 특정 작물재배를 포기하는 것을 조건으로) 관련 급부를 수령할 권한을 갖게 되었는바, 이러한 채무자의 권한을 금전채권 또는 일반 무형재산으로 포섭한 것으로 보인다.

19) 연방도산법 제552조 제(b)항에서 말하는 수익, 산물, 과실, 사용, 이윤은 무슨 뜻인가? 이에 관해서는 각 주법이 정할 문제이고 위 연방법 조항이 독자적 의미를 담고 있지 않다는 것이 대체적 판례의 흐름이지만, 연방도산법의 목적을 고려해 독자적 의미를 갖는 것으로 해석함

된다고 판시하였다. 나아가 채무자가 도산재단으로부터 어떠한 비용을 지출한 바도 없으므로 예외의 예외명제가 적용될 여지는 없다고 보았다. 또한 채무자와 농업부 사이의 계약이 쌍방미이행쌍무계약이고 채무자가 해당 계약의 이행을 선택함으로써 농업부에 대한 채권이 발생하였더라도, 그 채권에 담보권의 효력이 미치는데 아무런 문제가 없다고 보았다.

나. United Virginia Bank v. Slab Fork Coal Co. (In re Slab Fork Coal Co.), 784 F.2d 1188 (4th Cir. 1986)

채무자(Slab Fork 회사)는 Armco에게 석탄을 공급하는 내용의 계약을 체결하였다. 채권자는 이 계약과 계약으로부터의 수익에 대하여 담보권을 갖고 있었다. 이후 채무자에 대한 도산절차가 개시되었고 채무자는 석탄채굴작업을 중단하였다. 그 대신 제3자(Maben)와 사이에 제3자가 석탄을 채굴하고 이를 제3자로부터 매입한 뒤 Armco에게 공급해 주는 계약을 체결하였다(Armco와의 기존 계약이 채무자에게 유리한 조건이었기 때문이다). 채무자는 Armco와의 종전계약에 따라 Armco로부터 계속 석탄대금을 지급받았고 그 중 일부를 Maben에게 지급하였다. 이에 대하여 채권자는 도산절차 개시 후 채무자가 Armco로부터 받은 석탄대금 중 Maben에게 지급한 대금 등 비용을 공제한 금액에 관하여 담보권의 효력이 미친다고 주장하였다.

1심 도산법원은 도산절차 개시 후 채무자가 취득한 채권에 대하여 원칙명제가 적용된다고 보았다. 그러나 연방항소법원은 In re Sunberg 판례[20]를 참조하여 Armco와의 계약에 따른 채무자의 권리는 무형자산에 해당하고, 도산절차 개시 후 채무자가 석탄을 공급하면서 Armco로부터 받은 석탄대금은 그 무형자산의 수익에 해당한다고 보아 원심판결을 파기하였다. 연방항소법원은 예외의 예외명제의 적용여부에 관해서는 기록상 이를 판단할 자료가 충분하지 않다고 보아 판단하지 않았다.

이 타당하다는 견해도 있다. 미국도산협회(American Bankruptcy Institute)가 2014년 발간한 "제11장 도산절차 개선을 연구하기 위한 위원회의 최종보고서 및 제안"은 전자의 입장을 따를 것을 제안하고 있다. American Bankruptcy Institute Commission to Study the Reform of Chapter 11 of the U.S. Bankruptcy Code: Report and Recommendations, (2014), 230–234. 이는 연방법과 주법이 이원화되어있는 미국법 특유의 구조로 인해 발생하는 문제로서, 우리 법 입법론 또는 해석론에 별다른 참조가 되지 않는다. 따라서 이 글에서는 더 이상 살펴보지 않기로 한다. 이 문제에 관해서는 우선 G. Ray Warner, "Article 9's Bankrupt Proceeds Rule: Amending Bankruptcy Code Section 552 through the UCC Proceeds Definition", 46 Gonz. L. Rev. 521 (2010–2011) 참조.

20) 각주 18) 참조.

다. In re Grassridge Industries, Inc., 78 B.R. 978 (1987)

채무자는 건설업을 하고 있었다. 채무자는 채권자로부터 돈을 빌리면서 자신의 현재 또는 장래의 모든 재고품, 매출채권, 계약상 권리, 무형자산 등과 그 수익 및 산물 등을 담보로 제공하였다. 도산절차 개시 전 도급인은 채무자와 도급계약을 체결하였고 채무자의 공사비용에 충당하도록 공사대금 일부를 미리 선급(先給)해주었다. 도산절차 개시 당시 공사는 1/6 정도 완성된 상태였고, 채무자는 도산절차 개시 후 나머지 공사를 완료하였다. 관리인은 원칙명제를 근거로, 채무자가 도산절차 개시 이후에 수행한 공사작업에 상응하는 잔존 도급대금 채권[21]에 대하여 담보권의 효력이 미치지 않는다고 주장하였다. 그러나 판례는 관리인의 주장을 받아들이지 않고, 예외명제를 적용하여 위 도급대금 채권에 담보권의 효력이 미친다고 보았다. 판결문에 명확히 드러나 있지 않지만 잔존 도급대금 채권을 기존 담보물(도급계약)의 수익으로 본 것으로 사료된다.[22]

2. 예외의 예외명제 적용여부가 문제된 미국판례

예외의 예외명제는 예외명제가 적용되는 상황을 전제로 담보권의 효력을 축소시키는 기능을 한다. 예외의 예외명제에서 말하는 '형평'을 판단하는 기준에 관하여 판례[23]는 채무자(관리인)가 투입한 시간, 노력, 도산재단(만약 관리인이 도산재단을 투입하지 않았다면 일반채권자들의 채권만족을 위해 사용되었을 도산재단을 뜻한다),[24] 채권자의 지위, 채무자 회생에 도움이 되는지 여부(채무자의 회생을 위해 신규자금 제공이 절실한지)[25] 등을 들고 있다. 도산재단의 투입[26]을 통해 담보물의 가치가 상승함

21) 도산절차 개시 이전에 완성된 부분에 상응하는 도급대금은 도산절차 개시 전에 이미 지급되었다.

22) 이 판례에서 예외의 예외명제 적용여부는 검토되지 않았다.

23) J. Catton Farms, Inc. v. First Nat. Bank of Chicago, 779 F.2d 1242 (7th Cir. 1985); In re Airport Inn Associates, Ltd., Bkrtcy.D.Colo.1990, 132 B.R. 951; In re Vanas, E.D.Mich.1985, 50 B.R. 988 등.

24) 방론이기는 하나 도산재단에 속하지 않는 채무자의 재산(면제재산)을 사용하여 담보물의 가치가 상승하였고, 위와 같은 용도로 채무자의 재산을 사용하지 않았더라면 그 재산은 채무자의 회생을 위해 사용되었을 것으로 예상되는 경우에도 예외의 예외명제가 적용될 수 있다는 판례로는 In re Hofstee 88 B.R. 308 (1988).

25) 따라서 예외의 예외명제는 채무자에 대하여 제11장 회생절차가 개시된 경우 적용되는 것이 통상이다. Stanziale v. Finova Capital Corp. (In re Tower Air Inc.) 397 F.3d 191, 205 (3d Cir. 2005).

26) 담보권의 효력이 미치는 사후취득재산에 관하여 '도산절차 개시 전'에 채무자가 비용을 지출한 경우에는 예외의 예외명제가 적용될 수 없다. 이 경우 도산채권자들의 희생으로 담보물의 가치가 상승한 것이 아니기 때문이다. In re Airport Inn Associates, Ltd., Bkrtcy.D.Colo.1990,

으로써 담보권자가 누리는 이익은 망외의 이익(windfall gain)이고, 이러한 도산재단은 원래 채무자의 회생을 위해 사용되었어야 하는 재산이라는 점을 강조하고 있는 것이다. 또한 이미 담보권자가 과잉담보된 상태라면 예외의 예외명제가 적용될 가능성이 높아진다. 법원은 개별 사안의 구체적 사실관계를 고려해 예외의 예외명제 적용여부를 결정해야 하고, 그 과정에서 법원의 재량이 일정부분 인정될 수 있다.[27)]

법원이 예외의 예외명제를 적용하여 장래 발생하는 권리를 담보목적에서 제외시킬 수 있다면, 장래 발생하는 권리를 담보목적에 포함시키되 이를 담보권자의 채권 중 기존 담보물을 통해 우선변제권이 확보되지 않은 부분(도산채권에 해당하는 부분)의 변제에 충당하는 대신, 기존 담보물로 우선변제권이 확보된 부분의 변제에 충당하는 것도 가능할 것이다(大는 小를 포함한다).[28)]

실무상 관리인이 예외의 예외명제를 주장하는 것을 포기하는 경우가 종종 있기 때문에 예외의 예외명제가 문제된 판례는 많지 않다고 한다.[29)]

가. In re Photo Promotion Associates, Inc., 61 B.R. 936 (1986)

채무자는 초상사진업(photographic portrait service)을 운영하고 있었다. 채무자는 채권자로부터 금원을 차용하면서 그의 현재 또는 장래의 모든 매출채권, 재고품, 영업설비, 무형자산 등을 담보로 제공하였고, 담보목적물에는 현재 또는 장래의 계약상 권리, 유가증권, 투자증권, 동산담보증권 등이 포함되어 있었다. 판례는 도산절차개시 당시 남아있던 주문(orders on hand)[30)]은 계약상 권리로서 담보목적물에 포함된다고 보았다. 따라서 채무자(관리인)가 그 사진을 인화하여 고객에게 제공하고 대금을 받은 경우 이 대금은 계약상 권리의 수익이고 예외명제에 따라 담보권의 효

132 B.R. 951.

27) 예외의 예외명제는 도산재단을 확충한다는 점에서 부인권과 기능이 비슷하지만, 원칙명제로 돌아가는 것이므로－부인권과 달리－헌법상 적법절차 원칙이라는 보호장치(constitutional due process safeguards)가 필요하지 않다는 견해로는 Bruce H. White/William L. Medford, “Section 552's Hidden Threat to Secured Creditors: There Goes Your Equity Cushion”, 25－May Am. Bankr. Inst. J. 28 (2006), 61.

28) Ian D. Ghrist, “The Saga of Income from Income－Producing Collateral Treatment in Bankruptcy for Undersecured Creditors”, 23 Am. Bankr. Inst. L. Rev. 457 (2015) 및 In re SW Boston Hotel Venture, LLC 748 F.3d 393, 406(1st Cir. 2014); In re T－H New Orleans Ltd. P'ship, 116 F.3d 790, 798 (5th Cir. 1997) 참조.

29) American Bankruptcy Institute Commission to Study the Reform of Chapter 11 of the U.S. Bankruptcy Code: Report and Recommendations, (2014), 232. 이 보고서는 예외의 예외명제를 적용하는 법원의 권한을, 관리인이 미리 포기하거나 이러한 권한에 영향을 미치는 약정을 미리 체결하는 것을 금지하자고 제안하고 있다.

30) 도산절차 개시 당시 이미 사진촬영을 마친 상황이었다.

력이 미치게 된다. 그러나 판례는 사진을 인화하고 출력하며 액자에 담아 배송하는데 도산재단이 투입되어야 하고, 도산절차개시 당시의 계약상 권리자체는—이러한 사후과정을 거치지 않는다면—담보권자에게 어떠한 경제적 가치도 없다고 보았다. 이에 따라 판례는 형평조항을 적용하여 수익이 도산재단에 귀속된다고 보았다.

나. In re Cafeteria Operators LP, 299 B.R. 400 (Bankr. N.D. Tex.2003)

채무자는 식당을 운영하고 있었다. 담보권자는 채무자에 대한 도산절차 개시 전에 채무자 소유의 원재료 음식 재고에 대하여 포괄적인 담보권을 갖고 있었다. 판례는 도산절차 개시 후 발생한 채무자의 식당운영 수입은 음식 재고의 수익으로 볼 수 있지만 음식이 만들어지기 까지 채무자의 노동이 주된 기여를 하였으므로 예외의 예외조항에 따라 담보권의 효력이 미치는 범위가 제한되어야 한다고 보았다.

다. In re Bennett Funding Group, Inc., N.D.N.Y.2000, 255 B.R. 616.

동산권원증권의 수익인 (도산절차 개시 후 발생한) 차임채권에 대하여 담보권의 효력이 미치는 경우, 관리인의 행위로 인해 차임채권의 가치가 상승하였다는 증거가 없는 한 예외의 예외명제가 적용될 수 없다고 하였다.

라. In re Vanas, E.D.Mich.1985, 50 B.R. 988.

우유는 담보목적물인 가축의 수익이므로 채무자에 대한 도산절차 개시 후 발생한 우유에 대해서도 담보권의 효력이 미치지만, ① 도산절차 개시 당시 담보권자는 해당 소를 고기용 소(beef cattle)로 평가하였고 채무자가 우유생산량을 잠시 낮추고 해당 소들을 회복시키는 것을 원하지 않았던 점,[31] ② 담보권자는 다른 담보목적물을 갖고 있는 점, ③ 우유를 도산재단에 포함시키는 것이 채무자의 회생에 도움이 되는 점을 고려하여 예외의 예외명제를 적용하였다. 이 판례는 도산절차 개시 당시 담보목적물의 가치에 대한 담보권자의 기대범위를 초과하여 담보권의 효력이 미치는 범위를 확대시킬 필요는 없다는 취지이다.[32]

마. In re Hofstee 88 B.R. 308 (1988)

목축업을 하는 채무자가 채권자로부터 돈을 빌리면서 자신의 현재 또는 장래의

31) 도산절차 개시 후 해당 소들이 다시 우유생산력을 회복하여 우유를 만들어 낸 것은, 채무자의 도산절차 개시 후의 노력에 힘입은 바가 크다.

32) In re Lawrence, 41 B.R. 36, 38 (Bkrptcy.D.C.MN.1984)은 ① 우유를 산출하기까지 채무자가 들인 시간, 노동, 비용, ② 채권자가 과잉담보된 상태이고, 가축에 대한 대체 담보권을 설정받았고 정기적 변제도 받고 있는 점, ③ 채무자의 회생필요성 등을 고려하여 예외의 예외명제를 적용하였다.

모든 채권, 모든 가축과 그 수익을 담보로 제공하였다. 채무자에 대한 도산절차 개시 후 채무자는 목축중단프로그램(Dairy Termination Program)[33]을 신청하여 승인을 받았다. 워싱턴 주 판례에 따르면 위 프로그램에 따른 지급액 전부가 가축의 수익이다.[34] 법원은 DTP 프로그램에 따른 지급금액에는 목축업자가 향후 일정기간 동안 목축업을 하지 않는 의무를 부담하는 것에 대한 대가도 포함되어 있고 따라서 담보목적물인 가축이 매각될 경우 시가보다 클 수 있으므로 해당 초과분에 대해서는 예외의 예외명제가 적용될 수 있다고 보았다. 이는 담보목적물의 시가를 초과하는 부분에 대해서까지 담보권자의 담보기대를 보호할 필요가 없다는 취지로 이해할 수 있다.

바. Delbridge v. Production Credit Ass'n and Federal Land Bank, E.D.Mich. 1989, 104 B.R. 824.

도산법원은, 도산절차 개시 후 발생한 우유에 대하여 젖소의 산물이라는 이유로 담보권의 효력이 미치지만 예외의 예외조항이 적용되어 담보권자는 그 중 20%에 대해서만 담보권을 주장할 수 있다고 판단하였다. 젖소의 매달 감각상각금액이 12$,[35] 매달 젖소에게 투입되는 비용이 총 59$(= 사료비 17$ + 의료비 2$ + 인건비 28$)이기 때문에 젖소에 대한 담보권자는 젖소로부터 산출되는 우유에 대하여 20%{≒ 12/(12+59)}의 담보권만 주장할 수 있다는 것이다.

이에 대하여 연방지방법원은 위 사안에서 채무자는 담보목적물의 가치를 높이기 위해 도산재단을 사용하려는 것이 아니고, 우유생산을 촉진시키기 위해 담보목적물(우유판매대금)의 사용허가를 법원에 구하는 것이므로 도산법원이 예외의 예외명제를 적용한 것은 적절치 않다고 보았다. 다만 결론적으로 도산법원이 위와 같은 기

33) 우유공급량을 조절하여 우유가격을 안정화하기 위해 마련된 프로그램이다. 이 프로그램에 따르면, 목축업자는 자신이 기르는 가축을 도축(slaughter)용도로 팔거나 해외로 수출해야 하고, 5년간 젖소를 기르거나 우유를 생산할 수 없다. 목축업자는 위 의무를 이행하는 대가로 정부로부터 보조금을 지급받는다.

34) Rainier Nat. Bank v. Bachmann, 111 Wash 2d 298, 757 P.2d 979 (1988). 그러나 이러한 판례에 반대하는 판례와 학설도 있다. DTP 프로그램에 따른 지급액에는 목축업자가 향후 일정기간 동안 목축업을 하지 않는 의무를 부담하는 것에 대한 대가도 포함되어 있는데, 이러한 의무는 종전 담보권의 목적물이 아니었기 때문이다. 담보물이었던 가축의 '시장가격'이 그 가축의 수익이 되어야 한다는 것이다. Bank of North Arkansas v. Owens, 884 F.2d 330, 9 UCC Rep.Serv.2d 1099; Thomas L. Weinberg, "'Whatever Is Received': Evaluating Collateral, Its Disposition, and Proceeds Under Article 9 of the Uniform Commercial Code—Rainier National Bank v. Bachmann, 111 Wash.2d 298, 757 P.2d 979 (1988)", 64 Wash. L. Rev. 761 (1989).

35) 젖소가격이 800$이고 젖소의 활용기간이 6년 미만이라는 점을 고려하여 산정된 수치이다.

준에 따라 채무자가 적절한 보호(adequate protection)를 제공하고 사용할 수 있는 담보목적물의 범위를 산정한 것은 타당하다고 보았다.

사. In re Muma Services, Inc., Bkrtcy.D.Del.2005, 322 B.R. 541.

채무자는 해운업을 운영하고 있었다. 채권자는 매출채권 등을 포함한 채무자의 모든 재산에 대하여 담보권을 갖고 있었고, 도산절차 개시 후 발생한 매출채권에 대해서도 예외명제에 따라 담보권의 효력이 인정되었다.[36] A는 채무자와 운송계약을 체결하고 채무자가 해상으로 운송한 물품을 국내운송을 통해 최종 배달하는 영업을 하고 있었다. A는 채무자에 대한 도산절차개시 후 채무자의 매출채권이 발생하는 과정에서 자신의 용역제공이 기여하였으므로, 예외의 예외명제에 따라 해당 매출채권은 자신의 공익(재단)채권 변제를 위해 사용되어야 한다고 주장하였다. 이 판례는 다음과 같은 이유를 들어 A의 주장을 받아들이지 않았다. 사안에서 채무자가 영업을 계속하고 자산의 가치를 유지하기 위해 (도산채권자들의 채권만족에 사용되어야 할) 도산재단이 소비된 바 없고, 오히려 담보권자의 담보목적물이 사용되었다. 이를 통해 A는 중요한 공급자(critical vendor)로서 자신의 채권 일부를 변제받기도 하였다.

이 판례는 <u>도산채권자의 이익이 아니라 공익(재단)채권자의 이익을 위해 예외의 예외조항이 사용될 수는 없다</u>는 점을 밝히고 있다.

아. Wolf v. FirstMerit Bank, N.A., N.D.Ill.2015, 535 B.R. 772.

채무자는 자기 소유 부동산을 채권자에게 담보로 제공하였다. 부동산으로부터 발생하는 차임(rent)에 대해서도 부동산담보권의 효력이 미치므로, 채권자는 예외명제에 따라 도산절차 개시 후 발생하는 차임에 대해서도 담보권을 주장할 수 있다. 채무자는 예외의 예외조항을 근거로 위 차임으로부터 도산절차 진행과 관련한 변호사 비용 및 전문가 비용을 충당할 수 있다고 주장하였으나, 법원은 채무자의 주장을 받아들이지 않았다. <u>채무자는 면제재산을 통해 비용을 충당하거나 관리비용을 충당하는 통상의 방법에 따라[37] 그 비용을 충당할 수 있기 때문</u>이다.[38]

---

36) 사후취득 매출채권에 대하여 담보권의 효력을 긍정한 구체적 근거는 판결문상 드러나지 않는다.

37) 이 경우 도산재단을 통해 비용을 충당하게 될 것이다.

38) 관리비용은 모든 도산채권자들에게 이익이 되는 것이지 특정 담보권자에게만 이익이 되는 것이 아니므로, 관리비용에 충당하기 위해 특정 담보권자의 사후취득 담보물을 감축시키는 것은 원칙적으로 허용되지 않는다. 가령 ① 채무자(관리인)의 비용지출이 담보권자의 이익에 '직접적'으로 기여하지 않는다면, 예외의 예외명제를 근거로 관리비용을 담보권자에게 부담시킬 수 없다. In re Pizza of Hawaii, Inc., Bkrtcy.D.Hawai'i 1986, 69 B.R. 60. 또한 ② 채무자가 담보목적물인 농작물의 가치를 증가시키기 위해 도산재단을 투입한 바 없고, 채무자의 도산재단으로부터의 비용지출 대부분이 '관리비용'의 성격을 갖는 현금지출인 경우 예외의 예

자. In re Groves Farms, Inc., Bkrtcy.S.D.Ind.1986, 64 B.R. 276.

채무자는 도산절차 개시 후 제3자로부터 장비를 임차하여 곡물을 수확하는데 사용하였다. 제3자는 장비임차료를 공익(재단)채권으로서 행사할 수 있는데, 도산재단이 부족한 상황이다. 수확한 곡물 및 곡물판매대금에 대해서는 채권자의 담보권의 효력이 미친다. 제3자는 예외의 예외명제를 근거로 담보권자에 대하여 장비임차료 지급을 청구하였다. 그러나 법원은 위 장비는 도산재단에 속하지 않고 따라서 채무자가 곡물을 수확하지 않았다면 위 장비가 도산채권자들의 채권만족을 위해 사용될 수 없었던 것이므로, 예외의 예외명제가 적용되지 않는다고 보았다. 담보물의 가치상승에 기여한 것이 제3자 소유의 재산인 경우 예외의 예외명제는 적용되지 않고 제3자는 공익(재단)채권자로서 도산재단에 대하여 권리행사를 할 수 있을 뿐이라는 것이다.[39)]

3. 검 토

채무자가 도산절차 개시 후 취득한 계약상 채권을 도산절차 개시 전에 존재하는 계약(또는 무형자산)의 수익이라는 보는 견해는 장래의 현금흐름을 창출하는 기초자산에 대한 담보권자는 장래의 현금흐름에 대해서도 담보권을 취득해야 한다는 생각에 기초하고 있다. ① 석유나 가스가 그 땅의 산물 또는 수익이고,[40)] ② 우유가 젖소의 산물이고,[41)] ③ 호텔운영 수입이 호텔의 사용료이고,[42)] ④ 쓰레기 매립지 사용 수수료가 그 매립지의 수익이고, ⑤ 로얄티가 특허의 수익이라면 계약상 채권도 계약의 수익이 되어야 한다는 것이다.[43)44)] 기초자산이 동산, 부동산과 같은 유형자

외명제는 적용되지 않는다. In re Lindsey, Bkrtcy.C.D.Ill.1986, 59 B.R. 168.

39) 만약 관리인이 도산재단으로부터 장비임차료를 지급하였다면, 관리인은 도산재단 투입으로 담보물의 수익의 가치상승에 기여한 부분을 도산재단에 귀속시킬 수 있을 것이다. 공익(재단)채권자는 이렇게 확충된 도산재단으로부터 자기채권의 만족을 얻을 수 있다.

40) Jones. v. Salem Nat'l Bank (In re Fullop) 6 F.3d 422, 29 Collier Bankr.Cas.2d 1087, Bankr. L. Rep. P 75,440, 21 UCC Rep.Serv.2d 757.

41) 미국 판례는 대체적으로 우유가 젖소의 산물임을 인정한다. Keith J. Shapiro, "Section 552—Postpetition Effect of Security Interest", 1986 Ann. Surv. of Bankr. Law 19. 그러나 예외적인 판례도 있다. In re Pigeon, 49 BR 657 (BC ND, 1985)은 연방도산법 제552조 제(b)항에서 말하는 산물로 인정되려면 전환되는(converted) 정도가 상당하여 기존 담보물이 새로운 재산으로 변경되어야 하는데, 우유－젖소는 이러한 요건을 충족시키지 못하므로 우유는 젖소의 산물이 아니라고 한다.

42) 연방도산법 제552조 제(b)항 제(2)호가 명시하고 있다.

43) Solow/Klein(주 6).

44) 그러나 수익의 개념을 폭넓게 인정하는 현 UCC와 달리 연방도산법 제552조 제(b)항 제(1)호의 수익개념은 기초자산을 '대체'(replace, substitute)하는 경우 등에 한정하여 인정해야 한다

산인 경우와 계약과 같은 무형자산인 경우를 차별취급할 이유가 없고, 유형자산과 무형자산의 구별이 반드시 명확한 것도 아니므로 더더욱 양자를 준별할 이유가 없다는 것이다. 로얄티가 특허의 수익이라면 가맹사업자가 가맹계약에 따라 지급받는 수수료도 가맹계약의 수익으로 볼 수 있고, 배당금도 주식의 수익으로 볼 수 있다는 것이다. 젖소, 호텔, 특허 등의 교환가치에는 그 기초자산이 장래에 창출할 현금흐름이 반영되어 있고[45] 기초자산에 대한 담보권자는 이러한 장래의 사용수익가치까지 포함하여 기초자산의 담보가치를 산정하므로, 예외명제를 적용하여 담보권자의 이러한 담보기대를 보호할 필요가 있다. 이는 가맹계약처럼 가맹사업자에게 미래의 현금흐름을 창출시켜주는 계약의 경우에도 마찬가지이다. 가맹사업자 입장에서 가맹계약이 갖는 경제적 가치는 결국 이 계약을 통해 발생하는 수수료 수입의 총합이고, 가맹계약에 대한 담보권자는 이러한 장래의 가치를 고려하여 담보를 설정한 것이므로 이 경우에도 예외명제를 적용할 필요가 있는 것이다. 젖소:우유, 호텔:호텔사용료 관계와 달리 계약:계약상 채권은 <u>후자가 전자를 거의 전적으로 대체</u>(replace, sub-stitute)하는 관계이므로(젖소는 우유를 생산하지 못하더라도 젖소 자체로서의 교환가치를 가질 수 있고, 호텔건물도 호텔사용료와 구별되는 독자적 교환가치가 있으므로, 후자가 전자를 대체하지 못한다), 계약상 채권을 계약의 수익으로 보는 것은 더욱 타당하다는 것이다.

는 견해도 제기되고 있다. Warner(주 19), 521 이하; Schwarcz/Link(주 8), 421-425. 이러한 견해에 따르면 쓰레기 매립지 사용료나 배당금은 쓰레기 매립지나 주식을 대체하지 못하므로 수익에 해당할 수 없고 따라서 예외명제가 적용될 수 없다. UCC상 수익의 개념이 현재보다 좁았던 시기에는 UCC상 수익개념을 근거로 위와 같은 결론을 내린 판례가 있었다. In re West Chestnut Realty of Haverford, Inc., 166 B.R. 53, 55(Bankr.E.D.Pa. 1993)(쓰레기 매립지 사용료); In re Hasite, 2 F.3d 1042, 1046 (10th Cir. 1993)(배당금). 이러한 판례들은 모두 연방도산법상 수익개념은 UCC상 수익개념에 연동하여 결정되거나 그보다 넓게 해석되어야 한다는 생각에 기초하고 있었다. 그런데 현 UCC상 수익개념은 매우 폭넓기 때문에 오늘날 위와 같은 생각에 기초하여 결론을 내린다면 그 결론은 위 판례들과 정반대가 될 것이다. 한편 Samuel M. Stricklin/Alexander P. Okuliar, "Characterization of Healthcare Receivables: Are Post-Petition Healthcare Receivables Subject to Pre-Petition Liens as Proceeds or Rents under the Bankruptcy Code, or Are They Excluded as After-Acquired Property?", 8 Am. Bank. Inst. L. Rev. 47 (2000)은 병원비는 거의 전적으로 채무자가 제공한 용역에 대한 대가이므로 병원에 대한 담보권의 수익이 아니라고 한다.

45) 다만 이 명제에 대해서는 유의할 지점이 있다. 기초자산의 교환가치가 기초자산의 사용수익가치를 '모두' 반영하고 있다면, 기초자산이 멸실된 경우 가해자는 기초자산의 교환가치만 배상하면 되고 장래의 사용수익가치까지 통상손해로 배상할 필요는 없다. 그러나 우리 판례는 영업용 물건이 멸실된 경우에는 대체구매를 위해 필요한 상당한 기간 동안의 사용수익가치도 통상손해로 배상해야 한다는 입장이다. 대법원 2004. 3. 18. 선고 2001다82507 전원합의체 판결. 이러한 판례입장에 따른다면 영업용 물건의 경우 그 물건의 교환가치에 장래의 사용수익가치가 '전부' 반영되었다고 말하긴 어렵다.

그런데 계약의 '기초자산'으로서의 성격을 강조하면, 채무자에 대한 도산절차 개시 전에 개략적인 틀계약(framework contract)만 체결되고 채무자와 거래상대방 사이의 계약상 권리의무는 도산절차 개시 후 개별계약체결을 통해 구체화되는 경우에도, 틀계약에 대한 담보권자는 채무자의 거래상대방에 대한 장래채권 일체를 담보목적물로 삼을 수 있는 여지가 생긴다. 이러한 생각을 밀고 나가면 기초자산으로서 계약이라는 요건을 굳이 요구할 필요가 없다는 생각에 이를 수 있다. 틀계약만 체결된 상황과 거래관행 등에 비추어 볼 때 특정 거래상대방과 거래가 지속될 가능성이 높은 상황은 실질적으로 별 차이가 없기 때문이다. 실제로 미국 실무가 중에는 — 계약상 권리가 아니라 — 장래의 이익을 받을 수 있는 현재의[46] 권리 자체가 일반 무형자산(general intangible)이고, 도산절차개시 후 실제 이익이 발생하면 이 이익은 일반무형자산의 수익으로 볼 수 있다는 견해가 있다.[47][48][49] 이렇게 보면 도산절차 개시 후 체결된 계약에 따라 발생한 채권이더라도, 이 채권에 대하여 도산절차 개시 전에 (무형자산에 대한) 담보권이 설정되었다면 예외명제가 적용되어 담보권의 효력이 미치게 된다. 이에 따라 장래채권을 원칙적으로 담보목적물에서 배제하는 원칙명제의 취지는 무력화된다.

계약상 채권을 계약의 수익으로 보는 생각은 이처럼 원칙명제의 취지를 훼손 또는 무력화시킬 수 있다. 이러한 위험에 대비하는 역할은 예외의 예외명제가 담당하고 있다. 판례를 통해 구체화된 예외의 예외명제 적용의 주요기준은 ① 채무자의

46) 현재 시점에서 아직 해당 채권이 발생하지 않았어도 현재 시점에서 그 권리가 담보목적물이 될 수 있다는 점에는 이론이 없다. 이 경우 담보목적물은 현재 존재하는 일반 무형자산이라고 할 수 있다.

47) Solow/Klein(주 6).

48) Alan P. Solow/Randall L. Klein, "Section 552 - The Impact of State Law on Interpreting Rents and Proceeds under Section 552(b)", 1997 Ann. Surv. of Bankr. Law. 19[general intangible이 처분{UCC에서 규정한 기타 처분(other disposition)에 해당된다}되어 수익이 발생한 것이라고 설명한다].

49) 그러나 미국의 판례는 — 타당하게도 — 이러한 논리를 채택하지 않는다. ① 은행이 조합계약에 따라 배당받을 권리와 그 권리에 대한 현재 또는 장래의 수익 일체를 담보목적으로 양도받았고, 채무자(양도인)에 대하여 도산절차가 개시되었다. 판례는 채무자에 대한 도산절차 개시 후 발생한 배당금은 종전에 양도된 조합계약에 따라 배당받을 권리의 수익에 해당하지 않는다고 보았다(만약 조합계약상 권리 자체가 양도되었다면 나중에 발생한 배당금은 종전 담보물의 수익에 해당할 수 있었을 것이다). In re Mintz, 192 B.R.313, 28 Bankr. Ct. Dec. (CRR) 784, Bankr. L. Rep. (CCH) ¶76983, 29 U.C.C. Rep. Serv. 2d. (CBC) 1011 (Bankr.D. Mass.1996)(그러나 이 판례는 수익개념을 좁게 규정한 구 UCC 규정이 존재하던 시절에 구 UCC조항을 근거로 수익에 해당하지 않는다고 본 것이다. 수익개념을 광범위하게 규정한 현 UCC조항 하에서도 같은 결론이 도출될지 여부는 단정할 수 없다). ② 장래에 발생할 사업순수익(純收益)은 사업순수익(純收益)에 대한 담보권의 수익이 아니다. In re Las Vegas Monorail Co. No.10－10464 (Bankr. D. Nev. Feb. 17, 2010) (Markell, J.).

노력이나 시간, 도산재단을 투입하여 담보물의 가치가 증가되었고 이로 인해 담보권자가 망외의 이득을 얻는 것인지,[50] ② 예외의 예외명제를 적용함으로써 채무자의 회생에 도움이 되는지 이다. 판례 중에는 담보목적물인 기초자산이 장래채권 발생에 기여한 '비율'과 채무자의 노력이나 시간, 투입한 도산재단이 장래채권 발생에 기여한 '비율'을 고려하여 담보권의 효력이 미치는 범위를 제한한 것도 있고('정률법'), 장래채권 발생에 기여한 도산재단 지출비용을 공제하여 담보권의 효력을 제한한 것도 있다('정액법').

요약하면 미국연방도산법 제552조에서 말하는 수익의 구체적 범위에 관하여 논란은 있지만,[51] 계약을 기초자산으로 보아 그로부터 발생하는 장래의 현금흐름에 대해서도 담보권의 효력을 인정하는 것이 미국법의 기본적 입장이다. 계약의 경제적 가치는 계약상 채권의 경제적 가치의 총합으로 완전히 대체(replace)될 수 있기 때문에 계약상 채권을 계약의 수익으로 보는데 별 문제가 없다. 이처럼 '수익'에도 담보권의 효력이 미치는 '강한 담보권'을 도산절차에서도 계속 허용(강한 담보권은 도산절차에서 새롭게 인정된 것이 아니라 평시 비도산절차에서 UCC를 근거로 이미 인정된 것이다)[52]함으로써 발생하는 부작용에 대해서는 법원이 형평을 고려하여 '유연하게' 해결하고 있다. 법원은 담보물의 가치 상승에 채무자의 노력, 시간, 도산재단이 기여하였는지, 담보권의 효력을 제한하는 것이 채무자의 회생에 도움이 되는지 여부를 주로 고려하여 예외의 예외명제 적용여부를 판단하고 있다. '<u>담보권의 폭넓은 인정과 유연한 제한</u>'이 도산절차에서 동시에 이루어지고 있는 것이다. 그런데 예외의 예외명제 적용과 관련해서는 법적 불확실성이 존재한다. ① 채무자(관리인)가 시간이나 노력을 투입한 경우 그 기여를 어떻게 산정할 것인지 불명확하고, ② 도산재단 등이

---

50) 이 문제는 원칙명제의 적용여부 단계에서 해결할 수도 있다. 도산재단을 투입하여 발생한 채권은 아예 수익이 아니라고 할 수도 있기 때문이다. 가령 ① 채무자의 생명보험에 대한 담보권은 도산절차 개시 후 채무자가 보험료를 지급하여 해약환급금이 늘어난 부분에는 미치지 않는다는 판례로는 In re First Nat'l Bank v. Wills (In re Jones), 908 F.2d 859 (11th Cir.1990). 또한 ② 농업에 종사하는 채무자가 할부계약을 체결하고 농기계인 콤바인을 구매하였고 이 콤바인에 대하여 채권자가 담보권을 설정하였으며 도산절차개시 후 채무자가 도산재단을 사용해 콤바인에 대한 보험에 가입한 경우, 보험사고 발생에 따른 보험금은 담보목적물인 콤바인의 수익이 아니고 도산재단에 귀속되어야 한다. 도산재단에서 보험료를 지급하였기 때문이다. In re Durham, 87 BR 300 (BC Del 1988). 다만 '채무자의 경영기술'로 인해 담보목적물의 가치가 상승한 부분도 아예 수익에서 배제시킬 수 있는지는 논란이 있다. 이 부분은 수익에 포함시키되 예외의 예외명제로 통제해야 한다는 견해로는 Michael Williams, "Section 552- Postpetition Effect of Security Interest", 1989 Ann. Surv. of Bankr. Law 19.

51) 각주 19), 44) 참조.

52) 본문 Ⅳ. 1. 참조.

기여한 액수만큼 담보권을 감축할 것인지, 도산재단 등이 기여한 비율만큼 담보권을 감축할 것인지 불명확하다. 또한 ③ 아예 기존 담보물의 수익에 해당하지 않는다고 보아 원칙명제를 적용하는 경우[53]와 기존 담보물의 수익에 해당한다고 보되 예외의 예외명제를 적용하는 경우(ex. 호텔숙박료는 기존 담보물인 호텔의 수익에 해당하지만 예외의 예외명제가 적용될 수 있다)가 어떻게 구별될 수 있는지도 불명확하다.

Ⅳ. 비교법적 시사점

아래에서는 지금까지의 검토결과를 기초로 미국의 법상황과 우리의 법상황을 비교해보고, 우리법 해석론 또는 입법론의 해결과정에서 미국의 논의가 어떠한 시사점을 줄 수 있는지 살펴본다.

1. 미국의 법상황과 우리의 법상황 사이에 차이가 발생하는 이유

지금까지 살펴 본 쟁점과 관련하여 미국의 법상황과 우리의 법상황 사이에 차이가 나는 지점은 ① 담보목적물의 범위, ② 물상대위 기타 담보권의 효력이 미치는 범위에 있다. 아래에서는 이 두 차이점에 대하여 살펴본다.

첫째 우리법상 담보권의 대상(對象)은 미국법상 담보권의 대상(對象)보다 좁다. 우리법상 담보권의 대상이 될 수 있는 것들로는 동산, 부동산, 유가증권, 채권, 지식재산권 등이 있다{민법 제345조 이하, 동산·채권 등의 담보에 관한 법률(이하 '동산채권담보법') 제2조}. 계약은 채권을 발생시키는 원인에 불과할 뿐 그 자체가 독립적인 담보권의 대상이 될 수 없다. 계약은 계약상 채권·채무의 결합체(nexus)에 불과하므로 담보목적물이 되기 위해 필요한 '특정성' 내지 '실체'가 없다고 말할 수도 있다. 그러나 미국법상 담보권의 대상은 우리법보다 광범위하다. UCC §1－201조 (35)에

53) 가령 Official Comm. of Unsecured Creditors v. UMB Bank, N.A. (In re Residential Capital, LLC), 501 B.R. 549, 612(Bankr. S.D.N.Y. 2013)는 도산절차 개시 이후 채무자 자산을 매각하는 과정에서 발생한 채무자의 영업권(goodwill)은 기존 담보권의 수익이 아니라고 한다. <u>설령 매각된 자산의 가치를 유지하거나 상승시키는데 기존 담보물이 기여하였더라도</u> 자산매각 및 협상과정에서 채무자의 시간, 노력, 도산재단으로부터의 비용이 소비되었기 때문에, 기존 담보권의 수익이 아니라는 것이다. 영업권 일부만 기존 담보권의 수익으로 볼 수도 있지만, <u>담보권자가 그 증명에 실패</u>하였기 때문에 영업권 전체를 도산재단에 귀속시키는 것이 타당하다고 보았다. 그런데 이 경우 증명책임을 채무자(관리인)가 아니라 담보권자에게 지우는 것이 타당한지, 담보권자에게 지우더라도 증명부담을 높게 설정하는 것이 바람직한지에 대해서는 논란이 있을 수 있다. 만약 법원이 담보권자의 증명부담을 완화시켜 준다면 위 사안의 경우에도 예외의 예외명제를 적용하지 못할 이유가 없다.

따르면 일반무형재산(general intangibles)은 담보권의 대상이 될 수 있는데, UCC §9－102조 (a)(42)에 따르면 일반무형재산은 무체재산(things in action)을 포함한 인적재산(personal property) 중에서 UCC §9－102조 (a)에서 담보권의 대상으로 구체적으로 특정한 금전채권, 동산담보증권 등을 제외한 다른 재산을 뜻한다. 결국 권리의 속성상 인적재산에 포함되지만 UCC에 특정되지 않은 모든 재산이 담보권의 대상이 될 수 있다. 이에 따라 계약은 체결되었지만 아직 계약상 권리가 발생하지 않은 상황에서 장래 계약상 권리에 대하여 갖는 계약당사자의 '정당한 기대권'이 별도의 담보목적물로 포착될 수 있는 길이 열린다. 가령 가맹계약에 따른 가맹점주의 가맹사업자에 대한 권리 일체는 일반무형재산으로서－가맹계약에 따라 나중에 발생하는 가맹점주의 개별·구체적 금전채권과 별도로－담보권의 대상이 되는 것이다.[54)]

둘째 우리법상 담보권의 물상대위, 기타 담보권의 효력이 미치는 범위는 미국법과 비교할 때 상당히 제한적이다. 민법상 담보물권인 질권, 저당권의 경우 담보목적물의 멸실, 훼손, 공용징수로 인하여 담보권설정자가 받을 금전 기타 물건에 한하여 물상대위의 효력이 인정된다(민법 제342조, 제370조). 동산채권담보법에 따른 담보권의 경우 위 경우에 추가하여 담보목적물이 매각, 임대되어 담보권설정자가 받을 그 밖의 물건에 대해서도 물상대위의 효력이 인정된다(동산채권담보법 제14조). 우리법상으로는, ① 담보목적물인 사료를 사용하여 가축을 길러 가축의 가치가 상승하였더라도 그 가축에 대하여 사료에 대한 담보권자의 물상대위가 인정될 수 없고, ② 담보목적물인 금전채권을 사용하여 보험에 가입하였다고 해서 보험계약상 급부에 대하여 담보권자의 물상대위가 인정될 수도 없다. 이 경우 담보권설정자나 제3채무자가 담보권침해에 따른 손해배상의무를 부담하거나, 기존 담보목적물에 대한 담보권을 상실한 담보권자가 새로운 담보목적물에 대하여 담보권을 설정받는 등의 방법으로 문제를 해결해야 한다.

우리법에 따르면 질권자, 저당권자, 동산채권담보법에 따른 담보권자는 담보목적물의 과실(果實)에 대해서도 담보권의 효력을 주장할 여지가 있고(민법 제359조, 제343조 제323조, 동산채권담보법 제11조) 여기서의 과실에는 법정과실도 포함된다.[55)] 법정과실은 물건의 사용대가로 받은 금전 기타의 물건으로서(민법 제101조 제2항) 차

54) Gary D. Spivey, "Definition and Treatment of "General Intangibles" Under Revised Article 9 of Uniform Commercial Code", 33 A.L.R.7th Art. 4, (2017) §28 및 BMW Financial Services, NA, LLC v. Rio Grande Valley Motors, Inc., 78 U.C.C. Rep. Serv. 2d 825 (S.D. Tex. 2012) 참조.

55) 대법원 2016. 7. 27. 선고 2015다230020 판결.

임, 이자 등이 이에 해당한다. 주주에 대한 이익배당금은 주금을 사용한 대가가 아니므로 과실이 아니고,[56] 매매대금이나 입장료도 물건의 '사용대가'는 아니므로 법정과실이 아니다.[57] 이러한 논리에 따르면 호텔운영수익이나 쓰레기 매립지 사용수수료도 법정과실로 보기 어려울 것이다. 호텔 숙박료나 쓰레기 매립지 사용료에는 건물이나 토지의 사용대가뿐만 아니라 호텔이나 쓰레기 매립지 운영자 및 종업원이 제공하는 용역에 대한 대가도 포함되어 있기 때문이다. 전자오락기나 슬롯머신에 투입된 동전도 전자오락기나 슬롯머신의 '사용대가'라고 보긴 어려운 측면이 있다. 게임사용자가 투입한 동전은 그 '물건자체'의 사용대가라기보다 오락실 또는 도박장이 제공하는 서비스에 대한 대가라고 봄이 적절하기 때문이다. 결국 물건 그 자체가 갖는 고유한 속성을 이용하는 것에 대한 대가만이 법정과실이고, 물건에 대한 담보권자는 이러한 법정과실에 대해서만 - 별도로 담보권을 설정하지 않고서도 - 담보권의 효력을 누릴 수 있는 것이다.[58]

그러나 미국법에서 수익의 범위는 매우 포괄적이다. UCC 제9-102조 제a항 제64호에 따르면 수익은 담보물의 판매, 임대, 사용허락(license), 교환, 그 밖의 처분(other disposition)에 의해 얻은 것 일체, 담보물의 추심이나 담보물에 기초한 배당으로 얻은 것 일체, 담보물에서 발생하는 권리, 담보물의 멸실, 부적합, 사용불능으로 인해 발생한 청구권, 담보물에 존재하는 권리의 흠이나 침해, 담보물에 대한 손해로 인해 발생한 청구권, 담보물의 멸실이나 부적합, 담보물에 존재하는 권리의 흠이나 침해, 담보물에 대한 손해로 인해 발생하는 보험금을 뜻한다. 따라서 배당금, 호텔숙박료, 쓰레기 매립지 사용료, 전자오락기나 슬롯머신에 투입된 동전은 수익에 포함될 가능성이 크다. 담보권의 효력은 별도의 합의가 없어도 당연히 수익에 미치고(UCC 제9-203조 제f항, 제9-315조 제a항 제2호), 기존 담보물에 대항요건(perfection)이 구비된 경우 수익에 대해서도 대항요건이 구비된 것으로 인정된다(UCC 제9-315조 제c항). 미국의 학설은 이처럼 수익을 폭넓게 인정하는 것이 담보설정계약 당사자

---

56) 민법주해Ⅱ (1992)/김병재, 74; 주석민법 총칙2 제5판 (2019)/김종기, 335.

57) 주석민법 총칙2 제5판 (2019)/김종기, 335. 대법원 2001. 12. 28. 선고 2000다27749 판결은 "국립공원의 입장료는 토지의 사용대가라는 민법상 과실이 아니라 수익자 부담의 원칙에 따라 국립공원의 유지·관리비용의 일부를 국립공원 입장객에게 부담시키고자 하는 것이어서 토지의 소유권이나 그에 기한 과실수취권과는 아무런 관련이 없"다고 한다.

58) 이러한 생각의 배후에는, 담보권은 '물건' 또는 '권리'에 대한 지배권이지 '용역'에 대한 지배권이 아니며, 용역제공자의 재능과 노력에 대한 대가까지 법정과실에 포함시키면 담보권자가 망외의 이득을 누리게 되어 부당하다는 생각이 깔려있다. 이는 부당이득 반환에서 운용이익의 반환을 부정하는 판례의 입장(대법원 1995. 5. 12. 선고 94다25551 판결)과도 일맥상통한다.

들의 통상적, 추정적 의사에 부합한다고 본다.[59] 미국 연방도산법 제552조에서 규정된 수익이 도산법 고유의 의미를 가진 것이 아니고, UCC에 따른 수익에 연동된 개념이라면 결과적으로 담보권자는 예외명제를 근거로 담보설정자가 도산한 후 발생한 수익에 대해서도 담보권을 누리게 될 것이다.[60]

담보물의 범위가 포괄적이고 담보권의 효력범위가 넓다는 점에서 미국의 담보권자는 '강한 담보권'을 누린다고 말할 수 있다. 우리법에 따르면 장래권리에 대하여 별도로 담보권 설정을 해야 하지만, 미국법에서는 그럴 필요가 없고 종전 담보권의 효력이 장래권리에 대해서까지 미친다. 물권과 채권을 준별하는 우리법과 달리 두 개념을 엄밀히 구별하지 않고 가치추적(value－tracing)을 폭넓게 허용하는 미국법의 태도는, 강한 담보권이 성립할 수 있는 중요한 토대가 된다. 우리법의 관점에서 강한 담보권은 담보권자에게 망외의 이득을 줄 위험이 있지만, 미국에서는 오히려 강한 담보권이 담보설정계약 당사자들이 통상 원하는 바라고 이해한다. 그러나 미국에서도 담보설정자에 대하여 도산절차가 개시된 경우에는 담보권자가 강한 담보권으로 인해 망외의 이득을 얻는 것에 대한 우려가 작동한다. 예외의 예외명제는 바로 이러한 우려를 입법화한 것이다. 강한 담보권을 우리법에 도입하는 것에는 신중할 필요가 있다고 생각한다. 가치추적을 폭넓게 허용한다면 물권－채권 준별론에 입각한 우리의 법체계와 여러 장면에서 충돌을 일으킬 가능성이 크기 때문이다{가령 담보권자에게 폭넓은 추급권(tracing)을 허용한다면, 소유권자에게도 마찬가지로 폭넓은 추급권을 허용해야 하는가?}. 그럼에도 불구하고 〈강한 담보권 및 그에 대한 안티테제(anti－these)로서 예외의 예외명제〉는 우리법에 일정부분 참고가 될 수 있다. 아래에서는 항을 바꾸어 미국의 논의가 우리에게 어떠한 비교법적 시사점을 주는지 해석론과 입법론으로 나누어 살펴본다.

2. 우리법상 바람직한 해석론 및 입법론의 모색

가. 해석론 : 계약체결시점 기준설?

장래채권 양도담보의 도산절차상 효력에 관하여 최근 다음과 같은 유력한 학설

59) James J. White/Robert S. Summers, Uniform Commercial Code, Vol.4, 6^{th}ed, (2010), 238; Lynn M. Lopucki/Elizabeth Warren/Robert M. Lawless, Secured Transactions: A Systems Approach, 8th, (2016), 162－163.

60) 현 UCC의 수익개념은 구 UCC에 비해 확장된 것이다. 수익개념 확장에 따라 도산재단 부족이 심해지고 채무자 회생이 어려워질 수 있다는 점을 지적하는 문헌으로는 Lois R. Lupica, "Revised Article 9, Securitization Transactions and the Bankruptcy Dynamic", 9 Am. Bankr. Inst. L. Rev. 287, 309－310 (2001).

이 주장되고 있다.[61)]

"민법 법리에 의하면, 장래채권을 발생시킬 양도인의 지위에 변동이 생기면 그 지위 변동 후 제3자가 발생시킨 채권에 대하여는, 그 제3자가 장래채권을 발생시키는 계약상 지위를 승계하지 않는 한, 양도인의 처분권, 즉 장래채권 양도의 효력이 미치지 않는다. 이는 채권양도의 대항력 문제가 아니라 해당 채권의 권리주체 문제이다. 예컨대, 양도인이 어떤 영업을 영위하면서 발생할 장래의 매출채권을 금융회사에 담보로 양도한 후에 그 영업을 제3의 영업양수인에게 양도한 경우, 영업양수인이 매출채권을 발생시키는 계약상의 지위를 함께 승계하지 아니한 경우에는 영업양수인이 양도채권의 제3채무자와 새로 체결한 계약에 기하여 발생시킨 매출채권은 영업양수인에 귀속되고 장래 매출채권 양도의 목적물에는 포함되지 않는다. 그러나 영업양수인이 양도인으로부터 매출채권을 발생시키는 계약상 지위를 승계하여 그 계약에 기하여 매출채권을 발생시킨 때에는, 그 매출채권은 양도인 하에서 발생한 채권과 동일시되어 양도인의 처분권(즉, 장래 매출채권양도의 효력)이 미친다고 보아야 한다.

회생절차가 개시된 경우 관리인의 지위를 위 영업양수인과 마찬가지로 볼 것인가? 이 점은 관리인의 법적 지위와 도산재단의 법적 성질을 어떻게 파악할 것인지의 문제와 관련된다. 회생절차개시 후의 '채무자의 재산'은 회생채권자·회생담보권자 등 이해관계인을 위한 도산재단을 구성하는 것이므로 회생절차개시 전의 '채무자의 재산'과는 법적 성질이 다르다. 회생절차에서 관리인은 회생채권자 등 이해관계인의 이익을 위하여 도산재단을 관리·처분하는 것이다. 이러한 법적 구조는 회생절차개시에 의하여 채무자로부터 도산재단 또는 (채권자 등 이해관계인을 위하여) 도산재단을 대표하는 관리인(=도산대표자: insolvency representative)에게로 채무자의 사업 및 재산에 대한 신탁적 양도가 이루어진 것과 실질적으로 유사하다고 볼 수 있다. 그렇다면, 대상판결의 관점에서 보더라도 장래채권 양도담보에 관하여 회생절차개시 전에 장래채권의 양도요건 및 제3자 대항요건을 구비하였고 장래채권을 발생시키는 양도인의 계약상 지위가 회생절차개시에 따라 도산재단으

61) 박준·한민, 금융거래와 법, 제2판, (2019), 837~839.

로 이전된(또는 귀속된) 것으로 볼 수 있는 경우에는 회생절차개시 후에 발생한 채권에 대하여 장래채권 양도담보의 효력이 미친다고 할 것이다."

이 견해에 따르면 특정 장래채권을 발생시키는 양도인의 계약상 지위(가령, 공사도급계약)가 채무자의 재산으로부터 도산재단으로 이전된 것으로 볼 수 있는 경우에는 관리인 하에서 그 계약이 이행되어 채권(공사완공에 따른 공사대금채권)이 발생하는 때에도 그 채권에 대한 양도인의 사전처분은 효력이 있는 것이므로 그 채권은 양도담보목적물에 포함된다.[62] 계속적 거래를 위한 기본계약만 체결되어 있는 상태에서 채무자에 대하여 도산절차가 개시된 경우 계약상 지위가 도산재단으로 이전된 것으로 볼 수 있는지에 대해서는, 기본계약 내용의 구체성 등에 따른 개별검토가 필요하다고 한다.[63] 도산절차 개시 전 채권발생의 원인이 되는 계약이 체결되었는지 여부를 중요시한다는 점에서 위 견해(이하 '계약체결시점 기준설')는 예외명제와 일맥상통하는 지점이 있다.[64] 그런데 계약체결시점을 기준으로 문제된 채권에 대한 담보권의 효력유무를 판단하는 것이 과연 타당한가? 이에 대하여 필자는 의문을 갖고 있다. 예외의 예외명제가 말하는 것처럼, 도산재단 등의 희생을 통해 담보권자가 망외의 이득을 얻는 상황은 막아야 하기 때문이다.

가령 다음과 같은 예를 생각해 보자. 자동차회사 A는 자동차공급대금 채권을 X에게 양도담보로 제공하였다. A와 B가 자동차공급계약을 체결한 후 A에 대하여 회생절차가 개시되었고, A의 관리인은 쌍방미이행 쌍무계약인 위 자동차공급계약의 이행을 선택하였다. 이에 따라 A의 관리인은 '도산재단 100을 투입하여' 자동차를 생산하고 이를 B에게 공급하였고, 120의 자동차공급대금 채권을 발생시켰다. 계약체결시점 기준설에 따르면 위 자동차공급대금 채권은 양도담보권의 목적물에 포함된다. 결과적으로 관리인은 이행선택을 함으로써, 도산재단의 희생 하에 특정채권자의 이익을 실현한 것이다. 관리인의 이행선택으로 일반채권자들이 배당받을 수 있는 재산은 100만큼 줄어들었다. 과연 관리인에게 이러한 행위를 할 권한이 있는가? 이행선택이 경제적 관점에서 합리적이더라도(∵120＞100) 관리인은 해지권을 선택한

62) 박준 · 한민(주 61), 841.

63) 박준 · 한민(주 61), 842.

64) 참고로 독일 학설 중에도 ― 비록 소수설이지만 ― 계약체결시점 기준설과 유사한 견해(도산절차 개시시점 또는 위기시기를 기준으로 '피담보채권 발생의 법적 원인이 존재하는 경우', 담보권자가 보호된다는 취지)가 있다. Nina Kuszlik, Sicherheiten für künftigen Forderungen in der Insolvenz, (2016).

뒤[65] B 또는 제3자와 새롭게 자동차공급계약을 체결해야 하는 것 아닌가? 이를 통해 도산재단을 120으로 늘리는 것이 관리인의 임무가 아닌가? 관리인이 이러한 방식으로 업무를 처리하지 않았다면 선량한 관리자로서의 주의의무(채무자회생법 제82조 제1항)를 위반하였다는 이유로 도산재단에 대하여 손해배상책임을 부담해야 하는 것 아닐까? 도산절차 개시시점을 기준으로 담보권자 X가 120의 가치를 갖는 채권에 대하여 보호가치 있는 담보기대를 갖고 있는 것일까? 관리인이 해지권을 행사할 수 있는 이상 담보권자의 담보기대는 그야말로 허약한 기반 위에 놓인 단순한 희망사항에 불과하지 않을까?

채무자가 도산재단을 투입하지 않고 자신의 시간이나 노동, 도산재단에 포함되지 않는 면제재산 등을 투입하여 담보목적물의 가치를 상승시킨 경우에도 마찬가지이다. 채무자는 채권자의 노예가 아니다. 채무자가 사업이나 그 밖의 경제활동을 지속하면서 회생을 하기 위해서는 현금흐름의 창출이 필수적이다. 채무자의 사업을 계속하기 위해 법원은 허가를 받아 차입한 자금에 대하여 공익채권 중에서도 최우선 변제권 ― 비용채권보다도 선순위이다 ― 을 인정(채무자회생법 제180조 제7항)하는 까닭도 여기에 있다. 채무자가 자신의 시간이나 노동 등을 투입한 대가는 채무자 회생에 필수적인 현금흐름 창출에 쓰여야 한다. 담보권자는 채무자에게 담보목적물의 가치를 상승시키기 위해 채무자의 시간이나 노동을 투입하라고 요구할 권리가 없으므로, 도산절차 개시시점을 기준으로 담보권자에게 보호가치 있는 담보기대가 있다고 보기도 어렵다.

도산재단으로부터 나온 수익은 도산재단에 귀속되어야 하고, 채무자의 시간, 노동, 면제재산을 투입하여 발생한 수익은 채무자의 회생을 위한 현금흐름 창출에 기여해야 한다. 이러한 수익이 특정담보권자의 기존채권(=도산절차개시 전 채권) 만족을 위해 사용되어서는 안된다. 이러한 관점에서 미국 연방도산법상 예외의 예외명제는 우리법 해석론에 시사하는 바가 크다고 생각한다.

나. 담보권자 보호를 위한 입법론

그렇다면 장래채권에 대한 담보권자의 담보기대는 전혀 보호할 필요가 없는 것인가? 도산재단 등의 기여로 인한 담보가치 상승분에 대해서는 담보권자의 담보기대를 굳이 보호할 필요성이 없다. 반대로 말하면 도산절차 개시 후에 발생한 채권이

---

65) B에 대하여 부담하는 손해배상채무(회생채무 또는 파산채무이다)는 편의상 논외로 한다.

더라도 그 채권발생에 도산재단 등이 기여한 바가 없고, 도산절차 개시 전에 이미 채권발생의 법적 원인이 존재하여 해당 채권에 대한 담보권자의 담보기대가 보호가치가 있는 경우라면 그 채권에 대해서는 담보권의 효력이 미친다고 보아야 한다. 그러나 이러한 법리에 관해서는 정책적·실용적 관점에서 조금 더 생각할 부분이 있다. "도산재단 등의 기여로 인한 담보가치 상승분"이 과연 존재하는지, 존재한다면 얼마나 되는지 판단하기 어려운 경우가 있기 때문이다. 특히 채무자의 시간이나 노력의 투입은 계량화하기 어렵다. 또한 미국판례를 살펴보는 과정에서 확인한 것처럼 ① 도산재단 등이 기여한 '액수'만큼 담보권을 감축할 것인지, 도산재단 등이 기여한 '비율'만큼 담보권을 감축할 것인지 불명확하고, ② 도산재단 등의 기여가 '크기' 때문에 아예 기존 담보물의 수익이 아니라고 보아 원칙명제를 적용할 여지는 없는지도 불명확하다. 예외의 예외명제는 필연적으로 '불확실성'을 내포하고 있는 것이다. 은행 기타 금융회사와 같이 거래경험이 풍부한 계약당사자는 그 무엇보다도 불확실성을 꺼려한다. 이에 따라 장래채권에 대한 담보거래를 아예 단념할 수 있다. 담보권의 효력이 미치는 것이 정당화되는 장래채권에 대해서까지 담보거래가 이루어지지 않을 수 있는 것이다. <u>법률관계의 불확실성으로 인해 과도한 위축효과</u>가 발생하는 것이다.[66] 따라서 특정 유형의 담보거래의 경우 장래채권에 대해서도 담보권의 효력이 항상 미친다는 일종의 안전항(safe-harbor) 규정을 법에 마련하는 방안을 생각해 볼 필요가 있다. 이를 통해 〈담보권자의 이익〉과 〈도산채권자 및 채무자의 이익〉 사이에 균형을 맞추어야 한다. 담보권자의 위험(=자신이 기대하던 담보권을 취득하지 못할 수 있다는 불확실성)을 사전에 제거해줌으로써 담보거래의 활성화를 도모해야 한다.

이러한 맥락에서 '<u>도산절차에서도 그 효력이 유지되는 강한 담보권</u>'을 예외적이나마 도입할 필요가 있다. 즉 ① 채무자의 영업재산 일체[67]에 대하여 담보를 설정할 수 있게 하고(담보목적물의 범위 확대),[68] ② 그 영업으로부터 발생하는 채무자의 매

66) 김연미, "매출채권을 이용한 기업의 자금조달", 상사법연구 34-3, (2015), 278은 "개별 채무자의 도산절차에서 도산법원이 구체적 타당성을 추구하여 사전처분의 효력을 좌지우지한다면 이는 도산절차에 대한 불신과 사적 절차의 선호로 이어지고, 기업 전반의 자금조달을 어렵게 하는 부작용을 수반한다"고 지적한다.

67) 종래에도 기업재산을 일체로 보아 그 위에 채권이나 물권이 성립하는 것으로 보아야 한다는 견해가 있었다. 김증한/김학동, 민법총칙, 10판, (2013), 273. 이에 관해서는 프랑스 상법상 영업재산 담보제도도 참고가 된다. 우선 원용수, "프랑스 상법상 영업재산의 양도·담보 및 이용대차제도의 어제와 오늘", 법학연구21-2, (2010), 133 이하.

68) 이러한 담보권을 공시하려면 '인적 등기부'가 필요할 것이다. 또한 영업재산 일체에 대한 '담보설정'이 공시된다면, 영업재산 일체에 대한 '매각'을 공시하는 방안도 함께 고려해야 한다.

출채권 일체에 대하여 담보권자의 물상대위를 허용하며(물상대위의 범위 확대), ③ 채무자에 대한 도산절차 개시 후 발생한 매출채권에 대해서도 — 설령 매출채권 발생과정에서 도산재단이 투입되었거나 채무자의 노력, 시간 등이 투입되었더라도 — 담보권의 효력이 계속 미치게 하는 제도(예외의 예외명제 적용제외)를 설계하는 방안을 고려해야 한다. 기초자산 일체를 단일한 담보권의 대상(對象)으로 삼을 수 있게 하고, 그러한 기초자산을 토대로 발생하는 장래의 매출채권에 대해서도 담보권의 효력을 인정하며 도산절차에서도 그 효력이 침해받지 않도록 하자는 것이다. 이러한 포괄적 담보권 제도가 마련된다면 초기투자자로서는 채무자의 장래 사업전망을 고려하여 안심하고 대출을 실행할 수 있게 된다. 담보권의 효력이 미치는 채무자의 영업재산 일체가 채무자의 장래 현금흐름을 창출하는 기초자산 중 '핵심'일 것이므로, 예외의 예외명제에서 심하게 벗어나는 것도 아니다. 만약 심하게 벗어나는 경우에 대비할 필요가 있다면, ① 채무자의 회생의 이익을 배려할 필요가 있고 ② 채무자의 매출채권에 도산재단이 기여하는 비중이 매우 큰 경우에 한정하여, 담보권의 효력이 미치는 범위를 제한하는 예외조항을 추가할 수 있을 것이다.

그 다음으로 생각해 볼 수 있는 방안은 장래채권의 '진정양도'에 대하여 예외의 예외명제를 적용하지 않는다는 취지의 조항을 법에 명시하는 것이다. '법리적' 관점에서만 보면 예외의 예외명제를 담보권자에 대해서만 적용하고 진정양수인에 대해서는 적용하지 않는 것이 과연 타당한지 의문이 있을 수 있다.[69] 그러나 정책적 결단의 성격도 갖고 있는 '입법론'의 관점에서는, 채권양수인은 양도대상 채권의 채무자의 무자력 위험을 부담한다는 점에서 채권양도담보권자보다 불리한 법적 지위를 스스로 감수한 것이므로(그렇기 때문에 양도인 도산시 채권양수인은 환취권자가 되는 반면 채권양도담보권자는 회생담보권자 내지 별제권자가 된다), 양도된 채권을 양도인의 도산재단으로부터 아예 분리시켜 버리자는 입론도 충분히 가능하다. 이미 자산유동화에 관한 법률은 '자산보유자'의 범위를 법률 및 시행령으로 한정하여 놓고(자산유동화에 관한 법률 제2조 제2호), 이러한 자산보유자가 파산하거나 자산보유자에 대하여 회생절차가 개시된 경우 유동화 자산 중 차임채권에 관해서는 채무자회생법 제125조, 제340조를 적용하지 않는 방법으로(자산유동화에 관한 법률 제15조) 차임채

나아가 영업재산이 부동산처럼 이미 공적인 공시제도가 마련된 재산인 경우, 물적 등기부인 부동산등기부와 인적 등기부인 영업재산 등기부 사이의 관계도 고민해야 할 것이다.

69) 가령 최준규(주 1), 278~279는 관리인이 도산재단을 투입해 발생한 채권은 도산재단에 귀속되어야 하고 도산채권자들 모두의 이익을 위해 사용되어야 한다는 명제는 장래채권 양도담보나 장래채권 진정양도의 경우 모두 적용될 수 있다고 한다.

권을 대상으로 한 유동화거래의 안정성을 보장하고 있다. 또한 채무자회생법 제616조 제1항은 개인회생절차에서 변제계획인가결정이 있는 경우, 채무자의 급료, 연금, 봉급 등에 관하여 개인회생절차개시 전에 확정된 전부명령은 변제계획인가결정 후에 제공된 노무로 인한 부분에 대하여는 그 효력이 상실된다고 규정하고 있는데, 이 조문은 개인회생절차개시 후 변제계획인가결정 전에 제공된 노무로 인하여 발생한 급료 등에 대해서는 전부명령(법률의 규정에 의한 채권의 진정양도)의 효력이 미친다고 해석함이 자연스러운 것이 사실이다. 그렇다면 ① 양도인이 일정 규모 이상의 법인인 경우, 또는 ② 양수인이 법이 정한 금융기관 등인 경우에 한정하여 장래채권 진정양도의 도산절차상 효력을 인정하는 조항을 자산유동화법이나 채무자회생법 등에 마련하는 방안[70][71]을 고민해 볼 필요가 있다.

70) 이와 관련하여 프랑스 판례가 취하고 있는 입장이 흥미로워 간단히 소개한다. 프랑스는 금융기관이 채무자의 상업 또는 민사상 직업채권을 담보목적으로 양도받는 경우에 대비하여 특별법(통화금융법전)에 별도의 제도{이른바 "다이이(Dailly) 채권양도"}를 마련하고 있다. 이 경우 양도대상 채권은 채무자의 책임재산으로부터 완전히 분리되므로 양도인(채무자)이 도산한 경우, 양수인은 채권에 대한 담보권자가 아니라 채권의 소유자이다. 그리고 도산절차 개시 전에 도급계약이 체결되고 위 도급계약에 따른 대금채권이 다이이 채권양도에 따라 금융기관에 양도되었다면, 양도인(수급인) 도산 후 제작 및 인도가 이루어졌더라도 채권양수인은 도급대금채권을 유효하게 취득한다. Cass. com., 7 déc. 2004, n°02-20732 Bull. civ. 2004 Ⅳ n°213 p.239. 또한 도산절차 개시 전에 임대차계약이 체결되었고 위 임대차계약에 따른 일체의 차임채권이 다이이 채권양도에 따라 금융기관에 양도되었다면, 양도인(채무자)에 대한 도산절차 개시 후 발생한 차임채권도 채권양수인이 유효하게 취득한다. Cass. com., 22 nov. 2005, D.2005. p.3081, obs. X. Delpech. 또한 도산절차 개시 전에 임대차계약에 관한 틀계약(contrat-cadre)만 체결된 상태에서 차임채권의 다이이 양도가 이루어지고, 도산절차 개시 후 관찰기간(la période d'observation: 채무자의 상태를 분석하고 회생계획을 수립하는 기간)에 비로소 임대차계약이 체결된 경우에도 그로부터 발생한 차임채권은 채권양수인에게 귀속된다. CA Versailles, 13ème chambre, 28 février 2013: D.2013, p.829, obs. R. Dammann et G. Podeur. 차임채권에 대하여 귀속압류(saisie-attribution: 법률의 힘에 의한 채권의 이전. 이전된 채권을 실제로 변제받아야 피보전채권이 소멸한다)가 이루어진 후 임대인에 대하여 도산절차가 개시된 경우에도, 도산절차 개시 후 발생한 차임채권은 귀속압류의 대상이 된다. 귀속압류의 효력발생 즉시 차임채권은 임대인의 책임재산으로부터 분리되었기 때문이다. Cass. en. mixte, 22 nov. 2002, n°99-13935 Bull. mixte 2002 n°7 p.17.
프랑스법의 핵심논리는 도산절차 개시 전에 양도대상 채권이 양도인의 책임재산으로부터 완전히 이탈하였다는 것이다. 그러나 이런 논리가 반드시 양수인 보호로 이어질 논리필연성은 없고(각주 69 참조), 채권을 '담보목적으로' 양도받은 금융기관을 위와 같이 폭넓게 보호하는 것은 지나친 면이 있다. 그러나 프랑스의 법상황은 '특정유형의 채권'을 진정양도받은 '특정유형의 양수인'을 특별히 우대하는 법정책(!)도 얼마든지 가능하다는 점을 시사하고 있다.

71) 심사위원의 의견 중에는 위와 같은 입법을 하면 "특정금융기관만을 우대하는 차별입법으로 기능할 우려"가 있다는 지적이 있었다. 그러나 합리적 채권자라면 담보목적으로 채권을 양도받으려고 하지, 대물변제 명목으로 채권을 양도받는 '위험한 거래'는 하지 않는 것이 통상이다. 양도대상 채권의 위험을 정확히 평가할 능력이 있는 (금융기관)채권자가 주로, 대물변제 명목으로 채권을 양도받으려고 할 것이다. 그러한 합리적 (금융기관)채권자만 보호해도 충분하다는 생각도 가능하지 않을까? 주택임대차보호법 제3조의2 제7항이 임차인의 보증금반환채권을 (담보목적으로) 양수한 '특정유형의 금융기관'에 한정하여 임차인의 우선변제권을 승계

Ⅴ. 결론에 갈음하여

이 글의 결론을 요약하면 다음과 같다.

1. 미국법에 따르면 계약체결 후 그 계약으로부터 장차 발생하는 권리는 해당 계약의 수익(proceeds)이다. 여기서 계약은 기초자산, 그 계약으로부터 장차 발생하는 권리는 기초자산으로부터 발생하는 현금흐름이라고 할 수 있다. 따라서 도산절차 개시 전에 계약에 대하여 담보권을 취득한 자는 도산절차 개시 후 그 계약에 따라 발생하는 채권에 대하여 담보권의 효력을 주장할 수 있다.

2. 다만 ① 채무자가 자신의 노력과 시간을 투입하거나, 도산재단으로부터 비용을 투입하여 해당 채권을 발생시킨 경우, ② 해당 채권이 채무자의 회생을 위해 필요한 경우에는, 법원이 형평을 고려하여 장래채권에 대한 담보권의 효력을 감축시킬 수 있다. 그런데 이 과정에서 ① 장래채권에 대한 담보권의 효력을 아예 부정할 것인지, ② 장래채권의 가치 중 채무자가 기여한 '비율'만큼 담보권의 범위를 감축시킬 것인지, ③ 장래채권의 가치 중 채무자가 기여한 '액수'만큼을 담보권의 범위에서 공제할 것인지 불명확하다.

3. 위와 같은 미국법의 태도는 우리법 해석론과 입법론에 관하여 다음과 같은 시사점을 준다.

가. 최근 우리법 해석론으로 "장래채권을 발생시키는 양도인의 계약상 지위가 채무자의 재산으로부터 도산재단으로 이전된 것으로 볼 수 있는 경우에는 관리인 하에서 그 계약이 이행되어 채권이 발생하는 때에도 그 채권에 대한 양도인의 사전 처분은 효력이 있는 것이므로 그 채권은 양도담보목적물에 포함된다"는 견해가 주장되고 있다. 그런데 이러한 견해에 따르면 장래채권 발생에 채무자의 노력과 시간, 도산재단이 기여한 경우에도 그 대가를 특정 담보권자만 누리는 부당한 결과가 발생한다. 도산재단의 기여로 발생한 장래채권의 가치는 원칙적으로 도산재단에 귀속되어야 한다.

나. 도산재단의 기여로 발생한 이익은 도산재단에 귀속되어야 한다는 명제는 ― 미국의 사례에서 확인되는 것처럼 ― 그 적용과정에서 필연적으로 불명확성을 수반한다. 이러한 불명확성으로 인해 장래채권에 대한 담보거래가 '과도하게' 위축될 수 있다. 이를 막기 위해서 안전항(safe-harbor) 규정을 마련할 필요가 있다. 가령 ①

하도록 규정하고 있는 점도 참고.

채무자의 영업재산 일체에 대하여 담보권을 설정할 수 있도록 하고, 이러한 담보권자는 도산절차 개시 후 채무자의 장래의 매출채권에 대해서도 ― 도산재단 등의 기여와 상관없이 ― 원칙적으로 담보권의 효력을 주장할 수 있게 하는 입법을 고민할 필요가 있다. 또한 ② 양도인이 일정 규모 이상의 법인인 경우, 또는 양수인이 법이 정한 금융기관 등인 경우에 한정하여 장래채권 진정양도의 도산절차상 효력을 인정하는 입법을 고민할 필요가 있다.

외국법을 정확히 이해한다는 것은 외국 법조문의 내용뿐만 아니라 그 법조문이 적용되는 판례와 실무의 현황, 해당 쟁점에 관한 학문적 논의까지 아울러 이해하는 것을 뜻한다. 개별쟁점은 복수의 법제도와 직·간접적으로 관계를 맺고 있는 경우가 많으므로, 개별쟁점이 놓인 맥락(context)을 파악하는 작업도 중요하다. 장래채권 양도담보의 도산절차상 효력이라는 쟁점은 '채무자에 대하여 도산절차가 개시된 경우 계약상 법률관계의 추이(推移)', '관리인의 법적 지위', '관리인의 권한과 의무', '장래채권 양도의 법률관계', '물적담보의 대상(對象)', '담보권자가 물상대위를 주장할 수 있는 범위' 등과 밀접한 관련이 있다. 계약법, 담보법, 도산법이 서로 얽혀 있는 것이다. 전체를 알아야 부분을 알 수 있다는 명제는 비교법 연구에서도 타당하다. 또한 비교법 연구가 단순히 외국의 법상황을 정확히 이해하는 것에 그쳐서는 안되므로, 타인을 이해하는 과정과 자기 자신을 돌아보는 과정이 함께 이루어져야 한다(시선의 왕복!). 그만큼 비교법연구는 어렵고, 어려운 만큼 중요하다는 점을 이 글을 쓰면서 절감하였다. 부족한 부분의 보완과 잘못된 부분의 수정은 다음을 기약하면서, 미국의 담보제도와 도산제도를 '한국법학자의 시각'에서 분석한 심도깊은 연구가 이루어지길 기원하면서 글을 마친다.

가등기담보 등에 관한 법률 제11조 단서가 청산절차를 위반한 담보가등기에 기한 본등기에 유추적용되는지

김 영 진*

Ⅰ. 서 론

가등기담보 등에 관한 법률(이하 '가등기담보법'이라 한다)은 이른바 비전형담보 중 가등기담보 및 양도담보를 그 적용대상으로 하는데(가등기담보법 제1조[1]), 그중 제11조는 "채무자 등은 청산금채권을 변제받을 때까지 그 채무액(반환할 때까지의 이자와 손해금을 포함한다)을 채권자에게 지급하고 그 채권담보의 목적으로 마친 소유권이전등기의 말소를 청구할 수 있다. 다만, 그 채무의 변제기가 지난 때부터 10년이 지나거나 선의의 제삼자가 소유권을 취득한 경우에는 그러하지 아니하다."라고 규정하고 있다. 가등기담보법 제11조 본문 및 단서는 그 문언상 채권담보를 목적으로 소유권이전등기가 이루어지는 양도담보에 적용된다는 것은 분명하다. 나아가 통설은 거래의 안전을 보호하기 위해 가등기담보법 제11조 단서가 담보가등기에 기한 본등기에도 유추적용될 수 있다고 한다.[2] 그러나 선의의 제3자의 보호 필요성에도 불구하고, 가등기담보법 시행 후에도 담보가등기와 양도담보를 구분하지 않은 채 '청산절차를 위반한 담보가등기에 기한 본등기'에도 가등기담보법 제11조 단서의 유추적용을 별다른 비판 없이 인정하는 통설에 대해서는 의문이 있다.

이 글에서는 '청산절차를 위반한 담보가등기에 기한 본등기'에 대한 가등기담보법 제11조 단서 규정의 유추적용에 대해 비판적으로 논의한다. 특히 선의의 제3자

---

* 대법원 재판연구관, 판사.

1) "이 법은 차용물의 반환에 관하여 차주가 차용물을 갈음하여 다른 재산권을 이전할 것을 예약할 때 그 재산의 예약 당시 가액이 차용액과 이에 붙인 이자를 합산한 액수를 초과하는 경우에 이에 따른 담보계약과 그 담보의 목적으로 마친 가등기 또는 소유권이전등기의 효력을 정함을 목적으로 한다."

2) 곽윤직(편집대표), 민법주해(Ⅶ), 물권(4), 박영사(2011), 430쪽(서정우 집필부분).

보호 규정인 제11조 단서 후단과 관련하여 주된 논의를 하기로 한다.

Ⅱ. 양도담보 등의 법적 성질과 관련한 가등기담보법 제11조 단서의 취지

1. 학 설

양도담보의 경우 청산금이 지급될 때까지는 양도담보권자는 목적물의 소유권을 취득할 수 없으므로,[3] 채무자는 피담보채무를 변제하고 목적물에 마쳐진 채권자 명의의 소유권이전등기의 말소를 구할 수 있다. 가등기담보법 제11조 본문은 채무자와 양도담보권자 사이의 이러한 법률관계를 구체화한 것으로 해석할 수 있다. 다만, 가등기담보법 제11조 단서, 특히 선의의 제3자 보호를 규정한 후단의 경우 양도담보권의 법적 성질에 따른 견해에 따라 그 규정 취지의 해석방법이 갈린다.

가. 담보권설의 경우

이른바 담보권설은 양도담보계약에 의하면 저당권이 설정되고, 그 저당권의 실체는 민법의 법정절차에 의하지 않고 사적으로 실행할 수 있는 저당권이라는 견해이다.[4] 가등기담보법 제정 자체가 담보권설 주창자들이 주도하였기 때문에 가등기담보법 시행 후에는 압도적 통설의 지위를 차지하고 있다고 한다.[5]

이 견해에 따르면 양도담보권자는 일종의 저당권만을 취득할 뿐이고 소유권의 이전은 일어나지 않으며, 다만 양도담보권자 앞으로 외관상 이루어진 소유권이전등기는 저당권을 초과하는 부분만 무효라고 본다.[6] 다만, 양도담보권자 앞으로 이루어진 소유권이전등기는 일종의 허위표시이므로 민법 제108조 제2항의 취지를 유추하여 그 허위표시에 대한 선의의 제3자에 대하여는 이를 대항할 수 없도록 하자는 것이 가등기담보법 제11조 단서의 입법취지라고 본다.[7]

---

3) 가등기담보법 제4조 제2항
② 채권자는 담보목적부동산에 관하여 이미 소유권이전등기를 마친 경우에는 청산기간이 지난 후 청산금을 채무자등에게 지급한 때에 담보목적부동산의 소유권을 취득하며, 담보가등기를 마친 경우에는 청산기간이 지나야 그 가등기에 따른 본등기를 청구할 수 있다.

4) 곽윤직(주 2), 291쪽(서정우 집필부분); 김정현, "양도담보의 법적 구성에 관한 최근의 판례연구(하)", 사법행정 17권 12호, 한국사법행정학회(1976), 9쪽 이하.

5) 곽윤직(주 2), 309쪽(서정우 집필부분). 곽윤직 · 김재형, 물권법(민법강의Ⅱ), 박영사(2015), 546, 573쪽.

6) 곽윤직(주 2), 291쪽(서정우 집필부분).

7) 김용한, 물권법론, 박영사(1993), 641쪽.

나. 신탁적 양도설의 경우

이른바 신탁적 양도설은 양도담보에 의해 목적물은 담보권자에게 신탁적으로 양도되고, 다만 양도담보권자는 소유권을 담보의 목적에서만 행사할 신탁계약상 구속을 받을 뿐이라는 견해로, 가등기담보법의 시행 전 통설의 태도였다고 한다.[8)]

가등기담보법 시행 후에도 신탁적 양도설의 취지를 유지하는 입장에서 신탁적 소유권이전설을 주장하는 견해가 있는데, 이 견해에 따르면 소유권은 대외적으로는 채권자에게 완전히 이전되므로, 채권자가 청산절차 없이 양도담보 목적물을 제3자에게 처분하더라도 제3자의 선의·악의를 불문하고 원칙적으로 목적물의 소유권은 제3자에게 유효하게 이전된다.[9)] 이 견해에 따르면, 가등기담보법 제11조 단서는 "선의의" 제3자만 보호받을 수 있는 것으로 명시함으로써, "악의의" 제3자는 보호대상에서 제외하려는 의미를 가지게 된다.[10)]

다. 등기의 공신력을 인정한 창설적 규정이라는 설

가등기담보법 시행으로 양도담보권자는 청산절차 없이는 대외적으로 소유권을 유효하게 취득할 수 없게 되어 거래의 안전이 위협받게 되었고, 이에 가등기담보법 제11조 단서는 거래의 안전과 채무자 보호 등의 요청을 조화하는 선에서 악의의 제3자를 제외한 선의의 제3자에 한하여 양도담보권자로부터의 소유권취득을 유효한 것으로 봄으로써 등기의 공신력을 인정한 창설적 규정이라고 보는 견해이다.[11)]

2. 판 례

가등기담보법 시행 전의 판례[12)]는 종래 신탁적 양도설과 유사한 것으로 이해되

---

8) 곽윤직(주 2), 289쪽(서정우 집필부분).
9) 이영준, 새로운 체계에 의한 한국민법론(물권편), 박영사(2004), 929쪽.
10) 이영준(주 9), 929쪽.
11) 김용담(편집대표), 주석민법 물권(4), 한국사법행정학회(2011), 481쪽(오영준 집필부분).
12) 대법원 1969. 10. 23. 선고 69다1338 판결("매도담보를 위하여 채권자 명의로 담보부동산에 대한 소유권자 명의가 신탁된 경우에는 이 명의신탁자로 부터 제3자가 위의 부동산을 취득할 적에 이 제3자가 그 부동산이 관계 당사자들 사이에 신탁된 부동산인 사실을 알고 취득하였다 할지라도 이 제3자의 취득행위는 유효인 것이다. 이러한 취지로 판시한 원심판단은 정당하고, 여기에는 논지가 말하는 바와 같은 법률판단의 위법사유가 없다. 또 수탁자와 제3자와의 사이에 그 취득행위 이전에 대차관계가 있었다 할지라도 위와 같은 이론에는 영향이 없다."), 대법원 1984. 9. 11. 선고 83다카1623 판결("이 사건 건물이 나동 상인대표에게 원고의 구상금채무의 양도담보로 제공되고 또 동 상인대표 명의로 소유권보존등기가 된 이상 동 상인대표들은 대세적으로 소유권자라 할 것이니 그들로부터 이를 매수한 위 소외 2나 그 소유권이전등기 명의자이며 그의 처인 피고에 대하여는 원고가 그 소유권을 주장할 수 없다함은 말할 나위도 없다. 원심은 원고와 위 나동 상인대표 간의 위 인정의 양도담보를 소위 귀속형으로 보고 있는데 소론은 이를 정산형으로 주장하고 있으나 설령 소론과 같은 정산형으

었다.[13] 담보가등기에 기한 본등기를 경료한 경우에도 양도담보를 설정한 것과 실질상 동일하므로 그 청산절차를 마치기 전에는 채무자가 담보목적 범위 내에서 소유권을 채권자에게 신탁적으로 양도한 것으로 보았고,[14] 가등기담보법 시행 전의 담보가등기와 관련하여, 채무자가 차용금의 변제를 지체하는 경우 채권자 앞으로 소유권이전등기의 본등기를 마쳐주기로 하는 유저당(流抵當)의 매도담보 약정은 민법 제607조, 제608조에 의해 무효이나 청산절차를 예정하는 약한 의미의 양도담보로서의 효력은 인정된다는 것이 판례[15]의 태도였는바, 이는 담보가등기에 기한 본등기의 효력을 사실상 양도담보와 동일하게 취급하는 결과가 된다.

이와 같이 양도담보권자가 대외적으로는 소유권자이므로 그가 담보 목적 부동산을 처분하는 경우 제3자는 그 부동산이 담보 목적물이고, 청산절차를 거쳤는지 여부를 알았는지와 상관없이 유효하게 소유권을 취득할 수 있다는 것이 판례였다.[16]

가등기담보법 시행 후 가등기담보법이 적용되지 않는 양도담보에 관하여 판례[17]는 '담보 목적의 범위 내에서 부동산의 소유권이 양도담보권자에게 이전된 것'

로서 동 상인대표와의 간에 정산문제가 남아있다 할지라도 이는 담보목적물을 매수한 자에게 대항할 성질의 것이 아니며 또 이 이치는 피고가 그 남편인 위 소외 2로부터 소유권의 명의신탁을 받았다 하여도 다를 바 없다고 할 것이다.").

13) 편집대표 곽윤직, 민법주해(Ⅶ), 물권(4), 박영사(2011), 287쪽(서정우 집필부분) 참조.

14) 대법원 1983. 10. 11. 선고 82누66 판결. 김재형, "진정명의회복을 위한 소유권이전등기청구의 허용범위—가등기담보설정 후의 제3취득자의 지위와 관련하여", 민법론Ⅰ, 박영사(2010), 110~111쪽.

15) 대법원 1966. 4. 6. 선고 66다218 판결, 대법원 1982. 10. 26. 선고 81다375 판결, 대법원 1983. 10. 11. 선고 82누66 판결, 대법원 1987. 11. 10. 선고 87다카62 판결, 대법원 2005. 7. 15. 선고 2003다46963 판결 등.

16) 대법원 1959. 1. 15. 선고 4290민상667 판결, 대법원 1959. 11. 5. 선고 4292민상367 판결, 대법원 1969. 10. 23. 선고 69다1338 판결, 대법원 1984. 9. 11. 선고 83다카1623 판결 등.

17) 대법원 1996. 6. 28. 선고 96다9218 판결, 대법원 1991. 8. 13. 선고 91다13830 판결, 대법원 1991. 11. 8. 선고 91다21770 판결("채권담보를 위하여 소유권이전등기를 경료한 양도담보권자는 채무자가 변제기를 도과하여 피담보채무의 이행지체에 빠졌을 때에는 담보계약에 의하여 취득한 목적 부동산의 처분권을 행사하기 위한 환가절차의 일환으로서 즉, 담보권의 실행으로서 채무자에 대하여 그 목적 부동산의 인도를 구할 수 있고 제3자가 채무자로부터 적법하게 목적 부동산의 점유를 이전받아 있는 경우 역시 그 목적 부동산의 인도청구를 할 수 있다 할 것이나 직접 소유권에 기하여 그 인도를 구할 수는 없다") 등.
반면, 판례는 가등기담보법의 적용이 없는 동산의 양도담보의 경우에는 여전히 대외적인 소유권이 양도담보권자에게 이전된다는 신탁적 양도설의 입장을 취하고 있다. 대법원 2005. 2. 18. 선고 2004다37430 판결("금전채무를 담보하기 위하여 채무자가 그 소유의 동산을 채권자에게 양도하되 점유개정의 방법으로 인도하고 채무자가 이를 계속 점유하기로 약정한 경우 특별한 사정이 없는 한 그 동산의 소유권은 신탁적으로 이전되는 것에 불과하여, 채권자와 채무자 사이의 대내적 관계에서는 채무자가 소유권을 보유하나 대외적인 관계에서의 채무자는 동산의 소유권을 이미 채권자에게 양도한 무권리자가 되는 것이어서 다시 다른 채권자와 사이에 양도담보설정계약을 체결하고 점유개정의 방법으로 인도하더라도 선의취득이 인정되지 않는 한 나중에 설정계약을 체결한 채권자로서는 양도담보권을 취득할 수 없는데, 현실의

이라고 하는 등 담보권설의 견해를 취한 것으로 대체로 이해되고 있다.[18] 그런데 가등기담보법이 적용되는 양도담보의 법적성질에 대한 판례의 태도는 아직 명확하지 않다고 보인다.[19]

한편, 가등기담보법 시행 후에는 담보가등기에 기한 본등기가 청산절차에 관한 가등기담보법의 강행규정인 제3조, 제4조를 위반하여 마쳐진 경우 그와 같은 본등기는 무효이고, 약한 의미의 양도담보로서 담보의 목적 내에서는 유효하다고 할 것도 아니라는 것이 판례[20]의 확고한 태도가 됨에 따라 양도담보와는 차이가 발생할 여지가 생겼다. 이에 대해서는 뒤에 상술하기로 한다.

3. 검 토

가등기담보법 제4조 제2항에서 양도담보권자는 청산절차를 거쳐야만 담보목적 부동산의 소유권을 취득할 수 있다고 명시하고 있으므로, 이른바 신탁적 양도설은 가등기담보법이 양도담보에 관하여 인정하는 내용이라고 보기는 어렵다.[21][22] 결국

인도가 아닌 점유개정의 방법으로는 선의취득이 인정되지 아니하므로 결국 뒤의 채권자는 적법하게 양도담보권을 취득할 수 없는 것이다.") 참조.

18) 김상용, 물권법, 화산미디어(2018), 809쪽 참조.

19) 이에 대하여 담보권설(제한물권설)에 입각한 판례(대법원 1991. 11. 8. 선고 91다21770 판결 등) 또는 신탁적 소유권이전설에 입각한 판례(대법원 1995. 7. 25. 선고 94다46428 판결 등)가 있다고 보는 견해가 있다[김상용(주 18), 809쪽, 곽윤직·김재형(주 5), 573쪽]. 그런데 대법원 91다21770 판결은 가등기담보법이 적용되지 않는 매매대금채권의 담보를 위한 양도담보에 관한 사례이고, 대법원 94다46428 판결은 가등기담보법의 적용을 받는 양도담보에 대한 사례인지 불분명하다(판례의 참조조문 및 판결이유에 가등기담보법에 관한 기재가 없음). 따라서 위와 같은 사례들을 가지고 가등기담보법이 적용되는 양도담보의 법적성질에 관하여 판례가 담보권설 또는 신탁적 소유권이전설 중 어느 것을 취하는지 모호하다고 보는 것은 곤란하다[호제훈, "신축건물에 설정된 양도담보에 관한 몇 가지 문제", 민사판례연구 24권, 박영사(2002), 104쪽 참조 — 위 글에서는 대법원이 가등기담보법 시행 이전부터 취하던 신탁적 양도설에 기초한 판례를 변경한 뚜렷한 흔적이 보이지 않고, 가등기담보법 적용 대상이 아닌 부동산양도담보에 관하여는 여전히 신탁적 양도설을 취한 것으로 보고 있기도 하다(위 글 115쪽 참조)].

20) 대법원 1994. 1. 25. 선고 92다20132 판결, 대법원 2002. 6. 11. 선고 99다41657 판결, 대법원 2002. 12. 10. 선고 2002다42001 판결, 대법원 2017. 5. 17. 선고 2017다202296 판결, 대법원 2019. 6. 13. 선고 2018다300661 판결 등.
송덕수, 물권법, 박영사(2017), 592쪽에서는 대법원 1993. 6. 22. 선고 93다7334 판결이 위와 같은 본등기를 약한 의미의 양도담보라고 본 사례라고 분류하였으나, 위 대법원 93다7334 판결의 사안은 담보가등기가 가등기담보법 시행 전인 1983. 12. 7. 설정된 것이어서 가등기담보법이 적용되는 담보가등기에 관한 것이 아니다. 따라서 대법원 93다7334 판결은 담보가등기에 기한 본등기가 마쳐졌다면, 이는 약한 의미의 양도담보로 보아야 한다는 가등기담보법 시행 전의 판례를 그대로 적용한 사안에 해당할 뿐이다.

21) 곽윤직·김재형(주 5), 560쪽.

22) 가등기담보법이 담보권설의 시각에서 입법된 것과 관련하여, 아직 폭넓은 지지를 받지 못하고 있던 하나의 견해를 성급히 법률의 지위로 격상시켰다는 비판이 있다. 양창수, "「가등기담

가등기담보법이 적용되는 양도담보 및 가등기담보는 가등기담보법이 정한 내용대로의 특수한 담보권으로 보는 것이 현행 가등기담보법의 체계에 부합하는 해석이라고 본다.[23)]

양도담보권의 법적성질에 관하여 어떤 견해를 취하든 가등기담보법 제11조의 문언상 그 단서가 양도담보권에 기하여 마쳐진 소유권이전등기 및 이에 기초한 선의의 제3자의 소유권이전등기에 관한 채무자(양도담보설정자)의 말소청구권(이른바 환수권)이 제한되는 경우를 규정한다는 점은 분명하다.[24)] 그러나 가등기담보법 제11조 단서, 특히 제3자와의 관계에서 담보권자의 처분행위의 효력을 예외적으로 인정하는 후단 부분의 적용 범위를 넓게 인정하는 것은 양도담보권자 또는 담보가등기권자는 일종의 담보권만을 취득한다는 이론구성을 기본으로 하는 담보권설의 입장과는 어울리지 않다고 생각한다.[25)]

Ⅲ. 청산절차를 위반한 양도담보권자로부터 담보 목적 부동산에 관한 소유권이전등기를 마친 제3자의 지위

1. 가등기담보법 시행 전

가등기담보법 시행 전에는 양도담보권자가 양도담보 목적물인 부동산을 처분하는 경우 제3자는 그 부동산이 양도담보 목적물이라는 사정을 알았는지 상관없이 유효하게 소유권을 취득할 수 있었다.[26)] 이는 목적물이 양도담보로 제공되어 양도담보권자 앞으로 소유권이전등기가 마쳐진 이상 대세적 소유권이 양도담보권자에게 있다는 점을 그 근거로 한다.[27)] 설령 양도담보설정자와 양도담보권자와 사이에 정산 문제가 남아 있더라도 양도담보설정자는 이를 가지고 제3자에게 대항할 수 없었다.[28)] 즉, 양도담보권자가 청산절차를 거치기 전에도 양도담보 목적물을 처분하면,

---

보 등에 관한 법률」의 현황과 문제점", 민법연구 제Ⅰ권, 박영사(1991), 338쪽.

23) 특히, 김재형(주 14), 112면에서는 양도담보의 법적 성질에 관하여는 상세한 논의가 필요하지만 담보가등기에 대해서는 담보물권으로 보아야 할 것이라고 한다.

24) 양창수(주 22), 299쪽은 "단지 제11조 본문이 "채권담보의 목적으로 경료된 소유권이전등기" 라고 하고 있으나, 이 규정 역시 담보본등기권리자의 법적 지위에 관하여는 직접 언급하지 않는다."라고 한다.

25) 양창수(주 22), 348쪽 참조.

26) 대법원 1959. 1. 15. 선고 4290민상667 판결, 대법원 1959. 11. 5. 선고 4292민상367 판결, 대법원 1969. 10. 23. 선고 69다1338 판결, 대법원 1984. 9. 11. 선고 83다카1623 판결 등.

27) 대법원 1984. 9. 11. 선고 83다카1623 판결.

28) 대법원 1984. 9. 11. 선고 83다카1623 판결.

그 처분의 상대방인 제3자는 부동산이 양도담보 목적물이라는 점, 양도담보의 청산절차를 거치지 않았다는 점에 관한 선악을 불문하고 소유권을 유효하게 취득할 수 있었다.

그러나 양도담보권자가 부당하게 염가로 양도담보목적물을 처분한 경우[29] 이는 일종의 배임행위이고, 제3자가 양도담보권자의 배임행위에 적극 가담하여 목적물을 취득한 경우 이를 반사회적 법률행위로 무효로 보았다.[30] 반대로 양도담보권자의 처분행위가 배임행위에 해당하지 않는다면, 제3자가 양도담보권자의 청산절차를 거치지 않은 처분행위라는 사정을 인식한 채 그 목적물을 취득하였다는 점이 인정되더라도 그 제3자의 소유권취득 효과는 여전히 유효하였다.[31]

2. 가등기담보법 시행 후 — 제11조 단서의 적용

가. 채무자 등의 환수권

채무자 등[32]은 청산금채권을 변제받을 때까지 그 채무액을 채권자에게 지급하고 그 채권담보의 목적으로 마친 소유권이전등기의 말소를 청구할 수 있다.[33] 환수권이 행사되면 채무자 등은 양도담보권자를 상대로 소유권이전등기의 말소청구권을

---

29) 양도담보권자가 담보권실행을 위하여 담보물을 시가보다 저렴한 가격으로 처분한 경우 담보제공자는 담보권자의 담보물처분가가 채무원리금 등을 초과하는 액을 부당이득으로, 담보물처분 당시의 시가가 위 처분가를 초과하는 액을 채무불이행에 따른 손해배상으로 청구할 수 있다(대법원 1981. 5. 26. 선고 80다2688 판결).

30) 대법원 1975. 8. 19. 선고 74다2243 판결, 대법원 1979. 3. 27. 선고 78다2303 판결, 대법원 1979. 7. 24. 선고 79다942 판결, 대법원 1979. 7. 10. 선고 79다937 판결.
이와 같은 종래 판례의 이른바 '배임행위 적극가담론'에 대해, 경제적 관점에서는 제2양수인이 제1양수인의 존재를 안 경우에는 거래비용이 작으므로 property rule을 적용하여 양도인으로 하여금 원래의 양도의무를 이행하게 하고, 제2양수인에게 목적 부동산의 반환을 명하며, 만일 제2양수인이 제1양수인의 존재를 몰랐거나 특별한 사유로 제2양수인과 제1양수인 사이의 거래비용이 큰 경우에 한하여 liability rule을 적용하여 양도인의 손해배상청구만을 인정하는 것이 효율적이라는 유력한 비판이 있다[윤진수, "부동산 이중양도의 경제적 분석", 민법논고 I, 박영사(2007), 382쪽].

31) 명의신탁된 재산을 수탁자로부터 취득한 제3자가 적법하게 소유권을 취득하는 것이 사회적 관념이 되었고, 그것이 정의관념에 반드시 배치되지 않는다는 점 등을 고려할 때, 제3자가 단순히 채권자의 소유권이전등기가 담보 목적이라는 사실을 알았던 것을 넘어 채권자의 배신적 매도행위에 적극가담한 경우에만 반사회적 법률행위로 그 소유권취득을 부정한 종전 판례의 태도가 타당하다는 견해로는 이효종, "변칙담보에 있어서의 목적물의 환수와 제3취득자의 지위", 재판자료 제13집, 법원도서관(1982), 225쪽 참조.

32) 가등기담보법 제2조(정의)
2. "채무자등"이란 다음 각 목의 자를 말한다.
가. 채무자
나. 담보가등기목적 부동산의 물상보증인
다. 담보가등기 후 소유권을 취득한 제삼자

33) 가등기담보법 제11조 본문

가지게 된다.[34] 또한, 가등기담보법 제11조 단서의 반대해석상 양도담보권자로부터 목적물에 관한 소유권이전등기를 마친 전득자인 제3자에 대해서도 채무자 등은 원칙적으로 그 소유권이전등기의 말소를 구할 수 있다.[35] 이때 채무자 등의 채무액변제의무는 양도담보권자의 말소등기의무보다 선이행의무이다.[36]

한편, 채무자 등은 환수권, 즉 장래의 채무변제를 조건으로 한 말소등기청구권을 피보전권리로 하여 담보 목적 부동산에 관한 처분금지가처분을 구할 수도 있는데, 다만 이러한 가처분에는 피담보채무가 변제되지 않아 채권자가 담보권 행사로서 담보 목적 부동산을 처분하는 행위를 방지하는 효력은 없다.[37]

나. 환수권의 소멸

가등기담보법 제11조 단서에 따라 피담보채무 변제기로부터 10년이 지나거나, 선의의 제3자가 목적물에 관하여 소유권을 취득한 경우에는 채무자 등의 환수권은 소멸한다. '피담보채무 변제기로부터 10년'이라는 기간은 제척기간이고,[38] 소멸시효와 같은 중단사유의 적용은 없다.[39] "소유권을 취득"한 제3자의 의미가 모호하기는 하나, 무권리자인 양도담보권자로부터 소유권을 취득할 수는 없으므로, "소유권이전등기를 마친"이라는 의미로 해석함이 타당할 것이다.[40] 제3자의 선의의 대상은 자신

34) 곽윤직(주 2), 435쪽(서정우 집필부분).

35) 곽윤직(주 2), 435쪽(서정우 집필부분).

36) 곽윤직(주 2), 437쪽(서정우 집필부분). 가등기담보법 시행 전에 설정된 양도담보에 대한 판례로는 대법원 1996. 9. 20. 선고 96다6926 판결("가등기 및 본등기에 관하여 원고가 남아 있는 피담보채권액이라고 주장하는 금액을 수령한 후 그 말소를 구하는 이 사건에 있어서, 원고의 위 청구에는 피고에 대하여 소송과정에서 밝혀진 나머지 피담보채권액을 수령한 후 위 등기의 말소를 구하는 취지가 포함되어 있다고 봄이 상당하므로, 원심이 위 등기에 의하여 담보되는 피담보채권액을 확정하고 그 채무의 변제가 선이행된 다음 위 등기의 말소를 명한 조치는 위와 같은 법리에 따른 것으로서 정당하고, 거기에 처분권주의에 관한 법리오해의 위법이 없다.") 및 대법원 1987. 10. 13. 선고 86다카2275 판결("원고가 피담보채무의 전액변제를 내세워 가등기와 소유권이전등기의 말소등기절차의 이행을 청구하면서 원고가 원리금이라고 주장하는 금액을 변제공탁하였으나 채무액에 관한 견해차이로 채무전액을 소멸시키지 못하고 잔존채무가 남아 있음이 밝혀진 경우 원고의 청구 중에는 확정된 잔존채무를 변제하고 위 각 등기의 말소를 청구한다는 취지도 포함되어 있는 것으로 해석함이 상당하다.").

37) 대법원 2002. 8. 23. 선고 2002다1567 판결(채무자 등이 양도담보권자의 처분행위를 방지하기 위해 채무변제를 조건으로 한 말소등기청구권을 보전하기 위해 담보 목적 부동산에 관한 처분금지가처분 신청을 할 수 있고, 그 경우 채권자가 담보 목적 부동산에 담보권 행사가 아닌 다른 처분행위를 하거나, 피담보채무를 변제받고도 담보 목적 부동산을 처분하는 것을 방지하는 목적 범위 내에서는 보전의 필요성이 있다고 한 사례).

38) 대법원 2007. 6. 1. 선고 2005다3304 판결(담보목적으로 가등기 및 본등기가 마쳐진 경우), 대법원 2014. 8. 20. 선고 2012다47074 판결(양도담보 목적으로 소유권이전등기가 마쳐진 경우), 대법원 2018. 6. 15. 선고 2018다215947 판결(양도담보 목적으로 소유권이전등기가 마쳐진 경우).

39) 곽윤직(주 2), 437쪽(서정우 집필부분).

40) 곽윤직(주 2), 438쪽(서정우 집필부분).

의 매도인(양도담보권자)의 소유권이전등기가 양도담보 목적으로 마쳐졌다는 점이 아니라 그 양도담보권자가 제3자에게 소유권이전등기를 함에 있어 적법한 청산절차를 거치지 않았다는 점이다.[41)]

환수권의 제척기간 경과로 채무자 등의 말소청구권이 소멸하고 이로써 채권자가 담보목적부동산의 소유권을 확정적으로 취득한 때에는 채권자는 가등기담보법 제4조에 따라 산정한 청산금을 채무자 등에게 지급할 의무가 있으며, 채무자 등은 채권자에게 그 청산금의 지급을 청구할 수 있다.[42)]

채권자가 가등기담보법상 청산절차를 거치지 않아 담보 목적 부동산의 소유권을 취득하지 못하였음에도 선의의 제3자에게 위 부동산을 처분하여 그로 인하여 채무자의 환수권을 침해한 경우 채권자는 위법한 담보 목적 부동산 처분으로 인한 채무자의 손해를 배상할 책임을 부담하고, 이때 채무자가 입은 손해는 더는 그 소유권이전등기의 말소를 청구할 수 없게 된 때의 담보 목적 부동산의 가액에서 그때까지의 채무액을 공제한 금액이 된다.[43)]

Ⅳ. 청산절차를 위반하여 담보가등기에 기한 본등기를 마친 가등기담보 채권자로부터 담보 목적 부동산에 관한 소유권이전등기를 마친 제3자의 지위

1. 가등기담보법 시행 전

판례는 대물변제예약을 하면서 소유권이전청구권보전을 위한 가등기를 마쳤다가, 변제기까지 채무원리금을 변제하지 못하면 그 채무에 대한 담보 목적으로 같은 부동산에 가등기에 기한 본등기를 마치기로 약정한 경우 별도의 특약이 인정되지 않는다면 이는 청산절차를 예정하고 있는 약한 의미의 양도담보약정으로 추정된다고 보았다.[44)] 이와 같이 판례법리상 담보목적의 가등기에 기하여 소유권이전등기의

41) 곽윤직(주 2), 438쪽(서정우 집필부분)

42) 대법원 2018. 6. 15. 선고 2018다215947 판결.

43) 대법원 2010. 8. 26. 선고 2010다27458 판결.

44) 대법원 1984. 12. 11. 선고 84다카933 판결, 84다카2472, 2473 판결, 대법원 1983. 10. 11. 선고 82누66 판결, 대법원 1984. 12. 26. 선고 83누661 판결, 대법원 1991. 10. 8. 선고 90다9780 판결, 대법원 1992. 5. 26. 선고 91다28528 판결.
한편, 가등기담보권자가 담보목적물에 관한 소유권이전등기의 본등기를 마침으로써 청산절차 없이도 그 소유권을 확정적으로 취득한다는 유담보형 약정을 인정한 판례는 찾을 수 없다고 한다[김용담, “가등기담보의 정산에 관한 판례 ― 대법원 1988. 12. 20. 선고 87다카2685 판결”, 민사판례연구 제12집, 민사판례연구회(1990), 188쪽].

본등기가 마쳐진 경우에도 양도담보 목적의 소유권이전등기가 마쳐진 경우와 동일하게 '청산절차를 요하는 약한 의미의 양도담보'의 성격을 가진 약정으로 추정되었고, 본등기를 마친 담보가등기권자로부터 다시 소유권이전등기를 마친 제3자도 양도담보의 경우와 마찬가지로 청산절차를 거쳤는지에 관한 인식 여부와 상관없이 유효하게 소유권을 취득할 수 있었다.[45)]

2. 가등기담보법 시행 후 ― 제11조 단서의 적용?

가. 문제점

가등기담보법 시행 후에는 채권자가 담보가등기에 기한 본등기를 갖추었더라도 채무자에게 청산기간이 지난 후 청산금을 지급하지 않은 경우에는 가등기담보법 제4조 제2항, 제3항에 따라 그 본등기는 무효가 되고, 채권자 즉 가등기담보권자는 소유권을 취득하지 못한다.[46)47)]

청산금이 지급되기 전에도 가등기담보권자가 본등기까지 갖추는 것이 가능한

45) 이효종(주 31), 217쪽 참조.

46) 곽윤직 · 김재형(주 5), 561쪽; "가등기담보 등에 관한 법률(이하 '가등기담보법'이라 한다) 제3조는 채권자가 담보계약에 의한 담보권을 실행하여 그 담보목적 부동산의 소유권을 취득하기 위해서는 그 채권의 변제기 후에 같은 법 제4조의 청산금의 평가액을 채무자 등에게 통지하여야 하고, 이 통지에는 통지 당시 부동산의 평가액과 민법 제360조에 규정된 채권액을 밝혀야 하며, 그 통지를 받은 날부터 2월의 청산기간이 지나야 한다고 규정하고 있다. 가등기담보법 제4조는 채권자는 위 통지 당시 부동산의 가액에서 피담보채권의 가액을 공제한 청산금을 지급하여야 하고, 부동산에 관하여 이미 소유권이전등기를 마친 경우에는 청산기간이 지난 후 청산금을 채무자 등에게 지급한 때에 부동산의 소유권을 취득하고 담보가등기를 마친 경우에는 청산기간이 지나야 그 가등기에 따른 본등기를 청구할 수 있으며, 이에 반하는 특약으로서 채무자 등에게 불리한 것은 그 효력이 없다고 규정하고 있다. 위 규정들은 강행법규에 해당하여 이를 위반하여 담보가등기에 기한 본등기가 이루어진 경우 그 본등기는 효력이 없다."(대법원 2017. 5. 17. 선고 2017다202296 판결 등).

47) 담보가등기에 기한 본등기를 신청할 경우에는 판결에 의한 경우를 제외하고는 청산절차를 거쳤음을 증명하기 위한 청산금 평가통지서 등을 등기소에 첨부정보로서 제공해야 하나, 청산절차를 거치지 않고 첨부정보를 제공하지 않은 채 담보가등기에 기한 본등기가 이루어졌더라도 부동산등기법 제29조 제2호의 '사건이 등기할 것이 아닌 경우'에 해당하지는 않으므로, 등기관이 그 본등기를 직권말소할 수는 없다. 등기선례 제201405－1호(2014. 5. 22. 제정)["청산절차 없이 이루어진 담보가등기에 기한 본등기가 「부동산등기법」 제29조 제2호의 직권말소 대상에 해당하는지 여부(소극)"], 대법원 2010. 3. 18.자 2006마571 전원합의체 결정 참조.
등기절차상 담보가등기의 등기목적("소유권이전담보가등기")과 등기원인 등은 통상의 가등기와 구별되나[등기예규 제1623호(가등기에 관한 업무처리지침) 2. 다.항], 판례는 담보가등기 해당 여부는 그 실질관계에 따라 결정되는 것이지 해당 가등기의 등기기록상 원인에 관한 형식적 기록에 의하여 결정되는 것이 아니라고 한다(대법원 1998. 10. 7.자 98마1333 결정). 이에 따라 등기부상 통상의 가등기로 경료된 가등기가 실질적으로는 담보가등기에 해당하는지가 쟁점이 되는 사례가 많다. 담보가등기의 공시방법의 한계에 대한 비판으로는 양창수(주 22), 318~319쪽 참조.

경우로는 '채권자가 미리 본등기에 필요한 서류를 교부받고 있는 때이고, 다른 하나는 제소전화해를 하고 있는 때'를 주로 상정할 수 있다.[48] 가등기담보법에 따른 청산절차를 거치지 아니한 채 제소전화해, 재판상화해, 화해권고결정, 확정판결 등에 의해 본등기가 마쳐진 경우 그 기판력은 채무자 등의 소유권이전등기절차 이행의무의 존부에만 미치는 것이지 그로 인한 소유권이전의 효과에까지 미친다고 볼 수는 없다. 따라서 제소전화해 등에 의해 가등기담보권자 앞으로 소유권이전의 본등기가 마쳐졌다고 하더라도, 그 제소전화해의 내용이 가등기담보법 제3조, 제4조가 정한 청산절차를 갈음하는 것으로 채무자 등에게 불리하지 않다고 볼 만한 사정이 없는 한 위와 같은 본등기는 여전히 무효이다.[49][50]

다만, 조정채무를 불이행하면 소유권이전등기절차를 이행한다는 내용의 조정이 성립한 경우 그 조정이 담보가등기에 기한 본등기절차의 이행을 구하는 소송절차에서 이루어진 것이라 하더라도 조정에 기한 소유권이전등기절차에 당연히 가등기담보법이 적용되어 청산절차를 거쳐야 소유권을 취득한다고 할 수 없다. 조정조항의 내용이 채권담보의 목적으로 소유권이전등기절차를 이행하기로 한다거나 다시 대물변제의 예약을 한 것이 아니라 조정채무불이행시 바로 소유권을 이전해 주기로 한

---

48) 곽윤직 · 김재형(주 5), 560쪽 참조.

49) 대법원 2017. 8. 18. 선고 2016다30296 판결(화해권고결정에 관한 사례. "가등기담보법의 규정을 위반하여 무효인 본등기가 마쳐진 후 가등기에 기한 본등기를 이행한다는 내용의 화해권고결정이 확정되었다고 하더라도, 그러한 화해권고결정의 내용이 가등기담보법 제3조, 제4조가 정한 청산절차를 갈음하는 것으로 채무자 등에게 불리하지 않다고 볼 만한 특별한 사정이 없는 한, 위와 같이 확정된 화해권고결정이 있다는 사정만으로는 무효인 본등기가 실체관계에 부합하는 유효한 등기라고 주장할 수 없다. 나아가 그러한 화해권고결정에 기하여 다시 본등기를 마친다고 하더라도 그 본등기는 가등기담보법의 위 각 규정을 위반하여 이루어진 것이어서 여전히 무효라고 할 것이다."), 대법원 2002. 6. 11. 선고 99다41657 판결(제소전 화해에 관한 사례).
따라서 가등기담보법의 청산절차를 위반한 제소전화해로 이루어진 담보가등기에 기한 본등기에 대해 채권자는 이를 실체적 법률관계에 부합하는 유효한 등기라고 주장할 수 없다. 다만, 제소전화해 등 내용이 가등기담보법상 청산절차에 갈음한 것으로 볼 수 있을 조건이나 의무조항을 전제로 그 위반시 바로 소유권이전등기를 이전해주기로 하는 내용에 따라 본등기가 이루어진 경우에는 곧바로 소유권취득의 효력을 인정할 수 있다고 한다[지귀연, "가등기담보 등에 관한 법률 제3조, 제4조를 위반하여 담보가등기에 기한 본등기가 이루어졌으나, 이후 당사자 사이에 가등기에 기한 본등기를 이행한다는 내용의 화해권고결정이 확정된 경우 본등기의 효력", 대법원판례해설 제113호(2017년 하), 법원도서관(2018), 181쪽].

50) 민법 · 상법개정특별심의위원회 규정(대통령령 제10643호)에 의해 구성된 동 위원회가 마련한 1982년 6월의 「민사법개정시안」 중 「(가칭)가등기담보 등에 관한 법률(제정시안)」에는 채권자가 제소전화해의 기판력을 악용하는 것을 방지하기 위해 제19조에 "이 법에 저촉되는 내용의 재판상화해는 그 소송상 효력이 없다"고 규정하고 있었다. 그러나 위 제19조는 변호사협회의 강력한 반대의견 등에 부딪혔고, 결국 위 제19조가 삭제된 법률안이 국회에 제출되었다. 보다 자세한 내용은 양창수(주 22), 322~323쪽 참조.

것이라면 그 조정의 내용에 따라 소유권이전등기를 경료함으로써 바로 소유권을 취득한다고 보아야 함에 유의해야 한다.[51] 민사조정법 제29조에 따라 조정은 재판상 화해와 동일한 효력이 있고, 재판상 화해는 확정판결과 동일한 효력이 있으며 창설적 효력을 가지는 것이어서 화해가 이루어지면 종전의 법률관계를 바탕으로 한 권리·의무관계는 소멸하는 것이므로, 마찬가지로 당사자 사이에 조정이 성립되면 종전의 다툼있는 법률관계를 바탕으로 한 권리·의무관계(즉, 대여금채권 및 가등기담보에 따른 법률관계)는 소멸하고, 조정의 내용에 따른 새로운 권리·의무관계(즉, 대여금이 아닌 조정금채권 및 대물변제약정에 따른 법률관계)가 성립하기 때문에, 조정 이후의 법률관계에는 금전소비대차나 준소비대차에 기한 차용금반환채무에 관한 가등기담보법이 적용될 수 없기 때문이다.[52)]

여기서 문제는 가등기담보법의 청산절차를 위반한 무효인 본등기를 갖춘 가등기담보권자가 자기 앞으로 소유권이전등기가 된 점을 이용하여 제3자에게 담보 목적 부동산을 처분하고 그 앞으로 소유권이전등기를 해주는 경우, 원칙적으로 가등기담보권자는 본등기를 갖추고 있다고 해도 소유권을 취득하지 못하므로 제3자가 선의라고 하더라도 역시 소유권을 취득할 수 없게 되므로,[53] 거래의 안전이 위협받는다는 점이다. 아래에서는 가등기담보법 시행 후에도 그 시행 전과 같이 위와 같은 선의의 제3자는 유효하게 소유권을 취득한다고 볼 수 있는지, 그 근거는 무엇인지, 소유권을 취득할 수 없다면 선의의 제3자의 다른 보호방법은 무엇인지 검토한다.

나. 기존의 논의

가등기담보법 제11조 단서가 가등기담보법이 정한 청산절차를 위반한 본등기[54]에 기초하여 소유권이전등기를 마친 선의의 제3자에게도 적용된다는 점에 대한 이견을 찾기 어렵다.[55] 다만, 각 견해별로 이론적 근거에만 차이를 두고 있을 뿐이다.

먼저, 가등기담보법 제11조가 가등기담보의 경우에 대해 아무런 언급이 없지만,

---

51) 대법원 2006. 6. 29. 선고 2005다32814, 32821 판결.

52) 배호근, "조정채무 불이행시 바로 부동산에 관하여 소유권이전등기절차를 이행한다는 내용의 조정조항의 의미", 대법원판례해설 통권 제60호, 법원도서관(2006), 317~318쪽 참조.

53) 곽윤직·김재형(주 5), 561쪽 참조.

54) 물론 그 본등기가 별도의 유효한 양도담보약정에 기하여 마쳐진 경우가 있을 것이고, 이때의 그 본등기는 양도담보권을 표상하는 범위 내에서는 유효하다. 이와 같이 본등기가 유효한 양도담보로서 마쳐진 경우는 이 부분의 논의 대상이 아니다.

55) 곽윤직(주 2), 430쪽(서정우 집필부분) 참조. 김재형(주 14), 120면에서도 가등기담보법 제11조를 가등기담보에 유추적용하는 것을 긍정하고 있다.
그러나 권성, 가등기·대물변제, 박영사(2010), 202쪽에서는 가등기담보권자의 원인무효인 본등기에 기초한 제3자 명의의 등기는 선악 불문 모두 원인무효로 말소대상이라고 본다.

가등기담보에 관하여도 채무자 등이 피담보채무를 변제하고 가등기말소청구권을 행사할 수 있는 시기에 대한 규정이 필요하고 그 규정이 가등기담보법 제11조에 해당하므로, 이를 유추적용해야 한다고 보는 견해가 있다.[56] 이 견해는 가등기담보법 제11조 단서는 청산절차를 위반한 무효인 본등기에 기한 소유권이전등기를 넘겨받은 제3자는 원칙적으로 소유권을 취득할 수 없으나, 거래의 안전을 보호하기 위해 선의의 제3자에 대해서는 예외적으로 유효한 소유권취득을 인정하는 규정이라고 해석하면서, 이는 결과적으로 민법상 인정하지 않는 등기의 공신력을 인정하게 되므로 입법상 바람직하지 못한 것이라고 비판한다.[57]

담보가등기에 기한 소유권이전의 본등기가 마쳐진 경우에 가등기담보법 제11조 단서의 유추적용을 인정할 수 있다고 보면서도 그 근거를 위와 같은 경우의 본등기는 양도담보에서와 이익상황이 같으므로 거래의 안전을 보호할 필요가 있다는 점에서 근거를 찾는 견해도 있다.[58] 이 견해는 또한 가등기담보법 제11조 단서 전단의 경우에는 '변제기가 지난 때부터 10년이 지난 경우'를 '소유권이전등기를 한 때로부터 10년이 지난 경우로'로 새겨야 한다고 본다.[59] 이 견해 역시 가등기담보법 제11조 단서 후단의 선의의 제3자 보호 규정이 담보가등기에 기한 본등기에도 적용될 수 있으며, 이는 등기의 공신력을 인정하는 것이 되어 법체계상 문제라고 비판하는 것은 앞서 본 견해와 동일하다.[60]

한편, 양도담보의 본질은 신탁적 소유권이전이라는 점을 전제로 두고 대외관계에 있어 양도담보권자가 완전한 소유자이므로 제3자는 선의·악의를 불문하고 소유권을 취득할 수 있는 것이나, 구체적 타당성을 결하는 것을 막기 위해 악의의 제3자의 소유권취득을 배제하는 것이 타당하고, 가등기담보법 제11조 단서는 선의의 제3자를 보호하는 규정이 아닌 악의의 제3자를 보호하지 않기 위한 명문 규정이라고 보는 견해도 있다.[61]

---

56) 곽윤직·김재형(주 5), 560쪽; 양창수·김형석, 민법Ⅲ(권리의 보전과 담보), 박영사(2018), 584쪽; 김상용(주 18), 796쪽(다만, 담보가등기 상태로 변제기 후 10년이 경과하였더라도 채무자가 채무를 변제하면 가등기말소를 구할 수 있다는 점에서 가등기담보법 제11조 단서 전단은 담보가등기에 적용되지 않는다고 한다).

57) 곽윤직·김재형(주 5), 561쪽; 김상용(주 18), 797쪽.

58) 송덕수(주 20), 594쪽.

59) 송덕수(주 20), 594쪽.

60) 송덕수(주 20), 594쪽.

61) 이영준(주 9), 929쪽. 다만, 위 책에서는 가등기담보법 제11조 단서의 적용과 관련하여 양도담보를 전제로 설명하고 있고, 청산절차를 위반한 채 마쳐진 담보가등기에 기한 본등기에도 가등기담보법 제11조 단서가 적용된다는 것인지, 그 근거가 무엇인지에 대해서는 명확한 설명은 이루어지지 않은 것으로 보인다.

다. 유추적용에 대한 비판적 검토

앞서 본 바와 같이 이 부분에 관한 기존 논의들은 담보가등기에 기한 소유권이전등기의 본등기에도 가등기담보법 제11조 단서의 유추적용을 적용 긍정하면서도, 선의의 제3자의 보호규정 부분은 등기의 공신력을 인정하는 것이 되어 부당하다고 이론적인 비판을 한다. 그러나 담보가등기에 기한 본등기가 청산절차를 거치지 않은 경우에 가등기담보법 제11조 단서를 유추적용하는 자체에 문제가 있다고 생각하는 바, 아래에서는 그 근거에 대해 논의하고자 한다.

1) 가등기담보법 제11조 단서 전단의 경우

가등기담보법 제11조 단서 전단은 담보 목적 부동산의 제3취득자와는 별다른 관련성은 없는 내용이지만, 간략하게 검토하기로 한다.

담보가등기만 있는 상태에서는 가등기담보법 제11조 단서 전단을 적용할 필요성이 없다. 담보가등기는 담보물권의 일종인 특수저당권에 해당하므로, 담보물권의 통유성 중 부종성 역시 인정된다.[62] 따라서 채무자 등은 담보가등기만 경료된 상태에서는 저당권이 설정된 경우와 마찬가지로 언제든지 피담보채무를 변제하거나, 피담보채무의 소멸시효 완성 등을 주장하면서 담보가등기의 말소를 구하면 된다.[63] 채권자에 의해 청산절차가 개시된 후에도 채무자는 청산금을 지급받을 때까지 담보 목적 부동산의 소유권이전등기 및 인도채무의 이행을 거절하면서 피담보채무 전액과 그 이자 및 손해금을 지급하고 담보가등기의 말소를 청구할 수 있다.[64]

가등기담보법의 적용을 받는 양도담보권자는 소유권이전등기를 마쳤더라도 청산기간이 지난 후 청산금을 지급한 때에야 담보 목적 부동산의 소유권을 취득하므로,[65] 그 전까지는 완전한 소유권을 취득한 상태가 아니다. 따라서 채무자는 청산금 지급이 완료되기 전에는 언제든 채무액을 완제하고 양도담보 목적의 소유권이전등기를 말소할 수 있는 것이지만, 채무자가 피담보채무를 변제하지 않고 양도담보권자

62) 곽윤직 · 김재형(주 5), 547쪽.
대법원 2000. 12. 12. 선고 2000다29879 판결(담보물권의 부종성의 법리가 담보가등기에도 적용되는 것을 전제로 채권자와 가등기권자인 제3자가 불가분적 채권자의 관계에 있다고 볼 수 있는 경우에는 예외적으로 채권자가 아닌 제3자 명의로 마쳐진 담보가등기도 유효하다고 볼 수 있다고 판시), 대법원 2002. 12. 24. 선고 2002다50484 판결도 같은 취지이다. 다만 위 두 판결은 차용물의 반환에 관한 담보가 아니어서 가등기담보법이 적용되는 담보가등기에 관한 사안은 아니다.

63) 김상용(주 18), 796쪽 참조.

64) 대법원 1992. 9. 1. 선고 92다10043, 10050(반소) 판결, 대법원 1994. 6. 28. 선고 94다3087, 94다3094 판결, 대법원 2008. 4. 11. 선고 2005다36618 판결.

65) 대법원 1996. 6. 28. 선고 96다9218 판결 등.

도 청산절차를 거치지 않아 등기와 실질 사이의 불일치가 장기간 지속되는 것을 해소할 필요성이 있다는 측면에서 가등기담보법 제11조 단서 전단의 '변제기로부터 10년의 환수권 제한 규정'은 양도담보의 경우에는 그 존재 의미가 있다.

그러나 담보가등기 후 청산절차 없이 마쳐진 본등기가 있는 경우에는 채무자는 언제든지 그 말소를 구할 수 있다. 강행규정 위반이기 때문이다. 즉, 가등기담보법 시행 후에는 청산절차 없이 마쳐진 담보가등기에 기한 본등기는 가등기담보법의 강행규정인 제3조, 제4조에 위반하여 무효이고, 이른바 약한 의미의 양도담보로서 담보의 목적 내에서는 유효하다고 할 것이 아니라는 것이 확립된 판례이다.[66] 이른바 약한 의미의 양도담보로서 담보의 목적 내에서 유효하다고 보아 채무자의 본등기 말소청구를 기각한 원심을 청산절차를 거치지 않은 채 이루어진 가등기에 기한 본등기는 무효라는 이유로 파기한 판례도 있다.[67]

따라서 채무자는 가등기담보법 제11조 본문과 무관하게 언제든 피담보채무의 변제 없이도 가등기담보법의 청산절차 규정을 위배한 본등기(소유권이전등기)의 말소를 청구할 수 있고, 이러한 말소등기청구권은 가등기담보법 제11조 단서 전단의 변제기로부터 10년이라는 환수권 행사의 기간제한을 받는다고 볼 필요가 없다. 한편, 아직까지 위 제11조 단서가 담보가등기에 기한 본등기에 대한 채무자 등의 말소청구권에도 유추적용되는지에 관한 명시적 판례는 없는 것으로 보인다.[68]

한편, 청산절차를 적법하게 거친 담보가등기에 기한 본등기가 있는 경우에는 가

---

66) 대법원 1994. 1. 25. 선고 92다20132 판결("제4조 제4항에서는 제1항 내지 제3항의 규정에 반하는 특약으로서 채무자 등에게 불리한 것은 그 효력이 없다. 다만, 청산기간 경과 후에 행하여진 특약으로서 제3자의 권리를 해하지 아니하는 것은 그러하지 아니하다고 규정되어 있으므로, 위 각 규정을 위반하여 담보가등기에 기한 본등기가 이루어진 경우에는 그 본등기는 무효라고 할 것이고, 설령 그와 같은 본등기가 가등기권리자와 채무자 사이에 이루어진 특약에 의하여 이루어졌다고 할지라도 만일 그 특약이 채무자에게 불리한 것으로서 무효라고 한다면 그 본등기는 여전히 무효일 뿐, 이른 바 약한 의미의 양도담보로서 담보의 목적 내에서는 유효하다고 할 것이 아니다."), 대법원 2002. 6. 11. 선고 99다41657 판결, 대법원 2002. 12. 10. 선고 2002다42001 판결, 대법원 2017. 5. 17. 선고 2017다202296 판결, 대법원 2019. 6. 13. 선고 2018다300661 판결 등.

67) 대법원 2013. 3. 28. 선고 2012다103493(본소), 2012다103509(반소) 판결. 파기 후 환송심에서 청산절차를 거치지 않은 채권자의 본등기는 피담보채무가 변제되지 않았더라도 일단 말소해야 한다는 취지의 판결[대전고등법원(청주) 2013. 6. 11. 선고 2013나677 등 판결]이 선고되었고, 그대로 확정되었다.

68) 가등기담보법 제11조 단서 전단의 제척기간이 문제된 판례들은 모두 양도담보에 관한 것으로 보인다[대법원 2004. 4. 27. 선고 2003다29968 판결(담보목적으로 가등기 및 본등기가 마쳐진 경우), 대법원 2007. 6. 1. 선고 2005다3304 판결(담보목적으로 가등기 및 본등기가 마쳐진 경우), 대법원 2014. 8. 20. 선고 2012다47074 판결(양도담보 목적으로 소유권이전등기가 마쳐진 경우), 대법원 2018. 6. 15. 선고 2018다215947 판결(양도담보 목적으로 소유권이전등기가 마쳐진 경우)].

등기담보권자는 확정적으로 완전한 소유권을 유효하게 취득하므로,[69] 이 경우에는 채무자 등에게 그 본등기의 말소를 구할 권리자체가 인정되지 않는다.

2) 가등기담보법 제11조 단서 후단의 경우

청산절차 없이 담보가등기에 기하여 마쳐진 소유권이전등기의 본등기에 관하여 가등기담보법 제11조 단서 후단의 유추적용을 긍정하는 견해들은 대체로 선의의 제3자 보호가 필요하다는 것을 그 근거로 하고 있다.[70] 그러나 이는 가등기담보법의 강행규정성 등에 비추어 가등기담보법 제11조 단서 후단을 무효인 본등기를 신뢰한 선의의 제3자에게까지 유추적용하는 것에 동의하기 어렵다.[71].

① 가등기담보법 시행 후 이익상황의 변화

가등기담보법 시행 전에는 양도담보의 목적으로 마쳐진 소유권이전등기는 물론이고 청산절차 없이 담보가등기에 기한 본등기가 마쳐진 경우에도 그 본등기에는 약한 의미의 양도담보로서의 효력을 인정하는 것이 판례였다.[72] 따라서 어느 경우나 채권자 앞으로 마쳐진 소유권이전등기의 효력에 차이가 없었기 때문에 그 소유권이전등기의 외관을 신뢰한 제3자의 보호 범위를 달리하는 것을 생각하기 어려웠다. 나아가 채권자가 청산절차를 거쳤는지에 관한 제3자의 인식 여부와 무관하게 채권자의 배임행위에 적극 가담한 것이 아닌 한 제3자는 유효하게 소유권을 취득할 수 있었다.

그러나 가등기담보법 시행 후에는 청산절차 없이 담보가등기에 기한 본등기가 마쳐진 경우에는 그 본등기에 약한 의미의 양도담보로서의 효력도 인정되지 않으며, 그 본등기는 강행규정인 청산절차 등에 관한 가등기담보법 제3조, 제4조를 위반한 것으로 말소되어야 한다는 것이 확립된 판례[73]가 되었음은 앞서 본 바와 같다. 이에

---

69) 가등기담보법 제4조 제2항 후단.

70) 신탁적 양도설을 취하는 견해에 따르면 악의의 제3자를 보호하지 않으려는 것이 가등기담보법 제11조 단서 후단의 입법취지라고 하나[이영준(주 9), 929쪽 참조], 담보권설의 시각에서 입법이 된 가등기담보법의 해석에는 어울리지 않는다.

71) 권성(주 55), 202쪽 역시 가등기담보권자의 원인무효인 본등기에 기초한 제3자 명의의 등기는 선악 불문 모두 원인무효로 말소대상이라고 본다.

72) 대법원 1966. 4. 6. 선고 66다218 판결, 대법원 1982. 10. 26. 선고 81다375 판결, 대법원 1983. 10. 11. 선고 82누66 판결, 대법원 1987. 11. 10. 선고 87다카62 판결, 대법원 2005. 7. 15. 선고 2003다46963 판결 등.

73) 대법원 1994. 1. 25. 선고 92다20132 판결, 대법원 2002. 6. 11. 선고 99다41657 판결, 대법원 2002. 12. 10. 선고 2002다42001 판결, 대법원 2017. 5. 17. 선고 2017다202296 판결, 대법원 2019. 6. 13. 선고 2018다300661 판결 등.
송덕수(주 20), 592쪽에서는 대법원 1993. 6. 22. 선고 93다7334 판결이 위와 같은 본등기를 약한 의미의 양도담보라고 본 사례라고 분류하였으나, 위 93다7334 판결의 사안은 담보가등기가 가등기담보법 시행 전인 1983. 12. 7. 설정된 것이어서 가등기담보법 시행 후의 담보가

따라 청산절차 없이 마쳐진 담보가등기에 기한 본등기는 피담보채무의 변제 유무와 상관 없이 말소되어야 하는 무효인 등기에 불과하게 되어, 여전히 유효한 담보로서의 효력이 인정되는 양도담보 목적의 소유권이전등기와는 등기부상 효력 자체에 차이가 발생하게 되었다.[74)]

이와 같이 가등기담보법 시행 후에는 청산절차 없이 담보가등기에 기한 본등기가 마쳐진 경우에는 양도담보 목적의 소유권이전등기가 마쳐진 경우와는 이익상황에 차이가 발생하였으므로,[75)] 그 소유권이전등기의 외관을 신뢰한 제3자에 대한 보호도 동일하게 이루어질 수 없고, 위 제11조 단서 후단의 유추적용은 부적절하다.

② **문언 및 가등기담보법의 입법취지**

가등기담보법 제11조는 문언 자체로 '채권담보의 목적으로 마친 소유권이전등기', 즉 양도담보를 적용대상으로 하고 있음은 분명하다.[76)] 가등기담보법이 1983. 12. 30. 제정된 이후 지금까지 몇 차례 개정을 거쳤음에도, 가등기담보법 제11조의 적용범위를 확장하려는 뚜렷한 시도는 없었던 것으로 보인다. 이는 통설이 가등기담보법 제11조, 특히 그 단서가 담보가등기에 기한 본등기에도 유추적용된다는 점을 지지하였으므로, 법률개정의 필요성 자체가 제기되지 않았기 때문으로 볼 여지도 있다.

그러나 청산절차를 위반한 담보가등기에 기한 본등기가 약한 의미의 양도담보로서의 효력도 인정되지 않는 강행법규 위반의 무효라는 판례가 확립된 이후에도 가등기담보법 제11조 단서의 적용범위를 확대하는 법률개정이 이루어지지 않은 점, 원인무효의 등기에 기초한 제3자의 등기는 원칙적으로 무효이고, 그 등기를 유효한 것으로 취급하는 것은 등기의 공신력을 인정하지 않는 우리 법제상 예외적으로만 인정할 필요가 있는 점, 가등기담보법 제11조 단서의 유추적용을 인정하는 견해들에서도 등기의 공신력을 인정하는 결과가 되어 부당하다는 지적을 하고 있는 점, 결

등기에 관한 것이 아니다. 따라서 그 담보가등기에 기한 본등기가 마쳐졌다면, 이는 약한 의미의 양도담보로 보아야 한다는 가등기담보법 시행 전의 판례를 그대로 적용한 사안에 해당한다.

74) 곽윤직(주 2), 433쪽(서정우 집필부분)에서도 양도담보의 경우에 담보권자로부터 소유권이전등기를 한 제3자가 진정한 소유권을 취득할 수 없음은 가등기담보 후 무효인 본등기를 한 채권자로부터 소유권이전등기를 한 제3자의 경우와 마찬가지이지만, 전자는 그래도 유효한 등기를 바탕으로 한 것이고, 후자는 전혀 무효인 등기를 바탕으로 한 것이므로 실정이 같지는 아니하다는 점을 지적하고 있다.

75) 송덕수(주 20), 593쪽]에서는 담보가등기에 기한 본등기가 마쳐진 경우에도 양도담보에서와 이익상황이 동일하다고 하나, 가등기담보법 이후의 청산절차 없는 본등기에는 약한 의미의 양도담보 목적 내에서도 유효하다고 볼 수 없다는 판례를 고려한다면 이익상황이 동일하다고 보기 어렵다.

76) 곽윤직(주 2), 430쪽(서정우 집필부분) 참조.

국 채무자와 선의의 제3자 사이의 이익형량의 문제인데, 채무자를 보호하려는 가등기담보법의 강행규정을 잠탈할 여지를 확대하는 쪽으로의 유추적용은 가등기담보법의 입법취지에도 어긋나는 점,[77] 가등기담보법 제11조 단서 후단에 의하더라도 양도담보권자로부터 저당권 등 소유권 이외의 제한물권에 관한 등기를 경료받은 제3자는 선의라고 하더라도 보호받지 못하므로,[78] 선의의 제3자의 보호 범위는 망라적인 것이 아니라 매우 제한적인 점을 고려할 때, 굳이 입법자가 명시적으로 보호대상으로 규정하지 않은 원인무효의 본등기에 기하여 소유권이전등기를 마친 선의의 제3자에 대해서도 가등기담보법 제11조 단서를 유추적용하면서까지 보호를 해야 할 뚜렷한 당위를 찾기 어렵다.[79] 또한, 종래의 통설적 견해였던 신탁적 양도설이 아닌 담보권설의 견해에서 가등기담보법이 입법된 이상, 가등기담보법이 적용되는 담보가등기에는 가등기담보법이 창설적으로 인정한 담보권으로서의 효력만 인정하는 해석이 물권법정주의에도 더 부합한다고 본다.[80]

③ 가등기담보권자의 처분정산 방법에 관한 새로운 규율

가등기담보법상 양도담보권자는 가등기담보법 제3조, 제4조에 의한 사적 실행방법으로 귀속정산만 가능한 반면, 가등기담보권자는 귀속정산 외에도 제12조와 제13조에서 그 공적 실행방법으로 경매의 청구 및 우선변제청구권 등의 처분정산 방법을 인정받고 있다.[81] 가등기담보법 시행전에는 가등기담보권자라고 하더라도 경매청구권이나 우선변제청구권은 인정되지 않았다.[82]

또한, 가등기담보권자는 사적 실행방법으로 귀속정산을 실시하게 되는 경우 채무자에 대한 담보권 실행의 통지가 이루어졌다는 사실을 자신의 후순위권리자(저당권자 등)에게 통지해야 하고,[83] 이 경우 후순위권리자는 청산기간 내에는 자신의 피

77) 가등기담보법은 채무자에게 보다 충분한 법적 보호를 주려는 것이다[가등기담보법안 제안이유, 황적인, “가등기담보법안에 대한 비판과 관견”, 서울대학교 법학 제24권 2·3호, 서울대학교 법학연구소(1984), 65쪽 참조].

78) 곽윤직(주 2), 436쪽(서정우 집필부분) 참조.

79) 권성(주 55), 202쪽 참조.

80) 한편, 양창수(주 22), 348쪽에서는 담보권설에 대해 비판적인 견지에서, 채권자가 목적물을 제3자에게 처분한 경우 그 처분을 유효하게 될 여지가 많다고 하면 양도담보를 담보권으로 실정화한 취지는 크게 몰각된다고 한다.

81) 대법원 2002. 12. 10. 선고 2002다42001 판결 참조.

82) 가등기권리자는 경매절차상 이해관계인으로 인정되지 않았다(대법원 1965. 9. 29.자 65마768 결정). 담보가등기라고 하더라도 통상의 가등기와 마찬가지로 그에 순위보전의 효력만 인정되고, 별다른 취급을 받지 못하였다[양창수(주 22), 296쪽].

83) 가등기담보법 제6조 제1항. 그러나 가등기담보권자가 후순위권리자에게 제6조 제1항의 담보권실행의 통지를 누락하더라도 채무자는 이를 이유로 담보권 실행을 거부할 권원을 갖지 못하며, 후순위권리자에 대한 통지누락은 나머지 청산절차를 적법하게 거친 가등기담보권자의

담보채권의 변제기 도래 전이라고 하더라도 담보 목적 부동산의 경매를 청구할 수 있는 권리가 주어진다.84) 이와 같이 경매 신청이 가등기담보권자의 청산금 지급 전에 행해진 경우에는 가등기담보권자는 가등기에 기한 본등기를 청구할 수도 없게 된다.85) 이와 같이 가등기담보법은 담보가등기에 관하여는 경매절차와 사적 실행방법으로서의 귀속정산이 경합하는 경우 그 실행의 착수 선후에 따라 우선순위를 정하지 않고, 청산금 지급 전까지만 경매신청이 이루어지기만 하면 그 경매절차가 우선하도록 하였다.86)

이와 같이 가등기담보권자에게는 경매청구권이라는 공적인 처분정산 방법의 이용이 가능하도록 하고, 다른 채권자들에 의한 경매신청이 있는 경우에는 먼저 진행되는 사적 실행방법인 귀속정산보다 우선하도록 하고 있다.87) 즉, 가등기담보법은 가등기담보권의 경우에는 귀속정산보다는 '공적'인 처분정산(경매)을 용이하게 또 강력하게 인정하고 있다. 그럼에도 가등기담보권자가 경매절차를 이용하지 않고, 청산절차도 위반한 무효인 본등기를 마쳤음을 기화로 선의의 제3자에게 담보 목적 부동산을 처분하는 '사적' 처분정산의 경우까지 그 제3자의 소유권 취득의 효력을 유효하게 인정하는 태도는 가등기담보법이 예정하지 않은 범위로 가등기담보권자의 처분권한을 확장하는 결과를 초래한다.

결국 가등기담보법 제11조 단서의 유추적용은 가등기담보권자로 하여금 가등기담보법이 새롭게 마련한 경매절차라는 '공적' 처분정산이 아닌 선의의 제3자를 찾아 '사적' 처분정산을 하도록 유인하는 것과 마찬가지가 되어 수긍하기 어렵다.

본등기에 의한 소유권취득의 효력에 영향을 미치지 못한다(대법원 2002. 12. 10. 선고 2002다42001 판결 참조). 이러한 판례의 태도에 따르면 담보권실행 통지를 받지 못한 후순위담보권자의 담보청구권 행사기회를 사실상 박탈하게 되어, 담보가등기의 실행방식으로 경매절차를 우선시하도록 한 가등기담보법의 취지를 저해하게 될 우려가 있다.

84) 가등기담보법 제12조 제2항.

85) 가등기담보법 제14조. 청산절차를 거치기 전에 강제경매 등의 신청이 행하여진 경우 담보가등기권자는 그 가등기에 기한 본등기를 청구할 수 없고, 그 가등기가 부동산의 매각에 의하여 소멸하되 다른 채권자보다 자기 채권을 우선변제받을 권리가 있을 뿐이므로, 담보가등기는 경매절차에서의 목적 부동산의 매각으로 소멸되며, 설령 담보가등기에 기한 본등기가 경매절차의 매각기일 후에 청산절차 없이 이루어졌더라도 그 본등기 역시 무효로 말소되어야 한다. 따라서 위와 같은 경위로 본등기가 마쳐졌다는 사정은 경매절차에서 담보 목적 부동산의 매각불허가사유에 해당하지 않는다(대법원 2010. 11. 9. 자 2010마1322 결정).

86) 곽윤직(주 2), 451쪽(서정우 집필부분)에서는 이를 '경매우선주의'라고 표현하고 있다.

87) "소위 처분정산은 위에서 본 저당권자와 유사한 지위에서 경매를 통해서만 할 수 있다. 가등기담보법의 가장 중요한 내용 중의 하나는 이 귀속실행절차에 엄격한 제한을 가하는 점에 있다"[양창수(주 22), 296쪽].

④ 유추적용을 인정한 판례의 부재

가등기담보법 제11조 단서 전단은 물론이고, 단서 후단이 청산절차를 거치지 아니한 담보가등기에 기한 본등기에도 적용 또는 유추적용되는지에 대한 대법원의 명시적 판례는 아직까지 찾기 어렵다.

채권자가 가등기담보법상 청산절차 없이 담보 목적 부동산을 제3자에게 처분하고 소유권이전등기를 마친 경우 제3자의 소유권취득 효력을 가등기담보법 제11조 단서 후단에 따라 판단한 판례들은 모두 채권담보 목적으로 마친 소유권이전등기, 즉 양도담보 사안들이다.[88)]

⑤ 일본 가등기담보법 제11조와의 차이

가등기담보법 제11조가 기초한 일본 가등기담보계약에 관한 법률 제11조는 채무자의 환수권을 규정하고 있고, 환수권의 제한규정에 관한 단서 부분에서 담보가등기나 양도담보의 구분이나, 제3자의 선악 구분을 두지 않고 있다. 그러나 우리의 가등기담보법과 일본의 가등기담보법상 환수권의 발생 요건이 다르다는 점에 유의하여야 한다.

먼저, 일본 가등기담보법 제11조의 내용은 아래와 같다.

第十一条（受戻権）債務者等は、清算金の支払の債務の弁済を受けるまでは、債権等の額（債権が消滅しなかつたものとすれば、債務者が支払うべき債権等の額をいう。）に相当する金銭を債権者に提供して、土地等の所有権の受戻しを請求することができる。ただし、清算期間が経過した時から五年が経過したとき、又は第三者が所有権を取得したときは、この限りでない。
제11조(반환청구권) 채무자 등은 청산금의 지불채무의 변제를 받을 때까지는 채권 등의 금액(채권이 소멸하지 아니하였다면 채무자가 지급할 채권 등의 금액을 말한다)에 상당한 금전을 채권자에게 제공하고 토지 등의 소유권의 반환을 청구할 수 있다. 그러나 청산기간이 경과한 때부터 5년이 경과하거나 또는 제3자가 소유권을 취득한 때에는 그러하지 아니하다.

일본에서는 가등기담보의 경우 청산기간의 경과로 소유권이 자동적으로 담보권자에게 이전되고[89)] 다만 소유권이전등기절차의 이행은 청산금의 지급의무에 터잡은

88) 대법원 2010. 8. 26. 선고 2010다27458 판결, 대법원 2014. 12. 11. 선고 2012다40523 판결은 모두 양도담보권자로부터 담보 목적 부동산을 취득한 제3자가 문제된 경우이다.

89) 일본 가등기담보계약에 관한 법률 제2조 제1항 第二条 仮登記担保契約が土地又は建物（以下「土地等」という。）の所有権の移転を目的とするものである場合には、予約を完結する意思を表示した日、停止条件が成就した日その他のその契約において所有権を移転するものとされている日以

동시이행의 항변만을 받도록 되어 있으므로, 이러한 담보권자가 동시이행항변권의 방해 없이 청산금을 지급하지 아니하고 소유권이전등기를 하였을 때에도 쌍방간 담보관계는 그대로 존속하는 것으로 보자는 것이 일본 가등기담보법 제11조의 입법취지이다.[90] 즉, 청산금 지급 전에 채권자에게 소유권이전등기가 넘어가게 되더라도 청산금이 지급되기 전까지는 채무자가 채무를 변제하고 소유권을 회복할 수 있는 기회를 부여하는 것이다. 우리의 가등기담보법과 달리 일본에서는 청산금을 지급하지 않더라도 청산기간만 경과하면 소유권이 채권자에게 완전하게 이전되므로, 그 채권자로부터 소유권을 넘겨받은 제3자는 청산금의 지급 여부에 관한 선의·악의를 불문하고 완전한 소유권을 취득하게 되며, 일본 가등기담보법 제11조 단서는 이러한 당연한 결과를 인정하는 것에 불과하다.[91]

그러나 우리의 가등기담보법에서는 청산금을 지급하지 않은 경우에는 청산기간이 경과하더라도 양도담보권자가 소유권을 취득할 수 없다고 규정하므로(가등기담보법 제4조 제2항), 특별한 보호규정이 없는 한 청산절차를 위반한 양도담보권자로부터 소유권이전등기를 경료받은 제3자는 소유권을 유효하게 취득할 수 없게 된다. 따라서 우리 가등기담보법 제11조 단서 후단은 이러한 경우에 대비하여 선의의 제3자에 대해서는 거래안전을 보호해주려는 특별한 규정이 된다.

위와 같이 양도담보에 한정된 특별한 제3자의 보호규정을 강행법규에 위반하여 무효인 '청산절차를 위반한 담보가등기에 기한 본등기'를 신뢰한 선의의 제3자에게도 유추적용하려면, '거래안전의 보호 필요성' 외에 더 강력한 근거가 있어야 할 것이다.

後に、債権者が次条に規定する清算金の見積額（清算金がないと認めるときは、その旨）をその契約の相手方である債務者又は第三者（以下「債務者等」という。）に通知し、かつ、その通知が債務者等に到達した日から二月を経過しなければ、その所有権の移転の効力は、生じない。[가등기담보계약이 토지 또는 건물 (이하 「토지 등」이라 한다)의 소유권의 이전을 목적으로 하는 것인 경우에는 예약을 완결할 의사를 표시한 날, 정지조건이 성취한 날 기타 그 계약에서 소유권을 이전하기로 한 날 이후에 채권자가 다음 조에 규정한 청산금의 평가액(청산금이 없다고 인정되는 때에는 그 뜻)을 그 계약의 상대방인 채무자 또는 제3자(이하 「채무자 등」이라 한다)에게 통지하고 또한 그 통지가 채무자 등에게 도달한 날로부터 2월을 경과하지 아니하면 그 소유권이전의 효력은 발생하지 아니한다.]. 따라서 일본에서는 청산기간이 경과하면 가등기담보권자가 소유권이전등기를 마치지 않더라도 그 담보권자 앞으로 목적 부동산의 소유권 이전의 효과가 발생하게 되는데, 이는 일본민법이 부동산물권변동에 관한 의사주의를 채택하기 때문이다[김재형(주 14), 118면].

90) 곽윤직(주 2), 427쪽(서정우 집필부분).

91) 곽윤직(주 2), 428쪽(서정우 집필부분).

Ⅴ. 선의의 제3자의 보호 방안에 대한 고민

통념처럼 여겨졌던 '청산절차를 위반한 담보가등기에 기한 본등기'에 관하여 가등기담보법 제11조 단서 후단의 유추적용을 부정한다면, 선의의 제3자의 보호에 대해서 고민하지 않을 수 없다.

먼저, 소유권이전등기를 말소당할 처지에 놓인 선의의 제3자는 매도인인 담보권자를 상대로 계약상 각종 책임은 물론이고 불법행위에 기한 손해배상책임도 물을 수 있다.

강행법규 위반을 근거로 담보권자 및 제3자의 각 소유권이전등기의 말소를 구하는 채무자에게 제3자가 대항할 수 있는 방법이 없는 것도 아니다. 판례는 청산절차를 위반하여 담보가등기에 기한 본등기가 이루어진 경우 그 본등기의 효력을 부정하면서도, 가등기담보권자가 사후에라도 청산절차를 적법하게 진행하면 무효인 본등기는 실체적 법률관계에 부합하는 유효한 등기가 될 수 있는 여지를 열어두고 있다.[92] 따라서 담보권자가 적법한 청산절차를 사후적으로라도 거치는 경우 선의의 제3자는 채무자의 환수권 행사로부터 보호받을 수 있다.

위와 같이 담보권자가 사후적으로 유효하게 선의의 제3자에게 소유권이전의무를 다할 수 있는 방법이 존재하는 이상 무효인 본등기를 마친 담보권자와 선의의 제3자 사이의 매매계약이 원시적 불능인 사항을 목적으로 한 것이어서 무효라고 보기는 어려울 것이다. 따라서 선의의 제3자는 자신의 담보권자에 대한 소유권이전청구권을 보전하기 위해 담보권자의 사적 담보실행권한, 즉 청산절차를 거쳐 완전한 소유권을 취득할 수 있는 권리를 대위행사할 수 있다. 채권자가 보전하려는 권리와 대위하여 행사하려는 채무자의 권리가 밀접하게 관련되어 있고 채권자가 채무자의 권리를 대위하여 행사하지 않으면 자기 채권의 완전한 만족을 얻을 수 없게 될 위험이 있어 채무자의 권리를 대위하여 행사하는 것이 자기 채권의 현실적 이행을 유효·적절하게 확보하기 위하여 필요한 경우에는 채권자대위권의 행사가 채무자의 자유로운 재산관리행위에 대한 부당한 간섭이 된다는 등의 특별한 사정이 없는 한 채권자는 채무자의 권리를 대위하여 행사할 수 있는 것이므로,[93] 선의의 제3자의 위와 같은 채권자대위권 행사 역시 피대위채무자인 담보권자의 무자력 여부와 무관하게 담보권자를 대위하여 담보실행권한의 행사로서 청산절차를 거칠 수 있을 것이다.[94]

92) 대법원 2017. 5. 17. 선고 2017다202296 판결 등.
93) 대법원 2014. 12. 11. 선고 2013다71784 판결 등.

그 과정에서 담보권자의 완전한 소유권 취득(또는 실체적 법률관계에 부합하는 유효한 등기)을 위해 청산금을 지급할 필요가 생긴다면 선의의 제3자에게는 가등기권리자의 청산금 지급채무를 대위변제할 이해관계 역시 인정될 수 있을 것이다.[95)]

비록 선의의 제3자라고 하더라도 유효하게 소유권을 취득하기 위해 별도로 청산절차를 거치도록 하는 것은 등기부기재를 신뢰한 거래안전에 저해가 된다는 점은 부정할 수 없다. 그러나 청산절차는 가등기담보법이 정한 법정의 요건만 갖추면 되고, 별도로 제3자가 강행법규 위반의 하자를 치유하기 위해 채무자 등과 협의하거나 그의 승낙을 얻을 필요는 없으므로, 제3자의 입장에서 그 거래비용(transaction cost)이 부당하게 높다고 단정하기는 어렵다.

한편, 선의의 제3자는 민법 제245조 취득시효 규정에 의해서도 보호받을 수 있다.

Ⅵ. 결 론

청산절차를 마친 담보가등기에 기한 본등기가 마쳐진 경우 채권자는 확정적으로 담보 목적 부동산의 소유권을 취득하기 때문에(가등기담보법 제4조 제2항) 양도담보 채무자의 환수권에 관한 가등기담보법 제11조 단서가 유추적용될 여지가 없다.

한편, '청산절차를 위반한 담보가등기에 기한 본등기'에도 가등기담보법 제11조 단서의 유추적용을 인정하는 통설적 견해는 수긍하기 어렵다. 일단 제11조 단서 전단의 경우에는 적용의 필요성 자체가 없다. 채권자 명의의 본등기는 강행규정 위반으로 피담보채무 변제 없이도 언제든지 채무자 등에 의해 말소될 수 있기 때문이다.

---

94) 근저당권자의 채권자가 근저당권에 대한 채권자대위권행사로 근저당권 실행을 할 수 있음을 인정하는 것으로 보이는 판례로는 대법원 2003. 6. 24. 선고 2001다13969 판결이 있다.
대법원 2003. 6. 24. 선고 2001다13969 판결("갑은 ○○증권의 ○○무역에 대한 위 회사채 지급보증계약에 기한 구상권이란 동일한 채권을 담보하기 위하여 ○○증권과 사이에 연대보증계약과 물상보증계약을 체결하여 연대보증인과 물상보증인의 지위를 겸하고 있다고 할 것이나, 앞서 본 법리에 비추어 피고가 ○○증권을 대위하여 갑을 상대로 하는 채권자대위소송에 기하여 갑의 ○○증권에 대한 위 연대보증채무에 대하여 이행판결을 받았다고 하여도, 그 사실만으로서는 이 사건 근저당권의 피담보채권이 피고에게 이전되는 것은 아니므로, 피고로서는 ○○무역의 구상채무를 피담보채무로 하는 이 사건 근저당권에 대하여 어떠한 권리를 취득할 수는 없고, 또한 근저당권에 대한 채권자대위권행사를 주장하지 아니하고는 당연히 근저당권을 실행할 수는 없다고 할 것이므로, 피고는 위 배당절차에서 이 사건 근저당권에 기하여 우선 배당을 받을 지위에 있지 아니함이 분명하다.").

95) 민법 제469조(제삼자의 변제)
① 채무의 변제는 제삼자도 할 수 있다. 그러나 채무의 성질 또는 당사자의 의사표시로 제삼자의 변제를 허용하지 아니하는 때에는 그러하지 아니하다.
② 이해관계없는 제삼자는 채무자의 의사에 반하여 변제하지 못한다.

선의의 제3자 보호에 관한 제11조 단서 후단의 경우에는 거래안전을 보호하기 위해 유추적용의 필요성 자체는 인정되나, 가등기담보법 시행 후에는 양도담보와 다르게 위와 같은 본등기는 강행법규으로 말소될 무효인 것이어서 양도담보와는 이익상황에 큰 차이가 발생한 점, 무효인 본등기에 기초한 제3자는 비록 선의라고 하더라도 가등기담보법이 예정한 보호대상으로 볼 수 없는 점, 가등기담보법상 가등기담보권자의 처분정산으로 공적인 경매절차가 예정되어 있을 뿐 사적인 처분방식은 허용되지 않는 점, 아직 위와 같은 본등기에 제11조 단서의 적용 또는 유추적용을 명시적으로 긍정한 판례도 없는 점, 선의의 제3자 보호는 가등기담보권자의의 담보권실행권한, 즉 청산절차를 통한 귀속정산 권한에 위 제3자의 채권자대위권 행사를 긍정하는 것으로 어느 정도 확보될 수 있는 점 등을 고려하면, 가등기담보법 제11조 단서를 '청산절차를 위반한 담보가등기에 기한 본등기'에 유추적용하는 것에는 찬동하기 어렵다.

가등기담보의 목적물에 관한 차임의 귀속과 담보계약의 해석

(대상판결: 대법원 2019. 6. 13. 선고 2018다300661 판결)

이 지 영*

[사안의 개요][1)]

Ⅰ. 사실관계

원고는 피고와 피고의 배우자로부터 돈을 빌리고 그 차용금채무에 대한 담보로 원고 소유의 이 사건 부동산에 관하여 2003년부터 2005년경까지 피고 부부 앞으로 4개의 근저당권설정등기(채권최고액 합계 264,000,000원)를 마쳐 주었다. 위 부동산에는 위 근저당권설정등기 외에도 금융기관 앞으로 1순위 근저당권설정등기(채권최고액 3억 원)와 체납세금으로 인한 압류등기가 마쳐져 있었다.

원고는 2005. 11. 28. 피고 부부에 대한 채무를 담보하기 위하여 피고에게 당시 시가 520,000,000원의 이 사건 부동산에 관하여 가등기를 마쳐주었다. 당시 피고는 원고가 차용원리금을 모두 상환하면 가등기를 말소해주기로 약정하였다.

피고는 가등기 경료 3일 후인 2005. 12. 1. 기존에 설정되어 있던 위 4개의 근저당권설정등기를 모두 말소하였고, 다음 날에는 원고의 체납세금 10,397,900원을 대위변제하여 압류등기를 말소시켰다.

피고는 2006. 6. 23. 이 사건 부동산에 관하여 위 가등기에 기한 소유권이전등기를 마쳤다(이하 '이 사건 소유권이전등기'라 한다). 당시 원고와 피고는 「원고와 그 가족이 위 건물 일부를 그대로 사용하면서 2006. 7. 30.부터 피고에게 월 2,100,000원의 월세를 지급하되, 이를 이행하지 못할 때에는 10일 내에 부동산을 인도하고, ③ 타에 임대한 부분은 7월부터 피고가 차임을 갖고, ④ 원고가 은행대출금 이자 중 2006. 6. 30.까지 2,000,000원을, 2007. 7. 30.까지 1,000,000원을 지급하고, ④ 원고

---

* 대법원 재판연구관, 부장판사.

1) 이 글의 논점에 한하여 기재하고 나머지는 생략하였다.

의 채무금은 2007. 3. 30.부터 월 1,800,000원씩 상환하기」로 약정하였다. 그에 따라 2006. 6. 30. 피고를 임대인으로, 원고와 그 가족을 임차인으로 한 월세계약서를 작성하였다. 피고는 위 약정에 따라 원고와 다른 임차인들로부터 차임을 지급받았다.

피고는 2006. 12. 29. 이 사건 부동산에 관한 1순위 근저당권의 피담보채무 230,000,000원도 대위변제하여 위 근저당권설정등기가 말소되었다. 또한 2009. 11. 경 이 사건 부동산에 관한 소유권이전등기를 마친 것에 대하여 원고의 채권자로부터 사해행위취소소송을 당하자 원고의 채권자에게 가액배상금으로 113,987,100원을 변제하였다.

원고는 2016년 6월경 이 사건 소를 제기하여, 이 사건 소유권이전등기는 가등기담보 등에 관한 법률(이하 '가등기담보법'이라 한다)에 따른 적법한 청산절차를 마치지 않아 무효임을 이유로 이 사건 소유권이전등기의 말소를 구하였다. 피고는 1심 계속 중 2017. 4. 25.자 준비서면을 통해 피담보채권이 부동산 시가를 초과하여 지급할 청산금이 없음을 통지하였는데(위 일자 기준으로 이 사건 부동산의 시가는 751,944,700원이다), 이에 대하여 원고는 피고가 지급받은 이 사건 부동산의 차임을 채무 변제에 충당하면 청산금이 남아있다고 주장하였다.

Ⅱ. 원심의 판단[2)]

원심은 피고가 이 사건 소유권이전등기 당시에는 가등기담보법상 청산절차를 마치지 않았으나, 2017. 4. 25.자 담보권실행통지 무렵 원고의 피고에 대한 채무는 774,015,858원[3)]으로 당시 부동산의 시가 751,944,700원를 초과하여 지급할 청산금이 없었으므로 위 소유권이전등기는 실체관계에 부합하여 유효하다고 판단하였다.

원심은 차용금채무 잔액을 계산함에 있어 원고의 주장에 따라 연 5%의 법정이자율을 적용하였고, 피고가 이 사건 부동산에 관하여 원고와 다른 임차인들로부터 지급받은 차임[4)]은 다음과 같은 이유로 차용금채무의 변제에 충당하지 않았다.

「일반적으로 담보 목적으로 가등기 또는 소유권이전등기가 경료된 경우 담보물에 대한 사용·수익권은 담보권설정자에게 있다고 할 것이나, 담보권설정자와 담보

2) 인천지방법원 2018. 11. 28. 선고 2017나61655 판결.

3) 원금 542,385,000원(=은행대출금 230,000,000원 + 기존 대여금 188,000,000원 + 사해행위 가액배상금 113,987,100원 + 체납세금 대위변제금 10,397,900원)과 이자 265,621,378원.

4) 원심 판결에 피고가 수령한 차임의 합계가 명확히 제시되지 않았다. 이를 피담보채권에 변제충당한 뒤 원고가 주장하는 청산금 잔액은 163,530,135원이다.

권자 사이에 담보권자가 담보물을 사용·수익하기로 하는 다른 약정이 있다면 그 약정에 따라야 할 것이다(대법원 2001. 12. 11. 선고 2001다40213 판결 등 참조). 원고가 이 사건 부동산의 임대 등에 전혀 관여하지 않았고 차임의 정산 요구를 한 적이 없는 점, 원고가 피고와 임대차계약을 체결한 뒤 별다른 이의 없이 피고 측에 장기간 차임을 지급하여 온 점, 원고가 차용한 금액이 상당함에도 피고가 별도의 이자를 요구하지 않았던 점 등을 모두 감안하면, 담보권설정자인 원고와 담보권자인 피고 사이에 담보권자인 피고가 이 사건 부동산을 전적으로 사용·수익하기로 하는 명시적·묵시적 약정이 있었다고 봄이 상당하므로, 원고와 임차인들이 피고에게 지급한 차임은 그 명목과 같이 차임으로 지급되었을 뿐 차용금채무의 변제에 충당되었다고 볼 것은 아니다.」

Ⅲ. 원고의 상고이유

원고는 상고이유로, 피고가 이 사건 부동산을 전적으로 사용수익하기로 하는 명시적·묵시적 약정은 없었고 원고는 채무변제를 위해 피고에게 차임을 수취할 권한을 준 것 뿐이라고 주장하였다.

[대상판결의 요지][5)]

1. 가. 가등기담보법 제3조는 채권자가 담보계약에 의한 담보권을 실행하여 그 담보목적 부동산의 소유권을 취득하기 위해서는 그 채권의 변제기 후에 같은 법 제4조의 청산금의 평가액을 채무자 등에게 통지하여야 하고, 이 통지에는 통지 당시 부동산의 평가액과 민법 제360조에 규정된 채권액을 밝혀야 하며, 그 통지를 받은 날부터 2월의 청산기간이 지나야 한다고 규정하고 있다. 가등기담보법 제4조는 채권자는 위 통지 당시 부동산의 가액에서 피담보채권의 가액을 공제한 청산금을 지급하여야 하고, 부동산에 관하여 이미 소유권이전등기를 마친 경우에는 청산기간이 지난 후 청산금을 채무자 등에게 지급한 때에 부동산의 소유권을 취득하고, 담보가등기를 마친 경우에는 청산기간이 지나야 그 가등기에 따른 본등기를 청구할 수 있으며, 이에 반하는 특약으로서 채무자 등에게 불리한 것은 그 효력이 없다고 규정하고 있다. 위 규정들은 강행법규에 해당하여 이를 위반하여 담보가등기에 기한 본등기가

5) 이 글의 논점에 관한 부분만 발췌하였다. 밑줄은 필자가 첨가하였다.

이루어진 경우 그 본등기는 무효라고 할 것이고, 설령 그와 같은 본등기가 가등기권리자와 채무자 사이에 이루어진 특약에 의하여 이루어졌다고 할지라도 만일 그 특약이 채무자에게 불리한 것으로서 무효라고 한다면 그 본등기는 여전히 무효일 뿐, 이른바 약한 의미의 양도담보로서 담보의 목적 내에서는 유효하다고 할 것이 아니다(대법원 1994. 1. 25. 선고 92다20132 판결 등 참조). 다만 가등기권리자가 가등기담보법 제3조, 제4조에 정한 절차에 따라 청산금의 평가액을 채무자 등에게 통지한 후 채무자에게 정당한 청산금을 지급하거나 지급할 청산금이 없는 경우에는 채무자가 그 통지를 받은 날부터 2월의 청산기간이 지나면 위와 같이 무효인 본등기는 실체적 법률관계에 부합하는 유효한 등기로 될 수 있을 뿐이다(대법원 2002. 6. 11. 선고 99다41657 판결 등 참조).

나. 이와 같이 담보가등기에 기하여 마쳐진 본등기가 무효인 경우, 담보목적 부동산에 대한 소유권은 담보가등기 설정자인 채무자 등에게 있고 소유권의 권능 중 하나인 사용수익권도 당연히 담보가등기 설정자가 보유한다. 따라서 채무자가 자신이 소유하는 담보목적 부동산에 관하여 채권자와 임대차계약을 체결하고 채권자에게 차임을 지급하거나 채무자가 자신과 임대차계약을 체결하고 있는 임차인으로 하여금 채권자에게 차임을 지급하도록 하여 채권자가 차임을 수령하였다면, 채권자와 채무자 사이에 위 차임을 피담보채무의 변제와는 무관한 별개의 것으로 취급하기로 약정하였거나 달리 차임이 피담보채무의 변제에 충당되었다고 보기 어려운 특별한 사정이 없는 한 위 차임은 피담보채무의 변제에 충당된 것으로 보아야 한다.

2. (중략) 앞서 본 법리에 비추어 보면, 피고가 이 사건 부동산에 관하여 가등기에 기하여 본등기를 마쳤더라도 가등기담보법 제3조, 제4조에 정한 절차를 거치지 아니한 이상 그 소유권 내지 사용수익권은 채무자인 원고에게 있으므로, 본등기를 마친 이후에 피고가 원고 측 내지 다른 임차인들로부터 지급받은 차임은 그 명목에 상관없이 원칙적으로 피담보채무의 변제에 충당되었다고 보아야 하고, 이와 달리 피담보채무의 변제에 충당되지 않았다고 보기 위해서는, 차임을 피담보채무의 변제와 무관하게 별개로 취급하기로 약정하였거나 차임이 피담보채무의 변제에 충당되었다고 보기 어려운 특별한 사정이 있었는지 등을 심리·판단하였어야 한다.

그런데도 원심은 그 판시와 같은 이유만으로 피고가 차임으로 지급받은 돈이 피담보채무 원리금의 상환과는 별도로서 피담보채무의 변제에 충당되지 않는다고 보아 피고가 이 사건 소송 계속 중에 한 담보권 실행에 기하여 이 사건 부동산의 소유권을 유효하게 취득하였다고 판단하였다. 이러한 원심판단에는 담보가등기의 목적인 부동산에 대한 사용수익권의 귀속 및 가등기담보법에서 정한 청산절차 또는 청산금의 산정 등에 관한 법리를 오해하고 필요한 심리를 다하지 아니하여 판결에 영향을 미친 잘못이 있다.

[연 구][6]

Ⅰ. 들어가며

우리 민법상 부동산을 목적물로 하는 대표적인 담보물권은 저당권이다. 과거에 저당권은 주로 은행 등 금융기관에서 자금을 조달하기 위한 담보방법으로 활용되었지만, 개인 간 거래에서는 가등기담보, 양도담보 등 비전형담보가 보다 널리 활용되었다.[7] 그 대표적인 이유는 저당권을 실행하기 위해서는 경매를 통한 환가 및 배당절차를 거쳐야 해서 실행방법이 복잡한 반면, 비전형담보는 처분·귀속 정산을 통해 간단히 실행할 수 있다는 점과 채권자가 피담보채권을 초과하는 목적물의 가치를 차지할 수 있다는 점이었다. 채무자가 쉽게 재산을 잃고 채권자가 부당한 이득을 취하는 것을 막기 위하여 종래 학설, 판례, 입법은 비전형 담보권자의 목적물의 가치에 대한 지배를 피담보채권의 범위에 한정하는 전형담보제도에 접근시키려고 노력하여 왔다. 이러한 노력으로 비전형담보를 이용함으로써 채권자가 얻을 수 있는 이익은 매우 좁아졌다.[8]

이 사건에서 채무자인 원고는 채권자인 피고에게 이 사건 부동산에 관하여 가등기담보를 설정하고 청산절차를 마치지 않은 채 소유권이전의 본등기를 마쳐주었다. 피고는 이 사건 1심 계속 중인 2017. 4. 25.에 비로소 원고에게 청산금이 없음을 통지하였는데, 청산금 잔액이 존재하는지가 쟁점이 되었다. 그 중에서도 특히 피고가 본등기 후 장기간동안 담보목적 부동산에 관하여 원고 또는 다른 임차인으로부터 지급받은 수 천만 원의 차임을 원고의 차용금 변제에 충당하지 않고 피고가 독자적으로 수령할 수 있는지 문제되었다.[9] 채권자가 차임을 별도로 수령할 수 있다면

---

6) 이하의 내용은 대상판결에 대한 필자의 개인적인 평석이고 대법원의 공식 입장이 아니다.

7) 주석 민법 [물권4](제5판, 2019), 435(오영준 집필부분).

8) 곽윤직·김재형, 물권법(제8판), 박영사(2014), 538.

9) 피고가 수령한 차임을 차용금 변제에 충당하면 잔존 채권액이 크게 줄어들어 청산금이 남아있게 될 가능성이 크고, 이를 원리금 변제에 충당하지 않을 경우 잔존 채권액이 증가하여 부동산 시가를 상회하여 청산금이 없을 가능성이 크다.

채권자는 담보계약이 존속하는 동안 차용금 이자와 차임의 이중 이익을 누리게 되는데 이것이 채권자에게 지나치게 유리한 것은 아닌지, 이를 시정할 필요는 없는지 살펴볼 필요가 있다.

이하에서는 가등기담보법 적용 사안에서 담보목적 부동산의 사용수익권자가 누구인지 살피고(Ⅱ), 본등기 후 채권자가 채무자와 다른 임차인으로부터 담보목적물에 대한 차임을 지급받은 경우 그 차임이 피담보채권의 변제에 충당되는지 살펴본다. 이와 관련하여 채권자와 채무자 사이에 명확한 약정이 있었던 경우 그와 같은 약정이 유효한지 먼저 살피고, 당사자의 의사가 불분명한 경우 계약의 해석을 통해 그 충당 여부를 검토한다(Ⅲ). 마지막으로 대상판결의 입장을 검토하고 이에 대하여 평가한다(Ⅳ).

Ⅱ. 가등기담보법이 적용되는 사안에서 담보목적 부동산의 임대차관계에서 생기는 차임의 귀속권자

1. 가등기담보법에 의한 비전형담보의 규율

이 사건에는 가등기담보법이 적용되므로, 이하 쟁점의 논의를 위하여 가등기담보법의 입법 취지와 관련 내용을 간략히 살펴본다.

물적 담보제도는 그 법적 구성에 따라 둘로 분류할 수 있다.[10] 첫 번째는 담보를 위해 물건의 소유권 자체를 이전하는 방법으로, 양도담보, 가등기담보가 이에 해당한다. 담보라는 본래의 경제적 목적을 넘어 외형상 소유권 자체를 이전함에 따라 담보권자의 법률적 지위 남용가능성이 크므로, 이를 제한하기 위해 담보권자의 권리를 대내적, 대외적으로 담보 목적에 한정하려는 것이 제도의 중심을 이룬다. 두 번째는, 소유권 자체는 채무자에게 두고 그 위에 특수한 제한물권을 설정하는 방법으로, 유치권, 질권, 저당권 등의 전형담보가 이에 해당한다. 담보권자에게 소유권이 없으므로 위와 같은 남용가능성은 없고 도리어 물적 담보의 목적을 충분히 달성하기 위하여 담보권자의 보호와 그에 따른 이해관계의 조절이 논의의 중심을 이룬다.

가등기담보, 양도담보는 채권자 입장에서는 담보권 실행이 간이하고, 채무자 입장에서는 저당권에 비해 담보권 설정이 쉽고 비용이 저렴하다는 점에서 많이 활용되었다. 그러나 채권자가 돈을 빌려주고 그 가치를 몇 배 초과하는 담보물을 취득하

---

10) 지원림, 민법원론, 홍문사(2017), 1343.

여 사회문제화 되었다. 우리나라는 민법 제607조, 제608조에 의하여 비전형담보를 규제하다가, 특별법 제정의 필요성이 부각되어 가등기담보법이 제정, 1984년부터 시행되었다.

가등기담보법은 담보권 실행 절차를 명확히 하여 채무자가 청산금을 현실적으로 지급받도록 하고 후순위권리자 등 이해관계인의 권리를 보호하는 것을 주된 목적으로 제정되었다. 그 규제의 핵심은 담보권자에게 담보권자로서의 지위와 권한만 부여하고 담보권 실행이 종료되기 전에는 대내외적으로 소유권 취득을 인정하지 않는다는 것이다.

가등기담보법이 채권자의 초과 이득을 규제하기 위한 규정은 다음과 같다. 이는 강행규정이므로 이에 반하는 당사자의 약정은 효력이 없다(가등기담보법 제4조 제4항).[11] ① 채권자에 의한 담보권의 사적 실행방법으로 귀속정산만 인정하고 채무자에게 불리한 처분정산은 인정하지 않는다. 변제를 통한 소유권회복의 가능성이나 청산금의 확실한 지급 면에서 귀속정산이 채무자에게 유리하기 때문이다.[12] ② 2개월의 청산기간을 도입하였다. 채권자는 변제기가 도과하였다고 하여 담보권을 바로 실행할 수 없고, 담보권 실행 통지를 적법하게 한 후 2개월이 지나야 담보권을 실행하여 소유권을 취득할 수 있다. 이로써 채무자에게 채무를 변제하여 소유권 상실을 막을 수 있는 기회를 부여한다. ③ 정당한 청산금을 지급해야 소유권을 취득하거나(양도담보의 경우), 본등기를 청구할 수 있고(가등기담보의 경우)(제4조 제2항), 청산금 지급 전에는 부동산 인도나 등기이전을 거절할 수 있으며(같은 조 제3항), 청산금을 지급받기 전에는 채무를 변제하고 등기말소를 청구할 수 있다(제11조). 판례는 가등기담보법 제3조, 제4조를 위반하여 담보가등기에 기한 본등기가 이루어진 경우에는 그 본등기는 무효이고, 그 본등기가 가등기권리자와 채무자 사이의 특약에 의하여 이루어졌다고 할지라도 약한 의미의 양도담보로서 담보의 목적 내에서 유효하다고 볼 수도 없다고 한다.[13] 이러한 규율은 결국 담보권자의 청산금(=객관적인 부동산 가액 - 피담보채권액) 지급 의무를 강제하고 채권자가 이를 지급하지 않을 경우 소유권 취득을 부정함으로써, 채권자가 피담보채권을 넘어서는 이득을 부당하게 취하는 것을 금지하려는 것이다.

---

11) 다만 청산기간이 지난 후의 특약은 제3자의 권리를 침해하지 않으면 효력이 인정된다(가등기담보법 제4조 제4항 단서).

12) 지원림(주 10), 1455.

13) 대법원 2002. 12. 10. 선고 2002다42001 판결.

2. 가등기담보 목적 부동산의 사용수익권자

가. 담보가등기를 마친 채권자의 지위: 담보권자

가등기담보법 시행 전에는 가등기담보의 법적 성질에 관하여 신탁적 양도설과 담보권설로 견해가 나뉘었다. 그러나 가등기담보법은 채권자에게 경매청구권(제12조), 우선변제청구권(제13조)을 인정하고 파산절차에서 담보가등기에 저당권에 관한 규정을 준용하는 등(제17조) 담보권설을 전제로 하여 제정되었다. 현재는 가등기담보권을 저당권과 유사한 담보물권으로 보는 담보권설이 통설이다.[14] 따라서 담보가등기를 마친 채권자는 담보권자라고 할 것이다.

나. 담보목적물의 사용수익으로 인한 이익의 최종적인 귀속권자: 소유자(채무자)

1) 소유권과 담보권의 근본적인 차이는 무엇인가? 소유권은 물건을 사용, 수익, 처분할 수 있는 권리이다(민법 제211조). 여기서 '사용·수익'은 물건의 사용가치를 향수하는 것, 즉 직접 이용하거나 과실을 취득하는 것이고, '처분'은 물건을 양도하거나 담보로 제공하는 등 그 교환가치를 향수하는 것을 의미한다.[15] 반면, 담보권은 채권의 만족을 위해 특정한 물건으로 채권을 담보하여 채무불이행이 있으면 물건을 현금화하여 우선변제를 받는 것으로 교환가치 지배하는 것을 핵심으로 한다.[16]

2) 물적담보제도는 채권변제를 확보하기 위한 수단을 기준으로 하여 다음과 같이 분류할 수 있다.[17] 첫 번째로, 채무자로부터 물건을 빼앗음으로써 심리적 압박을 가해 채무 변제를 촉구하는 방법으로, 유치적 효력을 가지며 민법상 유치권, 질권이 이에 해당한다. 이는 담보를 위해 물건의 사용가치를 희생시키는 점 때문에 담보로 널리 활용되지 못한다. 두 번째로, 채권자가 채무자로부터 물건을 빼앗아 채권자 스스로 사용·수익하여 그 이익을 채권 변제에 충당하는 방법으로 이른바 수익질이다. 구민법상 부동산질권이 이에 해당하였으나 현행 민법에서는 폐지되었다. 세 번째로, 채무자가 채무를 불이행한 경우 채권자가 목적물의 교환가치로부터 우선변제를 받는 방법으로, 질권과 저당권이 이에 해당한다.

앞서 본 바와 같이 수익질은 물건의 교환가치 지배를 목적으로 하는 물적담보의 특질에 부합하지 않고 채권자가 스스로 목적물을 수익한다는 것은 매우 어려우

---

14) 주석 민법 [물권4](제5판, 2019), 441(오영준 집필부분).
15) 곽윤직·김재형(주 8), 222.
16) 곽윤직·김재형(주 8), 370.
17) 지원림(주 10), 1342~1343.

므로, 민법상 법정담보물권(유치권, 질권, 저당권)으로 인정되지 않는다. 우리 민법상 법정담보물권자에게는 목적물의 사용수익권이 인정되지 않는다. 구체적으로 살펴보면 유치권자는 채무자 승낙 없이 유치물을 사용수익할 수 없다(민법 제324조 제2항). 채무자 승낙을 받은 경우 또는 자연스럽게 발생한 과실의 경우 유치권자가 이를 수취할 수 있으나 이를 피담보채무의 변제에 충당하여야 한다(민법 제323조, 제343조). 질권의 경우에도 담보물로부터 수취한 과실을 피담보채무의 변제에 충당하여야 한다(민법 제343조). 저당권의 효력은 원칙적으로 저당부동산의 과실에 미치지 않고 예외적으로 저당권자가 목적물을 압류한 후에만 효력이 미치며(민법 제358조), 이 역시 피담보채무의 변제에 충당된다. 결국 법정담보권자에게 담보물의 사용수익권은 인정되지 않고, 제한된 범위 내에서 피담보채무 변제를 위한 과실수취권만 인정된다고 할 수 있다.

3) 그렇다면 저당권과 유사한 담보권의 성격을 가진 가등기담보의 경우에도 담보목적물의 사용·수익으로 인한 이익을 최종적으로 향유할 수 있는 권한은 원칙적으로 소유자로서 물건의 사용수익권을 가진 채무자에게 있다고 할 것이다. 담보권자는 담보 목적을 달성하기 위해 소유자의 담보물에 대한 처분권한을 제한할 수 있으나(가등기가 되면 가등기의 순위보전적 효력으로 인하여 채무자의 처분권한이 사실상 제한된다), 교환가치를 감소시킬 염려가 없는 정상적인 사용수익은 담보목적에 반하지 않아 제한할 이유가 없다.

判例도 가등기담보법이 적용되는 부동산의 양도담보에 관하여 같은 입장이다.[18)19)]

우선 대법원 1977. 5. 24. 선고 77다430 판결은 "피고는 이건 부동산의 소유권 이전등기를 받은 후에 이건 부동산을 원고에게 임대하여 보증금 10만 원과 월세조로 36만 원을 받았다는 사실을 인정하고 있는바, 원심이 인정한대로 이건 부동산의 등기이전이 약한의미의 양도담보라면 채권자인 피고에게는 담보권이 있을 뿐 그 사용수익권이 있을 수는 없으므로 위 피고가 받았다고 자인하는 금액은 원금 중의 일부변제와 이자조로 지급한 것으로 보아야 할 것이고 … "라고 하였으며, 이후 선고된 대법원 1979. 10. 30. 선고 79다1545 판결, 대법원 1991. 10. 8. 선고 90다9780 판결 등도 마찬가지이다.

---

18) 가등기만 경료한 상태에서는 채권자가 사용수익권을 주장하는 경우가 드물어, 가등기만 마친 상태에서 사용수익권에 관하여 판단한 판례는 찾을 수 없다. 이 사건도 가등기에 기한 본등기 경료 후 담보권자가 차임을 지급받은 사안이다.

19) 이하 판례의 밑줄은 필자가 첨가하였다.

대법원 1988. 11. 22. 선고 87다카2555 판결은 "일반적으로 부동산을 채권담보의 목적으로 양도한 경우 특별한 사정이 없는 한 목적부동산에 대한 사용수익권은 채무자인 양도담보설정자에게 있는 것이고 양도담보권자는 채무를 변제받으면 소유권이전등기를 채무자에게 경료하여 주고 또 담보권실행을 위하여 담보설정자인 채무자에 대하여 명도를 구할 수는 있다 할 것이나 사용수익할 수 있는 정당한 권한이 있는 채무자나 채무자로부터 그 사용수익할 수 있는 권한을 승계한 자에 대하여는 사용수익을 하지 못한 것을 이유로 임료 상당의 손해배상이나 부당이득반환청구는 할 수 없다."고 하였다. 같은 취지로 대법원 2001. 12. 11. 선고 2001다40213 판결은 "일반적으로 부동산을 채권담보의 목적으로 양도한 경우 특별한 사정이 없는 한 목적부동산에 대한 사용수익권은 채무자인 양도담보 설정자에게 있는 것이므로 설정자와 양도담보권자 사이에 양도담보권자가 목적물을 사용·수익하기로 하는 약정이 없는 이상 목적부동산을 임대할 권한은 양도담보설정자에게 있다"고 하였다.[20]

판례는 위에서 본 바와 같이 처음에는 단서를 달지 않고 양도담보권자에게 담보권이 있을 뿐 담보목적물의 사용수익권이 없다고 하다가, 87다카2555 판결부터는 '특별한 사정이 없는 한' 담보목적물의 사용수익권이 채무자인 담보설정자에게 있다고 하였는바, 특히 2001다42013 판결 문언으로만 보면 예외적으로 당사자의 특약 등 특별한 사정이 있는 경우에는 담보권자에게 사용수익권을 인정할 수 있다는 취지로 보인다. 그러나 실제로는 특별한 사정의 존재를 인정하여 담보권자에게 사용수익권을 인정한 판례는 찾을 수 없다. 판례의 사안을 보면, ① 담보목적물을 임대할 권한은 채무자에게 있고,[21] ② 채권자는 채무자나 채무자로부터 그 사용수익할 수 있는 권한을 승계한 자에 대하여 사용수익을 하지 못한 것을 이유로 임료 상당의 손해배상이나 부당이득반환청구를 할 수 없고,[22] ③ 건물의 사용수익권은 담보설정자에게 있으므로, 건물의 명의자(양도담보권자)가 아닌 양도담보설정자가 그 부지의 점유·사용으로 인한 부당이득반환채무를 진다는 것이다.[23] 따라서 위 판례에서 말하는 '담보권자와 담보설정자 사이의 약정 등 특별한 사정'이 있으면 담보권자에게 사

---

20) 이러한 판시는 대법원 1993. 11. 23. 선고 93다4083 판결; 대법원 2001. 12. 11. 선고 2001다40190, 40206 판결; 대법원 2005. 11. 10. 선고 2005다36083 판결; 대법원 2008. 2. 28. 선고 2007다37394,37400 판결 등에서도 반복되었다.

21) 대법원 2001. 12. 11. 선고 2001다40213 판결; 대법원 2001. 12. 11. 선고 2001다40190, 40206 판결.

22) 대법원 1988. 11. 22. 선고 87다카2555 판결; 대법원 2008. 2. 28. 선고 2007다37394, 37400 판결.

23) 대법원 2005. 11. 10. 선고 2005다36083 판결.

용수익권이 있다는 취지가 어떤 취지인지, 담보권자가 피담보채권과 무관하게 부동산으로부터 나오는 차임을 취득할 수 있다는 것까지 의미하는지는 불분명하다.

따라서 채권자가 차임을 수령하여 피담보채권에 충당하지 않고 보유할 수 있는지에 대해서는 이하 항을 바꾸어 더 자세히 살펴본다.

Ⅲ. 본등기 후 채권자가 채무자와 다른 임차인으로부터 담보목적물에 대한 차임을 지급받은 경우 그 차임이 피담보채권의 변제에 충당되는지 여부

1. 문제의 소재

가등기담보법 제3조, 제4조의 적법한 청산절차를 거치지 않고 담보가등기에 기한 본등기가 이루어진 경우에는 그 본등기는 무효이고, 그 본등기가 채권자와 채무자 사이에 이루어진 특약에 의한 것이라 하더라도 그 본등기는 여전히 무효이며, 이른바 약한 의미의 양도담보로서 담보의 목적 내에서는 유효한 것이 아니다.[24]

따라서 채권자가 청산절차를 마치지 않아 담보목적물의 소유권을 취득하지 못하였음에도 불구하고 가등기 또는 가등기에 기한 본등기를 마쳤다는 이유로 채무자나 제3의 임차인으로부터 담보목적물의 차임을 수령할 수 있는지 문제된다. ① 수령한 차임을 피담보채권의 변제에 충당하기로 한 경우, ② 충당하지 않고 별도로 받기로 합의한 경우, ③ 당사자의 의사가 불분명한 경우를 나누어 살펴본다.

2. 채권자가 수령한 차임을 피담보채권의 변제에 충당하기로 합의한 경우

채권자가 채무자 또는 제3자와 담보목적물에 관한 임대차계약을 체결하고 지급받은 차임을 피담보채무에 변제하기로 약정한 경우가 있을 수 있다. 이러한 약정은 '차임 형식으로 피담보채권의 원리금을 변제하기로 하는 약정'으로 피담보채권의 변제 방법에 관한 유효한 약정이라 할 것이다. 앞서 본 바와 같이 유치권, 질권에서 채권자가 담보물에 관한 과실을 수취하여 피담보채무의 변제에 충당하는 것과 유사한 구조이고, 이러한 약정은 채무자에게 불리한 것이 아니므로 달리 무효로 볼 이유가 없다.

다만 이는 별도의 용익계약이 아니고 담보계약의 일환이므로, 채무자가 차임을

---

24) 대법원 2002. 6. 11. 선고 99다41657 판결 등.

연체하였다고 하여 채권자가 채무자와의 임대차계약을 해지할 수 없고 기간이 만료되었음을 이유로 인도청구를 할 수도 없다. 다만 차임 연체를 피담보채무의 기한이익 상실로 약정하여 변제기한이 도래한 것으로 볼 수 있는 때에는 청산절차를 거친 후 부동산의 인도를 청구할 수 있다고 할 것이다.[25]

한편 피담보채권에 별도의 이자 약정이 없고 채무자가 이자 대신 차임을 지급하기로 약정한 경우도 있을 수 있다. 이는 '차임 형식으로 피담보채권의 이자를 지급하기로 하는 약정'으로 이자 및 그 변제 방법에 관한 약정으로 보아 유효하다고 볼 수 있다. 다만 지급된 차임이 이자제한법상 이자율을 초과하는 경우에는 그 초과하는 부분은 채권자가 이자로 수령할 수 없고 이는 원본에 충당되어야 한다(이자제한법 제2조 제4항).

3. 채권자가 피담보채권과 별도로 차임을 받기로 약정한 경우

채권자가 피담보채권의 원리금에 충당하지 않고 별도로 채무자 또는 제3자로부터 담보 목적물의 차임을 지급받기로 채무자와 약정한 경우 그러한 약정이 가등기담보법에 반하여 무효인지 여부가 문제된다. 이에 관해서는 대법원 판례가 없고 관련된 문헌도 찾을 수 없다. 유효설과 무효설을 상정해 볼 수 있다.

가. 유효설의 논거

이 사건의 원심 판결은 채권자와 채무자 사이에 채권자가 이 사건 부동산을 전적으로 사용·수익하기로 하는 약정, 다시 말하면 채권자가 피담보채권과 별도로 차임을 받기로 하는 취지의 명시적 또는 묵시적 약정이 존재한다고 인정하고, 이러한 약정이 당연히 유효함을 전제로 채권자가 수령한 차임이 피담보채권의 변제에 충당되지 않는다고 판단하였다.

원심 판결이 위와 같은 약정이 유효하는 근거는 제시하지 않았지만, 다음과 같은 점을 생각해 볼 수 있다.

① 당사자 사이에 자유롭게 부동산의 사용수익권을 채권자에게 부여하는 약정을 할 수 있고 이는 사적 자치의 원칙상 그 유효성이 인정된다.

② 가등기담보법은 제4조 제4항에서 청산금 지급 의무, 소유권 취득 또는 본등기이행청구 가능 시기, 청산금 지급의무와 소유권이전등기 의무 사이의 동시이행관계 등 제4조 제1항 내지 제3항의 규정에 반하여 채무자에게 불리한 특약을 무효라

---

25) 양창수·김형석, 권리의 보전과 담보(제2판), 박영사(2015), 486.

고 할 뿐, 채무자가 채권자에게 사용수익권을 부여하는 약정을 무효라고 정하지 않고 있다. 따라서 채무자가 채권자에게 담보목적물의 사용수익권을 부여하고 차임을 수령할 수 있도록 한다고 하여 이러한 약정이 가등기담보법에 반한다고 볼 수 없다.

③ 채권자가 별도로 받은 차임은 원래 약정한 이자에 추가된 이자 성격으로 볼 수도 있고 그렇다면 채권자가 피담보채권을 초과하여 이익을 취득한다고 볼 수 없다.

나. 무효설이 타당함

그러나 채권자가 피담보채권과 별도로 차임을 취득하기로 하는 약정은 가등기담보법에 반하여 무효라고 할 것이다. 그 이유는 다음과 같다.

1) 가등기담보법의 입법취지는 가등기담보, 양도담보를 통해 채권자가 피담보채권의 원리금을 초과하는 이득을 얻는 것을 규제하기 위한 것이다. 채권자가 담보목적 부동산으로부터 별도로 차임을 받기로 하는 약정을 유효하다고 한다면, 채권자가 피담보채권을 초과하는 이득을 취하게 됨은 자명하므로 이러한 약정은 가등기담보법에 반하여 무효라고 할 것이다. 앞서 본 바와 같이 비전형담보의 문제점은 그 소유권 이전의 외형으로 인하여 채권자가 피담보채권을 넘어서는 초과이득을 취할 수 있는 가능성이 크다는 점이다. 가등기담보법은 채권자에게 청산금(=정당하게 평가된 부동산 가액-피담보채권액) 지급 의무를 강제하고 이를 지급하기 전에는 소유권 취득을 부정함으로써, 채권자가 피담보채권을 넘어서는 이득을 부당하게 취득하는 것을 금지한다. 그런데 채권자가 담보목적물에 관하여 수령한 차임이 피담보채권의 변제에 충당되지 않는다고 하면, 채권자가 '피담보채권의 원리금' 외에 별도의 이익(담보기간 동안 담보목적물에서 나오는 차임)을 취할 수 있게 된다. 이는 곧 가등기담보법에서 정한 채권자의 청산금 지급 의무와 초과이익 취득 금지에 정면으로 반한다.

이러한 약정의 유효성을 인정하면 채권자가 피담보채권과 별도로 차임이나 다른 명목의 돈을 수령하기로 함으로써 가등기담보법에서 정한 청산금지급의무를 감면하는 등 가등기담보법을 쉽게 잠탈할 수 있는 길을 열어주게 된다. 즉 담보약정과 더불어 청산 전 소유권이전등기 및 차임수령약정을 하면 채권자가 쉽게 초과 이익을 취득할 수 있게 되는 것이다.

이러한 약정은 채권자가 담보권자임에도 불구하고 부동산의 소유자로 등기되어 가능한 것이다(법정담보물권자인 저당권자가 부동산 임대인으로서 차임을 수령하는 경우는 상정하기 어렵다). 결국 이는 비전형담보의 실질 ― 담보권의 설정 ― 과 외형 ― 소유권의 이전 ― 의 차이로 인한 채무자의 불이익을 보호하려는 가등기담보법의 규제목적 내에 포섭된다고 할 것이다.

2) 채무자가 청산절차가 종료되기 전에 채권자에게 담보목적물의 소유명의와 사용수익권까지 모두 넘길 수 있다고 한다면, 청산절차 종료 전 채권자의 소유권취득을 금지하는 가등기담보법의 취지에 반한다. 이는 실질적으로 청산 전에 소유권의 모든 권능(사용, 수익, 처분권)을 넘긴 것으로서 담보권 설정과 동시에 소유권이 넘어가는 학설이 논의하는 이른바 '매도담보'와 유사한 약정이 된다.

매도담보는 피담보채무 변제에 갈음하여 매매를 통해 물건의 소유권 자체를 이전하고 채무자가 약정 기간 내 약정 금액을 지급하고 환매 또는 재매매 예약을 통해 부동산을 되찾아올 수 있도록 약정한 것으로, 매매 후 피담보채권이 존재하지 않고 부동산을 되찾아 올 수 있는 약정대금만 존재한다.[26] 이는 변제기(환매권, 재매매 예약의 실행시기)에 채무(약정대금)가 반환되지 않으면 목적물이 채권자에게 종국적으로 귀속되어 실질적으로 정산을 요하지 않는 유(流)담보형의 담보계약이다. 그러나 판례는 유담보형 매도담보는 민법 제607조, 제608조에 의해 무효이고 정산을 요하는 약한 의미의 양도담보로서의 효력만 인정된다고 해 왔다.[27] 가등기담보법 시행 후에는 이러한 유형의 매도담보에도 가등기담보법이 적용된다.[28]

---

26) 이에 대해서는 피담보채권이 없는 담보제도 자체가 형용모순이고, 양도담보가 확고하게 법적 승인을 얻어 더 이상 별도로 논의할 실익이 없다는 비판이 있다. 양창수, "가등기담보 등에 관한 법률의 현황과 문제점", 민법연구 제1권(1990), 287.

27) 판례는 부동산가액이 채무액을 초과하고 환매 또는 재매매약정이 붙어 있으면 당사자의 의사를 담보약정을 한 것으로 해석하고, 이러한 담보약정은 민법 제607조, 제608조에 의하여 정산을 요하는 약한 의미의 담보약정의 효력밖에 없다고 한다.
대법원 1991. 12. 24. 선고 91다11223 판결은 채무자가 채무원리금을 확정한 뒤 변제방법으로 토지를 양도하고, 3년 이내에 그간의 원리금을 지급하면 이를 반환하기로 환매특약을 한 사안에서, 원심은 이를 대물변제로 보았으나 대법원은 "기존의 채무를 정리하는 방법으로 다른 재산권을 이전하기로 하면서 일정기간 내에 채무원리금을 변제할 때에는 그 재산을 반환받기로 하는 약정이 이루어졌다면 다른 특단의 사정이 없는 한 당사자 간에는 그 재산을 담보의 목적으로 이전하고 변제기내에 변제가 이루어지지 않으면 담보권행사에 의한 정산절차를 거쳐 원리금을 변제받기로 하는 약정이 이루어진 것으로 해석하여야 할 것이다"고 하여, 이를 대물변제의 예약으로 보고 민법 제607조, 제608조에 의하여 그 약정 당시의 가액이 원리금을 초과하는 경우에는 대물변제 예약 자체는 무효이고 다만 양도담보로서의 효력만 인정된다고 하였다.
대법원 1993. 6. 8. 선고 92다19880 판결도 채무자가 불과 3천만 원의 채무의 변제에 갈음하여 시가 수억 원의 임야의 소유권을 넘겨준다는 것은 특별한 사정이 없는 한 거래의 관행이나 경험칙에 비추어 도저히 납득하기 어려우므로 이는 대물변제가 아닌 양도담보 목적으로 보아야 한다는 이유로, 이를 대물변제로 인정한 원심판결을 파기하였다.
그 외 대법원 1996. 4. 26. 선고 95다34781 판결; 대법원 1996. 5. 10. 선고 94다35565, 35572 판결; 대법원 1998. 4. 10. 선고 97다4005 판결 등 참조.

28) 가등기담보법 제2조 제1호는 담보계약에 관하여 환매, 양도담보 등 명목에 불구하고 민법 제608조에 따라 무효로 되는 채권담보계약을 말한다고 규정한다.

원심판결과 같이 채권자에게 피담보채권과 무관한 독자적인 사용수익권을 인정하는 것은, 교환가치 지배권능을 가진 담보권자의 지위를 넘어 사용수익권한까지 모두 보유한 준 소유자적 지위(즉 유담보형 매도담보권자의 지위와 비슷하다)를 인정하는 것이 되어 받아들일 수 없다. 이는 채권자의 청산을 의무화하고 청산 전에 채권자의 소유권 취득을 금지하는 가등기담보법의 취지에 반한다.

3) 채권자가 받은 차임을 피담보채무의 약정이자에 추가된 이자 성격으로 보아 별도로 받을 수 있는가?

피담보채권에 관하여 별도의 이자 약정이 없고 당사자 사이에 이자 명목으로 차임을 수령한다는 약정이 인정되며 이것이 이자제한법상 이자율 범위 내라면 이는 앞서 본 것과 같이 '차임 형식으로 피담보채권의 이자를 지급하기로 하는 약정'으로 유효하다.

그러나 원심은 피담보채권에 연 5%에 의한 이자를 가산하면서도 채권자가 수령한 차임이 채무 변제에 충당되지 않는다고 하여 채권자가 이자와 별도로 차임을 받을 수 있다고 판단하였다. 그러나 피담보채권에 이미 이자 약정이 있는 경우에는, 채무자가 그와 별도로 추가 이자 약정을 하는 경우는 없다. 아주 예외적으로 추가이자를 지급할만한 유인으로는 ① 변제기가 임박한 경우 피담보채무의 변제기를 유예받거나 ② 변제기가 도래한 경우 담보권 실행을 늦추기 위한 경우를 상정할 수 있다. 그러나 대상판결의 사안은 채권자가 중간부터 추가로 차임을 지급받기로 한 것이 아니라 본등기 시부터 별도로 차임을 수령하기로 한 경우로 이러한 경우에 해당된다고 보기도 어렵다. 또한 차임은 임대차계약을 체결, 갱신할 때마다 변동할 수 있는데 그 기간과 금액을 특정하지 않고 차임으로 수령한 돈을 모두 추가이자로 지급하겠다는 것이 채무자의 의사라고 보기 어렵다. 앞서 본 바와 같이 이러한 약정의 유효성을 쉽게 인정하면 가등기담보법의 강행규정을 잠탈할 가능성이 커지는 점을 고려하면 채권자가 수령한 차임이 추가 이자의 성격이라고 보기는 어렵다.

4) 이상과 같이 채권자가 담보목적 부동산의 차임을 별도로 받기로 하는 약정은 무효이다. 약정이 무효라면 채무자가 채권자가 차임으로 수령한 돈 상당의 부당이득반환채권을 갖고 이를 차용금채무와 상계할 수 있다고 보아야 하는가? 그보다는 채권자가 수령한 차임은 피담보채권에 변제에 즉시 충당된다고 보아야 한다. 우선 이렇게 보는 것이 채권자와 채무자의 추정적 의사에 부합한다. 채무자는 차임을 자신의 피담보채무의 원리금 변제에 충당하기를 바랄 것이며, 채권자도 차임을 별도로 수령할 수 없을 경우 채무자에게 반환하는 대신 원리금 변제에 충당하기를 바랄 것

이다. 이렇게 보는 것이 유치권자나 질권자가 담보물에서 과실을 수취한 경우 피담보채권의 변제에 충당해야 한다는 민법 규정에도 부합한다.

4. 차임을 피담보채권의 변제에 충당하는지 여부에 관하여 당사자의 의사가 불분명한 경우

가. 담보계약의 해석 방법

담보계약의 당사자 사이에 채권자가 수령한 차임을 피담보채권의 변제에 충당할지에 관한 명확한 합의가 없는 경우에는 어떻게 판단하여야 하는가?

이와 관련하여 법률행위의 해석에 관한 방법론에 관하여 간략히 살펴본다. 종래의 통설은 자연적 해석, 규범적 해석, 보충적 해석으로 나누어 설명한다. 1차적으로 당사자의 의사가 일치하는 경우에는 문언에 구속되지 않고 표의자의 내심적 의사에 따른 법률행위를 인정한다(자연적 해석). 2차적으로 표의자의 진의와 표시행위가 일치하지 않는 경우에는 상대방의 시각에서 표해행위에 따라 법률행위의 성립을 인정한다(규범적 해석). 마지막으로 당사자가 미처 생각하지 못하여 서로 합의하지 않은 사항에 대해서는 당사자의 가정적 의사를 탐구하여 계약의 공백을 보충한다(보충적 해석).[29)]

이에 대하여 위와 같은 통설적 방법론이 실제 계약 해석의 모습과는 동떨어져 있다고 비판하면서, 문언해석-객관적 해석-주관적 해석-규범적 해석-보충적 해석으로 나누어 설명하는 견해가 유력하다.[30)] 위 견해는 실제 계약 해석시 1차적으로 문언해석에서 시작할 수밖에 없고, 문언의 내용이 명백하지 않거나 당사자의 의사에 부합하지 않는다는 의문이 있는 경우에는 2단계로 여러 가지 제반 사정을 종합하여 합리적인 당사자라면 계약 조항에 어떤 의미를 부여하였을지 그 계약의 의미를 객관적으로 탐구한다(객관적 해석). 그 결과 당사자가 서로 다른 의사를 가졌다고 인정되면 어느 당사자의 의사를 계약의 의미로 볼 것인지 결정하고(주관적 해석), 이러한 방법으로도 계약의 의미가 불분명한 경우에는 결국 법원이 당사자의 실제 의사와 관계없이 어느 해석이 규범적으로 가장 바람직한지 결정하여야 한다고 한다(규범적 해석). 계약에 공백이 있으면 보충적 해석의 방법을 동원한다. 규범적 해석

---

29) 민법주해Ⅱ, 총칙(2), 181(송덕수 집필부분); 양창수·김재형, 계약법(제2판), 박영사(2015), 110 이하.

30) 윤진수, "계약 해석의 방법에 관한 국제적 동향과 한국법", 민법논고Ⅰ, 박영사(2007), 245 이하. 이 견해는 실제 사건에서 계약 해석의 모습에 유용한 계약해석의 준칙을 구체적으로 제시하고 있다.

의 방법의 기준의 하나로, 계약의 해석에 있어 그것이 유효하게 되는 해석과 무효로 되는 해석이 있으면 유효한 해석이 우선되어야 한다는 유효해석의 원칙을 제시한다. 유효해석의 원칙은 계약 우호의 원칙(favor contractus) 또는 법률행위 우호의 원칙(favor negotii)에 근거한 것으로, 유럽계약법원칙[31]이나 UNIDROIT 국제상사계약원칙[32]과 같은 국제적 법규범에서도 계약해석의 원칙으로 채택하고 있다.

나. 당사자의 의사 해석

담보권자가 담보목적물로부터 나오는 차임을 수령하기로 약정하였으나, 그 차임을 피담보채권의 변제에 충당할 것인지에 관해 당사자의 의사가 불분명한 경우, 즉 계약 문언에 그 내용이 나타나지 않고 당사자의 일치된 의사를 인정할 증거가 부족한 경우 계약의 내용을 어떻게 해석할 것인가? 앞서 본 새로운 계약해석에 관한 방법에 의할 경우 문언해석이나 객관적, 주관적 해석에 의해 계약 내용을 확정하기 어려우므로, 규범적 해석 또는 보충적 해석이 문제된다.

이것이 당사자가 예측하지 못하여 계약에 공백이 있는 경우라고 하기는 어려울 것이다. 채권자가 차임을 수령하기로 했다면 이것이 피담보채권의 변제에 충당될지 아닌지에 관해서 당사자가 예측하지 못하였다고 할 수는 없고, 다만 채권자는 충당하지 않는 것으로, 채무자는 충당하는 것으로 각자 달리 생각했을 여지가 크거나 두 당사자 사이에 합의가 있었음에도 이것이 입증되지 않는 경우가 많다. 이 때에는 규범적 해석, 즉 법이 당사자의 실제 의사와 관계없이 어느 해석이 규범적으로 가장 바람직한지에 따라 결정하여야 한다.

위에서 본 바와 같이 담보목적물의 사용수익권은 애초에 소유자인 채무자에게 있고, 채권자가 지급받은 돈은 원칙적으로 피담보채무의 변제를 위하여 충당된다고 보는 것이 담보계약의 목적에 부합한다. 채무자가 자신이 얻을 수 있는 이익을 채권

---

31) Principles of European Contract Law. 유럽연합 회원국의 법학자들로 결성된 유럽계약법위원회에서 발표한 것으로, 유럽 연합의 입법을 위한 기초이고, 당사자가 명시적으로 이를 채택할 수 있다.
제5:106조(유효해석의 원칙) 계약의 조항을 적법하고 유효하게 하는 해석이 그러하지 아니한 해석에 우선한다.
윤진수(주 30), 227, 235.

32) Principles of International Commercial Contracts. 로마에 있는 사법통일국제협회(the International Institute for the Unification of Private Law, UNIDROIT)가 1994. 5. 국제상사계약에 관한 일반적 원칙을 정립하여 발표한 것으로 그 자체로 법률적 효력이 인정되는 것은 아니고 계약당사자들이 그 계약이 이 원칙에 의해 규율된다는 것을 합의함으로써 적용된다.
제4.5조(모든 조항에의 효과부여) 계약 조항은 그들 중 일부에 대하여 효과를 박탈하기보다는 모든 조항에 효과를 부여하도록 해석되어야 한다.
윤진수(주 30), 227, 233.

자에게 귀속시킬만한 유인은 결국 채권자가 보유하는 피담보채권과 이를 위한 담보계약 때문이다. 그렇다면 채무자가 채권자에게 차임을 지급하는 것은 피담보채권의 원리금 변제에 충당하기 위한 것으로 봄이 합리적이다.

채권자가 피담보채권과 별도로 차임을 수령하기로 하는 약정은 가등기담보법에 반하여 무효이므로, 유효해석의 원칙에 따라 이를 피담보채권의 변제에 충당하는 것으로 해석함이 옳다. 각주 27의 매도담보에 관한 판례나, 담보계약 체결시 정산절차를 요하는 약한 의미의 양도담보계약로 추정된다는 판례[33]의 흐름 역시 당사자 사이에 약정이 명확하지 않은 경우 유효한 형태의 담보계약을 체결하는 방향으로 당사자의 의사를 해석하고 있다.

위 2.나.항에서 본 바와 같이 대법원 77다430 판결도 채무자가 기존 채무에 대한 담보 목적으로 채권자에게 부동산의 소유권을 이전하고 채권자와 임대차계약을 체결한 뒤 보증금과 월세를 지급한 사안에서, 원심은 보증금, 월세를 피담보채무의 변제에 충당하지 않았으나 대법원은 '부동산의 등기이전이 양도담보라면 채권자에게는 담보권이 있을 뿐 사용수익권이 없으므로 채권자가 받은 돈은 원리금 변제조로 지급한 것으로 보아야 한다'고 하여 원심판결을 파기하였다.

Ⅳ. 대상판결의 입장 및 평가

이 사건 원심판결은 담보설정자와 담보권자 사이에 담보권자가 담보물을 사용·수익하기로 하는 약정을 하였다면 그 약정은 유효하다고 보고, 이 사건에서도 원고와 피고 사이에 그에 관한 명시적 약정이 없음에도 여러 간접적 사정[34]을 고려하여 이

---

33) 대법원 1999. 12. 10. 선고 99다14433 판결.
채권의 담보 목적으로 재산권을 채권자에게 이전한 경우에 그것이 어떤 형태의 담보계약인지는 개개의 사건마다 구체적으로 당사자의 의사에 의하여 확정하여야 할 문제이나, 다른 특약이 인정되지 아니하는 경우에는 당사자 사이에 정산절차를 요하는 약한 의미의 양도담보로 추정되는바(대법원 1985. 10. 22. 선고 84다카2472, 2473 판결 등 참조), 위에서 본 바와 같이, 이 사건 주식의 양도는 이 사건 차용금채무를 담보할 목적으로 이루어졌고, 이 사건 차용계약에는 변제기가 도과한 경우에 담보물의 처분이나 그 귀속에 관한 약정만 있을 뿐 그 정산 여부에 관하여는 아무런 약정이 없으므로, 이 사건 주식에 관한 양도담보 역시 정산절차를 요하는 약한 의미의 양도담보로 추정함이 상당하다.
대법원 2001. 8. 24. 선고 2000다15661 판결; 대법원 2016. 10. 27. 선고 2015다63138 판결 등 同旨.

34) 원심판결이 든 사정은 ① 원고가 이 사건 부동산의 임대 등에 전혀 관여하지 않았고 차임의 정산 요구를 한 적이 없는 점, ② 원고가 피고와 임대차계약을 체결한 뒤 별다른 이의 없이 피고 측에 장기간 차임을 지급하여 온 점, ③ 원고가 차용한 금액이 상당함에도 피고가 별도의 이자를 요구하지 않았던 점 3가지이다.

사건 부동산을 담보권자가 전적으로 사용·수익하기로 하는 묵시적 약정이 있었다고 인정하였다.

그러나 대상판결은 가등기에 기한 본등기가 청산절차를 마치지 않아 무효인 경우, 담보목적 부동산에 대한 소유권은 담보가등기 설정자인 채무자에게 있고 사용수익권도 당연히 채무자가 보유하므로, 채무자가 담보목적 부동산에 관해 채권자와 임대차계약을 체결하고 차임을 지급하거나 부동산 임차인으로 하여금 채권자에게 차임을 지급하도록 하여 채권자가 차임을 수령하였다면 '채권자와 채무자 사이에 위 차임을 피담보채무의 변제와 무관한 별개의 것으로 취급하기로 약정하였다거나 달리 차임이 피담보채무의 변제에 충당되었다고 보기 어려운 특별한 사정이 없는 한' 위 차임이 피담보채무의 변제에 충당된 것으로 보아야 한다고 하였다.

대상판결이 담보목적물의 사용수익권이 소유자인 채무자에게 있다고 한 것은 타당하다. 그러나 대상판결은 특별한 사정이 있는 경우에는 채권자가 수령한 차임이 피담보채무의 변제에 충당되지 않을 수 있음을 전제로, '채권자와 채무자 사이에 차임을 피담보채무의 변제와 무관한 별개의 것으로 취급하기로 약정한 경우'를 위 특별한 사정의 예시로 들고 있다. 그러나 앞서 살펴본 바와 같이 채권자와 채무자가 위와 같은 약정을 명시적으로 하였다고 하더라도 이는 채권자의 초과 이익 취득을 금지하는 가등기담보법의 강행규정에 반하여 무효라고 할 것이므로, 대상판결이 위와 같은 사정을 특별한 사정의 하나로 열거한 것은 타당하지 않다.

한편 원심판결이 채권자와 채무자 사이에 위와 같은 약정이 존재한다고 보아 피담보채권의 변제에 충당하는 것을 부정하였음에도, 대상판결은 원심이 인정한 사정만으로는 특별한 사정을 인정하기 어렵다는 취지로 원심판결을 파기하였다. 대상판결이 원심보다 특별한 사정을 더 엄격하게 요구하였다고 볼 수 있는바, 원심판결보다는 가등기담보법의 취지에 좀더 충실한 입장에 있다는 점에서는 긍정적으로 평가할 만하다.

V. 마치며

거래 당사자는 법이 예정하지 않은 제도의 형식을 이용하여 자신에게 유리한 담보방법을 만들어내려 노력한다. 양도담보, 가등기담보, 소유권유보부 매매 등 여러 비전형담보제도가 그런 시도의 결과라 하겠다. 법이 예정하지 않은 형식을 이용하면 규율에 흠결이 발생한다. 1984년 가등기담보법이 시행되어 적어도 가등기담보법이 적용되는 사안에서는 비전형담보로 인한 사회적 문제점이 상당 부분 시정되어 왔다. 가등기담보법이 적용되는 사건에서 담보계약을 둘러싼 약정의 의미를 해석하고 그 유·무효를 판단함에 있어서는 강행규정인 가등기담보법의 입법 취지와 목적을 충분히 감안하여야 한다. 그런 면에서 대상판결의 결론에는 찬성하나, 채권자와 채무자 사이에 특약이 있으면 채권자가 피담보채권의 변제와 무관하게 담보목적 부동산으로부터 차임을 받을 수 있다는 듯이 법리를 설시한 점에 대해서는 다소간의 아쉬움이 남는다.

채권자취소권에 관한 대법원 판례의 분석

박 정 제*

Ⅰ. 서 설

채권자취소권은 채권자를 해함을 알면서 한 채무자의 재산감소행위를 채권자가 취소하고 그 재산을 채무자의 책임재산으로 회복하는 채권자의 권리이다.[1] 채권자취소권은 채무자의 재산 빼돌리기나 어느 특정채권자에게만 이익을 제공하는 것을 규제하여 채권자의 책임재산 보전에 기여한다. 2019년도 사법연감에 의하면 2018년 1심 접수사건 기준으로 민사본안사건수는 250,510건인데 그 중 채권자취소사건은 7,143건으로 2.8%의 비중을 차지하고 있다. 공사대금사건이 7,833건인 점을 고려할 때 적지 않은 건수이다.[2] 1991년도에 발표된 한 논문에서는 채권자취소소송은 활발하게 활용되고 있지 않은 것 같다는 분석이 있었다.[3] IMF 외환위기 이후 만연해진 채무자의 재산 빼돌리기에 대한 대응으로 채권자취소소송 사건이 급격히 증가된 것으로 보인다.

채권자취소사건은 민법뿐만 아니라 민사집행법, 도산법 등의 쟁점들이 얽혀 있는 경우가 많을 뿐만 아니라, 거래구조가 복잡해짐에 따라 채무자들이 재산을 빼돌리는 수법도 갈수록 고도화되고 교묘해져 법리적으로 어려운 문제를 야기하는 경우가 많다. 한편 채권자취소는 채무자 및 수익자 등의 거래행위에 개입하여 거래안전을 위협하거나 다른 이해관계인의 이익을 침해할 여지도 크다. 따라서 채권자취소의 실효성을 도모하면서 아울러 다른 이해관계인의 이익을 보호할 수 있는 균형 잡힌 해석이 필요하다. 그럼에도 민법은 채권자취소권에 관하여 민법 제406조와 제407조

---

* 수원지방법원 부장판사.

1) 편집대표 곽윤직, 민법주해 제9권, 채권(2)(1995), 798~799면(김능환 집필부분).

2) 법원행정처, 2019년 사법연감, 760면(https://www.scourt.go.kr/img/pub/jur_2019_Book8.pdf).

3) 김능환, "채권자취소권의 행사방법 — 부동산이 전전양도된 경우를 중심으로", 민사재판의 제문제 6권(1991), 50면.

단 2개의 조항만 두고 있을 뿐이어서 문제 해결의 많은 부분이 법원의 해석에 맡겨져 있다.[4] 이러한 상황에서 2009년 법무부에 설치된 민법개정위원회는 2013년 11월에 채권자취소권과 관련하여 민법 10개 조항, 민사집행법 1개 조항을 개정 또는 신설하는 민법개정안을 제안하였다.[5]

윤진수 교수님은 실무위원회 위원장으로 참여하셔서 민법개정안 마련에 큰 역할을 하셨고 이를 정리한 내용에 대하여 공저로 논문을 민사법학에 게재하셨다.[6] 비록 민법개정안과 같이 민법이 개정되지는 못하였지만 채권자취소권에 관한 위 논의는 학계와 법원의 해석에 지금까지도 많은 영향을 주고 있다. 이에 필자는 윤진수 교수님의 정년을 맞이하여 윤진수 교수님의 업적을 기리면서, 채권자취소의 효력에 대한 상대적 무효설과 관련된 대법원 판례와 최근 일본 개정 민법의 내용을 개관하고, 사해행위가 성립하는지에 관한 최근 대법원 판례에 드러난 쟁점을 상세히 검토하고자 한다.

---

4) 민법 제406조(채권자취소권)
① 채무자가 채권자를 해함을 알고 재산권을 목적으로 한 법률행위를 한 때에는 채권자는 그 취소 및 원상회복을 법원에 청구할 수 있다. 그러나 그 행위로 인하여 이익을 받은 자나 전득한 자가 그 행위 또는 전득당시에 채권자를 해함을 알지 못한 경우에는 그러하지 아니하다.
② 전항의 소는 채권자가 취소원인을 안 날로부터 1년, 법률행위 있은 날로부터 5년 내에 제기하여야 한다.
민법 제407조(채권자취소의 효력)
전조의 규정에 의한 취소와 원상회복은 모든 채권자의 이익을 위하여 그 효력이 있다.

5) 이하에서는 '민법개정안'이라고만 한다. 민법개정안의 주요 내용은 ① 수익자의 악의는 원칙적으로 채권자가 입증하되(개정안 제406조 제1항), 수익자와 채무자 사이에 특별한 관계가 있으면 그 악의를 추정하고(같은 조 제2항), ② 무상행위나 이와 동일시할 수 있는 유상행위에 대해서는 채무자와 수익자의 악의 요건을 요구하지 않으며(개정안 제406조의2), ③ 취소채권자의 피보전채권액을 넘어서는 취소를 허용하고(개정안 제406조의3), ④ 채권자취소에 따른 원물반환과 가액반환의 상대방을 채무자로 규정하고 그 반환범위와 관련하여 부당이득의 반환범위를 준용하도록 명시하며(개정안 제407조의2), ⑤ 반환된 재산에 대해 모든 채권자가 집행할 수 있음을 밝히고(개정안 제407조의3), ⑥ 금전 그 밖의 동산은 채권자에게 직접 반환하도록 허용하며(개정안 제407조의4 제1항), ⑦ 채권자가 직접 수령한 금전의 공평한 처리를 위해 상계금지기간 등 상세한 규정을 두고(개정안 제407조의 제2항, 민사집행법 개정안 제248조의2), ⑧ 사해행위취소 시 수익자의 지위를 명시하며(개정안 제407조의5), ⑨ 수익자와 전득자에 대한 규율을 분리하여 전득자에 대해서는 별도의 특례조항을 두고 있다(개정안 제407조의6). 이에 대하여는 윤진수·권영준, "채권자취소권에 관한 민법 개정안 연구", 민사법학 66호(2014), 505면, 상세 내용은 506~542면 참조.

6) 윤진수·권영준(주 5), 503면 이하 참조.

Ⅱ. 상대적 무효설에 관한 논의

1. 상대적 무효설의 의의

채권자취소의 성질 및 효력과 관련하여 형성권설, 청구권설, 절대적 무효설, 상대적 무효설, 책임설, 소권설, 신형성권설, 채권설[7]의 대립이 있어 왔다.[8] 통설은 상대적 무효설을 지지하고 있고, 판례도 사해행위의 취소는 채권자와 수익자의 관계에서 상대적으로 채무자와 수익자 사이의 법률행위를 무효로 하는 데에 그치고 채무자와 수익자 사이의 법률관계에는 영향을 미치지 아니한다고 판시하여 상대적 무효설의 입장을 확고하게 유지하여 왔다.[9] 상대적 무효설은, 채권자취소권은 채무자의 사해행위로 인하여 책임재산으로부터 일탈된 재산을 반환하여 채권자의 공동담보를 회복함을 목적으로 하는 것이고, 취소권의 행사 및 효과는 그러한 목적을 달성함에 필요한 최소한도에 그쳐야 한다는 것을 전제로 하는 것인데, ① 사해행위취소의 효과는 목적물의 반환에 필요한 범위 내에서 그 상대방에 대한 관계에서만 상대적인 효력이 있을 뿐이므로 수익자 또는 전득자만이 피고로 되고 채무자는 피고로 될 수 없고, ② 채무면제나 채무부담행위와 같이 현실적인 재산급여가 수반되지 아니하여 채무자의 법률행위를 취소하는 것만으로는 채무자의 재산감소방지의 목적을 달성할 수 있는 경우를 제외하고는 반드시 원상회복으로서의 재산반환을 구하는 외에 사해행위의 취소를 함께 청구하여야 하며, ③ 전득자가 있는 경우에 수익자와 전득자 중 누구를 상대방으로 하여 채권자취소권을 행사할 것인가는 채권자의 자유로운 선택에 달려있다는 것으로 요약될 수 있다.[10]

2. 채권자취소에 관한 일본에서의 논의와 일본 민법의 개정

가. 개정 전 일본 민법에서의 논의

구민법(개정 전 일본 민법)에서는 원상회복에 대한 언급 없이 단순히 사해행위의 취소를 법원에 청구할 수 있다고만 규정되어 있는 관계로 그 해석과 관련하여 많은

7) 김재형, “채권자취소권의 본질에 관한 연구”, 민법론Ⅱ(2004), 17~33면(독일의 채권설과 같이, 채권자취소권은 법정채권관계를 발생시키는 것으로, 이에 기한 원상회복청구권은 법률이 규정한 채권적 청구권이고, 채권자취소권을 행사하는 경우에 청구취지에 사해행위를 취소한다는 내용을 기재할 필요는 없고 재산의 반환을 청구하는 것으로 충분하다고 한다).

8) 김능환(주 1), 803~806면

9) 대법원 2017. 3. 9. 선고 2015다217980 판결; 대법원 1990. 10. 30. 선고 89다카35421 판결 등.

10) 김능환(주 3), 36~37면.

학설이 주장되었으나, 현행 민법 제406조 제1항은 구민법 하에서의 상대적 무효설에 따라 '취소 및 원상회복'을 법원에 청구할 수 있다고 규정하게 되었다. 이와 관련하여 현행 규정의 연원이 되는 일본 민법에서의 상대적 무효설에 관한 논의를 살펴볼 필요가 있다.

개정 전 일본 민법 제424조 제1항은 "채권자는 채무자가 채권자를 해하는 것을 알면서 한 법률행위의 취소를 재판소에 청구할 수 있다. 다만 그 행위에 의하여 이익을 받은 자 또는 전득자가 그 행위 또는 전득 시에 채권자를 해하는 사실을 알지 못한 때에는 그러하지 아니하다"고 규정하고 있고, 같은 조 제2항에서는 "전항의 규정은 재산권을 목적으로 하지 않는 법률행위에 대하여서는 적용하지 않는다"고 규정하고 있으며, 제425조에서는 "전조의 규정에 의한 취소는 모든 채권자의 이익을 위해 그 효력이 발생한다"고 규정하고 있다. 개정 전 일본 민법 제426조에서는 "취소권은, 채권자가 취소의 원인을 안 때부터 2년간 행사하지 아니한 때에는 시효에 따라 소멸한다. 행위 시부터 20년을 경과한 때에도 마찬가지"라고 규정하고 있다.

개정 전 일본 민법 초기에는 판례와 학설은 채권자취소와 관련하여 형성권설의 입장을 취하였고 채무자 및 수익자 모두 채권자취소소송의 피고가 된다고 이해하고 있었다고 한다.[11] 그러다가 大審院 1911. 3. 24. 연합부 판결에서 상대적 무효설의 입장을 채택하였다.[12] 사안을 살펴보면 A와 Y 사이에 산림의 매매를 사해행위로 하여 A의 채권자 X가 A와 Y를 상대방으로 하여 취소 및 이전등기의 말소를 청구하였는데, 이 산림은 이미 Y로부터 Z에게로 전매되었고, 원심은 Z를 피고로 하여야 한다는 이유로 선례의 입장에 따라 X 패소판결을 선고하였다. 이에 大審院 연합부는 선례를 변경하고 상대적 무효설에 따라서 Z를 피고로 삼을 필요가 없고 취소만을 소구해도 좋다고 판단하였다.[13] 위 연합부 판결에서 확립된 상대적 무효설의 내용은 다음과 같다. ① 채권자 X는 사해행위의 목적물 또는 이것에 대신하는 이득을 보유하는 수익자 Y 또는 전득자 Z에 대하여 그 반환을 청구할 수 있다. ② 채무자 A의 사해행위를 취소하는 것을 권리의 내용으로 한 것이므로 판결의 주문에서 취소를 명하지 않으면 아니 된다. ③ 채권자 X는 Y 또는 Z에 대하여 원상회복을 청구하지 않고 이들에 대하여 취소만을 소구할 수 있다. ④ 어떠한 경우에도 사해행위의 취소는 채권자가 수익자 또는 전득자로부터 재산의 반환을 청구하는 것에 필요한 범위

11) 大審院 1905. 2. 10. 판결(채무자를 피고로 하여야 하고 그 결과로서 취소의 효력이 채무자와 수익자 사이의 법률행위에 미친다).

12) 廣中俊雄 · 星野英一 編, 民法典の百年Ⅲ(1996), 82~85면(佐藤岩昭 집필부분).

13) 奧田昌道 編, 新版 注釋民法 (10)Ⅱ(2011), 799면(下森定 집필부분).

에서 이러한 자에 대한 관계에서 상대적으로만 사해행위의 효력을 부인하는 것이므로 소송의 상대방은 이득반환의 상대방 결국 수익자 또는 전득자에 한정되고 취소만을 구하는 경우에도 마찬가지이다.[14] 이러한 일본 판례의 태도는 개정 전 일본 민법 아래에서 확고하게 유지되어 왔고 통설의 지지를 받았으며 우리 민법의 해석론에도 많은 영향을 주었다.

이러한 일본 판례의 상대적 무효설에 대하여서는 다음과 같은 비판이 제기되었다. ① 판결의 기판력과 실체법상의 효력을 혼동하는 것이다. ② 상대적·물권적으로 법률행위를 무효로 할 필요성과 타당성에 대하여 의문이다. ③ 상대적·물권적 무효개념의 의미내용이 불명확하다. ④ 취소채권자 고유의 반환청구권 혹은 가액배상청구권의 발생근거가 이론적으로 불명확하다. ⑤ 상대적 무효라고 하면서도 부동산양도행위의 취소의 경우 등에 말소등기를 인정한 결과, 절대효를 인정하는 경우와 실제문제의 처리가 변화가 없다.[15]

나. 개정 일본 민법의 내용

(1) 개정 일본 민법의 개략적인 내용

종래 일본은 위에서 살펴본 바와 같이 개정 전 일본 민법 제424조 등 3개의 조항만으로 사해행위를 규율하였는데, 2017. 6. 2. 법률 제44호로 개정되어 2020. 4. 1. 시행된 개정 일본 민법에서는 사해행위취소와 관련하여 제424조 등 총 14개의 조항을 두어 상세하게 규율을 하게 되었다.[16]

개정 일본 민법도 채권자는 채무자가 채권자를 해하는 것을 알면서 한 행위의 취소를 재판소에 청구할 수 있고 그 효과로서 채권자는 취소청구를 함에 있어서 사해행위의 취소와 함께 상대방으로 된 수익자·전득자에 대하여 당해 행위에 의하여 일출된 재산의 반환을 청구할 수 있다고 명시하고 있다(개정 일본 민법 제424조의 6). 또한 개정 일본 민법은 사해행위취소권의 상대방이 수익자인 경우와 전득자인

---

14) 下森定(주 13), 799면; 佐藤岩昭(주 12), 82~85면.

15) 下森定(주 13), 800면 참조. 그 외에도 ① 일출된 재산의 반환을 인정하는 것은 공동담보의 보전이라고 하는 목적을 넘어서서 채무자의 처분가능성의 회복까지 인정하는 것이고, ② 상대적 취소는 사해행위취소의 효과가 모든 채권자를 위해 생긴다는 것과 모순되며, ③ 판례법리에는 상대적 취소 구성으로 설명하기 어려운 것이 존재하고, ④ 일출된 재산의 반환을 인정함으로써 반환된 재산에 대한 강제집행은 항상 채권자와 채무자와의 관계에서 행해지는 것인데 채무자에게 취소의 효과가 미치지 않는다는 치명적인 결함이 있으며, ⑤ 당사자마다 상대적 구성을 취할 때에는 법률관계가 착종되고 거래관계가 복잡하게 된다는 비판도 존재한다. 潮見佳男, 新債權總論 I (2017), 735~736면 참조.

16) 개정된 일본 사해행위취소권에 관한 개괄적인 설명은, 신지혜, "사해행위취소권에 관한 일본 개정 민법상 쟁점과 시사점", 민사법학 제83호(2018), 69~123면 참조.

경우를 그 요건·효과를 달리 설계였는데(개정 일본 민법 제424조, 제424조의5), 이는 전득자는 채무자의 사해행위의 직접 상대방이 아닌 점, 채무자의 경제적 상황 등에 대하여 일반적으로 알 수 없는 입장인 점, 수익자와 전득자는 이해상황이 다르다는 점 등을 고려한 것이라고 한다.[17)]

사해행위취소청구를 인용하는 확정판결의 효력은 피고로 된 수익자 외에도 채무자, 취소채권자를 포함한 채무자의 전체 채권자에 미친다(개정 일본 민법 제425조). 사해행위가 취소된 경우에 수익자 또는 전득자가 채무자에게 재산을 회복시킨 경우에, 피고로 된 수익자 또는 전득자 스스로 전자에 대한 반대급부를 한 때에는 반대급부 또는 그에 상당한 액의 상환을 받을 지위가 수익자 또는 전득자에게 보장된다(개정 일본 민법 제425조의2, 제425조의4). 채무자의 수익자에 대한 변제 기타 채무소멸행위가 취소된 경우에도 채무자에 대한 수익자의 채권이 부활한다(개정 일본 민법 제425조의3).[18)] 이하에서는 사해행위취소청구 인용 판결의 효력이 미치는 자의 범위 및 그 내용에 대하여 상세히 살펴본다.

⑵ 채무자에 대한 사해행위취소청구 인용 판결의 효력과 의무적 소송고지제도의 도입

종전 민법에 비하여 가장 큰 변화는 사해행위취소소송의 피고에 여전히 채무자를 추가하지 않으면서도(개정 일본 민법 제424조의7 제1항), 사해행위취소청구를 인용하는 확정판결의 효력이 채무자에게도 미친다고 규정한 점이다(개정 일본 민법 제425조). 일본 민법 개정 심의과정에서 종전 일본 민법 규정에 대하여는 사해행위취소의 효과가 채무자에게 미치지 않는다고 하면서도 ① 일출재산이 부동산인 경우에는 당해 부동산의 등기명의가 채무자의 명의로 돌아가고 채무자의 책임재산으로 강제집행의 대상이 되며, ② 사해행위취소권을 보전하기 위한 가처분에서 가처분해방금의 반환청구권은 채무자에게 귀속된다고 하고 있고(일본 민사보전법 제65조), ③ 채무자의 수익자에 대한 채무소멸행위가 취소된 경우, 일단 소멸된 수익자의 채무자에 대한 채권이 회복되고, ④ 사해행위취소권을 행사한 수익자는 사해행위취소권의 행사의 결과로 일출재산을 채무자에게 반환할 의무를 부담하고, 그 재산을 반환을 완료하였어도 사해행위취소의 효과가 채무자에게 미치지 않기 때문에 그 일출재산을 취득하기 위한 반대급부의 반환 등을 채무자에게 청구할 수 없다는 문제가 제기되었다. 위 ① 내지 ③의 문제는 사해행위취소의 효과가 채무자에게 미치지 않는다는 점

17) 潮見佳男(주 15), 740면. 한편 우리 민법개정안에서도 수익자와 전득자에 대한 규율을 분리하여 전득자에 대해서는 별도의 특례조항을 두고 있다(민법개정안 제407조의6). 이에 대하여는 윤진수·권영준(주 5), 539~542면 참조.

18) 개정 전 일본 민법의 판례 법리도 마찬가지 결론을 취하였다. 大審院 1941. 2. 10. 판결.

과 정합되지 않는다. 이에 사해행위취소의 효과가 채무자에게 미치는 것을 전제로 제도설계를 하는 것이 상당하다는 제안이 이루어졌다고 한다.[19] 이 점은 개정 전 일본 민법에서의 판례 법리의 기초를 이루는 상대적 무효의 고찰 방법을 수정한 것이라고 평가할 수 있다.[20] 법제심의회민법 부회의 심의에서 채무자를 피고로 할 것인지에 대하여 논의가 있었는데, 최종적으로는 채무자를 피고로 하지 않으면서도 절차보장을 위해 수익자 또는 전득자를 피고로 하는 사해행위취소소송을 제기한 채권자가 지체 없이 채무자에 대하여 소송고지를 하여야 한다는 규정을 마련하였다고 한다(개정 일본 민법 제424조의7 제2항). 그 이유는 다음과 같다. ① 채무자를 피고로 하는 경우의 병합형태는 고유필요적공동소송인데 채무자가 행방불명이거나 법인인 채무자의 대표자가 없는 경우에는 공시송달과 특별대리인의 선임이 필요하고 채무자가 사망한 경우에는 소송절차가 중단되는 등 원활한 소송의 진행이 저해된다. ② 사해행위취소소송의 분쟁의 실태는 한정된 책임재산을 두고 싸우는 것이고 채무자는 사해행위취소소송에서 실제 이해관계를 상실한 경우가 많은데 채무자를 피고로 하는 것을 강제할 필요성이 없는 경우가 많다. 절차보장으로 소송고지만으로 족하다. ③ 다수의 채무자는 사해행위취소소송을 적극적으로 수행할 의욕을 잃었으므로, 채무자를 피고로 한다면, 화해 등에 의한 유연한 분쟁해결이 방해될 가능성이 있다.[21] 이러한 사정들을 고려하여 개정 일본 민법은 상대적 무효 구성을 변경하면서도 그와 일체관계에 있다고 생각해 온 피고적격의 문제(상대적 무효 구성을 포기하면 필요적으로 채무자를 피고로 하여 고유필요적공동소송 형태를 취하여야 한다는 문제)에 대하여서는 의무적 소송고지 제도를 도입함으로써 교묘하게 회피하였다는 평가가 있다.[22] 채무자에 대한 소송고지의무를 둔 취지는 채무자가 소송에 참가하여[23] 수익자·전득자와 함께 소송을 수행하고 소송을 유리하게 이끌 실질적 기회를 확보해 준다는 점에 있다.[24] 한편 소송고지가 이루어지지 않을 경우에는 소를 각하하여야 한다는 견해,[25] 소송고지의무의 불이행은 취소채권자의 당사자적격을 부정하거나 소

19) 法制審議会民法(債権關係)部会, 部会資料 73A(2014. 1. 14.), 55~56면.
20) 潮見街男(주 15), 740면.
21) 部会資料 73A(주 19), 51면.
22) 高須順一, “詐害行爲取消權”, NBL No. 1047(2015), 19면.
23) 채무자는 사해행위취소소송에서 당사자 적격이 없으므로 그 참가형태는 공동소송적 보조참가라고 한다. 潮見街男(주 15), 817면.
24) 伊藤 眞, “改正民法下における債權者代位訴訟と詐害行爲取消訴訟の手續法的考察”, 金融法務事情 No. 2088(2018), 38면; 潮見街男(주 15), 816면.
25) 潮見街男, (주 15), 816면.

가 부적법하게 될 근거가 되지 않는다는 견해[26]가 대립하고 있다.

⑶ **사해행위취소청구인용판결의 효력이 미치는 채권자의 범위**

'전체 채권자'에는 사해행위 시 또는 확정판결 시 보다 후에 채권자로 된 자도 포함된다.[27] 사해행위취소권 제도가 공동담보의 보전을 목적으로 하는 이상, 사해행위의 취소에 따라 회복된 채무자의 일반재산에의 집행단계에서 채무자의 일반재산을 담보로 하는 채권을 갖고 있는 자라면 압류 또는 배당요구를 통해 일반재산에의 공취를 부인할 필요가 없기 때문이라고 한다.[28]

⑷ **확정판결의 효력의 의미**

채무자 등에게 미치는 '확정판결의 효력'의 의미에 관하여서는 심의과정에서 형성력과 기판력 모두 채무자 및 모든 채권자에게 미친다는 관계자의 설명이 있다.[29] '취소청구'인용판결의 효력확장에 대하여서는 특정범위의 제3자에 대한 기판력의 확장에 해당하고 종전 통설·판례로부터 전환을 의미하는 것인데, 채무자의 행위의 취소라고 하는 권리변동의 효과를 채무자 및 그 모든 채권자에 대하여 미치게 하고 책임재산의 회복이라고 하는 권리변동의 안정적 확정을 도모하는 것이라고 한다.[30] 즉 채무자와 수익자 사이의 행위의 효력이 취소된 것에 대하여 수익자는 기판력확장의 결과로 원고인 취소채권자뿐만 아니라 다른 채권자 사이에서도 다툴 수 없다고 한다.[31] 한편 '급부청구'인용부분에 대하여서는 취소채권자에 대한 직접인도청구부분은 취소채권자 고유의 권리이므로 다른 채권자가 그것에 개입할 여지가 없지만, 채무자의 반환청구권에 대하여는 다른 채권자가 그것을 압류하거나 채권자대위권을 행사하여 수익자 등에 대하여 채무자에게로 반환을 구할 때에는 급부판결부분의 기판력의 확장을 받는 수익자 등은 사해행위취소소송의 변론종결전의 사유를 이유로 반환청구권을 다툴 수 없다고 한다.[32]

⑸ **원상회복된 재산**

취소채권자가 사해행위취소권을 행사한 결과 채무자의 것으로 회복된 재산은

---

26) 伊藤 眞(주 24), 48면.

27) 部会資料 73A(주 19), 55~56면. 반면에 우리나라 판례는 사해행위 이후에 채권을 취득한 채권자는 민법 제407조에 정한 사해행위취소와 원상회복의 효력을 받는 채권자에 포함되지 않는다고 한다(대법원 2009. 6. 23. 선고 2009다18502 판결).

28) 潮見佳男(주 15), 826면.

29) 法制審議会民法(債權關係)部会, 第91回 会議 議事錄(2014. 6. 17.), 37면 金関係官 발언 참조.

30) 伊藤 眞(주 24), 42면.

31) 伊藤 眞(주 24), 42면.

32) 伊藤 眞(주 24), 42면.

채무자의 모든 채권자의 공동담보가 되고, 강제집행의 대상이 되며, 채무자의 모든 채권자는 회복된 책임재산에 대하여 민사집행법에 따라 강제집행 또는 배당요구를 신청할 수 있다.[33] 한편 사해행위취소권 행사의 결과로 책임재산이 회복된 채무자의 처분권을 제한하는 규정이 없으므로, 채무자는 사해행위취소를 인용하는 확정판결에 의해 회복된 재산에 대하여 관리처분권한을 회복한다.[34]

3. 채권자취소의 효과에 관한 대법원 판례

가. 채권자취소판결이 채무자에게 효력이 미치는지 여부에 관한 판례

상대적 무효설의 기본적인 전제는 채무자는 채권자취소소송의 상대방이 아니고 취소의 효력이 채무자에게 미치지 않는다는 것이며, 최근의 대법원 판례까지도 상대적 무효설을 확고하게 견지하여 채무자에 대하여 채권자취소의 효력이 미치지 않는다고 보고 있다. 먼저 판례는, 사해행위취소와 일탈재산의 원상회복을 구하는 판결을 받아 채무자 명의로 그 등기 명의를 회복하였다고 하더라도 재산세 납세의무자인 사실상의 소유자는 수익자라고 판단하였다.[35] 또한 판례는 채무자가 수익자에게 건물 및 토지를 함께 매도하였다가 채권자취소권의 행사에 따라 그 중 건물에 대하여 매매계약이 취소되고 소유권이전등기가 말소된 후 건물에 대하여 강제경매개시결정에 따라 압류등기가 마쳐진 사안에서, 수익자는 건물에 대한 압류의 효력이 발생할 당시까지도 토지 및 건물을 모두 소유하고 있었다고 할 것이라고 보아 관습상의 법정지상권의 성립요건인 동일인의 소유에 속하고 있던 토지와 지상 건물이 매매 등으로 인하여 소유자가 다르게 된 경우에 해당하지 않는다고 보았다.[36] 그리고 판례는 부동산에 관한 소유권이전의 원인행위가 사해행위로 취소되더라도 부동산은 여전히 수익자의 소유이고, 다만 채권자에 대한 관계에서 채무자의 책임재산으로 환원되어 강제집행을 당할 수 있는 부담을 지고 있는 데 지나지 않으며 부동산에 관하여 적법·유효한 등기를 하여 소유권을 취득한 사람이 당해 부동산을 점유하는 경우에는 취득시효의 기초가 되는 점유가 없다고 하여 수익자의 등기부취득시효 주장을 배척하였다.[37] 또한 판례는 채무자가 채무의 변제를 위하여 특정 채권자(수익자)에게 채권을 양도하자 다른 채권자가 그 채권양도가 사해행위라는 이유로 채권자취소

33) 潮見佳男(주 15), 827면.
34) 潮見佳男(주 15), 828면.
35) 대법원 2000. 12. 8. 선고 98두11458 판결.
36) 대법원 2014. 12. 24. 선고 2012다73158 판결.
37) 대법원 2016. 11. 25. 선고 2013다206313 판결.

의 소를 제기하면서 양도 채권이 원상회복된 것을 전제로 채무자를 대위하여 제3채무자에 대하여 그 지급을 청구한 사안에서, 채권자와 수익자의 관계에서 그 채권이 채무자의 책임재산으로 취급될 뿐 채무자가 직접 그 채권을 취득하여 권리자로 취급되는 것은 아니므로 채권자는 채무자를 대위하여 제3채무자에게 그 채권에 관한 지급을 청구할 수 없다고 판단하였다.[38]

나. 사해행위취소로 원상회복된 부동산에 대한 채무자의 처분행위의 효력과 채권자의 말소등기청구권에 관한 판례

채권자취소에 따라 채무자 앞으로 부동산에 대한 소유명의가 회복된 다음 채무자가 이를 기화로 그 부동산을 제3자에게 처분한 경우 그 처분행위의 효력이 문제된다. 다수의 학설은 채권자취소로 회복된 부동산 또는 기타 재산은 채무자의 소유가 아니므로 무권리자인 채무자가 그 명의로 원상회복된 부동산을 처분하더라도 그 처분행위는 무효라고 한다.[39]

최근 판례는 사해행위의 취소는 채권자와 수익자의 관계에서 상대적으로 채무자와 수익자 사이의 법률행위를 무효로 하는 데에 그치고 채무자와 수익자 사이의 법률관계에는 영향을 미치지 아니하므로, 채무자와 수익자 사이의 부동산매매계약이 사해행위로 취소되고 그에 따른 원상회복으로 수익자 명의의 소유권이전등기가 말소되어 채무자의 등기명의가 회복되더라도, 그 부동산은 취소채권자나 민법 제407조에 따라 사해행위의 취소와 원상회복의 효력을 받는 채권자와 수익자 사이에서 채무자의 책임재산으로 취급될 뿐, 채무자가 직접 부동산을 취득하여 권리자가 되는 것은 아니며, 채무자가 사해행위취소로 등기명의를 회복한 부동산을 제3자에게 처분하더라도 이는 무권리자의 처분에 불과하여 효력이 없으므로, 채무자로부터 제3자에게 마쳐진 소유권이전등기나 이에 기초하여 순차로 마쳐진 소유권이전등기 등은 모두 원인무효의 등기로서 말소되어야 한다고 하여, 명시적으로 채무자의 처분행위는 무효라고 판시하였다.[40]

---

38) 대법원 2015. 11. 17. 선고 2012다2743 판결.

39) 김능환(주 3), 51면; 김문관, “사해행위취소의 효력에 관한 판례의 고찰－채무자 등이 사해행위취소로 원상회복된 책임재산을 처분한 행위의 효력을 중심으로－”, 판례연구 26집(2015), 783~786면; 여하윤, “사해행위 취소로 원상회복된 부동산을 채무자가 처분한 행위의 효력－대법원 2017. 3. 9. 선고 2015다217980 판결－”, 입법과 정책 제9권 제3호(2017), 96~97면; 奧田昌道, 債權總論, 增補版(1992), 326면(채무자는 사해행위취소에 의해 직접 권리를 취득하지 않는다고 한다).

40) 대법원 2017. 3. 9. 선고 2015다217980 판결. 潮見佳男(주 15), 828면에서는 개정 일본 민법에서는 사해행위취소인용판결의 효력이 채무자에게도 미쳐 채무자는 원상회복된 부동산의 관리처분권한을 회복한다고 한다.

반면에 수익자가 채무자로부터 부동산을 매수하였는데, 수익자의 고유채권자(피고)가 위 부동산에 대하여 가압류등기를 마쳤고 채무자의 채권자가 위 매매계약이 사해행위라는 이유로 매매계약의 취소와 수익자 명의의 소유권이전등기말소 판결을 받아 수익자 명의의 소유권이전등기가 말소되고 등기명의가 채무자에게 환원되자 채무자가 위 부동산을 취소채권자에게 매도하고 취소채권자가 이를 다시 원고들에게 매도하였으며 수익자의 고유채권자가 위 가압류의 처분금지효에 근거하여 수익자에 대한 이행판결을 집행권원으로 삼아 위 부동산에 대한 경매신청을 하자 원고들이 제3자 이의의 소를 제기한 사안에서, 대법원은 채권자취소로 수익자 명의의 소유권이전등기가 말소되었다 하더라도 피고의 가압류의 효력이 당연히 소멸되는 것은 아니므로 채무자로부터 위 부동산을 전전하여 양도받은 원고들은 가압류의 부담이 있는 소유권을 취득하였다고 판단한 사례가 있다.[41] 위 판례의 문언상으로는 채무자가 취소채권자에게 원상회복된 부동산을 매각한 행위를 유효로 본 것으로 이해되고, 대법원 2015다217980 판결과 상치되는 것이 아닌지 의문이 제기될 수 있다. 그런데 대법원 89다카35421 판결은 채무자가 취소채권자에게 매도한 사안, 즉 채무자 명의로 회복된 부동산을 경매절차를 거치지 않고 사적정리 절차의 일환으로 취소채권자에게 매각한 사안이다. 반면에 대법원 2015다217980 판결 사안은 채무자가 제3자에게 부동산을 임의로 매각하여 취소채권자나 채권자취소판결의 효력을 받는 다른 채권자의 채권의 실현을 방해하는 경우이어서, 대법원 89다카35421 사안은 대법원 2015다217980 판결과 사안이 달라 상치되는 판결이 아니라고 볼 여지는 있다. 하지만 일부 이해관계인들만의 합의 아래 이루어진 사적정리 절차가 과연 현행법 체계에서 타당한지, 대법원 89다카35421 판결 사안에서 과연 원고들이 소유권을 취득하였다고 볼 수 있는지에 대하여는 의문이 든다.[42]

한편 위 대법원 2015다217980 판결은 취소채권자나 민법 제407조에 따라 사해행위취소와 원상회복의 효력을 받는 채권자는 채무자의 책임재산으로 취급되는 부동산에 대한 강제집행을 위하여 원인무효의 등기의 명의인을 상대로 직접 등기의 말소를 청구할 수 있다고 판단하였다. 이와 관련하여 채권자의 지위에 불과한 취소

---

41) 대법원 1990. 10. 30. 선고 89다카35421 판결.

42) 위 판결의 논리와 달리, 채무자가 그 채권자에게 부동산을 매도·처분한 것은 무권리자의 처분행위에 해당하여 소유권이전등기는 원인무효이고 채권자로부터 등기명의를 이전받은 원고들 명의의 이전등기 역시 원인무효라고 할 것이어서 제3자이의의 소는 원고들이 이 사건 부동산의 소유권자임을 청구원인으로 하고 있다는 점에서 이유가 없다고 설명하는 견해가 있다[김능환(주 3), 53면]. 위 견해에 따르면 위 판결과 동일한 결과를 도출하기 위하여 굳이 원고들이 '가압류의 부담이 있는 소유권을 취득하였다'는 논리 구성을 취할 필요가 없다.

채권자 등에게 제3자에 대한 추급효가 인정되는 말소등기청구권이 인정되는 근거가 무엇인지 문제된다. 취소채권자 등에게 직접 말소등기청구권을 행사할 수 있다고 판단한 판례의 태도에 대하여 비판적인 견해가 많다.[43] 반면에 위법한 채권침해에 대하여 불법행위로 인한 손해배상청구 이외에 금지청구의 가능성도 있는 점, 학설상으로도 채권 침해를 이유로 한 방해예방금지청구의 가능성이 인정되어 온 점, 자신의 권리를 실제로 침해당하고 있는 채권자로 하여금 위법한 권리 침해를 제거할 수 있도록 하는 것이 가장 실효적이라는 이유로 채권자는 채권 침해를 이유로 소유권이전등기의 말소등기청구권을 갖는다는 견해도 있다.[44]

채무자가 채권자취소로 원상회복된 부동산에 관하여 제3자에게 처분하고 그 앞으로 소유권이전등기까지 마쳐준 경우에 다시 채무자 명의로 부동산 명의를 환원하는 방법으로는, 수익자의 권리를 대위하는 방안, 채무자를 대위하는 방안, 채권자가 직접 청구하는 방안을 상정할 수 있을 것이고, 판례는 그 중 채권자가 직접 청구하는 방안을 채택한 것으로 보인다. 이는 기존의 상대적 무효설의 입장을 따르면서도 그 이론상 결함을 메꾸고 채권자 보호라는 채권자취소의 기본 취지를 고려하여, 대법원이 정책적 결단을 통해 채권자의 지위에 불과한 취소채권자나 민법 제407조에 따라 사해행위취소와 원상회복의 효력을 받는 채권자에게 제3자에게까지 일종의 추급효가 인정되는 말소등기청구권을 부여한 것이라고 볼 수밖에 없을 것이다.

43) 권영준, “2017년 민법 판례 동향”, 서울대 법학 59권 1호(2018), 471면(취소채권자에게는 말소를 구할 계약상·법률상 권리가 없고, 채권침해나 불법행위에 기한 방해배제청구권을 인정할 수 있는 사안인지도 불분명하며, 법 형성에 가까운 해석론이다); 전원열, “채권자취소권의 효력론 비판 및 개성방안”, 저스티스 제163호(2017), 218면; 전원열, “사해행위취소 후 복귀한 재산에 대한 채무자의 처분권－대법원 2017. 3. 9. 선고 2015다217980 판결－”, 법조 726호(2017), 385~389면, 389면 각주 28(복귀 부동산을 채무자가 재처분한 행위에 대해서는 채권자가 신양수인을 상대로 채권자취소권을 행사하는 것이 정도이다); 이승일, “사해행위 취소로 원상회복된 부동산에 대한 채무자의 처분행위와 채권자의 말소등기청구권”, 민사판례연구 제40권(2018), 401면; 강윤희, “사해행위소송의 채무자가 복귀재산을 처분한 경우 취소채권자 등의 구제책－대법원 2017. 3. 9. 선고 2015다217980 판결－”, 저스티스 170－1호(2019), 282면.

44) 여하윤(주 39), 99~100면; 이순동, “사해행위취소로 환원된 부동산을 채무자가 처분한 경우 채권자의 구제방법－대법원 2017. 3. 9. 선고 2015다217980 판결”, 사법 45호(2018), 259~260면; 정다영, “채권자취소권 행사의 효과에 관한 연구－대법원 2017. 3. 9. 선고 2015다217980 판결을 중심으로－”, 법조 723호(2017. 6.), 742면(채권자가 사해행위취소를 구하면서 원상회복으로서 소유권이전등기의 말소 또는 채무자 명의로의 소유권이전등기를 구할 수 있는 점에 비추어 볼 때, 채무자의 2차 처분행위에 대하여도 채권자는 말소등기절차의 이행을 구할 수 있다).

다. 사해행위취소와 원상회복이 모든 채권자의 이익을 위하여 효력이 있다는 의미에 관한 판례

민법 제407조의 해석[45]과 관련하여 최근에 나온 대법원 판례도 주목할 필요가 있다. 채권자취소소송의 당사자가 아닌 다른 채권자가 채무자를 대위하여 취소채권자가 받은 채권자취소판결에 따라 원상회복을 위해 소유권이전등기의 말소등기를 신청하여 그 말소등기가 마쳐진 사안에서, 대법원은 위 말소등기는 절차상 하자로 인하여 부적법하지만, 채권자가 사해행위 취소의 소를 제기하여 승소한 경우 취소의 효력은 민법 제407조에 따라 모든 채권자의 이익을 위하여 미치므로 수익자는 채무자의 다른 채권자에 대하여도 사해행위의 취소로 인한 소유권이전등기의 말소등기 의무를 부담하는 점, 등기절차상의 흠을 이유로 말소된 소유권이전등기가 회복되더라도 다른 채권자가 사해행위취소판결에 따라 사해행위가 취소되었다는 사정을 들어 수익자를 상대로 다시 소유권이전등기의 말소를 청구하면 수익자는 말소등기를 해 줄 수밖에 없어서 결국 말소된 소유권이전등기가 회복되기 전의 상태로 돌아가는데 이와 같은 불필요한 절차를 거치게 할 필요가 없는 점 등에 비추어 보면, 사해행위 취소 및 원상회복으로 소유권이전등기의 말소를 명한 판결의 소송당사자가 아닌 다른 채권자가 위 판결에 기하여 채무자를 대위하여 마친 말소등기는 등기절차상의 흠에도 불구하고 실체관계에 부합하는 등기로서 유효하다고 판단하였다.[46]

민법 제407조에서는 "취소와 원상회복은 모든 채권자의 이익을 위하여 그 효력이 있다"고 규정되어 있는데, 그 의미와 관련하여 통설은 채권자취소권이 채권의 공

---

45) 종래 민법 제407조의 법적 성질에 대하여는 소극설(채권자평등주의 이념을 선언한 것에 불과하다), 기판력 확장설(원고 승소판결은 모든 채권자에게 미친다), 실체적 형성력설(사해행위취소판결에 의한 법률행위 취소는 채무자 및 수익자는 물론 다른 채권자에게도 미친다), 법률요건적 효력규정설(승소판결이라는 법률요건사실에 의하여 다른 채권자도 그 승소판결의 효력을 원용할 수 있다는 법률요건적 효력을 규정한 것이다), 평등주의 선언설(사해행위취소판결의 결과 환원된 책임재산에 대한 효력을 정한 것이다)의 대립이 있어 왔다. 이에 대한 상세는 오영준, "사해행위취소권과 채권자평등주의", 사법논집 32집(2001), 157~166면(법률요건적 효력규정설을 지지한다), 이계정, "민법 제407조(채권자평등주의)의 법률관계에 관한 연구", 사법논집 제47집(2008), 463~475면(평등주의 선언설을 지지한다) 참조.

46) 대법원 2015. 11. 17. 선고 2013다84995 판결. 위 판례의 평석으로는, 신신호, "사해행위취소 및 원상회복으로 소유권이전등기의 말소를 명한 판결의 소송당사자가 아닌 다른 채권자가 위 판결에 기하여 채무자를 대위하여 마친 소유권이전등기 말소등기의 효력", 대법원판례해설 제105호(2016), 119~145면. 한편 위 판례에 대한 비판적인 평석으로는 황진구, "사해행위 취소와 원상회복이 모든 채권자의 이익을 위하여 효력이 있다는 의미", 민사판례연구 제39권(2017), 27~49면 참조; 김송, "사해행위취소의 효력과 민법 제407조의 법적 성격 ― 2015. 11. 17. 선고 2013다84995 판결 ―", 법학논문집 제41집 제1호(2017), 128면(실체관계에 부합한다는 결론에는 찬성하나 제척기간과의 관계에서 판례의 논리에 찬성하기 어렵다고 한다).

동담보인 채무자의 책임재산을 보전하기 위한 제도라고 선언함과 동시에 취소의 효과로서 재산을 반환받더라도 취소채권자가 다른 채권자에 비하여 우선권을 취득하는 것이 아니고 이는 채권자가 직접 재산을 수령하는 경우에도 동일하다는 것을 선언하는 것이라고 한다.[47] 민법 제407조에서 말하는 효력이 어느 경우에 모든 채권자에게 미치는지와 관련하여서는, ① '취소'만 되어도 효력이 모든 채권자에게 미치는지,[48] ② '취소 및 원상회복'까지 이루어져야 모든 채권자에게 효력이 미치는지의 문제로 귀결되는데,[49] 위 판례는 민법 제407조의 의미를 '취소'만 되어도 모든 채권자에게 효력이 있다고 본 것이다.[50]

그런데 채권자취소소송이 경합된 사례에서 종래 대법원 판례는 "채권자취소권의 요건을 갖춘 각 채권자는 고유의 권리로서 채무자의 재산처분 행위를 취소하고 그 원상회복을 구할 수 있는 것이므로 여러 명의 채권자가 동시에 또는 시기를 달리하여 사해행위취소 및 원상회복청구의 소를 제기한 경우 이들 소가 중복제소에 해당하지 아니할 뿐만 아니라, 어느 한 채권자가 동일한 사해행위에 관하여 사해행위취소 및 원상회복청구를 하여 승소판결을 받아 그 판결이 확정되었다는 것만으로는 그 후에 제기된 다른 채권자의 동일한 청구가 권리보호의 이익이 없게 되는 것은 아니다. 그러나 확정된 판결에 기하여 재산이나 가액의 회복을 마친 경우에는 다른 채권자의 사해행위취소 및 원상회복청구는 그와 중첩되는 범위 내에서 권리보호의 이익이 없게 된다"고 판단하여 왔다.[51] 위 판례는 채권자취소판결이 확정되더라도 아직 원상회복이 이루어지기 전까지는 취소의 효력이 다른 채권자에게 미치지 않으므로 다른 채권자도 별도의 취소소송을 제기할 권리보호의 이익이 있다고 본 것인바, 위와 같은 판례의 태도는 민법 제407조에 따라 다른 채권자에게까지 사해행위취소판결의 효력이 미치기 위해서는 채권자취소 및 원상회복까지 이루어져야 함을 전제로 한 것으로 보는 것이 타당하다.[52]

47) 김능환(주 1), 852면.

48) 오영준(주 45), 178면(어느 취소채권자가 먼저 취소소송을 제기하여 확정판결을 받은 경우에는 다른 채권자로서는 민법 제407조의 규정에 의하여 그 확정판결의 효력을 자신도 원용할 수 있기 때문에 또다시 동일한 상대방을 피고로 하여 동일한 청구취지의 취소소송을 중복하여 제기하도록 허용하는 것은 이론상 문제가 있다. 수익자로 하여금 이중, 삼중의 응소의 부담을 지게하고 이중지급의 위험에 빠지게 될 우려가 있다).

49) 신신호(주 46), 130면.

50) 신신호(주 46), 146면(이 사건 판결은 다른 채권자는 일단 사해행위가 취소되면 아직 원상회복 전이라도 민법 제407조의 규정에 따라 그 취소의 효력이 자신에게도 미친다고 주장하면서 곧바로 원상회복을 구할 수 있다고 선언한 최초의 판례라고 한다).

51) 대법원 2014. 8. 20. 선고 2014다28114 판결 등.

52) 황진구(주 46), 34면(소의 이익은 소송요건이고 직권판단사항이므로 후행 소송의 취소채권자

한편 개정 전 일본 민법 제425조가 "전조의 규정에 따른 취소는 모든 채권자의 이익을 위하여 그 효력이 있다"고 규정하여 마치 사해행위가 취소만 되어도 그 효력이 전체 채권자에게 미치는 것처럼 해석될 여지가 있다. 하지만 일본의 통설은 위 규정의 취지를 사해행위취소권은 일반 채권자의 공동담보가 되는 채무자의 일반재산을 보전하는 제도임을 선언하는 것임과 동시에 취소의 효과로서 반환받은 재산으로부터 취소채권자가 변제를 받음에 있어서 우선권을 갖지 않음을 나타내는 것이라고 하거나,[53] 이와 더불어 다른 채권자는 새로이 취소판결을 얻지 않고 이미 선고된 취소판결을 원용하여 취소채권자의 집행절차에 참가할 수 있다는 의미도 포함된다고 하는 견해가 있다.[54] 또한 채권자취소소송이 경합되는 경우에 채권자취소권은 각 채권자가 각각 고유의 권리로 취소권을 갖는 것이고, 소송물이 복수이며 판결은 취소권자마다 독립적으로 내려져야 하며, 다만 어느 채권자가 상대방으로부터 일출된 재산 또는 그 가액을 회복한 경우에는 최초의 채권자가 취소권을 행사한 결과는 다른 채권자의 이익을 위해 효력이 생기므로 다른 채권자는 배당요구에 의해 만족을 얻으면 되므로 다른 채권자는 그 범위 내에서 취소권을 행사할 여지가 없다는 설명이 있다.[55] 즉 일본에서도 사해행위가 취소되고 일출재산의 원상회복이 마쳐진 경우에서야 다른 채권자가 채권자취소권을 행사할 여지가 없다고 보고 있는 것이다.

또한 대법원 2013다84995 판결의 논리에 따르면, 어느 채권자가 수익자를 상대로 채권자취소승소판결을 받아 확정되었으나 원상회복을 하지 않고 있는 경우에, 다른 채권자는 제척기간이 지난 후에도 채권자취소를 구하지 않고 단지 수익자를 상대로 원상회복만을 청구하여 승소판결을 받을 수 있다는 것인데,[56] 수익자로서는 제척기간이 지나도 다른 채권자로부터 언제든지 자신이 취득한 재산을 빼앗길 위험

가 사해행위를 취소한 선행판결의 효력을 원용하였는지에 따라 취소부분의 소의 이익이 있는지 여부가 달라질 수 없으므로 대상판결이 다른 채권자가 후행 소송에서 어느 채권자의 선행 사해행위취소판결의 대세효를 주장하여 원상회복청구만 할 수 있다는 취지라면, 이는 기판력 문제를 따지기도 전에 사해행위취소청구 부분의 소의 이익과 관련하여 확립된 대법원 판례와 배치된다고 한다).

53) 我妻榮, 新訂 債權總論(1964), 202~203면; 下森定(주 13), 931면.

54) 瀨川信久, "詐害行爲取消權 － 日本法の比較法的位置と改正案の現實的意義", NBL 별책 No. 147(2014), 103면.

55) 下森定(주 13), 901면; 奧田昌道(주 39), 316면(어느 채권자가 제기한 사해행위취소의 효력은 취소채권자와 수익자 또는 전득자 사이에서만 생기고, 현실적으로 재산이 회복된 경우에만 목적을 상실하게 되는 것이므로, 다른 채권자의 후소는 방해받지 않는다고 한다).

56) 대법원 2001. 9. 4. 선고 2001다14108 판결(채권자가 민법 제406조 제1항에 따라 사해행위의 취소와 원상회복을 청구함에 있어 사해행위의 취소만을 먼저 청구한 다음 원상회복을 나중에 청구할 수 있으며, 이 경우 사해행위 취소 청구가 민법 제406조 제2항에 정하여진 기간 안에 제기되었다면 원상회복의 청구는 그 기간이 지난 뒤에도 할 수 있다).

이 있어 법적 불안정 상태가 지속되어 법적 안정성을 위해 제척기간을 둔 취지에 반하는 상황이 초래될 우려가 있다.[57] 이와 같은 기존 판례의 취지, 일본에서의 논의, 채권자취소권에서의 제척기간의 취지를 고려하여 보았을 때 채권자취소소송에서 취소판결만이 확정되었다는 사정만으로 민법 제407조에 따라 다른 채권자에게 효력이 미치고 다른 채권자들은 수익자를 상대로 채권자취소를 구하지 않고 단지 원상회복만을 청구할 수 있다는 대법원 판결의 논리에 대하여는 의문이 든다.

라. 채권자취소의 효력과 관련된 기타 판례

판례는 채권자취소의 효과는 채권자와 수익자 또는 전득자 사이에만 미치므로, 수익자 또는 전득자가 채권자에 대하여 사해행위의 취소로 인한 원상회복 의무를 부담하게 될 뿐, 채무자와 사이에서 그 취소로 인한 법률관계가 형성되거나 취소의 효력이 소급하여 채무자의 책임재산으로 회복되는 것은 아니라고 하여 소급효를 부정하고 있다.[58] 또한 수익자가 자기 채권에 대한 안분액만큼 상계를 주장하여 원상회복청구를 거절할 수 없다고 한다.[59] 판례는 사해행위 이후에 채권을 취득한 채권자는 채권의 취득 당시에 사해행위취소에 의하여 회복되는 재산을 채권자의 공동담보로 파악하지 아니한 자로서 민법 제407조에 정한 사해행위취소와 원상회복의 효력을 받는 채권자에 포함되지 않는다고 한다.[60] 한편 사해행위의 취소에 상대적 효력만을 인정하는 것은 취소채권자와 수익자 그리고 제3자의 이익을 조정하기 위한 것으로 그 취소의 효력이 미치지 아니하는 제3자의 범위를 사해행위를 기초로 목적부동산에 관하여 새롭게 법률행위를 한 그 목적부동산의 전득자 등만으로 한정할 것은 아니므로, 수익자와 새로운 법률관계를 맺은 것이 아니라 수익자의 고유채권자로서 이미 가지고 있던 채권 확보를 위하여 수익자가 사해행위로 취득한 근저당권에 배당된 배당금을 가압류한 자에게 사해행위취소 판결의 효력이 미친다고 볼 수 없다고 하여 가압류를 한 수익자의 고유채권자를 우선시 하였다.[61] 또한 채무자와 다수의 채권자들 중 1인인 수익자 사이의 행위가 사해행위로 취소된 경우 수익자가 민법 제407조의 채권자취소 및 원상회복의 효력이 미치는 채권자에 포함되어 수익자인 채권자도 그 집행권원을 갖추어 강제집행절차에서 배당을 요구할 권리가 있다고 하는데,[62]

57) 황진구(주 46), 32면.
58) 대법원 2007. 4. 12. 선고 2005다1407 판결; 대법원 2001. 5. 29. 선고 99다9011 판결 등 참조.
59) 대법원 2001. 2. 27. 선고 2000다44348 판결.
60) 대법원 2009. 6. 23. 선고 2009다18502 판결.
61) 대법원 2009. 6. 11. 선고 2008다7109 판결.
62) 대법원 2003. 6. 27. 선고 2003다15907 판결.

상대적 무효설에 따르면 채무자와 수익자 사이에서 취소대상인 법률행위가 여전히 유효하므로 수익자의 종전 권리가 부활하는 근거가 명확하지 않다.[63]

Ⅲ. 사해행위 성립과 관련된 대법원 판례 검토

1. 유일한 부동산을 적정한 가격으로 매각한 행위의 사해행위성

가. 사해성 판단 일반론

통설은 사해행위를 채무자의 재산처분행위에 의하여 그 재산이 감소되어 채권의 공동담보에 부족이 생기거나 이미 부족상태에 있는 공동담보가 한층 더 부족하게 됨으로써 채권자의 채권을 완전하게 만족시킬 수 없는 것으로 설명한다.[64] 그런데 채권자취소에 관한 판례 법리와 다수의 학설은 사해성을 판단함에 있어서 책임재산의 보전이라는 관점과 아울러 채권자들 사이의 형평·평등이라고 하는 관점도 함께 고려하고 있다. 일부 채권자에 대한 대물변제[65]·물적담보제공[66] 등 특정 채권자의 이익을 위한 행위, 즉 소위 편파행위도 사해행위로 파악하는 것이다.[67] 하지만 사해행위는 채무자의 일반재산을 절대적으로 감소시켜 채권자가 채권의 만족을 받을 수 없게 하는 행위(재산감소행위)이나, 편파행위는 일부 채권자에게 유리하지만 다른 채권자에게는 불리하여 채권자 간의 공평을 저해하는 행위를 말하여 상호 구별되는 개념이다.[68] 즉, 편파행위는 채무자가 무자력 상태에 있으면서 모든 일반 채권자에게 만족을 줄 수 없음에도 채무자가 특정의 채권자에 대하여 우선적으로 만족을 주는 것이고, 실질적으로 가치가 감소된 채권에 대하여 채무자가 그 명목적 가

---

63) 윤진수·권영준(주 5), 538면. 한편 개정 일본 민법 제425조의3에서는 명문으로 이러한 경우에 수익자의 채권이 다시 부활한다고 규정하고 있는바, 개정 일본 민법에서는 채무자에 대하여도 채권자취소의 인용판결의 효력이 미치므로 수익자의 종전 권리가 부활하는 것을 논리적으로 일관되게 설명할 수 있다.

64) 대표적으로 김능환(주 1), 828면.

65) 대물변제된 재산이 유일한 재산 또는 그렇지 않은 경우에도 사해성이 인정되나(대법원 1996. 10. 29. 선고 96다23207 판결; 대법원 2007. 7. 12. 선고 2007다18218 판결), 사해성의 일반적인 판단 기준에 비추어 사해행위의 성립이 부정될 수 있다고도 한다(대법원 2010. 9. 30. 선고 2007다2718 판결 ; 대법원 2011. 10. 13. 선고 2011다28045 판결).

66) 대법원 1989. 9. 12. 선고 88다카23186 판결 ; 대법원 1997. 9. 8. 선고 97다10864 판결(유일 부동산이 아니어도 원칙적으로 사해행위를 인정한다).

67) 한편 본지 변제의 경우 원칙적으로 사해행위가 성립하지 않는다(대법원 2001. 4. 10. 선고 2000다66034 판결 등 참조). 다만 변제의 사해성을 인정하고 그 판단 기준을 제시한 판결로는 대법원 2005. 3. 25. 선고 2004다10985, 10992 판결 참조.

68) 윤진수·권영준(주 5), 516면; 潮見佳男(주 15), 772면.

치를 특정 채권자에게 지급함으로써 다른 일반채권자에 비해 특정의 채권자를 이롭게 한다는 점에서 행위의 사해성이 인정된다.[69] 일본에서는 위 두 가지 분류 외에도 자산유동화 유형을 별도의 항목으로 분류하는 견해가 있다.[70] 채무자가 적정가격으로 부동산을 매도하고 매매대금을 취득하는 경우와 같이 총재산과 책임재산에 계수상으로는 아무런 변동이 없지만 재산의 종류, 질적 변경으로 인해 책임재산의 확고성이라는 관점에서 책임재산이 위태화된다는 것이다.

나. 유일한 부동산을 적정한 가격으로 매각한 행위에 관한 기존 논의

(1) 대법원 판례

판례는 채무자가 그 채무 있음을 알면서 자기의 유일한 재산인 부동산을 매각하여, 소비하기 쉬운 금전으로 바꾸는 행위는 특별한 사정이 없는 한, 항상 채권자에 대하여, 사해행위가 된다고 볼 것이므로, 채무자의 사해의 의사는 추정되는 것이고, 이를 매수한 수익자 자신이 악의가 없다는 입증책임을 부담한다고 한다.[71] 다만 특별한 사정이 인정될 경우 예외적으로 매각행위의 사해성이 부정될 수 있는데, 대법원은 특별한 사정으로 유일한 부동산이 상당한 가격으로 매각되고, 그 매각대금이 일부 채권자에 대한 정당한 변제에 충당될 것을 요구하고 있으며,[72] 이 요건이 충족되면 매각행위의 사해성이 배제되는 것으로 보고 있으나, 대법원 2015. 10. 29. 선고 2013다83992 판결[73] 이전에는 위와 같은 법리에 따라 사해행위 성립을 부정한 사례는 발견하지 못하였다.[74] 다수의 판례는 유일한 부동산을 적정한 가격에 매각하여도 그 사해행위를 인정하고 있는 바, 그 구체적 사안들을 살펴보면, 먼저 정당한 변

---

69) 潮見街男(주 15), 728면.

70) 錦織成史, 詐害行爲取消權の擴張·轉用, 京都大學法學部創立百週年記念論文集 제3권(1999), 125면 이하(책임재산감소, 책임재산위태화, 경합채권자간의 변제의 불평등); 中田裕康, 債權總論(3판)(2013)(재산감소형, 배당률감소형, 담보가치감소형).

71) 대법원 1998. 4. 14. 선고 97다54420 판결.

72) 대법원 1966. 10. 4. 선고 66다1535 판결(사해행위성립 인정한 사례); 대법원 2007. 5. 10. 선고 2006다1534 판결, 대법원 2007. 5. 11. 선고 2005다17525 판결도 동일한 내용의 판시를 하였으나 타인 채무의 변제를 이유로 사해행위 성립을 인정하였다.

73) 위 판결에 대한 판례평석으로는 박정제, "채무자가 유일한 부동산을 상당한 대가를 받고 매각하고 그 매각 대금으로 일부 채권자에게 변제한 경우 매각행위가 사해행위에 해당하는지 여부", 대법원판례해설 제105호(2015년하)(2016), 69면 이하 참조.

74) 다만 채무자가 경매보다 좋은 조건으로 부동산을 제3자에게 처분하고 그 대금의 일부를 지급받아 근저당권자에게 모두 변제하고 임의경매신청을 취하시킨 다음 제3자 앞으로 부동산의 소유권이전등기를 마쳐준 사안에서, 대법원은 경매보다 좋은 조건으로 부동산을 매각하였으므로 매각가격의 상당성이 인정되고, 계약금과 중도금이 우선채권자에 대한 채무변제에 사용되었다는 이유로 채무자의 '사해의사'를 부정한 사례가 있다(대법원 1995. 6. 9. 선고 94다32580 판결).

제가 인정되지 않는 경우,[75] 채무자와 수익자 사이에 친족 관계가 존재하는 경우,[76] 매각대금을 타인의 채무 변제에 사용한 경우[77] 등의 사안에서 사해행위 성립을 인정하였다.

(2) 학설상의 논의

다수의 견해는 채무자와 수익자 사이의 통모에 의한 경우를 제외하고는 매각대금의 용도와 상관없이 매각대금이 적정가격에 의한 부동산매도는 재산의 소유형태가 부동산에서 금전으로 바뀔 뿐 총재산의 가액에는 변동이 없으므로 언제나 사해행위로 되지 않는다고 한다.[78] 그 외에도 채무자가 변제자금을 마련할 의도로 부동산을 매도하였고, 채무자가 받은 매매대금을 실제로 그러한 용도에 사용하였거나 그러한 용도에 사용하기 위하여 보존한 점, 매매대금이 적정하다는 점을 피고가 입증하면 사해의사를 인정할 수 없다는 견해,[79] 부동산의 매각이 채무자의 영업을 계속하여 경제적 갱생을 도모할 의도였거나 이행기가 도래한 채무 또는 대금지급기일이 임박한 채무의 변제를 위한 것이라면 변제나 대물변제와 마찬가지로 정당한 행위이

75) 대법원 2005. 7. 22. 선고 2005다7795 판결(채무자가 담보가치가 있는 책임재산의 전부인 부동산과 채권을 각 대주주인 피고에게 매각하고 그 대금 등으로 근저당채무와 피고와 실질적인 모회사인 A가 연대보증한 채무는 전액 변제하면서 그러한 보증이 없는 일반채권자인 원고에 대하여는 한 푼도 변제하지 않은 사안이다. 이 사건에서 대법원은 채무자가 매각대금으로 금융기관에 변제함으로써 A와 피고는 보증책임을 면하는 이익을 얻게 되었고, 채무자의 변제는 채권자들과의 관계에서 정당하지 않다는 판단을 한 것으로 보인다); 대법원 2005. 7. 22. 선고 2004다43909 판결; 대법원 2004. 1. 27. 선고 2003다6217 판결(사해행위를 인정하였지만 매수인의 선의를 인정하여 사해행위취소는 부정된 사례이다); 대법원 2008. 4. 24. 선고 2007다84352 판결(채무자가 특수한 관계에 있는 피고 회사에게 유일한 재산인 이 사건 부동산을 상당한 가격에 매도하고 그 매매대금으로 금융기관 채무와 특수한 관계에 있는 A에 대한 채무를 변제한 사안에서, 대법원은 채무자와 수익자, A 모두 동일한 지배주주가 존재하고, 임직원들이 상호 겸직하고 있어서 특수한 관계에 있는 사이인데, 채무자는 매각대금으로 상당한 액수의 채권자들에 대한 변제를 누락하고서 금융기관 및 특수한 관계에 있는 A에 대한 채무를 일부 변제하였으므로 사해행위가 성립된다는 전제에서 원심의 판단을 수긍한 사례이다).

76) 대법원 2009. 7. 23. 선고 2009다25906 판결(정상적인 가격으로 이 사건 토지를 매수하였고, 매매대금은 이 사건 토지에 관한 가압류권자와 압류권자 등 채권자들에 대한 변제 및 피고가 운영하고 있는 학교법인에 대한 기부에 사용하였다는 등의 사정만으로는 수익자인 피고의 선의를 인정하기에 부족하다); 대법원 2010. 11. 25. 선고 2010다69872 판결(특수한 관계에 있던 전처에게 매각한 사안이고, 이미 채무자가 피고에게 재산분할로 아파트 전체를 소유권이전등기를 하였다가 사해행위취소 된 전력이 있던 점 등 특수성이 존재한다).

77) 대법원 2007. 5. 11. 선고 2005다17525 판결.

78) 곽윤직, 채권총론(6판)(2003), 145면; 김형배, 채권총론(2판)(1998), 411면; 이은영, 채권총론(4판)(2009), 468면(압류할 수 있으므로 사해성은 부정하나 가장매매, 염가매매의 경우에만 인정).

79) 이계정, “채권자취소권의 주관적 요건으로서의 사해의사에 관한 연구”, 사법논집 40집(2005), 256~257면; 고경우, “채권자취소권의 객관적 요건으로서의 사해성과 사해행위의 유형별 고찰”, 판례연구 20집(2009), 557면도 같은 취지로 보인다.

므로 사해행위가 되지 않는다는 견해도 있다.[80]

반면에 부동산의 매각이 일부 채권자에게만 편파적으로 변제하기 위한 목적에서 이루어진 것이어서 다른 채권자와 관계에서 그 매각 목적의 정당성이 인정되기 어렵고, 특정 채권자에게 변제하기 위한 목적에서 책임재산인 부동산을 제3자에게 매각하여 취득한 매매대금으로 추후 특정 채권자에게 실제로 변제하였다면, 그 일련의 행위를 전체적으로 볼 때, 실질적으로 특정 채권자에게 부동산으로 대물변제한 경우와 아무런 차이가 없고 매각이 채권자 전원의 이해에 부합하는 채무자의 경제적 갱생이나 채무액에 비례한 안분변제를 꾀하고자 한 것도 아니므로 그 변제자금 마련행위의 사해행위성이 부정되지 않는다는 견해도 있다.[81]

다. 일본에서의 논의

⑴ 종래 일본에서의 논의

종래 일본 판례는 유일한 부동산의 매각행위는 가격이 상당하여도 원칙적으로 사해행위가 되나, 예외적으로 매각대금을 유용한 자본으로 사용하는 경우,[82] 일반채권자에게 변제한 경우,[83] 저당권자에게 변제한 경우,[84] 행위의 목적·동기의 정당성, 그 수단·방법의 상당성이 존재하는 경우[85] 등에는 사해행위가 성립하지 않는다고 하였다. 다만 이러한 경우에도 당사자들 사이에 통모적 해의가 존재하면 사해행위가 성립한다고 하였다. 이러한 일본 판례의 태도에 대하여 다수설은 상당한 대가를 받고 매각하는 행위는 사해행위가 성립되지 않는다고 반대하였다.[86]

⑵ 일본 파산법상의 부인권 제도 개정

일본은 채무초과 상태의 기업들이 부동산 처분을 통한 갱생을 지원하기 위하여 파산법(2004. 6. 2. 개정, 2005. 1. 1. 시행) 제161조에서 상당한 가격에 의한 재산처분행위에 대한 부인 규정을 신설하여, 상당한 대가를 받은 재산의 처분행위는 원칙적으로 부인권의 대상이 되지 않고, 다만 파산법 제161조 제1항 제1호부터 제3호까지 들고 있는 다음 요건을 모두 충족하여야만 예외적으로 부인의 대상이 된다고 규정하게 되었다.[87]

---

80) 조남대, "채권자취소권의 대상으로서의 사해행위에 관한 고찰", 사법논집 28집(1997), 611면.
81) 편집대표 김용담, 주석 민법, 채권총칙(2)(4판)(2013), 260~261면(손진홍 집필부분); 김미리, "사해행위의 판단 기준과 대물변제의 사해성 판단", 대법원판례해설 85호(2011), 120~121면.
82) 大審院 1904. 10. 21. 판결; 大審院 1911. 10. 3. 판결; 大審院 1918. 9. 26. 판결 등.
83) 大審院 1919. 7. 16. 판결; 大審院 1931. 8. 7. 판결.
84) 最高裁判所 1966. 5. 27. 판결.
85) 最高裁判所 1967. 11. 9. 판결; 最高裁判所 1969. 12. 19. 판결.
86) 我妻榮(주 53), 188면 등.

① 당해 행위가 부동산의 금전으로의 환가, 그 밖에 당해 처분에 의한 재산 종류의 변경에 따라 파산자에게 은닉, 무상 공여, 그 밖에 파산채권자를 해하는 처분(은닉 등의 처분)을 할 우려를 실제로 발생시킬 것

② 파산자가 당해 행위의 당시, 대가로서 취득한 금전 기타의 재산에 대하여, 은닉 등의 처분을 할 의사를 갖고 있는 경우

③ 상대방이, 당해 행위의 당시, 파산자가 전호의 은닉 등의 처분을 할 의사를 갖고 있는 것을 알고 있었던 경우

또한 파산법 제161조 제2항에서는 상대방이 채무자의 내부자 등인 때에는 당해 행위 당시 파산자가 은닉 등 처분의사를 가지고 있었다는 것을 상대방이 안 것으로 추정하는 규정을 두었다.

(3) 개정 일본 민법상의 특례규정

개정 일본 민법 제424조의2에 상당한 대가를 얻고 한 재산의 처분행위의 특칙이 새로이 신설되어, 일본 파산법 제161조와 마찬가지로 원칙적으로 사해행위성을 부정하고 예외적인 경우에 한하여 사해행위 성립을 인정하도록 하여, 파산법에서의 부인권의 법리와 정합성을 갖추게 되었다. 그 개정취지에 대하여는 상당가격처분행위를 원칙적으로 사해행위취소권의 대상으로 삼는 것은 거래의 상대방을 위축시키고 경제적 위기에 있는 채무자로부터 재건의 기회를 박탈하는 것이며, 부인권의 대상이 되지 않는 행위가 채권자취소권의 대상으로 되어 평시에는 채권자가 채권자취소권을 행사할 수 있어도, 파산절차개시 후에는 파산관재인이 부인권을 행사할 수 없다는 결과가 되어 부적절하다는 설명이 있다.[88]

채무자가 한 상당가격처분행위를 사해행위로 취소하기 위해서는 다음의 요건을 모두 충족(개정 일본 민법 제424조의2 제1 내지 3호)하여야 하고, 이는 취소채권자가 주장·입증책임을 부담한다.[89]

① 당해 행위가 부동산의 금전으로의 환가, 그 밖에 당해 처분에 의한 재산 종류의 변경에 따라 채무자에게 은닉, 무상 공여, 그 밖에 채권자를 해하는 처분(은닉 등의 처분)을 할 우려를 실제로 발생시킬 것

② 채무자가 당해 행위의 당시 대가로서 취득한 금전, 그 밖의 재산에 관하여 은닉

---

87) 일본의 판례가 가격이 상당한 부동산의 매각도 사해행위 내지 부인의 대상이 된다고 하는 것에 대하여 부동산의 유동화의 저해요인이라는 비판이 거래계로부터 있었다고 한다. 이에 대하여는 山本克己, 否認權(上), ジュリスト(No. 1273)(2004), 79면 참조.

88) 潮見佳男(주 15), 778면.

89) 潮見佳男(주 15), 778면.

등의 처분을 할 의사[90]를 갖고 있을 것

③ 수익자가 당해 행위 당시 채무자가 은닉 등의 처분을 할 의사를 갖고 있음을 알고 있었을 것

한편 수익자가 채무자의 친족, 동거인, 이사 등 채무자의 내부자인 때에는 수익자는 당해 행위 당시 채무자가 은닉 등의 처분할 의사를 갖고 있다는 것을 알았는지를 일본 파산법과 같이 추정하는 명문의 규정을 둘 지에 대하여 중간시안에서는 추정규정이 마련되었으나 그 후 심의 과정에서 민법상 다른 제도의 규율의 밀도와 상세 등을 고려하여 채택되지 않았다.[91] 이러한 경우에 은닉 등의 처분 의사를 사실상 추정하는 것이 타당하다는 견해가 있다.[92] 반면에 우리 민법개정안 제406조 제2항에서는 수익자가 채무자와 친족이나 그 밖의 특별한 관계에 있는 자인 때에는 수익자가 그 행위 당시에 채권자를 안 것으로 추정한다는 규정을 마련하였다.[93]

라. 대법원 2015. 10. 29. 선고 2013다83992 판결의 검토

채무자는 피고에게 자신의 유일한 가치 있는 부동산을 130억 원에 매도하였고, 피고가 매매대금 중 90억 1,250만 원을 채무자의 일부 채권자들에게 대위변제를 하자, 채무자는 피고에게 위 부동산의 소유권이전등기를 마쳐주었고, 피고는 신탁회사에 위 부동산을 신탁한 다음, 매매잔금 지급 담보를 위하여 채무자를 2순위 우선수익권자(수익권리금액 41억 원)로 지정하자, 원고는 피고를 상대로 매매계약의 일부취소 및 가액배상을 청구하였다. 1심에서는 채무자가 위 부동산을 매도한 행위는 사해행위가 되고 피고의 선의 주장을 배척하였는데, 항소심은 매각의 목적이 채무의 변제 또는 변제자력을 얻기 위한 것이고, 그 대금이 부당한 염가가 아니며, 이를 변제나 변제자력을 얻는 데 사용한 경우에는 채권자를 해하는 사해행위에 해당한다고 볼 수 없다는 이유로 1심판결을 파기하고 원고의 청구를 기각하였다. 이에 원고가 상고를 하였다.

대법원은 채무자가 유일한 재산인 부동산을 매각하여 소비하기 쉬운 금전으로 바꾸는 행위는 원칙적으로 사해행위가 되지만, ① 부동산의 매각 목적이 채무의 변

---

90) 은닉처분의 의사는 당해 행위가 책임재산을 감소시키는 효과를 갖고 처분의 대가를 은닉하는 등 채권자의 권리실현을 방해할 의도를 갖는 것이라고 한다. 潮見佳男(주 15), 778~779면.

91) 部会資料 73A(주 19), 42면 참조.

92) 潮見佳男(주 15), 779면; 部会資料 73A(주 19), 42면(실무상 일본 파산법 제161조 제2항의 유추적용과 사실상의 추정으로 대응할 것이라고 한다).

93) 윤진수 · 권영준(주 5), 511~513면(수익자가 채무자와 특수한 관계에 있어서 채무자의 무자력을 쉽게 알 수 있는 경우에까지 악의의 추정을 부인할 이유는 없다).

제 또는 변제자력을 얻기 위한 것이고, ② 대금이 부당한 염가가 아니며, ③ 실제 이를 채권자에 대한 변제에 사용하거나 변제자력을 유지하고 있는 경우에는, 채무자가 일부 채권자와 통모하여 다른 채권자를 해할 의사를 가지고 변제를 하는 등의 특별한 사정이 없는 한, 사해행위에 해당한다고 볼 수 없다는 이유로 원고의 상고를 기각하였다.

부동산의 매각은 책임재산이 소비하기 쉬운 금전으로 바뀐다는 점에서 원칙적으로 일반 채권자들을 해하는 사해행위에 해당한다는 것이 판례이다. 그런데 채무의 변제는 그것이 일부 채권자들에 대하여 이루어지더라도 통모가 없는 한 원칙적으로 사해행위에 해당하지 않는 것이므로 같은 원리에서 부동산을 정당한 가격에 매도하여 그 대금으로 일부 채권자들에게 변제하는 것을 사해행위로 저지할 수 없다고 보아야 할 것이다.[94] 또한 종래 법원 실무가 채무자가 자신의 유일한 재산인 부동산을 매각하여 소비하기 쉬운 금전으로 바꾸는 행위에 대하여 사해행위를 넓게 인정하여 경제적 위기에 빠진 채무자가 자신이 보유한 유일한 부동산의 매각에 의한 금융을 얻는 것을 막아 경영재건의 노력을 저해하는 측면이 있다는 점은 부인하기 어려울 것이다. 이와 같은 사정들을 고려하여 대법원 판례는 상당한 대가를 받은 재산처분행위에 대하여 기존에 폭 넓게 사해행위성립을 인정하는 것에 대하여 일정한 제한을 가하여 일반 채권자의 보호와 아울러 채무자의 경영재건의 노력, 거래안전의 보호 등을 조화롭게 도모하고자 하였다는 점에서 그 의의를 찾을 수 있다.[95] 그 후 위 판례 판시를 따르는 대법원 판결도 나오고 있다.[96] 이러한 판례의 태도는 일본의 개정민법에서 새로이 도입된 상당한 대가를 얻어 한 재산의 처분행위의 특칙(일본 개정민법 제424조의2)의 신설과 동일한 문제의식 선상에서 나온 판례라고 평가할 수 있다.

2. 위탁자가 담보신탁된 부동산을 제3자에게 처분하는 것이 사해행위를 구성하는지 여부

가. 사실관계

채무자 회사는 집합건물을 신축하는 회사인데 분양이 잘 이루어지지 않아 미분양분 건물('이 사건 부동산'이라 한다)에 관하여 신탁회사와 담보신탁약정을 체결하고 신탁회사 앞으로 담보신탁계약을 원인으로 소유권이전등기를 마쳐주고 채무자 회사

94) 박정제(주 73), 94~101면 참조.
95) 박정제(주 73), 106면 참조.
96) 대법원 2015. 12. 23. 선고 2013다40063 판결.

에 대출을 해 준 6개 금융기관으로 구성된 대주단을 우선수익자로 지정하였다. 우선수익자인 대주단은 신탁회사에 이 사건 부동산을 공매로 처분하여 줄 것을 요청하였으나 십여 차례 유찰이 되자, 대주단은 시행사 측에 이 사건 부동산의 처리방안을 마련할 것을 촉구하였다. 이에 채무자 회사는 대주단에 이 사건 부동산에 대하여 신탁계약 해지 및 분양대금 할인을 요청한 다음 이 사건 부동산을 피고와 매매계약('이 사건 매매계약'이라 한다)을 체결하고, 대주단의 동의를 받아 신탁계약을 해지하고 이 사건 부동산에 관하여 각 신탁재산의 귀속을 원인으로 채무자 회사 앞으로 소유권이전등기를 마친 다음 바로 피고 앞으로 소유권이전등기를 마쳐주었고, 피고는 같은 날 이 사건 부동산에 대하여 근저당권을 설정하였다. 이에 원고는 채무자 회사의 일반채권자로 채무자 회사와 피고 사이에 체결된 이 사건 매매계약을 사해행위로 취소하고 가액배상을 청구한 사안이다.

나. 대법원의 판단

위탁자가 금전채권을 담보하기 위하여 금전채권자를 우선수익자로, 위탁자를 수익자로 하여 위탁자 소유의 부동산을 신탁법에 따라 수탁자에게 이전하면서 채무불이행 시에는 신탁부동산을 처분하여 우선수익자의 채권 변제 등에 충당하고 나머지를 위탁자에게 반환하기로 하는 내용의 담보신탁을 해 둔 경우, 신탁부동산에 대하여 위탁자가 가지고 있는 담보신탁계약상의 수익권은 위탁자의 일반채권자들에게 공동담보로 제공되는 책임재산에 해당한다.

위탁자가 위와 같이 담보신탁된 부동산을 당초 예정된 신탁계약의 종료사유가 발생하기 전에 우선수익자 및 수탁자의 동의를 받아 제3자에게 처분하는 등으로 담보신탁계약상의 수익권을 소멸하게 하고, 그로써 위탁자의 소극재산이 적극재산을 초과하게 되거나 채무초과상태가 더 나빠지게 되었다면 위탁자의 처분행위는 위탁자의 일반채권자들을 해하는 행위로서 사해행위에 해당한다.[97]

다. 대법원 판례의 검토

(1) 판례의 쟁점

부동산담보신탁이란 채무자가 위탁자가 되고 채권자를 우선수익자로 하여 채무자가 신탁부동산의 소유권을 수탁자(신탁회사)에게 이전하고 채무자가 채무를 변제하지 아니한 때에는 수탁자가 신탁재산을 처분하여 그 대금으로써 채권자인 수익자

97) 대법원 2016. 11. 25. 선고 2016다20732 판결. 위 판례의 판례해설로는, 박정제, "위탁자가 담보신탁된 부동산을 제3자에게 처분하는 것이 사해행위를 구성하는지 여부", 대법원판례해설 제109호(2017), 127~141면.

에게 변제하고 잔액이 있을 때에는 채무자에게 반환하는 방법에 의한 것으로 신탁제도를 이용한 부동산담보방법이다.[98] 부동산담보신탁은 위탁자가 채권의 담보를 위하여 그의 채권자에게 신탁부동산으로부터 수익권리금 한도 내에서 우선변제를 받을 권리를 부여하고, 위탁자가 피담보채무를 모두 변제한 경우 신탁부동산의 소유권을 회복할 수 있다.[99] 신탁 당시 수탁부동산은 대·내외적으로 수탁자의 소유라는 것이 확립된 판례인바,[100] 수탁자에게 부동산이 신탁된 상태에서 이 사건 매매계약이 이루어졌으므로 이 사건 부동산 자체를 명의신탁자의 책임재산으로 볼 수 있는지, 아니면 신탁계약상 수익권이 책임재산인지가 문제된다. 그 다음으로 책임재산을 신탁계약상의 수익권이라고 구성할 경우 이 사건 매매계약으로 처분되는 것은 이 사건 부동산인데 사해행위가 성립하는지 여부도 검토가 필요하다.

⑵ 담보신탁된 부동산이 처분된 경우 책임재산

담보신탁된 부동산이 처분된 경우 책임재산이 무엇인지와 관련하여 대법원 2013. 12. 12. 선고 2012다111401 판결이 중요한 선례가 된다. 채무자 A 회사가 구미 토지와 이 사건 토지를 피고 신탁회사에 담보신탁을 하였는데, 피고 신탁회사와 우선수익자들 및 피고1과 사이에 사업시행자를 피고1로 하는 합의가 이루어졌다. 그에 따라 2011. 5. 27. 이 사건 토지에 관하여 피고 신탁회사로부터 A회사 앞으로 신탁재산의 귀속을 원인으로 한 소유권이전등기를 하여 소유권을 환원시킨 다음 다시 같은 날 매매계약을 원인으로 피고1에게 소유권이전등기를 하고, 이어서 피고1을 신탁자로 하여 피고 신탁회사 앞으로 신탁을 원인으로 한 소유권이전등기를 마친 것에 대하여 채권자인 원고가 사해행위취소를 청구한 사안이다. 이에 대하여 대법원은 "A회사가 이 사건 토지와 구미 토지를 피고 신탁회사에 신탁해 둔 상태에서의 적극재산은 그 두 토지에 대한 신탁계약상의 수익권이라 할 것"이라고 판단하였다. A회사가 신탁회사에 부동산을 담보신탁을 해 둔 상태에서 그 신탁계약을 해지하여 부동산 소유권을 채무자로 회복한 다음 매매계약이 이루어지고 소유권이전등기가 마쳐진 경우임에도 대법원은 책임재산을 신탁계약상의 수익권으로 파악하여 결국 신탁된 부동산을 기준으로 사해행위 성립여부를 판단하라고 한 것이다. 이와 같이 판례가 본 이유는 단순히 사해행위에 해당하는 부동산매매계약 그 자체만 보지 않고 원래 일반채권자들에 대한 책임재산은 수익권에 불과하였는데 우선수익자

98) 최수정, 신탁법(2016), 534면.
99) 대법원 2018. 4. 12. 선고 2016다223357 판결.
100) 대법원 2002. 4. 12. 선고 2000다70460 판결; 대법원 2012. 7. 12. 선고 2010다67593 판결 등 참조.

와 채무자 등의 합의에 의하여 결국 신탁부동산이 회복되어 처분하게 되었다는 일련의 경과를 함께 보았기 때문이다.[101)]

대법원 2016다20732 판결의 사안은 대법원 2012다111401 판결과 달리 부동산이 신탁회사에 담보신탁이 된 상태에서 매매계약이 이루어졌으므로, 부동산 그 자체를 책임재산으로 구성하기 어려웠을 것이다. 따라서 판례는 위 대법원 2012다111401 판결의 법리에 따라 담보신탁이 된 신탁부동산에 대하여 위탁자가 가지고 있는 담보신탁계약상의 수익권이 위탁자의 책임재산이라고 명시적인 판시를 한 것으로 보인다.

(3) 담보신탁된 부동산 매매계약의 대상 및 매매계약을 사해행위로 구성할 수 있는지 여부

채권자취소권은 이미 행하여진 채무자의 재산처분행위의 효력을 부인하고 수익자 또는 전득자로부터 그가 취득한 재산을 회수하는 것을 본질적 기능으로 한다.[102)] 즉 통상적인 채권자취소소송에서는 취소대상이 되는 법률행위의 목적물이 일반채권자를 위한 공동의 책임재산에서 일탈한 재산이 될 것이다. 그런데 이 사건과 같이 신탁된 부동산에서 보전하려는 대상 재산은 채무자의 신탁계약상의 수익권인데, 채권자취소의 대상이 되는 법률행위 자체는 부동산에 관한 매매계약으로서 책임재산으로서 보전하려는 재산과 취소대상 법률행위가 일치하지 않는 문제가 발생한다.

이와 관련하여 판례는 사해행위의 대상과 사해행위로 인하여 소멸되는 재산(책임재산)이 불일치한 경우에도 사해행위의 성립을 인정하였다. 남편 A가 아내 B에게 이 사건 부동산을 명의신탁을 하였는데, 남편 A가 피고 C에게 이 사건 부동산을 매도하였고, 이 사건 부동산의 소유권이전등기는 B에서 C에게로 바로 넘어갔다. 이에 대하여 대법원은 남편 A가 아내 B에 대하여 명의신탁해지를 원인으로 하여 이 사건 부동산에 대한 소유권이전등기청구권을 갖게 되었고 이것이 A의 일반채권자에 대한 책임재산을 구성하는데, 이 사건 부동산의 소유권이전등기가 B에서 C로 넘어감으로써 A의 B에 대한 소유권이전등기청구권이 소멸되었으므로, A와 C 사이의 매매계약이 사해행위를 구성한다고 판단하였다.[103)] 이러한 판례의 태도는 채무자로부터 일탈되는 책임재산과 취소대상인 법률행위의 처분대상이 반드시 일치함을 요구하지 않는 것으로 보이는데, 이는 채권자 대 수익자의 이익의 비교형량과 채권자 보호라

101) 박정제(주 97), 135면.
102) 김능환(주 1), 799면.
103) 대법원 2016. 7. 29. 선고 2015다56086 판결.

는 채권자취소제도의 취지를 고려할 때 종래 판례 규제를 회피하기 위한 각종 신종 수법이 등장함에 따라 형식보다는 실질을 포착한 것으로 평가할 수 있을 것이다.[104)]

대법원 2016다20732 판결 사안에서 매매계약의 대상은 부동산 그 자체이고, 책임재산은 그 부동산에 대한 채무자인 소외 회사의 수익권이다. 이 사건에 나타난 소외 회사의 일련의 행위는 ① 매매계약, ② 기존 신탁계약의 종료(신탁해지), ③ 부동산 소유권의 소외 회사로 복귀, ④ 피고 앞으로 부동산의 소유권이전등기의 경료이다. 대법원 2016다20732 판결 사안에서 소외 회사가 피고와 사이에 이 사건 매매계약을 체결하고 신탁계약을 해지하여 소외 회사가 이 사건 각 부동산에 대한 소유권을 회복한 단계에서는 비록 신탁계약이 해지되어 수익권이 소멸되었더라도 아직 부동산의 소유권이 소외 회사에 남아 있어 수익권 상당의 책임재산이 소멸하였다고 볼 수는 없을 것이고, 이 사건 각 부동산에 대한 소유권이전등기가 피고 앞으로 마쳐짐으로써 현실적으로 수익권 상당의 책임재산이 피고의 책임재산으로부터 이탈되었다고 평가할 수 있을 것이다.[105)] 이 사건 매매계약이 체결된 경위, 신탁계약해지, 소유권복귀, 소유권이전등기라는 일련의 경위를 포괄하여 관찰하면, 이 사건 매매계약은 이 사건 각 부동산을 처분하는 것이지만, 그 실질은 이 사건 각 부동산에 대한 신탁계약상의 수익권을 소멸시키고 그에 상당하는 책임재산을 피고에게 넘겨주는 것으로 평가할 수 있을 것이어서 이 사건 매매계약은 사해행위로 볼 수 있다.[106)] 위 대법원 판례는 처음으로 담보신탁된 부동산의 처분행위가 사해행위를 구성할 수 있으며, 그 경우 책임재산은 신탁부동산에 대하여 위탁자가 가지고 있는 담보신탁계약상의 수익권이라고 명시적인 판단을 내렸다는 점에서 그 의의를 찾을 수 있다.[107)]

3. 사해행위 성립 판단 시점

가. 사실관계

소외 1 소유의 이 사건 각 부동산과 소외 1의 형인 소외 2 소유의 임야에 소외 1의 농협은행에 대한 500,000,000원의 대출금채무를 담보하기 위하여 채권최고액 650,000,000원, 채무자 소외 1, 근저당권자 농협은행으로 된 공동근저당권(이하 '이

---

104) 박정제(주 97), 137면; 유해용, "사해행위취소의 대상과 효력에 관한 판례 연구", 법과 정의 그리고 사람: 박병대 대법관 재임기념 문집(2017), 1309면 참조.

105) 수익권에서 부동산의 일부 형태로 가치 변환이 발생하였다고 볼 수 있을 것이다. 박정제(주 97), 137면.

106) 박정제(주 97), 137~138면.

107) 박정제(주 97), 140~141면.

사건 공동근저당권'이라고 한다)이 설정되어 있었다. 소외 1은 채무초과 상태에서 2013. 9. 17. 피고와 사이에 시가 441,438,200원 정도인 이 사건 각 부동산을 330,000,000원에 매도하는 매매계약을 체결하면서, 위 매매대금 중 300,000,000원의 지급은 피고가 이 사건 공동근저당권의 피담보채무를 인수하는 것으로 갈음하기로 약정하였다. 매매계약 체결일인 2013. 9. 17.에, 소외 1이 자신 명의의 농협은행 계좌에서 돈을 인출하여 이 사건 공동근저당권의 피담보채무 중 원금 200,000,000원과 이자 1,242,588원을 변제하자, 피고는 소외 1에게 30,000,000원을 지급하는 한편 이 사건 공동근저당권의 나머지 피담보채무 300,000,000원을 인수하였고, 이 사건 각 부동산에 관하여 피고 명의의 소유권이전등기도 마쳤다. 이에 소외 1의 일반채권자인 원고가 피고를 상대로 2013. 9. 17.자 매매계약 취소 및 소유권이전등기의 말소를 구하는 사안이다.

나. 대법원의 판단

대법원은, 사해행위취소의 소에서 채무자가 수익자에게 양도한 목적물에 저당권이 설정되어 있는 경우에 목적물 중에서 일반채권자들의 공동담보에 제공되는 책임재산은 피담보채권액을 공제한 나머지 부분만이므로, 피담보채권액이 목적물의 가액을 초과할 때의 목적물 양도는 사해행위에 해당하지 않지만, 저당권의 피담보채권액이 목적물의 가액을 초과하였더라도 채무자가 목적물을 양도하기에 앞서 자신의 출재로 피담보채무의 일부를 변제하여 잔존 피담보채권액이 목적물의 가액을 초과하지 않게 되었다면 목적물의 양도로 목적물의 가액에서 잔존 피담보채권액을 공제한 잔액의 범위 내에서 사해행위가 성립하고, 이는 채무자의 출재에 의한 피담보채무의 일부 변제가 양도계약 체결 후 이에 따른 소유권이전등기 등이 마쳐지는 과정에서 이루어진 경우에도 마찬가지로 보아야 한다고 판시하였다.

이 사건과 관련하여 대법원은, 이 사건 매매계약이 체결되기 전에 이 사건 공동근저당권의 피담보채권액이 이 사건 각 부동산의 가액을 초과하였더라도 소외 1이 이 사건 공동근저당권의 채무자이므로, 채무자 소유의 이 사건 각 부동산이 부담하는 피담보채권액은 이 사건 공동근저당권의 피담보채권액 전액이라고 판단한 다음, 소외 1이 이 사건 각 부동산을 양도하는 과정에서 자신의 출재로 그 피담보채무 중 일부를 변제하여 이 사건 공동근저당권의 잔존 피담보채권액이 이 사건 각 부동산의 가액을 초과하지 않게 되었으므로, 이 사건 각 부동산의 시가 441,438,200원에서 이 사건 공동근저당권의 잔존 피담보채권 300,000,000원을 공제한 범위 내에서 사

해행위가 성립한다고 판단하였다.[108)]

다. 사해행위의 성립 판단 기준시점에 대한 판례의 태도

(1) 원 칙

판례는, 채무자의 재산처분행위가 사해행위가 되는지 여부는 원칙적으로 처분행위 당시를 기준으로 판단하여야 한다고 한다.[109)] 채무자의 처분행위가 그 행위 당시에 채권자를 해하는 것이 아니라면 그 후에 물가의 변동 기타의 사정으로 채무자의 재산상태가 악화되었더라도 사해행위는 성립하지 않는다.[110)]

(2) 사해행위의 전후의 일련의 행위를 통해 사해행위의 성립 여부를 판단한 판례

판례는 원칙적으로 사해행위 당시를 기준으로 사행성을 판단하지만, 예외적으로 사해행위 전후의 일련의 행위를 종합하여 사행성을 판단하는 판례도 발견된다. 먼저 판례는 채무자가 A로부터 대출받은 자금으로 새로이 취득한 이 사건 근저당권부채권을 A를 위하여 A가 채무자에게 대출하기 위하여 피고로부터 차용한 대출금의 담보로 제공하는 이 사건 질권설정계약을 체결하였다면, 이러한 일련의 행위 전후를 통하여 기존 채권자들의 공동담보재산에는 아무런 영향이 없으므로 질권설정계약은 사해행위가 아니라고 하였다.[111)] 또한 판례는 채무자가 피고로부터 돈을 차용하여 이 사건 주택 매수자금으로 사용하고 이러한 경위를 통해 새로 취득한 이 사건 주택을 피고에 대한 당해 차용금채무의 담보로 제공한 사안에서, 단기간에 이루어진 그 일련의 행위 전후를 통하여 기존 채권자들의 공동담보가 감소되었다고 할 수 없고, 이러한 경우 소외인의 피고에 대한 담보제공행위만을 분리하여 그것이 사해행위에 해당한다고 볼 수 없다고 하였다.[112)]

한편 판례는 채무자가 동일한 사해의 의사로서 연속하여 수개의 재산처분행위를 한 경우 이를 일괄하여 사해성 여부를 판단할 수 있다고 한다. 즉 대법원은 채무자가 연속하여 수개의 재산행위를 한 경우에는 채권자취소권에 관하여 각 행위별로 그로 인하여 무자력이 초래되었는지 여부에 따라 사해성을 판단하는 것이 원칙이지만, 그 일련의 행위들을 하나의 행위로 볼 특별한 사정이 있는 때에는 이를 일괄하

---

108) 대법원 2017. 1. 12. 선고 2016다208792 판결.

109) 대법원 2012. 1. 12. 선고 2010다64792 판결; 대법원 2002. 11. 8. 선고 2002다41589 판결 등 참조.

110) 김능환(주 1), 823면. 일본에서는 채무자의 행위와 무자력 사이에 상당인과관계가 있고, 채무자도 그것을 예측하고 있는 때에는 행위 후에 무자력의 상태가 발생하여도 사해행위가 성립한다고 하는 설명이 있다. 飯原一乘, 詐害行爲取消訴訟(2006), 96면 참조.

111) 대법원 2004. 11. 12. 선고 2004다26324 판결.

112) 대법원 2009. 4. 23. 선고 2008다95663 판결.

여 전체로서 사해성이 있는지 판단하여야 한다고 하면서, 이때 그러한 특별한 사정이 있는지 여부는 행위의 상대방의 동일성, 각 재산행위의 시간적 근접성, 채무자와 상대방의 관계, 행위의 동기 내지 기회의 동일성 여부 등을 기준으로 결정되어야 한다고 한다.113) 이러한 논의의 실익은 이를 긍정하는 경우에는 채무자의 채무초과 상태, 제척기간의 준수 여부 등 사해행위 요건의 구비 여부는 애초의 법률행위를 기준으로 판단하여야 한다는 것이다. 초기의 판례는 이러한 논의를 부정하였으나, 최근에는 긍정하는 판례가 다수 발견된다. 먼저 판례는 채무자가 2001. 4. 17. 부동산을, 2001. 4. 27. 정리채권을 동일한 피고에게 매각한 사안에서 동일한 사해의사에 따른 일련의 행위로서 하나의 행위로 평가할 특별한 사정이 존재한다고 하였다.114) 또한 채무자가 공장부지와 공장건물 등을 합하여 하나의 공장으로서 경제적 일체를 이루는 부동산에 관한 매매계약을 체결하면서 토지거래허가를 받아야 함을 고려하여 소유권이전등기를 하기 전에 상대방에게 근저당권을 설정해 주기로 특약을 하고 그 후 특약에 따라 상대방에게 근저당권을 설정하여 준 사안에서, 원심은 근저당권설정계약 당시를 기준으로 채무자의 무자력 상태를 판단하였으나, 대법원은 매매계약과 근저당권설정계약은 사해행위 여부의 판단에서 이를 하나의 행위로 봄이 상당하고 채무자의 채무초과 상태 등 사해행위 요건의 구비여부는 애초의 법률행위인 매매계약 당시를 기준으로 판단하여야 한다고 하였다.115)

이러한 판례들 이외에도 대법원 2015다56086 판결과 대법원 2016다20732 판결 등에서는 사해행위 전후의 일련의 행위를 포괄하여 관찰함으로써 채무자로부터 일탈되는 책임재산과 취소대상인 법률행위의 처분대상이 반드시 일치함을 요구하지 않고 사해행위의 성립을 긍정하는 경향도 보이고 있음은 앞서 살펴본 바와 같다(Ⅲ. 2. 다. 참조).

라. 대법원 판례의 검토

채무자가 2억 원을 변제하기 전에 이 사건 매매계약이 성립하였다는 점은 부정하기 어렵고, 형식적으로 본다면 위 매매계약 성립 당시 이 사건 각 부동산의 시가보다 피담보채권액이 다액이어서 이 사건 각 부동산 중 일반 채권자의 공동담보에 공하여지는 부분은 없다고 볼 여지도 있다. 하지만, 채무자가 공동근저당권의 피담

113) 대법원 2010. 5. 27. 선고 2010다15387 판결. 같은 취지의 일본 판례로는 大審院 1937. 11. 10. 판결.

114) 대법원 2005. 7. 22. 선고 2005다7795 판결.

115) 대법원 2010. 5. 27. 선고 2010다15387 판결.

보채무 5억 원 중 2억 원을 변제하고 피고가 나머지 피담보채무 3억 원을 인수하는 것은 이 사건 매매계약 체결 전에 이미 채무자, 농협은행, 피고의 사전협의가 있었던 것으로 보이고, 매매계약 체결, 채무자의 2억 원 변제, 소유권이전등기까지의 일련의 과정을 살펴보면, 이 사건 매매는 채무자의 2억 원 변제를 전제로 하여 이루어진 것이고, 만일 채무자의 변제가 이루어지지 않았다면 매매계약은 체결되지 않았을 것이므로, 채무자가 2억 원의 피담보채무를 변제하는 것은 이 사건 매매계약의 하나의 내용이고, 결국 이 사건 매매계약의 대상은 피담보채권이 5억 원의 근저당권부 부동산이 아니라 피담보채권 3억 원으로 감액된 부동산으로 보는 것이 타당하다. 또한 채무자가 변제한 2억 원은 일반채권자의 공동담보에 제공된 부분이고 이를 가지고 공동근저당권의 피담보채무를 변제하여 피담보채무를 감액하여 주는 것은 피고에게 책임재산을 유출하는 것으로 평가할 여지도 충분해 보인다.[116] 채무자가 매매계약 체결 전에 변제한 경우이든지 또는 매매계약 체결 후 변제한 경우이든지 그 시기를 불문하고 채무자의 변제로서 책임이 회복된 부분을 제3자에게 처분하는 것은 사해행위라고 볼 수 있다. 전체 부동산의 시가에 채무자의 변제금액을 더하고 변제 전 피담보채권액을 뺀 금액이 이 사건 각 부동산 중 일반채권자에게 제공되는 책임재산에 해당하고 이 사건 사해행위로 이를 처분한 것이므로, 판례의 태도는 타당하다.

4. 사해행위성립여부를 판단함에 있어서 공동저당목적물로 제공된 책임재산의 평가

가. 공동저당 법리와 사해행위 법리의 교차 영역

저당권이 설정되어 있는 부동산의 매각행위가 사해행위로 되는 경우에는, 부동산가액으로부터 저당권에 의해 우선적으로 담보되는 피담보채권액을 공제하고, 일반채권자에 대한 공동담보부분에 대하여 사해행위가 성립하고 취소에 따른 회복할 수 있는 범위도 거기에 한정된다.[117] 공동저당권[118]이 설정되어 있는 수 개의 부동

116) 반면에 수익자가 피담보채무를 변제하는 것은 매매대금의 지급방법에 불과하고, 실제로 수익자가 등기를 넘겨받은 다음 자신이 피담보채무를 변제한 경우에는 채무자의 책임재산이 유출된 것으로 평가할 수 없다. 한편 채무자가 공동근저당권자인 은행에 피담보채무 중 2억 원을 변제한 행위는 우선변제권자에 대한 변제에 해당하여 원칙적으로 사해행위가 성립되지 않는다(대법원 2001. 4. 10. 선고 2000다66034 판결).

117) 대법원 1997. 9. 9. 선고 97다10864 판결.

118) 민법 제368조(공동저당과 대가의 배당, 차순위자의 대위)
① 동일한 채권의 담보로 수개의 부동산에 저당권을 설정한 경우에 그 부동산의 경매대가를 동시에 배당하는 때에는 각 부동산의 경매대가에 비례하여 그 채권의 분담을 정한다.
② 전항의 저당부동산중 일부의 경매대가를 먼저 배당하는 경우에는 그 대가에서 그 채권전

산 중 일부가 처분된 경우에도 처분된 부동산의 가액에서 그 부동산에 대한 피담보채권액을 공제하여 사해행위 성립 여부를 판단하여야 할 것인데, 이는 공동저당의 법리와 사해행위의 법리가 교차하는 어려운 문제이다. 이에 대하여는 ① 공동저당권자는 공동저당권이 설정된 수개의 부동산 중 하나로부터 채권전부를 변제받을 수 있으므로(민법 제368조 제2항), 사해행위 목적부동산으로부터 공제되어야 할 액은 안분액이 아니라 피담보채권전액이라는 견해(전액설), ② 민법 제368조 제1항의 취지에 따라 공동저당 목적이 된 각 부동산의 가액에 비례하여 안분한 피담보채권액으로 볼 것이라는 견해(안분설), ③ 처분행위 당시 발생되어 있는 공동저당권의 피담보채권액에서 그 공동저당권자가 채무자의 부동산이 먼저 경매될 경우 배당받을 수 있는 액수를 제외한 나머지라는 견해(잔액설)가 상정이 가능하다.[119] 이와 관련된 대법원 판례에 대하여 자세히 살펴본다.

나. 공동저당권의 목적이 된 각 부동산이 모두 채무자 소유인 경우

이 경우 대법원 판례는 안분설을 취하고 있다. 채무자는 그 소유인 A 부동산을 그의 사위인 피고에게 매도하였다. 위 매매 전에 A 부동산에 관하여 1순위 근저당권이, A 부동산과 함께 B 부동산에 관하여 2순위 공동근저당권이 설정되어 있었다. 매매 당시 A 부동산의 시가는 약 2억 5,000만 원이고, 각 근저당권의 피담보채권액 합계는 약 3억 원이었다.

원심은 공동근저당권자는 담보권을 실행할 저당목적물을 임의로 선택할 수 있음을 이유로 A 부동산이 피담보채권액 전액을 담보한다고 판단한 후 피담보채권액이 목적물의 시가를 초과한다는 이유로 사해행위의 성립을 부정하였다. 이에 대법원은 채무자가 양도한 목적물에 담보권이 설정되어 있는 경우라면 그 목적물 중에서 일반채권자들의 공동담보에 제공되는 책임재산은 피담보채권액을 공제한 나머지 부분만이라 할 것이고 그 피담보채권액이 목적물의 가격을 초과하고 있는 때에는 당해 목적물의 양도는 사해행위에 해당한다고 할 수 없는데, 여기서 공동저당권이 설정되어 있는 수 개의 부동산 중 일부가 양도된 경우에 있어서의 그 피담보채권액은 특별한 사정이 없는 한 민법 제368조의 규정 취지에 비추어 공동저당권의 목적으로

부의 변제를 받을 수 있다. 이 경우에 그 경매한 부동산의 차순위저당권자는 선순위저당권자가 전항의 규정에 의하여 다른 부동산의 경매대가에서 변제를 받을 수 있는 금액의 한도에서 선순위자를 대위하여 저당권을 행사할 수 있다.

119) 박정제, “사해행위 성립 여부를 판단함에 있어서 물상보증인이 공동저당목적물로 제공한 책임재산의 평가 – 대법원 2016. 8. 18. 선고 2013다90402 판결을 중심으로”, 사법 50호(2019), 209면.

된 각 부동산의 가액에 비례하여 공동저당권의 피담보채권액을 안분한 금액이라고 봄이 상당하다는 이유로 원심판결을 파기하였다.[120)]

공동저당권자의 담보권실행선택의 자유를 중시한다면 사해행위성립여부를 판단함에 있어서 공동저당목적 부동산 각각으로부터 피담보채권액 전액을 중첩적으로 공제하여야 할 것이나 이는 일반채권자의 공동담보에 제공된 책임재산이 너무 과도하게 저평가되어 일반채권자의 이익을 해하는 결과가 되고 공동담보의 효율적 이용이라는 측면에서도 의문이다. 판례도 이와 같은 입장에서, 공동저당목적 부동산 각각으로부터 중첩적으로 피담보채권액을 공제할 것이 아니라 공동저당목적 부동산 전체로부터 공동저당권상의 피담보채권액을 한번만 공제하되 그 액수는 부동산 가액별로 안분하라는 취지로 볼 수 있다. 한편 일본 最高裁判所도 부동산이 모두 채무자 소유인 경우 안분설을 취하고 있다.[121)]

다. 공동저당부동산 중 일부는 채무자 소유, 다른 일부는 물상보증인의 소유인 경우에 채무자 소유의 부동산이 처분된 경우

(1) 채무자 갑 소유의 23억 원 상당의 부동산(A 부동산)과 물상보증인(채무자 갑의 부친) 소유의 230억 원 상당의 병원 건물에 관하여 피담보채무 30억 원을 담보하기 위하여 공동근저당권이 설정되어 있었는데, 채무자 갑이 피고에게 자신의 소유인 A 부동산에 근저당권을 설정해 주어 그 근저당권설정행위가 사해행위에 해당하는지가 문제된 사안이다.

---

120) 대법원 2003. 11. 13. 선고 2003다39989 판결. 이 판례의 판례해설로는 이재영, “공동저당권이 설정된 부동산 중 일부가 양도된 경우에 사해행위 여부를 판단함에 있어서 피담보채권액의 산정방법”, 대법원판례해설 46호(2003), 583~584면(공동저당에 대한 민법 제368조의 규정 취지는 공동저당권이 설정된 부동산 중 일부가 양도된 경우에 있어서의 사해행위 여부를 판단함에 있어서도 마찬가지로 고려되어야 하며, 만약 공동저당권이 설정되어 있는 채무자의 부동산 중 일부를 양도한 경우에 사해행위 여부를 판단함에 있어서 공동저당권의 피담보채권액 전액을 공제하여야 한다고 본다면, 일반채권자들의 공동담보에 제공된 책임재산이 부당하게 과소평가하게 되므로, 공동저당권이 설정되어 있는 채무자의 부동산 중 일부를 양도한 경우에 피담보채권액이 부동산가액을 초과하는지를 판단함에 있어서 그 피담보채권액은 공동저당권의 목적이 된 각 부동산의 가액에 비례하여 안분한 금액이라고 봄이 상당하다고 한다).

121) 最高裁判所 1992. 2. 27. 판결(공동저당부동산의 매매 후, 위 저당권이 변제에 의하여 소멸한 경우에 있어서, 위 매매계약이 사해행위에 해당하는 때에는 매매의 목적이 된 부동산의 가액으로부터 위 부동산이 부담하여야 할 위 근저당권의 피담보채무액을 공제한 잔액의 한도에서 위 매매계약을 취소하고, 그 가격에 따른 배상을 명하여야 하며, 일부의 부동산 자체의 회복을 인정할 수 없다. 이러한 경우에 있어서, 사해행위의 목적부동산의 가액으로부터 공제하여야 할 위 부동산이 부담하여야 할 저당권의 피담보채권액은 일본 민법 제392조의 취지에 비추어 공동저당의 목적으로 된 각 부동산의 가액에 따라 저당권의 피담보채권액을 안분한 액에 따른다고 해석함이 상당하다).

대법원은 수개의 부동산 중 일부는 채무자의 소유이고 일부는 물상보증인의 소유인 경우에는, 물상보증인이 민법 제481조, 제482조의 규정에 의한 변제자대위에 의하여 채무자 소유의 부동산에 대하여 담보권을 행사할 수 있는 지위에 있는 점 등을 고려할 때, 채무자 소유의 부동산에 관한 피담보채권액은 공동저당권의 피담보채권액 전액으로 봄이 상당하다고 판시하고 A부동산이 담보하는 금액은 피담보채권전액이라고 하여 사해행위 성립을 부정한 원심판단을 유지하였다.[122)]

채무자 소유 부동산이 담보하는 금액은 피담보채권전액이라는 견해는 이시배당이든 동시배당이든 모두 물상보증인의 변제자대위가 우선한다는 점을 전제로 한다. 동시배당의 경우 채무자 소유 부동산 매각대금에서 우선배당을 받는다는 판례[123)]가 나오기 전이었음에도 위 판례는 채무자 소유 부동산이 담보하는 금액은 피담보채권액이라는 견해를 취한 점에서 특이점이 있다.

(2) 채무자 갑이 A 은행에 부동산에 관한 근저당권을 설정해 준 다음 을, 병에게 부동산 중 각 1/4 지분에 관한 소유권을 이전해 주었고, 남은 1/2 지분에 관하여 B 은행에 근저당권을 설정해 준 후 정과 매매계약을 체결한 사안에서, 대법원은 을, 병은 A 은행 명의의 근저당권이 설정된 상태에서 각 4분의 1 지분을 취득한 제3취득자이므로, 을, 병은, 채무자 갑의 A 은행 근저당권 피담보채무 내지 그 이행을 인수하는 등의 사정으로 갑에 대하여 구상권을 행사할 수 없다는 특별한 사정이 없는 이상, 매매계약 당시 민법 제481조, 제482조의 규정에 의한 변제자대위에 의하여 갑 소유의 부동산 지분에 대하여 저당권을 행사할 수 있는 지위에 있었고, 따라서 매매계약 당시 부동산 지분이 부담하는 A 은행 근저당권의 피담보채권액은 채권최고액 전액으로 보아야 한다고 판단하였다.[124)]

한 개의 공유부동산 중 일부 지분이 채무자의 소유이고 일부 지분이 제3취득자의 소유인 경우 채무자 소유 부동산에 관한 피담보채권액은 공동저당의 피담보채권

---

122) 대법원 2008. 4. 10. 선고 2007다78234 판결.

123) 대법원 2010. 4. 15. 선고 2008다41475 판결(공동저당권이 설정되어 있는 수개의 부동산 중 일부는 채무자 소유이고 일부는 물상보증인의 소유인 경우 위 각 부동산의 경매대가를 동시에 배당하는 때에는, 물상보증인이 민법 제481조, 제482조의 규정에 의한 변제자대위에 의하여 채무자 소유 부동산에 대하여 담보권을 행사할 수 있는 지위에 있는 점 등을 고려할 때, "동일한 채권의 담보로 수개의 부동산에 저당권을 설정한 경우에 그 부동산의 경매대가를 동시에 배당하는 때에는 각 부동산의 경매대가에 비례하여 그 채권의 분담을 정한다"고 규정하고 있는 민법 제368조 제1항은 적용되지 아니한다고 봄이 상당하다. 따라서 이러한 경우 경매법원으로서는 채무자 소유 부동산의 경매대가에서 공동저당권자에게 우선적으로 배당을 하고, 부족분이 있는 경우에 한하여 물상보증인 소유 부동산의 경매대가에서 추가로 배당을 하여야 한다).

124) 대법원 2010. 12. 23. 선고 2008다25671 판결.

액 전액이라고 본 사례이다. 위 판례는 대법원 2010. 4. 15. 선고 2008다41475 판결의 법리가 공유물의 경우와 제3취득자가 변제자대위를 할 수 있는 경우에도 적용되고, 제3취득자가 채무인수 또는 이행인수를 하였는지가 불분명한 경우에는 채무인수 내지 이행인수가 없었다고 보아야 하는 점 등을 근거로 채무자 소유 부동산에 관한 피담보채권액은 공동저당의 피담보채권액 전액이라는 입장을 취한 것으로 보인다.

(3) 채무자 A와 그 처인 피고는 이 사건 부동산 중 각 1/2지분씩 소유하는 공유자이고, 이 사건 부동산 전부에 A를 채무자로 하는 소외 은행의 이 사건 근저당권이 마쳐져 있었다. 그런데 A는 자신의 유일한 부동산인 이 사건 부동산 중 1/2지분('이 사건 지분'이라 한다)을 피고에게 증여하고 소유권이전등기를 마쳐주었으며, 피고는 다른 은행으로부터 대출을 받아 이 사건 근저당권을 말소한 사안이다.

대법원은 수 개의 부동산 중 일부는 채무자의 소유이고 다른 일부는 물상보증인의 소유인 경우에는, 물상보증인이 민법 제481조, 제482조의 규정에 따른 변제자대위에 의하여 채무자 소유의 부동산에 대하여 저당권을 행사할 수 있는 지위에 있는 점 등을 고려할 때, 그 물상보증인이 채무자에 대하여 구상권을 행사할 수 없는 특별한 사정이 없는 한 채무자 소유의 부동산에 관한 피담보채권액은 공동저당권의 피담보채권액 전액으로 봄이 상당하고, 이러한 법리는 하나의 공유부동산 중 일부 지분이 채무자의 소유이고, 다른 일부 지분이 물상보증인의 소유인 경우에도 마찬가지로 적용된다고 판시한 다음, 채무자와 물상보증인의 공유인 부동산에 관하여 저당권이 설정되어 있고, 채무자가 그 부동산 중 자신의 지분을 양도하여 그 양도가 사해행위에 해당하는지를 판단할 때 채무자 소유의 부동산 지분이 부담하는 피담보채권액은 원칙적으로 각 공유지분의 비율에 따라 분담된 금액이라는 취지의 안분설을 취한 대법원 판례들을 변경하고, 이 사건 지분이 부담하는 근저당권의 피담보채권액은 전액이라고 판단하였다.[125]

위 판례는 물상보증인이 변제자대위를 할 수 있는 점을 고려하여 저당목적물이 모두 채무자의 소유인 경우와 달리 공동저당물 중 일부가 물상보증인의 소유인 경

---

125) 대법원 2013. 7. 18. 선고 2012다5643 전원합의체 판결. 위 판례의 판례해설로는, 김상훈, "채무자와 물상보증인의 공유인 부동산에 관하여 저당권이 설정된 후 채무자가 자신의 지분을 양도한 경우 사해행위 성립 여부의 판단 기준", 대법원판례해설 제97호 하권(2014), 80~97면; 정수진, "공동저당물 중 일부의 처분으로 인한 사해행위의 성립 여부 판단 및 원상회복 방법", 민사판례연구 36권(2014), 451면; 김주호, "채무자와 물상보증인 소유의 공유부동산에 저당권이 설정된 후 채무자가 자신의 지분을 양도한 경우, 그 양도가 사해행위에 해당하는지 여부를 판단할 때 채무자 소유의 지분이 부담하는 피담보채권액의 산정방법", 부산판례연구회 판례연구 제26집(2015), 120면 참조.

우에는 채무자 소유 부동산에 우선 공동저당권의 피담보채권 전액을 부담시키는 입장을 채택하고, 종래 그러한 경우에도 안분설을 취한 판례를 변경하였다.

⑷ 평 가

공동저당권의 대상인 부동산들이 모두 채무자 소유인 경우와 달리, 채무자와 물상보증인의 각각의 소유에 해당하는 경우에는 민법 제368조 제1항에 따른 안분배당이 적용되지 않는다. 이 경우에는 물상보증인 소유 부동산 매각대금으로부터 배당을 받는 것은 타인 채무의 변제에 해당한다는 특수성이 존재하기 때문이다.[126] 이러한 경우 이시배당이건 동시배당의 경우이든 모두 채무자 소유 부동산에서 공동저당권의 피담보채권액 전액을 우선 공제한다는 것이 공동저당의 배당에 관한 대법원 판례 법리이다. 공동담보 중 먼저 채무자 소유 부동산으로부터 피담보채권에 충당하고 모자라면 잔액만 물상보증인 소유 부동산에서 충당하게 된다. 이는 종래 공동저당의 배당에 관한 판례 법리가 채권자취소소송에 있어서 책임재산 산정에 있어서도 적용된다고 평가할 수 있다.[127]

라. 공동저당부동산 중 일부는 채무자 소유, 다른 일부는 물상보증인의 소유인 경우에 물상보증인 소유의 부동산이 처분된 경우

⑴ A 소유인 이 사건 제5 내지 10번 각 부동산과 B 소유인 B 지분에 관하여, 1999. 4. 15. 채무자 B, 근저당권자 C축산업협동조합, 채권최고액 85,000,000원인 공동근저당권설정등기(이하 '①번 근저당권'이라 한다)가, 2009. 8. 19. 채무자 B, 근저당권자 C축산업협동조합, 채권최고액 390,000,000원인 공동근저당권설정등기(이하 '②번 근저당권'이라 한다)가, 1999. 4. 15.부터 2008. 4. 18.까지 채무자 A, 근저당권자 C축산업협동조합, 채권최고액 합계 3,307,000,000원인 12건의 공동근저당권설정등기(이하 포괄하여 '③번 근저당권'이라 한다)가 각 마쳐져 있었다. A는 2011. 9. 5. 자신의 형제인 피고에게 이 사건 제1 내지 4번 각 부동산을 매도하는 매매계약(이하 '이 사건 매매계약'이라 한다)을 체결하고, 2011. 9. 6. 피고 명의의 각 소유권이전등기를 마쳐주었다. A에 대한 채권자인 원고가 A와 피고 사이에 체결된 이 사건 제1 내지 4번 기재 부동산에 대한 부동산매매계약이 사해행위에 해당함을 전제로 그 취소와 원상회복을 청구한 사안이다.

이에 대하여 대법원은, 채무자 소유의 부동산이 부담하는 피담보채권액은 채무

126) 內田 貴, 民法Ⅲ(제3판)(2005), 465면.
127) 박정제(주 119), 227면.

자 소유 부동산의 가액을 한도로 한 공동저당권의 피담보채권액 전액이고, 물상보증인 소유의 부동산이 부담하는 피담보채권액은 공동저당권의 피담보채권액에서 채무자 소유의 부동산이 부담하는 피담보채권액을 제외한 나머지이며, 이러한 법리는 하나의 공유부동산 중 일부 지분이 채무자의 소유이고, 다른 일부 지분이 물상보증인의 소유인 경우에도 마찬가지로 적용된다고 새로운 법리를 판시하였다. 대법원은 위 사안에서, B가 채무자이고 A가 물상보증인인 ①번, ②번 근저당권의 채권최고액 합계가 475,000,000원(= 85,000,000원 + 390,000,000원)으로서 그 채무자인 B 소유의 이 사건 지분의 가액 1,252,726,880원을 초과하지 아니하므로 ①번, ②번 근저당권의 피담보채권액 중 그 물상보증인인 A 소유의 이 사건 부동산이 부담하는 부분은 존재하지 않고, A가 채무자이고 B가 물상보증인인 ③번 근저당권의 피담보채권액이 1,393,312,026원으로서 그 채무자인 A 소유의 이 사건 부동산의 가액 1,726,066,880원을 초과하지 아니하므로 ③번 근저당권의 피담보채권액 중 그 물상보증인인 B 소유의 이 사건 지분이 부담하는 부분은 존재하지 않는다고 판단한 다음, 원심이 이 사건 부동산의 가액을 평가하면서 ①, ②번 각 근저당권의 피담보채권액을 공제하지 않은 것은 결과적으로 정당하다고 보았다.[128)]

(2) 다음 사례는 채무자 소유 부동산과 물상보증인들 소유 부동산에 공동근저당권이 설정된 경우 물상보증인들 소유 부동산이 부담하는 피담보채권액은 어떻게 산정되는지를 판시한 사례이다.

먼저 사안을 살펴보면, 원고는 A에게 3억 5천만 원을 대여하였다. 이 사건 부동산은 A, B, C가 각 1/3 지분씩 소유하고 있었다. 이 사건 부동산에는 2010. 6. 4. 근저당권자 우리은행, 채무자 B, 채권최고액 8억 4천만 원으로 된 근저당권이 설정되어 있었다(제1근저당권). 이 사건 부동산에 2010. 11. 8. 근저당권자 우리은행, 채무자 소외 회사, 채권최고액 12억 원의 제2근저당권이 A 소유의 비산동 아파트에 공동근저당으로 설정되어 있었다. 물상보증인인 A는 그 소유지분을 제수인 피고에게 매도하였고, 물상보증인의 채권자인 원고가 그 수익자인 피고를 상대로 사해행위 취소 및 원상회복을 청구하였다.

대법원은 이 사건 부동산 중 물상보증인 소유지분이 부담하는 피담보채권액은 공동저당권의 피담보채권액에서 채무자의 소유지분이 부담하는 피담보채권액을 제외한 나머지를 물상보증인들의 소유지분의 가액에 비례하여 안분한 금액으로 봄이

128) 대법원 2016. 8. 18. 선고 2013다90402 판결.

타당하다고 지적한 다음, 물상보증인 소유지분이 부담하는 피담보채권액을 채무자와 물상보증인들의 소유지분 가액에 비례하여 안분한 금액으로 본 원심판결에는 법리오해의 잘못이 있다는 이유로 원심판결을 파기하였다.[129)]

위 판례는 원심이 물상보증인 A가 부담하는 피담보채권액을 안분설에 따라 채무자와 물상보증인들의 소유지분 가액에 비례하여 안분한 금액으로 본 것에 대하여, 먼저 공동근저당권의 피담보채권액에서 채무자의 소유지분이 부담하는 피담보채권액을 제외한 나머지를 물상보증인들의 소유지분의 가액에 비례하여 안분한 금액으로 보아야 한다고 판시하여, 잔액설 → 안분설에 따라 물상보증인 소유 부동산이 부담하는 피담보채권액을 산정한 것이다.

한편 일본에서도 물상보증인 A 소유 갑 부동산과 물상보증인 B 소유 을 부동산에 공동근저당권이 설정된 경우 동시배당의 경우에는 우리 민법 제368조 제1항에 해당하는 일본 민법 제392조 제1항[130)]에 따라 각 부동산의 가격에 따라 안분배당을 하여야 한다는 견해,[131)] 일본 민법 제501조 제3항 제3호[132)]에 따라 각 부동산의 가격에 따라 안분배당을 하여야 한다는 견해[133)] 가 있으나, 결론적으로 일본 민법 제392조 제1항을 적용한 것과 제501조 제3항 제3호를 적용한 것 모두 각 부동산의 가격에 따라 안분하여야 하므로 그 결과는 동일하다.[134)]

⑶ **대법원 2016. 7. 7. 선고 2015다249000 판결**

피고와 A는 사실혼 관계로 이 사건 부동산의 각 1/2지분씩 소유하고 있었다. 이

129) 대법원 2016. 7. 29. 선고 2015다214462 판결.

130) 일본 민법 제392조 ① 채권자가 동일의 채권의 담보로 수개의 부동산에 대하여 저당권을 갖고 있는 경우에, 동시에 대가를 배당하는 때에는 그 각 부동산의 가액에 따라 그 채권의 부담을 안분한다.

131) 內田 貴(주 126), 470면.

132) 일본 민법 제501조(변제에 의한 대위의 효과) ① 제499조 및 제500조의 규정에 따라 채권자를 대위한 자는 채권의 효력 및 담보로서 그 채권자가 가지는 일체의 권리를 행사할 수 있다.
② 제1항의 규정에 따른 권리의 행사는 채권자를 대위한 자가 자기의 권리에 따라 채무자에 대하여 구상할 수 있는 범위(보증인 1인이 다른 보증인에 대하여 채권자를 대위하는 경우에는 자기의 권리에 따라 해당 다른 보증인에 대하여 구상할 수 있는 범위)에 한하여 할 수 있다.
③ 제1항의 경우에는 제2항의 규정에 따르는 것 외에 다음에서 정하는 바에 따른다.
1. 제3취득자(채무자로부터 담보의 목적이 되는 재산을 양수한 자를 말한다. 이하 이 항에서 같다)는 보증인 및 물상보증인에 대하여 채권자를 대위하지 아니한다.
2. 제3취득자 1인은 각 재산의 가격에 따라 다른 제3취득자에 대하여 채권자를 대위한다.
3. 제2호의 규정은 물상보증인 1인이 다른 물상보증인에 대하여 채권자를 대위하는 경우에 이를 준용한다.

133) 道桓內弘人, 擔保物權法 제4판(2017), 213면.

134) 森田 修 編, 新注釋民法, (7)(2019), 262면(森田 修 집필부분).

사건 부동산에 2012. 4. 9. 근저당권자 신한은행, 채무자 피고, 채권최고액 6억 원(피담보채무액 5억 원)의 근저당권이 설정되어 있었다. 피고가 근저당권채무자, A가 물상보증인이었다. A는 자신의 지분 1/2를 피고에게 이전하여 주었고, A의 채권자인 원고가 사해행위취소청구소송 및 지분소유권이전등기 말소청구를 구하는 사안이다.

이에 대하여 원심은, A와 피고가 이 사건 부동산에 관하여 각 1/2지분을 공유하고 있었고 이 사건 매매계약 당시 이 사건 부동산의 전체 가액이 610,000,000원 상당인 사실, 이 사건 부동산에 설정된 채권자 신한은행의 근저당권의 피담보채무액이 500,000,000원인 사실 등에 더하여 달리 피고가 A에 대하여 구상권을 행사할 수 없는 특별한 사정이 있다고 보이지 아니하는 이상 이 사건 부동산 중에서 일반채권자들의 공동담보에 제공되는 책임재산은 신한은행의 근저당권의 피담보채무액 전액을 공제한 나머지 부분만이라고 할 것인바, 이 사건 매매계약 당시 이 사건 부동산에 설정된 신한은행의 근저당권의 피담보채무액 500,000,000원이 채무자인 A 소유에 해당하는 이 사건 부동산 중 1/2지분의 가액 305,000,000원(= 610,000,000원 × 1/2)을 초과하는 것이 계산상 명백하므로, 결국 A가 이 사건 부동산 중 1/2지분을 피고에게 양도한 것은 사해행위에 해당한다고 할 수 없다고 판단하였다.

원심은 잔액설의 입장에 서 있는 듯하나, 대법원은 이 사건 부동산 중 물상보증인 A의 소유지분이 부담하는 피담보채권액은 이 사건 근저당권의 피담보채권액 5억 원에서 그 채무자인 피고 소유지분의 가액 3억 500만 원을 제외한 나머지인 1억 9,500만 원으로 봄이 타당하고, 결국 A의 소유지분 가액에서 그 소유지분이 부담하는 이 사건 근저당권의 피담보채권액을 제외한 나머지 부분은 일반 채권자들을 위한 책임재산에 해당한다고 하면서 원심판결에는 물상보증인 A를 이 사건 부동산의 근저당권 채무자로 잘못 파악하여 그 재산에서 피담보채무 전액을 할당한 잘못이 있다는 이유로 원심판결을 파기하였다.

(4) **평 가**

근저당채무자와 물상보증인이 공유하는 부동산이 다른 채권자에게 공동담보로 제공되어 있는 경우, 채권자취소소송에서 취소채무자인 물상보증인의 적극재산을 평가함에 있어서 물상보증인 소유의 부동산이 부담하는 피담보채권액을 어떻게 산정할지에 대하여는, ① 공동저당권의 피담보채권액에서 그 공동저당권자가 채무자의 부동산이 먼저 경매될 경우 배당받을 수 있는 액수를 제외한 나머지라는 잔액설,[135] ② 공동저당권이 설정되어 있는 경우 그 피담보채권액은 원칙적으로 민법 제368조 제1항의 취지에 따라 각 부동산의 가액에 비례하여 공동저당권의 피담보채권액을 안분한 금액으로 보아야한다는 안분설[136]이 있다.

공동저당목적 부동산이 부담하는 피담보채권액을 산정하는 것은 채권자취소의 가부를 평가하기 위한 것이므로, 일반채권자의 이익과 공동저당권자의 권리실행의 자유를 조화롭게 해석하여야 할 필요가 있다. 또한 사후에 동시배당이 되었는지 또는 이시배당이 되었는지라는 우연적 사정에 따라 채권자취소의 허용여부가 달라지는 것은 부당하다. 따라서 공동저당권자의 권리실행의 자유를 제한하여 어느 경우에나 동시배당이 이루어지는 것을 상정하고 논리를 전개하는 것이 타당해 보인다. 따라서 공동저당권이 설정되어 있는 수 개의 부동산 중 일부는 채무자 소유이고 일부는 물상보증인의 소유인 경우 동시배당의 경우를 상정하여 물상보증인 소유 부동산의 피담보채권액을 산정하여야 할 것이고,[137] 경매법원으로서는 채무자 소유 부동산의 경매대가에서 공동저당권자에게 우선적으로 배당을 하고, 부족분이 있는 경우에 한하여 물상보증인 소유 부동산의 경매대가에서 추가로 배당을 하여야 한다는 대법원 판례[138]의 취지를 고려하여 볼 때, 잔액설이 타당해 보인다.[139] 대법원 판례도 공동저당권이 설정되어 있는 수 개의 부동산 중 일부는 채무자 소유이고 일부는 물상보증인의 소유인 경우 물상보증인 소유 부동산이 매각되는 경우 잔액설의 입장에서 사해행위취소의 성립여부를 판단하였다고 평가할 수 있다.

Ⅳ. 결 론

현재의 채권자취소는 채권자 보호와 거래의 안전의 대립·갈등관계, 새로운 신종·변종 수법의 등장에 따른 효과적인 대처의 필요성, 상대적 무효에 대한 이론적

135) 이우재, 부동산 및 채권집행에서의 배당의 제문제, 제2판(2012), 315면.

136) 이영갑, "채권자취소소송에서 반환할 가액배상액의 산정", 부산판례연구회 판례연구 14집(2003), 250면; 이동국, "공동저당권의 목적이 된 공유지분의 처분으로 인한 사해행위의 성립여부와 원상회복", 대청법학(2010), 206면.

137) 일본에서 같은 취지로 石田 剛, "共同抵當の目的不動産の賣買が詐害行爲にあたる場合", 法學敎室 410(2014), 153면(채무자 소유 부동산과 물상보증인 소유 부동산에 공동저당이 설정되고, 저당목적 부동산이 함께 매각되는 경우의 사해성 요건충족을 판단함에 있어서, 일반채권자의 채권의 담보로 되는 공동담보를 어떻게 산출하여야 하는지의 문제는 결국 동시배당이 되는 경우의 처리의 문제로 수렴하고, 이 경우에 일본 민법 제392조 제1항이 적용되는지와 관련하여 일본 판례의 입장도 명확하지 않고, 집행실무상으로도 긍정설과 부정설로 나뉘고 있지만, 일본 민법 제392조 제1항의 적용을 배제하고 채무자 소유 부동산으로부터 할당하는 것이 타당한 결론이다).

138) 대법원 2010. 4. 15. 선고 2008다41475 판결.

139) 박정제(주 119), 239~240면.

결함에 따른 판례에 의한 보충의 필요성 등의 문제가 복잡하게 얽혀 있어서 이를 일관된 법리로 풀어가는 것은 매우 어려워 보인다. 특히 최근에 대법원에서 선고된 채권자취소의 효력과 관련된 판례의 법리는 기존 확립된 상대적 무효설의 법리상 약점을 보충하기 위해 새로운 법리를 선언한 것인데, 그 필요성이 인정되면서도 학계로부터 이론적 근거가 부족하다는 비판도 받고 있다. 이러한 상황에서 윤진수 교수님이 참여하신 민법개정위원회가 마련한 민법개정안의 경우에는 채권자취소와 관련된 상세한 규정을 마련함으로써 실무상 문제되는 사안들에 대하여 많은 지침을 주고 있다.

더욱이 우리 법원 실무가 채택한 상대적 무효설을 처음으로 채택한 일본의 경우에도 민법 개정을 통해 채권자취소소송에서 채무자를 피고로 삼지 않음에도 의무적 소송고지제도를 채택하여 채무자에게 절차보장을 해 주고 대신 채권자취소 인용판결의 효력이 채무자에게도 미친다고 함으로써 종래 상대적 무효설을 대폭 수정하기에 이르렀다. 또한 개정된 일본 민법에서는 상당한 가격을 받은 부동산의 매각행위는 원칙적으로 사해행위가 성립되지 않고 예외적으로 특정 요건을 충족한 경우에만 사해행위가 성립된다고 하여 종래 일본 파산법상의 부인권 제도와 정합성을 높였다. 이러한 일본의 채권자취소 개정은 우리 법원 실무, 나아가 민법 개정 작업에도 많은 시사점을 줄 것으로 보인다.

연예인 관련 엔터테인먼트계약의 이해

― 출연계약과 전속매니지먼트계약을 중심으로 ―

대상판결: 대법원 2019. 1. 17. 선고 2016다256999 판결

장 보 은*

[사실관계 및 판결의 요지]

1. 사실관계

가. 원고들과 기획사 사이의 전속계약 및 원고들의 TV프로그램 출연

연예인인 원고들은 각각 2005. 3.경 연예기획사인 S사와의 사이에 2006. 3. 1.부터 2011. 2. 28.까지 5년간 원고들이 연예활동을 함에 있어 그 교섭 및 계약 체결 등에 관한 권리를 S사에 위임하는 내용의 전속계약을 체결하였다.

이후 원고들은 MBC, KBS, SBS 등 각 방송사가 제작하는 프로그램들에 출연하였고, 이로 인하여 각각 합계 609,070,000원, 96,780,000원의 출연료채권이 발생하였다.

나. 출연료채권에 관한 양도와 압류 등

S사는 2010. 6. 24. 피고 에스케이엠에게 위 각 출연료채권을 포함하여 각 방송사에 대한 일체의 채권을 양도하였고, 각 방송사에 확정일자 있는 내용증명우편으로 양도통지를 하여 2010. 7. 7. 그 통지가 각 방송사에 도달하였다. 그 외에도 S사의 채권자들은 S사의 각 방송사에 대한 위 각 출연료채권에 대하여 각 채권압류 및 추심명령 또는 채권가압류결정을 받았고, 위 각 결정은 각 방송사에 각 도달하였으며, 피고 대한민국(소관 강남세무서)이 S사에 대한 국세채권에 기하여 S사의 각 방송사에 대한 각 출연료채권을 압류하였고, 그 압류통지가 각 방송사에 도달하였다.

* 한국외국어대학교 법학전문대학원 부교수.

다. 원고들의 출연료 지급 요청과 각 방송사의 공탁

원고들은 각각 2010. 10.경. 각 방송사에게, S사와의 전속계약 해지 등을 알리면서 S사가 아닌 자신에게 출연료채권을 지급할 것을 요청하였다. 이에 각 방송사는 2010. 12. 9.부터 2011. 11. 15.까지 사이에, '프로그램에 출연한 연예인, 연예기획사, 채권양수인와 압류 및 추심채권자, 가압류채권자 등이 각 출연료채권에 관한 권리를 주장하고 있고, 각 방송사로서는 전속계약의 효력, 채권양도의 효력의 유무를 알 수 없어 진정한 채권자가 누구인지 불확실하며, 각 출연료채권에 대한 압류·가압류의 경합이 있음'을 공탁원인으로, 민법 제487조 및 민사집행법 제248조 제1항에 따라 서울중앙지방법원에 각 미지급 출연료를 혼합공탁하였다.

2. 원심[1]의 판단

원고들은 각 출연료채권에 대한 공탁금출급청구권이 각 원고들에게 있다는 확인을 구하였으나, 원심은 다음과 같은 이유로 원고들의 각 청구를 기각 또는 각하하였다.

가. 주위적 청구에 관한 판단

원고들은 먼저 자신들이 각 방송사와의 출연계약을 체결한 당사자에 해당하므로, 출연료채권은 원고들에게 각 귀속되고, S사가 각 방송사로부터 출연료를 지급받아 왔더라도 이는 원고들의 대리인 내지 보관자의 지위에서 지급받은 것에 불과하다고 주장하였다.

이에 대하여 원심은 계약의 당사자가 누구인지는 계약에 관여한 당사자의 의사해석의 문제에 해당하고, 그들 가운데 누구를 계약의 당사자로 볼 것인가에 관하여는, 우선 행위자와 상대방의 의사가 일치한 경우에는 그 일치한 의사대로 계약의 당사자로 확정해야 하고, 행위자와 상대방의 의사가 일치하지 않는 경우에는 그 계약의 성질, 내용, 목적, 체결 경위 등 그 계약 체결 전후의 구체적인 여러 사정을 토대로 상대방이 합리적인 사람이라면 누구를 계약당사자로 이해할 것인가에 의하여 당사자를 결정하여야 한다는 점을 전제한 다음, 원고들의 주장을 배척하였다.

---

1) 서울고판 2016. 9. 29, 2015나2062041.

원심이 이러한 판단을 한 데에는 각 방송사와 원고들 사이에 원고들을 당사자로 하는 방송출연계약서와 같은 처분문서가 없다는 점, 각 원고와 S사 간의 전속계약의 내용에 따라 S사가 원고들의 방송출연에 관한 계약교섭, 체결 및 출연료 수령 업무 등을 수행하였고 각 방송사도 이러한 전속계약의 내용을 인식하였던 것으로 보인다는 점, 각 방송사가 출연료를 모두 원고들이 아닌 S사에게 지급하였고 원고들은 전속계약에서 정한 바에 따라 S사가 정산한 금액을 지급받아 온 점 등의 사정이 고려되었다.

나. 제1예비적 청구에 관한 판단

원고들은 설령 원고들이 이 사건 각 출연계약의 당사자가 아니더라도, 연예인의 방송출연계약은 도급계약의 일종으로서 방송사가 발주자, S사가 원사업자, 원고들은 수급사업자에 해당한다고 주장하였다. 즉, 원고들은 원사업자인 S사로부터 지급받아야 할 출연료의 2회분 이상을 지급받지 못하였으므로, 각 방송사는 하도급거래 공정화에 관한 법률(이하 "하도급법"이라 한다) 제14조 제1항 제3호에 따라 원고들에게 그 출연료를 지급하여야 한다는 것이다.

이에 대하여 원심은 원고들이 S사와의 전속계약에 따라 이행하여야 할 방송프로그램 '출연'의무는 다른 사람이 대체할 수 없는 작위의무로서 재위탁이 불가능한 성질을 띠고 있다. 따라서 방송프로그램 출연과 같은 급부는 하도급법 제2조 제11항, 제13항이 정의하고 있는 '용역' 내지 '역무'에 해당한다고 볼 수 없다고 하였다.

다. 제2, 3예비적 청구에 관한 판단

만일 주위적 청구 및 제1예비적 청구가 받아들여지지 않는다면, 원고들은 기획사인 S사에 대하여 근로자의 지위에 있었으므로 S사에 대하여 출연료의 80%에 해당하는 금액의 임금채권을 가지거나, 전속계약에 따라 출연료의 80%에 해당하는 약정금 채권 내지 S사의 계약불이행으로 인한 손해배상채권을 가진다고 주장하였으나,[2)]원심은 이러한 청구는 분쟁을 근본적으로 해결하는 가장 유효·적절한 수단이라고 볼 수 없어 확인의 이익이 없다고 하였다.[3)]

2) 그 외에도 원고는 제3예비적 청구로 피고 에스케이엠의 채권양수는 효력이 없고, 피고 성도물산의 채권압류 및 추심명령, 피고 김양현의 가압류는 각 집행채권이 존재하지 않는다는 점도 주장하였다.

3) 이 사건에서 각 방송사가 한 공탁은 채권자불확지를 원인으로 한 변제공탁과 피고들의 채권압류 내지 가압류 등을 원인으로 하는 집행공탁을 하나의 공탁절차에 의하여 한 혼합공탁에 해

3. 대법원 판결

대법원은 원고의 상고를 파기·환송하면서, 특히 원고들의 주위적 청구와 관련하여 다음과 같이 방송사와의 출연계약의 당사자는 원고들이고 그 출연료채권은 원고들에게 귀속된다고 판단하였다.

> "원고들이 방송 3사의 각 프로그램에 출연한 데 대하여 방송 3사는 출연료를 지급할 의무가 발생하였다. 이때 그 출연료지급채무의 상대방, 즉 출연료채권의 귀속 주체는 방송 3사와 사이에 체결된 방송프로그램 출연계약의 내용에 따라 정해질 것이다. (…) 방송프로그램 출연계약의 당사자가 누구인지를 확정하기 위해서는 출연계약의 내용, 출연계약 체결의 동기와 경위, 출연계약에 의해 달성하려는 목적, 당사자의 진정한 의사 등을 종합적으로 고찰하여 합리적으로 해석해야 한다.
>
> 방송프로그램 출연행위는 일신전속적인 급부를 제공하는 행위이고, 특히 원고들과 같이 인지도가 매우 높고 그 재능이나 인지도에 비추어 타인이 대신 출연하는 것으로는 계약 체결 당시 의도하였던 것과 동일한 효과를 거둘 수 없는 연예인인 경우, 원고들이 부담하는 출연의무는 부대체적 작위채무라 할 것이다. 이와 같이 적어도 교섭력에 있어 우위를 확보한 원고들과 같은 연예인의 경우에는 어떠한 프로그램에 어떠한 조건으로 출연할 것인지를 전속기획사가 아니라 연예인 스스로 결정하는 것이 통상적인 출연계약의 모습이다. 또한 방송프로그램에 원고들과 같이 인지도가 있는 특정 연예인을 출연시키고자 하는 출연계약의 목적에 비추어 방송사로서도 전속기획사가 아니라 그 연예인을 출연계약의 당사자로 하는 것이 연예인의 출연을 가장 확실하게 담보할 수 있는 방법이다.
>
> 이러한 출연계약의 특성, 이 사건 출연계약 체결 당시 연예인으로서 원고들이 갖고 있었던 영향력과 인지도, 연예기획사와의 전속의 정도 및 출연

당하는데, S사의 책임재산인 S사의 각 방송사에 대한 출연료채권에 대한 집행을 통하여 원고들의 S사에 대한 채권의 만족을 확보하고자 하는 경우에는 공탁금이 집행채무자인 S사에게 귀속하는 것을 증명하는 문서를 집행법원에 제출하여야 한다. 그런데 원고들의 주장은 S사가 아닌 원고들 자신이 이 사건 공탁금 중 일부에 대하여 출급청구권을 가진다는 점의 확인을 구하는 것에 불과하므로, 이러한 확인판결을 받아 이를 집행법원에 제출한다 한들 집행법원이 이 사건 공탁금의 배당절차를 개시할 수는 없다는 것을 이유로 하였다.

계약서가 작성되지 아니한 사정 등을 고려하면, 방송 3사는 연예인인 원고들을 출연계약의 상대방으로 하여 직접 프로그램 출연계약을 체결한다는 의사로서 행위하였다고 봄이 타당하다. 원고들은 업무처리의 편의를 위해 전속기획사인 S사에게 계약의 체결을 대행하게 하거나 출연금을 수령하게 하였을지라도, 어디까지나 출연계약의 당사자는 원고들 본인인 것으로 인식하였고, S사는 방송 3사와 사이에 원고들을 위하여 출연계약의 체결 및 출연금의 수령행위를 대리 또는 대행한 것으로 볼 수 있다."

[연 구]

Ⅰ. 문제의 제기

엔터테인먼트 산업에서는 전통적으로 정식의 서면 계약보다는 대체적인 상호구두 합의로써 거래가 이루어지는 경우가 많았다. 초기에는 엔터테인먼트 업계가 비교적 좁았고 자율적으로 규율이 되고 있었기 때문에 복잡한 서면 계약은 맞지 않거나 불필요하다는 생각이 있었다.[4] 그러나 관련 산업이 발전하고 미디어가 다양해짐에 따라, 현재에는 제작, 유통, 소비의 각 단계마다 특수성을 반영한 계약들이 체결되고 있다. 그 중에서도 연예인을 둘러싼 계약은 매우 중요한 비중을 차지한다. 엔터테인먼트 산업의 특성상 성공에 대한 불확실성은 불가피한 것인데, 이러한 불확실성을 조금이라도 줄이기 위하여 흥행 실패의 위험이 적은 스타를 중심으로 콘텐츠 제작이 이루어지기 때문이다.[5] 연예인과 관련된 계약들은 이러한 연예인들을 산업적으로 어떻게 활용할 것인지, 또 다른 한 편으로 이들을 어떻게 보호할 것인지에 대한 고민을 담고 있다.

이러한 연예인 관련 계약들은 민법이 정한 전형계약이 아니므로, 그 해석에는 유사한 전형계약의 규정들을 유추적용하는 방식이 가장 손쉽게 활용되었다. 그러나 이들 계약을 제대로 이해하려면, 기존의 전형계약의 틀에 무리하게 끼워 맞추기보다는 관련 산업의 특징과 현황을 파악하는 노력이 선행되어야 한다. 대상판결은 엔터테인먼트 산업에서 빈번하게 문제가 되는 방송 출연계약이나 연예인 전속계약에 대

4) Epstein, Adam, Entertainment Law, Person Prentice Hall (2005), pp. 50－51.

5) 이러한 소위 스타시스템에 관한 분석은 하윤금, "한류의 안정적 기반 구축을 위한 방송 연예 매니지먼트 산업의 개선을 위한 해외 사례 연구", 방송위원회 편(2006), 45면 이하; 전휴재, "엔터테인먼트 분쟁과 가처분－영화, 음반 산업을 중심으로－", 민사판례연구 32집(2010), 1134면 이하 등 참조.

한 해석의 기준을 마련하였다는 데에 의미가 있다. 이번 판결이 해당 업계에 대한 이해를 바탕으로 계약을 해석하고 분쟁을 해결하는 계기가 되었으면 한다.

Ⅱ. 연예인 출연계약

1. 연예인 출연계약의 의의와 성질

가. 의의 및 유형

연예인 출연계약이란 배우, 탈렌트, 가수 등의 연예인이 예술적 활동으로서 노무를 제공할 것을 약정하고 이에 대하여 영화제작사, 방송국, 극단주 등의 사업자가 보수를 지급할 것을 약정함으로써 성립하는 계약을 말한다.[6] 이러한 면에서 연예인 출연계약은 쌍무, 유상, 낙성, 불요식의 계약이다.

종전에는 연예인 출연계약의 범위와 관련하여 그 사업자로 방송국, 음반제작회사, 모델회사, 출판판매업자, 영화사는 물론 에이전시나 매니지먼트사와 같은 연예기획사도 포함하기도 하였다.[7] 또한 이러한 연예인 출연계약들은 연예인의 비대체적 노무의 제공을 특성으로 하므로, 전속계약의 형태로 체결되는 경우가 대부분이라고 하여 전속출연계약을 전제로 하는 논의가 일반적이었다.[8] 그런데 엔터테인먼트 산업이 세부 영역으로 분화되고 전문성을 갖추게 되면서, 전속출연계약이라고 통칭되었던 계약들을 단일한 영역으로 이해하기보다는 분야별로 나누어 검토하는 것이 필요하게 되었다.

예를 들어 배우[9]가 방송국이나 영화사, 기타 콘텐츠 제작사와 출연계약을 하는 경우에는 매 콘텐츠마다 계약을 하거나, 기간이나 출연횟수, 편수 등을 정하여 장기로 계약을 체결하기도 한다. 이 경우 연예인이 전속계약을 체결하고 타방송국이나

---

6) 한상호, "전속출연계약", 편집대표 곽윤직, 민법주해[XVI], 박영사(2000), 486면.

7) 한상호(주 6), 490면.

8) 전휴재(주 5), 1134면.

9) 대중음악 분야에서 가수나 싱어송라이터 등의 연예인과 여러 사업자간의 계약은 배우나 탈렌트와의 계약과는 또 다른 양상으로 나타난다. 음반을 제작하고 유통하는 데에는 큰 비용이 든다는 점에서 이들 연예인과 음반제작회사(뮤직퍼블리셔)와의 계약은 전속계약의 형태로 이루어지는 것이 보통이다. 우리나라에서는 연예기획사가 연습생을 선발하여 가수나 싱어송라이터를 양성하고, 이들의 음반 제작과 판매 및 매니지먼트까지 담당하는 경우가 많으므로, 이 때의 연예인 전속계약의 성격은 한층 더 복잡해진다. 대중음악 업계에서의 연예인 전속계약에 관한 내용은 Biederman, Donald E.[et al.], Law and Business of the Entertainment Industries (5th Ed.), Praeger (2007), pp. 635ff.; Burr, Sherri L., Entertainment Law in a Nutshell (4th Ed.), West Academic Publishing (2017), pp. 73ff.; 장보은, "연예인 전속계약에 관한 연구", 민사법학 제84호(2018), 82면 이하 참조.

타영화사 등에 출연하지 않기로 하는 것은 오히려 예외적이다. 반면, 배우가 연예기획사와 계약을 체결하는 경우에는 통상 전속계약의 형태가 되고, 상호 신뢰관계를 바탕으로 하여 수년간의 장기계약이 체결되는 것이 보통이다. 이 때에는 배우가 방송국이나 영화사와 같은 콘텐츠 제작사에 출연하는 것과 달리 연예인이 연예기획사에 직접 노무를 제공하는 것은 아니다.

이처럼 서로 전혀 다른 계약을 단일한 계약으로 분류하는 것은 그 내용을 이해하기에 적합하지 않다. 따라서 연예인 출연계약을 전자와 같이 연예인과 방송국, 영화사 또는 기타 콘텐츠 제작사 등의 사업자간의 연예인 출연을 목적으로 하는 계약으로 제한하여 이를 먼저 검토하고, 후자의 전속매니지먼트 계약은 이하 Ⅲ.에서 별도로 살펴보기로 한다.

나. 법적 성질

지금까지 연예인 출연계약의 법적인 성질에 대한 논의는, 출연계약이 연예인의 노무를 제공하는 것을 내용으로 한다는 전제 하에, 이것이 고용인가 도급인가 위임인가 아니면 이 세 가지 요소를 결합시킨 혼합계약인가 하는 측면에서 이루어졌다. 이러한 분석 방식은 전형계약에 관한 민법의 규정들을 어디까지 유추적용할 수 있는지를 정하는 데에 실익이 있다고 하였다.[10]

대부분의 학설은 출연계약은 연예인이 통상 해당 사업자에게 전속적으로 노무를 제공한다는 측면에서 고용계약의 성질을 가지고, 출연이라는 무형의 일의 완성을 목적으로 하는 측면에서 도급계약의 성질을 가지며, 연예인의 개인적인 능력과 기예 등에 의하여 노무를 제공하고 연예인의 자유재량의 여지가 인정되는 사무처리라는 점에서 위임계약의 성질을 가진다고 하면서, 이 세 가지 전형계약의 특질을 모두 혼합한 비전형계약이라고 설명하였다.[11] 그러나 이러한 분석은 결국 출연계약에 어떠한 민법상 규정을 적용하여야 하는지에 대하여는 적절한 답변을 주지 못한다.

예를 들어 일부 학설은 출연계약이 전속계약의 성질을 가지는 한 고용계약적 요소가 강하게 인정되므로 민법의 고용계약의 관한 규정이 유추적용되어야 한다고 하면서, 민법 제657조에 따라 연예인이 사업자의 동의없이 제3자로 하여금 자기에 갈음하여 출연하도록 할 수 없다고 설명하기도 한다.[12] 그러면 출연계약이 전속계약이 아닌 경우에는 이 논의를 그대로 적용할 수 없다고 할 것인가? 출연계약이 전

10) 한상호(주 6), 486~487면; 전휴재(주 5), 1140면 등.
11) 한상호(주 6), 493면; 전휴재(주 5), 1141면 등.
12) 남기연, “방송출연계약의 법리 분석”, 스포츠엔터테인먼트와 법 제15권 제1호(2012), 198면.

속성을 가지지 않아 도급계약과 더 유사한 성격을 가진다고 하면, 일반적인 도급계약에서처럼 채무자인 연예인이 자기에 갈음하여 제3자를 사용하는 것이 가능하다고 볼 수 있는가?[13] 나아가 연예인의 출연의무가 비대체적인 전속성을 가진다고 할 때, 그 전속성을 일반적인 고용계약에서의 전속성과 동일한 정도로 이해할 수 있는지도 의문이다. 연예인 출연계약에서는 일반적인 노무자에 비하여 개별 연예인의 개성과 기예가 중요한 요소가 되기 때문이다.

오히려 대부분의 연예인 출연계약은 연예인이 상대 사업자에게만 전속적으로 노무를 제공한다는 내용이 포함되지 않게 되었으므로 고용계약의 성질을 가진다고 단정할 수는 없다.[14] 사업자가 연예인이 출연할 콘텐츠의 내용 등을 정하고 연예인은 이를 따라야 하므로 양자간에는 어느 정도 사용종속관계가 존재한다고도 할 수 있지만, 연예인이 스스로 상당한 독립성을 가지고 자신의 연예활동을 위하여 출연을 한다는 점에서 연예인을 사업자의 피용자로 보기는 어렵다.[15] 또한 연예인이 개인적인 기예에 의하여 노무를 제공하고, 자유재량의 여지가 인정된다고 하더라도 연예인 출연계약을 위임계약과 유사하다는 것도 무리가 있다. 위임계약은 본질적으로 타인의 사무를 처리하는 것을 내용으로 하는 것인데, 연예인의 출연이 사업자의 위탁에 따라 그의 사무를 대신 처리해 주는 것이라고 할 수는 없기 때문이다. 계약의 본질이 전혀 다른데 몇 가지 특징을 공유한다고 하여 양 계약을 같이 취급할 수는 없는 노릇이다.

그렇다면 연예인 출연계약은 민법의 전형계약 가운데에는 도급계약과 가장 유사한 것으로 이해할 수도 있을 것이다.[16] 그런데 콘텐츠 가운데에는 연예인의 출연 자체를 일의 완성이라고 볼 수 있는 것도 있겠으나, 통상 여러 주체들의 노력이 합쳐져서 콘텐츠가 제작되는 경우가 많다. 특히 사업자는 연예인이 출연에 대한 보수를 지급하는 외에도 연예인과 출연 내용을 협의하고, 연예인의 출연분을 이용하여

---

13) 곽윤직, 채권각론 제6판, 박영사(2003), 250면 참조.

14) 참고로 대판 1997. 12. 26, 86다17575는 방송사와 전속계약을 체결하고 방송사에 소속되어 그 구체적인 출연 지시에 따라 방송 출연을 하고, 출퇴근 등의 복무에 회사의 직접적인 지휘감독을 받았으며, 노무 제공의 대가로 월 급여를 받았던 악단원에 대하여 근로자성을 인정하였다.

15) 남기연(주 12), 200~201면.

16) 대결 1994. 4. 29, 93누16680은 유흥업소 출연가수가 출연계약을 맺고 캬바레에 가수로서 출연한 경우, 캬바레측이 공연시간과 보수만을 결정하고 곡목과 노래는 캬바레측의 관여없이 가수가 악단과 상의하여 결정하였다면, 이 때의 출연계약은 그 성질상 근로계약이 아니라 도급계약의 일종으로 보아야 한다고 판단한 바 있다. 곽윤직(주 13), 250면에서는 예술인의 출연계약을 도급계약의 일례로 들기도 한다.

콘텐츠를 제작하고, 이를 소비자에게 공급하는 것 등을 담당하게 된다. 즉, 출연계약 관계는 연예인의 일방적 급여로써 완료되는 것이 아니라 당사자 상호간에 긴밀한 협조가 필요한 것이다.[17]

이처럼 연예인 전속계약이 민법상 전형계약 중 어느 유형에 해당하는지를 기계적으로 분석하는 것은 계약의 성질을 이해하는 데에 충분하지도 않고 실제로 실익이 없는 논의에 그칠 수 있다. 연예인 출연계약에서 당사자들의 의사를 추론하기 위해서는 엔터테인먼트 콘텐츠 제작 환경에서 연예인의 출연이 어떠한 의미를 가지는지, 사업자와 연예인의 관계는 어떠한지, 출연계약은 어떤 방식으로 이루어지는지 등 관련 산업과 계약 현실을 이해하는 것이 훨씬 중요하다고 할 것이다.

2. 연예인 출연계약의 내용

연예인 출연계약은 서면 계약서의 형태로 체결되어 주요 사항에 대하여 비교적 명확하게 규정하는 경우도 있지만, 구두 계약으로 이루어지는 경우도 많다. 특히 다수의 출연계약을 통상적으로 체결하여야 하는 방송국의 경우에는 연예인들과 일일이 서면계약을 체결하지 않고, 출연료지급기준표에 따라 각 연예인의 출연료를 산정하여 지급하기도 한다.[18]

연예인 출연계약에서 가장 중요한 사항은 물론 특정 콘텐츠에 대한 연예인의 출연의무와 그에 대한 사업자의 출연료 지급의무에 관한 것이다. 그런데 콘텐츠를 제작하기 위해서는 이에 참여하는 당사자들의 상호 긴밀한 협조가 필요하므로, 출연 이전에 콘텐츠 제작의 기획 및 준비 단계에서부터 연예인의 출연 내용에 대하여 서로 상의를 하고 관련 준비를 하는 것이 출연계약의 전제나 내용이 되기도 한다.

가. 연예인의 출연의무

(1) 출연의무의 내용

연예인은 사업자와 협의한 바에 따라 특정 콘텐츠에 출연할 의무를 부담한다. 출연은 1회성에 그치기도 하지만 수회 또는 계속적으로 행하여질 수도 있는데, 출연기간, 프로그램의 수 등으로 출연의무가 구체화되기도 한다.[19] 출연의무에는 통상 출연을 위하여 의상, 소품, 분장 등을 준비하고 연습을 하는 것,[20] 출연 전에 대기하

17) 서울고판 1994. 9. 27, 92나35846 참조.
18) 서울고법 2015. 1. 22, 2013누50946(대판 2018. 10. 12, 2015두38092의 원심)의 사실관계 참조.
19) 남기연(주 12), 198면.
20) 다만 사극과 같이 연예인이 의상 등을 직접 준비하기 어려운 경우에는 사업자 측이 준비하기도 하며, 연예인이 준비한 의상이나 소품 등이 작품과 맞지 않거나 부적절한 경우에는 사업

는 것 등이 포함된다. 연예인이 모든 내용을 임의로 정하는 경우도 있겠지만, 출연과 관련하여 사업자가 그 내용이나 절차 등에서 일정한 지시를 하는 경우 연예인은 그러한 지시에 따라 출연의무를 다하여야 할 것이다. 다만 이 경우에도 연예인의 출연이라는 특수성을 감안하여 그 개성과 재능에 따른 자율성은 존중되어야 한다.

연예인의 출연의무는 그 성격상 해당 연예인이 출연을 하여야만 하는 비대체적인 일신전속성을 가진다. 이는 통상의 도급계약과는 다른 점으로, 고용계약에 대한 민법 규정을 유추적용한다고 설명하는 것보다는 연예인의 예술적 활동으로서 노무를 제공하는 것을 내용으로 하는 계약의 본질에서 그 근거를 찾는 것이 자연스럽다. 연예인은 임의로 다른 연예인이나 제3자에게 자신의 출연을 대행하도록 할 수는 없고, 자신이 출연할 수 없는 부득이한 사정이 있는 경우에는 사업자 측과 협의를 하여야 할 것이다.

그 외에도 연예인 출연계약에서는 출연의무에 대한 부수적인 의무로서 연예인에게 제작되는 콘텐츠의 이미지가 손상되지 않도록 품위를 유지할 의무, 콘텐츠의 홍보에 협력할 의무 등을 부가하기도 한다.[21]

⑵ 다른 콘텐츠에 출연하지 않을 소극적 의무를 부담하는지 여부

연예인이 사업자와 출연계약을 체결하는 경우, 그것이 전속계약이 아닌 이상 다른 사업자의 콘텐츠에 출연하지 않을 소극적 의무를 부담한다고 보기는 어렵다.[22] 연예인 출연계약을 완전전속계약, 준전속계약, 우선출연계약 등으로 나누어 다른 콘텐츠의 출연이 원천적으로 금지되는지, 사업자의 허가를 받으면 가능하게 되는지 등은 출연계약의 전속성을 전제로 하는 논의일 뿐이다.[23]

전속성이 전제되어 있지 않다면 연예인이 출연계약상 해당 콘텐츠에만 전념할 의무가 있다거나 이해관계가 상충될 수 있는 콘텐츠에 출연할 수 없다고 하려면 이에 대한 추가적인 약정이 필요하다. 이러한 약정이 없다면 연예인이 일반적으로 경업금지 의무를 진다고는 할 수 없고, 다만 출연계약에 따른 콘텐츠에 대한 출연의무를 성실하게 이행하여야 하므로 다른 사업자의 콘텐츠에 출연함으로써 기존 출연계약을 위반한 경우에는 계약불이행을 이유로 책임을 물을 수 있을 것이다.

자측이 이를 제지할 수 있다고 한다. 서울고판 2015. 1. 22, 2013누50946의 사실관계 참조.

21) 한상호(주 6), 491면.

22) 이와는 달리 연예인 출연계약이 전속성을 가지는 경우에는 연예인은 다른 사업자의 콘텐츠에 출연하지 않을 소극적 의무를 부담한다고 할 것이다. 특정 방송사의 신인배우로서 전속계약을 체결한 전속연예인이 타 방송사의 프로그램에 출연하는 경우 기존 방송사가 이에 대한 손해배상을 청구할 수 있다고 판단한 것으로는 서울고판 1999. 11. 16, 99나14831 참조.

23) 한상호(주 6), 487면 참조.

나. 사업자의 협력 및 안전배려의무

연예인 출연계약에서는 연예인이 일방적으로 출연의무를 이행할 수 있는 것이 아니고 사업자 측의 협력이 필요하다. 사업자는 연예인 출연의 시간, 장소 및 그 출연의무의 구체적인 내용을 정하거나 이를 연예인과 협의하여야 한다. 이 과정에서 사업자는 연예인의 출연과 관련하여 생명, 신체, 건강에 위험을 초래하지 않도록 안전배려의무를 부담한다.[24)]

그 외에도 사업자는 연예인의 출연의무를 이행한 것을 토대로 콘텐츠를 제작하여 이를 공급하는 과정에서도 연예인이 출연 당시 전혀 예상하지 못한 취급을 함으로써 연예인의 명예를 손상시키거나 연예인을 기만하지 않을 신의칙상 의무를 부담한다.[25)]

다. 사업자의 출연료 지급의무

(1) 보수지급의무

사업자는 연예인의 출연의무 이행에 대하여 보수로서 출연료를 지급하여야 한다. 보수의 내용은 출연계약에 따라 다양하게 정해질 수 있는데, 정액의 출연료를 지급하기도 하고, 출연일이나 출연회수에 따라 출연료를 정하기도 하며, 콘텐츠의 흥행실적이나 수익에 따라 출연료가 달라지는 경우도 있고, 장기 출연계약에서는 출연료와는 별도로 혹은 출연료의 선(先)지급으로 계약금이 지급되기도 한다.[26)]

---

24) 이은영, "엔터테인먼트계약의 다양한 모습", 외법논집 제13집(2002), 69면 참조.

25) 서울고판 1994. 9. 27, 92나35846에서는 연예인이 아닌 대학교수가 강연자로서 방송사와 출연계약을 체결하였는데, 법원은 "방송출연계약의 당사자 쌍방은 계약의 원만한 이행을 위해 상호협력의무를 부담하게 되는데, 제작자인 방송법인은 제작하게 될 프로그램의 편성의도와 제작목적 및 주제, 출연계약의 상대방이 제작출연에 기여하게 될 형태(인터뷰 또는 토론)와 내용, 생방송되는가 또는 녹화방송되는가의 여부, 녹화방송시에는 프로그램의 편집 여부와 삭제와 수정이 필요한 경우에는 그 취지 및 정도, 프로그램 내에서 출연자의 순번, 비중, 주어질 질문의 내용, 범위 등을 소상히 설명하고 출연자로 하여금 예상하지 못한 취급으로 기만당하였다고 느끼게 하여서는 아니 될 신의칙상의 의무를 부담하며, 출연자로서는 제작자측으로부터 방송내용에 관해 법적 책임이 발생할 부분이 있어 방송에 부적합한 내용의 삭제 또는 수정을 요청하는 경우에는 그에 응하여 수정편집에 협력하거나 의견을 제시할 신의칙상의 의무가 있다"고 하였다.

26) 서울고판 2015. 1. 22, 2013누50946(대판 2018. 10. 12, 2015두38092의 원심)에서는 특정 방송사가 드라마에 출연하는 연기자들에게 등급을 부여하여 출연료지급기준표에 따라 출연료를 지급하는 경우의 예를 확인할 수 있다. 이에 따르면 연기자들이 해당 방송국의 방송프로그램에 출연할 경우 출연계약서를 작성하지 않고 출연료지급기준표에 따라 출연료가 지급될 수 있다. 출연료지급기준표는 성인 방송연기자를 등급으로 구분하여 각 등급별 10분당 기본료에 회당 편성시간을 곱하고, 여기에 드라마의 종류와 회당 편성시간별로 정해진 할증률을 곱한 할증금액을 합산하여 출연료를 산정하는데, 해당 방송 회차에 출연 장면이 방송된 연기자에게는 그 출연시간과 관계없이 해당 회의 출연료가 지급되는 한편, 출연하지 않더라도 해당 회에 전회의 회상장면이나 사진 등으로 방송연기자가 방송된 경우 장면 재사용료나 사진 출

출연료 지급기일에 대하여 다른 정함이 없다면 연예인이 출연의무를 이행하면 사업자는 지체없이 연예인에게 출연료를 지급하여야 할 것이다.[27] 고정적으로 지급되는 출연료는 근로기준법상의 임금으로 보아 연예인이 질병 기타 출연자의 부득이한 사유로 인하여 출연할 수 없었던 경우에도 고정액부분은 지급받을 수 있다는 견해가 있는데,[28] 연예인이 사업자에 고용되어 그에 따라 출연의무를 부담하는 경우가 아니라면 일반적인 출연계약에서 연예인이 출연할 수 없게 된 문제는 그 고의·과실 여부에 따라 채무불이행 또는 위험부담[29]의 문제로 해결하는 것이 타당하다.[30]

연예인이 출연의무를 제공하다가 중도에 중단한 경우에 사업자가 보수를 지급할 의무가 있는지가 문제될 수 있다. 도급계약에서는 일의 완성을 목적으로 하므로 수급인이 노무를 제공하였더라도 약속한 결과가 발생하지 않으면 보수를 청구하지 못하는 것이 원칙이다.[31] 그러나 1회성 출연이 아닌, 매기 출연료가 정해져 있는 계속적이거나 장기의 출연계약에서는 이미 이행한 부분의 출연료를 지급하는 것이 타당할 수 있다.[32] 연예인이 출연의무를 중단한 데에 유책사유가 있다면 출연료 지급과는 별도로 손해배상이 문제될 수 있음은 물론이다.

⑵ 지급의 상대방

출연료는 연예인의 출연의무의 대가로 지급하는 것이므로, 출연의무를 이행한 연예인이 지급받는 것이다. 다만, 연예인은 매니지먼트사, 오디션, 외주제작사, 공채 등 다양한 경로를 통하여 출연계약을 체결할 수 있는데, 출연계약에 따라서는 출연료를 연예인이 아니라 제3자가 지급받는 것으로 정할 수도 있다.

특히 출연계약을 연예기획사를 통하여 체결하는 경우에는 출연료를 연예기획사로 지급할 것을 정하는 것이 일반적이다. 이는 연예기획사가 연예인의 연예활동을 알선하고 계약을 체결하고 수입을 관리하여 정산하는 업무를 담당하는 것과 연관이 된다. 따라서 연예기획사가 출연료를 직접 지급받더라도, 특별한 사정이 없는 한 이는 연예인이 지급받을 출연료를 대신 지급받는 것으로 해석되어야 한다.

연 명목으로 출연료의 일정비율이 지급된다.

27) 민법 제665조 제1항 참조.

28) 한상호(주 6), 497면.

29) 이은영(주 24), 68~69면.

30) 곽윤직(주 13), 264면 참조.

31) 곽윤직(주 13), 250면 참조.

32) 공사도급계약의 해제와 관련하여 해제될 당시 공사물의 완성도나 기성고 등을 참작하여 이에 상응하는 보수를 지급하도록 한 대판 2017. 12. 28, 2014다83890; 대판 1992. 3. 31, 91다42630 등 참조.

3. 연예인 출연의무에 대한 이행강제 방안

기존에는 연예인 출연의무를 강제하는 문제는 전속출연계약의 효력과 관련하여 연예인의 타사출연을 어떻게 제한할 수 있는지의 관점에서 논의되었다. 그러나 최근에는 연예인 출연계약이 전속성을 전제로 하지 않는 것이 오히려 일반적이므로, 연예인의 전속의무를 강제하는 것은 연예인 출연계약보다는 연예인과 연예기획사간의 전속매니지먼트계약과 관련하여 쟁점이 되는 경우가 많다.

연예인 출연계약에 의한 출연의무는 이른바 '하는 채무'로서 채무의 성질이 강제이행을 하지 못할 것인 때에 해당하여 직접강제가 허용되지 않는다. 일반적으로 부대체적 작위의무는 집행권원에 기하여 간접강제를 할 수 있고, 이때의 배상금은 법정제재금의 성격을 가진다.[33] 그런데 연예인의 출연의무는 대부분 특정한 날짜나 기간이 정해져 있으므로, 사업자가 집행권원을 받아서 상당한 이행기간을 정하고 그 기간 내에 이행을 하지 않으면 늦어진 기간에 따라 일정한 배상을 하도록 하거나 즉시 손해배상을 명하는 간접강제의 방법으로[34] 출연의무를 강제하는 것이 실질적인 구제수단이 되기는 쉽지 않고, 급여의 특성상 연예인의 자율성과 예술성이 필수적이라는 점에서 이행을 강제하기가 부적절한 측면이 크므로, 결국 사후적인 손해배상의 문제로 해결되는 경우가 많을 것이다.[35]

미국법[36]에서도 연예인 출연계약과 같은 인적 서비스 계약(personal service contracts)에서의 의무 위반에 대하여는 특정이행(specific performance)이 인정되지 않고 금전 손해배상만 가능한 것이 원칙이다.[37] 예를 들어 Pingley v. Brunson 사안[38]에서는 피신청인이 3년간 신청인의 식당에서 오르간을 연주하는 내용의 계약을 체결하고 상호 분쟁이 생겨서 9일간 연주를 한 뒤에 더 이상 연주하기를 거절하였다. 신청인은 이에 대하여 계약상 의무를 이행할 것을 청구하는 한편, 계약기간 동안 다른

33) 대판 2013. 2. 14, 2012다26398 참조.

34) 민사집행법 제261조 참조.

35) 실제로 연예인 출연계약에서의 출연의무에 대한 강제이행이 문제가 된 판례는 찾아보기 어렵다.

36) 미국에서는 엔터테인먼트 산업이 일찍부터 발전하여 엔터테인먼트법이 학문의 한 분야로 자리잡았고, 산업이 국제적인 성격을 가지게 되면서 헐리우드는 전 세계 엔터테인먼트 산업의 중심지가 되고 있으므로, 미국에서의 논의를 살펴보는 것은 의미가 있다. 미국의 엔터테인먼트 법에 관한 이론서로는 Biederman(주 9), Epstein(주 4), Burr(주 9), Weiler, Paul C., Entertainment Media and the Law: Text, Cases, Problems (3rd Ed.), Thomson/West (2006); Smartt, Ursula, Media & Entertainment Law, Routledge, Taylor & Francis Group (2017); LaFrance/Scott/Sobel, Entertainment Law on a Global Stage, West Academic Publishing (2015) 등이 있다.

37) LaFrance/Scott/Sobel(주 39), p. 638.

38) Pingley v. Brunson, 272 S.C. 421, 252 S.E.2d 560 (1979).

곳에서 악기를 연주하지 못하도록 하는 금지명령을 구하였다. 우선 법원은 형평법상 인적 서비스 계약에서는 일반적으로 특정이행을 명하지 않는데, 다만 서비스가 고유하고 특별한 가치가 있는 경우에는 예외적인 상황에서 특정이행이 인정될 수 있다는 점을 밝혔다. 특히 계약기간이 장기라는 점에 주목하여 당사자간에 상호 신뢰가 없어진 후에 오랜 기간을 긴밀한 인적관계에 놓이도록 강제하는 것은 적절하지 않으며, 해당 지역에서 피신청인을 대체할 연주자가 있다면 특정이행은 적절하지 않다고 판단하였다.[39] 그 외에도 인적 서비스에 대하여는 법원이 이행을 감독하기 어렵다거나,[40] 예술적 노무의 제공을 강제하는 것은 비자발적인 노역을 금지하는 헌법 정신에 부합하지 않는다는 점을 지적하기도 한다.[41]

Ⅲ. 연예인 전속매니지먼트계약

1. 연예인 전속매니지먼트계약의 의의와 특성

가. 의의 및 유형

연예인 매니지먼트계약은 에이전시나 매니지먼트사 등의 연예기획사가 연예인의 연예활동의 기회를 알선하고 관련 계약을 협상하고 체결하며 연예인의 연예활동을 지원하고 보좌하는 등 연예업무의 처리에 관한 서비스를 제공하고, 연예인은 연예기획사에 이와 같은 자신의 연예업무의 처리를 위탁하고 그 대가로 통상 자신의 연예활동으로 인하여 생긴 수익을 배분할 것을 내용으로 하는 계약을 말한다.[42] 통

---

39) 나아가 1심은 금지청구를 인정하기도 하였으나, 신청인과 피신청인의 계약에는 경업을 금지하거나 다른 곳에서 연주할 수 없다는 조항을 두고 있지 않다고 하면서, 계약상 이에 대한 명시적인 규정이 없는 이상 금지명령을 할 수 없음이 원칙이라는 점도 분명히 하였다. 다만 이후 법원은 점차로 계약상 명시적인 경쟁금지(non－compete) 조항이 없더라도, 인적서비스가 고유한 가치가 있는 경우에는 계약 기간 동안 사업자의 경쟁자를 위하여 용역을 제공할 수 없다는 금지명령이 가능할 수 있다는 입장을 취하였다. LaFrance/Scott/Sobel(주 36), p. 640.

40) 예를 들어 성악가가 이탈리아 가곡을 부르는 의무를 제대로 이행하였는지를 판단하려면, 언어나 청각적 능력, 심미적인 감각 등을 가지고 있어야 하는데 이러한 능력이 있는지 의문이라는 것이다. De Revafinoli v. Corsetti 4 Paige Ch 264 (1833) 참조.

41) American Broadcasting Companies v. Wolf, 52 N.Y.2d 394, 402 (1981).

42) 공정거래위원회가 마련한 대중문화예술인(연기자중심) 표준전속계약서(공정거래위원회 표준약관 제100063호) 제1조에서는 “이 계약은 을(연예인)이 대중문화예술인으로서의 활동(이하 “연예활동”이라 한다)에 대한 매니지먼트 권한을 갑에게 위임하고, 이에 따라 갑이 그 권한을 행사하는 데에 있어서 필요한 제반 사항을 정함으로써, 연예활동에 있어서의 갑과 을의 상호의 이익과 발전을 도모함에 그 목적이 있다.”고 규정하였다. 이하 대중문화예술인(연기자중심) 표준전속계약서(공정거래위원회 표준약관 제100063호)는 ‘공정거래위원회 표준전속계약서’로 인용한다. 그 문제점과 개선방향을 분석한 글로는 이충훈, “대중문화예술인표준전속계

상 이러한 계약은 연예인이 특정 연예기획사에 전속되어 활동할 것을 전제로 하므로, 전속매니지먼트계약의 형태로 체결된다.

일찍이 엔터테인먼트 산업이 발달한 미국에서는 에이전시 계약과 매니지먼트 계약이 엄격하게 구별되어 운영된다.[43] 에이전트 계약은 에이전시가 연예인의 연예활동 기회를 알선하고, 경우에 따라서는 계약 내용에 관하여 협상하고 계약을 대리하는 것을 주요 내용으로 하고, 매니지먼트 계약은 매니저 또는 매니지먼트사가 연예인의 자신의 연예활동을 보좌하고 지원하는 것을 내용으로 한다.[44] 연예인은 자신의 필요에 따라 에이전시와 매니저를 모두 두기도 하고, 어느 한 쪽을 선택하기도 한다.[45]

이에 비하여 우리나라의 전속매니지먼트계약은 에이전시 계약과 매니지먼트 계약이 구별되지 않고, 연예기획사가 연예인의 연예활동 기회의 획득, 대외적 교섭이나 계약 체결, 보수의 수령과 관리, 일정 관리, 저작권 등의 관리 등 소속 연예인의 전반적인 연예 업무를 수행하는 것은 물론, 연예인이 되기 이전부터 소위 연습생을 모집하여 교육을 통하여 이들을 스타로 양성하는 종합적인 서비스를 제공하기도 한다.[46]

나. 법적 성격

(1) 비전형계약으로서의 연예인 전속매니지먼트 계약

연예인 전속매니지먼트계약은 쌍무, 유상, 낙성, 불요식의 계약이라고 할 수 있다. 또한 민법이 정하는 전형계약이 아니므로, 연예인 출연계약의 경우와 같은 맥락

약서의 문제점 및 개선방향", 문화·미디어·엔터테인먼트 법 제7권 제1호(2013) 참조.

43) 미국의 엔터테인먼트 산업이 발전함에 따라 연예인 매니지먼트와 관련된 계약의 형태는 점차 다양해지고 각 직역 간 경계도 모호해지고 있으나, 개별 주법들과 노동조합의 규정에서는 에이전시와 매니저를 엄격히 구별하여 취급하고 있다. Epstein(주 4), p. 20 참조.

44) 에이전시가 다수의 연예인을 비롯한 다양한 엔터테인먼트 산업의 고객들에게 연예활동 기회를 알선하고 그 조건을 협의하며 때로는 연예사업을 구상하고 기획하는 업무를 담당한다면, 매니저는 상대적으로 소수의 연예인들을 대상으로 소속 연예인의 경력 관리를 위한 자문, 일정 관리, 재산 관리 등을 담당한다. Raden v. Lauri, 20 Cal.App.2d 778, 262 P.2d 61, 64 (Cal. Ct. App. 1953) 참조.

45) 다만 1990년 후반 이후 엔터테인먼트 업계에서 막강하던 에이전시의 권력이 점차 줄어들면서 매니지먼트 계약이 보다 확대되는 추세라고 한다. Burr(주 9), pp. 199, 244 등.

46) 이러한 연예기획사의 모습은 미국을 비롯한 구미 국가들에서는 찾아보기 어렵고, 우리나라 외에는 일본에서 유사한 양상을 확인할 수 있다. 이규호/카토 키미히토/카타오카 토모유키/허중혁, 엔터테인먼트법의 최신 쟁점－한국과 일본의 이론과 실무를 중심으로－, 진원사(2011), 115면 이하; 하윤금(주 5), 104면; 주재원, 영국의 연예 매니지먼트 산업, Global content 동향과 분석 통권 301호(2009. 10); 김영신, "연예인 매니지먼트 계약의 법적 성질－독일의 현황 및 논의를 중심으로－", 대법원 비교법실무연구회 발표자료(2018. 3. 7) 등.

에서 그 법적인 성격을 규명하려는 노력이 있다. 즉, 전속매니지먼트계약에서 매니저가 부담하는 급부는 연예인을 위한 사무의 처리라는 서비스이므로 '위임' 내지 '위임 유사의 무명계약'의 성질을 가진다는 견해,[47] 연예인이 대형기획사에 전속되는 경우에는 고용계약의 일종으로 보거나[48] 고용계약에 관한 규정이 유추적용된다는 견해,[49] 노무제공 자체나 일의 처리를 목적으로 하기보다는 일의 완성을 강조한다는 점에서 도급에 가까운 것이라는 견해도 있다.[50] 그 외에도 전속매니지먼트계약을 고용, 도급, 위임 중 어느 하나로 보기보다는 이들 계약들의 성격이 다양한 형태와 비율로 나타나는 비전형의 혼합계약으로 보아야 한다고 하거나[51] 연예인과 매니저는 공동사업을 영위하는 동업자 관계에 가깝다고 보는 견해도 있다.[52]

그러나 이러한 분석이 연예인 전속매니지먼트계약을 이해하는 데에 실천적인 의미를 가지는지는 의문이다. 전속매니지먼트 계약이 위임의 성격을 가진다는 입장에서도, 통상적인 위임계약에서처럼 당사자들이 계약을 언제든지 자유롭게 해지할 수 있다고 하지는 않는다.[53] 공동 사업을 위하여 연예인은 자신의 능력을, 기획사는 자본을 투자하는 관계라고 하는 견해는, 당사자들이 특별히 동업을 약정하지 않는 이상 조합계약에 관한 법률의 규정이 적용되는 것은 아니라고 설명한다.[54] 연예인 전속계약은 엔터테인먼트 산업의 고유한 특성을 전제로, 구체적인 사안에서 연예인과 기획사 간에 발생할 수 있는 여러 법적인 문제들을 포섭하기 위하여 체결되는 것으로, 이들 계약을 민법상 단일한 전형계약의 일종으로 평가하기는 사실상 불가능하다. 그렇다고 하여 전속계약이 여러 전형계약의 성격을 고루 가진다고만 하면 각 전형계약들의 규정을 실제로 어떻게 적용할 것인지를 알기 어렵다.

참고로 미국법상 에이전트 계약은 그 명칭(agent)에서도 알 수 있다시피 일종의 위임계약이다. 에이전시는 연예인의 활동 기회를 중개·알선하는 역할을 하고 그에

47) 서울고법 2004. 5. 11.자 2004라143 결정.

48) 조성흠, 특수형태 근로종사자의 근로자성에 관한 연구 — 연예인을 중심으로, 동국대학교 석사학위논문(2005), 70면 이하. 이에 따르면 연예인은 기획사가 지정하는 바에 따라 노동력을 제공하여야 하므로 자신의 노동력을 자유롭게 처리할 수 없으며, 보수는 연예 자체에 대한 평가라기보다는 노무 제공에 대한 대가라고 설명한다.

49) 이범수, "전속계약 성격에 관한 연구(엔터테이너의 근로자로서의 성격을 중심으로)", 경성법학 19집 2호(2010), 52~53면.

50) 장재현, 채권법 각론, 경북대학교 출판부(2006), 371~373면.

51) 권기덕, "전속계약의 특질", 민사법의 이론과 실무 10권 1호(2006. 12), 159면 이하; 한상호(주 6), 492~493면.

52) 이은영(주 24), 75면; 조성흠(주 48), 73면.

53) 전휴재(주 5), 1152면.

54) 이은영(주 24), 75면; 조성흠(주 48), 73면.

따른 보수를 받는 것을 기본으로 한다. 따라서 에이전시가 연예인으로부터 계약 체결에 관한 대리권을 부여받기도 하지만, 계약 체결에 관한 최종 권한은 어디까지나 연예인에게 있는 것으로 이해된다.[55] 에이전시는 대리인으로서 본인인 연예인에 대하여 신인의무(fiduciary duty)를 부담한다고 하여,[56] 주법으로 연예인들을 에이전시의 부도덕한 행위, 이중적인 계약체결, 이해충돌, 착취 등으로부터 보호하기 위한 법규를 두기도 한다.[57]

우리의 전속매니지먼트계약도 연예인이 자신의 연예 사무의 처리를 특정 연예기획사에 위탁한다는 측면에서는 위임계약의 성격을 가진다고 볼 수 있을 것이다. 그런데 그 의미를 전속매니지먼트계약에 대하여 민법상 위임에 대한 규정을 적용하여야 하는 것으로 정형화시키는 것은 바람직하지 않다. 그보다는 엔터테인먼트 산업에서의 연예인의 위치와 연예기획사와의 관계 등 업계에 대한 충분한 이해에 바탕을 두고 계약의 성격을 이해하려는 노력이 중요하다는 점은 위의 연예인 출연계약에 관하여 언급한 바와 같다.

⑵ **계속적 계약으로서의 연예인 전속매니지먼트계약**

연예인 전속매니지먼트계약을 이해하기 위한 또 하나의 기준으로서 계속적 계약이라는 점을 들 수 있다. 계속적 계약 또는 계속적 채권관계는 당사자가 일정한 계속적인 기간 동안 계속적인 급부의 의무를 부담하는 것을 말하는바,[58] 전속매니지먼트계약은 당사자의 급부가 한 번으로 끝나는 것이 아니고 통상 수년의 기간에 걸쳐서 상호 계속적인 급부의무를 발생시킨다는 점에서 계속적 계약에 해당한다.

계속적 계약의 특징으로는 (ⅰ) 기본계약과 개별계약으로 나누어진다는 점, (ⅱ) 계약이 해소되는 경우 장래를 향하여 그 효력을 상실하고 기존의 계약을 청산할 의무가 발생한다는 점, (ⅲ) 당사자간의 신뢰관계가 계약의 유지·발전에 중요한 역할을 한다는 점, (ⅳ) 계약 당사자간의 계약상 지위 등으로 불공정한 계약이 체결

55) Epstein(주 4), p. 21. 다만 대부분의 경우 출연 계약 등은 과거 스튜디오 계약과 같이 장기적인 전속관계가 아니라 단기 계약이므로 연예인들이 특별히 계약 체결에 반대하지는 않는다고 한다.

56) 일반적인 대리인의 신인의무에 대하여는 Allen/Kraakman/Subramanian, Commentaries and Cases on the Law of Business Organization (3rd ed.), Wolters Kluwer (2009), pp. 34－40 참조.

57) Epstein(주 4), pp. 22－23 참조. 에이전시와 마찬가지로 매니지먼트사도 연예인에 대하여 신인의무를 부담한다는 것이 일반적인 견해이다. Epstein(주 4), pp. 34－35; Biederman(주 9), p. 69 참조.

58) 곽윤직, “계속적채권관계·계속적계약”, 사법행정(1965), 14면 이하; 황적인, “계속적 계약관계”, 고시연구(1976), 42면 이하; 송덕수, 신민법강의 제8판, 박영사(2015), 1270면; 지원림, 민법강의 제14판, 홍문사(2016), 1262면 등.

될 우려가 크다는 점 등이 거론된다.[59] 여기에 (v) 장기간의 계약관계가 예정되므로 당사자들이 이를 신뢰하고 계약에 특유한 투자를 할 가능성이 있고 경우에 따라서는 계약의 성립과 유지를 위하여 이러한 투자를 할 것이 요구될 수 있다는 점을 계속적 계약의 특징으로 추가할 수 있다. 이러한 투자가 있는 경우에는, 계약이 해소될 때 당사자들의 정당한 신뢰를 보호하고 사회경제적인 손실을 방지하기 위하여 투하자본의 회수 여부를 고려할 필요가 있다.[60]

계속적 계약으로서 연예인 전속매니지먼트계약은 기본계약에 따라 연예인의 출연의무나 연예기획사의 연예활동 지원의무 등이 개별적으로 발생하고 계약금 이외의 정산금이 매기마다 지급되는 것으로 이해할 수 있다. 또한 계약이 중도에 해소되어야 하는 경우에는 계약의 해지가 문제가 되는데, 특히 당사자간의 신뢰관계가 계약 유지에 절대적인 요소이므로 명시적인 규정이 없더라도 당사자들의 신뢰관계가 깨어진 사정은 계약의 해지사유가 된다.[61] 한편, 연예인 전속매니지먼트계약의 불공정성은 사회적으로 큰 문제가 되기도 하였는데, 신인 연예인이 연예계 진출을 위하여 일방적으로 불리한 내용의 계약을 작성하기도 하고, 연예계의 생태상 미성년자나 여성 연예인의 보호가 특히 요청되는 측면도 있다.[62] 나아가 연예기획사는 해당 연예인과의 전속매니지먼트계약에 따라 소속 연예인에게 상당한 투자를 하는데, 이와 관련하여 연예인의 계약 위반 또는 계약 해지에 대하여 위약금 규정을 두는 것이 일반적이다.[63]

---

59) 장보은, 계속적 공급계약과 그 종료에 관한 계약법적 고찰 — 유통계약을 중심으로 —, 서울대학교 법학박사학위논문(2017), 11면 이하.

60) 사업에 특유한 신뢰투자가 있었던 경우 계속적 계약의 종료시 이를 고려하여야 한다는 점은 장보은(주 59), 209면 이하; 최준규, "계약해석의 방법에 관한 연구 — 문언해석과 보충적 해석을 중심으로 —", 서울대학교 법학박사학위논문(2012), 166~169면 등 참조.

61) 연예인 전속매니지먼트계약의 해지에 대하여는 장보은(주 9), 92~95면 참조.

62) 미성년자인 연예인과의 불공정한 전속계약 체결의 문제를 검토한 것으로는 이재목, "연예전속매니지먼트계약의 법적 문제점에 관한 소고 — 미성년 아이돌 가수의 계약 실태를 중심으로 —", 스포츠와 법 제14권 제4호(2011), 3면 이하 참조.

63) 공정거래위원회 표준전속계약서 제17조 제2항 참조. 다만, 성공가능성 여부에 대하여 불확실성이 높다는 업계의 본질적인 특성상 연예기획사의 투자비용을 모두 연예인에게서 회수할 수 있다고 하는 것은 불합리할 것이므로, 정당한 신뢰투자에 따른 이익을 어느 정도까지 보호하여야 할 것인지에 대한 논의가 필요하다.

2. 연예인 전속매니지먼트계약의 내용

가. 전속성

(1) 전속성의 의의

연예인 매니지먼트계약은 일반적으로 연예인이 특정 연예기획사에 독점적인 매니지먼트 권한을 위임할 것을 내용으로 한다.[64] 연예인이 여러 분야에서 또는 여러 지역에서 활동하는 경우, 전속성이 미치는 범위를 명시하기도 한다. 이처럼 연예인이 해당 연예기획사와 전속적으로 거래할 것을 요구하는 것은 연예기획사가 연예인에 대하여 충분히 투자하고 그에 따른 보수나 수익을 확보하도록 하는 것이다.[65] 연예인으로서도 자신의 연예관련 업무를 특정 연예기획사에 일임함으로써 자신의 재능 계발에 집중하고 역량을 발휘할 수 있다는 장점이 있다.[66]

반면 연예기획사는 해당 연예인을 위해서만 전속적으로 활동하지 않는다. 연예기획사가 다수의 유력 연예인들을 보유함으로써 협상력을 가지게 되고 이는 계약 당사자인 연예인에게도 유리하게 작용하므로, 연예인도 연예기획사가 자신만을 위하여 활동할 것을 요구하지 않는 것이 보통이다.[67]

(2) 연예기획사의 전속료 지급의무

전속매니지먼트계약에서 계약금 등의 명목으로 전속료가 연예인에게 지급되는 경우가 있다. 미국의 에이전트 계약이나 매니지먼트 계약에서는 연예인에게 전속료가 지급되지 않는 것이 일반적이나,[68] 우리의 경우에는 일반적으로 전속료가 지급된다.

---

64) 공정거래위원회 표준전속계약서 제2조 제1항 본문 참조.

65) Epstein(주 4), p. 23.

66) 김명훈, 전속계약상 연예인의 법적 보호에 관한 연구, 숭실대학교 석사학위논문(2013), 22면 참조.

67) 이러한 점을 분명하게 하기 위하여 미국에서의 에이전트 계약이나 매니지먼트 계약에서는 에이전시나 매니지먼트사가 해당 연예인만을 위하여 모든 시간과 주의를 기울여야 하는 것은 아니며 다른 사람이나 회사를 대리할 수 있다는 점을 명시하기도 한다. 장보은(주 9), 75면 및 79~80면 참조.

68) 장보은(주 9), 75면 및 79~80면 참조. 그런데 미국법상 대표적인 연예인 전속계약 중 하나인 가수나 싱어송라이터의 레코딩 계약에서는 음반제작사가 연예인에게 선급금을 지급하는 것이 일반적이다. 이는 신인 연예인에게 음반이 발매되기 전에 생활을 영위할 수 있도록 하는 의미가 있고, 이후 음반 판매 등으로 인한 수익이 발생하면 음반제작사가 제작비를 먼저 회수하는데 연예인에게 지급한 선급금도 회수하여야 하는 제작비로 계산한다. 다만, 일단 연예인에게 선지급된 금액은 추후에 충분한 수익이 나지 않았다고 하더라도 음반제작사에 다시 반환하여야 하는 것은 아니다. 미국법상 레코딩 계약의 내용에 대하여는 장보은(주 9), 82면 이하 참조.

이러한 전속료의 성격은 구체적인 사실관계에 따라 달라지겠으나, 계약체결을 유도하기 위한 증여, 위약금 내지 계약 해지를 유보하기 위한 약정금, 해당 연예기획사와 배타적으로 거래하는 것에 대한 대가 등이 될 수 있다고 한다.[69]

그런데 유명 연예인과 전속매니지먼트계약을 체결하기 위하여 상당한 액수의 전속료가 지급되는 경우도 있는데, 향후 분쟁을 방지하기 위해서라도 그 성격을 분명히 해 두는 것이 바람직하다.[70] 만일 전속료를 전속성을 담보하기 위하여 교부되는 금원으로 이해한다면, 연예인의 전속계약 위반시 손해배상을 구함에 있어 전속료를 지급할 것을 청구할 수 있을 것이다.[71] 그러나 전속매니지먼트계약에서 위약금을 규정하면서 연예인의 계약 위반시 전속료에 대한 처분에 대하여 별도로 정해두지 않았다면, 계약 위반시 위약금 외에 전속료의 반환을 구하기는 어렵게 될 수 있다.

나. 계약기간

연예기획사는 계약기간을 장기로 하거나, 계약 갱신에 대한 선택권[72]을 가지는 등으로 자신이 투자한 연예인으로부터 수익을 얻을 수 있는 기회를 확보하고자 한다. 특히 신인을 발탁하여 많은 노력과 비용을 투자하더라도 이들이 시장에서 인기를 얻을 수 있을지, 상당한 수익을 내기까지 얼마나 기간이 걸릴지 등이 불확실하므로, 이러한 위험을 감수한 투자를 회수하기 위해서는 장기간 계약을 유지할 필요가 있다. 그러나 한편으로는 연예인을 지나치게 오랜 기간 동안 전속계약으로 묶어두는 것은 연예인의 경제활동의 자유 등을 부당하게 제한할 우려가 있다.

계약기간은 연예인의 자유를 지나치게 제한하지 않는 범위에서 연예기획사가 연예인에 대하여 투자한 금원과 수익 배분 구조, 연예계에서의 해당 연예인의 지위 등을 고려하여 정하여야 한다.[73] 법원은 전속기간이 10년 이상 되는 전속계약은 연

69) 전휴재(주 5), 1139면. 이러한 점을 인정하면서도 기본적으로는 전속계약으로 인해 다른 회사에 출연하지 않는다는 부작위 채무의 대가적 성격으로 보아야 한다는 견해로는 장재옥, "전속계약에 관한 소고", 중앙법학 제7집 제4호(2005), 206면 및 이범수(주 49), 30면 참조.

70) 참고로 법원은 만화잡지 제작과 관련한 전속계약을 위반한 사안에서, 사업자가 만화가에게 전속료를 지급하면서 사업자가 계약을 위반하였을 때에는 만화가에게 전속료의 반환을 청구할 수 없고 만화가가 계약을 위반하였을 때에는 전속료의 배액을 사업자에게 지급하여야 한다고 약정하였다면, 이는 특별한 사정이 없는 한 손해배상액 예정의 성질을 갖는다고 판단한 바 있다. 대판 1993. 2. 9, 92다33176.

71) 서울고판 1999. 11. 16, 99나14831 등 참조.

72) 연예기획사에게 선택권(옵션)이 있는 경우, 해당 연예기획사는 연예인이 성공할 가능성이 낮다고 판단되면 선택권을 행사하지 않음으로써 계약을 종료시킬 수 있다. *Gale Encyclopedia of American Law* (3rd Ed.), Gale Cengage Learning (2011), p. 181.

73) 서울남부지법 2007. 10. 25. 선고 2007가합2351(본소), 13405(반소) 판결에서는 계약기간이 6년으로 되어 있는 전속계약에 대하여, 전속계약에서 정한 계약기간이 원고의 경제적 활동에

예인에게 지나치게 불이익한 것으로 무효라고 판단한 바 있고,[74] 이후 공정거래위원회 표준전속계약은 계약기간을 7년을 초과하지 않는 범위 내에서 정하도록 하였다.[75]

다. 연예기획사의 의무

(1) 연예인의 연예활동 관련 업무수행의무

연예기획사는 전속매니지먼트계약에 따라 연예인의 연예활동의 기회를 알선하고 관련 계약을 협상하고 체결하며 연예인의 연예활동을 지원하고 보좌하는 등 연예업무의 처리에 관한 서비스를 제공한다. 그 외에도 연예기획사는 연예인에게 연예활동에 필요한 능력의 습득 또는 향상을 위한 일체의 교육을 실시하거나 위탁하고, 연예인의 연예활동을 홍보하고 광고하며, 연예인의 일정관리와 콘텐츠의 제작·판매, 출연료의 수령 및 관리를 담당하기도 한다.[76]

이처럼 연예기획사가 연예인으로부터 포괄적인 권한을 위임받아 그의 사무를 처리함에는 선량한 관리자의 주의로 필요한 설비를 갖추고 연예인의 이익이 극대화되는 방향으로 업무를 처리하여야 한다.[77] 특히 연예기획사가 출연계약 등을 체결할 권한을 가지는 경우에도 그에 따라 출연의무를 부담하는 것은 어디까지나 연예인이므로, 연예인의 사정을 충분히 고려하고 계약의 주요 조건을 미리 알려주는 것이 바람직하며, 연예인의 명시적인 의사에 반하는 계약을 체결하여서는 안 된다.[78]

(2) 연예인에 대한 보호의무

연예인이 전속매니지먼트계약에 따라 포괄적인 권한을 연예기획사에게 위임하는 경우, 당사자간의 상호 신뢰가 무엇보다 중요한 요소가 된다. 당사자들이 단순히 급부를 교환하는 것에 그치는 것이 아니라 장기간 계속적인 관계를 형성하므로, 이러한 인적 관계에 근거하여 서로 신의칙상의 성실의무를 부담하게 된다.[79]

연예기획사는 이러한 성실의무의 일환으로 전속 연예인을 보호할 의무가 있다.

관한 자유를 침해할 정도로 장기간이라고 보기 어렵다고 판단하였다.

74) 대판 2010. 7. 29, 2010다29584.

75) 공정거래위원회 표준전속계약 제13조 제1항. 참고로 그 직접적인 근거가 되었는지는 분명하지 않으나, 미국 캘리포니아 주법(§2855 of the California Labor Code)에서는 인적서비스와 관련된 계약은 그 기간을 7년 이내로 정하여야 한다고 규정하고 있어, 에이전트 계약이나 매니지먼트 계약의 기간은 7년을 초과할 수 없다.

76) 공정거래위원회 표준전속계약서 제4조 제1항.

77) 공정거래위원회 표준전속계약서 제14조 제1항 참조. 미국법상 에이전트의 신인의무에 대하여는 Epstein(주 4), p. 23 참조. 미국의 주요 주에서는 에이전시 면허를 취득하도록 하여 연예인을 포함한 대중을 보호하고자 한다. 에이전트 계약에 대한 캘리포니아와 뉴욕주의 규제에 대하여는 장보은(주 9), 71면 이하 참조.

78) 공정거래위원회 표준전속계약 제2조 제2항 및 제4조 참조.

79) 고용계약상 사용자의 보호의무에 관하여는 곽윤직(주 13), 245~246면 참조.

특히 연예기획사는 자신과 전속계약을 맺은 연예인들이 부당한 처우를 받지 않으면서 연예활동을 하도록 보호하고 도와줄 의무가 있다.[80] 연예기획사가 신인 연예인이나 연습생들을 발굴하여 교육과 투자를 하는 경우에는 이들의 연예기획사에 대한 의존도가 더욱 높아질 것이므로, 연예기획사의 보호의무가 더욱 강조될 것이다.

라. 연예인의 의무

(1) 연예활동에 관한 성실의무

연예인은 연예기획사의 권한 행사에 따라 자신의 재능과 실력을 최대한 발휘하여 연예활동을 하여야 한다.[81] 이는 연예기획사가 계속적 계약관계에 기초한 신의칙상의 성실의무를 부담하는 것에 대응하여 연예인이 부담하는 성실의무의 내용이라고 할 수 있다. 다만, 그 내용이 연예기획사의 권한에 무조건적으로 복종할 것을 의미한다고 볼 수는 없다. 연예기획사가 연예인을 위한 출연계약을 체결할 포괄적인 권한이 있다고 하더라도, 출연의무를 부담하는 것은 어디까지나 연예인 자신이므로 연예인의 개성과 자율성은 존중되어야 하는 것이다.[82] 이와 관련하여 전속매니지먼트계약에서 연예인의 승인 없이 또는 연예인에게 주요 조건을 먼저 알려주지 않고 계약을 체결하여서는 안 된다는 점을 명시하기도 한다.[83]

연예인은 성실의무의 일환으로 일정한 수준의 품위유지 의무를 부담한다.[84] 따라서 연예활동에 지장을 초래할 정도로 연예인으로서의 품위를 손상시키는 행위를 하거나, 연예기획사의 명예나 신용을 훼손하는 행위를 하지 말아야 한다.[85]

(2) 연예기획사와의 전속의무

연예인은 전속매니지먼트계약의 체결로 계약 상대방인 연예기획사와 전속적인 관계가 되므로, 연예기획사의 사전 승인 없이 자기 스스로 또는 제3자를 통하여 출연교섭을 하거나 연예활동을 하여서는 안 된다.[86] 또한 전속의무에 따라 연예인은 계약기간 중 제3자와 전속매니지먼트계약의 내용과 동일하거나 유사한 전속계약을 체결할 수 없다.[87] 이는 그 자체로 전속매니지먼트 계약의 파기 또는 침해 행위가

---

80) 공정거래위원회 표준전속계약서도 2014. 9. 19. 개정을 통하여 아동·청소년의 보호에 관한 규정을 추가하였다.
81) 공정거래위원회 표준전속계약 제5조 제2항 참조.
82) 서울고판 2006. 2. 8, 2004나78765, 78761; 공정거래위원회 표준전속계약 제5조 제4항 참조.
83) 장보은(주 9), 76면.
84) 전휴재(주 5), 1137~1138면.
85) 공정거래위원회 표준전속계약 제5조 제3항 참조.
86) 공정거래위원회 표준전속계약 제2조 제3항 참조.
87) 공정거래위원회 표준전속계약 제5조 제5항 참조.

될 것이다.

마. 당사자간의 정산

연예기획사는 전속매니지먼트계약에 따라 연예인의 연예활동과 관련한 각종 업무를 수행하고 이에 대한 보수를 지급받는데, 통상 이는 계약기간 동안 연예인이 연예활동으로 얻은 수익을 일정한 비율로 배분하는 형태가 된다.[88] 많은 경우 연예기획사가 연예인을 대신하여 출연료 등의 대가를 수령하고 관리하는 업무도 담당하므로,[89] 실제로는 출연료 등의 수입에서 비용을 공제하고, 이를 정산 비율로 나누어 연예인의 몫을 연예인에게 지급하는 것이 일반적이다.

연예인의 수익구조가 다각화될수록 연예인의 주된 활동 및 연예기획사의 주된 역할에 따라 예상되는 비용과 그 처리 방식, 수입의 내용 및 범위에 대하여 보다 구체적으로 명확하게 규정할 필요가 있다. 정산의 대상이 되는 출연료 등의 범위를 명시하고, 공제되는 비용과 공제되지 않는 비용을 구분할 필요가 있다.[90] 특히 연습생의 경우처럼 연예기획사의 상당한 투자가 예정된 경우에는 대강의 투자 항목과 그 비용을 미리 합의하고, 추후에 수익이 나면 이러한 투자분을 어느 범위에서 어떻게 회수하는지에 대하여도 사전에 협의하는 것이 바람직할 것이다.[91]

수익의 배분비율은 연예기획사의 초기 투자비용, 전속금의 지급 여부, 연예인의 지명도, 연예기획사가 부담하는 활동 지원비 등을 고려하여 당사자 간의 합의를 통하여 결정되는데,[92] 유명 연예인의 경우는 연예인이 총 수입에서 비용을 공제한 순수익을 기준으로 90% 이상의 비율로 정산을 받기도 하지만, 신인 연예인의 경우에는 그보다 훨씬 낮은 비율이 정해진다.[93]

---

88) 공정거래위원회 표준전속계약 제7조 참조.

89) 미국에서는 연예인의 수익이 상당하고 복잡한 경우에는 회계사 등의 비즈니스 매니저를 두고 수익 징수와 정산 업무를 맡기기도 한다. Kinney, Christiane Cargill, “Manager, Agents & Attorney”, Lexis Practice Advisor Research Path (2015).

90) 미국법상 에이전트 계약에서는 에이전시가 연예인에게 연예활동을 알선하기 위하여 지출한 비용을 연예인이 상환하지는 않으나, 매니지먼트 계약에서는 연예인의 활동을 위하여 매니지먼트사가 지출한 비용을 상환하도록 하는 것이 일반적이다. 다만, 매니저의 비용 중 간접비는 반환하지 않는다거나 일정 금액 이상을 지출하는 경우 사전 승인을 받도록 하는 등 제한을 둘 수는 있다고 한다. Biederman(주 9), pp. 69－72.

91) 다만, 공정거래위원회 표준전속계약 제7조 제2항에서는 연예인의 교육(훈련)에 소요되는 제반 비용은 연예기획사가 원칙적으로 부담하는 것으로 정하고 있다.

92) 전휴재(주 5), 1139~1140면.

93) 참고로 미국법상으로 뉴욕주법과 노동조합의 규정에서는 에이전시에게 지급되는 보수의 상한을 비용을 공제하지 않은 연예인 총 수입의 10%로 규제하고 있고, 이러한 규정이 없는 매니지먼트 계약의 경우 비용을 공제하지 않은 연예인 총 수입의 10~25%를 보수로 정하는 것이 일반적이라고 한다. Kinney(주 89). 다만, 미국은 보수를 산정할 때 각종 비용을 공제하지 않

바. 계약 해지

계약 상대방의 계약 위반이 있으면, 채무불이행의 효과로서 계약 해지를 구할 수 있다.[94] 우리 판례가 해지를 인정한 것으로는 매니저가 출연교섭 등 대외적인 매니지먼트 업무나 차량 제공, 교육, 매니저 고용 등 연예인에 대한 지원업무를 태만히 한 경우,[95] 출연료를 제대로 정산하지 않거나 수익배분의 의무를 제때 이행하지 아니한 경우[96] 등이 있다. 연예인이 계약상 의무를 위반하는 경우에는 연예기획사가 계약을 해지할 수 있는데, 연예인의 계약 위반에 대하여는 위약금 규정을 두는 경우가 일반적이다.[97] 연예기획사가 계약해지에 따른 일실수익 손해를 입증하는 것이 사실상 불가능하기 때문이다.[98] 위약금 규정을 두는 것은 민법상 허용되지만, 그 금액이 과다하면 감액이 될 수 있다.[99]

그 외에도 전속매니지먼트계약에서 신뢰관계가 깨어진 경우에는 당사자들에게 더 이상 계약을 유지하도록 강요할 수 없을 것이다.[100] 통상 당사자 사이의 고도의 신뢰관계를 기초로 하는 계속적 계약관계에서는 이러한 신뢰관계가 파탄에 이르게 되었다면 계약이나 법률의 규정이 없더라도 신의칙에 따라 계약이 해지될 수 있다.[101] 이러한 당사자 간의 신뢰관계가 파괴되었는지 여부를 판단하기 위해서는 구체적인 사실관계가 중요하다.[102]

은 연예인 수입을 기준으로 하고, 전속금이나 계약금을 지급하지 않으므로, 우리의 경우와 일대일로 비교하기는 어렵다.

94) 공정거래위원회 표준전속계약 제17조 제1항.

95) 서울고판 2004. 5. 11, 2004라143.

96) 서울중앙지판 2006. 6. 9, 2004가합69845(본소), 76232(반소).

97) 공정거래위원회 표준전속계약 제17조 제2항 참조.

98) 손경한 편, 엔터테인먼트법(상), 진원사(2008), 272면. 위약금에는 위약벌의 성질을 가지는 것과 손해배상액의 예정의 성질을 가지는 것이 있는데, 특별한 사정이 없으면 위약금은 후자로 추정된다. 민법 제398조 제4항 참조.

99) 위약금의 성질이 손해배상액의 예정인 경우에는 민법 제398조 제2항에 따라 법원이 그 금액을 감액할 수 있다. 서울고판 2001. 10. 23, 2001나7126; 서울고판 2004. 11. 10, 2003가합18172(본소), 18189(반소); 서울고판 2005. 6. 3, 2003나84813 등 참조.

100) 서울고결 2004. 5. 11, 2004라143은 "전속매니지먼트계약에 의하여 연예인이 부담하는 전속의무는 일신전속적으로 대체불가능한 것으로서 그 성질상 계약 당사자 상호간의 고도의 신뢰관계의 유지가 계약 목적의 달성을 위하여 필수적인 요소라고 할 것이어서, 그러한 신뢰관계가 깨어진 경우에까지 연예인에게 그 자유의사에 반하는 전속활동의무를 강제하는 것은 연예인의 인격권을 지나치게 강압하는 것으로서 현대의 문화관념과 인격존중이념에 배치되는 것이므로, 그러한 신뢰관계가 깨어지면 연예인은 전속매니지먼트계약을 해지할 수 있다고 보아야 한다."고 하였다.

101) 편집대표 곽윤직, 민법주해[Ⅰ], 박영사(2010), 156~157면(양창수 집필부분); 양창수·김재형, 민법 Ⅰ 계약법(제2판), 박영사(2015), 582면.

102) 예를 들어 연예기획사가 연예인을 위하여 출연계약 등을 체결하면서 다른 소속 연예인을 위

3. 전속매니지먼트계약에 대한 이행강제 방안

일방 당사자가 전속매니지먼트계약을 이행하지 않는 경우, 상대방으로서는 계약을 해지하고 손해배상을 청구하는 것 이외에 전속매니지먼트계약의 이행을 강제할 수 있는지가 문제될 수 있다. 연예기획사의 구제수단으로 계속하는 권리관계에 현저한 손해를 피하거나 급박한 위험을 방지하기 위하여 가처분이 가능하다고 하거나,[103] 연예기획사의 독점적 지위에서 다른 연예기획사와의 계약체결 또는 업무위임을 금지하는 가처분이 가능하다고 설명하는 견해[104]가 있으나, 실무상 이러한 가처분이 인용된 사례를 찾아보기는 어렵다.[105]

미국법상 전속계약 위반을 이유로 금지명령(negative injunction)을 할 수 있는지 여부는 해당 인적서비스의 내용이 고유하고 특별한 가치를 가지는지를 중심으로 판단한다. 이에 따라 전속계약에서 "연예인의 서비스는 고유하고 특별한 가치를 가지는 것으로, 전속계약을 위반하는 경우에는 사업자가 금전적 손해배상으로 보상되지 않는 회복할 수 없는 손해를 입는 것이므로, 금지명령의 대상이 된다"는 내용의 문구를 삽입하는 경우가 많다. 법원은 이러한 규정을 명시적인 경쟁금지(non-compete) 조항으로 인정하면서도, 법원이 연예인의 인적서비스가 고유하고 특별한 가치를 가지는지 여부는 별도로 심사할 수 있다는 태도를 취한다.[106]

이러한 관점에서 본다면, 일반적인 경우는 아니더라도 장기간 전속매니지먼트계약을 전제로 연예인의 연예활동에 대한 종합적인 서비스를 제공하고 나아가 신인을 발탁하여 교육과 훈련을 제공하고 상당한 투자를 한 경우라면 그 연예인이 연예

하여 해당 연예인에게는 불리한 조건으로 계약을 체결하였거나, 부당하게 성 접대를 강요하거나, 미성년자인 연예인에게 적절하지 않은 연예활동을 주선하는 경우 등에는 연예인으로서는 연예기획사를 신뢰하기 어렵다고 볼 수 있다. 반대로 연예인이 연예활동에 부적절한 행동을 하여 사회적으로 물의를 일으키거나, 적절한 연예활동의 기회를 알선하였음에도 불구하고 무단으로 활동을 하지 않는 경우 등에는 연예인이 신뢰를 깨뜨리는 것이라고 볼 수 있다.

103) 한상호(주 6), 500면.

104) 최정환, "한국의 배우 매니지먼트 계약 구조의 문제점", 부산국제영화제 '영화산업의 활성화를 위한 법률적 과제' 세미나 발표자료(2006. 10. 18.), 39면(정경석, "전속계약위반에 대한 출연금지가처분의 허용 여부", 법조 611호(2007), 26면에서 재인용).

105) 가처분 관련 법원의 실무례는 전휴재(주 5), 1143면 이하 참조.

106) LaFrance/Scott/Sobel(주 36), pp. 640-641. 가수에 대한 사안이기는 하지만, 명시적인 문구에도 불구하고 가수의 인적서비스를 고유한 것으로 볼 수 없다고 판단하여 금지명령을 기각한 사안도 있고{In re: Mitchell, 249 B.R. 55 (Bankr. S.D.N.Y. 2000)}, 다른 사실들을 추가로 고려하여 레코딩사의 서비스가 고유한 것이라고 인정하여 금지명령을 받아들인 예도 있다{Zomba Rec. LLC v Williams, 2007 NY Slip Op 50752(U), 15 Misc 3d 1118(A)}.

기획사와의 관계에서 단순히 여러 명의 연예인 중 하나가 아니라 고유하고 특별한 가치를 가진다고 판단될 가능성이 있다.[107] 따라서 일률적으로 가처분신청을 배척할 것이 아니라, 개별 사안의 구체적인 사정들을 고려하여 피보전권리의 존부와 보전의 필요성을 따져 볼 필요가 있다.

Ⅳ. 대상판결의 검토 — 결론에 갈음하여

1. 연예인 출연계약의 당사자 확정문제

가. 기존 학설의 태도

종래에 연예인 출연계약의 당사자가 누구인지를 확정하는 문제에 대한 논의는 많지 않으나, 연예인이 방송사와 직접 출연계약을 체결하는 경우와 연예기획사가 방송사와 출연계약을 체결하는 경우를 나누어 전자는 연예인이 계약 당사자가 되지만 후자는 반드시 그렇지 않다는 견해가 있었다.[108] 이에 따르면 연예기획사가 출연계약을 체결하는 경우는 다시 전속계약에 기초한 것과 출연계약대리권에 기초한 것으로 나눌 수 있는데, 먼저 연예기획사가 연예인과의 전속계약에 기초하여 출연계약을 체결하였다면 연예기획사가 출연계약의 당사자로서 방송사와의 합의 내용에 따라 불특정 또는 특정 연예인을 출연시켜야 할 의무를 가지고 이에 따라 방송사는 연예인을 방송프로그램에 출연시키도록 한 대가로 기획사에 출연료를 지급할 의무를 부담한다고 한다.[109] 연예기획사가 출연계약대리권에 기초하여 출연계약을 체결하는 경우에는 기본계약으로서 전속계약에 근거하여 연예기획사가 방송사와 출연에 관한 합의를 거친 후 방송사의 요청에 의하여 연예인이 이에 동의함으로써 프로그램의 출연에 관한 합의에 이르는 것이고, 이 때 출연계약의 당사자는 연예인이 된다고 설명한다.[110]

그런데 이는 연예인 출연계약을 일률적인 기준에 따라 분석할 뿐이어서 다양한

107) 참고로 모델과 모델에이전시 사이의 전속계약 위반이 문제된 사안에서는 모든 모델에게 해당 문구가 포함된 동일한 계약서를 사용하였고, 해당 모델은 모델에이전시가 관리하는 여러 명의 모델 중 하나로, 해당 모델이 모델에이전시에게 서비스를 제공하는 것이 아니라 제3자에게 서비스를 제공하고 에이전시는 이에 따른 수수료를 지급받을 뿐이므로 모델이 제공하는 인적서비스가 고유하다고 볼 수는 없다고 판단하였다. Wilhelmina Models, Inc. v. Iman Abdulmajid et al., 67 A.D.2d 853; 413 N.Y.S.2d 21 (Sup. Ct. NY 1979).

108) 남기연(주 12), 195면 이하.

109) 남기연(주 12), 202면 이하.

110) 남기연(주 12), 205면 이하.

계약을 모두 담아내기 어렵고, 무엇보다 실제 연예인 출연계약이 일어나는 엔터테인먼트 업계의 사정이나 당사자들의 이해를 반영하지 못하는 논의였다.

나. 계약 해석의 원칙에 따른 당사자 확정

이에 반하여 대상판결은 원고들이 방송 3사의 각 프로그램에 출연하여 발생한 출연료채권의 귀속 주체는 방송프로그램 출연계약의 내용에 따라 정해질 것이라고 전제하고, 처분문서로서 출연계약서가 존재하지 않는 상황에서 계약의 당사자를 확정하는 것을 계약 해석의 원칙에서 접근한다. 즉, 출연계약을 연예인이 직접 체결하였는지, 전속계약에 근거하여 연예기획사가 체결하였는지를 도식적으로 나누는 것이 아니라, 출연계약의 내용, 출연계약 체결의 동기와 경위, 출연계약에 의해 달성하려는 목적, 당사자의 진정한 의사 등을 종합적으로 고찰하여 계약의 당사자를 합리적으로 정하여야 한다는 것이다.

계약 해석이 문제되는 경우 법원은 1차적으로 계약의 문언에서 출발하지만, 당사자가 표시한 문언에 의하여 그 객관적인 의미가 명확하게 드러나지 않는다면, 그 문언의 내용과 그 법률행위가 이루어진 동기 및 경위, 거래의 관행 등을 종합적으로 고찰하여 사회정의와 형평의 이념에 맞도록 합리적으로 해석하여야 한다는 입장이다.[111] 나아가 계약 문언이 비교적 명백함에도 불구하고, 상거래 현실에 비추어 당사자들의 진의를 왜곡할 우려가 있거나 계약서상 다른 조항과의 관계를 고려할 필요가 있는 경우 등에는 여러 사정을 종합적으로 고려하여 문언의 사전적 의미와는 다른 해석을 하기도 한다.[112]

다. 대상판결의 경우

대상판결에서는 서면으로 작성된 출연계약서가 없는 경우이므로, 계약의 내용을 이해하고 당사자들의 의사를 도출해 내기 위해서는 계약 체결에 이르게 된 경위, 확립된 관행, 계약 체결 이후의 당사자들의 행동, 계약의 성격과 목적, 관습 등을 살펴야 할 것이다.[113]

---

111) 법률행위 해석에 관하여는 윤진수, "계약 해석의 방법에 관한 국제적 동향과 한국법", 비교사법 제12권 제4호(2015. 12.), 27면 이하; 김재형, "황금들녘의 아름다움: 법해석의 한 단면 — 임대주택법상의 임차인에 관한 해석 문제", 서울대학교 법학평론 제1권(2010. 9.), 200면 이하; 이동형, "법률행위 해석방법으로서 자연적 해석과 규범적 해석 검토", 저스티스 132호(2012. 10.), 5면 이하 등 참조.

112) 최준규, "계약해석에 있어 형식주의의 정당성 및 한계", 민사법학 제60권(2012. 9.), 41면 이하 참조.

113) 윤진수(주 111), 54면 이하.

우선 이 사건 계약의 체결 경위를 살펴보면, 대상판결의 원고들은 유명 연예인들로 전속매니지먼트계약을 통하여 자신의 연예업무 수행을 포괄적으로 연예기획사인 S사에 위탁하였다. 전속매니지먼트계약에 따르면 S사는 방송 출연계약에 관한 교섭, 체결, 유지, 종료에 관한 일체의 권한을 행사할 수 있었고,[114] 각 원고들의 연예활동으로 인한 모든 수익금은 원칙적으로 S사가 수수한 후 사후정산을 거쳐서 각 원고들에게 지급되도록 되어 있었다.[115] 이에 따라 S사는 방송 3사와 원고들의 프로그램 출연계약을 교섭하고 체결하였으며, 그 출연료를 수수하였다.

방송국에서는 매니지먼트사, 오디션, 외주제작사, 공채 등 여러 경로를 통하여 연예인들과 출연계약을 체결하는데, 다수의 연예인들과 일상적인 출연계약을 매번 서면으로 체결하지 않고 출연할 프로그램과 시간 등을 협의한 다음 합의된 출연료를 지급하는 것이 일반적인 관행으로 이해할 수 있다. 서면계약을 체결하지 않더라도 협의된 연예인 아닌 다른 연예인이 출연하도록 하는 것은 생각하기 어렵다.[116] 방송 출연계약상 연예인의 출연의무는 비대체적인 일신전속성을 가지므로, 연예인이 임의로 다른 연예인이나 제3자에게 자신의 출연을 대행하도록 할 수는 없는 것이다. 이는 연예인이 직접 출연계약을 체결한 경우뿐만 아니라, 연예기획사가 전속계약에 따라 연예인을 대신하여 출연계약을 체결한 경우에도 동일하다. 대상판결은 특히 원고들과 같이 인지도가 매우 높고 그 재능이나 인지도에 비추어 타인이 대신 출연하는 것으로는 계약 체결 당시 의도하였던 것과 동일한 효과를 거둘 수 없는 연예인의 경우, 원고들이 부담하는 출연의무는 부대체적 작위채무라고 하였는데, 이를 원고들과 같은 유명 연예인으로만 한정하여 해석할 것은 아니다. 연예인 출연계약에서는 개별 연예인의 개성과 기예가 중시되고, 실제로 출연계약상 연예인이 출연하지 않고 임의로 제3자가 급부를 하지 않는다는 점에 비추어 보면, 연예인의 출연의무는 부대체적 작위채무가 되는 것이 원칙이라고 이해하여도 좋을 것이다.[117]

이러한 부대체적 출연의무를 부담하는 주체가 연예인이 아니라 연예기획사가 된다면, 연예기획사가 사업자에 대하여 연예인을 출연시킬 의무를 부담한다는 취지인데, 출연의무의 특성상 연예인의 자율과 개성이 존중되어야 한다는 점에서 그 자

114) 이 사건 전속계약서 제3조 제2항.

115) 이 사건 전속계약서 제7조 제2항.

116) 서울고판 2015. 1. 22, 2013누50946의 사실관계 참조.

117) 소위 엑스트라라고 불리는 보조출연자의 경우 대체적인 출연의무를 부담한다고도 볼 수 있는데, 이들은 연예기획사에 소속된 연예인이 아니라 보조출연 전문대행업체의 인력공급계약을 통하여 방송에 출연하는 것이다.

체로 부자연스럽다. 연예인 측의 채무불이행 책임과 그 구제 수단을 어떻게 이해할 것인지, 연예인의 강제노동을 인정하는 것은 아닌지 등 불필요한 문제를 야기할 수도 있다.

따라서 연예인 출연계약의 당사자는 연예인으로 보는 것이 타당하고, 연예기획사는 전속매니지먼트계약에 따른 포괄적인 위임에 따라 계약에 대한 협상 및 체결 권한을 가지는 것이 된다.

2. 연예인 출연계약에 따른 출연료 지급채권의 귀속

연예인 출연계약의 당사자를 연예기획사가 아니라 연예인이라고 하면, 출연의무 이행에 따른 출연료 지급채권은 연예인에게 귀속되는 것으로 보아야 한다. 연예기획사가 사업자로부터 연예인의 출연에 대한 출연료를 직접 수수하는 것도 일반적인 연예인 전속매니지먼트계약의 내용에 따른 것으로, 연예인의 출연료 등을 수령하고 관리할 연예기획사의 의무의 일환으로 이해할 수 있다. 따라서 연예기획사가 사업자로부터 연예인의 출연료를 수령한다고 하여 연예기획사가 출연료채권을 가진다고 보는 것은 타당하지 않다.[118]

연예기획사가 출연료채권을 가진다고 하려면, 연예인으로부터 채권을 양도받았거나 사업자와 연예인간에 출연계약이 연예기획사를 수익자로 하는 제3자를 위한 계약의 형태로 체결되었고 연예기획사가 그에 따른 수익의 의사표시를 하였다는 등의 추가적인 사정이 필요하다.[119] 이러한 사정이 있었는지 여부는 의사표시 해석의 문제로 환원될 것이지만, 특별한 정함이 없다면, 일반적으로 전속매니지먼트계약을 체결한 당사자들의 의사는 개별 출연계약을 연예기획사에 위임함으로써 연예인의 출연료채권을 연예기획사에 귀속시키려는 것이 아니라, 출연료의 수령, 정산 등의 관리 업무도 연예기획사에 위임하려는 것으로 보아야 할 것이다.[120]

---

118) 대법원은 전속계약을 체결한 매니저가 출연수익금을 수령한 후 이를 연예인에게 지급하지 않고 임의로 소비한 경우 업무상횡령죄의 성립을 인정하기도 하였다. 서울고판 2016. 9. 29, 2015나2062041 참조.

119) 나아가 특별한 사정이 인정되어 연예기획사에 출연료채권이 인정되는 경우라도, 계속적 출연계약에 따라 지분적인 출연료채권이 향후에도 계속하여 발생한다면, 연예인은 자신과 연예기획사간의 전속매니지먼트계약이 해지되었다는 사정 등을 근거로 하여 장래에 발생하는 출연료채권의 양도나 연예기획사에 직접 지급하도록 하는 제3자 약관을 철회하는 것이 가능하다고 보아야 할 것이다.

120) 예를 들어 연예기획사가 해당 연예인에게 거액의 전속료를 지급하였다는 사실만으로는 출연료채권을 인정하기에 불충분할 것인데, 물론 이 경우 연예기획사가 연예인에 대하여 상당한 신뢰투자를 한 것은 사실이나, 그에 대한 투자 수익은 해당 연예인과 장기간 전속매니지먼트계약 관계를 유지하여 그에 따른 수익을 배분받음으로써 회수할 것이지, 개별 출연료채권

3. 연예인 출연계약에 대한 하도급법 적용 여부

대상판결에서는 원고들의 주위적 청구를 인용하여 예비적 청구들에 대하여는 별도로 판단하지 않았으나, 원고들은 제1예비적 청구로서 연예인의 방송출연계약이 도급계약의 일종이라는 것을 전제로, 원고들이 수급사업자로서 발주자인 방송사에 대하여 하도급법에 따라 직접 출연료를 청구할 수 있다고 주장한 바 있다. 원심은 이러한 원고들의 청구를 배척하였으나, 하급심 판례 가운데에는 원고들의 주장과 같이 출연계약을 방송사를 발주자, 기획사를 원사업자, 연예인을 수급사업자로 하는 도급계약의 일종으로 보아, 하도급법 제14조 제1항 제3호를 근거로 연예인이 방송사를 상대로 직접 출연료 지급을 청구할 수 있다고 인정한 예도 있다.[121]

그러나 연예인 출연계약을 전형계약으로서 도급계약으로 이해하기 어려운 점은 위 Ⅱ. 1. (2)에서 살펴본 바와 같고, 출연계약이 도급계약과 유사한 성격이 있다는 점을 인정하더라도 이 계약을 연예기획사가 원사업자로서 연예인에게 출연계약에 따른 용역을 위탁하는 하도급관계로 보는 것은 계약 구조에도 맞지 않는다.[122] 나아가 원심 판결은 방송 출연계약에 따른 출연의무는 다른 사람이 대체할 수 없는 작위의무로서 재위탁이 불가능하다는 점을 지적하였다. 하도급거래는 그 자체로 역무의 대체가능성이 반드시 전제되어야 하는데, 출연의무[123]는 부대체적 작위의무로서 하도급거래의 대상이 될 수 없다는 것이다. 기존에 하급심 판결이 하도급법을 적용하여 방송사로 하여금 연예인에게 직접 출연료를 지급하도록 한 것은 구체적 사안에서 타당한 결론에 이르게 되었을지는 몰라도, 거래의 본질에 맞지 않는 다소 무리한

을 연예기획사에 귀속시킬 사유가 되는 것은 아니라고 생각된다. 다만, 배우나 탤런트가 아니라 가수와의 전속매니지먼트계약에서 연예기획사가 단순히 매니지먼트 업무만 하는 것이 아니라 연습생을 선발하여 연예인을 양성하고 이들의 음반 제작과 판매 업무까지도 담당하는 경우라면, 적어도 일정한 수익을 거둘 때까지는 출연료채권이 연예기획사에 귀속되는 것으로 계약을 체결할 수 있을 것이다. 이 경우 전속계약은 매니지먼트계약의 성격보다는 음반제작(뮤직퍼블리싱)계약의 성격을 가진다고 할 것이다. 이에 관한 구체적인 내용은 장보은(주 9), 82면 이하 참조.

121) 서울중앙지판 2011. 8. 16, 2010가합126657.

122) 하도급법 제2조 제1항에 따르면, "하도급거래"란 원사업자가 수급사업자에게 제조위탁·수리위탁·건설위탁 또는 용역위탁을 하거나 원사업자가 다른 사업자로부터 제조위탁·수리위탁·건설위탁 또는 용역위탁을 받은 것을 수급사업자에게 다시 위탁한 경우, 그 위탁을 받은 수급사업자가 위탁받은 것을 제조·수리·시공하거나 용역수행하여 원사업자에게 납품·인도 또는 제공하고 그 대가를 받는 행위를 말한다.

123) 이와 관련하여 원고들은 공정거래위원회고시(제2009-50호)에서는 용역위탁의 역무 범위로서 '보조출연'을 들고 있으므로 출연의무도 하도급법의 적용 대상이 된다고 주장하였으나, 원심은 '보조출연'은 다른 사람으로 대체가 가능한 것으로 봄이 타당하고, 부대체적 작위의무에 해당하는 '출연'의무와는 그 성격을 달리한다고 하였다.

법리 구성이었다고 생각된다.

4. 소 결

대상판결은 연예인 출연계약을 해석하고 관련 분쟁을 해결함에 있어서 민법상 전형계약의 틀에 얽매이거나 도식적인 법리 구성에 안주하지 않고, 출연계약의 내용, 출연계약 체결의 동기와 경위, 출연계약에 의해 달성하려는 목적, 당사자의 진정한 의사 등을 종합적으로 고찰하여 합리적이고 유연한 해석 방안을 마련하였다는 데에 의의가 있다. 연예기획사가 개입된 연예인 출연계약을 이해하기 위해서는 연예인과 연예기획사간의 전속매니지먼트계약의 실질도 파악하여야 한다.

이러한 법원의 태도는 향후 비전형계약을 해결하는 데에도 영향을 줄 수 있을 것이다. 급변하는 현대 사회에서는 과거에 예상하지 못하였던 새로운 유형의 다양한 계약들이 등장하고 있다. 이들 계약들을 분석하기 위하여 기존의 계약법에서의 전형계약들을 꺼내어 그 유사성을 따져 보는 것은 유용성과 적정성 면에서 한계가 있다. 이들 계약을 제대로 이해하기 위해서는 계약이 체결되는 산업과 업계의 관행, 계약당사자들이 계약을 체결하는 동기와 계약의 목적 등을 고려하여 그 실질에 다가서는 노력이 필요할 것이다.

오상채무자의 변제와 부당이득, 선의취득

김 수 정*

Ⅰ. 서 론

최근 대법원은 매도인에게 소유권이 유보된 자재가 본인에게 효력이 없는 계약에 기초하여 매도인으로부터 무권대리인에게 이전되고, 무권대리인과 본인 사이에 이루어진 도급계약의 이행으로 본인 소유 건물의 건축에 사용되어 부합된 사안에서, 이러한 경우 원칙적으로 보상청구를 거부할 법률상 원인이 있다고 할 수 없지만, 제3자가 도급계약에 의하여 제공된 자재의 소유권이 유보된 사실에 관하여 과실 없이 알지 못한 경우라면 선의취득의 경우와 마찬가지로 제3자가 그 자재의 귀속으로 인한 이익을 보유할 수 있는 법률상 원인이 있다고 봄이 상당하므로, 매도인으로서는 그에 관한 보상청구를 할 수 없다고 판시하였다(대법원 2018. 3. 15. 선고 2017다282391 판결). 이러한 판시는 대법원 2009. 9. 24. 선고 2009다15602 판결(이하 2009년 판결)에서 선고된 바를 따른 것이다.

그런데 대법원 2018. 3. 15. 선고 2017다282391 판결(이하 2018년 판결)과 2009년 판결 사이에는, 매도인에게 소유권이 유보된 자재가 타인 소유 건물의 건축에 사용되어 부합되었다는 공통점이 있지만 중대한 차이도 존재한다. 차이점을 확인하기 위해 두 판결의 사실관계를 간략히 비교해 보기로 한다. 2009년 판결에서는, X는 M과 철강제품에 관한 소유권유보부 매매계약을 체결하고 이에 따라 M에게 철강제품을 인도하였으나 그 대금을 지급받지 못하고 있었다. 그런데 M은 Y와 건물 신축 도급계약을 체결하고 공사를 진행하면서 위 철강제품을 건물의 자재로 사용하였다. 이 철강제품은 M이 Y를 위해 신축하던 건물에 부합되었기에 건축주인 Y가 그 소유권을 취득하였다. 2009년 판결에서는 X – M, M – Y 사이에 각각 유효한 계약이 체결되어 있고 X 스스로도 해당 철강제품을 M에게 급여한다는 인식 하에 M에게 인도한

---

* 명지대학교 법과대학 조교수.

것이다. 반면 2018년 판결에서 M은 Y의 무권대리인으로서 X - Y 사이에 승강기를 제작·판매·설치하는 계약을 체결하고 X는 Y에게 급여한다는 인식 하에 Y 소유 건물이 될 건물에 승강기를 설치하였다. 즉 X가 계약상대방으로 인식한 것은 2009년 사안에서 M, 2018년 사안에서는 Y라는 점에서 차이가 있다.

이러한 차이는 2018년 사안에서 다음과 같은 법리구성을 가능하게 한다. X는 M을 통해 Y와 매매계약을 체결할 것을 의사표시 하였으나 M이 무권대리인이었기 때문에 그 매매계약은 효력이 없어 X는 Y에게 채무를 이행할 의무가 없다. 그럼에도 불구하고 X가 Y에게 변제할 의도로 승강기를 판매 및 설치한 것은, 실제로는 채무가 없음에도 불구하고 자신이 채무자라고 생각하고 변제한 誤想債務者의 辨濟에 해당하게 된다.

그렇다면 오상채무자의 변제는 어떻게 처리해야 할 것인가라는 질문이 뒤따르게 될 것이다. 2018년 판결에서 X는 Y에 대해 부당이득 반환청구를 제기하였다. 이로부터 오상채무자의 입장에서는, 진정한 채무자 M에 대해서 침해부당이득을 청구하는 것과 별개로, 변제를 받은 채권자 Y에게 자신은 진정한 채무자가 아니어서 채무가 없음에도 불구하고 변제한 것이라는 이유로 Y에게 급여부당이득 반환을 청구하기를 원할 것이라고 짐작할 수 있다.[1] 그런데 우리 부당이득법의 발전에 지대한 영향을 미친 독일 부당이득법의 다수설과 판례는 수령자관점설이라는 법리에 근거하여 실질적으로[2] 이를 부정한다.[3] 그리고 더 나아가 소위 침해부당이득의 보충성이라는 법리를 들어 X가 Y에 대해 침해부당이득 반환청구를 하는 것도 부정한다. 그런데 이러한 법리가 최초로 확립된 계기를 제공했던 독일 연방대법원의 소위 전자제품 사건[4]은 우리 대법원의 2018년 사안과 마찬가지로 오상채무자의 변제이면

1) 수령자관점설을 따르는 Thomä, Tilgung fremder Schuld durch irrtümlicher Eigenleistung?, JZ 1962, 623, 625도 이러한 방법이 오상채무자에게 가장 이상적인 해결책일 것이라는 점은 인정한다.

2) 이하에서 검토하겠지만 수령자관점설 법리에 따르는 경우에도 수령자관점에서 보아 그가 수령한 것이 급여가 아니면 반환해야 할 것이다. 그러나 오상채무자의 변제가 문제되는 상황은 대부분 수령자는 진정한 채권자에 해당하고 급여자가 채무자가 아닐 뿐이므로 수령자관점에서 급여가 아닌 경우는 상정하기 어렵다.

3) 반면 오스트리아에서는, 오스트리아민법 제1431조("착오로, 그리고 법률의 착오의 경우에도, 급부자에 대하여 어떠한 권리도 없는 물건 또는 행위를 급부받은 때에는 물건의 경우에는 원칙적으로 그 물건을 반환하여야 하고, 행위의 경우에는 생긴 수익에 적절한 보수를 지급하여야 한다.")에 근거해 오상채무자의 반환청구가 인정된다는 것이 일반적으로 긍정되고 있다. Schwimann, ABGB, 3. Aufl. (2006), Vor §§ 1431 Rn. 43; Schwimann, ABGB, 3. Aufl. § 1431 Rn. 4.

4) BGH, Urteil vom 31. 10. 1963 – VII ZR 285/61 = NJW 1964, 399. 침해부당이득의 보충성과 수령자관점설 두 가지 법리의 조합이 이 사건에서 처음으로 명확하게 시도되었다는 것은 Picker,

서 그 오상채무자가 급여한 물건이 채권자의 건물에 부합되었다는 공통점을 가진다. 비록 2018년 판결에서 우리 대법원이 오상채무자의 변제 문제를 따로 언급하지는 않았으나 이 판결이 선고되기 전부터 독일의 법리가 이미 국내에도 소개되어 있었고 2009년 판결[5]이나 2018년 판결의 평석[6]은 법원이 독일의 법리를 의식하고 있음을 간접적으로 보여준다. 이런 점에서 2018년 판결은 오상채무자의 변제에 관한 국내외의 법리들을 재검토할 좋은 계기가 될 것이다.

이하에서는 오상채무자의 변제와 부당이득을 둘러싼 독일의 논의와 국내의 논의를 순차적으로 소개하고 적절한 해결책이 무엇인지 모색하기로 한다.

Ⅱ. 오상채무자의 변제와 급여부당이득

1. 오상채무자의 급여에 관한 독일의 학설과 판례

(1) 독일의 판례[7]

1) 맥주마차마부 사건(Bierkutscher-Fall)[8]

이 유형의 사안에서 거의 최초의 사건으로 소개되는 맥주마차마부 사건(Bier-kutscher-Fall)의 사실관계는 다음과 같다. Y는 맥주공급마차 마부인 M으로부터 소고기를 구입하였는데 이 고기는 실제로는 X가 공급한 것이었다. 이후 Y는 M에게 소고기대금을 지급하였다. 이후 X는 자신은 M을 중개인으로 하여 Y와 사이에 매매계약이 체결되었다고 생각하고 고기를 공급한 것이라고 주장하며 Y에게 대금지급 또는 부당이득반환청구를 하였다. 이에 Y는 자신은 M만을 계약상대방으로 하여 계약을 체결한 것이고 X와 M 사이의 내부관계에 대해서는 알지 못했으며 따라서 자신

Gutgläubiger Erwerb und Bereicherungsausgleich bei Leistungen im Dreipersonenverhältnis, NJW 1974, 1790에서도 확인할 수 있다.

5) 김재형, "2009년도 민법 판례동향", 민사재판의 제문제 제19권, 민사실무연구회(2010), 40면은, 2009년 판결의 판단구조는 독일의 판례와 그 후의 학설 전개를 재현한 것으로 보인다고 한다.

6) 민철기, "매도인에게 소유권이 유보된 자재가 본인에게 효력이 없는 계약에 기초하여 매도인으로부터 무권대리인에게 이전되고, 무권대리인과 본인 사이에 이루어진 도급계약의 이행으로 본인 소유 건물의 건축에 사용 되어 부합된 경우 부당이득반환청구권의 성립요건", 대법원판례해설 제115호(2018), 79면 이하.

7) 이하 소개할 독일의 판례 및 학설의 전개 상황은 김형석, "오상채무자의 변제와 수령자의 급여자에 대한 착오", 채무불이행과 부당이득의 최근 동향(2016), 318면 이하; 정태윤, "부당이득과 선의취득", 전남대학교 법학논총 제36권 제1호(2016), 635면 이하에서도 상세하게 소개되어 있으나, 이 글의 논증을 이해하기 위해 필요하다고 판단하여 이 글에서도 필요한 부분을 위주로 소개하기로 한다.

8) RG, II. Zivilsenat, Urteil v. 20. Januar 1920 - RGZ 98, 64 ff.

은 X와의 사이에 매매계약상 채무를 부담하거나 X의 비용으로 부당하게 이득을 얻고 있는 것이 아니라는 이유로 원고의 청구를 거부하였다.

제국법원 제2민사부는 우선 원고의 부담으로 그리고 피고에게 유리한 재산이동(Vermögensverschiebung zu Lasten des Klägers und zugunsten der Beklagten)이 이루어졌음을 인정하고, X는 타인의 채무를 변제하려 한 것이 아니라 자신이 채무자인 채무를 이행하려 한 것이었으므로 Y에게 법률상 원인 없는 이득이 발생하였다고 하여 X의 부당이득 반환청구권의 성립을 인정하였다. 그러나 제국법원은, X의 청구가 있기 전에 Y가 M에게 선의로 대금을 지급함으로써 현존이익이 상실(독일민법 제818조 제3항)되었다고 하여 결과적으로 X의 청구를 기각하였다.

2) 이데알하임(Idealheim) 사건[9)]

이 사건의 채권자 Y는 건축주로서 자기 소유의 토지 지상에 건물 건축을 할 것을 M에게 도급하였다. M의 건축가인 W는 건설회사 X와 사이에 다시 도급계약을 체결하였는데, X는 M의 건축가 W가 Y의 대리인인 것을 전제로 하여 계약을 체결하였지만 Y는 M에게 자신을 대리하여 건축계약을 체결할 대리권을 수여한 바 없었다. X는 Y에게 한편으로는 M이 적어도 인용 및 외관대리(Duldungs- oder Anscheinsvollmacht)에 해당한다고 주장하면서 계약상 보수를 청구하였고 다른 한편으로는 계약이 무권대리로 무효일 경우를 대비하여 부당이득반환청구를 하였다.

연방대법원은 대리에 관련된 주장을 기각하였을 뿐만 아니라 부당이득반환청구도 부정하였다. 우선 연방대법원은 X는 M에 대해 무권대리인책임(독일민법 제179조)을 청구할 수 있기는 하지만, 제국법원 판결에 따르면 무권대리인에 대해 민법 제179조에 따라 청구권이 인정된다고 해서 본인에 대한 부당이득반환청구권이 배제되지는 않기 때문에,[10)] 그 이유만으로 부당이득반환청구가 부정되는 것은 아니라고 설시하였다. 그러나 Y가 M과 계약을 체결하였고 그 계약에 근거하여 Y는 M에 대한 청구권을 갖고 있었으며 Y 또한 무권대리인 M에 대하여 반대급여의무를 부담했던 경우에는, Y는 X의 손실로 이득을 한 것이 아니라고 결론지었다. 즉 Y - M 사이에 유효한 계약이 체결된 이상 X는 Y에 대해 부당이득반환청구권을 행사할 수 없다는 것이 해당 판결에서 연방대법원의 입장이었다.

---

9) BGH, Urteil vom 5. 10. 1961 – VII ZR 207/60 = NJW 1961, 2251.

10) RG, JW 19, 715 mit Anm. von Oertmann. BGH, Urteil vom 5. 10. 1961 – VII ZR 207/60 = NJW 1961, 2253에서 재인용.

3) 코크스 사건(Koks-Fall)[11]

코크스 사건에서는 Y는 M에게 선금을 지급하고 코크스를 주문하였는데, M은 X로 하여금 Y에게 코크스를 공급하도록 하였다. 그런데 X는 M을 Y의 대리인으로 인식한 반면, Y는 그와 같은 사실을 알지 못한 채 M이 공급하는 것으로 알고 있었다. X는 Y에게 코크스를 배달하였고 Y는 이 코크스를 소비하였다. 이후 X는 Y에 대해 대금지급청구를 하면서, Y가 매매계약상 대금지급의무를 부담하지 않더라도 부당이득반환에 근거해 반환의무를 부담한다고 주장하였다. 이 사건은 X가 Y에게 급여한 것이 물건의 소유권이라는 점에서 이데알하임 사건과 다르고, 맥주마차마부 사건과 공통점을 갖는다. 그리고 이 사건의 원심은, 맥주마차마부 사건에서와 마찬가지로, Y가 M에게 이미 코크스 대금을 지급하였기 때문에 이익이 소멸(독일민법 제818조 제3항)하였으므로 Y는 X에게 부당이득반환의무를 부담하지 않는다고 판단하였다.

그런데 연방대법원의 판결은 제국법원 및 원심법원 판결과 결론에 있어서는 동일하나 법리구성에 있어 큰 차이를 보인다. 우선 이득소멸 항변에 대해서는 항소법원의 견해와 달리 Y가 M에게 대가를 지급했다고 해서 부당이득반환청구권이 부정되지 않는다는 것이 연방대법원의 태도이다. 이 법리는 코크스 판결에서 최초로 언급된 것은 아니며, BGH, Urteil vom 3. 6. 1954 – IV ZR 218/53에서 판시된 바를 인용한 것이다. IV ZR 218/53 사건과 코크스 사건이 완전히 동일한 것은 아니지만, 부당이득반환채무자가 그와 제3자 사이의 관계를 이유로 항변할 수 없다는 점에서 이 법리를 선례로서 인용한 것이다.

다만 연방대법원은 결과적으로 X의 부당이득반환청구를 부정하였다. 연방대법원의 견해에 따르면 우선 Y는 X로부터 소유권을 양수한 것은 아니다. 소유권 양수를 위해서는 X와 Y 사이에 물권적 합의(Einigung)가 존재해야 하는데, M이 Y의 대리인이 아니어서 X와 Y 사이에 매매계약이 성립하지 않은 것과 같은 이유로 물권적 합의 역시 성립하지 않기 때문이다. 그런데 연방대법원은 여기에서 판단을 그치지 않고 Y가 코크스를 선의취득할 가능성을 탐구하였다. 그리고 연방대법원은 그 근거를, 무권리자로부터 선의취득시 진정한 소유자가 취득자에 대해 부당이득청구권을 갖게 된다면 선의취득의 보호는 사실상 의미가 없게 될 것이라는 점, 독일민법 제816조 제1항은 양도한 무권리자에 대해서만 부당이득반환청구권을 인정하며, 선의취득자 자신은 예외적으로 무상 취득의 경우에만 청구를 받게 된다는 점에서 찾았

11) BGH, Urteil vom 30. 10. 1961 – VII ZR 218/60 = NJW 1962, 299.

다. 다만 Y의 선의취득을 인정하기 위해서는 무권리자 M으로부터 Y가 코크스를 인도(Übergabe)받아야 하는데,[12] Y는 M이 아니라 X로부터 코크스를 인도받았기 때문에 선의취득 요건이 충족되었다고 볼 것인지가 문제될 수 있었고, 연방대법원은 소위 지시취득(Geheißerwerb)[13]을 인정함으로써 이 문제를 해결하였다.

4) 전자제품 사건(Elektrogerät-Fall)

전자제품 사건[14]은, 이후 독일 부당이득법에서 주요한 역할을 하는 법리들이 확립된 판결이라는 점에서 중요한 의미를 갖는다. 이 사건에서 Y는 M에게 전자제품의 설치를 포함한 공사를 도급하였고 M은 X에게 전자제품을 주문하였는데, X는 M을 Y의 대리인으로 인식하고 Y를 수령자로 하여 위 전자제품을 공사 현장에 공급하였고, M은 이를 수령하고 바로 설치하여 신축건물에 부합시켰다.

전자제품 사건이 확립한 법리 중 하나는 계약상대방이 이행을 함에 있어 제3자를 끌어들인 경우 누구의 급여가 있었는지는 수령자의 관점(aus der Sicht des Zuwendungsempfängers)에 따라 결정해야 한다는, 소위 수령자관점설이다.[15] 연방대법원의 판시에 따르면, 이 사안에서 Y는 M에 대해 계약상 급여를 수령할 권한이 있었으므로 M으로부터 부당이득반환청구를 받지 않으며, 나아가 Y의 관점에 따르면 자신은 수령할 권한이 있는 물건을 수령한 것이므로, M뿐만 아니라 X의 부당이득반환청구권으로부터도 보호된다고 한다. 연방대법원은 또한 침해부당이득에 근거해서도 X는 Y에 대해 부당이득반환청구를 할 수 없다는 법리를 전개하였는데, 그 논거로서 Esser[16]가 주장한 침해부당이득의 보충성을 들었다. 이에 대해서는 Ⅲ.에서 상술한다.

5) 셔츠 사건(Hemden-Fall)[17]

이 사건에서 셔츠 생산 회사인 X는 회사정리인인 M이 Y와 체결한 매매계약의 당사자가 X 자신이라고 잘못 알고 Y에게 셔츠를 공급하였는데, 사실 위 계약은 M의 명의로 체결한 것이어서 Y는 M의 이행으로 알고 이를 수령하였다. 이후 Y는 해당

12) 독일민법 제932조에 의한 선의취득 요건은 ① 무권리자와 양수인 사이의 물권적 합의(Einigung) ② 무권리자로부터 양수인에게로의 인도 ③ 무권리자의 처분권한 결여 ④ 양수인의 선의이다. 상세한 것은 MüKoBGB/Oechsler, 7. Aufl. 2017, BGB § 932 Rn. 10 ff. 참조.

13) 지시취득이란, 직접점유자가 양도인와의 사이에 점유매개관계가 존재하지는 않지만 양도인의 지시(auf Geheiß des Veräußerers)에 따라 물건을 인도하는 것을 의미한다. Brehm/Berger, Sachenrecht, 2. Aufl.(2006), § 27 Rn. 22 ff.

14) BGH, Urteil vom 31. 10. 1963 – VII ZR 285/61 = NJW 1964, 399.

15) 이하에서 언급하는 판결들 외에도 부당이득에서 수령자관점설을 따른 판결로는 BGH, Urteil vom 2.11.1988 – IVb ZR 102/87; Urteil vom 10. 2. 2005 – VII ZR 184/04 등이 있다.

16) Esser, Fälle und Lösungen zum Schuldrecht S. 127 f. (BGH, Urteil vom 31. 10. 1963 – VII ZR 285/61 = NJW 1964, 399, 400에서 재인용).

17) BGH, Urteil vom 14. 3. 1974 – VII ZR 129/73 = NJW 1974, 1132.

셔츠를 轉賣하였다. 연방대법원은 우선 전자제품 사건을 따라, 급여가 존재하는지 여부에 대해 수령자관점설에 입각하여 수령자인 Y의 관점에서 급여자는 M이며, X는 단지 의식되지 않은 이행보조자이자 급여보조자라고 판단하였다. 이 관점에 따라 X의 Y에 대한 급여부당이득반환청구는 배제된다.

그런데 이 사건에서 Y는 공급받은 셔츠를 제3자에 전매하였기 때문에 독일민법 제816조 제1항 제1문에 따라 그가 전매를 통해 취득한 것의 반환을 청구할 수 있는지가 추가적으로 논의될 필요가 있었다. 일단 제816조 제1항이 적용되기 위해서는 Y가 무권리자로서 처분할 것이 전제된다. 그런데 Y가 설령 X와의 관계에서 급여부당이득의 반환의무는 면한다 하더라도, X와 Y 사이에 물권법적 합의가 성립하지 않았기 때문에 Y는 X로부터 소유권양도를 통해 소유권을 취득하지는 못한 상황이다.[18] 물론 Y는 선의취득을 통해 X로부터 소유권을 취득할 가능성이 남아 있었다. 그런데 코크스 사건에서와 마찬가지로, 선의취득의 요건 중 무권리자로부터 양수인에게로의 인도를 인정할 수 있는지가 문제되었다. 연방대법원은 코크스 판결을 인용하여, 수령자 관점에서는, 그가 매수한 매매목적물을 매도인으로부터 직접 이전받든 아니면 매도인의 유인에 의해 제3자로부터 인도받든 차이가 없으며, 직접 점유가 양도인의 지시(auf Geheiß)에 의해 제3자에게서 취득자에게로 이전한 경우에도 선의취득이 가능하다고 판단하고, 추가적으로 이러한 사안에서 수령자의 선의취득이 불가능하다면, 자신의 채무자의 급여로 출연이 이루어졌다고 간주하고 이를 보유한 수령자의 신뢰보호는 불완전하게 되고, 제3자 X가 독일민법 제812조 내지 제816조에 따라 요구하는 부당이득반환청구권에 완전히 노출된다는 점도 논거로 제시하였다.

6) 독일 판례의 정리

위에서 개관한 연방대법원의 판결들 중 시간적으로 가장 앞선 이데알하임 사건에서는 급여 개념이 명확하게 드러나지 않았고 재산이전의 직접성(Unmittelbarkeit der Vermögensverschiebung) 개념을 통해 X의 Y에 대한 부당이득반환청구를 배제하였다. 그런데 이데알하임 판결의 이론구성은 학계의 비판을 받았다. 이데알하임 판결이 선고된 다음해인 1962년 게재된 이 판결의 평석에서 Berg는, Y와 M 사이에 유효한 계약이 체결된 이상 X는 Y에 대해 부당이득반환청구권을 행사할 수 없다는 법리는 X가 M을 위하여 Y에게 급여한 경우에는 적용 가능하지만, X가 Y에게 직접 급여할 의도를 가지고 급여한 경우에는 적용되지 않는다고 설명한다. 따라서 재산이동

---

18) Wilhelm, Sachenrecht (5. Aufl., 2016), Rdnr. 930. 정태윤, 전남대학교 법학논총, 제36권 제1호, 649면도 Wilhelm의 견해를 원용하여 이 점을 지적한다.

은 X와 Y 사이에서 이루어진 것인데 M이 무권대리인이어서 X와 Y 사이에 법률행위가 성립하지 않아서 그 재산이동은 법률적 원인이 없는 것이 되어, X는 Y에 대해 급여부당이득반환청구권을 가져야 한다는 것이다.[19] Flume도, 연방대법원은, 타인채무를 급여한 경우 대가관계(Valutaverhältnis)나 보상관계(Deckungsverhältnis)가 유효한 한 급여자에게 부당이득반환청구권이 성립하지 않는다는 학설과 판례의 이론을 이 사건에 적용한 것이지만, 이데알하임 사건은 이와 같은 삼각관계가 문제되는 것이 아니라 오상채무자의 변제가 문제되는 사안이라는 점에서 법리 적용이 잘못되었다고 비판하였다.[20]

이들 비판을 통해 연방대법원은 이 유형의 사안에 재산이동의 직접성 법리가 적용됨이 적절하지 않음을 인식하고, 전자제품 판결[21]에서는 Esser 등의 이론을 수용하여 다른 법리 구성을 하기에 이르렀다. 우선 연방대법원은 Esser와 Berg의 문헌을 인용[22]하여 부당이득법적 급여개념을 설시하였다. 이에 따르면 급여부당이득에서 급여란 "타인의 재산을 의식적으로, 또 일정한 목적을 위해 증대시키는 것"(bewusste und zweckgerichtete Vermehrung fremden Vermögens)이다. 그런데 급여부당이득의 전형적인 사례인 지시 사안에서는, 출연자와 지시자, 지시자와 수령자 사이에 계약이 체결되어 있다는 것은 부당이득 당사자 사이에 공통된 인식이기 때문에, 누구의 인식을 기준으로 급여관계를 결정할지 문제되지 않는다. 반면 오상채무자의 변제 사안에서는 부당이득반환 당사자들 사이에 급여 관계에 대한 인식 자체가 일치하지 않기 때문에 누구의 인식을 기준으로 급여반환관계를 결정할 것인지를 결정해야 할 필요가 있었다. 여기서 대법원은 "급여자 X가 Y에게 직접 급여할 의도를 가지고 급여한 경우에는 X는 Y에 대해 급여부당이득반환청구권을 가져야 한다."는 Berg의 견해는 타당하지 않다고 하면서 다음과 같이 논증한다: 급여자(X)가 누구에게 급여하려고 하였는지에 일방적으로 좌우되어서는 안 되고, 오히려 건축주(Y)의 계약상대방(M)이 건축을 하면서 제3자를 개입시킨 경우, 건축주를 보호하기 위하여 출연이 누구의 급여로 보였는지 건축주의 시각에서 객관적으로 판단해야 한다.[23]

그런데 연방대법원의 견해처럼 급여수령자의 보호를 위해 누구의 급여로서 출

19) Berg, Anmerkung zu BGH, Urteil vom 5. 10. 1961, NJW 1962, 101, 102.

20) Flume, Anmerkung zu BGH, Urteil vom 5. 10. 1961, JZ 1962, 280, 281.

21) BGH, Urteil vom 31. 10. 1963 – VII ZR 285/61 = NJW 1964, 399.

22) Esser, Schuldrecht, 2. Aufl., § 189, 6; Berg, NJW 1962, 101.

23) 이 논증을 함에 있어 독일연방대법원은 Esser, Fälle und Lösungen zum Schuldrecht, S. 128 Fußnote 19; Thomä, Tilgung fremder Schuld durch irrtümliche Eigenleistung?, JZ 1962, 623, 626; Zeiss, Leistung, Zuwendungszweck und Erfüllung, JZ 1963, 7을 인용한다.

연이 이루어졌는지 수령자의 관점에서 판단되어야 한다면, 이는 다시 급여자가 보호되지 않는 문제가 발생하게 된다. 실제로 독일의 학설은 이 두 가지 관점 중 어느 쪽이 타당한지를 놓고 대립하였다. 이하에서는 이를 개관한다.

(2) 독일의 판례에 대한 학설의 반응

1) 수령자관점설

연방대법원의 입장대로, 누가 급여자인가는 출연자의 내심에 의사에 의해서가 아니라 객관적으로 보아 수령자의 입장에서 누가 부당이득법상의 급여자로 판단되는지가 중요하다는 견해이다.[24] 이 견해를 취하는 학자들이 주장하는 주요 논거는, 제3자의 변제(독일민법 제267조)나 변제충당(독일민법 제366조)의 경우에 비추어 보아도, 급여자가 자신의 급여를 법률상 원인(통상은 이행되어야 할 채무)과 관련지우는 행위인 변제지정(Tilgungsbestimmung)은 변제자의 상대방 있는 단독행위로서 법률행위 내지 적어도 준법률행위로 이해되고 있으며, 따라서 의사표시 해석에서와 마찬가지로 변제지정은 수령자의 관점에서 객관적으로 해석해야 하며[25] 이는 변제의 목적지정(Zwecksbestimmung)에서도 마찬가지라는 것으로 요약할 수 있다.[26]

그리고 이 수령자관점설을 전제로, 급여자의 의사를 수령자의 입장에서 객관적으로 해석한다면 급여자가 급여를 하는 것은 수령자의 계약상대방의 사자나 대리인으로서 행하는 것으로 인식하게 될 것이지만, 이처럼 객관적으로 해석된 급여자의 변제목적지정은 착오에 의한 의사표시에 해당하므로 취소될 수 있다는 견해가 주장되기도 한다.[27] 급여자가 변제목적지정을 취소하지 않으면 연방대법원의 판례대로 수령자관점설에 따르게 되며 급여부당이득이 적용되는 이상 침해부당이득이 배제되므로 수령자는 부당이득반환의무가 없다. 반면 급여자가 변제목적지정을 취소하게 되면 물권법 규정, 즉 선의취득(독일민법 제932조)을 적용할 수 있다고 한다.[28]

---

24) 이 논의에 대한 국내문헌의 소개로는 우선 민법주해 XVII권, 213면(양창수 집필부분) 참조.

25) 예컨대 수령자관점설에 따르더라도 X가 자신의 이름으로 납품하기를 원한다는 것을 분명히 보여주는 영수증 등을 납품하는 물건에 첨부해 보냈으나, Y의 직원이 부주의하게 이 영수증을 버린 경우에, Y의 직원의 행위는 Y에게 귀속되므로 객관적으로 X의 급여가 존재하며, X와 Y 사이에 매매계약이 체결되지 않았으므로 X는 Y에게 급여부당이득반환청구를 할 수 있다고 한다. Wieling, Empfängerhorizont: Auslegung der Zweckestimmung und Eigentumserwerb, JZ 1977, 291, 292.

26) Wieling, JZ 1977, 291, 292 ff.; Reuter/Martinek, Ungerechtfertigte Bereicherung, 2016, § 3 I 3 b) (S. 110 f.).

27) 그 근거를 의사표시 해석의 일반원칙을 찾는다는 점에서, 다른 수령자관점설과 동일하다. Larenz/Canaris II/2 § 70 III 3b, 218.

28) Larenz/Canaris II/2 § 70 III 3b, 219 f; Lorenz, Bereicherungsrechtliche Drittbeziehungen, JuS 2003, 839, 843.

2) 출연자관점설

이하에서 검토할 이 견해는, 대체로 급여목적은 급여자의 급여행위에 의하여 정해진다고 하면서, 수령자가 중간자와 출연자에게 이중지급의 위험을 부담하게 되는 문제는 수령자가 급여를 받은 후 이를 신뢰하여 중간자에게 반대급여를 지급한 경우 그 한도에서 출연자에 대해 현존이익 상실의 항변을 할 수 있도록 함으로써 해결하면 된다고 한다.

우선 Flume는, 오상채무자는 자신의 채무를 이행하는 것 같은 외관(Anschein)을 오상채무자가 급여수령자에게 야기하기는 하였으나, 여전히 오상채무자의 부당이득반환청구를 긍정할 수 있다는 입장이다. 지시사례에서는 M의 재산적 결단에 따른 지시가 있었고 X가 그 지시를 이행함으로써 Y의 재산이 증가한 것이므로 Y에 대한 관계에서 M을 급여자로 볼 수 있다. 그런데 오상채무자의 변제의 경우 M의 지시에 따라 출연이 이루어진 것이 아니어서 이는 X 자신의 급여일 수밖에 없으며, Y가 이를 진정한 채무자의 급여로 믿었다는 사정은 오상채무자 X에게는 무관한 사정이라는 것이다.[29] 나아가 오상채무자의 변제의 부당이득 문제는 통상 중간자 M이 X와 Y를 기망하고 Y로부터 급여를 수령한 뒤 무자력이 된 경우에 발생하는데, 기망을 한 중간자 M과 계약관계에 있었던 급여수령자 Y가 중간자의 무자력 위험을 오상채무자에게 전가하는 것은 정당하지 않다고 한다.[30] 이와 같은 이유로 급여자 관점설을 따르게 되면 X의 Y에 대한 직접 부당이득반환청구를 긍정하는 것이므로, 수령자 Y의 신뢰가 문제될 수 있는데, 이는 이득소멸(독일민법 제818조 제3항)로 충분히 고려될 수 있고, 만일 Y가 M에게 이미 보수를 지급하여 M의 이득이 소멸했다면 X는 Y가 아니라 M에 대해 부당이득청구를 할 수 있다고 한다.[31]

von Caemmerer도, 급여수령자 Y가 M에 대한 급여청구권이 있다는 이유만으로 급여수령자가 오상채무자의 급여에 대해 수령할 권리를 가진다고 볼 수 없다고 한다. 급여수령자가 오상채무자 X의 출연을 중간자 M의 급여라고 신뢰할 수 있었던 것은 그가 중간자와 계약관계에 있다는 사정 때문인데 이러한 사정은 급여수령자 Y의 영역에 속하여 그가 위험을 부담해야 할 사정이라고 한다. Von Caemmerer는 급여수령자 Y는 무권대리인(M)에게 이미 대금을 지급하였음을 이유로 현존이익이 소멸되었다고 항변할 수 있다는 입장이기도 하다.[32]

29) Flume, Studien zur Lebre von der ungerechtfertigten Bereicherung, 2003, 193 f.
30) Flume, Studien zur Lebre von der ungerechtfertigten Bereicherung, 195 f.
31) Flume, Anmerkung zu BGH JZ 1962, 280, JZ 1962, 280, 282.

Medicus 또한, 연방대법원의 견해에 따르게 되면 출연수령자(Zuwendungsempfänger) Y에게 보호가치가 인정되는지 여부에 관계없이 언제나 Y에 대한 반환청구가 부정된다는 점에서 수령자관점설을 비판한다. Medicus는, 일단 X의 Y에 대한 급여부당이득 반환을 인정하되, Y가 자신이 이득한 것이 M의 급여라고 신뢰하고 M에게 반대급여를 지급한 경우에는 Y의 신뢰 또한 보호되어야 한다고 본다. 이 경우 X와 Y의 신뢰 중 어느 것이 보호가치가 있는지 비교해야 하는데, X는 M이 대리권자인지 확인하지 않고 자신의 급여를 선이행한 반면 Y는 자신에게 급여가 이행된 것을 확인하고 M에게 지급하였다면 Y의 신뢰가 더 보호가치가 있다고 본다.[33]

Lieb의 견해에 따르면, 급여당사자에 대한 이해에 차이가 있는 경우에는 지시인의 변제목적지정 자체가 결여되어 있기 때문에 권리외관이 귀속을 근거지울 수는 있어도 의사표시 자체를 대신하지는 못한다. 그런 다음 그는, 출연자의 급여를 인정하지 않거나 비급여부당이득의 보충성이론을 통해서 수령자에 대한 모든 부당이득반환청구권을 부정하는 이른바 추상적 신뢰보호와 이득소멸의 항변(독일민법 제818조 제3항)의 적용을 통한 구체적 신뢰보호를 비교하면서, 전자는 급여수령자 Y가 그의 계약당사자인 중간자 M에 대한 반대급여를 하고 있지 않은 경우에도 급여자 X가 그 지급을 받을 수 없게 함으로써 지나친 보호를 하고 있다고 한다. 또한 수령자가 그의 계약상대방에게 사전에 반대급여를 한 경우에는 그 위험을 스스로 부담하여야 함에도 불구하고, 추상적 신뢰보호를 부여받음으로써 그 위험을 면하게 할 이유가 없으며, 수령자는 그가 오상출연자의 출연을 수령한 후에 이를 신뢰하여 그 자신이 그의 계약상대방에게 반대급여를 한 경우에만 보호가 필요하고 또 보호할 가치가 있다고 한다.[34]

(3) 오상채무자의 변제에 관한 국내의 논의

오상채무자의 급여와 부당이득 문제에 관해서 최근 우리나라에서 주장되는 견해는 대체로 출연자관점설에 따라 오상채무자의 반환청구권을 긍정하되 현존이익소멸의 항변으로 구체적 타당성을 도모하려는 것 같다.[35] 그 중 한 견해[36]는, 이 유

---

32) von Caemmerer, Irrtümliche Zahlung fremder Schulden, Gesammelte Schriften, Band I, 1968, S. 363.

33) Medicus, Bürgerliches Recht, 20. Aufl., 2004, Rn. 687 ff.

34) MüKoBGB/Lieb, 4. Aufl. 2004, BGB 812 Rn. 109 ff.

35) 다만 수령자관점설을 택한 견해로 김형배, 사무관리·부당이득, 2003, 325면. 이 견해는, 원래 Y는 M과의 계약관계를 기초로 M에 의한 일의 완성이 있은 후 이에 대한 보수를 지급함으로써 M의 무자력위험에 대비할 수 있는 지위에 있는데 급여자관점설에 의하여 Y가 X에게 해당급여에 대한 대가를 지급해야 한다면 계약자율 원칙에 위반하여 부당하다는 점, Y가 M에

형에서 부당이득의 인정 여부를 판단하는 것은 결국 중간자의 무자력 위험을 누가 부담하느냐의 문제인데 수령자가 급여를 수령하였더라도 이를 신뢰하여 자신의 법적 지위를 불리하게 변경시키는 행위를 하지 않고 있는 동안에는 출연자의 이익이 우선해야 하고 다만 수령자가 중간자에게 반대급여를 이행하는 등으로 자신의 법적 지위를 불리하게 변경시킨 경우에 한해 비로소 수령자의 신뢰보호 문제가 제기되므로, 원칙적으로 출연자의 수령자에 대한 부당이득반환청구를 인정하되 선의의 수령자는 현존이익 상실의 항변에 의해 보호하는 것이 바람직하다고 논증한다. 특히 이 견해는 우리민법 제745조를 그 근거로 하고 있는데, 민법 제745조는 그 문언상 오상채무자의 변제가 있으면 수령자가 오상채무자를 진정한 채무자로 생각하였는지 아니면 진정한 채무자의 이행보조자로 생각하였는지 여부를 구별하지 않고 오상채무자가 부당이득반환청구를 할 수 있는 것으로 전제하고 있다는 점, 변제목적지정은 법률행위로서 수령자의 관점에서 해석함이 원칙이지만, 민법 제745조는 이러한 변제목적지정의 효력을 부인하는 취지의 규정이므로 이로 인해 중간자와 수령자 사이의 변제효는 발생하지 않는다는 점, 민법 제745조가 채권자가 선의로 증서를 훼멸하거나 담보를 포기하거나 시효로 인해 채권을 잃은 때와 같이 채권자에게 미치는 불이익이 간접적이고 추상적인 경우에도 오상채무자의 부당이득반환을 부정한다면 채권자가 급부 보유를 신뢰하여 중간자에게 반대급부를 이행한 것은 더 보호가치가 있으므로 채권자를 부당이득반환의무에서 해방시킬 필요가 있다는 점을 논거로 제시한다. 소유물반환청구권과의 관계에서도 제745조 제1항의 취지에 비추어 선의의 급부수령자가 오상채무자의 급부를 신뢰하여 중간자에게 반대급부를 이행하는 등으로 자신의 지위를 약화시켰다면, 오상채무자는 부당이득뿐만 아니라 소유물반환도 청구할 수 없다고 해석함이 타당하다고 논증한다.

또 다른 견해[37]도, 출연자의 출연이 중간자의 지시에 의한 것이라고 수령자가 오신할 만한 정당한 사유가 있거나 그 오신이 출연자에게 귀속되어야 할 특별한 사정이 없는 한 급여당사자에 대한 이해의 차이가 있는 경우에 수령자에 대한 출연자의 부당이득반환청구를 인정하는 것이 타당하다는 것을 인정한다. 이 견해는 수령자

게 보수를 先給한 때에는 Y는 이중지급의 위험을 감수해야 한다는 점, Y는 M과의 법률관계에서 발생하는 법률상 부담을 지는데 그쳐야 하고 M이 그의 채무이행을 위해 제3자와의 관계에서 발생한 채무 등을 부담할 의무는 없다는 점에서 수령자관점설을 옹호한다.

36) 김형석, “오상채무자의 변제와 수령자의 급여자에 대한 착오”, 채무불이행과 부당이득의 최근 동향, 2016, 349면 이하.

37) 정태윤, 전남대학교 법학논총 제36권 제1호(2016. 3), 704면 이하.

의 신뢰보호는 선의취득 혹은 출연을 신뢰하여 반대급여를 한 경우에 인정되는 현존이익 소멸의 항변에 의하여 이루어질 수 있다고 한다. 다만 제748조 제1항의 이익소멸의 항변이 인정되는 경우는 수령자가 그가 오상출연자의 출연을 수령한 후에 이를 신뢰하여 그 자신이 그의 계약상대방에게 반대급여를 한 경우에 한정되어야 하고, 수령자가 그의 계약상대방에게 사전에 반대급여를 한 경우에는 그 위험을 스스로 부담하여야 할 것이라고 한다. 이익소멸 항변을 인정할 경우 출연자가 소유물반환청구를 하는 경우와 부당이득반환청구를 하는 경우 사이에 불균형이 발생할 수 있다는 비판에 대해서는, 출연자가 소유물반환청구권과 부당이득반환청구권을 모두 행사할 수 있는 경우에도 민법 제201조 내지 제203조와 제747조 내지 제748조의 관계에서와 마찬가지로 목적론적으로 부당이득반환청구권을 우선 적용해야 하므로 결과적으로 이익소멸의 항변이 적용될 수 있어 문제되지 않는다고 한다. 다만 이 견해는 위의 견해와 달리 부당이득법의 급여 개념 자체에서 근거를 찾아야 함을 강조한다.

Ⅲ. 부합에 의한 소유권 상실과 침해부당이득, 선의취득

그런데 위의 논의들은 모두 계약체결시 Y는 M이 자신의 계약상대방이라고 인식하였으나 X는 Y가 자신의 계약상대방이며 M은 Y의 대리인이라고 인식하고 계약을 이행한 사안을 전제로 하여, 급여부당이득 관점에서 검토되었다. 그런데 오상채무자 X가 Y에게 급여한 것이 물건인 경우, 물권행위의 무인성을 인정하는 독일에서나 유인성을 인정하는 한국에서나, Y는 그 물건의 소유권을 讓受받지 못한다. X와 Y 사이에는 계약도 물권적 합의도 성립하지 않기 때문이다.[38] 이 점에 착안한다면, X가 Y에게 소유권에 기한 물권적 청구권을 행사하여 해당 물건이 첨부에 의해 소멸했다면 그 가액을 Y에게 침해부당이득으로 청구하는 법리 구성이 가능해진다.[39] 실제로 2018년 사안이 이러한 법리구성을 전제로 하였으며 독일의 코크스 판결이나 전자제품 판결도 이 논점을 다루고 있다.

그런데 급여된 물건에 대해 침해부당이득 청구를 할 수 있는지 문제는, 반드시

38) 독일법 하에서도 X와 Y 사이에 물권적 합의가 인정되지 않는다는 것은 코크스 판결에서도 명시적으로 나타난다. BGH, Urteil vom 30. 10. 1961 – VII ZR 218/60 = NJW 1962, 299, 300 참조.

39) 독일 학설은 예전부터, 오상채무자의 변제 유형에는 물권법적 요소가 내재되어 있음을 지적해 왔다. Hager, FG 50 Jahre BGH, 2000, S. 777, 801 f.; MüKoBGB/Schwab, 7. Aufl. 2017, BGB § 812 Rn. 212.

오상채무자의 변제 유형에 한정되는 것은 아니다. 예를 들어 우리 대법원의 2009년 판결처럼 X－M, M－Y 사이에 계약이 연쇄적으로 체결되어 있는 상황에서 X가 소유권유보를 하고 물건을 M에게 급여한 경우에도 침해부당이득 문제가 발생할 수 있다. 소유권유보 하에 급여된 물건에 대해 침해부당이득 청구가 가능한지는 독일에서도 예전부터 논의되었으며, 우리 대법원의 2009년 판결에도 영향을 준 것으로 보이며, 결과적으로 2018년 판결에도 영향을 주게 되었다.

결론을 선취하자면, 필자의 견해로는 급여된 물건에 대한 침해부당이득 인정 여부는, 오상채무자의 변제 유형과 그 외 유형에서 달리 판단되어야 한다. 그렇지만 오상채무자의 변제 유형에서의 침해부당이득 문제나 그 외 영역에서의 침해부당이득 문제 모두, 침해부당이득의 보충성이라는 논점을 공유하고 있으므로 이하에서는 우선 오상채무자의 변제 유형에 한정하지 않고 논의하기로 한다.

1. 독일의 판례와 학설

(1) 독일의 판례

1) 위에서 검토한 전자제품 사건(Elektrogerät－Fall)[40]에서 X는 급여부당이득 뿐만 아니라 침해부당이득에 근거해서도 자신이 Y에게 부당이득반환청구권을 갖는다고 주장했었다. 그렇지만 연방대법원은, 수령자의 관점에서 해당 물건의 공급이 계약상대방의 급여로서의 출연에 해당한다면 급여부당이득뿐만 아니라 침해부당이득도 문제되지 않는다고 판단했다. 그 이론 구성을 위해 연방대법원은 다시 Esser의 이론[41]을 인용하여 침해부당이득청구권은, 부당이득의 객체가 누구에 의해서도 수령자에게 급여된 것이 아닌 경우에만 발생한다는 법리를 제시하였다. 이는 소위 침해부당이득의 보충성 원칙(Subsidiarität der Eingriffskondiktion)이라고 불리며 판결 중에서는 전자제품 판결에서 처음으로 제시된 것이다.[42] 연방대법원의 이론 구성에 따르면, Y 입장에서 해당 목적물은 M이 급여함으로써 취득한 것이기 때문에 침해부당이득이 적용될 사안이 아니게 된다. 또한 Y의 시점에서 누가 급여자인지 결정하게 되므로, Y가 X의 부당이득청구권에 대해 선의취득 규정을 준용하여 보호될 수 있는지의 문제는 더 이상 중요하지 않다는 것이 연방대법원의 판단이었다.

---

40) BGH, Urteil vom 31. 10. 1963 – VII ZR 285/61 = NJW 1964, 399.

41) Esser, Fälle und Lösungen zum Schuldrecht S. 127 f. BGH, Urteil vom 31. 10. 1963 – VII ZR 285/61 = NJW 1964, 399, 400에서 재인용.

42) Larenz/Canaris, Lehrbuch des Schuldrechts, Band Ⅱ, Halbband 2(13 Aufl., 1994), III § 70 S. 217.

2) 위 전자제품 사안은 침해부당이득의 보충성의 원칙을 확인한 판결이기는 했지만, 급여부당이득이 침해부당이득에 우선한다는 원칙만을 확인했을 뿐, 삼각관계 부당이득에서 구체적으로 어떤 경우 침해부당이득이 전면에 등장하게 되는지에 대해서는 알 수 없었다. 1971년 선고된 연방대법원 판결에서는 삼각관계 부당이득에서 침해부당이득에 의해 해결되는 경우가 더욱 구체화되었다. 소위 송아지 사건(Jungbullen－Fall)[43]에서 X는 송아지 소유자인데 M이 이를 절도하였다. M은 이후 Y에게 이 송아지를 매도하였고 Y는 이 송아지를 자신의 육가공회사에서 가공하였다. 이 사건에서 송아지는 도품에 해당하므로 Y는 독일민법 제935조 제1항(선의취득)에 의해서는 소유권을 취득하지 못하며, 독일민법 제950조(가공)에 의해 비로소 소유자가 된다. 이 점에 대해서는 쌍방당사자 사이에 다툼이 없었다.

제950조에 의해 소유권을 상실하는 대신, X는 독일민법 제951조 제1항 제1문에 의해 부당이득반환요구를 할 수 있다. 이 규정은 부당이득의 반환범위 뿐만 아니라 부당이득반환근거 자체에도 적용되기 때문에 X가 이 규정에 의해 배상청구를 하기 위해서는 부당이득반환청구권의 일반요건에 따라 Y에게 반환청구를 할 수 있어야 한다. 그런데 연방대법원은 이와 관련해서 선의취득과 첨부를 구별한다. 무권리자가 제3자와 계약한 것은 재산이동을 정당화하는 근거라는 점에서 선의취득자는 원래 소유자에게 배상할 필요 없이 소유권을 취득하지만, 해당 사안에서처럼 물건이 소유자로부터 이탈한 경우에 법률은 소유자에게 유리하게 이익 상황을 해결해야 한다고 본다. 즉 소유자는 여전히 소유권을 보유하기 때문에, 점유하고 있는 제3자에 대해 소유물반환청구를 할 수 있다. 연방대법원의 이론 구성에 따르면 점유하고 있는 제3자가 독일민법 제946조 이하 규정에 의해 소유자가 되더라도 이는 무권리자가 제3자와 체결한 양도행위에 의해 정당화된 것이 아니며, 이 규정들 그 자체는 재산이동을 정당화하는 근거가 되지 않는다. 점유하고 있는 자가 객관적으로 허용되지 않는 소유권 침해를 통해 물건의 가치를 창출했다면 그는 그 가치를 보유할 수 없다. 이는 특히 여기서 문제되고 있는 사안처럼, 소유자로부터 점유이탈한 물건을 점유자가 독일민법 제950조에 따라 가공하여 소유자가 소유권을 상실한 경우에도 적용된다.

마지막으로 연방대법원은 현존이익 소멸의 항변도 부정하였다. 이러한 사안군에서 지속적인 판례[44]에 따르면 제812조 또는 제816조에 근거하여 청구를 받은 이

43) BGH, Urteil vom 11. 1. 1971 – VIII ZR 261/69 (Jungbullen) = NJW 1971, 612 ff.
44) BGH, Urteil vom 7. 5. 1953 – IV ZR 183/52 = NJW 53, 1020; Urteil vom 3. 6. 1954 – IV ZR 218/53 = NJW 54, 1194.

전의 점유자는 물건의 취득을 위해 제3자에게 지급한 대가를 독일민법 제818조에 따라 공제할 수 없다. 부당이득반환청구권은 소유물반환청구권 대신인데, 소유물반환청구권에 대해 점유자는 제3자에게 이행된 급여를 원용할 수 없고, 따라서 점유자는 부당이득반환청구권에 대해서도 이를 원용할 수 없다는 것이다.

3) 그런데 위 송아지 사건과 같은 해에 몇 달 먼저 선고된 Saarbrücken대학[45)]사건에서는, 동산이 소유자로부터 점유이탈한 것은 아니나 소유권유보부로 매매되었고 매수인이 이를 건물에 부합시킨 사안에서 침해부당이득이 문제될 수 있는지가 다투어졌다. 이 사건에서는 건축업자 M이 Saarbrücken대학교(Y)를 위하여 건설을 하는 중에 X가 M에게 소유권유보로써 매도한 재료를 사용하였다. X는 Y에 대하여 건축에 사용된 재료의 소유권 상실을 이유로 부당이득의 반환을 청구하였다. 연방대법원은 전자제품 사건의 판시를 인용하면서, 누가 급여자인지를 판단함에 있어서는 수령자를 보호하기 위하여 수령자의 입장에서 객관적으로 보았을 때의 시각을 기초로 판단해야 하며, 비급여부당이득반환청구권이 성립하려면 부당이득의 대상이 수령자에 대해 누구에 의해서도 급여되지 않았어야 하는데, 해당 사안에서 X는 스스로 유효한 계약에 근거하여 M에게 이행하였다는 점에서 이 요건을 충족하지 못한다고 판단하였다. 즉 연방대법원은 이 사건을 급여부당이득 문제로 파악했고, 급여수령자인 Y 관점에서 자신은 그 급여를 수령할 권리가 있으므로 이는 반환대상이 아니라고 판단했다.

연방대법원은 또한 X가 소유권유보부로 매매하였기 때문에 M이 취득한 것은 점유에 불과하고, 소유권은 독일민법 제946조에 의해 이전했다는 상황도 문제 해결에 있어 특별히 고려될 점이 아니라고 한다. X가 계약에 기초하여 재료를 공급한 것은 목적지향적인 행위이고 따라서 부당이득법에서 의미하는 급여에 해당한 이상, 개별적으로 어디에서 급여수령자 M에 대한 출연이 인정될 것인지는 중요하지 않다는 것이다. 출연은 단일한 일체로서 고려되어야 하며 급여수령자에게 사실상 처분권을 부여한다. 물론 급여수령자 M은 특정한 요건 하에서만 이 물건을 재양도할 수 있지만, 설령 M이 이 의무를 위반하였다 하더라도 이로 인해 급여로서의 성격이 사라지는 것은 아니라고 한다.

4) Saarbrücken 사건의 판단은 학설에서 많은 비판을 받았는데, 1990년 연방대법원은 다시 한 번 소유권유보부 매매에서 침해부당이득의 문제를 판단할 기회를

45) BGH, Urteil vom 27. 5. 1971 – VII ZR 85/69 (Saarbrücken) = BGHZ 56, 228, 240 f.

가지게 되었다. 이 사안의 사실관계는 Saarbrücken 사건의 사실관계와 매우 유사하므로 따로 언급하지 않는다. 연방대법원은 결과적으로는 건축자재를 공급한 X의 건축주 Y에 대한 직접청구를 기각하긴 하였으나, Saarbrücken 사건의 판시가 학계에서 대체적으로 비판에 직면하고 있음을 인정하였다. 다만 그 비판적인 견해에 따르더라도 해당 사안에 침해부당이득반환청구권이 적용되는데 그치지 않고 선의취득의 법리가 유추적용되기 때문에 Y가 선의라면 그에게 부당이득반환의무가 부정되고 악의인 경우에만 부당이득반환의무가 인정된다. 그런데 이 사안의 사실관계상 피고를 악의라고 인정할 수 없으므로 부당이득반환의무가 결과적으로 부정된다는 것이 연방대법원의 판결이었다.[46]

(2) 독일의 학설: 침해부당이득의 보충성 원칙(Subsidiaritätsdogma)에 대한 비판

전자제품 사건부터 독일 판례는, 삼각관계 부당이득에서 급여부당이득과 침해부당이득이 동시에 문제될 수 있다면 급여부당이득이 우선해야 한다는 원칙을 정하였다. 이 원칙은 채권관계의 상대성에 따라 그 반환도 각 채권관계를 통하여 이루어져야 한다는 것이어서, 급여관계가 존재하는 한 계약관계의 연결과 상관없이 직접 부당이득반환을 청구하는 것은 인정되지 않는다. 한편 독일 학설 중에는 위의 독일 판례의 입장에 대하여 지지하는 견해도 있었지만,[47] 비판적인 입장이 통설의 위치를 차지하였다.[48] 비판하는 입장의 주된 논거는, 이 유형은 법률행위를 통하여 물건의 소유권을 취득한 경우와 유사성이 있으므로 선의취득에 관한 규정의 가치평가를 도입해야 한다는 것이다. 선의취득 법리를 유추하게 되면 이득을 취득한 자가 선의인 경우에만 부당이득반환청구권이 부정되고, 취득자가 악의이거나 취득한 물건이 도품·유실물인 경우에는 선의취득이 인정되지 않으므로 부당이득반환청구권이 인정된다. 이처럼 선의취득 법리를 유추적용해야 한다는 배경에는, 물권법에서 정한

46) BGH, Urteil vom 9. 7. 1990 – II ZR 10/90 = NJW–RR 1991, 343 ff.

47) Saarbrücken 판결에 찬성하는 견해로는 Reuter/Martinek, Ungerechtfertigte Bereicherung, 2016, § 3 II 2 (S. 115 f). Ehmann NJW 1971, 612, 613도 급여자가 자발적으로 유통시킨 것이므로 침해부당이득이 성립하지 않는다고 한다.

48) 비판적인 견해로는 Lieb, in: MünchKomm, BGB, 2. Aufl., § 812 Rdnrn. 242, 246; Staudinger/Lorenz, BGB, 12. Aufl., § 812 Rdnr. 62; Staudinger–Gursky, BGB, § 951 Rdnr. 15; Erman–H. P. Westermann, BGB, 8. Aufl., § 812 Rdnr. 86; Wilhelm, Rechtsverletzung und Vermögensentscheidung als Grundlage und Grenzen des Anspruchs aus ungerechtfertigter Bereicherung, 1973, S. 153; Westermann, SachenR, Bd. I, 1990, § 54 I 2 S. 404; Thielmann, AcP 187 (1987), 23 (33 f.); Huber, JuS 1970, 342 (346 f.); Loewenheim–Winckler, JuS 1983, 684, (686 f.); Hager, JuS 1987, 877 (879); Sundermann, WM 1989, 1202; Koppensteiner–Kramer, Ungerechtfertigte Bereicherung, 2. Aufl., S. 106 ff. 등 (BGH, Urteil vom 9. 7. 1990 – II ZR 10/90 = NJW–RR 1991, 343, 345에서 재인용).

선의취득 기준을 판례의 기준으로 대체하게 되면 일방적으로 수령자의 신뢰보호만 고려된다는 문제의식이 자리잡고 있다.[49)]

2. 우리의 논의

우리 대법원의 2009년 판결의 선고는 우리나라에서도 이 문제가 논의될 계기를 제공하였다. 다만 2009년 판결은 오상채무자의 변제 유형에 해당하지 않기 때문에, 아래 논의들은 소유권유보부 매매에서 침해부당이득 청구가 가능한지라는 문제에 주로 관련되어 있다. 이에 관한 견해들을 분류하자면, 급여부당이득의 전형적인 유형에 해당한다는 입장과 예외적으로 침해부당이득 법리에 따른 직접청구를 인정해야 한다는 입장이 상반되게 주장되고 있는데, 이는 독일에서 발전한 침해부당이득의 보충성 원칙과 밀접한 관련이 있다.

급여부당이득의 법리로 해결해야 한다는 견해는, 유상의 도급계약이 존재하고 이 계약에 따라 Y는 M에게 대가를 지급하고 건축자재를 공급받았기 때문에 부당이득 반환청구가 인정되지 않는다고 본다.[50)] 그 근거는 대체로 중간자가 제3자와 계약을 체결하여 그로부터 급여받은 재료로써 소유자인 본인의 소유물에 비용을 지출하거나 또는 직접 제3자로 하여금 직접 본인의 소유물에 비용을 지출하게 한 경우, 제3자와 중간자 간의 계약이 유효한 한, 스스로 인수한 계약당사자의 무자력 위험을 부당하게 타인에게 전가하는 결과가 될 수 있으므로 제3자는 직접 본인에 대해 부당이득반환청구권을 행사할 수 없다는 데서 찾는다.[51)]

반면 X - M, M - Y 사이에 계약이 연쇄되어 있을 뿐만 아니라 X가 소유권유보부매매를 한 특별한 사정이 있다면, 2009년 사건에서 대법원이 판시한 것처럼 침해부당이득 주장이 가능함을 지적하는 견해가 있다.[52)] X가 M에게 급여한 것은 철강제품의 소유권이 아니라 점유인 반면 X가 Y에 대하여 반환청구를 하는 대상은 철강제

---

49) Picker, NJW 1974, 1790, 1797.

50) 김재형, “2009년도 민법 판례동향”, 민사재판의 제문제 제19권, 민사실무연구회(2010), 41면; 박영규, “제3자에 의한 부합과 부당이득 반환의무자”, 서울법학 제18권 제1호(2010), 230면 이하. 이 견해는 급여부당이득이라는 표현을 명시적으로 사용하지는 않으나, 독일의 순차급여(Leistungskette)를 언급하고 있기 때문에, 이 문제가 급여부당이득의 법리로 해결되어야 한다는 입장으로 분류하였다.

51) 제철웅, “제3자관계에서의 부당이득 — 특히 전용물소권의 사안을 중심으로”, 저스티스 제67호(2002), 78면.

52) 김우진, “소유권유보부매매 목적물의 부합과 부당이득”, 민사판례연구 제33권(상)(2010), 484면; 안병하, “부합과 부당이득”, 법학연구(연세대학교 법학연구원) 제25권 제1호(2015. 3), 157면 이하.

품의 소유권에 상응하는 가액이기 때문에 X의 M에 대한 급여의 대상과 X의 Y에 대한 청구의 대상은 상이하고, 따라서 X의 M에 대한 급여행위를 이유로 하여 X의 Y에 대한 침해부당이득반환을 막을 이유가 없어 보충성원칙은 적용의 여지가 없다고 한다. 그렇지만 이 견해는 여기에 그치지 않고, X가 침해부당이득 청구를 하더라도 Y에게 선의취득의 요건이 갖추어져 있다면, 선의취득은 물권법적 차원에서뿐만 아니라 채권법적 차원에서도 물건의 소유권과 그 실질적 가치를 모두 귀속시키는 제도이라는 점에서 Y에게 물건의 실질적 가치가 귀속되어 부당이득반환의무가 부정된다고 설명한다.[53)]

위 논의들과 별도로, 2018년 판결이 선고되기 이전의 논문에서 이미 중간자 M이 수령자 Y의 무권대리인으로서 재료공급인 X와 계약을 체결한 경우 X의 Y에 대한 직접적 부당이득반환청구권의 성립 여부를 논의한 견해도 찾아볼 수 있다. 이 견해는 본인 사이에 도급계약 등 계약관계가 존재하고, 본인이 제3자의 급여를 중간자의 급여로 인식할 수 있는 사정이 있을 때에는 본인의 입장에서는 제3자의 급여를 중간자의 급여로 볼 충분한 근거가 있기 때문에 제3자의 본인에 대한 직접적 부당이득반환청구권을 부정해야 한다고 하면서도 그 계약이 재료 등의 공급을 내용으로 한다면, 선의취득법의 평가가 반영되어야 할 것이라고 한다.[54)] 중간자가 직접 제3자로부터 재료를 공급받아 본인에게 그 재료를 공급한 후, 본인이 그 재료를 자기 소유물에 부합시킨다면 본인은 제3자 소유의 재료를 선의취득할 수 있는데, 중간자가 재료를 본인 소유물에 부합시킨 경우와 달리 취급할 필요가 없다는 것이 그 이유이다.

Ⅳ. 오상채무자가 물건을 변제로써 제공한 경우 부당이득 관계

1. 수령자관점설 및 침해부당이득의 보충성 원칙의 등장배경과 그 한계

우리 대법원 2018년 판결에서처럼, 오상채무자 X가 자신이 Y에 대한 채무자라고 오해하고 Y에 대한 채무를 이행하기 위해 물건을 급여한 사안에서 X가 자신의 손실을 만회하기 위해 생각할 수 있는 방법 중 우리 법에서 가능하면서 가장 유리한

53) 안병하, 법학연구(연세대학교 법학연구원) 제25권 제1호(2015. 3), 180면.

54) 제철웅, 저스티스 제67호, 74면. 반면 Y와 M 사이에 도급계약 등이 체결되지 않았음에도 불구하고 M이 Y의 이름으로 X와 계약을 체결했고 Y가 M의 무권대리를 추인하지 않았다면, 계약의 무효를 알지 못하고 본인을 위하여 비용을 지출한 X는 직접 본인에 대해 부당이득반환청구권을 행사할 수 있다고 한다. 이를 허용하더라도 법률관계의 착종이 발생하지는 않기 때문이라는 것이다.

방법은, 표현대리를 주장하여 계약이 유효하게 체결되었음을 전제로, 본인에 해당하는 Y에게 계약에서 약속된 대가를 청구하는 것이다. 그런데 민법 제125, 126, 129조의 표현대리가 성립하려면 Y가 일정한 외관을 제공했어야 할뿐만 아니라, X의 선의, 무과실이 요구된다. 실제로 2018년 판결 사안에서도 X는 표현대리 주장을 하였으나 1심 법원은 여러 가지 사유를 들어 X가 이 사건 엘리베이터 제작·판매·설치계약을 체결할 당시에 M에게 Y를 대리할 권한이 있다고 믿은 데에 대하여 선의·무과실이라고 볼 수 없다고 판단하였고 대법원도 이 판단을 유지하였다.[55] 그 다음으로 X는 무권대리인에 해당하는 M에게 민법 제135조의 무권대리인 책임을 묻거나 부당이득의 반환을 청구하는 것도 가능하다. 그러나 무권대리인이 무자력일 가능성이 높고, 설령 그렇지 않다 하더라도 X가 선의, 무과실이어야만 M에게 무권대리인 책임을 청구할 수 있다는 점에서, 이 청구가 인용될 가능성은 그다지 높지 않다.

때문에 대부분 사안들에서 X는 Y에게 부당이득반환청구를 하게 된다. 여기서 X가 Y에게 청구할 수 있는 부당이득의 유형으로 두 가지를 생각해 볼 수 있다. X는 Y에게 자신의 채무를 이행하기 위해 급여한 것인데 그 채무가 존재하지 않는 것이므로 원인이 없어 비채변제로서 반환해 줄 것을 청구할 수 있을 것이고, 이는 급여부당이득에 해당한다. 또한 만일 X가 Y에게 급여의 이행으로서 물건을 인도했다면 X는 무효인 계약에 근거하여 이행한 것이어서 소유권에 기한 물권적 청구권을 행사하여 Y에게 그 반환을 청구할 수 있는데, 만일 Y가 그 물건을 소비하거나 다른 물건에 부합시켜 X에게 반환하는 것이 불가능해진 경우에 X는 Y에게 침해부당이득 반환청구를 할 수 있다.

이처럼 무권대리인 M이 개입하여 X가 오상채무 이행을 한 경우 두 가지 유형의 부당이득반환을 모두 생각해 볼 수 있음에도 불구하고, 독일에서 이 문제는 급여부당이득의 관점에서만 논의되어 왔다. 이렇게 된 가장 주요한 이유는 독일 연방대법원이 소위 침해부당이득의 보충성 원칙을 발전시켜 왔기 때문일 것이다. 그런데 II.

55) 서울중앙지방법원 2016. 10. 28. 선고 2016가단5057607 판결. ① M과 Y 사이 공사계약서에 날인된 Y의 도장은 인감도장임에 반하여 X와 Y 사이 체결된 승강기 제작·판매·설치계약서에는 Y의 도장이 아닌 '소외 2' 명의의 막도장이 날인되어 있는 점, ② 승강기 제작·판매·설치계약서에는 Y의 사업자등록증이 첨부되어 있을 뿐 Y가 M에게 이 사건 엘리베이터 제작·판매·설치계약을 체결할 권한을 위임한다는 내용의 위임장 내지 이와 유사한 취지의 서류가 첨부되어 있지 아니한 점, ③ M과 Y 사이 공사계약서를 일별하면 Y가 M에게 지급하기로 한 이 사건 공사대금 545,000,000원 속에 엘리베이터 설치비용이 포함되어 있음을 쉽게 알 수 있음에도, 이 사건 엘리베이터 제작·판매·설치계약을 체결할 당시 X가 Y에게 이 사건 공사대금과 별도로 이 사건 엘리베이터 설치비용을 지급할 의사가 있는지 여부를 확인 또는 문의하였다고 볼 만한 흔적을 찾을 수 없는 점 등이 그 이유로 제시되었다.

에서 개관한 오상채무자의 변제에 관한 독일 연방대법원의 판례 전개를 다시 떠올려 보자. 이데알하임 사건은, X가 도급계약에 근거해 Y에 대해 보수청구를 할 수 있는지가 다투어졌을 뿐 물건이 급여된 경우가 아니었기 때문에 침해부당이득이 문제될 여지가 없었다. 그 다음 선고된 코크스 판결은 오히려 급여부당이득에 대한 언급을 피하고, X는 소유권에 기한 물권적 청구권을 행사하여 Y에게 그 반환을 청구할 수 있었지만 코크스 소비 후에는 침해부당이득반환청구를 할 수 있다는 전제 하에 지시취득에 의한 선의취득을 인정하여 결과적으로 Y의 부당이득반환의무를 부정했다.

흥미로운 것은 제국법원 시절 인정했던 이득소멸 항변이 코크스 사건에서는 명시적으로 배제되었다는 것이다. 코크스 사건에서 연방대법원은 이득소멸 항변을 배제하는 근거로 1954년 선고된 연방대법원 판결[56]을 언급하고 있으므로 간단히 소개한다. 이 사건에서 X의 연료 관리에 관여하던 M은 X를 배임하고 X의 동의를 받은 것처럼 꾸며서 이 연료의 일부를 Y에게 매각했다. Y는 매매대금을 M에게 지급하고 이 연료를 소비하였다. 이후 X는 M이 자신의 무권대리인이어서 계약의 효력이 없음을 근거로 Y에게 연료 반환청구를 하였는데 이 연료가 이미 소비되었기 때문에 부당이득반환청구를 하였다. 연방대법원은, Y가 석유를 소비하기 전에 X가 소유물반환청구를 하는 경우, Y 자신은 매매대금을 X에게 지급했다는 것을 원용할 수 없으며, 석유가 소비되어 소유물반환청구를 대신하게 되는 부당이득반환청구권에서도 마찬가지라고 판단하였다. 이 판시는 코크스 판결에서도 반복되었다.

그리고 코크스 판결 이후 선고된 전자제품 사건에서는 명시적으로 침해부당이득의 보충성 원칙이 선언되었다. 흥미롭게도 전자제품 사건에서는 만일 연방대법원이, X의 Y에 대한 침해부당이득 청구를 긍정했더라면, 코크스 사건의 법리를 적용해 Y의 선의취득을 긍정함으로써 Y의 신뢰를 보호할 수 없었다. 코크스 판결에서 Y는 M과 연료의 양수행위를 했고 이 연료를 스스로 소비한 반면,[57] 전자제품 사건에서는 X가 M에게 전자제품을 공급하고 M이 Y를 위해 이 제품을 Y의 건물에 부합시켜 버렸기 때문이다. 즉 코크스 사건에서와 달리 전자제품 사건에서 Y는 선의취득이 아닌 부합에 의해 전자제품의 소유권을 취득한 것이다.[58] 다른 한편으로 연방대법원은, 제국법원 시절의 맥주마차마부사건의 법리로써 Y를 보호하기도 어려웠

56) BGH, Urteil vom 3. 6. 1954 – IV ZR 218/53 = NJW 1954, 1194.

57) M이 직접 X로부터 재료를 공급받아 Y에게 그 재료를 공급한 후, Y가 그 재료를 자기 소유물에 부합시킨 경우 Y는 X 소유의 재료를 선의취득할 수 있을 것임은 말할 것도 없다는 서술로 제철웅, 저스티스 제67호, 75면.

58) BGH, Urteil vom 31. 10. 1963 – VII ZR 285/61 = NJW 1964, 399.

다. 이미 코크스 판결에서 Y가 M에게 매매대금을 지급했더라도 이는 현존이익의 소멸사유에 해당하지 않는다고 판단하였기 때문이다.

그렇지만 연방대법원은 전자제품 판결에서 이러한 법리상 문제점을 실제로 대면하지 않았다. 이는 연방대법원이 "수령자를 보호하기 위해" 목적적 급여개념을 도입하고 더하여 수령자 관점에서(aus der Sicht des Zuwendungsempfängers) 급여관계를 파악하였기 때문에 결과적으로 X가 Y에게 직접 급여부당이득반환청구를 하는 길이 차단되었기 때문이다. 수령자 Y의 관점에서 보면 급여관계는 M - Y 사이에 존재하므로 Y에게 급여부당이득 반환청구를 할 수 있는 자는 M 뿐인데, M은 Y에게 급여를 이행할 의무를 부담하므로 부당이득반환청구를 할 수 없다. 더하여 연방대법원이 침해부당이득의 보충성 원칙을 선언함으로써 X는 Y에게 침해부당이득에 근거해서 직접청구를 하는 길이 막히고 Y는 확실하게 부당이득반환의무에서 벗어나게 되었다.

만일 전자제품 사건에서 연방대법원이 수령자가 아닌 출연자의 관점에 따라 급여관계를 결정했더라면 어떤 결과에 이르렀을까? 출연자 X의 관점에서 보면 M을 Y의 대리인으로 하여 X - Y 사이에 계약이 성립했음을 전제로 X는 Y에게 급여하기 위해 전자제품을 공급한 것인데 X는 실제로는 Y에 대해 공급의무를 부담하지 않으므로, 자신이 공급한 전자제품 내지 그 가액의 반환을 청구할 수 있게 된다. 그리고 코크스 판결에서 연방대법원은 Y가 M에게 매매대금을 지급했더라도 이는 현존이익의 소멸사유에 해당하지 않는다고 판단했으므로 Y는 X에게 전자제품의 시가 상당액을 부당이득으로 반환하는 결과로 이어졌을 것이다. 즉 Y는 자신의 계약상대방이 M이라고 신뢰하고 그에게 대금을 지급한 데 대해 보호를 받지 못하게 될 것이다. 전자제품 사건에서 연방대법원이, 수령자에 해당하는 건축주를 보호하기 위해 목적적 급여관계가 존재하는지는 수령자의 관점에서 판단해야 한다고 선언한 것은, 출연자 관점에 따라 급여관계를 결정했더라면 Y가 전혀 보호받지 못하는 결과가 되기 때문이 아니었을까.

또한 급여관계를 수령자의 관점에서 파악하더라도 X의 침해부당이득에 근거한 반환청구권을 인정하게 되면(즉 침해부당이득의 보충성 원칙을 선언하지 않았다면) 역시 Y는 보호받지 못하는 결과가 되었을 것이다. 코크스 사건에서와 달리 Y는 선의취득이 아니라 부합에 의해서 전자제품의 소유권을 취득했고, 독일민법 제951조에 따라, 부합에 의해 소유권을 상실한 X에게 금전보상을 해야 한다. 물론 전자제품 판결이 선고될 당시에 이미, 건축회사 M이 건축주 Y의 건물에 타인 X의 재료를 부합시킨 경우, 그 재료가 X의 점유이탈물이 아니라면 선의인 Y를 보호하기 위해 선의취득 규정을 유추적용하여 제951조의 청구권에 대항할 수 있다는 견해가 주장되고 있었다.[59] 그렇지만 연방대법원은 누가 급여자인지의 문제는 수령자 Y의 시점에서 판단되어야 하므로 Y가 X의 부당이득청구권에 대해 선의취득 규정을 유추적용하여 보호될 수 있는지의 문제는 더 이상 중요하지 않다고 판시하여,[60] 선의취득 유추적용 문제를 회피하였다.

그런데 이처럼 ① 급여관계를 수령자의 관점에서 파악하면서 동시에 ② 침해부당이득의 보충성 원칙을 선언함으로써, 오상채무자의 변제 유형과 관련해서는 수령자관점설을 비판하는 견해들이 지적하는 문제, 즉 출연수령자 Y에게 보호가치가 인정되는지 여부에 관계없이 언제나 Y에 대한 반환청구가 부정된다는 문제가 생겼다.[61] 이처럼 추상적 신뢰보호(abstrakter Vertrauensschutz)를 하는 것은, 수령자 Y가 자신의 계약상대방 M에게 대금을 지급하지 않아서 오상출연자가 전혀 지급을 받지 못하는 사안이 발생할 수 있다는 점에서 과녁을 매우 빗나간 것이다.[62] 더하여 셔츠 사건에서 알 수 있듯이, 수령자관점설을 택한다고 해서 언제나 수령자에게 선의취득 요건이 존재하는지 문제를 판단할 필요 없이 수령자를 보호할 수 있는 것도 아니다. 셔츠 사건에서는 출연자 X와 수령자 Y 사이에 물권적 합의가 존재하지 않고[63] 따라서 Y는 X로부터 소유권양도를 통해 소유권을 취득하지는 못하며 선의취득에 의해서만 소유권을 취득할 수 있다.[64] 셔츠 사건 이전의 오상채무자의 변제 사건들에서와 달리 Y는 셔츠를 부합하거나 소비한 것이 아니라 제3자에게 재양도하였기 때문에, 앞선 사건들에서처럼 Y의 수령자관점에서 Y가 수령한 것을 반환할 필요가 있는지가 논점이 될 수 없었다. 오히려 독일민법 제816조 제1항 제1문에 따라 Y에게 전매를 통해 취득한 것의 반환을 청구할 수 있는지가 문제되었으며 그 전제로서 Y가 셔츠를 선의취득하지 못하여 무권리자로서 처분했는지 법원의 판단을 받게 되었다.[65] 즉 ① 급여관계를 수령자의 관점에서 파악하면서 동시에 ② 침해부당이득의

59) 예컨대 von Caemmerer, Festschrift für Rabel Bd. I (1954), S. 391 Fn 217.

60) BGH, Urteil vom 31. 10. 1963 – VII ZR 285/61 = NJW 1964, 399, 400.

61) 오상채무자의 변제 문제를 해결함에 있어, 급여를 거부하면서 보충성 원칙을 인정함으로써 추상적으로 신뢰를 보호하는 방법과 부당이득반환청구를 허용하되 이득소멸의 항변을 인정함으로써 구체적 신뢰보호를 하는 방법이 있다는 서술로 MüKoBGB/Lieb, 4. Aufl. 2004, BGB 812 Rn. 110.

62) MüKoBGB/Lieb, 4. Aufl. 2004, BGB 812 Rn. 111.

63) Wilhelm, Sachenrecht, 5. Aufl.(2016), Rdnr. 930.

64) 상세한 법리의 전개는 정태윤, 전남대학교 법학논총 제36권 제1호, 649면 참조.

65) 이 문제를 해결하기 위해 연방대법원은 선의취득에서도 자신의 채무자의 급여로 출연이 이루

보충성 원칙을 선언하는 것은, 오상채무자의 급여에 의해 공급된 재료가 재양도되지 않고 수령자의 재산에 부합되는 사안 유형에 한정적으로, 선의취득 요건 충족 여부를 판단할 필요 없이 곧바로 수령자의 신뢰를 보호하는 결과로 이어질 수 있다는 것이다.

그렇지만 실제로는, 수령자관점설과 침해부당이득의 보충성 원칙에 따르더라도 수령자의 추상적 신뢰만 강하게 보호되는 결과로 이어지는 일은 드물었다. 이는 첫째 대부분의 경우 X가 M에게든 Y에게든 자발적으로 급여한 경우여서, 그 물건이 거래계에 유통된 상황에 대해 X가 어느 정도 외관을 제공했기 때문이다. 둘째 오상채무자의 변제 유형은 대부분 중간자 M이 X와 Y를 기망하여 X가 공급한 물건의 대금을 자신이 Y로부터 받는 형태인데, 양 당사자를 기망한 M으로서는 Y에게 적절한 시기에 대금을 받기 위해 노력할 것이다. 일단 대금을 지급하게 되면 수령자의 신뢰는 이미 추상적 단계를 지나 구체적인 것이 되어버린다. 즉 수령자관점설을 택하더라도, 문제해결방법이 형평에 어긋나는 결과로 이어지는 경우가 거의 없었다.

반면 수령자관점설과 침해부당이득의 보충성 원칙은, 애초부터 중간자 M이 무권대리인으로서 개입한 오상채무자의 변제 사안 유형을 전제로 발전해 온 것이기 때문에, 이들 원칙을 일관되게 적용하면 오상채무자의 변제와 상관없는 첨부와 부당이득 유형과 관련해서는 손실자에게 지나치게 가혹한 결과로 이어진다. 송아지 사건에서 위 두 원칙이 적용되었더라면, 수령자 Y 관점에서는 자신의 계약상대방 M으로부터 급여로서 송아지를 수령한 것이기 때문에 – 타인의 소유이나 도난된 – 송아지 및 그 송아지를 대체하는 가치를 반환할 이유가 없다. 또한 급여관계에 근거해 송아지를 수령한 이상 침해부당이득은 아예 고려되지 않기 때문에 송아지 원래 소유자인 X의 침해부당이득도 문제되지 않고, 결과적으로 Y는 X에게 부당이득반환을 할 의무가 없다.[66]

어졌다고 간주하고 이를 보유한 수령자의 신뢰보호를 위하여, 수령자 Y의 관점에서 X의 공급은 – 실제로 그러하였는지에 상관없이 – 진정한 채무자 M의 지시에 의해 이루어진 것이어서 M의 양도를 인정할 수 있다고 이론 구성하였다. 연방대법원 스스로도 이러한 해석이, 선의취득을 긍정함으로써 수령자 Y를 부당이득반환의무에서 해방시키기 위한 해석임을 강조하고 있다(BGH, Urteil vom 14. 3. 1974 – VII ZR 129/73 = NJW 1974, 1132, 1134).

66) 실제로 독일 연방대법원은 달리 판단했으나, 수령자관점설과 침해부당이득의 보충성 원칙이 관철되었더라면 이러한 결과가 되었을 것이라는 가정이다. Ehmann, Anmerkung zu BGH, Urteil vom 11. 1. 1971 – VIII ZR 261/69, NJW 1971, 612, 615도 이렇게 가정한다.

2. 대안의 모색 - 급여자관점설의 수용 또는 침해부당이득의 보충성원칙 폐기?

(1) 수령자의 신뢰를 보호한다는 수령자관점설과 침해부당이득의 보충성 원칙의 사상적 배경 자체는 존중하되 이 법리의 결합으로부터 발생한 문제를 해결하는 방법은 크게 두 가지라고 할 수 있을 것이다. 하나는 오상채무자의 급여와 부당이득 문제에서 주장되는 것처럼 출연자관점설을 택하고 수령자의 구체적 신뢰보호는 그가 선의인 경우 이득소멸의 항변을 적용하는 것이다. 또 다른 하나는 소유권유보부 매매된 자재의 부합과 선의취득 문제에서 독일 대다수의 견해가 주장하는 것처럼 부당이득반환청구권의 보충성 원칙에 구속되지 않고 침해부당이득 반환청구를 긍정하되 선의취득 규정을 유추적용하여 수령자가 선의인지 그리고 소유권을 상실한 자의 자발적인 의사로 물건이 유통되었는지(즉, 점유이탈물인지 아닌지) 사정을 고려해 수령자의 반환의무를 판단하는 것이다.

그렇지만 실은 어느 쪽 해결책을 택하더라도, 적어도 독일에서는 수령자와 손실자의 이익형량이 비슷하게 이루어질 것이다. 출연자관점설과 이득소멸의 항변을 결합하는 방법을 택하게 되면, X의 Y에 대한 부당이득반환청구가 성립했다는 것은, 출연자 X의 관점에 의하였을 때 X가 Y에게 자신의 채무를 급여할 의사로 물건을 인도했고, Y는 이 급여가 M에 의해 이루어진 것이 아니라는 사실을 알았음(악의)을 의미한다. X가 Y에게 자신의 채무를 급여할 의사로 물건을 인도했더라도 Y가 이 급여가 M에 의해 이루어졌다고 신뢰하여 M에게 대금을 지급하게 되면 X에 대해 이득소멸의 항변을 할 수 있어 Y는 X에게 반환의무를 부담하지 않는다. 즉 출연자관점설과 이득소멸의 항변을 결합하게 되면 출연자가 스스로 해당 물건을 거래계에 유통했는지 여부(=점유이탈물에 해당하는지 여부)와 Y가 해당 급여는 사실은 X에 의해 이루어졌다는 사실에 대해 선의인지 여부가 모두 부당이득반환의무의 성립요건으로 고려되기 때문에, 침해부당이득을 인정하고 선의취득 법리를 유추적용하는 경우와 이익형량이 유사해진다. 특히 독일에서 그러할 것이다. 독일민법 제818조와 제819조의 해석상 악의의 수익자에 해당하려면 적극적 인식이 필요하고,[67] 독일민법 제932조는 취득자가 선의·무중과실이면 선의취득이 인정되기 때문에, 과실 있는 선의의 수익자는 어느 쪽 법리에 의하더라도 보호된다. 우리민법은 독일민법과 달리 선의취득 요건으로 취득자의 선의·무과실을 요구하고 있기 때문에 Y가 선의이나 과

67) Staudinger/Lorenz (2007) BGB § 819 Rn. 6.

실 있을 경우, 출연자관점설을 따르되 이득소멸의 항변을 인정하는 해결책과 침해부당이득반환청구를 인정하되 선의취득 규정을 유추적용하는 해결책에 차이가 발생할 수 있다. 그러나 과실 있는 선의 수익자를 어느 정도까지 보호할지에 대해 우리 학설과 판례의 의견이 통일되어 있지 않기 때문에,[68] 구체적인 적용례에서 어느 쪽 해결방법을 택하든지 간에 큰 차이가 없을 수도 있다.

(2) 다만 두 해결방법은 다음과 같은 문제점을 내포하고 있다. 우선 출연자관점설과 이득소멸의 항변의 해결방법을 택하는 데는 다음과 같은 우려가 장애물이 될 수 있다. 첫째로 독일의 수령자관점설과 연방대법원의 판례가 출연자관점설에 대해서는 제기하는 가장 강력하고 일관된 비판은, 변제목적지정은 급여자의 상대방 있는 단독행위이고 의사표시의 일반이론에 따라 그 의사표시의 상대방인 수령자의 관점에서 해석되어야 한다는 것이다.[69] 그렇지만 이러한 지적은 보기처럼 단순한 것은 아니다. 의사표시가 수령자 관점에서 객관적으로 해석되어야 한다는 근거는, 의사표시 수령자는 표의자의 내심을 알 수 없으므로 그의 신뢰를 보호하기 위해 수령자의 관점에서 해석되어야 한다는 것이다. 그런데 다수당사자 간의 부당이득에서 급여목적지정은, 계약에서의 의사표시와 다른 맥락에 놓여 있다. 계약에서 의사표시는 표의자에게 그 의사표시가 귀속된다는 것을 전제로 하므로, 수령자의 신뢰를 보호하기 위해 수령자 관점에서 의사표시를 해석하더라도 표의자의 이익이 지나치게 침해되지 않는다. 그런데 다수당사자 간의 부당이득에서 출연자 X는 자신이 채권자 Y에게 부담하고 있다고 착오하고 있는 채무를 변제하기 위한 목적으로 출연한 것이지 진정한 채무자 M의 Y에 대한 채무를 대신 이행하려는 목적으로 출연한 것이 아니다. 즉 X에게는, M의 Y에 대한 채무를 이행한다는 목적이 아예 결여되어 있다. 그렇다면 X에게 존재하지 않는 변제목적을 X에게 귀속시키는 법률적 평가가 필요하고, 이 평가에는 수령자의 신뢰만 고려하는 수령자관점설보다, 출연자와 수령자의 이익 조

---

68) 수익자의 선의는 과실의 유무에 따라 영향을 받지 않은 것으로 새겨야 하며 수익자의 주관적 인식이 중요시되는 부당이득에 있어서는 과실이 있다고 해서 악의를 인정하는 것은 타당하지 않으며 다만 중대한 과실이 있는 선의는 악의와 동일시해야 한다고 보는 견해로 김형배, 사무관리·부당이득, 2003, 232면. 수익자의 신뢰보호라고 하는 것은 수익자의 선의·악의의 판단보다는 더 포괄적이고 종합적인 판단이 요구되며 법률상 원인 없는 이득을 소비한 수익자의 현존이익의 항변을 받아들여 그 손실을 손실자에게 전가하는 것을 정당화하는 요소가 무엇인가를 분석해야 한다는 견해로 김동훈, "不當利得에서 利得의 개념과 現存利益의 판단기준", 중앙법학 제11권 제4호(2009. 12), 91면 이하. 현행 민법의 해석상으로는 과실 및 중과실 있는 선의의 수익자도 선의의 수익자로 인정할 수밖에 없으나, 형평의 관념상 중과실 있는 선의의 수익자를 악의의 수익자와 같이 보는 입법을 고려할 필요가 있다는 견해로 주석민법(편집대표 김용담), 제748조, 715면.

69) 예를 들어 Reuter/Martinek, Band 2, § 1 I 2 (S. 8 f.).

화를 꾀하는 출연자관점설이 더 적합한 법리가 될 것이다.[70)]

두 번째로 출연자관점설을 택하면, 독일연방대법원이 전자제품 사건에서 수령자관점설과 침해부당이득의 보충성 법리를 채택하게 된 이유인 Y의 신뢰보호가 불충분하게 될 우려가 있는 것이 아닌가 하는 의문이 제기될 수 있다. 이 판결에서 독일연방대법원은 한편으로는 Y가 M에 지급한 대가를 가지고 X에게 이득소멸의 항변을 할 수 없다는 연방대법원의 판례, 다른 한편으로는 물건이 M에게서 Y에게로 양도된 것이 아니라 M이 Y의 물건에 직접 부합시킨 경우 침해부당이득 청구를 허용하면 코크스 판결에서 연방대법원이 개발한 지시취득에 의한 선의취득 법리로는 Y의 신뢰를 충분히 보호할 수 없다는 우려가 작용한 것으로 보인다. 뒤의 문제는 이미 송아지 사건에서 부합의 경우에도 선의취득 법리가 유추적용될 수 있다고 판시되었기 때문에 큰 걸림돌은 아니다. 그러나 제3자에게 지급한 대가를 이득의 소멸로 인정할 수 있는지는 여전히 문제로 남아있다.

일단 코크스 판결 이후의 판결[71)]에서나 주석서[72)]에서 제3자에게 지급한 대가를 이득의 소멸로 인정할 수 없다는 취지의 서술은 지속적으로 찾아볼 수 있다. 그렇지만 코크스 판결을 비롯하여 이 원칙을 확립한 초기 판결들을 검토해 보면, 과연 Y가 M에 지급한 대가를 가지고 X에게 이득소멸의 항변을 할 수 없는지 의문이다. 코크스 판결이나 코크스 판결이 인용하고 있는 1954년 판결은 무권대리인 M이 개입하여 X의 연료를 Y에게 매각하는 계약을 체결하고, Y는 매매대금을 M에게 지급하고 이 연료를 소비한 사안들이다. 무권대리인이 대리한 계약은 효력이 없으므로 원래 X는 Y에게 소유물반환청구를 할 수 있었고, 연료 소비에 의해 소유물반환청구권이 (침해)부당이득 반환청구권으로 변한 것인데, 소유물반환청구에 대해서는 이득소멸의 항변을 할 수 없으므로 부당이득반환청구권에도 이득소멸의 항변을 할 수 없다는 것이 판례의 논증이다. 그런데 1954년 판결의 이유 설시는 여기에서 그치지만, 코크스 판결은 그렇지 않다. 코크스 판결의 원심판결은, Y는 X에 대해 법률상 원인없이 직접 코크스를 취득하였지만 코크스 대금을 M에게 지급함으로써 이득소멸의 항변을 할 수 있다고 판시하였는데, 연방대법원은 이 원심판결 판시부분을 위와 같

70) MüKoBGB/Lieb, 4. Aufl. 2004, BGB 812 Rn. 58도 이러한 문제점을 지적하면서 오상채무자의 변제에서 목적지정은 의사표시 해석보다는 외관법리의 문제이며, 수령자의 선의가 보호될 수 있는지는 귀속가능성(Zurechenbarkeit)을 전제로 한다고 지적한다.

71) 예컨대 이 글에서 소개한 독일 판결 중에서는 송아지 판결이 제3자에게 지급한 대가는 이득소멸로 인정할 수 없다는 원칙을 다시 확인하고 있다. BGH, Urteil vom 11. 1. 1971 – VIII ZR 261/69 = NJW 1971, 612, 615.

72) MüKoBGB/Schwab, 7. Aufl. 2017, BGB § 818 Rn. 152.

은 논증을 통해 부정한 것이다. 그런데 뒤이어 "피고가 소유권을 무권리자 M으로부터 선의취득 하였더라면(독일민법 제932조), 항소법원의 판단은 결과적으로 정당할 것이다."라고 서술하고 있다. 그리고 위에서 소개한 것처럼 코크스 사건에서는 지시취득법리가 적용되어 Y의 선의취득이 인정되었다. 즉 항소법원은, 제국법원의 맥주마차마부 사건에서처럼 부당이득의 이득소멸 항변을 인정함으로써 Y의 부당이득반환의무를 부정한 것인데 반해, 연방대법원은 ① X는 Y에게 원래 소유물반환청구권을 주장할 수 있는데 물건이 소비되어 그 소유물반환청구권이 부당이득으로 변경된 상태여서 이득소멸의 항변은 처음부터 적용될 수 없다는 것, ② 하지만 Y는 소유권 자체를 선의취득했으므로 X의 소유물반환청구권에 응할 필요가 없고 따라서 부당이득반환의무도 부담하지 않는다고 판단한 것이다.

생각건대 연방대법원의 논증을 따르더라도 그 법리는 소유물반환청구권을 대신하는 침해부당이득청구를 겨냥하고 있다. 그런데 출연자관점설에 의해 X가 Y에게 청구하는 것은 급여부당이득이므로 연방대법원의 법리가 필연적으로 적용되어야 할 이유는 없다.[73] 더 나아가 독일민법 제818조 제3항의 이득소멸의 항변은 수익자의 신뢰를 보호하기 위한 것인데,[74] X가 Y에게 침해부당이득반환청구를 하면 Y에게 보호할만한 신뢰가 있었는지를 형량하여 선의취득 법리를 통해 Y의 반환의무를 부정하면서, 유사한 사안에서 X가 Y에게 급여부당이득반환청구를 하면 Y에게 보호할만한 신뢰가 있는지에 관계없이 "제3자에게 지급한 매매대금은 이득소멸로 볼 수 없다"는 법리에 근거하여 Y의 반환의무를 긍정한다면 이는 형평에 맞지 않을 것이다. 특히 Y가 자신의 계약상대방인 M이 자신에게 유효하게 그 물건의 소유권을 양도할 수 있는 자라고 신뢰하였기 때문에 M에게 대금을 지급한 상황이라면 더욱 그러하다.

(3) 침해부당이득 청구를 인정하고 선의취득 법리를 유추적용하는 해결책을 택하려는 경우 가장 문제되는 것은 침해부당이득의 보충성 원칙이다. 그렇지만 이 원칙을 부정하는 것이 독일 내에서도 통설이며, 판례도 부정설이 통설임을 인식하고 있다. 또한 오상채무자의 변제 사안 자체가 수령자관점설에 따라 해결되는 것보다는

73) Jauernig/Stadler, 16. Aufl. 2015, BGB § 818 Rn. 37 또한, 소유물반환청구권을 대신하는 침해부당이득청구에는 이득소멸의 항변을 할 수 없다는 판례의 태도를 설명하면서 그 논거로 "급여부당이득에서와 달리, 이득에 관해 발생한 신뢰손해를, 그 신뢰를 야기하지 않은 부당이득반환채권자에게 부담시킬 이유가 없다고 한다." 이를 반대로 해석해 보면, 급여부당이득에서는 이득에 관해 발생한 신뢰손해를, 그 신뢰를 야기한 부당이득반환채권자에게 부담시킬 수 있다고 할 것이다.

74) MüKoBGB/Schwab BGB § 818 Rn. 138.

외관법리에 더 잘 맞는다는 점에서도, 침해부당이득 청구를 인정하되 선의취득 법리를 유추적용하는 법리는 타당성을 확보하게 된다.

다만 선의취득 법리를 유추적용하게 되면, 급여부당이득 법리를 적용할 때와는 달리 다음과 같은 문제가 생길 수도 있을 것이다. 독일민법 제951조나 우리민법 제261조 모두 첨부로 인해 소유권을 상실한 손해를 입은 자가 소유권을 취득한 자에게 부당이득반환청구를 할 수 있으나, 선의취득 법리가 유추적용되고 선의취득 요건이 충족되는 이상 Y는 X에게 부당이득반환의무를 부담하지 않게 된다. 선의취득의 효과 자체가, 취득자는 동산의 소유권을 취득하며 이전 소유자에게 부당이득반환의무를 부담하지 않는 것이기 때문이다. 물론 취득자에 대응하는 Y와 무권리자로서 처분한 자에 대응하는 M 사이에 계약이 체결되어 있다면 Y는 M에게 계약에서 약속한 대금을 지급해야 할 것이다.

그런데 만일 Y가 아직 M에게 대금을 지급하지 않은 상태라고 가정해 본다(M이 Y에게 선이행). 이 경우 침해부당이득 반환청구와 선의취득 법리를 유추적용하는 해결책에 의한다면, Y는 X에게 부당이득할 의무가 없고 계약상대방인 M에게 계약에서 정해진 대금지급을 해야 한다. 그렇지만 실제로 이러한 유형의 사안은, 중간자 M의 기망 때문에 발생한 것이고 M이 무자력인 경우가 많다는 점을 고려할 때, Y는 M에게 대금을 지급케 하고 M이 다시 X에게 부당이득반환을 하는 것보다는 X가 Y에게 직접 부당이득반환청구를 하도록 하는 편이 간명하고 또 형평에 맞는다. 문제는 이러한 법률 적용은, 급여부당이득에서 출연자관점설과 이득소멸의 항변을 결합하는 해결책에서는 가능하나, 침해부당이득 청구를 인정하되 Y의 신뢰를 선의취득 법리를 유추적용하여 보호하려는 해결책에서는 어렵다는 것이다.

다만 독일과 달리 우리나라에서는 이 문제가 채권자대위권에 의해 해결될 가능성이 있다. X는 진정한 채무자 M에 대해 침해부당이득에 근거한 반환청구권, 만일 민법 제135조의 요건이 충족된다면 무권대리인에 대해 계약이행책임 또는 손해배상책임을 청구할 수 있게 된다. 이 채권을 피보전채권으로 하여, M이 Y에 대해 갖는 반대급부청구권을 대위할 수 있을 수 있을 것이다.

그렇다 하더라도 여전히 다음과 같은 문제가 남는다. X의 Y에 대한 침해부당이득이 성립하는 것을 전제로 Y가 선의인 경우 선의취득 규정을 유추적용하려면 X가 Y에게 급여한 것이 동산이어야 한다. 그런데 오상채무자의 변제 유형 대부분이 이에 해당하기는 하지만 반드시 그러한 것은 아니다. 예를 들어 이데알하임 사건에서 X가 Y에게 청구한 것을 물건대금이 아니라 도급의 보수에 해당하는 금액이었다. 급여부당이득과 이득소멸 항변의 법리는, X가 Y에게 노무 또는 노무와 물건을 함께 급여한 경우에까지 적절한 해결책을 제공할 수 있다는 점에서 더 타당하다고 생각된다.

Ⅴ. 결 론

우리 대법원의 2009년 판결 사안은 X – M, M – Y 사이에 유효한 매매계약과 도급계약이 이어져 있는 경우이고 X가 Y에게 직접 목적물을 인도하지도 않았으며, 심지어 단축된 급여 유형에도 해당하지 않다. 따라서 이 경우 X – Y 사이에는, 누구의 관점에 의하더라도 급여관계가 존재하지 않고 따라서 급여부당이득이 문제될 여지도 없다.[75] X가 소유권유보부 매매를 했기 때문에 침해부당이득은 성립가능한데, 2009년 판결 사안과 유사한 사실관계를 기반으로 한 독일 Saarbrücken 판결은 침해부당이득의 보충성 원칙을 적용해 X의 침해부당이득 청구까지 부정하였다. 그러나 위에서 검토한 것처럼 이 판결은 독일 내에서도 많은 비판을 받고 있으며 보충성 원칙을 채택해야 할 논리필연적인 이유도 찾아보기 어렵다. 우리 대법원이 침해부당이득반환청구권의 성립을 긍정하되 선의취득 법리를 유추적용한 것은 적절한 해결책이었다.

그런데 2018년 판결 사안은, 2009년 판결과 달리 전형적인 오상채무자의 변제 사안이다. 2018년 판결과 2009년 판결이 여러 가지 점에서 공통점을 가지나, 2009년 판결에서는 급여부당이득이 아예 성립하지 않는 경우인 반면 2018년 판결에서는 가능하다는 차이점이 있다. 물론 위에서 논증한 바에 따르면 급여부당이득 반환청구를 하면서 출연자관점설과 이익소멸항변에 근거하는 해결방법과, 침해부당이득 반환청구로 구성하면서 선의취득 법리를 유추적용하는 해결방법에 큰 차이가 없으므로 대상 판결이 2009년 판결을 선례로 한 것이 형평에 어긋나는 결과로 이어지지는 않는다. 그렇지만 앞으로 이런 유형의 사안이 반복될 경우를 대비하여 급여부당이득으로 구성하고 출연자관점설과 이익소멸항변이 가능한지 우리 법원이 심사했더라면 어땠을까 하는 아쉬움이 남는다.

---

75) 이 경우 X의 Y에 대한 직접청구를 인정하는 것은 전용물소권을 인정하는 것이 될 것이나, 이는 현대에 들어서 부정하는 것이 통설이다. 예컨대 Koziol-Welser, Bürgerliches Recht Band II, 13. Aufl. (2006), S. 288 f.

직장 내 성희롱 피해근로자에게 도움을 준 동료 근로자에게 불리한 조치를 한 사업주의 불법행위책임

— 대법원 2017. 12. 22. 선고 2016다202947 판결 —

신 동 현*

Ⅰ. 서

직장 내 성희롱이란, 사업주·상급자 또는 근로자가 직장 내의 지위를 이용하거나 업무와 관련하여 다른 근로자에게 성적 언동 등으로 성적 굴욕감 또는 혐오감을 느끼게 하거나 성적 언동 또는 그 밖의 요구 등에 따르지 아니하였다는 이유로 근로조건 및 고용에서 불이익을 주는 것을 말한다.[1] 이러한 직장 내 성희롱에 의하여 근로자가 피해를 입는 경우 피해근로자는 가해자를 상대로 불법행위책임을 물을 수 있고, 성희롱의 가해자가 아닌 사업주[2]를 상대로 하여서는 경우에 따라 사용자책임 등을 포함하는 불법행위책임이나 채무불이행책임을 물을 수 있다. 그런데 사업주가 직장 내 성희롱 사건과 관련하여 오히려 피해근로자 등에게 징계나 해고, 업무상의 불이익 등을 부과하는 경우에는 피해근로자가 성희롱으로 인한 2차적 피해[3]를 받는 일이 발생할 수 있으며 그러한 2차 피해에 해당하는 대표적인 유형의 하나는 피해근로자가 성희롱에 대한 증거를 수집하고 구제절차를 밟는 과정에서 직장 내 동료

---

* 한림대학교 법학과 부교수.

1) 「남녀고용평등과 일·가정 양립 지원에 관한 법률」 제2조 제2호.

2) 산업 안전 및 보건에 관한 기준을 확립하고 그 책임의 소재를 명확하게 하여 산업재해를 예방하고 쾌적한 작업환경을 조성함으로써 노무를 제공하는 자의 안전 및 보건을 유지·증진함을 목적으로 하고 있는 「산업안전보건법」은 제2조 제4호에서 근로자를 사용하여 사업을 하는 자를 '사업주'라고 정의하고 있다. 이러한 용어를 사용하는 이유는 사업경영의 이익의 귀속주체(사업의 실시주체)를 산업 안전 및 보건의 의무주체로 포착하여 안전보건상의 책임을 명확히 하기 위해서이다. 이에 관하여는 정진우, 『산업안전보건법』, 중앙경제, 2016, 73면을 참조.

3) 성희롱 2차 피해의 유형 및 실태에 관하여는, 장명선/김선욱, "성희롱 2차 피해의 법적 쟁점과 과제", 「이화젠더법학」 제8권 제3호(2016. 12), 이화여자대학교 젠더법학연구소, 193~196면을 참조.

근로자에게 도움을 받는 경우 사업주가 피해근로자에게 도움을 준 동료 근로자에게 징계나 업무상의 불이익을 가하는 경우이다.

이러한 성희롱 2차 피해와 관련하여, 「남녀고용평등과 일·가정 양립 지원에 관한 법률」(이하 「남녀고용평등법」이라 한다)'은 제14조 제6항[4]에서 사업주는 성희롱 발생 사실을 신고한 근로자 및 피해근로자 등에게 징계 등의 불이익 조치에 해당하는 불리한 처우를 하여서는 아니 되는 것으로 정하고 있으며 이를 위반하는 경우 동법 제37조 제2항 제2호에 의하여 3년 이하의 징역 또는 3천만원 이하의 벌금에 처하도록 정하고 있다. 그러나 동법 제14조 제6항의 금지행위 상대방은 성희롱 발생 사실을 신고한 근로자 및 피해근로자 등으로 한정되어 있고, 이 때의 '피해근로자 등'은 동법 제14조 제2항에서 '직장 내 성희롱과 관련하여 피해를 입은 근로자 또는 피해를 입었다고 주장하는 근로자'로 한정되어 있어[5] 피해근로자에게 도움을 준 동료 근로자 등에게 행하여진 불리한 처우는 「남녀고용평등법」에 의하여서는 보호받을 수 없게 될 가능성이 존재하게 된다. 그리고 이러한 법적 상황이 동료 근로자뿐만 아니라 성희롱의 피해근로자에게도 충분한 법적 보호를 제공할 수 없게 되리라는 점을 예상하는 것은 그리 어렵지 않을 것이다.

그런데, 대법원 2017. 12. 22. 선고 2016다202947 판결[6]은, 직장 내 성희롱 피해근로자가 사업주를 상대로 「남녀고용평등법」상 불리한 조치 등을 이유로 손해배상

---

4) 「남녀고용평등과 일·가정 양립 지원에 관한 법률」 제14조(직장 내 성희롱 발생 시 조치)
(생략)
⑥ 사업주는 성희롱 발생 사실을 신고한 근로자 및 피해근로자등에게 다음 각 호의 어느 하나에 해당하는 불리한 처우를 하여서는 아니 된다.
1. 파면, 해임, 해고, 그 밖에 신분상실에 해당하는 불이익 조치
2. 징계, 정직, 감봉, 강등, 승진 제한 등 부당한 인사조치
3. 직무 미부여, 직무 재배치, 그 밖에 본인의 의사에 반하는 인사조치
4. 성과평가 또는 동료평가 등에서 차별이나 그에 따른 임금 또는 상여금 등의 차별 지급
5. 직업능력 개발 및 향상을 위한 교육훈련 기회의 제한
6. 집단 따돌림, 폭행 또는 폭언 등 정신적·신체적 손상을 가져오는 행위를 하거나 그 행위의 발생을 방치하는 행위
7. 그 밖에 신고를 한 근로자 및 피해근로자등의 의사에 반하는 불리한 처우
(이하 생략)

5) 「남녀고용평등과 일·가정 양립 지원에 관한 법률」 제14조(직장 내 성희롱 발생 시 조치)
(생략)
② 사업주는 제1항에 따른 신고를 받거나 직장 내 성희롱 발생 사실을 알게 된 경우에는 지체 없이 그 사실 확인을 위한 조사를 하여야 한다. 이 경우 사업주는 직장 내 성희롱과 관련하여 피해를 입은 근로자 또는 피해를 입었다고 주장하는 근로자(이하 "피해근로자 등"이라 한다)가 조사 과정에서 성적 수치심 등을 느끼지 아니하도록 하여야 한다.
(이하 생략)

6) 이하에서는 '대상판결'이라고 지칭하기로 한다.

책임을 묻는 사안에서 그 판단사항 중 하나로서 사업주가 '직장 내 성희롱과 관련하여 피해를 입은 근로자 또는 성희롱 피해 발생을 주장하는 근로자'를 도와준 동료 근로자에게 부당한 내용의 불리한 조치를 함으로써 피해근로자 등에게 정신적 고통을 입힌 경우, 피해근로자 등이 사업주에게 「민법」 제750조에 따라 불법행위책임을 물을 수 있는지 여부에 대하여 판시하고 있는바, 본고에서는 해당 쟁점과 관련하여 대상판결을 분석하고 나름의 평가를 해보고자 한다.

그리하여 이하에서는, 먼저 직장 내 성희롱 피해근로자에게 도움을 준 동료 근로자에게 불리한 조치를 한 사업주의 피해근로자에 대한 불법행위책임 문제에 한정하여, 대상판결의 사안의 개요와 소송의 경과 및 판단의 내용을 선별적으로 정리하고(Ⅱ), 피해근로자에게 도움을 준 동료 근로자에게 구 「남녀고용평등법」 제14조 제2항(2017. 11. 28. 법률 제15109호로 개정되기 전의 것으로서 현재의 동법 제14조 제6항에 해당하는 규정)이 적용될 수 있을 것인지의 여부를 검토한 후(Ⅲ), 대상판결을 분석하는 데 필요한 한도에서 간접피해자와 간접적 손해의 문제에 관하여 간단히 살펴보고(Ⅳ), 대상판결과 관련하여 안전배려의무와 보호의무의 법리를 고찰한 후(Ⅴ), 끝으로 이상의 논의들을 정리하는(Ⅵ) 순서로 논의를 진행하기로 한다.

Ⅱ. 사안의 개요 및 대상판결의 판단[7)]

1. 사실관계[8)]

이 사안의 사실관계는 다음과 같다.

(1) 원고는 피고 회사의 근로자이고, A는 피고 회사의 부장으로, 원고의 상급자이자 원고가 소속된 부서의 팀장이다. A는 2012. 4.부터 2013. 3. 4.까지 원고에게 이 사건 직장 내 성희롱 행위를 하였다.

---

7) 대상판결에서는 본고에서 다루는 성희롱 피해근로자를 도와준 동료 근로자에 대한 부당한 내용의 불리한 조치의 문제 외에도 사업주가 직장 내 성희롱 피해를 입은 근로자에게 불리한 조치를 한 경우, 「민법」 제750조의 불법행위가 성립하는지 여부와 그 증명책임의 소재, 직장 내 성희롱 사건의 조사참여자에게 비밀누설 금지의무가 있는지 여부와 사용자가 조사참여자에게 그러한 비밀누설 금지의무를 준수하도록 하여야 하는지 여부 및 피용자가 고의로 다른 사람에게 성희롱 등 가해행위를 한 경우 사용자책임의 성립요건인 '사무집행에 관하여'에 해당한다고 보기 위한 요건 등의 다양한 쟁점들이 문제되었으나, 본고에서는 동료 근로자에 대한 불리한 조치의 문제에 관련되는 내용에 한정하여 대상판결 사안의 사실관계와 판단내용 부분만을 선별적으로 정리하고 검토해보기로 한다.

8) 이는 이 사건의 원심판결인 서울고등법원 2015. 12. 18. 선고 2015나2003264 판결과 대상판결을 토대로 정리한 것이다.

(2) 원고는 2013. 6. 11. A와 피고 회사 등을 상대로 이 사건 소를 제기하면서 갑 제5호증[메신저 캡쳐 화면(사내에 퍼진 소문에 대한 제보)]을 관련 증거로서 소장에 첨부하였는데, 당시 원고는 "갑 제5호증은 사내에 유포된 허위 소문에 대한 동료 직원(갑)과 원고와의 메신저 대화 내용이나 피고 회사 재직 중인 '갑'의 보호를 위하여 부득이 '갑'의 이름만을 가려 익명 처리하였다."라고 밝히며, 대화 상대방의 이름 부분은 지우고 '갑'으로 표시하였으나, 메신저 상단 화면에 "C○○ ○○○○○○('갑'의 이름의 알파벳 대문자 표기, 이하에서는 'C'라 한다)－Conversation" 부분은 미처 삭제하지 않았다. 피고 회사는 2013. 6. 17. 이 사건 소장과 함께 위 갑 제5호증을 송달받았다.

(3) 피고 회사는 이 사건 소장을 송달받고 원고의 동료 근로자인 C가 그 증거제출 등과 관련하여 원고에게 도움을 주었다는 사실을 알게 된 직후 곧바로 2013. 7. 3.경부터 유독 C만을 대상으로 장기간에 걸친 출입기록을 조사하고, 2013. 7. 10. C에게 징계위원회에 출석할 것을 통보한 다음, 2013. 7. 12. 징계위원회를 개최하여 '2013. 1. 14.부터 같은 해 6. 26.까지의 근무기간(근무일 총 105일) 중 8시간의 근무시간을 준수하지 않은 일수가 총 48일'이라는 이유로 C에 대한 정직 1주일의 징계처분을 의결하고, 2013. 7. 19. C에게 통보하였다(이하 'C에 대한 정직처분'이라 한다). C는 정직처분 이후 직무정지와 대기발령 상태에 있다가 기존에 있던 사무실이 아닌 구매본부로 발령을 받는 등 적지 않은 불이익을 받았다.

(4) C는 C에 대한 정직처분에 대하여 2013. 10. 15. 경기지방노동위원회에 구제신청을 하였는데, 경기지방노동위원회는 2013. 12. 4. 위 구제신청 사건에서 C에 대한 정직처분이 부당한 징계처분이라고 인정하였다.[9]

(5) 피고 회사는 2013. 12. 6. 퇴근 시간 직전에 'C가 경기지방노동위원회에서 자료를 제출한 행위가 징계사유에 해당할 여지가 있다'라는 이유로 C에게 직무정지와 대기발령을 통보하였고, C는 퇴근하면서 급하게 위 구제신청 관련 서류들을 챙겨 나왔다. 원고는 C와 동행하였는데, 피고 회사 인사팀 직원들이 C와 원고에게 보안점검을 실시하자, 원고와 C의 신고로 경찰관이 출동하여 C의 서류임이 명백한 서류는

9) 피고는 경기지방노동위원회의 2013. 12. 4. 구제신청 판정에 대해 불복하여 중앙노동위원회에 재심신청을 하였는데, 중앙노동위원회는 2014. 3. 7. 피고의 재심신청을 기각하였고, 이후 계속된 불복절차에서 대전지방법원은 2015. 2. 11. C에 대한 정직처분이 사회통념상 현저하게 타당성을 잃어 징계재량권의 범위를 일탈·남용한 것으로 위법하다고 보아 피고의 재심판정 취소청구를 기각하였다(대전지방법원 2015. 2. 11. 선고 2014구합101254 판결). 피고는 이 판결에 대하여 항소하였다가 2015. 8. 17. 위 사건의 소를 취하하였다.

C가, 피고 회사의 서류로 서로 인정한 55매의 서류(이하 '이 사건 서류'라 한다)는 피고 회사의 인사팀장 G가 각 가져갔다. 이 사건 서류는 C나 피고 회사에게 별다른 경제적 가치나 기밀로서의 가치가 없는 서류였다.

(6) 피고는 2013. 12. 11. C를 이 사건 서류에 대한 절도 혐의로 고소하였는데, 담당 검사는 2014. 6. 30. C가 피고의 문서를 가져가 절도 피의사실은 인정되나 직무정지 및 대기발령 통보를 받은 이후 급한 마음에 C의 서류와 함께 사무실 밖으로 반출할 수 없는 피고의 문서도 가져가게 된 사안으로 C가 외부로 유출하기 위하여 피고의 문서를 가져간 것으로 보이지는 아니하고, C가 가져간 서류는 압수되거나 피고에 반환되었다는 이유를 들어 기소유예 처분을 하였다.

(7) 위 기소유예 처분에 대하여 피고는 검찰항고를 하였고, 서울고등검찰청 담당 검사는 2014. 10. 28. C에 대한 기소유예 처분에 대한 재기수사를 명하는 처분을 하였다.

(8) 한편 C는 위 기소유예 처분에 대하여 헌법소원심판을 청구하였고, 헌법재판소는 2015. 2. 26. C가 2013. 12. 6. 피고의 문서 일부를 가지고 나오기는 하였지만 절도의 고의 내지 불법영득의 의사는 인정하기 어렵다는 이유를 들어 위 기소유예 처분을 취소하는 결정[10]을 하였다.

(9) 원고는 2013. 6. 11. 성희롱 가해자와 피고 회사 등을 상대로 서울중앙지방법원에 불법행위 및 사용자책임을 원인으로 하는 손해배상 등을 각각 청구하였었는데, 위 소 제기 이후 피고 회사가 원고에게 도움을 준 C에게 보복적인 부당징계 등을 하여 원고의 피해 구제를 어렵게 하였음을 이유로 피고 회사에 대한 손해배상청구를 2014. 1.경 추가하였다.

2. 원고의 주장[11]

피고가 C에게 한 일련의 불리한 조치는 전체적으로 다른 근로자들에게 '원고를 도와준 사람은 이렇게 된다'는 것을 본보기식으로 보여줌으로써 원고를 회사 내에서 고립시킬 뿐만 아니라, 원고가 자신의 직장 내 성희롱 피해 구제과정에서 필요하고도 적절한 조력을 전혀 받지 못하게 하고, 그로써 원고 스스로 정당한 권리행사를 단념하게 만드는 행위로서, 결국 원고에 대한 불리한 조치로 평가할 수 있다. 이는 「남녀고용평등법」 제14조 제2항이 금지한 '불리한 조치'의 악의적인 형태일 뿐만 아

10) 헌법재판소 2015. 2. 26. 선고 2014헌마574 결정.
11) 원고가 2015. 7. 8. 원심법원에 제출한 준비서면에서 주장한 내용이다.

니라 사용자인 피고가 근로자인 원고에 대하여 행하여야 할 보호의무를 위반한 위법행위라고 할 수 있다.

3. 원심판결[12]의 판단

원심법원은 다음과 같은 이유를 들어 원고의 이 사건 해당 청구 부분을 기각하였다.

⑴ 원고는, 자신이 이 사건 직장 내 성희롱을 피고 관계자에게 신고한 이후 C가 원고에게 조언을 하는 등으로 이 사건 소송을 준비하는 것과 관련하여 C가 도움을 주었는바, △△디자인아시아센터 측이 원고를 동료들로부터 고립시키기 위하여 원고를 돕는 C에 대하여 본보기 차원의 보복조치로서 위 징계처분을 한 것이므로 이는「남녀고용평등법」제14조 제2항[13]의 불리한 조치에 해당한다고 주장한다.

⑵ 살피건대, 사업주 등이「남녀고용평등법」제14조 제2항의 불리한 조치를 하는 것은 형벌법규인「남녀고용평등법」제37조 제2항 제2호의 구성요건에 해당하는 것으로서,「남녀고용평등법」제14조 제2항을 사업주 등에 불리하게 확장해석 내지 유추해석하는 것은 죄형법정주의에 어긋나 허용되지 않는다 할 것인바,「남녀고용평등법」제14조 제2항의 불리한 조치의 대상은 피해근로자 본인이므로 이 사건 C에 대한 정직처분과 같이 피해근로자 본인이 아닌 제3자의 경우 설령 그 제3자가 직장 내 성희롱에 대하여 문제 제기 등을 하는 피해근로자 본인에게 도움을 준 사람이라 할지라도「남녀고용평등법」제14조 제2항이 정한 불리한 조치의 대상이 될 수 없다고 봄이 타당하다.

⑶ 따라서 위와는 다른 전제에 서 있는 원고의 이 부분 주장은 더 나아가 살필 필요 없이 받아들일 수 없다.

4. 대상판결[14]의 판단

대상판결은 원심판결의 원고 패소 부분 중 C에 대한 2013. 7. 19.자 정직처분에 관한 손해배상청구 청구 부분 등을 파기하고, 이 부분 사건을 서울고등법원에 환송

12) 서울고등법원 2015. 12. 18. 선고 2015나2003264 판결.

13) 당해 사건에 적용되는「남녀고용평등과 일·가정 양립 지원에 관한 법률」(법률 제11461호) 제14조(직장 내 성희롱 발생 시 조치)
(생략)
② 사업주는 직장 내 성희롱과 관련하여 피해를 입은 근로자 또는 성희롱 피해 발생을 주장하는 근로자에게 해고나 그 밖의 불리한 조치를 하여서는 아니 된다.

14) 대법원 2017. 12. 22. 선고 2016다202947 판결.

하였는데, 이러한 판단의 이유로서 다음과 같이 판시하고 있다.

(1) 「남녀고용평등법」 제14조 제2항은 사업주가 '피해근로자 등'에게 해고나 그 밖의 불리한 조치를 하여서는 안 된다고 규정하고 있을 뿐이다. 따라서 사업주가 피해근로자 등이 아니라 그에게 도움을 준 동료 근로자에게 불리한 조치를 한 경우에 「남녀고용평등법」 제14조 제2항을 직접 위반하였다고 보기는 어렵다.

(2) 그러나 사업주가 피해근로자 등을 가까이에서 도와준 동료 근로자에게 불리한 조치를 한 경우에 그 조치의 내용이 부당하고 그로 말미암아 피해근로자 등에게 정신적 고통을 입혔다면, 피해근로자 등은 불리한 조치의 직접 상대방이 아니더라도 사업주에게 「민법」 제750조에 따라 불법행위책임을 물을 수 있다.

(3) 사업주는 직장 내 성희롱 발생 시 남녀고용평등법령에 따라 신속하고 적절한 근로환경 개선책을 실시하고, 피해근로자 등이 후속 피해를 입지 않도록 적정한 근로여건을 조성하여 근로자의 인격을 존중하고 보호할 의무가 있다. 그런데도 사업주가 피해근로자 등을 도와준 동료 근로자에게 부당한 징계처분 등을 하였다면, 특별한 사정이 없는 한 사업주가 피해근로자 등에 대한 보호의무를 위반한 것으로 볼 수 있다.

(4) 한편 피해근로자 등을 도와준 동료 근로자에 대한 징계처분 등으로 말미암아 피해근로자 등에게 손해가 발생한 경우 이러한 손해는 특별한 사정으로 인한 손해에 해당한다. 따라서 사업주는 「민법」 제763조, 제393조에 따라 이러한 손해를 알았거나 알 수 있었을 경우에 한하여 손해배상책임이 있다고 보아야 한다. 이때 예견가능성이 있는지 여부는 사업주가 도움을 준 동료 근로자에 대한 징계처분 등을 한 경위와 동기, 피해근로자 등이 성희롱 피해에 대한 이의제기나 권리를 구제받기 위한 행위를 한 시점과 사업주가 징계처분 등을 한 시점 사이의 근접성, 사업주의 행위로 피해근로자 등에게 발생할 것으로 예견되는 불이익 등 여러 사정을 고려하여 판단하여야 한다. 특히 사업주가 피해근로자 등의 권리행사에 도움을 준 근로자가 누구인지 알게 된 직후 도움을 준 근로자에게 정당한 사유 없이 차별적으로 부당한 징계처분 등을 하는 경우에는, 그로 말미암아 피해근로자 등에게도 정신적 고통이 발생하리라는 사정을 예견할 수 있다고 볼 여지가 크다.

Ⅲ. 피해근로자에게 도움을 준 동료 근로자에 대한 구 「남녀고용평등법」 제14조 제2항의 적용 여부

1. 구 「남녀고용평등법」 제14조 제2항의 적용 대상

직장 내 성희롱이 발생한 경우 사업주는 피해자를 적극적으로 보호하여 피해를 구제할 의무를 부담하는데도 오히려 불리한 조치나 대우를 하기도 한다. 이러한 행위는 피해자가 그 피해를 감내하고 문제를 덮어버리도록 하는 부작용을 초래할 뿐만 아니라, 피해자에게 성희롱을 당한 것 이상의 또 다른 정신적 고통을 줄 수 있다. 구 「남녀고용평등법」 제14조 제2항은 성희롱 피해근로자의 이러한 2차적 피해를 사전에 예방하기 위하여 사업주가 직장 내 성희롱과 관련하여 피해를 입은 근로자 또는 성희롱 피해 발생을 주장하는 근로자에게 해고나 그 밖의 불리한 조치를 하여서는 안 되는 것으로 규정하고 있으며 동법 제37조 제2항 제2호는 사업주가 동법 제14조 제2항을 위반하여 직장 내 성희롱과 관련하여 피해를 입은 근로자 또는 성희롱 발생을 주장하는 근로자에게 해고나 그 밖의 불리한 조치를 하는 경우에는 3년 이하의 징역 또는 2천만원 이하의 벌금에 처하는 것으로 규정하고 있었다.

동법 제37조 제2항 제2호는 사업주에게 그와 같은 형사처벌을 부과하는 규정이고, 동법 제14조 제2항의 불리한 조치를 하는 것은 동호의 구성요건에 해당하는 것이므로 해당 규정들은 형사처벌법규의 성질을 갖는 것이고 따라서 동법 제14조 제2항을 해당 규정의 수범자인 사업주 등에게 불리하게 확장해석 내지 유추해석하는 것은 죄형법정주의에 어긋나 허용되지 않을 것이다. 동법 제14조 제2항은 사업주가 피해를 입은 근로자 또는 성희롱 피해 발생을 주장하는 근로자에게 불리한 조치를 하여서는 안 되는 것으로 명확하게 그 대상을 한정하고 있으므로, 동항의 불리한 조치의 적용 대상은 성희롱 피해를 입은 근로자 또는 피해 발생을 주장하는 근로자에 한정되는 것으로 해석하여야 할 것이다.

2. 피해근로자에게 도움을 준 동료 근로자에게의 적용 여부

대상판결은, 구 「남녀고용평등법」 제14조 제2항은 사업주가 직장 내 성희롱과 관련하여 피해를 입은 근로자 또는 성희롱 피해 발생을 주장하는 근로자에게 해고나 그 밖의 불리한 조치를 하여서는 안 된다고 규정하고 있을 뿐이므로 사업주가 그러한 피해근로자 또는 피해를 주장하는 근로자가 아니라 그에게 도움을 준 동료 근로자에게 불리한 조치를 한 경우에는 동법 제14조 제2항을 직접 위반하였다고 보기는 어렵다고 판단하고 있다.

이와 관련하여 일부 견해들은 동법 제14조 제2항의 적용 대상에는 성희롱 피해근로자에게 도움을 준 동료 근로자도 포함되는 것으로 해석하여야 한다고 주장한다. 그 근거로서는, 동법 제14조가 불리한 조치에 대하여 직접 피해근로자에 대한 조치로 한정하고 있지 않은 점과 동 조항의 입법 취지가 사업주에게 피해근로자를 보호할 의무를 부과하여 사업주의 행위를 통해 피해근로자에게 피해가 가지 않도록 하려는 것인 점, 그리고 피해근로자에 대한 불리한 조치는 다양한 방법으로 행해질 수 있고, 조직사회의 특성상 피해근로자와 정서적 유대감이 높은 제3자에 대한 불리한 조치를 통해 당연히 피해근로자에게 압박이 가해지므로 피해근로자를 도와준 제3자에 대한 불리한 조치는 결국 피해근로자에 대한 불리한 조치가 될 수 있다는 점등을 보았을 때 제3자에 대한 조치가 동법 제14조의 불리한 조치에 직접 해당하지 않는다고 한 것은 동법의 입법 취지에 어긋나며, 그 문언의 한계를 넘어선 것이라는 점등을 들고 있다.[15]

그러나 전술한 Ⅲ. 1.에서 살펴본 바와 같이, 동법 제14조 제2항은 동법 제37조 제2항 제2호와 결합하여 형사처벌법규로서의 성질을 갖고 있으며 그 규정 내용 역시 동항의 적용 대상은 피해를 입은 근로자 또는 성희롱 피해 발생을 주장하는 근로자인 것으로 명확하게 정하고 있으므로 피해근로자에게 도움을 준 동료 근로자가 동항의 적용 대상에 포함된다고 보기는 곤란할 것이다. 동법의 입법 취지에 따라 동료 근로자를 동항의 적용 대상에 포함되는 것으로 해석해야 한다는 주장은 죄형법정주의의 파생원칙인 피고인에게 불리한 유추해석의 금지 원리에 반하는 것으로서 해석론의 한계를 넘는다고 할 것이다. 따라서 이와 같이 판단하고 있는 원심법원과 대상판결의 판단은 결과에 있어 타당하다고 평가할 수 있다.

하지만 이러한 엄격한 해석은 동법에 의해서는 동료 근로자뿐만 아니라 성희롱의 피해근로자에게도 충분한 법적 보호가 제공되기 어려우리라는 한계를 갖는 것으로 볼 수 있다. 이러한 문제와 관련하여, 가령 독일의 경우는 「일반평등대우법

15) 조아라, “남녀고용평등과 일·가정 양립 지원에 관한 법률 제14조의 불리한 조치에 관한 판결”, 「노동판례비평」 제22호(2017. 8), 민주사회를 위한 변호사모임, 70면. 김엘림, “성희롱 사건의 사용자 책임론에 관한 판례의 동향”, 「젠더법학」 제8권 제1호(2016. 7), 한국젠더법학회, 122면과 신수정, “성희롱 사건의 사용자책임: 르노삼성 사건 ㅇ 서울고등법원 2015. 12. 18. 선고 2015나2003264 판결”, 「노동법학」 제60호(2016. 12), 한국노동법학회, 272면도 같은 취지이다.

(Allgemeines Gleichbehandlungsgesetz, AGG)」 제3조 제4항에서 성희롱(sexuelle Belästigung)을 동법의 적용 대상이 되는 것으로 규정한 후, 제16조 제1항[16]에서 사용자는 동법 제2절(불이익에 대한 근로자의 보호)의 권리의 행사나 동법 제2절(불이익에 대한 근로자의 보호)에 위반되는 지시의 이행 거부를 이유로 근로자에게 불이익을 주어서는 안 되며, 이는 근로자를 지원하거나 증인으로 진술한 사람들에게도 동일하게 적용되는 것으로 규정하여, 피해근로자에게 도움을 준 동료 근로자 역시 동법의 직접적인 적용 대상이 되는 것으로 규율하고 있다.[17] 또한 프랑스에서는 「근로기준법(Code du travail)」 제1153의3조[18]에서 근로자나 교육 혹은 연수 중에 있는 사람은 성희롱 행위를 목격하거나 이야기하였음을 이유로 제재, 해고 기타 직간접적으로 차별대우를 받아서는 안 된다고 규정한 후, 동법 제1155의2조[19]에서는 제1153의3조에 정의된 성희롱의 결과로 발생한 차별 행위의 경우 1년의 징역과 3,750 유로의 벌금형에 처해질 수 있다고 하여 형사처벌까지 규정함으로써 역시 피해근로자에게 도움을 준 동료 근로자를 직접적인 보호 대상이 되는 것으로 하고 있다.[20]

한편 우리나라의 고용 관련 법령 중에서도 피해자에게 조력한 사람들을 직접적인 보호 대상으로 규정하고 있는 법률들이 있다. 가령 「고용상 연령차별금지 및 고령자고용촉진에 관한 법률」은 제4조의9에서 “사업주는 근로자가 이 법이 금지하는

---

16) Allgemeines Gleichbehandlungsgesetz (AGG) § 16 Maßregelungsverbot
(1) Der Arbeitgeber darf Beschäftigte nicht wegen der Inanspruchnahme von Rechten nach diesem Abschnitt oder wegen der Weigerung, eine gegen diesen Abschnitt verstoßende Anweisung auszuführen, benachteiligen. Gleiches gilt für Personen, die den Beschäftigten hierbei unterstützen oder als Zeuginnen oder Zeugen aussagen.
(이하 생략)

17) 독일 「일반평등대우법」의 내용에 관하여는, 황수옥, “독일 일반평등대우법상 고용에서의 간접차별과 시사점”, 「산업관계연구」 제26권 제4호(2016. 12), 한국고용노사관계학회, 31면 이하를 참조.

18) Code du travail Article L1153-3
Aucun salarié, aucune personne en formation ou en stage ne peut être sanctionné, licencié ou faire l'objet d'une mesure discriminatoire pour avoir témoigné de faits de harcèlement sexuel ou pour les avoir relatés.

19) Code du travail Article L1155-2
Sont punis d'un an d'emprisonnement et d'une amende de 3,750 € les faits de discriminations commis à la suite d'un harcèlement moral ou sexuel définis aux articles L. 1152-2, L. 1153-2 et L. 1153-3 du présent code.
(이하 생략)

20) 프랑스 「근로기준법」의 관련 규정들에 대하여는, 임혜연, “직장 내 성희롱 피해근로자 등에게 불리한 조치를 한 경우 회사의 손해배상책임”, 「대법원판례해설」 제113호(2017년 하), 법원도서관, 2018, 104~105면과 여하윤, “직장 내 성희롱 피해 근로자가 자신을 도와준 동료 근로자에게 불리한 조치를 한 사업주를 상대로 하는 손해배상청구 — 대법원 2017. 12. 22. 선고 2016다202947 판결 —”, 「법조」 제729호(2018. 6), 법조협회, 844~845면을 참조.

연령차별행위에 대한 진정, 자료제출, 답변 · 증언, 소송, 신고 등을 하였다는 이유로 근로자에게 해고, 전보, 징계, 그 밖의 불리한 처우를 하여서는 아니 된다."라고 정하고 있으며, 「노동조합 및 노동관계조정법」은 제81조 제5호에서 근로자가 노동위원회에 대하여 사용자가 동조의 규정에 위반한 것을 신고하거나 그에 관한 증언을 하거나 기타 행정관청에 증거를 제출한 것을 이유로 그 근로자를 해고하거나 그 근로자에게 불이익을 주는 행위를 할 수 없는 것으로 정하고 있으며, 동법 제90조는 동법 제81조의 규정에 위반한 자에게 2년 이하의 징역 또는 2천만원 이하의 벌금에 처할 수 있는 것으로 정하고 있기도 하다.[21)]

이러한 독일과 프랑스의 관련 법령이나 우리나라의 다른 고용 관련 법률과 비교할 때, 구 「남녀고용평등법」 제14조 제2항은 피해근로자에게 도움을 준 동료 근로자 그리고 결국 그러한 도움을 받는 피해근로자의 보호에 불충분한 점이 있음을 쉽게 확인할 수 있다. 해당 입법례의 관련 규정들은 「남녀고용평등법」의 개정을 위한 자료로 참고할 필요가 있을 것으로 생각한다. 다만 이는 「남녀고용평등법」의 입법론으로 제안할 만한 사항이지 해석론의 논거로 주장될 수는 없을 것으로 판단된다. 그런데 2017. 11. 28. 개정된 「남녀고용평등법」은 제14조 제1항에서 '누구든지' 직장 내 성희롱 발생 사실을 알게 된 경우 그 사실을 해당 사업주에게 신고할 수 있다고 규정한 후, 동조 제6항에서는 "사업주는 성희롱 발생 사실을 신고한 근로자 및 피해근로자 등에게 다음 각 호의 어느 하나에 해당하는 불리한 처우를 하여서는 아니 된다."라고 규정하고 있으므로 동조에서 금지되는 불리한 처우는 피해근로자뿐만 아니라 적어도 직장 내 성희롱을 신고한 근로자에게는 직접 적용될 수 있을 것으로 보인다.[22)] 하지만 이를 신고한 근로자에는 해당하지 않고 증거수집이나 증언 등의 방법으로 피해근로자에게 도움을 준 동료 근로자는 여전히 동조의 적용 대상에 포함될 수 없을 것으로 판단된다.

---

21) 「노동조합 및 노동관계조정법」 제81조(부당노동행위)
사용자는 다음 각 호의 어느 하나에 해당하는 행위(이하 "不當勞動行爲"라 한다)를 할 수 없다. (생략)
5. 근로자가 정당한 단체행위에 참가한 것을 이유로 하거나 또는 노동위원회에 대하여 사용자가 이 조의 규정에 위반한 것을 신고하거나 그에 관한 증언을 하거나 기타 행정관청에 증거를 제출한 것을 이유로 그 근로자를 해고하거나 그 근로자에게 불이익을 주는 행위
「노동조합 및 노동관계조정법」 제90조(벌칙)
제44조 제2항, 제69조 제4항, 제77조 또는 제81조의 규정에 위반한 자는 2년 이하의 징역 또는 2천만원 이하의 벌금에 처한다.

22) 김태선, "직장 내 성희롱과 사용자책임 ― 대상판결: 대법원 2017. 12. 22. 선고 2016다202947 판결 ―", 「민사법학」 제84호(2018. 8), 한국민사법학회, 121면도 같은 취지이다.

한편 대상판결은 사업주가 피해근로자 등이 아니라 그에게 도움을 준 동료 근로자에게 불리한 조치를 한 경우에 「남녀고용평등법」 제14조 제2항을 직접 위반하였다고 보기는 어렵지만, 그 조치의 내용이 부당하고 그로 말미암아 피해근로자 등에게 정신적 고통을 입혔다면, 피해근로자 등은 불리한 조치의 직접 상대방이 아니더라도 사업주에게 「민법」 제750조에 따라 불법행위책임을 물을 수 있다고 판단하고 있으므로 이와 관련하여 항을 바꾸어 관련 내용들을 검토해보기로 한다.

Ⅳ. 간접피해자와 간접적 손해

1. 간접피해자와 간접적 손해의 문제

대상판결의 사안에서 피해근로자에게 도움을 준 동료 근로자에 대한 정직 1주일의 징계처분은 직접적으로는 성희롱 피해근로자가 아니라 동료 근로자에게 행하여진 가해행위에 해당한다. 하지만 가해행위의 직접 상대방이 아닌 피해근로자가 동료 근로자에게 가해진 불리한 조치로 인하여 정신적 고통을 받은 경우 이에 대하여 피해근로자 자신이 받은 손해로서 그러한 가해행위를 한 사업주에게 불법행위책임을 물을 것인지의 여부와 그 법적 근거가 문제된다.

이와 관련하여 간접피해자 내지 간접적 손해의 문제를 살펴볼 필요가 있다.

간접피해자의 의미와 관련하여 학설상으로는 대체로 한 개의 행위가 여러 사람에게 손해를 주는 경우 손해배상청구권의 요건들이 그들 자신에게 직접 발생한 피해자를 직접적 피해자라고 하고, 직접적 피해자의 피해에 의하여 손해를 입는 기타의 자로서 자신의 손해에 대해 손해배상청구권의 요건을 갖추지 못한 자를 간접적 피해자라고 하여, 간접피해자의 개념[23]을 좁은 의미로 파악하고 있다.[24] 그리하여 손해배상청구권의 요건이 자신에게 직접 발생한 직접피해자에게는 손해배상청구권이 인정되는 반면 직접피해자의 법익침해결과로 인하여 간접적으로 손해를 입은 간

---

23) 김상중, "간접피해자의 보호 — 제3자 보호효를 가진 계약과 제3자손해청산 제도의 필요여부 —", 「민사법학」 제36호(2007. 5), 한국민사법학회, 462면 주 2)는, 간접피해자란 용어가 다음과 같은 두 가지 의미로 이해될 여지를 갖고 있다고 한다. 먼저 넓은 의미로 이해할 경우 손해발생의 간접적인 인과관계만을 포착하여, 직접적인 피해자에 대한 가해행위로 인해 또 다른 불이익을 입게 된 자라는 의미로 파악할 수 있다. 반면 좁은 의미로 이해할 경우에는 이를 넘어 직접적인 피해자의 손해로 인하여 불이익을 겪게 되었으나 자신의 손해에 대해 배상청구권의 요건을 갖추지 못한 자를 의미한다고 볼 수도 있는데, 관련된 국내 문헌의 경우 대체로 독일에서 정립된 후자(後者)의 용례에 따라 '간접피해자'의 개념을 좁게 이해하는 듯 보인다고 한다.

24) 『민법주해[Ⅸ] 채권(2)』, 박영사, 1995, 484~485면(지원림 집필부분).

접피해자인 제3자는 원칙적으로 손해배상을 청구할 수 없다고 한다. 가령 부양의무자의 사망으로 인하여 더 이상 부양받지 못하게 된 부양청구권자가 간접피해자의 가장 대표적인 예에 해당하는 것으로 설명되고 있다.[25] 이러한 구별과는 별개로 손해의 객체에 따른 분류로서 직접적 손해와 간접적 손해를 구분할 수 있는데, 직접적 손해라 함은 침해된 법익 자체에 대한 손해, 즉 권리 또는 피보호법익의 침해 그 자체를 말하며, 간접적 손해라 함은 가령 침해사실이 있은 후에 생기게 되는 수익의 감소나 경제적인 상실로 말미암아 지출된 부가적 비용과 같이 법익침해의 결과로 피해자의 다른 법익에 발생한 결과적 손해를 말한다고 한다.[26]

그러나 판례상으로는 이하에서 살펴보는 바와 같이, 간접피해자의 개념과 간접손해의 개념이 의미상으로 엄격하게 구별되지 않은 채 사용되고 있다.[27]

가령 대법원 1995. 12. 12. 선고 95다11344 판결은, "불법행위의 직접적 대상에 대한 손해가 아닌 간접적 손해는 특별한 사정으로 인한 손해로서 가해자가 그 사정을 알았거나 알 수 있었을 것이라고 인정되는 경우에만 배상책임이 있다고 할 것인바, 이 사건에서 위 소외인이 위 전신주를 충격하여 전선을 절단케 함으로써 위 전선으로부터 전력을 공급받아 비닐하우스 내 전기온풍기를 가동하던 원고가 전력 공급의 중단으로 전기온풍기의 작동이 중지됨으로 인하여 입은 손해는 특별한 사정으로 인한 손해로서 소외인이 이 사건 사고 당시에 이러한 사정을 알았거나 알 수 있었을 때에만 그 책임을 부담한다고 보아야 할 것이다."라고 판시하고 있다.

다음으로 대법원 1996. 1. 26. 선고 94다5472 판결 역시, "불법행위의 직접적 대상에 대한 손해가 아닌 간접적 손해는 특별한 사정으로 인한 손해로서 가해자가 그 사정을 알았거나 알 수 있었을 것이라고 인정되는 경우에만 배상책임이 있다고 할 것인바, 이 사건에서 소외인이 공장지대에 위치한 전신주를 충격하여 전선이 절단됨으로써 그 전선을 통하여 전기를 공급받아 공장을 가동하던 원고가 전력공급의 중단으로 공장의 가동이 상당한 기간 중지되어 영업상의 손실을 입게 될지는 불확실하며 또 이러한 손실은 가해 행위와 너무 먼 손해라고 할 것이므로 이 사건 전주 충격사고 당시 소외인이 이와 같은 소극적인 영업상 손실이 발생할 것이라는 것을 알

25) 임건면, "제3자의 쇼크피해에 대한 손해배상의 범위", 「법이론과 실무」 제2집(1998. 12), 영남민사법학회 · 영남민사소송법학회, 40면.

26) 『민법주해[Ⅸ] 채권(2)』(주 24), 476면(지원림 집필부분). 직접손해와 간접손해에 관한 상세한 논의는 양삼승, 손해배상범위에 관한 기초적 연구, 서울대학교 대학원 법학박사학위논문(1988. 8), 198~203면을 참조.

27) 곽민희, 불법행위에 있어서 간접피해자의 손해배상청구에 관한 연구, 서울대학교 대학원 법학박사학위논문(2010. 8), 29~32면.

거나 알 수 있었다고 보기 어렵다고 할 것이지만, 공장지대에 위치한 위 전주 충격사고로 전선이 절단되는 경우 위 전신주를 통하여 전력을 공급받고 있는 인근 원고의 공장에서 예고 없는 불시의 전력공급의 중단으로 인하여 갑자기 공장의 가동이 중단되는 바람에 당시 공장 내 가동 중이던 기계에 고장이 발생한다든지, 작업 중인 자료가 못쓰게 되는 것과 같은 등의 적극적인 손해가 발생할 수 있을 것이라는 사정은 소외인이 이를 알거나 알 수 있었을 것이라고 봄이 상당하다."고 판시하고 있다.

끝으로 대법원 1997. 10. 10. 선고 96다52311 판결도 마찬가지로, "불법행위의 직접적 대상에 대한 손해가 아닌 간접적 손해는 특별한 사정에 의한 손해로서 가해자가 그 사정을 알거나 알 수 있었을 것이라고 인정되는 경우에만 배상책임이 있는 것인데, 위 소외 1이 카고트럭으로 위 소외 5 운전의 시내버스를 부딪쳐 그 충격으로 시내버스가 특고압 전선이 설치된 이 사건 전주를 충격할 경우 전주에 설치된 특고압 전선이 떨어져 지락전류로 인하여 원고의 공장에 화재가 발생함으로써 원고가 위와 같은 손실을 입게 될지는 불확실할 뿐만 아니라, 이러한 손실은 가해행위와 너무 먼 손해라고 할 것이므로, 당시 위 소외 1이나 소외 5가 원고에게 위와 같은 손실이 발생할 것이라는 것을 알거나 알 수 있었다고 보기 어렵다고 하여 원고의 위 피고 주식회사 동양상운, 한창여객 주식회사에 대한 청구를 배척하였는바, 기록과 관계 법령의 규정 내용을 검토하여 보면, 위와 같은 원심의 판단은 정당하고, 거기에 소론과 같은 채증법칙 위배, 실화책임에관한법률이 규정한 중과실에 관한 법리오해 등의 위법이 없다."고 판시하고 있다.

이 세 가지 판결들은 모두 "불법행위의 직접적 대상에 대한 손해가 아닌 간접적 손해"라는 표현을 사용하고 있는데, 해당 사안의 사실관계를 살펴보면 이는 손해의 객체에 따라 직접적 손해와 간접적 손해를 구별하고 있는 학설상의 논의에서와는 달리, 오히려 직접적인 피해자(또는 피해 대상)에 대한 가해행위로 인해 또 다른 불이익을 입게 된 자라는 의미에서의 넓은 의미에서의 간접피해자에게 손해배상청구권이 인정될 수 있을 것인지의 문제를 다루고 있는 것임을 확인할 수 있다.

그런데, 본래 직접적 손해와 간접적 손해의 구별문제는 오래전의 논의로서 현재는 독일에서도 간접손해가 원칙적으로 손해배상의 범위에 포함되고 있으며[28)], 우리 「민법」 역시 그러한 손해의 구별을 하고 있지 않으므로 「민법」 제393조의 범위 안에서 간접손해도 배상범위에 포함된다고 할 수 있다. 간접피해자의 문제 역시, 「민

28) Lange/Schiemann, Schadensersatz, 3. Aufl., Mohr Siebeck, 2003, SS. 59－63을 참조.

법」 제750조는 구 「민법」의 '권리침해' 요건을 '위법행위' 요건으로 대체하고 불법행위에 관한 일반조항주의를 채택함으로써 절대적 권리나 법익의 침해에 한정하지 않고 법적으로 보호할 가치가 있는 이익 전반에 걸쳐 불법행위책임의 보호를 확장하고 있으며,[29] 직접성과 간접성의 표지를 쓰고 있지 않으므로 피해자에게 발생한 손해는 가해행위에 의하여 손해가 바로 야기되었는지 원인의 연쇄를 통하여 여러 단계를 거친 후 비로소 그러한 손해를 발생시켰는지에 관계없이 불법행위책임의 근거가 된다.[30] 즉 「민법」 제750조는 불법행위로 인한 손해배상청구권자를 가해행위의 직접 상대방으로 한정하고 있지 않으므로, 가해행위의 위법성이 인정되는 한 그로 인한 직접적 침해인지 또는 단지 간접적 침해인지를 묻지 않고, 가해행위로 자신의 보호법익이 침해된 자는 누구나 「민법」 제750조에 의한 불법행위책임의 모든 성립요건을 충족시키는 경우 손해배상을 청구할 수 있다고 할 것이다. 위에서 살펴본 대법원의 세 판결들 역시 같은 입장임을 확인할 수 있다.

2. 동료 근로자에 대한 불리한 조치와 피해근로자의 정신적 고통으로 인한 손해

대상판결은 "민법 제750조는 "고의 또는 과실로 인한 위법행위로 타인에게 손해를 가한 자는 그 손해를 배상할 책임이 있다."라고 정함으로써 불법행위에 관한 일반조항주의를 채택하고 있다. 이 규정은 손해배상 청구권자를 가해행위의 직접 상대방으로 한정하고 있지 않다. 따라서 가해행위의 직접 상대방이 아닌 제3자도 그 가해행위로 말미암아 자신의 법익이 침해되는 등의 손해를 입었다면 가해자를 상대로 불법행위를 이유로 손해배상을 청구할 수 있다고 보아야 한다.

민법 제752조는 생명침해의 경우 위자료 청구권자를 정하고 있는데, 이는 예시적 열거 규정이다. 따라서 생명침해가 아닌 다른 유형의 위법행위에 대해서도 그 직접 상대방이 아닌 제3자가 위법행위로 생긴 자신의 법익 침해나 정신적 고통을 증명하여 가해자를 상대로 손해배상을 청구할 수 있다고 보는 것이 민법 제750조, 제752조의 문언과 체계에 맞는다."라고 판시하여, 동료 근로자에 대한 불리한 조치로 정신적 고통을 받은 피해근로자가 사업주를 상대로 불법행위에 기한 손해배상을 청구할 수 있는 것으로 판단하고 있다.

---

29) 이에 관하여는 김성룡, "불법행위의 요건으로서의 위법성의 역할", 「민사법학」 제30호(2005. 12), 한국민사법학회, 41~43면과 윤태영, "영업이익의 침해와 위법성", 「민사법학」 제30호(2005. 12), 한국민사법학회, 78~83면, 그리고 김상중(주 23), 465면을 참조.

30) 박홍대, "영업권의 침해와 손해배상책임 — 간접피해자의 손해와 관련하여", 「판례연구」 제9집(1998. 12), 부산판례연구회, 202면.

이는 Ⅳ. 1.에서 살펴본 법리와 부합하며, 「민법」 제752조에 기한 위자료청구권자의 범위와 관련하여 「민법」 제752조를 예시적 열거 규정으로 파악함으로써 동조에 열거된 자 이외의 자에게도 위자료청구권을 인정하고 있는 기존의 다수설과 판례의 기본적 입장[31]에 부합하는 것으로서 타당하다 할 것이다.

다만, 동료 근로자에 대한 불리한 조치로 인하여 정신적 고통을 받는 성희롱 피해근로자는 좁은 의미에서의 간접피해자가 아니라 직접피해자라는 점을 주의할 필요가 있다. 앞서 Ⅳ. 1.에서 살펴본 바와 같이 좁은 의미에서의 간접피해자의 개념 여부, 즉 대체적인 학설상의 논의에서 직접피해자인지 아니면 간접피해자인지 여부는 불법행위 규정의 구성요건을 충족시키는 침해가 있었는지, 즉 자신의 독자적인 법익침해가 있었는지의 여부에 의하여 결정되는 것이지, 침해가 가해자의 행위에 의하여 직접적으로 일어나지 않고 다른 원인의 중개를 거쳐 연쇄적으로 일어난 것, 즉 다른 피해자의 침해를 거쳐 발생했다는 것은 의미가 없는 것이다. 성희롱 피해근로자는 자신을 도와준 동료 근로자에 대하여 사업주가 불리한 조치를 함으로써 자신의 독자적인 보호법익을 침해받은 것으로 볼 수 있고, 이러한 점이 인정되는 경우 「민법」 제750조의 불법행위에 기한 손해배상청구권의 성립요건을 충족할 수 있을 것이므로, 정신적 고통을 받는 성희롱 피해근로자는 넓은 의미에서의 간접피해자에는 해당할 수 있을지라도 좁은 의미에서의 간접피해자에 해당하는 것은 아니고 그러한 의미에서는 가해행위의 직접피해자라고 할 수 있을 것이다.[32]

한편 대상판결에서는 동료 근로자에게 불리한 조치를 한 사업주에게 성희롱 피해근로자에 대한 「민법」 제750조의 불법행위책임이 인정되는 근거로서 보호의무 등을 들고 있는 바, 이하에서는 항을 바꾸어 그와 관련되는 내용들을 검토해보기로 한다.

Ⅴ. 안전배려의무와 보호의무

대상판결은 동료 근로자 C에 대한 정직처분이 피해근로자에 대한 불법행위로 인정되는 근거와 피해근로자의 독자적인 보호법익 침해가 인정되는 구체적인 근거

---

31) 가령, 대법원 1999. 4. 23. 선고 98다41377 판결(민법 제752조는 생명침해의 경우에 있어서의 위자료 청구권자를 열거 규정하고 있으나 이는 예시적 열거 규정이라고 할 것이므로 생명침해 아닌 불법행위의 경우에도 불법행위 피해자의 부모는 그 정신적 고통에 관한 입증을 함으로써 일반 원칙인 같은 법 제750조, 제751조에 의하여 위자료를 청구할 수 있다고 해석하여야 할 것이다) 등 다수의 판결을 참조.

32) 임건면(주 25), 43~44면과 박홍대(주 30), 202~203면, 그리고 박동진, "독일불법행위법의 재조명", 「민사법학」 제17호(1999. 4), 한국민사법학회, 143~144면도 같은 취지이다.

로서, 사업주의 피해근로자에 대한 보호의무 위반을 언급하고 있다. 따라서 대상판결이 인정하고 있는 보호의무의 의미와 그 본질을 살펴볼 필요가 있다.

1. 안전배려의무와 보호의무의 구별

우리나라의 민사책임체계에서 보호의무나 안전배려의무라는 개념이나 그 체계적 위치가 명확하게 정립되어 있는 것은 아니라고 평가되고 있다.[33] 안전배려의무와 보호의무라는 개념은 혼용되어 논의되기도 하는데,[34] 그 둘을 구별하거나 계약상 채무로서의 보호의무를 인정하지 않는 견해에서는, 안전배려의무를 채권자가 채무자로부터 장소를 제공받고 그 안에 들어가 채무자가 제공하는 일정한 설비를 이용하는 것을 내용으로 하는 채권관계에 있어서 일반적으로 채무자가 채권자의 생명이나 신체에 대한 위해가 발생하지 않도록 그 장소와 설비 등을 안전하게 유지·관리하여야 할 계약상의 부수적 행태의무로서 정의하고, 이러한 의무는 궁극적으로 신의칙을 근거로 하는 계약의 해석으로부터 도출될 수 있다고 한다. 그에 반해 보호의무는 일정한 사회적 접촉 또는 특별결합관계에 있는 당사자 사이에서는 일반적으로 채권관계의 실현과정에서 일방 당사자가 상대방 당사자의 생명이나 신체 또는 재산 기타 이행이익과 무관한 일체의 다른 법익을 침해하지 아니할 의무로서의 보호의무를 부담하는 것으로 정의되고, 채무자가 이를 위반하여 그러한 법익침해를 행한 경우에는 그에 대하여 채무불이행책임을 져야 한다는 의미로서 논의되고 있으므로, 이러한 의미에서의 계약상 의무로서의 보호의무 개념은 인정될 수 없다고 한다. 이러한 보호의무는 계약관계의 유무와는 무관하게 신의칙에 기하여 인정되는 법률상의 보호관계로서 가령 계약체결을 위한 교섭에 들어가면 이미 그러한 보호관계가 성립하며, 또 계약이 효력이 없거나 또는 계약관계가 종료된 후에도 인정될 수 있다는 독일에서의 일부 논의에 근거하고 있는 것인데,[35] 보호의무론에서 제시하고 있는 '사회적 접촉' 또는 '특별결합관계'의 개념은 극히 모호하여 실제에 있어서 유용하게 적용될 수 없는 것이며, 보호의무론은 독일 불법행위법의 구조적 특성에서 기인하는 것으로 평가되는데, 우리 「민법」은 그와 구조를 달리하고 있기 때문이라는 것이다.[36]

---

33) 김재형, "한약업사의 설명의무 ― 의사의 설명의무 법리의 연장선상에 있는가? ―", 「민사법학」 제26호(2004. 9), 한국민사법학회, 265면.

34) 김병옥, "사업주의 안전배려의무의 사정(射程)범위에 관한 소고", 「법학연구」 제28권 제2호(2017. 2), 충북대학교 법학연구소, 164면.

35) 독일에서의 보호의무의 논의에 관하여는, 성대규, "보호의무(Schutzpflichten)에 관한 고찰 ― 본질과 시사점 ―", 「민사법학」 제78호(2019. 6), 한국민사법학회, 111면 이하를 참조.

36) 양창수/김재형, 『계약법』, 제2판, 박영사, 2015, 402~403면과 『민법주해[Ⅸ] 채권(2)』(주 24),

2004년과 2013년에 법무부는 「민법」 개정안을 준비하면서 고용계약의 절에 「민법」 제665조의 2를 신설하여 사용자의 안전배려의무를 새로이 규정하려고 하였으나 실제 「민법」의 개정으로 이어지지는 않았다. 참고로 그 내용은 '사용자의 안전배려의무'라는 표제 하에 "사용자는 노무제공에 관하여 노무자의 안전을 배려하여야 한다."[37]는 것이었다. 비슷한 내용의 두 번에 걸친 개정논의는 향후 「민법」의 개정에 있어서도 참고가 될 것으로 보이는데, 이러한 논의의 전개상황은 이제 안전배려의무 개념의 정립에 대해 어느 정도 합의가 이루어지고 있는 것으로 가늠해 볼 수 있게 한다. 또한 계약의 체결 전이나 계약관계가 종료된 후에도 계약상 보호의무를 인정하여 채무불이행책임을 인정하는 것은 계약과 무관한 계약상의 채무를 인정하는 것으로서 논리적으로 문제가 있고, 우리 불법행위법에서는 그렇게 할 필요성도 그리 크지 않으므로 적어도 계약상의 채무의 하나로서 계약상의 보호의무를 인정하는 것은 타당하지 않을 것으로 판단된다. 그런 의미에서도 계약상의 보호의무와 안전배려의무의 개념과 본질을 구별하는 것이 타당할 것이다.

2. 판결례에서의 상황

다수의 판결들에서는 안전배려의무와 보호의무의 개념을 명확히 구별하지 않고 혼용해서 사용하고 있는 것을 확인할 수 있다.

가령, 대법원 2013. 11. 28. 선고 2011다60247 판결은 "근로자파견관계에서 사용사업주와 파견근로자 사이에는 특별한 사정이 없는 한 파견근로와 관련하여 사용사업주가 파견근로자에 대한 보호의무 또는 안전배려의무를 부담한다는 점에 관한 묵시적인 의사의 합치가 있다고 할 것이고, 따라서 사용사업주의 보호의무 또는 안전배려의무 위반으로 손해를 입은 파견근로자는 사용사업주와 직접 고용 또는 근로계약을 체결하지 아니한 경우에도 위와 같은 묵시적 약정에 근거하여 사용사업주에 대하여 보호의무 또는 안전배려의무의 위반을 원인으로 하는 손해배상을 청구할 수 있다"라고 하며, 대법원 2014. 8. 21. 선고 2010다92438 전원합의체 판결은 "특별한 사정이 있는 경우에는, 예외적으로 카지노사업자의 카지노 이용자에 대한 보호의무 내지 배려의무 위반을 이유로 한 손해배상책임이 인정될 수 있을 것이다"라고 판시하고 있다.

217~221면(양창수 집필부분), 그리고 이은영, 『채권총론』, 제3판, 박영사, 2006, 195~196면.

37) 법무부 민법개정자료발간팀 編, 『2013년 법무부 민법개정시안 채권편 下』, 법무부, 2013, 123면 이하를 참조.

다음으로 대법원 1994. 1. 28. 선고 93다43590 판결은 “여관의 객실 및 관련시설, 공간은 오로지 숙박업자의 지배아래 놓여 있는 것이므로 숙박업자는 통상의 임대차와 같이 단순히 여관의 객실 및 관련시설을 제공하여 고객으로 하여금 이를 사용수익하게 할 의무를 부담하는 것에서 한 걸음 더 나아가 고객에게 위험이 없는 안전하고 편안한 객실 및 관련시설을 제공함으로써 고객의 안전을 배려하여야 할 보호의무를 부담하며 이러한 의무는 앞서 본 숙박계약의 특수성을 고려하여 신의칙상 인정되는 부수적인 의무로서 숙박업자가 이를 위반하여 고객의 생명, 신체를 침해하여 동인에게 손해를 입힌 경우 불완전이행으로 인한 채무불이행책임을 부담한다 할 것이다.”라고 하였고, 대법원 1998. 11. 24. 선고 98다25061 판결은 “여행업자는 기획여행계약의 상대방인 여행자에 대하여 기획여행계약상의 부수의무로서, 여행자의 생명·신체·재산 등의 안전을 확보하기 위하여, 여행목적지·여행일정·여행행정·여행서비스기관의 선택 등에 관하여 미리 충분히 조사·검토하여 전문업자로서의 합리적인 판단을 하고, 또한 그 계약 내용의 실시에 관하여 조우할지 모르는 위험을 미리 제거할 수단을 강구하거나 또는 여행자에게 그 뜻을 고지하여 여행자 스스로 그 위험을 수용할지 여부에 관하여 선택의 기회를 주는 등의 합리적 조치를 취할 신의칙상의 주의의무를 진다고 할 것이고, 여행업자가 내국인의 국외여행시에 그 인솔을 위하여 두는 같은 법 제16조의3 소정의 국외여행인솔자는 여행업자의 여행자에 대한 이러한 안전배려의무의 이행보조자로서 당해 여행의 구체적인 상황에 따라 여행자의 안전을 확보하기 위하여 적절한 조치를 강구할 주의의무를 진다”고 판시하였는데, 후자의 판결에서의 “안전배려의무”는 전자의 판결에서의 보호의무와 그 의미와 본질이 동일한 것으로 볼 수 있다.[38)]

위 판결들의 사안에서 인정된 보호의무들은, 계약상의 보호의무의 개념을 부정하거나 안전배려의무와 보호의무의 개념을 구별하는 견해들에 의하면, “보호의무”라는 용어상의 표현에도 불구하고 그 법적 본질은 안전배려의무에 해당하는 것으로 파악할 수 있을 것이다.[39)] 그러한 의무들이 계약상으로 또는 묵시적 약정으로서 인정되는 것이지 계약관계의 유무와는 무관하게 사회적 접촉이나 특별결합관계에 의

38) 김재형(주 33), 262~263면도 같은 취지이다.

39) 김덕중, “민법상 안전배려의무의 법리에 관한 고찰－판례를 중심으로－”, 「원광법학」 제24권 제3호(2008. 9), 원광대학교 법학연구소, 90면 주 11)도 고용계약관계에 있어서 판례상 표현은 ‘보호의무’라 하고 있으나, 의무내용을 검토하면 ‘안전배려의무’라고 볼 수 있다고 하여 같은 취지이다. 송오식, “사용자의 안전배려의무”, 「법학논총」 제23권 제1호(2003. 6), 전남대학교 법학연구소, 154면은 판례가 사용자의 안전배려의무 내지 보호의무를 별개로 인정하지 않고 부수의무의 일종으로 판단하고 있다고 평가하고 있다.

하여 인정되는 보호관계에 기한 것이 아니기 때문이다. 가령, 대법원 2000. 5. 16. 선고 99다47129 판결은, "사용자는 근로계약에 수반되는 신의칙상의 부수적 의무로서 피용자가 노무를 제공하는 과정에서 생명, 신체, 건강을 해치는 일이 없도록 인적·물적 환경을 정비하는 등 필요한 조치를 강구하여야 할 보호의무를 부담하고, 이러한 보호의무를 위반함으로써 피용자가 손해를 입은 경우 이를 배상할 책임이 있는 것이다."[40]라고 판시하고 있는데, 이때의 보호의무도 그 본질은 근로계약에 수반되는 신의칙상의 부수적 의무라고 표현하고 있는 것에서도 이러한 평가가 타당한 것임을 확인할 수 있을 것이다.[41]

3. 동료 근로자에 대한 불리한 조치로 인한 사업주의 불법행위책임의 성립 여부와 근거

대상판결은, "피해근로자 등이 구제절차나 권리행사와 관련하여 동료 근로자의 조언 등 도움을 받는 경우에 사업주가 도움을 주는 근로자에게 적극적으로 차별적인 대우를 하거나 부당한 징계처분 등을 한다면, 피해근로자 등도 인격적 이익을 침해받거나 정신적 고통을 받았을 가능성이 크다. 우리 사회에서 직장 내 성희롱의 특수성에 비추어 피해근로자 등과 그에게 도움을 준 동료 근로자는 깊은 정서적 유대감을 갖는 밀접한 관계에 있을 수 있다. 피해근로자 등은 동료 근로자가 자기 때문에 불리한 조치를 당하였다고 생각할 수 있고, 그 밖의 다른 근로자들도 그와 비슷한 생각을 하게 되어 피해근로자 등에게 도움을 주거나 그와 우호적인 관계를 맺는 것을 피할 수 있다. 이러한 상태가 심화되면 피해근로자 등은 직장 동료와의 관계가 단절되어 직장 내에서 사실상 고립되는 상황에 처할 수 있다. 피해근로자 등은 동료 근로자에 대한 사업주의 불리한 조치를 보고 구제절차 이용을 포기하거나 단념하라는 압박으로 느껴 성희롱 피해에 대해 이의하거나 구제절차를 밟는 것을 주저할 수 있다. 사업주가 동료 근로자에 대한 불리한 조치를 함으로써 피해근로자 등에게 손해배상책임을 지는지를 판단할 때에는 이러한 사정도 아울러 고려하여야 한다.

이와 같이 피해근로자 등을 도와준 동료 근로자에 대한 부당한 징계처분이나 불이익 조치가 사업주가 피해근로자 등에 대한 보호의무를 위반한 것인지 문제 될 수 있다. 사업주는 직장 내 성희롱 발생 시 남녀고용평등법령에 따라 신속하고 적절

40) 대법원 1998. 11. 27. 선고 97다10925 판결과 대법원 1999. 2. 23. 선고 97다12082 판결도 동일한 판시를 하고 있다.

41) 보호의무 내지 안전배려의무에 관한 그 밖의 판결례에 관하여는, 『주석민법[채권총칙(1)]』, 제4판, 한국사법행정학회, 2013, 627~629면(김상중 집필부분)을 참조.

한 근로환경 개선책을 실시하고, 피해근로자 등이 후속 피해를 입지 않도록 적정한 근로여건을 조성하여 근로자의 인격을 존중하고 보호할 의무가 있다. 그런데도 사업주가 피해근로자 등을 도와준 동료 근로자에게 부당한 징계처분 등을 하였다면, 특별한 사정이 없는 한 사업주가 피해근로자 등에 대한 보호의무를 위반한 것으로 볼 수 있다."라고 판시하여, 피해근로자를 도와준 동료 근로자에 대하여 불리한 조치를 한 사업주에게 피해근로자에 대한 「민법」 제750조의 불법행위책임을 물을 수 있다고 판시하는 한편, 그러한 불법행위책임이 인정되는 근거는 사업주의 피해근로자에 대한 보호의무 위반에 있는 것이라고 판단하고 있다.

대상판결의 사안에서 문제가 된 정직 1주일의 징계처분은 피해근로자에게 도움을 준 동료 근로자에 대한 것이었고 성희롱 피해근로자에 대한 것은 아니었다. 이에 대하여 피해근로자가 사업주에게 불법행위책임을 물을 수 있으려면 그러한 가해행위가 피해근로자 자신에 대한 위법행위도 되고 그로 인하여 피해근로자 자신이 받은 고유한 손해의 배상을 청구할 수 있다는 점이 인정되어야 한다. 그런데 동료 근로자 C에 대한 정직처분은 피해근로자에게 도움을 주는 사람들에게 불리한 조치를 함으로써 실질적으로는 성희롱으로 인한 피해의 구제를 받으려고 하는 피해근로자를 고립시키고 압박함으로써 자신의 피해를 주장하고 구제를 받으려고 하는 피해근로자의 향후 구제절차 진행의 의지와 노력을 위축시키기 위한 취지에서 의도된 것으로 볼 수 있다. 그렇다면 이는 그러한 가해행위가 실질적으로는 불리한 조치의 직접 상대방이 아닌 피해근로자에게 겨냥된 가해행위로서 피해근로자 고유의 독자적 법익, 즉 법적으로 보호 가치 있는 피해근로자 자신의 이익을 침해하는 위법한 행위로 평가될 수 있고, 그로 인하여 발생한 법익에 대한 불이익은 피해근로자 자신의 고유한 손해로 인정되어 피해근로자에 대한 불법행위책임의 성립요건을 충족하고 있는 것으로 평가될 수 있을 것이다. 그러므로 대상판결이 피해근로자에 대한 사업주의 불법행위책임의 성립을 인정한 것은 결론에 있어 타당하다고 평가할 수 있다. 다만 그러한 불법행위책임이 인정되는 법적 근거로서 대상판결이 제시하고 있는 사업주의 피해근로자에 대한 보호의무의 본질이 무엇인지는 좀 더 명확하게 규명될 필요가 있다.[42]

대상판결이 들고 있는 보호의무의 본질 역시, 전술한 Ⅴ. 2.에서 기존의 판결들

42) 고철웅, "직장 내 성희롱으로 인한 사업주의 불법행위책임 여부 — 대법원 2017. 12. 22. 선고 2016다202947 판결을 중심으로 —", 「민사법학」 제85호(2018. 12), 한국민사법학회, 84면도 같은 문제를 지적하고 있다.

에 대하여 분석 및 검토하는 과정에서 살펴본 같이, 계약상의 보호의무의 개념을 부정하거나 안전배려의무와 보호의무의 개념을 구별하는 견해들에 의하면, “보호의무”라는 용어상의 표현에도 불구하고 그 법적 본질은 안전배려의무에 해당하는 것으로 평가할 수 있을 것이다.[43] 그러한 의무들이 근로계약과 관련하여 인정되는 것이지 계약관계의 유무와는 무관하게 사회적 접촉이나 특별결합관계에 의하여 인정되는 보호관계에 기한 것이 아니기 때문이다. 참고로 스위스 채무법 제328조는 제1항에서 “사용자는 근로관계 중 근로자의 인격을 보호하고 존중하여야 하며, 근로자의 건강을 적절히 고려하고 윤리의 준수에 주의하여야 한다. 특히 사용자는 근로자가 성희롱을 받지 아니하도록 주의하여야 하고, 그로 인하여 불이익을 받지 않도록 주의하여야 한다.”[44]라고 규정하여 성희롱으로부터의 근로자에 대한 사용자의 보호가 근로계약상의 의무라는 점을 명시하고 있으며,[45] 일본에서는 사업주가 성희롱의 방지를 위해서 시설정비의무와 지도교육의무, 성실대응의무 그리고 프라이버시 보호의무를 구체적인 내용으로 하는 근로계약상의 안전배려의무를 부담한다고 설명하는 견해[46]도 제시되고 있다. 한편 우리나라에서도 오늘날과 같이 성적 관심이 개방된 사회에서는 사용자는 노무자가 성적인 침해를 받지 않도록 보호할 의무가 있으며 성에 관한 노무자의 개인적 존엄성을 해치는 일체의 침해를 사용자가 방지하여야 할 신의칙상의 부수적 의무가 고용계약관계에서의 사용자의 부수적 의무로서 오늘날 특별한 의미를 갖는다는 설명[47]이 제시되고 있다.

성희롱과 관련된 다른 사안에서, 대법원 1998. 2. 10. 선고 95다39533 판결은 “고용관계 또는 근로관계는 이른바 계속적 채권관계로서 인적 신뢰관계를 기초로 하는 것이므로, 고용계약에 있어 피용자가 신의칙상 성실하게 노무를 제공할 의무를

43) 이은영(주 36), 193면과 197면 그리고 전형배, “안전배려의무의 내용과 과제”, 「노동법학」 제55호(2015. 9), 한국노동법학회, 28~29면도 또한 같은 취지이다. 그리고 앞의 주 39)도 참조.

44) Obligationenrecht Art. 328
1. Der Arbeitgeber hat im Arbeitsverhältnis die Persönlichkeit des Arbeitnehmers zu achten und zu schützen, auf dessen Gesundheit gebührend Rücksicht zu nehmen und für die Wahrung der Sittlichkeit zu sorgen. Er muss insbesondere dafür sorgen, dass Arbeitnehmerinnen und Arbeitnehmer nicht sexuell belästigt werden und dass den Opfern von sexuellen Belästigungen keine weiteren Nachteile entstehen.
(이하 생략)

45) 이에 관하여는 Basler Kommentar/－Portmann, Obligationenrecht Ⅰ Art. 1－529 OR, 5. Aufl., Helbing Lichtenhahn Verlag, 2011, SS. 1918ff를 참조.

46) 山崎文夫, “セクシュアル·ハラスメントの法理”, 労働者の人格と平等: 講座21世紀の労働法 第6巻(2000. 10), 有斐閣, 120－121面.

47) 『민법주해[XV] 채권(8)』, 박영사, 1997, 342~343면, 354면(남효순 집필부분).

부담함에 대하여, 사용자로서는 피용자에 대한 보수지급의무 외에도 피용자의 인격을 존중하고 보호하며 피용자가 그의 의무를 이행하는 데 있어서 손해를 받지 아니하도록 필요한 조치를 강구하고 피용자의 생명, 건강, 풍기 등에 관한 보호시설을 하는 등 쾌적한 근로환경을 제공함으로써 피용자를 보호하고 부조할 의무를 부담하는 것은 당연한 것이지만, 앞서 본 바와 같이 피고 1의 성희롱 행위가 그의 사무집행과는 아무런 관련이 없을 뿐만 아니라, 또한 기록에 의하면 위 피고의 성희롱 행위 또한 은밀하고 개인적으로 이루어지고 원고로서도 이를 공개하지 아니하여 피고 대한민국으로서는 이를 알거나 알 수 있었다고도 보여지지 아니하므로, 이러한 경우에서까지 사용자인 피고 대한민국이 피용자인 원고에 대하여 고용계약상의 보호의무를 다하지 아니하였다고 할 수는 없다."라고 판시하여, 성희롱과 관련된 사용자의 보호의무를 "고용계약상의 보호의무"라고 명시하고 있다. 이러한 판시 역시 그러한 보호의무의 법적 근거와 본질이 실질적으로는 고용계약에 의거한 것으로서 계약상의 의무로서 인정되는 것임을 확인할 수 있게 한다.

이상의 논의들을 종합해 볼 때, 대상판결이 언급하고 있는 보호의무의 법적 본질은 "보호의무"라는 용어상의 표현에도 불구하고 계약관계와 관련하여 인정되는 안전배려의무에 해당하는 것으로 평가하는 것이 타당할 것이다.

Ⅵ. 논의의 정리 ― 결론에 갈음하여

1. 본고에서의 분석과 검토를 거쳐 밝힌 내용을 정리하면 다음과 같다.

(1) 직장 내 성희롱 피해근로자에게 도움을 준 동료 근로자는 구 「남녀고용평등법」 제14조 제2항의 적용 대상에 해당하지 않으므로, 사업주가 피해근로자가 아니라 그에게 도움을 준 동료 근로자에게 불리한 조치를 한 경우에는 구 「남녀고용평등법」 제14조 제2항을 직접 위반하였다고 보기는 어렵다.

(2) 사업주가 직장 내 성희롱 피해근로자가 아니라 그에게 도움을 준 동료 근로자에게 불리한 조치를 한 경우, 그러한 가해행위에 대해 피해근로자는 좁은 의미에서의 간접피해자에 해당하는 것이 아니라 그러한 의미에서는 가해행위의 직접피해자라고 할 수 있을 것이며, 동료 근로자에 대한 사업주의 불리한 조치가 피해근로자에 대한 가해행위로서 인정되고 그 밖의 「민법」 제750조의 불법행위의 성립요건들이 충족되는 경우, 피해근로자에게는 그와 같은 가해행위를 한 사업주에 대하여 독

자적인 손해배상청구권이 인정될 수 있다.

(3) 대상판결은 피해근로자에게 도움을 준 동료 근로자에 대하여 불리한 조치를 한 사업주에게 피해근로자에 대한 「민법」 제750조의 불법행위책임의 성립이 인정된다고 판시하는 한편, 그러한 불법행위책임이 인정되는 근거와 피해근로자의 독자적인 보호법익 침해가 인정되는 구체적인 근거로서, 사업주의 피해근로자에 대한 보호의무 위반을 들고 있는데, 대상판결이 피해근로자에 대한 사업주의 불법행위책임의 성립을 인정한 것은 결론에 있어 타당하지만, 대상판결이 그러한 판단의 근거로서 언급하고 있는 보호의무의 법적 본질은 계약관계와 관련하여 인정되는 안전배려의무에 해당하는 것으로 평가할 수 있다.

2. 대상판결은 직장 내 성희롱 피해근로자에게 도움을 준 제3자에 대해서 사업주가 불리한 조치를 한 경우에도 사업주에게 피해근로자에 대한 「민법」 제750조의 불법행위책임이 인정될 수 있음을 처음으로 인정한 대법원판결이었다는 점에서 그 의미가 있는 판결이다.

재산분할과 제척기간

현 소 혜*

[대상판결] 대법원 2018. 6. 22.자 2018스18 결정(공2018하, 1379)

[사안의 개요]

1. 청구인 X와 배우자 Y는 1981. 3. 15. 혼인한 후 1987. 5.경 협의이혼을 하였으나, 같은 해 12. 5. 다시 혼인하였다.
2. X는 2008. 1. 9. Y를 상대로 이혼, 위자료 및 재산분할을 구하는 본소를, Y는 2009. 12. 29. X를 상대로 이혼, 위자료 및 재산분할을 구하는 반소를 제기하였다 (이하 '1차 소송'이라고 한다.).
3. 1심 법원은 2011. 5. 26. ① X와 Y는 이혼하고, ② X와 Y의 위자료 청구는 모두 기각하며, ③ X는 Y에게 X 명의의 일부 부동산에 관해 재산분할을 원인으로 하는 소유권이전등기절차를 이행하는 한편, ④ Y는 X에게 Y 명의의 일부 부동산에 관해 재산분할을 원인으로 하는 소유권이전등기절차를 이행하고, 현금 6억3천만원 등을 지급할 것을 명하는 내용의 판결을 선고하였다.
4. X와 Y는 모두 위 판결에 대해 항소하였으나, 원심법원은 모두 항소기각 판결을 선고하였으며, 당사자가 모두 상고하지 않아 2012. 9. 6. 위 판결이 확정되었다.
5. X는 2014. 8. 18. Y를 상대로 다시 한 번 재산분할을 구하는 심판을 청구하면서 Y가 1차소송에서 분할대상 재산인 부동산 및 금융자산을 은닉하였다고 주장하였다(이하 '2차 소송'이라고 한다.).
6. Y는 2차 소송 계속 중이던 2014. 12. 26. 사망하였으므로, 사망 당시 Y의 배우자였던 Z가 이를 수계하였다.
7. X는 2차 소송 계속 중이던 2016. 2. 3. 분할대상재산을 추가하고, 청구취지를 확

---

* 성균관대학교 법학전문대학원 부교수.

장하는 내용의 청구취지변경신청서를 제출하였다.

8. 이에 대해 Z는 위 청구취지변경신청은 이혼판결 확정일인 2012. 9. 6.로부터 2년이 경과한 후에 비로소 제출된 것이므로, 이 부분은 제척기간 도과를 이유로 각하되어야 한다고 주장하였다.

[소송의 경과]

1. 1심법원은 청구취지변경신청에 의해 추가된 재산에 관해서도 제척기간이 준수된 것으로 보고, 이를 재산분할의 대상으로 삼아 X의 청구를 일부 인용하였다.[1)]
2. 원심법원은, 2014. 8. 18. 제출한 재산분할심판청구 부분에 대해서는 이를 분할대상 재산이라고 인정할 증거가 부족하다는 이유로 청구를 기각하였고, 2016. 2. 3. 제출된 청구취지변경신청 부분에 관해서는 1차소송의 판결이 확정된 2012. 9. 6.부터 2년이 지난 후에 제출되었으므로 제척기간이 도과되었다는 이유로 이를 각하하였다.[2)]
3. 이에 청구인은 재항고하였다.

[판시사항]

대법원은 "민법 제839조의2 제3항, 제843조에 따르면 재산분할청구권은 협의상 또는 재판상 이혼한 날부터 2년이 지나면 소멸한다. 2년 제척기간 내에 재산의 일부에 대해서만 재산분할을 청구한 경우 청구목적물로 하지 않은 나머지 재산에 대해서는 제척기간을 준수한 것으로 볼 수 없으므로, 재산분할청구 후 제척기간이 지나면 그 때까지 청구목적물로 하지 않은 재산에 대해서는 청구권이 소멸한다. 재산분할재판에서 분할대상인지 여부가 전혀 심리된 바 없는 재산이 재판확정 후 추가로 발견된 경우에는 이에 대하여 추가로 재산분할청구를 할 수 있다. 다만 추가 재산분할청구 역시 이혼한 날부터 2년 이내라는 제척기간을 준수하여야 한다."는 이유로 청구인의 재항고를 기각하고, 원심을 유지하였다.

---

1) 창원지방법원 2017. 8. 3.자 2014느단739 심판.
2) 창원지방법원 2018. 2. 22.자 2017브26 결정.

[연 구]

Ⅰ. 쟁 점

대법원은 재산분할청구 소송에서 분할 대상 재산인지 여부가 전혀 심리된 바 없는 재산이 재판 확정 후 비로소 발견된 경우에는 추가로 재산분할청구를 할 수 있다는 입장을 택하고 있다.[3] 이러한 법리에 따라 추가로 재산분할청구를 하는 경우에 그 심판청구 역시 민법 제839조의2 제3항 및 제843조에 따른 제척기간[4]을 준수해야 하는지 여부가 문제될 수 있는데, 이에 대해 대상판결은 긍정하는 입장을 택하였다.[5] “2년 제척기간 내에 재산의 일부에 대해서만 재산분할을 청구한 경우 청구목적물로 하지 않은 나머지 재산에 대해서는 제척기간을 준수한 것으로 볼 수 없[다]”는 것이다. 하지만 이러한 대법원의 태도는 재산분할청구권 내지 재산분할심판의 법적 성격에 비추어 볼 때 납득하기 어렵다. ① 재산분할청구권의 성격과 ② 재산분할심판의 성격이라는 두 가지 측면에서 차례로 살펴본다.

Ⅱ. 재산분할청구권의 성격

민법 제839조의2 제1항은 협의상 이혼을 하는 경우에 이혼의 당사자 중 일방은

---

3) 대법원 2003. 2. 28. 선고 2000므582 판결; 대법원 2017. 9. 28.자 2017카기248 결정.

4) 학설상으로는 민법 제839조의2 제3항 및 제843조에 따른 기간이 제척기간인지 소멸시효인지에 대해 논란이 있으나, 이를 제척기간으로 보는 판례의 입장이 매우 확고하고, 사견으로도 이를 지지하고 있으므로, 이에 대해서는 더 이상 논의하지 않는다. 제척기간설을 택하고 있는 문헌으로 權純漢, 親族·相續法(第13版), 도서출판 피데스, 2011, 42면; 김주수·김상용, 친족·상속법(제16판), 法文社, 2019, 267면; 박동섭, 친족상속법(제4판), 박영사, 2013, 209면; 법원실무제요 가사[II], 법원행정처, 2010(이하 ‘실무제요’로 인용한다.), 508면; 송덕수, 친족상속법(제3판), 박영사, 2017, 117면; 신영호·김상훈, 가족법강의(제3판), 세창출판사, 2018, 146면; 윤진수, 친족상속법강의(제3판), 박영사, 2020, 137면; 이경희, 가족법(9정판), 法元社, 2017, 145면; 함윤식, “이혼에 따른 재산분할에 관한 판례의 최근 동향”, 民事判例硏究[XXXVIII], 博英社, 2016, 1256면 등 참조. 반면 소멸시효설을 택하고 있는 문헌으로 曺美卿, “離婚과 慰藉料 ―財産分割制度와 關聯하여―, 家族法學論叢: 朴秉濠敎授還甲紀念(I), 1991, 博英社, 293면 참조.

5) 대상판결의 의의를 동일하게 파악하면서 평석하고 있는 문헌으로 권영준, “2018년 민법 판례 동향”, 서울대학교 法學 제60권 제1호(2019.3.), 367~376면; 김명숙, “2018년 가족법 중요판례 평석”, 인권과정의 통권 제480호(2019.3.), 69면 참조. 한편 엄경천, “재산분할청구권의 행사기간 ― 대법원 2018.6.22.자 2018스18 결정 ―”, 『2018년 가족법 주요 판례 10선』(곽민희 외 9인 공저), 세창출판사, 2019, 11~25면은 대상판결의 의의를 재산분할 청구시 제척기간 내에 재산분할로 구하는 청구금액뿐만 아니라, 분할대상까지 특정할 것을 요구하는데 있다고 파악하고 있다.

다른 일방에 대하여 재산분할을 청구할 수 있다고 선언하고 있다. 민법 제843조에 따라 위 권리는 재판상 이혼에 준용되며, 「가사소송법」은 이를 혼인의 취소에까지 확장하였다(「가사소송법」 제2조 제1항 제2호 나. 마류 사건 4)). 이러한 재산분할청구권은 문언 그대로 부부의 혼인관계가 해소될 때 부부가 공동으로 소유하고 있었던 재산을 청산 내지 분배하는 것이라고 이해하기 쉬우나, 우리 민법 제839조의2 제2항은 별산제를 전제로 재산분할시 "당사자 쌍방의 협력으로 이룩한 재산의 액수 기타 사정"(강조점 필자 추가, 이하 동일)을 고려할 것을 요구한다. 위 문언은 특히 두 가지 점에서 유념할 사항이 있다.

1. 재산분할의 대상

첫째, 법원은 "당사자 쌍방이 협력으로 이룩한 재산"이 아니라 "재산의 액수"를 분할의 대상으로 삼아야 한다. 즉, 재산분할의 대상이 되는 것은 부부 쌍방이 혼인 해소 당시 보유하고 있는 개개의 개별 재산이 아니라, 재산의 총액이다.[6] 때문에 대법원은 "분할대상이 되는 재산은 적극재산이거나 소극재산이거나 그 액수가 대략적으로나마 확정되어야 할 것"을 요구하고 있다.[7] 분할의 대상이 되는 재산을 누구의 명의로 취득하였는지, 혼인 해소시에는 누구의 명의인지, 그 처분권한이나 관리권한이 누구에게 있는지, 그것이 부부가 형식적 또는 실질적으로 공유하는 재산인지 여부 등은 중요하지 않다.[8][9] 혼인 중에 당사자 쌍방의 협력으로 이룩한 재산의 총액이 혼인 해소 당시 얼마인지가 중요할 뿐이다.

이는 「가사소송법」의 직권탐지주의와 결합하여 독특한 결과를 낳는다. 위 법 제2조 제1항은 재산분할사건을, 위자료 사건과 달리, '다류 가사소송사건'이 아닌 '마

6) 이와 같은 취지로 엄경천(2019), 18~19면. 실무상으로도 먼저 분할대상재산의 가액을 모두 더한 총액에 분할비율을 곱하는 방식으로 재산분할의 액수와 방법을 결정하고 있다. 자세한 내용은 편집대표 윤진수/이동진 집필부분, 주해친족법 제1권, 박영사, 2015(이하 '주해친족법(1)'이라고 한다.), 380면 참조.

7) 대법원 1999. 6. 11. 선고 96므1397 판결.

8) 대법원 1999. 6. 11. 선고 96므1397 판결: "혼인 중에 쌍방의 협력에 의하여 이룩한 부부의 실질적인 공동재산은 부동산은 물론 현금 및 예금자산 등도 포함하여 그 명의가 누구에게 있는지 그 관리를 누가 하고 있는지를 불문하고 재산분할의 대상이 되는 것[이다.]"

9) 대법원 1993. 5. 25. 선고 92므501 판결; 대법원 1994. 5. 13. 선고 93므1020 판결; 대법원 1996. 12. 23. 선고 95므1192, 1208 판결; 대법원 1997. 12. 26. 선고 96므1076, 1083 판결; 대법원 1998. 2. 13. 선고 97므1486, 1493 판결; 대법원 2002. 8. 28.자 2002스36 결정: "민법 제843조, 제839조의2의 규정에 의한 재산분할의 경우 부부 일방의 특유재산은 원칙적으로 분할대상이 되지 아니하나, 특유재산일지라도 다른 일방이 적극적으로 특유재산의 유지에 협력하여 감소를 방지하였거나 증식에 협력하였다고 인정되는 경우에는 분할대상이 될 수 있[다.]"

류 가사비송사건'으로 분류하고, 변론주의 대신 직권탐지주의를 적용하여 왔으므로,[10] 가정법원은 당사자 쌍방이 혼인기간 중에 협력으로 이룩한 재산의 총액을 판단하기 위해 당사자의 변론에만 의존하는 것이 아니고, 자기의 권능과 책임에 따라 직권으로 사실의 탐지와 필요하다고 인정하는 증거의 조사를 하여야 한다(「가사소송법」 제34조에 의한 「비송사건절차법」 제11조의 준용).

그 결과 원고가 어떤 재산을 재산분할대상의 하나로 포함시킨 종전 주장을 철회하였더라도 법원은 재산분할의 대상에 관한 당사자들의 주장에 구애되지 아니하고 재산분할의 대상이 무엇인지 직권으로 사실조사를 하여 포함시킬 수 있고, 역으로 이를 제외시킬 수도 있다.[11] 이를 위해 「가사소송법」은 가정법원이 직권으로 재산명시제도나 재산조회제도를 이용하여 재산분할의 대상이 되는 재산에 관한 사실을 파악할 수도 있도록 하였다(「가사소송법」 제48조의2 및 제48조의3).[12]

이상의 법리들로부터 다음과 같은 결론을 추출해낼 수 있다. 첫째, 재산분할심판의 "청구목적물"[13]은 당사자 쌍방이 협력으로 이룩한 재산의 총액에 대한 분할청구권 그 자체이지, 당사자가 분할을 구하고 있는 특정의 재산이 아니다.[14] 둘째, 따라서 재산분할심판을 담당하는 가정법원은 재산분할의 대상이 되는, 즉 당사자 쌍방이 협력으로 이룩한 재산 전체를 심판의 대상으로 삼아야 한다. 당사자가 임의로 분할 대상 재산 중 일부에 대해서만 재산분할을 청구하는 것은 허용되지 않으며, 이러한 의미에서 처분권주의는 일부 제한된다. 재산분할청구권은 재산 전부에 대해 행사하거나 행사하지 않을 수 있을 뿐이다. 일단 재산분할을 명하는 이상 그 청구를 인

10) 재산분할청구권은 잠재적 공유재산의 분할이나 혼인 중 기여한 재산의 부당이득반환을 넘어 부양청구권적인 성격이 있고, 엄격한 법률요건에 의한 재판을 하는 경우 입증의 곤란이 있다는 점을 고려하여 후견적 입장에서 재량에 따라 분할할 수 있도록 하기 위해 그 심판을 가사비송사건으로 분류하였음을 밝히고 있는 문헌으로 徐廷友, "새 家事訴訟法의 概說", 家族法學論叢: 朴秉濠教授還甲紀念(I), 1991, 博英社, 678면 참조.

11) 대법원 1995. 3. 28. 선고 94므1584 판결; 대법원 1996. 12. 23. 선고 95므1192, 1208 판결; 대법원 1997. 12. 26. 선고 96므1076, 1083 판결; 대법원 1999. 11. 26. 선고 99므1596, 1602 판결 등.

12) 윤진수(2020), 121면.

13) 소송법에서는 '소송의 목적'을 '소송물'이라고 축약하여 표현하고 있으나, 비송사건에서는 아직 이에 비견할만한 용어가 존재하지 않으므로, 대상판결이 사용하고 있는 "청구목적물"이라는 용어를 차용하였다. 하지만 대상판결이 "청구목적물"이라는 용어를 의도적으로 비송에서의 '소송물'이라는 용어에 대응하여 사용하였는지 또는 '청구의 객체'라는 의미로 사용한 것인지는 명확하지 않다.

14) "재산분할제도는 개개 재산의 분할이 아니라 전체 재산의 총체적 분할을 꾀하는 것"임을 지적하고 있는 문헌으로 권영준(2019), 373~374면; 엄경천(2019), 21면; 함윤식, "이혼에 따른 재산분할에 관한 판례의 최근 동향", 民事判例硏究[XXXVIII], 博英社, 2016, 1199면 참조.

용한 셈이므로, 나머지 청구를 기각한다는 뜻을 주문에 기재할 필요는 없다고 보고 있는 실무의 태도[15] 역시 비송사건인 재산분할심판에서 청구목적물은 재산분할청구권 그 자체일 수밖에 없으며, 분할대상재산별로 별개의 재산분할청구권이 성립하는 것은 아님을 보여준다.

물론 우리 실무는 현재 마류 가사비송사건에 대해 이른바 '변론주의가 가미된 직권탐지주의'[16]를 적용하고 있으므로, 법원은 당사자가 구하는 청구취지를 초과하여 의무이행을 명할 수 없다(「가사소송규칙」 제93조 제2항 본문). 하지만 위 규정은 불의의 손해를 방지하기 위해 당사자가 구하는 재산분할의 '액수'를 초과하여 의무이행을 명할 수 없다는 취지일 뿐이며,[17] 당사자가 재산분할을 구한 특정한 재산에 한해 법원이 재판할 수 있다는 취지는 아니다.

2. 재산분할의 기준

둘째, 재산분할의 기준은 당사자 쌍방이 혼인기간 중 그 재산을 형성하는 과정에서 얼마나 협력 내지 기여하였는지에 한정되지 않는다. 민법 제839조의2 제2항에 따라 법원은 기여한 바에 따른 '공정한' 공동재산의 청산이라는 기준 외에 '기타 사정'까지 고려하여 재산분할의 액수와 방법을 정한다.

'기타 사정'으로 가장 중요하게 다루어져야 하는 것이 바로 이혼 후 부양의 필요성이다. 부부공동재산제와 이혼 후 부양 제도를 병행하여 채택하고 있는 대부분의 서구 법제에서 재산분할은 이미 부부가 공동으로 소유하고 있는 재산을 지분에 따라 청산하는 제도에 불과하나, 부부간의 법정재산제로 별산제를 택하는 한편 별도의 이혼 후 부양 제도를 두고 있지 않은 우리나라에서는 장기간의 혼인 끝에 경제활동 능력을 상실하거나 그 능력이 감소된 배우자를 보호하기 위해 재산분할제도를 보다 적극적으로 활용할 필요가 있다.[18] 대법원도 이 점을 인정하여 재산분할을 "혼인 중

---

15) 실무제요, 510면.

16) 이는 직권탐지주의라도 "사실의 진상을 밝히기 위하여 법원으로 하여금 적극적으로 필요한 조치를 취할 수 있게 함과 아울러 당사자의 잘못된 소송행위에 의하여 사실관계가 좌우되는 것을 방지하려는 것일 뿐 변론주의의 원칙 자체를 배제하려는 것은 아니"라는 인식 하에 당사자의 절차권 보장이라는 측면에서 자료 제출과 증거 조사에 있어 당사자의 주도권을 인정하고자 하는 사고를 말한다. 실무제요, 219~220면 참조.

17) 徐廷友(1991), 691면 참조. 반면 실무제요, 462면은 "당사자가 구하지도 아니하는 범위의 권리를 부여하거나 의무를 부과하는 것까지 허용할 필요는 없다."고 하여 처분권주의의 관점에서 위 조문을 이해한다.

18) 재산분할 시 이혼 후 부양 요소를 고려해야 한다는 견해로 權純漢(2011), 127면; 김주수·김상용(2019), 243~244, 256면; 박동섭(2013), 206~207면; 송덕수(2017), 101면; 曺美卿(1991), 287~288면; 주해친족법(1), 377~378면; 최문기, "이혼시 재산분할청구권에 관한 판례의 경

쌍방의 협력으로 형성된 공동재산의 청산이라는 성격에 상대방에 대한 부양적 성격이 가미된 제도"라고 보고 있으며,[19] 경우에 따라서는 "혼인중 형성한 재산의 청산적 요소와 이혼 후의 부양적 요소 외에 정신적 손해(위자료)를 배상하기 위한 급부로서의 성질까지 포함하여 분할"할 수 있다고 본다.[20]

이러한 부양적 성격 및 위자료적 성격으로 말미암아 재산분할에는 부부관계의 고유한 특성이 반영될 수밖에 없다. 즉, 재산분할청구권은 재산권적 성격과 인격권적 성격을 겸유한다. 재산분할청구권은 단순히 물건이나 재산을 객체로 하는 권리가 아니다. 가족법상의 재산분할제도는 당해 공유물에 대해 각자가 가지고 있는 지분의 비율에 따라 이루어지는 물권법상의 공유물분할과는 본질적으로 다르다.[21] 재산분할청구권은 상속회복청구권과 같은 개별 재산에 대한 물권들의 집합체도 아니다. 재산분할청구권은 혼인의 해소에 따라 일방 배우자가 일정 기간 이상 혼인생활을 함께 해온 상대방 배우자를 상대로 행사할 수 있게 된 특수한 형태의 법정채권[22]으로, 분할 대상 재산에 따라 쪼개질 수 없다.[23]

"재산분할비율은 개별재산에 대한 기여도를 일컫는 것이 아니라 기여도 기타 모든 사정을 고려하여 전체로서의 형성된 재산에 대하여 상대방 배우자로부터 분할

향", 『고상룡교수고희기념논문집 한국민법의 새로운 전개』, 法文社, 2012, 561~562면 등. 이혼 후 부양 부분을 재산분할로부터 독립시켜 별도의 제도로 다루어야 한다는 견해로 윤진수(2020), 138면; 이경희(2017), 134면; 함윤식(2016), 1260면. 재산분할시 이혼 후 부양 요소에 대한 각종의 견해 대립에 대해 자세히는 주해친족법(1), 375~376면 참조. 재산분할에서 이혼 후 부양요소를 적극적으로 다룰 필요가 있다는 점에 대해서는 별도의 논문을 통해 논증하고자 한다.

19) 이른바 '청산 및 부양설'을 따른 것이다. 대법원 2006. 9. 14. 선고 2005다74900 판결; 대법원 2000. 9. 29. 선고 2000다25569 판결; 대법원 2001. 2. 9. 선고 2000다63516 판결; 대법원 2013. 6. 20. 선고 2010므4071 등 판결(全) 참조. 헌재 1997. 10. 30. 선고 96헌바14 결정 역시 "이혼시의 재산분할제도는 본질적으로 혼인 중 쌍방의 협력으로 형성된 공동재산의 청산이라는 성격에, 경제적으로 곤궁한 상대방에 대한 부양적 성격이 보충적으로 가미된 제도"라고 판시한 바 있다.

20) 대법원 2001. 5. 8. 선고 2000다58804 판결; 대법원 2005. 1. 28. 선고 2004다58963 판결; 대법원 2006. 6. 29. 선고 2005다73105 판결.

21) 「가사소송규칙」 제98조는 공유물분할에 관한 「민법」 제269조 제2항을 재산분할심판에 준용하고 있으나, 이는 분할 방법을 정한 것일 뿐이며, 위 준용조문으로 인해 재산분할청구권의 법적 성격이 달라지는 것은 아니다.

22) 재산분할청구권을 법정채권의 일종으로 해석하는 견해로 김숙자, "이혼으로 인한 재산분할청구권", 민법학의 회고와 전망, 1993, 917면; 김주수 · 김상용(2019), 245면; 박동섭(2013), 197면 참조. 반면 曺美卿(1991), 292면은 재산분할제도의 도입에 의해 우리 민법상 별산제가 사실상 공동제로 전환되었다는 전제 하에 재산분할청구권을 공유물분할청구의 일종으로 본다.

23) 徐廷友, "새 家事訴訟法의 概說", 家族法學論叢: 朴秉濠教授還甲紀念(I), 1991, 博英社, 678면 역시 재산분할청구권은 잠재적인 공유재산의 분할이나 혼인 중 기여한 재산의 부당이득반환으로서의 성격에 더해 부양청구권적인 성격이 있으므로, 1990년 「가사소송법」 제정 당시 이를 가사비송사건으로 분류하였다고 밝힌 바 있다.

받을 수 있는 비율을 일컫는 것이라고 봄이 상당"하므로, "법원이 합리적인 근거 없이 적극재산과 소극재산을 구별하여 분담비율을 달리 정한다거나, 분할대상 재산들을 개별적으로 구분하여 분할비율을 달리 정함으로써 분할할 적극재산의 가액을 임의로 조정하는 것은 허용될 수 없다."고 판시한 대법원의 판결[24]에 이러한 재산분할청구권의 대인적 성격이 반영되고 있다.

또한 대법원은 부부의 일방이 청산의 대상이 되는 채무를 부담하고 있어 총 재산가액에서 채무액을 공제하면 남는 금액이 없는 경우에는 상대방의 재산분할청구가 받아들여질 수 없다고 보았던 기존의 판결들[25]을 폐기하고, 소극재산의 총액이 적극재산의 총액을 초과하여 재산분할을 한 결과가 결국 채무의 분담을 정하는 것이 되는 경우에도 재산분할청구가 가능하다고 판시하면서, 특히 재산분할청구 사건에서는 "혼인 중에 이룩한 재산관계의 청산뿐만 아니라 이혼 이후 당사자들의 생활보장에 대한 배려 등 부양적 요소 등도 함께 고려할 대상이 되므로" 채무부담의 경위와 용처, 혼인생활의 과정, 당사자의 경제활동능력과 장래의 전망 등을 종합적으로 고려하여 그 채무의 분할 여부와 비율을 정해야 한다고 설시하였는데,[26] 이 역시 재산분할청구권의 고유한 대인적 성격을 인정하지 않으면 설명하기 어려운 판결이다.

이와 같은 재산분할청구권의 성격을 고려할 때 분할대상재산이 추가로 발견되었음을 이유로 새로운 재산분할심판을 청구하는 것은, 재산분할청구권이라는 채권의 액수를 확정함에 있어 법원이 고려하여야 할 요소가 새롭게 발견되었으니 기존에 법원이 확정한 재산분할청구권의 액수를 변경해 달라는 취지의 심판청구라고 보아야 할 것이며, 추가된 분할대상재산에 한정하여 별개의 독립한 재산분할심판을 내려달라는 취지라고 볼 수 없다. '기타 사정'을 고려하는 한 분할대상재산의 증감은 분할비율과 다소간 연동될 수밖에 없고,[27] 이는 곧 분할대상재산이 추가되면 기존

---

24) 대법원 2002. 9. 4. 선고 2001므718 판결; 대법원 2006. 9. 14. 선고 2005다74900 판결. 대법원 2014. 7. 16. 선고 2012므2888 판결(全)은 공무원 퇴직연금수급권에 대하여 정기금 방식으로 재산분할을 할 경우에는 다른 일반재산과 구분하여 개별적으로 분할비율을 정할 수 있다고 판시한 바 있으나, 이는 퇴직연금수급권 고유의 특성, 즉 수급권자의 여명을 알 수 없어 가액을 특정할 수 없다는 점에 기인한 것으로, "분할비율을 달리 정할 수 있는 합리적 근거가 있는 경우"에 해당하므로, 위 판결에 의해 재산분할청구권의 법적 성격이 달라지는 것은 아니다.

25) 대법원 1997. 9. 26. 선고 97므933 판결; 대법원 2002. 9. 4. 선고 2001므718 판결.

26) 대법원 2013. 6. 20. 선고 2010므4071, 4088 판결(全).

27) 박민수·이동진·오정일, "이혼 후 재산분할의 비율 및 이혼 위자료액의 결정: 2009년~2011년 합의부 재판례의 실증분석", 家族法研究 第28卷 1號(2014), 125, 128면. 이에 반해 이선미, "재산분할 비율에 관한 서울가정법원 2014년 실무례 분석", 家族法研究 第29卷 2號(2015), 307~309면은 재산의 규모가 매우 크거나 매우 적은 경우가 아닌 한 분할비율의 결정이 분할

에 확정된 분할심판에도 소급적으로 영향을 미칠 수밖에 없음을 의미하기 때문이다.

3. 소 결

그러므로 당사자가 제척기간을 준수하여 재산분할청구권을 행사한 경우에는 그 재산분할의 대상이 되는 재산 전부에 대해 제척기간이 준수되었다고 보아야 할 것이며, 당사자가 재산분할심판 청구 당시 특정한 일부 재산에 대해서만 제척기간이 준수되었다고 볼 수 없다.[28] 대상판결이 1차소송에서 특정되지 않았던 나머지 재산에 대해 1차소송에서 "청구목적물"이 되지 않았다고 표현하고 있는 것이나, 일부 문헌[29]이 일부 청구 사건에서 기간준수의 효과는 당사자가 실제로 청구한 일부에 대해서만 미친다고 보는 이른바 '일부청구의 법리'[30]를 들어 대상판결을 해설하고 있는 것에 찬성하지 않는다.

대법원은 상속회복청구권에 관하여 "상속재산의 일부에 대해서만 제소하여 제척기간을 준수하였다 하여 청구의 목적물로 하지 아니한 나머지 상속재산에 대해서도 제척기간을 준수한 것으로 볼 수 없다."[31]고 하면서 민법 제1014조에 의한 상속분상당가액지급청구권에 관하여도 동일한 법리가 적용된다는 전제하에 "만일 상속분상당가액지급청구권의 가액 산정 대상 재산을 인지 전에 이미 분할 내지 처분된 상속재산 전부로 삼는다는 뜻과 다만 그 정확한 권리의 가액을 알 수 없으므로 추후 감정결과에 따라 청구취지를 확장하겠다는 뜻을 미리 밝히면서 우선 일부의 금액만을 청구한다고 하는 경우 그 청구가 제척기간 내에 한 것이라면" 그 청구취지의 확장으로 추가된 부분에 관해서도 그 제척기간이 준수된 것으로 본 바 있다.[32]

하지만 재산분할 사건의 경우에는 법원의 직권탐지 결과에 따라 파악된 부부

대상 재산의 규모에 따라 특별히 달라지지 않는다고 하나, 위 연구는 표본집단이 적다는 한계가 있다.

28) 권영준(2019), 371면은 제척기간 내에 총체 재산에 대해 '추상적 재산분할청구'를 하였다면 그 분할대상으로 어떤 재산이 특정되었는지와 무관하게 기간을 준수한 것으로 볼 수 있을 것이라는 취지로 서술하고 있는바, 표현의 차이는 있으나, 본 논문과 기본적인 시각을 같이 한다.

29) 김명숙(2019), 69면.

30) 대법원 1969. 3. 4. 선고 69다3 판결: "가분채권의 일부분을 피보전채권으로 하여 가압류한 경우에 피보전채권의 일부만에 시효중단의 효력이 있다." 같은 취지로 대법원 1976. 2. 24. 선고 75다1240 판결; 대법원 1991. 12. 10. 선고 91다17092 판결 참조. 제척기간에 관하여 동일한 취지의 판시를 하고 있는 것으로 대법원 1970. 9. 29. 선고 70다737 판결; 대법원 1971. 9. 28. 선고 71다1680 판결; 대법원 2007. 7. 26. 선고 2006므2757, 2764 판결.

31) 대법원 1980. 4. 22. 선고 79다2141 판결. 같은 취지로 대법원 1981. 6. 9. 선고 80므84, 85, 86, 87 판결.

32) 대법원 2007. 7. 26. 선고 2006므2757, 2764 판결.

쌍방의 협력으로 이룩한 재산 전부를 재산분할 가액 산정 대상으로 삼는다는 점, 그 결과 분할대상재산이 추후 확장될 수 있다는 점, 따라서 당사자로서는 심판청구 당시 정확한 권리의 가액을 알 수 없다는 점이 사건의 본질상 내포되어 있으므로, 당사자가 어느 재산에 대해 얼마의 분할을 청구하였는지와 무관하게 제척기간 준수의 효과가 그 전부에 미친다고 보아야 할 것이다.

Ⅲ. 재산분할심판의 성격

일단 제척기간 내에 한 번 재산분할심판청구가 있었다면 당해 재산분할심판이 확정된 후라도 새로운 재산이 추가로 발견될 때마다 제척기간 도과에 대한 우려 없이 무제한적으로 새로운 재산분할심판을 제기할 수 있고, 이는 과거의 재산분할심판을 사실상 변경하는 효과를 수반한다는 Ⅱ.의 논지에 대해 제기될 수 있는 가장 강력한 반박은 '법적 불안정성'일 것이다. 이미 당사자 간에 재산분할심판이 확정되었는데, 그 후에 다시 새로운 사정이 발견되었다는 이유만으로 계속 이를 다툴 수 있도록 하는 것은 당사자의 지위를 불안하게 만들며, 특히 이혼한 배우자가 재혼하거나 그 재산을 제3자에게 처분한 경우에는 이혼 후 재산관계에 관한 법적 안정성을 침해하게 된다는 것이다.[33] 하지만 재산분할심판의 성격과 관련 재판들의 관계를 고려해볼 때 이러한 우려는 현재의 가사소송체계에 부합하지 않는다. 이유는 다음과 같다.

1. 재산분할심판과 기판력

동일한 법률관계를 둘러싼 재판의 반복에 대한 법원과 당사자들의 두려움은 오래된 것이다. 민사소송법에서는 이러한 공포로부터 당사자들을 보호하기 위해 일찍부터 '기판력'의 법리를 발전시켜왔다.[34] 확정된 종국판결은 소송물로 주장된 법률관계의 존부에 관한 판단의 결론에 관하여 기판력을 가지며,[35] 일단 기판력이 발생하면 동일한 소송물에 대한 후소에서 전소 변론종결 이전에 존재하고 있던 공격방어방법을 주장하여 전소 확정판결에서 판단된 법률관계의 존부와 모순되는 판단을 구하는 것은 전소 확정판결의 기판력에 반하여 허용되지 않고, 전소에서 당사자가

33) 이 점을 지적하고 있는 문헌으로 권영준(2019), 369면.

34) 기판력 제도의 법적 근거에 대해 자세히는 김홍엽, 민사소송법(제8판), 박영사, 2018, 824~826면; 이시윤, 新民事訴訟法(제12판), 博英社, 2018, 629~630면.

35) 대법원 2002. 9. 23.자 2000마5257 결정.

그 공격방어방법을 알지 못하여 주장하지 못하였는지, 나아가 그와 같이 알지 못한 데 과실이 있는지는 묻지 않는다(이른바 '기판력의 실권효 또는 차단효').[36)]

이러한 기판력의 법리를 재산분할심판 사건에 그대로 적용한다면, 당사자가 앞의 재산분할사건에서 주장할 수 있었던 분할 대상 재산을 뒤늦게 발견하였다는 사정을 들어 다시 한 번 재산분할을 청구하거나 기존의 재산분할을 변경해달라고 청구하는 것은 허용될 수 없을 것이다. Ⅱ.에서 이미 살펴본 바와 같이 최초의 재산분할심판의 청구목적물은 청구 당시 특정된 재산에 한정되는 것이 아니라, 일방의 상대방에 대한 재산분할청구권 그 자체이므로, 그 심판의 기판력은 당해 사건에서 법원의 직권탐지주의에 의해 파악했어야 했던 분할 대상 재산 전체에 미쳐야 하기 때문에 실권효 역시 동일한 범위에서 작동하기 때문이다.

하지만 위에서 살펴본 바와 같이 대법원은 이미 누락된 재산에 대한 추가 재산분할심판 청구를 허용하고 있으며, 이러한 판례의 태도는 기판력의 법리에 반하지 않는다. 가사비송사건에서는 확정심판에 기판력이 인정되지 않기 때문이다.[37)] 이에 따라 실무는 재산이 추가발견된 경우와 같이 심판청구의 이익이 인정되는 경우에는 기존의 심판이 확정되었음에도 불구하고 다시 심판을 청구할 수 있다고 본다.[38)] 2013년부터 대법원과 법무부가 추진해 온 「가사소송법」 전면개정 작업[39)] 당시에도 각 개정위원회에서 분쟁의 반복을 피하고, 모순되는 민사판결 등으로 결정의 효력이 상실되는 일을 막기 위해 기판력을 인정하자는 논의가 있었고, 대법원의 개정안은

36) 대법원 2014. 3. 27. 선고 2011다49981 판결. 같은 취지로 대법원 1980. 5. 13. 선고 80다473 판결; 대법원 1992. 10. 27. 선고 91다24847, 24854 판결.

37) 실무제요, 196면; 엄경천(2019), 21면; 이시윤(2018), 635면; 주해친족법(1), 422면. 특히 김선혜, "家事裁判의 旣判力", 家族法硏究 第23卷 3號(2009), 296~298면은 가사비송사건에서는 가정법원이 후견적 입장에서 합목적적으로 법률관계를 형성할 필요가 있으며, 구체적 법률관계에서 그 판단의 기초로 된 사실의 평가와 그 결과가 그 후 적합하지 않게 된 경우에는 수정되고 변경되어야 한다는 이유로 가사비송재판의 기판력을 부정하는 입장을 택하고 있다.

38) 실무제요, 196면. 김선혜(2009), 297면은 재산분할심판의 형성력으로 인해 심판 확정 후 다시 분쟁을 되풀이하는 것은 허용될 수 없다는 취지의 일본 학설을 소개하고 있으나, 재판분할심판의 이행주문만 보더라도 그것이 형성판결과 동일한 종류의 형성력을 갖는다는 데에는 동의할 수 없다. 확정된 재산분할심판의 형성력에 관해 같은 해설을 하고 있는 문헌으로 주해친족법(1) 429면 참조.

39) 대법원의 「가사소송법」 개정안과 개정이유에 대해서는 법원행정처 가사소송법개정위원회, 『2015 가사소송법 개정자료집』, 가사소송법 개정위원회, 2015(이하 '자료집'이라고 한다)를, 법무부 「가사소송법」 전면개정 작업의 경과와 주된 개정 내용에 대해서는 金元泰, "가사소송법 전부개정법률안의 특징과 주요 내용", 法曹 통권 제723호(2017.6.), 288~335면; 宋斅珍, "가사소송법 개정안에 대한 고찰"—이행의 확보 및 관할에 있어서 미성년 자녀의 복리 보호를 중심으로", 法曹 통권 제723호(2017.6.), 439~468면; 玄昭惠, "가사소송법 개정과 미성년자녀의 복리 보호강화", 法曹 통권 제723호(2017.6.), 384~434면을 참조하라.

가사비송사건 중 적어도 재산분할심판과 상속재산분할심판에 관해서는 기판력을 인정하기로 한 바 있으나,[40] 법무부 개정위원회에서는 이를 인정할 경우 추가로 발견된 재산에 대한 재산분할심판청구가 불가능해질 수 있다는 이유로 현행과 같이 기판력을 인정하지 않는 것으로 결정하였다.[41]

본래 이와 같이 기판력이 인정되지 않은 비송심판에 대해서는 그 재판의 취소 또는 변경이 자유롭게 허용되어야 하는 것이 원칙이다(「비송사건절차법」 제19조 제1항). 하지만 재산분할심판의 취소 또는 변경이 허용되는지 여부에 대해서는 견해의 대립이 있어왔다. 일부 견해는 재산분할심판의 비송으로서의 성격을 기초로 그 변경이 가능하다고 본다.[42] 반면 실무에서는 비송이라도 즉시항고로써 불복할 수 있는 재판은 취소하거나 변경할 수 없는데(「비송사건절차법」 제19조 제3항), 재산분할의 심판은 즉시항고가 가능할 뿐만 아니라(「가사소송규칙」 제94조), 부양에 관한 심판과 달리 취소나 변경을 허용하는 규정도 없으므로 이를 취소하거나 변경할 수 없다고 본다.[43]

하지만 재산분할청구가 인용된 경우와 같이 애초부터 항고의 이익이 없었던 경우에는 즉시항고 자체가 불가능하므로, 이러한 경우에 분할대상이 되는 재산이 추가로 발견되었다면 기존의 심판이 부당하였음을 이유로 하는 재판의 변경 · 취소가 허용될 수 있어야 할 것이다. 재산분할에는 청산적 요소뿐만 아니라 부양적 요소도 혼합되어 있으므로, 부양관계의 변경 또는 취소에 관한 「민법」 제978조를 재산분할에 유추적용하는 것 역시 가능하다.[44] 일본에서도 재산분할심판 후 그 기초가 되는 사실관계에 사정의 변경이 생겨서 당해 심판을 유지하는 것이 부당하다고 인정되는 때에는 취소 · 변경을 인정해야 한다는 하급심 판결이 있다.[45] 우리나라에서는 비송사건에 대해 재심에 관한 규정이 준용되지 않으므로 이러한 필요성이 더욱 절실하다.[46]

---

40) 자료집, 336~337면.

41) 金元泰(2017), 329면. 이에 반해 분쟁의 반복을 피하기 위해 재산분할심판에 기판력을 인정할 필요가 있다는 견해로 함윤식(2016), 1202~1203면.

42) 이시윤(2018), 635면.

43) 실무제요, 195, 512면.

44) 부양적 요소에 관해서는 당연히 재산분할심판의 변경 · 취소가 가능하다는 견해로 齋藤秀夫/菊池信男 編, 注解 家事審判法[改訂], 青林書院, 1992年, 394면(栗原 平八郎 집필부분).

45) 廣島高 松江支決平2 · 3 · 26家月42卷10號45頁.

46) 법무부 가사소송법 개정위원회는 2017년 재산분할심판에 기판력을 부여하지 않기로 하였으므로, 재심제도에 관한 규정도 신설할 필요가 없다고 결정한 바 있다. 金元泰(2017), 330~331면 참조.

2. 재산분할심판과 다른 재판간의 관계

논자(論者)에 따라서는 재산분할심판에 기판력이 인정되지 않고, 심판의 변경·취소가 가능하다면 더더욱 제척기간의 법리를 엄격하게 적용하여 제척기간이 도과한 후 추가로 발견된 재산에 대한 재산분할청구를 각하하고, 법적 안정성을 도모해야 한다고 주장할 수도 있다. 재산분할심판의 반복은 이혼한 배우자의 법적 지위를 불안정하게 하고, 그가 재혼하거나 재산을 처분한 경우에 제3자에게까지 영향을 미칠 수 있다는 것이다.[47] 하지만 제척기간의 법리를 엄격하게 적용한다고 하여 특별히 법적 안정성이 실현되는 것은 아니다. 배우자와의 관계 및 제3자와의 관계를 나누어 살펴본다.

가. 배우자와의 관계

부부 쌍방이 협력하여 이룩한 재산은 설령 이혼 당시 부부 중 일방 명의로 되어 있더라도 그 실질적인 기여를 증명하기만 하면 부부의 공유재산이나 명의신탁재산으로 인정받을 수 있다.[48] 물론 재산의 취득에 협력하였다거나 내조의 공이 있다는 정도로는 아직 특유재산의 추정이 깨지지 않으므로,[49] 재산분할청구권에 비해 그 지분을 인정받을 수 있는 범위는 확연히 좁을 것이다. 하지만 일단 실질적 기여를 증명하여 공유재산으로 인정받기만 한다면, 당사자들은 이혼시 재산분할청구와 별

47) 권영준(2019), 369면. 서종희, "이혼 후 재결합한 경우의 재산분할청구권 ― 제척기간의 중단 여부 및 재산분할대상의 확장을 통한 해결 ―", 비교사법 제20권 제2호(2013), 524면은 재산분할청구권 제척기간의 입법목적 자체를 "신속한 재산확정을 통해 이혼 후 제3자와의 재혼 및 제3자에게의 재산처분에 의하여 발생하게 될 법적안정성 보장 및 명료성을 확보"하는 데에서 찾고 있다.

48) 대법원 1990. 10. 23. 선고 90다카5624 판결: "부부의 일방이 혼인중에 자기명의로 취득한 재산은 그 명의자의 소유재산으로 추정되나 실질적으로 다른 일방 또는 쌍방이 그 재산의 대가를 부담하여 취득한 것이 증명된 때에는 소유재산의 추정은 번복되어 다른 일방의 소유이거나 쌍방의 공유라고 보아야 할 것이다." 같은 취지의 판결로 대법원 1986. 11. 25. 선고 85누677 판결; 대법원 1992. 8. 14. 선고 92다16171 판결; 대법원 1995. 2. 3. 선고 94다42778 판결; 대법원 2008. 9. 25. 선고 2006두8068 판결; 대법원 2013. 10. 31. 선고 2013다49572 판결 등 참조.

49) 대법원 1986. 9. 9. 선고 85다카1337 판결: "부부의 일방이 혼인중 그의 명의로 취득한 부동산은 그의 특유재산으로 추정되는 것으로서 그 부동산을 취득함에 있어 상대방의 협력이 있었다거나 혼인생활에 있어 내조의 공이 있었다는 것만으로는 위 추정을 번복할 수 있는 사유가 되지 못하고 그 부동산을 부부각자가 대금의 일부씩을 분담하여 매수하였다거나 부부가 연대채무를 부담하여 매수하였다는 등의 실질적 사유가 주장입증되는 경우에 한하여 위 추정을 번복하고 그 부동산을 부부의 공유로 인정할 수 있다." 같은 취지의 판결로 대법원 1992. 7. 28. 선고 91누10732 판결; 대법원 1992. 12. 11. 선고 92다21982 판결; 대법원 1998. 12. 22. 선고 98두15177 판결 등.

도로 개별 재산의 공유지분에 대해 명의신탁 해지를 원인으로 하는 소유권이전등기 청구나 공유물분할청구의 소를 제기할 수 있다.[50] 상속재산분할 사건의 경우에는 상속재산분할의 대상이 되는 재산에 대해 상속재산분할심판과 별도로 공유물분할청구의 소를 제기하는 것이 허용되지 않고 있으나,[51] 이혼시 재산분할에 관하여는 아직 이러한 취지의 판례가 존재하지 않는다.[52]

이러한 형태의 민사소송은 이혼한 배우자가 상대방에 대해 가지고 있는 소유권 내지 공유지분권에 기초한 것이므로, 물권법의 법리에 따라 어떠한 소멸시효에도, 제척기간에도 걸리지 않은 채 영구히 행사가 가능하다. 재산분할심판 확정 후 추가로 발견된 재산에 대해서도 이러한 형태의 민사소송이 가능한 이상 제척기간 도과를 이유로 재산분할청구권의 행사를 막는다고 해서 당사자의 법적 안정성이 담보될 수는 없을 것이다. 당해 재산에 대해 다시 한 번 재산분할청구권의 행사를 허용한다면 기존의 재산분할심판결과까지 종합적으로 고려하여 법원의 후견적 재량에 따라 적절한 비율의 분할이 가능한 반면, 제척기간을 들어 재산분할청구를 봉쇄해버리고 민사소송에 의해서만 이를 다툴 수 있다고 하면 재산법의 법리에 따라 획일적으로 판단될 수밖에 없으므로 오히려 당사자 간의 형평에 반하는 결과를 가져오게 될 우려가 있다.

나. 제3자와의 관계

법적 안정성을 이유로 추가로 발견된 재산에 대해 제척기간 내에만 재산분할을 청구할 수 있도록 하는 것은 민법 제839조의3과도 조화를 이룰 수 없다. 우리 민법은 2007년 민법 제839조의3을 신설하여 부부의 일방이 다른 일방의 재산분할청구권 행사를 해함을 알면서도 재산권을 목적으로 하는 법률행위를 한 때에는 재산분할청구권의 보전을 위해 그 사해행위의 취소 및 원상회복을 가정법원에 청구할 수 있도록 하였다. 부부 중 일방이 이혼소송 전 또는 이혼소송 도중에 재산을 처분하는 방

---

50) 부부간의 민사소송사건과 재산분할사건 간의 관계와 이를 규율하기 위한 법무부 가사소송법 개정안의 태도에 대해서는 金相勳, “가사사건과 관련된 민사사건의 이송에 관한 법적 고찰－가사소송법 전부개정법률안을 중심으로－”, 法曹 통권 제723호(2017.6.), 342~377면 참조.

51) 대법원 2015. 8. 13. 선고 2015다18367 판결: “공동상속인은 상속재산의 분할에 관하여 공동상속인 사이에 협의가 성립되지 아니하거나 협의할 수 없는 경우에 가사소송법이 정하는 바에 따라 가정법원에 상속재산분할심판을 청구할 수 있을 뿐이고, 상속재산에 속하는 개별 재산에 관하여 민법 제268조의 규정에 따라 공유물분할청구의 소를 제기하는 것은 허용되지 않는다.”

52) 이혼시 재산분할제도와 명의신탁해지청구 제도 등은 그 법적 성질과 기능 및 결정기준에 차이가 있으므로, 계속 병존할 수밖에 없다는 견해로 許㰖, “夫婦間의 名義信託解止請求와 財産分割請求의 關係”, 民事判例硏究[XVII], 博英社, 1995, 203~204면 참조.

식으로 상대방 배우자의 재산분할청구권을 해하는 일을 방지하기 위한 것이다.[53)]

위 제도의 구체적인 요건과 효과에 관해서는 여러 가지 논란이 있지만,[54)] 본 논문의 주제와 관련해서는 특히 제척기간이 문제된다. 민법 제839조의3 제2항은 민법 제406조 제2항의 기간 내에 사해행위 취소의 소를 제기하도록 규정하였으므로, 이를 문언 그대로 해석하면 사해행위를 안 때로부터 1년, 사해행위가 있은 때[55)]로부터 5년 내에는 부부 중 일방이 은닉한 재산에 대한 추급이 가능하다. 따라서 재산분할심판 확정 후라도 위 기간이 도과하기 전이라면 언제든지 수익자 또는 전득자를 상대로 사해행위 취소의 소를 제기하고, 당해 재산의 원상회복을 구할 수 있다.

위 조문은 피보전채권 성립 여부를 둘러싼 그간의 논란에도 불구하고 재산의 은닉으로 인해 정당한 청산을 받지 못한 배우자의 보호를 위해 특별히 마련된 것인 이상, 사해행위 취소 및 원상회복이 이루어진 재산에 대해서는 당연히 그 재산분할도 허용되어야 할 것이다. 그런데 당해 재산의 원상회복 후 정작 제척기간 도과를 이유로 재산분할청구권의 행사를 허용하지 않는다면 사해행위 취소에 관하여 사해행위를 안 때로부터 1년, 사해행위가 있은 때로부터 5년간의 제척기간을 보장한 실익이 없어진다. 사해행위 취소 소송이 가능한 기간 동안에는 분할대상재산을 취득한 제3자도 어차피 분쟁의 가능성이 노출될 수밖에 없다.

---

53) 權純漢(2011), 139면; 김유미, “재산분할청구권에 관한 소고”, 家族法硏究 第22卷 2號(2008), 98~99면; 김주수 · 김상용(2019), 244면; 朴姝映, “재산분할청구권 보전을 위한 채권자취소권의 인정요건에 관한 검토”, 法曹 통권 653호(2011.2.), 49~54면; 신영호 · 김상훈(2018), 147면; 전경근, “재산분할청구권 보전을 위한 사해행위취소권의 요건에 관한 연구”, 家族法硏究 第23卷 1號(2009), 213면; 주해친족법(1), 432~433면.

54) 이 점을 지적하고 있는 문헌으로 權純漢(2011), 139~140면; 朴姝映(2011), 54~55면; 신영호 · 김상훈(2018), 147면; 이경희(2017), 143면; 전경근(2009), 214~215면 참조. 특히 채권자취소권의 행사요건으로서 이혼청구 등을 통해 추상적 재산분할청구권을 구체적 재산분할청구권으로 전환시킬 필요가 있는지 여부에 대해서는 견해가 대립하는데, 김유미(2008), 100면; 김주수 · 김상용(2019), 260~261면은 사전에 이혼청구나 재산분할청구가 없는 상황에서도 채권자취소권을 행사할 수 있다고 보는 반면, 朴姝映(2011), 63~65면; 윤진수(2018), 117면 등은 혼인이 파탄된 후라면 아직 이혼이 성립하지 않았어도 채권자취소권을 행사할 수 있다고 보고 있으며, 전경근(2009), 220면은 최소한 이혼을 준비하는 과정에서 사해행위가 있었던 때에만 피보전채권성을 인정할 수 있다고 한다. 정구태, “2015년 혼인법 관련 주요 판례 회고”, 法學硏究 제27권 제1호(2016), 173면은 이에서 더 나아가 사해행위취소소송 사실심 변론종결시까지 이혼 및 재산분할을 명하는 심판이 성립될 것이 예정되어 있어야 한다고 주장한다. 그 밖에 본 조문의 해석론에 관한 자세한 논의에 대해서는 朴姝映(2011), 56~73면; 함윤식(2016), 1243~1250면 참조.

55) 이 때 “사해행위가 있은 때”의 의미에 대해서는 이혼 성립 유무와 무관하게 사해행위가 있었던 시점을 의미한다는 견해(주해친족법(1), 437면)와 협의이혼이 성립하거나 이혼판결이 확정되어 재산분할청구권이 성립한 때부터 기산해야 한다는 견해(전경근(2009), 221면)가 대립하나, 본 논문의 논지에는 큰 영향을 미치지 아니하므로, 이에 대한 판단을 유보한다.

당사자가 이혼 성립 후 2년 내에 재산분할청구권을 행사한 적이 한 번도 없다면 피보전채권이 소멸한 것으로 보아 사해행위 취소 청구도 기각하는 것이 마땅할 것이나, 일단 제척기간 내에 재산분할청구권을 행사한 사실이 있다면 사해행위취소의 제척기간 내에 원상회복된 재산에 대해서는 이미 이혼 성립 후 2년이 도과하였더라도 재산분할청구를 인정하는 것이 체계상 타당하다. 그렇지 않으면 사해행위취소의 제척기간을 보다 장기로 규정한 입법취지가 몰각되기 때문이다. 그럼에도 불구하고 대상판결의 태도에 따르면 이혼 성립 후 2년이 도과한 후에 비로소 사해행위 취소 판결이 확정된 경우에는 그 원상회복된 재산에 대해 재산분할청구가 원천적으로 봉쇄된다는 문제가 있다.

3. 소 결

재산분할심판은 가사비송사건으로서 가정법원의 구체적 상황에 맞는 합목적적 재량권의 행사를 전제로 설계된 제도이므로 성질상 기판력이 인정되지 않으며, 그것이 부당하다고 밝혀진 경우에는 변경 또는 취소가 가능하다고 보아야 한다. 과거 대법원은 법률혼과 사실혼이 3회에 걸쳐 계속 이어지다가 파탄된 사안에서 마지막 사실혼 해소에 따른 재산분할 시 최초의 법률혼 당시부터 쌍방의 협력으로 이룩한 재산 전부에 대해 재산분할을 인정한 바 있다.[56] 과거의 법률혼 해소에 따른 재산분할청구권이 이미 제척기간 도과로 소멸하였다고 볼 여지가 있었음에도 불구하고, 전체 재산에 재산분할을 인정한 위 판결은 가사비송사건에서 합목적적 재량권 행사를 통한 구체적 타당성의 실현이 제척기간의 획일적 관철을 통한 법적 안정성보다 우위에 있음을 단적으로 보여준다.[57]

위에서는 주로 제척기간 도과 후 새롭게 밝혀진 재산에 대해 재산분할청구를 허용하지 않는다고 해서 법적 안정성이 도모되는 것은 아니라는 취지로 논증하였으나, 제척기간 도과 후 재산분할청구를 허용한다고 해서 애초에 법적 안정성이 크게 침해되는 것도 아니다. Ⅱ.에서 이미 살펴본 바와 같이 재산분할청구는 개별 재산에 대한 반환청구권이나 분할청구권으로서의 성격을 갖는 것이 아니라, 이혼한 배우자를 상대로 부부 쌍방이 협력으로 이룩한 재산의 총액 중 자신이 기여한 바와 이혼 후 부양을 위해 필요한 비율만큼을 정산해 줄 것을 청구하는 법정채권으로서의 성격을 갖는다. 재산분할청구권은 본질적으로 이혼한 배우자를 상대방으로 하는 금전

56) 대법원 2000. 8. 18. 선고 99므1855 판결.

57) 위 판결이 제척기간을 유연하게 판단한 것에 대해 긍정적인 견해로 서종희(2013), 533~534면.

지급청구권인 것이다.[58] 「가사소송규칙」 제98조는 공유물분할에 관한 「민법」 제269조 제2항을 재산분할심판에 준용하여 현물분할이 가능하도록 하고 있으나, 이는 당사자들의 편의를 위해 마련된 법정책적 규정일 뿐이다. 따라서 사해행위취소가 문제되지 않는 한, 재산분할청구권의 행사로 인해 제3자의 법적 지위가 불안정해질 우려는 없다. 제3자 보호가 문제되는 경우에는 가정법원이 재량껏 현물분할 외의 방법을 택하면 될 일이다.

뒤늦은 재산분할청구의 허용으로 인해 이혼한 배우자의 법적 지위가 불안정해진다는 평가도 부당하다. 만약 상대방이 이혼 성립 후 2년 내에 한 번도 재산분할청구권을 행사하지 않았다면 이혼한 배우자로서는 상대방이 앞으로도 재산분할청구권을 행사하지 않을 것으로 예측할 수 있고, 이러한 신뢰는 보장되어야 한다. 단기의 제척기간 규정이 보호하고자 하는 사안은 바로 이러한 경우이다. 하지만 만약 이혼 성립 후 2년 내에 재산분할청구권의 행사가 있었다면, 법원과 당사자는 당해 재산분할심판에서 쌍방의 협력으로 이룩한 모든 재산에 대한 분할이 일거에 이루어질 것으로 기대하며, 「가사소송법」 역시 직권탐지주의와 재산조회·재산명시 제도 등을 마련해 분쟁의 일회적 해결을 적극적으로 지원하고 있다. 그럼에도 불구하고 분할대상재산을 은닉하거나 알리지 않는 등의 방법 등을 통해 재산분할사건의 일회적 해결을 방해 내지 협조하지 않은 당사자에게 법적 안정성이라는 명목 하에 제척기간의 반사적 이익을 누리게 할 이유가 없다.

Ⅳ. 결 론

제척기간은 권리를 신속하게 행사하도록 하여 법률관계를 조속히 확정하기 위해 설정된 기간이다.[59] 재산분할청구권의 제척기간에 관한 민법 제839조의2 제3항 및 제843조 역시 이혼 후 재산관계를 둘러싼 법적 안정성을 도모하기 위해 마련된 것이라고 볼 수 있다.[60] 하지만 일단 이혼 성립과 동시에 또는 이혼 성립 후 2년 내에 재산분할청구권을 행사하였다면, 그 권리행사의 효과, 특히 제척기간 준수의 효과는 재산분할의 대상이 되는 모든 재산에 미친다고 보아야 한다. 그렇게 해석하는

58) 송효진/전경근, “이혼시 재산분할에 관한 최근 판례 분석”, 家族法硏究 第28卷 1號(2014), 150면에 따르면 서울가정법원 재산분할 인용사건 중 현금 지급을 명한 사건이 전체 사건의 84.7%에 달한다고 한다.

59) 대법원 1995. 11. 10. 선고 94다22682 등 판결.

60) 같은 취지로 권영준, 369면; 서종희(2013), 524면.

것이 재산분할청구권의 법정 채권으로서의 성격에 부합하는 결론일 뿐만 아니라, 기판력을 전제로 하지 않는 재산분할심판이 예정하고 있는 바이기도 하다. 추가로 발견된 재산에 대해 제척기간 도과를 이유로 재산분할청구권의 행사를 허용하지 않는 것은, 관련 민사소송이나 재산분할청구권 보전을 위한 사해행위 취소 소송간의 관계에 비추어 볼 때 배우자나 제3자의 법적 안정성 확보에 별다른 도움도 되지 않으면서, 직권탐지주의에도 불구하고 상대방의 재산 은닉으로 인해 정당한 재산분할을 받지 못한 배우자의 권리만을 제약하는 결과를 가져올 것이다. 대상판결의 결론에 반대한다.[61]

---

61) 권영준(2019), 373~374면 역시 제척기간 도과 후에 추가로 발견된 재산에 대한 분할청구를 일부 허용할 필요성이 있다고 보고 있으나, 이를 예외적으로만 허용하고자 한다는 점에서 원칙적 허용을 주장하는 본 논문의 태도와는 차이가 있다.

'부모의 자녀 치료거부 문제 해결을 위한 입법론'을 회고하며

임 하 나*

Ⅰ. 서 론

2003년도에 대학원 석사과정에 입학하면서 윤진수 교수님을 지도교수님으로 모시게 된 이후, 벌써 16년이라는 시간이 흘렀다. 출판을 할 글을 쓰기에 미치지 못하는 실력이라 교수님의 명성에 누가 되지 않을까 걱정되는 마음도 있었으나, 우리나라 최고의 민법 권위자이신 교수님을 지도교수님으로 모시고 수학하였다는 자부심과 영광된 마음을 조금이라도 표현할 수 있다면 부족한 제자로서의 도리를 조금이라도 하는 것이 아닐까 하는 마음에 용기를 내어 이 글을 쓰게 되었다.

교수님께서는 재산법과 가족법 분야에서도 두말할 것 없는 전문가이신 동시에 헌법, 형사, 법경제학 분야 등에서도 끊임없는 연구를 통해 많은 업적을 이루셨다. 다양한 분야에서 연구를 하신만큼 교수님께서는 우리가 당연하게 받아들이고 있던 법질서에 대해서 항상 여러 가지 관점에서 의문을 가지고 사회적인 약자를 중심으로 생각해 볼 수 있는 기회를 가질 수 있도록 인도하셨다. 최대권 교수님과 함께 진행하신 '호주제 개선방안에 대한 조사연구(2001년)'에서는 호주제가 남성우월주의와 여성종속관념을 유지·강화시키는 것과 동시에 남성들에게도 '가장으로서 가족을 부양하고 가문을 이어야 한다'는 멍에를 씌우는 측면이 있음을 소개하셨고, '아동권리협약과 한국가족법(2005년)' 논문에서는 아동권리협약 제6조에서 보장하고 있는 아동의 생명권과 관련하여 자녀에 대한 치료거부 사건에서 우리 법이 아동의 생명권을 보장하기 위한 충분한 수단을 가지고 있지 않음을 지적하기도 하셨다.

이번 글은 교수님께서 작성하신 "부모의 자녀 치료거부 문제 해결을 위한 입법론"[1]이 2014. 10. 15.자 민법개정에 어떠한 영향을 미쳤으며, 부모가 친권을 남용하

---

* 법무부 국제형사과 검사.

1) 法曹 2013. 5.(Vol. 680).

여 자녀에 대한 치료거부를 할 경우 자녀의 생명·신체를 구하기 위해 어떠한 제도의 도입을 가져오게 되었는지를 살펴보기 위한 글이다.

2014. 10. 15.자 민법 개정 전까지는 부모가 친권을 남용하는 등의 방식으로 자녀의 복리, 특히 자녀의 생명·신체에 위해를 가할 우려가 있다고 하더라도, 민법상 이를 통제할 수 있는 방법은 친권상실제도가 유일하였다. 그러나 후술하는 서울동부지방법원 2010. 10. 21.자 2010카합2341 결정의 대상이 된 사건과 같이, 여호와의 증인 신도인 부모가 딸의 수혈에 대해 종교적인 신념을 이유로 거부하는 경우처럼 부모가 친권을 행사하여 자녀의 치료에 관한 동의권을 행사하지 않아 자녀의 생명을 위험에 빠뜨리는 경우 어떻게 해결해야 할 것인지 등에 대한 논의에서 기존 친권상실제도만으로는 민법상 자녀의 복리를 충분히 보호할 수 없으며 친권의 상실 이외에도 다양한 제도를 통해 자녀의 복리에 맞는 친권행사가 될 수 있도록 하여야 한다는 공감대가 형성되었다.

이러한 공감대를 바탕으로 윤진수 교수님께서는 현소혜 교수님과 함께 대상 논문내용의 바탕이 된 법무부 연구용역 '부모의 자녀치료 거부에 대한 입법필요성에 관한 연구'를 작성하셨다. 이를 바탕으로 2013년 친권정지·제한 제도를 도입한 개정위원회가 발족되었으며 같은 해 9. 30. 친권의 정지 및 제한제도의 도입에 관한 민법일부개정법률안이 입법예고되었고, 2014. 9. 30. 국회에서 법안이 최종으로 통과되었다.[2] 즉, 교수님의 연구가 우리 민법에 친권정지·제한 제도 등의 도입에 큰 영향을 준 것이다.

이 글의 구성은 다음과 같다. Ⅱ.에서는 2014. 10. 15. 민법개정 전 상황과 대상 논문의 주된 내용을 소개하고, Ⅲ.에서는 2014. 10. 15.자 민법개정내용을, Ⅳ.에서는 부모의 자녀치료 거부 문제와 관련한 프랑스 입법례 및 실무례를 살펴본 뒤 마지막으로 Ⅴ.에서 교수님의 연구성과로 도입된 현재 민법상의 친권제한 등 제도가 자녀의 생명·건강권을 보호하기 위해 더 개선해야 할 방향이 무엇인지 정리하여 본다.

---

2) 김민지, "친권정지·제한제도에 한 민법일부개정안의 소개 검토", 국민대학교 법학연구소, 法學論叢 第27卷 第2號, 2014. 10., 179~180면.

Ⅱ. 2014. 10. 15. 민법개정 전 친권남용 통제수단 및 대상논문의 내용

1. 2014. 10. 15. 민법개정 전 친권남용 통제수단

가. 민법상의 친권상실제도

2014. 10. 15. 민법개정 전 민법에는 친권남용을 통제할 수단으로 친권상실제도가 유일하게 존재하였다.

> 第924조(친권상실의 선고) 부 또는 모가 친권을 남용하거나 현저한 비행 기타 친권을 행사시킬 수 없는 중대한 사유가 있는 때에는 법원은 제777조의 규정에 의한 자의 친족 또는 검사의 청구에 의하여 그 친권의 상실을 선고할 수 있다.

민법상의 친권은 자녀의 복리실현을 위하여 법률에 의해 부모에게 인정된 실정법상인 의무인 동시에 권리이다. 따라서 부모는 자녀의 복리에 적합하게 친권을 행사할 의무를 부담하며, 이러한 의무를 위반하여 자녀의 복리를 위태롭게 할 때에는 국가가 개입하여 필요한 조치를 취하여야 한다. 친권상실선고는 국가가 취하는 조치 중 가장 강력한 수단으로서, 부모가 친권을 남용하는 등으로 친권을 행사시킬 수 없는 중대한 사유가 있는 경우 부모의 친권을 박탈하는 제도이다.[3]

친권의 남용이란 친권 본래의 목적인 자녀의 복리실현에 현저히 반하는 방식으로 친권을 행사하는 것은 물론, 의도적으로 친권을 행사하지 않아서 자녀의 복리를 해치는 것까지를 포괄하는 개념이다.[4] 따라서 부모가 자녀의 생명 또는 건강이 침해 될 우려가 있음에도 불구하고 치료를 거부하는 경우 친권남용 자체에는 해당된다. 그러나 친권상실이 결정되면 자녀의 보호는 미성년후견인에게 맡겨지게 되므로, 판례는 될 수 있는대로 자녀를 부모의 보호 밑에 두려는 입장에서 친권상실의 전제가 되는 친권남용의 정도를 높이 해석하려고 하는 경향이 있다.[5] 따라서 기존의 친권상실제도만으로는 자녀의 치료거부 사건에 있어서 친권상실제도가 적극적으로 사용되기는 어려웠다.

---

3) 김주수 · 김상용, 「주석 민법」, 한국사법행정학회, 2017. 8.(제5판), 569면.
4) 김주수 · 김상용, 앞의 책, 571면.
5) 김주수 · 김상용, 앞의 책, 571면.

나. 아동복지법상의 친권남용 통제수단

2014. 10. 15. 민법개정 전에도, 아동복지법 제18조에서는 아래와 같이 지방자치단체장 또는 검사가 친권남용 등의 경우 친권행사의 제한 또는 친권상실의 선고를 청구하도록 규정[6]하고 있었다.

제18조(친권상실 선고의 청구 등) ① 시·도지사, 시장·군수·구청장 또는 검사는 아동의 친권자가 그 친권을 남용하거나 현저한 비행이나 아동학대, 그 밖에 친권을 행사할 수 없는 중대한 사유가 있는 것을 발견한 경우 아동의 복지를 위하여 필요하다고 인정할 때에는 법원에 친권행사의 제한 또는 친권상실의 선고를 청구하여야 한다.

② 아동복지전담기관의 장, 아동복지시설의 장 및 「초·중등교육법」에 따른 학교의 장(이하 "학교의 장"이라 한다)은 제1항의 사유에 해당하는 경우 시·도지사, 시장·군수·구청장 또는 검사에게 법원에 친권행사의 제한 또는 친권상실의 선고를 청구하도록 요청할 수 있다.

위 조문을 문리적으로 해석하면 민법상의 친권상실제도보다는 폭넓게 자녀에 대한 치료거부 사건에서 친권을 부분적으로 제한할 수 있는 것으로 보이나, 실제로 이 조문은 거의 활용되지 못하였다. 실무적으로도 검사가 민법 및 아동복지법에 근거하여 친권을 제한하는 청구를 하는 경우는 친족간의 성범죄사건과 같이 부모의 아동학대가 매우 중대하고 명백한 경우가 대부분이다.

2. 서울동부지방법원 2010. 10. 21.자 2010카합2341 결정

서울동부지방법원의 위 결정은 민법상 친권상실제도만 존재할 당시의 결정으로 사안의 개요는 아래와 같다.[7]

채무자들(피신청인들)의 딸인 甲은 2010. 9. 6.에 태어나 심장질환(대동맥판막의 선천 협착, 양방단실 유입증, 심방심실 중격 결손증 등)이 있다는 진단을 받고, 채권자(신청인) 재단 산하 서울아산병원(이하 '채권자 병원'이라고 한다)의 신생아중환자실에서 치료받기 시작하였다.

---

6) 舊 아동복지법(2011. 8. 4. 법률 제11002호로 개정되기 전의 법) 제12조 제1항에도 같은 취지의 규정을 두고 있었으나 그 청구권자는 지방자치단체장만으로 규정되어 있었다가 2011. 8. 4.자 법률 제11002호로 개정되면서 청구권자로 검사가 추가되었다.

7) 이하 사안의 개요는 이봉민, "자녀에 대한 의료행위에 관한 친권남용 통제 — 서울동부지방법원 2010. 10. 21.자 2010카합2341 결정 —", 法曹 2012. 5.(Vol. 668), 234~239면 참조.

채권자 병원은 甲의 심장질환을 완전히 치료하기 위해서는 심장교정 목적인 '폰탄수술'이 필요하다고 판단하였다. 채권자 병원은 폰탄 수술 중 수혈이 필수적인 1단계 수술을 시행할 경우 甲의 회복가능성을 30%에서 50%로, 무수혈로 이 수술을 진행하면 회복가능성은 5% 미만으로, 수술 자체를 하지 않을 경우 甲의 생존기간은 길게 잡아도 3개월에서 6개월 정도로 예상하였으며, 예상생존기간 이전에 생명에 위해가 되는 응급 상황이 발생될 가능성도 매우 큰 것으로 보았다.

채권자 병원은 폰탄 수술을 시행하기 위하여 채무자들에게 동의를 구하였으나, 채무자들은 여호와의 증인 신도로서 수혈을 금하는 자신들의 종교적인 신념에 기초하여 甲에 대하여 폰탄 수술에 수반되는 수혈을 거부한다는 의사를 표시하였다. 이에 채권자는 채무자들을 상대로 "병원에서 환자의 규명을 위해 행하는 수혈행위를 방해하여서는 안 된다"는 취지의 가처분을 구하였고, 법원은 ① 수혈을 수반하는 폰탄 수술을 시행하는 것이 甲의 복리에 부합하고, ② 이 사건 부모의 치료거부는 정당한 친권 행사의 범위를 넘어서는 것이며, ③ 생명유지의 인간본성 등을 고려할 때 甲은 수혈을 받는데 동의하는 의사를 가지고 있다고 봄이 상당하다는 이유 등으로 "채무자들은 채권자 산하 서울아산병원에서 甲에 대하여 구명(救命)을 위하여 행하는 수혈행위를 방해하여서는 아니 된다"라는 가처분을 발령하였다.

3. 교수님의 대상논문 내용

교수님께서 대상 논문을 쓰실 당시에는 전술한 바와 같이 부모의 자녀 치료거부와 같은 친권남용을 통제할 민법상의 수단은 친권상실제도만이 존재하였는데, 교수님께서는 대상 논문에서 다음과 같이 설시하셨다.

의료영역에서 자기결정권은 미성년자에게도 충분히 보장되어야 하나, 의료 현실에서는 미성년자 본인의 의사 또는 의사능력 유무와 무관하게 친권자에 의해 의료행위 시행 여부가 결정되는 경우가 대부분이다. 부모는 의료행위 동의권을 행사함에 있어서 자의 복리를 우선적으로 고려하여야 하나(민법 제912조), 치료비 부담, 종교적 신념 등을 이유로 치료를 거부하는 사례 등이 발생하고 있다. 따라서 국가가 사전에 적극적으로 개입하여 부모의 치료거부에도 불구하고 미성년 자녀에 대한 치료가 가능하도록 하는 조치를 강구하여야 한다.

현행법상 구제수단을 살펴보면, ① 우선 형사법리를 활용하여 치료거부를 한 부모나 이에 동조한 의료진을 유기치사죄, 살인방조죄 등으로 처벌하는 방법을 생각해볼 수 있으나 이는 모두 사후적인 조치에 불과하고, 종교적 신념으로 치료거부를 하는 부모에 대해서는 위화효과도 가지지 못한다. ② 민법상 친권상실제도가 있으나 대법원이 친권상실을 인정할 것인가에 관하여 매우 엄격한 기준을 가지고 있는 점, 친권상실선고만으로는 당장 자녀에게 필요한 치료행위를 시행하는 것이 불가능하고 선고까지 상당한 시일이 걸리는 점 등을 종합해보면 부모의 자녀치료거부 문제를 해결함에 있어서 이 제도를 활용하는 것은 실제로는 별로 현실성이 없다. ③ 아동복지법상 친권행사 제한 제도가 있으나, 친권제한선고를 통해 부모의 의료행위 동의권을 박탈한 후 미성년후견인을 선임하여 재차 의료동의를 받기까지 상당한 기간과 노력이 소요될 뿐만 아니라 실제로도 이 조문은 거의 활용되지 못하고 있어 실효성이 없다. ④ 민법 제921조(친권자와 그 자간 또는 수인의 자간의 이해상반행위)를 유추적용하여 특별대리인을 선임하고 그가 의료행위 동의권을 대행할 수 있어야 한다는 주장이 있으나, 치료거부행위가 항상 부모에게 이익이 되는 행위라고 보기는 어렵고, 특별대리인 선임청구권자는 오로지 친권자뿐이며, 선임방식이 지나치게 우회적이므로 실효성이 떨어진다. ⑤ 마지막으로 전술한 서울동부지방법원 2010. 10. 21.자 2010카합2341 결정과 같이 민사집행법 제300조 제2항에 따른 '임시의 지위를 정하는 가처분' 제도를 활용하여 의사표시를 명하는 가처분을 구제수단으로 생각해 볼 수 있다. 이 수단에 대해서도 본안사건으로서 어떠한 청구를 할 수 있을지 불분명하다는 비판 등이 있음에도 학설이나 하급심 판결이 이러한 가처분을 허용해야 한다고 보는 것은 현행법상 이러한 가처분 외에는 현실적으로 뚜렷한 사전적 구제처분을 찾기 어렵기 때문이라고 할 수 있다.

교수님께서는 당시 법률상 제도에 대한 문제점을 제기하시면서 결국 부모의 치료거부와 관련한 문제를 근본적으로 해결하는 길은 법원이 친권상실 이외의 방법으로 개입할 수 있는 명문의 규정을 두는 것뿐이라고 결론을 내리시고 아래와 같은 해결책을 제시하셨다.

가. 부모의 동의를 갈음하는 법원의 허가 제도의 도입

가급적 부모의 친권을 인정한 채 당해 치료행위만 가능하도록 구상하는 것이 헌법상 비례의 원칙 준수 요청과 친자관계 회복의 필요성에 비추어볼 때 바람직하다. 여호와의 증인 부모가 수혈만을 거부하고 있을 때 법원이 수혈에 대한 부모의 동의를 갈음하는 허가를 한다면 부모의 치료거부에 대한 문제는 간단하게 해결될 수 있다.

나. 친권의 일시정지 또는 일부제한 제도의 도입

부모의 동의를 갈음하는 법원의 허가 제도 도입만으로는 문제를 완전히 해결할 수 없는 경우가 있다. 부모가 친권을 가지고 이미 체결한 의료계약을 해지하는 등의 행위를 할 가능성이 존재하기 때문이다. 이러한 경우 친권자의 법률행위 등을 포괄적으로 정지시키는 친권의 일시정지제도(후견인 선임) 또는 친권행사의 범위를 제한하여 제3자로 하여금 친권을 대신 행사하게 하는 친권의 일부제한 제도(특별대리인 선임)를 도입할 필요가 있다.

다. 청구권자 등의 확대

치료거부의 경우 1차적으로 문제에 접하는 사람은 치료를 담당하는 의사와 같은 의료인이므로, 의료인도 아동복지법 제18조 제2항에서 규정하고 있는 '친권행사의 제한 또는 상실선고 청구' 요청권자로 규정하고, 아동복지전담기관의 장, 아동복지시설의 장 및 학교장과 의료인이 지방자치단체장 또는 검사에게 친권자의 동의를 갈음하는 재판을 청구할 수 있도록 규정할 필요가 있다.

교수님의 위와 같은 연구를 바탕으로 친권의 정지 및 제한제도의 도입 등에 관한 민법일부개정법률안이 2014. 9. 30. 국회에서 최종 통과되었는바, 다음 장에서는 개정된 민법으로 부모의 치료거부 등 자녀의 생명·신체에 위해를 발생시킬 수 있는 친권행사를 어떻게 제한할 수 있게 되었는지에 대해 살펴본다.

Ⅲ. 2014. 10. 15.자 법률개정에 의한 변화

1. 친권자의 동의를 갈음하는 재판 제도 신설

2014. 10. 15.자 개정 민법은 친권의 일시 정지 및 일부 제한 선고 제도 이외에도 '친권자의 동의에 갈음하는 재판' 제도를 신설하였다.

> **제922조의2(친권자의 동의를 갈음하는 재판)** 가정법원은 친권자의 동의가 필요한 행위에 대하여 친권자가 정당한 이유 없이 동의하지 아니함으로써 자녀의 생명, 신체 또는 재산에 중대한 손해가 발생할 위험이 있는 경우에는 자녀, 자녀의 친족, 검사 또는 지방자치단체의 장의 청구에 의하여 친권자의 동의를 갈음하는 재판을 할 수 있다. [본조신설 2014. 10. 15.]

교수님께서는 '헌법상 비례의 원칙 준수 요청'과 '친자관계 회복의 필요성'에 비추어 볼 때, 부모가 자녀의 생명유지를 위해 반드시 필요한 치료행위에 동의하지 않는다고 하여 이를 바로 친권남용으로 구성하여 친권을 제한하기보다는, 가급적 부모의 친권을 인정한 채 당해 치료행위만 가능하도록 구성하는 것이 바람직하다고 보시고 독일민법과 같이 '친권자의 동의를 갈음하는 법원의 허가제도 도입'을 주장하셨다. 가령 부모가 종교상의 신념을 이유로 자녀에 대한 다른 치료에는 모두 동의하면서도 수혈만을 거부하고 있을 때, 법원이 수혈에 대한 부모의 동의를 갈음하는 허가를 하는 것이 가능하다면 친권을 제한하는 어떠한 제도보다도 가장 간명하게 문제를 해결할 수 있게 된다.

교수님께서 법무부 용역보고서 및 대상논문에서 주장하신 위 제도가 개정민법에 그대로 반영이 된 것이다. 이 조항은 주로 의료방임사안을 염두에 두고 만든 것으로, 친권이 직접 제한되는 것이 아니기 때문에 후견인을 선임할 필요도 없이 법원이 일정한 행위를 할 수 있도록 보충적으로 부모의 동의를 대신하면 된다.[8] 부모의 치료거부 사안에서 친권자의 의료방임에 대한 후발적 처벌이 아닌 실효성 있는 사전 구제책으로 이 제도를 활용할 수 있게 되었다.[9]

2. 친권의 일시 정지 및 일부 제한 제도 신설

2014. 10. 15.자 개정민법에서는 친권의 일시 정지 및 일부 제한 제도가 신설되었다. 기존 친권상실의 선고만 규정한 민법 제924조가 친권의 상실 또는 일시 정지의 선고 규정으로 개정되고, 민법 제924조의 2조가 신설되면서 친권의 일부 제한의 선고를 규정하게 되었다.

민법 [법률 제471호, 1958. 2. 22, 제정]	민법 [법률 제12777호, 2014. 10. 15, 일부개정]
제924조(**<u>친권상실의 선고</u>**) 부 또는 모가 친권을 남용하거나 현저한 비행 기타 친권을 행사시킬 수 없는 중대한 사유가 있는 때에는 법원은 제777	제924조(**<u>친권의 상실 또는 일시 정지의 선고</u>**) ① 가정법원은 부 또는 모가 친권을 남용하여 자녀의 복리를 현저히 해치거나 해칠 우려가 있는 경우

8) 박주영, "개정 민법상 친권제한제도의 평가 및 향후 과제", 성균관법학 제27권 제3호(2015. 9.), 132면 참조.

9) 백경희, "아동학대에 대한 친권제한의 실효적 적용에 관한 고찰－일본의 아동학대 방지 관련 법제와의 비교를 중심으로－", 부산대학교 법학연구 제57권 제2호(통권 88호), 2016. 5., 150면.

조의 규정에 의한 자의 친족 또는 검사의 청구에 의하여 그 친권의 상실을 선고할 수 있다.	에는 자녀, 자녀의 친족, 검사 또는 지방자치단체의 장의 청구에 의하여 그 친권의 상실 또는 일시 정지를 선고할 수 있다. ② 가정법원은 친권의 일시 정지를 선고할 때에는 자녀의 상태, 양육상황, 그 밖의 사정을 고려하여 그 기간을 정하여야 한다. 이 경우 그 기간은 2년을 넘을 수 없다. ③ 가정법원은 자녀의 복리를 위하여 친권의 일시 정지 기간의 연장이 필요하다고 인정하는 경우에는 자녀, 자녀의 친족, 검사, 지방자치단체의 장, 미성년후견인 또는 미성년후견감독인의 청구에 의하여 2년의 범위에서 그 기간을 한 차례만 연장할 수 있다. [전문개정 2014.10.15]

제924조의2(친권의 일부 제한의 선고) 가정법원은 거소의 지정이나 징계, 그 밖의 신상에 관한 결정 등 특정한 사항에 관하여 친권자가 친권을 행사하는 것이 곤란하거나 부적당한 사유가 있어 자녀의 복리를 해치거나 해칠 우려가 있는 경우에는 자녀, 자녀의 친족, 검사 또는 지방자치단체의 장의 청구에 의하여 구체적인 범위를 정하여 친권의 일부 제한을 선고할 수 있다. [**본조신설** 2014. 10. 15.]

부모의 동의를 갈음하는 법원의 허가 제도를 통해 설사 법원이 위의 예시와 같이 수혈에 대한 동의를 갈음하는 허가를 하였다고 하더라도, 부모는 의료계약 체결을 해지하거나 자녀의 거소지정권 등에 대한 친권을 행사하여 사실상 자녀에게 필요한 치료를 무위로 돌릴 수 있다. 부모가 특정 치료행위에 동의하지 않는 것을 넘어서 의료계약의 체결자체를 거부하거나 해지하려고 하는 경우 부모의 친권을 완전하게 상실시키지 않고도 '일정 기간 동안 포괄적으로 정지'시켜 자녀의 건강·생명권을 보호할 수 있게 되었다. 정부는 '친권 일시 정지 선고 제도' 제안 이유에 대해 '친권 제한 사유가 단기간 내에 소멸할 개연성이 있는 경우에 자녀의 생명 등을 보호하기 위한 필요 최소한도의 친권 제한 조치'라고 소개하였다.[10)]

또한 친권의 일부 제한 선고를 통해, 자녀의 거소지정이나 징계, 그 밖의 신상에 관한 결정 등 특정한 사항에 관하여 친권자가 친권을 행사하는 것이 자녀의 복리를 해하거나 해칠 우려가 있는 경우에는 '구체적인 범위'를 정하여 친권을 제한할 수 있게 됨으로써, 필요최소한도의 친권제한 조치로 자녀의 생명 등을 보호할 수 있게 되었다.[11)]

교수님께서는 친권의 일시 정지 및 일부 제한 선고 제도 도입을 주장하시면서, 치료행위의 종료와 동시에 생명·신체에 대한 급박한 위험이 사라져 친권상실사유가 소멸할 것이 명백한 사안 등에서는 기존의 친권상실선고 대신 친권을 일시 정지시키는 것이 비례성의 원칙에 부합하고, 자녀의 치료거부 사안에서는 자녀의 치료에 관한 부모의 친권만 정지시키고 나머지 자녀의 양육은 여전히 부모가 할 수 있게 하는 친권의 일부 제한 선고가 친권상실선고에 비해 비례성의 원칙에 부합한다고 주장하셨다. 교수님께서 강조하시던 비례성의 원칙에 대한 필요성이 그대로 받아들여져[12)] 동 제도가 2014. 10. 15.자 개정 민법에 받아들여지게 된 것이다.

3. 소 결

2014. 10. 15.자 민법 개정으로 친권의 일시 정지 및 일부 제한 제도가 신설된 것은 교수님께서 작성하신 법무부 연구용역 '부모의 자녀치료 거부에 대한 입법필요성에 관한 연구'가 기초가 되었음이 자명하다. 그러나 위에서 살펴본 것처럼, 자녀의 치료거부 사안과 같이 부모의 친권행사가 자녀의 생명·신체에 위험을 줄 수 있는 상황의 경우, 1차적으로 문제에 맞닥뜨리게 되는 사람들은 의료진이라고 할 수 있음에도, 교수님의 주장과는 달리 아직까지 민법 및 아동복지법 등에서 의료인에게 부모의 친권을 제한하거나 부모의 동의를 갈음하는 법원의 허가를 청구할 수 있는 권한 또는 이러한 청구를 요청할 수 있는 권한을 인정하고 있지 않다.

부모가 치료거부를 하여 자녀의 생명이나 건강이 위급해진 상황이라면, 부모의

10) 법제사법위원회 전문위원 강남일, "민법 일부개정법률안(정부제출, 제10017호) 검토보고", 2014. 7., 2면 참조.

11) 법제사법위원회 전문위원 강남일, 위 보고서 2~3면 참조.

12) 제326회 국회(임시회) 제2차 법안심사제1소위 회의록, 2014. 7. 11., 15면 이하 참조(http://likms.assembly.go.kr/bill/billDetail.do?billId=ARC_I1P4R0M4T0I3Y1T5M0F2K5L0M8J6U0. 최종방문 2019. 12. 5.)

치료거부 상황을 즉시 제거하고, 자녀에게 적시에 필요한 치료를 하는 것이 가장 중요하다. 그런데 2014. 10. 15.에 개정되어 현재까지 유지되고 있는 민법 규정에 의하면, 의료진이 청구권자나 요청권자에서 배제됨으로써 신속하게 자녀의 치료에 방해되는 상황을 제거하지 못할 가능성이 여전히 존재한다. 또한 부모의 동의를 갈음하는 법원의 허가제도나 친권의 일시정지 또는 일부제한의 경우에도 법원이 이를 결정하기까지 일정 시간이 걸릴 것이기 때문에 적시 치료가 어려워질 가능성도 있다.[13)]

때문에 2014. 10. 15.자 민법개정이 비록 기존의 규정보다 진보하여 부모의 친권행사로 인한 자녀의 생명·신체 위험성을 어느 정도 제거하였다고 하더라도 여전히 부족한 점이 있는바, 프랑스 입법례를 비교하여 보고 개선점에 대해 살펴본다.

Ⅳ. 프랑스 입법례

프랑스에서는 다른 여러 서구 국가들과 마찬가지로 비교적 일찍부터 부모의 의한 자녀의 치료거부 문제를 해결하기 위한 각종 대책이 강구되어 왔다. 특히 자녀의 치료거부 문제는 프랑스 내에서도 여호와의 증인이 자녀에 대한 치료행위 중 수혈을 거부함으로 인해 많이 발생하였으므로 이러한 사안을 중심으로 논의되었다.

1. 치료에 대한 명백하고 자유로운 동의 원칙

프랑스는 2002년 이전까지 법률에 환자의 의료행위에 대한 동의권이 명문화되지 않았다. 그러나 1942. 1. 8.자 프랑스 파기원의 Teyssier 판결에서는, 「수술 전에 환자의 동의가 필수적인데 이는 인권에 대한 당연한 존중의 결과」라고 판시하였고, 이 판결은 의료분야에서 환자의 인권을 토대로 한 동의권을 인정하는 파기원의 기준판례가 되었다.[14)]

그러다가 2002. 3. 4.자 2002－303호 건강시스템의 질과 환자의 권리에 관한 법률(LOI n° 2002－303 du 4 mars 2002 relative aux droits des malades et à la qualité du

---

13) 백경희, “자기결정능력 흠결 상태의 환자에 대한 의료행위의 동의에 관한 소고”, 법학논총 제33집, 숭실대학교 법학연구소, 2015. 1., 170면.

14) La Cour de cassation, “Les relations entre les personnes malades et usagers du système de santé et les professionnels”, Rapport 2007(2007), https://www.courdecassation.fr/publications_26/rapport_annuel_36/rapport_2007_2640/etude_sante_2646/epreuve_protection_2647/necessaires_fonctionnement_2648/personnes_malades_11375.html#1.1.1.2.1.1.(최종방문 2019. 6. 17.)

système de santé)에 의해 개정된 프랑스 공중보건법 L1111－4조는, 「모든 사람들은 자신의 건강과 관련된 결정을 하며, 의사는 자신의 선택에 대한 결과를 고지받은 사람의 의사를 존중하여야 한다. 어떠한 의료적 행위나 치료도 사람의 명확하고 자유로운 동의에 반해 이루어질 수 없다[15]」고 규정하여 의사가 환자의 의사에 반해 치료할 수 없음을 명문화 화였다.

2002년 법 개정 전에는, 국립병원 의사가 성인인 여호와의 증인 환자의 명시한 의사에 반하여 수혈을 실시하여 환자의 가족들이 10만 프랑의 손해배상 등을 청구한 행정소송 사안에서 프랑스 최고행정재판소격인 Conseil d'Etat는, 「명시된 환자의 의사를 존중하여야 한다는 의사의 의무는 환자의 생명을 보호하여야 한다는 의무 앞에서 한계를 지니고, 환자의 명시된 의사에 반하는 경우라도 위급한 상황에서 달리 대체할 치료법이 존재하지 않은 경우 환자의 상황에 비례하여 필요불가결한 수단을 사용한 의사에게는 잘못이 없으며, 환자를 살려야 하는 의사의 의무는 환자의 의사를 존중하여야 하는 의무에 앞선다」라고 결정하였다.[16]

그런데 2002년 공중보건법 L1111－4조의 신설로 인해 같은 사안에서 환자의 명시한 의사에 반하여 수혈을 한 의사에게 위법이 있다고 할 수 있는지에 대해 프랑스 내에서도 논의가 있다. 위 법조문을 그대로 해석한다면 환자의 의사에 반해 수혈을 한 의사에게는 불법이 있다고 해석할 여지가 있으나 실무적으로는 그렇게 운용된다고 단정하기 어렵다.[17] 아래 판례를 본다.

공중보건법 L1111－4조의 신설 이후에 성인인 여호와의 증인 환자가 미리 수혈 거부의 의사를 명시적으로 표시한 상태에서 행정법원 가처분 판사의 '환자의 생명이 극단적으로 위험에 처한 상황이 아닌 한, 환자의 의사에 반하여 수혈을 하지 말 것'이라는 결정에 대해, Conseil d'Etat는 「의료진이 환자에게 수혈이 생존에 있어서 필수적이라는 점을 최대한 설득하였음에도 이 설득이 실패로 돌아간 반면 수혈이 질병을 극복하기 위하여 필요불가결하고 적합한 것이라면, 이러한 수혈은 환자의 동의

15) 프랑스 공중보건법 제L1111－4조 제1항~제3항.

16) Conseil d'Etat, Assemblée, du 26 octobre 2001, N° 198546, publié au recueil Lebon 결정문 참조 : 이 사건은 44세의 여호와의 증인 신자인 환자가 급성 신부전으로 인해 수술을 받은 뒤 상태가 심각해졌으나, 환자가 설사 수혈이 생명을 구할 수 있는 유일한 수단이라고 하더라도 수혈은 거부하겠다는 의사를 편지로 명시하였고 이후 재차 같은 의사를 밝혀 병원에서 시기에 맞는 치료를 제대로 하지 못하다가, 결국 환자가 심한 빈혈상태에 이르러 병원이 환자에게 수혈을 하였으나 환자는 사망한 사건으로, 환자의 부인은 국립병원을 상대로 의사의 윤리의무위반, 유럽인권협약 위반 등으로 10만 프랑의 손해배상 등을 청구하였던 사안이다.

17) Didier Truchet, "Droit de la santé publique", Dalloz 9e édition(2017), 246면.

와 관련한 근본적인 자유를 침해하는 중대하고 명백한 불법을 구성하지 않는다. 또한 이 수혈 구조는 유럽인권협약 제9조에서 규정하고 있는 종교의 자유와 명백하게 모순되지 않는다」고 결정하였다.[18] 이러한 Conseil d'Etat의 결정과 같은 맥락으로, 2006. 4. 20. 낭트 고등행정법원은 여호와의 증인 환자가 수혈거부를 하였음에도 국립대학병원에서 수혈을 진행하였고 이에 환자와 그 가족들이 병원을 상대로 손해배상을 청구한 사건에서, 「수혈이 환자의 생명을 구하기 위해 필수불가결한 것이었고, 따라서 병원의 수혈결정에는 위법이 없다」고 판시[19]하였다.

결국 Conseil d'Etat의 위 결정은 성년자의 수혈거부 의사표시가 있다고 하더라도 생명이 위급한 경우에는 일정한 조건 하에 의사의 수혈행위가 위법하지 않을 수 있다는 것인데, 이에 대해 파기원은 Conseil d'Etat의 위 결정내용 자체를 부정하지는 않으면서도 그 확장해석에 대해서는 경계하고 있다.[20]

2. 미성년자의 동의에 대한 예외

가. 친권자의 동의 필요 원칙

프랑스 민법 제371－1조에서 규정하고 있는 부모의 친권에 의해 부모는 자녀의 의료행위에 대한 동의권을 가진다. 때문에 미성년자에 대한 어떠한 종류의 의료적 행위나 수술에 대해서도 친권자의 동의는 필수적인 것이 원칙이다.[21] 그런데 이러한 원칙에는 몇 가지 예외사유가 있다.

나. 친권자 동의 필요 원칙에 대한 예외사유

1) 법규정

프랑스 민법 제16－3조 및 프랑스 공중보건법 L1111－4조에 의해 미성년자도 부모가 친권에 의해 가지는 동의권과는 별개로 자신의 치료에 대한 동의권을 가진

18) Conseil d'Etat, ordonnance du 16 août 2002, Feuillatey, n° 249552, publié au Recueil Lebon 결정문 참조 : 이 사건은 성인인 여호와의 증인 신자인 환자가 수혈거부의사를 명시하였음에도 국립병원에서 수혈을 하려고 하자, 환자와 그 가족이 리옹행정법원에 병원에 대하여 '어떠한 경우에도 수혈을 하지 말 것' 등의 가처분을 구하고 리옹행정법원에서 '환자의 생명이 극단적으로 위험에 처한 상황이 아닌 한 수혈을 금한다'는 가처분결정을 하였고, 환자와 그 가족은 '환자의 생명이 극단적으로 위험에 처한 상황'이라는 단서조항에 대한 취소를 구하게 된 사안이다.

19) Cour administrative d'appel de Nantes, 3ème Chambre, du 20 avril 2006, 04NT00534, inédit au recueil Lebon 판결문 참조.

20) La Cour de cassation, 앞의 보고서 참조.

21) 프랑스 연대와건강부, "INFORMATION ET CONSENTEMENT AUX SOINS D'UN MINEUR" 자료 1면, https://solidarites－sante.gouv.fr/IMG/pdf/dgos_onvs_fiche_03.pdf(최종방문 2019. 6. 17.)

다.[22] 프랑스 공중보건법 L1111-4조에서는「친권자에 의한 치료거부가 미성년자의 건강에 중대한 결과(des conséquences grâves)를 초래할 위험이 경우 의사는 필수적인 치료를 시행한다」라고 규정하고 있는데, 이 조문으로 인해 종교적인 사유로 친권자인 부모가 자녀에 대한 수혈을 거부하는 경우에도 의사는 미성년자의 건강에 중대한 결과가 초래될 위험이 있다고 판단하면 이를 막기 위하여 필수적인 수혈을 할 수 있다.[23]

프랑스 공중보건법 L1111-5조에서는, 민법 제371-1조의 친권규정에도 불구하고 미성년자가 자신의 건강상태에 대한 비밀을 지키기 위해 친권자와 치료 등에 대해 상의하는 것을 거부한 경우, 의사는 친권자의 동의 없이도 미성년자를 치료할 수 있도록 규정하고 있다. 이 경우 미성년자가 선택한 성인 1명이 대동되어야 한다.

한편 같은 법 R1112-35조 제3항에 의해, 부모의 동의가 없는 경우 위급한 경우를 제외하고는 의사는 미성년자에게 어떠한 외과적 수술행위를 할 수 없다. 이 때 위급한 경우라 함은, 시간의 흐름이 단기간 내에 사망에 이르게 하거나 돌이킬 수 없는 피해를 입히는 경우를 의미한다.[24] 미성년자가 의학적으로 위급한 상황에 처해있을 때, 의사는 위 조문에 의해 법적대리인의 동의를 구할 필요도 없이 미성년자를 치료할 수 있다.

같은 법 R1112-35 제4항에서는,「그러나, 법적대리인의 치료거부 등으로 미성년자의 건강이나 신체적 완전성이 침해될 우려가 있으면, 의사는 검사에게 필수불가결한 치료행위를 허가하도록 하는 보육원조조치를 청구하도록 요청할 수 있다.」라고 규정하였다. 그러므로 설사 미성년자가 현재 위급한 경우가 아니라고 하더라도, 부모의 치료거부 행위 등이 계속되어 미성년자의 건강이나 신체적 완전성이 침해될 우려가 있다면, 의사는 보육원조조치를 통해 미성년자에게 필요한 치료행위를 할 수 있다.

보육원조조치는 민법 제375조 이하의 규정에 따라서, 미성년자의 건강 등이 위험상태에 있을 때 미성년자 본인, 부모, 후견인, 검사의 청구에 의하여 소년담당판사가 명령으로 아동과 그 가족을 지원하는 제도이다.[25] 한편 민법 제375-5조에 의해 미성년자가 위급한 상태인 경우 검사는 8일간 소년담당판사와 동일한 권한을 가지

22) Sophie Hocquet-Berg · Bruno Py, "La responsabilité du médecin", Heure de france, 2006. 7., 102~103면.
23) Didier Truchet, 앞의 책, 247면.
24) Sophie Hocquet-Berg · Bruno Py, 앞의 책, 106면.
25) 이봉민, 앞의 논문, 242~243면 참조.

며, 검사가 취한 보육원조조치를 유지시키기 위해서는 8일 안에 소년담당판사에게 소를 제기하여야 한다. 때문에 급하게 수혈 등이 필요하나 부모가 이에 대해 동의하지 않을 경우, 의사의 신청에 의해 검사가 우선 8일 이내에 필요한 보육원조조치를 취할 수 있다.

2) 연대와건강부 고지사항

이와 같은 법규정에 관하여 프랑스 연대와건강부에서는 부모가 치료거부를 하는 경우 다음과 같이 경우의 수를 나누어서 의료진이 취할 행동을 고지하고 있다.[26)]

의료진은 우선 부모에게, 치료거부로 인해 자녀에게 미칠 영향에 대해 명확하게 고지를 하여야 한다. 그럼에도 불구하고 부모가 계속하여 거부의사를 유지하는 경우에는 의료진은 다음과 같이 행동하여야 한다.

① 미성년자의 상태가 위급하지 않은 경우

의사는 부모의 동의 없이 미성년자에게 어떠한 치료도 할 수 없고, 부모는 치료거부 확인서에 서명하여야 한다.

② 미성년자의 상태가 매우 위중한 경우

의사는 다른 의사의 의견을 들은 뒤 치료에 대한 결정을 하고, 그 다음에는 미성년자의 위급한 상황에 대한 확인서를 작성하여야 한다. 이 경우 의사의 치료에 대한 결정은 검사의 보육원조조치를 기다리지 않는다.

③ 미성년자의 신체적 완전성이나 건강이 침해될 우려가 있는 경우

담당의사는, 병원 내에서 검찰에 보육원조조치를 신청하는 책임을 맡은 의사(이하 '책임의사'라 함)에게 이 사실을 알려야 하고, 책임의사는 검찰에 미성년자에 대한 치료를 할 수 있도록 요청하는 보육원조조치를 신청할 수 있다.

④ 미성년자의 상태가 위급하지는 않으나, 의료적 행위나 수술이 필요한 경우

의사는 보육원조조치가 행해질 수 있도록, 검사에게 보육원조조치를 신청하는 역할을 하는 책임의사에게 이 상태를 고지하여야 한다. 이 때 보육원조조치 신청을 받는 검사는 소년부 검사일 필요는 없고 당직검사[27)]로도 족하다.

이 때 의사는 필요한 치료, 치료의 적절성, 친권자와 의견을 나누기 위해 취해진 조치, 그럼에도 불구하고 친권자의 동의를 얻는 것이 불가능한 사실을 의료기록에 기록하여야 한다. 또한 치료를 하기로 하는 결정에는 의사와 병원행정의 책임자

---

26) 프랑스 연대와건강부, 앞의 자료, 4~5면.

27) le procureur de permanence, 우리의 수사지휘 전담 검사와 당직검사를 합한 개념으로, 휴일 없이 24시간 내내 경찰 등으로부터 수시로 보고를 받으며 수사지휘를 하여야 할 의무가 있다.

의 연대서명이 필요하다.

3. 소 결

프랑스의 경우에도 우리나라와 마찬가지로 부모의 동의 없이는 자녀에 대해 치료행위를 할 수 없는 것이 원칙이다. 그러나 프랑스는 우리보다 더 폭넓게 부모의 치료거부 사안을 해결하고 있는데, 우리와 가장 큰 차이점 중 하나가 현장에서 가장 밀접하게 미성년 자녀의 건강을 담당하고 있는 의사로 하여금 부모의 치료거부 상황을 해결할 수 있는 적극적인 신청권을 부여하고 있다는 것이다.

교수님께서도 치료 거부의 경우에는 제1차적으로 문제에 접하는 사람은 치료를 담당하는 의사와 같은 의료진이므로 의료인으로 하여금 친권행사의 제한 또는 친권상실의 청구를 지체자장 및 검사 등 청구권자에게 요청할 수 있도록 규정할 필요가 있다고 지적하셨다.

그러나 우리 현행법이 교수님의 의견과 같이 친권제한 규정 등을 도입하고도 의사에게는 이 규정을 활용할 수 있는 어떠한 권한을 부여하지 않았는바, 이는 부모의 자녀의 치료거부로 인해 미성년 자녀들이 위험에 빠질 수 있는 상황을 신속하게 해결하는 데에 장애를 줄 수 있는 부분이라고 보인다.

V. 결 론

부모의 치료거부로 인해 자녀가 치료를 받지 못하여 생명 및 건강권을 침해받는 상황을 해결하는 방법이 2014. 10. 15.자 민법 개정 전 민법상 해결책으로는 친권상실제도밖에 존재하지 않았다. 교수님께서 연구하신 용역보고서를 바탕으로 민법이 개정되어 친권자의 동의를 갈음하는 재판 제도, 친권의 일시정지 및 일부 제한 제도가 신설된 것은 교수님의 크나큰 업적이다.

그러나 교수님께서 대상논문에서 검토하고 주장하셨던 의사에 대한 권한부여가 반영되지 않은 부분은 민법 개정과 관련하여 매우 아쉬운 부분이다.

물론 우리 법에 의하더라도 응급의료에관한법률(이하 '응급의료법') 제9조에 의하여 설명 및 동의절차로 인하여 응급의료가 지체되면 환자의 생명이 위험하여지거나 심신상의 중대한 장애를 가져오는 경우에는 법정대리인의 동의 없이도 치료할 여지가 있다. 그러나 이는 법리적인 설명이고 의사들이 막상 이러한 상황에서, 부모의 명백한 반대의사를 무릅쓰고 치료를 한다는 것은 쉽지 않을 것이다.

일단 응급의료법상의 응급환자란 판단이 필요한 개념이다. 동법 제2조 제1항에서는 응급환자란 '위급한 상태로 인하여 즉시 필요한 응급처치를 받지 아니하면 생명을 보존할 수 없거나 심신에 중대한 위해가 발생할 가능성이 있는 환자 또는 이에 준하는 사람'으로 규정하고 있는데, 이에 대한 판단기준이 애매할 수 있기 때문이다. 같은 법 제9조 제1항 제2호에서 규정하는 '설명 및 동의절차로 인하여 응급의료가 지체되면 환자의 생명의 위험해지거나 심신상의 중대한 장애가 올지' 여부에 대해서도 이는 치료를 하지 않았을 경우 사후적인 결과발생에 대한 추정이기 때문에, 부모가 자신의 자녀는 응급환자가 아니었음에도 의사가 동의 없이 치료하였다고 주장하며 다툴 경우, 의사는 민형사상의 책임추궁을 당할 우려도 있어 소극적으로 판단할 수밖에 없다.

때문에 의사에게도 이미 법률에 들어와 있는 '친권자의 동의를 갈음하는 재판'이나 '친권의 일시 정지 및 일부 제한'과 관련하여 최소한 청구권자인 검사 등에게 이를 요청할 수 있도록 하는 권한을 부여하는 것은 미성년자의 생명·신체권 보호를 위해서 반드시 고려하여야 할 향후 입법과제라고 생각한다.

또한 친권자의 동의를 갈음하는 재판이나 친권의 일시 정지 및 일부 제한 선고에서 법원의 판단에는 필연적으로 일정 시간이 소요될 수밖에 없다. 그러나 이 소요시간 내에 미성년 자녀의 건강이 급격하게 악화되는 경우도 얼마든지 발생할 수 있다. 이렇게 긴급을 요하는 경우에는 프랑스의 법제와 같이 의사가 검사에게 지체없이 필요한 처분을 신청하고, 검찰에서도 당직사건의 처리와 마찬가지로 치료에 필요한 처분을 우선적으로 승인을 해 준 다음 사후적으로 법원에 청구를 하는 방법도 생각해볼만하다. 이 때 일과시간 내라면 아동전담검사가 사건을 처리하되, 일과시간 이후라면 당직검사가 사건을 처리하도록 하여 긴급을 요하는 미성년 환자들에 대한 치료가 신속하게 이루어질 수 있도록 할 수 있으리라 본다.

민법상 부양의 체계

— 원리로서의 부양과 제도로서의 부양의 준별(峻別) —

옥 도 진*

Ⅰ. 서 론

민법상 부양에 대한 이해와 해석에는 여전히 여러 가지 모호함과 혼란스러움이 있다. 그 원인은 1) 공적(公的) 부양이 강조·강화되면서 사적(私的) 부양에 대한 논의가 약화되고(공적 부양으로의 도피), 2) 가족법을 지탱하는 원리로서의 부양과 자녀·배우자·그 밖의 친족에 대하여 규범화된 제도로서의 부양을 혼동하고(부양의 원리와 제도 혼동), 3) 부양은 '인간의 이기성·이타성과 관련된 문제'[1]로서 생물학, 철학, 경제학에서도 연구[2]되고 있고 결국 **민법학 방법론에 대한 문제 제기**[3]로까지 이

* 해군 군사법원, 법원장.

1) 재산법과 가족법이 상정하고 있는 이기적 혹은 이타적 인간의 모습(人間像)에 대하여는 우선 윤진수, "財産法과 비교한 家族法의 特性", 민사법학 제36호, 2007(民法論攷 Ⅶ 재수록) 참고.

2) 특히 주목되는 연구로는 진화생물학 분야에서는 헤밀턴(Hamilton, W. D., "The genetical evolution of social behavior", Ⅰ & Ⅱ. Journal of Theoretical Biology, 1964.)의 포괄적 적합도 이론, 트리버스(Trivers, "The Evolution of Reciprocal Altruism", 1971, The Quarterly Review of Biology, Vol. 46, No. 1)의 직접상호성이론, 알렉산더(Alexander, Richard D., The Biology of Moral Systems, 1987)의 간접상호성이론; 행동경제학 분야에서는 노이만(John von Neumann and Oskar Morgenstern, "Theory of Games and Economic Behavior, 1944, Princeton University Press, Sixtieth-Anniversary Edition 2004, 노이만은 게임이론의 아버지라 일컬어진다)의 최소극대화(minimax), 내쉬(J. F. Nash, "The Bargaining Problem", Econometrica, vol. 18, 1950; "Equilibrium Points n-person Games", Proceedings of the National Academy of Sciences 36, pp.48~49; "Non-Cooperative Games", ph. D. Thesis, Princeton University, 1950 & Annals of Mathematics 54, Issue 2 pp.286~295)의 유인과 균형, 아우만(Robert J. Aumann, "Agreeing To Disagree", The Annals of Statistics vol. 4, No. 6, 1976. pp.1236~1239; Robert J. Aumann and Michael B. Maschler, Repeated Games with Incomplete Information, 1995)의 반복게임과 이타성(상생과 협력)의 전파, 오스트롬(Elinor Ostrom, Governing the Commons; The Evolution of Institutions for Collective Action, Cambridge University Press, 1990. 한국어판 윤홍근·안도경 옮김, 공유자원 관리를 위한 제도의 진화 공유의 비극을 넘어, 2010)의 자치규범과 강제 제도의 진화; 철학 분야에서는 존 롤스(John Rawls, A Theory of Justice, 1971. Harvard university Press, Rivised edition 1999. 한국어판 정의론, 황경식 옮김 2003)의 분배적 정의에 있어서 파레토 효율과 정의감정, 데이비드 고티에(David Gauthier, Morals by agreement, 1986; The Logic of Leviathan: The Moral and Political Theory of Thomas Hobbes 각 한국어판 김형철 옮김, 합의 도적론, 1993; 박완규 옮김, 리바

어지기 때문이다. 본 논문은 2)와 3)의 문제에 관한 것이다.[4)]

우선 민법상 부양의 체계에 관하여 '원리로서의 부양과 (규범화된)제도로서의 부양'을 구별[5)]할 필요가 있다는 점을 지적한다(Ⅱ.). 원리로서의 부양을 이해함으로써

이어던의 논리, 2013)의 최소 극대 상대적 이익의 원칙 등이다.

3) 조홍식, "경제학적 논증의 법적 지위", 서울대 법학 제48권 제4호(통권 제145호), 2007. 12. 125면은 "민사소송에서 경제학적 방법론의 채택이 논점이 되는 것은, […] 우리 사회가 갈수록 전문화·기술화되고 있는데 법체계는 […] 새로운 문제에 대한 인식체계(방법론)가 없기 때문이다."라고 하면서도 131면은 "매우 합리적으로 보이는 경제학적 분석이, 그 합리성의 정도만큼 법적 논증에 쉽게 수용되지 못하는 것 같다."고 한다. 반면 경제적 효율성에 근거를 둔 '효율적 계약 파기이론'에 대하여 계약 파기의 1차적 구제수단이 손해배상인 영미법과 강제이행인 대륙법 사이의 차이, 'pacta sund servanda' 그리고 신의성실의 원칙과 형평의 이념 등 공동체 내부의 상호배려와 협력을 강조하는 대륙법적 계약법의 사상적, 법리적 토대 등에 비추어 보면 개인의 자유로운 선택에 따른 효용증가에 더 큰 관심을 가진 이론이어서 그 수용에 좀 더 신중한 검토가 필요하다는 비판이 유력하다. 권영준, "계약관계에 있어서 신뢰보호", 서울대 법학 제52권 제4호, 2011. 12., 256~257면 참고. 이처럼 경제학적 논증이 마주선 상황을 조홍식 위 논문, 166면은 비트겐슈타인의 고대도시의 비유를 차용하여 "우리는 법체계를 들여다볼 때 하나 같이 新都市와 그에 이르는 新作路만을 보고 어떤 규칙성을 확보할 수 있는 거대이론을 꿈꾼다. 그러나 오래된 도심에까지 이르면, 좁은 길의 미로가 나온다. […] 이렇게 생겼구나 하지만, 같은 곳을 다른 쪽에서 접근하면 더 이상 이곳을 안다고 생각할 수 없다."고 회의적으로 정리하기도 한다. 그러나 오히려 위 권영준 논문, 224면은 "당사자법(當事者法)으로서의 계약법의 독자성을 강조하게 되면 계약법이 사회이념적 문제를 다루는 철학 등 다른 학문과 분리되는 현상이 가속화된다."는 지적을 하면서 "**개인과 공동체의 긴장관계는 대부분의 중요한 법적 문제들의 근원에 자리 잡고 있는 것**으로서 가장 개인지향적인 규범체로 이해되는 계약법에서도 예외없이 존재하는 것"이라고 하여 (개인주의에 기초하여 법경제학이 크게 발흥한 미국과 달리)공동체 내부의 상호배려와 협력을 강조하는 대륙적 계약법이라 할지라도 다른 학문과의 소통에 회의적이라고 속단해서는 안된다는 시사(示唆)를 주고 있다. 이러한 이치는 계약법보다 공동체성이 더욱 강조되는 가족법에서도 같을 것이다. 윤진수, "진화심리학과 가족법", 과학기술과 법, 서울대학교 기술과 법 센터, 2007(민법논고 Ⅷ 재수록) 및 "혼인과 이혼의 법경제학", 법경제학연구 제9권 1호, 2012(민법논고 Ⅷ 재수록) 등에서 개괄적으로 제도나 쟁점의 근거 혹은 이해의 방향을 분석하는 생물학적, 경제학적 논증이 시도되었다. 나아가, 윤진수, "법의 해석과 적용에서 경제적 효율의 고려는 가능한가?", 서울대 법학 제50권 제1호(통권 제150호), 2009. 3.은 법적 논증이 우선한다는 것을 인정하면서, 경제적 논증을 이용하는 경우에도 법적인 통제가 필요하다는 입장을 기초로 공동저당의 목적인 건물을 철거하고 신축한 경우 법정지상권의 성립 여부, 저당권에 기한 방해배제청구, 임차권의 무단양도, 대상청구권 등 구체적 민법상의 쟁점들을 경제적 효율의 관점에서 분석하고 있다. ※ 인용하는 중에 생략한 부분은 […]로 표시하고, 굵은 글씨는 필자가 강조하기 위한 것이다. 이하 같다.

4) 첫 번째 문제인 '공적부양으로의 도피'란 사적부양에 관한 해석과 적용 논의를 공적부양의 강화로 귀결시키면서 회피하는 문제를 의미한다. 이에 대하여는 별도의 논문으로 논의할 것이지만 두 가지만 언급해 둔다면 우선 인구가 감소하고 있으며 저성장 경제로 진입하고 있는 우리나라는 이미 공적 연금의 고갈이나 공적부양의 불법·부정한 수급이 문제되고 있기 때문에 언젠가 다시 사적부양에 의존해야 하는 상황으로 내몰릴 수 있다는 것과 가족들이 행하는 사적부양은 공적인 부양으로 모두 해소할 수 없는 감정적이고 효율적인 장점을 가지고 있다는 점이다.

5) 김형석, "법발견에서 원리의 기능과 법학방법론－요제프 에써의『원칙과 규범』을 중심으로－", 서울대학교 *法學* 제57권 제1호, 2016. 3., 10~11면은 "원리가 법질서에서 가지는 지위와 역할을 해명하기 위해서는 우선 규범과 대비되는 원리의 개념을 규정할 필요가 있다."고 하면서

가족법상의 몇 가지 쟁점에서 발생하고 있는 혼란과 모호함을 간명히 정리해 낼 수 있다. 구체적으로는 '유류분의 폐지 혹은 개정 논의에 있어서의 부양', '상속의 근거로서의 부양', '부양적 기여분', '이혼 시 재산 분할, 이혼 후 배우자 부양 그리고 파탄주의' 등의 쟁점에 대하여 발생하고 있는 오해(誤解)를 일소(一掃)하고 관련 논의를 정치(定置)하게 전개할 수 있도록 도와주는 실익(實益)이 있다. 또한 이 두 개념의 구별은 민법상 부양 체계를 새롭게 이해하기 위한 출발점을 제공해 주는 실익(實益)도 있다.[6] 부양의 원리는 제도로서의 부양을 새롭게 이해하고 해석하는 근거, 기준, 정당화의 기초를 제공하는 것이다.[7]

다음으로(Ⅲ.) 민법상 제도로서의 부양의 체계에 관하여 검토한다. 민법상 부양의 체계[8]에 대한 견해 대립을 큰 틀에서 둘로 나누어 본다면 1) 민법상 부양에는 성질이 다른 1차적인 것(배우자와 미성년 자녀에 대한 부양)과 2차적인 것(그 밖의 친족에 대한 부양)이 있다는 입장(이하에서는 이를 '지배적 견해'라고 하겠다)[9]과 2) 민법상 부양은 동질적인 것이고 다만 부양의 정도에 있어서 양적인 차이가 있을 뿐이라는

"**원리는 특정 문제에 대한 직접적이고 구속력 있는 지시를 포함하지 아니하고 재판이나 입법이 그러한 지시를 가공해 낼 것을 요구한다**는 점에서, 법명제나 법규범과 구별된다."고 한다. 또한 "여기서 지시(Weisung)라는 표현은 **일정한 요건을 전제로 함을 의미하므로, 규범은 사안포섭에 의한 적용을 가능하게 한다는 점에서 원리와 구별된다**고 할 수 있다. 반면 **원리는 그 자신이 지시가 아니며, 지시의 근거, 기준, 정당화이다.** 결국 규범은 요건과 효과가 구체성을 갖추어 사안포섭에 의한 법률효과 도출이 비교적 명확한 당위를 말하며, **원리는 그러한 성격을 결여한 보다 일반적인 당위를 의미한다.**"고 원리와 규범을 '내용 대 형식'의 관계로 간명하게 이해하고 있다.

6) 부양의 원리는 미시적으로는 민법상 부양제도 자체의 이해와 해석에 작동하는 동시에 거시적으로는 이혼 시 재산분할, 이혼 후 부양, 상속, 기여분, 유류분 등 관련된 다른 제도들의 이해와 해석에 영향을 미치고 있다는 의미이다.

7) 이는 후술하는 Ⅲ.에서 목적론적 해석에 대한 비판 중 원리와 규범화된 제도를 준별(峻別)하지 못하여 발생하는 비판들이 있다는 것으로 이어져서 다시 부양법의 규범 목적을 확인하는 과정에 응용된다는 의미이다.

8) 부양권리의무자를 기준으로 보면 우리 민법상 부양은 자녀·배우자·그 밖의 친족에 대한 부양, 세 가지로 이루어져 있다. 민법 제974조는 '그 밖의 친족'에 대한 부양의 범위를 다시 직계혈족 및 그 배우자 간 및 기타 친족 간(생계를 같이 하는 경우에 한한다)으로 나누고, 서로 부양의무가 있다고 규정하고 있다. 그 범위가 넓으며 적용범위에 대한 논란도 있지만 현재 우리 실생활에 의미가 있는 것은 늙으신 부모, 즉 노부모 부양문제이다. 이 글에서도 그 밖의 친족에 대한 부양은 '노부모 부양'을 염두에 두고 논의를 전개한다.

9) 송덕수, 친족상속법 제3판, 2019, 262면은 "두 가지가 있으며, 이들은 본질에 있어서 차이가 있다."고 한다. 부양에 관한 지배적 견해는 일본의 민법학자 中川善之助의 1928년의 주장에서 연원(淵源)한 것으로, 이를 2원형론, 부양 이분론 혹은 (민법 제974조~제979조의 적용범위의 문제라는 시각에서)'제한적 적용설'이라고 부르기도 한다[이희배, "民法上의 扶養法理－私的 扶養法理의 三原論的 二元論", 1989, 300면은 中川善之助의 2원형론이 제한적 적용설로 귀결된다고 평가한다. 또한 이희배, "親族編. 「扶養」規定(민법 제974조~제979조)의 適用範圍", 민사법학 (8), 1990. 4., 382~407면 참고]. 대법원의 유권해석도 지배적 견해와 같은 입장으로 이해되고 있다. 대법원 2012. 12. 27. 선고 2011다96932 판결 참고.

입장[10]이 있다. 최근에는 후자의 입장을 따르는 '비판적 견해'[11]가 유력해지고 있다

10) 1차적 부양과 2차적 부양은 본질적 차이가 없고[이미 我妻榮의 1961년 저서 家族法, 146면은 이를 전제로 하고 있다는 지적으로는 김형석, "양육비청구권을 자동채권으로 하는 상계 — 부양청구권의 법적 성질과 관련하여 — 大判 2006. 7. 4., 2006므751(공보 2006, 1525)", 가족법연구 제21권 3호, 2007. 242면 주 2) 참고], 양적인 차이에 불과하다는 견해[정귀호, "부양에 관한 연구 — 한국부양법리의 내포와 외연 —", 서울대학교 박사학위논문 1987; 이희배, "民法上 扶養法理에 관한 硏究", 경희대학교 박사학위논문, 1985 및 "民法上의 扶養法理 : 私的 扶養法理의 三原論的 二元論", 1989; 임종효, "양육비청구권에 관한 기초 이론 및 실무상 쟁점", 사법논집 제51집, 2011; 엄경천, "부양법, 가족법상 독자성을 찾아서", 가족법연구 제29권 제3호(통권 54호), 2015]로 이를 '전면적 적용설'[이희배, "親族編「扶養」規定(민법 제974조~제979조)의 適用範圍", 민사법학 (8), 1990. 4., 382~407면 참고]이라고도 한다; 윤진수, 친족상속법강의, 2019(제2판), 280면은 "민법상 이와 같은 구분이 명문으로 채택되어 있는 것은 아니다."라고 하면서 "**개념 내지 구분 자체는 인정할 수 있지만**, 생활유지의무자와 생활부조의무자가 병존하는 때에는 부양권리자의 관계에서 생활부조의무자가 생활유지의무자보다 후순위로 부양의무를 부담하는 것은 아니고, 부양권리자로서는 생활유지의무자를 제치고 생활부조의무자에게도 부양을 청구할 수 있다고 보아야 한다. […] 다만, 일단 부양의무를 이행한 부양의무자 일방이 다른 부양의무자에게 구상을 할 때에는 **생활유지의무자의 부담부분이 생활부조의무자보다 더 크다**고 보아야 할 것이다."라고 간명하게 설명하고 있다. 유사한 견해로 "제1차 부양의무자와 제2차 부양의무자가 존재하는 경우 부양받을 자의 보호를 위하여 부양의무자가 부양받을 자에 대하여는 순위에 상관없이 부양의무를 부담하되 부양의무가 상호간에 구상관계에 있어서 제1차 부양의무자가 우선한다는 의미로 이해할 수도 있다."는 견해[서인겸, "부양의무 이행의 순위 및 체당부양료의 구상에 관한 고찰 — 대법원 2012. 12. 27. 선고 2011다96932 판결을 중심으로 —", 경희법학 제49권 제3호, 2014. 144면]가 있는데 다만, 이희배(위 1985년 논문)의 '전액 구상을 할 수 있다'는 이 견해를 자신과 같은 견해라고 하고 있어서 제1, 2차 부양의무자 사이의 분담을 인정하는 윤진수 등의 견해와 정확하게 일치하는 견해인지는 의문이 있다.

11) 종전의 지배적 견해를 비판하면서도 명시적으로 견해를 제시하지 않고 "현재 이 입장을 순수하게 유지할 수는 없다"[김형석, "양육비청구권을 자동채권으로 하는 상계 — 부양청구권의 법적 성질과 관련하여 — 大判 2006. 7. 4., 2006므751(공보 2006, 1525)", 가족법연구 제21권 3호, 2007, 242면 주 2)]거나 "오늘날 그 발상지인 일본에서도 비판의 대상이 되고 있는 것으로서, 그대로 따를 수 없다."[이동진, "부모 일방의 타방에 대한 과거의 양육비 상환청구와 소멸시효 — 대법원 2011. 7. 29. 자 2008스67 결정(공2011하, 1635) —", 가족법연구 제26권 2호, 2012, 142면]고 비판적 입장만 표시하고 있는 학자들이 있다. 또한 "민법 제974조 […] 미성년 자녀에 대한 부양의무가 이 조항에 포함된다고 보기 주저되는 점이 없지 않다. 그러나 […] '부모와 성년 자녀'는 포함시키는 것이 타당한 해석인지 의문이다. […] **부부간 부양이나 부모의 미성년 자녀에 대한 부양**[…]에 대하여 **민법 제975조 내지 제979조의 적용을 배제할 논리필연적 이유는 없다. 민법 제975조의 요건을 유연하게 해석하는 방법으로도 위와 같은 부양을 일반 친족 간 부양과 달리 취급할 수 있기 때문**"[최준규, "다수당사자 사이의 부양관계에 관한 고찰 — 부양청구권의 성질에 관한 검토를 겸하여 —", 가족법연구 제26권 3호, 2012, 7면]이라는 견해도 있다. 또한 앞의 주 10)의 견해 중에서도 서인겸 등 '전액 구상'을 인정하는 견해를 '양적 차이설'이라고 단정하기도 어렵다; 지배적 견해를 비판하는 견해들을 모두 양적 차이설 혹은 전면적 적용설로 단정하는 것은 위험하다. 예컨대 위 이동진, 142면은 "부모의 자녀에 대한 부양의무도 해석론 상으로는 일반적인 친족부양 규정(민법 제954조 1호)에 터 잡고 있고 일반적인 친족부양과 본질적으로 다른 것은 아니라고 이해함이 옳을 것이다."라고 하면서도 부부 사이의 부양에 대해서는 명확히 밝히고 있지 않다(동 142~143면 다만, 142면에서 "부부 사이의 부양도 특히 보호하고 있다는 점을 간과하고 있다."고 서술하고 있다). 따라서 '지배적 견해'에 대하여 비판하는 이러한 견해들 전부 통틀어 지칭할 필요가 있는 경우 이하에서는 '비판적 견해들'이라고 하겠다.

고 한다.[12] 이러한 '민법상 제도로서의 부양'의 체계에 관한 논쟁에서 지배적 견해와 그것을 비판하는 견해들 간의 구체적 차이(혹은 실익)는 1차적 부양의무자와 2차적 부양의무자가 부양의무를 분담할 수 있는지 여부이다.

이러한 견해 대립이 문언, 체계, 입법자의 의사에 기초한 해석에 의해서 해결될 수 있는지 살펴본다. 이해의 편의를 위해 결론을 간단히 언급하면, 문언에 의한 해석으로는 해결될 수 없으며, 체계 및 입법자의 의사(추정)에 의하더라도 양쪽 주장 모두가 타당한 면을 가지고 있어 결론에 이를 수 없다는 것이다. 따라서 문언, 체계, 입법자의 의사에 기한 해석으로 해결할 수 없다면 결국 '부양의 규범 목적'에 기초한 해석에 의하여 해결을 도모해야 할 것인데, 전통적 법학 방법론으로서의 목적론적 해석은 '그 제도의 목적이 무엇인가?'라는 문제를 먼저 해결해야 한다는 점을 지적하고, 종래 목적론적 해석에 대하여 가해지고 있던 비판들 중에는 '(**민법 전체의 근본) 원리가 규범 해석의 과정에서 어떻게 작동하는가**'에 대하여 보다 분별력 있게 살피지 못한 채 행하여지고 있는 비판들이 있다는 점을 확인한다. 이를 통하여 필자가 생각하는 목적론적 해석을 위한 '규범 목적'을 확인하는 과정을 제시하고 민법상 부양법의 목적을 파악하는 데 적용해 본다.

결론(Ⅳ)에서는 이상의 논의를 정리하고, 특히 Ⅲ.에서 검토한 종래 해석론상의 논쟁의 대상인 '제도로서의 부양'의 체계에 대하여 '부양법의 규범 목적'에 기초한 새로운 이해와 해석을 위해서는 민법학의 방법론에 대한 근본적인 논의가 불가피하다는 점을 지적하고, 앞으로 필자의 연구 방향을 설명하는 것으로 마무리 하였다.

Ⅱ. 원리로서의 부양

1. 가족법상 '부양의 원리'

'부양의 원리'가 가족법을 지탱하고 있는 한 공리(公理)[13]라는 점을 명확하게 지

12) 윤진수, 친족상속법강의, 2019(제2판), 280면은 "양자 사이에 질적인 차이가 있는 것은 아니고, 다만 양적인 차이만이 있을 뿐이라는 비판이 유력하여지고 있다."라고 한다.

13) 김형석, "법발견에서 원리의 기능과 법학방법론－요제프 에써의『원칙과 규범』을 중심으로－", 서울대학교 *法學* 제57권 제1호, 2016. 3., 11~12면은 (Josef Esser는) **법전을 가진 대륙법의 "닫힌 체계"**와 법관법으로 구성된 영미법의 "열린 체계"를 구별하는데, **전자는 원리를 公理로 하여 연역적으로 추론되어 구성되는 체계**를 말하며, 후자는 원리가 실질적 정의를 표현하는 실용적인 관점(토포스)이나 법정책적 목적 등으로서 연역적 추론맥락을 떠나 수사학적 설득력에 의지하여 문제에 접근하는 체계를 말한다고 설명한다. 이는 대륙법 체계에서의 법원리가 영미법체계에서 보다 더 (數學的) '公理'와 유사하게 사용되고 있다는 것으로 흥미롭다. 다만, "원리는 잠복기를 거쳐 본보기가 되는 사안에서 의식의 문턱을 넘어 법학적 사유 속으

적하고 있는 대법원 판례나 학자는 아직 없다. 하지만 학설, 판례는 이를 당연한 것으로 받아들이고 있다. 예를 들면 이혼 시 재산분할에 있어서 부양의 문제를 고려해야 한다거나 상속의 이론적 근거로 유족에 대한 사후부양을 들고 있는데, 이에 대하여 별다른 의문을 제기하지 않는다. 이는 가족법이 규정하고 있는 제도로서의 부양과는 명백히 구별되는 것이다. 하지만 어떻게 다른지 명확히 지적하고, 그 바탕 위에서 논의를 전개하고 있는 학자는 없다.

'원리로서의 부양'은 '제도로서의 부양'과 달리 부양의 필요성·의무·순위·능력 등의 요건을 요구하지 않으며(검토할 필요가 없으며), **그 자체로부터 부양료청구권 등 구체적 권리의무를 발생시킬 수도 없다.**[14] 유권해석과 학리해석에 나타난 부양의 원리를 살펴보자.

헌법재판소는 부양의무 불이행을 상속결격사유로 입법하지 않은 것에 대하여 "**부양의무의 이행과 상속은 서로 대응하는 개념이 아니어서**, 법정상속인이 피상속인에 대한 부양의무를 이행하지 않았다고 하여 상속인의 지위를 박탈당하는 것도 아니고, 반대로 법정상속인이 아닌 사람이 피상속인을 부양하였다고 하여 상속인이 되는 것도 아니다."[15]라고 하면서도 "민법은 유언의 자유를 인정하고 있으므로, 피상속인은 **생전증여나 유증을 통하여** 자신의 의사에 따라 자신에게 **부양의무를 다한 직계존속에게 더 많은 비율의 재산을 상속하게 할 수 있다**. 또한 특정 상속인이 상당한 기간 동거, 간호 그 밖의 방법으로 피상속인을 **특별히 부양**하거나 피상속인의 재산의 유지 또는 증가에 관하여 특별히 기여하였을 경우에는 민법의 **기여분 제도**(제1008조의2 제1항)**를 통하여 상속분 산정 시 해당 부분을 기여분으로 인정받는 것도 가능**하고, 부양의무를 이행한 직계존속은 부양의무를 이행하지 않은 다른 직계존

로 돌파해 들어온다"고 하면서 에써는 원리가 법발견에서 작용하는 모습은 대륙법이나 영미법에서 서로 유사(동 12면)하다는 것을 인정하고 있다고 전한다.

14) 김형석, "법발견에서 원리의 기능과 법학방법론－요제프 에써의『원칙과 규범』을 중심으로－", 서울대학교 法學 제57권 제1호, 2016. 3.에 대한 앞의 주 5)의 설명 참고. 나아가 같은 논문 13면은 우리 대법원이 자주점유 추정(민법 제197조 제1항)과 결합한 점유취득시효(민법 제245조 제1항)에 의해 빈발하는 소유권 박탈 현상을 더 이상 묵과할 수 없어 이른바 **악의의 무단점유는 타주점유로 판단되어야 한다**고 판례를 변경할 때, "재산법에도 신의성실의 원칙이나 선량한 풍속 등과 같이 평균인의 보편적 도덕성을 하나의 해석 기준으로 삼을 수밖에 없는 일반적 준칙이 있을 뿐만 아니라 **민법이 조리를 법원의 하나로 규정하고 있는 점에 비추어 볼 때**, 재산법도 평균인의 보편적 도의관념을 도외시한 법체계라고 말할 수는 없"기 때문에 "**재산법의 해석에 있어서도 평균인의 보편적 도의관념이 존중되어야 함**은 당연"하다고 판시한 것[大判(全) 1997. 8. 21., 95다28625, 집 45－3, 84(대법관 이용훈의 보충의견)]에서 에써가 말한 대로 법질서에서 출발하였으나 아직 **그 자체로는 지침에 불과한 원리적 고려가 재판을 통해 법명제로 전환되어 실정화되는 장면을 목격할 수 있다**고 한 것은 시사(示唆)하는 바 크다.

15) 헌법재판소 2018. 2. 22. 선고 2017헌바59 결정, 판례집 30－1상, 307 [합헌].

속을 상대로 양육비를 청구할 수도 있다."는 점을 들어 합헌으로 판단하였다. 또한 "**유류분제도는** 피상속인의 재산처분의 자유·유언의 자유를 보장하면서도 피상속인의 재산처분행위로부터 **유족들의 생존권을 보호하고**, 상속재산형성에 대한 기여, 상속재산에 대한 기대를 보장하려는 데 그 입법취지가 있다."[16]라고 판시하고 있다.

이러한 헌법재판소의 태도는 (제도로서의)부양이 상속 제도와는 별개의 것임을 분명히 하면서도 민법이 생전증여, 유증, 기여분 그리고 유류분을 통하여 (원리로서의)부양을 고려(실현할 수 있도록)하고 있다는 점을 지적하고 있는 것으로 이해할 수 있다. 이처럼 헌법재판소는 제도로서의 부양과 원리로서의 부양을 무의식적으로 구별하여 판시하고 있는 것이다.

상속제도와 유류분제도에 대한 학자들의 이론적 근거 제시에 있어서도 마찬가지이다. 학자들은 상속제도의 근거에 대해서는 혈연대가설, 선점설, 공유설, **사후부양설**, 공익설 등의 견해를 제시하면서, 다수의 학자들은 이를 종합하는 다원적인 설명을 취하고 있다.[17] 유력한 견해는 보다 구체적으로 상속제도는 기본적으로는 '혈족선택(Kinship selection)'에서 근거를 구하면서 동시에 법정상속에 대하여는 피상속인의 추정적 의사를, 유류분제도에 대하여는 혈연대가설과 사후부양설을, 기여분에 대하여는 공유설을, 배우자 상속에 대하여는 재산형성과 양육 협력 등을 보조적 근거로 제시하고 있다.[18] 그런데 이 견해가 상속제도의 기본적인 근거로 제시하고 있는 '혈족선택'은 진화 생물학자인 윌리엄 해밀턴(William D. Hamilton)의 포괄적 적합도(inclusive fitness) 이론의 한 내용을 의미하는 것으로 보인다.[19] 윌리엄 해밀턴은 1964년 발표한 "사회 행동의 유전적 진화"라는 논문[20]에서 생물의 이타적 행동을 설명하기 위하여 포괄적 적합도 이론의 한 내용으로 혈족선택이 작동하고 있는 것으로 지적하였는데 결국 '혈연으로 이어진 집단 내에서 보다 이타적 행동이 나타나게 되며 이러한 행동 양상이 진화된다.'는 것이다.[21] 결국 위 견해는 상속제도의 가

16) 헌법재판소 2010. 4. 29. 선고 2007헌바144 결정, 판례집 22-1상, 622 [합헌].

17) 윤진수, 친족상속법강의(제2판), 2019, 298~299면 참고.

18) 윤진수, 친족상속법강의(제2판), 2019, 299면 참고.

19) 윤진수, "진화심리학과 가족법", 과학기술과 법, 서울대학교 기술과 법 센터, 2007(민법논고 Ⅷ 재수록), 47면 참고.

20) Hamilton, W. D., "The genetical evolution of social behavior", Ⅰ & Ⅱ. Journal of Theoretical Biology, 1964.

21) Hamilton은 이득, 손실, 유전적 거리의 세 가지 변수를 활용하여 이타성이 진화하는 조건을 평가한다. 이타적 행동은 그로 인해 상대방이 얻는 이득(B)이 충분히 커서 1보다 작은 유전적 거리(혈족관계의 계수, relatedness)를 가중하더라도 (돕는)개체가 감수하는 손실(비용 C)보다 클 때[즉 rB>C 이에 대한 쉬운 설명으로 윤진수, "진화심리학과 가족법", 과학기술과 법, 서울대학교 기술과 법 센터, 2007(민법논고 Ⅷ 재수록), 47~48면 참고] 그것이 선택된다

장 기본적인 근거는 역시 가족법 내에서의 혈연에 따른 이타적 행동의 제도적 표현(구성)이라는 것이 된다. 이러한 관점에서 보면 '피상속인의 진화심리에 기초한 추정적 의사 및 유족에 대한 사후적 부양'이라는 견해를 포괄적 기본 근거로 제시하고 있다고 이해될 수 있는 것이다. **결론적으로 강조하는 정도는 학자마다 다를 지라도 유족에 대한 (사후적)부양이 상속제도의 이론적 근거에서 빠뜨릴 수 없는 것으로 주장되고 있다는 점은 분명하다.** 여기서 학자들이 상속제도 자체의 근거로 거론하고 있는 부양은 민법상 제도로서의 부양이 아니라 '원리로서의 부양'의 의미로 이해하고 있다는 것은 의심할 여지가 없다. 만약 그것이 '제도로서의 부양'을 의미한다면 충분한 경제적 능력을 가진 상속인들은 상속재산이나 유류분을 받을 수 없어야 한다는 터무니없는 결론에 이르게 된다. 특히 헌법재판소의 이해와 마찬가지로 상속제도 중 하나인 유류분 제도의 근거는 상속인에게 최소한의 생활을 보장하기 위한 사후부양을 핵심적인 근거로 이해하는 것이 학자들의 지배적인 생각이다.[22] 이때의 부양 역시 민법상의 제도로서의 부양이 아니라 '원리로서의 부양'이다.

나아가 일부 견해는 "생존배우자의 노후생활 보장 및 복지실현은 필연적 요청이며 직면한 중요한 과제"라고 하면서[23] 해석론으로는 배우자의 기여분을 보다 적극적으로 인정하거나 입법론으로 배우자의 상속분을 더욱 높이는 방법으로 '상속에 의한 배우자 부양'을 주장하기도 한다.[24] 이러한 주장에서의 부양은 현재 제도화되

는 것이다(이를 혈연선택이라고 명명한 것은 John Maynard Smith였는데 이에 대하여 해밀턴은 불평했다고 한다. 실제로 Hamilton의 위 논문에는 'kin selection 혹은 kinship selection'이라는 용어가 사용된 바 없다). 해밀턴은 개인 혹은 그 친족의 이타성의 유전적 진화에서 그치는 것이 아니라 위험을 무릅쓰고 사회적 행동의 진화까지 확장한다. "The genetical evolution of social behavior", Ⅱ, 19p "Altogether then it would seem that generalization would not be too foolhardy. In the hope that it may provide a useful summary we therefore hazard the following generalized unrigorous statement of the main principle that has emerged from the model. The social behaviour of a species evolves in such a way that in each distinct behavior－evoking situation the individual will seem to value his neighbours' fitness against his own according to the coefficients of relationship appropriate to that situation." 이후 이러한 발상은 Trivers의 직접적 상호성("The Evolution of Reciprocal Altruism", 1971, The Quarterly Review of Biology, Vol. 46, No. 1) 그리고 Alexander의 간접적 상호성(The Biology of Moral Systems, 1987)을 거치면서 사회생물학의 토대를 형성하게 된다.

22) 윤진수, 친족상속법강의(제2판), 2019, 299면; 송덕수, 친족상속법(제3판), 2019, 438면; 박동선, 친족상속법(제4판), 2013, 786면; 정다영, "프랑스민법상 유류분권리자의 범위 및 유류분의 산정", 가족법연구 제31권 2호, 2017, 269면 등

23) 서종희, "상속에 의한 배우자 부양－2014년 법무부 민법개정위원회의 상속법 개정시안에 대한 재평가－", 가족법연구 제30권 2호, 2016, 115면.

24) 서종희, "상속에 의한 배우자 부양－2014년 법무부 민법개정위원회의 상속법 개정시안에 대한 재평가－", 가족법연구 제30권 2호, 2016. 115~120면 참고.

어 있는 배우자 상호간의 부양이 아니라 그 문제점(일방 배우자 사망 후 생존 배우자에 대한 부양)을 극복하기 위한 해석론과 입법론의 근거로서 제시되는 '원리로서의 부양'의 한 모습이라고 할 수 있다.

이처럼 학자들도 유류분 뿐만 아니라 상속제도 자체의 중요한 이론적 근거로 '원리로서의 부양'을 제시하고 있는 것이다. 또한 기여분의 해석론이나 배우자 상속분에 대한 입법론에서도 '원리로서의 부양'을 그 근거로 무의식적으로 원용하고 있는 것이다. '원리로서의 부양'은 (근거 혹은 정당성으로서) 현행 가족법상 제도의 해석론을 이끌고, 보다 발전된 입법론을 제시하기 위한 지향(指向)으로 작동한다.[25)]

대법원은 이혼에 있어서 "재산분할 청구 사건에 있어서는 혼인 중에 이룩한 재산관계의 청산뿐 아니라 **이혼 이후 당사자들의 생활보장에 대한 배려 등 부양적 요소 등도 함께 고려**할 대상이 되므로, 재산분할에 의하여 채무를 분담하게 되면 그로써 채무초과 상태가 되거나 기존의 채무초과 상태가 더욱 악화되는 것과 같은 경우에는 채무부담의 경위, 용처, 채무의 내용과 금액, 혼인생활의 과정, 당사자의 경제적 활동능력과 장래의 전망 등 제반 사정을 종합적으로 고려하여 채무를 분담하게 할지 여부 및 분담의 방법 등을 정할 것이고, 적극재산을 분할할 때처럼 재산형성에 대한 기여도 등을 중심으로 일률적인 비율을 정하여 당연히 분할 귀속되게 하여야 한다는 취지는 아니라는 점을 덧붙여 밝혀 둔다."라고 판시[26)]하여 이혼 시 재산분할은 '부부가 혼인 중 형성한 재산관계를 이혼에 즈음하여 청산하는 것을 본질로 하는 재산분할 제도의 취지'라고 하면서도 부양적 요소를 고려하여야 한다는 점을 인정하고 있다.

그러나 이러한 고려를 하는데 있어서 이혼하는 당사자들이 경제적 능력이나 부양의무가 있는지 여부(부양의 필요성과 순위, 능력) 등의 요건을 검토할 필요는 없으며 또한 '이혼 후 부양'을 고려해야 한다는 것을 근거로 이혼하는 일방이 상대방에 대하여 부양청구권을 주장(행사)할 수 없음은 물론이다. 즉 이때의 부양 역시 민법상의 제도로서의 부양이 아니라 '원리로서의 부양'이다.

---

25) 김형석, "법발견에서 원리의 기능과 법학방법론 — 요제프 에써의 『원칙과 규범』을 중심으로 —", 서울대학교 *法學* 제57권 제1호, 2016. 3, 10~11면은 이러한 모습을 일반적으로 "원리는 특정 문제에 대한 직접적이고 구속력 있는 지시를 포함하지 아니하고 재판이나 입법이 그러한 지시를 가공해 낼 것을 요구한다는 점에서, 법명제나 법규범과 구별된다." 그리고 "**원리는 그 자신이 지시가 아니며, 지시의 근거, 기준, 정당화이다**. 결국 규범은 요건과 효과가 구체성을 갖추어 사안포섭에 의한 법률효과 도출이 비교적 명확한 당위를 말하며, 원리는 그러한 성격을 결여한 보다 일반적인 당위를 의미한다."라고 간명하고 적절하게도 표현하고 있다.

26) 대법원 2013. 6. 20. 선고 2010므4071, 4088 전원합의체 판결[이혼·이혼및재산분할등] 〈채무초과 부부 재산분할청구 사건〉 [공2013하, 1332] 다수의견.

이상에서 살펴 본 헌법재판소, 대법원의 유권해석이나 학자들의 학리해석은 모두 무의식적으로 '원리로서의 부양'을 인정하고 원용하고 있다. 우리는 왜 부양의 원리를 너무나 당연하게 받아들이는 것일까? 법규범 이전의 사실의 세계에서도 **우리는 출생하여 생존하고 부존재로 돌아가는 과정에서 늘 부양을 받고 있다. 다른 존재의 돌봄이 없이는 생존이 불가능한 것이 포유동물로서 군집생활을 하는 고등생명체인 인간에게는 불가피한 것이다.**[27] 우리는 일상에서 늘 누군가를 돌보고 또 누군가로부터 보살핌을 받으며 살아가고 있다. 이러한 부양의 원리는 인간이 벗어날 수 없는 것으로 특별한 증명 혹은 논증을 요구하지 않을 정도로 자명한 것이라고 하여도 무방할 것이다. 그러므로 (지금까지 명시적으로 언급된 바는 없지만) 부양의 원리가 가족법을 지탱하고 있는 한 내재적 가치 혹은 공리(公理)라는데 이의를 제기할 수는 없다고 생각한다.

그러나 문제는 '제도로서의 부양'과 '원리로서의 부양'을 구별하지 않고 무의식적으로 받아들이는 태도에 있다. 이러한 태도는 여러 가지 가족법상의 쟁점에서 불필요한 오해를 일으키게 된다. 이하에서는 이러한 오류들을 간명(簡明)하게 정리하여 일소(一掃)하고자 한다.[28]

2. '제도로서의 부양'과의 혼동

가. 유류분제도의 폐지 혹은 개정 논의에서의 혼동

유류분 제도에 대한 입법론(폐지 혹은 개정론)에 관한 논의는 '원리로서의 부양'과 '제도로서의 부양'을 준별하지 않고 혼동한 채 이루어지고 있다.

최근의 것으로는 "과거와 같이 가족 구성원의 공동 노동으로 인하여 생산이 이루어지는 모습은 현대에 와서는 매우 보기 드문 경우라 할 수 있다. […] 청산의 요소가 오늘날 유류분제도에 그대로 포섭되기에는 상당히 미흡한 측면이 있다고 볼 수 있다."[29]고 하면서 "**상속이 개시되는 시점에 피상속인의 자녀는 이미 장성하여**

---

27) 사회생물학의 입장에서 도덕규범과 법규범의 관계에 대해서 Alexander, Richard D., The Biology of Moral Systems, 1987. p.1은 "Although moral rules are somewhat different from legal rules, or laws, the two are not unrelated and frequently overlap."라고 적절히 지적하고 있다. 또한 심리학자 알프레드 아들러는 인간의 나약함이 '사회적 동물'로 이끌었다고 지적한다. **군집생활은** 나약함을 극복하고 **서로 돌보기 위하여 진화된 것**이라고 한다. 아프레드 아들러, 신진철 편역 "열등감, 어떻게 할 것인가", 2015, 22~23면 참고.

28) 본 논문은 부양의 원리와 규범의 구별이 필요하다는 점에 대한 것이고, 부양원리 자체의 근거, 위상, 그 가치에 대해서는 별도의 후속 논문으로 자세히 다루고자 한다.

29) 이보드레, "부양을 위한 상속제도로서의 유류분 再考－자녀의 상속권에 관한 미국 법리의 시사점－", 가족법연구 제33권 3호 2019. 11, 148면.

독립된 주체로서 경제능력을 갖추고 있는 경우가 대다수이며, […] **가장에 대한 종속적 관계에 놓이지 않고 다른 가족 구성권과는 분리된 경제구조하에서 각자의 생활을 영위**하게 된다. 이렇게 볼 때 상속을 통한 **자녀 부양의 필요성은 그 설득력을 잃을 수밖에 없다**."는 주장이 있다.[30)]

또한 이전부터 "유류분제도의 정당성에 관한 학설상의 설명은 […] 피상속인의 유류분권리자에 대한 부양 내지 생활보장을 비롯하여, 가족 공동체에 대한 도의적 요구, 가족공동체의 화합·단결, 사회보장의 보충성, 유족의 기여의 청산이 주요 근거로 꼽히고, 그중에서도 특히 부양 내지 생활보장 및 (이를 보완하는) 사회보장의 보충성이 비중 있게 다루어진다."고 정리하면서[31)] 그에 대한 유력한 의문 제기로 재산권에 포함된 처분의 자유, 유언의 자유가 사회보장에 더 유리할 수도 있다는 점과 함께 "평균 수명이 연장된 오늘날 부양은 적절한 근거가 될 수 없고, 부양만을 목적으로 한다면 **부양의 필요성을 구체적으로 따져야 하는데 현행 유류분법은 그렇지 아니하다**."라는 견해[32)]가 있으며 이러한 견해가 입법론의 한 논거로 인용되기도 한다.[33)]

그런데 이러한 논의는 '민법상 제도로서의 부양'과 유류분의 근거를 이루는 '원리로서의 부양'을 혼동하고 있는 것이다. 앞서 살펴본 바와 같이 유류분이 근거인

30) 이보드레, "부양을 위한 상속제도로서의 유류분 再考－자녀의 상속권에 관한 미국 법리의 시사점－", 가족법연구 제33권 3호 2019. 11, 149면.

31) 이동진, "유류분법의 개정방향", 가족법연구 제33권 1호, 2019, 160~161면은 [이경희, 유류분제도, 1995, 17~19면; 변동열, "유류분 제도", 민사판례연구[XXV](2003), 801면; 곽동헌, "유류분제에 관한 몇 가지 문제", 경북대 법학논고 제12집(1996), 15~16면; 김능환, "유류분반환청구", 재판자료 제78집, 1998, 13면 등]을 인용하면서 이와 같이 정리하고 있다.

32) 변동열, "유류분 제도", 민사판례연구[XXV](2003), 802~804면.

33) 이동진, "유류분법의 개정방향", 가족법연구 제33권 1호, 2019, 161면; 결국 이동진, "유류분법의 개정방향", 가족법연구 제33권 1호, 2019, 196~197면은 배우자 유류분의 상향과 함께 "유류분비율 일반을 조정하는 것을 검토하여야 한다. 배우자와 자녀의 경우 법정상속분의 1/2로 되어 있는데, 종종 과도하므로 이를 완화할 길을 열어 주는 것이 바람직하다."고 하면서 그 방법의 하나로 "[…]**부양의 필요가 없거나** 유류분권리자의 책임으로 가족적 연대가 깨어진 경우에 **일률적으로 또는 법원재량으로 유류분을 감액할 수 있게 해 주는 것**"과 "법정상속분 내지 상속재산의 규모에 유류분비율을 연동시키는 것"을 제시하면서 전자는 가족적 연대나 **부양의 필요의 부존재 이외의 사유로 감액을 허용하는 이론적 근거가 분명하지 아니하고**, 가족적 연대나 부양의 필요의 존부를 전면적으로 고려하거나 나아가 감액비율도 법원의 재량에 맡기는 경우 사실상 개별·구체적 판단 모델이 된다는 점에 문제가 있다. 그러한 사정은 감액사유가 아닌 유류분박탈사유로 삼아 피상속인의 의사에 맡기는 쪽이 바람직하다고 보인다."는 견해를 제시하고 있다. 이러한 견해는 부양의 필요성의 부존재가 유류분 감액 내지 박탈의 이론적 근거로 타당하다는 것을 기초로 입법론을 전개하고 있는 것이다. 하지만 이는 '제도적 부양'과 '원리로서의 부양'을 혼동한 것으로 타당하지 않다. 부양의 필요가 있는 상속인만이 유류분 혹은 상속분을 (온전히) 받을 권리가 있는 것이 (전혀) 아니라는 점은 더 설명이 필요치 않다.

사후적 부양은 민법상의 제도로서의 부양이 아니므로 유류분을 받을 상속인에게 '부양의 필요성이 있는지 여부'라는 요건은 검토될 필요가 없다. 따라서 이러한 부양의 필요성이 인정될 경우가 적다는 이유를 들어서 유류분 제도의 근거가 설득력이 없다는 논리는 타당하지 않다. 상속인의 생활(경제력)수준에 비추어 분여(分與)되는 유류분이 부조(扶助)적인 것에 그치건 유지(維持)적인 수준의 것이 되건 관계없는 것이다.

유류분의 근거로 사후적 부양이 거론되는 것은 유류분의 분여로 인하여 상속인의 생활에 최소한의 범위(혹은 그 이상)에서 부양된다는 것 즉 부양의 원리가 반영된 제도라는 의미인 것이다. 유류분 제도가 폐지되는 것이 옳은지 혹은 제한(감액 등) 가능한 형태로 개정되는 것이 옳은지 여부는 별론(別論)으로 하고, 위와 같은 논리구성은 재고(再考)가 필요하다.[34] 상속이 개시될 시점에 이미 자녀들은 장성(長成)하여 부양의 필요성이 인정될 가능성이 희박하므로 부양이라는 유류분제도의 근거에 의문을 제기하는 최근의 주장 역시 마찬가지이다. 만약 이러한 주장이 타당하다면 부양의 필요성이 없는 상속인은 유류분을 받을 수도 없어야 하고 나아가 상속제도 자체의 이론적 근거인 사후부양을 받을 수도 없다는 것이 되는데, 이것을 유류분제도의 폐지 혹은 개정과 마찬가지 논리로 일관한다면 상속제도 자체도 사후부양의 근거로 지탱되는 부분에 관하여는 축소 개정[35](혹은 폐지)되어야 한다는 논리도 성립할 수 있는 것처럼 되는데 이는 받아들일 수 없는 것이다.[36]

---

34) 비교법적으로는 부양과 상속이 깊이 연동되어 있는 중국상속법과 우리나라의 상속법의 차이를 살펴보면(오용규, "한국과 중국의 상속법 비교연구", 서울대학교 석사학위논문, 2018 참고) 이러한 주장의 맥락은 현행법상 유류분 제도에 대한 해석론(비판적 논리구성)으로는 타당하지 않다는 것이 확인된다. 입법론으로 부양과 상속을 제도적으로 직접 연계시키자는 주장도 있다. 예컨대 최현숙, "상속과의 연계를 통한 아동에 대한 부양의무의 강화", 민사법의 이론과 실무, 2013. 12. 31. 서종희, "상속에 의한 배우자 부양－2014년 법무부 민법개정위원회의 상속법 개정시안에 대한 재평가－", 가족법연구 제30권 2호, 2016 등 참고. 다만, **부양과 상속 각 제도에 대한** 인식도 각 국의 역사, 문화적 **인식이 각 반영되는 것**으로 '부양의 무해태를 상속결격 또는 제한 사유로 하는 것과 사후 부양을 위해 배우자 또는 아동에 대한 상속을 강화하는 것 또는 부양적 기여분과 같이 부양이행에 대한 상속에 의한 보상 등'의 접근은 **상속 제도에서 부양의 원리를 더 강화하는 것이지 부양 제도를 상속 제도와 연계시키는 것이 아니다.** 특별한 부양적 기여를 하더라도 (공동)상속인이 아니라면 기여분은 인정될 수 없다. 입법론에서도 원리와 제도로 규범을 구별하면서 논의를 전개할 필요가 있다.

35) 가정적으로 예를 들어 보면, 이러한 주장은 충분한 스스로의 부양능력이 있는(부양이 필요 없는) 상속인의 상속분을 비례 감축해야 한다는 입법론으로 귀결될 수 있다. 이러한 입법론이 정책적으로 타당한지 여부와는 관계없이 그 주장이 상속제도의 사후 부양적 성격을 논거로 한다면 타당한 주장이 될 수 없다. 공적 부양이 충분히 강화된 경우를 생각해 보면 이러한 주장이 설 곳을 잃는다는 것은 명백하다.

36) 이를 상속제도 폐지론까지 끌고 올라가서 그러한 주장을 반박하기 위하여 "개인에게는 침해되어서는 안 되는 권리가 있으며, 재산권도 그 권리 중 하나에 포함된다."는 Nozick의 이야기나 더 나아가 Locke, Hobbes까지 거론할 필요는 없을 것이다.

유류분 제도의 폐지 혹은 개정에 대한 논의는 피상속인의 (상속)재산 처분의 자유를 얼마나 제한하는 것이 타당한지 여부를 중심으로 논의되는 것이 바람직하다.[37)]

나. 부양적 기여분 해석에서의 혼동

부양이 특별한 기여로 인정되기 위한 기준에 대한 학설로 상속인 중의 1인의 피상속인에 대한 부양이 법률상 의무의 이행이든 그렇지 않든 간에 또는 통상의 부양이라 하더라도 특별한 기여로 평가할 수 있다는 견해(이른바 '전면적 인정설'), 부양적 기여분에 대하여 보다 적극적 해석을 하여야 한다는 주장[38)]이 있지만 대법원은 "공동상속인 간의 실질적 공평을 도모하려는 것인바, 기여분을 인정하기 위해서는 공동상속인 간의 공평을 위하여 상속분을 조정하여야 할 필요가 있을 만큼 피상속인을 **특별히 부양**하였다 …(중략)… 사실이 인정되어야 한다."[39)]거나 "**부양의무의 존부나 그 순위에 구애됨이 없이** 스스로 장기간 그 부모와 동거하면서 **생계유지의 수준을 넘는 부양자 자신과 같은 생활수준을 유지하는 부양**을 한 경우에는 부양의 시기·방법 및 정도의 면에서 각기 특별한 부양이 된다."[40)]고 판시하여 부부나 친족 간의 신

37) 참고로 아직 유류분 제도 자체에 대한 위헌 여부가 다루어진 적은 없고(헌법소원은 각하된 적이 있음. 헌법재판소 2016. 7. 5. 선고 2016헌마509 결정), 그 자체에 대해서는 아니지만 피상속인의 상속개시시에 있어서 가진 재산의 가액에 증여재산의 가액을 가산하여 유류분을 산정하도록 규정한 민법 제1113조 제1항 중 증여재산의 가액을 가산하는 부분에 대하여(헌법재판소 2010. 4. 29. 선고 2007헌바144 결정)에서 합헌 결정을 한 바 있다. 최근 법원(서울중앙 민사27단독)에서 직권으로 위헌법률심판 제청한 상태라고 한다. http://www.donga.com/news/article/all/20200203/99505000/1 참고(2020. 2. 3. 최종방문).

38) 옥도진, "부양적 기여분에 관한 적극적 해석", 家族法硏究 第31卷 2號 , 2017. 7. 243~268면; 서종희, "상속에 의한 배우자 부양－2014년 법무부 민법개정위원회의 상속법 개정시안에 대한 재평가－", 가족법연구 제30권 2호, 2016, 119면; 오시영, "배우자를 중심으로 한 상속분에 대한 재검토", 인권과 정의 제381호, 2008. 5; 김은아, "부모부양의 상속법적 접근", 법학연구 제23집, 2006. 8, 126면에서 판례가 부양기여분 인정에 소극적인 것을 비판하고 '절대적 가치를 평가하기 보다는 여타 공동상속인과의 관계에서 **상대적으로 파악하는 것**이 좀 더 형평에 맞을 것'이라하면서, 126~127면은 "부양기여분제도 […] 취지 및 그 존재 자체에 대해서 아직도 잘 알려져 있지 않은 것이 현실이다. 따라서 […] 존재와 취지에 대한 적극적인 홍보 역시 절실히 요구된다."고 한다. 그러나 최근 대법원 전원합의체(대법원 2019. 11. 21.선고 2014스44, 45 결정)는 종래의 견해를 유지하였다. 다만, "가정법원이 그동안 기여분 인정요건에 '특별한 부양행위'와 '재산 유지·증가 기여행위' 중 후자에만 높은 비중을 두고 기여분이 갖는 상속분에 대한 영향을 크게 생각한 나머지 **동거·간호와 부양이 갖는 무형의 비재산적 기여행위를 과소평가한 것은 아닌지 진지하게 돌아볼 필요가 있다.** 배우자의 장기간 **동거·간호에 따른 무형의 기여행위를 기여분을 인정하는 요소 중 하나로 적극적으로 고려할 수 있을 것이다.** 다만 이러한 배우자에게 기여분을 인정하기 위해서는 앞서 본 바와 같은 일체의 사정을 종합적으로 고려하여 공동상속인들 사이의 실질적 공평을 도모하기 위하여 배우자의 상속분을 조정할 필요성이 인정되어야 할 것이다."라고 판시하여 부양적 기여분에 관한 적극적 해석이 필요하다는 점을 인정하고 있다는 점은 반가운 일이다.

39) 대법원 2014. 11. 25.자 2012스156, 157 결정.

40) 대법원 1998. 12. 8. 선고 97므513, 520, 97스12 판결.

분관계에 기초하여 통상 기대되는 정도를 넘는 부양이 있는 경우에만 특별한 기여행위로 보하자는 견해(이른바 '제한적 인정설')를 따르는 것으로 평가되고 있다.[41]

대법원이 따르고 있는 제한적 인정설이 기여분이 인정되기 위해 고려되어야 하는 (그것을 넘어서기 위한) 부양의 기준으로 삼고 있는 것은 민법상 제도로서의 부양이고, 따라서 그 수준은 민법상 통상적 부양의무 이행을 넘어서는 정도의 '특별한 부양'이어야 한다는 것이다.[42] 그러나 이러한 해석이 필요한 이유에 대해서는 명시적으로 제시하지 않고 있다. 추측해 보면 민법상 부양의무의 이행은 법적 의무의 이행인데 이것만으로 상속에 있어서 기여분을 인정하는 것은 타당하지 않다고 판단하고 있는 것이 아닌가 싶다.[43] 그리고 이러한 생각은 기여분이 인정되기 위하여 고려(검토)되는 부양이 민법상의 제도로서의 부양이라는 것을 전제(前提)로 하여야만 성립될 수 있는 것임은 명백하다.

그러나 이러한 해석은 간단한 예 하나만 생각해보더라도 타당하지 않다는 것이 드러난다. 즉 생계를 같이하지 않지만 간호, 기타의 방법으로 피상속인을 특별히 부양한 (선순위 상속인이 없어서 상속인이 된) 형제자매는 민법(제974조 제3호)상 (생계공동이 없어) 부양의무자가 아니지만 그렇지 않은 형제자매들과 달리 기여분을 인정받을 수 있다(민법 제1008조의2). 반대로 피상속인에게 (부양능력이 없는)자녀가 있다면 생계를 같이 하면서 간호 등 특별히 부양을 한 형제자매는 부양의무자(민법 제974조 제3호)이지만 공동상속인이 아니기 때문에 기여분이 인정될 수 없음(민법 제1008조의2)은 법문(法文)상 다툼의 여지가 없이 명백하다. 따라서 기여분이 인정되기 위해 고려되어야 하는 부양은 민법상의 제도로서의 부양일 수 없는 것이다.

또한 피상속인이 경제적으로 충분한 자산을 가지고 있어 간병인이나 요양보호사 등을 고용할 수 있음에도 불구하고 자녀가 직접 모시는 것을 서로 원하였기 때문에 자녀가 피상속인을 부양한 경우(효도)에는 제도로서의 부양의 필요성은 부정될 수 있지만 기여분의 인정에 필요한 '특별한 부양'으로는 인정될 수 있는 것이다. 결국 부양적 기여분에서의 부양은 기여분을 인정하기 위하여 검토되는 내용(요건)이지

41) 윤진수, "1990년대 親族相續法 判例의 動向," 서울대학교 법학 제40권 제3호(통권 제112호), 1999, 324면.

42) 송덕수, 친족상속법(제3판), 2019, 326면은 "여기의 특별부양으로 되려면 **친족간의 통상의 부양**(826**조 1항**, 913**조**, 974**조**~979**조 참조**)**의 범위를 넘는 것**이어야 한다."라고 설명하여 민법상 제도적 부양을 기준으로 삼고 있음을 분명히 하고 있다.

43) 대법원 1996. 7. 10. 선고 95스30 결정(교통사고를 당하여 치료를 받으면서 처로부터 간병을 받았다고 하더라도 이는 **부부간의 부양의무의 이행의 일환일 뿐** 피상속인의 상속재산 취득에 특별히 기여한 것으로 볼 수 없다고 판단하였음); 송덕수, 친족상속법(제3판), 2019, 326면 참고.

부양의 필요성이나 부양능력 등의 검토를 요구하는 제도적 부양이 아니며 그 자체로 바로 어떤 청구권을 발생시키는 것도 아니다.

기여분을 인정하기 위하여 고려되는 부양은 민법상 제도로서의 부양이 아니라 '원리로서의 부양'이다. 이러한 의미에서 대법원이 "성년인 자녀가 **부양의무의 존부나 그 순위에 구애됨이 없이** 스스로 장기간 그 부모와 동거하면서 생계유지의 수준을 넘는 부양자자신과 같은 생활수준을 유지하는 부양을 한 경우에는 [...] 기여분을 인정함이 상당하다고 할 것이다."라고 판시[44]하고 있는 것은 무의식적으로 부양의 원리에 기한 판단을 하면서도 제도적 부양을 판단기준으로 삼는 (부분적)혼동에서 벗어나지 못하고 있는 것이다.

기여분을 인정하기 위한 부양을 판단하는데 있어서 법원은 제도로서의 부양이행이나 그 수준을 기준으로 삼을 이유는 없으며, 행하여진 부양이 가족법의 원리인 부양에 해당하는 것인지 여부를 보다 적극(혹은 독자)적으로 판단하면 충분하다. 따라서 생계공동 수준의(부조적) 부양이더라도 그러한 부양을 행한 공동상속인의 자력이나 상황에 비추어 특별히 부양한 것으로 인정할 수 있는 경우도 생각할 수 있다.[45]

---

44) 대법원 1998. 12. 8. 선고 97므513, 520, 97스12 판결. 이를 '제도로서의 부양'은 기여분이 인정되기 위해 필요한 부양의 수준을 판단하기 위한 '일응의 기준'으로 사용한 것임을 밝히고 있는 것으로 이해할 수도 있다. 그러나 기여분의 인정을 위한 특별한 부양은 그러한 부양을 한 공동상속인의 경제적 능력, 실천한 동거부양의 質(예컨대 치매 혹은 거동이 불편한 노부모의 대소변을 돌본 경우), 부양을 받은 피상속인의 뜻(예컨대 유언서 등에 남긴 그 부양에 대한 감사의 마음) 등에 의하여 상대적으로 결정되어야 할 것이므로 민법상의 의무이행인 제도로서의 부양을 일응의 기준으로 삼을 이유는 없다. 대법원 2019. 11. 21. 선고 2014스44 전원합의체 결정은 종래의 견해를 유지하면서도 "배우자의 장기간 동거·간호에 따른 무형의 기여행위를 **기여분을 인정하는 요소 중 하나**로 적극적으로 고려할 수 있을 것이다."라고 판시하고 있다.

45) 판례 사안을 조금 변경하여 예를 들어 본다. 외국에 이민을 가 있어 국내 주택에 입주하지 않으면 안 될 급박한 사정이 없는 딸이 고령과 지병으로 고통을 겪고 있는 상태에서 달리 마땅한 거처도 없는 아버지(피고 2)와 그를 부양하면서 동거하고 있는 남동생(피고 1)을 상대로 자기 소유 주택의 명도 및 퇴거를 청구한 사건에 대하여 대법원 1998. 6. 12. 선고 96다52670 판결은 "피고 2의 경우에는 고령과 지병으로 인하여 자기의 자력 또는 근로에 의하여 생활을 유지할 수 없으므로 **원고로서는 피고 2을 부양할 의무와 책임이 있다** 할 것이고, 이처럼 **부양의무 있는 자(者)가 특별한 사정도 없이 또한 부(父)의 주거에 관하여 별다른 조치를 취하지 아니한 채 단지 이 사건 주택의 소유권자임을 내세워 고령과 지병으로 고통을 겪고 있는 상태에서 달리 마땅한 거처도 없는 부(父)인 피고 2에 대하여 이 사건 주택에서의 퇴거를 청구하는 것은 부자(父子)간의 인륜을 파괴하는 행위로서 권리남용에 해당된다**고 할 것이고, 한편 원고는 **피고 1과 생계를 같이하지는 아니하므로 위 피고에 대하여 부양의무를 부담하는 것은 아니라고 할 것이지만**, 위 피고는 스스로의 어려운 처지에도 불구하고 연로한 부모를 모시면서 그 부양의무를 다하고 있고 피고 2 등 부모의 입장에서도 생활을 함에 있어서 피고 1과 그 가족의 도움을 받지 않을 수 없는 처지에 있다고 할 것이므로, 이와 같은 상황에서 달리 마땅한 거처도 없는 **피고 1과 그 가족에 대하여 이 사건 주택의 명도를 청구하는 행위 또한 인륜에 반하는 행위로서 권리남용에 해당된다**고 할 것이다"라고 판시한 바

전면적 인정설 혹은 부양적 기여분에 대한 적극적 해석론은 이러한 관점에서 다시 한 번 조명되어야 할 것이다.

다. 이혼 시 재산분할, 이혼 후 부양 그리고 파탄주의에 대한 혼동

대법원은 재판상 이혼에 대하여 "우리나라에는 파탄주의의 한계나 기준, 그리고 **이혼 후 상대방에 대한 부양적 책임 등에 관해 아무런 법률 조항을 두고 있지 아니하다.** 따라서 유책배우자의 상대방을 보호할 입법적인 조치가 마련되어 있지 아니한 현 단계에서 파탄주의를 취하여 유책배우자의 이혼청구를 널리 인정하는 경우 유책배우자의 행복을 위해 상대방이 일방적으로 희생되는 결과가 될 위험이 크다."[46]고 판시하고 있다.

이에 대하여 현행 민법 (해석론)하에서도 이혼 후 부양문제를 해결할 여지가 있다고 하면서 "재산분할의 방법으로 금전급부를 명할 수도 있고, 현물급부를 명할 수도 있는 것과 같은 이치로, 부양의 방법과 정도에 관하여 법원은 금전급부(정기금 또는 일시금)를 명할 수도 있고 현물급부를 명할 수도 있다"고 하면서 이혼 시 재산분할은 '청산'에 집중하고, 이혼 후 부양은 부양법(리)에 의하여 해결하면 된다는 견해[47]가 있다.

그러나 위 대법원 전원합의체 판결이 우리 민법에 이혼 후 부양에 관한 규정이 없다는 것은 '제도로서의 부양'을 의미한다. 반면에 앞서 살펴본 바와 같이 재산분할에 있어서 부양적 고려가 필요하다는 것은 '원리로서의 부양'이 작동하는 것이다. 그런데 위 견해는 이를 혼동하여 "재산분할 시 행하여진 부양적 고려로 인하여 나타나는 효과"를 "이혼 후 부양"제도로 이해하고 있는 것이다. 또한 이 견해가 이혼 후 부양이 현행 민법 해석상 가능하므로 유책배우자라고 하여 형해화된 혼인관계에서 벗어날 수 있는 행복추구권을 제한하는 것은 타당하지 않으며 파탄주의로의 전환을 옹호하는 태도를 취하는 것[48]은 좀 거칠게 정리하면 재산분할에 부양적 성격이 있으므로 파탄주의로 전환해도 무방하다는 주장이 되고 만다. 우리 민법이 제도로서 이혼 후 부양을 규정하지 않고 있는 것은 명백하다. 또한 부양권리의무자의 범위를 법

있는데 이 사건에서 해당 주택이 아버지의 소유였고 돌아가셨다면 동거하면서 생활을 같이한 남동생에게 기여분을 충분히 인정하여 상속재산인 주택의 공유물분할에서 남동생의 더 높은 지분 비율과 생전 부양과 거주 상황을 근거로 (경매가 아닌) 금액배상에 의한 분할을 결정하여 남동생과 그 가족을 보호할 수 있을 것이다.

46) 대법원 2015. 9. 15. 선고 2013므568 전원합의체 판결 〈유책배우자 이혼청구 사건〉 [공2015하, 1601].

47) 엄경천, "부양법, 가족법상 독자성을 찾아서", 가족법연구 제29권 3호, 2015, 490~491면.

48) 엄경천, "부양법, 가족법상 독자성을 찾아서", 가족법연구 제29권 3호, 2015, 489, 495면.

률로 규정하고 있는 민법의 태도에 비추어 이혼 후 상대방에 대하여 부양책임을 부여할 수 있다는 해석은 수용할 수 없다. 입법론[49]으로 이혼 후 부양제도를 규정할 필요가 논의될 수 있지만 현행법에서는 이혼 시 재산분할에 있어서 (부수적으로)부양을 고려할 수 있을 뿐이다.[50]

이혼 후 부양을 입법하는 것이 타당한지 여부와는 별개로 이혼 시 재산분할에서 부양을 고려한다는 것을 근거로 해서 현행 민법의 해석론으로서 이혼 후 부양이 가능하다거나 법률상 이혼의 원인으로 파탄주의를 수용해야 한다는 주장은 타당하지 않다. 재산분할 과정에서 부양적 고려를 근거로 부양청구권을 별도로 행사할 수 없음은 물론이고 (청산에 의하여 충분한 재산을 분할 받거나 직업이 있는 경우 등) 이혼 후에 부양의 필요성이 인정되지 않는 경우에도 이혼 시 재산분할에 있어서 부양적 요소는 고려될 수 있는 것이다. 또한 이혼 시 충분한 부양적 고려에 의하여 재산분할을 해 주는 경우에는 유책배우자라고 하더라도 재판상 이혼을 청구할 수 있다는 주장은 '부양의 원리는 근거, 정당화 요소, 지향 등으로 가족법상의 다른 제도의 해석론을 이끌고 입법론에 작동할 수 있다'는 점을 규범화된 제도적 부양으로 오해한 것으로 받아들이기 어렵다. 이혼 시 재산분할의 방법을 장래를 향한 정기금의 지급으로 정한다고 하더라도 이것이 '이혼 후 부양'이 되는 것은 아니다. 이러한 정기금의 합은 일시금으로 분할되었어야 하는 총액을 넘어설 수 없는 것이며[51] 상대방이 이혼 후 형성한 재산에 대하여 사후적인 경제적 곤란(부양의 필요)을 이유로 부양료를 추가로 청구할 수도 없는 것이다.[52]

---

49) 다만, 이혼 후 형성한 재산에 대하여도 전(前)배우자에게 일정한 부양료를 지급하여야 한다는 것을 국민들이 쉽게 받아들일 수 있을 지는 의문스럽다. 또한 깨끗하게 정리하고 새 출발하는 것이 더 타당하다는 주장도 유력하므로 '이혼 후 부양' 제도의 도입 문제는 더 많은 논의가 필요해 보인다.

50) 서종희, "배우자에 대한 정조의무 위반과 이혼위자료 ― 재산분할 및 위자료의 기능을 고려하여 ―", 가족법연구 제32권 1호, 2018, 29면 "현행법상 이혼 후 부양은 재산분할을 통해 실현할 수밖에 없다"; 대법원은 이혼 시 재산분할에 대하여 "혼인생활 중에 형성된 재산에 대하여는 여성의 직접적인 기여뿐만 아니라 가사노동을 통한 간접적인 기여를 인정할 수 있고, 혼인관계의 존속을 신뢰하여 혼인생활 동안 경제활동에 참여할 기회를 포기한 여성에 대하여 배려나 보상이 필요하다는 관점과 부부 간의 연대성에 기초한 **이혼 후 부양이라는 관점**에서 재산분할 제도는 입법의 정당성이 인정되며, 법원도 그러한 관점에서 재산분할의 대상과 범위를 해석하여 왔다."라고 판시하고 있다. 대법원 2013. 6. 20. 선고 2010므4071, 4088 전원합의체 판결[이혼·이혼및재산분할등] 다수의견 참고.

51) 재산분할로 행하여진 장래 정기금 지급에 이자 상당의 가산금이 부과될 수 있지만 이는 일시금으로 지급된 경우 그로 인하여 얻어질 장래의 이자 상당액과 대칭되는 것으로 이자 부분을 이혼 후 부양이라고 할 수도 없는 것이다. 이혼 시 재산분할에서 부양을 고려하는 것과 이혼 후 부양 제도는 구별되어야 한다. **입법론에서도 원리가 투사(投射)되는 것이지 원리 자체가 제도(규범)일 수는 없다.**

3. 소 결

이처럼 민법상 부양의 체계를 이해하는데 있어서 가장 먼저 선행되어야 할 것은 '원리로서의 부양'과 '제도로서의 부양'을 준별(峻別)하는 것이다. 원리로서의 부양은 가족법상의 다른 제도의 근거를 제공하거나 해석, 적용하는데 있어서 고려되어야 하는 요소로 작동하는 것이다. 이러한 과정에서 당사자에게 부양의 필요성이 있는지 여부 등의 요건은 검토될 필요가 없으며, 이러한 부양이 고려된다는 것을 근거로 별도의 청구권을 주장하거나 행사될 수 없음은 물론이다. 이제 비로소 제도로서의 민법상 부양의 체계에 대해 논의할 수 있다.

Ⅲ. 제도로서의 부양

1. 부양의 체계에 관한 종래 견해 대립

민법상 부양의 체계에 대한 논의는 부양의 성질을 두 가지로 보느냐, 한 가지로 보느냐의 관점에서 검토되고 있다. 대법원[53] 및 지배적 견해는 민법상의 부양을 "생활유지의 의무"와 "생활부조의 의무"[54] 혹은 "1차적 부양의무"와 "2차적 부양의무"

---

52) 현행 민법의 해석으로는 불가피한 것이다. 우리나라와 달리 이혼 후 부양이 인정되고 있는 국가에서는 이혼 후 형성한 재산에 대하여도 부양의무를 인정하는 사례가 사회적 쟁점이 되기도 한다. 영국의 사례로 Vince(Respondent) v. Wyatt(Appellant) Case ID : UKSC 2013/0186 https://www.supremecourt.uk/cases/uksc-2013-0186.html 참고 이에 대한 신문보도는 https://www.standard.co.uk/news/uk/twenty-three-years-after-divorce-judge-rules-multi-millionaire-has-to-pay-out-to-ex-wife-10100340.html 참고.

53) 대법원 2012. 12. 27. 선고 2011다96932 판결. "부부간의 상호부양의무는 혼인관계의 본질적 의무로서 부양을 받을 자의 생활을 부양의무자의 생활과 같은 정도로 보장하여 부부공동생활의 유지를 가능하게 하는 것을 내용으로 하는 **제1차 부양의무**이고, 반면 부모가 성년의 자녀에 대하여 직계혈족으로서 부담하는 부양의무는 부양의무자가 자기의 사회적 지위에 상응하는 생활을 하면서 생활에 여유가 있음을 전제로 하여 부양을 받을 자가 그 자력 또는 근로에 의하여 생활을 유지할 수 없는 경우에 한하여 그의 생활을 지원하는 것을 내용으로 하는 **제2차적 부양의무**라고 하였다. 그리고 제1차 부양의무와 제2차 부양의무는 **의무이행의 정도**뿐만 아니라 **후순위로 부양의무를 부담**하며, 제1차 부양의무자는 특별한 사정이 없는 한 제2차 부양의무자에 우선하여 부양의무를 부담하므로, **제2차 부양의무자가 부양받을 자를 부양한 경우에는 민사소송에 의하여 그 소요된 비용을 제1차 부양의무자에 대하여 상환 청구할 수 있다.**"고 판시하여 지배적 견해와 같은 입장임을 확인하였다.

54) 정귀호, "親族扶養硏究", 서울대학교 석사학위 논문, 1977, 15면에 따르면 부양의무를 이렇게 두 가지로 나눈 것은 일본의 中川善之助 교수가 스위스 민법으로부터 시사를 받아 1928년 "親族的 扶養義務の本質"(法學新報 38券 6-7号)이라는 논문에서 주장한 것으로 전근대적 씨족의 家에서 근대적 핵가족으로의 변화에 대응하여 배우자와 자녀의 부양의 권리를 (직계존속보다)선순위로 끌어올리기 위하여 의도적으로 주장한 것이라고 평가하고 있고, 임종효, "양육비청구권에 관한 기초 이론 및 실무상 쟁점", 사법논집 제51권, 2011, 230면은 스위스 민

두 가지로 나누고, 전자는 배우자 사이의 부양 및 부모의 미성년(미성숙[55]) 자녀에 대한 부양이고, 후자는 그 이외의 친족 사이의 부양이라는 체계로 이해한다. 이러한 구성에 따르면 생활유지의무에 의한 부양청구권은 '한 조각의 빵이라도 나누어 먹어야할 의무'[56]이므로 '자신의 배를 채운 다음에 남는 것이 있으면 나누어 줄 의무'[57](생활부조의무)에 관한 민법 제974조 이하의 부양에 관한 규정이 적용되지 않는다고 해석한다(제한적 적용설). 즉 지배적 견해는 민법 제974조 이하의 부양에 관한 규정들은 배우자간 및 부모와 자녀간의 부양에는 적용되지 않고 그 밖의 친족의 부양에 대하여만 적용된다는 제한적 적용설로 귀결[58]된다. 부부 사이의 부양의무는 민법 제826조에서, 부모의 미성년 자녀에 대한 양육의무는 민법 제913조~제915조에서 근거한다고 본다.[59] 민법은 부양을 성질이 다른 두 가지로 나뉘어 규정하고 있는 체

법은 Unterhalt(부모 자녀간), Unterstützung(일반 친족)으로 용어를 달리 쓰는 것과 독일민법 제1603조 1항과 2항이 부양의 정도에 관하여 달리 규정하고 있는 것의 영향을 받은 것이라 한다. 中川善之助가 1928년에 부양을 2가지로 분류한 것(이른바 2原型論)이라는 서술은 이희배, "民法上의 扶養法理－私的 扶養法理의 三原論的 二元論", 1989, 258면 및 최준규 집필부분, 윤진수 편집대표, 주해친족법 제2권, 2015. 1462면에도 등장한다. 中川善之助, 민법 Ⅲ, 1933, 171면은 '五二 扶養義務の本質'에서 생할유지적 부양의무에 대하여 "親族法上の扶養には二つの種類がある。親が未成熟の子を養ひ、夫婦が互に扶養するは相手を扶養することが自己を生活せしめる所以ともなるといふ如き强さのものである。子を養ふが故に親であり、互に扶養されざる夫婦といふは觀念的の矛盾でさへある。最後の一片のパンまでを分け食ふべき扶養義務である" 친족법상의 부양에는 두 종류가 있다. 부모가 미성숙한 아이를 부양하거나 부부가 서로 부양하는 것은 상대를 부양하는 것이 자신을 살게 하는 이유이기도 하다는 그런 강한 것이다. 자식을 키우기 위한 것이 부모이며, 서로 부양받지 않는 부부는 관념적 모순이다. 마지막 한 조각의 빵(パン)까지 나눠 먹어야 하는 부양 의무라고 설명하고 있다. 또한 생활부조적 부양의무에 대하여는 "これに對し他の親族的扶養、もしくは戸主が家族を養ふ場合には、先づ自己の生活が立ち得て後にのみ實行することを要求されるに止訣る。" 이에 (반해) 대한 다른 친족적 부양, 혹은 호주가 가족을 부양하는 경우에는 먼저 자신의 생활이 이루어지고 나중에만 실행할 것을 요구받는 데에 그친다고 설명하고 있다. 이에 따라 中川善之助는 이 두 가지 부양의무는 본질적 차이가 있는 것으로 파악한 것으로 이해되었고 현재 우리나라의 지배적 견해와 대법원의 견해로 이어지고 있는 것이다.

55) 최준규 집필부분, 윤진수 편집대표, 주해친족법 제2권, 2015, 1463면 주 5)는 미성숙 자녀'라는 용어는 中川善之助가 부양의무의 두 유형을 설명하면서 고안한 것인데, 그 의미가 불명확하고 법률상 개념도 아닌 '미성숙 자녀'란 용어를 굳이 사용할 이유는 없다고 한다. 민의원 법제사법위원회 민법안심의소위원회, 민법안심의자료집 민법친족상속편원요강해설 16면 등 우리 민법 제정 당시의 자료들도 '미성년'의 자녀로 논의되고 있다. 이하에서는 '미성년의 자녀'로 통일하여 사용한다.

56) 생활유지적 부양의무 혹은 1차적 부양의무를 설명하는 문장으로 오랫동안 사용되어져 왔다. 中川善之助, 민법 Ⅲ, 1933, 171면. "最後の一片のパンまでを分け食ふべき扶養義務である"; 정귀호, "親族扶養研究", 서울대학교 석사학위 논문, 1977, 15면 등.

57) 이 역시 생활부조적 부양의무 혹은 2차적 부양의무를 설명하는 문장으로 오랫동안 사용되어져 왔다. 中川善之助, 민법 Ⅲ, 1933, 171면. "これに對し他の親族的扶養、もしくは戸主が家族を養ふ場合には、先づ自己の生活が立ち得て後にのみ實行することを要求されるに止訣る"; 정귀호, "親族扶養研究", 서울대학교 석사학위 논문, 1977, 15면 등.

58) 이희배, "民法上의 扶養法理 一 私的 扶養法理의 三原論的 二元論", 1989. 300면.

계라고 이해하는 것이다. 반면에 비판적인 견해들은 대체로 부양의무의 성질은 같은 것이고 다만 양적인 차이가 있을 뿐이라는 견해('양적 차이설' 혹은 '전면적 적용설' 등으로 불리고 있다)를 기초로 하고 있다. 민법 제974조 이하의 규정은 배우자 간뿐만 아니라 부모와 자녀 간의 부양에 대해서도 적용되는 일반규정이라고 해석한다.[60] 단일한 성질의 통일적 체계로 이해하고 있는 것이다.

지배적 견해는 이른바 '2原型論'(혹은 '2元的 思考'라고도 한다)이라고 일컬어지는 일본 학자 中川善之助의 견해로부터 이어져온 것으로 이를 제창하게 된 시대적 배경은 당시의 일본 민법 제957조 제1항(1974년 개정되기 전의 것)이 직계비속 및 배우자의 부양을 받을 권리를 직계존속보다 후순위로 규정하고 있었던 것에서 찾을 수 있으며 이를 극복하고 자녀와 배우자의 권리에 우선순위를 부여하기 위한 것[61]으로 결국 일본 민법의 개정을 이끌어 낸 것이라 한다.[62]

반면 우리 민법은 제정(制定) 시부터 현재까지 배우자 간 및 부모의 자녀에 대한 부양을 별도로 규율하여 강하게 보호하고 있다는 점은 변함이 없는 것이어서 지배적 견해를 따라야할 이유가 있는지 의문이다.[63] 게다가 오늘날 우리나라는 2원형

---

59) 송덕수, 친족상속법(제3판), 2019, 262면은 제1차적 부양의무 가운데 부부 사이의 것은 제826조 제1항에, 미성년 자에 대한 것은 제913조에 기하여 발생하며, 제2차적 부양의무는 제974조·제975조에 기하여 발생한다고 한다. 이희배, "民法上의 扶養法理 — 私的 扶養法理의 三原論的 二元論", 1989. 300면은 2원형론이 제한적 적용설로 귀결된다고 평가한다.

60) 다만, 일부 견해는 제974조는 (부부 또는 미성년 자녀 외의)그 밖의 친족들에 대한 부양의무에 관한 것[최준규 집필부분, 윤진수 편집대표, 주해친족법 제2권, 2015, 1465~1466면은 "부모의 미성년 자녀에 대한 부양의무가 이 조항에 포함된다고 보기 주저되는 점이 없지 않다"고 한다]이고, 그 외의 조문들(제975조~제979조)는 실무적 혹은 절차적 조문들로 배우자간 및 부모의 자녀에 대한 부양에도 적용된다[최준규, "다수당사자 사이의 부양관계에 관한 고찰 — 부양청구권의 성질에 관한 검토를 겸하여 —", 가족법연구 제26권 3호, 2012. 7면은 "**부부간 부양이나 부모의 미성년 자녀에 대한 부양**[…]에 대하여 **민법 제975조 내지 제979조의 적용을 배제할 논리필연적 이유는 없다. 민법 제975조의 요건을 유연하게 해석하는 방법으로도 위와 같은 부양(1차적 부양)을 일반 친족 간 부양과 달리 취급할 수 있기 때문**"이라한다]는 주장으로 읽히기도 한다. 이러한 주장은 윤진수, 친족상속법강의(제2판), 2019, 280면이 "민법상 이와 같은 구분이 명문으로 채택되어 있는 것은 아니다."라고 하면서 "생활유지의무자와 생활부조의무의 개념 내지 구분 자체는 인정할 수 있지만, […] 생활유지의무자의 부담부분이 생활부조의무자보다 더 크다고 보아야 할 것이다."이라는 주장과 그 맥(脈)을 같이 한다고 평가할 수 있고, 부양청구권 혹은 부양의무의 근거 조문은 각 826조 제1항, 제913조, 제974조로 달리 규정하고 있지만 이는 부양의 정도차이(양적 차이)를 인정하는 취지이며 그 성질이 본질적으로 달라 순위가 달라진다는 것이 아니므로 제975조~제979조까지의 부양의무의 구체적 분담에 관한 조문들은 일반적(전면적)으로 적용된다는 것으로 이해될 수 있다.

61) 강현중, "미성숙 자녀의양육과 부양", 사법논집(12), 1981, 37면; 임종효, "양육비청구권에 관한 기초 이론 및 실무상 쟁점", 사법논집 제51집, 2011, 230~231면 등

62) 임종효, "양육비청구권에 관한 기초 이론 및 실무상 쟁점", 사법논집 제51집, 2011, 230~231면.

63) 지배적 견해가 역사적 혹은 비교법적으로 검증된 것이라고 할 수도 없다. 민법 상 제도가 역사적, 비교법적으로 그 합리성 내지 정당성이 검증될 수 있는지 여부에 대하여 양창수, "이

론이 제창되던 시대와는 정반대로 노부모의 부양이 사회적으로 문제가 되고 있고, 이에 따라 노부모의 부양을 강화하기 위하여 "생활유지적인 것(에 가까운 것)"이라는 주장[64]까지 나오고 있다.

그리고 비판적 견해도 우리 민법이 배우자 간 및 부모의 자녀에 대한 부양과 그 밖의 친족에 대한 부양의 정도차이를 부정하는 것은 아니므로 견해 대립의 실익(實益)은 그것이 질적 차이인가 양적차이인가가 아니라 「1차적 부양의무자와 2차적 부양의무자 사이의 부양의무 분담을 인정할 것인지 여부」에 있다.[65] 따라서 부양의 성질의 이동(異同)을 기준으로 민법상 부양체계를 이해하는 것이 타당한지 의문이다. 특정한 시대적 배경에서 제시된(성질론을 기초로 한) 견해와 그에 대한 비판적 견해의 대립이라는 틀이 아니라 1차적 부양의무자와 2차적 부양의무자 사이의 부양의무 분담을 인정할 것인지 여부를 **민법상 부양 제도 관련 조문(규범)들[66]의 해석을 통하**

시대 사법부의 위상과 과제—6년의 경험으로부터—", 연세대학교 법학연구원 법학연구 제27권 1호(2017. 3.), 민법연구 제10권 재수록 151면은 소멸시효제도의 합리성과 정당성에 대한 비판적 의견에 대하여 "소멸시효제도는 [···]—역사적·비교법적으로 이미 그 합리성 내지 정당성이 확증된—제도이다."라고 하고 있다. 민법상 어떤 제도가 역사적으로 지속되고 비교법적으로 널리 확산되어 있다는 것만으로 그 합리성과 정당성이 확증될 수 있는지 여부는 법학 방법론상 더 논의가 필요한 것이지만 부양에 대한 지배적 견해가 시효제도나 신의칙 수준의 내재적 가치를 인정받았다고 볼 수 없음은 명백하다. 그리고 노부모 부양이 더 문제되는 현재의 상황에 대해서는 우선 김나래, "초고령사회에 대비한 노인부양제도에 관한 연구", 숙명여자대학교 박사학위논문, 2016 참고.

64) 정귀호, "부양에 관한 연구—한국부양법리의 내포와 외연—", 서울대학교 박사학위논문 1987, 25~27면은 김용욱("노부모의 부양문제", 사법행정 1977. 1.)의 견해, 즉 미성년자에 대한 부모의 부양의무는 물론이고 자력과 근로에 의하여 생활을 유지할 수 없는 노부모 부양은 제974조 제1호에 포함되며 생활유지적 부양이라는 것에 대하여 (며느리의 시부모 부양에 대한 표현을 쓰고 있으나) "민법상 아무런 명문의 규정 없이 생활유지적인 부양의무라고 보려는 것은 여러 가지 점에서 무리가 아닐까 한다."(27면)고 반대하면서, 자식의 노부모에 대한 부양의무를 이른바 생활유지적인 것으로 보아야 한다는 주장에 동의할 수 없다는 것을 분명히 하면서도 **생활부조적인 것과 같은 것으로는 볼 수 없고 생활유지적인 것에 가까운 것**으로 보는 것이 적절하다는 모호한 주장을 하고 있다(90면).[최준규 집필부분, 윤진수 편집대표 주해친족법 제2권, 2015, 1464면이 이러한 정귀호의 견해를 노부모 부양에 대하여 생활유지적인 것까지 포함한다고 소개하고 있다.]

65) 이러한 견해대립의 실익이 분명하게 드러난 사례는 '대법원 2012. 12. 27. 선고 2011다96932 판결'이다. 교통사고를 당하여 수술에도 불구하고 의식혼비, 마비증세로 오랫동안 치료를 받은 소외 (前)남편의 그 치료비 1억 6천 4백여만원 중 보험금 8천만원을 제외한 8천 4백여만원을 누가 부담할 것인지를 두고 그의 모친과 (前)배우자가 대립한 사건이다. ※ 별건(別件)으로 원고 모친의 특별대리인으로서의 이혼 및 재산분할청구, 피고 배우자의 이혼 반소에 의하여 두 사람의 이혼은 대법원에서 심리불속행으로 확정된 상태였음. 1심 서울북부지방법원(2010가합980 사건)은 원고패소판결, 2심 서울고등법원(2011나34073 사건) 항소기각, 대법원은 지배적 견해에 따라 파기환송판결.

66) 부양에 관한 일반적인 내용(부양의무와 생활능력, 부양의 순위, 부양의 정도와 방법, 부양관계의 변경 또는 취소, 부양청구권 처분의 금지)을 담고 있는 민법 제975조로부터 제979조 및 부양료 채권의 3년 단기소멸시효를 규정하고 있는 제163조 제1호가 있으며, 부양의 권리의무

여 제도로서의 부양 체계를 어떻게 이해할 것인지의 문제일 뿐이다.

전통적인 법률(민법) 해석의 방법론으로는 Savigny(1779~1861)[67] 이래로 문리, 체계, 역사(입법자의 의사),[68] 목적론적 해석이 있는 것으로 정리할 수 있다. 그렇다면 이러한 전통적 해석 방법에 의하여 지배적 견해와 비판적 견해 중 어느 견해가 타당한지를 결론지을 수 있는지 살펴보자.

2. 문언에 따른 해석

법률해석은 기본적으로 문언에서 출발해야 한다.[69] 민법상 부양의 체계에 관하여 문언이 논거로 사용된 견해는 많지 않다. 살펴볼 수 있는 주장으로는 1) 민법상 미성년자녀에 대한 양육이 부양인지 여부가 문언으로 명확하게 표현되어 있지 않다는 견해[70]와 2) 특히 '미성년자녀는 스스로를 부양할 능력이 원래 없는 사람이기 때문에 다른 부양의무와 다른 성질의 것이다.' 즉 이는 편면적 부양의무인데 민법 제974조는 '**서로**' 부양의무가 있다고 규정하고 있기 때문에 적용할 수 없는 것이라는 견해[71] 정도이다.

를 규율하고 있는 제974조(1호 직계혈족과 그 배우자 간, 3호 생계 공동 기타 친족 간), 민법 제826조 제1항(부부 간, "부부는 동거하며 서로 부양하고 협조하여야 한다."), 제913조~제915조(부모의 자녀에 대한 부양의무, 친권자가 아닌 부모의 자녀에 대한 부모의 부양의무는 제974조 1호)가 있다. 이혼 및 혼인 취소에 있어서 양육과 관련한 조문으로는 제837조(이혼과 자의 양육책임), 제837조의2(면접교섭권), 제824조의2(혼인의 취소와 자의 양육 등)가 있다.

67) 사비니의 해석방법론은 문언, 체계, 역사, 논리적 방법을 의미하며 논리적 해석은 오늘날 체계적 해석의 일종으로 평가된다. 목적론적 해석은 포함되지 않는다. 목적론적 해석은 예링의 목적법학 이후에 등장한다.

68) 로마로부터 정통성을 찾은 신성로마제국은 로마법에 현재의 효력을 부여하였다. 사비니에 있어서 '역사'란 일단 로마법을 의미한다. 역사법학파가 결국 객관적 해석에 이르게 된다고 할지라도 사비니 본인이 그러하였는지는 의문이 있다. 즉, "물론 사비니는 오해를 피할 수 있을 정도로 이와 같은 결론에 도달하고 있는 것은 아니므로 대체로 그가 '주관주의자'라고 평가되고 있다."고 한다. 김형배 역, 라인홀트 치펠리우스 저, 법학방법론, 1995, 39면 재인용. F. C. v. Savigny, System des heutigen Rmischen Rechts, Ⅰ, 1840, S. 13 ff.

69) 대법원 2009. 4. 23. 선고 2006다81035 판결은 "법률의 문언 자체가 비교적 명확한 개념으로 구성되어 있다면 원칙적으로 더 이상 다른 해석방법은 활용할 필요가 없거나 제한될 수밖에 없고 … (중략)… 그 법률 및 규정의 입법 취지와 목적을 중시하여 문언의 통상적 의미와 다르게 해석하려 하더라도 …(중략)… 전체 법체계와의 조화를 무시할 수 없으므로, 거기에는 일정한 한계가 있을 수밖에 없다."라고 판시하였다.

70) 정귀호, "부양에 관한 연구－한국부양법리의 내포와 외연－", 서울대학교 박사학위논문 1987. 20면은 부부간의 부양의무는 민법 제826조 제1항에서 그 근거를 찾고 있는 반면에 친자간의 부양의무에 관하여는 명문의 규정을 두고 있지 않다고 한다. 김주수·김상용, 친족·상속법－가족법－, 2018, 587면도 같은 취지로 부모의 미성년자녀에 대한 부양의무에 관하여도 일반적인 친족 간의 부양과 구별하여 명문의 규정을 두는 것이 바람직하다고 한다.

71) 이재찬, "부양의무의 순위 및 그에 기초한 구상관계에 관한 연구", 2015. 3. 23. 민사판례연구

위 1)의 견해는 민법상의 문언을 보다 꼼꼼하게 체계적으로 살피지 않은 것으로 타당하지 않다. 민법 제826조 제1항[72]이 "부부는 동거하며 **서로 부양**하고 협조하여야 한다."이라고 규정하고 있고, 자녀에 대한 양육의무(제913조 친권자는 자를 보호하고 교양할 권리의무가 있다)에 부양의무가 포함되었다고 해석하는 것이 일반적 견해일 뿐만 아니라 민법 제870조 제2항 1호(부모가 3년 이상 자녀에 대한 부양의무를 이행하지 아니한 경우)는 비록 입양에 대한 부모의 동의를 가정법원이 대신하기 위한 사유에 관한 규정이지만 (친권자인)부모의 자녀에 대한 부양의무를 명문으로 적시하고 있다.[73]

따라서 배우자의 경우에는 부양청구권의 근거 조문에 명시적으로 '부양'이라는 문언을 사용하고 있고, 미성년 자녀의 경우에도 체계적 해석의 도움을 받은 문언 해석에 따르면 '보호 및 교양 의무' 내에 부양의무가 포함된 것으로 해석하는 것이 타당하다. 다만 이러한 해석에 의하더라도 '부양'이라는 문언이 그 성질은 다른 것이며 다만 같은 문언을 사용하고 있을 뿐인지 아니면 그 성질은 같고 '부양의 정도'만 다른 것을 의미하는지 결론지을 수는 없다.[74]

회 제379회 발표문 9면(후에 "扶養義務의 順位 및 그에 基礎한 求償關係에 관한 硏究", 民事判例硏究 제38권, 2016, 709~772면 수록); 최준규 집필부분, 윤진수 편집대표 주해친족상속법 제2권, 2015, 1465~1466면은 같은 취지로 "부모의 미성년 자녀에 대한 부양의무가 이 조항에 포함된다고 보기 주저되는 점이 없지 않다"고 한다.

72) 제826조 제1항은 제정 민법으로부터 현재까지 개정된 적이 없이 그대로 유지되어 온 것이다.

73) 친양자에 관한 제908조의2 제2항 2호도 같다. 민법 제870조 제2항 및 민법 제908조의2 제2항의 '부모'가 '친권자인 부모'를 의미한다는 것은 제870조 1항 및 제908조의2 제1항과의 체계적 해석상 명백하다. 그러므로 제913조의 권리인 동시에 의무인 친권의 내용에 자녀에 대한 부양의무가 포함된다는 것은 문언 및 체계 해석상 다툼의 여지가 없다. 나아가 대법원 1994. 5. 13. 자 92스21 전원합의체 결정은 "**부모는 그 소생의 자녀를 공동으로 양육할 책임이 있고**, 그 양육에 소요되는 비용도 원칙적으로 부모가 공동으로 부담하여야 하는 것이며, 이는 **부모 중 누가 친권을 행사하는 자인지 또는 누가 부양권자이고 현실로 양육하고 있는 자인지를 물을 것 없이 친자관계의 본질로부터 발생하는 의무**"라고 판시하고 있다. 민법 제870조 제2항 1호와 제908조의2 제2항 2호는 2012. 2. 10. 제20차 민법개정된 것으로 "자녀에 대한 부양의무"가 명문(明文)으로 표현되어 종래와 같은 논쟁의 여지는 없어졌다고 보는 것이 타당하다.

74) 이처럼 동일한 문언을 사용하더라도 그것이 같은 성질의 것이 아닌 례는 민법에서도 쉽게 발견된다. 예컨대 김재형, "채권자취소권의 본질과 효과에 관한 연구", 인권과 정의 제329호(2004. 1), 민법론 Ⅱ 재수록, 33면은 채권자취소권의 취소와 민법총칙에 나오는 법률행위의 '취소'와는 본질적으로 다른 것인데도, 동일한 용어를 사용하고 있어 혼란(채권자 취소권 행사의 효과가 일반적 의사표시 하자에 의한 취소와 마찬가지로 소급 무효라는 주장)이 있다고 한다. 법률행위의 취소는 의사표시의 하자에 따라 의사표시자가 행하는 것인 반면 채권자취소는 채권자가 채무자의 책임재산을 보존하기 위하여 채무자의 사해행위를 취소하는 것으로 본질적으로 다른 것이 맞다. 필자가 주목하는 것은 이처럼 동일한 용어를 사용한 경우에도 다른 의미를 지닐 수 있는 것이 법률 체계상 언제든지 발생할 수 있는 문제라는 것이다. 이는 법적언어논증이 가진 방법론적 한계를 보여주는 한 례이기 때문이다.

위 2) 견해는 부양의무의 성질 차이에 대하여 민법(제974조)상의 '서로'라는 문언(文言)에서 부양의무의 성질 차이의 근거를 찾아내고 있다는 점에서 관심이 간다.[75] 그러나 일정한 나이가 지나면 스스로 부양할 능력이 없어진 노(老)부모에 대한 성년 자녀(들)의 부양의무는 민법 제974조에 포함되는 것으로 규정한 이유를 설명하기 곤란하다. 또한 지배적 견해가 같은 성질로 파악하고 있는 배우자간의 부양의 경우와 미성년자녀에 대한 부양을 달리 보려는 것인지 여부가 명확하지 않다.[76] 부모의 미성년자녀에 대한 부양의무를 편면적인 것으로 단정할 수도 없다.[77]

따라서 민법상 부양이 질적인 차이를 가진 것인지 아니면 양적인 차이에 불과한 것인지를 민법상의 문언에 기초한 해석 또는 체계적 해석의 도움을 받은 문언 해석으로 결론 낼 수 없다.

3. 체계적 해석

법학의 해석방법론에 관하여 문언해석과 마찬가지로 체계적 해석은 별다른 비판 없이 받아들여지고 있다. 문언을 중시하는 학자들도 체계적 해석의 도움을 받는 것은 거부감 없이 인정하고 있다. 체계적 해석에 관한 이론적인 연구나 그 적용에 관한 구체적인 검토는 많지 않다.[78] 체계적 해석을 거부감 없이 받아들이고 있는 이

---

75) 최준규 집필부분, 윤진수 편집대표 주해친족상속법 제2권, 2015, 1465~1466면은 같은 취지로 "부모의 미성년 자녀에 대한 부양의무가 이 조항에 포함된다고 보기 주저되는 점이 없지 않다"고 한다.

76) 나아가 미성년자와 마찬가지로 애초에 자조(自助)부양능력이 없는 사람과 혼인한 경우와 혼인 후 자조부양능력을 상실한 배우자에 대한 부양의무를 달리 취급할 것인지도 문제된다.

77) 미성년자인 자녀가 육체적, 정신적 어려움에 처한(특히 장애가 있는) 부모를 일상생활이나 감정에 대하여 도움을 주는 부양하는 경우 또는 미성년자녀가 재산 등 자력을 보유하고 있어 경제적 어려움에 처한 부모를 부양하는 경우도 우리의 일상에 없지 않다. 참고로 비록 사문화되어 있지만 독일민법 제1619조는 부모가 자녀를 교육하고 부양하면 자녀도 일정한 노무를 제공하도록 규정하고 있다. "Das Kind ist, solange es dem elterlichen Hausstand angehört und von den Eltern erzogen oder unterhalten wird, verpflichtet, in einer seinen Kräften und seiner Lebensstellung entsprechenden Weise den Eltern in ihrem Hauswesen und Geschäft Dienste zu leisten."

78) 윤진수, "김증한 교수의 소멸시효론", 民事法學 第69號, 2014, pp.103-152. 소멸시효 완성의 효과에 대한 상대적 효력설은 문언해석, 역사적 해석에 반대되는 체계적 해석의 예라고 한다. 체계적 해석에 관해서는 허일태 역, "하제머 법체계와 법전편찬", 동아법학 11호, 1990; 이준일, "법학에서 최적화", 법철학연구 제3권 1호, 2000; 오세혁, "規範衝突 및 그 解消에 관한 硏究 : 規範體系의 統一性과 관련하여", 서울대학교 박사학위논문, 2000 및 "법체계의 통일성", 홍익대학교 홍익법학 4권, 2002; 안준홍 법의 정합성에 대한 서설(序說) 법철학연구, 14권 3호, 2011; 강일신, "정합적 법해석의 의미와 한계 - 원리규범 충돌 해결이론 관점에서 -", 법철학연구, 17권 1호, 2014; 김도균, "우리 대법원 법해석론의 전환; 로널드 드워킨의 눈으로 읽기 - 법의 통일성(Law's Integrity)을 향하여 -", 법철학연구, 13권 1호, 2010 등 참고.

유는 '설득력을 높이고자 함'에 있을 것이고,[79] Savigny(1779~1861)이래 문언, 체계, 역사, 논리적 방법 중 논리적 해석은 오늘날 체계적 해석의 일종으로 평가되고 있기 때문이기도 할 것이다.[80] 하지만 체계적 해석에 있어서도 그 '체계'의 범위가 어디까지 인지, 체계적 해석의 실정법적 근거(혹은 출발점)는 무엇인지[81], 체계 분석의 이론적 기준으로는 어떤 것이 있는지 등에 관하여 의문이 없지 않다.[82] 체계적 해석은 '어느 법규정의 의미를 그 자체로서 파악하는 것이 아니라, 다른 법규정 내지 '전체 법질서'와의 체계적 연관 하에서 파악하는 것'이라고 정의되고 있는데,[83] '체계'의 범

---

79) 정종섭, "통합과학으로서의 헌법학", 법과 사회 제2호(1990. 2.), 헌법연구 1 재수록, 1면은 "문리 해석, 체계적 해석, 논리적 해석이라는 개념 그 자체는 과학이라고 하기 어렵다. …(중략)… 그러나 역사적 해석이나 제도적 해석, 비교법적 해석 등에서는 그 방법에 있어 과학성의 계기가 있다고 본다."라고 하면서도 "**과학성이란 종국에는 객관성이라는 媒介素를 통과한 설득력**이라고 생각하기 때문에 실정법 해석에서도 **문리적 해석이나 체계적 해석에는 현실에 비추어 가장 설득력이 높은 해석이 타당할 것이므로** 여기에 **과학성이** 개입하는 계기가 **있다**."고 한다. 언어 자체만의 해석으로 얻어지는 설득력과 그 언어가 논리적으로 가지는 설득력에는 분명한 차이가 있을 것이고 결국 논리적 해석은 문언해석과 분리할 수 없는 관계에 놓이게 된다. 역사적으로 축적된 해석방법인 논리적 해석이 체계적 해석의 일종이라면 문언을 중시하는 사람도 이를 배척할 이유는 없게 되는 것이다. 오히려 문언해석을 더욱 튼튼하게 지원해 주는 것이니 우호적이게 될 것이다. 언어적, 법적 논증과 그 역사에 대하여는 우선 필립 브르통·질 고티에, 논증의 역사, 장혜영 옮김, 2006; 로베르트 알렉시, 법적 논증 이론, 변종필, 최희수, 박달현 옮김, 2007; 양천수, 법해석학, 2017 등 참고.

80) 윤진수 집필부분, 주석민법(김용담 대표집필 2010. 8. 20. 출간 제4판), 총칙(1) '민법 제1조에 관한 부분' 중 법률의 해석 방법 85~105면 특히 86면은 Savigny이래로 문리해석, 체계적 해석, 역사적 해석, 목적론적 해석의 4가지가 일반적으로 인정되고 있고, Savigny는 목적론적 해석 대신 논리적 해석을 들고 있으나 이는 오늘날 일반적으로 체계적 해석의 일종으로 다루어진다고 한다. 사비니의 해석방법론은 목적론적 해석을 포함되지 않는다. 목적론적 해석은 예링의 목적법학 이후에 등장한다. 참고로 심헌섭, "합리적 법학방법론 — 분석적 관점에서 —", 서울대학교 법학 제24권 제1호(통권 53호), 1983, 분석과 비판의 법철학 207~226면 재수록, 2001, 특히 213~214면 및 오세혁, "한국에서의 법령해석 — 우리나라 법원의 해석방법론에 대한 비판적 분석 —", 법철학연구 제6권 제2호 2003, 한국 법질서와 법해석론 한국법철학회 김도균 엮음, 2013, 3~32면 재수록 5면 등은 마찬가지로 문리해석, 논리적-체계적 해석, 역사적 해석, 목적(론)적 해석으로 분류하고 있다.

81) 민법상 체계적 해석의 실정법적 근거는 민법 제1조로 보아야 한다. 그 문언 중 '법률에 규정이 없으면'이라는 요건을 충족하기 위해서는 필연적으로 당해 쟁점에 대한 법률(특히 민법전)에 규정되어 있는 것이 무엇인지(관련 조문들의 규정 형식, 구조 및 그 의미, 내용을 포함하는 것)를 먼저 확인하는 작업을 거쳐야 하는데, 이러한 과정에서 확인된 규범 체계가 있다면 문언과 체계적 해석이 목적론적 해석에 우선하여 행하여 져야 하는데, 이는 바로 체계적 해석일 수밖에 없다. 또한 법률(강행규정과 임의규정)을 우선적 법원으로 하고, 관습법과 조리를 순차 보충적 법원으로 규정하고 있는 것은 민사에 관하여 '법률, 관습법, 조리'가 체계를 이루어 순차 적용되어야 한다는 것이 입법자의 의사라고 할 수 있다. 우리 민법이 체계적으로 구성되어 있다는 데(총칙에서 가족법에 이르는 체계, 강행규정과 임의규정으로 이루어진 체계, 신뢰보호의 체계 등) 이의를 제기할 수는 없으며 따라서 그 해석에 있어서 체계적 해석은 필연적이고도 필수적이라고 할 것이다.

82) 옥도진, "民法解釋方法의 理論과 實際 — 문언을 중시하는 해석과 민법 제1조의 재조명 —", 저스티스 통권 제146-1호, 2015. 2, 133면.

83) 윤진수 집필부분, 주석민법(김용담 대표집필 2010. 8. 20. 출간 제4판), 총칙(1) '민법 제1조에

위에 '전체 법질서'를 포함시키는 것이 타당한지는 의문이 없지 않다.[84] 예컨대 민법상 부양에 대한 체계적 해석에서는 '민법상 부양 관련 규정들이 이루고 있는 체계'가 우선적으로 고려되어야 할 것이고, 좀 더 확장한다면 가족법 체계가 될 것이다. 이를 선불리 **민법 전 체계로 확장하게 되면 민법의 근본원리 논쟁으로 이어지게 되어 규범화된 제도의 체계가 아니라 원리까지 포함하는 포괄적인(추상적인) 체계에 관한 논쟁이 되어 오히려 혼란을 가중 시킬 수 있다. 즉 원리와 규범을 혼동하는 오류가 야기될 수 있다. 원리는 규범체계 자체가 될 수 없다.**

민법상 제도로서의 부양 체계에 관한 논의는 민법 제7장의 적용범위의 문제로 논의되고 있다. 지배적 견해는 1차적 부양의무(혹은 생활유지의무)에는 민법 제974조 이하의 부양에 관한 규정이 적용되지 않으며(제한적 적용설),[85] 반면 비판적 견해는 '전면적 적용설'로 부양의 성질·종류와 무관하게 민법 제7장이 적용된다는 입장이다.[86] 배우자 간의 부양, 미성년 자녀에 대한 부양이 별도로 규정되어 있는 것에 비추어 보면 지배적 견해가 이해하는 체계가 더 타당한 해석이라고 주장될 수 있다. 그러나 비판적 견해 역시 더 강화된 부양에 의하여 보호하여야 한다는 점(부양의 정도를 달리하는 것)을 체계적으로 표현한 것에 불과하다고 설명할 수 있다.[87] 특히 미성년 자녀에 대한 양육에는 '보호와 교육' 같은 내용이 포함된다는 점 역시 성질차이가 아니라 강화된 부양의 내용이라고 이해할 수 있다.[88]

관한 부분' 중 법률의 해석 방법 85~105면 중 92면.

84) 민사에 관한 체계적 해석의 범위는 가장 넓게 잡아도 직접 혹은 간접 적용되는 법원(法源)인 헌법으로부터 민법전 그리고 민사특별법(혹은 민사관련법) 등에 이르는 체계로 보아야 한다. 윤진수 집필부분, 주석민법(김용담 대표집필 2010. 8. 20. 출간 제4판), 총칙(1) '민법 제1조에 관한 부분' 중 법률의 해석 방법 93~95면은 외적 체계와 내적 체계를 설명하면서 이른바 '상위규범 합치적 해석의 원칙' 특히 '헌법합치적 해석'을 체계적 해석의 일종으로 파악하고 있다.

85) 이희배, "民法上의 扶養法理－私的 扶養法理의 三原論的 二元論", 1989, 300면은 2원형론이 제한적 적용설로 귀결된다고 평가한다. 지배적 견해는 배우자 사이의 부양의무는 민법 제826조에서, 부모의 미성년 자녀에 대한 양육의무는 민법 제913조~제915조에서 근거한다고 본다.

86) 미성년 자녀들 및 배우자 외 그 밖의 친족들의 부양청구권 규범인 민법 제974조를 제외하고 제975조 이하의 절차적 조문들은 전면적으로 적용될 수 있다는 입장(제한적 전면적 적용설)도 있어 비판적 견해들의 주장이 통일되어 있는 것은 아니다. 대법원 1992. 3. 31. 선고 90므651, 668(병합) 판결에 비추어 대법원도 부모와 자녀 사이의 부양에 관하여도 민법 제7장을 적용하고 있다는 주장[엄경천, "부양법, 가족법상 독자성을 찾아서", 가족법연구 제29권 제3호(통권 54호), 2015]도 있지만 대법원 2012. 12. 27. 선고 2011다96932 판결 등에 비추어 보면 동의하기 어렵다.

87) 임종효, "양육비청구권에 관한 기초 이론 및 실무상 쟁점", 사법논집 제51집, 2011; 엄경천, "부양법, 가족법상 독자성을 찾아서", 가족법연구 제29권 제3호(통권 54호), 2015 등 참고.

88) 예컨대 이혼 등의 사정으로 친권과 양육권이 없는 부 또는 모의 경우에는 보호와 교육에는 일정한 제한이 있을 수밖에 없으나 부양료를 부담할 의무는 변함없이 이행할 수 있다. 이러한 경우 비양육 부모의 부양의무와 양육 부모의 부양의무를 성질상 다른 것이라고 이해해야

따라서 체계적 해석을 통하여 두 진영 간의 대립을 해결하는 것은 역시 가능하지 않다. 그렇다면 우리 입법자는 어떤 의사를 가지고 있었는지에 의하여 이 문제의 해결에 이를 수 있는지 살펴보자.

4. 입법자의 의사에 따른 해석

민법상 제도로서의 부양 체계에 대한 입법자의 의사를 파악하기 위해서는 민법 제정 당시로 거슬러 올라가야 한다.[89] 민법 제정 당시에 논의된 부양에 관한 입법 초안들의 내용은 현행의 것과 동일하지 않았다. 특히 부양당사자의 범위(부부, 형제자매, 규정된 이외의 친족), 미성년자가 부모의 친권에 복종하지 않는 경우 부양의무를 제한할 것인지 여부 등에 대한 논의과정은 시사(示唆)하는 바가 있다.

부양에 관한 정부안(政府案)에는 "(가) **배우자** (나) 직계혈족 및 **그 배우자의 직계존속** (다) 3**촌 이내의 방계혈족 및 그 배우자** (라) 호주와 가족(제975조) 순위를 정함(제977조 내지 제980조)"로 되어 있다.[90] 독립과 건국과정에 있던 당시 경제적 사정 및 국가의 공적 부양제도의 부족함 등에 비추어 보면 우리의 입법자들이 부양의 범위를 고민한 것은 자연스러운 것이다. 흥미로운 점은 이러한 입법(관여)자들의 고민과 (채택되지 못한)법률(규정)안(案)들이 시사(示唆)하는 바는 지배적 견해의 부양에 대한 이해와 해석과는 차이가 있어 보인다는 것이다.[91]

첫째, 민법안심의자료집 민법친족상속편원요강해설 15면의 해설은 "부양의 권리의무자에 관하여서만 **그 범위를 일체로 윤곽**(輪廓)**적으로 규정**하기로 하고 부양의 순서, 정도 및 방법에 관하여는 이를 친족 간에 **협의에 맡기고 그 협의가 되지 않는 때 재판소가 개개의 경우에 있어서 구체적**(具體的)**으로 이를 결정할 수 있도록** 하였

할 이유는 없다. 보호와 교육도 부양료지급 외의 미성년 자녀에 대한 부양의 내용 중 하나로 이해하면 충분한 것이다.

89) 1958. 2. 2. 민법이 제정된 이래, 제974조 제2호(1990년 1월 13일 삭제되기 전의 것)를 근거로 하는 '호주와 가족 간에 부양의무'와 별도로 제797조(1990년 1월 13일 삭제되기 전의 것)가 '호주의 가족부양의무'를 규정하고 있었던 것을 1990. 1. 13. 민법개정으로 삭제된 것을 제외하고는 그대로 유지되고 있다. 제·개정 민법의 적용과 관련하여서는 제정민법 부칙 24조는 "구법에 의하여 부양의무가 개시된 경우에도 그 순위 선임 및 방법에 관한 사항에는 본법 시행일부터 본법의 규정을 적용한다."고 규정하였다. 또한 1990. 1. 13. 법률 제4199호 부칙 11조로 "구법에 의하여 부양의무가 개시된 경우에도 이 법 시행일부터 이 법의 규정을 적용한다."고 하였다.

90) 법제실「법제월보」편집실 편, 韓國民法典, 26면, 단기 4291(1958). 3. 15.

91) 법제실「법제월보」편집실 편, 韓國民法典, 민법안심의자료집 등 민법 제정 당시의 자료의 경우 필자가 읽기 편하도록 현재의 띄어쓰기 문법에 맞도록 수정하였고, 현재 통용되지 않아 이해에 방해가 되는(가독성이 떨어지는) 한자어는 괄호로 한자를 부기하였음(이하 같음).

다."고 적시하고 있다.

이에 비추어 보면 우리 입법자는 「1) 부양의 자율성(사적자치, wants)을 보장하고, 2) 부양권리의무자의 범위는 윤곽(輪廓)만을 법률로 규정한 것이다(즉, 최소한의 법정 부양권리의무 관계만을 규정한 것이므로 협의에 의하여 더 폭넓게 인정할 수 있는 자율성을 염두에 두고 있었던 것으로 읽힌다). 또한 3) 부양의 순서, 정도 및 방법 역시 당사자들의 협의에 의하여 정함을 원칙으로 하고, 협의가 이루어지지 않는 경우에는 재판소(현 가정법원)가 개별적·구체적인 사정을 고려하여 결정」하는 것으로 입법하고자 하였다는 것이다. **당사자들의 협의를 우선하도록 하여 사적자치를 곤궁에 처한 사람을 부양하고자 하는 공공복리와 조화시키려고 노력하였다**는 지향(志向)을 추정할 수 있다. 또한 「4) '생활유지 혹은 부조'라는 획일적 기준이 아니라 **개별적·구체적 사정**(needs)**에 따라 부양의 순위, 정도, 방법을 결정하고자 했다**」는 것도 중요한 점이다. 부양의 구체적 효율성을 염두에 두고 있었던 것이다.

둘째, 16면의 "**미성년자**가 부모의 거소(居所)지정에 응하지 않거나 혼인이혼, 양자緣組(入養) 우(又)는 離緣(罷養)하는데 있어서 부모의 동의를 얻지 않은 경우 부모는 **기자**(其子)**에 대하여 부양하지 않을 수 있도록 할 것**"이라는 비록 입법(立法)되지는 않은 것은 다행이지만 이 초안에 비추어 보면, 「5) 지배적 견해의 해석론 중 "민법 제7장 제974조 1.의 직계혈족에 '자녀'가 포함되지 않는다."는 주장이 입법자의 생각과는 다른 것이며, 오히려 자녀의 부양을 다른 부양과 같은 성질의 것임을 전제(前提)로 부모의 부양의무 면제에 관하여 거론하고 있었던 것으로 파악된다는 점이다.[92] 6) 나아가 **부모의 자녀에 대한 부양도 절대적인 것이 아니라 상호적인 성질로 인식하고 있었다**(그렇다면 다른 부양에 대한 인식도 다를 바 없었을 것이다)」는 점도 보여주고 있다.

셋째, 민법안심의자료집 민법친족상속편원요강해설 15면에서 '三七 扶養權利義務者'에는 '① 좌기(左記) 친족은 상호간 부양의무를 설정 할 것(배우자간에 관하여서는 혼인의 일반적 효력으로써 규정－九七 참조)'이라고 배우자를 혼인의 일반적 효력으로 규정하기로 한 것[93] 역시 7) 배우자 간의 부양이 다른 성질의 것이라서 삭제한다는 취지로 이해할 수도 있지만, 정반대로 같은 성질의 것이지만 입법 기술적으로 혼

92) 민의원 법제사법위원회 민법안심의소위원회, 민법안심의자료집 민법친족상속편원요강해설, 16면.

93) 민의원 법제사법위원회 민법안심의소위원회, 민법안심의자료집 민법친족상속편원요강해설, 15면에 "(자매는 **삭제**)"라고 되어 있는 것과 비교해 보면 이와 달리 배우자는 '**규정**'이라고 표현한 것 역시 부양의 범위에서 제외하는 것이 아니라 '혼인의 효력에 함께' 두는 것이 좋겠다는 의미로 읽힌다.

인의 내용으로 규정한 것에 불과하다고 이해할 수도 있다.

이러한 민법상 부양법의 입법과정에서 제안되었던 내용들과 그 해설에 비추어 보면 최소한 입법과정에 나타난 모습들이 본질적 차이에 의하여 생활유지적 부양과 생활부조적 부양으로 나누어진다는 견해(본질론, 질적 차이설, 2원형론)에 구속되지 않았다는 것은 분명하다. 그렇다고 지배적 견해를 비판하는 주장(양적 차이설)에 기초한 것이라고 단정할 수도 없다. 한 가지 더 주목되는 점은 민법안심의자료집 민법친족상속편원요강해설 15면 '三七 扶養權利義務者' ② 「**재판소가 특별한 사정이 있다고 인정할 때에는 우**(右)**이외의 친족 간에도 부양할 것을 명할 수 있도록 할 것**」(삭제)'라고 되어 있는 것이다.[94] 이는 민법 제정 당시 부양권리의무의 범위를 부양에 관하여 흠결이 발생하지 않도록(현재 민법 규정보다) 광범위하게 설정하려는 시도가 있었음을 보여 준다. 이는 지배적 견해가 1차적 부양의무와 2차적 부양의무는 순위가 있는 것이어서 비분담적인 결과에 이르고 있는 것과는 다른 시각이다. 8) **부양의 정도차이에 불과하다는 견해의** 1, 2**차 의무자 사이의 분담을 인정하려는 입장에 더 가깝다고 볼 수 있다.**

이상의 1)로부터 8)까지의 입법자 의사의 추정에 비추어 보면, 우리 입법자는 민법상 부양에 대하여 부모의 자녀에 대한, 배우자 상호 간의, 직계 혈족과 그 배우자 및 그 밖의 공동생계의 친족에 대한 부양에 대하여 그 성질이 다른 지 여부나 하나의 부양법 체계를 만들려 하였는지 여부에 대한 의사는 알 수 없고, 다만 **부양의 필요**(needs, **공공복리**)**에 맞추어 각 부양의 순위, 정도, 방법은 개개의 경우에 구체적으로 협의**(wants, **사적자치, 자율성**) **혹은 그것이 이루어지지 않은 경우에는** (**가정**)**법원에 의하여**(**개별 구체적 고려 통하여 효율적으로**)**결정하는 것으로 제정하고자 하였던 것**이라고 추정할 수는 있을 것 같다.

역사적 혹은 주관적 해석[95]이라고 일컬어지고 있는 입법자의 의사에 따른 해석

---

94) 위와 같은 논의 및 수정 과정을 거쳐 1958. 2. 2. 민법이 제정된 이래, 제974조 제2호(1990년 1월 13일 삭제되기 전의 것)를 근거로 하는 '호주와 가족 간에 부양의무'와 별도로 제797조(1990년 1월 13일 삭제되기 전의 것)가 '호주의 가족부양의무'를 규정하고 있었던 것을 1990. 1. 13. 민법개정으로 삭제된 것을 제외하고는 그대로 유지되고 있다. 제·개정 민법의 적용과 관련하여서는 제정민법 부칙 24조는 "구법에 의하여 부양의무가 개시된 경우에도 그 순위 선임 및 방법에 관한 사항에는 본법 시행일부터 본법의 규정을 적용한다."고 규정하였다. 또한 1990. 1. 13. 법률 제4199호 부칙 11조로 "구법에 의하여 부양의무가 개시된 경우에도 이 법 시행일부터 이 법의 규정을 적용한다."고 하였다.

95) 오늘날 '주관적-역사적' 방법을 주장하는 견해는 이제 존재하지 않으며 입법의 모든 역사적 연원을 고려하여, 다시 말하면 당시의 정치적·경제적·이념적·사회적 문맥을 총체적으로 고려하여 이해되는 바의 법규범의 의미가 기준이 된다는 '객관적-역사적' 방법만이 주장되고 있다고 한다. 양창수, "법해석의 다양한 양상 또는 실정법학자의 법학방법론—크라머의 「법

에 있어서 불행하게도 우리에게는 민법 제정 당시의 '입법이유서'가 없다는 근본적 문제가 있다. 따라서 민법 제정과정의 여러 가지 문서들에 나타난 입법자의 의사를 추정함으로써 이를 대신하고 있는 것이 우리 민법학의 현실이다.[96] 그러나 간접적으로 입법자의 의사를 확인할 수 있는 주요한 문서인 법전편찬위원회 회의록이 여전히 발견되지 않고 있어 사실상 입법자의 의사에 기한 해석은 불가능한 상태에 놓여 있다.[97] 물론 입법자의 의사를 확인할 수 있는 것이 법전편찬위원회 회의록만은 아니어서 국회속기록이나 그 외의 자료들에 의하여 일부는 확인이 가능하다.[98] 위

학방법론」—", 서울대학교 법학 제41권 제3호(2000), 민법연구 제6권 재수록, 21면 참고. 그러나 (입법자의 의사에 대하여) "객관적 의사설의 완전한 승리를 의미하는 것은 아니며 그것은 일반적으로 영미에 있어서는 제정법의 해석에 있어서 입법자의사의 탐구가 제일의적 작업으로 수행되고 있으며 최근 독일에서 다시 입법자의사를 중시하는 견해가 대두하고 있다는 것을 보아도 알 수 있다"는 서술[양창수(주 2), 272면]에 비추어 이 문제가 정리된 문제는 아닌 것 같다. '입법자의 의사'를 탐구하는 것을 주관적 해석이라 하는 것은 분명하며, 역사적 해석이 주관적 해석과 반드시 동일한 것인지 여부는 논란의 소지가 있으나 방법론상으로도 구별하는 것이 실익이 있다고 본다. 다만, 우리나라만이 아니라 일본에서도 역사적 해석은 주관적 해석과 종종 동의어로 사용되고 있다(廣中俊雄, 民法解釋方法に 關する十二講, 有斐閣 2003 참고).

96) 이러한 자료들에 의한 해석의 시도가 성공적이라고 평가될 수 있는 경우는 거의 없는 것으로 보인다. 양창수, "동산질권에 관한 약간의 문제—민법학 방법에 대한 의문 제기를 겸하여—", 저스티스 제20권(1987), 민법연구 제1권 재수록. "동산질권에 관한 약간의 문제—민법학 방법에 대한 의문 제기를 겸하여—"가 거의 유일하게 입법자의 의사에 기한 해석론이 결정적 근거로 제시되는 경우로 보이며, 대부분은 보조적 논거로 사용되거나 사용할 수 없는 경우라고 판단된다.

97) 이 회의록의 존재는 民法典編纂要綱(장후영, 현행민법총론, 正音社, 1950, 부록)의 "이 요강은 법전편찬위원회의 회의록에서 轉載한 것임"이라는 기재 및 法典編纂委員總會 議事錄(抄)—이 자료는 법전편찬위원회의 회의기록의 일부를 발췌 정리한 것으로 대한법리연구회책임편찬, 法律評論, 대한법리연구회, 제1권 제1, 2, 3호, 수록— 그리고 편찬위원의 회의록에 대한 증언 및 그것을 작성을 한 법원직원을 다시 만났다는 언급은 최종고, "해방 후 한국기본법제의 정비", 박병호교수화갑기념(Ⅱ), 한국법사학총론(1991), 450면 주 24. 그리고 기타 당시의 법전편찬위원회의 활동 내역을 비교적 자세히 소개하고 있는 신문기사[예를 들면 행위무능력자에서 처를 제외하기로 가결하였다는 소식을 전하고 있는 경향신문 1949. 3. 19. 보도; 동성동본양자만을 인정하기로 하였다는 등의 양자제도에 대한 법전편찬위원회의 결정을 보도한 조선일보 1950. 1. 9. 기사; 사회적 멸시를 받고 있는 사생아를 서자로서 법률적으로 취급하는 방법에 관하여 이미 민법 친족상속편요강에서 '서자는 부의 가에 입할 수 있도록 할 것'이라는 원칙을 심의 결정한 바 있는데, 앞으로의 이에 관한 조문 작성을 앞두고 법률전문가들 사이에는 두 가지의 견해가 대두되고 있어 앞으로의 결정이 매우 주목된다고 보도한 국도신문 1950. 1. 4. 등]에서 간접적으로 확인할 수 있다.

98) 종래 알려진 것으로 민법안심의록 상·하, 민법심의자료집, 민법안의견서, 국회본회의 속기록 등이 있었고, 양창수 교수에 의하여 재발견된 것으로 조선법제편찬위원회의 조선임시민법전편찬요강(법정 제3권 제8호), 법전편찬위원회의 民法典編纂要綱[장후영(주 50), 부록], 法典編纂委員總會 議事錄(抄)[法律評論 제1권 제1, 2, 3호에 걸쳐 수록: 민총, 물권, 친족법에 대한 내용이다] 등이 있다. 法典編纂委員總會 議事錄(抄)는 채권법 전부와 상속법에 대한 것은 없는데 다만 法律評論 제1권 제4호가 발간되었음을 보여주는 서술[정광현, 한국친족상속법강의(上卷), 1955, 49면]이 있으나 그 존재를 아직까지 찾을 수 없다. 양창수 교수의 민법연구 제1권의 "민법안 성립과정에 관한 소고", 민법연구 제3권의 "민법안에 대한 국회의 심의(Ⅰ,

에서 검토한 바와 같이 현재까지 나타난 자료만으로는 민법상 부양의 제정 및 개정에서 추정되는 입법자의 의사에 기초한 해석에 의하더라도 지배적 견해와 비판적 견해 중 어떤 견해가 더 타당한지 여부를 확정할 수 없다.

이상과 같이 문언, 체계, 입법자의 의사에 기초한 해석을 진행해도 대법원이 따르고 있는 종래의 지배적 견해가 타당한지 아니면 그것을 비판하는 견해가 타당한지 결론지을 수 없다. 다만, 우리 입법자는 **부양의 필요성에 대응하면서도 자율성과 효율성이 보장되도록 하여 가족법의 지향에서 벗어나지 않도록 하고자 한 것으로 추정된다**. 이러한 입법자의 의사 추정은 앞서 언급한 견해 대립의 실익인「1차적 부양의무자와 2차적 부양의무자 사이의 부양의무 분담을 인정할 것인지 여부」의 문제를 해결하기 위하여 부양법의 '목적'을 탐색하는데 중요한 시사(示唆)를 준다.

5. 소결 : 목적론적 해석에서의 '목적'의 문제

민법상 부양의 규범목적은 무엇인가? 이에 대하여 명시적으로 검토하고 있는 국내 문헌은 없지만 '부양이 필요한 가족(미성년자녀, 배우자, 그 밖의 친족)에 대하여 부양을 제공하도록 강제'하는 것이라고 일견(一見) 생각할 수 있다.

그런데 만약 민법이 부양의 확실한 강제만을 목적으로 하고자 하였다면 당사자 간의 협의를 가정법원의 심판에 우선[99]하도록(이에 따라 부양에 대하여 다툼이 있는 경우에도 가사소송법은 심판에 앞서 조정을 먼저 하도록 규정[100]하고 있다) 규정할 필요는 없었을 것이다. 또한 '간(間)' 또는 '서로'라는 문언을 통하여 상호성(혹은 호혜성)을 강조[101]하지 않았을 것이다. 이는 부양 권리의무자들의 자율성을 최대한 보장하고, 또한 구체적인 사정에 따라 협의 또는 법원에 의하여 부양의무의 순위, 정도, 방법, 변경, 취소 등에 관하여 정할 수 있도록 하는 목적, 즉 부양이 효율적으로 이루어질 수 있도록 하는 목적이 포함되어 있다.[102] 따라서 민법상 부양의 규범목적은 문언, 체계, 입법자의 의사에 따른 해석과정에서 확인되는바, '**일정한 범위의 가족**

Ⅱ)", 민법연구 제8권의 "민법전 제정과정에 관한 잔편"(이 글에서 양창수 교수는 후견 등에 관한 법전편찬위원회의 민법안 기초과정의 一端을 보여주는 등사판 인쇄물을 확보하였다고 밝히고 그 내용을 소개하고 있다. 이 자료가 회의록의 일부인지 아니면 다른 자료인지는 아직 알 수 없다) 참고. 친족상속법에 대한 입법자료의 대부분은 정광현의 한국가족법연구(1967)의 부록인 '친족상속법 입법자료'에 모아져 있다.

99) 민법 제976조 및 제977조 참고.

100) 가사소송법 제50조 제1항, 제2항 참고.

101) 민법 제974조(1호 직계혈족과 그 배우자 간, 3호 생계 공동 기타 친족 간), 민법 제826조 제1항(부부 간, "부부는 동거하며 서로 부양하고 협조하여야 한다.")

102) 민법 제976조, 제977조, 제978조 참고.

(**부모와 미성년자녀, 배우자, 그 밖의 친족) 상호간의 부양권리의무가 최대한 자율적이고 효율적으로 이행되도록 강제하는 것**'이라는 주장도 가능하다.

이처럼 법률 해석은 체계적 해석의 도움을 받은 문언해석에서 출발[103]해야 하지만 여전히 다의적인 경우에는 입법자의 의사에 기한 해석을 시도하고, 그에 의해서도 해결이 되지 않는다면 최종적으로는 목적론적 해석에 의하게 된다.[104] 문제는 목적론적 해석에서 말하는 '목적'은 어떻게 발견되어야 하는지에 있다. 이에 대하여 종래 민법의 근본원리와 관련된 문제라는 시각이 있다.[105] 그런데 민법학은 민법 전체를 지배하는 근본원리가 무엇인가를 두고 의견일치를 보지 못하고 있을 뿐만 아니라,[106] 근본원리 혹은 추구하는 목적을 달리 보고 있으므로 목적론적 해석은 설득

103) 문언이 출발점이 되는 이유에 대하여는 '법률구속성'에서 찾는 견해로는 심헌섭, 비판과 분석의 법철학, 2001, 215면. 나아가 해석방법의 서열에 대하여도 '법률에 의한 구속의 원리'에 비추어 문언의 의미와 입법자의 목적이 목적론적 해석보다 우위에 설 것은 확실하다(동 217면)고 하고, 역사적 해석은 문리적 해석에 반하거나 헌법합치성을 잃을 경우는 물러서야 할 것(동 220면)이라고 한다. 신문언주의자인 Antonin Scalia는 그의 저서 "Common-Law Courts in a Civil-Law System, *A Matter of Interpretation*"(1997) p. 106에서 "The text, however, remains the alpha and omega of interpretation"이라 한다.

104) 양창수, "한국사회의 변화와 민법학의 과제", 서울대학교 법학 제28권 제1호(1987), 민법연구 제1권 재수록, 16면도 "**문리해석, 입법자의사의 탐구, 논리해석(체계해석) 등을 거친다고 하더라도 최종적으로 기준이 되는 것은, 현재 어떠한 해석을 하는 것이 사회적으로 타당한가 하는 판단이라고 할 수 있다(목적론적 해석)**. 그런데 이러한 판단을 결국 일정한 가치를 실현하는 또는 그와 관련된 판단, 즉 평가를 내용으로 하는 가치판단이다. …(중략)…**평가기준설정작업은 보다 근본적인 가치와의 연관을 통하여서 가능할 것인데, 이러한 '보다 근본적인 가치'의 탐구가 바로 — 민법해석학에 있어서는 — 민법의 기본원리에 대한 반성이라는 것이다.**"라고 한다.

105) 민법의 기본원리가 (목적론적) 해석과 관련된다는 점에 대해서는 곽윤직, 민법총칙, 2002(제7판), 71면은 "민법은 보편적인 근본이념이 시대사조를 통해서 구체화된 근본원리에 따라서 구성되어 있다. 따라서 민법의 해석은 민법의 근본원리를 지침으로 삼아서 행하여져야만 한다. 이러한 의미에서 민법의 기본원리는 민법해석의 기본원칙이기도 하다"라고 한다.

106) 곽윤직, 민법총칙, 1998(신정수정판), 64면은 공공복리가 최고의 원리라고 하였으나 곽윤직·김재형, 민법총칙, 제9판, 2014, 44~46면에서는 공공복리는 자유를 조절하여 실질적, 구체적 평등도 아울러 달성하려는 것이라고 한다. 사적자치를 더 우선시 하는 견해에 대하여 매우 비판적인 입장(김기창, "청약의 구속력과 계약의 자유", 비교사법 제12권 1호(2005). 특히 107면은 "계약 자유와 사적 자치의 이데올로기는 그 발상지에서는 이미 시들어 가고 있는 듯하나, 뒤늦게 이를 수입한 우리나라에서는 이제 바야흐로 흐드러지게 한바탕 꽃피울 모양이다"라고 시니컬하게 비판한다.)이 있는가 하면 사적자치를 강조하는 사조(思潮)에 따르는 민법학자들이 주류라고도 한다[이영준, "법률행위 및 그 자유개념의 재검토", 법조(1985. 8), 29~52면; "한국사회의 변화와 민법학의 과제", 서울대학교 법학 제28권 제1호(1987), 민법연구 제1권 재수록, 15~16면 및 "헌법과 민법", 서울대학교 법학 제39권 제4호(1999), 민법연구 제5권 재수록, 19면; 양창수, "한국 민법학 60년의 성과와 앞으로의 과제", 우리 민법학은 지금 어디에 서 있는가?: 한국 민사법학 50주년 회고와 전망(2007). 745~746면 참고]; 입법론에서도 마찬가지이다. 단기 4290(서기로 1957)년 국내 주요 대학의 법학교수들은 민사법연구회를 결성하고 민법안에 대하여 자신들의 검토와 주장을 담은 의견서를 발행한다[민사법연구회, 민법안의견서, 단기4290(1957)]. 그들은 제2조 제1항(신의성실의 원칙) 앞에 [사권은 공공의 복리에 따른다]고 규정하고자 하였고 이는 당시 일본 민법 개정에 자극받은

력이 약화된다고 한다.[107] 그 밖에도 목적론적 해석 자체에 대하여 다양한 비판이 존재한다.[108] 그런데 **목적론적 해석에 대한 이러한 비판들의 상당부분이 '원리와 규범'을 준별**(峻別)**하지 못한 데에서 온 오류를 내포하고 있다. 민법상의 원리로부터 구체적으로 제도화된 규범의** (해석을 위한)**목적이 바로 도출될 수는 없으며 단지 목적을 탐색하는 과정에서 근거, 정당성 또는 관점**(topos)**으로 작동할 뿐이다.** 원리는 일반적인 당위로서, 그 자체로부터 청구권 등 권리의무가 도출되거나 주장될 수도 없으며 민법상 규범화되어 있는 제도에서와 같이 일정한 요건을 통하여 사안을 포섭하고 법률이 부여한 효과를 발생시키지도 않는다. 따라서 **특정 해석 문제에 대한 직접적 구속력을 가지는 것이 아니며 다만 규범의 해석론 혹은 입법론에 있어서 그 근거, 기준, 정당화의 기저**(基底)**로 작동할 뿐이다.**[109]

목적론적 해석에 대한 비판들을 다시 고찰하면 민법의 근본원리로부터 (공공복리를 강조하는 입장이건 사적자치를 강조하는 입장이건) 민법상 제도화된 규범의 해석을 위한 목적이 바로 도출될 수는 없고, 그 규범 목적을 확인하는 과정을 이끄는 역

것이다. 일본 민법 개정 소식을 소개한 책자는 진승록, 민법총론, 단기 4282(1949), 311~312면. 당시 일본은 제1조를 신설 '사권은 공공복지에 존함'이라 규정하였던 것이고 현재에도 유지되고 있다. 第一条 1 私権は、公共の福祉に適合しなければならない 2 権利の行使及び義務の履行は、信義に従い誠実に行わなければならない。 3 権利の濫用は、これを許さない。 그러나 이러한 시도는 우리나라에서는 불상의 이유로 반영되지 못하였다. 역으로 42년이 흐른 20세기말 1999년 2월 대학교수 11인과 법관 2인으로 구성된 민법개정위원회가 발족되었으며 개정된 적이 없는 재산법 분야를 포함한 개정안을 마련하였는데 첫 번째가 [제1조의2(인간의 존엄) ① 사람은 인간으로서의 존엄과 가치를 바탕으로 자유로운 의사에 좇아 법률관계를 형성한다. ② 사람의 인격권은 보호된다.]였다. 양창수, "최근의 한국민법전 개정작업", 민법연구 제7권, 1~38면 특히 11, 18~20면. 참고. 이 역시 입법에 성공하지 못하였다.

107) 옥도진, "民法 解釋方法의 理論과 實際 — 문언을 중시하는 해석과 민법 제1조의 재조명 —", 저스티스 통권 제146-1호, 2015. 2, 134~136면 참고.

108) 김재형, "황금들녘의 아름다움 : 법해석의 한 단면", 법학평론 제1호(2010. 9), 민법론 Ⅳ 재수록, 177면은 "**목적은 매우 추상적인 것으로 구체적인 결론을 도출하는데 실질적인 도움이 되지 않는다.**"고 한다. 김도균, "법적 이익형량의 구조와 정당화문제", 서울대학교 법학 제48권 제2호(2007. 6), 31~115면 및 Frank B. Cross, *The Theory and Practice of Statutory Interpretation*, 2009, "Legislative History And Statutory Interpretation", p. 62는 "**입법은 본질적으로 경쟁적인 목적들의 타협의 산물"이기 때문에 목적이란 것이 해석자의 가치관에 의하여 달리 파악될 수밖에 없다면 목적론적 해석은 자의적 해석이라는 비판에서 자유로울 수 없게 된다**고 한다. 같은 Frank B. Cross, pp. 19-22은 문언을 경시하는 입장은 민주주의 정신에 반한다거나 보편타당성을 잃고 이념적 재판을 한다고 비판하기도 하고, 한상희, "'법과 사회'운동의 전개와 한계", 서울대학교출판부 미국학연구소 편, 미국 사회의 지적 흐름 법, 미국학총서 Ⅱ(1999). 127~131면은 해석과 멀어진 이론적 전개로 주변적 대안은 되었을지는 몰라도 구조적 문제를 극복하지 못한다고 비판하기도 한다.

109) 김형석, "법발견에서 원리의 기능과 법학방법론 — 요제프 에써의『원칙과 규범』을 중심으로 —", 서울대학교 *法學* 제57권 제1호, 2016. 3, 10~11면 참고.

할을 할 뿐인 것이다. **해석을 위한 목적은 관련 조문들의 문언, 체계, 입법자의 의사를 기초로 한 해석과정으로부터 구체적으로 확인되는 것이지 일반적이고 추상적인 근본원리에서 바로 도출될 수 없다.**[110)]

민법상 근본원리인 공공복리와 사적자치의 관점에서 부양 규범의 목적을 모색해 보자. 일정한 부양제공을 법적 의무로 하는 것, 즉 **공공복리의 원리에 기초하여 이타성의 법적 강제만을 강조하게 되면 사적자치의 원리와 균형을 이루지 못한다.** 이처럼 공공복리에 치우쳐 이끌리게 되면 당연히 규범 목적에 반하는 해석 결과를 가져오게 된다. **'부양의 필요에 대응한 부양 의무의 강제'만을 강조하게 되면 가족 간의 이타적 돌봄에 의한 연대성의 발현(和睦)은 오히려 가족 간의 갈등(反目)으로 귀결되고 부양의무 이행의 자율성은 위축된다.**

따라서 **공공복리(부양이 필요한 일정한 범위의 가족에 대한 돌봄 : 이타성)와 사적자치(특히 사유재산의 보장과 그 처분 의사결정의 자유 : 이기성)라는 근본원리의 도움을 받아 구체적인 부양 규범의 문언, 체계, 입법자의 의사로부터 그 목적을 확인하는 과정을 거쳐야 할 것이다.** 이러한 과정을 거쳐 확인된 '목적'을 기초로 그 목적에 부합하는 해석이 과연 무엇인지 재확인 하는 과정을 통하여 대립하고 있는 쟁점에 대하여 유권 또는 학리해석을 도출 할 수 있다. 문언과 체계에 기초한 해석에 비추어 보면 우리 민법은 부양의 필요성에 대응한다는 공공복리를 실현하기 위하여 부양의무자의 재산권과 그 처분의 자유를 제한하면서도 당사자들의 협의를 법원의 심판보다 우선하도록 규정하여 이기성과의 조화를 추구하고 있다.[111)] 이는 공공복리와 사적자치의 균형을 도모하는 것으로 '이기성과 이타성의 호혜적 강제를 통한 자율성[112)]과 효율성의 확보'라고 간명하게 요약할 수 있다.[113)]

---

110) "목적은 매우 추상적인 것으로 구체적인 결론을 도출하는데 실질적인 도움이 되지 않는다."거나 "입법은 본질적으로 경쟁적인 목적들의 타협의 산물이기 때문에 목적이란 것이 해석자의 가치관에 의하여 달리 파악될 수밖에 없다면 목적론적 해석은 자의적 해석이라는 비판에서 자유로울 수 없게 된다."는 비판은 부분적으로는 타당하지만 구체적인 쟁점에 대하여 목적론적 해석을 위한 목적을 확인하는 과정에서는 전체적으로 타당한 것은 아니다.

111) 윤진수, "財産法과 비교한 家族法의 特性", 민사법학 제36호, 2007(民法論攷 Ⅶ 재수록, 5면은 "가족관계에서 사람들이 이타적으로 행동한다고 하여 이를 비합리적이라고 할 수는 없다. 이기적인 것은 합리적이고 이타적인 것을 비합리적이라고 볼 아무런 근거가 없기 때문이다. [···] 재산법과 비교하여 볼 때 가족법은 [···] 가족관계에서 사람들이 이타적으로 행동한다는 사실을 염두에 두어야 하고, 가족법도 이를 전제로 하고 있다. [···] 그렇다고 하여 가족법 관계에서 사람들이 이타적으로만 행동하는 것은 아니며, 이기적으로 행동하기도 한다는 것 또한 고려하여야 한다."라고 한다.

112) 재산법에 비하여 가족법 관계에서는 성문법이 개입하는 영역이 상대적으로 작고 자율적 결정이나 관습에 의하여 해결되는 영역이 상대적으로 크다는 견해가 있다. 윤진수, "財産法과 비교한 家族法의 特性", 민사법학 제36호, 2007(民法論攷 Ⅶ 재수록, 5면; 다만, **재산법에서**

이제 비로소 지배적 견해와 비판적 견해 간의 대립이 가지는 실익, 즉 1차적 부양의무자와 2차적 부양의무자 간의 부양의무 분담을 인정할 것인지 여부의 문제를 목적론적 해석에 의하여 검토해 보자. 민법상 부양 규범의 목적은 '일정한 범위의 가족(부모와 미성년자녀, 배우자, 그 밖의 친족) 상호 간의 부양권리의무를 부여하고 이행을 최대한 자율적이고 효율적으로 이행하도록 강제하는 것'이므로 지배적 견해와 같이 1차 부양의무자에게 **부양의무 전부를 부담시키게 되면 그 부담자의 경제적 상황을 악화시켜 그 사람의 부양의 필요성이 더 높아지게 되는 '부양에 의한 부양의 필요성 (감소가 아닌)증가'**[114]**라는 부양법의 목적에 모순되는 (비효율)결과에 이르게 된다.**

여기서 한 가지 더 어려운 질문을 하지 않을 수 없다. **"부양의무를 분담하는 것이 1차 부양의무자가 전담하는 것보다 과연 자율성을 더 보장하고, 부양의 결과가 더 효율적인가?" 더 나아가 "이러한 질문에 대하여 과연 '법적언어논증'**[115]**에 의하여 답변이 가능한가?" "이기성과 이타성의 호혜적 강제를 통한 자율성과 효율성의 확보는 구체적으로 어떻게 가능한가?"라는 민법학의 방법론에 관한 질문들과 마주서게 되는 것이다.**

계약의 자유가 작동하는 모습과 가족법에서 자율성이 작동하는 모습은 (비록 양자 모두 사적자치에 근거하지만) 차이가 있다. 가족법에서의 자율성은 가족법상 분쟁이 계약 상대방이 아닌 가족 간에 발생하는 것으로 단순히 분쟁의 해결만이 아니라 갈등을 최소화하고 그 유대 관계를 보호해야 한다는 지향이 함께 고려되어야 하기 때문이다.

113) 부양료에 대한 해석에 있어서 자율성과 효율성을 고려하는 것은 단순히 이론적인 것만이 아니라 실무적 문제와도 관련되어 있다. 양육비를 주지 않는 부 또는 모를 강제하는 문제는 뜨거운 쟁점이다. 최근 양육비를 지급하지 않는 부 또는 모의 신상을 인터넷에 공개한 사람의 정보통신망 이용촉진 및 정보보호 등에 관한 법률상 명예훼손 혐의에 대하여 수원지법 형사11부는 2020. 1. 15. 무죄를 선고했다(2019고합425). https://www.lawtimes.co.kr/Legal-News/Legal-News-View?serial=158727 참고(2020. 1. 27. 최종 방문).

114) 견해대립의 실익이 분명하게 드러난 사례로 앞의 주 64)에 제시하였던 '대법원 2012. 12. 27. 선고 2011다96932 판결'에서 (前)배우자와 소외 (前)남편은 교통사고 당시 혼인한지 불과 몇 년되지 않은 상태였고 사고 후 남편은 의식혼미, 마비증세로 전혀 경제적 활동을 할 수 없었으며 대법원의 유권해석에 따라 8천 4백여만원을 부담하게 된 (前)배우자의 직업은 부동산 중계업소 직원이었다. 이 과거 부양료 구상(전부부담)으로 인하여 그 경제적인 곤궁이 더 깊어졌을 것으로 보인다. 이러한 결과가 과연 부양법의 목적에 부합하는지 성찰이 필요하다.

115) 로베르트 알렉시, 법적 논증 이론, 변종필, 최희수, 박달현 옮김, 2007; 필립 브르통·질 고티에, 논증의 역사, 장혜영 옮김, 2006 참고.

Ⅳ. 결 론

Ⅱ.의 검토에서 우리는 '부양의 원리'는 가족법의 기본적인 원리의 하나를 이루는 것이고, 혼인과 이혼·양육과 부양·상속 등 가족법상의 제도 전반에 걸쳐 영향을 미치고 있다는 것을 알게 되었다. 이에 따라 이혼 시 재산분할에 있어서는 상대방의 이혼 후 부양을 고려하여야 하고, 유족에 대한 사후 부양은 상속 제도의 한 근거를 이루는 것이고, 유류분에 있어서는 더욱 결정적인 근거가 되며, 기여분의 결정에 있어서는 독자적이고 중요하게 고려되고 있는 것이라는 점도 알게 되었다. 주의하여야 할 것은 제도로서 구현된 민법상 부양 규범은 법률상 부양의무자일 것, 부양의 필요성이 있을 것, 부양 능력이 있을 것 등의 구체적 요건이 충족되어야 부양의 권리의무가 발생하는 것이고, 부양의 원리가 작동하는 것과는 구별된다(되어야 한다)는 점이다.

원리가 작동하는 영역에서는 이러한 요건들에 대한 검토가 요구되지 않으며 또한 원리가 작동하고 있다는 것 자체로부터 어떤 청구권이 발생할 수도 없다. 이러한 이해를 기초로 필자는 '원리로서의 부양과 제도로서의 부양을 준별'하지 않아서 발생하고 있는 몇 가지 가족법상의 쟁점들에 대한 오해를 정리하였다.

Ⅲ.에서는 **제도로서의 부양의 체계에 대한 이해에 있어서 대립하는 견해는 문언, 체계, 입법자의 의사(역사)에 기한 해석을 하더라도 그 결론을 내릴 수 없다는 것을 확인하였다**. 따라서 목적론적 해석을 하여야 하는데, 이를 위해서는 '민법상 부양 제도의 규범 목적'을 무엇으로 볼 것인가라는 문제가 먼저 해결되어야 한다는 점을 지적하였다. **종래의 목적론적 해석에 대한 비판들 중 상당수는 '원리와 규범을 준별하지 못하는 오류'를 내포하고 있다는 점을 지적하고, 해석을 위한 부양 규범의 목적은 공공복리 혹은 사적 자치라는 민법의 근본원리에 의하여 직접 도출되는 것이 아니라 부양관련 민법 조문들의 문언, 체계, 입법자의 의사를 통하여 해석을 시도하는 과정에서 확인되는 규범목적이며, 민법의 근본원리는 그 과정에서 관점을 제공해주는(이끌어주는) 것이라는 의견을 제시하였다.**

끝으로 스스로가 제기한 "부양의무를 분담하는 것이 1차 부양의무자가 전담하는 것보다 과연 자율성을 더 보장하고, 부양의 결과가 더 효율적인가?", "효율성과 자율성에 관한 질문에 대하여 과연 '법적언어논증'에 의한 답변이 가능한가?", "이기성과 이타성의 호혜적 강제를 통한 자율성과 효율성의 확보는 실무적으로 어떻게 가능한가?"라는 질문에 대하여,

부양이 이타성과 이기성이 조화를 이루도록 하여 자율성이 최소극대화(MINIMAX)

되도록 하고, 부양의무자들 사이의 의무 분담을 최적화하여 부양의 효과를 최대화(효율성)하여야 한다는 것, 즉 부양의 자율성과 효율성은 그 규범목적에 포함되어야 하고, 그것은 법적언어논증에 의해서 해결될 수 없으며, 게임이론을 중심으로 한 행동경제학적 방법에 의하여 해결될 수 있다는 것은 후일의 연구로 미루어 둔다.

민법체계를 들여다 볼 때, 그 오래된 고도(古都)에 이르러 좁은 길의 미로에 마주서서 같은 곳을 다른 쪽에서 접근하면 더 이상 이곳을 안다고 생각할 수 없을 지도 모른다.[116] 이러한 두려움에도 불구하고 구도시(舊都市)의 좁은 길과 신도시(新都市)의 넓은 길을 모두 아우르는 어떤 규칙성을 확보할 수 있는 (도구적 일반)이론을 꿈꾼다.[117] 한 그릇 내에 있지만 방법론상 전혀 통일적 이론이 존재하지 않고 물과 기름처럼 서로 배척하는(승리한 해석을 입법에 반영하거나 입법된 규범을 해석하는)**해석론과 입법론의 문제**, 자연과학이 추구하는 실험(매개변수를 변화시키면서 결과를 도출하고 또한 유지하면서 비교 결과를 도출하여 원리를 찾아내는 방법 등)이라는 방법을 사용할 수 없으며 법학을 전공하는 사람은 이러한 실험(매개변수를 찾고 통제하는 것 등)에 대하여 전혀 배우지도 않고 또한 법학 연구는 과학 연구와 같은 예측을 거의 행하지 않는다는 **방법론의 문제**가 우리 앞에 놓여 있다. "**(민)법학의 닫혀있는 소통의 상황은 방법론에 대한 탐구에 의해서가 아니라 법학은 무엇을 연구하는 학문인가(대상론)라는 문제로 환원하여야 해결이 가능하다**"고 생각한다. 법학 내부에서는 해석론과 입법론의 체계적 포섭을 통한 통일적 관계를 형성하고, 법학 외부와는 사회적·이념적 문제를 다루는 철학, 생물학, 경제학 등 다른 학문과 분리되어 있는[118] 소통의 구조(잃어버린 연결 고리)를 회복하는 법학의 대상과 방법에 관한 일반이론인 필자의 '한계이론'에 관하여는 후속 논문에서 밝힐 것을 약속드린다.[119]

---

116) 조홍식, "경제학적 논증의 법적 지위", 서울대 법학 제48권 제4호(통권 제145호), 2007. 12, 166면 참고.

117) 종이 지도를 들고 걸어 다녀서는 도시와 골목길을 모두 알기 어렵지만, 드론(Drone)을 띄워 도시 전체와 문제의 골목길들을 촬영하여 디지털 지도로 만들어 전송받아 보면서 걷는다면 알 수 있다.

118) 권영준, "계약관계에 있어서 신뢰보호", 서울대 법학 제52권 제4호, 2011. 12, 224면 참고.

119) 역사학의 과학성과 관련하여 방법론, 예측, 인과관계, 복잡성 네 가지의 기준으로 검토하는 견해가 있는데, 역시 역사학이 실험이나 예측을 할 수 없다는 점은 인정한다. 제레드 다이아몬드, 총, 균, 쇠, 김진준 옮김, 1998 한국어판, 706~715면 특히 707면 참고. 그러나 동 708면에서는 "역사적 과학에서의 지식을 얻기 위해서는 관찰, 비교, 그리고 이른바 자연 발생적 실험 등의 다른 방법들을 사용해야 한다."고 주장하고 있다. 역사를 연구 대상으로 한 역사사회학이라고 보는 것이 타당할 지도 모르겠다. 법을 대상으로 하는 사회학(법사회학)이 아니라 **법학의 대상과 방법에 관한 도구적 일반이론을 형성해야만 법학의 과학성을 스스로 확보할 수 있게 되며, 법학 내부의 해석론과 입법론을 통일적으로 포섭하고 외부 학문들의 성과를 흡수하는 동시에 (법학의 관점에서) 비판해 나갈 수 있어야한다는 것이 필자의 생각이다.**

국제가사사건 처리 실무

이 선 미*

1. 서 론

오늘날 국가간 인적교류는 지속적으로 확대되고 있다. 그에 따라서, 한 가족이 되고자 하는 사람들이나 이미 한 가족이 되어 있는 사람들 사이에서도 국적이나 거주국이 서로 다른 경우가 점점 많아지고 있다. 이처럼 가족관계가 '국제화'되고 있는 이상, 가족관계에서 발생한 법률적 문제를 다루는 가사사건 중에서도 국제가사사건이 증가하고 있는 것은 필연적 결과이다.

이 글에서는 국제가사사건의 국제사법적 쟁점에 대한 실무의 처리 현황을 가사사건 유형별로 정리하여 소개한다. 이를 통하여 가사사건을 다루는 실무가의 입장에서 가지고 있는 '국제'가사사건의 쟁점에 대한 기본적 이해를 공유하고자 한다.

2. 국제가사사건의 의의 및 종류

가. '가사사건'의 의미

'국제가사사건'이라는 용어는 실무상 종종 사용되나, 그와 같은 용어가 법률상 사용되고 있거나 그 의미가 정의되어 있는 것은 아니다.

'국제가사사건'은 '국제'와 '가사사건'이라는 두 가지의 개념을 결합한 것이다. 따라서 국제가사사건의 의미와 종류에 대해 알기 위해서는 먼저 '가사사건'의 의미와 범위에서 출발하여야 한다.

'가사사건'은 넓은 의미에서부터 좁은 의미, 가장 좁은 의미까지 여러 단계로 정의될 수 있다.[1] 가사사건에 관한 절차법인 가사소송법에 의하면, 가사사건이란 '그

---

* 대전고등법원 고법판사.

1) 넓은 의미의 가사사건은 가족·친족 사이의 신분관계를 둘러싼 분쟁사건이나 그들 사이의 민

심리와 재판이 가정법원의 전속관할에 속하는 것으로서 가사소송법에 종류가 열거되어 있는 가사소송사건 및 가사비송사건'을 의미한다(가사소송법 제2조 제1항). 이것은 가장 좁은 의미의 가사사건에 해당한다. 그런데 가정법원의 관장 사항에는 위와 같은 가장 좁은 의미의 가사사건만 있는 것은 아니고, 가사소송법이 아닌 다른 법률이나 대법원 규칙에서 가정법원의 권한으로 정한 사항에 대한 재판도 있으며(가사소송법 제2조 제2항), 가사조정(가사소송법 제4편)도 있다. 가사소송법에 의한 가사소송사건 및 가사비송사건, 다른 법률이나 대법원 규칙에 의한 사건, 가사조정사건을 합쳐 좁은 의미의 가사사건이라고 부르는데, 실무상으로는 '가사사건'이라고 하면 이를 의미하는 경우가 대부분이다.[2] 따라서 일반적으로는 '국제가사사건'에서 말하는 '가사사건'도 좁은 의미의 가사사건을 전제로 하고 있다.

나. '국제가사사건'의 의미

가사소송법은 국제가사사건에 관한 규정을 두고 있지 않다. 가사사건 중 대부분을 규율하는 실체법인 민법도 마찬가지이다. '국제'가사사건에 관한 개략적인 정의 규정을 두고 있는 것은 국제사법이다.

국제사법은 외국적 요소가 있는 법률관계에 관하여 국제재판관할에 관한 원칙과 준거법을 정하는 법률로서(국제사법 제1조), 혼인, 이혼, 입양, 부양, 후견, 상속 등에 관한 준거법 규정을 두고 있다(국제사법 제6장 및 제7장). 이러한 국제사법의 규정에 비추어 보면, 국제가사사건은 외국적 요소가 있는 가사사건을 의미한다고 말할 수 있다.

'외국적 요소'가 있다는 것은 가사사건 당사자의 국적, 주소, 행위지, 재산소재지 등 그 법률관계를 구성하는 여러 요소가 복수의 법질서에 관련되어 섭외적 성질을 가지는 것을 말한다. 국제사법의 여러 규정들은 당사자의 국적, 상거소, 관련 행위의 행위지, 관련 재산의 소재지 등에 따라 준거법이 결정되는 것으로 규정하고 있다.

사사건을 포괄적으로 의미하고, 좁은 의미의 가사사건은 가사소송법 등에 의하여 가정법원이 처리할 소송·비송·조정 사건을 의미하며, 가장 좁은 의미의 가사사건은 가정법원이 처리할 소송·비송 사건으로서 가사소송법이 규정하고 있는 사건을 의미한다. 법원실무제요 가사[1], 법원행정처(2010), 3면.

2) 한숙희, "국제가사사건의 국제재판관할과 외국판결의 승인 및 집행 — 이혼을 중심으로 —", 가사재판연구 I, 서울가정법원 가사재판연구회(2007), 547면.

다. 국제가사사건의 처리에 있어서 살펴볼 점

국제사법의 세 가지 주제는 국제재판관할, 준거법의 결정, 외국판결의 승인·집행이다.[3] 그 중에서 국제가사사건을 처리하는 데 있어서 주로 문제되는 것은 재판관할권, 준거법 부분이고, 외국판결의 승인·집행 문제는 그 특성상 자주 등장하지 않는다.[4]

따라서 이하에서는 대표적인 국제가사사건의 유형을 중심으로 재판관할권의 문제와 준거법의 결정 문제에 관하여 살펴보기로 한다.

3. 재판관할권

가. 재판관할권이 문제되는 지점

1) 직접관할과 간접관할

재판관할권은 두 가지 측면에서 문제된다.

첫째, 어떤 사건이 법원에 접수되었을 때 그 사건에 대하여 우리 법원이 재판관할권을 갖는지, 즉 더 나아가 심리할 것인지 말 것인지를 결정하는 측면이 문제된다. 이는 직접관할의 문제이다.

둘째, 어떤 사건에 대하여 외국 법원이 이미 재판을 하였을 경우 그 재판이 우리나라에서 효력이 있다고 볼 것인지 검토하는 측면이 문제된다. 이는 외국 재판의 승인 및 집행 요건으로서의 국제재판관할, 즉 간접관할의 문제이다.[5]

2) 국제적 소송경합의 문제

그밖에 국제재판관할권이 문제될 수 있는 국면으로 국제적 소송경합 내지 국제적 중복제소의 문제가 있다.

국제적 소송경합이란 외국 법원에 이미 계속중인 사건에 관한 소가 우리 법원

---

3) 석광현, 국제사법 해설, 박영사(2013), 5면.

4) 예컨대, 「외국법원의 이혼판결에 의한 가족관계등록사무 처리지침(가족관계등록예규 제419호)」에 의하면, 외국법원의 이혼판결의 경우 민사소송법 제217조(외국재판의 승인 규정)가 정하는 조건을 구비하는 한 우리나라에서도 그 효력이 있다고 하므로, 당사자는 외국법원 이혼판결의 정본 또는 등본과 확정증명서 등을 등록관청에 제출함으로써 이혼신고를 할 수 있고, 별도의 집행판결이 필요하지 않다.

5) 석광현, "국제재판관할과 외국판결의 승인 및 집행", 국제사법연구 제20권 제1호, 한국국제사법학회(2014), 36면.

에 제기될 경우 또는 그 반대의 경우를 말한다. 외국 법원에 소송계속이 있는 것과 동일한 사건이 우리 법원에 제기된 경우, 우리 법원에 제기된 사건을 어떻게 처리할 것인지 문제되는데, 학설로서는 외국에서의 소송계속을 무시하고 우리 법원의 후소를 진행하여야 한다는 견해(규제소극설)와, 국제적 소송경합을 어떤 형태로든 규제하려는 견해(규제적극설)로 나뉜다.[6] 규제적극설은 국제적 소송경합의 규제 방법에 따라 외국 법원의 판결이 장래 우리나라에서 승인될 것으로 예측되는 경우에 우리나라에서의 후소를 규제하려는 견해(승인예측설), 국제재판관할의 법리에 의하여 해결하려는 견해(비교형량설), 승인예측설을 전제로 하면서도 다른 요소를 고려하는 견해(절충설)로 나뉜다.[7] 그 중에서 비교형량설은 국제적 소송경합을 국제소송의 재판관할권의 문제로 취급하여 통상의 국제소송관할을 결정하는 것보다 더 많은 요소들의 비교교량을 통하여 당해 사건을 해결하는 데 우리나라가 가장 적절한 법정지라는 판단이 설 때 비로소 우리나라 법원에 재판관할권을 인정하여야 한다고 주장하는 입장이다.[8]

그런데 실무상으로는 국제적 중복소송의 문제가 제기되더라도, 외국에서의 전소 재판이 국내 후소 재판의 변론종결일 이전에 모두 확정되면 전소의 소송계속이 해소되어 후소가 중복소송에 해당할 여지가 없다고 보게 되므로(민사소송법 제259조), 실제로 국제적 중복소송에 관하여 법원의 판단을 받게 되는 경우는 잘 발생하지 않는다.

나. 재판관할권의 결정 기준

국제사법은 국제재판관할에 관하여 단 하나의 조문만을 두고 있다. 그에 따르면, 당해 사건이 대한민국과 실질적인 관련이 있는 경우에 대한민국이 국제재판관할권을 가진다(국제사법 제2조 제1항).

대법원은, 국제사법이 정한 '실질적 관련'이라 함은 우리나라가 국제재판관할권을 행사하는 것을 정당화할 수 있을 정도로 당사자 또는 분쟁대상이 우리나라와 관련성을 갖는다는 것을 의미하며, 개별 사건에서 법원이 이러한 실질적 관련의 유무를 판단함에 있어서는 당사자 사이의 공평, 재판의 적정, 신속을 기한다는 국제재판관할 배분의 기본이념에 부합하는 합리적인 원칙에 따라야 하고, 구체적으로는 소송

6) 김원태, "가사소송의 국제적 경합", 비교사법 16권 3호(통권 46호), 한국비교사법학회(2009), 614면.

7) 김원태, 주6)의 글, 614~615면.

8) 유재풍, "국제소송의 재판관할에 관한 연구", 청주대학교 대학원 법학박사 학위논문(1994), 186면.

당사자들의 공평, 편의 그리고 예측가능성과 같은 개인적인 이익뿐만 아니라 재판의 적정, 신속, 효율 및 판결의 실효성 등과 같은 법원 내지 국가의 이익도 함께 고려하여야 하며(대법원 2005. 1. 27. 선고 2002다59788 판결), 이러한 다양한 이익 중 어떠한 이익을 보호할 필요가 있을지 여부는 개별 사건에서 법정지와 당사자의 실질적 관련성 및 법정지와 분쟁이 된 사안과의 실질적 관련성을 객관적인 기준으로 삼아 합리적으로 판단하여야 한다(대법원 2012. 5. 24. 선고 2009다22549 판결)고 판시하였다.

다. 재판관할권 결정에 관한 구체적인 사례

1) 이혼 관련 사건

가) 이혼 관련 사건의 개요

재판상 이혼 사건은 가사소송사건으로서 가사사건에 해당한다.

재판상 이혼 청구의 경우, 실무상으로는 이혼만 청구하는 경우는 많지 않고, 이혼을 원인으로 한 재산상 청구가 병합되는 경우가 대부분이다. 그러한 재산상 청구에는 이혼을 원인으로 하는 손해배상청구[가사소송법 제2조 제1항 제1호 다목 2). 실무상 '위자료 청구'로 불린다] 및 재산분할청구[가사소송법 제2조 제1항 제2호 나목 4)]가 있다.

또한 이혼 당사자 사이에 미성년 자녀가 있다면 자녀의 양육에 관한 청구도 병합되는 경우가 대부분이고, 만약 당사자의 청구가 없더라도 법원이 직권으로 자녀의 양육에 관한 재판도 하여야 한다. 그러한 자녀의 양육에 관한 청구에는 친권자 지정[가사소송법 제2조 제1항 제2호 나목 5)], 자녀의 양육에 관한 처분[가사소송법 제2조 제1항 제2호 나목 3). 여기에는 양육자 지정과 양육비 청구가 포함된다], 면접교섭권의 처분 등[가사소송법 제2조 제1항 제2호 나목 3)]이 있다.

나) 부부 중 한 명은 내국인, 다른 한 명은 외국인인 경우

(1) 대법원이 제시한 판단기준

대한민국 국적을 가진 원고가 스페인 국적을 가진 피고를 상대로 대한민국 법원에 이혼소송을 제기한 사건이 있었다. 이 사안에서 대한민국 여성인 원고는 스페인 남성인 피고를 만나 2006년 8월에 대한민국에서 결혼식을 올리고 혼인신고를 마쳤으며, 결혼식 후 스페인에서 함께 생활하다가 원고만 2006년 10월에 대한민국으로 돌아와 거주하였고 피고는 대한민국과 스페인을 오가며 생활하였다. 원고는 2007년 12월에 대한민국에서 자녀인 사건본인을 출산하였다. 원고는 2009년 3월 사건본인을 데리고 스페인으로 가 그때부터 피고와 함께 생활하였으나, 2011년 8월

사건본인을 데리고 대한민국으로 귀국한 후 곧바로 대한민국에서 피고를 상대로 이혼청구의 소를 제기하였다.

이에 대하여 대법원은 대한민국 법원의 국제재판관할권을 인정하였다(대법원 2014. 5. 16. 선고 2013므1196 판결). 그 이유로는, ① 국제재판관할권은 배타적인 것이 아니라 병존할 수 있는 것이므로, 스페인 법원이 대한민국 법원보다 심리에 더 편리하다는 것만으로 대한민국 법원의 재판관할권을 쉽게 부정하여서는 곤란하고, 원고가 대한민국 법원에서 재판을 받겠다는 의사를 명백히 표명하여 재판을 청구하고 있는 점도 고려하여야 하는 점, ② 원고 및 사건본인이 대한민국 국적을 가지고 있고, 사건본인이 대한민국에서 출생하여 현재 대한민국 유치원에 다니고 있으며, 결혼식과 혼인신고가 원·피고가 대한민국에서 거주할 때 이루어졌으므로 피고 역시 이혼소송이 대한민국에서 제기될 수 있음을 예측할 수 있었다고 보이는 점, ③ 원고는 혼인기간 내내 사건본인과 함께 대한민국에 주민등록이 되어 있었고, 실제 혼인 중 상당기간 대한민국에서 거주하였을 뿐만 아니라, 2011. 6. 29.경부터 현재까지 대한민국에서 생활하고 있어 원고의 상거소가 대한민국에 존재하는 점, ④ 국제사법 제39조 단서는 이혼의 준거법을 정함에 있어 "부부 중 일방이 대한민국에 상거소가 있는 대한민국 국민인 경우에는 이혼은 대한민국 법에 의한다."고 규정하고 있어 이 사건 소송의 준거법은 대한민국 법이 되므로, 대한민국 국민인 원고의 이익을 위해서도 대한민국 법원에 재판관할권을 인정할 필요가 있는 점, ⑤ 원고의 이 사건 청구에는 대한민국 국적을 가지고, 대한민국에 거주하며, 대한민국 국민에 의하여 양육되고 있는 사건본인에 대한 친권자 및 양육자 지정청구도 포함되어 있는데, 그러한 사항까지도 대한민국 법원이 관할할 수 없다는 것은 대한민국 국민에 대한 법의 보호를 포기하는 결과가 되는 점, ⑥ 피고가 소유하고 있는 재산이 대한민국 내에 존재하고, 원고가 위 재산을 가압류한 상황에서 원고의 위자료 및 재산분할청구의 실효성 있는 집행을 위해서도 대한민국 법원에 이혼소송을 제기할 실익이 있는 점 등을 제시하였다.

(2) **하급심 재판례**

하급심에서도, 부부 중 한 명이 내국인이고 상대방이 외국인인 경우 부부공동생활을 영위한 곳이 대한민국이 아닌 사안에서도 대체로 대한민국에 국제재판관할권을 인정하고 있다. 다만, 배우자 일방의 국적이 대한민국이라는 사실만이 유일한 근거가 되는 것은 아니고, 상대방이 스스로 대한민국에 소를 제기하였거나 대한민국에서의 소송에 적극적으로 응소하였다는 점, 부부의 혼인신고가 대한민국의 가족관계

등록부에 기재되었다는 점, 부부의 재산이 대한민국에 소재하고 있다는 점, 소송자료가 대한민국에 있다는 점 등이 실질적 관련성을 인정하기 위한 근거로 함께 적시되고 있다.

한편, 내국인인 원고가 외국인인 배우자를 상대로 우리나라 법원에 제기한 이혼청구의 소가 국제재판관할권이 없다고 판단된 예가 있다(서울가정법원 2014. 7. 16. 선고 2013드합4999 판결). 대한민국 국적의 여성인 원고는 호주 국적의 남성인 피고와 2004년 9월에 대한민국에서 결혼식을 올리고 혼인신고를 마친 뒤 2004년 10월부터 2009년 3월까지는 말레이시아에서, 2009년 3월부터 2013년 2월까지는 아랍에미리트에서 결혼생활을 하였다. 그 사이에 자녀도 출산하였는데, 자녀는 대한민국과 호주의 복수국적자이다. 원고는 2013년 3월에 집을 나와 대한민국으로 왔고, 2013년 5월에 피고를 상대로 이혼청구의 소를 제기하였다. 피고는 원고가 떠난 후에도 자녀와 함께 아랍에미리트에서 거주하다가 2014년 1월경 자녀를 데리고 호주로 이주하였다. 이에 대해 법원은, 원고가 결혼생활 중 몇 차례 한국을 방문한 것을 고려하더라도 원고나 피고가 대한민국 내에 상거소가 있다고 볼 수 없고, 혼인관계파탄 여부나 사건본인의 친권자 및 양육자 지정에 관한 대부분의 증거가 외국에 소재하고 있으며, 부부의 재산도 주로 외국에 소재하고 있고 국내에는 재산이 소재하는지도 불분명하여 재산분할에 관한 재판 및 그 집행이 용이하지 않다는 이유로, 대한민국과의 실질적 관련성을 인정하지 않았다.

그밖에, 혼인 당사자 중 한 명은 내국인, 다른 한 명은 외국인으로서 국내에서 부부공동생활을 영위하고 있는 경우에는 대개 대한민국 법원에 국제재판관할이 인정된다.

다) 부부가 모두 외국인이나 대한민국에 상거소를 두고 있는 경우

최근 실무상으로 빈번하게 발생하고 있는 사례는 부부가 모두 외국인(그 경우 특별한 사정이 없는 한 그들 사이의 자녀인 사건본인도 외국인이다)이나 대한민국에 상거소를 두고 있는 경우이다. 이에 대해 법원은 우리나라와 실질적 관련성이 있다고 보아 국제재판관할권을 인정하고 있는데, 그 근거로는 부부 쌍방이 모두 선택에 의한 주소를 대한민국에 형성한 점, 대한민국에서 혼인생활을 한 점, 원고가 피고를 상대로 대한민국 법원에 이혼소송을 제기한 점 등을 들고 있다.

라) 부부가 모두 내국인인데 외국에서 혼인생활을 한 경우

부부가 모두 내국인이고 그들 사이의 자녀도 내국인으로서, 외국에서 혼인생활을 하고 있지만, 부부 모두 국내에 주민등록도 두고 있으며 각자 자주 대한민국을

오가는 경우, 그들 사이의 이혼소송은 대한민국과 실질적 관련이 있다고 보아 대한민국에 재판관할권이 있다고 판시한 하급심 판결(서울가정법원 2017. 2. 10. 선고 2016드단303836 판결)이 있다.

마) 부부가 모두 외국인인데 그 중 한 명이 대한민국에서 거주하고 있는 경우

부부가 모두 외국인인데 그 중 한 명이 대한민국에서 거주하고 있는 경우로는, 대한민국 내에서 혼인공동생활을 영위하다가 그 중 한 명이 외국으로 출국한 경우와, 외국에서 혼인공동생활을 영위하다가 그 중 한 명이 대한민국으로 입국한 경우로 나누어 볼 수 있다.

(1) **외국으로 출국한 경우**

전자의 경우 대한민국에 재판관할권을 인정한 하급심 판결(서울가정법원 2014. 5. 14. 선고 2013드단34863 판결)이 있다. 캐나다 국적의 원고와 피고는 2010년 1월에 캐나다에서 캐나다 법률에 따라 혼인하고 혼인등록을 하였다가, 2011년 7월에 대한민국으로 입국하여 부부공동생활을 하였다. 그런데 피고는 2012년 10월 혼자 출국하여 다시 대한민국으로 재입국하지 않았다.

이에 대하여 법원은 원고가 대한민국에 상거소(주소)를 두고 있고 상당 기간 동안의 혼인생활을 대한민국에서 한 점, 대한민국 법원의 국제재판관할을 부정한다면 원고의 권리 구제를 도외시하는 결과를 야기할 수 있다는 점 등의 이유를 들어 대한민국 법원에 국제재판관할권이 인정된다고 보았다.

(2) **대한민국으로 입국한 경우**

후자의 경우 대한민국에 재판관할권이 없다고 판시한 하급심 판결(서울가정법원 2014. 5. 28. 선고 2013드단79866 판결)이 있다. 이 사건에서는 원고와 피고가 모두 캐나다 국적으로서 캐나다에서 오랜 기간 혼인생활을 유지하다가 원고가 혼인 파탄을 이유로 대한민국으로 입국하였다. 자녀(사건본인)는 대한민국 국적을 가지고 있으나, 피고가 자녀와 함께 캐나다에서 계속 생활하고 있고, 앞으로도 계속 자녀를 캐나다에서 양육할 예정이라고 하였다.

이에 대해 법원은 캐나다 법원이 전속적 국제재판관할을 가지고 대한민국은 국제재판관할권을 가지지 않는다고 보았다.

2) 입양 관련 사건

가) 입양 관련 사건의 개요

입양 관련 사건에는 입양 허가 사건, 입양의 무효 확인 또는 취소 사건, 파양사

건 등이 있다. 그 중 사건수의 절대적인 비중을 차지하는 것은 입양 허가 사건이다.

입양 허가 사건은 민법에 의한 경우와 입양특례법에 의한 경우의 두 가지가 있다.

민법에 의하면 원칙적으로 입양은 당사자 사이의 입양의사의 합치에 의하여 성립하고 별도로 법원의 심판을 필요로 하지 않으나, 몇 가지 예외가 있다. 먼저, 미성년자를 입양할 경우에는 가정법원의 허가를 받아야 한다. 이는 양자가 될 미성년자의 복리를 위한 것이다(민법 제867조 제1항, 제2항). 다음으로, 양자가 될 사람의 부모가 입양에 대하여 동의하여야 하는데, 양자가 될 사람이 성년인 경우에 그 부모가 정당한 이유 없이 동의를 거부하면 가정법원은 부모의 동의를 갈음하는 심판을 할 수 있다(민법 제871조 제1항, 제2항). 세 번째로, 피성년후견인이 양부모가 되거나 양자가 되는 경우에도 가정법원의 허가를 받아야 한다(민법 제873조 제2항). 마지막으로, 친양자를 입양하려는 사람은 가정법원에 친양자 입양의 청구를 하여야 하고, 가정법원은 그 청구에 대하여 인용 또는 기각 결정을 할 수 있다(민법 제908조의2 제1항, 제3항).

입양특례법은 입양에 관한 특별법으로서, 요보호아동의 입양에 관하여 적용된다. 입양특례법에 의하여 양자가 될 수 있는 요보호아동을 입양하려는 사람은 가정법원의 허가를 받아야 한다(입양특례법 제11조 제1항, 제2항). 입양특례법상 입양에는 국내입양 외에도 국내에서의 국외입양(입양특례법 제18조. 국내에서 외국인이 요보호아동을 입양하는 경우를 말한다), 외국에서의 국외입양(입양특례법 제19조 제1항, 제2항. 국외에 거주하는 외국인이 요보호아동을 입양하는 경우를 말한다)이 규정되어 있으므로, 국제입양사건이 빈번하게 발생할 것이 법률상 예정되어 있다고 할 것이다.

나) 입양 허가 사건의 경우

실무상 가장 많은 부분을 차지하는 국제입양은 입양 당사자들의 국적이 서로 다른 경우이다. 대개는 양부모 부부와 양자가 국적이 다른 경우이나,[9] 드물게는 양부, 양모, 양자가 모두 국적이 다른 경우가 있을 수 있다.

(1) 양부모와 양자 중 일부가 내국인, 나머지 일부가 외국인인 경우

전형적으로 발생하는 것은 외국인과 혼인한 내국인이 외국인의 친생자(전혼 자녀)를 입양하는 경우와, 외국인이 내국인 요보호아동을 입양하는 경우이다. 위와 같은 유형의 입양 허가 청구 사건에 대하여 법원은 대체로는 국제재판관할권에 관한 특별한 판시 없이 당연히 대한민국 법원에 국제재판관할권이 있는 것을 전제로 하

9) 배우자 있는 사람은 배우자와 공동으로 입양하여야 한다(민법 제874조 제1항, 제908조의2 제1호). 다만, 부부 중 한 쪽이 다른 쪽의 친생자를 입양하는 경우에는 단독으로 입양하게 된다.

여 본안판단을 하고 있다. 입양 허가 사건은 라류 가사비송사건에 해당하여 심판문에 이유를 적지 않을 수 있으므로(가사소송법 제39조 제3항), 심판문에는 국제재판관할권에 관한 기재가 없더라도 당연히 판단이 이루어진 것으로 볼 수 있다. 다만 최근 들어 국제재판관할권에 관한 판단을 적시한 사례가 발생하고 있다. 그 사안들은 양부모가 내국인이고 양자는 외국인으로서 대한민국에 거주하고 있는 경우들인데, 법원은 국제사법 제2조, 가사소송법 제44조 제1항 제4호를 들어 대한민국 법원이 국제재판관할을 가진다고 판시하고 있다(서울가정법원 2018. 8. 23.자 2017브30140 결정[10] 등).

⑵ **양부모와 양자가 대한민국에 거주하는 외국인인 경우**

그 밖에 대한민국에 거주하는 외국인 양부모가 외국인 양자를 입양하는 경우가 있다. 이 때 양부모나 양자가 국내에 거주하는 것이 일시적인 것이 아니라 사실상 생활의 중심지로 삼아 일정 기간 지속하여 거주하는 것으로 볼 수 있다면 이러한 경우에도 우리나라 법원에 국제재판관할을 인정할 수 있다. 이러한 유형의 국제입양은 많지는 않으나 앞으로 점차 증가할 것으로 짐작된다.

⑶ **양부모와 양자가 외국에 거주하는 외국인인 경우**

한편 외국에 거주하는 외국인 양부모가 외국에 거주하는 외국인 양자의 입양허가 청구를 대한민국 법원에 제기한 사례가 있는데, 법원은 그 사건 청구가 대한민국과 실질적 관련성을 인정하기 어렵다고 보아 심판청구를 각하하였다(서울가정법원 2018. 9. 4.자 2018느단5976 심판[11]).

다) 파양 등 사건의 경우

민법상 성년자 입양은 협의상 파양과 재판상 파양의 두 가지 모두가 가능하나(민법 제898조, 제905조), 민법상 미성년자 입양 및 친양자 입양과 입양특례법상 입양은 재판상 파양만이 가능하다(민법 제905조, 제908조의5, 입양특례법 제17조 제1항). 이를 근거로 하여 파양 청구를 하는 사건은 가사소송사건에 해당한다[가사소송법 제2조 제1항 제1호 나목 12), 14), 입양특례법의 시행에 관한 대법원규칙 제11조].

---

10) 이 사건은 청구인이 제1심에서는 미성년자 입양허가를 청구하였으나, 항고심에서는 사건본인(양자가 될 사람)이 성년에 이름으로써 사건본인을 입양하는 데 관하여 부모의 동의에 갈음하는 심판을 구하는 것으로 청구취지를 변경하였다.

11) 이 사건의 청구인(양부모가 될 사람)은 두 명으로서, 청구인 A는 대한민국 국민이고 청구인 B는 외국인이다. 법원은 청구인 A의 청구 부분은 각하하였다. 청구인 A는 사건본인(양자가 될 사람)의 친모이므로 친양자 입양 신청의 청구인 적격이 없다는 것이 그 이유이다.

⑴ **양자가 원고인 경우**

중국인인 양자가 원고가 되어 대한민국 국민인 양부를 상대로 파양을 구하는 사건에서, 법원은 피고의 본국이며 주소지인 우리나라에 재판관할권이 있다고 판시하였다(인천지방법원 2005. 2. 16. 선고 2004드단24861 판결). 위 사안은 원고도 국내에 거주하고 있는 사건이었다. 만약 외국인인 양자가 국외에 거주하면서 대한민국 국민인 양부모를 상대로 파양을 구한다고 하더라도, 위 판결의 취지에 따르면 마찬가지로 국제재판관할권이 인정될 것이라고 생각된다.

⑵ **양부모가 원고인 경우**

대한민국 국민인 양부모가 외국인인 양자를 상대로 파양, 입양무효확인, 입양취소 등을 구하는 사건이 다수 존재하는데, 하급심 법원은 국제재판관할권에 관한 특별한 설시 없이 본안판단을 하고 있다.

4. 준거법

준거법에 관하여는 국제사법이 자세한 규정을 두고 있다. 이하에서는 각 제도별로 준거법에 관한 국제사법의 규정 및 관련 재판례를 살펴보기로 한다.

가. 혼 인

1) 국제사법의 규정

가) 혼인의 성립

혼인의 성립요건은 각 당사자에 관하여 그 본국법에 의한다(국제사법 제36조 제1항). 혼인의 방식은 혼인거행지법 또는 당사자 일방의 본국법에 의하지만, 대한민국에서 혼인을 거행하는 경우에 당사자 일방이 대한민국 국민인 때에는 대한민국 법에 의한다(국제사법 제36조 제2항).

즉, 혼인의 당사자가 국적이 다른 경우 각자 그 본국법에서 정한 실질적 성립요건을 갖추어야 한다. 배우자 중 한 쪽의 본국법이 다른 쪽의 본국법에 앞선다거나, 서로 다른 본국법의 모든 요건을 배우자 쌍방이 모두 갖추어야 하는 것은 아니다. 그러나 어느 일방의 본국법상 혼인의 실질적 성립요건이 양면적인 경우라면 결국 배우자 쌍방이 그 요건을 갖추어야 하는 결과가 될 수 있다. 예컨대 남편의 본국법상 중혼 금지가 혼인 요건을 규정되어 있는 경우, 유효한 혼인이 성립되기 위해서는 남편만 중혼자가 아니어야 하는 것이 아니라 중혼 금지에 관한 규정을 두고 있지 않은 법률을 가진 국가 출신인 부인도 중혼자가 아니어야 한다.

혼인의 방식, 즉 혼인의 형식적 성립요건은 혼인거행지법에 의한 것도 유효하고, 당사자 일방의 본국법에 의한 것도 유효하다. 이 때 혼인의 방식이란 혼인신고나 혼인의식 등 혼인의 외부적 형식을 구성하는 의사표시의 방법을 의미한다.[12] 다만, 혼인이 대한민국에서 거행되는 경우에 혼인 당사자 중 일방이 대한민국 국민이면 대한민국 법에 의한 방식을 갖추어야 한다. 즉, 혼인신고가 필요하다(민법 제812조 제1항).

나) 혼인의 일반적 효력

혼인의 일반적 효력에 관하여는 ① 부부의 동일한 본국법, ② 부부의 동일한 상거소지법, ③ 부부와 가장 밀접한 관련이 있는 곳의 법의 순서로 준거법이 정해진다(국제사법 제37조). 이 때 배우자가 둘 이상의 국적을 가지는 때에는 그와 가장 밀접한 관련이 있는 국가의 법을 그 본국법으로 하되, 그 국적 중 하나가 대한민국인 때에는 대한민국 법을 본국법으로 한다(국제사법 제3조 제1항). 따라서 예컨대 배우자 중 한 명이 미국과 대한민국의 복수국적, 상대방 배우자가 미국 국적인 경우 미국법이 동일한 본국법이 되는 것이 아니고, 동일한 본국법이 없으므로 준거법은 2순위 이하의 결정 기준에 따라 정하여진다.

다) 부부재산제

부부재산제의 준거법에 관하여는 혼인의 일반적 효력에 관한 규정이 준용된다(국제사법 제38조 제1항). 다만, 부부가 합의에 의하여 준거법을 선택한 경우에는 그 합의에 의한 법을 준거법으로 한다. 합의에 의하여 선택할 수 있는 준거법은 부부 중 일방이 국적을 가지는 법이거나, 부부 중 일방의 상거소지법, 부동산에 관한 부부재산제에 대하여는 그 부동산의 소재지법이다(국제사법 제38조 제2항).

2) 재판례

혼인의 성립에 관한 국제가사사건의 유형은 내국인과 외국인 사이에 쌍방의 혼인의사의 합치가 없음에도 불구하고 혼인신고를 함에 따른 혼인의 무효확인을 구하는 경우가 대부분이다.

한국인 남성이 중국인 여성과 진정한 부부관계를 설정할 의사 없이 단지 중국인 여성의 국내 취업을 위한 입국을 가능하게 할 목적으로 형식상 혼인하기로 하고 중국에서 중국법상 방식으로 혼인의 형식적 요건을 갖춘 후 국내에서 다시 혼인신

12) 신창섭, 국제사법(제3판), 세창출판사(2015), 287면.

고를 마친 경우, 대법원은 그 혼인의 효력이 없다고 보았다(대법원 1996. 11. 22. 선고 96도2049 판결). 즉, 혼인의 성립요건은 각 당사자에 관하여 그 본국법에 의한다고 규정되어 있으므로 위 혼인이 실질적 성립요건을 구비하였는지 여부는 한국인 남성의 본국법인 우리나라 법에 의해 정해져야 한다. 우리나라 민법은 당사자간 혼인의 합의가 없는 때에는 그 혼인은 무효로 한다고 규정하고 있는데, 이 혼인무효 사유는 당사자간에 사회관념상 부부라고 인정되는 정신적, 육체적 결합을 생기게 할 의사를 갖고 있지 않은 경우를 말하므로, 당사자 사이에 혼인신고 자체에 관해 의사의 합치가 있더라도 그것이 다른 목적을 달성하기 위한 방편에 불과한 것으로서 그들 사이에 참다운 부부관계의 설정을 바라는 효과의사가 없을 때에는 그 혼인은 효력이 없다. 이 사건에서 한국인 남성과 중국인 여성의 혼인은 우리나라 법에 의하여 혼인으로서의 실질적 성립요건을 갖추지 못하여 그 효력이 없다.

현재 하급심에서도 실질적 혼인의사의 불합치를 이유로 한 혼인무효확인 사건이 다수 존재하는데, 그러한 사건들에서 준거법은 국제사법 제36조 제1항, 제37조 제3호에 의하여 대한민국 법으로 결정되고 있다.

나. 이 혼

1) 국제사법의 규정

이혼의 준거법에 관하여는 혼인의 일반적 효력에 관한 준거법 규정이 준용된다. 즉 ① 부부의 동일한 본국법, ② 부부의 동일한 상거소지법, ③ 부부와 가장 밀접한 관련이 있는 곳의 법의 순서대로 준거법이 결정된다(국제사법 제39조 본문). 다만, 부부 중 일방이 대한민국에 상거소가 있는 대한민국 국민인 경우에는 이혼은 대한민국 법에 의한다(국제사법 제39조 단서).

2) 숨은 반정

국제사법은 준거법 지정시의 반정(反定) 규정을 두고 있다. 즉, 국제사법에 의하여 외국법이 준거법으로 지정된 경우에 그 국가의 법에 의하여 대한민국 법이 적용되어야 하는 때에는 대한민국의 법(준거법 지정에 관한 법규를 제외한다)에 의하여야 한다(국제사법 제9조 제1항). 그런데 준거법으로 지정된 외국법에 독립적인 저촉규정은 없으나 국제재판관할에 관한 규정에 숨겨져 있는 저촉법적 규정에 따라 우리나라로 반정이 일어나는 경우를 '숨은 반정'이라고 한다.[13)]

---

13) 이헌묵, "법정지법의 적용에 있어서 절차와 실체의 구분", 민사소송 제16권 2호, 한국민사소

국제사법에는 숨은 반정에 관한 규정은 없다. 그런데 대법원은 이혼 사건에서 숨은 반정의 법리를 적용하여 우리나라 민법을 준거법으로 정한 예가 있다(대법원 2006. 5. 26. 선고 2005므884 판결). 위 사건에서 남편과 아내는 모두 미국 국적으로서 미국 미주리 주에서 거주하다가 대한민국으로 이주하여 상거소를 가지고 있었고, 남편이 아내를 상대로 대한민국 법원에 이혼 청구의 소를 제기하였다. 이에 대하여 대법원은 준거법에 관하여 다음과 같이 판단하였다 : 국제사법 제39조, 제37조 제1항에 의하여 부부의 동일한 본국법이 1차적으로 적용되는데, 미국은 지역에 따라 법을 달리하는 국가이므로 국제사법 제3조 제3항에 따라서 부부의 종전 주소지를 관할하는 미국 미주리 주의 법규정을 검토해야 한다. 그런데 미국 미주리 주의 법과 미국의 국제사법에 관한 일반원칙 등에 의하면, 미국 국적의 원고와 피고가 모두 선택에 의한 주소(domicile of choice)를 대한민국에 형성한 상태에서 대한민국 법원에 제기한 이혼 등 사건에 관해서는 원고와 피고의 현재 주소(domicile)가 소속된 법정지의 법률이 준거법이 되어야 하므로, 준거법 지정시의 반정에 관한 국제사법 제9조 제1항을 유추적용한 숨은 반정의 법리에 따라 법정지법인 대한민국 민법이 적용되어야 한다.

3) 재판례

가) 이혼의 경우

실무상 내국인과 외국인이 혼인하여 대한민국에서 거주하다가 이혼하는 사건이 대다수를 차지하므로, 국제사법 제39조 단서에 의하여 대한민국 민법이 준거법으로 결정된다.

나) 위자료 또는 재산분할의 경우

이혼 청구에 위자료 또는 재산분할 청구가 병합되어 있는 경우가 있는데, 위자료 또는 재산분할 청구의 준거법을 결정하는 근거가 무엇인지 문제된다. 하급심에서는 이혼 및 이에 따른 위자료, 재산분할 관계를 규율하는 준거법을 한꺼번에 국제사법 제39조에 의하여 결정한 판결이 대다수이나(서울고등법원 2006. 7. 26. 선고 2005르1643 판결 등), 이혼에 관하여는 국제사법 제39조, 이혼으로 인한 위자료 청구에 관하여는 국제사법 제32조(불법행위에 관한 준거법 규정)에 의하여 준거법을 정한 판결도 발견된다(서울고등법원 2017. 7. 11. 선고 2016르22226 판결[14] 등).

송법학회(2012), 388면.

14) 이 판결에 대하여는 피고가 상고하여 2020. 2. 7. 현재 대법원에서 2017므12552호로 상고심 재판이 계속중이다.

대법원은 이 점에 관하여 명시적으로 판단한 적은 없으나, 위자료 및 재산분할 청구에 관한 법률관계에 대하여 국제사법 제39조에 따라 준거법을 결정한 원심 판단에 국제사법에 관한 법리 오해 등의 위법이 없다고 판시한 사례가 있다[대법원 2018. 9. 13. 선고 2015므2124(본소), 2015므2131(반소) 판결].

다. 친 자

1) 국제사법의 규정

혼인중의 친자관계의 성립은 자(子)의 출생 당시 부부 중 일방의 본국법에 의한다(국제사법 제40조 제1항). 즉, 부부의 본국법 중 어느 하나에 의해 혼인중의 친자관계가 성립하면 부부 쌍방과 사이에 혼인중의 친자관계가 성립하게 된다. 이는 혼인중의 친자관계의 성립을 용이하게 하기 위한 것이다.[15]

혼인외의 친자관계의 성립은 자(子)의 출생 당시 모의 본국법에 의한다(국제사법 제41조 제1항 본문). 다만, 부자간의 친자관계의 성립은 자(子)의 출생 당시 부(父)의 본국법 또는 현재 자(子)의 상거소지법에 의할 수 있다(국제사법 제41조 제1항 단서). 즉, 부자관계의 경우, 자(子)의 출생 당시 모의 본국법이나 부(父)의 본국법, 현재 자(子)의 상거소지법의 세 가지 중 어느 하나에 의해 친자관계가 성립되면 족하다.[16] 인지는 위 제1항에 의한 법 외에도 인지 당시 인지자의 본국법에 의할 수 있다(국제사법 제41조 제2항). 즉, 모가 인지하는 경우에는 자(子)의 출생 당시 모의 본국법과 인지 당시 모의 본국법이 선택적으로 준거법이 되고, 부(父)가 인지하는 때에는 자(子)의 출생 당시 모의 본국법이나 부(父)의 본국법, 인지 당시 자(子)의 상거소지법이나 부(父)의 본국법이 선택적으로 준거법이 된다.[17]

2) 재판례

가) 사건의 유형

실무상 친자관계에 관한 국제가사사건은 친생자관계존재확인, 친생자관계부존재확인, 인지, 친생부인의 사건 유형에서 발견된다. 그 사건들 모두 사건 관련자인 부(父), 모, 모의 부(夫) 중 한 명은 대한민국 국민인 경우일 뿐만 아니라 자녀의 상거소지가 대한민국인 경우도 대다수여서 국제사법 제40조, 제41조에 의해 대한민국 민법이 준거법으로 지정되었다.

15) 석광현, 주3)의 책, 478면.
16) 석광현, 주3)의 책, 485면.
17) 석광현, 주3)의 책, 486면.

나) 친자관계의 '부인'에 관한 사건의 준거법 문제

한편, 위에서 든 국제사법의 규정들은 친자관계의 '성립'에 관한 준거법 규정들인데, 친자관계의 '부인'의 준거법도 위 규정들에 의하여 결정되는지 문제될 수 있다. 학계에서는 혼인중의 친자관계의 부인(친생부인)의 준거법 결정에 관하여 국제사법 제40조가 적용될 것인지에 관한 논점을 제기하고 있으나,[18] 이 문제는 친생부인(혼인중의 자를 대상으로 한다)뿐만 아니라 친생자관계부존재확인(혼인중의 자 및 혼인외의 자 모두를 대상으로 한다) 모두에 관한 것이라고 생각된다.

하급심 판결들은 대체로 친자관계의 성립에 관한 국제사법 제40조, 제41조를 적용하여 준거법을 결정하고 있으나, 드물게는 친자간의 법률관계에 관한 국제사법 제45조를 적용하여 준거법을 결정한 예도 있다(대전가정법원 2017. 11. 2. 선고 2017드단4207 판결 등). 국제사법 제45조를 적용한 경우 부모 중 한 명은 내국인, 다른 한 명은 외국인이나 자녀의 상거소지가 대한민국이어서 대한민국 민법이 준거법으로 결정된 경우가 대부분이다.

다만, 차이를 보이는 사건이 한 건 있다. 이 사건에서 부모와 자녀 모두 중국 국적자이고 모와 자녀는 국내에 거주하고 있었다. 법원은, 국제사법 제45조에 따르면 중국 법률에 따라 친자간의 법률관계를 다루어야 하겠지만 중국 혼인법에는 친생부인에 관하여 아무런 규정이 없는 반면 대한민국 민법상 친생부인에 관한 규정은 신분관계의 획일 및 안정과 그로 인한 자녀의 법률적 지위의 보호를 목적으로 하는 규정으로서 강행규정이므로 국제사법 제7조에 의해 대한민국 민법의 친생부인 규정이 이 사건에 적용되어야 한다고 판시하였다(부산가정법원 2011. 8. 24. 선고 2010드단15475 판결).

라. 입 양

1) 국제사법의 규정

입양 및 파양은 입양 당시 양친(養親)의 본국법에 의한다(국제사법 제43조). 그리고 입양에 의한 친자관계의 성립에 관하여 자(子)의 본국법이 자(子) 또는 제3자의 승낙이나 동의 등을 요건으로 할 때에는 그 요건도 갖추어야 한다(국제사법 제44조).

2) 재판례

실무상 입양 허가 재판에서 준거법 결정에 관하여 판시한 사례는 전체 사건수

18) 석광현, 주3)의 책, 479면.

에 비하여 적다. 입양 허가는 가사비송사건으로서 심판문에 이유 기재를 생략할 수 있기 때문인 것으로 생각된다. 다만, 최근에 들어서는 국제사법에 따른 준거법 결정에 관한 판단을 적시하고 있는 사례가 늘어나고 있다.

가) 민법상 입양

민법상 입양에서는 양부모가 외국인인 경우 일반 미성년자 입양에 의할 것인지 친양자 입양에 의할 것인지 문제될 수 있다. 우리나라 민법은 일반 미성년자 입양과 친양자 입양의 구별을 두고 있으나 준거법이 되는 양부모의 본국법에서는 그와 같은 구별이 없을 수 있기 때문이다.

(1) **양부모의 본국법상 입양 효력의 구별이 없는 경우**

미국인인 양부모가 미성년자 입양 허가를 구하였는데 법원이 준거법을 양부모의 본국법인 미국 워싱턴 주법이라고 하면서 입양 허가 결정을 한 사례가 있다(인천가정법원 부천지원 2017. 5. 18.자 2017느단347 심판). 그러나 미국 워싱턴 주법에 의하면 입양으로 인하여 친생부모는 양자에 대한 모든 권리의무를 상실하게 되어 (Revised Code of Washington 26.33.260[19]) 우리나라 민법상 입양 허가보다는 친양자 입양에 가깝다고 할 것이므로, 위 결정례에 대해서는 의문을 제기할 수 있을 것으로 생각된다.

19) RCW 26.33.260
Decree of adoption—Effect—Accelerated appeal—Limited grounds to challenge—Intent.
(1) The entry of a decree of adoption divests any parent or alleged father who is not married to the adoptive parent or who has not joined in the petition for adoption of all legal rights and obligations in respect to the adoptee, except past-due child support obligations. The adoptee shall be free from all legal obligations of obedience and maintenance in respect to the parent. The adoptee shall be, to all intents and purposes, and for all legal incidents, the child, legal heir, and lawful issue of the adoptive parent, entitled to all rights and privileges, including the right of inheritance and the right to take under testamentary disposition, and subject to all the obligations of a natural child of the adoptive parent.
(2) Any appeal of an adoption decree shall be decided on an accelerated review basis.
(3) Except as otherwise provided in RCW 26.33.160 (3) and (4)(h), no person may challenge an adoption decree on the grounds of:
(a) A person claiming or alleging paternity subsequently appears and alleges lack of prior notice of the proceeding; or
(b) The adoption proceedings were in any other manner defective.
(4) It is the intent of the legislature that this section provide finality for adoptive placements and stable homes for children.
[1995 c 270 § 7; 1984 c 155 § 26.]
https://app.leg.wa.gov/RCW/default.aspx?cite=26.33.260 참조(2020. 2. 7. 최종확인).

⑵ **양부모의 본국법상 입양 효력의 구별이 있는 경우**

양부모가 일본인인 경우에는 준거법을 일본국법으로 보아, 일본에서 (우리나라의 미성년자 입양 허가에 해당하는) 일본 민법 제798조상 입양 허가를 받은 경우에 우리나라 법원에 친양자 입양 청구를 한 것을 기각한 사례(서울가정법원 2019. 5. 29.자 2019느단119 심판)와, 일본 민법상 (우리나라의 친양자에 해당하는) 특별양자에 관한 요건을 갖춘 경우에 우리나라 법원에 친양자 입양 청구를 한 것을 인용한 사례(의정부지방법원 2019. 3. 11.자 2018브9 결정)가 있다.

나) 입양특례법상 입양

입양특례법상 입양 중 국제입양사건은 양부모가 외국인이고 양자가 내국인인 경우가 전부이고, 그 반대의 경우는 존재하지 않는다. 따라서 준거법은 국제사법 제43조에 따라 양부모의 본국법이 되고, 다만 양자 또는 제3자의 승낙이나 동의 등의 요건에 관하여만 국제사법 제44조에 따라 우리나라 법이 적용될 수 있을 뿐이다.

그런데 입양특례법에는 양자 또는 제3자의 승낙이나 동의 외에도 양자가 될 자격과 양친이 될 자격 등을 정하고 있는 규정(입양특례법 제9조, 제10조)이 있다. 이 규정들은 양부모의 본국법이 아님에도 불구하고 입양특례법상 입양 허가 사건에 적용될 수 있는지 문제된다.

실무상으로는 입양특례법의 위 규정들이 적용되는 것을 전제로 하여 해당 사건마다 그 규정들에 의한 요건을 갖추었는지를 심리하고 있으나, 심판문에는 준거법에 관하여 별다른 설시를 하지 않고 있다. 다만, 최근에는 국제사법 제7조에 의하여 입양특례법이 준거법이 된다고 적시한 재판례가 있다(서울가정법원 2018. 6. 28.자 2018브25 결정). 이는 위 규정들이 준거법과 관계없이 국제입양에 적용되도록 하고자 하는 입법자의 의지가 표현된 국제적 강행법규로서 준거법에도 불구하고 적용되어야 할 것이기 때문이다.[20]

마. 상 속

1) 국제사법의 규정

상속은 사망 당시 피상속인의 본국법에 의한다(국제사법 제49조 제1항). 다만, 피상속인이 유언에 적용되는 방식에 의하여 명시적으로 어느 법을 지정하는 때에는 피상속인의 본국법이 아니라 그와 같이 지정된 법에 의하는데, 피상속인이 지정할

---

20) 석광현, "국제입양에서 제기되는 국제사법의 제 문제: 입양특례법과 헤이그입양협약을 중심으로", 가족법연구 제26권 제3호(통권 제45호), 한국가족법학회(2012), 384면.

수 있는 법은 지정 당시 피상속인의 상거소가 있는 국가의 법 또는 부동산의 상속에 관하여는 그 부동산의 소재지법의 두 가지이다(국제사법 제49조 제2항).

2) 재판례

가) 가사사건의 재판례

상속에 관한 국제가사사건 중 실무상 가장 빈번하게 발생하는 것은 상속포기신고수리사건 및 상속한정승인신고수리사건[가사소송법 제2조 제1항 제2호 가목 32)]으로 보인다. 피상속인이 내국인이고 그의 배우자 또는 자녀가 외국인인 경우가 많은데, 이 경우 준거법인 대한민국 민법에 따라 상속포기 또는 한정승인의 신고에 대한 수리 여부가 판단되고 있다. 피상속인이 외국인인 경우도 간혹 발생하는데, 그 경우에는 준거법인 피상속인의 본국법에 따라 판단이 이루어지고 있다. 피상속인이 미국인인데 미국인인 상속인이 특별한정승인(민법 제1019조 제3항)의 신고를 한 경우 법원은 준거법인 미국 캘리포니아 주 상속법상 특별한정승인에 관한 규정이 없어 청구인의 청구가 부적법하다고 판단하였다(인천가정법원 2019. 3. 12.자 2017브31 결정).

나) 민사사건의 재판례

가사사건은 아니나 민사사건에서 외국적 요소가 있는 상속 문제가 다루어진 예가 있어 소개하기로 한다.

(1) **사안의 소개**

외국인인 피상속인의 혼인외 출생자가 원고가 되어 대한민국의 은행을 상대로 하여 피상속인의 예금 지급을 구한 사건이 있었다(서울지방법원 2003. 7. 25. 선고 2001가합64849 판결). 이 사건에서는 국제사법상 결정된 준거법인 피상속인의 본국법에 의할 때 원고가 상속인이 될 수 있는지의 판단이 이루어졌다.

대만 국적의 화교 남성 A는 대한민국 국적의 여성 B와 대한민국에서 혼인하면서 화교들의 혼인절차에 따라 결혼증서를 작성하고 한성화교협회의 호적등기부에 혼인사실을 등재하였으나 별도로 대한민국법상 혼인신고는 하지 않았다. A와 B 사이에 자녀 C와 D가 태어났는데, C와 D는 대만 국적을 보유하고 있다. 후에 A가 사망하였고, C와 D는 A가 예금을 가지고 있던 은행에 A의 예금 중 각 1/2씩을 지급하여 달라고 청구하였다.

(2) **법원의 판단**

이에 대한 법원의 판단은 다음과 같다.

먼저, C와 D는 A의 혼인외 출생자에 해당한다. 국제사법 제36조 제2항에 의하면 대한민국에서 혼인을 거행하는 경우 당사자 일방이 대한민국 국민인 때에는 혼인의 방식은 대한민국 법에 의하여야 하는데 A와 B의 혼인은 대한민국 법에 의한 혼인신고의 방식을 갖추지 못하였으므로 무효이기 때문이다.

혼인외 출생자가 부(父)와 친자관계가 성립하는지에 관하여는 국제사법 제41조 제1항 단서에 의하여 부(父)의 본국법인 대만 민법에 의하여 판단하는데, 대만 민법에 의하면 '혼인외의 출생자는 생부의 인지를 거치면 혼생자로 간주하고, 생부의 부양을 거치면 인지로 간주한다'고 규정하고 있으므로 A의 부양을 받았던 C와 D는 인지된 것으로 간주되어 A와 법률상 친자관계에 있게 된다.

그리고 자녀가 상속인에 해당하는지 및 그 상속지분은 얼마인지에 관하여는 국제사법 제49조 제1항에 따라 피상속인의 본국법인 대만 민법에 의하여 판단하여야 하는데, 대만 민법에 의하면 직계비속이 1순위로 균분상속하므로, C와 D는 A의 상속재산을 1/2씩 상속하게 된다.

5. 결 론

이상으로, 국제가사사건에서 문제되는 국제사법의 두 가지 쟁점, 즉 재판관할권 문제와 준거법 결정의 문제에 관하여 실무에서는 어떻게 판단하고 있는지를 간략하게 살펴보았다.

재판관할권에 관하여는 그 결정 기준이 되는 '실질적 관련성'에 관하여 대법원이 판시한 바 있다. 그리고 준거법에 관하여는 법률행위의 유형별로 국제사법이 규정을 두고 있다. 하급심에서는 대법원이 제시한 판단기준과 국제사법의 규정에 의거하여 개별 사건마다 구체적 타당성을 도모하고 있다고 보이나, 그 판단의 과정이 재판서에 매번 충실하게 현출되고 있다고 보기는 어렵다. 이는 가사사건 중 상당 부분의 종국재판이 판결에 의하지 않는 데 기인한 바가 큰 것으로 보인다.

그러나 비록 가사사건의 재판서를 간이하게 기재할 수 있다고 하더라도, 법원이 국제가사사건의 재판을 함에 있어서는 본안에 앞서 선결적으로 검토되어야 하는 국제사법적 쟁점에 대해 간략하게라도 재판서에 언급하는 것이 필요하다. 이를 통해 법원은 개별 사건에 관한 논증 과정을 보다 더 충실하게 할 수 있을 뿐만 아니라, 가사사건 전반에 대한 국제사법적 관점의 이해와 사고를 넓힐 수 있을 것이다. 그러한 관점에서 볼 때, 하급심 재판에서 국제재판관할이나 준거법 결정에 대한 판단을 적시한 예가 늘어나고 있는 것은 고무적이다.

국제가사사건에 있어서 국제사법적 관점의 고려가 필요한 것은 결국 모든 사람이 어디에서든 자신의 권리를 존중받는 공정하고 정의로운 재판을 받을 수 있도록 보장하기 위한 것이라고 생각한다. 지금까지의 추세로 미루어 보건대 국제가사사건은 앞으로 더 다양한 유형으로 더 많은 수가 발생할 것으로 예상되는바, 이를 다루게 될 우리 법원이 국제가사사건에 대한 이해를 증진함으로써 보다 더 좋은 재판을 할 수 있기를 기대한다. 그리고 그 과정에서 세계 각국의 가족법의 현황과 그 속에서의 우리나라 가족법의 위치에 대한 인식을 보다 더 심화시켜 나감으로써 우리나라 가족법의 발전에도 기여할 수 있기를 아울러 기대해 본다.

信託의 存續期間에 대한 研究

정 한 샘*

1. 問題의 提起

신탁법은 1961년에 처음 제정되었다. 종래 신탁법은 일제강점기 동안 시행되어 오던 1922년 일본 구신탁법을 따라 제정되었는데 영미의 신탁이 기본적으로 민사신탁이면서 비영업신탁을 기초로 하여 발전되어 온 데 비해 일본의 구신탁법은 상사신탁 내지 영업신탁을 염두에 두고 제정되어 오늘날의 다양한 신탁의 법률관계를 제대로 규율할 수 없었다.[1] 따라서 2011년 7월 신탁법을 전부 개정하게 되었고, 현행 신탁법에는 유언대용신탁과 수익자연속신탁이 신설되어 신탁을 통한 재산승계가 활발히 이루어질 것으로 기대되고 있다.[2]

신탁을 통해 재산승계를 할 경우 종래 민법에 의한 재산승계보다 다양한 구조로 설계가 가능하여 피상속인의 의사가 보다 구체적으로 반영될 수 있다. 그런데 신탁제도는 영미법에서 발달한 것이고, 우리 민법은 대륙법에 그 근간을 두고 있어 이를 조화롭게 해석하는 데에는 어려움이 있다.[3] 비록 신탁법이 영미법에서 생겨난

---

* 감사원 부감사관, 변호사.

1) 안성포, “신탁법의 개정방향－법무부 2009년 신탁법 전면개정안을 중심으로”, 법학연구51(1), 2010. 2, 부산대학교 법학연구소, 196면.

2) 신영증권은 2017. 1. ‘패밀리 헤리티지 서비스’를 출시하여 개별 고객 맞춤형으로 신탁을 설계해 주고 있다. 하나은행은 2010년 국내 금융사 최초로 신탁상속 상품인 ‘리빙트러스트’를 출시했으며, 이후 꾸준히 수탁액과 건수를 늘려와 수탁액이 3천억 원 규모에 이르는 것으로 알려졌으며, 신영증권은 2017년 출시해 ‘패밀리 해리티지 서비스’의 수탁액은 2017년 1분기 대비 2018년 연말 2252%를 기록하였다(이상은 문화일보 2019. 4. 11. 박세영 기자 기사 참조).

3) 최수정, 「신탁법」, 박영사, 2016, 15면에서는 “신탁은 법체계를 달리하는 영미법상의 제도이기 때문에 우리 법체계에 상응하는 제도로 규율하고 운용하기 위해서는 보다 상세한 이론적인 근거를 모색하고 타당한 입법적인 판단을 고민”하여야 하며, “영미법에서의 구체적인 요건과 효과를 비판적 검토 없이 당연히 가져오거나 또 단순히 우리 법에서도 그대로 작동할 것이라고 믿는 태도를 경계해야 한다”고 한다; 이연갑, 「신탁법상 수익자 보호의 법리」, 景仁文化史, 2014, 3~5면에서는 “영미의 신탁제도에 대하여 대륙법 학자들도 오래 전부터 관심을 가지고 연구하였으나 그 제도의 규율을 위한 법률의 제정에 진통이 계속되는 이유는 신탁제도가 영국 특유의 사법제도 및 물권법 질서와 긴밀히 결합되어 있기 때문이다”라고 하고 있으며 “민법을

특수한 제도이지만 이를 수용한 이상 우리의 사법체계에 부합할 수 있도록 법을 해석하고 제도를 운용하여야 하며, 특히 재산승계에 관한 신탁법의 규정을 해석함에 있어서는 상속법의 원칙과 체계적으로 부합하여야 할 것이다.

본고에서는 신탁을 통한 재산승계를 할 경우 민법상 논의될 수 있는 여러 가지 쟁점 중 특히 신탁의 존속기간에 대하여 논하고자 한다. 현행 신탁법에는 신탁의 존속기간에 대한 규정이 존재하지 않는다. 신탁의 존속기간에 대한 입법과정에서의 논의를 살펴보면 신탁이 회사 제도와 유사한 기능을 갖는다는 점, 우리나라의 민법 등에 소유권의 기한을 제한하는 규정이나 법리가 없어서 일반 사법의 법리와 충돌할 가능성이 있는 점에 비추어 존속기간에 제한을 두지 아니하였다[4]고 한다. 이와 같이 존속기간에 관한 명문 규정이 없는 이상, 존속기간의 제한 없이 영구적으로 존속하는 신탁을 설정하는 것도 일응 허용된다고 볼 수도 있다. 그러나 이같은 신탁을 신탁법의 해석상 허용할 수 있는지, 나아가 그와 같은 신탁을 허용하는 것이 기존 상속법 질서에 부합하는 것인지 문제된다.

영미법상 신탁제도에서는 재산(특히 토지)이 영구히 소수의 사람에게만 축적되고 집중되는 것은 사회경제적으로 바람직하지 않다는 사상에 따라, 피상속인이 유언신탁을 통해 자신이 사망한 후에도 영원히 또는 지나치게 장기간 신탁재산의 소유권을 제한하는 것을 금지했다. 이러한 취지에서 '영구불확정금지의 원칙(Rule against perpetuities)'이 발달하여 신탁의 존속기간은 일정기간으로 제한되었다.

한편 대륙법계 국가의 경우, 가족재산을 생전처분 또는 사인처분에 의하여 상속인 또는 가족구성원에게 이전하면서 그 재산이 일정한 범위의 가족구성원으로부터 벗어나지 않도록 제한하는 세습가산제도가 중세와 근세의 유럽의 귀족계층에 보편적으로 발견되었으나[5] 1789년 프랑스 혁명 이후 1804년 프랑스민법전에 세습가산제를 폐지하는 규정이 입법되었고, 독일에서도 그 영향을 받아 20세기 무렵 세습가산제는 폐지되었다. 하지만 세습가산제에서와 같이 피상속인의 자, 손자, 증손자로 순차적으로 재산을 승계하는 제도는 완전히 사라지지 않았고, 일정한 시간적 제약이 있는 제도로 남아 있다.[6]

사인간의 여러 이익과 가치를 조정하는 기본법으로 위치시킨다면 민법체계와 정합적으로 신탁법을 이해하고 그에 맞는 지위를 부여하는 것이 필요하게 된다"고 한다; 이계정, 「신탁의 기본 법리에 관한 연구 — 본질과 독립재산성」, 景仁文化史, 2018, 6면에서는 "신탁의 법률관계를 명확하게 하기 어려운 이유는 신탁은 기본적으로 영미법의 소산으로 대륙법체계의 틀에서는 이질적인 제도로 느껴지기 때문이다"라고 한다.

4) 법무부상사법무과, 「신탁법 개정안 해설」, 법무부, 2010. 2, 474~475면.

5) 이철우, 「서양의 세습가산제」, 景仁文化史, 2010, 3면.

신탁법이 발달한 영미법에서의 신탁의 존속기간에 관련된 영구불확정금지의 원칙, 그리고 우리 민법과 뿌리를 같이 하고 있는 대륙법계에서의 세습가산제 폐지와 순차적 재산승계에 대한 제한의 의의에 대하여 간략히 살펴보는 것은 우리법상 신탁의 존속기간과 관련된 논의의 출발점이 될 수 있을 것이다. 또 우리나라와 유사한 법체계를 가지고 있는 일본의 경우 신탁법을 개정하면서 신탁의 존속기간에 대한 일반 규정은 두지는 않았으나 수익자 연속신탁의 기간 제한에 관한 규정을 두고 있다. 일본에서의 입법과정의 논의는 우리 신탁법상 신탁의 존속기간을 해석함에 있어 참고가 될 수 있을 것으로 보인다.

이하에서는 영미법상 영구불확정금지의 원칙, 대륙법계에서의 세습가산제 폐지와 관련된 입법례와 일본의 신탁법을 살펴본 다음 우리 신탁법상 존속기간의 해석에 대한 논의를 전개하기로 한다.

2. 英美法上 永久不確定禁止의 原則

가. 영구불확정금지의 원칙(Rule Against Perpetuities)의 의의

신탁을 설정하면 위탁자는 신탁재산을 원하는 대로 처분할 수 있다. 그런데 그러한 위탁자의 처분이 영원히 지속될 수 있을 것인가. 신탁의 존속기간에 대해서는 '영구불확정금지의 원칙'이라는 제한이 존재하는데 이 원칙은 피상속인인 위탁자가 얼마나 오랜 시간동안 상속대상이 된 신탁 재산을 자신의 뜻대로 묶어 둘 수 있는가에 대한 답을 제시해 왔다.[7] 위탁자에게 영구적인 신탁을 설정할 수 있도록 할 경우 위탁자는 자신의 재산을 사후에 위탁자의 의사와 달리 이용하는 것을 금지하게 만든다. 이로써 야기되는 죽은 자의 지배(dead hand control)의 부작용을 방지하기 위하여 영구불확정금지의 원칙은 신탁 설정 후에 일정한 기간이 경과하면 그 기간 이상의 신탁은 무효로 하고 신탁재산에 대한 모든 소유권을 생존자에게 이전할 것을 보장한다.[8] 이 원칙은 1682년 영국의 Duke of Norfolk's Case에서 기원하였고, 현재와 같은 모습을 갖춘 것은 150년도 되지 않았다.[9]

---

6) Anatol Dutta, "Succession, Subsequent", THE MAX PLANCK ENCYCLOPEDIA OF EUROPEAN PRIVATE LAW VOLUME Ⅱ, OXFORD UNIVERSITY PRESS, 2012, pp.1631－1633 참조.

7) Lawrence M. Friedman, *DEAD HANDS－A Social History of Wills, Trusts, and Inheritance Law*, Stanford Law Books, 2009, pp.125－139.

8) J. E. Penner. The Law of Trust 6th edition, OXFORD UNIVERSITY PRESS, 2008, p. 65.

9) Thomas P. Gallanis, "THE NEW DIRECTION OF AMERICAN TRUST LAW", 97 Iowa L. Rev.

영구불확정금지의 원칙은 재산에 대한 모든 종류의 불확정 장래권(contingent future interest)에 대해 적용되는데 특히 신탁에서 전형적으로 문제된다.[10] 영구불확정금지원칙은 수익권귀속의 원칙(rule against remoteness of vesting), 양도금지제한의 원칙(rule against inalienability) 그리고 적립금지의 원칙(rule against accumulation)을 그 내용으로 한다.[11] 이 중 수익권귀속의 원칙(rule against the too remote vesting of contingent interest)이 일반적으로 영구불확정금지원칙(Rule against Perpetuities)이라고 불린다.[12]

John Chipman Gray교수는 보통법상 영구불확정금지의 원칙을 "어떠한 이익도 그 이익을 설정할 당시에 살아있던 사람이 죽은 후 21년이 지난 시점까지 확정되지 않는다면 유효하지 않다.[13]"고 표현했는데 신탁을 설정할 당시에 살아있던 사람이 죽은 후 21년이 지난 시점까지 수익권과 수익권이 귀속되는 수익자가 확정되어야 한다는 취지이다.[14] 미래의 수익자(future beneficiaries)는 신탁이 설정될 당시 생존해 있던 어떤 사람 — 이 사람을 생존자(life in being)라고 한다 — 이 사망한 후 21년이 지나면 그 재산에 대한 무제한의 완전한 소유권을 가져야 하며 따라서 신탁은 그 이상의 기간으로 설정될 수 없는 것이다.[15]

(November, 2011), p.229.

10) 최수정, 「신탁법」, 박영사, 2016, 203면.

11) 최수정, 「신탁법」, 박영사, 2016, 203면에 따르면 양도금지제한의 원칙은 모든 재산이 시장에서 자유롭게 거래되어야 하고, 사회에 유통되어야 하므로 오랫동안 재화가 시장에서 배제되는 것을 금지하고, 적립금지의 원칙은 자선신탁과 수익자신탁 모두에 적용되는데 신탁재산에서 발생한 수입이 영구불확정 기간을 도과하여 신탁원본에 적립되는 것을 금지한다.

12) George Gleason Bogert · Dallin H. Oaks · H. Reese Hansen · Stanley D. Neeleman, 「Law of Trusts」, Foundation Press, 2012, 9th edition, p.267.

13) "No interest is good unless it must vest, if at all, not later than twenty-one years after some life in being at the creation of the interest". John Chipman Gray, The Rule Against Perpetuities §201, at 191(4th ed. 1942).

14) 최초에 영구불확정금지원칙이 성립할 당시에는 땅을 소유하는 것이 가문에 권력과 지위, 부를 보장하였다. 가족의 수장 — 즉 아버지들 — 은 무능한 아들로부터 땅을 지키는 데에 관심이 많았다. 이러한 근심을 법률로 승인하여 영국 판사들이 사례를 통해 개발한 것이 바로 일정한 기간 동안 아버지의 판단이 가산에 미치도록 하는 것이었다. 아버지는 실질적으로 또한 현명하게 살아있는 자기 가족 구성원들의 능력을 평가할 것이므로 그러한 의사를 존중하여 만일 그 의사가 엄숙하게 문서화되어 있다면 그러한 의사가 효력을 발생하도록 하는 것이다. 하지만 가족의 수장은 아직 태어나지 않은 자손들에 대해서는 알지 못한다. 따라서 아버지는 자식에 대한 평가를 할 당시 살아있는 자손에 대해서만 그러한 판단을 하여야 하며 이에 대해서만 아버지의 결정이 영향력을 갖도록 허용하였다. 이러한 배경에서 영구불확정금지원칙은 150년의 발전 과정을 거치면서 마침내 아버지의 영향력이 미치는 기간은 살아있는 존재가 사망한 후 21년이라는 기간으로 고정된 것이다. 이상은 Jesse Dukeminier, James E. Krier, The Rise of the Perpetual Trust, 50 UCLA L. Rev. August, 2003, p.1309; 한편 21년은 당시 영국법상 21세에 성년자가 됨을 고려한 것이다 J. E. Penner, 「The Law of Trusts」, 9th ed., Oxford (2014), p.83.

나. 영구불확정금지의 원칙의 한계

영구불확정금지의 원칙에 따르면 어떠한 이익은 그것이 창설될 당시에 영구제한금지원칙의 기간 내에 귀속이 절대적으로 확정되어야 하므로 너무 멀리 떨어진 미래에 귀속이 확정되는 이익을 무효로 만들었고, 그 결과 한 사람이 자신의 재산에 대한 장래를 결정하는 범위에 있어 시간적인 제약을 부과하였다.[16] 그런데 이러한 엄격한 기준은 이 원칙의 적용을 복잡하게 만든다. 어떠한 이익이 유효일지 무효일지 판단하기 위해서 출생, 사망, 결혼, 그 밖의 사건들에 대한 모든 가능성을 검토해야하지만 유언자가 사망한 후에 실제로 발생한 사건에 대해서는 전혀 고려하지 않았기 때문이다.[17] 즉 '실제로' 어떠한 이익이 영구불확정금지의 원칙에서 허용된 기간 안에 귀속이 확정되는지 여부에는 관심을 두지 않았기 때문에 모순에 빠지게 된다. 따라서 이러한 모순을 해결하기 위한 수정 원칙이 만들어지기 시작했다.

다. 영구불확정금지의 원칙에 대한 수정

(1) 관망(wait and see)의 원칙

지나치게 엄격하게 영구불확정금지의 원칙을 적용하다 보면 이 원칙을 잠탈하려는 의도가 없는 유언자의 의사를 본의 아니게 무시하는 결과가 되기도 한다. 따라서 20세기 중반 무렵 법원에서는 이에 대한 수정을 위해 "관망원칙(wait and see)"이 도입되었다. 즉 이것은 제한된 기간 내에 실제로 이익이 귀속되었는지 여부를 확인하는 원칙이다.[18]

(2) 통일영구구속금지법(The Uniform Statutory Rule Against Perpetuities)

그런데 관망(wait and see)원칙 역시 많은 논란을 낳았다. 미시간 대학의 Lawrence Waggoner 교수는 관망 원칙 대신 법원이 80년 내지 100년 사이에서 고정된 시간에 의해 기다리고 지켜보는(wait and see) 기간을 정할 것을 제안했다.[19]

---

15) Dennis R. Hower/Peter T. kahn, 「WILLS. TRUSTS, AND ESTATE ADMINISTRATION(Sixth Edition)」, DELMAR, pp.275－276(2008).

16) W. Barton Leach, Perpetuities in a Nutshell, 51 Harv. L. Rev. (1938) p.639.

17) Lewis M. Simes, Handbook of the Law of Future Interests § 127(e), at 267 (2d ed. 1966).

18) 1947년 펜실베이니아 주에서 wait－and－see 규정을 처음 도입하였다 Lewis M. Simes, Is the Rule against Perpetuities Doomed? The "Wait and See" Doctrine, 52 Mich. L. Rev. 179. 183(1953).

19) Lawrence W. Waggonr, Perpetuities: A Perspective on Wait－and See, 85 Colum. L. Rev. 1714, pp.1726－1728(1985).

Waggoner가 주요 초안자였던 USRAP(The Uniform Statutory Rule Against Perpetuities)에서는 90년의 기간을 제안하였다.[20] USRAP는 통일주법(Uniform State Laws)에 대한 국가회의(National Conference of Commissioners)에 의해 1986년 입안되었고 많은 주에서 이 안을 채택하였다.

한편 영구불확정금지 원칙이 처음 생겨난 영국의 경우에는 영구구속 및 유보에 관한 법률(Perpetuities and Accumulations Act 1964)에서 그 기간을 최장 80년으로 규정하였고, 현재는 영구구속 및 유보에 관한 법률(Perpetuities and Accumulations Act 2009)에서 구속기간(perpetuity period)을 125년으로 규정하여 신탁상 기간의 정함이 있는지 여부에 상관없이 적용되며, 불확정기간을 넘어서도 귀속되지 않아 무효인 것으로 보이는 경우에는 관망(wait and see)원칙이 적용된다.[21]

라. 다이너스티 트러스트의 등장과 영구불확정금지의 원칙의 변경

위와 같이 발달해 온 영구불확정금지의 원칙은 미국의 대부분의 주에서 효력을 가졌지만 최근에는 이를 변경하거나 폐지하는 움직임이 있다.[22] 이러한 경향은 1986년에 입법된 세대간 이전세[23](GST, genenration-skipping transfer tax)와 다이너스티 트러스트를 경쟁적으로 유치하려는 각 주에 의해서 발생한 것으로 보인다.[24]

---

20) Lawrence W. Waggonr, The Uniform Statutory Rule Against Perpetuities: The Rationale of the 90-Year Waiting period, 73 Cornell L. Rev. pp.158-160 (1988).

21) J. E. Penner. 「The Law of Trusts 9th edition」, OXFORD UNIVERSITY PRESS, 2014, p.66.

22) George Gleason Bogert · Dallin H. Oaks · H. Reese Hansen · Stanley D. Neeleman, 「Law of Trusts」, Foundation Press, 2012, 9th edition, p267-268. 이에 따르면 ① 영구불확정금지원칙을 완전히 폐지하거나, ② 신탁재산을 양도하는 것을 제한하지 않는 신탁에 대해서만 이 원칙을 폐지하거나 또는 신탁이 자산을 양도하는 것을 금지하는 기간을 제한하거나 ③ 동산에 대한 신탁에 대해서만 이 원칙을 폐지하거나 ④ 장래이익이 유효하게 귀속되는 시간을 늘리거나 ⑤ 위탁자가 그 원칙을 제외할 수 있도록 임의규정화 하거나 ⑥ 관망원칙을 추가하는 등의 방식 또는 이들을 결합한 방식을 따른다고 한다.

23) 1916년 미국연방의회는 연방상속세법을 제정하였고, 납세자들은 상속세를 회피하기 위해 생전증여를 하기 시작했다. 이에 대해 의회는 1924년 증여세를 제정함으로써 상속세회피가능성을 차단했다. 그러자 다시 증여세를 회피하기 위한 수단으로서 세대생략(Generation Skipping Transfer)이전 신탁이 만들어져 손자녀에게 자산을 증여하게 되었다. 다시 의회에서는 1976년 세대생략이전에 대해서도 과세를 하기로 하였으나 1986년 관련 세제를 개정하면서 적용제외 조항을 두었다. 즉 일정 금액(당시 기준 백만 달러, 2004년 기준 1.5백만 달러, 2009년 기준 3.5백만 달러) 이하의 세대생략 이전에 대해서는 공제적용을 받는 신탁을 설정할 수 있었고, 그와 같은 신탁을 통해 아무런 세금 없이 자손에게 자산을 이전할 수 있게 되었다. 이상은 Jesse Dukeminier, James E. Krier, *The Rise of the Perpetual Trust*, 50 UCLA L. Rev. p.1312 참조.

24) Ashley Vaughan, You Can't Take it with you : Property Rights After Death and Rethinking the Rule Against Perpetuities, 47 S. Tex. L. Rev. pp.615-617(spring, 2006).

다이너스티 트러스트란 여러 세대에 걸쳐 재산이 이전되도록 하는 상속계획(estate planning)중 하나로서 "특히 신탁재산을 가능한 오랜 기간 동안 영속시키기 위해 설정된 신탁"을 언급할 때 일반적으로 사용된다.[25] 미국에서 이러한 신탁을 설정하는 주목적은 상속세나 증여세 없이 재산을 이전하거나 채권자나 파산 혹은 이혼으로부터 재산을 보호하기 위한 것으로서 위탁자의 이러한 바람은 다이너스티 트러스트를 설정할 유인이 되었다.[26] 미국 각 주에서는 다이너스티 트러스트를 유치하여 신탁 산업을 부흥시키기 위한 목적에서 경쟁적으로 영구불확정금지의 원칙을 철폐하거나 완화하였다. 또 바하마, 쿡 아일랜드, 케이만 군도, 마우리티우스 섬 같은 곳에서는 신탁에 유리한 법제를 만들어 자산가들이 그들 국가에 재산을 맡겨두었는데. 이러한 현상에 대해 미국의 일부 주에서는 이러한 이익을 자신들의 주로 끌어들여 와야겠다는 필요성을 느끼고 관련 규정을 개정하기 시작했다.[27]

마. 영구불확정금지의 원칙의 존재의의

이상에서 살펴본 바와 같이 영구불확정금지의 원칙은 영국에서는 보다 간편한 방식인 확정기한으로 제도가 남아 있는 반면, 미국에서는 신탁산업을 각 주별로 경쟁적으로 유치하려는 배경에서 영구불확정금지의 원칙이 폐지 또는 변경되고 있다. 즉 미국에서 일어나는 영구불확정금지 원칙의 변경 배경은 그 원칙 자체의 취지나 의의에 대한 반성적 검토나 고려에 따른 것이 아니다. 따라서 영구불확정금지의 원칙이 오늘날에도 필요한 제도인지 그 존재 의의에 대하여는 여전히 고민할 필요가 있다.

영구불확정금지의 원칙이 폐지되거나 개정되어야 한다고 주장하는 입장에서는 이 원칙이 토지가 중요한 자산이었을 당시 영국에서 만들어진 것으로 토지 이외의 다른 자산의 중요성이 커지고 기업 등을 통해 가산을 승계하는 현재사회에는 부합하지 않는다고 한다.[28] 영구불확정금지의 원칙이 생겨나게 된 18세기 영국의 사회에서는 귀족들이 한정된 재화인 땅의 자유로운 양도가능성에 관심을 기울여야했던

25) Lawrence M. Friedman, The Dynasty Trust, 73 Yale L.J. 547, 547(1964).

26) 이근영, "신탁법상 재산승계와 상속", 法學論叢 第32輯 第3號, 전남대학교법학연구소, 2012. 12, 218면.

27) Stewart E. Sterk, Asset Protection Trusts: Trust Law's Race to the Bottom?, 85 Cornell L. Rev. 1035, pp.1047－1055 (2000); Garrett Moritz, DYNASTY TRUST AND THE RULE AGAINST PERPETUITIES, 116 Harv. L. Rev. 2588, p.2590.

28) G. Graham Waite, Let's Abolish the Rule Against Perpetuities, 21 Real Est. L. J., pp.96－97 (1992).

반면, 미국에서는 땅이 흔한 자원이었기 때문에 그럴 필요성이 없었고 미국에서 부자들이 18세기 영국귀족들처럼 땅을 독점적으로 가지려고 하지도 않는다.[29)]

그러나 영구불확정금지원칙은 ① 현재 세대가 그 자산을 자신이 적합하다고 믿는 방식으로 사용하는 것을 방해하는 '죽은 자의 지배(dead hand control)'를 제한 하고[30)] ② 재화가 유통 가능하도록 하여 시장수요에 따라 생산적으로 이용될 수 있도록 하며, ③ 부유한 수익자를 파산이나 채권자들로부터 보호하고, 경제발전에 사용될 수 있는 투자자본의 양을 축소시키는 신탁을 규제[31)]하는 등의 목적을 가지고 있는 제도이다.

미국의 경우 영구불확정금지의 원칙을 완전히 폐지한 주도 있지만 수탁자가 신탁재산을 양도할 수 있는 권한이 있는 경우에만 기존의 영구불확정금지원칙을 배제하는 등 본 원칙이 가지고 있는 제도적 취지는 여전히 살리는 경우도 존재한다. 우리 신탁법의 경우 입법과정에서 신탁법의 존속기간을 정하지는 않았으나, 미국에서 문제되고 있는 다이너스티 트러스트와 같이 위탁자의 의사만으로 일정한 신탁재산이 영원히 그에 구속되도록 하는 것은 여전히 부정적인 측면이 존재한다. 따라서 존속기간에 대한 해석을 함에 있어 영구불확정금지 원칙의 취지를 신탁법에 반영하는 것에 대한 검토가 필요할 것으로 보인다. 즉 입법론으로는 신탁의 존속기간 자체를 제한하거나 신탁재산을 위탁자의 의사에도 불구하고 양도할 수 있도록 하는 등의 방식을 고려할 수 있을 것이다.

3. 大陸法系 國家의 世襲家産制度

영미법상 신탁제도가 꾸준히 발전하여 실생활에서 매우 다양하게 활용되는 중요한 제도로 자리 잡은 후, 대륙법계 국가에서도 영미신탁을 수용하는 문제에 관한 논의가 시작되었다.[32)] 그러나 독일의 경우에는 현재까지 신탁이 입법화되지는 않았고, 프랑스의 경우에는 2007년 2월 민법전을 개정하여 총 21개 조문을 두어 '신탁(fiducie)'개념을 도입하였다.[33)] 전통적으로 신탁이 발달해온 영미법계 국가와 달리

29) Keith L. Butler, *Long Live the Dead Hand: A Case for Repeal of the Rule Against Perpetuities in Washington*, 75 Wash. L. Rev. 1237 (2000) pp.1253－1254.

30) Lewis M. Simes, Public Policy and the Dead Hand (1955), University of Michigan Law School, pp.56－57.

31) Jesse Dukeminier & Stanley Johanson, Wills, Trusts and Estates, p. 833 (5th ed. 1995).

32) 李縯甲, "대륙법 국가에 의한 신탁법리의 수용", YGBL 제2권 제2호, 108면.

33) 독일의 경우에도 독일민법 제903조와 같은 완전성과 배타성을 내용으로 하는 절대적 소유권

대륙법계 국가에서 신탁을 도입한 것은 비교적 최근의 일이므로 영미법상 신탁에서의 '영구불확정금지의 원칙'과 법체계적으로 정확히 일치하는 제도를 찾을 수는 없을 것이다.[34)]

그러나 영구불확정금지원칙의 취지는 앞에서 살펴본 바와 같이 죽은 자가 사후에 재산을 지배하는 것은 부당하다는 관념(dead hand control), 재화의 유통가능성을 저해하지 않으려는 목적 때문에 위탁자의 재산이 한 가족 내에 집중되도록 하는 처분을 제한하는 데 있었다. 미국의 다이너스티 트러스트와 같이 한 가족 내지 가문이 재산을 그 후손들에게 계속 남겨주고 외부에 처분하지 못하도록 하는 제도는 중세와 근세의 영국뿐만 아니라 프랑스, 독일 등 유럽 귀족계층에서 보편적으로 발견된다. 영국에서는 이것을 entail이라고 불렀고, 17세기 무렵 신탁을 통해 엄격계승재산설정제도(strict settlement)를 완성시켰고, 독일에서는 로마법상 신탁유증(fideicommissum)의 명칭을 받아들여 세습가산제(Familienfideikommiss)라고 하였고, 프랑스에서는 로마법상의 substitutio에서 유래하는 substitution이라는 명칭으로 불렸다.[35)]

이와 같은 유럽의 세습가산제도는 대체로 프랑스 혁명 이후 폐지되었으나 유언자가 세대에 걸친 재산승계를 가능하게 할 수 있는 방법은 여전히 있다. 이 같은 순차적 재산승계(subsequent succession) 제도로서 독일의 경우 선상속·후상속 제도, 프랑스에서는 순차적 무상양여의 규정이 있다.

물론 이러한 순차적 재산승계를 세습가산제와 마찬가지로 전면적으로 금지할 수도 있겠으나 그것은 각국의 법체계에서 환영받지 못했고, 따라서 이러한 순차적 재산승계를 인정하면서도 유언자가 지나치게 사후 장기간 재산관계를 규율하는 것을 방지하기 위해 일정한 제한을 두게 되었다.[36)] 이하에서는 프랑스와 독일에서의

관념은 로마법의 전통을 이어받은 것으로서 이는 영미신탁의 기본적 특징인 즉 소유권이 둘로 나뉘는 것처럼 보이는 현상을 이해하기 어렵게 만든다. 한편, 프랑스에서는 로마법상 피두치아 제도를 계수하여 이용하였으나 하나의 토지소유권을 물권적으로 분할하는 것을 봉건제도의 유습이라고 보고 1789년 프랑스 대혁명 이후 사용하지 않게 되었다(Henry Hansmann & Ugo Mattei, *The Functions of Trust Law: A Comparative Legal and Economic Analysis*, 73 N. Y. U. L. Rev. 434, p.442). 대륙법계 국가의 소유권 관념은 이처럼 영미법상 신탁의 소유권 관념과 조화되기 어려웠기 때문에 신탁의 도입이 어려웠다. 그러나 최근에는 실질적인 필요에 의해 신탁제도가 대륙법계 국가에서 도입되고 있으며 전통적인 소유권 관념과 신탁의 해석에 관한 연구가 많다(Lionel Smith ed, THE WORLDS OF THE TRUST, CAMBRIDGE UNIVERSITY PRESS, 2013 참고). 본고에서는 논의의 범위를 '신탁의 존속기간'으로 한정하고 이에 대한 자세한 논의는 전개하지 않기로 한다.

34) 프랑스민법 제2018조 제2호 단서에서는 신탁계약은 신탁계약 체결일로부터 99년을 초과하지 못한다고 규정하고 있다.

35) 이철우, 「서양의 세습가산제」, 景仁文化史, 2010, 3면.

36) 독일민법 제2100조, 오스트리아 민법 제608조, 스위스 민법 제488조 등 이상은 김형석, "유언

세습가산제가 폐지된 배경과 현행법에 남아있는 각 제도에서 기간의 제한을 두게 된 취지에 대해 간략히 살펴보기로 한다.

가. 프랑스

(1) 신탁적 이전부담부 처분(substitution fidéicommissaire)의 폐지

신탁적 이전부담부 처분(substitution fidéicommissaire)[37]은 로마법에서 기원하는데 일반적으로 피상속인이 사망하면 상속인이 상속재산에 대하여 완전한 소유권을 취득하는 것과 달리 상속인은 재산(토지)을 분할하지 않고 평생 보존하여 다시 그 자손에게 양도하여야 한다. 이를 통해 주로 귀족계층에서 장자에게 재산을 집중시키기 위한 목적으로 이용할 수 있었고, 재산에 대한 구속이 몇 대에 걸치는 경우가 많아 다음과 같은 문제점이 지적되었다. 즉 ① 장자에게 재산이 집중되어 그 일족의 권력이 강화되어 왕권을 불안하게 하고, ② 장자 이외의 자에게는 재산이 남겨지지 않기 때문에 장자에게 의존하지 않을 수 없게 되고 ③ 이전 부담부 처분이 설정된 재산은 압류가 불가능하게 되는데 공시가 되지 않았기 때문에 채권자가 불측의 손해를 입게 되며 ④ 처분자 한 사람의 의사에 의하여 그 밑의 여러 세대가 구속을 받아 그 재산이 (상)거래의 대상에서 제외되어 버리는 것이었다.[38]

프랑스혁명은 그 때까지 프랑스에 존재하던 소유권에 대한 구속을 폐지하였다. 귀족재산의 집중과 토지분배의 불균등이 본질적으로 substitution제도에 기초하고 있었기 때문에 1792년 11월 14일 법률에 의해 substitution은 즉시 폐지되고 sub-stitution이 설정된 목적물은 법률 시행일 당시 그것을 점유하고 있는 자의 소유물이 되었다. 그리고 1804년 시행된 프랑스 민법전 제896조[39]에서는 substitution을 금지

의 성립과 효력에 관한 몇가지 문제", 제38회 민사판례연구회 하계 심포지엄－친족상속법의 제 문제－, 제38회 민사판례연구회 하계심포지엄, 2015, 101~103면.; Anatol Dutta, "Succession, Subsequent", THE MAX PLANCK ENCYCLOPEDIA OF EUROPEAN PRIVATE LAW VOLUME Ⅱ, OXFORD UNIVERSITY PRESS, 2012, 1632면에 따르면 순차적 재산승계는 대체로 여러 입법례에서 금지되었는데 영구적인 재산이 성립되는 것에 대한 부정적인 평가 때문이었다. 그러한 부정적인 평가는 우선 정치적인 측면에서 사법상 경제적인 힘이 한 군데에 집중되는 것을 바라지 않았고, 또 한편으로는 경제적인 측면에서 후세대가 가장 효율적으로 자산을 사용할 기회를 박탈당하기 때문이다. 그리고 죽은 자의 지배는 전통적으로 자유주의자들의 관점과도 모순되었다.

37) 권철, "프랑스 민법상 신탁적 무상양여(증여·유증)에 관한 소고－2006년 개정규정을 소재로－", 민사법학 제59호, 한국민사법학회, 2012 6, 각주 15에서는 substitution의 번역어로 이전부담부 처분을 사용함.

38) 권철, "프랑스 민법상 신탁적 무상양여(증여·유증)에 관한 소고－2006년 개정규정을 소재로－", 민사법학 제59호, 한국민사법학회, 2012. 6, 410면.

39) 구 프랑스 민법 제896조

하고, 금지원칙에 대한 예외로서 제897조,[40] 1028조, 1049조[41]에서는 子가 선위상속인인 경우 손자를 위한 부모의 신탁수증자 대체를 허용하고, 子가 없어 조카와 질녀의 부모를 선순위자로 지정한 경우에는 그 조카와 질녀를 위한 substitution을 허용하였다. 이 예외규정을 통해 피상속인이 자신의 손자나 조카와 질녀를 그들의 부모가 목적물을 탕진하기 전에 보호함으로써 그들에게 경제적 존립기반을 보장할 수 있도록 하였다.[42]이렇게 허용되는 이전부담부 처분에 대해서는 구체적으로 프랑스 민법 제1048조 내지 제1074조에서 규정하고 있었다.

(2) **순차적 무상양여(libéralité graduelle)제도**

순차적 무상양여는 위에서 언급한 제한적으로 허용되는 신탁적 이전부담부처분(substitution fidéicommissaire)을 개정하는 형식으로 2006년 개정에서 새롭게 규정되었고, 허용되는 영역을 확대하고 있다.[43] 순차적 무상양여(libéralité graduelle)란 재산을 증여받은 제1수익자가 재산을 보존하고, 제1수익자 사망 시에 그 재산을 제2수익자에게 이전하는 2중의 의무를 부과한다.[44] 예컨대 A가 자신의 사망 시에 본인이 소유하는 갑 토지를 B에게 B의 사망 시에는 C에게 순차적으로 유증하려고 하였다고 하자. 여기에서 A는 순차적 무상양여를 이용하여 B에게 갑 토지를 유증하고 B의 사망 시까지 토지를 보존하게 한 다음, B사망 시에는 C에게 인도하도록 의무를 부과할 수 있다. 이렇게 하면 B 사망 시에 C는 갑 토지를 취득할 수 있다.[45] 2006년 개정 전에는 이전의무부담자는 처분자의 자녀 혹은 형제자매에 한정되어 있었고, 이전지정자는 이전의무부담자의 자녀로 한정되어 있었다(구 프랑스민법 제1048조, 제1049조). 그러나 개정 후에는 수익자에 대한 제한은 완전히 철폐되었다.[46]

제1항 이전부담부처분(substitution)은 금지된다.

제2항 수증자, 지정상속인 도는 수유자가 보존하고 제3자에게 이전하는 부담을 과하는 처분은 모두 수증자, 지정상속인 또는 수유자와의 관계에서도 무효이다.

40) 구 프랑스민법 제897조
본편 제6장에서 부모 및 형제자매에게 허용되는 처분은 전조에 대한 예외로 한다.

41) 개정 전 프랑스민법 조문은「프랑스민법전」, 명순구 (역), 법문사, 2004 참조.

42) 이철우,「서양의 세습가산제」, 景仁文化史, 2010, 221~222면.

43) 권철, “프랑스 민법상 신탁적 무상양여(증여·유증)에 관한 소고－2006년 개정규정을 소재로－”, 민사법학 제59호, 한국민사법학회, 2012. 6, 412면.

44) M. GRIMALDI, «Les libésralités graduelles et les libéralités residuelles», JCP N. 2006, p.2419.

45) 권철, “프랑스 민법상 신탁적 무상양여(증여·유증)에 관한 소고－2006년 개정규정을 소재로－”, 민사법학 제59호, 2012. 6, 406면.

46) 다만 무상으로 수령할 수 있는 능력은 필요하다. 예컨대 909조에 의하면 원칙적으로 의사, 약제사 등은 치료한 환자로부터 증여나 유증을 받을 수 없다.

그런데 순차적 무상양여에 있어 보존 및 이전의무를 부담하는 것은 1대에 한정되는 것이어서 제2수익자에게 보존 및 이전의무를 부담시키는 것은 불가능하다(1053조)는 점을 주지할 필요가 있다. 위 규정은 개정 전에도 마찬가지였는데, 프랑스의 경우 귀족재산의 집중과 토지분배의 불균등이 본질적으로 substitution제도를 폐지하면서도 예외적으로 순차적 무상양여를 허용하며, 이러한 처분을 1세대에 한정함으로써 이미 사망한 피상속인의 의사에 의해 상속재산이 시간적으로 영원히 구속되는 것을 제한하고 있는 것이다.[47)]

나. 독 일

(1) 세습가산제(Familienfideikommiss)의 폐지

근세 독일법상 세습가산제(Familienfideikommiss)는 법적으로 동일체로 묶여있는 특별재산으로서 점유자의 여타의 자유로운 일반재산과 독립적으로 존립하였고, 그것이 봉사해야 할 목적이 본질적으로 매우 중요한 의미를 가졌는데, 세습가산이 헌정된 가문의 명망과 영광을 대대로 보전할 목적으로, 가문에 현저하게 우월한 경제적 사회적 지위를 확보해주는 기초가 되었다.[48)]

프랑스의 경우 프랑스 혁명을 통해 substitution제도가 즉시 철폐되었던 반면, 독일의 경우에는 세습가산제가 서서히 사라졌다. 1919년 바이마르 헌법에서 명문으로 폐지가 선언되었고, 1938년 세습가산 등의 소멸에 관한 법률이 제정되어 1939. 1. 1.부터 폐지되었다.[49)]

---

47) Jesse Dukeminier, James E. Krier, *The Rise of the Perpetual Trust,* 50 UCLA L. Rev. 1303, August, 2003, p.1309에 따르면 영구불확정원칙이 생길 당시, 왜 그 기간이 살아있는 사람이 사망한 후 21년이 지난 시점으로 규정이 고정되었는지에 대해 생각해보아야 한다고 Dukeminer 교수는 다음과 같이 지적한다. “최초에 영구불확정금지원칙이 성립할 당시에는 땅을 소유하는 것이 가문에 권력과 지위, 부를 보장하였다. 가족의 수장－즉 아버지들－은 무능한 아들로부터 땅을 지키는 데에 관심이 많았다. 이러한 근심을 법률로 승인하여 영국 판사들이 사례를 통해 개발한 것이 바로 일정한 기간 동안 아버지의 판단이 가산에 미치도록 하는 것이었다. 아버지는 실질적으로 또한 현명하게 살아있는 자기 가족 구성원들의 능력을 평가할 것이므로 그러한 의사를 존중하여 만일 그 의사가 엄숙하게 문서화 되어 있다면 그러한 의사가 효력을 발생하도록 하는 것이다. 하지만 가족의 수장은 아직 태어나지 않은 자손들에 대해서는 알지 못한다. 따라서 아버지는 자식에 대한 평가를 할 당시 살아있는 자손에 대해서만 그러한 판단을 하여야 하며 이에 대해서만 아버지의 결정이 영향력을 갖도록 허용하였다. 이러한 배경에서 영구불확정금지원칙은 150년의 발전 과정을 거치면서 마침내 아버지의 영향력이 미치는 기간은 살아있는 존재가 사망한 후 21년이라는 기간으로 고정된 것이다.” 이러한 영구불확정금지 원칙의 성립 배경은 대륙법계의 세습가산제의 폐지와 예외적으로 허용되는 순차적 재산승계에 대한 시간적 제한에도 동일하게 적용될 수 있을 것이라고 생각된다.

48) 이철우, 「서양의 세습가산제」, 景仁文化史, 2010, 7~8면.

49) 이철우, 「서양의 세습가산제」, 景仁文化史, 2010, 9면.

세습가산제는 폐지되었으나 독일민법상 선상속 후상속제도를 통해 순차적 재산 승계를 할 수 있는데, 독일 선상속 후상속 제도의 연원은 세습가산제와 마찬가지로 로마법상의 피데이코미숨(fideicommissum)에서 찾는다고 한다. 피데이코미숨은 유언에 의한 재산처분의 한 방법으로서 유언자가 재산을 상속인에게 이전하면, 그는 이를 보유하고 있다가 유언자가 정한 시기에 수증자에게 이전하는 것이다.[50]

(2) 선상속 후상속 제도(Vor-und Nacherbschaft)

독일민법 제2100조에 따르면 피상속인이 유언으로 선순위 상속인(Vorerbe)과 후순위 상속인(Nacherbe)을 지정할 수 있다. 후순위 상속인은 상속개시와 동시에 상속인이 되지는 못하고, 상속재산은 일단 선순위 상속인에게 귀속하지만, 그 후 후순위 상속 개시사유(선순위 상속인의 재혼이나 사망 등)가 생기게 되면 상속재산을 이전받는다. 이를 통해 피상속인은 여러 단계에 걸쳐 그의 재산을 오랜 기간 구속시킬 수 있다.[51] 그런데 이 경우에도 원칙적으로 30년이 지나면 확정되지 아니한 유언 부분을 무효로 하고 있으므로(독일민법 제2109조) 유언자가 자신의 사후에 무한대에 걸쳐 선순위 상속인과 후순위 상속인을 정해두는 것은 불가능하다.

선상속 후상속 제도에 따라 피상속인인 유언자가 자신의 재산을 아들에게 물려주면서 아들이 죽으면 손자에게, 그 손자가 죽으면 증손자에게 물려주는 등 영구적인 순차승계 방식으로도 설계가 가능할 것인데, 독일민법 제2133조에 따라 상속재산에 속하는 토지 등을 선상속인이 처분하여도 후상속인이 개시하면 그 처분이 후상속인의 권리를 소멸하게 하거나 침해할 경우 무효가 된다. 따라서 이처럼 영구적인 순차승계를 허용할 경우 상속재산은 처분이 사실상 불가능해지는 등 부작용이 있어 제2109조에서 30년의 기간제한을 두게 된 것이다.[52] 제2109조에 따르면 후상속인의 지정은 30년간 후상속이 일어나지 않으면 상속이 개시된 때로부터 30년의 경과로 무효가 된다.[53]

위와 같은 선상속 후상속 제도에 대한 시간적 제한에 대하여 영구불확정금지원칙(Rule Against Perpetuities)이 적용되는 것이라고 소개한 견해[54]도 있다. 즉 이에 따

50) 李縯甲, "대륙법 국가에 의한 신탁법리의 수용", YGBL 제2권 제2호, 110~111면.

51) 김진우, "유류분반환청구권의 법적 성질에 관한 비교법적 고찰－독일법, 프랑스법 및 스위스법을 중심으로－", *仁荷大學校 法學研究* 第12輯 第1號, 2009. 4, 각주 19.

52) Bernhard Hofmann, Die Rules against perpetuities im deutschen Erbrecht, PETER LANG, 2012, p.16, pp.72－73.

53) 후순위 상속인의 수를 제하는 법제도 있다. 예를 들어 오스트리아의 경우 피상속인이 사망할 당시에 태어나지 않은 순차적 상속인을 지명하는 경우에는 동산의 경우에는 2대, 부동산의 경우에는 1대에 한정된다(§ 612 s1 ABGB).

르면 대륙법 국가와 영미법에 공통되는 몇 안 되는 특징 중에 하나로서 사람들이 너무 오랜 시간동안 그들의 재산을 구속시키는 것을 방지한다는 것이 있는데, 독일법도 이와 같은 '영구불확정금지의 원칙'의 형태로 유언의 자유에 제한을 가하고 있다고 하면서 독일민법 제2100조,[55] 제2109조[56]등 관련 규정을 소개하고 있다.[57]

즉 앞서 살펴본 바와 같이 영미법에서는 신탁의 존속기간에 대한 영구불확정금지원칙(Rule against Perpetuities)이 있었던 것과 마찬가지로, 대륙법계에서는 세습가산제를 폐지하면서 위와 같은 순차적 재산승계를 하는 유언에 대하여 기간의 제한을 두게 된 것이다.[58]

---

54) Anne Röthel, "Law of Succession and Testamentary Freedom in Germany", Law of Succession: Testamentary Freedom, (2011) pp.159–161.

55) BGB § 2100 Nacherbe
Der Erblasser kann einen Erben in der Weise einsetzen, dass dieser erst Erbe wird, nachdem zunächst ein anderer Erbe geworden ist (Nacherbe).
– **번역조문** : §2100 **후상속인**
피상속인은 타인이 일단 상속인이 된 후에 비로소 상속인이 되는 방법으로 상속인을 지정할 수 있다.
(독일민법의 번역 조문은 이진기 편역, 「한국·독일 민법전 상속편」, 박영사, 2019 참조)

56) BGB § 2109 Unwirksamwerden der Nacherbschaft
(1) Die Einsetzung eines Nacherben wird mit dem Ablauf von 30 Jahren nach dem Erbfall unwirksam, wenn nicht vorher der Fall der Nacherbfolge eingetreten ist. Sie bleibt auch nach dieser Zeit wirksam,
  1. wenn die Nacherbfolge für den Fall angeordnet ist, dass in der Person des Vorerben oder des Nacherben ein bestimmtes Ereignis eintritt, und derjenige, in dessen Person das Ereignis eintreten soll, zur Zeit des Erbfalls lebt,
  2. wenn dem Vorerben oder einem Nacherben für den Fall, dass ihm ein Bruder oder eine Schwester geboren wird, der Bruder oder die Schwester als Nacherbe bestimmt ist.
(2) Ist der Vorerbe oder der Nacherbe, in dessen Person das Ereignis eintreten soll, eine juristische Person, so bewendet es bei der dreißigjährigen Frist.
– **번역조문** §2109 **후상속의 무효**
(1) 후상속인의 지정은 그 이전에 후상속이 일어나지 않으면 상속이 개시된 때부터 30년의 경과로 무효가 된다. 후상속인의 지정은 다음 각호의 경우에는 그 기간 후에도 효력이 있다.
  1. 후상속이 선상속인 또는 후상속인 본인에게 특정 사건이 발생하고 그 사건이 그 본인에게 발생하는 사람이 상속이 개시된 때에 생존한 경우에 관하여 지시된 때
  2. 선상속인 또는 후상속인에게 형제자매가 출생하는 경우에 그 형제자매가 후상속인으로 지정된 때
(2) 본인에게 사건이 발생하는 선상속인 또는 후상속인이 법인일 때에는 30년의 기간이 적용된다.

57) Anne Röthel, "Law of Succession and Testamentary Freedom in Germany", Law of Succession: Testamentary Freedom(2011), pp.159–161. 그러나 영미법상 영구불확정금지원칙과 달리 독일연방대법원은 시간적 제한에 대해 보다 유연하게 해석한다고 한다. 또한 재단을 설립할 경우 영구불확정금지원칙의 적용을 받지 않기 때문에 자산을 영원히 구속시킬 수 있고, 따라서 진정한 의미의 영구불확정금지원칙이 독일법에서 존재한다고 말하기는 어렵다고 평가한다.

58) Anatol Dutta, "Succession, Subsequent", THE MAX PLANCK ENCYCLOPEDIA OF EUROPEAN

4. 日本에서의 受益者連續信託의 存續其間에 관한 論議

가. 일본의 신탁법 개정

일본에서는 2006년 12월 15일에 신탁법이 개정되어 2007년 9월 30일부터 개정 신탁법이 시행되고 있다. 개정 신탁법에 따르면 신탁의 존속기간에 대한 일반 규정은 존재하지 않으며, 수익자연속신탁에 대해서는 30년(신탁법 제91조), 목적신탁에 대해서는 20년(신탁법 제259조)의 기간제한을 규정하고 있다. 한편 신탁의 존속기간에 관한 일반규정을 두지 않기 때문에 영원히 존속하는 신탁을 설정할 수 있는가와 관련하여 이는 법의 흠결로서 입법으로 해결해야 할 과제이며, 현행법상으로는 영구구속금지기간을 초과하는 기간에 대해 민법 제90조를 위반한 것으로 무효가 되는 것으로 보자는 견해[59]가 있다.

나. 일본 신탁법 제91조[60](수익자연속신탁)

일본 신탁법 제91조는 이른바 "후계유증형 수익자연속신탁"에 관한 규정으로서 개정 신탁법에서 새로이 마련된 것이며 우리나라의 수익자연속신탁에 해당한다. 후계유증형 수익자연속신탁이란 위탁자 A가 생전에는 자신이 수익자가 되고 A의 사망 후에는 B가, B의 사망 후에는 C를 수익자로 하는 신탁을 말한다.[61] 이러한 유형의 신탁은 생존배우자 및 기타의 친족의 생활보장 필요와 개인기업경영, 농업경영 등의 유능한 후계자의 확보 등을 위하여 공동 균분 상속과는 다른 재산승계를 가능하게 하는 수단으로의 요구가 있었고, 전문가인 수탁자의 장기간의 안정적인 활용이라는 관점에서도 신탁의 기능에 부합하는 것으로 알려져 있어[62] 도입되게 되었다고 한다.[63]

PRIVATE LAW VOLUME Ⅱ, OXFORD UNIVERSITY PRESS, 2012, 1632면.

59) 新井誠(안성포역),「信託法」, 전남대학교출판부, 2011, 102면.

60) [일본 신탁법] 제91조(수익자의 사망에 의해 다른 자 가 새로이 수익권을 취득하는 취지의 정함이 있는 신탁의 특례) 수익자의 사망에 의해 당해 수익자가 갖는 수익권이 소멸하고 다른 자가 새로이 수익권을 취득하는 취지의 정함(수익자의 사망에 의해 순차적으로 다른 자가 수익권을 취득하는 취지의 정함을 포함한다)이 있는 신탁은, 당해 신탁이 설정된 때부터 30년을 경과한 이후에 현존하는 수익자가 당해 정함에 의해 수익권을 취득한 경우 당해 수익자가 사망하기까지 또는 당해 수익권이 소멸하기까지 그 효력을 갖는다.
[우리나라 신탁법] 제60조(수익자연속신탁)신탁행위로 수익자가 사망한 경우 그 수익자가 갖는 수익권이 소멸하고 타인이 새로 수익권을 취득하도록 하는 뜻을 정할 수 있다. 이 경우 수익자의 사망에 의하여 차례로 타인이 수익권을 취득하는 경우를 포함한다.

61) 鈴木正具, 大串淳子 編,「コソメソタール信託法」, ぎょうせい, 2008, 294頁

62) 예를 들어 ① 위탁자인 남편이 그 소유 임대 건물을 수탁자에게 양도하고 임대료를 수익자에게 지급하는 것을 목적으로 하는 신탁을 설정한 후 자신이 생존 중에는 자기가 수익자(제1차

일본에서는 민법상 계속적 유증이 유효한가와 관련하여 수익자연속신탁의 유효성에 대한 논란이 있었으나 민법상 무효라는 견해가 유력하였다.64) 계속적 유증에서 제1차 수유자들이 취득할 권리가 기한부 소유권, 용익권적 소유권이 되어 버리는데 이것은 소유권의 영속성, 물권법정주의에 위반되고 또한 유산분할을 인정하지 않고 세습재산을 창출하는 것을 허용하지 않는 현재의 상속법질서에 위배되기 때문이라고 한다. 그래서 후계유증과 유사한 목적 및 효과를 가지며 대체적인 기능을 담당할 수 있는 수익자연속신탁의 법적 유효성에 대해서도 후계유증과 마찬가지로 효력에 대한 논란이 있었는데, 후계유증과 마찬가지로 무효라고 하지 않을 수 없다는 견해와 후계유증과는 달리 유효라고 할 수 있다는 견해가 대립하고 있었으나 유효설이 통설이었다.65)

다. 수익자연속신탁의 기간제한에 관한 논의

이처럼 신탁법상 후계유증형 수익자연속신탁이 인정되는 것이 통설이었지만, 그 존속기간에 관하여서 너무 장기간동안 처분금지 재산이 창출되는 것을 방지하기 위해 공서양속의 관점에서 제한을 부여하는 것이 일반적이었다. 임차권의 존속기간

수익자)가 되고 자기의 사망으로 인하여 아내가 수익자(제2차 수익자)가 되고 또한 아내의 사망으로 인하여 아이가 수익자(제3차 수익자)가 된다고 정하는 것 또는 중소기업의 경영자가 자기회사의 주식을 신탁한 후 경영권을 실질적으로 위임하고 싶은 사람을 순차적으로 수익자로 지정하고, 수익자에게 신탁재산인 주식의 의결권 행사에 관하여 수탁자에 대한 지시권한을 부여하는 등의 이용 방법을 생각해 볼 수 있다(이상은 寺本昌廣, 「逐條解說 新しい信託法(補正版)」, 商事法務, 2007, 260頁 (주2)).

63) 鈴木正具, 大串淳子 編,, 「コソメソタール信託法」, ぎょうせぃ, 2008, 294頁.

64) 후계유증에 관한 학설에 관해서는 中川善之助/泉久雄, 相續法(第4版), 有斐閣, 2000, 577~578頁 注(17); 大村敦志, "「後継ぎ遺贈」論の可能性", 道垣内弘人/大村敦志/滝沢昌彦 編, 「信託取引と民法法理」, 有斐閣, 2003. 217~230頁; 星田寛, '受益者連續信託の檢討', 道垣内弘人/大村敦志/滝沢昌彦 編, 「信託取引と民法法理」, 有斐閣, 2003, 241~297頁; 稲垣明博, "いわゆる'後継ぎ遺贈'の効力", 判例タイムズ 제622号, 判例タイムズ社, 1988; 米倉明, "後継ぎ遺贈の効力について", 家族法の研究, 新青出版, 1999, 323~364頁; 米倉明, "信託による後繼遺贈の可能性 - 受益者連續の解釋論的根據づけ", ジュリスト(No 1162), 1999, 87~98頁; 후계유증은 일종의 조건부 유증 또는 기한부 유증이기 때문에 민법상 유효성을 인정할 수 있다는 학설도 유력한데, 米昌明, [家族法の研究], 新青出版, 1999, 336頁에서는 제2차 유증까지 인정하고, 稲垣明博, 'いわゆ 後繼ぎ遺贈の效力' 判例タイムズ 662号, 1988, 40頁 이하에서는 특정 유증에 한하여 효력을 인정한다.

65) 구 신탁법 제62조, 제63조에 의해 수익자연속신탁이 가능하다고 보는 견해로는 能見善久, 現代信託法, 有斐閣, 2004, 189頁; 한편 수익자연속신탁의 인정 근거는 신탁법 제62조, 63조는 아니라 구신탁법 제1조 및 제8조 1항이라고 주장하는 견해로는 米倉 明, 信託による 後繼ぎ遺贈の可能性－受益者連續の解釋論的根據づけ, ヅュリ 1162号, 1999, 92면; 新井 誠, 信託法(第4版), 有斐閣, 2014, 91면에서 수익자연속신탁의 근거가 구신탁법 제1조 및 8조 1항에 의한다고 하는 米倉 明교수의 주장에 대해서는 전적으로 공감하면서도 민법상 후계유증의 유효성을 인정하는 전제로 수익자연속신탁의 유효성을 논하는 것에 대해서는 반대한다.

이 20년으로 정해져있는 것에 대응하여 20년으로 하거나[66] 생존하고 신탁설정시에 확정될 수 있는 자에 한하여 연속수익자로 제한하자는 견해가 있었다.[67]

신탁법을 개정한 신탁법부회에서 마지막까지 논의의 대상이 된 것은 이 유형의 신탁의 유효기간을 구체적으로 어떻게 결정하는가 하는 점이었다.

당초에는 ① 일정기간(예를 들어 신탁 설정 후 80년)에 한하여 유효한 것으로 하자는 방식, ② 신탁설정 시에 현존하는 사람(태아를 포함한다, 민법 제965조에서 준용하는 민법 제886조 참조)이 수익자가 되는 경우에 한하여 유효하다고 하는 견해가 있었지만 ①에 대해서는 수익자가 살아있는데도 기간의 경과를 가지고 기계적으로 신탁이 종료해버리게 되면 신탁목적의 달성이 어려우므로 타당하지 않으며, ②에 대해서는 이러한 수익자연속신탁의 유효한 활용을 기대하는 관점에서 볼 때 너무 경직적인 기준이라는 지적이 있는 등 의견의 일치를 볼 수가 없었다.

그로부터 신탁의 설정시로부터 일정기간 내에 현존하는 자라면 수익권을 취득할 수 있다고 하는 것을 전제로 이 일정한 기간을 구체적으로 몇 년으로 정하는 것이 적당한 것인지로 논의의 중심이 옮겨졌다.[68] ③ 20년간으로 하자는 견해{소유권의 취득시효기간(민법 제162조 제1항), 채권 또는 소유권 이외의 재산권의 소멸시효기간(민법 제167조 제2항), 임대차의 존속기간(민법 제604조 제1항) 참조 등}과 ④ 50년 간으

---

66) 新井 誠, 信託法(第4版), 有斐閣, 2014, 93頁.

67) 能見善久, 現代信託法, 有斐閣, 2004, 189頁.

68) 이 논점에 대해 정리된 논의가 처음 이루어 것은 제24차 회의이며, 사무국에서 처음 제안이 나타난 것은 제27회 회의이다. 사무국은 먼저 유효 기간을 한정 연수로 구분하는 것은 반드시 신탁의 목적의 실현에 부합하지 않을 수 있다며, 후계유증형 수익자연속 신탁은 신탁 행위시에 현존하고 있는 사람 (태아 포함)을 수익자로 하는 한에서 유효하다는 해석을 기본으로 하면서 개별 신탁의 내용에 따라 구체적인 판단이 필요하기 때문에 특단의 규정을 마련하지 않는 것으로 하는 취지를 제안했다. 이에 대하여 일반 신탁이라면 현존하지 않는 (태아도 아닌)자를 수익자로 하는 것이 가능해야한다는 의견과 실무상의 유효성을 확보하기 위해서는 어떠한 규정이 있는 것이 바람직하다고 의견이 대립되었다. 이에 대하여 상속 제도와 상속 질서의 유지라는 관점 외에 어떤 세대의 사람의 의사에 의해 재산의 이용 방법이 구속되어 버리는 것이 재산권 질서에 위배된다는 지적도 있었다. 이에 따라 제28차 회의에서는 '신탁 설정시부터 일정 기간 내에 실제로 존재하는 것이 수혜자와의 관계는 그 수혜자가 사망 할 때까지 당해 신탁이 유효하게 존속한다'라는 기간의 제한을 거는 방법이 제안되고 또는 한 "일정 기간"은 "위탁자의 재산처분의 자유의 문제와 재산권 질서 또는 재산의 효용극대화의 균형"이라는 관점과 "위탁자의 눈이 닿는 범위 감식안이 미치는 범위에서 유효하다고 인정되도록 권고" 하는 관점이 있음을 고려하여 20년이라는 수치가 나타났다. 이것에 관해서는 자식이나 손자대까지를 커버하는 데 20년간 충분한지 여부나 또한 위탁자의 사망 후 출생한 자를 수익자로 하는 것까지 인정해야 하는가하는 점에 두 있어 논의가 이루어졌다. 실질적인 논의가 이루어진 마지막 회인 제29차 회의에서는 "일정 기간"으로 20년과 50년 두 방안이 제시되고, 그 사이의 수치도 포함해 어떻게 해야 할지가 논의되었다. 이러한 논의에, 결국 부회장과 사무국에 "일정 기간"의 선택이 일임되어 제 30 차 회의에서 이를 30년으로 한 것이 보고되고 있다. 이상은 後藤　元, "目的信託の存続期間の制限とその根拠の再検討", 2013. 11, 6~7면.

로 하자는 견해{저작자 사후에 저작권의 존속기간(저작권법 제51조 제2항) 등 참조}가 제시되었다.

이 점에 관하여 논의도 다방면에 걸쳐 있으나 크게 나누면, 한편에서는 개인의 재산처분, 재산설계의 자유라는 관점에서 재산을 가진 사람이 자신의 재산승계 및 이용방식을 어느 정도 자유롭게 정할 수 있도록 하는 것이 좋지 않은가라는 입장이 있고, 다른 한편에서는 한 세대의 사람들이 미래의 장기간에 걸친 재산의 승계 및 이용 방식을 자유롭게 정하고, 다음 세대 이후의 사람들은 이에 구속되어 이를 계속하게 되면 시대의 변화에 따라 유효한 재산의 이용(넓은 의미에서 재산권질서)을 저해하거나 다음세대의 사람들의 재산이나 삶에 영향을 미치는 것은 부당한 것이 아니냐는 입장[69]이 있었다.

그 결과 최종적으로는 양자의 생각의 균형을 도모하면서 위탁자가 그 손자세대까지를 배려하는 (즉 수익자로 하는) 것이 가능하며 또한 전체의 유효기간은 100년 정도에 그치는 것이 타당하다는 관점에서 이 일정기간을 신탁 설정시부터 30년간으로 하는 것에 전원의 의견이 일치하였다.[70]

5. 우리법상 信託의 存續其間에 대한 檢討

가. 신탁법상 신탁의 존속기간

우리 신탁법에는 신탁의 존속기간에 관한 규정이 없고 일본에서와 같은 수익자연속신탁이나 공익신탁에 관련된 기간 규정도 없다. 그런데 예를 들어 수익자연속신탁의 경우, 위탁자가 생존한 동안에는 아무리 많은 수익자를 연속시키더라도 문제될 것이 없으나 위탁자가 사망한 후 언제까지 신탁에 따라 수익자를 연속시킬 수 있는지는 문제이다. 이것은 단순히 신탁법 규정의 해석에 대한 문제에 국한되는 것이 아니라, 신탁을 통한 재산승계가 이루어질 경우에는 그러한 신탁은 기존의 상속법 질서의 틀 안에서 법체계적으로 조화롭게 해석되고 운용되어야 할 것이다.

---

69) 후계유증의 수익자연속신탁은 상당히 긴 기간의 신탁이 예상되고 또한 수익자가 존재하지 않는 기간도 예상되기 때문에 물자의 융통(재화의 유통)이 저해되고 국민경제상의 이익에 반할 우려가 있다거나 현 세대의 인간이 그의 사후의 재산의 이용방식을 결정하고 다음 세대의 인간이 거기에 구속되는 것은 재산권의 질서를 해칠 우려가 있다는 지적이 있었다. 이상은, 田中 和明, 「詳解 信託法務」, 清文社, 2010, 459頁. 그런데 이러한 지적은 전통적인 영구불확정금지의 의의로 논의되는 것으로서 일본에서도 신탁법 제91조를 입안한 것은 결국 영미법상의 전통적인 영구불확정금지 원칙을 도입한 것으로 해석된다.

70) 寺本昌廣, 「逐條解說 新しい 信託法(補正版)」, 商事法務, 2007, 262頁 (주8).

기간의 정함이 없는 즉 영구적으로 존속하는 신탁의 유효성에 대하여 기간의 정함이 없는 신탁도 유효하다는 견해[71]와 지나치게 장기간의 신탁에 대해서는 기간의 제한이 필요하다는 견해[72]가 주장되고 있다.

영구적으로 존속하는 신탁을 인정할 경우 지나치게 장기간 수익자 연속이 가능하여 법률관계에 혼란을 초래할 수 있고, 사회 전체적으로 경제적 효용이 저하되며, 장기간에 걸친 신탁재산의 구속은 위탁자에 의해 처분금지 재산을 만들어낼 수 있어 공서양속 위반이 된다[73]고 볼 수 있을 것이다. 또 위탁자가 사망한 후에도 지나치게 장기간 신탁재산에 대해 간섭하는 것은 후속세대의 자유를 과도하게 제한하는 것일 뿐 아니라 사회경제적인 효용이나 법률관계의 안정이라는 측면에서도 문제가 많으므로 바람직하지 않을 수 있어 기간의 제한이 필요하다는 입장이 대부분의 견해이다.

다만 그 기간 제한의 방법과 관련하여서는 우선 신탁법 제5조 제1항에 따라 기간을 제한하자는 견해[74]가 있다. 신탁의 존속기간은 당사자의 의사에 달린 문제이며 신탁의 존속기간을 일괄적으로 정하는 것은 신탁의 다양하고 폭넓은 활용이라고 하는 관점에서 적절하지 않으며, 구체적이고 합리적인 기준을 제시하는 것도 용이하지 않아 신탁의 존속기간을 획일적으로 입법하기는 어려우며, 신탁재산이 지나치게 오랜 기간에 걸쳐 신탁의 구속을 받음으로써 재화의 효율적인 배분을 저해하게 되는 경제적인 측면과 위탁자의 재산처분의 자유와 후속세대의 자유 사이의 균형이라고 하는 관점에서는 공익신탁이 아닌 한 존속기간이 지나치게 장기간인 신탁의 효력을 부정하여야 한다[75]고 본다. 지나치게 장기간 지속이라는 의미의 해석에 대해서는 당해 신탁의 구체적인 사정을 고려하여 개별적으로 판단하여야 한다[76]고 주장한다.

---

71) 법무부에서는 신탁이 회사 제도와 유사한 기능을 갖는다는 점, 우리나라 민법 등에 소유권에 기한을 제한하는 규정이나 법리가 없어서 일반 사법의 법리와 충돌할 가능성이 있다는 점을 들어 존속기간의 제한을 두지 않는 입법을 하였다고 한다. 이상은 법무부, 신탁법 개정안 해설, 2010, 475면.

72) 결국 영구무기한의 신탁설정을 기간을 통해 제한하자는 입장으로 제한적 유효설이라고 볼 수 있을 것인데 기간제한을 두자는 견해로는 임채웅, “유언신탁 및 유언대용신탁의 연구”, 인권과정의 제397호, 대한변호사협회, 2009. 9, 142면; 최동식,「신탁법」, 법문사, 2006, 305면; 최수정, “상속수단으로서의 신탁”, 민사법학 제34호, 한국민사법학회, 2006, 587면; 최은순, “민사신탁에 관한 연구: 유용성과 적용범위를 중심으로”, 고려대학교, 2010, 305면; 최현태, “복지형신탁 도입을 통한 민사신탁의 활성화 — 수익자연속신탁을 중심으로 —”, 재산법연구 제27권 제1호, 한국재산법학회, 2010, 19면; 양재모, “재산승계제도로서 민사신탁제도 활용상의 문제점”, 한양법학 제24권 제2집(통권 제42집), 2013. 5, 441면; 김현진, “수익자연속신탁과 Dead hand rule”, 家族法研究 弟31卷 2號(2017. 7.), 82면.

73) 김현진, “수익자연속신탁과 Dead hand rule”, 家族法研究 弟31卷 2號(2017. 7.) 82면.

74) 최수정, “상속수단으로서의 신탁”, 민사법학 제34호, 한국민사법학회, 2006. 12, 585~587면; 최동식,「신탁법」, 법문사, 2006, 345면.

75) 최수정,「신탁법」, 박영사, 2016, 206면.

76) 최수정,「신탁법」, 박영사, 2016, 206면.

이에 대하여 권리제한의 장기간 설정이 입법목적이나 다른 제도와의 구조적 해석을 통해 부인될 수는 있지만 그 자체가 선량한 풍속위반이라는 논지는 일응 찬성하기 어렵다는 비판[77]이 있다. 즉 법이 금지하는 규정을 두고 있지 아니함에도 이를 선량한 풍속위반이라고 하는 것은 선량한 풍속의 개념을 지나치게 넓게 해석하는 것이라고 본다.

또 구체적인 기간과 관련하여서는 신탁재산의 성질에 따라 신탁재산이 동산 및 부동산인 경우에는 민법 제280조, 제281조의 지상권의 최단존속기간에 관한 규정을 근거로 30년으로 하고, 지적재산권의 경우에는 50년으로 하자고 주장하는 견해[78]가 있고 실제사건에서 문제될 경우 일본법을 참조하여 30년 정도를 기준으로 사안별로 유무효를 따져보자는 견해[79]도 있다. 또 신탁의 기간을 제한할 필요성을 인정하면서 사후의 권리의 존속기간을 제한한다는 사고는 저작권의 존속기간을 상기시키는데, 저작재산권은 저작자의 생존하는 동안과 사망 후 70년간 존속하고(저작권법 제39조) 보호기간이 도과하면 저작재산은 공공자산이 된다는 점을 소개하는 견해[80]가 있다.

나. 신탁의 존속기간에 대한 해석론

(1) 영구적인 신탁[81]의 허용 여부

신탁의 존속기간과 관련된 논의를 살펴보면, 대부분 영구적인 신탁을 부정적인

77) 양재모, "재산승계제도로서 민사신탁제도 활용상의 문제점", 한양법학 제24권 제2집(통권 제42집), 2013. 5, 한양법학회, 440면.

78) 최현태, "복지형 신탁 도입을 통한 민사신탁의 활성화－수익자연속신탁을 중심으로", 재산법연구 제27권 제1호(2010. 6), 19면.

79) 임채웅, "유언신탁 및 유언대용신탁의 연구", 인권과 정의 제397권(2009. 9), 142면.

80) 김현진, "수익자연속신탁과 Dead hand rule", 家族法硏究 第31卷 2號(2017. 7), 91면.

81) 유사한 논의로서 영구무한의 존속기간을 가지는 지상권에 대한 논의가 있다. 영구무한의 존속기간을 갖는 지상권에 대하여 부정하는 견해는 ① 지상권의 존속기간이 영구무한이라면 소유권의 전면적 지배성, 탄력성과 제한물건의 일면적 지배성의 속성에 반하여 근대 민법 이론에 어긋나고 ② 현대의 소유권이 영구의 지료징수권화하는 경향이 있더라도 그것은 영구적인 지상권처럼 소유자가 완전히 주도권을 상실한 상태와 다르며, ③ 지료액의 증감은 자동적으로 되는 것이 아니라 당사자 일방의 청구에 의하여 행해지므로 지료액의 증감이 소유자가 만족할 정도로 되기 어렵고 ④ 지상권제도를 더 이용하도록 하기 위해 해석상 소유자의 편익도 고려하여야 하며, ⑤ 지상권을 유한한 것으로 해석하더라도 지상권자의 갱신청구권과 매수청구권을 인정하고 있어 특별히 지상권자에게 부당하지 않다는 것을 근거로 제시한다(김용한, 고샹룡, 이영준, 곽윤직, 이상태, 권용우). 한편 긍정설은 ① 오늘날 소유권은 기능적으로 전면적 지배권 기능과 지료징수권의 기능으로 분해되는 것이므로 소유자가 지료를 징수할 수 있는 관계가 계속되는 한 소유권의 내용이 허무로 된다고 할 수 없어 영구지상권을 인정한다 해도 민법의 물권법 체계를 붕괴시킨다고 할 수 없고, ② 가령 5백년, 1천년의 기간은 무방하나 영구 기간이 부당하다는 것은 부질없는 공론이며, ③ 민법에 지상권 장기에 대한 제한 규정이 없고 ④ 지료는 사정 변경에 의해 증감을 청구할 수 있어 소유자 보호에 소홀하지 않다(김상용, 이은영, 지원림). 이상은 편집대표 김용덕(김수일 편), 「주석민법」, 제5판, 2019, 한국사법행정학회, 33~35면.

것으로 보고 존속기간에 대한 합리적인 제한이 필요하다고 하고 있지만, 구체적인 입법론을 제시한 견해는 거의 없고, 현행법상 해석론으로 어떻게 신탁의 존속기간에 대하여 제한할 것인지에 대한 구체적인 내용을 제시한 견해가 드물다.[82)]

생각건대 영구적으로 존속하는 신탁의 효력은 부인되어야 하고 이를 입법적으로 해결하는 것이 타당하나 우선 현행법 체계 하에서는 신탁법 제5조와 같은 일반 규정에 의해 그 효력을 제한하자는 견해[83)]와 같이 존속기간을 제한하는 것이 해석상 가능하고 합리적인 해결 방법이라고 생각한다.

신탁법 제5조에서는 '선량한 풍속이나 그 밖의 사회질서에 위반하는 사항'을 목적으로 하는 신탁을 무효로 하고 있다. 그런데 신탁이 영구적으로 존속한다는 사실만으로 그 신탁이 선량한 풍속이나 그 밖의 사회질서에 위반된다고 말하기는 단순히 생각할 때 쉽지 않아 보인다. 우선 위 조항에서 말하는 '선량한 풍속이나 그 밖의 사회질서에 위반하는 사항'의 의미에 대한 검토를 통해 여기에 영구적으로 존속하는 기간의 신탁이 무효의 신탁에 해당하는지 살펴보기로 한다.

선량한 풍속 기타 사회질서는 민법 제103조에서 일반 규정이 존재하므로 민법 제103조에 관련된 논의를 살펴보고 유사한 조항인 신탁법 제5조를 검토하기로 한다.

민법 제103조[84)] 규정은 선량한 풍속과 사회질서라는 고도로 불확정적인 개념을 사용하여 법률행위의 효력을 규율하고 있다.[85)] 선량한 풍속은 로마법상 boni mores (good moral)에서 유래한 것으로 사회의 지배적 윤리관을 뜻하고, 사회질서는 의용민법 제90조의 공적질서에서 유래한 것으로 구 프랑스 민법 제6조와 제1133조(현행 프랑스 민법 1162조)의 ordre public에 닿는데 궁극적으로 국가 법질서를 뜻한다.[86)]

전통적으로 이 조항은 실정법 밖에 있는 윤리 기타 사회규범을 법질서 내에 수용하여 법규범으로 전환하는데 의의가 있다고 이해되어 왔지만 오늘날 더 중요한 것은 법형성적 측면이라고 할 수 있다.[87)] 즉 공서양속 규정이 도덕관념과 같은 전법률적 가치질서를 법률 내지 법질서로 수용하는 기능을 한다고 보는 것은 문제가 있

---

82) 국내 문헌 중 각주 69의 교과서 내용이 신탁의 존속기간의 제한과 관련되어 가장 자세히 소개되어 있는 것으로 보인다.

83) 최수정, 「신탁법」, 박영사, 2016, 206면.

84) 그 밖에도 특허법 제32조, 디자인보호법 제34조, 상표법 제34조, 공연법 제7조, 풍속영업의 규제에 관한 법률 제2조, 국제사법 제10조, 민사소송법 제217조에서 선량한 풍속 기타 사회질서를 언급하고 있다.

85) 尹眞秀·李東珍, 「주석민법 총칙(2) 제5판」, 한국사법행정학회, 2019, 447면.

86) 尹眞秀·李東珍, 「주석민법 총칙(2) 제5판」, 한국사법행정학회, 2019, 456면.

87) 尹眞秀·李東珍, 「주석민법 총칙(2) 제5판」, 한국사법행정학회, 2019, 458~459면.

고, 공서양속의 내용을 이루고 있는 것은 기본적으로 법질서 내지 그 원칙이고, 공서양속 규정의 목적은 법질서의 자기존중 내지 자기모순의 방지이며, 그 기능은 전 법률적 사회규범을 인식하고 수용하는 것이 아니라 법질서 내지 그 원칙을 사법 내지 계약법 영역에서 계속 형성하는 데 실정법적 근거를 제시하는 데 있다고 한다.[88)]

민법 제103조의 '선량한 풍속 기타질서'에 관한 이상의 논의는 신탁법 제5조의 해석에도 적용될 수 있을 것이다.

신탁법 제5조가 일반 규정으로서 갖는 기능과 목적은 '법질서 내지 그 원칙을 신탁법 영역에서 계속 형성하고', '법질서의 자기존중 내지 자기모순의 방지'에 있다고 볼 수 있을 것이다. 그리고 신탁법 제5조에서 형성하여야 할 법질서 내지 원칙으로서 우선 전통적으로 영미법계에서 신탁제도에 존재하였던 '영구불확정금지의 원칙'이 포섭될 수 있을 것이다. 비록 미국에서는 영구불확정금지의 원칙이 폐지 또는 변경되고 있으나, 수탁자가 신탁재산을 처분할 가능성을 주어 재화의 양도가능성을 보장하는 입법례도 있고, 영구불확정금지의 원칙이 갖는 본래적 의의, 즉 dead hand control에 대한 제한과 재화의 양도가능성 보장은 여전히 고려되어야 할 가치라고 주장하는 견해가 많다.

또한 신탁을 통해 재산승계를 할 경우에는 상속의 대체수단으로서 신탁이 작용하는 것인데 이 경우에는 기존 민법의 질서와 상속법의 원칙 또한 신탁법 제5조를 통해 형성되고 보장되어야 할 것이다.

앞서 언급한 대륙법계의 세습가산제를 우선 살펴보자면, 우리 민법은 균분상속(민법 제1009조 제1항)을 원칙으로 하고 있어 특정 子에게 상속재산을 대부분 승계시키고 이를 대대로 보전하게 하는 등의 세습가산제가 성립될 여지가 없다. 그런데 만일 영구적인 기간의 신탁을 인정하는 것은 자칫 민법이 인정하지 않고 있는 세습가산을 신탁법을 통해 허용하게 만드는 결과가 될 수 있으므로 그러한 민법상의 원칙을 신탁법 제5조의 일반규정을 통해 실현할 필요성이 있다.

또한 민법상 소유권은 물건을 직접적, 배타적, 전면적으로 지배할 수 있는 권리로서 만일 수익자 연속신탁을 통해 후세대의 소유권이 지나치게 제한을 받는다면 이는 민법전이 인정하고 있는 소유권의 속성에도 반할 것으로 보인다.[89)]후세대의

---

88) 윤진수, "한국민법상의 공서양속", 민사법학 제85호(2018. 12), 388면; 李東珍, "公序良俗과 契約 當事者 保護", 서울대학교 대학원 박사학위논문, 2011, 207면 이하 참조.

89) 만일 존속기간의 정함이 없는 신탁을 설정하였다고 하자. 피상속인인 위탁자는 자신의 자녀에게 자산을 상속해주는 것이 아니라 그 자산에 대하여 신탁을 설정한 다음 그 수익권을 자녀, 손자녀, 증손자녀…의 방식으로 영원히 수익권만을 귀속시킬 수 있을 것이다. 상속의 경

자손들과 그 신탁재산을 관리하는 수탁자는 물건에 대한 완전한 소유권이 아니라 위탁자가 설계한 내용에 따른 수익권(후대의 자손인 수익자가 가지게 됨) 또는 소유권(수탁자)을 가지게 될 것인데, 그와 같은 제한된 소유권은 물건에 대한 배타적이고 전면적인 지배권이라고 볼 수 없을 것이다.

이처럼 영구무제한으로 존속하는 신탁이라는 것은 그 영구적인 기간이 전통적으로 신탁에서 인정되어 왔던 영구불확정금지의 원칙의 취지나 우리 민법이 인정하고 있는 소유권 관념 등 기존의 민법 질서에 반하는 것이고, 그러한 법질서를 형성하고 민법과 신탁법의 법체계적으로 조화로운 해석과 자기모순을 방지하기 위하여 영구적으로 존속하는 신탁은 일반조항인 신탁법 제5조를 통해 무효가 되어야 할 것이다.

(2) 신탁법 제5조에 위반한 신탁의 효력

만일 영구적인 기간 동안 존속하는 신탁을 신탁법 제5조 제1항에 해당하여 무효라고 볼 경우 그 신탁 전부를 무효로 볼 것인가, 아니면 일정기간까지는 신탁을 유효한 것으로 보고 그 이후의 부분에 대해서만 무효로 볼 것인지 문제된다.

신탁법 제5조에서는 일부무효의 법리에 따라 위탁자가 무효가 되는 부분을 제외하고서라도 당해 신탁을 설정하였을 것이라고 인정되는 때에는 나머지 부분만 유효하지만 그렇지 않은 경우에는 신탁전부가 무효가 된다고 보고 있다. 무효가 다투어지는 경우 장래를 향해 무효로 하는 것이 바람직할 것으로 생각된다. 신탁은 수익자에게 장기간에 걸쳐 계속적인 급부가 주어지는 법률관계를 기본으로 하고 있어 이를 전부무효로 만드는 것은 수익자나 수탁자와 거래한 다수에게 불측의 손해를 끼칠 수 있을 것이기 때문이다. 그리고 이 때 신탁재산의 귀속에 대해서는 신탁법 제101조의 규정을 준용하여 신탁에서 정한 바가 있으면 그에 따르고 그렇지 않으면 수익자에게 또는 위탁자의 상속인 등에 대해서 귀속하도록 하여 그가 신탁에 대한 완전한 소유권을 회복할 수 있도록 하여야 할 것이다.

우에는 상속인은 피상속인의 사망에 의해 상속재산에 대한 소유권을 포괄적으로 승계하게 되고 그 소유권의 행사에는 아무런 제한이 없는 반면, 신탁으로 재산을 승계하는 경우에는 위탁자의 자녀는 상속재산에 대한 소유권을 취득하는 것이 아니라 수익권을 취득하게 되고, 여기에 부가하여 만일 신탁설정 당시 위탁자가 신탁재산의 처분을 금지하도록 신탁을 설계하였다면 후손들은 영원히 수익권만을 취득할 뿐 신탁재산에 대한 소유권을 취득할 수 없을 뿐만 아니라 그 신탁재산은 양도가능성 또한 없어지게 된다. 또한 수탁자 역시 위탁자가 설계한 제한을 받는 소유권을 취득하는 것에 불과하여 결국 완전한 소유권을 행사할 수 있는 사람은 없어지게 된다.

다. 신탁의 존속기간에 대한 입법론

영구적인 기간 동안 존속하는 신탁이 설정된 경우 신탁법 제5조에 따라 '일정기간'의 신탁을 유효하게 보고 나머지는 무효로 볼 경우, 신탁을 소급적으로 무효화하기는 어렵고, 장래를 향해 일정시점까지의 신탁을 유효로 보아야 할 것이다. 그러나 그 일정기간을 판단하기는 까다로우므로 법원에서 판단하도록 맡기는 것보다는 기간에 대한 구체적인 규정을 두는 것이 바람직할 것이다.[90]

기간을 정함에 있어서는 영미법상 영구불확정금지의 원칙이나 대륙법계의 순차적 재산승계제도를 참고할 수 있을 것이다. 본래의 영구불확정금지원칙이나 일본의 입법례[91]에서처럼 신탁을 설정할 당시 생존하던 사람을 기준으로 일정시간이 지나는 규제 방식은 구체적인 타당성을 고려한다는 측면이 있다. 그러나 그 적용여부를 판단하기 어렵다는 단점이 있으므로 기간을 획일적으로 규정하는 것이 간명하다고 생각된다.

신탁의 존속기간을 제한하는 것은 결국 후세대가 재산을 처분할 수 있는 권리를 피상속인인 사망한 자가 언제까지 제한할 수 있는가에 대한 입법적 고려를 전제로 하여야 한다.[92]

이에 대한 입법과 관련하여 소유권을 제한하는 용익물권에 대한 기간이라는 측면에서 민법상 용익권의 기간이나, 사후의 권리의 지속기간이라는 점에서 저작재산권의 존속 기간도 참고할 수 있다고 보는 논의가 일본의 경우 있었다.

우리법의 경우 이를 살펴보자면 우선 전세권의 경우, 민법 제312조에 의하면 전세권의 존속기간에 대하여 설정행위에 의하여 임의로 정할 수 있지만 토지든 건물이든 10년의 기간 제한이 있다. 전세권은 부동산을 용익하는 권리를 그 내용으로 하고 있어 부동산의 용익권능을 장기간에 걸쳐 소유자 이외의 자에게 맡기는 것은 부

---

90) 예를 들어 만일 법원에서 개별 사건에 따라 판단하도록 맡긴다면 무효에 대한 주장은 누가 할 것인가 언제 무효를 주장할 것인가 소급하여 무효로 할 것인지 장래를 향하여 무효로 할 것인지 등 여러 가지 문제가 발생하며 이를 개별 건마다 판단하는 비용보다는 획일적으로 기간을 설정하는 것이 사회적 비용 측면에서 효율적일 것으로 추측된다.

91) 일본의 경우에는 현행 규정에서 30년의 기간 제한이 있는데 입법과정에서 이 기간을 20년 또는 50년으로 하자는 주장이 있었다. 20년을 주장하는 견해는 그 근거로 소유권의 취득시효기간(민법 제162조 제1항), 채권 또는 소유권 이외의 재산권의 소멸시효기간(민법 제167조 제2항), 임대차의 존속기간(민법 제604조 제1항) 등을 들었고, 50년을 주장하는 견해는 저작자 사후에 저작권의 존속기간(저작권법 제51조 제2항)을 들었다.

92) 한편 우리나라에서는 영구지상권과 관련된 논의가 있고 판례(대법원 2001. 5. 29. 선고 99다66410 판결)는 영구지상권의 가능성을 긍정하고 있다.

동산의 효용을 완성시킬 수 없다는 민법의 이념을 나타낸 한 예[93]라고 한다. 그런데 임대차의 기간 최장 20년으로 제한한 민법 제651조 1항을 위헌이라 판단한 헌법재판소 결정[94]이 있었기 때문에 전세권 역시 존속기간을 제한하는 것이 계약자유의 원칙에 반하여 위헌이라는 견해[95]가 있다. 이 견해에 따른다면 전세권의 설정 기간은 당사자의 의사에 따라 현재보다 길어질 수 있을 것이다. 전세권이 10년의 기간제한이 있는 반면 지상권의 경우에는 민법상 최단기간의 규정만 있을 뿐 최장기간의 제한 규정이 없어 조문만 놓고 보면 영구지상권의 성립도 인정될 수 있을 것으로 보인다. 지상권의 경우 지상권자가 투입한 비용이 크기 때문에 장기적인 기간을 유지하는 것이 사회경제적인 편익측면에서 타당하다고 보기 때문에 전세권과는 차이가 있다[96]고 한다. 한편 저작재산권의 경우 저작권자가 사망한 후 70년이 지나면 저작재산은 공공자산이 된다(저작권법 제39조).

생각건대 소유권자와 전세권자, 또는 소유권자와 지상권자 사이의 이해관계를 고려함에 있어서는 당사자가 모두 생존하므로 계약자유의 원칙을 인정하여 기간의 제한을 두지 않더라도 당사자인 소유자와 용익권자가 각 당사자의 이익을 위하여 기간이나 임료·지료 등의 비용을 협의하고, 시장에서의 적정한 가격이나 적정한 용익 기간에서 협의가 이루어질 수 있을 것이다. 또 만일 적정한 지점에서 협의가 되지 않는다면 당사자는 용익계약을 해지할 수 있을 것이다.

한편 지상권의 경우에는 최장기간의 제한이 없어 영구지상권을 인정하는 견해가 있다.[97] 그러나 비록 판례[98]가 영구지상권의 필요성을 인정하고 있으나 판례는 영구지상권과 관련하여 소유권자가 그 소유권을 회복할 수 있다는 것을 전제로 보고 영구지상권을 인정하고 있고 구분지상권의 경우에는 소유권이 전면적으로 배제되지 않는다는 점을 염두에 두고 있다. 따라서 구분지상권과 같이 소유권이 전면적으로 배제되지 않을 경우, 장기간의 존속기간을 설정할 필요가 있다면 특별법[99]으

93) 김용덕·조용현, 「주석민법 (물권편)」 제5판, 한국사법행정학회, 2019. 6, 365~366면.

94) 헌재 2013. 12. 26. 2011헌바234에서는 임대차존속기간을 20년으로 제한한 민법(1958. 2. 22. 법률 제471호로 제정된 것) 제651조 제1항이 계약의 자유를 침해한다고 봄. 이 결정에 따라 2016. 위 조항은 삭제됨.

95) 곽윤직·김재형, 「물권법」, 박영사, 2015, 347면.

96) 김용덕·조용현, 「주석민법 (물권편)」 제5판, 한국사법행정학회, 2019. 6, 365~366면.

97) 각주 81) 참고.

98) 대법원 2001. 5. 29. 선고 99다66410 판결.

99) 도시철도법 제12조 제4항에 의하면 도시철도 건설을 위하여 타인의 토지의 지하부분에 구분지상권을 설정 또는 이전하는 경우에는 도시철도시설이 존속하는 기간 동안 구분지상권을 인정한다.

로 인정하는 것이 바람직할 것이고 이를 일반적으로 허용하는 것은 민법상 소유권 관념에 반하므로 소유권을 회복할 수 있는 가능성이 없는 경우에는 영구적인 지상권을 허용하지 않는 것이 바람직하다고 생각한다.[100]

영구 무제한의 신탁을 설정하는 경우에는 현재의 소유자가 이미 죽은 위탁자(피상속인)의 의사에 따라 현재의 소유권을 제한 받는다. 만일 그 제한이 마음에 들지 않더라도 이미 사망한 위탁자를 만나 그것을 협의할 수 없고, 수탁자와 협의하는 경우, 수탁자는 신탁에 정한 위탁자의 의사를 따라야 하므로 결국은 후세대가 위탁자의 의사에 구속될 수밖에 없는 문제가 생긴다. 그리고 영구지상권의 경우 소유자는 지상권자로부터 완전한 소유권을 회복할 수 있는 가능성이 있으나 신탁에 있어서는 위탁자가 신탁재산에 대하여 영구적으로 양도할 수 없는 조건을 붙여 설계하였다면 수익자가 수탁자로부터 위탁자의 의사에 반하여 신탁재산을 반환받기가 어려우므로 소유권의 회복 가능성이 차단되고 이러한 측면에서 더욱 기간의 제한이 필요할 것이다.

결국 신탁의 존속기간 제한은 죽은 위탁자가 사후에 얼마나 후세대의 재산처분의 자유를 제한할 수 있는가의 정책적인 문제로 판단할 수밖에 없을 것이다. 그런 관점에서 대륙법계 국가에서 순차적 재산승계가 일반적으로 손자녀 대에까지만 그 효력이 미치는 것을 참고할 수 있다고 생각한다. 또 영구불확정금지의 원칙의 경우에도 앞서 살펴본 바와 같이 손자녀 대에까지의 효력을 염두하고 생겨난 제도라는 것을 볼 때 결국 신탁의 존속기간도 그러한 범위에서 결정되는 것이 타당할 것으로 보인다.

물론 획일적으로 정하기는 어려우나 위탁자(A)가 30대에 결혼해서 자녀(B)를 낳는다고 하면, 그 자녀(B)가 결혼해서 자녀(C)를 낳을 경우 C가 사망할 무렵까지 신탁이 존속되도록 하고, 신탁기간이 종료하면 귀속 권리자가 있는 경우에는 그 귀속 권리자에게, 없는 경우에는 A의 상속인에게 귀속시키도록 하는 방식을 생각해 볼 수 있을 것이다. A가 신탁을 35세 정도에 설정한다면 C가 사망할 때 까지 (B가 C를 낳을 때까지 기간 30년+C의 생존기간 80년[101])100년에서 120년 정도의 기간을 정

100) 한편 저작권의 경우에는 저작재산권을 소유한 자가 사망한 이후에 그것이 세대를 거듭하면서 얼마나 지속하느냐 그리고 공공자산으로 되는가에 대한 문제로서 신탁과 같이 일정 재산(특히 토지 건물과 같은 부동산)에 대하여 전세대가 후세대의 재산처분의 자유를 어느 정도 구속할 수 있는가의 문제와는 차원이 다르다고 생각하여 참고할 필요는 없을 것이라고 생각한다.

101) 물론 30세에 자녀를 낳는 경우가 현재 드물고 C의 기대 수명이 80세인 것도 정확하지 않으므로 임의로 정한 것에 불과하다.

하는 것이 편리할 것으로 보인다.

그리고 신탁을 설정한 이후 일정기간(100년 내지 120년)이 경과하면 신탁재산은 상속받아야 할 자[102)]에게 귀속되어 그가 완전한 소유권을 취득하도록 한다면 dead hand control의 폐해를 방지할 수 있고 재화의 유통가능성도 열어둘 수 있을 것이라고 본다. 그 장래의 상속인이 만일 동일한 조건으로 다시 신탁을 설정한다면 그것은 그의 고유한 처분이 되기 때문에 세습가산제와 같은 폐해가 생기지 않을 것이다. 또한 신탁이 종료되고, 신탁재산을 그 장래의 상속인에게 다시 귀속시켰으나 그 장래의 상속인이 다시 동일한 조건으로 신탁을 설정하고자 한다면 불필요한 절차를 반복하지 않을 수 있도록 최초로 설정한 신탁의 신탁기간의 종료 6개월 전에 신탁을 종료하고 신탁재산을 상속받을지, 신탁을 지속하고 수익권을 받을 것인지 그 장래의 상속인에게 선택할 수 있도록 한다면 편리할 것으로 보인다.

6. 結 語

개정 신탁법을 통해 재산승계 수단으로서 신탁제도를 활용할 수 있는 길이 열렸다. 그런데 신탁법에는 신탁의 존속기간에 대한 규정이 없어 이에 대한 해석이 문제된다. 우선 신탁법이 발생하고 발달한 영미법에서 신탁의 존속기간과 관련하여서는 전통적으로 '영구불확정금지원칙(Rule Against Perpetuities)'이 있었다. 이를 통해 피상속인이 신탁을 통해 자신이 사망한 후에도 영원히 또는 지나치게 장기간 동안 신탁재산의 소유권을 제한하여 후세대에 간섭하는 것을 금지한다.[103)]

그런데 최근 미국에서는 영구불확정금지의 원칙이 소수의 주에서는 실정법 또는 판결로 인정되고 있으나, 대다수의 주에서는 개정되고 있는 추세에 있다. 일명 Dynasty Trust라고 하는 영구적인 신탁을 인정하면서 영구불확정금지의 원칙을 명시적으로 폐지한 주도 있으며, 종래의 규제방식 즉 '신탁 설정 당시 살아있던 자가 사망한 후 21년이 경과한 시점'으로 기한을 제한하는 것을 포기하고, 절대적인 규제방식 즉 '90년'이 지날 때까지 권리의 귀속이 확정되지 않는 이익은 무효로 한다는 식으로 규제의 방식을 택한 주도 있다.[104)] 또한 만일 수탁자가 신탁재산에 대한 처분권을 갖는 경우에는 영구불확정금지의 원칙의 적용대상이 아니라는 식으로 그 원

102) 신탁에서 신탁의 종료 시점에 신탁재산이 귀속될 자를 지정하였다면 그에 따르고, 그렇지 않다면 상속의 일반원칙에 따르면 될 것이다.

103) 김상훈, 「미국상속법」, 세창출판사, 2012, 4~5면.

104) Dukeminier and James E. Krier, "*The Rise of the Perpetual Trust*", 50 UCLA L. Rev.

칙을 변용하기도 한다. 영구불확정금지의 원칙은 한정된 자원인 대지가 중요한 자산이었을 때 귀족사회의 가산을 유지하기 위해 고안된 원칙으로서 현대사회에는 부합하지 않는 측면이 있다. 하지만 영구불확정금지 원칙의 의의 즉 재화의 양도가능성, 죽은 자의 지배(dead hand control)를 제한하고 세대 간 평등을 도모해야 한다는 취지는 여전히 현대사회에도 필요하다고 보인다. 이러한 취지는 미국에서 영구불확정금지원칙이 개정되면서 몰각된 것이 아니라 수탁자의 신탁에 대한 종료권, 수탁자의 신탁자산 처분권 등의 장치를 통해 반영되었다고 생각한다.

또한 독일의 선상속 후상속 제도, 프랑스의 순차적 무상양여와 같이 대륙법계의 순차적 재산승계 제도에 있어서도 영구불확정금지의 원칙과 동일한 취지에서 기간 또는 세대의 제한이 있었으며 일본 신탁법에서도 수익자연속신탁이 설정된 때부터 30년을 경과한 시점에 현존하는 수익자가 사망할 때까지만 신탁이 존속하는 것으로 제한하고 있다.

이처럼 신탁의 존속기간을 제한하는 것은 영미법에서 발달한 신탁제도의 역사를 살펴보거나 우리 민법의 근간이 된 대륙법계에서 순차적 재산승계에 대하여 시간적 제약을 두었던 취지를 살펴보아도 반드시 필요하다고 보인다. 현행 신탁법에는 기간의 규정이 없어 현행법의 해석론으로는 신탁법 제5조를 통하여 일정한 기간이 경과한 이후의 신탁은 무효로 보는 것이 타당할 것으로 보인다. 그러나 사안별로 신탁의 무효를 판단하는 것은 법원의 부담을 증가시키고 법률행위를 하는 당사자들 간에도 예측가능성이 보장되지 않으므로 입법론으는 기간의 제한을 명시하는 것이 바람직하다고 생각한다. 구체적으로는 기존의 영구불확정금지의 원칙이나 일본 신탁법 제91조와 같이 신탁을 설정하고자 하는 일반인이 이해하기 어렵거나 적용하기에 까다로운 조항보다는 간명하게 획일적인 기간을 정해 두고 그 기간이 경과하면 신탁이 종료되게 함으로써 신탁재산이 다시 일반적인 소유권의 객체가 되어 유통될 수 있게 하고, 신탁을 설정할 당시의 위탁자의 의사가 아닌 현재 그 신탁재산을 소유한 자의 의사에 따라 신탁재산이 처분될 수 있도록 하는 것이 바람직하다고 생각한다.

시제사법 서설

이 동 진*

I. 서 론

법령은 계속하여 제정되고 개폐(改廢)된다. 하나의 법률관계가 특정 법령의 효력발생 전후에 걸쳐 형성되거나 전개되는 경우 구법(舊法)과 신법(新法) 중 어느 법령이 그 법률관계를 규율하는지 문제된다. 이러한 문제를 규율하는 규범을 널리 시제법(時際法; intertemporal law; intertemporales Recht) 또는 시간적 저촉법(conflits les lois dans le temps)이라고 한다.

시제법은 규율대상이 되는 실질법의 구분에 따라 시제사법, 시제형법, 시제행정법 등으로 나뉜다. 그중 사법(私法)에 관한 시제법은 다른 시제법에 비하여 규율대상 자체가 복잡함에도 불구하고[1] 거의 논의되지 못하였다. 사법, 특히 일반사법인 민법이 어느 나라에서나 그 제정 이후 꽤 오랜 기간 높은 수준의 안정성을 누려 법령의 개폐가 드물었기 때문이라고 보인다. 그러나 최근 상황이 바뀌었다. 독일이 통일되고, 여러 나라에서 대규모의 민법개정이 있었다. 우리나라도 근래 가족법은 개정이 활발하였고, 재산법에서도 지난 20년 동안 적어도 두 차례 근본적 개정이 시도되었다. 그 결과 시제사법에 대한 관심과 수요도 늘어나고 있다.

그럼에도 불구하고 우리나라에서는 시제사법에 관한 일반적인 서술을 찾아보기 어렵다.[2] 이 글에서는 이러한 공백을 조금이나마 메우고자 한다. 사법이 개폐될 때

---

* 서울대학교 법학전문대학원 교수.

1) 같은 맥락에서 Pieroth, Rückwirkung und Übergangsrecht. Verfassungsrechtliche Maßstäbe für intertemporale Gesetzgebung, 1981, S. 188 ff.는, 다른 법영역과 달리, 사법에 관한 경과규정의 일반적인 구조를 규명하는 것을 포기한다. 시제형법에 관하여는 이미 형법 제1조가 명문의 규정을 두고 있고, 학설과 판례도 상당한 정도 축적되어 있다. 시제행정법에 관하여는 우선, 김정중, "법령의 개정과 처분의 적용법령", 신영철 대법관 퇴임기념 논문집: 고요한 정의의 울림, 2015, 1140면 이하.

2) 거의 유일한 예외로, 김용담 편집대표 주석민법[총칙(1)] 제4판, 2010, 74면 이하(윤진수 집필부분). 이 저술은 민법 제1조를 주석하면서 전통적인 법원(法源)론 이외에 시제사법과 법해석

그 시간적 적용범위를 정하는 규정의 해석방법과 그 허용한계를 규명하는 논의의 틀을 정립하고, 그에 따라 현행법의 경과규정을 분류하고 간략히 분석하여 구체적인 소재를 제공함으로써 이후의 논의에 기여하고자 하는 것이다.

Ⅱ. 시제사법 총론

1. 시간적 적용범위의 해석규칙

(1) 이론적 기초

(가) 폐지된 법령의 적용 가능성

넓은 의미의 시제사법은 사법이 개폐될 때 그 시간적 적용범위를 밝히는 규칙과 그와 같이 밝혀진 규칙의 정당성을 판단하는 기준을 포괄한다.[3] 앞의 규칙부터 본다.

법령은 시간적·역사적 존재이다. 법령은 시행일부터 폐지일까지만 효력을 갖는다. 「시행」은 법령의 효력이 발생하는 것, 즉 발효를 말한다.[4] 우리 입법실무에서는 공포일보다 시행일을 앞으로 두는 소급적 시행의 예를 볼 수 없으므로, 공포일 또는 그 이후의 특정일 법령이 시행된다. 「폐지」는 시행의 효력을 소멸시키는 것을 말한다. 신법의 시행은 대개 구법의 폐지를 수반한다. 그러므로 법규범의 관점에서 보면, 신법이 시행되기 전까지는 신법은 존재하지 아니하고 구법만이 존재하며, 신법이 시행된 이후에는 신법만 존재하고 구법은 더는 존재하지 아니한다. 그렇다면 어떻게 현재의 법관이 이미 존재하지 아니하는 법을 적용할 수 있는가.

구체적 소송과 관련하여서만 법률관계를 인식하였던 원시적인 법의식 하에서는 법령이 법관에 대한 명령, 즉 재판규범으로만 파악되기 쉽다. 이때 법령이 특정기간 중 효력이 있다는 말은 그 기간 중 계속(繫屬)된 재판에 적용된다는 뜻일 수밖에 없다. 그것이 시제절차법의 기본적인 접근이기도 하다. 2008. 12. 26. 개정 민사소송법 부칙 제2조, 2014. 12. 30. 개정 민사소송법 부칙 제2조, 2016. 3. 29. 개정 민사소송법 부칙 제2조는 "이 법은 이 법 시행 당시 법원에 계속 중인 사건에 대하여도 적용

방법론을 다룬 것으로, 위 두 측면 모두에서 우리의 소재를 활용한 일반적·체계적 서술로는 최초의 것이다.

3) Vonklich, Das Intertemporale Privatrecht. Übergangsfragen bei Gesetzes– und Rechtsprechungsänderungen im Privatrecht, 1999, S. 5는 앞의 것을 "해명적(deutende)" 규칙(Regeln), 뒤의 것을 "금지적(verbietende)" 규칙이라고 한다.

4) 법령 등 공포에 관한 법률 제13조는 '시행일'이라는 표제 하에, "대통령령, 총리령 및 부령은 특별한 규정이 없으면 공포한 날부터 20일이 경과함으로써 효력을 발생한다"고 규정한다.

한다"고 규정하여 법관에게 현행법을 적용할 것을 명한다.[5] 역사적 · 비교법적으로는 기판력 발생 후 사안에 적용될 법령이 바뀌어도 재심사유가 되지 아니하는 것이 확고한 원칙인데, 이 또한 법관은 재판 당시 적용하여야 할 법령을 적용하면 된다는 관념에서 비롯한다.[6]

그러나 절차법과 실체법을 구분하는 오늘날의 관점에서는 그렇지 아니하다. 실체사법입법의 시간적 한계는 그것이 그 효력이 미치는 동안 법원에 계속(繫屬) 중인 사건에 대하여만 재판규범으로 원용된다는 뜻일 수 없다. 오히려 그것은 그 기간 중 실체법상 법률관계를 형성한다는 뜻이다.[7] 법률관계는 그 발생 · 소멸의 요건을 정하는 법규범과 이를 충족하는 요건사실이[8] 결합하여 형성된다. 양자는 원칙적으로 동시에 존재하여야 한다. 즉, 요건사실이 발생할 당시 효력이 있던 실체사법규정이 그 법률관계의 내용을 형성하고, 이처럼 일단 형성된 법률관계가 재판 시까지 독자적으로 존속하여 재판에 의한 확정의 대상이 된다. 법관이 재판 당시 이미 효력을 잃은 구법을 적용할 수 있는 까닭이 여기에 있다.

(나) 법률불소급과 기득권이론

이미 형성된 법률관계가 근거법령이 폐지되더라도 존속할 수 있다 하여 신법에 의하여 이미 형성된 법률관계가 변경되거나 부인될 수 없는 것은 아니다.[9] 그러므로 신법 제정 후 그 법률관계가, 명문의 정함이 없을 때, 여전히 구법에 따른다고 해석되어야 하는가 아니면 신법에 따른다고 해석되어야 하는가 하는 문제가 제기된다.

이른바 법률불소급의 원칙은 법 일반에 관하여 신법의 소급효를 차단하는 근거로 원용되어왔다. 이는 이미 로마법에서부터 인정되어온 법 원칙으로,[10] 기본적으로

---

5) 2010. 7. 23. 개정 민사소송법 부칙 제2조는 "제117조의 개정규정은 이 법 시행 후 최초로 소송제기되는 경우부터 적용한다"고 규정하고, 2015. 12. 1. 개정 민사소송법 부칙 제2조는 "이 법은 이 법 시행 후 최초로 소장이 접수된 사건부터 적용한다"고 규정한다. 이는 소송의 동적 성격을 고려하여 한 사건을 규율하는 규칙이 사건 진행 중간에 바뀌는 것을 막는 취지이다. 그 대가는 동시에 법원에 계속된 사건들이 서로 다른 규칙으로 규율되는 것이다. Vonklich(주 3), S. 123 ff. 참조.

6) Habscheid, Urteilswirkungen und Gesetzesänderungen, ZZP 1965, 401 ff.; Vonklich(주 3), S. 15 ff.

7) 이처럼 '법률관계(Rechtsverhältnis)'를 시제법의 출발점으로 고양한 것은 사비니(von Savigny)이다. 그는 국제사법과 시제사법을 법령의 효력범위가 아닌 법률관계를 중심으로 고찰하였고, 그것이 그의 중요한 혁신 중 하나였다. 우선, Avenarius, Savignys Lehre vom intertemporalen Privatrecht, 1993, S. 37 f.; Heß, Intertemporales Privatrecht, 1998, S. 23 ff.

8) 이러한 사실을 사비니는 juristische Tatsache라고 하였다.

9) 이미 형성된 법률관계도 현재의 법령에 의하여 그 존속이 지지되어야 존속할 수 있다고 주장하는 것으로, Lassalle, Das System der erworbenen Rechte, 2. Aufl., Band I, 1880, S. 164 f.

10) C. 1,14,7: "법률과 칙령이 장래의 관계(negotia)를 규율하는 것은 분명하다. 그러나 과거의

법이 명령·금지를 포함하고 있는 한 그 효력발생 전에 이루어진 행위를 그 뒤 제정된 법을 위반하였다는 이유로 제재할 수는 없다는 관념에 터 잡고 있다.[11] 그러나 사법 규정 중 다수는 명령·금지가 아닌 사람과 사람 사이의 관계의 법적 형성, 허용과 권한부여를 다룬다. 법 제정 전에는 그 위반을 관념할 수도 없고 비난할 수도 없다는 관점은 사법에는 그다지 적합하지 아니하다.

이러한 점에서 특히 사법입법의 소급효를 차단하는 또 다른 근거로 원용되어온 것이 기득권(iura quaesita)이론이다. 본래 이 이론에서 말하는 기득권은 특별한 공익적 필요가 없는 한 군주가 박탈할 수 없는 봉건적 특권을 뜻하였다.[12] 그런데 이러한 범위의 기득권을 보호하는 것은 곧 근대 사회경제개혁을 막는 방어논리이기도 하였다. 이에 학설은 보호되는 기득권의 범위를 좁혀, 신분 등에 근거하여 당연히 취득하는 특권 등은 기득권에서 배제하고 일반적인 법률에 따라 일정한 요건을 갖추어 취득한 권리, 가령 구체적 소유권, 채권, 상속권 등을 기득권으로 봄으로써 대응하였다.[13] 이렇게 이해된 기득권이론은 결국 이미 취득한 (사법상) 권리를 사후입법으로 침해할 수 없다는 뜻이 되었다.[14] 구법에 의하여 형성된 권리는 구법 폐지에도 불구하고 독자적으로 존속할 뿐 아니라 신법에 의하여 침해되어서도 안 된다는 것이다.

오늘날 기득권은 더는 개혁입법의 정당성을 심사하는 기준으로 간주되지 아니한다. 라살레(Lassalle)는 기득권의 범위를 더욱 좁혀 개인의 의사행동으로 취득한 권리만이 그 뒤의 입법으로부터 보호받는다고 하였고,[15] 사비니(Von Savigny)는 개인의 의사행동으로 취득한 권리도 공익적 필요가 있으면 신법으로 소멸시키거나 변경할 수 있다고 보았다. 그러나 제·개정 법령이 스스로 그 시간적 적용범위를 분명히 하지 아니한 채 단순히 시행되거나, 시행일만을 밝힌 채 시행된 경우에는 여전히 위 두 논리, 즉 법률불소급과 기득권이론을 그 해석원칙으로 쓸 수 있다. 입법자가 명시하지 아니한 이상 이미 구법 하에서 취득한 권리는 신법에 의하여 부인되지 아니함이 원칙이라는 것이다. 사법은 거칠게 말하여 사적 자치적 생활관계의 형성을 뒷받침하는 법률인데, 행위 시의 법에 따라 형성된 사법상 법률관계가 그 이후의 개정

사실에 대하여는, 과거에 발생하여 아직 계속 중인 관계(negotia pendentia)에 관하여 달리 정하지 아니하는 한, 적용되지 아니한다는 것도 분명하다."

11) Avenarius(주 7), S. 19.
12) Avenarius(주 7), S. 22 f.
13) Heß(주 7), S. 70 f.
14) Heß(주 7), S. 72.
15) Lassalle(주 9), S. 44.

법령에 의하여 부인된다면 사적 자치적 생활관계 형성이 위협받을 것이기 때문이다.[16] 같은 취지에서 프랑스민법(code civil) 제2조는, "법률은 장래에 대하여만 적용된다; 그것은 소급효를 갖지 아니한다"고 규정하여 법률불소급의 원칙을 선언하고 있고, 오스트리아일반민법(ABGB) 제5조도 또한 "법률은 소급하여 효력을 미치지 아니한다. 그것은 따라서 그 전에 한 행위와 취득한 권리에 영향이 없다"고 함으로써 법률불소급의 원칙과 기득권침해금지를 선언하고 있다. 제정 민법 부칙 제2조 단서 및 상법시행법 제2조 제1항 단서가 '구법에 의하여 생긴 효력에 영향을 미치지 아니한다'고 한 것도 같은 취지일 것이다.[17]

㈐ **제도의 내용변경**

그런데 위 논리를 일관하여 구법에 따라 취득한 권리가 신법 하에서도 그대로 유지된다고 하면 신법이 폐지한 법제도가 신법 시행 후에도 계속 존속하는 문제가 생긴다. 이는 근대사법전 제정으로 봉건적 제도를 폐지하면서 첨예하게 제기된 문제였다. 그리고 예상할 수 있는 바와 같이 현실적 필요를 고려하여 법률불소급의 원칙에 대한 예외가 다수 형성되었다. 사비니는 이처럼 광범위하고 일관된 예외는 예외라고 할 수 없다면서, 시제사법의 적용대상을 둘로 나누었다. 즉, '권리의 취득(Erwerb der Rechte)'에 관한 규칙과 '권리의 현존(Dasein der Rechte)'에 관한 규칙을 구분하여,[18] 앞의 범주에서는 권리자의 신뢰보호와 일단 성립한 법률관계의 유지·존속을 위하여[19] 신법의 효력이 소급하지 아니하나, 뒤의 범주에서는 개혁입법이 무의미해지지 아니하도록, 그리고 개혁입법이 대부분 강행규정이라는 점을 고려하여 신법의 효력이 소급하여야 한다는 것이다.[20]

사법 규정은 개개인의 권리·의무와 그들 사이의 법률관계만 만드는 것이 아니라 전체로서 하나의 객관적 질서·제도도 형성한다. 그중에는 비교적 추상적·관념적으로 형성되는 계약, 불법행위책임 등도 있지만, 물권·회사·가족·집행 등 법이 일정한 수(數)와 형태의 제도를 형성하는 경우도 적지 아니하다. 이처럼 제도형성으

---

16) Vonklich(주 3), S. 106 ff.는 이를 '신뢰보호: 시간적 저촉법에서 사적 자치의 보장과 자유보장의 극대화'로 요약한다. 또한 윤진수(주 2), 76~77면도 참조.

17) 윤진수(주 2), 77면은 여기에서 '구법에 의하여 생긴 효력'을 '진정소급효에서 말하는 이미 과거에 완성된 사실 또는 법률관계'라고 설명한다. 이러한 규정방식이 사법(私法)입법에서만 보인다는 점도 참조.

18) 요약으로, Avenarius(주 7), S. 45 ff. 기본적으로 같은 접근으로, Roubier, Le droit transitoire. Conflits des lois dans le temps, 2e éd., 1959, n° 39 et suiv.

19) Von Savigny, System des heutigen Römischen Rechts, Band Ⅷ, 1849, S. 390 f.

20) Von Savigny(주 19), S. 516 f.

로서의 측면이 강한 경우 신법이 구법에 있었던 제도의 내용을 변경하였다면 신법하에서 더는 과거와 같은 내용으로 그 제도를 인정하지는 아니하겠다는 취지라고 봄이 옳다. 신법 시행 후에는 구법에 따라 성립한 권리의 내용이 신법에 따라 변경되어야 하는 것이다. 침해의 대상이 되는 권리(right)와 그에 대한 구제(remedy)를 구분할 수 있는 경우 구제에 관한 규정에 대하여도 같이 볼 것이다.[21)]

다만 이러한 변경은 구법에 따른 효력이 신법이 정하는 제도 구상에 반하는 경우에 한한다. 계약이나 불법행위책임처럼 그때그때 구체적 사정과 당사자의 형성에 맡겨져 있는 법률관계는 신법이 달리 규정한다 하여 신법에 의할 이유가 없다. 기존의 제도를 신법이 폐지하면서 구법상 권리의 소멸을 명시하지 아니하였을 때에도 구법상 권리는 존속한다. 신법에 따른 법동화(法同化; Rechtsangleichung)는 하나의 고려요소이지 절대적인 요청은 아닌 것이다.

⑵ 구체적 개념 · 체계의 형성

㈎ 국제사법과 시제사법의 유사성과 상이성

시제사법은 한 나라, 한 법질서의 시간적으로 선후하는 복수의 법령의 적용범위를 정하는 규칙이다. 이때 신법 입법자는 신법은 물론 구법의 효력범위도 정할 권한을 갖는다. 신 · 구법의 시간적 효력범위도 일차적으로는 신법 입법자의 입법의도의 해석 · 보충의 문제인 것이다. 신법의 효력이 불소급하고 구법에 따른 기득권이 존중되는 이유도, 신법에서 구법상의 제도를 변형한 경우 구법에 따른 법률관계가 신법에 따라 변경되는 이유도, 달리 명시하지 아니하는 한 그것이 합리적 입법자의 의사로 추정되기 때문이다. 즉, 이는 법령의 해석규칙인 것이다. 이 점에서 시제사법은 서로 다른 나라의 법이 문제되는, 그리하여 어느 나라도 다른 나라 법의 적용범위를 정할 권한을 갖지 아니하는 국제사법과[22)] 구분되고, 덜 문제적이다.

시제사법이 원칙적으로 한 나라, 한 법질서 내의 문제라는 점은 다른 측면에서도 국제사법과 차이를 낳는다. 어느 한 나라의 국제사법이 채택한 체계개념은 그 나라의 실질법상의 체계개념과 다를 수 있고, 적어도 특정 외국법의 체계개념을 염두에 두고 마련되지는 아니한다. 반면 특정 사법입법에서 구법과 신법의 적용범위를 정하기 위하여 둔 경과규정이 그 나라의 실질법상 체계개념을 사용하지 아니하는 일은 생각하기 어렵고, 구법을 언급하는 경우 구법의 체계개념을 사용하였다고 봄이

21) Roubier(주 18), n° 81은 권리의 행사방법에 관하여는 신법이 적용될 수 있다고 한다.
22) 그러한 권한을, 국제법적 관점에서, 입법관할로 한정할 수는 있겠다.

상식적이다.[23] 또 국제사법에서 외국법은 원칙적으로 그 나라의 이해에 따라 해석되어야 하나, 시제사법에서는 현재의 관점에서 해석하는 것이 허용되고, 구법의 해석에 관한 판례변경도 별 문제를 낳지 아니한다.[24] 한 나라의 법은 신법이든 이미 폐지된 구법이든 그 나라의 최고법원이 권한을 갖고 해석할 수 있는 것이기 때문이다.

그러나 다른 한편 시제사법과 국제사법은 복수의 법령 사이의 적용을 정하는 규칙이라는 점에서 동형(同形)적 문제 상황을 다룬다. 복수의 법률관계가 중첩하고 결합하여 더 큰 법률관계를 형성하는 것을 널리 허용하는 사법에서는 그렇지 아니한 형사법이나 행정법에 비하여 복수의 법령 중 어느 것을 적용하여야 하는가 하는 문제도 훨씬 더 큰 복잡성을 띤다. 이를 법률불소급이나 기득권이론과 같은 단순한 개념으로 분석한다면 많은 문제가 개별적 형량에 맡겨질 것이다.[25] 개별적인 경과규정을 두는 경우에도, 실질사법의 복잡성에 비하면 개별적 경과규정은 상대적으로 더 추상적인 형태를 띠게 마련이므로, 그 구체적인 적용은 상당 부분 해석에 맡겨질 수밖에 없다. 복수의 법령이 적용되는 방식을 분석·구성하는 좀 더 섬세한 개념과 체계가 필요한 까닭이다.

이러한 관점에서 외국에서는 국제사법이 발전시킨 개념과 체계를 시제사법에 상당부분 활용할 수 있다는 지적이 이루어지고 있다.[26] 국제사법이 발전시킨 개념과 체계는 상당부분 복수의 법령의 장소적 적용범위 결정이라는 특수성보다는 복수의 법령의 적용범위의 확정이라는 공통성에 지향되어 있으므로, 복수의 법령의 시간적 적용범위 확정, 즉 시제사법에 원용할 수 있다는 것이다. 이미 사비니가 그의 「현대로마법체계 제8권」의 전반부를 국제사법에, 후반부를 시제사법에 할당하면서 취한 입장이기도 하다.[27]

(나) 연결점 · 지정 · 체계개념 · 성질결정

시제사법은 시간적으로 선후하는 복수의 법령의 적용범위를 정한다. 그 이론적 기초가 되는 단위는 법률관계이고, 이는 법령과 요건사실로 나뉜다. 특정 시점의 법령을 특정 요건사실에 적용하려면 양자 공통의 시간적 요소가 필요하다. 이를 (시간적) 연결점(Anknüpfungspunkt), 연결점을 통하여 적용될 특정 시점의 법령을 정하는

23) Heß(주 7), S. 336; Vonlikich(주 3), S. 140 ff.
24) 이와 달리 Heß(주 7), S. 384 ff.는 시제사법에서 구법도 그 당시의 개념과 체계에 따라 해석되어야 한다면서 관련 독일판례를 소개한다. 그러나 이들 판례는 구 동독법의 적용이 문제된 것으로, 준국제사법적 측면이 있었음에 유의하여야 한다.
25) 소급효의 개념 자체가 불분명하다는 점에 대하여는 Pieroth(주 1), S. 97 ff. 참조.
26) Heß(주 7), S. 23−29, 325 ff.; Vonlikich(주 3), S. 133 ff.
27) Von Savigny(주 19), Vorrede, S. VI f. 또한 Avenarius(주 7), S. 35 ff.

것을 (시간적) 지정(Verweisung)이라고 할 수 있다. 이들은 모든 시제사법 문제에 논리적으로 존재하는 개념요소와 체계이다.

그러나 구체적 경과규정의 해석과 관계된 개념·체계도 있다. 법령을 제·개정하면서 신법에 장래효만을 부여하여 시행하는 경우도 있지만 구체적인 경과규정을 두는 경우도 적지 아니하다. 이때 경과규정은 대개 '이러이러한 문제에 대하여는 저러저러한 시점의 법을 적용한다'는 형태를 취한다. 상속에 관하여는 상속개시 시의 법령을 적용한다는 식이다. 연결의 대상이 되는 '상속'과 같은 문제를 체계개념(Systembegriff)이라고 한다. 이는 '상속개시 시'와 같은 구체적인 연결점을 적용할 연결대상(Anknüpfungsgegenstand)을 확정하기 위한 개념으로, 실질법이 채택한 개념을 차용하는 것이 보통이나, 반드시 그래야 하는 것은 아니다. 해석문제가 생기는 이유이다. 한편 국제사법에 비하면 흔하지 아니하지만, 어떤 한 법률문제가 특정 체계개념, 가령 '상속'에 해당하는지 여부가 논란이 되는 경우가 있을 수 있다. 이때 그 법률문제를 특정 체계개념에 귀속시키는 것을 성질결정(Qualifikation)이라고 한다.[28]

경과규정은 대부분 실질법을 지정하는 취지로 해석된다. 제·개정이 한 차례만 이루어졌을 때에는 구법 지정은 실질법 지정일 수밖에 없다. 그러나 수차례 이루어졌음에도 최후의 개정 직전의 법령만을 지시한 경우에는 저촉법 지정으로 해석함이 합리적일 수 있다. 경과규정이 제·개정 전후에 걸친 법률관계에 대하여 독자적·실체법적 규율을 마련하는 경우도 있다.[29] 다른 한편 지정은 일방적으로 신법의 적용범위만을 정할 수도 있고, 구법과 신법의 적용범위 모두를 정할 수도 있다. 앞의 것을 편면적 지정, 뒤의 것을 양(다)면적 지정이라고 한다. 국제사법에서 복수의 실질법이 각자 독자적으로 적용범위를 정하여 편면적 지정을 하면 준거법의 중첩이 일어날 수 있는 것과 달리, 시제사법에서는 신법우선의 원칙이 적용되므로 신·구법 사이에서는 편면적 지정도 해석상 양면적 지정을 포함하게 마련이어서, 양자 사이의 선택은 대체로 입법기술의 문제에 그친다.[30] 반면 복수의 구법이 문제되는 경우 신법의 적용범위만 정하면 구법의 적용범위에 대하여 구법의 시제사법을 지정하는 결과가 된다.

마지막으로 총괄지정(Gesamtverweisung)과 개별지정을 나누어볼 수 있다. 앞의 것은 하나의 법률관계에 대하여 통일적으로 구법 또는 신법을 지정하는 것을, 뒤의

28) Heß(주 7), S. 334 ff.; Vonlikich(주 3), S. 140 ff.
29) 이를 독일에서는 "selbstgerechten Sachnormen"이라고 한다. Heß(주 7), S. 332.
30) Heß(주 7), S. 333 f.

것은 그 일부에 대하여는 구법을, 일부에 대하여는 신법을 지정하는 것을 가리킨다. 그 구분은 무엇이 하나의 법률관계인가에 의존하므로 유동적이지만, 명백히 하나의 법률관계인데 요건 중 일부는 신법 시행 전, 일부는 신법 시행 후에 충족된 경우는 그렇지 아니하다. 이 경우 어떻게 처리할 것인가는 바로 뒤에 보는 준거법변경의 문제이기도 하다.[31]

이상과 같은 지정의 구분은 어느 것이나 개별 경과규정의 해석 문제로 귀착된다. 그러나 위 구분은 경과규정의 보편적 구조를 개념화·체계화한 것으로, 개별 경과규정의 해석과 입법을 명확히 하는 데 도움이 된다.

㈐ 선결문제 · 준거법변경 · 대체 · 적응

시제사법에서 선결문제(Vorfrage)는 독립적으로 연결함이 원칙이다. 직접적인 쟁점인 법률관계, 가령 채권양도의 유효성이 신법에 의하여 판단된다 하여 신법 시행 전에 이루어진 양도대상 채권의 발생이 신법에 의하여 판단될 수는 없다. 이른바 기득권이 문제되므로, 당연히 선결문제도 독립적으로 연결하여야 한다.[32] 직접적인 쟁점이 된 법률관계에 종속하여 비독립적으로 연결하려면 명문규정을 두어야 한다. 물론 신법 입법자는 구법의 적용대상에 대하여도 처분권한을 가지므로 이러한 입법을 하는 데 특별한 문제는 없다.

다만, 신법 시행 전 권리 발생요건이 일부 충족되었으나 나머지 요건은 신법 시행 후 충족된 경우(negotia pendentia)에는 복잡한 문제가 생긴다. 이때 당해 권리는 구법에 따라 발생하지 아니하였으므로 구법에 따른 기득권이라고 할 수는 없다. 반면 그 구성요건 중 일부는 신법 시행 전에 발생하였으므로 여기에 신법을 적용하는 것이 당연하다고 할 수도 없다. 이는 국제사법에서 동산양도의 요건이 외국의 준거법에 의하여 다 갖추어지기 전 당해 동산이 국내에 반입됨으로써 준거법변경(Statutenwechsel)이 일어났을 때의 문제에 대응하는 시제사법적 쟁점이다. 고려할 수 있는 방법은 크게 두 가지이다. 하나는 신법상의 요건 중 구법에 따라 충족된 요건은 구법에 따라 충족되었다고 보고, 나머지 요건은 신법에 따라 판단하는 것이다. 예컨대 구법에 따른 요건이 (a) + (b) + (c)이고, 신법에 따른 요건이 (A) + (B) + (C) + (D)인데, 신법 시행 전 (a)와 (b)의 요건을 갖추었다면, (a) + (b) + (C) + (D)가 각각 구법과 신법에 따라 충족되었을 때 신법에 따른 효과를 부여하는 식이다. 이는 요건 중 일부는 구법에, 일부는 신법에 분열적으로 연결시키거나, (a) + (b)가 (A) + (B)에 상

31) Heß(주 7), S. 351 ff.는 총괄지정이 시제사법에서도 원칙이라고 한다.
32) Heß(주 7), S. 444 ff.

응한다는 평가, 즉 대체(Substition)를 통하거나, (a) + (b)의 충족 여부를 선결문제(Vorfrage)로 취급함으로써 가능하다.[33] 다른 하나는 전체 요건을 신법에 따라 판단하는 것이다. 그 결과 신법의 적용범위가 신법 시행 전으로 부분적으로 확장된다.

신법이 이 문제를 정면에서 다루는 경우는 드문 편이다. 그러한 경우 신법을 소급적용하여 전체를 신법에 따라 판단하는 것이 원칙이다. 구법과 신법의 요건을 조합하면 하나의 사태에 대하여 일관되고 합리적인 평가를 하지 못할 수 있기 때문이다. 그러나 신법 시행 전 구법에 따라 일부 충족된 요건과 관련하여 당사자의 신뢰가 특히 보호할 가치가 있는 경우에는 요건을 나누어 구법과 신법을 결합적용하거나 전체에 대하여 구법을 적용할 필요가 있다.[34]

마지막으로, 치환(Transposition) · 적응(Anpassung)을 본다. 국제사법에서 치환 · 적응은 한 법질서에서 인정된 권리 · 법률관계가 다른 법질서에서 그 모습 그대로 승인될 수 없을 때 그 법질서에서 승인된 권리 · 법률관계로서 본래의 권리 · 법률관계와 가장 가까운 것으로 변형시키는 것을 말한다. 단일 법질서 내의 시간적으로 선후하는 법령이 문제되는 시제사법에서는 구법이 인정한 권리 · 법률관계 중 신법이 그대로 인정하지 아니할 권리 · 법률관계에 대하여 명문규정을 둘 수도 있고, 동일 체계개념을 사용하면서 그 내용을 변경함으로써 어떻게 적응시킬지를 묵시적으로 밝힐 수 있다. 그리하여 명문의 경과규정이나 신 · 구실질사법의 해석을 통하여 치환 · 적응이 자연스럽게 해결되는 것이 보통이다. 그러나 신법의 입법자가 미처 의식하지 못한 오래 전의 법률관계와 관련하여서는 그렇지 아니할 수 있다.[35]

이상의 문제는, 선결문제를 제외하면, 법률의 장래효나 법률불소급, 기득권이론 등으로 해명할 수 없고, 이를 직접 규율하는 개별적 경과규정도 없을 수 있다는 점에서 공통적이다. 개별적 경과규정이 드문 이유는 전형적이지만 입법자가 예상하지 못하곤 하는 예외적인 상황이기 때문이다. 이들 법리가 경과규정의 흠결보충(Lückenfüllung)에 위치하는 이유이다.

㈑ 시제적 공서(公序), 하자의 치유, 당사자자치

신법의 입법자는 신법의 강행규정을 그 시행 전에 성립한 법률관계에 소급적용할 수 있다. 그러나 앞서 법은 장래효만을 갖고 소급하지 아니하는 것이 원칙이므로 소급적용을 위해서는 원칙적으로 그 점을 명시하여야 한다.

---

33) Heß(주 7), S. 444 ff.

34) Vonklich(주 3), S. 143 ff.

35) Heß(주 7), S. 448 ff.; Vonklich(주 3), S. 149 f.

그런데 포괄적인 제·개정이 이루어지는 경우 신법 입법자가 소급적용이 필요한 모든 경우를 일일이 특정하여 경과규정을 마련하지 못할 수 있다. 그리하여 포괄적으로 장래효만을 명하였거나 어느 정도 추상성을 가진 개별 경과규정을 통하여 특정 법률관계를 구법에 따르도록 하였는데, 그 적용결과가 현행 법질서의 본질적인 부분과 충돌하는 경우 구법의 적용을 배제할 필요가 있다. 이를 시제적 공서(intertemporale ordre public)라고 할 수 있다. 그로 인한 흠결은 제1차적으로는 구법에 따라, 보충적으로는 신법에 따라 충전된다.[36] 이는 경과규정의, 전체 법질서를 고려한, 법률초월적 법형성의 예에 해당한다.

반대로 구법의 적용대상인 법률관계가 구법에 따를 때 무효이지만 신법상으로는 무효사유가 존재하지 아니하는 경우에는 하자의 치유(Validation) 문제가 제기된다. 당사자의 의사를 존중하여 치유를 인정하는 경우도 있지만, 법적 불확실성을 피하기 위하여 치유를 부정하고 필요하다면 다시 같은 행위를 하게 하는 경우도 있다.[37] 이 또한 신법의 입법자가 이 상황을 예상하지 못하여 개별 경과규정을 두지 아니한 데서 비롯한 것으로, 흠결보충의 일종이다.

같은 관점에서 당사자가 장래의 법을 준거법으로 지정할 수 있는가 하는 점도 따져볼 필요가 있다. 당사자가 현행법에 따라 무효인 법률관계를 장래의 법에 따라 유효하게 형성할 수 없음은 물론이다. 그러나 당사자의 현재의 성립행위에 의하여 장래 법률관계가 형성되는 경우 그 법률관계를 처음부터 발효시의 법에 따르게 하는 것을 금지할 이유는 없다. 가령 현행법상 허용되지 아니하나 시행을 앞두고 있거나 개정이 예고된 신법에 따르면 허용되는 법률관계에 대하여, 가령 신법 시행 이후 발효시키는 조건으로, 현재 성립행위를 할 수는 있을 것이다.[38] 이를 시제사법상 당사자자치(Parteiautonomie)라고 할 수 있다.

2. 시간적 적용범위에 관한 입법기준

(1) 시제사법적 이익

신·구법의 대체, 즉 법령의 제·개정은 그 수범자에게 여러 영향을 준다. 한편으로는 신뢰보호가, 다른 한편으로는 동시대 복수의 수범자 사이의 평등이 문제된다. 입법자는 경과규정 등을 통하여 신·구법의 시간적 적용관계를 적절히 규율할

36) Heß(주 7), S. 402 ff.; Vonklich(주 3), S. 157 f.
37) Heß(주 7), S. 368 ff.; Vonklich(주 3), S. 150 ff.
38) Heß(주 7), S. 376−382, 495 f.; Vonklich(주 3), S. 152 ff. 그러나 판례상 인정된 것은 아니다.

의무가 있다.[39] 다른 한편, 앞서 본 바와 같이 사법은 그 수범자가 복수의 법률관계를 조합하여 복잡한 법률관계를 형성하는 것을 허용하므로, 그 과정에서 생기는 여러 상황을 다 예상하여 완전한 경과규정을 마련하기 어렵다. 입법자가 적절한 경과규정을 둔다 하더라도 그것은 여전히 추상적이어서 해석·보충이 필요한 경우가 많다.

시제사법, 즉 사법입법의 시간적 적용범위를 정하는 법규범이 전형적으로 고려하여야 하는 이익을 탐구하는 것은 이러한 입법과 해석·보충과정을 지도하는 이념을 찾기 위함이다. 언제 장래효를 명하고 언제 소급효를 명할지, 법률관계의 성질결정은 어떻게 이루어져야 하고 개별적 경과규정이 지정하는 법령은 어떻게 해석되어야 하며, 언제 총괄지정을, 언제 개별지정을 하여야 할지, 언제 하자가 치유되는지를 판단함에 있어 형량할 요소를 찾는 것이다.

가장 먼저 꼽을 만한 것은 행위시법원칙(lex temporis actus) 내지 행위자의 신뢰보호이다. 규범은 명령·금지를 내용으로 하는 경우는 물론, 허용과 권한부여를 내용으로 하는 경우에도 행위자의 행위에 영향을 준다. 행위자는 행위 시의 규범에 따른 효력을 염두에 두고 행위하고 법률관계를 형성하였을 수 있다. 그의 규범의 현존 및 장래의 존속에 대한 신뢰는 원칙적으로 보호되어야 한다. 행위 시의 규범이 제1의 기준이 되어야 하는 이유이다.[40] 그러나 이 요소가 절대적인 것은 아니다. 규범이 당해 행위에 대하여 그의 의사에 따른 효과를 부여하는 경우와 그의 의사와 무관하게 효과를 부여하는 경우, 행위자가 규범을 의식하고 행위한 경우와 아예 규범의 존재와 내용을 알지 못한 경우, 행위의 효력이 일회적인 경우와 계속적인 경우 당사자의 신뢰의 보호가치가 달리 판단될 수 있다.[41]

이와 대립하는 이익으로는 법동화(法同化)의 요청을 들 수 있다. 하나의 법질서 내에 별개의 부분법질서가 병존하는 것은 바람직하지 아니하다. 신법이 시행되었음에도 불구하고 구법에 따른 법률관계가 그대로 존속한다면, 특히 그러한 법률관계가 장기간 존속한다면 법 분열이 일어나게 된다. 그러므로 중요한 법제도일수록, 장기간 존속할 법제도일수록, 신법질서에 적응시켜 구법질서를 조기에 종식시킬 필요가 있다.[42]

좀 더 미시적인 것으로는 내적 판단일치(innere Entscheidungseinklang)가 있다.

39) Pieroth(주 1), S. 73 ff.
40) Heß(주 7), S. 366 f.
41) Vonklich(주 3), S. 109 ff.
42) Heß(주 7), S. 367 f.; Vonklich(주 3), S. 118 f.

하나의 법률관계를 복수의 법령에 연결하는 것은 일관성 없고 어느 입법자도 고려하지 아니한 결론을 만들어내고 법률관계를 복잡하게 할 우려가 있다. 가급적 피하여야 할 것이다. 아울러 준거법의 변경 내지 분열로 인하여 법을 위반한 사람에게 이익이 돌아가거나 어느 누구에게 우연한 이득이 생기는 일도 피하여야 한다.[43]

실질사법적 이익도 고려된다.[44] 구법에 따를 때 무효인 행위의 무효의 하자를 신법에 따라 치유한다면 그 작용국면은 시제법이나 그 근거는 실질법적인 계약우호(favor negotii)·유언우호(favor testamenti)일 것이다. 재산법의 경우 제3자 보호 및 거래안전을 위하여 외관상 드러나지 아니하는 권리관계일수록 신법을 관철할 필요가 크다.[45] 사법 전체를 지배하는 자기결정과 자기책임의 원칙은 시제사법에서도 고려되어야 한다. 가령 법 개정으로 인하여 책임 없이 권리를 상실하는 결과는, 경과규정의 입법을 통하여서든 해석을 통하여서든, 피하여야 한다. 이는 시제사법이 여전히 사법에 속함을 드러내는 지점이다.

⑵ 헌법적 기준

㈎ 소급입법의 한계

경과규정의 부적절한 형성 또는 적절한 경과규정형성의 부작위는 경우에 따라 그 자체 위헌이 된다. 이러한 관점에서 가장 중요한 것은 소급입법금지의 원칙이다. 헌법은 형사처벌 및 참정권의 제한과 재산권 박탈에 관하여 소급입법을 금지하고(헌법 제13조 제1항, 제2항), 헌법재판소는 이로부터 보다 일반적인 소급입법금지의 원칙을 도출한다.

헌법재판소는 소급입법을 "이미 과거에 완성된 사실 또는 법률관계를 규율의 대상으로 하는 이른바 진정소급효의 입법과 이미 과거에 시작하였으나 아직 완성되지 아니하고 진행과정에 있는 사실 또는 법률관계를 규율의 대상으로 하는 이른바 부진정소급효의 입법"으로 나누고, 앞의 것은 "입법권자의 입법형성권보다도 당사자가 구법질서에 기대했던 신뢰보호의 견지에서 그리고 법적안정성을 도모하기 위해 특단의 사정이 없는 한 구법에 의하여 이미 얻은 자격 또는 권리를 새 입법을 하는 마당에 그대로 존중할 의무가 있"으나, 뒤의 것은 "구법질서에 대하여 기대했던 당사자의 신뢰보호보다는 광범위한 입법권자의 입법형성권을 경시해서는 안 될 일이므로 특단의 사정이 없는 한 새 입법을 하면서 구법관계 내지 구법상의 기대이익

43) Vonklich(주 3), S. 129–131.
44) 이 점에 대하여는 Heß(주 7), S. 26 f. 참조.
45) Heß(주 7), S. 368–376.

을 존중하여야 할 의무가 발생하지는 않”는다고 한다.[46] 그리하여 집합건물의 분양자에게 소유자에 대하여 민법상 도급법에 따라 담보책임을 지운 집합건물의 소유 및 관리에 관한 법률 제9조를 공동주택에 대하여 더 완화된 내용의 권리만을 부여한 주택법 제46조로 대체하고 이를 ‘이 법 시행 전에 사용승인을 얻은 공동주택’에 대하여도 소급적용한 개정 주택법 부칙 제3항은 위헌이라고 한다.[47]

그러나 양자 모두에 예외가 있다. 즉, “기존의 법을 변경하여야 할 공익적 필요는 심히 중대한 반면에 그 법적 지위에 대한 개인의 신뢰를 보호하여야 할 필요가 상대적으로 적어 개인의 신뢰이익을 관철하는 것이 객관적으로 정당화될 수 없는 경우에는” 진정소급입법도 예외적으로 허용될 수 있”는바, “국민이 소급입법을 예상할 수 있었거나, 법적 상태가 불확실하고 혼란스러웠거나 하여 보호할 만한 신뢰의 이익이 적은 경우와 소급입법에 의한 당사자의 손실이 없거나 아주 경미한 경우, 그리고 신뢰보호의 요청에 우선하는 심히 중대한 공익상의 사유가 소급입법을 정당화하는 경우”가 그에 해당한다.[48] 반면 부진정소급입법도 법치국가의 원칙에서 유래하는 신뢰보호의 원칙은 존중하여야 하는바, 이때에는 일반원칙에 따라 “신뢰보호의 필요성과 개정법률로 달성하려는 공익을 비교형량”하여야 한다.[49] 한편, 시혜적 소급입법에는 이러한 제한이 없으나,[50] 두 사람 이상의 사인(私人)이 관여하는 사법에서 시혜적 소급입법은 생각하기 어려울 것이다.

이러한, 독일연방헌법재판소의 판례에서 유래한 판단도식은 진정소급입법과 부진정소급입법의 구별이 여러 법영역에 걸쳐 통일적으로 이루어지지 아니하고 있고, 결과적으로 어느 유형에서든 일정 범위에서 소급입법이 금지되고 또 허용된다는 점에 차이가 없으며, 헌법상 근거가 없다는 등의 비판을 받고 있다.[51] 그러나 헌법 제13조 제1항은 재산권의 소급적 박탈을 금지하고 있다. 그리고 이때 ‘재산권’은 “사적 유용성 및 그에 대한 원칙적 처분권을 내포하는 재산가치 있는 구체적 권리”로[52] 넓게 해석된다. 이미 그 요건을 충족한 기득권은 보다 엄격한 요건 하에 보호되고, 그

---

46) 헌법재판소 1989. 3. 17. 선고 88헌마1 결정(사법서사법 시행규칙에 관한 헌법소원).
47) 헌법재판소 2008. 7. 31. 선고 2005헌가16 결정(주택법 제46조 제1항 등 위헌제청).
48) 헌법재판소 1996. 2. 16. 선고 96헌가2, 96헌바7, 13 결정(5·18민주화운동 등에 관한 특별법 제2조 위헌제청 등) 중 재판관 김진우, 재판관 이재화, 재판관 조승형, 재판관 정경식의 합헌의견 참조.
49) 헌법재판소 1995. 10. 26. 선고 94헌바12 결정(조세감면규제법 부칙 제13조 등 위헌소원).
50) 헌법재판소 1998. 11. 26. 선고 97헌바65 결정(공직선거 및 선거부정방지법 부칙 제3조 위헌소원).
51) Pieroth(주 1), S. 79 ff.
52) 헌법재판소 2000. 7. 20. 선고 99헌마452 결정(폐기물관리법 부칙 제5조 제2항 위헌확인).

에 못 미친 사실상의 기대는 다소간 완화된 요건 하에, 신뢰보호의 관점에서, 보호된다는 설명이 크게 잘못되었다고 할 수는 없을 것이다.[53)]

그 이외에 개혁입법의 목적 달성과 일반적 법동화 요청, 내적 판단일치, 제3자 보호와 거래안전 등 시제사법적 및 실질사법적 이익이 과잉금지의 원칙(헌법 제37조 제2항)의 틀 내에서 소급입법을 허용하는 '특단의 사정' 또는 '공익적 필요'와 구체적인 경과규정의 적절한 형성 여부 판단에 동원된다.[54)] 이들은 과잉금지의 원칙에서 말하는 정당한 목적, 필요성, 적합성 및 비례성을 구성한다. 그 결과는 헌법적 술어(述語)로 다시 쓰였다는 점을 제외하면 앞서 본 것과 다르지 아니하다. 다만, 헌법재판소에 의한 규범통제는 그 강도에 한계가 있다. 경과규정이 최적인지 여부가 아닌 자의적이지 아니하고 주장 가능한지 여부를 지향한다.[55)] 이는 실체헌법적 한계와 구별되는, 권력분립과 헌법재판소의 지위에서 오는 기능법적 한계이다.

㈏ 위헌결정의 소급효

한편, 법 상태가 혼란스러워 신뢰가 형성되지 못한 경우, 공익적 필요가 특히 큰 경우 및 어떤 실질사법규정이 위헌인 경우에는 예외적으로 진정소급입법이 허용된다. 앞의 두 경우에 해당하는 상황으로는 법 분열 및 혼란 상태에서 법전화(法典化; codification)를 하는 경우와 시제적 공서가 문제되는 경우를 들 수 있다. 그러나 오늘날 더 흔하고 문제적인 것은 마지막 예외이다. 구법이 위헌인 이상 구법은 무효화되고, 그 공백보충을 위하여 신법이 필요하다면 신법의 소급적용 또한 헌법적 필요이다. 이때 소급입법금지 내지 신뢰보호는 단순한 법률적 공익과 형량되는 것이 아니라 헌법적 요청과 형량되는 것이다.

물론 헌법재판소법 제47조 제2항은 "위헌으로 결정된 법률 또는 법률의 조항은 그 결정이 있는 날부터 효력을 상실한다"고 규정함으로써 장래효만을 부여하고 있고, 제75조 제6항은 이를 위헌심판형 헌법소원에 준용한다. 이 규정을 그대로 적용하면 위헌법률심판과 헌법소원을 청구한 사람에 대하여도 위헌결정이 미치지 아니하게 된다. 이러한 결론은 구체적 규범통제와 기본적으로 권리구제를 위한 제도인 헌법소원의 취지에 반한다. 그리하여 헌법재판소는 당해사건에 대하여는, 명문규정에도 불구하고, 소급효를 인정한다. 그런데 당해사건에서만 소급효를 인정하는 것은

53) 윤진수(주 2), 76면. 이 구분이 소급입법의 정당성의 논증책임과 관련하여 의미가 있다는 것으로, 최봉경, "부칙(附則)의 연구 ― 그 체계적 시론 ―", 서울대 법학 제53권 제2호(2012), 270면 이하.

54) Heß(주 7), S. 303 ff.

55) Heß(주 7), S. 301–303.

평등의 원칙(헌법 제11조)에 반하므로,[56] 헌법재판소는 위헌결정 전에 같은 규정의 위헌 여부에 관하여 위헌제청을 하였거나 법원에 위헌제청신청을 한 사건, 따로 위헌제청신청을 아니하였지만 당해 법률 또는 조항이 재판의 전제가 되어 법원에 계속 중인 사건(병행사건)까지 그 소급효를 확장하고 있다.[57] 그리고 대법원은 위헌결정 당시 계속 중인 사건과 그 이후 계속된 사건을 차별할 근거도 없다고 보아 위헌결정이 있은 이후 제소된 일반사건에도 그 소급효를 확장한다.[58] 위헌결정은 사실상 효력이 전면적으로 소급한다. 이미 기판력 있는 판결이 있거나 제소기간이 도과하여 행정처분에 공정력(公定力)이 발생하는 등의 사유로 다툴 수 없게 된 사건에 영향을 미치지 못할 뿐이다. 단순위헌결정만으로 위헌성이 제거될 수 없어 헌법불합치결정을 하였을 때 그 개선입법의 소급효도 이에 준한다. 구법상태가 위헌인 경우 새로운 법상태의 소급효 내지 소급입법은 헌법적 요청에 속하는 것이다.

물론, 이러한 측면은 구법상태의 위헌성과 헌법재판의 기능에서 도출된 일반적 차이를 뜻할 뿐, 위헌결정이 있다고 늘 소급하여야 한다는 뜻은 아니다. 저울의 추가 기울었다 하더라도 보다 강력한 신뢰보호 요청을 고려하여 소급효가 제한되는 경우도 있을 수 있다.

3. 체제변동의 특수문제

(1) 불법체제 하의 구법적용

한 국가 내에서 체제변동(Systemwandel)이 일어나는 경우에는 추가적인 고려가 필요하다. 체제변동이 일어나는 경우 구체제와 신체제 사이에 정치적 연속성이 결여되어 있고 구체제가 신체제의 관점에서 그 자체 불법체제인 경우가 적지 아니하다. 그러나 일반사법은 정치적으로 보다 중립적인 개인 사이의 일상적 법률관계를 다루므로 불법체제 하에서 제정되거나 적용된 일반사법은 그 자체 불법이라고 할 수 없는 경우가 많다. 나아가 구법이 그 당시 실효적인 법이었던 이상 구법에 따라 무수히 많은 법률관계가 형성되고 착종되어 이를 일률적으로 신법에 의하여 청산하는 경우 법적안정성과 거래안전을 해할 수 있다. 국제사법에서 국가로 승인되지 아니한 법질서가 준거법이 될 수 있는 것처럼, 시제사법도 불법적인 구체제 하의 법의 효력을 인정할 수 있다고 보아야 한다. 제정 민법 부칙 제2조 단서와 상법시행법 제2조

56) 소급입법의 합헌성 심사에서 평등의 원칙의 중요성에 대하여는, 최봉경(주 53), 274면 이하 참조.

57) 헌법재판소 1993. 5. 13. 선고 92헌가10, 91헌바7, 92헌바24, 50 결정.

58) 대법원 1991. 6. 28. 선고 90누9346 판결; 1991. 12. 24. 선고 90다8176 판결 등 다수.

제2항 단서가 '구법에 의하여 생긴 효력에 영향을 미치지 아니한다'고 정하고, 제헌 헌법 부칙 제100조가 '현행법령은 이 헌법에 저촉되지 아니하는 한 효력을 가진다'고 한 것도 같은 취지이다. 다만, 이 경우에는 제헌 헌법 부칙 제100조와 같은 포괄적인 유보규정을 두거나 시제적 공서에 의한 통제를 가할 필요가 크다.

(2) 신체제 하 신법의 원칙적 소급적용

그런데 다른 한편 제정 민법 부칙 제2조 본문과 상법시행법 제2조 제2항 본문은 '본법은 특별한 규정있는 경우외에는 본법시행일전의 사항에 대하여도 이를 적용한다'고 하여 오히려 신법에 원칙적 소급효를 부여한다. 이는 진정소급효에 해당한다. 그러나 이러한 입법은 구법과 신법이 상당부분 동일한 상황에서 식민지법령에 따라 의용된 구법을 해방과 건국 후에도 계속 적용하는 것을 피하기 위한 조치이다. 그러므로 그 의미도 정치적·이념적인 데 그친다. 위 각 규정의 단서가 구법에 따른 효력을 승인하고 있는 한 구법과 신법이 서로 다른 결론에 이르는 경우 언제나 구법이 적용되고, 신법 시행 전의 사태에 신법이 적용되는 것은 구법과 신법이 같은 결론에 이르는 경우뿐이다. 위 소급적용은 법적으로는 의미가 없는 것이다.

Ⅲ. 시제사법 각론

1. 총 칙

(1) 인(人)

(가) 자연인

민법은 자연인의 권리능력과 행위능력을 규정한다. 그리고 이를 보충하는 제도로 친족 편에 후견을 두고 있다. 이들은 특별한 노력 없이 취득하는 지위일 뿐 권리, 즉 기득권이 아니다. 그러므로 권리능력·행위능력은 각각 권리·의무를 취득할 때와 법률행위를 할 때를 기준으로 그때그때의 법에 따라 판단하여야 한다. 즉 권리·의무를 취득할 때와 법률행위 시의 법령에 권리능력과 행위능력을 연결하여야 하는 것이다. 이들 인법(人法)적 개념들은 고정적으로 연결되지 아니하고 동적으로 연결되는 것이 원칙이다.[59]

미성년과 관련하여서는 성년이 되는 연령을 인상한 경우와 인하한 경우가 문제된다. 성년이 되는 연령을 인상한 경우, 구법상 능력자였으나 신법상 제한능력자가

59) Heß(주 7), S. 132–133; Roubier(주 18), n° 42–43; Vonklich(주 3), S. 162–164.

되는 사람은 신법 시행일부터 제한능력자가 된다. 다만 구법에 따라 성년이었던 사람은 이미 구법 시행 당시 독자적인 법률관계를 형성해왔을 수 있고, 그중에는 일정한 계속성을 가지는 것도 포함되어 있는데, 이때의 거래이익은[60] 시제법적으로도 고려되어야 한다. 구법상 성년이었던 사람이 미성년이 되는 일이 생기지 아니하게 하거나 거래이익이 중요한 사안유형에 대하여는 예외적으로 행위능력이 유지되도록 할 필요가 있다. 좀 더 현실적인 상황은 성년이 되는 연령을 인하한 경우이다. 이때에는 신법이 즉시효를 갖는다. 1977. 12. 31. 개정 민법 제826조의2는 성년의제를 도입하면서 그 부칙 제4항에서 '이 법 시행일전에 혼인한 자가 미성년자인 때에는 이 법 시행일로부터 성년자로 한다'고 정한다. 2011. 3. 7. 개정 민법 제4조는 20세가 되어야 성년이었던 것을 19세로 인하하면서 별다른 경과규정을 두지 아니하였으나 신법 시행일 당시 19세에 이르렀다면 시행과 동시에 성년이 된다고 해석된다. 한 가지 문제는 개정 전 제한능력자로서 한 행위의 개정 후의 효력인데, 미성년자 보호제도의 취지에 비추어볼 때 여전히 취소할 수 있고 위 개정법의 시행으로 하자가 치유되지는 아니한다고 봄이 옳을 것이다.

그러나 이와 달리 하자가 치유된다고 보아야 하는 경우도 있다. 제정 민법 부칙 제5조는 '구법에 의하여 처가 부(夫)의 허가를 요할 사항에 관하여 허가없이 그 행위를 한 경우에도 본법시행일 후에는 이를 취소하지 못한다'고 규정하였다. 처의 행위능력제한이 애초에 잘못된 것이었다는 반성적 고려에서[61] 비롯한 입법이다.

그밖에 자연인과 관계된 제도로 실종선고가 있다. 실종선고는 법원의 재판을 거쳐야 하므로 사망한 것으로 간주된 날이 아닌 실종선고심판청구를 한 때의 법을 적용함이 원칙이다. 1984. 4. 10. 개정 민법은 제27조 제2항의 특별실종기간을 3년에서 1년으로 단축하였는데, 같은 법 부칙 제3항은 "이 법 시행전에 사망의 원인이 될 위난이 발생한 경우에도" 신법을 적용하여 이러한 입장을 확인한다.

㈏ 법 인

법인의 설립은 그 자체 하나의 사적 자치적 행위, 법률행위에 속한다. 그러므로 설립행위의 효력은 그 행위 시의 법을 기준으로 판단하여야 한다. 즉, 설립행위 시의 법령에 연결하여야 하고, 그 뒤의 법령개폐는 고려되지 아니한다. 설립 중 법령이 개폐된 경우에는 원칙적으로 설립행위가 완성된 시점의 법, 즉 신법을 적용하여

---

60) 민법은 법정대리인의 허락을 받은 영업(민법 제8조)과 혼인에 의한 성년의제(민법 제826조의2)에서 미성년자가 확정적으로 유효한 행위를 할 수 있게 한다.

61) 양창수, "우리 나라 최고의 헌법재판논의－처의 행위능력 제한에 관한 1947년 대법원판결에 대하여－", 서울대 법학 제40권 제2호(1999) = 민법연구 제6권, 2001, 37면 이하.

야 하나, 명문으로 달리 정할 수 있다. 가령 상법시행법 제9조는 주식회사의 설립과 관련하여 제정 상법 시행 전 발기인이 주식의 총수를 인수하거나 주주 모집에 착수한 경우에는 그 설립에 관하여 상법 시행 후에도 구법에 의하되, 설립등기에 관하여는 신법을 적용하도록 한 바 있다. 설립행위의 동적 성격을 고려한 것이다.

반면 일단 설립된 법인의 존속과 그 권리능력, 활동 등은 그 이후의 법령에 동적으로 연결된다.[62] 가령 2001. 12. 29. 개정 민법 제52조의2는 법인의 직무집행정지 등 가처분의 등기에 관하여, 제60조의2는 직무대행자의 권한에 대하여 규정을 두었고, 같은 개정 법 부칙은 이 법이 2002. 7. 1. 시행된다고 정하고 있을 뿐이나, 이는 구법에 의하여 설립된 법인도 2002. 7. 1. 이후에는 그 직무대행자에 관하여 위 규정의 적용을 받는다는 의미이다. 2011. 4. 14. 개정 상법 부칙 제2항이 이사와 회사 사이의 거래에 관한 '제398조의 개정규정은 이 법 시행 후 최초로 체결된 거래부터 적용한다'고 규정하는 것도 같다. 그러나 임의규정은 원칙적으로 설립 시의 법에 따르고, 정관이 없어 보충이 불가피한 경우에 한하여 동적으로 연결될 여지가 있을 뿐이다.[63] 설립 시의 의사를 보충하는 규정이기 때문이다. 비법인사단 등에 대하여 법인에 관한 시제사법을 적용할지, 계약에 관한 시제사법을 적용할지는 비법인사단 등의 성질결정의 문제인데, 오늘날 일반적인 이해가 비법인사단 등도 단체에 속한다는 것인 이상 법인에 관한 시제사법을 적용하여야 할 것이다.[64]

법인의 설립 및 존속요건을 정하고 있고 그 요건이 설립 후 법 개정으로 강화된 경우, 신법 시행 후 당해 법인의 존속에 관하여는 두 가지 해결이 있을 수 있다. 첫째, 일정한 유예기간을 두고 그 사이에 강화된 요건을 충족하지 못하면 해산사유로 규정하는 것이다.[65] 이때에는 법인 존속에 대한 신뢰가 다소 해하여지는 측면이 있다. 둘째, 구법에 따라 설립된 법인에 대하여는 신법에 따른 존속 요건의 예외를 인정하는 것이다. 법인 존속에 대한 신뢰가 보호되나 법동화를 해하고 법인 간 공정한 경쟁에도 반한다는 흠이 있다. 요건이 강화되었다기보다는 변화되었을 뿐인 때에는

---

62) Heß(주 7), S. 134. 독일민법시행법(Einführungsgesetz zum Bürgerlichen Gesetzbuche; EBGB) 제163조는 제정 독일민법 시행 당시 이미 설립된 사단·재단을 제정 독일민법 법인법 중 설립에 관한 규정의 적용대상에서 명시적으로 제외하고, 그 활동에 관하여는 민법을 적용하도록 하였다.

63) Heß(주 7), S. 135.

64) 이에 관한 독일에서의 입장변화에 대하여는 Heß(주 7), S. 135 f.

65) 법인이 특정 영업을 목적으로 하고, 영업허가가 갱신기간을 두고 있는 경우, 갱신기간 후에는 강화된 요건을 충족하여야 갱신이 된다면 더는 영업허가가 갱신되지 아니하여 간접적으로 비슷한 효과가 생긴다.

치환 내지 적응을 고려할 수 있다. 이는 법인의 유형이 변경되었을 때에도 같다. 어느 경우든 적절한 경과규정을 두어야 한다. 상법시행법 제2조 제2항은 '상법에 저촉되는 정관의 규정과 계약의 조항은 상법시행의 날로부터 그 효력을 잃는다'고 하고, 제10조 제1항은 '상법 시행 전에 성립한 주식회사에 관하여는 상법 시행전에 발행한 주식의 총수가, 상법 시행후에 구법에 의하여 성립하는 주식회사에 관하여는 설립시에 발행하는 주식의 수가 회사가 발행할 주식의 총수로서 정관에 정하여져 있는 것으로 본다'고 하며, 제15조는 '① 상법 시행시에 주금전액의 납입을 완료하지 아니한 주식에 대하여는 회사는 상법시행의 날로부터 2년내에 주금전액의 납입이 완료한 것으로 하기 위하여 주금을 납입시키거나 자본을 감소시켜야 한다. ② 전항의 납입을 완료할 때까지 그 주식에 관하여는 상법시행후에도 구법을 적용한다. ③ 제1항의 기간내에 주금전액의 납입을 하지 아니하거나 자본감소를 하지 아니할 때에는 회사는 해산한 것으로 본다'고 한다. 또한 1984. 4. 10. 개정 상법 부칙 제4조, 제24조는 구법 하에 설립된 주식회사로서 신법 시행 당시 자본금액이 5천만 원 미만인 회사 및 구법 하에 설립된 유한회사로서 신법 시행 당시 자본총액과 출자 1좌의 금액이 신법이 정하는 최저기준에 미달하는 회사는 신법 시행일부터 3년 내에 주식회사의 경우 5천만 원 이상으로 증자하거나 유한회사로 조직을 변경하지 아니하면, 유한회사의 경우 자본총액을 1천만 원 이상, 출좌 1좌의 금액을 5천 원 이상으로 증액하지 아니하면 각 해산된 것으로 본다.

법인의 조직 기타 정관변경은 상당한 시일 준비가 필요하므로 당사자자치, 즉 장래의 신법을 염두에 둔 현재의 행위의 효력을 인정할 필요가 상당하다. 상법시행법 부칙 제2항이 '상법 시행전에 성립한 주식회사는 상법 시행전에 상법시행의 날에 효력이 발생할 정관의 변경을 할 수 있다'고 규정하는 것을 이러한 취지에서 이해할 수 있다. 조직변경 중 법령이 개정되는 일도 상정할 수 있는데, 가령 1998. 12. 28. 개정 상법 부칙 제3조는 '이 법의 시행 전에 체결된 합병계약에 의한 합병에 관하여는 이 법 시행후에도 계속하여 종전의 규정에 의한다. 다만 제232조 및 제527조의5의 규정에 의한 채권자의 이의제출기간은 이 법 시행후 최초로 공고하는 분부터 적용한다'고 규정함으로써, 부분적으로 구법, 부분적으로 신법을 적용한다. 단체법상 행위는 비교적 긴 시간에 걸쳐 상당한 자원을 투입하여 이루어질 가능성이 있어 중간단계까지 조치를 취해온 관계자의 신뢰보호가 중요하게 고려된 것이다.

(2) 소멸시효 · 제척기간

소멸시효는 사비니가 그의 시제사법이론에서 특정 사건이나 특정 행위가 아닌 기간의 경과에 의하여 법률요건이 충족되는 경우로서 특히 관심을 가졌던 문제이다. 신법 시행 전 구법에 따라 시효가 완성하였거나 신법 시행 후 비로소 신법에 따른 시효가 기산하는 경우의 처리는 분명하다. 앞의 경우에는 구법, 뒤의 경우에는 신법이 적용된다.[66] 문제는 구법 시행 중 시효가 기산하여 그 완성 전 법이 개폐된 경우이다. 사비니는 여기에서 종전의 시효가 완성 전에 폐지되어 효과가 발생하지 아니하게 된 경우와 거꾸로 종전에는 시효의 대상이 아니었다가 법 개정으로 시효의 대상이 된 경우를 구분하여, 전자의 경우 시효가 배제되나 후자의 경우 시효를 인정하되, 시효기간은 신법 시행일부터 기산한다고 한다. 시효중단사유가 확대 또는 축소된 때에는 즉시효가 발생하여 신법 시행 후에 한하여 적용되고, 기간이 연장된 경우도 같아, 기왕에 구법에 따라 경과한 기간을 산입하여야 한다고 한다. 2014. 3. 11. 개정 상법 제662조도 보험금청구권의 소멸시효기간을 2년에서 3년으로, 보험료청구권의 소멸시효기간을 1년에서 2년으로 연장하면서, 같은 법 부칙 제2조 제4항에서 이를 '구 계약의 청구권이 이 법 시행일 이후에 발생한 경우'에도 적용하고 있다. 문제는 기간이 단축된 경우인데, 사비니는 이때 '그의 이익을 위하여 시효기간이 설정된 사람'이 구법에 따른 시효 주장과 신법 시행일부터 기산하는 신법에 따른 시효 주장 중 선택할 수 있어야 한다고 한다.[67] 이는 시효로 인하여 권리를 상실하는 사람은 구법이든 신법이든 어느 하나에 따른 시효중단기회를 실질적으로 누릴 필요가 있다는 관점으로,[68] 적어도 독일법권에서는 다른 학자들에 의하여도 지지 받고 있다.[69]

이상의 법리는 제척기간에 대하여도 적용된다고 보는 것이 일반적이다.[70] 기간에 연결되어 있다는 점에서 핵심적인 문제 상황을 공유하고 있기 때문이다. 종래 제

66) 즉, 시효법은 진정소급효와 부진정소급효를 가르는 기준으로도 기능한다. 이 점에서 시효법은 시제사법의 규율방식 중 하나이기도 하다. Heß(주 7), S. 140.

67) Von Savigny(주 19), S. 429 ff.

68) 신법이 시행되기 전에는 구법에 따른 시효기간을 염두에 두고 시효중단조치를 미루었을 것이므로, 신법 시행 전에 경과한 시효기간은 신법상의 시효중단기회와는 무관하다. 앞의 헌법재판소 2008. 7. 31. 선고 2005헌가16 결정(주 47)이 개정 주택법 부칙 제3조가 진정소급입법으로 위헌이라고 한 것도, 신법 시행 당시 구법에 따른 10년의 제척기간은 경과하지 아니하였으나 신법에 따른 1, 2, 3, 5년의 하자보수기간은 이미 경과한 사안유형이 있을 수 있기 때문이었다.

69) Heß(주 7), S. 141; Vonklich(주 3), S. 166 ff. 그러나 그 이외에 다양한 제한(가령 구법과 신법의 비례적 조합)에 대하여는 Roubier(주 18), n° 64 참조.

70) 가령 Vonklich(주 3), S. 166 ff.는 소멸시효와 제척기간을 구분하지 아니한 채 논의하고 있다. 또한 Heß(주 7), S. 141 f.

척기간의 대상이었던 것이 소멸시효의 대상으로 바뀌는 경우에는 치환·적응이 고려된다.[71] 그러나 소멸시효가 그 대상인 권리의 발생과 무관하게 대상인 권리 외부에 존재하는 독립적 제도인 것과 달리, 제척기간은 그 대상인 권리의 내재적 제약, 존속기간, 즉 그 내용에 속한다. 그러므로 가령 계약상 권리의 제척기간의 경우 오히려 계약 준거법에 연결되어야 한다고 볼 여지도 있다.

제정 민법은 불법행위책임의 장기소멸시효기간을 20년(의용민법 제724조 제2문)에서 10년(제766조 제2항)으로, 법률행위의 취소권의 행사를 5년, 20년의 소멸시효(의용민법 제126조)에서 3년, 10년의 제척기간(제146조)에 걸리도록 각 변경하였다 제정 민법 부칙 제8조는 '① 본법시행당시에 구법의 규정에 의한 시효기간을 경과한 권리는 본법의 규정에 의하여 취득 또는 소멸한 것으로 본다. ② 본법시행당시에 구법에 의한 소멸시효의 기간을 경과하지 아니한 권리에는 본법의 시효에 관한 규정을 적용한다. ④ 제1항과 제2항의 규정은 시효기간이 아닌 법정기간에 이를 준용한다'고 규정하여, 신법 시행 당시 본래의 기산일부터 기산하면 구법에 따른 기간은 아직 남아 있으나 신법에 따른 기간은 이미 경과한 경우에 대하여 별다른 배려를 하지 아니하였다. 앞의 것의 경우, 제정 민법은 1958. 2. 22. 공포되었으나 그 시행일을 1960. 1. 1.로 하여 유예기간이 있었으므로 기간이 긴 일반시효의 경우 위와 같이 하여도 큰 문제는 아니었으리라고 여겨진다.[72] 한편 뒤의 것에 대하여 대법원 1964. 3. 31. 선고 63다214 판결은 소멸시효에서 제척기간으로 성질이 바뀌었으므로 제정 민법 부칙 제8조 제2항 및 제4항이 적용되지 아니하고 제정 민법 시행일부터 3년의 제척기간이 진행할 뿐이라고 한다. 명문의 규정을 무시한 점에서 의문이나, 제정 민법 부칙 제8조가 실질적 타당성을 결한 점에 비추면 이해할 부분도 있다.[73]

한편, 같은 2014. 3. 11. 개정 상법 제638조의3 제2항은 보험계약에서 약관의 교부·설명의무를 위반한 경우 보험계약자가 계약성립일로부터 1개월 이내에 계약을 취소할 수 있었던 것을 3개월 내에 계약을 취소할 수 있도록 하였다. 같은 개정법 부칙 제2조 제1항은 '이 법은 이 법 시행 후에 체결된 보험계약부터 적용한다'고 규정하고 제638조의3 제2항에 대한 특례를 두지 아니하나, 이 경우 계약취소는 계약의 내재적 전개가 아닌 그 흠이고, 개정대상이 된 것은 취소의 제척기간이므로 신법

71) Heß(주 7), S. 141. RGZ 56, 253 등을 그 예로 든다.

72) 위 규정의 해석상으로도 소멸시효기간이 단축된 때에는 제정 민법 시행일을 기산점으로 하여 단축된 새로운 소멸시효기간을 진행하되 구법 하에서라면 소멸시효가 완성하였을 시점을 넘기지는 못한다고 해석하여야 한다는 것으로, 윤진수(주 2), 79면.

73) 윤진수(주 2), 79면.

시행일 당시 구법에 따른 기간이 경과하지 아니하였다면 그때부터 신법을 적용함이 옳다.

2. 계 약

(1) 일회적 계약

(가) 일 반

계약의 유효성, 내용 및 효력에 관하여는 계약체결 시의 법이 기준이 된다. 즉, 계약은 그 체결 시의 법령에 고정적으로 연결됨이 원칙이다. 임의규정은 당사자의 의사를 보충하는 기능을 하고, 당사자가 임의규정을 염두에 두고 계약을 체결하였을 수 있으므로, 임의규정 또한 계약체결 시의 법령의 것이 적용되고, 그 이후의 개정은 원칙적으로 고려되지 아니한다. 다만 당사자가 법 변경을 염두에 두고 장래의 임의규정을 지정하여 편입하거나 나아가 장래의 임의규정을 동적으로 지정하는 것은, 당사자자치의 원칙상, 허용될 것이다.[74] 그밖에 새로운 전형계약이 창설되어 당해 계약유형에 대한 공통적 이해를 반영한 임의규정이 도입된 경우 신법 시행 전 체결되어 신법 시행 후에도 아직 청산되지 아니한 계약에 신법의 임의규정을 적용할 여지가 있다. 2010. 5. 14. 개정 상법은 제168조의2 이하에 금융리스업, 가맹업(franchise) 및 채권매입업(factoring)을 새로운 상행위로 추가하고, 2014. 3. 11. 개정 상법은 제726조의5 이하에 보증보험, 제739조의2 이하에 질병보험에 관한 규정을 추가하면서, 이를 규율하는 일련의 임의규정을 도입하였다. 앞의 개정법에는 별다른 경과규정이 없으나, 그 시행일 전의 계약으로서 위 계약유형에 해당하는 계약에 대하여는 신법 규정을 적용하여도 좋을 것이다.[75] 뒤의 개정법의 경우 부칙 제2조 제1항이 '이 법 시행 후에 체결된 보험계약부터 적용'하도록 정하고 있으나, 반드시 그렇게 할 필요가 있었는지는 의문이다. 이들은 법전화(codification)에 해당하는 것이다. 그러나 당초의 계약의 전개가 아닌 외부적 변화, 가령 사정변경의 원칙, 신의칙, 권리남용 등은 신법의 적용대상이다. 물론 양자의 구분이 분명하다고 할 수는 없다.[76]

강행규정과 관련하여서도 계약체결 시의 법을 적용함이 원칙이다. 계약체결 당

---

74) Heß(주 7), S. 143–145, 148 f.; Roubier(주 18), n° 42, 75–76; Vonklich(주 3), S. 178 ff. 계약체결과정 중, 가령 청약 후 승낙 전 법이 개정되었다면 원칙적으로 신법이 적용되나, 특히 임의규정에 관하여 묵시적인 구법 지정이 있었을 수 있다.

75) 반면 전형계약이라 하더라도 임의규정이 당사자가 기대하는 바와 다른 경우에는 그렇지 아니하다.

76) Heß(주 7), S. 146.

시 허용되는 계약이 그 후 신법에 의한 강행규정의 도입으로 금지되는 계약이 되었다 하여 계약이 무효가 되지는 아니한다. 이러한 원칙을 확인하는 경과규정의 예는 흔하다. 2015. 2. 3. 개정 민법은 제674조의2 이하에 새로운 전형계약으로 여행계약을 도입하면서 소비자보호의 관점에서 그 규정을 편면적 강행규정으로 정하였다. 같은 개정법 부칙 제4조는 이 규정을 '이 법 시행 후 체결하는 여행계약부터 적용한다'고 하고 있다. 1992. 7. 1. 제정된 할부거래에 관한 법률과 방문판매등에 관한 법률 부칙 제2조는 각 이 법 시행당시 이미 체결된 할부계약, 방문판매·통신판매 및 다단계판매에 관한 계약에 대하여는 이 법을 적용하지 아니한다'고 정한다. 판례도 계약체결 후 도입된 강행규정은 계약의 효력에 영향을 주지 아니하고,[77] 신법 시행 전에 성립한 보험계약이 신법에 의하면 무효가 되는 경우라 하더라도 구법에 의하면 효력이 있는 경우에는 그 효력에 영향이 없다고 한다.[78] 다만 강행규정이 계약의 효력만 무효로 하는 것이 아니라 급여행위 내지 급여결과의 초래 자체를 금하는 취지인 때에는 후발적 법적 불능이 될 수가 있다.[79] 그러나 일단 급여가 이루어진 뒤에는 법령 개정으로 강행규정이 도입된다 하여 소급하여 법률상 원인(민법 제741조)이 부정되지 아니하고, 따라서 급여부당이득반환도 문제되지 아니한다.[80]

한편, 계약체결 시 강행규정 위반으로 무효였다면 그 이행 전 신법이 강행규정을 폐지하여 더는 무효사유가 존재하지 아니한다 하더라도 당연히 하자가 치유되지는 아니한다. 당사자는 이미 당해 계약을 무효로 간주하였을 수 있고, 다시 같은 내용의 계약을 하고자 한다면 다시 계약을 체결하거나 추인(민법 제139조)하면 족하며, 일반적으로 일회적 계약의 경우 당사자의 재계약 또는 추인 없이 곧바로 하자의 치유를 인정하여야 할 만한 보호가치 있는 신뢰투자를 인정하기가 어렵기 때문이다. 다만, 유동적 무효(schwebend unwirksam)인 계약에서 확정적 무효 발생 전 강행규

77) 대법원 1994. 9. 9. 선고 94다20501 판결. 김형진, "매매 당시 농지개혁법의 적용을 받던 농지에 대하여 구 도시계획법에 따라 그 매매증명이 필요없게 된 후 도시계획법의 개정으로 대상농지가 다시 농지개혁법의 적용을 받게된 경우에 그 이전등기절차에 농지매매증명이 필요한지 여부", 대법원판례해설 제22호(94년 하반기, 1995), 308면 이하 참조.

78) 대법원 1996. 5. 31. 선고 95다19232 판결. 이광범, "화물하차작업중 화물고정용 밧줄에 오토바이가 걸려 넘어진 경우 자동차손해배상보장법 제3조에서 말하는 '자동차의 운행으로 말미암은' 사고에 해당하는지 여부 및 상법 부칙(1991. 12. 31) 제2조 제1항의 의미", 대법원판례해설 제25호(1996년 상반기, 1996), 329면 이하 참조.

79) Heß(주 7), S. 146 f. 대법원 1962. 12. 16. 선고 67다1525 판결도 참조.

80) 즉, 비채변제(conditio sine causa)의 경우에는 급여 수령 시의 법이 적용된다. 반면 목적불도달로 인한 부당이득반환(conditio ob rem)의 경우에는 목적불도달 시가 기준이 될 것이다. RG JW 1911, 485. Heß(주 7), S. 167. 부당이득의 경우 이득일이 기준이 된다는 것으로, Roubier(주 18), n° 42.

정의 폐지 등으로 무효사유가 소멸한 경우에는, 아직 계약이 유효화될 수 있는 상태였으므로, 하자의 당연치유를 인정하여야 한다. 판례도 같은 취지이다.[81]

일회적 계약이 청산되기 전 법이 개폐되었고, 그 뒤 계약을 변경하기로 합의한 경우 이론적으로는 본래의 계약이 구법의 적용을 받았고 변경된 계약과 사이에 동일성이 인정되는 한 구법이 적용된다는 견해와, 신법 시행 후 법률행위가 이루어졌으므로 언제나 신법이 적용된다는 견해를 상정할 수 있다. 구법상 권리의 일부를 포기하는 경우 나머지 계약에 대하여는 여전히 구법의 적용될 것임에 비추어보면, 신법의 규범목적에 비추어 동일성이 인정되는 범위에서는 구법적용을 인정하여도 좋을 것이다.[82] 2015. 2. 3. 개정 민법 부칙 제3조는 보증에 관하여 서면방식요건을 도입한 제428조의2, 근보증에서 보증최고액을 서면에 기재할 것을 요구하는 제428조의3 및 채권자의 정보제공의무와 통지의무를 정한 제436조의2의 개정규정을 '이 법 시행 후 체결'한 보증계약과 '기간을 갱신하는 보증계약부터 적용'한다고 정하고 있는바, 정보제공의무에 대하여는 수긍할 만하나 단순한 갱신에 새삼 서면방식까지 갖출 것을 요구한 점은 과도하다고 보인다.

(나) 직접청구권

대법원 2002. 11. 22. 선고 2001다35785 판결은 일반적으로 "계약의 효력에 관하여는 그 체결 당시의 법률이 적용되어야 하고, 계약이 일단 구속력을 갖게 되면 원칙적으로 그 이후 제정 또는 개정된 법률의 규정에 의하여서도 변경될 수 없으며, 예외적으로 입법에 의한 변경을 하거나 계약 체결 후에 제정 또는 개정된 법률에 의하여 계약내용이 변경되는 것으로 해석한다고 하더라도, 그러한 입법 내지 법률의 해석에는 계약침해 금지나 소급입법 금지의 원칙상 일정한 제한을 받는다"고 하면서, 하수급인의 직접(지급)청구권을 인정한 1999. 2. 5. 개정 하도급거래공정화에 관한 법률 제14조가 위 개정법 시행 전에 체결된 하도급계약에 적용되지 아니한다고 한다. "이미 체결된 계약에 대하여도 소급적용한다는 등의 특별한 규정이 없는 이상, 신법 시행 당시에 이미 계약이 체결된 하도급계약의 하도급거래에 관하여는 구법이 적용되어야 한다고 해석함이 옳고, 제13조에 관하여만 경과규정을 둔 신법 부칙 제2항의 반대해석으로서 제14조에 관하여는 신법 시행 당시 이미 하도급계약이 체결된 하도급거래에 대하여도 신법이 적용된다고 해석할 것은 아니"라는 것이

81) 대법원 1994. 9. 9. 선고 94다20501 판결(주 77); 1996. 4. 12. 선고 96다96다6431 판결; 2010. 3. 25. 선고 2009다41465 판결 등.

82) Vonklich(주 3), S. 180–183. 하나의 계약 중 변경된 부분은 신법에 따라, 나머지 부분은 구법에 따라 판단하는 것은 내적 판단일치에 반하여 취할 바가 아니다.

다.[83] 한편, 대법원 2006. 3. 23. 선고 2005다69199 판결은 직불합의의 요건에 관하여는 하도급계약도, 직불청구도 아닌 직불합의 시의 법이 적용된다고 한다. 그러나 적어도 법률규정에 터 잡아 인정되는 직접청구권의 경우 당연히 계약 시의 법이 적용된다고 할 수는 없을 것이다. 이는 계약의 내적 발전이 아닌 법률규정에 의한 효과로서, 이행에 관계하므로 계약체결 후라 하더라도 아직 이행이 이루어지기 전 신법이 시행되면 신법의 적용을 받는다고 볼 여지도 있기 때문이다.[84] 대법원 1995. 7. 27. 선고 94다52911 판결도 가해자의 책임보험자에 대한 피해자의 직접청구권을 인정한 1991. 12. 31. 개정 상법 제724조 제2항을 신법 시행 전 보험사고가 발생한 경우에 적용하였다.[85] 하수급인의 직접청구권이 그와 같이 해석되지 아니한 것은 이 규정의 적용대상이 일회적 법률관계이고 대개 상거래라는 점과 관계되어 있을 것이다.

(2) 계속적 계약

계속적 계약의 유효성에 관하여도 계약체결 시의 법이 기준이 된다. 그러나 계약의 내용에 대하여는 달리 볼 여지가 있다.[86] 계속적 계약은 일정 기간 동안 존속하면서 당사자 사이에 계속적 관계를 형성한다. 그중에는 당사자에게 사회경제적으로 중요한 법률관계가 포함된다. 내용통제(Inhaltskontrolle)규정이 제정되곤 하는 까닭이다. 이러한 규정에 관하여는 신법의 즉시효가 인정될 수 있다. 구법에 따라 성립한 계속적 계약관계라 하더라도 그 존속 중 신법이 새로운 내용통제규정을 도입한 때에는 그 내용이 신법에 따라 치환·적응되는 것이 오히려 원칙인 것이다.[87] 1986. 12. 31. 제정 약관의 규제에 관한 법률 부칙 제3조는 '계속적인 채권관계의 발생을 목적으로 하는 계약에 관한 약관에 의하여 이 법 시행후 이행될 분에 대하여는 이 법을 적용한다'고 정하였고, 이자제한법 부칙 제2항은 '이 법 시행 전에 성립한

83) 대체로 찬성하는 취지로, 이영동, "개정된 하도급거래공정화에관한법률 제14조의 규정이 그 개정 전 체결된 하도급계약의 하도급거래에 관하여도 적용되는지 여부", 부산판례연구회 판례연구 제15집(2004), 1면 이하.

84) 프랑스에서는 하수급인의 직접소권(action directe)은 법률규정에 의한 권리이므로 신법의 즉시효가 인정된다. 이동진, "하도급법상 직접청구권에 관한 연구", 법조 통권 제630호(2009), 124면 주 132.

85) 위 판결은 '그러나 종전의 규정에 의하여 발생한 효력에는 영향을 미치지 아니한다'고 규정한 개정 상법 부칙 제2조 제1항 단서가 위와 같은 해석을 방해하지 아니한다고 한다. 그러나 이에 비판적인 것으로, 김성태, "개정상법 부칙 제2조1항의 의미", 법률신문 제2447호(1995. 10. 16.자); 윤진수(주 2), 77면 주 31.

86) 계속적 법률관계 일반에 대하여 비슷한 취지로, 윤진수(주 2), 78면.

87) Heß(주 7), S. 147 f.

금전대차에 관한 계약상의 이자율에 관하여도 이 법 시행일 이후에는 이 법에 따라 이자율을 계산한다'고 규정하며, 제정 민법 부칙 제15조는 '본법 시행일전의 임대차 계약에 약정기간이 있는 경우에도 그 기간이 본법 시행당시에 만료하지 아니한 때에는 그 존속기간에는 본법의 규정을 적용한다'고 하였다. 또한 1981. 3. 5. 제정 주택임대차보호법 부칙 제2항 본문은 '이 법은 이 법 시행 후 체결되거나 갱신된 임대차에 이를 적용한다'고 규정하면서도, 단서에서 대항력에 관한 '제3조의 규정은 이 법 시행당시 존속중인 임대차에 대하여도 이를 적용하되 이 법 시행전에 물권을 취득한 제3자에 대하여는 그 효력이 없다'고 하고 있었으며, 1983. 12. 30. 개정 주택임대차보호법은 주택임차인에게 차임증감청구권을 정하면서 부칙 제2항, 제3항에서 소급적용을 인정하였다. 이러한 태도는 근로기준법에서도 관철되어, 지연이자에 관한 2007. 4. 11. 전부개정 근로기준법 부칙 제9조, 태아검진허용시간의 특례에 관한 2008. 3. 21. 개정 법 부칙 제2조, 산전·후휴가 종료 후 업무복귀에 관한 2008. 3. 28. 개정 법 부칙 제2항, 출산전·후휴가 분할사용과 유산·사산휴가에 관한 2012. 2. 1. 개정 법 부칙 제5, 6조, 근로시간단축에 관한 2014. 3. 24. 개정 법 부칙 제3조, 육아휴직에 관한 2017. 11. 28. 개정 법 부칙 제2조 등이 그 전에 성립한 근로관계에의 적용을 명시하고 있다. 그밖에 2014. 3. 11. 개정 상법 부칙 제2조 제2항, 제3항, 제5항 및 제6항은 각각 '보험기간이 이 법 시행일 이후에도 계속되는 경우', '구 계약의 보험사고가 이 법 시행일 이후에 발생한 경우', '구 계약의 피보험자가 제3자로부터 이 법 시행일 이후에 배상청구를 받는 경우', '구 계약의 보험계약자가 이 법 시행일 이후에 보험수익자를 지정하는 경우'에 신법 적용을 명한다. 이들 중 다수는 계약의 존속이 중요하여 존속을 인정하되 신법을 관철하려면 기존 계약을 변형하여야 하는 경우에 해당한다. 그러나 계속적 계약이라 하여 당연히 신법이 적용되는 것은 아니다. 보증계약이나 통신판매 등은 계속적 계약이라 하더라도 계약체결 시의 법을 적용하고, 신법 시행 전 체결된 계약에 신법을 적용하지는 아니하고 있다.

또한 계속적 계약의 경우 확정적 무효사유가 있었다 하더라도 사실적 관계가 존속하던 중 법 개정으로 무효사유가 없어진 때에는 하자의 치유를 인정함이 원칙이다. 이때에는 당사자 쌍방의 신뢰투자를 보호할 필요가 더 크기 때문이다. 2014. 3. 11. 개정 상법은 제732조 단서를 신설하여 심신박약자의 사망을 보험사고로 하는 생명보험계약을 무효로 하였던 것을 심신박약자 본인이 직접 보험계약을 체결할 때 또는 단체보험의 피보험자가 될 때에 의사능력이 있다고 인정되는 경우에 한하여 유효로 변경하였다. 같은 개정 법 부칙 제2조 제1항은 '이 법은 이 법 시행 후에 체결된 보험계약부터 적용한다'고 규정할 뿐이나, 위와 같은 상황을 염두에 둔 것으로 보이지 아니한다. 구법 하에서 심신박약자가 의사능력 있는 상황에서 생명보험계약을 체결하였다면 신법 시행 후에는 무효의 하자가 치유될 여지가 있다.

다른 한편, 헌법재판소가 강행규정 내지 내용통제규정에 대하여 위헌무효를 선언하였다면 그 당시 존속 중인 계속적 계약 중 위 규정에 반하는 부분의 효력이 회복됨은 물론이다. 가령 임대차의 존속기간을 20년으로 제한한 민법 제651조에 대하여 계약의 자유를 침해하여 단순위헌이 선언되면 임대차의 존속기간을 30년으로 선언한 당해 계약의 조항 중 효력이 없었던 20년 초과부분의 효력이 회복되는 것이다.[88]

3. 물 권

(1) 물권취득

㈎ 등 기

물권취득행위의 요건과 효력도 그 행위 시를 기준으로 판단함이 원칙이다. 예컨대 독자적 물권행위 개념이 부인되었던 구법 하에서 그 요건이 원인행위, 즉 계약뿐이었다면, 그리고 구법에 따라 물권변동에 필요한 원인행위가 이루어졌다면, 신법이 독자적 물권행위를 요구하고 있다 하더라도 신법에 따른 독자적 물권행위는 요구되지 아니한다.[89]

그러나 법 개정으로 공시(公示)의 원칙, 가령 등기를 전면적으로 요구하게 된 경우에는 달리 볼 것이다. 이때 물권변동의 요건으로 등기를 추가하는 것은 그 기회에 등기가 이루어지게 할 의도일 뿐 등기가 단순히 물권변동의 요건에 그치기 때문은 아니다. 오히려 등기의 주된 기능은 물권을 계속하여 공시하는 데 있다.[90] 등기주의를 전면적으로 도입하는 경우 일정한 유예기간 내에 등기하지 아니하면 구법에 따라 취득한 물권을 소멸시키는 등의 조치를 취하여야 하는 이유가 여기에 있다.[91] 제정 민법 부칙 제10조도 '① 본법 시행일전의 법률행위로 인한 부동산에 관한 물권의 득실변경은 이 법 시행일로부터 6년내에 등기하지 아니하면 그 효력을 잃는다. ② 본법 시행일전에 동산에 관한 물권의 양도는 본법 시행일로부터 1년내에 인도를 받

88) 헌법재판소 2013. 12. 26. 선고 2011헌바234 결정(민법 제651조 제1항 위헌소원).
89) Roubier(주 18), n° 42.
90) 이것이 등기를 이른바 물권의 존속요건으로 본다는 뜻은 아니다.
91) Heß(주 7), S. 170 f.; Vonklich(주 3), S. 224 f. 이러한 상황은 단순한 의사주의에서 대항요건주의로 전환하는 경우에도 발생한다. Roubier(주 18), n° 65.

지 못하면 그 효력을 잃는다'고 규정하고, 제12조는 '소송으로 부칙 제10조의 규정에 의한 등기 또는 인도를 청구한 경우에는 그 판결확정의 날로부터 6월내에 등기를 하지 아니하거나 3월내에 인도를 받지 못하거나 강제집행의 절차를 취하지 아니한 때에는 물권변동의 효력을 잃는다'고 정한다. 위 유예기간 내에 등기·인도를 마치지 아니하여 물권변동의 효력을 잃는 경우의 규율에 관하여는 명문규정이 없으나, 이미 청산된 계약이 부활한다고 해석된다. 이때 소유권이전등기청구권의 소멸시효는 유예기간이 경과한 1966. 1. 1.부터 진행한다.[92]

㈏ 취득시효

취득시효는 본래의 권리자의 권리상실과 자주점유자의 권리취득을 결합한 제도이다. 따라서 소멸시효의 시제법적 규율을 본래의 권리자의 권리상실의 관점에서 적용하여야 한다. 예컨대 기산일 이후 기간완성 전 법 개정으로 시효취득의 대상이 축소되거나 시효중단사유가 확대되는 경우 신법이 즉시효를 갖는다. 시효기간이 연장된 경우에는 구법에 따라 진행된 시효기간을 산입하여야 한다. 반면 시효취득의 대상이 확대된 경우 시효기간을 신법 시행일부터 기산하여야 하고, 시효기간이 단축된 경우 본래의 권리자에게 구법에 따른 시효완성과 신법 시행일을 기산일로 하는 신법에 따른 시효완성 중 선택할 수 있게 하여야 한다.[93] 제정 민법 부칙 제8조 제1항, 제3항은 '① 본법시행당시에 구법의 규정에 의한 시효기간을 경과한 권리는 본법의 규정에 의하여 취득 또는 소멸한 것으로 본다. ③ 본법시행당시에 구법에 의한 취득시효의 기간을 경과하지 아니한 권리에는 본법의 시효에 관한 규정을 적용한다'고 하여 이와 같은 배려를 하지 아니하는데, 취득시효기간이 신·구법에 걸쳐 동일하였다는 점에 비추면 별 문제는 없을 것이다. 또 하나 문제는 제정 민법이 의용민법과 달리 부동산장기(점유)취득시효에 관하여 등기를 요건으로 하였다는 사실인데(민법 제245조 제1항), 제정 민법 부칙 제10조 제3항은 '본법 시행일전의 시효완성으로 인

92) 대법원 1966. 10. 4. 선고 66다1326 판결. 학설로는 물권이 물권적 기대권으로 약화된다는 견해[김증한, "민법부칙 제10조의 해석", 법정 제18권 1호(1963), 14면 이하]와 채권계약단계로 후퇴한다는 견해[곽윤직, "민법부칙 제10조의 위헌성", 서울대 법학 제10권 1호(1968), 41면 이하]가 있었는데, 판례는 뒤의 견해를 취하면서 매수인이 점유하고 있는 한 소유권이전등기청구권이 소멸시효의 대상이 되지 아니한다는 접근을 택하였다. 대법원 1976. 11. 6. 선고 76다148 전원합의체 판결. 헌법재판소 1996. 12. 26. 선고 93헌바67 결정(민법부칙 제10조 제1항 위헌소원)은 제정 민법 부칙 제10조에 대하여 '형식주의로의 획기적인 대전환을 함에 있어서 파생되는 여러 가지 복잡한 법률문제를 가급적 피하고 거래의 안전을 도모하며 새로운 제도를 조속히 정착시키기 위한 공익적 요청에서 나온 불가피한 경과조치'라면서 합헌선언을 하였는데, 그러한 판단의 고려요소 중 하나로 위 소유권이전등기청구권의 소멸시효가 채권자가 목적물을 점유하는 한 진행하지 아니한다는 위 판례를 들었다.

93) Von Savigny(주 19), S. 427 f. 또한 Roubier(주 18), n° 64.

하여 물권을 취득한 경우'에 위에서 본 같은 조 제1항, 제2항의 경과규정을 준용함으로써 이를 해결하고 있다.

㈐ 법정물권

법정물권에서는 요건을 충족하는 한 신법이 즉시효를 가지는 것이 원칙이다. 그러나 순위는 신법 시행시를 기준으로 하고, 요건을 갖춘 때로 소급하지 아니한다. 같은 취지에서 1989. 12. 30. 개정 주택임대차보호법은 보증금의 우선변제권을 부여하면서 부칙 제2항, 제3항은 '이 법 시행당시에 존속중인 임대차에' 이를 적용하되 '이 법 시행 전에 담보물권을 취득한 자에 대하여는 종전의 규정에 의한다'고 정하고, 판례도 신법에 따른 대통령령이 시행되기 전인 1990. 2. 9. 설정된 근저당권에 임차인의 우선변제권이 우선하지 못한다고 한다. 법률이 개정되었으나 대통령령이 개정되지 아니하여 그 적용범위를 정하지 못한 경우에는 대통령령까지 개정된 때를 기준으로 신법의 우선변제권이 순위를 확보하는 것이다.[94)]

(2) 물권유형

㈎ 일 반

물권은 그 유형이 법정되어 있다(민법 제185조). 법 개정으로 과거에 존재하였던 물권유형의 내용이 변경되는 경우 신법이 즉시효를 가짐이 원칙이다. 즉, 구법상 물권이 신법에 따라 치환·적응한다. 반면 과거에 존재하였던 물권유형이 신법에 더는 존재하지 아니하는 경우 그러한 물권은 소멸한다.[95)] 제정 민법 부칙 제13조는 '본법 시행일전에 지상권설정행위로 정한 존속기간이 본법 시행 당시에 만료하지 아니한 경우에는 그 존속기간에는 본법의 규정을 적용한다. 설정행위로 지상권의 존속기간을 정하지 아니한 경우에도 같다'고 규정하고, 1984. 4. 10. 개정 민법 부칙 제4항은 전세권에 우선변제권을 부여한 제303조 제1항, 건물 전세권의 최단존속기간을 1년으로 정한 제312조 제2항, 건물 전세권의 갱신거절에 관한 같은 조 제4항, 전세금증감청구권을 인정한 제312조의2의 규정은 '이 법 시행전에 성립한 전세권으로서 이 법 시행당시 존속기간이 3월이상 남아 있는 전세권과 존속기간을 정하지 아니한 전세권에' 적용한다고 정한다. 구법상 물권이 신법으로 치환·적응한 예이다. 또한 제

94) 대법원 2002. 3. 29. 선고 2001다84824 판결. 박경호, "주택임대차보호법이 개정, 시행된 후 대통령령이 개정되기 전에 근저당권이 설정된 경우, 소액임차인 해당 여부의 기준시행령", 대법원판례해설 제40호(2002년, 2002), 562면 이하. 헌법재판소 2004. 9. 23. 선고 2003헌바3 결정(주택임대차보호법 제8조 제3항 등 위헌소원)은 이처럼 우선변제권이 인정되는 주택임대차의 기준을 대통령령에 위임한 것이 위헌이 아니라고 한다.

95) Heß(주 7), S. 168–170; Vonklich(주 3), S. 221–224.

정 민법 부칙 제14조는 '본법 시행일전에 설정한 영소작권(永小作權) 또는 부동산질권에 관하여는 구법의 규정을 적용한다. 그러나 본법 시행일후에는 이를 갱신하지 못한다'고 정하고, 제16조는 '본법의 시행일전에 구법에 의하여 취득한 선취특권은 본법 시행일로부터 그 효력을 잃는다'고 규정하여 신법이 인정하지 아니하는 물권유형을 소멸시키고 있다. 한편, 제정 민법에 의하여 새로 인정된 물권인 전세권과 관련하여 제정 민법 부칙 제11조는 '본법 시행일전에 관습에 의하여 취득한 전세권은 본법 시행일로부터 1년내에 등기함으로써 물권의 효력을 갖는다'고 규정한다.

반면, 1984. 1. 1. 제정 가등기담보 등에 관한 법률 부칙 제2항은 '이 법 시행전에 성립한 담보계약에 대하여는 이 법을 적용하지 아니한다'고 한다. 채무자 보호 및 법동화의 필요성이 다소 희생되었으나, 가등기담보가 그 자체 공시되지 아니하고 담보 목적 가등기라 하여 다 가등기담보 등에 관한 법률의 적용을 받는 것도 아니며 담보거래에 관한 당사자의 의사와 신뢰를 보호할 필요가 크다는 점을 중시한 것이다.[96]

㈏ 부동산 명의신탁

부동산 명의신탁은 판례상 계약법과 물권법이 중첩하는 제도로 위치 지워져 왔다. 부동산 실권리자명의 등기에 관한 법률은 부동산 명의신탁을 원칙적으로 무효로 하면서(제4조), 기존의 명의신탁에 대하여는 실명전환 유예기간을 두어, 신법 시행으로 곧바로 무효가 되지 아니하고 유예기간이 경과하면 장래에 대하여 무효가 되게 한다(제11조).

(3) 기 타

대법원 1962. 4. 12. 선고 4294민상871 판결은 제정 민법 시행 전인 1959. 9. 14.경 피고가 공사에 착수한 경우 의용민법 제234조 제1항에 따라 경계선으로부터 1척 5촌 이상의 거리를 두어 착공하면 족하고, '이미 구법에 의하여 법정의 효과가 발생'하였다 할 것이므로 제정 민법 제242조 제1항에 따라 2분의 1 미터의 거리를 둘 필요가 없다고 하였다. 민법 제242조 제1항은 '건물을 축조함'에 있어서 이격(離隔)거리를 규정하고 있으나, 공사에 착공함으로써 이미 이격거리는 정해지는 것이 보통임

96) 헌법재판소 1998. 9. 30. 선고 97헌바38 결정(가등기담보 등에 관한 법률 부칙 제2조 등 위헌소원)은 "가담법 부칙 제2항이 가담법시행전에 성립한 담보계약에 대하여는 가담법을 적용하지 아니한다고 규정한 것은 진정소급입법금지원칙에 합치되는 것으로서 정당하고, 가담법 시행전에 성립한 담보계약에 대하여서까지 가담법을 소급적용하여야 할 특단의 사정있음이 인정되지도 아니"한다면서, 위 부칙 제2조가 헌법 제23조 제1항 및 제13조 제2항에 위배된다는 청구인의 주장을 물리쳤다.

을 고려한 것이다.

4. 불법행위

(1) 일반 불법행위

불법행위법, 특히 그중 행위자의 고의·과실에 의한 위법행위에 터 잡은 불법행위법은 그의 행위에 대한 책임으로 관념되어 있으므로, 행위 시 법을 적용함이 원칙이다. 행위 시에 불법이 아니었다면 그 후의 신법을 기준으로 불법이 되지 아니한다. 다만 계속적 불법행위의 경우에는 연속적 연결이 가능하므로, 법 개정 이후부터는 불법이라고 할 수 있다. 배상하여야 할 손해의 종류와 범위와 관련하여서는 다소 다른 고려가 추가된다. 교통사고와 같이 보험 가입 가능성이 중요한 경우에는 행위 시 법이 기준이 될 수 있으나, 그렇지 아니하다면 손해발생 시를 기준으로 할 수도 있다.97) 오늘날 불법행위책임의 양상과 고려요소의 다양성과 복잡성에 비추어볼 때 일의적(一義的)인 연결은 적절하지 아니하고 여러 예외를 허용하여야 할 것이다.

그밖에 체제불법의 청산의 수단으로 불법행위책임을 사용하는 경우, 시제적 공서가 문제될 수 있다. 체제불법 중에는 그 당시의 법령에 따르면 불법이라고 하기 어려우나 오늘날의 관점에서는 도저히 그 적법성을 인정할 수 없는 것도 있기 때문이다. 일제 강제징용근로자의 일본 사용자에 대한 미지급임금지급 및 안전배려의무·귀국조치의무 위반으로 인한 손해배상청구 사건에서 대법원 2012. 5. 24. 선고 2009다22549 판결 등은 특히 그 책임과 관련하여 "일본의 불법적인 지배로 인한 법률관계 중 대한민국의 헌법정신과 양립할 수 없는 것은 그 효력이 배제"된다고 한 바 있다.98)

(2) 제조물책임

제조물책임에서 책임의 계기에는 결함 있는 제조물의 설계·제작과 합리적이지 아니한 표시 이외에 그 '공급'이 포함된다(제조물 책임법 제2조, 제3조의2, 제4조 참조). 그중 책임주체가 하는 마지막 행위는 '공급'이다. 제조업자가 공급한 시점의 법을 적용하여야 하는 이유이다.99)

---

97) Gaudemet, JCl. Civil Code. Art. 2 - Fasc 20: Application de la loi dans le temps. — Le juge et l'article 2 du Code civil (2018), n° 11; Heß(주 7), S. 159 ff.; Roubier(주 18), n° 42; Vonklich(주 3), S. 206–208. 이는 형법상 소급처벌금지와 비교되곤 한다. 가령 RGZ 221, 225.

98) 이 판결의 논리에는 불분명한 점이 많다. 상세한 분석은, 이동진, "강제징용배상책임의 성립 여부와 그 범위에 관한 몇 가지 문제", 서울대 법학 제54권 제3호(2013), 482면 이하.

99) 수입업자의 경우 수입한 시점부터 같은 법을 적용하는 방안이 있으나, 이 경우 수입업자가 제조업자에게 구상할 수 있을지 문제가 된다. 입법정책의 문제이나, 명문규정이 없는 한 제

2000. 1. 12. 제정 제조물 책임법 부칙 제2조는 '이 법은 이 법 시행후 제조업자가 최초로 공급한 제조물부터 적용한다'고 규정하였고, 이른바 징벌적 손해배상(법 제3조제2항 · 제3항)과 결함 추정(법 제3조의2)을 입법한 2017. 4. 18. 개정 제조물 책임법 부칙 제2조도 같은 취지의 규정을 두고 있다.[100]

(3) 환경책임 기타 상태불법에 대한 책임

반면 물권적 청구권(민법 제213조, 제214조), 침해부당이득반환청구권 및 위험책임의 경우 행위자가 행위가 아닌 위법한 현재의 상태 또는 위험의 유지가 책임의 근거가 된다. 그러므로 그 상태를 초래하는 행위 시점의 법이 아닌 현재, 즉 방해의 배제를 구하거나 손해가 발생한 시점의 법이 적용되어야 한다. 대법원 2011. 12. 27. 선고 2010다20754 판결도 상업등기법의 개정으로 동일 특별시 · 광역시 · 시 또는 군 내에서 먼저 등기된 상호와 확연히 구별되지 아니하는 상호를 등기할 수 없었던 것이 동일한 상호만 등기할 수 없게 된 경우 개정 법 시행 전 상법 제22조에 따른 등기말소청구가 계속되었고, 개정 법 시행 후 변론이 종결되었다면 동일한 상호에 한하여 말소청구를 인용하여야 한다고 한다.[101] 다만 이때에도 그 상태를 초래하는 행위 또한 중요하고 잠재적 가해자의 보험 가입 가능성도 고려되어야 하므로, 행위 시의 법을 적용할 여지도 있다.[102]

이러한 문제가 중요한 의미를 갖는 것은 환경책임에서이다. 침해가 장기간에 걸쳐 누적되고 수십 년이 지나서야 발견되는 일이 빈번하기 때문이다. 이 경우 원칙적으로 이미 발생한 손해에 대하여는 신법이 소급 적용되지 아니한다. 손해의 일부가 발생한 뒤 법이 시행되고 나머지 손해가 발생한 경우 신법은 그 시행 후 발생한 손해부분(지분)에 한하여 적용된다. 반면 손해는 신법 시행 후 발생하였는데 그 원인 행위는 시행 전 행해진 경우 책임을 물을 수 있는지에 대하여는 논란의 소지가 있다.[103] 특히 토양오염의 경우 발견되었을 때에는 오염원인자에게 더는 책임을 물을

조업자가 공급한 시점을 기준으로 하여야 할 것이다. 상세한 논의는 Vonklich(주 3), S. 212 ff. 참조.

100) 반면 2013년 개정법은 즉시 시행되었는데, 같은 개정이 단순한 문언수정에 불과하여 내용의 변경이 없었기 때문이다.

101) 전지원, "상법 제22조의 효력이 미치는 범위", 대법원판례해설 제90호(2011년 하반기, 2012), 405면 이하. 다만, 당해 사안에서는 방론에 그쳤지만, 판결선고 시가 아닌 사실심변론종결시를 기준으로 든 점은 의문이다.

102) Vonklich(주 3), S. 208－209, 219 f. 독일에서의 학설대립에 관하여는 Heß(주 7), S. 162 참조.

103) Heß(주 7), S. 163 f.

수 없는 경우가 많아 직접 오염원인행위를 한 사람 이외의 사람에게도 공법상 정화(淨化)책임을 토양환경보전법 등 제정 이전으로 소급시키는 경향이 있다.[104] 이는 민법상 방해배제 및 불법행위책임에도 영향을 준다. 원인행위자의 책임에 관한 것이지만 대법원 2016. 5. 19. 선고 2009다66549 전원합의체 판결은 1973년부터 시작된 오염행위와 관련하여 그 이후에 제정된 토양환경보전법을 원용하며 불법행위책임을 긍정하였다. 토양오염의 특수성을 고려할 때 불가피한 것이지만, 진정소급입법에 해당하므로 적절한 제한이 필요하다.

5. 가 족

(1) 혼인법

(가) 혼인의 유효성과 효력

혼인의 성립과 효력에 관하여는 혼인성립 시의 법이 적용됨이 원칙이다. 가령 혼인장애사유가 혼인 후 법 개정으로 추가되었다 하여 이미 성립한 혼인이 무효·취소대상이 되지는 아니한다. 그러나 혼인 또한 계속적 법률관계 내지 신분관계에 속하므로, 적어도 혼인공동생활의 실질이 존속하는 동안 혼인장애사유가 새로 도입되었고 그것이 혼인의 존속을 위협하는 것일 때에는 비소급적 해소를 명할 여지가 있다. 제정 민법 부칙 제18조 제1항도 제정 민법 시행일전의 혼인에 무효·취소사유가 있으면 제정 민법에 의하여 무효가 되거나 취소할 수 있고, 그 경우 취소기간은 제정 민법 시행일로부터 기산한다고 규정하고 같은 태도이다. 반면 혼인성립 시에는 혼인장애사유가 존재하였는데 그 뒤 법 개정으로 혼인장애사유가 해소된 경우, 적어도 그 당시 혼인공동생활의 실질이 존재하였다면, 하자의 치유가 인정되어야 한다.[105] 제정 민법 부칙 제18조 제2항은 구법상 혼인취소사유가 있어도 신법상 취소사유가 아니면 더는 취소할 수 없다고 할 뿐이나, 무효사유에[106] 대하여도 같이 보아야 할 것이다. 대법원 1980. 1. 29. 선고 79므11 판결도 "민법 시행 전의 관습법상 혼인 무효사유가 있었어도 그 사유가 민법이 정한 무효사유에 해당하지 아니하는 이상 민법 부칙 제2조 본문의 규정에 의하여 유효하다"고 한다.[107] 그밖에 부모의

---

104) 가령 대법원 2009. 12. 24. 선고 2009두12778 판결. 조홍식, "소급적 환경책임의 위헌성: 2010헌가77 토양환경보전법 제10조의3 제1항 등 위헌제청사건을 글감으로 하여", 사법 제26호(2013), 142면 이하는 소급적용이 입법의도이고 어느 정도 필요하나, 과도한 소급적용은 위헌이라고 한다.

105) Heß(주 7), S. 187 ff.; Roubier(주 18), n° 42; Vonklich(주 3), S. 231 ff.

106) 혼인무효는 당연 무효라는 것이 판례·통설이다.

107) 구관습상 부모의 동의가 없어 무효인 혼인이었다. 다만, 위 판결은 하자의 치유를 제정 민

동의를 요하는 혼인의 범위를 미성년으로 축소한 1977. 12. 31. 개정 민법 부칙 제3항은 '이 법 시행일전에 혼인한 자가 20세에 달한 때에는 그 혼인이 종전의 법 제808조제1항의 규정에 위반한 때에도 그 취소를 청구할 수 없다'고 규정하고, 동성동본금혼(同姓同本禁婚)을[108] 좁은 범위의 근친혼으로 대체하고 무효사유 중 일부를 취소사유로 옮긴 2005. 3. 31. 개정 민법 부칙 제4조는 '이 법 시행 전의 혼인에 종전의 규정에 의하여 혼인의 무효 또는 취소의 원인이 되는 사유가 있는 경우에도 이 법의 규정에 의하여 혼인의 무효 또는 취소의 원인이 되지 아니하는 경우에는 이 법 시행 후에는 혼인의 무효를 주장하거나 취소를 청구하지 못한다'고 규정하였다. 2007. 12. 21. 개정 민법은 여자의 혼인적령을 16세에서 18세로 인상하였는데, 흥미롭게도 부칙 제3조 제3항은 '이 법 시행 당시 만 16세가 된 여자는 제801조 및 제807조의 개정규정에도 불구하고 약혼 또는 혼인할 수 있다'고 규정하였다. 시행일을 기준으로 16세인 여자의, 올해 혼인할 수 있으리라는 기대는 보호하지만, 시행일을 기준으로 15세가 되어 내년에 혼인할 수 있으리라는 기대는 보호하지 아니하겠다는 것이다.

반면 혼인의 인적 효력과 관련하여서는 동적 연결이 적합하다. 혼인 당사자는 일정한 혼인상(像) 내지 혼인관념을 전제로 혼인하지만, 혼인의 인적 효력의 구체적 형성에 관한 그들의 결정권은 한편으로는 혼인의 제도적 성격으로, 다른 한편으로는 장기간의 사실상 관계로서의 성격으로 인하여 제한되어 있다. 그들의 혼인 당시의 관념이 갖는 구속력이 약할 수밖에 없는 이유이다. 그러므로 인적 효력에 관한 법 개정은 이미 성립하여 존속 중인 혼인에 즉시 효력이 있다.[109] 부부의 동거장소에 관한 규율을 변경한 1990. 1. 13. 개정 민법은 신법의 즉시효를 명할 뿐이나, 이미 성립한 혼인관계에 적용되어야 함은 당연하다.

혼인의 재산상 효력은 좀 더 문제적이다. 계속적 관계이자 가치관의 변화와 밀접한 관련이 있으며 거래안전이 문제된다는 점에서는 동적 연결이 적합하지만, 약정부부재산제가 가능하고 법정부부재산제도 일종의 임의규정과 같은 기능을 한다는

법 부칙 제2조의 적용으로 근거지우나, 이는 의문이다. 최종백, "민법시행전의 관습법상 혼인무효사유가 있는 경우에 그 혼인의 민법시행후의 효력", 대법원판례해설 제2권 1호(1980), 165면 이하.

108) 동성동본금혼에 대하여는 이미 헌법재판소 1997. 7. 16. 선고 95헌가6 내지 13 결정(민법 제809조 제1항 위헌제청)으로 헌법불합치가 선언되고, 유예기간이었던 1999. 1. 1.까지 법 개정이 이루어지지 아니하여 이미 실효한 상태였다. 당해 사건에서는 5명의 재판관이 단순위헌의견이었다는 점도 참조.

109) Heß(주 7), S. 190 ff.; Roubier(주 18), n° 67; Vonklich(주 3), S. 234 ff.

점에서는 정적 연결, 즉 혼인성립 시의 법에 따를 필요도 있다. 약정부부재산제에서는 성립 시의 법이 적용될 여지가, 법정부부재산제에서는 신법이 적용될 여지가 좀 더 크다.[110] 제정 민법 부칙 제17조는 '본법 시행일전의 혼인으로 인하여 부(夫)가 처의 재산을 관리, 사용 또는 수익하는 경우에도 본법 시행일로부터 부(夫)는 그 권리를 잃는다'고 정하고, 1990. 1. 13. 개정 민법 부칙 제6조는 보다 일반적으로 '이 법 시행일 전의 혼인으로 인하여 인정되었던 부부간의 재산관계에 관하여는 이 법 시행일부터 이 법의 규정을 적용한다'고 정함으로써 이를 확인한다. 한 가지 흥미를 끄는 점은 1990. 1. 13. 개정 민법에서 부부간의 재산관계와 관계된 규정은 부부의 공동생활에 필요한 비용의 부담에 관한 제833조 개정뿐이었다는 사실이다. 이 규정의 성질에 대하여는 혼인의 인적 효력 내지 부양에 관한 규정으로 보는 견해와 부부재산관계에 관한 규정으로 보는 견해가 있으나, 실질법의 규정체계는 이를 재산관계에 관한 규정으로 분류하고 있다. 이 규정이 부칙 제6조의 '재산관계'에 해당하는 것은, 시제사법규정, 즉 경과규정이 실질법의 체계개념과 성질결정을 이어받은 예라고 할 수 있다. 그밖에 1977. 12. 31. 개정 민법은 특유재산의 공유추정을 도입하면서, 이 부분에 대한 별다른 경과규정을 두지 아니하였다. 그러나 증명책임에 관한 규정은 절차법에 속하므로 신법 시행 후 계속된 사건에 적용되는 것이 당연하다.[111]

(나) 이 혼

이혼은 대체로 일정한 절차와 결부되어 있으므로, 원칙적으로 이혼(신청) 시의 법에 따른다. 가령 1977. 12. 31. 개정 민법은 협의이혼에 가정법원의 이혼의사 확인을 도입하였고, 2007. 12. 21. 개정 민법은 협의이혼절차에 숙려기간과 양육에 관한 협의를 도입하였으며, 2009. 5. 8. 개정 민법은 협의이혼절차에 양육비부담조서 제도를 도입하였다. 이들 규정은 모두 신법이 즉시효를 가져 신법 시행 전 성립한 혼인이라 하더라도 협의이혼절차가 신법 시행 후에 개시되면 신법이 적용된다. 다만 문제는 신법 시행 전 절차가 개시되었으나 종료하지 아니한 경우인데, 2007. 12. 21. 개정 민법 부칙 제3조 제1항은 '이 법 시행 당시 법원에 계속 중인 사건에 관하여는 이 법(제837조의 개정규정을 제외한다)을 적용하지 아니한다'고 정하고, 2009. 5. 8. 개정 민법 제2항은 '제836조의2제5항의 개정규정은 이 법 시행 당시 계속 중인 협의이혼사건에도 적용한다'고 정한다. 숙려기간에 관하여는 이혼 당사자의 기대를 배려, 구법의 적용을 확장하고, 양육에 관하여는 자녀의 복리를 고려, 신법의 적용을 확장

110) Heß(주 7), S. 198 ff.; Vonklich(주 3), S. 237 ff.

111) Roubier(주 18), n° 52 et suiv.는 이를 'lois pseudo-rétroactives'로 분류한다.

한 것이다.

이혼사유와 관련하여서는 좀 더 고려할 점이 있다. 파탄주의이혼원인의 경우 이혼시의 법을 적용함이 타당하나 유책주의이혼의 경우 유책사유를 소급하여 인정하는 것은 부당하다고 볼 여지가 있다.[112] 이혼에 관한 것은 아니지만, 1990. 1. 13. 개정 민법은 약혼해제사유와 관련하여 '폐병(肺病)'을 삭제하고 2년이상의 생사불명(生死不明)을 1년이상의 생사불명으로 단축하면서, 부칙 제5조로 '① 이 법 시행일전의 약혼에 이 법에 의하여 해제의 원인이 되는 사유가 있는 때에는 이 법의 규정에 의하여 이를 해제할 수 있다. ② 이 법 시행일전의 약혼에 구법에 의하여 해제의 원인이 되는 사유가 있는 경우에도 이 법의 규정에 의하여 해제의 원인이 되지 아니할 때에는 이 법 시행일후에는 해제를 하지 못한다'고 규정하였다.

끝으로 이혼의 효과도 이혼 시의 법에 연결된다. 이는 매우 중요한 현실적 의미를 갖는다. 가령 1990. 1. 13. 개정 민법은 이혼 시 재산분할청구권을 도입하였다. 명문규정은 없으나 이 규정은 존속 중인 혼인에 즉시 적용된다. 그 결과 신법 시행 전에 혼인생활이 이루어져 부부공동재산이 형성되었어도 신법 시행 후 이혼하는 한 재산분할을 구할 수 있다. 한 가지 문제는 신법 시행 전 이혼하였으나 신법 시행 당시 아직 재산분할청구권의 제척기간이 경과하지 아니한 경우 재산분할청구가 가능하였는가 하는 점인데, 우리 민법이 이혼과 재산분할을 분리청구할 수 있게 한 이상 인정하여도 좋을 것이다. 한편, 2007. 12. 21. 개정 민법은 재산분할청구권 보전을 위한 사해행위취소를 도입하면서 별다른 경과규정을 두지 아니하였는데, 이는 재산분할청구권 보전을 위한 채권법상의 제도이고 관할 등 절차에 관한 규정을 제외하면 완전히 새로운 제도를 도입하였다기보다는 종래의 법적 불명확성을 해소하고자 한 것이므로 신법 시행 후 사해행위가 이루어질 필요는 없고, 신법 시행 후 제소기간 내에 사해행위취소의 소가 제기되면 족할 것이다. 같은 법 부칙 제3조 제1항도 '이 법 시행 당시 법원에 계속 중인 사건에 관하여는 이 법(제837조의 개정규정을 제외한다)을 적용하지 아니한다'고 정함으로써 아직 법원에 계속 중이지 아니한 사건에 대하여는 적용할 여지가 있음을 시사하고 있다.[113] 개정이 법적 불명확성을 해소하기 위한 것임에 비추어보면, 위 경과규정도 관할이 바뀌지 아니한다는 데 그치고,

---

112) Heß(주 7), S. 192 ff.; Roubier(주 18), n° 67; Vonklich(주 3), S. 243 ff. 비슷한 취지에서 독일민법시행법 제201조 제2항은 구법이 정하는 이혼사유를 신법이 정하는 이혼사유로 대체할 수 있는 한도에서 법 개정 전 이혼사유에 터 잡은 이혼을 허용한다.

113) 가령 홍진표, "재산분할청구권 보전을 위한 사해행위취소권의 요건에 관한 고찰", 가정법원 50주년 기념논문집, 2014, 224면.

실체법상 취소는 개정으로 인하여 오히려 허용될 가능성이 높아질 것이다.[114]

(2) 부모 · 자녀 관계

(가) 친생자

부모 · 자녀 관계의 성립은 자녀의 출생 시를 기준으로 한다. 친자관계의 성립을 결정하는 실질법이 이미 출생 당시의 사실, 즉 누가 낳았는지, 모(母)가 그 당시 또는 그 전후 혼인 중이었는지를 기준으로 하기 때문이다. 부모 · 자녀 관계에 요구되는 안정성에 비추어볼 때 동적 연결은 고려하기 어렵다. 대법원 1963. 6. 13. 선고 63다228 판결도 구'관습에 의하면 비록 아직 혼인신고는 하지 아니 하였다 할지라도 부부가 이른바 내연관계에 들어가서 동거생활을 하던 중 처가 포태한 경우에는 비록 그 포태된 자의 출생일자가 그 부모의 혼인신고일 뒤에 있고 그 사이의 기간이 200일이 못된다 할지라도 이러한 자는 특히 부모의 인지절차를 밟지 아니하고 출생과 동시에 당연히 그 부모의 적출자로서의 신분을 취득'하는바, 제정 민법 시행 전 출생한 경우 친생관계가 이미 확립되었다고 함으로써 같은 태도이다. 한편, 2017. 10. 31. 개정 민법 부칙 제2조는 '남편의 친생자의 추정에 관한 적용례'라는 표제 하에 '제854조의 및 제855조의2의 개정규정을' 소급하여 적용할 것을 정하나, 이들 규정은 친생추정, 즉 부자관계의 성립에 관한 규정이 아니라 아래에서 보는 친생부인에 관한 규정이다.

적어도 친생추정에 의하여 성립한 부자관계는 친생부인에 의하여 깨질 수 있다. 친생추정에 대하여 동적 연결을 고려하지 아니하는 대신 친생부인에 대하여는 부인(청구) 시의 법을 적용할 필요가 있다.[115] 2005. 3. 31. 개정 민법은 친생부인의 소의 제소권자에 생모(生母)를 추가하고 제소기간을 '자녀의 출생을 안 날로부터 1년'에서 '친생부인사유를 안 날로부터 2년'으로 연장하였으며,[116] 2017. 10. 31. 개정 민법은

---

114) 민법 제839조의3 제1항은 '제406조제1항을 준용하여 그 취소 및 원상회복을 가정법원에 청구할 수 있다'고 할 뿐이어서, 관할을 일반민사법원에서 가정법원으로 변경하는 취지를 분명히 할 뿐, 이 규정이 없었을 때 민법 제406조제1항에 의하여 일반민사법원에 재산분할청구권, 특히 협의 또는 심판으로 구체화되기 전의 재산분할청구권을 피보전권리로 사해행위취소를 구할 수 있는지에 대하여 언급하지 아니한다. 그리하여 이 규정은 위 규정이 신설되기 전에도 해석상 위와 같은 사해행위취소가 허용될 수 있음을 시사한다. 이는 신법이 제406조의 해석에 관하여 일정한 방향을 제시하는 경우로 볼 여지가 있다. 시제사법에서 이러한 문제(authentische Intepretation)에 대하여는, Heß(주 7), S. 427 ff.; Vonklich(주 3), S. 273 ff. 또한 Gaudemet, JCl. Civil Code. Art. 2-Fasc 30: Application de la loi dans le temps. —Le législateur et l'article 2 (2018), n° 33 et suiv.

115) Heß(주 7), S. 206 ff.; Vonklich(주 3), S. 250 ff.

116) 이는 헌법재판소 1997. 3. 27. 선고 95헌가14, 96헌가7 결정(민법 제847조 제1항 위헌소원)이 위 규정에 대하여 헌법불합치를 선언한 데 따른 것이다.

제854조의, 제855조의2로 혼인해소 후 출생한 자녀가 전부(前夫)의 친생으로 추정되는 경우 출생신고 전까지는 생모의 전부(前夫), 생모 및 생부(生父)가 가정법원의 허가만으로 친생부인 및 인지를 할 수 있게 해주었다. 2005. 3. 31. 개정 민법 부칙 제3조는 '① 제847조제1항의 개정규정에 의한 기간이 이 법 시행일부터 30일 이내에 만료되는 경우에는 이 법 시행일부터 30일 이내에 친생부인의 소를 제기할 수 있다. ② 제847조제1항의 개정규정이 정한 기간을 계산함에 있어서는 1997. 3. 27.부터 이 법 시행일 전일까지의 기간은 이를 산입하지 아니한다'고 정하였다. 위헌결정으로 인한 개정이었지만 신법이 즉시효를 가지므로 소급시킬 필요는 없었고, 제소기간의 특례를 인정하면 족하였던 것이다. 2017. 10. 31. 개정 민법 부칙 제2조는 '제854조의2 및 제855조의 개정규정은 이 법 시행 전에 발생한 부모와 자녀의 관계에 대해서도 적용한다. 다만, 이 법 시행 전에 판결에 따라 생긴 효력에는 영향을 미치지 아니한다'고 규정하는데, 당연한 법리의 확인일 뿐이다.

(나) **양친자**

입양도 같다. 입양의 유효성은 입양성립 시를 기준으로 판단한다. 그러나 양친자관계의 법적 효과는 동적으로 연결된다. 파양에 관하여는, 유책주의를 취하지 아니하는 한, 파양(신청) 시의 법에 의한다. 외국에서는 이를 입양이 사적 자치적 신분관계 형성으로 이해되다가 점차 사회적 목적에 봉사하는 행위로 이해됨에 따라 정적 연결에서 동적 연결로 전환하였다고 설명하기도 한다.[117] 그러나 입양요건은 정적으로 연결되고, 양친자관계는 동적으로 연결되며, 그 점에서 다른 신분관계와 다르지 않다고 이해함이 더 적절할 것이다.

대법원 1994. 5. 24. 선고 93므119 전원합의체 판결은 제정 민법 시행 전 신고된 입양에 관습상 무효의 원인이 있다 하더라도 이미 의용민법에 의하여 입양의 효력이 생긴 경우에는, "적어도 민법 시행일까지 입양에 따르는 친자적 공동생활관계가 유지되고 있었다면 무효인 그 입양이 소급하여 효력을 가진 것으로 전환되고, 다만 민법에 의하여 취소의 원인이 되는 사유가 있는 때에는 민법의 규정에 의하여 이를 취소할 수 있을 뿐이나 그 취소기간은 민법시행일로부터 기산할 따름"이라고 한다.[118] 하자의 치유를 인정한 예이다. 1990. 1. 13. 개정 민법은 사후양자(死後養子),

117) Heß(주 7), S. 217 ff.; Vonklich(주 3), S. 256 ff.

118) 윤진수, "민법시행 전에 이성양자가 허용되었는지 여부 및 민법 시행 전 입양의 요건에 대한 민법의 소급적용", 판례월보 제314호(1996) = 민법논고 Ⅳ, 2009, 293면 이하. 대법원 1980. 1. 29. 선고 79므11 판결도 참조. 제정 민법 부칙 제18조 제2항은 '본법 시행일전의 혼인 또는 입양에 구법에 의한 취소의 원인이 되는 사유가 있는 경우에도 본법의 규정에

서양자(壻養子)를 폐지하고 직계장남자의 입양금지를 해제하였는데, 같은 법 부칙 제7조도 '이 법 시행일전의 입양에 구법에 의하여 취소의 원인이 되는 사유가 있는 경우에도 이 법의 규정에 의하여 취소의 원인이 되지 아니할 때에는 이 법 시행일후에는 취소를 청구하지 못한다'고 정한다. 한편, 2012. 2. 10. 개정 민법은 미성년자입양에 가정법원의 허가를 요건으로 추가하는 한편, 다수의 실체법상 입양요건을 완화하면서, 부칙 제3조에서 '이 법 시행 전에 제878조 또는 제904조에 따라 입양 또는 파양의 신고가 접수된 입양 또는 파양에 관하여는 종전의 규정에 따른다'고 규정하고 있는데, 가정법원의 허가는 별론 실체법상 요건에 관하여는 신법을 즉시 적용하였어야 할 것이다.[119] 그밖에 2013. 7. 1. 개정 민법은 가족의 명예에 대한 오독(汚瀆) 등 가(家)를 위한 입양의 관점에서 구성되어 있던 재판상 파양사유를 학대, 유기 등 자녀의 복리를 중심으로 재편하면서, 부칙 제4조에서 '제905조의 개정규정에도 불구하고 이 법 시행 전에 종전의 규정에 따라 가정법원에 파양을 청구한 경우에 재판상 파양 원인에 관하여는 종전의 규정에 따른다'고 규정하였다. 그러나 이미 확정되어 기판력·형성력이 발생한 파양사건은 별론, 아직 계속 중이고, 나아가 사실심 변론조차 종결되지 아니한 재판상 파양사건에서 파양사유를 구법에 연결시킨 것은 의문이다. 파양청구의 소의 제기 시점에 따라 파양 여부가 달라지는 것은 지나치게 자의적이고, 양자의 복리가 절차의 안정보다 더 중요하기 때문이다. 적어도 사실심 변론종결 전에 있는 사건까지는 신법을 적용하였어야 했을 것이다. 반면, 구체적인 적용례를 찾아보기 어려우나, 제정 민법 부칙 제18조 제1항은 구관습에 의한 입양에 제정 민법상 무효·취소사유가 있는 경우 민법 시행으로 무효가 되거나 취소할 수 있고, 취소의 경우 제정 민법 시행일부터 취소기간이 기산한다고 한다.

(3) 친권과 후견

㈎ 친 권

친권법은 전적으로 동적으로 연결된다. 선결문제인 누가 부모인가 등이 정적 연결에 따른다 하더라도, 이를 전제로 현재의 친권자를 결정하고 친권의 범위와 그 내용을 정하는 것은 그때그때의 법이다.[120] 가령 1977. 12. 31. 개정 민법은 부부공동

의하여 취소의 원인이 되지 아니할 때에는 본법 시행일후에는 이를 취소하지 못한다'고 규정할 뿐이다.

119) 가정법원의 허가도 미성년자 입양에서 자녀의 복리를 보호하기 위한 필수적인 절차로 즉시 적용할 필요가 있으나, 다수의 계속 중인 입양사건의 진행에 영향을 줄 수 있다는 점에서 구법의 연장적용을 이해할 수는 있다.

120) Heß(주 7), S. 209 f.; Roubier(주 18), n° 67; Vonklich(주 3), S. 257 f.

친권을 규정하고, 1990. 1. 13. 개정 민법은 이를 강화하여 부부 사이에 의견이 다르면 가정법원이 정할 수 있게 하는 한편, 이혼 시 양육책임에 관하여 협의가 이루어지지 아니한 경우 양육권이 당연히 부(父)에게 귀속하는 것이 아니라 협의로 정하게 하였으며, 이혼한 모(母)의 친권제한도 폐지하여 원칙적으로 공동친권을 유지하는 한편, 비양육친의 면접교섭권을 도입하였다. 2011. 5. 19. 개정 민법은 이혼으로 부모 중 일방이 친권자로 지정되었다가 사망한 경우 다른 일방의 친권이 자동으로 부활하지 아니하고 후견을 개시할 수 있게 하였고, 2014. 10. 15. 개정 민법은 친권의 제한과 일시정지 및 그에 국한된 미성년후견을 도입하였으며, 2016. 12. 2. 개정 민법은 비양육친의 직계존속의 면접교섭권을 부분적으로 인정하였다. 이들 개정은 대부분 경과규정을 따로 두지 아니하였으나 이미 개시되어 존속 중인 친권 내지 부모와 자녀 사이의 관계에 즉시 적용된다. 1990. 1. 13. 개정 민법 부칙 제9조는 '구법에 의하여 개시된 친권에 관하여도 이 법 시행일부터 이 법의 규정을 적용한다'고 함으로써 이를 확인하고, 판례도 1990. 1. 13. 개정 민법이 시행된 1991. 1. 1.부터 그 전에 이혼한 모(母)의 친권이 당연부활하고 그에 따라 미성년후견이 종료한다고 한다.[121] 2014. 10. 15. 개정 민법 부칙 제2조는 '이 법 시행 당시 가정법원에 진행 중인 친권의 상실 선고 청구 사건에 대해서는 제924조 및 제925조의2의 개정규정에도 불구하고 종전의 규정에 따른다'고 하고 있으나, 의문이다. 친권상실사유에 이르지 못하였으나 친권제한 또는 일시정지사유는 존재하는 경우 친권상실청구를 기각하고 다시 (신법에 따라) 절차를 밟게 하는 것보다는, 다소간 절차의 안정을 해하더라도 당해 절차 내에서 신법을 적용하는 쪽이 나았을 것이다.

(나) 후 견

후견의 경우 두 가지 측면이 고려되어야 한다.

첫째, 후견은 대개의 경우 법원의 재판에 의하여 개시된다. 절차에 관하여는 절차개시 및 그 계속 당시의 법이 적용된다. 그러나 일단 후견이 개시되면 후견인의 권한 등은 그때그때의 법에 따른다. 후견인의 지위도 신분이므로, 그 내용은 동적으로 연결되어야 하는 것이다. 1990. 1. 13. 개정 민법은 법정후견인의 순위를 변경하였는데, 같은 법 부칙 제10조는 '구법에 의하여 미성년자나 한정치산자 또는 금치산자에 대한 후견이 개시된 경우에도 그 후견인의 순위 및 선임에 관한 사항에는 이 법 시행일부터 이 법의 규정을 적용한다'고 규정하여 신법이 즉시 적용됨을 분명히

121) 대법원 1994. 4. 29. 선고 94다1302 판결.

하고 있다. 구법상 제1순위후견인과 신법상 제1순위후견인이 다른 경우 신법의 시행으로 당연히 후견인이 변경된다. 2011. 3. 7. 개정 민법은 새로운 후견법을 도입하면서 후견인의 권한과 감독, 가정법원의 개입에 관한 규정을 전면적으로 재편하였는데, 이 경우 구법에 의하여 미성년후견인이 된 사람은 그 지위를 유지하되, 권한범위와 감독 등에 대하여는 신법이 적용된다.[122]

둘째, 후견은 일정한 유형으로 나뉜다. 이러한 법정유형이 변경되는 경우 폐기된 구 유형이 신설된 신 유형으로 치환·적응되어야 한다.[123] 제정 민법 부칙 제22조, 제23조는 의용민법상 금치산자와 준금치산자의 후견에 대하여는 제정 민법의 후견에 관한 규정을 적용하고, 보좌(保佐)는 효력을 잃는 것으로 규정하였고, 2011. 3. 7. 개정 민법 부칙 제2조는 구법상 금치산 또는 한정치산의 선고를 받은 사람에 대하여 구법을 적용하되, 이미 금치산, 한정치산이 선고되어 있다 하더라도 신법에 따른 성년후견, 한정후견, 특정후견 또는 임의후견의 개시를 구할 수 있고, 그리하여 신법에 따른 성년후견이 개시되거나 신법 시행일부터 5년이 경과하면 법률상 당연히 구법상 금치산·한정치산선고가 실효하는 것으로 규정하였다.

(4) 기 타

사람의 성(姓)과 본(本) 등에 관한 사항은 그 출생 시의 법에 의함이 원칙이다. 그러나 그 변경을 구하는 경우 변경을 구하는 시점의 법이 적용된다. 2002. 1. 14. 개정 민법은 종래의 부성주의(父姓主義)를 완화하고 성·본변경을 허용하면서 별다른 경과규정을 두지 아니하였는데, 그중 출생 시 모(母)의 성·본을 따를 수 있게 한 부분은 신법 시행 후 출생한 사람에 대하여, 혼외자의 인지(認知)에도 불구하고 성·본을 계속사용할 수 있게 한 부분은 신법 시행 후 인지된 사람에 대하여,[124] 자녀의 복리를 이유로 성·본을 변경할 수 있게 한 부분은 신법 시행 후 자녀의 복리상 성·본 변경의 필요가 존재하는 경우에 대하여 적용된다.

친족관계 일반은 동적으로 연결된다.[125] 1990. 1. 13. 개정 민법은 친족의 범위를 변경하여 친족이 아니었던 사람이 친족에 포함되거나 친족이었던 사람이 친족에

122) 2011. 3. 7. 개정 민법 부칙 제2조, 제3조는 성년후견에 관하여는 구법적용을 연장하는 경과규정을 두었으나, 미성년후견에 관하여는 별다른 규정을 두지 아니하였다. 입법론으로는 확인적 취지의 규정이라도 두는 쪽이 바람직하였을 것이다.

123) Heß(주 7), S. 133–134; Vonklich(주 3), S. 165 f.

124) 이 규정은 혼인외의 출생자가 인지되어도 종전의 성·본을 계속 사용할 수 있게 하는 규정이므로, 이미 구법에 따라 성·본이 변경된 경우에는 적용될 여지가 없고, 자의 복리를 위하여 다시 종전의 성·본으로 변경할 여지가 있을 뿐이라고 봄이 옳다.

125) Heß(주 7), S. 205; Roubier(주 18), n° 68.

서 제외되었다. 같은 법 부칙 제3조는 '구법에 의하여 친족이었던 자가 이 법에 의하여 친족이 아닌 경우에는 이 법 시행일부터 친족으로서의 지위를 잃는다'고 규정하고, 제4조는 '이 법 시행일 전에 발생한 전처(前妻)의 출생자와 계모(繼母) 및 그 혈족·인척 사이의 친족관계와 혼인외의 출생자와 부(父)의 배우자 및 그 혈족·인척 사이의 친족관계는 이 법 시행일부터 소멸한다'고 규정하여 친족범위의 축소에 관한 규정만을 두었으나, 신법으로 친족의 범위가 확대되어 친족이 되는 경우에도 신법 시행과 동시에 친족관계가 발생한다고 볼 것이다.

부양도 같다.[126] 1990. 1. 13. 개정 민법은 호주와 가족 사이의 부양의무를 폐지하면서, 그 부칙 제11조에서 '구법에 의하여 부양의무가 개시된 경우에도 이 법 시행일부터 이 법의 규정을 적용한다'고 규정하여 이를 확인한다. 제정 민법 부칙 제24조도 같은 취지이다.

6. 상 속

(1) 법정상속

법정상속은 상속개시 시의 법에 따른다는 데 비교법적으로 이론(異論)이 없다. 그 전의 상속에의 기대는 보호가치가 높지 아니하고, 법률규정에 의한 포괄적 권리이전으로 내적 판단일치를 꾀할 필요도 크기 때문이다.[127] 제정 민법 부칙 제25조 제1항, 1977. 12. 31. 개정 민법 부칙 제5항, 1990. 1. 13. 개정 민법 부칙 제12조 제1항이 이를 확인한다.

실종선고에 의하여 사망한 것으로 간주되는 경우에는 좀 더 복잡한 문제가 있다. 이 경우 연결점으로는 둘을 생각할 수 있다. 실종선고가 이루어진 때와 실종기간이 만료되어 사망한 것으로 간주되는 때(민법 제28조)가 그것이다. 제정 민법 부칙 제25조 제2항은 '실종선고로 인하여 호주 또는 재산상속이 개시되는 경우에 그 실종기간이 구법 시행기간중에 만료하는 때에도 그 실종이 본법 시행일후에 선고된 때에는 그 상속순위, 상속분 기타 상속에 관하여는 본법의 규정을 적용한다'고 하여 앞의 접근을 채택하였다. 그러나 1977. 12. 31. 개정 민법 부칙 제6항은 '실종선고로 인하여 상속이 개시되는 경우에 그 실종기간이 이 법 시행일 후에 만료된 때에는 그 상속에 관하여 이 법의 규정을 적용한다'고 하여 뒤의 접근으로 바꾸었다. 그리고 1990. 1. 13. 개정 민법 제12조 제2항은 '실종선고로 인하여 상속이 개시되는 경우에

126) Heß(주 7), S. 210.
127) Heß(주 7), S. 223 f.; Vonklich(주 3), S. 260 f.

그 실종기간이 구법 시행 기간 중에 만료되는 때에도 그 실종이 이 법 시행일후에 선고된 때에는 상속에 관하여는 이 법의 규정을 적용한다'고 하여 앞의 접근으로 다시 바꾸었다. 1977. 12. 31. 개정 민법의 취지는 그 시행 후 실종선고가 이루어졌다 하더라도 실종기간이 그 시행 전 만료된 경우에는 신법의 적용을 유보하는 데 있다.[128] 이는 신법의 적용범위를 편면적으로 지정한 것이므로, 구관습과 제정 민법의 적용범위는 제정 민법 부칙 제25조 제2항에 따라야 한다. 1990. 1. 13. 개정 민법 제12조 제2항도 같다. 이는 신법 시행 후 실종선고가 이루어진 경우에는 즉시 신법을 적용한다는 취지의 편면적 지정이므로, 신법 시행 전에 이루어진 실종선고로 인한 상속에는 제정 민법 부칙 제25조 제2항과 1977. 12. 31. 개정 민법 부칙 제6항이 적용된다고 보아야 한다. 한편, 대법원 2017. 12. 22. 선고 2017다360, 377 판결은 제정 민법 시행 전 실종기간만료를 원인으로 1990. 1. 13. 개정 민법 시행 후 실종선고를 받았다면 적용될 상속법은 1990. 1. 13. 개정 민법이라고 하는데,[129] 결론적으로 타당하다.

기여분과 특별연고자에 대한 재산분여 제도를 신설한 1990. 1. 13. 개정 민법과 특별부양에 대하여 기여분을 인정한 2005. 3. 31. 개정 민법은 별다른 경과규정을 두지 아니한다. 이들 규정은 신법 시행 후 개시된 상속에 적용된다고 봄이 옳다.[130] 한 가지 문제는 신법 시행 전 기여나 신법 시행 전 형성된 특별연고가 적용대상인가 하는 점인데, 고려하여야 한다는 것이 일반적인 견해이고, 단지 그 시점을 기여의 정도 내지 특별연고의 정도를 판단함에 있어 참작할 수 있다고 한다.[131]

반면 상속재산분할에서도 이 원칙을 고수하는 경우 장기간 법 분열이 나타날 수 있다. 상속의 승인·포기의 경우에도 아직 구법상 승인·포기기간이 도과하지 아니한 이상 상속개시 시의 법에 따라야 할 이유가 없고, 상속회복청구권의 경우도 같

128) 그 역, 즉 실종선고가 실종기간의 만료보다 빠른 경우는 생각할 수 없다.

129) 당해 사건에서 독립당사자참가인은 1990. 1. 13. 개정 민법 부칙 제12조 제2항의 '실종기간이 구법 시행기간 중에 만료되는 때'의 '구법'은 1977. 12. 31. 개정 민법만을 말하므로, 위 규정은 당해 사안에 적용되지 아니하고 1977. 12. 31. 개정 민법이 여기에 적용될 수도 없으므로 제정 민법이 적용될 수밖에 없다는 취지로 주장하였다. 최준규, "실종선고로 인한 상속에 관한 경과규정인 민법 부칙(1990.1.13. 법률 제4199호) 제1조 제2항의 의미", 2017년 가족법 주요 판례 10선, 2018, 201면. 이 주장은 매우 불합리한 것이지만 시제사법적 경과규정 자체의 해석이 문제된 드문 예라는 점에 의미가 있다. 헌법재판소 2016. 10. 27. 선고 2015헌바203, 361 결정(민법 부칙 제12조 제2항 위헌소원)은 위 부칙 제12조 제2항이 소급입법에 해당하지 아니하고 피상속인의 사망 전에 상속인이 될 수 있는 사람이 가지는 상속에 대한 기대도 구체적이라고 볼 수 없다는 이유에서 합헌이라고 한다.

130) 대법원 1995. 2. 15.자 94스13, 14 결정.

131) 우선, 윤진수 편집대표 주해상속법 제1권, 2019, 214면(이봉민 집필부분).

다.[132] 가령 2002. 1. 14. 개정 민법은 특별한정승인제도를 신설하면서, 그 부칙 제1항에서 신법의 즉시효를 명하였는데, 이는 신법 시행 후에 개시된 상속뿐 아니라 신법 시행 전 개시되었으나 신법 시행 후에도 아직 상속개시 있음 안 날부터 3개월의 승인·포기기간이 남아 있었던 경우에는 그 도과 후 '채무초과를 중대한 과실 없이 안 날로부터 3개월' 내 특별한정승인을 할 수 있음을 뜻한다. 같은 법 부칙이 신법 시행 전에 상속이 개시되었으나 신법 시행 후 상속개시 있음을 안 경우에 대하여 따로 경과규정을 두지 아니한 이유이다. 위 개정은 헌법재판소가 민법 제1026조 제2호에 대하여 헌법불합치결정을 선고함에 따라 이루어졌는데,[133] 같은 법 부칙 제3항과 2005. 12. 29. 개정 민법에 의하여 추가된 같은 법 부칙 제4항 제1호는 각각 위 헌법불합치 결정일 당시 구법상의 승인·포기기간이 도과하지 아니하였고 신법 시행 전 채무초과사실을 안 경우와 위 결정일 당시 구법상 승인·포기기간이 도과하였으나 새로 도입된 특별한정승인에 의할 때 특별한정승인을 할 수 있었던 기간은 아직 도과하지 아니하였는데 신법 시행 전 채무초과사실을 알게 된 경우에 신법 시행일부터 3개월 내에 특별한정승인을 허용할 뿐이다.[134] 이 점에서 '개정법률 시행 이후 상속채무 초과사실을 알게 된 자는 그 사실을 안 날부터 3월 이내'에 특별한정승인을 할 수 있다고 규정한 같은 부칙 제4항 제2호는 신법의 즉시효를 확인하는 취지라고 할 수 있다. 그밖에 판례는 민법 시행 전 개시된 상속의 상속회복청구권의 소멸시효 내지 제척기간은 구법, 즉 관습에 의하여야 한다고 한다.[135] 그러나 학설상으로는 제정 민법의 제척기간이 적용되어야 한다는 견해가[136] 유력하다. 이는 상속회복청구권의 행사기간이 '상속'에 관한 사항으로 제정 민법 부칙 제25조 제1항이 적용되어야 하는가, 아니면 '시효'나 '법정기간'에 관한 사항으로 같은 부칙 제8조가 적용되어야 하는가 하는, 시제사법 내지 경과규정상 성질결정의 문제이다. 한편, 2002. 1. 14. 개정 민법은 헌법재판소의 단순위헌결정에[137] 따라 상속회복청구권의

---

132) Heß(주 7), S. 224 ff.

133) 헌법재판소 2003. 12. 18. 선고 2002헌바91, 94 결정(민법 제1019조 제3항 등 위헌소원).

134) 이 경우에는 승인·포기기간의 도과에 의한 단순승인의 확정이 위헌이므로 기간도과에 위헌결정의 소급효를 차단하는 효력을 부여할 수 없는 것이다. 법정단순승인의 안정성에 대한 신뢰의 보호가치가 낮고, 위 민법 제1026조 제2호에 대한 헌법불합치결정도 그러한 점을 고려한 것이라는 지적으로, 윤진수, "상속의 단순승인 의제규정에 대한 헌법불합치결정의 소급효가 미치는 범위", 가족법연구 제16권 제2호(2002) = 민법논고 Ⅴ, 2011, 404면 이하.

135) 대법원 1962. 6. 21. 선고 62다196 판결; 2007. 4. 26. 선고 2004다5570 판결.

136) 박세민, "민법시행 이전에 개시된 상속과 상속회복청구권의 제척기간", 가족법연구 제21권 제3호(2007), 338면 이하; 윤진수, "상속회복청구권의 소멸시효에 관한 구관습의 위헌 여부 및 판례의 소급효", 비교사법 제11권 2호(2004) = 민법논고 Ⅴ, 2011, 169면 이하.

137) 헌법재판소 2001. 7. 19. 선고 99헌바9, 26, 84, 2000헌바11, 2000헌가3, 2001헌가23 결정(민

장기제척기간의 기산점을 종래의 상속개시가 있은 날부터 10년에서 상속권 침해행위가 있은 날부터 10년으로 변경하였다. 판례는 이 규정이 신법 시행 전 상속권 침해행위가 있은 경우에도 적용되고,[138] 신법 시행일 전 제기된 상속회복청구의 소에 대하여는 신법을 소급적용할 수 없어 장기제척기간이 없는 상태가 된다고 한다.[139] 그러나 이와 같은 신법 시행 전후에 따른 차별은 근거가 없고, 소급적용의 실정법적 근거도 없다.[140] 해석상 신법 시행일부터 10년의 제척기간이 진행하는 것으로 봄이 타당할 것이다.[141]

(2) 유언 · 유증

유언 · 유증에서는 유언 시와 유언의 효력발생 시가 모두 고려된다. 즉 유언 당시의 법이 정하지 아니한 효력장애가 그 뒤 법 개정으로 도입되었다 하여 이미 행해진 유언의 효력에 하자가 생기지는 아니한다. 이 점에서 유언의 효력은 유언성립 시의 법에 따른다. 그러나 유언은 전형적인 기한부 행위로, 그 효력이 장래에, 가령 피상속인의 사망 시에 발생하며, 효력발생 시에는 이미 유언자가 사망하여 효력에 문제가 있다 하더라도 다시 유언을 할 수 없다는 문제가 있다. 유언 당시 하자가 있었다 하더라도 그 효력발생 시 전 법이 개정되어 더는 하자가 아니게 되었다면 그 하자의 치유를 인정함이 타당할 것이다.[142]

제정 민법 부칙 제26조는 '본법 시행일전의 관습에 의한 유언이 본법에 규정한 방식에 적합하지 아니한 경우에라도 유언자가 본법 시행일로부터 유언의 효력발생일까지 그 의사표시를 할 수 없는 상태에 있는 때에는 그 효력을 잃지 아니한다'고 한다. 구관습상 유언에는 방식이 요구되지 아니하였는데 민법이 요식주의(要式主義)를 채택하면서, 구관습상 무방식유언의 효력을 제한적으로만 인정한 것이다. 거꾸로 말하면 민법의 요식주의가 예외적으로 소급효를 가진 예라고 할 수 있다.[143]

법 제999조 제2항 위헌소원, 구 민법 제999조가 준용하는 제982조 제2항 부분 위헌제청, 민법 제999조 제2항 위헌제청).

138) 대법원 2006. 9. 8. 선고 2006다26694 판결; 2010. 1. 14. 선고 2009다41199 판결.

139) 대법원 2004. 7. 22. 선고 2003다49832 판결. 김대원, "공동상속인을 상대로 한 상속재산에 관한 등기말소청구의 소가 상속회복청구의 소에 해당하는지 여부와 상속회복청구권의 제척기간", 대법원판례해설 제51호(2005년, 2005), 372면 이하.

140) 윤진수(주 136), 185면 주 77.

141) 박근웅, "상속회복청구권의 제척기간에 관한 적용법조", 가족법연구 제24권 2호(2010), 99면; 이화숙, "상속회복청구권에 관한 몇 가지 문제", 저스티스 통권 133호(2012), 50면.

142) Heß(주 7), S. 232 ff.; Vonklich(주 3), S. 262 ff. 이미 Von Savigny(주 19), S. 447 f.

143) 윤진수 편집대표 주해친족법 제1권, 2019, 637면(현소혜 집필부분). 이처럼 유언의 방식흠결에 대하여 유언자가 다시 유언을 할 수 없었던 경우에 한하여 구제하자는 것으로, Roubier (주 18), n° 66.

(3) 유류분

유류분은 어떠한가. 1977. 12. 31. 개정 민법은 유류분 제도를 신설하면서 별도의 경과규정을 두지 아니하였다. 그 결과 다른 상속에 관한 쟁점과 같이 신법 시행 이후 개시된 상속에 관하여 유류분이 적용된다고 해석된다. 또 다른 문제는 판례·통설상 공동상속인에 대한 증여는 기간의 제한 없이 산입되는데, 그것이 1977. 12. 31. 개정 민법 시행 전에 이루어졌을 때에도 유류분산정의 기초재산에 산입되는가, 그리고 반환의 대상이 되는가 하는 점이다. 대법원 2012. 12. 13. 선고 2010다78722 판결은, "유류분 제도가 생기기 전에 피상속인이 상속인이나 제3자에게 재산을 증여하고 이행을 완료하여 소유권이 수증자에게 이전된 때에는 피상속인이 1977. 12. 31. 법률 제3051호로 개정된 민법(이하 '개정 민법'이라 한다) 시행 이후에 사망하여 상속이 개시되더라도 소급하여 증여재산이 유류분 제도에 의한 반환청구의 대상이 되지" 아니한다면서, "유류분 규정을 개정 민법 시행 전에 이루어지고 이행이 완료된 증여에까지 적용한다면 수증자의 기득권을 소급입법에 의하여 제한 또는 침해하는 것이 되어 개정 민법 부칙 제2항의 취지에 반하기 때문"이라고 한다. 반면 "개정 민법 시행 이전에 증여계약이 체결되었더라도 이행이 완료되지 않은 상태에서 개정 민법이 시행되고 그 이후에 상속이 개시된 경우에는 상속 당시 시행되는 개정 민법에 따라 증여계약의 목적이 된 재산도 유류분 반환의 대상에 포함된다"고 한다.[144)]그리고 대법원 2018. 7. 12. 선고 2017다278422 판결은, "개정 민법 시행 전에 이미 법률관계가 확정된 증여재산에 대한 권리관계는 유류분 반환청구자이든 반환의무자이든 동일하여야 하므로, 유류분 반환청구자가 개정 민법 시행 전에 피상속인으로부터 증여받아 이미 이행이 완료된 경우에는 그 재산 역시 유류분산정을 위한 기초재산에 포함되지 아니한다고 보는 것이 타당하다"면서도, "개정 민법 시행 전에 이행이 완료된 증여 재산이 유류분 산정을 위한 기초재산에서 제외된다고 하더라도, 위 재산은 당해 유류분 반환청구자의 유류분 부족액 산정 시 특별수익으로 공제되어야 한다"고 한다.[145)]

이는 대체로 수긍할 만한 태도라고 보인다. 독일·오스트리아에서는 의무분

144) 평석으로, 신종열, "유류분 제도 시행 전 증여의 법률관계", 법과 정의 그리고 사람: 박병대 대법관 재임기념문집, 2017, 726면 이하; 정구태, "유류분제도 시행 전 증여된 재산에 대한 유류분반환", 홍익법학 제14권 제1호(2013), 843면 이하. 모두 판례의 결론에 찬성하는 취지이다.

145) 평석: 정구태, "유류분 부족액 산정 시 유류분제도 시행 전 이행된 특별수익의 취급", 2018년 가족법 주요 판례 10선, 2019, 178면 이하. 판례에 찬성하는 취지이다.

(Pflichtteil)법은 상속개시 시의 법에 연결되어야 한다는 데 별 이론(異論)이 없다.146) 그러나 독일·오스트리아의 의무분법은 원칙적으로 제3자에 대한 반환청구를 인정하지 아니하므로 공동상속인들 사이의 청산에 그친다는 점이 고려되어야 한다. 공동상속인에 대한 증여는, 위 판결도 지적하듯 이미 특별수익 제도가 있으므로, 상속개시 시까지 안정적인 상태라고 할 수 없다. 상속개시 시의 유류분법의 영향을 받는 이유이다. 그러나 제3자에 대한 증여의 경우 유류분은 그 증여의 무효사유와 비슷한 기능을 하는데, 증여가 이루어진 이후 시행된 유류분법으로 그 효력을 없앨 수는 없는 것이다. 프랑스에서도 공동상속인 사이의 특별수익청산(rapport)은 상속개시 시의 법에 따르지만, 유류분(réserve héréditaire)에서 수증자의 지위와 관련하여서는 증여 시의 법에 따르고, 이것이 (원칙적으로 상속개시 시의 법에 연결되는) 상속법에 속한다는 점이 그에 방해가 되지 아니한다고 본다.147) 한 가지 문제는 증여계약의 이행 시를 기준으로 하고 증여계약의 체결 시를 기준으로 하지 아니한 것이 타당한가 하는 점인데, 아직 이행되지 아니한 증여는 원칙적으로 해제할 수 있어(민법 제555조) 보호가치가 낮으므로 신법의 소급적용을 긍정하여도 좋을 것이다.148)

Ⅳ. 결 론

시제사법은 종래 사법분야에서 가장 덜 주목받은 분야이다. 그러나 실질사법의 개정은 시제사법적 문제를 동반하는데, 근래 다른 나라에서나 우리나라에서나 실질사법의 개정이 늘고 또 빈번해지고 있다. 그 사이 판례는 간헐적이지만 시제사법 문제를 다루어왔고, 파편적이기는 해도 실무와 학계의 연구 또한 존재한다. 좁은 의미의 시제사법 문제와 일정한 관련을 갖는 판례변경의 소급효 문제에 대하여는 근래 판례·학설상 상당한 논의가 축적되고 있기도 하다. 시제사법은 다른 시제법에 비하여 다루는 법률관계가 사적 자치적 형성에 맡겨져 있어 극히 복잡하므로, 고유의 개념과 체계를 발전시킬 여지와 필요가 큰 분야기도 하다. 이러한 개념과 체계의 발전에는, 몇몇 외국 문헌이 지적하듯, 가장 발전된 저촉법으로서 국제사법의 개념과 체계가 참조가 된다. 그러나 다른 한편 시제사법은 한 나라 내에서 그 나라의 정치적·사

146) Heß(주 7), S. 226 f.; Vonklich(주 3), S. 266 f.

147) Roubier(주 18), n° 76.

148) 위 대법원 2012. 12. 13. 선고 2010다78722 판결은 아직 증여계약이 이행되지 아니하여 소유권이 피상속인에게 남아 있는 상태로 상속이 개시된 재산은 상속재산, 즉 '피상속인의 상속개시 시에 있어서 가진 재산'에 포함된다고 보아야 하는 점을 논거로 든다.

회적 필요와 체제에 부응하여 그 나라의 입법권이 시간적 흐름 속에서 행사되는 방식이어서 헌법 및 하나의 법질서의 포괄적 형성에 관한 법정책적 고려가 필요하다는 특징도 있다. 실질사법적 측면 또한 일정한 영향을 미친다.

이 글에서는 이러한 관점에서 시제사법에 관한 고전적인 이론과 일응의 개념·체계구상을 제시하고, 나아가 시제사법적 경과규정의 구체적인 입법과 해석, 규범통제가 어떻게 이루어질 수 있는지를 보이기 위하여 우리 사법의 예의 포괄적 수집·배열을 시도하였다. 현재로서는 앞뒤의 연결이 다소 성기고 미흡한 점이 있다. 그러나 완성도 있는 논의를 위해서는 우선 이와 같은 형태의 기초 작업이 있어야 하리라고 생각한다. 이 글이 향후 시제사법에 대한 주의와 관심을 환기하고 논의를 진전시키는 데 보탬이 되기를 기대한다.

[부록] 스위스민법 중 시제사법 총칙 규정

프랑스민법, 오스트리아일반민법 등은 법률불소급 내지 기득권보호에 관한 규정을 두고 있을 뿐이고, 독일민법시행법은 시제사법에 관한 총칙 규정의 입법을 포기하고 각칙 규정만을 두었다. 반면 스위스민법은 그 종장(終章)에 국제사법과 함께 시제사법 규정을 두고 있는데, 그중 제1조부터 제4조까지는 시제사법 총칙 규정의 드문 예로 주목되므로 이하에 번역하여 소개한다. 제5조 이하는 시제사법 각칙에 관한 규정이다.

스위스민법(ZGB)

종장(Schlusstitel): 적용 및 시행규정들

A. 일반규정

Ⅰ. 비소급효의 원칙

제1조 (1) 이 법률의 시행 전에 발생한 사실(Tatsachen)의 법적 효력은 그 후에도 이 사실이 발생한 때 효력이 있었던 칸톤(eidgenössische oder kantonale)법 규정에 따라 판단된다.

(2) 따라서 이 시점 전에 행해진 행위는 그의 법적 구속력과 법적 효과에 관하여 장래에도 그의 수행(Vornahme) 시 효력이 있었던 규정에 의한다.

(3) 이 시점 이후에 발생한 사실은 반면 법률이 예외를 예정하지 아니하는 한 신법에 따라 판단된다.

Ⅱ. 소급효

1. 공서와 양속

제2조 (1) 이 법률의 공서와 양속을 위하여 수립된 규정들은 그 시행과 함께 법률이 예외를 예정하지 아니하는 한 모든 사실에 적용된다.

(2) 따라서 신법의 견해에 따를 때 공서나 양속에 반하는 종전 법의 규정들은 그 시행 후에는 더는 적용되지 아니한다.

2. 법률에 의한 법률관계의 내용

제3조 그 내용이 관계인의 의사와 독립하여 법률에 의하여 규정되는 법률관계는 이 법률의 시행 후에는 이 시점 전에 발생하였다 하더라도 신법에 따라 판단된다.

3. 비기득권

제4조 종전 법의 지배하에 발생하였으나 그에 의하여 신법 시행 시까지 법적으로 보호되는 청구권을 발생시키지 아니한 사실은, 이 시점부터는, 그의 효력과 관련하여 신법에 따른다.

판례의 소급효

오 흥 록*

1. 들어가며

헌법재판소의 위헌결정의 소급효(retroactivity)에 대하여 그간 많은 연구가 이루어진 것과 달리,[1] 판례변경의 소급효, 나아가 일반적인 판례의 소급효에 관하여는 많은 연구가 이루어지지 못하였다. 그러던 중 본문에서 소개할 일련의 대법원 전원합의체 판결(종중의 구성원 자격에 관한 대법원 2005. 7. 21. 선고 2002다1178 전원합의체 판결, 제사주재자의 결정방법에 관한 대법원 2008. 11. 20. 선고 2007다27670 전원합의체 판결, 변호사의 형사사건 성공보수약정의 효력에 관한 대법원 2015. 7. 23. 선고 2015다200111 전원합의체 판결)이 선고된 후로 이에 관하여 연구가 점차 증가하는 추세이다.

이 글에서는 판례변경의 소급효를 중심으로 하여 판례의 소급효에 관한 대법원의 판결들과 그간의 연구를 소개하고, 필요한 범위 내에서 연구자의 견해를 덧붙이고자 한다.[2]

2. 대법원 판례

가. 소급효 인정 원칙

대법원이 판례의 소급효 일반에 관하여 이를 명시적으로 언급하는 경우는 거의 없지만(이를 연구하는 경우도 많지 않다), 판례는 그 본질상 사건이 발생한 후에 형성

---

* 인천지방법원 판사.

1) 대표적인 연구로는 朴一煥, "違憲判決의 效力(上)(下)", 人權과 正義 제151, 152호, 1989; 尹眞秀, "憲法裁判所 違憲決定의 遡及效", 재판자료 제75집, 1997, 621면 이하 등.

2) 우리의 논의에 상당한 영향과 시사점을 주고 있는 미국의 경우 어느 법률을 위헌이라고 선고하는 판결의 소급효 문제가 그 자체로 독립하여 다루어지지 않고 판례의 소급효의 문제의 일부로 다루어지고 있다. 尹眞秀, "美國法上 判例의 遡及效 — 우리 法상 違憲決定의 遡及效와 關聯하여 —", 저스티스 제28권 제1호, 1995, 92면.

되므로 소급적용되는 것이 원칙이라 할 수 있다. 이는 기존의 판례를 변경하는 경우에도 원칙적으로 다를 바 없다고 보아야 할 것이다.[3)]

대법원은 형사사건에서 피고인에게 불리하게 판례가 변경되는 경우에도 일관되게 변경된 판례의 소급적용을 인정하는바(대법원 1999. 7. 15. 선고 95도2870 전원합의체 판결, 대법원 1999. 9. 17. 선고 97도3349 판결 등),[4)] 그 이유로 형사처벌의 근거가 되는 것은 법률이지 판례가 아니고, 형법 조항에 관한 판례의 변경은 그 법률조항의 내용을 확인하는 것에 지나지 아니하여 이로써 그 법률조항 자체가 변경된 것이라고 볼 수는 없다는 점을 들고 있다(위 95도2870 전원합의체 판결의 다수의견에 대한 보충의견, 위 97도3349 판결).

나. 헌법재판소 위헌결정의 소급효: 전면적 소급효를 인정하면서도, 확정판결의 기판력이나 행정처분의 확정력 등 다른 법리에 의한 예외 인정

대법원은 헌법재판소의 위헌결정의 효력은 위헌제청을 한 당해사건, 위헌결정이 있기 전에 이와 동종의 위헌여부에 관하여 헌법재판소에 위헌여부심판제청을 하였거나 법원에 위헌여부심판제청신청을 한 경우의 당해사건과 따로 위헌제청신청은 아니하였지만 당해 법률 또는 법률의 조항이 재판의 전제가 되어 법원에 계속 중인 사건뿐만 아니라, 위헌결정 이후에 위와 같은 이유로 제소된 일반사건에도 미친다고 하여(대법원 1993. 1. 15. 선고 92다12377 판결, 대법원 1994. 10. 25. 선고 93다42740 판결 등), 헌법재판소 위헌결정의 소급효를 전면적으로 인정한다. 반면, 헌법재판소는 위헌결정 이후에 제소된 일반사건의 경우 구체적인 비교형량을 거쳐 신중하게 소급효를 인정하여야 한다고 판시하고 있다.[5)]

---

3) 이동진 교수는, 대법원도 변경된 판례가 소급적용되는 것임을 당연히 전제하고 있다면서, 이를 뒷받침하는 근거로 형사, 민사, 행정 각 분야별 대법원 판결들을 다수 소개하고 있다. 이동진, "판례변경의 소급효", 민사판례연구 제36권, 박영사, 2015, 1086~1092면 참조.

4) 이에 관하여 형사법 학계에서 치열하게 논의가 이루어졌는바, 그에 관한 상세한 소개로는 하태영, "被告人에게 不利한 判例變更과 遡及效禁止의 問題", 동아법학 제38호(동아대학교 법학연구소), 2006, 39면 이하; 이동진(주 3), 1101면 이하 참고.

5) 헌법재판소는 "구체적 규범통제의 실효성의 보장의 견지에서 법원의 제청·헌법소원의 청구 등을 통하여 헌법재판소에 법률의 위헌결정을 위한 계기를 부여한 당해사건, 위헌결정이 있기 전에 이와 동종의 위헌 여부에 관하여 헌법재판소에 위헌제청을 하였거나 법원에 위헌제청신청을 한 경우의 당해 사건, 그리고 따로 위헌제청신청을 아니하였지만 당해 법률 또는 법률의 조항이 재판의 전제가 되어 법원에 계속 중인 사건에 대하여는 소급효를 인정하여야 할 것이다. 또 다른 한가지의 불소급의 원칙의 예외로 볼 것은, 당사자의 권리구제를 위한 구체적 타당성의 요청이 현저한 반면에 소급효를 인정하여도 법적 안정성을 침해할 우려가 없고 나아가 구법에 의하여 형성된 기득권자의 이익이 해쳐질 사안이 아닌 경우로서 소급효의 부인이 오히려 정의와 형평 등 헌법적 이념에 심히 배치되는 때라고 할 것으로, 이 때에 소급효의 인

다만 대법원은 아래에서 보듯 확정판결의 기판력, 행정처분의 확정력, 법적 안정성의 유지 및 당사자의 신뢰보호 등 일련의 법리를 통해 위헌결정의 소급효를 일정 부분 제한하고 있다.

1) 확정판결의 기판력

대법원 1993. 4. 27. 선고 92누9777 판결은, 과세처분취소소송에서 청구기각 판결이 확정된 후 같은 원고가 과세처분무효확인의 소를 제기한 사안에서, 과세처분의 무효확인청구가 기판력에 저촉되는 경우에는 당사자인 피고의 주장이 없더라도 법원은 직권으로 이를 심리판단하여 청구를 기각하여야 하고, 그 과세처분의 근거 법조항이 위헌인지 여부는 재판의 전제가 될 수 없으므로 위헌제청신청이 있더라도 이를 기각하여야 한다고 판시하였다.[6]

검토하건대, 근거법률이 위헌으로 선고되더라도 형사사건과 달리 재심사유로 되지 않는 이상, 위와 같은 판례의 태도는 타당하다.

2) 행정처분의 확정력

대법원 1994. 10. 28. 선고 92누9463 판결은, 헌법재판소의 위헌결정 전에 행정처분의 근거되는 당해 법률이 헌법에 위반된다는 사유는 특별한 사정이 없는 한 그 행정처분의 취소소송의 전제가 될 수 있을 뿐 당연무효사유는 아니라고 전제한 후, 이미 취소소송의 제기기간을 경과하여 확정력이 발생한 행정처분에는 위헌결정의 소급효가 미치지 않으므로, 어느 행정처분에 대하여 그 행정처분의 근거가 된 법률이 위헌이라는 이유로 무효확인청구의 소가 제기된 경우 다른 특별한 사정이 없는 한 법원으로서는 그 법률이 위헌인지 여부에 대하여는 판단할 필요 없이 위 무효확인청구를 기각하여야 할 것이라고 판시하였다.[7]

정은 법 제47조 제2항 본문의 근본취지에 반하지 않을 것으로 생각한다."면서 "어떤 사안이 후자와 같은 테두리에 들어가는가에 관하여는 다른 나라의 입법례에서 보듯이 본래적으로 규범통제를 담당하는 헌법재판소가 위헌선언을 하면서 직접 그 결정주문에서 밝혀야 할 것이나, 직접 밝힌 바 없으면 그와 같은 경우에 해당하는가의 여부는 일반 법원이 구체적 사건에서 해당 법률의 연혁·성질·보호법익 등을 검토하고 제반이익을 형량에서 합리적·합목적적으로 정하여 대처할 수밖에 없을 것으로 본다."고 설시하고 있다(헌법재판소 1993. 5. 13. 선고 92헌가10, 91헌바7, 92헌바24, 50 결정 등 참조).

6) 이에 대한 판례 평석으로 尹眞秀, "行政處分 無效確認請求가 旣判力에 抵觸되는 경우 根據法律의 違憲決定이 無效確認請求에 미치는 영향", 대법원판례해설 제19-2호, 1993, 126면 이하 참고.

7) 중대명백설을 전제로 할 경우 행정처분의 근거가 되는 법률이 헌법에 위반된다는 점은 다른 특별한 사정이 없는 이상 헌법재판소에 의하여 유권적으로 확정되기 전에는 어느 누구에게도 명백한 것이라고 할 수 없으므로 당연무효사유에 해당하지 않는다고 보아야 할 것이고, 혹자는 위헌결정이 이른바 당해사건에 소급효를 미치는 것을 근거로 당연무효의 주장을 할지 모르겠으나, 이는 이론상 위헌법률에 기한 행정처분이 당연무효의 하자가 있는지의 문제와는 구별

위 92누9463 판결은 위헌법률에 기한 행정처분은 특별한 사정이 없는 이상 당연무효에 해당하지 아니한다는 점, 확정력이 발생한 행정처분에는 위헌결정의 소급효가 미치지 않는다는 점을 처음으로 명확하게 밝혔고, 이러한 판시는 그 후 여러 차례 반복되어 확고한 판례로 자리 잡았다.[8)]

검토하건대, 행정처분에 확정력이 발생한 경우 위헌 여부를 판단할 필요 없이 무효확인청구를 기각할 수 있다는 판례의 태도는 중대명백설을 전제로 할 경우 타당하다고 할 수 있다. 다만 위 92누9463 판결 및 이를 따른 그 후의 판결들은 '취소소송의 제기기간을 경과하여 확정력이 발생한 행정처분에는 위헌결정의 소급효가 미치지 않는다'고 판시하였으나, 위헌결정의 소급효는 인정되지만 행정처분의 당연무효 사유로 되지 않는다고 설시하는 것이 나을 것으로 보인다.[9)]

3) 법적 안정성의 유지 및 당사자의 신뢰보호

가) 대법원 1994. 10. 25. 선고 93다42740 판결은, 헌법재판소 1990. 9. 3. 선고 89헌가95 결정에서 국세는 그 납부기한 전 1년 이내에 설정된 전세권·질권·저당권에 의하여 담보된 채권에도 우선하여 징수한다는 취지의 구 국세기본법(1974. 12. 21. 법률 제2679호) 제35조 제1항 제3호 중 '…으로부터 1년'이라는 부분이 헌법에 위반된다고 선고되자, 금융기관인 원고가 그 결정이 있기 전에 피고 대한민국이 원고가 근저당권을 취득한 부동산의 경매절차에서 위 위헌으로 선고된 부분에 근거하여 원고의 근저당권 설정 이후에 납부기한이 도래한 국세 상당을 경락대금으로부터 교부받은 것이 부당이득이라 주장하여 그 반환을 청구한 사건에서, 헌법재판소의 위헌결정의 효력은 위헌결정 이후에 제소된 일반사건에도 미친다는 기존의 대법원 판결의 태도를 반복하면서도, '그 미치는 범위가 무한정일 수는 없고 법원이 위헌으로 결정된 법률 또는 법률의 조항을 적용하지는 않더라도 다른 법리에 의하여 그 소급효를 제한하는 것까지 부정되는 것은 아니라 할 것이며, 법적 안정성의 유지나 당사자의 신뢰보호를 위하여 불가피한 경우에 위헌결정의 소급효를 제한하는 것은 오히려 법치주의의 원칙상 요청되는 바라 할 것'이라고 하여 원고의 부당이득반환청구를

되는 것이라고 하여 위 판결을 지지하는 견해로는 尹眞秀, "違憲인 法律에 根據한 行政處分의 當然無效 여부", 대법원판례해설 제22호, 1995, 464면 이하.

8) 대법원 1995. 3. 3. 선고 92다55770 판결, 대법원 1995. 9. 26. 선고 94다54160 판결, 대법원 1995. 12. 5. 선고 95다39137 판결, 대법원 2001. 3. 23. 선고 98두5583 판결, 대법원 2002. 11. 8. 선고 2001두3181 판결, 대법원 2013. 10. 31. 선고 2012두17803 판결, 대법원 2014. 3. 27. 선고 2011두24057 판결 등.

9) 尹眞秀(주 7), 455면도 같은 입장으로 이해된다.

기각한 원심판결을 유지하였다.

위 93다42740 판결은 결국 위헌결정 이후 제소된 일반사건에 위헌결정의 소급효를 제한한 사례인데, 그 이유가 명확한 것은 아니지만, 이에 관하여는 신의성실의 원칙 내지 권리남용의 법리에 의거한 것으로 설명하는 견해가 유력하다.[10)]

나) 위 93다42740 판결의 법리는 아래에서 보듯 이후 대법원의 일련의 군인연금, 공무원연금 지급정지 사건을 통해 확장되었는바, 대법원은 헌법재판소 위헌결정이 이후 제소된 일반사건에 소급효를 가지는지 사건별로 상세한 이익형량을 한 끝에 소급효를 부정하였다.

즉, 대법원 2006. 6. 9. 선고 2006두1296 판결은, 원고들이 20년 이상 군인으로 재직하다가 퇴역하여 군인연금법에 따라 퇴역연금을 지급받던 중 구 군인연금법(1995. 12. 29. 법률 제5063호로 개정된 것으로, 2000. 12. 30. 법률 제6327호로 개정되기 전의 것) 제21조 제5항 제3호가 정하고 있는 국방과학연구소 등의 기관에 취업하여 보수 기타 급여를 지급받았는데, 그 후 원고들이 지급받을 각 퇴역연금의 2분의 1에 해당하는 금액의 지급이 구 군인연금법 제21조 제5항 제3호, 구 군인연금법 시행령(2003. 4. 4 대통령령 제17952호로 개정되기 전의 것) 제42조 제2항에 의하여 정지되었는데, 퇴역연금의 지급정지와 관련하여 헌법재판소 2003. 9. 25. 선고 2001헌가22 결정에서 구 군인연금법 제21조 제5항 제2호 내지 제5호는 퇴역연금 지급정지대상기관인 정부투자기관·재투자기관을 국방부령으로 정하도록 위임하고 있는 점과 퇴역연금 지급정지의 요건과 내용을 대통령령으로 정하도록 위임하고 있는 점에서 헌법상 포괄위임금지의 원칙에 위배된다는 결정을 하자, 원고들이 대한민국을 상대로 그동안 지급정지된 연금액의 지급을 구하여 제소한 사건에서, ① 위 위헌결정의 취지는 퇴역연금 지급정지제도 자체가 위헌이라고 볼 수는 없지만, 구 군인연금법 제21조 제5항 제2호 내지 제5호가 퇴역연금 지급정지 대상기관의 선정 및 지급정지의 요건과 내용에 관한 규정을 함에 있어 구체적으로 범위를 정하여 위임하여야 함에도 불구하고, 그러한 범위를 정하지 아니한 채 포괄적으로 국방부령 또는 대통령령에 위임한 것이므로 헌법상 요구되는 포괄위임금지원칙에 위반된다는 것인 점, ② 이 사건 위헌결정 이후에 법원에 제소된 일반사건에 대하여도 이 사건 위헌결정의 소급효가 인정된다고 볼 경우 헌법재판소가 위와 같이 합헌이라고 판단한 바 있는 퇴역연금 지급정지제도 자체의 적용이 전면적으로 배제되어 결과적인 과잉급부를

10) 尹眞秀(주 1), 707~711면.

방지할 수 없게 되는 점, ③ 이 사건 위헌결정의 소급효가 일반사건에 대하여 인정됨으로써 구 군인연금법 제21조 제5항 제2호 내지 5호가 시행된 2001. 1. 1.부터 이 사건 위헌결정이 있었던 2003. 9. 25.까지 퇴역연금 수급자 중 퇴역연금 지급정지 대상기관의 임·직원으로 재직하고 보수 기타 급여를 받았음을 이유로 피고가 그 지급을 정지한 퇴역연금을 전부 소급하여 지급하게 될 경우 현실적으로 연금기금을 조성하는 현역군인과 국고의 초과부담을 초래하게 된다는 점 등을 종합하면, 위헌결정의 소급효를 인정하여 보호되는 원고들의 권리구제라는 구체적 타당성 등의 요청에 비하여 종래의 법령에 의하여 형성된 군인연금제도에 관한 법적 안정성의 유지와 신뢰보호의 요청이 현저하게 우월하므로 위 위헌결정의 소급효가 본건에는 적용되지 아니한다고 판시하여, 원고들의 청구를 기각한 원심판결을 유지하였고, 이러한 판시는 같은 쟁점이 문제된 대법원 2006. 6. 15. 선고 2005두10569 판결 및 대법원 2009. 6. 11. 선고 2008두21577 판결에서 반복되었다.

또한, 대법원 2017. 3. 9. 선고 2015다233982 판결은, 사립학교교직원 연금법 제42조 제1항에 따라 사립학교 교직원에 준용되는 '재직 중의 사유로 금고 이상의 형을 받은 경우' 퇴직급여 등의 지급을 제한하는 구 공무원연금법(2009. 12. 31. 법률 제9905호로 개정되기 전의 것) 제64조 제1항 제1호에 대하여 2008. 12. 31.을 시한으로 입법자가 개정할 때까지 효력을 지속한다는 취지의 헌법불합치결정이 내려졌으나 위 시한까지 개정되지 않은 상황에서 사립학교 교원인 원고가 재직 중 고의범으로 집행유예의 형을 받고 퇴직하자, 사립학교 교직원연금공단이 원고에게 퇴직수당과 퇴직일시금을 지급하였고, 2009. 12. 31. 위 조항이 '직무와 관련이 없는 과실로 인한 경우' 등에는 퇴직급여 등의 지급 제한에서 제외한다는 내용으로 개정되면서 부칙 제1조 단서로 '제64조의 개정 규정은 2009. 1. 1.부터 적용한다'고 규정하자, 위 공단이 원고에 대하여 이미 지급한 돈의 일부를 환수하였는데, 그 후 위 부칙 제1조 단서 중 제64조의 개정 규정에 관한 부분이 소급입법 금지의 원칙에 반한다는 이유로 위헌결정을 받자, 원고가 공단을 상대로 환수금 상당의 부당이득반환을 구한 사안에서, ① 헌법재판소는 구 공무원연금법 제64조 제1항 제1호에 대하여 지급제한 자체가 위헌이라고 판단한 것이 아니라 '공무원의 신분이나 직무상 의무와 관련이 없는 범죄, 특히 과실범의 경우에도 퇴직급여 등을 제한하는 것은 공무원범죄를 예방하고 공무원이 재직 중 성실히 근무하도록 유도하는 입법 목적을 달성하는 데 적합한 수단이라고 볼 수 없다'는 이유로 헌법불합치결정을 하면서 2008. 12. 31.까지는 효력이 유지된다고 하였던 점, ② 구 공무원연금법의 효력이 지속될 때까지는 공무원 등이 재직 중의 사유로 금고 이상의 형을 받은 때 퇴직급여 등의 일부를 감액하여 지급하는 것이 일반적으로 받아들여졌던 점, ③ 헌법불합치결정의 취지를 반영한 개정 공무원연금법에서도 직무와 관련이 없는 과실로 인한 경우 및 소속 상관의 정당한 직무상의 명령에 따르다가 과실로 인한 경우를 제외하고는 재직 중의 사유로 금고 이상의 형을 받은 경우 여전히 퇴직급여 등의 지급을 제한하고 있는데, 원고는 재직 중 고의범으로 유죄판결이 확정된 점 등을 종합하면, 일반사건에 대해서까지 위헌결정의 소급효를 인정함으로써 보호되는 원고의 권리구제라는 구체적 타당성 등의 요청이 이미 형성된 법률관계에 관한 법적 안정성의 유지와 당사자의 신뢰보호의 요청보다 현저히 우월하다고 단정하기 어렵다고 판시하여, 구체적 타당성 등의 요청이 더욱 크다고 보아 원고의 청구를 인용한 원심판결을 파기환송하였다.

다. 이른바 선택적 장래효를 인정한 사례

대법원은 아래의 두 사건에서 기존 판례를 변경하면서 변경된 판례를 판결 선고 후의 사건에 대해서만 적용되도록 하되(각 판결 중 ③ 부분), 판례변경이 이루어진 당해 사건에는 변경된 판례가 적용된다고 판시하여(각 판결 중 ④ 부분), 이른바 선택적 장래효를 인정하였다.

1) 대법원 2005. 7. 21. 선고 2002다1178 전원합의체 판결(이하 '2005년 전원합의체 판결'이라 한다)

이 사건에서 피고 종중의 시조의 후손으로서 여자인 원고들은 피고 종중을 상대로 회원임의 확인을 구하였는데, 원심판결은 여자는 종중의 구성원이 될 수 없는 것이 관습이라고 한 기존의 판례를 근거로 원고들의 주장을 배척하였다.

이에 대하여 대법원의 다수의견은, ① 사회의 거듭된 관행으로 생성된 사회생활규범이 관습법으로 승인되었다고 하더라도 사회 구성원들이 그러한 관행의 법적 구속력에 대하여 확신을 갖지 않게 되었다거나, 사회를 지배하는 기본적 이념이나 사회질서의 변화로 인하여 그러한 관습법을 적용하여야 할 시점에 있어서의 전체 법질서에 부합하지 않게 되었다면 그러한 관습법은 법적 규범으로서의 효력이 부정될 수밖에 없는데, 종원의 자격을 성년 남자로만 제한하고 여성에게는 종원의 자격을 부여하지 않는 종래 관습에 대하여 우리 사회 구성원들이 가지고 있던 법적 확신은 상당 부분 흔들리거나 약화되어 있고, 무엇보다도 헌법을 최상위 규범으로 하는 우리의 전체 법질서는 개인의 존엄과 양성의 평등을 기초로 한 가족생활을 보장하고,

가족 내의 실질적인 권리와 의무에 있어서 남녀의 차별을 두지 아니하며, 정치·경제·사회·문화 등 모든 영역에서 여성에 대한 차별을 철폐하고 남녀평등을 실현하는 방향으로 변화되어 왔으며, 앞으로도 이러한 남녀평등의 원칙은 더욱 강화될 것이라는 점을 고려하면, 위와 같은 종래의 관습은 위와 같이 변화된 우리의 전체 법질서에 부합하지 아니하여 정당성과 합리성이 있다고 할 수 없고, 따라서 종중 구성원의 자격을 성년 남자만으로 제한하는 종래의 관습법은 이제 더 이상 법적 효력을 가질 수 없게 되었다고 하여, 종래의 관습법의 효력을 부정한 후, ② 이처럼 종래의 관습법의 효력이 부정되는 이상 관습법이 없으면 조리에 의한다고 한 민법 제1조에 의하여 성별의 구별 없이 성년이 되면 당연히 종중의 구성원이 된다고 보아야 할 것이라고 판시하였다. ③ 다만, 종중 구성원의 자격에 관한 이와 같은 판례변경은 그 동안 종중 구성원에 대한 우리 사회일반의 인식 변화와 아울러 전체 법질서의 변화로 인하여 성년 남자만을 종중의 구성원으로 하는 종래의 관습법이 더 이상 우리 법질서가 지향하는 남녀평등의 이념에 부합하지 않게 됨으로써 그 법적 효력을 부정하게 된 데에 따른 것이고, 위와 같이 변경된 견해를 소급하여 적용한다면 최근에 이르기까지 수십 년 동안 유지되어 왔던 종래 대법원판례를 신뢰하여 형성된 수많은 법률관계의 효력을 일시에 좌우하게 되고 이는 법적 안정성과 신의성실의 원칙에 기초한 당사자의 신뢰보호를 내용으로 하는 법치주의의 원리에도 반한다는 이유로, 변경된 판례는 이 판결 선고 이후의 종중 구성원의 자격과 이와 관련하여 새로이 성립되는 법률관계에 대하여만 적용된다고 판시하면서, ④ 그러나 위와 같은 판례변경은 결국 종래 관습법의 효력을 배제하여 당해 사건을 재판하도록 하려는 데에 그 취지가 있고, 이 사건에 대하여도 위와 같이 변경된 판례가 적용되지 않는다면 이는 구체적인 사건에 있어서 당사자의 권리구제를 목적으로 하는 사법작용의 본질에 어긋날 뿐만 아니라 현저히 정의에 반하게 되므로, 이 사건에 한하여 위와 같이 변경된 판례가 소급적용된다고 하였다.

2) 대법원 2008. 11. 20. 선고 2007다27670 전원합의체 판결(이하 '2008년 전원합의체 판결'이라 한다)

민법 제1008조의3은 '분묘에 속한 1정보 이내의 금양임야와 600평 이내의 묘토인 농지, 족보와 제구의 소유권은 제사를 주재하는 자가 이를 승계한다.'고 규정하고 있는데, 제사주재자가 누구인지, 그를 어떻게 정하는지에 관하여는 아무런 규정이 없다. 종래 대법원은, 공동상속인 중 종손이 있다면 그에게 제사를 주재하는 자의 지위를 유지할 수 없는 특별한 사정이 있는 경우를 제외하고 통상 종손이 제사주재자가 된다고 판시해 왔다.

그러나 이 사건에서 대법원 다수의견은, ① 적장자라는 신분을 최우선시하는 제사상속제도는, 과거의 종법사상에 기초한 것으로서 조상숭배를 통한 부계혈족 중심의 가의 유지와 계승을 목적으로 하는 것이었고, 가부장적인 대가족 제도와 자급자족을 원칙으로 하는 농경사회를 그 바탕으로 한 것이나, 우리 사회는 1970년대 이래 급속한 경제성장을 통하여 고도로 산업화·도시화된 사회를 이루었고, 대가족제도가 핵가족제도로 바뀌었으며, 가정 내에서 가족 개개인의 의사가 존중되고, 적서의 차별이 사라졌으며, 남아선호 사상의 쇠퇴와 더불어 딸만을 자녀로 둔 가정의 비율이 증가하게 되었고, 이에 따라 1980. 10. 27. 헌법 제9호로 전문 개정된 헌법 제34조 제1항은 "혼인과 가족생활은 개인의 존엄과 양성의 평등을 기초로 성립되고 유지되어야 한다"고 선언하기에 이르렀고, 이는 현행 헌법 제36조 제1항으로 유지되고 있는바, 그 후 사회의 모든 영역에서 가족 구성원의 평등을 실현하는 방향으로 제도가 개선되었으며, 여러 차례에 걸친 민법 개정을 통하여 형제자매의 상속분이 균등하게 되었고, 호주제도가 폐지되어 호주를 중심으로 한 가의 제도에서 본인과 배우자를 중심으로 한 새로운 가족제도로 재편되는 한편, 2008. 1. 1. 호적제도조차 새로운 가족관계등록제도로 대체되기에 이르렀는바, 위와 같이 우리 사회 구성원들의 생활양식과 각종 법률 및 제도가 변화함에 따라 상속인들 간의 협의와 무관하게 적장자가 우선적으로 제사를 승계해야 한다는 종래의 관습은, 가족 구성원인 상속인들의 자율적인 의사를 무시하는 것이고 적서 간에 차별을 두는 것이어서 개인의 존엄과 평등을 기초로 한 변화된 가족제도에 원칙적으로 부합하지 않게 되었고, 이에 대한 우리 사회 구성원들의 법적 확신 역시 상당 부분 약화되었으므로, 더 이상 관습 내지 관습법으로서의 효력을 유지할 수 없게 되었으며, 그러한 관습에 터잡은 종래의 대법원판결들 역시 더 이상 판례법으로서의 효력을 유지할 수 없게 되었다고 봄이 상당하다고 하여, 종래의 관습법의 효력을 부정한 후, ② 이처럼 종래의 관습법의 효력이 부정되는 이상 관습법이 없으면 조리에 의한다고 한 민법 제1조에 따라 민법의 일반원리와 아울러 제사용 재산의 성격, 제사용 재산의 승계에 관한 민법 제1008조의3의 입법 목적, 제사가 가지는 역사적·사회적 의미 등을 종합적으로 고려하여 제사주재자의 결정방법을 정해야 할 것이고, 그 결과 제사주재자는 우선적으로 망인의 공동상속인들 사이의 협의에 의해 정해져야 하되, 협의가 이루어지지 않는 경우에는 제사주재자의 지위를 유지할 수 없는 특별한 사정이 있지 않은 한 망인의 장남(장남이 이미 사망한 경우에는 장남의 아들, 즉 장손자)이 제사주재자가 되고, 공동상속인들 중 아들이 없는 경우에는 망인의 장녀가 제사주재자가 된다고 할 것이라고 판시하였다. ③ 다만, 제사주재자의 결정방법에 관한 이와 같은 판례변경은 제사승계제도에 관한 관습의 근간을 바꾸는 것인바, 대법원이 이 판결에서 새로운 법리를 선언하기에 이른 것은 앞서 본 바와 같이 그동안 제사제도에 대한 우리 사회 구성원들의 인식 및 전체 법질서가 변화되었기 때문인데, 만약 위 새로운 법리를 소급하여 적용한다면 종래 대법원판례를 신뢰하여 형성된 수많은 제사용 재산 승계의 효력을 일시에 좌우하게 됨으로써 법적 안정성과 신의성실의 원칙에 기초한 당사자의 신뢰 보호에 반하게 되므로, 위 새로운 법리는 이 판결 선고 이후에 제사용 재산의 승계가 이루어지는 경우에만 적용된다고 하면서, ④ 그러나 이 사건에서 대법원이 새로운 법리를 선언하는 것은 이를 이 사건의 재판규범으로 삼으려는 데에 그 취지가 있으므로, 이 사건에 대하여는 새로운 법리가 소급적용되어야 할 것이라고 하였다.

라. 순수 장래효

대법원 2015. 7. 23. 선고 2015다200111 전원합의체 판결(이하 '2015년 전원합의체 판결'이라 한다)은 장래효, 그 중에서도 이른바 순수 장래효를 인정한 사례로 언급되는바,[11] 이하에서 살펴본다.

이 사건에서 원고는 2009. 10.경 구속 피고인을 위하여 변호사인 피고를 변호인으로 선임하고 착수금을 지급하였고, 그 후 위 피고인의 공판 과정에서 피고에게 1억 원을 지급하였는데, 그 후 피고를 상대로 소를 제기하여 위 1억 원의 반환을 구하였다.[12] 원심에서는 위 1억 원이 지급된 명목이 무엇인지,[13] 만일 피고의 주장처럼 성공보수금으로 볼 경우 신의성실의 원칙에 반하여 과다한지가 다투어졌다. 이에 대하여 원심판결은 위 1억 원을 성공보수약정에 기하여 지급된 돈으로 보되, 그 중 4,000만 원은 신의성실의 원칙이나 형평의 원칙에 반하여 부당하게 과다하여 무효라고 보아 피고는 원고에게 4,000만 원을 지급할 의무가 있다고 판단하였다. 이에

11) 尹眞秀, "형사사건 성공보수 약정 무효 판결의 장래효에 대한 의문", 법률신문 4340호(2015. 8. 6.); 조은경, "형사성공보수약정의 사회적 타당성과 장래적 판례 변경의 문제", 민사판례연구 39권, 박영사, 2017, 65면 이하; 이주원, "형사사건에서 변호사 성공보수약정의 효력(무효)", 형사소송법 핵심 판례 110(제2판), 박영사, 2016, 278면 이하 등 참조.

12) 논의에 필요한 범위에 한하여 사안을 소개한다.

13) 원고는 판사 등에 대한 청탁 활동비라고 주장하였고, 피고는 성공보수금이라고 주장하였다.

피고가 상고하였다.

이에 대하여 대법원은 ① 형사사건에 관하여 체결된 성공보수약정이 가져오는 여러 가지 사회적 폐단과 부작용 등을 고려하면, 비록 구속영장청구 기각, 보석 석방, 집행유예나 무죄 판결 등과 같이 의뢰인에게 유리한 결과를 얻어내기 위한 변호사의 변론활동이나 직무수행 그 자체는 정당하다 하더라도, 형사사건에서의 성공보수약정은 수사·재판의 결과를 금전적인 대가와 결부시킴으로써, 기본적 인권의 옹호와 사회정의의 실현을 그 사명으로 하는 변호사 직무의 공공성을 저해하고, 의뢰인과 일반 국민의 사법제도에 대한 신뢰를 현저히 떨어뜨릴 위험이 있으므로, 선량한 풍속 기타 사회질서에 위반되는 것으로 평가할 수 있고, ② 다만 선량한 풍속 기타 사회질서는 부단히 변천하는 가치관념으로서 어느 법률행위가 이에 위반되어 민법 제103조에 의하여 무효인지 여부는 그 법률행위가 이루어진 때를 기준으로 판단하여야 하고, 또한 그 법률행위가 유효로 인정될 경우의 부작용, 거래자유의 보장 및 규제의 필요성, 사회적 비난의 정도, 당사자 사이의 이익균형 등 제반 사정을 종합적으로 고려하여 사회통념에 따라 합리적으로 판단하여야 하는데, ③ 그동안 대법원은 수임한 사건의 종류나 그 특성에 관한 구별 없이 성공보수약정이 원칙적으로 유효하다는 입장을 취해 왔고, 대한변호사협회도 1983년에 제정한 '변호사보수기준에 관한 규칙'에서 형사사건의 수임료를 착수금과 성공보수금으로 나누어 규정하였으며, 위 규칙이 폐지된 후에 권고양식으로 만들어 제공한 형사사건의 수임약정서에도 성과보수에 관한 규정을 마련하여 놓고 있었고, 이에 따라 변호사나 의뢰인은 형사사건에서의 성공보수약정이 안고 있는 문제점 내지 그 문제점이 약정의 효력에 미칠 수 있는 영향을 제대로 인식하지 못한 것이 현실이고, 그 결과 당사자 사이에 당연히 지급되어야 할 정상적인 보수까지도 성공보수의 방식으로 약정하는 경우가 많았던 것으로 보이는바, 이러한 사정들을 종합하여 보면 종래 이루어진 보수약정의 경우에는 보수약정이 성공보수라는 명목으로 되어 있다는 이유만으로 민법 제103조에 의하여 무효라고 단정하기는 어렵고, ④ 그러나 대법원이 이 판결을 통하여 형사사건에 관한 성공보수약정이 선량한 풍속 기타 사회질서에 위반되는 것으로 평가할 수 있음을 명확히 밝혔음에도 불구하고 향후에도 성공보수약정이 체결된다면 이는 민법 제103조에 의하여 무효로 보아야 한다고 설시하였다.

3. 견 해

가. 전반적인 흐름

이하에서는 헌법재판소의 위헌결정의 소급효 문제를 포함하여 판례의 소급효에 관한 학계와 실무계의 견해 중 주요한 것들을 선별하였다. 이러한 견해의 전개 양상을 요약하면, 1995년경까지는 주로 헌법재판소 위헌결정의 소급효 인정여부 및 범위를 중심으로 논의가 이루어지다가, 1999년에 앞서 본 대법원 1999. 7. 15. 선고 95도2870 전원합의체 판결 및 대법원 1999. 9. 17. 선고 97도3349 판결이 선고된 후에는 형사법 분야에서 피고인에게 불리하게 변경된 판례의 소급효를 인정할 수 있을지를 둘러싸고 논의가 활발해졌고, 2005년 전원합의체 판결 및 2008년 전원합의체 판결 이후로는 판례의 장래효가 허용되는지를 놓고 치열하게 논의가 전개되는 양상을 발견할 수 있다.

나. 몇 가지 주요한 견해들

1) 박일환 前 대법관은 일찍이 헌법재판소 초창기인 1989년에, 위헌결정의 장래효를[14] 원칙으로 하되 형벌조항의 경우에만 소급효를 부여하는 내용의 구 헌법재판소법 제47조 제2항(2011. 4. 5. 법률 제10546호로 개정되기 전의 것)에는 다음의 여러 문제점, 즉 처벌법규 이외의 경우에도 위헌결정의 소급효를 인정해야 할 경우가 있지 않은지, 위헌결정의 소급효를 부정할 경우 당해사건에 소급효가 적용되는 것과 달리 다른 사건들에는 소급효가 인정되지 않는 괴리를 어떻게 설명할 것인지, 위헌결정 시점부터 당해 법률이 즉시 효력을 상실할 경우 새로운 입법을 하기까지의 입법공백 상태를 어떻게 해결할 것인지 등의 문제점이 있다고 지적한 후, 독일과 오스트리아에서의 위헌판결의 소급효 등에 관한 비교법적 검토를 거쳐, 처벌법규가 아니라고 하더라도 법적 안정성보다는 구체적 타성의 요구가 훨씬 더 강력하게 대두될 경우에는 소급효를 인정하여야 하고, 위헌결정을 이끌어낸 좁은 의미의 당해 사건 외에도 소송으로 당해법률의 적용을 배제할 것을 구한 당사자(예컨대 위헌제청신청을 하였거나 하려고 하였던 당사자)에게는 위헌법률의 적용을 배제할 것을 주장하였다.[15]

2) 윤진수 교수는 일찍부터 헌법재판소 위헌결정의 소급효를 원칙적으로 인정

---

14) 다만 박일환 前 대법관은 위헌결정 시 '경과기간 없이 즉시' 장래를 향하여 효력을 발생하는 경우 이를 '즉시효'로 칭한다.

15) 朴一煥(주 1) 중 "違憲判決의 效力(下)", 41면 이하.

하는 것은 우리 헌법상 명제라고 주장하였고, 대법원에서 변경된 판례 역시 마찬가지로 소급적용되어야 한다고 주장하였다. 그로 인한 법적 안정성이나 신뢰보호의 문제는 확정판결의 기판력, 행정처분의 공정력 등 각 법 분야의 법리를 적극적으로 활용하여 해결할 수 있을 것이라고 한다. 이하에서 좀 더 구체적으로 살펴본다.

가) 윤진수 교수는 1990년에 발간된 논문에서 위헌법률의 효력을 규정하는 위헌법재판소법 제47조 제2항에 관하여, 오스트리아, 독일, 미국 등 각국의 비교법적 고찰을 거친 후, 위헌법률의 효력에 관한 해석론을 전개함에 있어서는 다음의 두 가지 문제, 즉 위헌인 법률이 당연무효인지 또는 당연무효는 아니나 헌법재판소 기타 권한 있는 기관에 의하여 위헌이라는 판정이 있음으로써 비로소 효력을 상실하는가의 문제와, 위헌결정이 소급효를 가지는가의 문제를 구별할 필요가 있다고 주장하였다. 첫 번째 문제의 경우, 이는 개별 헌법에 의하여 결정될 문제인데 우리 헌법은 위 문제에 관하여 대답을 하고 있지 않고, 헌법재판소법 제47조 제2항의 문언에 의하면 위헌결정에 의해 비로소 효력을 상실하는 것으로 보아야 할 것이고, 두 번째 문제의 경우 우리 헌법상 가능한 선택은 위헌법률이 당연무효이거나, 아니면 위헌법률이 당연무효는 아니지만 위헌결정이 원칙적으로 소급효를 갖는 경우로 국한되고, 위헌법률이 당연무효도 아니면서 위헌결정이 원칙적으로 소급효를 갖지 않는 경우는 우리 헌법에 저촉되는 것으로 보아야 할 것이라고 주장하였다. 따라서, 헌법재판소법 제47조 제2항 중 형벌법규를 제외하고 위헌결정의 소급효를 부정하고 있는 부분은 헌법 제103조, 제27조 제1항, 제10조 후단에 반하여 위헌이라고 보아야 하고, 위헌결정에는 원칙적으로 소급효가 인정되어야 하되, 다만 확정판결의 기판력, 행정처분의 공정력 등에 의하여 소급효가 일정 부분 제한될 수 있을 것이라고 주장하였다.[16]

나) 윤진수 교수는 1995년에 발간된 전게논문(주 2)에서, 법률을 위헌이라고 선고하는 판결의 소급효 문제를 포함하여 판례의 소급효 일반에 관하여 미국 연방대법원의 판례의 흐름을 형사, 민사로 나누어 상세하게 소개한 후, 미국 연방대법원은 1960년대 및 1970년대에는 대체로 사건별 접근방법을 통해 새로운 판례의 소급효를 제한하려고 하였으나, 1980년대에 이르러서는 이러한 접근방법에서 벗어나 보다 일반적인 원리에 입각하여 소급적용 문제를 결정하려 하고 있고, 그 결과 적어도 미확정 판결에 대한 상고의 경우 선택적 장래효는 허용되지 않고 원칙적으로 전면적인

16) 尹眞秀, "違憲法律의 效力 — 헌법재판소법 제47조 제2항의 헌법적 검토 —", 憲法論叢 제1집 (헌법재판소), 1990, 306면 이하.

소급효를 인정하는 쪽으로 기울고 있다고 설명하였다.[17)]

윤진수 교수는 이러한 비교법적 분석 후, 앞으로는 국내에서도 위헌결정의 소급효 문제를 논의가 거의 없었던 일반적인 판례의 소급효 문제와 함께 연구할 것을 제안하면서, 판례의 소급효 문제 내지 위헌결정의 소급효 문제를 법선택(choice of law) 내지 법의 변화(change of law)의 관점보다는 구제의 원칙(remedial principle)이라는 관점에서 분석할 것을 주장하였다. 즉, 위헌결정의 소급효의 문제의 경우, 소급효가 있는지 없는지, 있다면 어떠한 시적 범위의 사건에 미치는지 획일적으로 결정할 것이 아니라, 위헌결정의 소급효를 기판력 제도나 행정처분의 확정력 기타 법률상의 다른 제도에 의하여 제한하는 식으로 구체적인 문제상황에 알맞은 결과를 도출하고자 해야 한다는 것이다.

다) 윤진수 교수는 1997년에 발간된 전게논문(주 1)에서, 전게논문(주 2)의 논지를 재차 주장하면서, 위헌결정의 소급효에 관하여 좀 더 폭넓은 연구를 하였다. 이번에는 위헌결정의 소급효에 관한 헌법재판소 결정과 대법원 판례, 학설을 소개하고, 오스트리아, 독일, 미국 등 외국의 입법례와 판례를 소개한 다음, 위헌인 법률은 우리 헌법상 당연무효로 보기는 어렵고 헌법재판소의 위헌결정이 있어야 그 효력을 상실하는 것으로 보아야 함을 전제로 위헌인 법률의 소급효 문제를 논하였다. 그 결과, 위헌결정의 소급효 인정 여부는 헌법적 문제이지 일부 논자의 주장처럼 단순히 법률로 정할 수 있는 문제가 아니라면서, 헌법 제103조, 제27조 제1항, 제10조 후단, 제11조 제1항의 평등의 원칙 등 우리 헌법의 해석, 헌법불합치결정으로 인한 개선입

---

17) 형사사건의 경우, 연방대법원은 1967년의 Stovall v. Denno 판결(388 U.S. 293(1967)) 이래로 판례가 새로운 원칙을 선언한 경우에 그 원칙이 소급적용되는가는 개별적으로 결정되어야 한다고 하는 관점에 서서 대체로 소급적용을 제한하여 왔고 경우에 따라서는 그 원칙을 선언한 사건에 한하여만 소급적용을 인정하기도 하였으며 미확정 유죄판결에 대한 상고 사건과 인신보호영장 사건(writ of habeas corpus)을 따로 구별하지는 아니하였다가, 1969년의 Desist v. United States 사건(394 U.S. 244 (1969)) 등에서 제시된 Harlan 대법관의 소수의견의 영향을 받아 미확정 유죄판결에 대한 상고 사건(direct review)에 있어서는 1982년의 United States v. Johnson 판결(457 U.S. 537 (1982))) 등을 통해 소급적용되는 범위를 넓혀 왔고, 1987년의 Griffith v. Kentucky 판결(479 U.S. 314 (1987))을 통해 마침내 전면적 소급적용을 인정하기에 이르렀으며, 다만 인신보호사건에 있어서는 원칙적으로 소급효를 인정하지 아니하고 있다고 한다.

민사사건의 경우, Chevron Oil Co. v. Huson 판결(404 U.S. 97 (1971), 다만 헌법문제에 관한 판결의 소급효가 직접 문제된 사건은 아니고 주법의 적용범위에 관한 연방법 해석의 소급효가 문제된 사건이다)이 오랫동안 리딩 케이스였으나, American Trucking Associations, Inc. v. Smith 판결(496 U.S. 167 (1990)) 및 James B. Beam Distilling Co. v. Georgia 판결(501 U.S. 529 (1991))을 통해 형사사건에서 본 것처럼 소급효를 확대하려는 변화가 나타났고, 나아가 Harper v. Virginia Department of Taxation 판결(509 U.S. 86 (1993))의 다수의견은 소급효 원칙의 확대적용에 관하여 한 걸음 더 나아갔다고 한다.

법에서도 소급효를 인정해야 하는 점과의 균형, 법원은 법을 만드는 것이 아니라 법을 발견하는 것이라는 관점 등을 고려하면 위헌결정은 소급효를 가져야 한다는 것이 우리 헌법상 명제라고 주장하였다. 이러한 이유로, 헌법재판소법 제47조 제2항의 위헌 여부가 다투어진 헌법재판소 1993. 5. 13. 선고 92헌가10, 91헌바7, 92헌바24, 50(병합) 결정에서 헌법재판소가 위헌결정의 소급효 문제는 헌법적합성의 문제라기보다 입법정책의 문제에 불과하다고 판시한 후, 위 조항은 법적 안정성 내지 신뢰보호의 원칙을 중시하여 입법자가 입법을 한 것으로서 위헌으로 볼 수 없다고 판시한 것을 비판하고 있다.

다만, 윤진수 교수는 위헌결정의 소급효를 인정하더라도 법적 안정성의 보호가 필요한 경우를 인정하면서, 위헌결정의 소급효로 인한 법적 안정성의 침해의 문제는 법률의 변경(change of law)이라는 관점에서 소급효를 부정함으로써 해결할 것이 아니라, 구제의 틀(remedial framework)이라는 문맥에서 검토해야 적절한 결과를 얻을 수 있다고 재차 주장하였다. 그러한 구제수단의 예로 확정판결의 기판력, 행정처분의 확정력을 언급하면서, 그 외에 형법 제16조의 금지착오를 인정하거나, 민법 제750조의 불법행위책임에서 과실이 없다고 보거나, 경우에 따라서는 위헌인 법률을 제정한 것을 이유로 국가에 대하여 불법행위책임을 묻는 방안 등을 제시하였다. 그 밖에 민사법의 경우에는 행위기초론이나 권리남용 등이 활용될 수 있을 것이라면서, 금융기관인 원고의 부당이득반환청구를 기각한 위 대법원 1994. 10. 25. 선고 93다42740 판결을 일례로 들기도 하였다.

라) 윤진수 교수는 '상속회복청구권은 상속이 개시된 날부터 20년이 경과하면 소멸한다'는 내용의 제정 민법 시행 전의 관습에 대하여 다수의견으로 법적 규범인 관습법으로서의 효력을 부정한 대법원 2003. 7. 24. 선고 2001다48781 전원합의체 판결에 대한 2004년의 판례평석에서, 관습법의 성립 시기와 그러한 관습법에 대한 법원의 사후적 심사 내지 승인을 구별해야 한다고 설명하면서, 예컨대 어떠한 관습에 법적 확신이 존재하더라도, 그로써 성립한 관습법이 헌법이나 그 외의 다른 상위의 법규범 내지 법질서와 저촉될 때에는 설령 법적 확신이 존재하는 관습이라 하더라도 유효한 법규범으로서의 효력을 부정할 수 있다고 하면서, 전원합의체 판결의 다수의견은 그 설시의 취지가 다소 불분명하나 실질적으로는 해당 관습을 위헌으로 선언한 것으로 평가하였다.

한편, 위 사건에서는 관습법에 대한 위헌심사 문제를 법률에 대한 위헌심사의 문제와 같이 보는 전제 하에, 헌법상의 법치주의 원칙에서 나온 법적 안정성 내지 신뢰보호원칙에 바탕을 둔 위헌결정의 불소급효원칙(헌법재판소법 제47조 제2항)의 정신에 따라 그 선언이 있는 날 이후로만 그 관습법의 효력이 상실되도록 함이 상당하다는 조무제 대법관의 의견(반대의견에 대한 보충의견)이 제시되었는데, 이에 대하여 윤진수 교수는 ① 헌법재판소법 제47조 제2항의 위헌결정의 불소급 원칙은 형해화되었고, 현재 위헌결정은 소급 적용되는 것이 원칙이라고 말해도 과언이 아닌 점, ② 보다 근본적으로 위헌결정의 소급효를 원칙적으로 인정하지 않는 현행 헌법재판소법 규정이 위헌은 아닌지 따져볼 필요가 있는 점, ③ 위 의견은 관습법이 법원(法源)으로서 성립, 존속하기 위하여는 법적 확신의 구체적 표현 방법으로서의 법원의 판결이 필수적인 요건임을 전제로 하고 있다고 설명하나 이러한 전제 자체가 타당하다고 보기 어려운 점, ④ 소급효 인정 여부에 관하여 관습법의 존재에 관한 판례의 변경과 성문법상의 법리에 관한 판례의 변경을 구별할 근거가 박약한 점, ⑤ 이론적으로는 관습법이 유효하게 성립하였으나 사후에 사정의 변화로 인하여 그러한 관습법에 대한 법적 확신이 사라져서 판례가 그러한 관습법이 더 이상 존재하지 않게 되었다고 하는 경우에는 그러한 관습법이 여전히 구속력이 있다고 믿고 행동한 당사자를 보호하기 위하여 그 판례의 소급 적용은 제한될 여지가 있을 것이나, 이 사건은 법적 확신이 사후적으로 사라진 경우에 해당하지 않을 뿐만 아니라, 판례의 소급 적용을 제한하여야 할 특별한 사정이 있다고 보기도 어려운 점 등을 고려하면 받아들이기 어렵다고 하면서 비판하였다.

결론적으로, 이 사건은 당사자(참칭상속인 및 그로부터의 전득자)의 신뢰보호의 문제가 없으므로 새로운 판례의 소급효를 제한할 이유가 없다고 한다.[18)]

마) 윤진수 교수는 2005년 전원합의체 판결에 대한 2007년도의 연구논문에서, 법원이 관습법을 통제하는 방법으로는 다음의 세 가지, 즉 ① 관습법으로서의 요건을 갖추지 못하였다고 하여 그 효력을 부정하는 방법, ② 관습법의 성립요건 가운데 일반인의 법적 확신이 이제는 소멸되어 더 이상 관습법으로서의 효력을 인정할 수 없다고 하거나, 관습법 자체에 변화가 있어서 새로운 내용의 관습법으로 바뀌었다고 하는 방법, ③ 관습법이 헌법과 같은 상위의 법규범에 어긋나므로 효력이 없다고 하는 방법이 있는데, 2005년 전원합의체 판결 다수의견은 그 중 두 번째 방법을 검토하였으나 채택하지 않았고, 세 번째 방법을 택한 것이라고 하면서, 그 중에서도 종

18) 尹眞秀, "相續回復請求權의 消滅時效에 관한 舊慣習의 違憲 與否 및 判例의 遡及效 ― 대법원 2003. 7. 24. 선고 2001다48781 전원합의체 판결 ―", 민사재판의 제문제 제13권, 2004, 91면 이하.

전의 관습이 처음부터 무효였다고 보지 않고 우리 사회의 법질서가 변화함에 따라 더 이상 법적 효력을 가질 수 없게 되었다고 선언한 것으로 평가하면서, 다만 다수의견의 설시처럼 종래의 관습법의 내용이 불합리하므로 법적 효력을 더 이상 인정할 수 없다고 설시하기보다는, 그러한 관습법의 성립이 인정될 수 없다는 점에 대하여 상세하게 논증을 하던가, 아니면 관습법이 상위의 법규범에 저촉되므로 효력이 없다고 설시하였어야 할 것이라고 하였다.

위 전원합의체 판결 다수의견이 이른바 선택적 장래효를 인정한 부분에 관하여, 이 사건에서는 별개의견의 논리처럼 종중이 여성을 종중원으로 받아들이는 것을 거부하는 것은 민법 제103조의 선량한 풍속 기타 사회질서에 반한다고 설시하는 것이 나았을 것이고,[19] 이러한 논리를 채택하였으면 소급효 제한이라고 하는 문제 많은 이론을 택할 필요가 없었을 것이라고 하였다.[20]

바) 윤진수 교수는 2015년 전원합의체 판결에 대한 판례평석(주 11)에서, 대상판결은 당해 사건에도 소급효를 인정하지 않아 이른바 순수한 장래효를 인정한 것인데, 판례에 대하여 장래효만을 인정한다는 것은 사법의 본질과 맞지 않고, 국회 아닌 법원은 이러한 권한을 가지지 않는다고 보아야 할 것이며, 판례의 변경을 이끌어낸 당해 사건의 당사자마저도 새로운 판례의 혜택을 입지 못하게 되는 불합리가 있다고 비판하면서, 소급효를 인정하여 생기는 혼란은 당사자가 보수 약정 중 일부인 성공보수 약정이 무효임을 알았더라면 보수를 성공보수 아닌 다른 형태로 지급하기로 약정하였을 것으로 인정될 수 있다면 그만큼의 보수는 청구할 수 있다고 보는 논리구성, 즉 계약의 보충적 해석의 법리를 적용하여 해결할 것을 주장하였다.

3) 문영화 교수는 2005년 전원합의체 판결에 대한 판례평석에서, 판례의 변경은 법률의 변경이 아니라 이전의 판결에서 법률에 대하여 잘못 해석한 것을 시정하는 것이고 이전부터 새로운 판례가 해석하는 것이 법이었으므로 새로운 판례의 취지는 판례변경 이전의 행위에도 적용되어야 함이 원칙이라고 하면서도, 2005년 전원합의체 판결의 경우는 변경된 판례의 견해를 소급적용하면 수십 년 동안 유지되어 온 종래 대법원 판례를 신뢰하여 형성된 수많은 법률관계, 즉 종중대표자 선임 및 종중재

---

19) 나아가 민법 제103조 위반으로 된 시기에 관하여, 시기 확정의 어려움이 있으나, 여성의 상속분이 남자와 완전히 같아진 1990년 개정 민법 시행 이후, 늦어도 남계혈통주의에 입각한 동성동본금혼 규정인 민법 제809조 제1항에 관한 헌법재판소 1997. 7. 16. 선고 95헌가6내지13 결정(헌법불합치) 이후에는 선량한 풍속 기타 사회질서 위반임이 명백해졌다고 볼 수 있을 것이라고 한다.

20) 尹眞秀, "變化하는 사회와 宗中에 관한 慣習", 사법 창간호(사법연구지원재단), 2007, 4면 이하.

산의 처분 등에 관한 종중총회 결의의 효력을 좌우하게 될 것이어서 당사자의 신뢰를 해치게 되므로 판례변경의 소급효를 제한할 특별한 사정이 있는 경우에 해당한다고 하여, 선택적 장래효를 취한 다수의견의 태도를 지지한다.[21]

한편, 송경근 판사는 2008년 전원합의체 판결에 대한 판례평석에서, 종래의 대법원 판례에 대한 신뢰를 보호할 필요가 있으므로 원칙적으로 이 사건에서 설시된 새로운 법리는 선고 이후에 제사용 재산의 승계가 이루어지는 경우에만 적용하되, 이 사건에 대하여는 새로운 법리가 소급적용되어야 할 것이라고 하여, 역시 선택적 장래효를 취한 다수의견의 태도를 지지한다.[22]

위 두 견해는 2005, 2008년 전원합의체 판결 당시 대법원 재판연구관의 글이다.

4) 김재형 대법관은 2005년 전원합의체 판결에 대한 2005년도 논문에서, 다수의견이 이른바 선택적 장래효를 인정한 부분에 관하여, 다수의견은 구체적 규범통제를 하는 것이 분명함에도 판례의 소급효를 제한하는 방식을 채택하였는바, 이는 모든 성년여자에게 종중 구성원의 자격을 인정한 이상, 소급효를 제한하지 아니하면 종중에 관한 무수히 많은 기존의 법률관계가 대부분 무효로 될 것이기 때문에, 소급효를 제한하는 결론은 불가피한 선택이었다고 설명하였는바, 다수의견의 태도를 지지하는 입장으로 이해된다.[23]

5) 김제완 교수는 2005년 전원합의체 판결에 대한 2006년도 논문에서, 다수의견이 이른바 선택적 장래효를 인정한 부분에 관하여, 일단 유효하게 성립한 관습법에 대하여 이것이 불합리하다 하여 부정할 수는 없는 것이고, 관습법으로서 존재하여 왔으나 현재로서는 그러한 법적 확신이 사라졌다든가, 당해 관습이 위헌적이라든가 하는 등의 논증을 거쳐야 할 터인데, 이러한 점을 생각한다면 법원이 '판례의 소급효를 제한한다'는 입장을 취한 것은 납득하기 어렵고, 이 사건의 경우 법원의 견해가 바뀐 것이라기보다 규범으로서의 관습법이 바뀐 것이라고 보아야 하기 때문에, 기존의 대법원 판결을 신뢰한 당사자의 신뢰 보호를 위해 판례의 소급효를 제한하여야 하는 경우는 아니라고 주장하여, 다수의견에 반대한다. 그러면서, 대법원으로서는 관습법이 개폐된 시기를 특정하기 어려운 애로점은 있었을 것이지만, 굳이 소

---

21) 文英和, "宗員의 資格을 成年男子로 제한하는 종래 慣習法의 效力", 21世紀司法의 展開: 松旻 崔鍾泳大法院長在任紀念, 박영사, 2005, 429~432면.

22) 宋景根, "제사주재자의 결정방법과 망인 자신의 유체·유골(遺體·遺骨)에 관한 처분행위의 효력 및 사자(死者)의 인격권", 대법원판례해설 제77호, 2009, 643~651면.

23) 金載亨, "단체로서의 종중 — 대법원 2005. 7. 21. 선고 2002다1178 전원합의체 판결을 계기로", 민사재판의 제문제 14권(한국사법행정학회), 2005, 368~369면.

급효를 부정하지 않더라도 위 전원합의체 판결 이전 사건이 제소될 경우 입증책임 제도를 활용함으로써, 즉 실제로 문제가 되는 것은 구관습을 유효하다고 선언하였던 마지막 대법원 판결과 대상판결 사이의 기간 동안 이루어진 사안으로 제한될 것인데 이 경우 자신이 주장하는 시기에 이미 구관습이 개폐되었다고 주장하는 당사자가 개폐시기를 입증하도록 함으로써 남소를 막을 수 있을 것이라고 주장하였다.[24)]

6) 이우영 교수는 미국법상 판례의 소급효 및 그 제한의 법리에 대하여 헌법적 관점에서 연구한 2013년도 논문에서, 미국연방대법원의 판례 및 그 과정에서 제시된 다양한 법적 논의를 상세하게 소개하고 헌법적 관점에서 분석하여, 판례변경 내지 위헌결정의 소급효 문제는 소급효가 원칙적으로 인정된다는 전제 하에서 소급효가 기존의 법률관계에 어떻게 영향을 미치며 구체적으로 어떻게 작용하도록 하는 것이 합리적인지의 관점에서 각 법체계 고유의 역사적·사회적 경험과 상황에 따라 법의 지배 및 정의 관념과 권력분립구도에 전체로서 조화를 이룰 수 있는 방향으로 소급효 제한의 법리를 개발하고 정립해 가야 할 것이고, 이러한 판단 과정에서 법적 안정성과 판례변경 이전의 법과 법적 상태에 대한 정당한 신뢰의 보호 등을 아울러 고려해야 할 것이라고 주장하였는데, 이는 판례의 소급효 문제 내지 위헌결정의 소급효 문제를 법선택(choice of law) 또는 법의 변화(change of law)의 관점보다 구제의 원칙(remedial principle)의 관점에서 바라볼 것을 주장한 윤진수 교수의 입장과 기본적으로 같은 취지로 이해된다.[25)]

7) 이창현 교수는 법률의 착오에 기한 급부의 반환을 부정해 온 기존의 판례를 폐기한 1999년 영국 귀족원의 판결(Kleinwort Benson Ltd. v Lincoln C.C. [1999] 2 AC 349)을 연구대상으로 삼은 2013년도 논문에서, 영국에서 변경된 판례는 소급적용되는 것이 전통적으로 당연시되었기에 장래적 판례변경(prospective overruling)에 대하여 부정적이었으나, In re Spectrum Plus Ltd. [2005] 3 WLR 58 HL 판결에서는 매우 예외적인 상황(즉, 당해 사건을 포함하여 판례변경 전에 발생한 사건에 변경된 판례를 적용하는 것이 중대하게 불합리한 경우) 하에서는 장래적 판례변경이 가능하다고 판시하였음을 소개하면서(위 판결 699면의 Nicholls 대법관의 의견),[26)] 판례변경을 '오류의

24) 金濟完, "團體 法理의 再照明: 宗中財産의 法的 性格", 민사법학 제31호(한국사법행정학회), 2006, 100면 이하.

25) 李瑀渶, "미국법상 판례변경의 소급효 및 그 제한의 법리에 대한 헌법적 분석 — 미국법 초기에서 Sunburst판결(1932)까지의 법리의 변천 과정 —", 서울대학교 법학 제54권 제3호, 2013년, 249면 이하.

26) 위 판례의 상세한 내용에 관하여는 제철웅, "영국의 선례 변경", 민사판례연구 제36권, 박영사, 2015, 1217~1218면 참고.

발견에 의하여 판례를 변경하는 경우'와 '시대적 필요에 따라 부득이하게 판례를 변경하는 경우'로 나누어,[27] 전자의 경우 원칙적으로 소급효를 인정하고, 후자의 경우 원칙적으로 장래효를 인정하되, 다만 후자의 경우 사법작용의 본질상 당해 사건에는 새롭게 선언된 법이 적용되어야 할 것이라고 주장하였다.[28]

8) 이동진 교수는 전게논문(주 3)에서, 개별 재판례 내지 개별법(예컨대 형사법) 분야를 넘어서 판례변경의 소급효 일반에 관하여 폭넓게 연구하였다.

우선, 법률을 위헌이라고 선고하는 판결의 소급효 문제를 포함하여 판례의 소급효에 관하여 미국, 영국, 독일 등 각국의 판례의 흐름을 상세하게 소개하는 한편(1109면 이하), 장래효만 갖는 판례변경은 약 65년 전 미국 연방대법원에 의하여 고안되고, 1970년대부터 독일에서도 연방대법원에서 인정하기 시작했으나, 두 나라 모두 활용빈도가 줄어들고 있고, 영국·캐나다·오스트레일리아·뉴질랜드 등 그 밖의 보통법 국가들과, 프랑스·오스트리아·스위스 등 그 밖의 대륙법 국가들은 이 법리의 수용을 주저·거부하고 있으며, 특히 선택적 장래효를 인정한 나라는 찾아보기 어렵다면서, 대신 법률의 착오, 시효, 기판력, 신의칙 및 권리남용과 같은 다른 법리에 의하여 당사자들의 종전 판례에 대한 신뢰를 보호하고 있는바, 우리의 경우에도 이러한 접근방법을 취할 것을 주장하였다(1084, 1133면).

이동진 교수는 판례변경의 소급효가 문제되는 상황을 두 가지 경우, 즉 ① 종래 판례가 '법'을 잘못 인식하여 나중의 판례로 이를 정정하는 경우와, ② 법률의 개정 없이 '법'이 변경되는 경우, 예컨대 관습법이 관행 또는 법적 확신이 소멸하여 폐기되는 경우, 법률의 일반조항이나 헌법 규정처럼 텍스트 이외에 거래관념 내지 관행, 법공동체의 가치관념 등 여러 요소를 종합적으로 고려하여야 비로소 '법'규범에 이를 수 있는 경우인데 거래관념 등이 변경되어 '법'이 바뀌는 경우로 나누어 볼 수 있다면서(1142~1143면),[29] 위 ①의 경우에는 구제법(law of remedy)적 접근방법에 따라, 판사는 특별한 사정이 없는 한 올바른 법을 적용하여 재판을 해야 하고, 신뢰보호를 이유로 소급효를 제한해야 하는 경우는 예외적일 것이고, 위 ②의 경우에는 시제법(conflict of laws)적 접근방법에 따라, 거래관념 등의 변경으로 인하여 '법' 자체

27) 이는 위 In re Spectrum Plus Ltd. 판결에서의 Nicholls 대법관의 분류를 따른 것으로 보이는바, 아래에서 볼 이동진 교수의 분류법과도 같은 취지로 이해된다.

28) 이창현, "法律의 錯誤와 不當利得", 김재형·제철웅 편, 채무불이행과 부당이득의 최근 동향, 박영사, 2013, 382~383면.

29) 양자가 배타적인 두 가지 유형이라기보다는 연속선의 양 끝에 가까운 면이 없지 아니하나, 그렇다 하더라도 주로 문제되는 요소가 무엇이냐에 따라 양자의 구별이 가능하다고 보고 있다. 위 논문, 1152면.

가 일정한 시점에 변경된 것이므로 변경된 판례를 무한정 소급적용할 수는 없고, 변경된 판례의 소급적용 여부는 결국 개별 법 분야의 시제적 법 적용 원칙(예컨대 계약의 성립 및 유효 여부에 관하여는 원칙적으로 계약체결 당시의 법을 적용)에 따라 정하면 된다고 주장하였다. 구체적으로, 구제법적 접근방법의 구체적인 모습으로, 형사법에서는 금지착오 규정(형법 제16조) 및 형사판결의 확정력, 조세법 분야에서는 '납세자가 의무를 이행하지 아니한 데에 정당한 사유가 있는 경우' 가산세를 부과하지 않는다고 규정한 국세기본법 제48조 제1항 및 '세법의 해석이나 국세행정의 관행이 일반적으로 납세자에게 받아들여진 후에는 그 해석이나 관행에 의한 행위 또는 계산은 정당한 것으로 보며, 새로운 해석이나 관행에 의하여 소급하여 과세되지 아니한다'고 규정한 국세기본법 제18조 제3항, 민사법 분야에서는 과실책임주의를 취하고 있는 불법행위책임(민법 제750조) 및 계약책임(민법 제390조), 선의 또는 선의·무과실을 전제로 한 거래보호법리, 권리남용, 확정판결의 기판력 등을 통해 변경된 판례의 소급효를 제한할 수 있을 것이라고 한다(1142~1166면).

결론적으로, 장래효를 인정하는 판례변경은 그 자체로 법이론 및 헌법적 문제를 가지고 있고, 두 가지 형태인 순수 장래효와 선택적 장래효 모두 사법(司法)의 본질을 벗어나 입법작용으로 기능하게 되거나 평등원칙에 반하는 등 중대한 문제가 있으므로 찬성하기 어렵다고 한다. 이와 관련하여, 2005년 전원합의체 판결과 2008년 전원합의체 판결은 모두 법률이 개정되지 않고서 '법'이 변경된 경우(앞서 본 ②의 경우)로서, 이러한 경우 특정 시점부터 법이 변경되었음을 전제하는 시제법적 해결이 적절하다고 주장하면서, 당해 사건과 '법'이 변경된 뒤의 사건들에 대해서는 변경된 판례를 소급적용해야 하고, 다만 거래안전 보호 법리를 통해 그 충격을 줄일 수 있을 것이라면서, 위 두 전원합의체 판결처럼 판결선고일을 기준으로 장래효를 명하되 판례변경을 이끌어낸 당해 사건에만 소급적용하는 것은 비합리적이고 자의적인 차별이어서 부당하다고 주장하였다(1166~1168면).

9) 조은경 판사는 2015년 전원합의체 판결에 대한 전게논문(주 11)에서, 법리적·정책적·헌법적 문제를 고려할 때 장래적 판례 변경은 원칙적으로 허용될 수 없다고 보아야 하고, 법적 안정성과 신뢰보호의 문제는 개별적 구제 법리를 적용하는 것으로 해결하여야 한다고 주장하면서, 대상판결은 순수 장래효를 인정한 것이라고 하면서,[30] 만일 위 전원합의체 판결과 달리 소급적용을 인정하였다면 종전 판례를 신뢰

30) 다만 이 사건에서는 원고도 성공보수약정이 민법 제103조를 위반하여 무효라는 주장을 한 바 없고, 항소심법원의 보수 감액 결정에 반발한 피고만 상고한 특수한 사정이 있으므로 당해

하고 계약을 체결한 당사자를 구제할 필요가 있는데, 이미 지급된 보수에 대해서는 시효규정과 불법원인급여 규정을 적용하여 그 반환청구를 제한할 수 있을 것이고, 보수계약이 체결되었으나 위임받은 업무처리가 완결되지 아니하였고 '성공'으로 정한 조건이 성취되기 전이라면 교섭을 다시 하여 새로운 보수약정을 맺을 수 있을 것이며, 그 이외의 경우는 앞서 본 윤진수 교수의 견해와 같이 계약의 보충적 해석에 의해 변호사의 전체 보수약정 중 성공보수 부분이 무효임을 당사자가 알았다면 성공을 조건으로 하지 않고 지급하기로 약정하였을 것으로 인정되는 정도의 보수를 청구할 수 있다고 볼 수 있을 것이라고 한다.

4. 검 토

가. 판례의 소급효 인정 원칙

앞서 제2의 가항에서 본 것처럼, 판례는 본질적으로 사건이 발생한 후에 형성되는 것이므로 소급적용되는 것이 원칙이다. 이는 기존의 판례를 변경하는 경우에도 마찬가지이다. 우리 대법원 역시 지금까지 살펴본 세 건의 전원합의체 판결과 같이 특수한 사안을 제외하고는, 형사, 민사, 행정 등 법 분야를 가리지 않고 판례(변경된 판례를 포함하여)의 소급적용은 당연한 것으로 이해해 왔고, 이는 타당하다.

나. 헌법재판소 위헌결정의 소급효

앞서 제2의 나항에서 본 것처럼 대법원은 헌법재판소 위헌결정의 소급효는 위헌결정 이후 같은 이유로 제소된 일반사건에도 미친다고 하여 헌법재판소의 태도와 달리 원칙적으로 전면적 소급효를 인정하고 있다. 우리 헌법 제103조, 제27조 제1항, 제10조 후단 등을 고려할 때 위헌결정은 소급효를 가져야 하는 것이 우리 헌법의 올바른 해석이라는 앞서 본 윤진수 교수의 견해를 고려하면 이러한 대법원의 태도는 타당하다.

다만, 소급효를 전면적으로 인정함으로써 야기되는 법적 불안정이 있는바, 이는 개별 분야의 법 제도를 활용하여 최소화하여야 할 것이고, 실제로 대법원은 제2의 나항 1) 내지 3)에서 본 것처럼 확정판결의 기판력, 행정처분의 확정력, 그 외에 법

법리를 이끌어 낸 당사자에게조차 변경된 판례가 적용되지 아니하여 불합리하다는 비판은 적용되기 어렵다고 서술하고 있다.

적 안정성의 유지 및 당사자의 신뢰보호를 보호할 필요가 있는 경우 상세한 이익형량을 거쳐 소급효를 제한하고 있다.

다. 선택적 장래효를 인정한 2005년, 2008년 전원합의체 판결

검토하건대, 판례의 소급효를 인정하는데 이론적으로 문제가 없는 사안임에도 장래효만 인정하는 것은, 법원이 입법부와 같은 권한을 행사하여 사법(司法)의 권한을 벗어나게 될 위험이 있으므로 원칙적으로 허용하기 어렵다는 비판은 설득력이 높다. 특히 선택적 장래효에 관하여는, 판례변경을 이끌어낸 당해 사건에 대해서만 변경된 판례가 적용되고 나머지 사건에 변경된 판례가 적용되지 않는 것을 설명하기 쉽지 않다.[31] 변경된 판례의 선고 당시 하급심 법원에서 같은 쟁점이 문제된 사건들이 진행 중이었던 경우는 더욱 그러하다.[32] 하급심 법원은 같은 쟁점이 문제된 타 사건이 대법원에 상고될 경우 그 결과를 기다리는 경우가 많은데, 이러한 경우 선택적 장래효를 취하는 경우의 문제점이 쉽게 드러난다. 따라서 두 전원합의체 판결에 대한 학계의 비판은 깊게 새겨들을 필요가 있다.

다만, 위 두 사건, 특히 2005년 전원합의체 판결의 경우 다수의견이 장래효를 취한 것에는 이해되는 면이 없지 않다. 당시 전원합의체에서 다수의견(7인)과 별개의견(6인, 종래의 종중 구성원에 관한 관습법의 효력을 부정한 다수의견에 반대하였다)이 팽팽하게 맞섰던 데다가, 장기간 유지되어 온 기존 관습의 효력을 부인하면서 소급효까지 인정할 경우, 기존의 판례를 신뢰하여 형성된 많은 법률관계의 효력이 일거에 불안정한 상태에 빠지게 될 수 있다는 염려가 컸을 것으로 보인다. 만일 소급효를 인정했더라면 이후 하급심에서 종중의 구성원에 관한 관습이 사회환경의 변화 내지 법질서의 변화에 의하여 사후적으로 효력을 잃게 된 시점이 언제인지 직접 판단해야 하는데, 쟁점의 특성상 그 판단이 까다로웠을 것이어서 상당 기간이 지난 후에 대법원에서 이에 관하여 다시 직접 설시하기까지 추가적인 혼란이 불가피했을 것으로 보인다.

사견으로는, 두 전원합의체 판결은 어디까지나 사안의 특수성(종중의 구성원 자격 또는 제사주재자의 결정이라고 하는 전통적 가족제도와 관련된 사건이자, 양성평등 이념 등과 관련한 사회관념 등의 변화가 중요한 판단요소로 작용한 사건이어서 그 결과 기

31) 이동진(주 3), 1166~1168면도 같은 취지이다.

32) 이와 달리 헌법재판소의 위헌결정의 경우, 대법원과 헌법재판소는 법원에 소송계속 중인 다른 사건들에 그 소급효가 미친다고 보고 있음은 제2의 나항에서 살펴보았다.

존 관습의 효력 상실 시기를 특정하기가 어렵다는 점)을 충분히 고려하여 고심 끝에 장래효를 취한 것으로 이해되므로, 장래효를 취할 수 있다고 한 판시는 이후 매우 한정적으로 적용될 것으로 보이고, 이와 달리 대법원이 장래효 여부를 정할 수 있는 광범위한 재량을 가진다는 취지의 설시는 아니라고 본다.

라. 2015년 전원합의체 판결

검토하건대, 판례의 소급효 인정 여부의 쟁점과 관련하여, 이 사건은 앞서 본 2005년 전원합의체 판결 및 2008년 전원합의체 판결과는 궤를 달리 하므로, 양자를 구별할 필요가 있다.

우선, 기존의 두 전원합의체 판결은 공통적으로 기존의 관습에 대한 법적 확신의 약화나 전체 법질서의 변화 등 일련의 변화가 당해 판결선고 시로부터 상당 기간 전에 이미 이루어졌음을 사실상 인정하면서도, '법적 안정성과 신의성실의 원칙에 기초한 당사자의 신뢰보호를 내용으로 하는 법치주의의 원리'를 내세워 소급효를 부정한 것이고, 이 점에서 그러한 변화가 일어난 시점까지는 판례가 소급적용되어야 한다는 비판을 받았다. 그러나 이와 달리 2015년 전원합의체 판결은, 형사사건 성공보수약정이 판결 선고 시점에서는 선량한 풍속 기타 사회질서에 위반되는 것으로 평가되나, '선량한 풍속 기타 사회질서는 부단히 변천하는 가치관념으로서 어느 법률행위가 이에 위반되어 민법 제103조에 의하여 무효인지 여부는 그 법률행위가 이루어진 때를 기준으로 판단하여야' 하고, 그 결과 '종래 이루어진 보수약정의 경우에는 보수약정이 성공보수라는 명목으로 되어 있다는 이유만으로 민법 제103조에 의하여 무효라고 단정하기는 어렵다'고 설시하였을 뿐이고, '법적 안정성이나 신뢰보호' 등을 이유로 내세워 소급효를 부정하지 아니하였다(위 두 전원합의체 판결을 인용하고 있지 않음은 물론이다). 즉, 당해 사건의 약정을 비롯한 성공보수약정이 이번 판결 선고 전에는 무효였다고 보기 어렵다고 판시한 것이다. 따라서 기존의 두 전원합의체 판결이 소급효를 인정하지 아니한 것을 비판하는 논거를 이 사건에 그대로 적용하는 것은 적절하지 않다.[33]

다음으로, 2015년 전원합의체 판결에서 변경된 대법원의 견해가 결론적으로 당

33) 다만, 2015년 전원합의체 판결에서 들고 있는 여러 사정들은, 형사사건 성공보수약정이 '이미 상당 기간 전부터 민법 제103조에 반하여 무효였다'고 판시하더라도 이를 충분히 뒷받침할 만한 것들로 보이지만, 대법원은 그러한 판단을 하지는 않았다. 기존의 두 전원합의체 판결의 논리(장래효)를 따르지 아니한 것이 그에 대한 매서운 비판론을 의식한 것인지는 알 수 없지만, 흥미로운 부분이다.

해 사건에 적용되지 아니하였으나, 위에서 본 것처럼 대법원이 당해 사건의 약정을 비롯한 성공보수약정이 이번 판결 선고 전에 무효였다고 보기 어렵다고 판시한 이상 변경된 판례가 당해 사안의 결론에 영향을 줄 여지는 없는 것이어서, 당해 사건에 소급효를 부정한 판결로 분류하는 것은 다소 부적절해 보인다.[34)]

5. 마무리하며

지금까지 판례변경의 소급효를 중심으로 판례의 소급효에 관한 대법원의 판결들과 그간의 연구 중 중요한 것들을 살펴보았다. 이에 관하여 현재까지 상당한 연구성과가 누적되기는 하였으나, 연구대상으로서의 중요성을 고려하면 이것으로 충분하다고 보기는 어렵다.

앞으로 학계와 실무에서 더욱 많은 연구가 이루어지기를 기대해 본다.

---

34) 참고로, 앞서 본 것처럼 조은경(주 11), 112면은 원고도 성공보수약정이 민법 제103조를 위반하여 무효라는 주장을 한 바 없고, 항소심법원의 보수 감액 결정에 반발한 피고만 상고하였다는 특수한 사정이 있음을 들고 있으므로, 이에 관하여 조금만 살펴본다. 그러한 사정이 있는 것은 물론이나, 민법 제103조 위반 문제는 반드시 당사자가 주장하지 않더라도 법원이 스스로 판단할 수 있는 것이고, 불이익변경금지 원칙(민사소송법 제425조, 제415조)에서 재판이 불이익하게 변경된 것인지는 기판력의 범위를 기준으로 하는 것이므로, 이 사건에서 만일 대법원이 당해 보수약정이 체결된 2009. 10. 당시 이미 민법 제103조에 위배되어 무효라고 판단하기에 이르렀다면 피고의 상고를 기각하면서도 판결 이유에서 그러한 판단을 기재할 수는 있었을 것이다. 이 경우 변경된 판례가 소송법적 이유로 당해 사건에 적용되지 아니하는 결과로 된다.

사회적 가치 거래 체계를 위한 법적 기초 연구

박 기 주*

Ⅰ. 서 론

칼레츠키(Kaletsky)가 주창한 자본주의 4.0 시대[1]에서 제시한 바람직한 자본주의의 진화를 위해서는 사회적 가치를 실현하는 사회적 기업을 비롯한 사회적 가치 실현의 시스템이 필요하다. 사회적 가치를 실현하기 위한 사회적 기업은 거래비용(transaction cost)의 관점에서 볼 때 사회적 가치 창출의 시장실패론과 정부실패론의 대안으로서 등장하였다.[2] 시장중심의 신자유주의의 득세와 디지털 혁명으로 인한 양극화 속에서 새로운 사회적 가치를 창출할 수 있는 사회적 기업의 역할이 중요해졌다.

최근 우리사회는 사회적 가치와 사회적 경제, 사회적 기업 등의 관심이 매우 높아지고 있으며 실제로 다양한 사회적 기업이 설립·운영되고 있다. 그러나 사회적 기업이 성공적으로 운영되기 위해서 필요한 제도적 인프라는 아직 그에 미치지 못하고 있는 실정이다. 본 연구는 사회적 가치에 대한 제도적·법적 시스템 구축을 위한 기초적인 연구로 사회적 가치의 법적 의미를 규정하고 이를 통해 거래의 가능성을 모색하여 새로운 '사회적 가치 거래시스템'을 모색할 예정이다.

현재 사회적 가치의 논의는 추상적인 개념 정립의 단계를 벗어나 실제로 사회적 기업이 운영되고 있으며 일정한 성과를 내고 있다. 다만 사회적 기업이 새로운 사회적 혁신의 주체가 될 수 있도록 지원하는 제도적 환경이 미비하다고 할 수 있다. 많은 이들이 사회적 기업이 추구하는 사회적 가치 실현의 다양한 활동을 지지하고 이를 활성화할 수 있는 다양한 프로그램을 마련 중이다.

---

* 국가과학기술연구회 연구원, 법학박사.

1) A. Kaletsky, Capitalism 4.0: The Birth of a New Economy in the Aftermath of Crisis, Public Affairs, New York(2010).

2) 최종태, "자본주의 4.0시대의 사회적기업과 경영학", 사회적기업연구 제4권 제2호(2011. 12), 6면.

하지만 이런 다양한 프로그램의 시도에도 불구하고 우리가 간과하고 있는 것은 사회적 기업도 기업이라는 점에 있다. 기업의 존재 목적이 이윤창출이라고 보았을 때 사회적 기업도 이윤을 창출하여야 한다. 단지 그 이윤의 형태가 사회적 가치일 뿐인 것이다. 여기서 우리는 사회적 가치를 재산권 내지 소유권적 관점에서 접근해야 한다. 사회적 가치를 재산권적 관점에서 접근하여 이를 법적으로 정의할 수 있다면 사회적 기업은 이윤을 창출하는 일반적인 기업과 유사한 존속 기반을 마련하게 된다.

이를 위해 본 연구에서는 사회적 기업이 정부가 창출하여야 할 사회적 가치를 대신 창출하여 정부에 대한 채권관계가 성립한다는 점을 전제로 논의를 진행할 예정이다. 사회적 가치에 관한 일반법 제정을 통해서 사회적 가치를 창출하는 기업이 정부나 사회에 대해 일정한 채권(청구권)을 보유한다고 가정하면 기업은 이를 재산권화 할 수 있을 것이다.

채권은 계약을 통해 발생하거나 법에서 정해진 경우 발생하기 때문에 개별 기업과 정부가 일정한 계약을 맺는 방법을 생각할 수 있다. 일종의 사회적 가치 창출을 위한 계약인 것이다. 정부와 일반국민, 사회적 기업 등이 모두 참여한 공론화를 거쳐 사회적 가치를 창출한 기업은 정부에 대해 사회적가치채권을 가질 수 있다는 점을 제도화 하는 것이다.

이러한 사회적가치채권의 법적 근거를 마련하고 이를 유동화 할 수 있는 거래체계를 구축하여 사회의 불특정다수가 이 시스템에 참여하게 할 수 있다면 사회적 혁신의 새로운 촉매제가 될 수 있을 것이다. 이미 해외에서는 사회성과연계채권(SIB : Social Impact Bond)이 주목받고 있으며 우리의 경우도 이에 대한 논의가 진행 중이다.[3)]

사회성과연계채권을 우리 법체계에 도입하기 위해서는 기초적인 법적 연구가 필요하다. 사회적가치채권이라는 새로운 채권 개념의 정립을 통해 사회성과연계채권의 법적 개념과 구조 및 의미를 명확히 해야 우리법의 체계에서 긍정적 기능을 수행할 수 있을 것이다.[4)]

---

3) 국내 도입 현황 등은 조영복·신경철, "사회적기업 육성을 위한 금융지원 방안; 사회성과연계채권(SIB)의 도입에 관한 연구", 사회적기업연구 제7권 제2호(2014. 12), 120면 이하 참고.

4) 서울시에서는 지방자치단체 차원에서 '서울특별시 사회성과보상사업 운영 조례안(2013년)'을 제정함으로써 사업 추진의 근거를 마련하였다. 2013년 서울시는 '어르신의 자살예방사업'을 시범적으로 실시하였다. 이 사업은 사업 초기 정부 예산이 투입되었기 때문에 전통적인 사회성과연계채권(SIB)의 구조는 아니고, 시범 사업을 위한 채권이 발행되지 않은 점 등을 볼 때 공공－민간협력사업(Public－Private Partnership, PPP)으로 볼 수 있다(결과에 대한 분석은 임팩

본 연구에서는 새로운 재산권으로서의 사회적 가치의 의미를 검토해 보고 이를 바탕으로 우리 민법과 재산법 체계에서 가장 기본적인 권리인 채권과 물권 개념을 통해 사회적 가치의 권리화를 검토해 본다. 사회적 가치가 추상적 권리에 그치는 것이 아니라 이를 구체적인 권리로 만들어 사회적 가치채권으로 법적 구성하는 것이 중요하다고 할 수 있다. 이를 기초로 자본시장에서 사회성과연계채권(증권)을 발행하여 이를 활성화 할 수 있다면 자본시장을 통한 새로운 '사회적 가치 거래 체계'가 마련될 수 있을 것이다.

Ⅱ. 사회적 가치의 재산권화 가능성

1. 사회적 가치의 의미와 내용

문재인 정부는 핵심 국정과제로서 공공부문의 '사회적 가치' 실현을 강조하고 있다. 새 정부가 핵심적으로 추진할 100대 국정과제 중 '사회적 가치'의 실현과 밀접하게 관련된 다수의 국정 과제들이 선정되었다. 이중 대표적인 국정과제로 "열린 혁신정부, 서비스하는 행정(국정과제8)", "사회적 가치 실현을 선도하는 공공기관(국정과제12)", "사회적 경제 활성화(국정과제26)" 등이 있다.

이는 '사회적 가치'가 새 정부 국정운영의 핵심적인 방향과 가치를 담고 있음을 의미하는 것으로서, 정부와 공공기관 전반에 걸쳐서 사회적 가치가 핵심적인 정책방향으로 수용될 필요성이 있음을 의미한다.[5] 특히 국정과제에서는 공공기관의 사회적 가치 실현을 위하여 2017년부터 공공기관 비정규직의 정규직으로의 단계적 전환, 불합리한 공공기관 성과연봉제 관련 조치의 폐기 등을 제시하고 있다.

국내외적으로 '사회적 가치', '사회적 책임'에 대한 관심, 중요성 및 필요성에 대한 논의가 증가하고 있다. 국제사회에서도 사회적 가치의 중요성 및 필요성에 대한 인식이 제고되고 있는 것이다. 이는 세계화의 강조에 따른 경쟁의 강화와 부작용들, 소비자, 근로자, 지역주민 등의 강조와 다양한 활동, 영역의 확장 등에 기인한다.

이와 관련하여 사회책임투자펀드(Socially Responsible Investment Fund, SRI)도 검증된 투자로 각광받고 있다. 사회책임투자펀드는 기업의 재무적 측면뿐만 아니라 비재무적인 측면인 '환경(Environment)', '사회(Social)', '지배구조(Governance)' 등

트스퀘어, 성과기반보상 어르신자살예방사업 성과평가 학술연구 용역보고서, 2014).

5) 국정과제 12번에서는 사회적 가치의 추구와 관련하여, 인권·안전·환경 및 양질의 일자리 등의 영역에서 공공기관들이 사회적 가치를 적극적으로 실현할 것을 규정하고 있다.

ESG를 고려해 장기적 관점에서 투자하는 방식으로 운영된다.

선진국에서는 사회책임투자가 보편화 되었다. 세계적으로 ESG를 포함한 사회책임투자펀드 설정액은 약 1,200조원에 달하고 이 가운데 유럽과 미국이 70%를 차지하고 있다. 우리나라의 경우 약 4,000원 규모로 아직은 걸음마 단계이다. 2019년부터 국민연금의 '스튜어드십 코드(기관투자자의 의결권 행사 지침)' 등의 본격 시행 등을 기점으로 사회책임투자에 대한 관심이 높아지고 있어 향후 성장가능성은 밝다고 할 수 있다.[6]

가. 사회적 기본가치

Walzer의 사회적가치론에 의하면, 사회적 가치는 '사회구조에 의해 직접적으로 다뤄지는 권리와 자유, 권한 및 기회, 그리고 소득과 재산 등과 같은 가치들'을 의미한다. 공동체에 의해서 부여되고 공유되는 가치, 사회에 의해서 의미가 부여되는 것을 말한다.[7] 즉, 사회적 가치는 공동체의 특성에 따라 가변적이며, 분배되어야 할 사회적 가치는 특수한 사회적·문화적 배경을 공유하는 사람들이 창출하며, 분배의 기준은 가치의 특성에 적합해야 한다.[8]

Walzer의 분배와 관련된 사회적 가치의 특성은 다음과 같다. 사람들은 사회적 과정을 통해 가치의 의미를 공유하고 사회에 따라서 사회적 가치들은 상이한 의미를 부여받는다. 사람들은 그들 스스로 사회적 가치들을 구상·창출하여 그것들을 소유한다. 그것을 사용하는 방식에 따라 구체적인 정체성을 갖게 된다. 따라서 모든 도덕적·물질적 세계를 포괄하는 기본가치들을 요소로 하는 단일한 집합을 상정하는 것은 불가능하다.

분배의 기준들과 제도들은 사회적 가치에 내재되어 있다. 즉, 사회적 가치를 공유하고, 사람들이 그 의미를 이해한다는 것은 가치의 분배방식, 분배 주체, 근거들을 이해하게 되는 것이다. 모든 사회적 가치는 특정한 기준과 제도가 적합한 고유 분배영역을 구성하며, 이의 자율성이 확보되어야 한다.

사회적 삶의 영역이 다양함에 따라 개별 영역마다 사회적으로 중요한 것으로 인식되는 가치들도 다르다. 따라서 개별 사회 및 영역에서 부여하는 사회적 의미와 상이한 원칙에 따라 사회적 가치를 분배해야 하는 것이다. 가치는 불변적인 상수로

---

6) '사회적 가치' 뜨니, '사회책임투자' 펀드도 각광(2020. 1. 15. 방문)
<http://news.mt.co.kr/mtview.php?no=2019040511253033292&type=1>

7) 한국행정학회, 사회적 가치 실현을 위한 연구, 2017, 11~13면 이하 참조

8) 임의영, "사회적 형평성의 정의론적 논거 모색: M. Walzer의 '다원주의적 정의론'을 중심으로", 한국행정학보 43권 2호(2009. 6), 9면.

존재하는 것이 아니며, 시대적·공간적 제약을 받는다. 사회구성원들의 세계관이나 신념과 삶의 방식이 변하면 사회적 가치의 내용 혹은 가치의 분배방식에 대한 생각도 변화하는 것이다.

나. 사회적 가치 실현

Walzer에 따르면 사회적 가치를 실현하기 위해서는 사회적 가치가 공동체가 공통으로 의미를 부여하는 것이기 때문에 공동체의 분배의 역할을 담당하는 정부의 역할이 중요함을 강조한다. 정책결정과정은 행정적·정책적으로 정의의 영역들을 확인하고 영역들 간의 경계를 보호해야 한다. 사회공동체에서 어떤 사회적 가치가 중요하며 어떤 가치의 배분에 정부가 관여할 것인지, 가치는 어떤 방법으로 분배되어야 하는지 등등의 판단이라고 할 수 있다.[9]

따라서 정책결정과정에서 사회적 가치와 사회적 부담의 유형, 그 분배원리는 고려해야할 변수로 작용한다. 이 때 정책결정과정에서 가장 중요한 기준은 해당 국가의 기본법(헌법)이라고 할 수 있다.[10] 헌법은 국가가 추구해야 할 가치를 규범화 한 것으로 전체 국가와 사회가 추구해야 할 가치의 내용과 방향성이 담겨 있다.

"사회적 가치의 실현"이란 공동체의 발전을 위한 공공의 이익 실현, 즉 "공익(public interest)의 실현"이라고 할 수 있다. 단, 공익이란 일의적인 개념이라기 보단 실체적·절차적 관점에서 볼 때 다양하게 이해될 수 있는 개념[11]이므로, 사회적 가치를 구체적으로 정의하기 위해서는 공익에 대한 이해가 선행되어야 한다.

공익은 "행정 및 정책, 국가 등의 권력행위에 대한 정당성을 부여하는 기능"을 하며, 그 실현 과정에서 "다양하고 복잡한 이해관계들이 상호 조정"된다. 공익의 실현여부는 "행정 및 정책 등에 대한 핵심적인 평가 기준"이 될 수 있다. 현재까지의 실정법 및 공공부문은 공익을 주로 "전체 효용의 극대화" 및 "보편적으로 공유되는 공동의 이익" 관점에서 바라보았다.

예를 들면 국가 등이 주요 정책을 수립하는 과정에서 해당 정책이 필요한지를 여부를 사전 검토하는 예비타당성조사 절차는 "사회·경제적 편익의 최대화(즉, 전체

9) 임의영, 앞의 논문(주 8), 11면 이하 참고.

10) 사회적 가치의 헌법적 의미에 대해서는 윤수정, "사회적 가치 실현과 헌법", 공법학연구 제19권 제3호(2018. 8), 197~222면 이하 참고.

11) 1. 전체 효용의 극대화(개개인의 이익 총합 극대화) 2. 사회 전체에 바람직하거나 올바르게 추론되는 가치의 실현(기본권, 정의, 자유, 평등 등의 실현) 3. 보편적으로 공유되는 공동의 이익(대중교통체계의 확립, 위생적 식수 공급, 양질의 교육서비스 등) 4. 이익집단간의 타협 내지 절차를 거친 결과(이익의 민주적, 절차적 상호 조정).

효용의 극대화) 가능성"을 검토함으로써, 해당 사업의 공익실현 가능성을 가늠케 한다.

국가 등은 교통, 상·하수도, 학교·교육 등 공공재 및 공공서비스 등의 공급을 통해 공동의 이익을 증진시키고자 한다. 이는 "사회 전체에 바람직하거나 올바르게 추론되는 가치의 실현"이라는 관점에서 공익을 바라보는 경우, 각 개인마다 바람직하거나 올바르다고 추론하는 가치의 내용이 서로 상이하여, 결정권을 가진 자가 누구인지에 따라 그 결론이 크게 달라질 수 있다는 우려 때문이었던 것으로 이해된다.

단, 2000년대에 이르러 공익에 대한 절차적 관점이 중요하게 부각되면서, 시민의 참여, 시민에 대한 정보공개, 시민 공론 등의 절차는 제한적이나마 공익 실현에 있어 중요한 역할을 하게 되었다. 그러나 전체 효용의 극대화라는 관점은 자칫 공익을 단기적인 관점에서의 재정건전성 등 비용최소화에만 집중하게 할 우려가 있는데, 이 경우 세월호 참사에서와 같이 "안전 등"을 소홀히 하게 되는 원인이 되기도 한다. 따라서 앞으로는 공익을 "사회 전체에 바람직하거나 올바르게 추론되는 가치의 실현"이라는 보다 본질적인 관점(즉, 사회적 가치의 실현)에 주목하여 바라볼 필요가 있다.

2. 사회적 가치의 성격 : 가치재와 공공재

가치재(merit good)란 민간부문에서 생산·공급되고 있으나 이윤극대화 논리에 따른 생산량이 최적수준에 미치지 못하여 정부가 직접 공급에 개입하는 재화를 의미한다. 당연히 재화의 소비 자체가 바람직하다고 판단하는 경우에 한해 정부가 개입하는 것이다. 가치재는 재화의 소비를 권장할 목적으로 정부가 직접 공급하는 재화이다.

가치재의 예로는 교육, 의료, 주택공급 등을 들 수 있다. 이들 재화나 서비스를 살펴보면 공통적으로 민간부문에 의해 일부 공급되고 있다. 그러나 만일 이들 재화가 민간에 의해서만 공급된다면 국민들이 지불해야 하는 가격은 지금보다는 상당히 비쌀 것이다. 즉, 교육과 의료가 순수하게 민간에 의해서만 공급되면 등록금과 병원 진료비는 지금보다 상당 수준 비쌀 것이다. 더구나 산간벽지에 학교나 병원이 존재하지 않을 수도 있을 것이다.

따라서 정부가 개입하여 국립학교, 국·공립병원, 보건소 등을 운영하고 있으므로 최소한의 교육서비스나 의료서비스가 공급되고 있고 나아가 민간에서만 공급하는 경우보다 싼 가격에 공급하게 되는 것이다. 반면 정부가 특정 재화의 생산이나 소비를 규제하고자 하는데 이를 비가치재(demerit good)라 한다. 이에 대한 예로는 담배, 술, 마약 등을 들 수 있다.

가치재는 정부예산에 의해 공급되고 있으며, 공공재 또한 정부가 직접 공급하고 있다. 따라서 이 둘은 서로 정부예산에 의해 공급되고 있다는 점에서는 공통점이 있다. 그러나 공공재는 비경합성과 비배제성을 가진 재화로 규정되므로 가치재가 공공재인지를 살펴보기 위해서는 정부예산에 의해 공급되는지를 기준으로 할 것이 아니라 경합성과 배제성을 기준으로 삼아야 한다. 가치재는 재화의 소비에 경합성이 있고 배제 또한 가능하다. 따라서 가치재는 공공재와 같이 정부가 직접 공급에 참여하고 있는 재화이지만 공공재와는 그 성격이 다르다.

사회적 가치의 성격은 가치재와 공공재가 가진 특성을 일부 포함하면서도 그 범위와 영역이 가치판단에 따라 일부 특정될 수 있는 가능성을 가지고 있다. 사회구성원 모두가 소비혜택을 누릴 수 있는 공공재와 같은 성격의 사회적 가치를 제공할 수 있는 단일한 사회적 기업은 현실적으로 불가능하다.[12] 다만 특정한 가치의 영역, 예를 들면 일정 지역의 청소년 문화 활동 지원과 같은 특정 가치의 실현은 현실적으로 추구할 수 있는 사회적 가치의 구체적인 모습이 될 수 있다.

사회적 가치는 추상적인 가치이므로 그 가치의 성격이 경제적 재화나 서비스의 성격을 가지고 있다고 할지라도 이를 경제적 가치 혹은 재산권으로 규정하기 위해서는 검토해 보아야 할 점이 많다. 본 연구에서는 새로운 유형의 가치들이 재산권화되는 경향을 통해서 사회적 가치도 재산권화 될 수 있다는 점에 주목하고자 한다.

3. 사회적 가치의 재산권적 의미와 가능성

현대 사회는 새로운 유형의 재산권이 발달하고 있다. 인격권의 기반으로 한 '퍼블리시티권[13]'이 발전하고 있으며 인터넷 기반의 디지털 경제에서는 정보의 상품화[14]가 급격히 진행되고 있다. 이제는 정보 이전의 상태인 데이터를 기반으로 한 데

12) 사회적 가치는 공공재적 성격을 가지지만 특정 사회적 기업이 국가와 같이 비경합적이고 비배제성을 가진 재화를 공급한다는 것은 불가능하기 때문에 사회적 기업이 일반적인 공공재를 생산하기 보다는 특정 가치를 추구하기 위한 제한적인 공공재를 공급한다고 볼 수 있다.

13) 퍼블리시티권은 실재(實在)하는 사람의 이미지에 관한 권리로서 "사람의 초상·성명 등 그 사람 자체를 가리키는 것(identity)을 광고·상품 등에 상업적으로 이용하여 경제적 이익을 얻을 수 있는 권리"로 정의될 수 있다. 퍼블리시티권은 인격권에 바탕을 둔 기호화된 '이미지'에 대한 권리와 의무관계라고 말할 수 있으며 이는 인격권이 재산권으로 전환된 것으로 볼 수 있다(박기주, "재산권 이론으로 본 퍼블리시티권의 특성에 관한 연구", 미디어와 인격권 창간호(2015), 125면 이하 참고).

14) '정보의 상품화'는 저작권이 있는 배타적 정보나 공유되던 정보 혹은 개인의 창조적인 정보가 재가공 되거나 다른 정보와 결합되어 새로운 정보가치가 생겨나게 되면 이것을 유통서비스를 강화하거나 검색서비스 등을 제공하면서 사용가치를 가지던 정보를 교환가치 있는 정보로 전환하는 과정을 말한다.

이터의 재산권화도 빠르게 진행되고 있다.

과거에는 유형의 재산권, 즉 토지와 자본 등이 경제구조의 핵심적 역할을 했다면 최근에는 지식재산권을 시작으로 개인과 사물의 모든 데이터, 사회적 평판, 명예, 인격, 이미지 등 새로운 유형의 재산적 가치들이 늘어나고 있다. 인터넷을 기반으로 한 플랫폼 경제는 공유경제라는 개념을 발전시켜 확대하는 중이며 전통적인 재화나 서비스의 소비 형태를 바꾸어 이러한 흐름을 가속화 시키고 있다.

전통적인 기업의 가치는 이익의 극대화였지만 기업가치(수익극대화)와 사회적 가치(공익 증대)를 통시에 추구할 수 있는 공유가치(shared value)의 창출이 중요한 시대가 되었다. 경제성장과 더불어 사회적·환경적 발전을 동시에 도모하는 지속가능발전(sustainable development)이 대세가 되고 있다.

이러한 새로운 흐름은 사회적 가치를 추상적인 이데올로기의 차원이 아닌 현실적인 경제적 가치의 개념으로 바라보게 하고 있다. 사회적 가치가 기업의 지속가능한 성장을 위한 중요한 핵심축이 되면서 기업의 이윤추구 논리의 일부 수정이 불가피한 측면이 있는 것이다. 즉, 사회적 가치의 경제적 의미와 재산권적 측면은 급변하는 사회경제적 변화 속에서 기업이 추구해야 할 이익의 범주에 포함되는 것으로 점차 받아들여지고 있다.

사회적 가치의 경제적·재산권적 특성을 받아들일 수 있다면 우리는 사회적 가치를 새롭게 재산법적 측면에서 정의할 수 있다. 새로운 유형의 권리 혹은 재산권으로서 사회적 가치를 인정하고 사회적 가치의 재산권적 특성을 밝힐 수 있다. 사회적 가치는 가치재와 공공재의 성격을 복합적으로 가지며 이의 최종 실현의 권리주체가 국가임을 감안하면 사회적 가치의 기본적 특성은 채권으로서의 권리형태가 이론적으로 가능하다. 이하에서는 전통적인 재산권의 유형인 물권과 채권의 이론적 기초를 바탕으로 사회적 가치의 채권적 성격을 검토하기로 한다.

Ⅲ. 사회적가치채권의 이론적 기초

1. 새로운 유형의 권리들의 대두

우리 사법체계는 민사상 법률관계의 규율을 위하여 권리를 중심적 도구로 사용하고 있다. 특히 물권과 채권을 기본적인 축으로 한 구성을 하고 있다. 현대사회에서 사법체계의 권리관계를 살펴보면 앞서 살펴 본 바와 같이 물권과 채권이외의 매우 다양한 권리가 등장하고 있다. 이는 현대 사회가 고대사회에서와 같은 단순한 재산체계와는 달리 매우 복잡한 재산관계로 이루어져 있기 때문이다.

기존에 존재하는 사법상의 권리관계는 민법을 중심으로 그 체계를 이루고 있었다. 하지만 새로운 사회·경제적 필요성에 따라 상법, 경제법, 지식재산권법 등이 출현하게 되었다. 민법에 규정된 물권과 채권만으로는 더 이상 규율할 수 없는 새로운 권리들이 출현하고 있다. 그럼에도 불구하고 지금까지 우리 민법 체계는 물권과 채권을 중심으로 구성되어 있다.[15)]

이러한 양대 권리가 청구권이라는 또 다른 실현도구로서의 권리를 통하여 사인 간의 법률관계를 실현시키는 체계상의 방법론을 채택하고 있다.[16)] 그러나 기존의 채권과 물권 이분법에 따라 분류할 수 없는 권리들의 출현으로 권리체계의 새로운 구성방법이 필요하게 되었다. 이렇게 새롭게 부각되는 권리들은 물권 혹은 채권, 물권과 채권의 속성을 함께 유지하면서 이를 변형 또는 결합하는 형태를 가지게 된다.

따라서 본 연구에서 채권과 물권의 법적 본질을 좀 더 명확히 규명하고 이를 통해 사회적 가치 내지 사회적가치채권과 같은 새로운 유형의 권리의 법적 본질과의 비교 검토를 통해 논의를 전개하기로 한다. 새롭게 출현한 권리들은 각각의 필요성에 따라 서로 다른 내용과 그 법적 본질을 가지게 된다.

때로는 기존의 권리 개념에 명확히 부합하지 않기도 하고, 때로는 물권과 채권과는 변형된 법적 본질을 가지기도 하고 또는 채권과 물권의 결합형의 권리형태를 보이기도 한다. 사회적 가치를 증권화 하고 있는 사회성과연계채권(증권)의 경우에도 채권적 관계를 기반으로 한 증권의 형태로 발행되고 있으며 채무증권과 지분증권의 성격을 모두 가지는 복합적 금융상품의 성질도 가지고 있다.

사회적가치채권과 같은 새로운 유형의 권리는 법적 본질의 변화 및 불명확성으로 사법상 권리구성 체계에 혼란을 초래하는 원인이 될 수 있다. 이러한 새로운 유형의 권리들의 개념과 법적 본질을 명확히 하고 이를 통한 사법상의 권리구성 체계를 명확히 할 필요성이 있다. 이를 위해서 권리에 대한 보다 명료한 개념정의가 필요하며 특히 우리 민법에 중심적 권리인 물권과 채권의 법적 본질에 대한 명확한 규명으로 논의를 시작해야 할 것이다.

---

15) 곽윤직, 민법총칙(제7판), 박영사(2006), 26면; 김주수, 민법총칙(제5판), 삼영사(2001), 56면.
16) 서봉석, 로스쿨민법, 지&BooK(2010), 36면.

2. 우리 민법에서 채권의 의미

우리 민법과 독일 민법에서 가장 중요하고 근본적인 차이점은 채권 개념에 있다. 한국 민법에서는 채권개념이 존재하는 반면에 독일 민법에서는 채권개념이 존재하지 않는다는 것이다.[17] 독일법에서는 'Forderung'이라는 개념이 존재한다. 이는 우리 민법에서 말하는 채권이 아니라 채무적 청구권(Schuldrechtlicher Anspruch)임을 알 수 있다.[18]

즉 독일의 경우에는 채권개념이 없이 청구권을 통해서만 민법상 채무법의 구성을 하는 체계라고 할 것이다. 이는 물건법과 물권이라는 이원적 체계구성을 하는 물권편에 있어서와 상당한 차이점을 나타낸다고 할 것이다. 이러한 독일의 체계구성이 채권개념이 존재하는 우리 민법체계 구성의 이해에 혼란을 야기시키게 된 것이다.[19]

가. 가치존재권리로서의 채권

우리 학계는 채권을 이해함에 있어서 독일법상의 Forderung[20]에 비견하고 있음을 알 수 있다.[21] 이러한 이유에서 채권의 정의와 청구권의 정의가 동일하게 된 것이다. 그런데 이러한 이해는 채권과 청구권의 법적본질이 뚜렷하게 구별되는 우리 민법의 구성 체계와는 부합하지 않는다. 우리 민법 제373조에 따르면 "금전으로 가액을 산정 할 수 없는 것이라도 채권의 목적으로 할 수 있다."라고 하고 있다. 이 규정의 핵심적인 내용을 통해서 채권이 하나의 가치권리(Wertsrecht)라는 것을 알 수 있다.

이러한 상대권적인 법적 본질은 특정인 즉 사람에 대해서 권리가 존재하기 때문일 것이다. 그런데 우리 민법상 사람은 그 자체가 권리의 객체가 될 수 없으므로 그 사람의 일부능력에 대해서만 그 권리 존재의 범위를 한정시킬 수 있는 것이다. 독일법의 경우에 채권의 개념이 존재하지 않는다.[22] 독일 민법구성을 구체적으로

---

17) 서봉석, 앞의 책(주 16), 160면.

18) 서봉석, 앞의 책(주 16), 161면.

19) 서봉석, "채권, 물권, 새로운 유형 권리의 법적 본질에 대한 체계적 고찰", 법학논총 30권 제1호(2017. 6), 128면.

20) 채권의 법적 본질을 파악하기 위해서 독일법의 Forderung과 비교를 통해서 그 이해를 도모할 필요가 있다. 우선 이러한 가치권으로서의 이해는 독일의 Forderung과 동일하다는 것을 알 수 있다. 또한 독일법의 Forderung은 실행권(Leistungsrecht)이라고 한다. 이러한 실행권의 개념은 우리 민법상 채권의 법적 본질을 나타내는 것이 아니라 청구권에서 찾아볼 수 있는 것이다(서봉석, 앞의 논문(주 19), 128면 이하).

21) 김형배 · 김규완 · 김명숙, 민법학강의(제10판), 신조사(2011), 864면; 오시영, 채권총론, 학현사(2009), 10면.

22) 다만 '채무적 청구권(Schuldrechtliches Anspruch)'이 존재하여 물권(Dingliches Recht)과 대비되고 있는 것이다. 이러한 원인은 독일 민법 구성에서 찾아 볼 수 있다.

살펴볼 경우에 우리 민법과 마찬가지로 총칙(Allgemeiner Teil), 채무법(Recht der Schuldverhätnisse), 물건법(Sachenrecht), 가족법(Familienrecht), 상속법(Erbrecht)이라는 5편의 구성을 하고 있다.[23)]

반면에 한국 민법에서는 채권이라는 개념이 존재하여 독일의 Forderung과 유사한 기능을 담당하게 하지만 그 법적 본질에 커다란 차이점을 나타낸다. 우리 민법에서의 채권개념의 발현은 물권과 대별될 수 있는 균형적, 대비적 안정성을 부여할 수 있게 하여 독일 민법 보다 오히려 진일보한 체계성을 구비하게 하는 역할을 한다.[24)]

나. 채권의 법적 본질

이러한 차원에서 채권의 법적 본질에 입각한 정의를 내려 본다면 '채권은 일정한 사람에게(권리의 주체) 법이 인정해주는 지배의 힘을(권리의 권능) 특정인의 재산적, 또는 비재산적 가치가 있는 사람의 일부능력에 (권리의 객체) 설정하여 이를 그 능력의 주체인 그 사람에게 주장할 수 있는(채권의 내용과 권리행사의 방법) 권리'라고 할 것이다.[25)] 따라서 이러한 정의에 부합하는 어떠한 권리라도 채권이 되어야 하며, 반면에 이러한 정의에 부합하지 않는 어떠한 것이라도 채권이 될 수 없다. 이러한 정의형식이 바로 채권의 실질적 정의라고 할 것이다. 그리고 이러한 존재권리로서의 채권이 실행도구로서의 권리인 청구권을 통해서 실현된다는 이원적인 구성형태로 우리 민법체계를 이해할 수 있다.[26)]

3. 채권과 물권의 융화

채권과 물권이 복합되는 법률제도의 대표적인 예는 채권담보형 물권제도가 있다. 이를 체계상의 법적 본질에 따라 분류하면 크게 '법률에 의한 채권담보제도'와 '법률행위에 의한 채권담보제도'로 분류할 수 있다. 법률에 의한 채권담보제도로는 우리 민법상에 규정된 전세권, 유치권, 저당권, 동산질권, 권리질권 등이 있다.

법률행위에 의한 채권담보제도로는 양도담보, 매도담보, 기등기담보 등이 있

---

23) 이러한 5편의 편재는 권리를 중심으로 한 편재가 아니라 법률제도(Rechtsinstitut)를 중심으로 하고 있음을 알 수 있다. 반면에 우리 민법은 마찬가지로 총칙, 물권, 채권, 친족, 상속의 구성을 함으로써 권리가 중심으로 되고, 법률제도가 보조적 기능을 하게하는 편제를 하고 있다고 할 수 있다. 그런데 독일의 경우 물건법(Sachenrecht)의 중심권리인 물권(dingliches Recht)이 존재하지만 채무법(Recht der Schuldverhätnisse)의 중심권리인 채권의 개념은 없고 단지 채무적 청구권(Schuldrechtliches Anspruch), 즉 하나의 청구권(Anspruch)을 통해 채무관계를 규율하는 것이다.

24) 서봉석, 앞의 논문(주 19), 129면.

25) 서봉석, 앞의 논문(주 19), 130면.

26) 서봉석, 앞의 논문(주 19), 130면.

다.[27] 여기에서 법률에 의한 채권담보란 채권과 물권의 복합이 법률 규정에 의하여 이루어지는 것인 반면에 법률행위에 의한 채권담보는 법률에 의하지 않고 당사자들의 법률행위인 계약에 의하여 채권과 물권이 복합되는 것이다.

물권은 지배적, 배타적 특성을 가지고 있다. 따라서 채권보다 권리 주체에 대한 귀속력이 높고, 가치의 안정성이 확보된 권리이다. 물권은 상대권인 채권과는 달리 권리 객체에 대하여 직접적인 지배력이 있다. 또한 권리의 객체인 상대방(사람)의 각기 다른 능력의 차이나 변동에 구애받지 않는다는 안정성이 있다.

사회적 가치는 그 자체에 직접적인 지배력을 인정하기 어렵고 일반적으로 지배적, 배타적 성격을 가지기 어렵다. 따라서 사회적 가치는 채권의 특성인 상대권적 특성을 가지는 것으로 법적 구성하는 것이 타당하다. 다만 사회적가치채권도 앞서 살펴본 바와 같이 물권적 효과를 부여할 수 있다. 사회적 가치를 사회적가치채권으로 인정하고 이 채권을 물권화 하여 물권과 같이 권리주체에게 귀속력과 가치의 안정성을 보장해 줄 수 있는 방안을 검토할 수 있다.

4. 새로운 유형의 권리로서의 사회적가치채권

위에서 살펴본 바와 같이 우리 민법은 채권과 물권을 중심으로 구성되어 있음을 알 수 있다. 이는 고대 로마시대의 단순한 사회 상황에 영향을 받아 물건과 사람의 능력이라는 단순한 권리 객체의 구조에 따라서 형성된 구성방법이었다. 그러데 근대에 이르면서 권리의 객체가 사람이라는 주체로부터 독립되어 존재 할 수 있는 지식, 권리 또는 재산적 가치를 가지게 되는 그 밖의 능력 등이 권리의 객체로 다양화되었다. 이러한 새로운 유형의 권리들은 기존의 물권과 채권의 특성에서 변형되거나 융합적으로 나타난다.

우리 민법 제373조에서는 금전으로 가액 산정이 불가능한 경우라도 채권의 목적으로 할 수 있다고 규정하고 있다. 이 규정은 채권이 '가치권리'로서의 특징을 가지는 점을 밝히고 있다. 채권은 기본적으로 특정의 가치를 권리화할 수 있다는 것이다. 이와 같은 의미에서 사회적 가치도 가치권리서의 채권으로 규정할 수 있는 가능성이 생긴다. 법이 인정할 수 있는 사회적 가치의 권능을 특정인(사회적 기업 등)의 일부 능력에 설정할 수 있는 것이다.

사회적가치채권은 사회적 가치의 채권화를 통한 새로운 유형의 권리 개념이라

27) 이를 일반적으로 비전형담보제도라 칭하기도 한다.

할 수 있다. 이는 사회적 가치를 새로운 유형의 재산권적 가치로 인정한 토대 위에서 이를 채권 개념으로 파악하는 것이다. 여기서 채권자는 사회적 가치의 실현자(사회적 기업 등)이며 채무자는 사회적 가치 실현의 궁극적인 의무자인 국가라 할 수 있다. 사회적가치채권은 국가의 사회적 가치 실현의무에서 나오는 추상적 권리이기 때문에 이를 구체적인 권리로 만들기 위해서는 사회적가치채권의 존재권리를 인정하는 입법적 근거가 필요하다.

요약하면, 사회적 가치는 새로운 유형의 권리 객체로 법적 평가가 가능하다. 그 중 전통적인 채권과 물권 중 채권에 더 가깝게 이론구성이 가능하다. 여기서 사회적 가치는 재산권적 특성을 가질 수 있으며 채권적 권리로서 기존 채권 개념이 일부 변형된 형태라 할 수 있다. 즉, 사회적가치채권은 일정한 권리주체(국가 등)에게 법이 인정하는 지배의 힘(권리의 권능)을 특정인(사회적 기업 등)의 재산적 또는 비재산적 가치가 있는 일부 능력(권리의 객체)에 설정하여 이를 그 권리주체(국가 등)에 주장할 수 있는(채권의 내용과 권리행사의 방법) 권리라 정의할 수 있다.

Ⅳ. 사회적가치채권의 법적 구성

1. 사회성과연계채권의 의미와 구조

사회적 가치를 생산하는 사회적 기업이나 사회적 프로젝트에 대해 자본시장을 통해 자금을 공급하는 새로운 금융시스템에 대한 고민이 필요하다. 왜냐하면 이러한 분야는 지금까지 재정 및 공적 자금의 지원에 의존해 왔으나 이러한 재원에 한계가 있고 지원대상이 증가할 것으로 예상되기 때문이다.

이러한 분야에 자본시장을 통해 민관이 협력하여 자금을 지원할 수 있는 수단으로 사회성과연계채권(SIB : Social Impact Bond)을 고려할 수 있다. 사회성과연계채권은 2010년 영국의 Peterborough[28]시에서 세계 최초로 발행된 이후, 미국, 호주 등의 선진국을 중심으로 새로운 형태의 사회성과연계채권이 발행되고 있다.[29]

사회성과연계채권은 외부 투자자를 투자 모델에 참여시켜 사회적으로 필요한 문제를 정부투자자·비영리단체나 사회적 기업 등 다양한 이해관계자들이 함께 해결해나가는 '성과기반형 프로그램'이다. 사회성과연계채권의 핵심적 요소는 약정된

28) 이에 대한 자세한 논의는 김갑례, 사회성과연계채권(SIB) 활용방안 : 자본시장을 통한 사회문제의 해결, 자본시장연구원(2012), 43~56면 참고.

29) 해외의 동향으로는 조영복·신경철, 앞의 논문(주 3), 112면 이하 참고.

측정가능한 사회적 성과 달성시, 이와 연계된 지급을 정부와 계약하는 것이다. 민간 전문사업자가 정부와 공공서비스·사회적 사업 완수시 지급보증에 대한 이행을 약속 받아, 민간투자자를 대상으로 채권을 판매하여 자금을 조달하게 된다. 그 재원은 사회적 서비스 기관의 운영자금으로 활용되고, 이를 토대로 사업을 수행한 후 약정기간이 되어 사업목표달성 성과에 따라 정부가 공공재원에서 비영리단체·사회적 기업으로 인해 향상된 사회적 성과와 연계된 재무적 이윤을 지불하는 것이 전체적 계약의 모습이다.

사회성과연계채권의 주요 참가자는 정부, 발행기구(Social Impact Bond Issuing Organization : SIBIO), 사회적서비스 제공기관(service provider), 평가기관, 투자자로 구성된다. 정부는 사회적으로 필요한 사회적 과제를 제시하고 사회성과연계채권의 발행기구(SIBIO)와 사회적 서비스 계약을 체결한다. 정부는 사회성과연계채권의 최종적 지급 보증의 주체로 역할을 하게 된다. 발행기구(SIBIO)는 보증기관인 정부와 계약을 맺은 지원기관으로 보증기관의 지급보증을 담보로 투자자를 대상으로 사회성과연계채권을 발행하여 운전자금을 확보한다. 이후 사회현안을 보다 효율적으로 해결할 능력을 갖춘 사회적 기업 또는 사회적 서비스 제공자를 선정하여 자금을 제공하게 된다.

사회적 서비스 제공자는 사회적 현안 문제와 관련된 사업을 수행할 인적·물적 자원을 확보한 역량있는 사회적 기업으로 발행기구(SIBIO)가 제공하는 자본을 기초로 사업을 운영하게 된다. 발행기구 및 정부는 최초에 설정한 기댓값을 충족할 만한 성과가 나올 경우 정부는 지원기관에 약속했던 지원을 지급한다. 지원기관은 투자자들에게 투자금과 이익을 돌려주게 되며, 사회적 성과에 대한 객관적인 평가를 위해 독립적인 평가기관을 활용하게 된다.

2. 사회성과연계채권의 법적 분석

사회성과연계채권은 정부가 공공사업의 성과목표를 달성을 위해 민간전문 사업자와 약정하고 사회적 성과가 달성된 경우 해당 사업의 예산절감 효과에 따라 지급청구권이 발생하는 채권계약을 의미한다. 투자적 관점에서는 투자수익이라는 재무적 성과와 동시에 사회문제 해결이라는 사회적 성과를 동시에 추가하는 임팩트 투자(impact investment)라 할 수 있다.[30][31]

30) 임팩트 투자는 지난 2007년 미국의 록펠러 재단이 개최한 Bellagio 정상회담에서 처음 등장하였으며, G8국가를 중심으로 관련 투자에 대한 논의가 활발하게 이루어지고 있다. 임팩트

사회성과연계채권은 채권발행인과 투자자간의 채권관계로 단편적으로 파악하기 보다는 정부와 발행기구(SIBIO)간의 기본계약을 중심으로 투자구조 내에 참여자 전체의 계약관계로 파악하는 것이 타당하다. 세계 최초로 사회성과연계채권을 발행한 영국의 Social Finance는 사회성과연계채권을 채무증권과 지분증권의 성격을 모두 가지는 복합금융상품(hybrid instrument)으로 정의한다.

사회성과연계채권은 투자수익의 상한이 고정된다는 점에서 채권의 성격을 가지지만, 투자원금에 대한 상환청구권이 보장되지 않고 성과에 의해 보상이 연동된다는 점에서 지분(equity)의 성격도 가진다. 또한 일정 기한의 도래 후 지급청구권이 발생하는 기한부 채권과는 달리 사회적 성과 목표 달성을 조건으로 지급청구권이 발생하는 조건부 채권이라 할 수 있다.

국내 자본시장법의 해석상 사회성과연계채권은 '채무증권[32]'과 '파생결합증권'의 성질을 가질 수 있다. 사회성과연계채권을 원금이 보장되는 형태로 발행할 경우에는 채무증권으로 파악할 수 있으며, 사회성과의 "변동과 연계하여 미리 정하여진 방법에 따라 지급금액 또는 회수금액이 결정되는 권리가 표시된 것"으로 파악할 경우는 '파생결합증권'의 성질을 가질 수 있다(자본시장법 제4조 제7항[33]).

3. 사회성과연계채권의 법적 전제로서의 사회적가치채권

사회성과연계채권은 엄밀한 법적 의미에서 사회성과연동'증권'이라 할 수 있다. 일반적으로 증권은 유가증권을 의미한다. 유가증권이란 재산적 가치가 있는 사권 즉 재산권을 표창하는 증권으로서, 그 권리의 성립, 존속, 양도, 행사 등을 그 증권에 의하여 하게 되는 것을 말한다. 여기에서 이 유가증권의 객체는 물건이나 재산적 가치 자체가 아니라 그 가치위에 설정된 권리인 것이다. 따라서 이를 증서에 표창화된 일종의 권리권이라고 할 것이다. 이러한 유가증권은 그 법적 본질에 따라 채권형

투자는 일반적으로 재무적 수익을 달성함과 동시에 사회·환경적으로 측정 가능한 긍정적인 영향을 미치는 투자를 일컫는다(김선민, 해외 임팩트 투자 현황 및 국내 시사점, 한국기업지배구조원, 2015).

31) 최근 세계은행 산하 국제금융공사(IFC)는 CREATING IMPACT – The Promise of Impact Investing (2019) 보고서를 발간하여 투자자들의 임팩트 투자에 관한 욕구가 26조 달러에 이를 것으로 예측하였다.

32) 자본시장과 금융투자업에 관한 법률 제4조 제7항 제1호 : "1. 발행과 동시에 투자자가 지급한 금전 등에 대한 이자, 그 밖의 과실(果實)에 대하여만 해당 기초자산의 가격·이자율·지표·단위 또는 이를 기초로 하는 지수 등의 변동과 연계된 증권"

33) 자본시장과 금융투자업에 관한 법률 제4조 제7항 : "이 법에서 "파생결합증권"이란 기초자산의 가격·이자율·지표·단위 또는 이를 기초로 하는 지수 등의 변동과 연계하여 미리 정하여진 방법에 따라 지급하거나 회수하는 금전등이 결정되는 권리가 표시된 것을 말한다."

유가증권과 물권형 유가증권으로 분류할 수 있다.

채권형 유가증권은 채권을 유가증권화 한 것이다. 이에는 민법상의 지시채권, 무기명채권과 상법상의 어음, 수표 등이 해당된다. 그 권리의 객체가 사람(법인과 자연인)의 일부능력이라는 법적 본질을 유지하면서 증권화를 통하여 물권화 한 것이다. 따라서 상대권이며 실행 대상인 채무자가 존재한다. 반면에 물권형 유가증권은 물권을 유가증권화 것이다. 권리의 객체가 물건 특히 집단물건 또는 집단재산이기 때문에 채무자라는 개념은 존재하지 않고 그 객체를 지배적, 배타적으로 지배 할 수 있는 것이다.[34]

사회성과연계채권은 엄밀한 의미에서 사회성과연동증권이라 할 수 있는데 증권의 발행의 전제가 되는 사회적 가치의 재산권화 내지 사회적가치채권이라는 채권자산이 전제가 되어야 성립할 수 있다. 사회적 가치는 일반적이고 추상적인 권리의무관계를 형성하고 있어 구체적인 채권 혹은 청구권으로서 구체적인 재산적 권리를 인정받기에는 법체계상의 한계가 존재한다.

이를 해결하기 위해서는 사회적 가치의 재산권적 권리를 인정할 수 있는 근거법[35]이 필요하고 이를 바탕으로 사회적 가치를 실현한 주체(사회적 기업 등)와 국가가 사회적 가치 실현을 전제로 일정한 채권채무 관계를 형성할 필요가 있다. 여기서 발생한 채권을 통칭하여 '사회적가치채권'으로 개념 정의하여 사회적가치채권을 새로운 유형의 권리객체로 인정하는 법적 근거가 필요하다고 할 수 있다.[36]

---

34) 우리 법 제도상에서는 주식이 대표적인 물권형 유가증권이다. 주식이란 기업이라는 집단물건 또는 집단재산의 소유권을 동일한 금액으로 분할한 유가증권이다. 이러한 주식은 집단재산을 소액으로 분할하였기 때문에 자본시장에 금융상품으로 유통하기에 용이하다.

35) 사회적 기업과 국가 등과의 추상적 계약관계를 기반으로 한 사회적가치채권의 이론적 합리성을 인정할 수 있다고 하더라도 이를 구체적 채권관계로 인정하기 위해서는 그 계약관계를 명확하게 인정할 수 있는 법적 근거가 필요하다. 그렇지 않을 경우 사회적가치채권은 자연채무로 남을 가능성이 크다. 자연채무라 함은 채무자가 임의로 변제하지 않는 경우에도 채권자가 그 이행을 소로써 구하지 못하는 채무를 말한다. 자연채무는 소구가능성이 없고, 집행가능성도 없으나, 법률적 의미를 무시할 수는 없는 채무라 할 수 있다(자연채무의 보다 자세한 논의는 서순택, "우리 민법상 자연채무론의 재검토", 민사법의 이론과 실무 제12권 제1호(2008. 12) 참조).

36) 사회적가치채권을 일반적인 계약관계로 그 존재근거를 파악하지 못하더라도 민법상 사무관리 개념을 도입하여 이론 구성을 할 수 있다. 사무관리는 아무런 의무가 없음에도 타인을 위해 사무를 관리해 주는 것을 의미하는 것으로 사무관리는 상호부조(相互扶助)의 이념을 바탕으로 한다(민법 제734조 이하 참고). 민법은 비록 법률적으로나 계약적으로 아무런 의무가 없다고 하더라도 타인의 사무를 대신 처리할 수 있도록 허용하고 나아가 그에 따른 이해관계자 간의 법률관계를 구성해 주고 있다. 사무관리의 제도적 의미를 사회적가치채권에 대응하면 사회적 기업 등의 사회적 가치 실현행위가 국가 등의 사무를 대신 처리한 것으로 보아 사무관리 관계가 성립할 수 있다고 볼 수 있다.

사회성과연계채권은 앞서 언급한 사회적가치채권의 개념을 바탕으로 사회성과연동증권을 통해 실현될 수 있다. 사회성과연동증권은 자본시장을 통한 사회문제 해결의 수단으로 사회적가치채권이라는 자산의 유동화 결과물이라 할 수 있다. 우리 민법과 상법, 자본시장법, 사회적기업법 등 관련 법의 체계를 종합적으로 재설계하여 사회적 가치의 자산유동화 관련 법제를 제정할 수 있을 것으로 판단된다. 본 연구에서는 사회적가치채권의 유동화 가능성 전반에 대한 기초적인 검토를 진행해 볼 것이다.

4. 사회적가치채권의 유동화 가능성

가. 자산유동화 일반론

자산의 유동화는 두 가지의 개념으로 파악할 수 있다. 첫째, 자본조달 방식의 측면에서 기업의 자본 조달이 대부에서 증권발행으로 변동되는 것을 의미한다. 둘째, 자산의 성격변화 측면에서, 유동성이 없는 고정자산인 채권 등을 유동성이 있는 증권으로 전환시켜 자본시장에서 현금화하는 거래를 말한다. 일반적으로는 두 번째로 언급한 협의의 의미를 자산유동화로 이해한다.[37] 1998년에 제정된 자산유동화에 관한 법률은 이러한 의미로 자산유동화를 규정하고 있다.[38]

자산이 사회적가치채권인 사회적가치채권의 유동화에 있어서도 사회적가치채권을 담보로 한 대부나 사회적가치채권을 기초로 한 증권화가 가능하다. 사회적가치채권의 담보대부의 경우 사회적가치채권을 직접적인 자본조달재원으로 이용하는 것이 아닌 간접적인 유동화라고 할 수 있다. 사회적가치채권의 증권화는 사회적가치채권 그 자체를 성질상 변화시켜 유동성 있는 증권으로 전환하여 투자자를 대상으로 발행하는 것이므로 사회적가치채권이 자본조달의 직접의 재원으로 이용되는 차이가 있다.

이것은 재산권의 발전경향에 있어서 보다 진보한 것이며 미래지향적인 것으로

---

37) 김건식 · 정순섭, 자본시장법, 두성사(2009), 635면.

38) 1998년 9월 16일부터 시행된「자산유동화에관한법률」제2조 제1호에서는 자산유동화의 개념을 "유동화전문회사가 자산보유자로부터 유동화자산을 양도받아 이를 기초로 유동화증권을 발행하고, 당해 유동화자산의 관리 · 운용 · 처분에 의한 수익으로 유동화증권의 원리금 또는 배당금을 지급하는 일련의 행위"라고 규정하고 있다. 자산유동화의 주체가 신탁회사인 경우, 자산보유자로부터 유동화자산을 신탁 받고 이를 기초로 유동화증권을 발행하거나, 유동화증권을 발행하여 신탁받은 금전으로 자산보유자로부터 유동화자산을 양도받아 각각 당해 유동화자산의 관리 · 운용 · 처분의 수익으로 유동화증권의 수익금을 지급하는 일련의 행위라고 규정하고 있다.

볼 수 있다. 자본시장의 전개과정에서 사회적가치채권의 유동화는 사회적 기업의 자본조달이 기업금융에서 자산금융으로 변화하게 되는 것을 의미한다. 기업 전체의 가치인 자산과 신용을 기초로 주식 혹은 사채를 발행하는 기업금융은 절차와 실질에서 엄격한 제한을 받는다. 기업이 보유하는 특정재산을 담보로 증권화하는 자산금융의 경우 이러한 제약에서 벗어날 수 있다. 즉, 기업이 보유하는 자산을 분리·개별화하여 자본조달의 편의성을 증대하며 기업자본의 유기적 고도화를 이루게 된다.

사회적 기업의 자본조달방법으로서 사회적가치채권 유동화를 증진하는 적극적 요인과 유동화를 방해하는 소극적 요인이 있다. 사회적가치채권 유동화의 적극적 요인은 사회적가치채권소유자 및 투자자에 이익이 된다는 점에서 두 가지 장점이 있다.

첫째, 사회적가치채권소유자의 입장에서 재산적 가치의 현재화를 가능케 한다. 사회적가치채권 그 자체는 재산적 가치를 가져도 현실에서 사용가치가 있는 금전재산으로 변화되기에는 사회적가치채권 시장의 거래과정에서 장시간의 절차를 거친 후에만 가능하다. 그렇지만 사회적가치채권을 증권으로 전환하면 증권시장에서 현실적인 자금입수가 가능하게 되며 특별한 경우 장래의 사회적가치채권을 대상으로 한 미완성의 사회적가치채권도 증권으로 전환하여 자본조달의 신속성을 도모하게 된다. 그와 함께 사회적가치채권의 증권화는 최초보유자를 상환의무로부터 해방시키는 대신 사회적가치채권에 대한 지배권을 유지하게 한다.

둘째, 사회적가치채권의 증권화는 투자자에게도 다음의 이익을 제공한다. 투자자에게 투자기회의 확대를 제공한다. 경제후퇴기에는 일반적으로 기업의 투자상품인 주식이나 사채에 대한 투자리스크가 증대하므로 투자와 시장이 자체가 위축된다. 그렇지만 사회적가치채권은 일반적으로 경제주기에 영향을 받지 않은 특별한 투자상품으로서의 특성을 가지고 있다. 경제후퇴기에도 투자가 가능한 상품성을 지닌다. 투자자의 입장에서는 투자리스크가 제한되는 것도 큰 이익이 된다. 기업 전체에 대한 투자가 아닌 특정 자산에 대한 투자는 취득해야 할 정보량과 정보질이 감소되어 그에 따른 정보비용을 줄일 수 있다. 뿐만 아니라 정보비대칭성이 완화되어 보다 충분한 정보를 통해 투자할 수 있게 된다. 또한 투자자는 채권에 비해 높은 표면금리를 취득하여 투자이익이 증대되는 것을 기대할 수 있다.

다음으로, 기업자금조달의 방법으로서 사회적가치채권의 유동화를 저해하는 요소는 다음과 같다. 첫째, 사회적 기업을 둘러싼 구조적인 문제로서 현재 사회적가치채권을 위한 법적·제도적 인프라가 부재하다. 둘째, 사회적가치채권 개념의 특수성은 사회적가치채권 금융의 기업수요에 있어 제한적 성격을 갖는다. 셋째, 사회적가치채권에 대한 가치측정의 곤란이다. 사회적가치채권의 가격결정을 위한 정확한 가치의 산정기준이 미비하며 이는 그에 따른 투자리스크가 크다는 것을 의미한다. 넷째, 사회적가치채권 거래의 복잡성을 들 수 있다. 사회적가치채권 증권화의 방향과 절차에 따라 거래 당사자가 증가하거나 복잡해지기 때문에 사회적가치채권의 증권화를 위해 자산평가전문가 및 법률전문가가 필요하다. 이는 자본조달에 대한 법적 불확실성을 증대하고 그에 따른 조달비용 또한 증가시킨다는 것을 의미한다.

나. 사회적가치채권의 유동화 가능성

사회적가치채권의 유동화에 대해서는 기본적으로 증권 관련 법률 및 자산유동화법이 기초가 되지만 사회적가치채권의 재산권성과 관련하여 재산에 관한 일반법인 민법이 관련된다. 유동화기구에 대해서는 자산유동화법과 함께 법인과 관련된 상법이나 민법 등이 적용된다. 유동화 증권에 대해서는 신탁법이나 자본시장법이 주요 근거법으로 기능할 것이다.

이러한 법률들은 복잡하게 관련되어 그 결과 각각의 법률이 가지고 있는 기초법리 및 자산유동화 법리 사이에 충돌이 발생할 수 있다. 따라서 사회적 기업의 자본조달방법으로서 사회적가치채권 등을 활용하는 방법을 적극적으로 지원하여야 한다. 사회적가치채권을 기초로 자산유동화를 통해 자본조달을 목표로 할 경우 법적 정당성과 합리성을 확보해야 하는 과제가 남아 있다.

이러한 견지에서 사회적가치채권 유동화를 위한 고유한 법리를 발견하여 이를 구체화 하는 것이 필요하다. 기본적으로는 사회적 기업에 자본조달의 편의성을 부여하고 투자자의 보호에 만전을 기하는 것이다. 자본조달시장에 관한 근거법인 자본시장법의 목적인 이 원칙은 사회적가치채권의 유동화를 통한 자본조달에서는 좀 더 특화될 필요가 있다.

Ⅴ. 결론 및 향후과제

오늘날 우리 사회가 직면한 다양한 사회적 문제를 해결하고 지속가능한 성장을 위해서 다양한 해법이 모색되고 있다. 기존 정부가 주도하는 공공정책의 해법은 예산상의 제약, 사후약방문식 대응, 성과측정의 미비로 인한 무책임성과 비생산성의 한계를 드러내는 경우가 많았다. 이는 자본주의의 시장실패와 정부실패론의 측면에서 대안이 필요하다는 사회적 공감대를 불러일으키기 충분한 것이었다.

이러한 사회적 변화와 경제양극화 속에서 새로운 사회적 가치를 창출할 수 있는 사회적 기업의 역할이 중요하게 대두되었다. 하지만 사회적 기업에 대한 인식의 증대와 함께 그 역할에 대한 사회적 기대는 커졌지만 사회적 기업의 역할과 성과는 아직 부족한 실정이다.

본 연구는 이러한 사회적 기업의 역할과 성과가 증대되기 위해서 가장 필요한 것은 이들이 기업으로 존속하기 위한 사회·제도적 인프라 구축이라고 규정했다. 특히 그들이 창출해 내는 사회적 가치의 법적·제도적 개념 규정과 그 가치의 사회적 거래를 위한 시스템에 주목하였다. 즉, 사회적 기업이 생산해 내는 사회적 가치라는 성과물을 법적·제도적 관점에서 재검토해보고 이를 사회적으로 환원하고 확산시키기 위한 시스템을 고민해 보았다.

이를 위해 본 연구에서는 사회적 가치를 새로운 유형의 재산적 가치로 파악하고 이를 전통적인 물권과 채권 개념을 통해 파악하여 사회적가치채권으로 규정하였다. 사회적 기업은 새로운 유형의 재산권으로서 사회적 가치를 창출하고 이를 국가와 정부를 대신해 창출함으로서 사회적 가치에 대한 채권적 권리를 국가와 정부에 가진다는 법이론적 구성을 하였다.

사회적 기업이 가지는 이러한 국가와 정부에 대한 채권적 권리는 사회적가치채권으로 개념정의될 수 있으며 이는 사회적 기업이 사회전체적 관점에서 암묵적으로 국가와 정부와 계약관계를 맺은 것으로 파악하여 그 권리의 발생을 인정할 수 있다고 볼 수 있다. 이러한 사회적가치채권의 개념을 바탕으로 자본시장을 통한 사회성과연계채권(증권)의 발행을 위한 법적 구조를 고민해 볼 수 있는 이론적 토대를 마련하였다.

향후, 사회적가치채권의 이론적 논의를 바탕으로 입법을 위한 보다 구체적인 사회적가치채권의 개념 정의를 위한 연구가 필요하다. 구체적인 입법이 없이는 사회적 가치의 재산권적 개념의 법적 근거가 미비하기 때문이다. 민법과 상법, 자본시장법의 연구를 바탕으로 한 한국형 사회성과연계채권(증권)의 법적 모델을 만들어 자본시장을 통한 '사회적 가치 거래 시스템'을 구축할 수 있을 것이다. 이를 위한 보다 구체적인 입법적·제도적 연구는 향후 연구과제에서 구체화 할 예정이다.

윤진수교수정년기념논문집 간행위원회

김수정(명지대학교 법과대학 조교수)
김영진(대법원 재판연구관, 판사)
노재호(광주지방법원 부장판사)
박기주(국가과학기술연구회 연구원)
박정제(수원지방법원 부장판사)
승이도(헌법재판소 헌법연구관, 미국 버클리대학교 방문학자)
신동현(한림대학교 법학과 부교수)
신지혜(한국외국어대학교 법학전문대학원 조교수)
오흥록(인천지방법원 판사)
옥도진(해군 군사법원, 법원장)
이동진(서울대학교 법학전문대학원 교수)
이봉민(대법원 재판연구관, 판사)
이선미(대전고등법원 고법판사)
이지영(대법원 재판연구관, 부장판사)
임하나(법무부 국제형사과 검사)
장보은(한국외국어대학교 법학전문대학원 부교수)
정재오(대전고등법원 고법판사(서울고등법원 부장판사 직무대리))
정한샘(감사원 부감사관, 변호사)
최준규(서울대학교 법학전문대학원 부교수)
현소혜(성균관대학교 법학전문대학원 부교수)

(가나다 순)